只讲生存条件的深重苦难而排斥其他一切困苦，无异于对很大一部分反映社会秩序的困苦视而不见和不理解。

——皮埃尔·布尔迪厄

布尔迪厄作品

世界的苦难

布尔迪厄的社会调查

（上）

LA MISÈRE DU MONDE

[法]皮埃尔·布尔迪厄（Pierre Bourdieu） 著
张祖建 译

中国人民大学出版社
·北京·

总　序

根植于马克思、韦伯和涂尔干所代表的欧洲社会学传统，以20世纪60年代法国学术圈为背景，布尔迪厄的作品既是一个延续，也是一个断裂，是对来自不同路径的既得知识的带有批判性的系统化。如果用涂尔干与“常识”决裂的经典视角来解读的话，其作品也可以被描述为社会科学领域的一次“象征革命”。这在很大程度上要归功于布尔迪厄在一系列经典对立关系中发现第三个立场的能力，如个人与社会、心理结构和社会结构、历史和结构、自由和决定论、相对历史主义和普世理性主义、主观主义和客观主义、积极投入和保持距离等对立关系。正是通过这一能力，布尔迪厄逐渐建立了一种范式，可以总结为“资本”“场域”“惯习”的概念三部曲。这一范式与反思的原则不可分割，而这一反思的原则可以被理解为使客观化主体科学地客观化的过程：对于自我的认知，事实上在这里被视作发表关于世界现实的言论的一个必要前提。基于经验研究，布尔迪厄的作品可以被描述成一部“象征资本的经济学”（其“资本”的概念可以拆分为“经济资本”“文化资本”“社会资本”和“象征资本”，后又可依照各个相对独立的场域，被界定为相应的特定资本）；他的“再生产理论”对于资本分配的不平等的描述（包括其中的“失败者”和“奇迹般的成功者”）印证了这一点，其象征冲突和象征革命理论（在文学领域通过分析福楼拜来展示，在艺术领域通过分析马奈来进行）也体现了这一点；再如其“实践总体理论”（在分析中呈现为惯习和场域的碰撞）；又如他的“统治关系理论”以及形式繁多的象征暴力在不同社会空间中的体现（阶层统治、男权统治、殖民统治等）；最后，他未能完成的“场域总体理论”中也呈现了这一点。

今天，布尔迪厄的作品被当代知识界的不同领域使用、引用、讨论和批判，这些领域从教育社会学到语言哲学，再到认识论，还包括了民族学、政治学、制度主义经济学。如果说布尔迪厄可以被视作我们这一时代的主要思想家之一，其作品角度的多维性和形式的多样性则使得其无法被惯用的学科划分方法归类，无法判定其作品只属于某一学科。如果说布尔迪厄确实是一名社会学家的话，则同时也可以说他是一位哲学家：20 世纪 50 年代末他所着手解决的正是一组哲学问题，他所采用的方法使人想起涂尔干的研究路径，后者在 20 世纪刚刚来临时，尝试使康德的哲学“社会学化”。而布尔迪厄也是一个“社会科学家”：正如对于他的作品的不同形式的采纳和接受所印证的，他的作品涉及了大部分社会人文学科，如语言学、文学、政治学、经济学、人口学、历史学，乃至认知科学。

出于介绍其作品的目的，我想提几个在理解他的作品时，尤其是在其作品传播到遥远的国度时会产生的障碍。我坚信对这些问题的了解，可以帮助读者提高逾越这些障碍的可能性，虽然这可能只是一个幻想。

首先，我们不能否认布尔迪厄文字中固有的、在语义上和句法上的理解难度。即便是内行的读者，也无法避免在理解他的作品时出现困难（当然，对于翻译者也是如此）。这一困境与他论述过程的稠密度有关，与其举例的丰富度有关，还因其经常侧面指出其引用的例子可能具有的同源性（homologie），也因其总是考虑到界定他的论述的有效条件和范围，预见到可能出现的异议或者误读，还由于他经常使用为了切断与常识的联系而建构的概念上的习惯用语，更由于他的句子结构总是那么复杂，而这一复杂句式的建构一方面反映了社会过程相互联系的特点，另一方面也反映了一个自省的思想是如何进行的。

布尔迪厄的著作对于外行来说难以接近，对于知识分子来说，出于不同的原因，阅读起来也并不容易。除了属于知识分子们自己特有的经院环境以外，布尔迪厄的作品切断了知识分子和社会世界之间迷人的联系和知识分子与他们自身社会地位的联系，他摆脱了主体性哲学、存在主义者的人道主义、60年代末以萨特为代表的激进主观主义，也摆脱了无主体性哲学、结构主义下的反人道主义和列维-斯特劳斯所代表的客观主义。与此同时，其著作与文学哲学传统下统治整个法国知识界的理论至上主义决裂，也与支配着全世界研究走向的美国社会学所推广的实证经验主义相抗衡。正因如此，布尔迪厄的著作被主观主义者视作“客观主义”，被结构主义者定义为“人道主义”，被经验主义者划分为“理论主义”，并被历史哲学家视作“实证主义”，其著作的接受过程曾经在很大程度上由不真实的边界和人为的分割所左右，正是这些边界划分着一个国家所有的领域，并一直被布尔迪厄质疑（Brubaker，1985）。

虽说布尔迪厄的著作具有让知识分子们感到为难的所有特质，但在理解过程中最容易出现的问题大概在于把其著作矮化为纯理论著作的阅读方式，以及通过这种方式来评论书中的概念，而不是使用它们。对其著作的误解一方面产生于对其研究路径的误读，另一方面来自对其研究意图的错误认识。布尔迪厄在知识生产上的实践不能被简单归类为“理论生产”：“我建构的理论工具不是为写评论或者写注释而设计的，而是为了在新的研究中使用的。”（Bourdieu，

1993：27）如果布尔迪厄提醒人们不要拿他的著作来进行“哲学性”阅读或“理论性”阅读，这是因为他最想传递的是一种“科研惯习”，是一个普适的、对于社会学者这一职业必不可少的倾向性（disposition）系统。对理论至上主义的提防导致对经验主义的警惕：沉浸在经验现实中会使人自然而然地把观察到的案例建构为一种可能性，而这一可能性又被置于一个可能出现的形势是被限定的世界中。

除了这些困难，还要加上国际观念贸易自身形成的一些障碍（Bourdieu，2002）。除了语言障碍、民族主义障碍、偏见和刻板印象这些在知识生活中大概不比其他社会领域要少的问题，还有根植于国际观念贸易逻辑的误解的结构性原因。借鉴了马克思的观念，布尔迪厄用“无上下文的文本流通”来分析这一结构性障碍。各国的知识领域的结构如同国际观念贸易中的一个文化中介；出口国的结构决定产品的形式，而接受国如同某种思维透镜一般挑选、曲解那些可以在它们自己的背景中找到共鸣的思想，并用地方上的理论方言把这些思想转译出来。然而，接受了这些进口观念的人们，在绝大多数情况下，忽视了生产这些观念的场域，忽略了构想它们的场域在科学层面的可能性以及这些观念原本的意义和作用。在此之上，它们自发地依据接受地的场域结构重新阐发了这些观念，并通过感知模式和阐释模式把它们与接受地的背景联系起来。一个来自外国的文本所持有的意义和作用正是这样被确定下来的，至少无论对于接受地还是对于来源地都是一样的。“错位误读”效应与观念的国际化流通密不可分，这一效应基本上表明了引进著作在来源地的含义和客观地位与其接受者在接受地的立场不可避免的相互影响。与来源地的知识界在距离上的遥远和熟悉感上的缺失使人倾向于把布尔迪厄作品的复杂性归咎于巴黎知识界的特殊性（“法国例外论”）。翻译所固有的碎片化（正如与此相反的使一部著作的不同阶段同步化）使人们无法理解一个著作的阐释逻辑：它中断的地方、它修正的地方、它重读和修改的地方。超越这些障碍意味着采用一种社会衍生学的角度来看待一部作品：超越关于一个国家内部生产场域的社会学和其中孕育的国家性的思维分类法。在这一视角下，人们应该把这一分类法解释清楚，通过研究教育制度史和文化生产的场域，使一个国家在文化上的潜意识结构浮出水面，而这正是思维体系的历史基石。这样，我们才可以把社会科学在超越各国内部知识生产场域界限而流通的过程中所产生的扭曲误解变得显而易见，而这一过程可能可以抵消或者减少这些曲解。

但是，正因为“所有的科学都藏在某处”，又因为斗争的输赢才是社会学的研究对象，我觉得理解布尔迪厄著作的主要困难不在于其复杂的句法和晦涩的措辞，不在于知识分子学究式的偏好，亦不在于国际观念市场的内在困难，而在于整个批判社会学事业所带来的困境。对其著作的理解消化首先碰触到的，是或多或少被牢牢内化的反对所有社会学尝试揭露内情时会遇到的阻力，这不仅仅是有时社会学质疑的一些关键利益，还有常识上的一些模式。社会学的工作很少使我们到达被称为清晰的境界，换句话说就是为情理之中的事情提供证据：主体性哲学和各种形式的主观主义幻觉都明显比社会学的客观化过程所带来的结果离常识想法更近，所以“理性选择理论”也明显比“惯习理论”离常识的距离更近。此外，作为除魅者，社会学的主张经常被（错误地）视作囚禁在一种命运里，而社会学家也经常被看成扫兴者。与其说社会学真的是一门除魅或者灭圣的科学，不如说它其实是一门“扰人的科学”（Bourdieu，1980）。因为它揭露出隐藏在背后的有时被抑制的东西，还因为它经常与统治者的利益相违背，部分由于这些利益隐匿于缄默的表面之下或于情理之后，而情理经常告诉人们事情就应该是这样的且无法是其他的样子。

热拉尔·莫热（Gérard Mauger）

2016 年 4 月于巴黎

参考文献

Bourdieu P. , 1980, "Une science qui dérange", *in* Bourdieu P. , *Questions de sociologie*, Paris, Les Éditions de Minuit, p. 19-36.

Bourdieu P. , 1993, "Concluding Remarks: For a Sociogenetic Understanding of Intellectual Works", *in* Calhoun C. , LiPuma E. , Postone M. , *Bourdieu: Critical Perspectives*, Cambridge, Polity Press.

Bourdieu P. , 2002, "Les conditions sociales de la circulation internationale des idées", *in Actes de la recherche en sciences sociales*, n° 145, p. 3-8.

Brubaker R. , 1985, "Rethinking classical sociology: the sociological vision of Pierre Bourdieu", *Theory and Society*, 14, n° 6, p. 745-775.

热拉尔·莫热 (Gérard Mauger)

社会学家，法国社会科学院荣誉研究员，欧洲社会学和政治学中心研究员，该中心为布尔迪厄联合索邦大学的政治科学中心共同创立的。莫热先生曾任教于巴黎高等社会科学院（EHESS）、巴黎高等师范学院（ENS），曾为"调查—田野理论"（Enquêtes terrains théories）团队和"跨学科实践"（Pratiques de l'Interdisciplinarité）硕士项目的成员。

莫热先生学术上的研究领域包括年龄和代际关系社会学、犯罪社会学、文化实践社会学和政治社会学，并有著述十多本，如《年龄和代际关系》（*Âges et générations*, Paris, Éditions La Découverte, coll. "Repères", 2015）、《青年犯罪社会学》（*La sociologie de la délinquance juvénile*, Paris, Éditions La Découverte, coll. "Repères", 2009）、《读者的历史》（*Histoires de lecteurs*, Paris, Éditions Nathan, coll. "Essais et Recherches", 1999）。此外，自20世纪80年代，他便作为布尔迪厄的合作者参与其团队的科研工作。在布尔迪厄逝世后，莫热先生撰写并组织出版了多部总结整理

布尔迪厄学术遗产的论文集，如《遇见布尔迪厄》（*Rencontres avec Pierre Bourdieu*，Bellecombe en Bauges，Paris，Éditions du Croquant，2005）和《阅读布尔迪厄》（*Lectures de Bourdieu*，Paris，Ellipses，2012）。

目　录

致读者 9

皮埃尔·布尔迪厄

本书是一些男人和女人对他们的生活状况和所遇困难作出的见证。正如学术研究的要求所允许我们做的那样，我们做了一些组织和编辑工作，希望读者能够谅解和关注。出于同一理由，我们也希望读者接受本书的编排体例，尽管我们能够理解，有些读者看到一些“个案研究”有点类似短篇故事，宁愿随意翻阅，以至于跳过我们觉得正确理解各篇访谈所不可缺少的方法论前提和理论分析①。

的确，这里都是一些私人话题，一些在彼此信任的关系之下汇集起来的心声吐露，现在把它们公之于众，我们怎么会毫无顾忌
呢？诚然，对于如何使用这些谈话内容，我们的采访对象完全信任 10
我们，然而，信任的契约承载着从未如此沉重的心照不宣的要求。因此，我们首先要尽力保护信任我们的人（所以我们才经常改动可能被核实的名称，例如地名和人名）；而且更重要的是，我们必须非常注意不使他们的本意被曲解。

“勿惋惜，勿嘲笑，勿憎恶，唯求理解。”斯宾诺莎的这条格言，社会学者如果拿不出恪守它的办法，则纵然以之自律也是没用的。

---

① 关于我们的调查的方法论前提、访谈的誊录过程和分析，读者可参阅本书末尾的详文（“理解”，见本书边码即原书页码第1389页）。

然而，如何指出按照人们的本来面目去理解他们的办法？这就需要提供必要的工具，以便找到他们之所以必然如此的完整原因，以及能够说明这种必然性的理由。可是，怎样才能避免解说工作纠缠于个别案例呢？例如，怎样才能避免访谈笔录——连同其分析性导言——看起来像是一份冠以诊断书名称的临床病例？分析者的干预既非易事，又十分必要，因为干预者必须毫不隐讳地开诚布公，同时尽可能始终忘掉自己的存在。因此，我们将分析案例加以组织时，尽量把不同观点放在同一个阅读单位之内，让它们有机会发生交集
11 甚至碰撞；这种体例还可以彰显得到直接分析的案例的代表性。无论事关一位教授还是一位商人，我们都围绕着这个人组织起一个有不同说法的“个案”。誊写访谈时，口头谈话必然会发生一些变化。访谈录的大小标题（无例外地从采访对象的话语里提取），特别是置于对话之前的文本，都是为了方便读者注意到谈话的要点，即不经意的、毫无警觉的知觉活动可能遗漏的东西。它们的作用是提示说话者所处社会环境和所受制约（人生轨迹、教育水平、职业经历），即一切言语记录既遮蔽又显示的东西。这些东西不仅存在于笔录无法显示的语气和语调里，而且存在于所有肢体语言当中，动作、姿势、模仿手势、目光等，此外还有沉默、弦外之音和口误。

分析者的干预是不可避免的。要让读者能够接受这种干预，只能靠书写活动，这是调和下列矛盾所必须付出的代价：一方面提供一切必要的元素，以便客观地分析采访对象的立场和理解其观点，然而不可生造客观的距离，以免把分析降格为一种昆虫学的好奇心；另一方面，采取一个尽可能接近自己的观点的角度，但要避免把自己不合理地设想为第二自我（alter ego）——因为无论是否愿意，它仍然是一个对象——从而不适当地使自己成为后者的世界观
12 的主体。建构活动充满批评性思考，分析者必须使之看起来不言而喻和顺理成章，甚至无条件地服从既有事实，这样才能成功地介入对象化的过程。

不同观点的空间 13

皮埃尔·布尔迪厄

“住宅城”、“大型居民区”、众多教育机构，这里人们既彼此隔离又汇聚一地。必须共居一地的结果不是互不了解或互不理解，就是明里暗里产生纠纷，忍受着由此产生的一切苦恼。要弄懂这些地方究竟是怎么一回事，仅仅分别解释各种观点还不够，应当依照它们的实际面貌进行对比，不是让一些交织盘错的意象无尽无休地相互作用，使之相对化，而是相反，应当通过简单的并列，展示不同的甚至冲突的世界观的交锋的后果，即产生于格格不入的观点之间的悲剧性，因为这些互不让步、互不妥协的观点都各有各的社会理由。

访谈是按照自足的单元设计和安排的，可以（依照任何次序）分别阅读。分布方式如下：如果谈话者同处某一个物理空间，属于某一使之彼此接近甚至发生冲突的社会范畴，那就放在同一个阅读 14
单元之内，例如，廉租房的管理员、住户、成年人和青少年，以及同类民居里的工人、艺术家和商人。这样安排基于我们希望达到的两个效果：首先，我们想说明所谓“陷入困境的”场所（例如今日的“居民区”和学校）很难描述和想象，一厢情愿的简单化的形象（例如报刊所传播的形象）应该被一种复杂多样的表现方式所取代，因为同一个现实会有不同的说法，往往难以调和；其次，应当像福克纳、乔伊斯、弗吉尼亚·伍尔夫等小说家那样，放弃单一的、中心的、支配性的，总之近乎神圣的观察角度：观察者通常十分乐于采取这种角度——读者也一样（至少当他觉得与己无关时）——我们应使之让位于多重角度[1]，允许数种观点并存，甚至竞争。

这个角度绝不是主观的相对主义，因为那将导致某种犬儒主义或者虚无主义。相反，它实实在在地扎根于社会现实，而且在很大
15 程度上有助于解释这个世界发生的变化，特别是从利益、处世态度和生活方式的冲突中产生的许多苦难；这些苦难因不同的人同居一地或者同处一个工作场所而加深，例如街区或公寓里的邻居、办公室同事等。人们长期共处，各种各样的经验之间形成心理疆界。在每一个这样的群体内部，都可以感受或者体验到把阶级、种族和世代隔开的各种对立，尤以生活方式为甚，其中包括偏见所导致的误判（特别是看错目标时）。虽然我们有时会遇到一些人，阅历和地位使他们有偏激和分裂的看法（我不禁想起那位在“艰难的”居民区经营体育用品的女商人，她尽管表示理解青少年，可是认为自己完全有理由奋起抵抗他们的袭击），但是差异之间正面冲突的后果有助于使争论各方多少保持清醒（例如，有一位西班牙移民举出了家庭结构的差异：一个是低生育率和素来严谨的生活规矩并存的欧洲家庭，一个是多子女的马格里布[2]家庭，后者往往由于父权产生

---

① 我们还可以举出《堂吉诃德》的例子。利用各种词源学释义给人物起名字，或者游戏于不同语体之间，可以重建“词语对于不同的人的多种意义”，同时可以重建导致人类生存的复杂而歧义的多样性（L. Spitzer，*Linguistic Perspectivism in the «Don Quijote»*，*Linguistics and Literary History*：*Essays in Linguistics*，Princeton University Press，Princeton，1948，p. 41-85）。

② 马格里布是三个北非法语国家的阿拉伯语统称：摩洛哥、阿尔及利亚和突尼斯。——译者注

危机——这种危机是移民的生存条件和适应不良造成的——而必然发生紊乱以及不得不经常依赖子女度日）。

在小社会里（办公室、车间、小企业、邻居和大家庭）可以直接感受到的社会互动甚至会支配或者至少改变人们在大社会里对于自身地位的体验。帕特里克·舒斯金①的剧作《低音大提琴》极成 16
功地展示了在一个享有声望和特权的群体里，一切地位卑微不明者的痛苦体验，正如剧中交响乐团的低音大提琴手那样。由于这个群体在整个社会空间里地位优越，这种体验必然更加痛苦。涉身其中的程度正好使其感受到自己相对低下的地位。如果从大社会出发，与生存条件的深重苦难相比，那么这种与封闭在小社会里的感受者的视角相关的地位之苦必然“完全是相对的”，即如常言所说，完全是不真实的，其用意通常要么是责备（“你其实没啥可抱怨的”）， 17
要么是安抚（“还有比你更惨的，这你知道”）。可是，只讲生存条件的深重苦难而排斥其他一切困苦，无异于对很大一部分反映社会秩序的困苦视而不见和不理解。无疑，社会秩序已经使大苦大难有所减轻（不过没有达到人们所说的程度），可是在社会分化的过程中，社会空间大大扩展（特殊领域和次领域），从而制造了助长各种日常困苦空前加深的条件。在各种观点的空间里，如果不给面临日常困苦的社会范畴留出位置，就无法正确地再现一个跟宏观社会一样，以产生无数的自我表象为特点的世界。这些范畴即一切以个别应对或谈论日常困苦为使命的社会职业。当然，由于视角分殊，观点难免偏颇。

---

① 帕特里克·舒斯金（Patrick Süskind，1949— ）是德国当代小说家、剧作家和电影编剧。——译者注

19

水仙街

这里的房屋是各式建筑的混合，官方最初的叫法是“城镇化重点区域”（ZUP)，后来，“街区社会发展计划”（DSQ）运作部门的负责人改用了一个好听一点的名字——“圣马丁谷”，以便给准备翻修的街区“改变一下形象”。过去，圣马丁山的脚下及其罗马式教堂一带都是农田，似乎由于一种积淀作用，这个住房混合体跟这里的居民一样，都带有先后施行的工业政策遗留的显著痕迹。20 世纪 90 年代初，15 层的塔楼被拆除，如今只剩下几栋一字排开的住宅，居住着“拥有房产权”的符合资格的冶金工人的家庭，包括工人、包工队长和领班。以阿尔及利亚人为主，这些人大多来自国外。随着冶金工业的几次“结构重组”，这一带近半人口处于失业或提前退休的状态。

勒布隆先生和阿梅兹亚尼先生在水仙街两侧相对而居。这条宽阔的大街没有树木，街道两旁的每个小房子都有一个狭窄的小花园
20 （4 平方米)，低矮的围墙下常见碎纸片、旧玩具和丢弃的炊具。车库在房子的底层，上面是一套带洗衣间和卫生间的三居室住房，上楼得爬光秃秃的水泥板楼梯，很陡。阿梅兹亚尼先生的家就是如此：除了几块抹布充当的脚垫以外，楼梯上没有任何铺垫。

只有当孩子们出门上学时，水仙街才变成一个玩耍的天地。也许因为通常使街市热闹起来的商家——肉铺、面包房、杂货店、咖啡馆、报刊亭、烟酒店——这里一家也没有，空寂的街道令人很自然地联想到“沙漠”。自工厂关闭、房屋拆迁以来，谈到这里的景象，当地人常说，空荡荡的，什么也没剩下，更别说景观了。

水仙街的居民很像一个劫后余生的群体，这一点他们自己也很明白。消失的工厂是他们的全部生存理由。他们往往在 14 岁时获

得学校毕业证书，然后踏着父辈的脚印走进工厂，而且很自然地期待自己的子女也走这条路。他们竭力延续着过去和工友的天地，尽量利用一切机会重聚于咖啡馆或者超市，尽管后者和他们的住处之间隔着一条高速公路。他们一聊就是一个上午，谈论最多的是未来，即过去的延续和理由，以及如今被迫延长就学时间的子女的前途，因为中学虽然能够把孩子们从工厂引开，可是除了贬值的证书 21
以外，大多给不了别的什么——在这个危机重重的地区，这往往意味着失业。

在一位远亲的推荐下，勒布隆夫妇同意和我们见面。这天上午，勒布隆先生休息，女儿也都上学去了。听到汽车声，他没等我们下车就打开了底层的楼门。勒布隆太太没有立即下来，不过很快就出现在楼梯口。两人的衣着很精心。丈夫穿着一件格子衬衫，妻子身着碎花连衣裙，发型做得有点不自然，好像要共同面对一场考验。他们以夫妇的身份接待我们，神情不太自然，明显地因对方在场感到放心一些。两人显得怯生生的，对于我们究竟想要什么，心里没底（他们最后问道："这些话你们打算怎么用?"）。跟我们一样，俩人躲在这种场合常说的客套话后面。除了去厨房端来咖啡以外（咖啡早已煮好，她从餐具柜里拿来瓷杯），妻子紧挨着丈夫，寸步不离。我们提出是否个别谈谈，她显得有点不乐意。丈夫用眼色示意她加入谈话，她一开口便寻求他的赞许。丈夫表情严肃地颔首，但是不插话，似乎顾及礼貌。

餐厅面积几乎有多一半被一张大餐桌占去，我们在餐桌两侧面对面落座。这里显然是家居生活的中心。女儿们在上面做功课，母 22
亲在桌旁缝纫或者编织（书架上留有一件针织物，还有纸张、女儿的笔记本和等着裁短的牛仔裤）。这块小天地温馨而封闭，自成一统。餐具柜被用心地揩拭得一尘不染，上面摆着女儿的相片，大女儿的毕业证书围绕着一些小摆件，她的书架上也点缀着小摆件和相片，还有三排普及读物；沙发上摆满颜色鲜艳的靠垫，电视机前放着葱绿的植物，细心照料下的小狗和笑靥迎人的勒布隆夫妇一样讨人喜爱。不过，说起一些邻里问题，夫妇俩脸上掠过一丝忧虑。在这条街上，他们属于最后几个本土法国人家庭。谈话到最后，勒布隆太太说："您知道，我们这个小地方，如果掰着手指头算一算，只有七个法国人，七个而已！因为，街对面那边全是小房子，那一边……"她接着说，"唉，您瞧，我根本就不怎么出门。"

这仅仅是当地冶金企业总体衰落、个人走下坡路的迹象之一，无疑最令人难过。似有神灵相助，勒布隆先生幸运地躲过了解雇大
23 潮（"解雇"是一个人们忌用的字眼："冶金工业重组"的负责人管它叫"根据社会计划撤减岗位"），保住了金属制品质量检查员的职位。他向我们描述了一些逐渐积累的迹象，以此来说明工作环境越来越差：工资减少了30％～40％（自从他不再连续上班起，包括周末值班）。班组减员，有时甚至只剩下一半，他所在的班组从九个人减少到四个人。部分班组成员的资质越来越差（有些老工人退休前得重新安置），或者徒有其表地返聘。生产反倒没有停滞，甚至增加了。加强了检查和监控，以减少包括病假缺勤造成的损失（"我们不能生病，没人顶替""如今生病得批准……""厂里有人的脚或者胳膊骨折了，厂里就派一辆车，每天到家里载他去上班"）。工会削弱了，特别是很难动员那些心灰意冷然而庆幸有工作可做的人（"他们总是跟我唠叨：'你还有份工呢，你算走运的啦'……嗯，好了，这就是人家的评价——'算是走运的，有工可做'。我已经七年没休病假了。九月份我得了肠炎，歇工，在家整整歇了九天。一回厂干活，头头就把我叫过去，工程师还说我不诚实。过后他们才
24 问我得了什么病"）。还有，他们不招聘年轻人。这说明企业生产的周转，连带家庭的周转都中断了："有年轻人进厂吗？""目前没有。不是不想招些新人，而是……尤其从年龄分布来看，在我们隆维

(Longwy) 这个地方，居民老龄化很厉害。因此，工会想方设法打发50岁到55岁的工人回家，好让年轻人进来。”

再生产的危机波及学校，这无疑是一个令人忧心的大问题。我们的谈话总是很自然地回到这上面来，不是谈工厂状况，就是谈两个女儿的求学问题：大女儿想当护士，因为她“特别喜欢小孩”（“你要是让她照管一群小孩，她会照管得很好，这事她喜欢”）。小女儿正处在“过渡阶段”，读四年级，今后也会高高兴兴地上初中；她已经学会了择青菜，给幼儿园的孩子们做蛋糕和摊煎饼。我们问起，年轻人为什么对工厂的工作不感兴趣（“我们那阵子也许不像如今的年轻人这么难伺候”），他们首先提到学校，以及学校给孩子们灌输的过于明确和偏专的期待：“学校教得东西太多，孩子们脑袋塞得太满。还说什么，现在你学哪一行，将来就能做哪一行。孩子们拿到专科技能证书 (CAP)[①]，出去也没用，因为即使能凑合找到一份工作，他们也不会干，他们会觉得学非所用。我觉得这得怪学校。”不过，他也注意到，很多家长“祈求上帝开恩，让孩子在学校多待一阵子”，这正是孩子们的愿望，他们才不愿意听家长唠 25
叨工厂长工厂短。例如，勒布隆先生饶有兴致地提到一位同事的儿子：烹饪技能证书已经到手，正在准备理工科高中毕业会考 (BAC)[②]，可是他想上调酒技师学校。孩子们都说：“只要人在学校，我就没失业。”勒布隆先生认为，“这么说让人觉得有点遗憾，可是情况确实如此”。打算当护士的女儿“还得读七年书”，他觉得这是很自然的事。

不过，他把他这一辈人（他今年四十岁出头）和下一代的不同表达得很清楚。学校对他们这辈人的作用不大。小学最后一年他

---

① 专科技能证书 (Certificat d’Aptitude Professionnelle，CAP)。——译者注

② 高中毕业会考 (Baccalauréat，BAC)，法国高中毕业的统一考试，决定进入高校的资格。——译者注

没怎么上（老师跟父亲吵过架之后，就把他打发到教室最后一排去了），毕业证书也是勉强拿到的（他笑着说，他的考试卷上有52处拼写错误）。因此，很自然，14岁那年，他改弦更张，参加了父亲工作的工厂开办的一个培训班，两年后干起了父亲的行当，不过是在另一家工厂。后来，不知不觉地，特别是通过“参观”一些车间和工地——为培训生参观特意打扫过——他发现了工厂的真正天地，尽管通过父亲的言谈和许多熟人，他早已略知一二：“我们去了工厂的工地，我发现在很多地方，工人们偏偏都不是那么……我们参观了高炉、钢厂，那些地方原来不是……让我大吃一惊，我看见炼焦厂、焦化炉，工人们一干就是八个钟头，真有
26 点……”当他讲述工厂劳动的年代时，从语调的变化和眼神里，特别是从几次沉默里，不难看出难以言表的可怕体验（以上引用的三句话他都没有说完，似乎由于难言而卡住了）。这说明初次接触工厂对他的震动有多么大，虽然他事先不无准备，而且抱着一种认命的心态。

经过“放羊式”的培训阶段，实习结束时却什么头衔也没有：“我什么文凭也没有，两手空空；反正金属结构质检员的技能证书也没有什么用处。”结婚那年，别人提醒他，应当考一张专科技能证书，可是，他不久就在代数阶段中止了学习，他只学到分数阶段。如今回想起来，跟能够从实践中学到的相比，他不认为一通纯理论的培训能给他带来什么益处，哪怕是物理学和化学：“铆足劲干就是了，铆足劲……”“干起来才知道，如果碳含量太高，锰含量太高，钢板就会变成什么样子；硫一多，结构就变。就是这样。这么说吧，这些知识都来自实干。”这是他描绘的一幅自画像，无暇多想，毫不造作。他这样对比从校门出来的工人和经过旧式训练的工人：“是啊，他们有文凭，有技术，可是缺乏实践，如今工厂缺的就是这个，有实际经验的工人奇缺，了解设备的工人奇缺。我

总是说，从前我们有个老家伙，熟悉设备。有人告诉他，生产线的 27
一头有毛病，他过来看了一眼就走了，来回看过两次，回来时说：'毛病出在罩子上，就在那一头。'这家伙从来没看走眼。如今呢，出了毛病，问题来了，这边找找，那边找找，就算找到了，也不知道病根在哪儿，没有明白人了。”这种连续性的好处，这种岗位内部的完美调节，通过自纠用词，他用一句话就说明了其两面性。言语中既有自豪感，也有对大势所趋的彻底顺从：“问题就在这儿：我们这些从培训中心出来的人，很幸运——也是不幸——我们对工厂还是熟悉的。”

与宗教传统甚至生活方式相比，这是一种对于工业秩序连同对于社会秩序的深刻的归属感，它也许能够更好地说明勒布隆先生跟阿梅兹亚尼先生的不同。阿梅兹亚尼先生是阿尔及利亚裔工人，80年代的解雇大潮把他抛进了失业大军。他家位于水仙街对面稍高处[勒布隆先生顺带提到搬入这个街区的来由：一家邻居正要搬走，全靠行政上级过问，他从廉租房协会下属的家庭公寓（la Familiale）得到了住房调换权，拿来置换的是自己结婚住的房子。那是当年篮球俱乐部主任帮忙分到的——他那时担任篮球裁判员，这个职务使他在街区乃至本地的年轻人当中颇有声望。他也是学校家长会
的成员，这令他几乎无人不晓。他也参加工会活动。从那以后，虽 28
然没有担任别的社会职务，但是20世纪70年代他仍然全力以赴地参加了反对冶金工业疏散政策的斗争]。勒布隆跟阿梅兹亚尼两位先生之间，两个家庭之间，乃至两家住房之间的不同恰好反映了无产者和失业工人的差别（阿梅兹亚尼的住房看起来冷冰冰、光秃秃的，人造革长沙发没有靠垫，廉价壁毯上绘有清真寺图案，茶几是铸铁的）。无产者已经没落，或者说走下坡路了，收入减少，不过还算稳定，家庭收支正常，前途多少有一点保障。失业工人则失去任何保护和保障，沦为赤贫：穷蹙，杂乱无章，绞尽脑汁地唯求苟

活，一切将就凑合，过一天算一天，房租交不上，债务还不清。

阿梅兹亚尼先生 1960 年来到法国，先后在几家企业工作过。在第一个地方干了六个月，换了个地方又干了两个星期（“老板太凶，我主动辞职了”），第三个地方干了一个半月。就这样，换个地方接着干，每个地方他都被分派从事最繁重的工作，薪资微薄。1962 年 12 月，隆维的一家企业雇用了他，这一干就是 22 年，中间只中断过两年［因为回阿尔及利亚休假四个月，在马赛工作过两个月，后来到过尚贝利（Chambéry)，最终回到隆维的这家企业。这是虞兹诺钢铁公司①的一个分厂，专门利用钢材下脚料制造建筑材料。
29 厂里为他保留了搬运司机的职位，通过他在厂里工作的一位表兄把他召了回来］。他于 1984 年遭到解雇。由于享受不了退休待遇（未满 50 岁)，他在上萨瓦省（Haute-Savoie）又找了一份工作，仍然通过一位表兄的介绍，但是工资低，饱受盘剥（每天工作九个小时，月薪 3 600 法郎)，所以只干了三个月就重返隆维。1989 年，他参加了六个月的涂漆和铺设地砖的培训，也学习阅读和写字（他很遗憾自己一直是个半文盲，法语也说得不好)。不久，他再度失业，直到在“共济职业合同”② 的一个分支机构找到了一份半职工作。这样他每个月能挣 3 900 法郎，外加 700 法郎的工商就业协会③的失业补贴。这些收入的多一半必须用于固定开销：1 400 法郎的房租（月租 2 400 法郎，减去 1 000 法郎的个人住房补贴④)，500

---

① 虞兹诺钢铁公司（Usinor）成立于 1948 年，经历多次兼并和私有化过程，从 2001 年起成为一家欧洲多国钢铁集团安赛勒公司（Arcelor)。2006 年跟米塔尔集团合并，组成跨国钢铁集团安赛勒米塔尔公司（ArcelorMittal)。——译者注

② 共济职业合同（Contrat Emploi-Solidarité，CES）指自 1990 年以来实行的一种短期雇佣合同，旨在帮助有专长的失业者再就业。求职者通常跟地方公共机构签约，大多为半职工作，工资由国家支付，一般在最低工资线以下。——译者注

③ 工商就业协会（Association pour l'Emploi dans l'Industrie et le Commerce，ASSEDIC)。——译者注

④ 个人住房补贴（Aide Personnalisée au Logement，APL)。——译者注

法郎的地方税，还有水电气的费用等等。

按照每个月最多 1 500 法郎计算，这是他养活六口之家的钱。他有四个子女（妻子 1981 年带着两个孩子来法国团聚，来后又生了两个）。这不包括数额可观的各种债务，以及随之而来的官司：燃气官司、房租官司（他认为他欠家庭公寓 200 万旧法郎[1]，不过，一位协助他接受访谈的朋友认为他被人忽悠了）、国营铁路公司的官司（“去年帮我老婆打了一场官司。她把 2 000 法郎的火车票弄丢了，后来变成了 2 200 法郎。我现在得缴钱”）、医院的官司（“也是 2 000 法郎，顶多 3 000”）等等。他于是陷入接二连三的困境难以脱身。他估 30
计欠债共达 100 万到 120 万旧法郎。没法一下子付清（“……那样一来，家里人吃什么，吃什么？”）。他想方设法地“慢慢偿还”，今天还 100 还 50 法郎，明天还 200 法郎，“缓和一下”。不过，他仍然得苦苦挣扎，把收入掰开揉碎，否则就去不成爱心餐馆[2]了。

他的合同 7 月 15 日到期。之后能做什么，他不知道。“唉！不知道，不知道下一步做什么。受够了。我得走。受够了就一走了之。就是这么回事。真的。怎么会这样呢？我挣四块，丢八块。这可怎么办？”可是，他真的能像他和妻子所希望的那样，返回阿尔及利亚吗？实际上，虽然他多次强调相反的意愿，反复说他“不怕回去”，说他在那边有一所房子，一块田地（“我老婆可以抄起铁锹，翻耕园子，我可以在屋后种点啥”），可是他心里很清楚，从各方面来说，自己都被“卡在这儿了”：去那边找工作已经太迟，况且会失去凭失业领到的微薄救济。他的邻居也是阿尔及利亚人，这次访谈也过来帮忙，他对这种局面的概括是“我们这些人如今跟当年的黑脚丫[3]一

---

① 旧法郎的币值为 1960 年发行的新法郎的百分之一。——译者注

② 爱心餐馆（Restaurants du Cœur）是法国喜剧演员高卢奇（Michel Coluche，1944—1986）创办的慈善餐馆。——译者注

③ 黑脚丫（les pieds noirs）是对曾经侨居北非殖民地的法国人的俗称。——译者注

样，两头不是人：那边不算阿尔及利亚人，这边不算法国人”。

问起邻居（按照他的理解，这是指法国人）以及跟邻居的关系时，他的回答跟勒布隆先生一样：出于各种不同的理由，他大概既
31 不能说好，也不能说坏，他把这种关系说成没啥关系，不好也不坏，也就是说，只是“打个招呼”而已。笔者60年代在阿尔及利亚采访过一些工人和雇员，那时问候语被用来概括和代表缺少人情味的工作关系。我们在谈话中也提到了阿梅兹亚尼先生最终返回原籍阿尔及利亚的可能性，他显得对这个话题很敏感。看来，对于那些指责他们抢法国人饭碗，最好打道回府的人，他很在意那些人表现出的攻击性。

勒布隆先生当然不属于这种情况。他说他尊重阿尔及利亚人，也同样希望得到他们的尊重。我们可以相信这个说法。可是，当提到邻里关系以及在这个街区生活的难处时，他妻子的神情和动作——不时紧闭嘴唇，眼球朝天翻转——表明不便把心里话和盘托出。她还忙不迭地告知，她从来不出门，邻里来往减至最低。勒布隆先生本人则用强调的语气，举出在校学生中移民子女的极高比例（他认为占80%，然而1988年，在全部651名小学生当中，“只有”224个阿尔及利亚人和144个摩洛哥人；在全部463名初中学生当中，有260个外国人）。对于当地中学辅导员的难处，他因参加家长会而有切实的了解。他对阿尔及利亚同事持保留态度（“倒是遇见过一个好人，必须承认，他在阿拉伯人里算是不错的”），对于各
32 种斋月期间的优待表示不满。所有这一切都说明，日常共处正在严厉地考验他们从教育和政治活动中接受的国际主义和反种族主义的传统和信念，尽管官方对种族歧视和社会偏见的谴责加强了这些传统和信念（从另外一些无话不谈、无所顾忌的更私密的关系中搜集的证言也可以证实这一点。例如，一位社会党活跃人物说她忍受不了公寓里的喧闹和气味，特别是夏天和节假日更是躲也躲不开；出

于同样理由，一对曾经活跃的法共党员老夫妇信心尽失，不得不悻然搬走了）。

勒布隆先生显然竭力包容，或者用一个更好也更直接的说法，尽力理解（他多次说“我为他们设身处地着想”）。如果认为这是为了迁就访谈的礼貌和官方的价值观，那无疑是完全错误的。可是，我们也必须注意到，他说斋月期间对他来说非常“可怖”：“哎哟哟！真可怕，我得说，真恐怖，嗯……不错，大人白天睡觉，倒是挺安静的，小孩就不一样了，上街喧哗，你只好听他们漫天价倾诉苦水……还有，他们的一天从晚上 10 点开始，正是咱们上床睡觉 33
的时候。唉，说真的，那个吵嚷啊，你不听也得听……”我们还注意到，他对移民是区别看待的（“阿尔及利亚人”和“摩洛哥人”被放在一起另作别论，不过他随即提醒说：“我们跟葡萄牙人和意大利人也有同样的问题。”他还说，街区里的很多难题可以归咎于唯一的一家法国人），区分的根据是能否适应法国的生活方式。他认为，衡量这种适应能力要看“孩子们的举止做派”在多大程度上“跟法国人一样”。

的确，吵闹，斗殴，损害或破坏公共财产是同居一地带来的令人最难忍受的后果，这些都可以算在那些家庭拮据或陷入穷困的少年儿童的头上，尤其在学校里，这些孩子永远摆脱不了失败和耻辱（651 名小学生里有 240 人，463 名中学生里有 274 人得留级一年甚至更久），有时甚至完全脱离家庭的管控，阿梅兹亚尼先生的两个年龄较大的儿子就是如此。这一点一眼就能看出：当母亲短暂现身，端上茶饮的时候，一个儿子出现在门口，带着嘲讽的表情，貌似有侵略性（大概就是那个用足球砸女老师的儿子，父亲为此被罚款 200 法郎）。父亲在谈话过程中一直把幼女温情地搂在怀里。特别是谈到儿子的时候，他的语气看似冷漠，甚至有些愤怒，实际上不难察觉一种掩藏得更深的绝望：“唉，我可管不了别人……［自

34 己的儿子好像是外人]为什么要管呢？(……)反正他们不听我的。不听……也好……”他的邻居纠正说：“他们把自己管得挺好，就是不愿意听话……”在某种意义上，他把失望的心情转移到了年轻人身上。不过，目前他对他们没有过多的抱怨(“唉！眼下还行，直到他们12岁，15岁以前还行；以后嘛，我就不知道了，因为他们全都是一个样”)。

他们也将脱离控制，他已经预见到这个时刻，像他的儿子一样(他大概在转述儿子的想法)，也就是离开学校以后，他们会发现，无论是否工作过，出路永远都是一样的(“到头来你什么也找不着，什么也找不着！不管他们工作好坏，总之是一档子事……”)。勒布隆先生认为，同居一地的主要问题是马格里布人的家庭权威产生了危机。他觉得这个说法不无道理，并竭力为移民子女的叛逆行为设想一种解释或者辩解。他举出学校，或者更准确地说，学业受挫的失落感，或者文凭持有者在劳务市场受挫后的失落感。因此，应当注意他在这次采访最后所说：这是一种宿命，就业不足的宿命，落在学业受挫加上种族歧视的双料牺牲品身上。只有彻底消除这种宿命，这条名叫“圣马丁谷”的街道才配得上“水仙”的名字，这个名字是当年几个负责“街区社会发展计划”的技术官僚给起的，起得有点欠妥。

35

两个工人家庭

采访者：皮埃尔·布尔迪厄、罗兹妮·克里斯坦

“我们在一起生活”

[谈话从两个女儿开始，她们的照片摆在餐具桌上。]

——你们的大女儿是护士……小女儿呢……

勒布隆先生： 她还不知道想干什么。

——刚14岁就……

勒布隆先生：不管别人问她“你想玩布娃娃吗?”还是“你想当大夫吗?”，她的回答都是“想啊”。这可是个大问题。

——她一直在这儿上学吗?

勒布隆太太：是的，一直在那个高中。

勒布隆先生：是这儿的初中。

——上几年级?

勒布隆先生：职业预科班①，过渡班，说是为了他们以后上技术方向的四年级做准备，或者考专科技能证书的四年级，现在要看他们怎样加强……

——她清楚自己想干什么吗，还是不太清楚?

勒布隆先生：这个嘛，上幼儿园，择菜（……）她挺喜欢那些活儿，在学校也做点蛋糕什么的，反正她挺喜欢……

勒布隆太太：对，干得蛮不错。

勒布隆先生：这方面她还行！总之，我得说，她今年上学还是挺高兴的。

——以前不太喜欢上学吗?

勒布隆太太：不怎么喜欢。

勒布隆先生：以前，有几门课她不怎么跟得上，就放弃了……还是去学校，还是去……老师也说，她今年好多了……以前不行，自我感觉不好，以前就是那副样子。

——是听不懂还是不喜欢?

勒布隆太太：是有些东西没弄懂，可是不敢问老师，所以老是那个样子，不懂，没弄懂。别人告诉她：“你倒是问问老师啊。”…… 36

[…………]

——她现在挺喜欢自己正在做的事，是吧?

---

① 职业预科班（Classes Pré-Professionnelles de Niveau，CPPN），是法国四年制初中为报考专科技能证书的三年级或四年级学生（14～15岁）设立的。——译者注

勒布隆太太：是啊，现在喜欢了。择择青菜什么的。今天是给孩子们摊煎饼。她喜欢干这个，对。

——这样就能往获得专科技能证书的方向走，对吧？

勒布隆太太：是的，烹饪之类的文凭。

勒布隆先生：对对，怎么称呼来着？嘿嘿，我忘了……

——这方面有工作可找，不过还不知道……

勒布隆先生：唉，工作！[笑]，职业介绍所看起来有的是，但实际上没有多少。工作啊，工作！有一阵子确实不少，如今呢？你能看见的，哪儿都是一样。不少企业起来了，可是刚起来就倒了，那么就弄出工作来啦？没错，照隆维镇的统计，他们镇政府搞出一张创造就业的统计表。就业机会倒是有过，可是实际上什么也没创造出来：改个名字，一个企业就建立了，是啊，名字改了嘛。小企业兴办得不少，可是倒闭的也多。很可惜。

[…………]

——是啊，还有年轻人既然上了学，在好多地方，他们就没心思去工厂了，这成了一个问题。

勒布隆先生：问题就在这儿：我们这些从培训中心出来的人，甭管是好是坏，我们对工厂还是熟悉的。因为我们去过，能进去，我们去参观过……

——当作一种过渡，是吧……

勒布隆先生：……我们去看过，呣，准备考专科技能证书的人，根据分科，都会去看看他们照理应该去的部门，所以，他们能看到以后工作的地方是什么样子。如今的年轻人呢，出了学校，教给他们的东西都白费了……

37 ——是啊，上学上到16岁，然后就……

勒布隆先生：然后再上别的学校，呣，去别的学校，等他们一到工作部门……我必须说，如今来这儿的人，来这儿的年轻人，也许在技术上、理论上更行，可是一到实践，一切还得从头学起。

——眼下他们有什么出路？你们同事之间总会谈论这个吧？

勒布隆先生：他们只求上帝开恩，让孩子们在学校能待多久就待多久。这么说不太好听，可是事情就是如此。我有一个同事，有个儿子，已经考下一张烹饪专科的技能证书，正在准备技工类高中毕业会考，可是现在他想回学校去，本来今年得参加专科中学毕业会考，技术类业士学位，可是现在他想再学一个培训调酒师，因为没有位置啊……

——那跟他学过的东西毫无关系吧？

勒布隆先生：八竿子打不着。可是，我得告诉您，他不愿意白学一场，他不想失业！

——这就是说，什么都行，是吧……就是不想进工厂？

勒布隆先生：没这个心思，别跟他提工厂，反正他学的东西跟工厂没关系，可是他有过在那个地方实习的机会，去看看是怎么回事，后来他发现了一个调酒师学校，唔，然后也许再去上什么学。只要上学，那就像他自己说的“只要人在学校，我就没失业”，就可以去酒店工作，也能办自己的企业，开自己的饭馆，就是缺资金……

——是这样，得有资金才行……

勒布隆先生：……资金他没有，父母也没钱给他投资，他就说：“我先去随便哪个服务机构实习一通吧”……

——可是，怎么着手呢？投资可得一大笔钱呢，他怎么办……？打零工吗？

勒布隆先生：可以说，那些在酒店工作的人跟他一样，差不多
每个周末都得工作。唔，他们周末自己安排得很好，不是去酒店就 38
是餐馆打工。要么就像他那样，至少会做饭，对吧，他就做饭呗……

——这就是了，像他这样的还能自保，可是也有人……

勒布隆先生： 有的人还做不到呢……

——我不明白，比如他们考下一个会计技能证书，那就得……

勒布隆先生： 我不知道他们能不能做到，唔，不错，确实有什么夏令营一类的玩意儿。嗯，不错，是有训练，得拿一个"辅导员能力证书"①，如今这样一个证书得花 1 800 法郎呢。

勒布隆太太： 1 800 块……这个钱我们倒是愿意给大闺女花，她倒是愿意……

勒布隆先生： 她想做什么？

勒布隆太太： 假期干点夏令营什么的工作，可是得拿到"辅导员能力证书"呀，不满 17 岁还不行呢，那就……

勒布隆先生： 看来她跟小孩子们的关系很不错……

勒布隆太太： 她喜欢小孩，也就是说，你要是让她照管一群小孩，她会照管得很好，这事她喜欢。那么……不过，反正是一样，非得满 17 岁不可，拿到了挺好，拿不到呢，那就把钱给……

勒布隆先生： 还有，这是第一张证书，然后还会有……如果她愿意接着做下去，还得再拿下两份证书才……

——她想当护士，对吧？

勒布隆太太： 对，这个她还行，她学了不少东西，对付得不错。

——有一个会考吧？怎么报考我记不得了……

勒布隆太太： 是的，然后得通过几场入学会考。再上七年学，我想她还会有……

勒布隆先生： 最少七年，加上已经学过的专业课……

---

① 辅导员能力证书（Brevet d'Aptitude aux Fonctions d'Animateur，BAFA）是法国为培养儿童校外活动的领导者和助理而设的非专业文凭。申请者必须年满 17 岁。——译者注

[…………]

——假如现在被辞退，你们能马上出去找一份工作吗，找得到吗？

勒布隆先生：不行！照目前这个局面，我得说，行不通的，因为人家总是要年轻人，还得有经验。 39

刚满50岁，就叫你走人

——正是如此，看来绝无可能了！

勒布隆先生：您到处看看吧：年轻，有经验。那好，我要说，像我这样的，我上门跟人家说，我也许属于有经验的，可是已经过了40岁……

[…………]

——正像常言说的，什么都要，可是什么代价都不想付出……

勒布隆先生：有时候，我们开玩笑，说找到了一些年龄在20到25岁之间，有五年资历、五年工作经验的25岁的年轻人，这个我倒是想见识见识，这种人可不是满街跑的哟！好嘛，可是问题是一到40岁，不管你想去什么地方……不是说再也没人要了，而是……

——是的，或者说，有那么多提前退休的人……看来这对一些人很难，是这样，不少人很难应付……

勒布隆先生：是的，很多人很难接受，而且您得设身处地为他们想想。没错，有的人一夜之间就……总之，很难接受，比如50岁走人，50岁被赶出大门，没错，这些人14岁进厂，甚至还早，因为那时候有……对，有这种事。刚满50岁，人家就告诉你："你走吧，这儿用不着你了。"因为有些人，你不得不告诉他们，厂里不需要他们了，其实是不得不让他们走人，因为……

——即使有一笔不错的退休金，也……

勒布隆先生：是啊，就算有这个也……因为他们不是两手空空地走人，先走的不算太可怜，后走的钱就少多了，不过也不是那么凄惨，不应该……

——那是什么原因呢，工作吗？

勒布隆先生：是他们的工作，走掉的那个家伙可以说在厂里干了一辈子，他有同一个部门，同一个车间的……

——伙伴……

勒布隆先生：对。而且是一夜之间的事，特别是人家一上来就说："我们让你50岁退休，算是提前退休吧，因为要雇用年轻人了……"

——过后发现，情形并非如此……

40 **勒布隆先生：**那个家里有小孩子的家伙，他走得也许心甘情愿，可是过了一年，看到孩子还在家里待着没事做，于是，那些排在他后头的人就不愿意走了。摩洛哥人倒是很会安排，他们乐意退休，去摩洛哥待一阵子，回来时老了五六岁，然后又走了，可是……

——可是别人不这样……

勒布隆先生：说到底，我提到摩洛哥人，意思不是说他们都一模一样。有的——反正结果一样——你必须被赶走。不过，也有不少人利用这个机会，这几年更多了。他们看到退休在望，虽然还有四年可干，有的人六月就走了，七月休假归来，到了八月就大功告成：他们满50岁了。都有摩洛哥的文件，证明他们50足岁了。你还有啥可说的呢……？他们在那边出生，穷乡僻壤的……

——显然，户籍证明有点不那么……

勒布隆先生：出生于某月……这就行了，只写日子和月份，年份没人知道……嘿嘿！这个他们求之不得啊！剩下的人活该倒霉。不过，我得说，后来那些人……没错，退休没什么不好，可是……

而且有些人，走是走了，可是在家里很不幸，照顾不了自己，什么也没得到……

勒布隆太太： 是的，有这回事，凑合着过日子……

勒布隆先生： 有些人在外头还有点事做，后来什么都不干了。

——撒手不干了……

勒布隆先生： 虽然他们还属于工厂，可是从回家那天起，那些本来可以好好利用的关系，都被他们撤了梯子，撒手不管了。

——是啊，这些似乎造成了家庭不和睦，吵架，是吧？

勒布隆太太： 夫妻之间的确有这种事……

——您一直住在这儿吗？这儿挺不错、挺舒服的……

勒布隆先生： 可以说，我们结婚的那会儿，在一个水泥楼房里有一套公寓房，在街那头的水泥楼房上，可是对我来说，水泥楼房……

——您那时候租房住吗？

勒布隆先生： 租啊，跟现在一样。可是我从来不习惯水泥楼
房，反正一点都不喜欢，对水泥楼房没兴趣，我就自己想办法。好 41
在楼只有五层，我必须说，我们在那里挺好的，不是那么……住处
不错，挺安静，可是我自己想办法，想弄到一套独立的住房，总之
人家叫独栋房的那种。遇到过好多挫折，用了好多办法，我拉上篮
球俱乐部主任，因为我那时好像在E城俱乐部打球。我一边玩一边
对他说："给我弄一个独栋房吧，要不我就不来打球了。"是啊，有
时候非得巴结巴结不可……最后我弄到了一套。

——而且楼下您还有一间车库呢……

勒布隆先生： 楼下是有一间车库：车库，厨房，卧室；楼上有三间卧室。楼上三间还带卫生间。

——是您租住的……如果您不介意的话，每个月缴多少钱？

勒布隆先生： 我不介意。目前月租是（……）1 900法郎。我

有个人住房补贴，也就是1 600法郎的进账。

——您有个人住房补贴，挺不错……您的住房条件很好。

勒布隆先生： 是不错，可是问题也出在这儿，只是什么都关张了。不错，小孩确实少了，我们这儿可是优先发展教育的地区呀。这儿的在校初中生里有80%是外国人。

——您说多少？

勒布隆先生： 80%的外国人。

——是这样吗？我还不知道……是什么人，意大利人吗？

勒布隆先生： 阿尔及利亚人、摩洛哥人、突尼斯人、葡萄牙人，我们这儿人口挺多……

——他们在哪儿工作？

勒布隆先生： ……都是移民，都在工厂。总之，他们都在工厂，因为很不幸，如今要么很多人退休，要么好多年轻人失业，总之是失业……他们都说自己是失业者。那里头有不少帮派，好多呢……不过，我们毕竟不是要……

勒布隆太太： 您知道，我们这个小地方，如果掰着手指头算一算，只有七个法国人，只有七个呀！因为，街对面，那些小房子，
42 那边。(……)

——相处得还可以……？

勒布隆太太： 这个嘛，您知道，我不怎么出门。

勒布隆先生： 这儿挺安静，可以说非常安静，可是，没错，比有些时候要好得多……

勒布隆太太： 那些时候很吵闹。不过，我是不出门的，除非……我待在家里，除了打声招呼，仅此而已。我不太喜欢这个，我这个人虽然不孤僻……可是不喜欢……

勒布隆先生： 是的，或者说，她不喜欢有麻烦的地方，虽说去年挺安静，除了正逢斋月。

——哦，那是怎么回事？

勒布隆先生： 哎哟哟！真可怕，我得说，好恐怖啊，对……不错，大人白天睡觉，倒是挺安静的，小孩就不一样了，上街喧哗，你只好听他们漫天价倾诉苦水……还有，对他们来说，一天从晚上10点开始，正是咱们上床睡觉的时候。唉，说真的，那个吵嚷啊，你不听也得听……

勒布隆太太： 天气好的时候，孩子们都不在家。

勒布隆先生： 都在外头，进学校跟进了地狱似的，因为小孩子白天上学，我觉得挺好，可是有时候，孩子们上学就是为了能睡觉。因为夜里……一个小孩子，晚上 11 点、12 点还在外头，他们倒不觉得这有什么不合适。可是，一个小家伙困了，他们愣不让他上床睡觉，就因为大人们在吃东西，总得有过节的权利嘛……

勒布隆太太： 还得大敞着窗户……

勒布隆先生： 唉，小孩子在外头。一个小孩白天吵嚷要吃的，饿了，可是大人不给，孩子们在学校里不过斋月，也还是不给他们吃的，特别是到了斋月末尾，明白说不给。开头还行，头几天确实好过一点，可是到了最后，不吃不喝，大人自己肯定也有点扛不住了。于是，为他们着想，我给了一个小孩一点吃的，一小块面包罢了，给了一个小孩一小块面包，可是他却没有吃下去的权利。我同意这是一种权利，可是这种权利是因为他们非要它不可……

——其实他们大多数不过斋月吧？

勒布隆先生： 正在消失，越来越多的人不过了……可以说，上年纪的才过。 43

——老年人，是这样的。

勒布隆先生： 对年轻人来说，斋月正在消失，因为，呵，把斋嘛……

勒布隆太太： 他们得上学……

勒布隆先生：是啊，斋月里他们做的事多了去了……这个我知道，因为有个小伙子，跟我们一块打篮球的，他在家把斋，跟我们赛球的时候，我们要吃个便饭，他也一块儿吃……没什么问题啊……说到底……我想说的是：您得知道，我一直不能容忍让这些家伙在厂里过斋月。这个事，我得这么说，我有20分钟吃饭时间，不离岗位。如果我用了半个钟头，那算是一种容忍，因为我的权利是20分钟。可是他们呢，斋月期间他们有两个20分钟：上夜班之前，他们有权10点钟吃一次；下班前，天亮之前，还可以吃一次。也就是说，允许他们吃两次，每次20分钟。我们这些可怜巴巴的法国人或者意大利人，反正是所有不过斋月的人吧，人家不管你干的活儿多重多累，还是别的什么，你只有20分钟吃饭时间。你得闭嘴，什么也别说。可是，斋月不是非过不可的呀，我必须说，不是非过不可的。我不懂，厂里医务室怎么会容忍这些玩意儿。因为那个小伙子夜里不吃东西，一点问题也没有；可我呢，高温下一干就是8个钟头，直到天亮，连杯水也喝不上。

——确实挺危险的。

勒布隆先生：从作业安全来说，这本来是不容许的。

——那当然。

勒布隆先生：那个小伙子还挺得住，可是哪个工友一旦出什么事，比方说有一天……掉进转炉里，就没人去捞他。倒在地上倒还不太严重，掉进转炉里可就没辙了。钢厂里毕竟还有一些人，他们在轧钢机上干活儿，如果掉进轧辊里，就非得被轧过去不可，怎么出得来？

44 ——您的班组里有阿尔及利亚人吗？

勒布隆先生：现在没有。已经没有了。我倒是遇见过一个好人，必须承认，他在阿拉伯人里算是不错的，当只有他一个阿拉伯人的时候。没错，我们的食堂里已经出过好几桩事。因为……我们在一起生活……［笑声］这很正常。他们毕竟离开了自己的环境，离开了自己的地方，唔，是的，他们喜欢扎堆。我琢磨着，如果我去国外工作，遇上一个法国人，我照样会很乐于跟他搭讪，一起工作。

——是啊，总之，有法国人的时候，出于礼貌，应该聊聊……是的。那么年轻人呢，经常处于失业状态吗……？那些阿尔及利亚青年……

勒布隆先生：这些人可以说有两种，有一种……我得说，马格里布外国人，尤其是阿尔及利亚人和摩洛哥人，我都当他们是阿拉伯人，唔，这些人在这儿很高兴，他们会哭穷，等你给点帮助就安静下来了。可是，你身边还有一种人，很适应法国的生活，适应得很好，还要求自己的孩子举止做派跟法国人一样。问题就在这儿。我在体育场上遇到不少阿拉伯青年，倒是不比别的青年差；我说的是一些姑娘，她们不比别的姑娘差呀。有些家庭……

——没错，哪儿都会有……

勒布隆先生：学校里也一样，学校跟一些家庭有麻烦，反正这些家庭总是那几个。用不着烦恼，麻烦从幼儿园开始就没断过，不光是外国人，摩洛哥人、阿尔及利亚人，同样的问题我们跟葡萄牙人和意大利人也有。

——意大利人很久以来就……不是吗？

勒布隆先生：可不是，在这儿的那些人……其实，阿尔及利亚人也来了很久了，一个不常见的情形是，有那么一个时期，而且如今越来越少，那时很多人去阿尔及利亚娶媳妇，再把媳妇带回来。有一个时期还来过好多土耳其人，来的时候也不是十全十美，如今听不见大家谈论他们了。对于地方上，也就是我们这个城镇化重点地区，因为以前一直这么叫，我只有一条意见：地方上什么都没有为他们做过，因为把一切都……我是说，因为让这些人扎堆住。我 45

们这儿有过一座塔楼，好么，光楼门就有四个……

勒布隆太太：五个。

勒布隆先生：对，五个楼门，其中两个根本没必要进去……

家庭公寓塞进去的人太多

——这事当真?

勒布隆先生：唉！进去不值得，不值得！那等于往刀口上送，让人家随便摆弄。为什么？因为那些人都住在一个公寓楼里，有的在阳台上养羊，卫生间里养兔子，顽固得很，你能拿他怎么办？家庭公寓是做什么的？把所有这些人都塞进去了，家庭公寓本来不应该这样，镇政府也不应该这么做！本来应该让这些人住得分散一点，习惯一下这儿的生活，他们不是已经离开穷乡僻壤了嘛！我这是为他们着想，一个小伙子来了，他以为这儿还是荒郊野外呢，想干什么就干什么。到了这儿，那好……那么干不行啊。这些人得训练，让他们学会社区生活。

——您刚才说的塔楼还在吗?

勒布隆太太：没了，拆了。

勒布隆先生：他们拆掉它，不是因为家庭公寓有太多地方需要修理，而是因为变得太危险了。[塞进去]好多人，如果要翻修，要搞点什么，那还得……还有水池子的问题，唉，有些人都……

勒布隆太太：塔楼没有了，他们就应该给我们建一个新的……

勒布隆先生：一个社会福利中心——围栏已经立起来了；等天气好一点，工程就会……

——女孩子在这个街区里没有危险吧?

勒布隆太太：没有，还好！

勒布隆先生：对，不比别的街区更危险……

勒布隆太太：不差，还好……她们一直在……

——主要是吵闹之类的问题……

勒布隆太太：我的两个闺女，这对她们没什么妨碍，已经有多少年了？多少……我们在这条街上已经住了14年了，来这儿的那 46
年，我正怀着大闺女。对，是这样，她们在临街那个房间里睡觉。不错，夏天外头总是有小孩吵闹，吵归吵，可是不妨碍她们入睡……

勒布隆先生：是啊，这个像我，不怕吵，照睡不误……

——有没有小偷小摸？

勒布隆太太：没有，没有。

——没有。那就是说，只有吵闹让人觉得不便……

勒布隆太太：对对，就是这个。

勒布隆先生：总而言之，不比别处多。唉，受打扰的人不是没有，不过，得看是不是真的被打扰，我的意思是，得看是不是真的……

勒布隆太太：对，那还要看……

——人们跟你们说什么？

勒布隆先生：有人被偷了衣服，有人被扎了车胎，这些……唔，我倒是愿意相信，可是从来没见过警察来他们家呀，所以如果他们买了管用的保险，专项保险什么的，那么，什么偷汽车收音机啊，偷任何东西……

——是啊，可是这种事哪儿都有。

勒布隆太太：那边，这条街往下走那边，有几家法国人总抱怨有人偷东西，有人把他们的汽车轮胎扎破了，可从没见警察来过，再说这恐怕是他们自找的，对，没办法。

勒布隆先生：可这是真的，必须承认，他们把衣服烘干机放在门口，夜里把衣服忘在里头了，那就得说……

——引狼入室！

勒布隆太太：对。我可是随手关门，夜里衣服从来不留在外面。

勒布隆先生：我的车就停在外面，可是自从下坡那边隔两套房子的法国人来了以后，我才把车锁好，以前从来不上锁。车那时整天停在外头，从不上锁。我车里有文件，什么都在车里。从来没人拿走什么。我也把车停在体育馆外头，我可是每个礼拜都去呀，都
47 不锁上，车里什么事都没发生过呀。也许这是一种办法……

——目的是看你这个人是怎么一回事……

勒布隆先生：……一种看别人怎么行事的办法是你不能让这些人觉得你怕他们。如果你让他们觉得你胆小，他们就会自觉了不起。这儿的孩子，从三岁幼童到大一点的，都想碰碰运气：自从搬来以后，我就在M城打球，已经打了六七年以上了。

——那么您是通过体育运动认识他们的，他们也尊重您。

勒布隆先生：我尊重他们，他们就没有理由不尊重我。

——正是这样。

勒布隆先生：不应该……只要在体育馆里，他们就没事，挺安静的。正像有个人说的，他们如果瞎嚷嚷，我就把他们赶出去。赶他们出去的时候，我告诉他们："我的车就在外边；要是有人搞它，我会知道是谁干的。"因为，我们这儿太多人这么说："就是那一个，就是那一个，可是我们不想闹到警察局去，因为害怕。"而我呢，我知道一个人被我赶出体育馆的那一天，如果我的车出点什么事，宪兵就会来。而且，我能说出是谁干的。也许不是那个人，可是警察会登他的门。我也会跟着去，即使不是他，他也得坦白是谁干的。不幸的是，这儿的警察什么事也不做。宪兵队和警察局都……两年前，这儿出过问题，是的，是跟老师过不去。我们基本上是靠自己解决的，自己去宪兵队和警察局。宪兵队说他们不管那一段，归警察局管。可是，警察局，说实话……

——你们没有跟学生的父母，跟家长会一道解决问题吗？

勒布隆先生： 是在老师和家长之间解决的。

——是什么问题？

勒布隆先生： 唉，学校里有人把老师的车胎给扎破了，把保险杠也弄坏了，往汽油里掺了糖，嘿！那可真是……有一天乱子闹大了，因为有一位老师出门，正好撞见一个小家伙。然后，这位老师做了一件本来不该做的事：他把一颗栗子塞进了那个孩子的鼻孔里［笑］。可是父母懂法律啊，他们来找老师算账，可是运气不好，事 48
情不是在学校的围墙里头发生的，所以，根据国民教育部的规定，没人负责。他们就去告国民教育部，要求取消那个老师的执教权……他们这方面的信息不准确。

——老师是本地人吗？……还有小学老师，你们认识他们吗？

勒布隆先生： 一部分老师是本地人。是这样，年轻的新老师，年轻的小学老师来了以后，就来这儿……

——对他们来说，开头比较困难，是吧？

勒布隆先生： 他们会仔细观察，如果不是本地人，他们就只想一件事：离开这个地方。

——您认识他们吗？他们是本地人，本地人的子弟吧？

勒布隆先生： 好多年轻人是……总之是本地出生的，留在这儿没走。或者是一些上了年纪的小学老师，当初实习就在这儿，可以说，职业生涯是在这儿过的。

——冶金工人子弟留下当中小学老师的，你们认识的多不多？

勒布隆先生： 有是有，不多。

——是那些学习学得好的……

勒布隆先生： 可以说，这儿有好多青年人从前当冶金工人，后来当了警察、宪兵，进了国民保安队①，总之是这一类的，他们抓

① 国民保安队（Compagnies Républicaines de Sécurité，CRS），创建于1944年的法国防暴警察部队，专门应对游行示威和群体冲突。——译者注

住了机会……1968、1969年，国民保安队和警察招收了不少年轻人，都很年轻——我也不敢说全是年轻人，可是当时这儿有很多人干得不怎么好，于是就……

——还有，这是在上了好多年学的那一代人之后的事。因为从……1970年左右开始，他们都……

勒布隆先生： 这些开着铲车离开这儿又开着铲车出发的人，必须让他们懂道理。不然的话，这些人就会把前头挡路的一切撞个稀巴烂。这个我见过，跟我们一起去游行示威的，就有人带着左轮手枪，卡宾枪，呵。总之是不应该带那个劳什子。没到那个
49 地步嘛。我们眼见他们的枪被人下了，交给别人完事。可是，毕竟有人带枪来了。可是，要知道，对面那些维持秩序的人也一点不含糊。

——不含糊，应该说令人惊讶、不可思议、够凶狠的。

勒布隆先生： 是啊，有过好的打斗，打得好，也有不好的打斗，可是总之……架已经打完了，完事了。现在我唯一遗憾的就是没能把报纸留下，剪报一类的东西……

——如今，年轻人对这些怎么想？不太关心，是吧？

勒布隆先生： 年轻人不关心这个，因为反正没有遇上过，他们遇到的是如今的沙漠……我说，我遗憾没能留下报纸剪报，就是指这个，那样我就能指点着跟儿子说，这儿有过工厂，那儿有过……对，他们就能多少记住一点……我去E城看父母的时候，那时我住在工厂对面，唔，那儿还有点东西。

——他们对政治很不关心，满不在乎。

勒布隆先生： 是的，如今年轻人想怎么样就怎么样，这么说吧，一个右翼分子来了，向年轻人许诺摘星星摘月亮，能投票的年轻人就投他的票，假如另一派也有这么个人来，说的还是那一套，这种事大概总是如此，一来二去，年轻人就会失望，可是他能做什

么？问题就在这儿。如今跟年轻人说得太多了，好吧，你们将来会有这个——我刚才说到学校的时候已经说过，姑娘学理发，那么今后就是女子理发师，可是女子理发师也可以业余给男人理理发呀。她会说：“不行不行，给男人理发不是我的专业，我要当女子理发师，我不给男人理发。”

1992 年 2 月

居无定所 51

这里是巴黎近郊的一个小镇，居民多为工人家庭。跟多见塔楼和条形公寓楼的郊区相比，这个比较独特的街区是一个例外。这里到处是老旧的两层独栋房，恰可称之为“砌石屋”。这些住房进入房屋市场以后，镇政府通常购入若干，再按照急用先得的分配程序，分配给一些移民家庭，有时连装潢或者翻修工程都尚未完工。这种分配违反了通常把社会福利住房（廉租房）分配给最需要的家庭的规定，常常导致邻里之间产生一种新型的纠纷：对于一部分人即移民来说，这些纠纷促使他们思忖自己造成的妨害，即备受谴责的“吵闹”“气味”等究竟意味着什么，什么是社会交往的适当形式（频繁程度、密集程度、时间长短等），怎样才能不违反共居一
地的规矩；对于另一部分人即法国邻居来说，这些纠纷已经不属于 52
常见的个人或人际关系（或单纯的主观关系）的范围，而是涉及整个群体当中的每一个人（这一点移民家庭的法国女邻居说得很清楚）。在这些纠纷当中，每个人都投入了自己的整个社会存在，即每个人对自己的看法，或者借用一个当今流行的说法，投入了自己的社会认同（包括国籍认同，即一种高度群体性的认同）。这些纠纷由于没有多少客观基础而更值得注意，它们因此应视为这一部分

人的抗争的最终体现，因为他们很迟才搬入无疑梦寐以求的独立住房，连同其地理位置和社会空间。他们在这块空间上寄托着全部憧憬和提高社会地位的期盼。它既是他们的一笔投资，也是栖身托命之地，而且凭借它来对抗他们所担忧的衰落、沉沦和失掉资格。

为了展示针对同一社会现实的截然不同的观点，我们设计了两场调查。这些不同观点源于不同甚至对立的社会地位。对比这两场调查，可以把谈话分成三类。其一，移民家庭的父亲回顾移民过程中的家庭迁居史，叙述只用阿拉伯语，谈话完全而且只涉及他本
53 人；其二，几个子女聚谈目前局面和住所的状况；其三，法国邻居谈移民家庭的邻里关系和周围环境。这后一篇谈话又分成两个部分：一是为一部分人的物质的和象征性的（私人）利益辩护，捍卫和赞扬一些资质，这些人因而有权享用特殊的住房；二是对于不得不跟一部分生活破落、遭人鄙视的卑贱者同居共处的现状表示愤懑和抗议，认为有失身份和感到羞耻。

※ ※ ※

本·米卢德一家来自阿尔及利亚南部的比斯卡拉地区。全家1960年来到法国，或者更准确地说，米卢德太太这一年来到法国与丈夫团聚。孩子们都出生在法国。本·米卢德先生现年64岁。他第一次来法国是1949年的事，当年他21岁。由于多年患病和残疾，目前他已经退休。由于病得很重，他必须接受密切的护理，频繁地住院治疗。看来除了身患重病以外，多年辛劳已经把他拖垮了。

依照父母和子女之间达成的默契，双方的兴趣和能力，他更愿意谈谈过去，而不是现状。讲述目前状况是子女们的事（尤其是女
54 儿的事）。不过，他还是小心地提醒大家（即在场的孩子们，他们

都很注意地倾听）当年全家移民的情景：“我是1949年来法国的，那时候我正当年啊（……）头几年，我跟大家一样，跟那个时代的人一样，在法国干一阵子活儿就回去，走的时候好像不会再来了，可是没过几个月就回来了。每次回来都像‘头一遭’似的。总之，我们在法国度过的时间比在国内还要长。现在掐算一下年份，月份和天数，多半辈子啊！对，不止一半啊！都是在法国度过的（……）开头在工厂里干活儿，还不是巴黎，是在东部。从1960年起，我在建筑工地上一干就是30多年。连续干，一天假也没休。那时候有了家，家在法国这边，孩子生下来了。这都要钱啊，不多干活儿不行（……）家人一来法国，我就没必要在法国和阿尔及利亚之间来回跑。我们团聚了。我们倒是去阿尔及利亚度过假，全家一起去。就是花钱太多。现在孩子们长大了，回去的次数越来越少。他们都大了，干什么自己拿主意吧。我们当父母的没有出远门的身子骨了，不能来回奔波啊。所以我们就待在这儿，等着瞧。”他妻子来法国时，孩子还没出生，正逢他转入房屋和公共工程的行业，开始在这一行站稳脚跟（直到伤残和退休制度实行改革）。在他的第一位建筑业雇主的帮助下，本·米卢德先生得到了第一套住 55
房，这时才能使妻子来法团聚。全家至今仍然很怀念那套住房，回忆起来兴致勃勃，理由不难理解：那是一个独栋住宅，基本上在乡下，远离市中心；房子有点破旧，已经有相当一段时间无人居住，可是看来很适合一个出自农村的家庭。他们在这里初次体验和学习过城里人的日子。房子很宽敞（共三层），完全独立，没有紧邻的住户，还有一大块平地（一部分后来辟为花园，一部分种菜）。这几个特点使得这个旧日的农家甚至打算重操住老房子时代的旧业。要适应城镇生活，还有比这更理想的过渡吗？况且这个废弃的房子是企业慷慨提供的（“老板”赠送的），是工薪之外的一项实物收入，节省下来的花销不可小觑。那个时期，生活特别艰难，工人住房短缺，房租奇贵。另外，移民家庭两手空空地来到法国，有各种各样的需求。他们身无长物，连满足日常生活基本需要的东西也没有。安顿家庭所需的一切都十分昂贵。

56 由于未来的高速公路将穿经这里，那个房子不得不拆除。房子是作为临时住房分配给本·米卢德一家的，只是一个简陋的栖身之处。最后时刻终于到来，“不适当的”住户一下子面临着流落街头的命运。很多倒霉的同事是在房屋与公共工程的工地上干粗活儿的工人。于是，和他们一样，他不得不凑合住进棚户区——当时被称为“走投无路的落脚点”：一个“地狱似的窝棚”。那个时期，各项拆迁措施正在把南戴尔（Nanterre）的老旧棚户区从地图上抹掉。他们也许是最后一批迁入者。本·米卢德当时已经有四个年幼的孩子，可以借此优先分得留给急需家庭的住所。于是，他们先搬到热纳维列（Gennevilliers），第一次有了跟其他家庭同住一层楼的体验。本·米卢德先生很乐意讲述他了解到的一些法国家庭的孤独和苦闷，以及他们对于亲朋经常到访的很多马格里布家庭的不满。经过多方努力，在镇政府社会行动办公室和企业的社会服务处的几位社会工作者的帮助下，本·米卢德先生一家搬进了位于巴黎市内的住所。不过，分配给他们的公寓过于狭小，为了住得宽敞一点，他们再次申请搬家，最终住进了目前这个地方。

57

工人城镇的一位居民

采访者：阿布戴玛莱克·萨亚德

“我们没有邻居，我们之间不搭话”

女儿： 在这个地方，我们有怨气、不满意，不是没有理由的。可是，我们不会离开这儿。绝对不会。我父母习惯这儿了，如今他们上了年纪，都有病。我爸爸需要密切护理，得常去住院，医院离这儿倒是不远。我妈妈基本上不出门，她不会乘公交车，去医院得叫出租车，出租车一直开到家门口，把她送到医院去，回来也这么办。这得花好多钱，来回一趟得上百法郎。我们还花得起。可是，如果去很远的地方……光车费就受不了。

儿子： 不光是这个。我们不可能回到公寓楼去。我那时还小，可是我还记得，不是南戴尔，贫民窟，可是我还记得一些楼房，也就是如今所说的居住区。也许会搬去古尔诺夫和福来谷[1]。这两个地方现在谁都知道。动静闹得那么大。

女儿： 再说我们也不习惯。正相反，我想说，总是……可以说，我们从来没住过公寓楼的单元房，我是说那种公寓楼。所以，我们不会因为她搬家，因为她那对“好看”的眸子，为了她而想离开这儿。她图的就是这个。那样她会高兴得不得了。她要的就是这个结果。我们要争一争——廉租房管理局、镇政府、省政府，特别是负责翻修这栋房子的机构……跟它们斗争。我们在那段时间里会怎么样？什么时间？怎么办？我们都不知道。不光这个不知道，还有……

——我没听懂。您说的是哪一位？

父亲： 我是说我们的女邻居……就住在隔壁，一墙之隔，把我们跟她分开的只有几厘米。

女儿： ［急忙解释，打断父亲的话］她住她那边，我们住我们这边。可是，一有机会，她就给我们捣乱［父亲目光严肃］。

父亲： 别，说话要准确。先生不需要听这个。说应该说的，实 58
话实说。没必要说丑话，背后骂人。再说你从来没有骂过她，但愿她也没有骂过你。

女儿： 您可以这么说。可是您不知道她那些话里包含的羞辱，

---

① 古尔诺夫（Courneuve）是巴黎东北郊的一个镇子，福来谷（ValFourré）在巴黎以西约60公里处。两地都是所谓“城镇化重点地区”（ZUP），20世纪60—70年代在那里建起了大批廉租房。——译者注

什么“太太您……”“太太您别……”话是这么说，那眼神是另一回事，全是怒火和恶意。

——那是怎么回事？

女儿：我正要告诉您。举个例子吧。您已经看见通往二层的楼梯了，这位太太认为我们上下楼响动太大。您明白吧？木头楼梯，两边房子都能听见啊！说这话的人脑袋一定进了水！哪怕真有神经衰弱，这种响声也不会像她说的那样，让她睡不着呀。我有三只猫……你能拿它们怎么办？我可觉得这些小动物可爱得很！她四下里发牢骚，邻居、街上、警察局、镇政府，幸亏没人拿她当回事。她写了好多封信，打算搞一场请愿签名，好把我们赶走，借口“扰乱公共秩序，搅扰安静街区”。事情到了这个地步（……）。说到那几只猫，她找出的最好的理由，真是滑稽……是我的猫太吵。有谁见过吵闹的猫？猫不会喊叫。她有一条狗，我可不会说她的狗影响我睡觉。好了，最后一条指控是，我的猫跑下楼梯的时候响动太大，打搅了她，妨碍她入睡（……）。

她说的吵闹，其实是……我们在守通宵

儿子：她就是这个样子，没办法。没错，她反对我们，没错，她受不了我们这些邻居，受不了这个街区里有阿拉伯人，她觉得这里高档、上流。其实只要看看有多少破房子就知道了。可是，每个人都各有办法和招数。我反正不会迁就她。警察告诉过我，她跟比我们来得早的人一块在弄那个东西……前不久的事，时间不长。可
59 是，这些人不是阿拉伯人（……）这个我清楚。警察局我有熟人。我全都跟他们说了。他们告诉我，她写过好几封信，投诉我们……他们目前只是登记一下就完事。当然，我跟警察一块踢足球，在他们的俱乐部里。我们之间，球友之间会聊一些事情。我没有任何理由迁就她。她这是活该。再说，这只是抵制她，维护我们自己，如

此而已。我们这边没人投诉她。

女儿：还有呢。实际上，争吵得最凶的原因跟公共花园有关。那位太太觉得花园是她的，是她的个人财产。她跟我这么说过。她撒谎（……）。至于说我的猫吵闹，我才不在乎呢，随她去吧……她想说什么随她去说。至于那块空地，公共空间，哼，干吗不把街道、人行道也算上啊，只要人在那儿就成她的了？在这件事上，我不会退让。她妒忌礼拜六和礼拜日，一个礼拜当中，我们这儿有他的孩子［手指离了婚的哥哥，他节假日照管两个子女，其他日子交给父母］，这个她忍受不了。我带孩子们去花园玩耍。当然，她没法公开抱怨这个，还是从猫身上找借口。她去镇政府告我的猫，不是别的猫，说猫在沙子里刨坑拉屎，会弄脏孩子们和……当然，更别说她的狗了！卫生局把叫我了去，带着猫的健康登记簿、防疫针记录，还有所有别的信息：名字啦，出生年月啦，登记牌啦，刺花号码啦，等等。全都符合规定！事情就到这一步。

儿子：老一套。不能明说阿拉伯人邻居不好，说他们脏，有怪味，太吵闹，家里总是人口太多，这些都没法公开说，那就找别的茬子，理由总能找出一点……

女儿：其实我们也可以照样说说他们。说到底，我甚至觉得他们比我们脏。化妆就甭提了……不过是往脸上贴金罢了。反正我觉得这就是化妆的用处。

父亲：常言说："外头装饰得漂亮，里头又如何？"［阿拉伯谚语］……

儿子：伙伴们告诉我，他们说的吵闹不是真正的吵闹，高分贝 60
的那种，他们指的是阿拉伯音乐，他们不喜欢，听不懂，觉得别扭……哈伊音乐[①]眼下正红火，也许能多少改变一点这种状况。这

---

① 哈伊音乐（raï）是20世纪30年代以后流行的一种通俗音乐，起源于阿尔及利亚，唱词掺杂阿拉伯语、西班牙和法语等语言，内容往往与北非平民生活的社会和政治主题有关。——译者注

就是他们说的吵闹。其实，如果比较一下，所有滚石音乐都比阿拉伯音乐吵闹得多。

女儿：气味的问题也一样。我在报纸上读到，当时有……那么一件事，关于气味和红腊肠。报上说："法国人很喜欢吃古斯古斯和红腊肠。可是受不了阿拉伯烹调的气味，除非是为他们做的！"

父亲：我也有一个故事讲给您听。孩子们已经听过。我们住在廉租公寓的时候，跟我们同一层楼的邻居，两个老人，住一套两居室，一位先生和他的妻子。我们从来没见过他们的子女。直到跟他们的关系出了点麻烦，我们才知道他们有孩子，才开始了解他们是什么样的人。这两位年纪的确都不小了，我们帮了他俩不少忙，好多次帮他们买菜，经常把古斯古斯送过去给他们吃——所以我才记得这个故事，可是这两位邻居抱怨我们太吵闹，他们所说的吵闹。实际上，没人来看望过这两位老人，一个人也没来过，连子女的影子也没见过。我想是他们跟一儿一女的关系弄坏了。他们在二人天地里过日子，什么都仔细看着，盯着不放。说实在的，我觉得他们挺可怜的。特别是我那阵子还年轻，我可不愿意看到我的父母落入这个田地，我还没有多想自己，没想到自己也会变老，我特别可怜他们。其实他们挺悲惨的，生活慢慢远离他们，只剩下等死了。这些话他们对我说过好几次，每当我们在楼梯拐角遇上，我都尽量跟他们聊几句，听听他们的情况（……）。后来有一天，就这样聊着天——我不想责怪他们说过好多我们的坏话，如果换成跟我年纪差不多的人，脑壳没准就得吃我的拳头了——我把话题引到响声上来，他们当时说的话让我吃惊。响声其实是好多来看望我们的客人
61 弄出来的。不错，是我们那儿的习惯，礼拜六和礼拜日，亲戚，表兄弟，朋友，接连不断；又是那个时期，在法国的亲友很少，尽是单身，来我这儿能找回点家庭气氛。当然，每次来他们都带礼物：水果呀，全羊腿呀，不过不弄什么鲜花［笑］。都是我们探望时互

相送的东西。他们呢，管这个叫吵闹，也就是来往来往，聊一个通宵……他们肯定眼红，那还用说！（……）

女儿：刚来这里的时候，我们都很高兴：一切都刚刚翻修过，很干净，真的。钥匙交到我们手里之前，他们确实简单地打扫过。我们过了一段时间才知道，那只是让人“看着舒服”。谁的错？不知道。是镇政府要这么做的吗？是廉租房办公室？哪一方呢？莫非他们自己搞错了，因为没有看紧工程，当场验收？要么就是故意的，大家都同意的？我们一直琢磨这个事。（……）那好，我们也尽量把我们的事做好。这个地方我们一直在想法改善，添置一些让人更舒适的设备，我们把看来不合适的窗户换了。墙上的壁毯是我们自己挂上去的（……）后来，我们又粉刷过一遍。可是，现在我们要做什么？为什么？

父亲：我们怎么能放心拿出一笔开支呢？我们都在这儿［父亲和儿子们］，这类活计都会干一点。我们什么都能自己动手，干得比工匠还好，比专业的还要好得多。大致一算，要把事情办好，光材料费就得差不多三百万（旧）法郎，工钱还不算。

女儿：自从来这儿以后，我们一直不知道谁说了算，做什么决定。连哪个机构负责什么，我们也不清楚。连把房租交给谁都不知道。您问我的就是这个吧？我们付房租，这是没有疑问的。钱是从我们的口袋里出去的，也没人催讨过，所以房租一定去了该去的地
方。房子可不是白送的（……）如今，做工程的人来了，可是我们 62
不知道他们是谁，给谁干？给他们自己干吗？给廉租房管理局、镇政府、省政府干吗？他们都挺和气，经常过来看看，可是事情到这儿就走不动了。我们不知道他们管什么，负责什么。他们什么都没跟我们说。他们应该告诉我们，究竟是一年以后，还是十年以后，还是永远不……？我们只问他们这个问题。我们想知道事情到了哪一步，取决于什么人、什么事？为什么要一直这么等？……弄不好

还得等很久呢！如果他们以为，这样能让我们觉得厌烦，放弃这个房子……如果这是他们想要的，那他们就错啦！我们永远不离开这个地方。既然来了，就待下去。没有任何理由撵我们走（……）

[全家一致赞同。围绕预住房的各方及其意图，每人都赞成姑娘的最终看法，就她对各方是否真诚表达的怀疑进行附和。全家一致宣告留下来的坚定意志，无论重建方案的结果如何，也不管有没有重建工程。在这个问题上，一个儿子接着姐姐的话茬，口气坚定地说，重建工程不过是个诡计，目的在于迫使住户搬离。]

儿子：只有确定能够把住户都赶出去，让他们认为合适的人搬进来，这时候他们才会开工。无论如何，我们早就知道，无论他们要做什么，都不会是为我们准备的。或者把房租涨到我们受不了的水平，那时要么我们走人，要么他们借口亏空太多，让我们搬到那种可怜的居住区去。这个诡计无人不知。我可以肯定，这正是他们想要的，没别的。我早就明白了……我一直这样告诉这儿的每一个人。他们反而嘲笑我们。你瞧，我们什么也得不到，我们可以永远等下去。反正他们不是来给我们干活儿的。他们要弄我们 [用阿拉伯语说处。在整个访谈过程中，这是年轻人说的唯一一句阿拉伯语，
63 语，家长则只说阿拉伯语]。

他们抱怨的不是猫，是我们这些人

女儿：没错，我的三只猫是这套“单元房里的动物”，是我们这个家庭的成员。冲突是因为它们而起的，才有人投诉。可是他们投诉的不是猫啊……是我们这些人，猫的主人，这才说什么猫太吵闹，我的猫的吵闹！……可是，怎么会呢？……您得注意一点，我跟您说过，上下楼的时候……我们听见猫在跑！……这就是他们找到的最好理由……他们反而说喜欢动物。真不知道喜欢的是什么！大概凡是动物都喜欢吧，除了邻居养的……阿拉伯邻居养的动物！

这位太太自己也养了一条狗。把狗放进对面的花园里，她反倒觉得那是再正常不过的事，而且不用狗链子。把花园当成自己的家了。她对我说，花园是她的。真不知道怎么就，为什么就成了她的……这也是她跟我说话的方式：法国是我的，是她的法国；我们不属于这个国家。法国不属于我们，我们也不属于法国。她坚信这一点。有一次她告诉我，多亏她，我们楼房对面才有了公共花园。那是她向市长争取到的。可是花园在这儿已经有上百年了。她威胁禁止我们进去，这就是说，不许我们进入公共地带（……）。

儿子：更别说自来水了……水龙头……厕所。这些东西响起来跟打雷似的。难以忍受的搅扰，她就是这么说的。她告发我们，借口我家人口太多。说我家人满为患……没准有人让她这样说。因为，我只告诉您一个人，我不认为她有那么聪明，有这种文化水平，能写出这种信。也就是说，我们这些孩子辈的，在这里没有位置……当然了，住房在父母名下，可是我们在这儿得到抚育，长大成人，这儿也是我们的家。别跟我们说，我们无权住在这儿……

女儿：……住不住在这儿，那是我们的事，只跟我们自己有关……跟谁都没关系，特别是跟邻居没关系。他们只要把自家的事情管好就行了……

儿子：实际情况是，我们各有各的住所，我们不是没地方住才来这儿的。这么说是不对的。这一点我们能够证明，我们有房租收 64
据，给谁看都行，什么时候看都行。只需要看到这一点：我姐姐住在她自己那儿，当然每天都过来，人们总是看见她在这儿，女儿看望父母是再正常不过的事！为了确保一切正常，有时候她留宿。我们每个人在这儿都有一个房间，一张床。可是她家里还是有……我们就是这样。我们不会扔下父母不管，或者十年八年才来看望一次（……）。

女儿：我的两个兄弟也各有各的住处：一个住的是单间公寓，

离这儿不远，他常来常往；另一个还没成婚，自己也有一套公寓房。别对我们说，我们是靠父母才有了住房的（……）。当然，我们每个人都会在这儿过夜，每个人在这儿都有自己的床，餐桌旁都有自己的椅子，房子是父母的，我们是在自己的家里。可是，最令人讨厌的是，你在你自己的家里，我们在我们自己的家里，可是你还来规定我们该不该留宿，掐算我家有多少口人，餐桌上有几个人。我们又不是你们养育的（……）。完全是妒忌！就是这个，没别的（……）。让他们来发号施令试试……好在这些眼下都是无稽之谈，邻居的妒忌：你们人太多啦，所以你们才会吵闹。要么就说，廉租房和社会福利不是给这么多人准备的！这完全是出于妒忌嘛。他们想要我们给父母只留下巴掌大的地方，连转个身都转不开，或者什么都不留。

儿子： 如果说，这里头有什么需要弄懂的东西，那就是他们不想让我们住在这儿，就是这么简单。或者说，如果已经在这儿了，那我们就不应该见面，出头。不要猫，不要狗，不要街道，不要花园，什么都不要。我们在这儿毕竟是在自己的家里。假如不是说我们在父母身边没地方可住的话……（……）是的，说到底是这一点：这事不仅涉及我们在家里、街区里、城市里的位置，而且涉及我们在整个社会里的位置。可是，无论男孩还是女孩，我们都有法国国籍啊！可是，你去跟他们说说试试。总之，这个事我是永远不会跟他们说的。有时候，这么说还让他们挺高兴。

女儿： 那可不一定……有时候他们还会说，就算他们有法国国
65 籍，也是我们给的。这是他们最看重的东西。

儿子： 这个我才不管……总之，对我来说，这不会是保护我的东西。我不会跟他们说："你们为什么有种族歧视呢？我可是法国人呀。"因为，这么说他们不就会歧视我父亲吗？……我问您：如果他们对我父亲这一辈人种族歧视，他们对我不是也会如此吗？……连

我的法国国籍也没用……这是一个自尊心的问题。

父亲：[下结论] 所有这些都没有什么了不起。可是有件事必须说清楚：我们不会离开这儿！[众人沉默良久，此时父亲发话，神情严肃，引起每个人的注意，首先是他自己。] 我们这一大把年纪，已经无处可去…… [这大概是一位移民的最严峻的证言，他打拼一生，一直以为自己有一个国家，一个可以回去的“家”。] 他们必须担起……责任。不是为我，而是为法国担起责任……

“这些他们都得说清楚……不是跟我，是跟法国说清楚”

[这次调查原则上不允许问及个人的社会特征，尽管如此，我们还是顺带了解到，上面提到的无子女家庭是 1975 年搬入的，此前住在巴黎的一个狭小的单间房里。夫妇俩用妻子的父母留下的一笔遗产，买下了目前居住的独栋住宅。丈夫是巴黎地铁公司的员工，妻子的年龄显然比他大得多，一辈子没工作过。]

——我在这个全部是独栋住宅的街区里四下转悠，目的是通过聊天，知道住户们的想法：他们的生活内容，怎么看待这里的未来，邻里和环境自从他们搬来后有哪些变化，这些变化是否有利于住房和生活条件的总体改善，还是反而越来越差。(……) 我没有具体的问题要问，只想跟您随便聊聊，了解一下您的想法和印象……

莫尼耶太太：好吧！换句话说，他们如今不得不承认他们正在做的事。因为已经藏不住了。他们终于明白，这下大家什么都知道 66
了。他们觉醒了……以前他们以为别人都是瞎子，不懂他们的鬼花样。

——是一些什么鬼花样？他们藏不住什么？他们正在做什么不得不承认的事呢？

莫尼耶太太：难道您不知道？您不是让我认为您不知道吧？这些事大家都知道，都看得见……

——看见了什么？

莫尼耶太太：整个街区的人口很快就要变啦。人都搬走了。这里的一切都在出售。如果我领您在街区里转一圈，我就能指给您看，一半的房子都在出售。住房中介公司可高兴了……他们才不在乎……只要能做生意就行。出价最高的人，或者先出钱的人才……他们才不在乎呢，反正他们不住这儿……他们只盯着有多少钱入账。

——这儿的房主为什么要卖房子？卖主比别处多？还是说，条件差不多的街区都是这样？

莫尼耶太太：不知道。别的街区不了解，这个街区我可清楚。不过，大致应该都一样，只要跟这儿是一类的……我们拼死拼活才有这个，有了自己的窝，出钱不少，做出很多牺牲，可是还没偿还完就被撵走了。

——您说“被撵走”是什么意思？

莫尼耶太太：要是我丈夫在这儿，他比我更会回答这个问题。从前的住户，也就是说……这个街区有几条街来着？（……）像这样的一个街区，我们搬来的时候只有老年人，房主都是一些退休的人，上岁数的。后来就空了，有的搬走了，有的去了退休公寓，收容所。儿女们在这儿住不下去了。谁知道他们在哪儿……房子于是租给了街区的外国人，不全是移民。连租客在这儿也住不长久。

——买房子的都是些什么人？

莫尼耶太太：都是外国人。哪儿来的都有。可是，连这些新房
67 主也不会待下去，不会待很久。往往是三年五年就又出手了……

——为什么？

莫尼耶太太：他们觉得不划算，或者不再觉得划算了，他们对这个街区失望了。这些独栋住宅大部分很狭小，不舒服……总是在施工。我们就属于这种情况：不是这儿就是那儿，总得换新的，暖

气啦，水管子啦，屋顶啦，都得花好多钱。所以，人们买了房子，没过几年就出手，离开这儿。住户总在变……不总是往好里变。

——往好里变是什么意思？

莫尼耶太太：整个街区都有这个感受。我们住在这儿已经……快 15 年了，这些变化我们都清楚。我不想揭谁的短，不打算控告谁，我要说的也不是种族歧视。（这个东西令人不舒服，一发牢骚，一说街区的名声要坏了，住户不好，就有人说是种族主义。）我是说，住在这儿的移民家庭越来越多，阿拉伯人越来越多，但不是出于种族主义。我不知道他们是谁，阿尔及利亚人、摩洛哥人，总之是马格里布人。可是没有让事情往好里变，没有使这个街区变得更舒适。所以我说，这些加在一块就把人撵走了。

——这些移民家庭，您说的“阿拉伯人”，是从哪儿来的？这儿都是独栋住宅，不是别处的那种廉租房。不是随便谁都能够住上这样的房子，买下独栋住宅的。

莫尼耶太太：不不，不是像您以为的那样。他们人越来越多，差不多每天都有人搬进来。这不，这儿的商店差不多都是阿拉伯人开的，食品都掌握在他们手里。这还不是全部，还不是最糟糕的。最糟糕的是这儿都快变成廉租楼房了，变成人们常说的居住区了。我们眼看着事情来得很快，快得不得了，简直是飞速变化！这儿已经不是从前那个居住区了；我们买房子的年代，那个按照我们付的价钱设想的样子已经没有了。这是作弊啊！我们被人给盗窃了，还在继续被人盗窃。我们欠了一屁股债，傻乎乎地交了那么多钱。现在我们明白，上当了，被蒙在鼓里了。 68

——怎么会呢？比方说，现在出售您的独栋房，您不会认为价钱上一定吃亏吧？那是绝对不可能的。

莫尼耶太太：我不会那么想……吃点亏倒是难免的，肯定的。到处都在走下坡路。越变越差。钱我们是永远收不回来的。比方说，我们打算在这儿卖出，在别处买入，一个更安全的地方，另一个城镇，不像这儿，越来越差，可是我们永远做不到，那对我们来说还是不够，除非离市区很远，鬼都不去的地方……比如，一个每天要去巴黎上班，可是怎么走都不方便的地方。

——我不大懂您说的“到处都在走下坡路”“越变越差”。这里却看不出，这儿挺清洁，挺安静，居住条件不错呀。

莫尼耶太太： 这只是外表，骗人的。一个不了解这个街区的人，特别是不了解从前的情况，他这么说情有可原。可是我们在这儿已经15年了，我们眼看着越来越差，一切都越变越差。

——什么原因导致越来越差？什么越来越差？服务机构、建筑工程，还是居民？

莫尼耶太太： 对……就是，就是。正像您说的。自从街区失去居民以后，那是真正的居民，这些房子从前的主人，他们往往亲手建造。这个情形一变，街区就没人维护了，彻底放弃，没人翻修，街区变丑陋了。这不，您已经看见了，整条街上有哪家的窗户外边有花草，哪怕是一棵？只有我这一家，我家才有。我有时候心想，这有什么用？这是何苦哇？可是，花草我还是种了。就算是一种挑衅吧。干吗不种呢？一个房子被遗弃以后就是这样。我们从1977年起就住在这儿。现在这个街区我们谁都不认识了。我出门一整天，在四周溜达，在公共花园里待上好几个钟头，可是没人跟我打招呼，我也找不到打招呼的人，不过这里可不缺人呀。没有人了，老街区什么也没剩下……我是说街区的老住户。谁也不跟谁说话，
69 没有邻居了，谁也指望不上，谁都不帮别人的忙。这个也逼人离开。街区没有生气了。除了这些，变化还是能看见，但不是往好里变。

——举个例子好吗？

莫尼耶太太： 一个例子：邮局。只说这个。有规律的日子再也

没有啦。从前，总是那几个我们认识的邮递员，他们也谁都认识。从前，他们总是踏着一个钟点来，差不了几分钟，就像您腕上的手表那么准，连看时间都没必要。如今，总在变，不敢相信了，来的钟点不定，也许早上9点，也许下午1点，没准儿。别的事情也是这样：气，电，水，垃圾——凡是服务性的都这样。让你觉得人们什么都不在乎，你还什么都不能明说。我们觉得镇政府抛弃了这个街区，没兴趣了，眼睛盯着别处，他们更感兴趣的地方。

——为什么？什么道理？

莫尼耶太太：那得由您来告诉我……您去问问他们，看看他们怎么跟您说吧……看他们敢不敢把实情告诉您！我倒是很愿意知道究竟是怎么一回事。可是，总之，这些都是我亲眼见到的。

——您自己没有试着提提意见？没去过镇政府，要求好一点的服务？

莫尼耶太太：手上得有几个人才行，人多才行，而且意见得一致。可是，我跟您说什么来着，我们相互都不认识，不搭话。我可不去敲邻居的门，叫他们跟我一块去投诉，聚在一块儿，说清楚该做什么，是抗议，写一份请愿书，还是只写信。都是这么办的。

——您的邻居都是些什么人？

莫尼耶太太：怎么，您连这个也不知道？您来我这儿以前已经看见他们了……既然是来各家转转的，您反正会遇上。好吧，我也可以跟您说说。是这样，您不会错过的。哪怕您不打算登他们的门，等我跟您讲了他们是怎么回事，您准会跑着去见他们……还会把我说的话报告给他们。那倒不是坏事，应该告诉他们我怎么看他们……好像他们根本没意识到似的。其实他们知道，有办法知道。
反正我们从来不相互原谅。他们的家长倒不一样，挺安静的。不常 70
见到他们，听不到声音。可是他们的子女，特别是那个姑娘，真把自己当个人物了，居高临下瞧着你！只要有机会我就不放过她。这么做也许不对，我承认。

他们让我们明白，我们什么都不是

——这个“他们”是指谁？

莫尼耶太太：可是您得知道，如果您是镇政府、廉租房办公室，或者别的什么机构派来的，那您是为他们而来，不是为我。我什么都不是。他们才不在乎我呢。没有人在乎我，我这个人不算数……如今我在这儿什么都不是。他们让我们明白，我们什么都不是，不重要，我们这批人可以忽略不计。值得重视的是他们。

——“他们”是谁？凡是这儿的住户，我都感兴趣：我不会偏向哪一部分人。正像您说的，谁有意思，谁没意思，不是我说了算。我会认真听取您的话，也会把您说的都记下来。就是为这个，我才把一切都记录下来，如果您没意见，我也会录音。你的观点跟所有其他邻居的观点一样有价值，跟这个街区的每一个住户的观点一样。好了，这些邻居是些什么人呢？您说的“他们”是指谁？

莫尼耶太太：这个嘛……一家阿拉伯人，马格里布人。谁知道呢，好像是阿尔及利亚人吧。

——那您跟他们有什么过不去的呢？

莫尼耶太太：嗨，什么都过不去。什么都说不通，合不来。兴趣不一样，习惯也不一样，过不了一样的日子。对一个事情看法不同。总是不一致，总是不一致……什么事都算上。

——他们买了房子？是房主吧？他们是怎么来到这儿的？

莫尼耶太太：我来告诉您吧。刚才我跟您说，这儿什么都变了。我正想跟您说说这个。我不想从这个事情说起，因为说不定您会喊起来：“这是种族主义啊。”您大概会说，或者心里想，这个女人是种族主义者！可是现在，您马上就会懂了。我说的是一家近
71 邻。我们两家共用一堵墙，一墙之隔啊。我们比他们来得早，他们

搬来的时候，我们已经在这儿了，镇政府把他们安排到这儿来……是镇政府让他们来的。

——怎么会是镇政府让他们来的呢？

莫尼耶太太：怎么，镇政府没人告诉您吗？我还以为，他们早就把这儿的所有家庭的姓名都告诉了您呢。他家住的独栋房属于镇政府（……）。[她讲了讲这栋房子的历史：房主去世以后，房子没人住，“镇政府或者廉租房办公室”收回后分配给一个家庭。]这种事总是这么开始的。先是一个家庭，两个家庭；一个来了再办另一个，没完没了。用不了多久，这个地方就会变成一个居住区，就像曼盖特[①]、古尔诺夫、福来谷。招来多少议论啊……似乎哪个地方都想建一个！是的，镇政府把他们弄来的。这儿以后也要变成廉租楼房啦。为了有个家，我们把钱花得一个子儿不剩……我们以为总算有了一个窝。

——可是，他们在这儿都做了什么事，什么不好的事呢？作为邻居，他们对您有什么妨碍？这些房子是彼此隔开的，各自独立，不像公寓楼那样，一个个单元连在一起，住户可能得忍受吵闹，还有人来人往、气味等等的影响。

莫尼耶太太：这还用说！他们是什么人您是知道的。你永远没法知道他们家有几口人。谁是哪一家的，谁不是。你来我往，没个完。永远是一大群孩子，到处都是，街上、公共花园里，又哭又叫。街上、自家门口、花园里都是这样。这样不行啊，非得说说不可。太遗憾了！还有汽车，开过来的时候真危险。大家都有危险，还不仅是孩子们，汽车本身就很危险。这是一个居住区呀，一个安静的，一个本来应该安安静静的居住区，刚要回到自己家门口就……可是，他们不乐意你说这个，咋咋呼呼，说你这是种族主

---

① 曼盖特（Minguettes）是里昂市南郊的另一个“城镇化重点地区”，20世纪60年代在那里盖起了众多高层廉租楼房。——译者注

义，说因为你是种族主义才会跟他们说这个，因为你不愿意他们住在这儿。可是，就算人家不要你，你也得想想为什么吧？也得看看自己这一头，问问自己呀。也许，这样一来，他们就能知道到底为什么吧？（……）我只跟您一个人说，最差劲的还不是家长。家长
72 你见不到，听不见他们的声音：我觉得那家的父亲有病，从来不出门；母亲也从来见不到，连丈夫住院期间我也没见过她。我说的是年轻人，他们的子女。他们可是什么都做得出来，为所欲为。还有，你要是说了什么，甚至什么都没说，他们都会骂人，嘴里只有脏话，很蛮横，恨恨的样子，目光凶狠；他们总是斜着眼睛盯着你。令你觉得总想动手打人……他们让我害怕。

——我们还是回到邻里关系上来。您刚才从行为方式上把他们区别开来了，父母看来可怜，好人，可是子女们……

莫尼耶太太：没错！子女们自视甚高，不好对付。（……）你一个字没说出口，他们就告你种族主义。不管是谁，只要不赞成他们的意见，他们就认为你是种族主义。其实他们才是种族主义。

——您能不能举几个例子？你跟其他人，跟别的邻居，有没有口角？口角最常见的原因是什么？您如果给我几个例子就更容易理解了。

莫尼耶太太：这个……口角嘛，要是我打算争吵，那么每一分钟都会吵起来，停也停不下来。也就是说，不是总有激烈的争吵，响动大的那种，我假装没听见，眼睛转过一边去，我不想看……也就是说，总会克制一些口角，我们避免……一些，怎么说呢，一些不出声的争吵。没必要说话！只要看看自己就行了，就足够了。他们当中最小的那个，小不点儿……他们有两个孙子……那两个小胖子，一见我就做鬼脸……吐舌头。唉，我可是什么都没做，他们还是那副样子。换句话说，是家里人教给他们的。即使如此，我也不

放过他们。哪怕有人说我是疯女人，泼妇，大人跟小孩子过不去。我才不管，不饶过他们。因为这实际上不是他们的错，是父母的。这些可怜的小家伙对我倒是没做什么。所以，别的不说，光这一点就是一个吵架的诱因。

——那事情是怎么发生的？您去家长那儿抱怨孩子，这成了你们争吵的原因……或者您训斥那些孩子，家长于是过问。究竟是怎么回事？ 73

莫尼耶太太：唉，我根本没有去。我从来不敢去发牢骚，我不去敲他们的门。那样一来，我会听到什么？那就成了我这一头挑衅，他们会给我好瞧的。我的问题是跟他们的女儿，女儿之一，跟他们一块住的那个，在医院工作的……究竟在哪儿工作，我也不清楚，我跟这个人一点也合不来。所以，这是娘们之间的事……我丈夫这么认为。(……) 我这边是单打独斗。如果我有话要跟这个丫头说……正是如此，只是有话要说，没别的。不该夸大，不会彼此揪头发。我跟她就是这样，把一些话送给对方。就是这个，在我这一边，事关我一个人。其实，我维护的是大家伙的利益，乃至整个镇子的利益。都是我一个人去争，去吵。争吵时连我丈夫也不偏向我。我也不要求他站在我一边……我什么都不跟他说。女人之间的事，就留在女人之间好了。可是，她那一边呢？我敢肯定，她跟谁都唠叨，因为她全家都反对我：她父亲、母亲、兄弟姐妹、外甥和表亲们，全家上下。所以，在他们那一边看来，这不是我跟她之间的事……我觉得好像我以一当十，我还是要冲上去。我不能看着不管。爱怎么样就怎么样。小家伙们也得付出点代价。这不是他们的错，可是也不是我的错呀。还没有休战。我还是要上。

——跟别人呢，比如跟那些男孩子，跟那些男人没有口角，是吧？

莫尼耶太太：我跟您说过，有她就已经够了。可是她为了他们全家跟我吵架。这一点他们都清楚。她给全家打前锋，当过河卒子。这样他们就能够留在后头，只管看，假装中立。他们都倚赖她呢。瞧，这就是……我身处的……对不起……狗屎局面。我反倒成了坏蛋，他们是大善人，好得很……我这个法国女人成了歹徒，种族主义者。瞧，这是个圈套，角色颠倒了。

——男人呢，男孩子们呢？

莫尼耶太太： 我跟他们没有接触……我想，只要我跟他们说过哪怕是一个字，我丈夫就会加入大合唱。那就不好了。会打成一锅粥，会有好瞧的。我觉得大家都明白这一点：我丈夫假装没事人儿
74 似的，我觉得他只等那一天……他们那边应该猜得到，他们应该懂，如果做得太过分，后果对他们会十分不利。

——就这个具体情形而言，女人之间究竟为了什么发生口角？

莫尼耶太太： 就事论事地说，不能认为真的有什么要紧事由……紧要的事由。它跟什么都有关系，也都没关系……为了鸡毛蒜皮的小事。可是，情况就是如此。

鸡毛蒜皮

——就算不严重，你们之间上一次的摩擦发生在什么地点，怎么发生的，是什么引起的？

莫尼耶太太： 还是老一套，都是鸡毛蒜皮：猫呀狗呀……孩子呀。

——怎么回事？

莫尼耶太太： 猫。先说猫吧。他们的女儿，刚才提到的那一个……总是跟父母在一起……我不清楚她多大……总有 30 多岁吧，可是总像个小丫头似的住在父母这儿……好么，养着一大群猫……三个，四个，五个。养猫我一点也不反对。我也喜欢动物，也有一条小狗。她爱猫看来爱得不行。每个人都有自己热爱的东西……能

够热爱的东西。对她来说就是猫了。对我来说，这些猫……不是我养的猫……真让人可怜！早上一开门，我就看见它们一溜烟跑过街道……为了赶快跑进花园。您瞧见了吧？这个时间行人和车辆最多。它们总有一天会被人捡回来……倒在汽车轮子底下。这让我特别心疼。这种事我想都不敢想。一个女人这样喜欢猫，自己的猫，怎么会不明白这个？再说，很明显，这些猫跑进花园之后，您想它们会干什么？它们就在边上，沿墙花坛里……在小孩子们玩的沙坑里解决问题，好像那是猫窝。瞧见了吧，这不卫生啊，特别是会有污迹。可是，事情就是这样。你只好由着他们。你去跟他们说说看。此刻我就能听见他们说什么，他们会冲我喊叫："这又不是你家，花园不是你的，管好你的狗吧。我们没让你负责已经不错了！"可是，假如他们知道……"这又不是在你家里！"可是，他们正是 75
在我家里，在法国，我又不是在他们家里。角色不可颠倒！"我们没让你负责已经不错了！"然而，说得好，必须担起责任……这笔账，他们应该担起责任……不是向我，而是向法国担起责任。我可不是说我代表法国啊。可是，他们只要交代清楚就行，把这个道理想明白，特别是那几个年轻人（……）。老是因为这种事，也许是鸡毛蒜皮，可是很能说明问题。（……）是的，只要有摩擦，彼此不理解，就总是一些外表的东西。当然，我才不管他们家里的事。这跟我没关系。哪怕是吵闹，我才不管！有点打扰我……但没什么大关系。他们那儿发生的事，我才不掺和，尽管我能听到一些。

——例如……

莫尼耶太太：我甚至听说——我从来没进过他们的家门，跟我无关的事我才不掺和——他们把卫生间改造成大浴池了，他们那边用的那种。

——怎么回事？

莫尼耶太太：我是听说的，他们在煤气罐上安装了一个大锅，制造蒸汽，这样一来就能洗蒸汽浴了，就像阿拉伯大浴池那样。可是，长久下去，反复这么干，你不难想象，就会引起……我只说到这儿。用不了多久，墙漆、水管、门窗的木头……都会受损，我现在就能看见……反正，人家是这么说的。还有别的。（……）不能没完没了地忍受下去。你必须说一说，得让人知道……（……）即使在外面，我也不能让他们随便干。连跟着姨妈来花园玩耍的小孩也算上。他们到处留下污迹，损坏东西，把一切都搞乱。花园里不允许玩球，可是他们就是要玩。他们在，我就不让我的狗……不放它出去（……）。它会……当然，你让它感到紧张，害怕的时候它才会咬人，那时得由我来赔偿一切。麻烦是我的，而且他们会找我的大麻烦。而且，一来二去，最后他们就能支配这儿的一切。这种人只要有两三家，我们就没有出门的权利了。什么都会是他们的！因为这个，我才对自己说，得赶快行动，不然就晚了。

1992 年

77

各得其所

1962 年，我结识了弗朗索瓦兹的母亲。她那时在巴黎第 13 区看门，丈夫在雷诺汽车厂当熟练工。光阴荏苒，经历多次搬迁之后，我们仍然保持着不太热络然而良好的关系。我们之所以能够一直保持联系，主要是因为她的长女弗朗索瓦兹的关系。

1987 年，一家人陷入不安当中。弗朗索瓦兹多次向我讲述了她跟邻居——仅有一墙之隔的独栋住宅的主人——之间的麻烦，以及她为了结束这个难以忍受的局面所采取的做法。听着她的叙述，当时我并没有觉得有什么大不了，感到不过是日常社会杂闻而已。凭我对她和她一家人的了解，那些话肯定不无道理。可是，对这个家庭太了解反而影响了我的看法。纠纷的结果还不错（如今全家住在国营铁路公司的干部住宅），于是我有了采访的借口，不妨把它当作一项有关住房条件的调研的内容：弗朗索瓦兹可以讲一讲她先后的住所，重点谈谈各次搬迁的理由和后果。

1991 年 3 月 27 日，“萨图维尔事件”（事件的起因是一个名叫 78
哲麦尔的阿拉伯移民青年被“欧洲市场”[①] 的保安员杀害）的次日。弗朗索瓦兹按照约定时间来到我家。这天她显示出典雅的衣着趣味：一件英国风格的灰黄色华达呢外套，黄褐色的筒裙半长不短，碎花衬衫的领口从黑色羊毛衫里向外翻出，脚蹬一双“塞琳娜”牌的上光黑皮鞋，头发剪得短而直，没有丝毫化妆的痕迹。跟平日一样，她的神情无可挑剔地超然，不过带一点忧虑，言语踌躇，似乎在寻求对方的肯定，这些都透露了她的心情。她很快就明白，为什么把家务事跟先后住所联系起来有助于说明那一场“危机”。

弗朗索瓦兹的父母 1948 年在阿谢尔（Achères）完婚。他们在外祖母花园里的小棚屋里住了几个月。然后……她不知道该不该说……“他们擅自搬入阿谢尔的一座城堡。那个时期，有不少设施不错的漂亮住宅无人居住。于是，他们和另外一对夫妇……这在当时是可以接受的，不像现在……”，他俩“就这样开始了生活”。她父亲在纤化水泥厂工作，离普瓦西镇（Poissy）不远。

1950 年，她两岁，母亲在巴黎市区找到了一套公寓看门人的住房。公寓的临街面墙用红砖砌成。这个地方紧挨着制糖厂，整个巴黎第 13 区都能闻到制糖厂散发出来的有臭味的烟尘。这套门房有一个主居室、一个卧室和一个厨房，“很不错，很像一个小套房”。

---

① 萨图维尔（Sartrouville）是巴黎西北郊的一个镇子。“欧洲市场”（Euromarché）是法国一家老牌连锁超市，1991 年被连锁超市“家乐福”兼并。——译者注

父亲曾经短期失业，母亲为了她的吃奶问题，只好去镇政府领取牛
79 奶补助券。父亲后来回到雷诺汽车厂，直到去世。这段时间他在厂里有些艰难，因为他从未参加工会，“他反对这个”，“总想去工作”。她回忆道：1968年罢工期间，加入工会的工人可以从住处所在的镇政府领取一份补助金。父亲没有工会会员证，无权领取。他不敢参加罢工，他一直是普通的熟练工，工资不高，“从来没提过级”。父母“挖空心思地节省”，不休假，也不出门旅游。母亲1957年罹患重病，对于痊愈期的病人来说，看门的工作过于繁重，他们只好搬出这套看门人公寓。提到这个时期，弗朗索瓦兹承认：“有时候，我对母亲说，一想到我们从哪儿来，又到了哪儿，我就害怕。”

全家于是在同一栋公寓的一个套房里安顿下来，两居室带厨房，二层，位置正好在门房上面。第二个女儿帕特丽夏是早产儿，“这下子更困难了，房租得交，两个孩子得养活……”。母亲去另外几栋公寓当保洁工。帕特丽夏在医院的婴儿暖箱里过了好几个月，“医院把她交给我们的那天，来了好几位社会工作者，他们要看我们有没有能力养育，条件怎么样……”，这就意味着，除了艰难的物质条件以外，她还要在当母亲和料理家务的能力方面受人侮辱，其实她在街坊里很有名气，口碑很好。这件事她们有时会提起，但不愿意多说，毕竟有些事还是忘记为好。1965年，多栋新公寓在萨
80 伊制糖厂[①]对面拔地而起。母亲提出入住申请：“我们眼下的住处破旧不堪，加上有两个孩子……”他们并没有注意到，也没有感觉到滚滚烟尘：“真是特殊荣誉……真棒，从前没人住过，帕特里夏兴奋得想跳进浴缸里睡个觉，因为我家从来没有过卫生间。好日子来了，我们感到前途光明，可是房租贵了，生活越来越不容易，不过

---

① 萨伊制糖厂（Say）经历过多次兼并，后于2003年改名为泰雷奥斯制糖厂（Tereos）。——译者注

我们享受住房补贴，可以过体面的日子。”

“他们能喘口气了。”1968 年，弗朗索瓦兹的母亲从外祖父在波尼舍（Pornichet）的住宅继承了一部分遗产：三万法郎。她马上用这笔钱投资，在那个小镇上买下了一个小套房，“度假时住住”，一个用处不大的特殊恩惠。弗朗索瓦兹拿到会计师文凭后开始工作，1972 年嫁给了结识已久的铁路助理机械师梯叶利。梯叶利的父亲梅纳日先生是铁路工人，小梯叶利在四岁时就立志“在火车上工作”。他 14 岁当铁路学徒，干了三年，通过了电气设备技师考试，一步步升上去：助理机械师，机械师；又上了六年夜校，升为机务长。梯叶利对火车的热情一直未减，他不打算在职场里爬得太高，因为那样会“呆坐办公室”，而不“在机器上”，可是他热爱机器。
弗朗索瓦兹有点不满这种过于偏专的兴趣，不过她有一条能够说服
自己的理由：她反倒能够按照自己的想法料理家务，决定孩子的教 81
育和料理财务。梯叶利一直附和她的想法。她提到他的时候不多，
似乎这桩婚姻顺理成章，既不可避免，伉俪之间也信任无隙。

1976 年，弗朗索瓦兹的父亲 52 岁。这一年他因癌症亡故：“那一刻天塌地陷，生活停止，我们从此开始了第二次生命……那是最最糟糕的事……一场大祸。”母亲才 48 岁，两年之内无权“享受任何福利”，必须等到年满 50 岁才能享受一份退休金，整整一年没有社会保障津贴。我们心想：“大祸降临，再也恢复不过来了。”父亲过世以后，弗朗索瓦兹开始按照自己的想法生活。她不去工作了（“整天鼓捣纸片没啥意思”），抚养女儿卡萝尔，时间分别用于做家务，一下午一下午地织毛衣，跟母亲聊一些看破红尘的话题。梯叶利在国营铁路公司的前途看好，可是工资依旧不高。妹妹帕特里夏已经 19 岁，还没有找到工作。母亲此时失去生活来源，令她觉得“天要塌下来了”。这么一大家子人令人惶恐。她决定担负起“一家之主”之责，千方百计地把日子过好，她得知母亲会领到了一笔保

险费，相当于丈夫五年的工资。她说："如果我们没提要求，她就不会……张口求助不那么容易，可是人总得活下去呀。"

可是，这笔保险费管不了什么事，因为母亲只能领取一半退休金，拿不到社会保障津贴……因此，必须想个办法，这个办法就是"独栋住宅"。亡故保险费只是一笔最初的进项，母亲仍然得跟他们
82 一起生活。为了分期缴付购房贷款，弗朗索瓦兹重拾旧业，梯叶利也调到圣拉扎尔火车站工作。

在锦绣芒特（Mantes-la-Jolie）拥有一栋现代化的房子曾是夫妇俩的梦想。那一带环境优美，不失"法兰西岛"的风格，浓密的树木和绿地，厨房也宽敞明亮，每人一间卧室，至少有两个卫生间。然而，他们买下的独栋住宅"是旧式的"，修葺有点马虎。房子坐落在图维尔的一条很普通的小街上，厨房狭小。对于一个五口之家来说，房子小了点。不过，最大的缺陷是与隔壁的房子共用一堵墙。不管怎样，弗朗索瓦兹还是高兴的，她把上了年纪的姨妈留给她的家具一一安放好，一套亨利二世风格的餐厅家具摆在房子里恰到好处，还有一张令她倍感骄傲的"老"床，"其他家具不是我们已经有的，就是来自父母，没什么大件家具"。

生活平静地流淌了两年。梯叶利每天晚上准备他的考试，工资也提高了。次子让-巴普蒂斯特出生以后，弗朗索瓦兹毫不留恋地再次离开职场。在第一份工作中，她曾经发现上司伪造文书和挪用资金，从那时起，她就对职场心生恶感。世界上尽是骗子，一切都应该留给家庭，勉力持家。这也是她母亲的信念。

他们与隔壁房主的关系一向没有什么不妥。"您早，晚上好。再没别的话可说。"

83 直到有一天，隔壁的房主，一位葡萄牙裔泥瓦匠，事前毫无预告地在房顶上加盖了一层。为了方便室内采光，他还辟出一个"带阳台"的窗户，正好俯瞰梅纳日家的屋顶。梅纳日一家无法忍受对

自家花园的侵扰，怀着对自身权益的充分信心，写信告到省政府设施管理局。一场调查开始了。葡裔邻居觉得受了羞辱，这场纠纷于是进入恶性循环。弗朗索瓦兹和梯叶利并不占优势，因为那位葡裔邻居一天到晚收听里斯本电台的广播，根本不在乎吵闹，而他的老三甫告出生，房子要扩建，必得大兴土木，而且得持续好几年。工程进度时快时慢，全看季节和一家之主是否忙于本职工作而定。一点嘈杂声吓不住那位令人讨厌的邻居。尽管遭到普遍反对，他不久还是把小花园改建成了鸡窝和猪圈。他毫无顾忌地从窗户往外倾倒垃圾，要么干脆偷窃梯叶利精心培育的西红柿。

这下弗朗索瓦兹和丈夫不知如何是好。他们知道法律在他们一边，可是不知道如何伸张正义。省政府的设施管理局承认他们的理由正当，可是其他邻居起初仅止于声讨那半扇窗户。于是，重新推动行政部门成为必要。萨图维尔镇的镇长是法共党员，碍于礼貌，他多次接见了夫妇俩。然而，几次上访都没有下文。夫妇俩设法动员其他邻居，散发请愿信，而且，既然行政和一般管理部门的路看来走不通，他们就给检察院写信。他们遇到了彬彬有礼的冷漠态 84
度，工作繁重的行政部门甚至表达了某种怀疑。这一点对弗朗索瓦兹的触动极深，尽管她没有妨碍任何人，行事尽力保持尊严，遵守道德规范、惯例和国家法律。她心中再次产生了不安全感。一个时期里，由于购置了象征着安逸生活和财产的独栋住宅，有了自家的“窝”，他们似乎已经摆脱了贫民阶层的粗陋杂乱状态的威胁。本来以为能够永远避开的一切，如今又冒出来了。“那个东西”（她在晤谈中始终这样称呼一种莫名的危险）只会有一个结果：死亡，不是她死，就是那个人死。

房子卖掉以后，“住宅区”的房客——都是国营铁路公司的干部——对她的礼遇令她很满意，也带来了新的希望：她觉得这里的环境既友善又舒心得体。头几个月里，梯叶利和弗朗索瓦兹还有点害怕那些地位稳固的铁路干部，俩人有时谨慎地婉拒一些庆祝会的邀请。不过，他们倒是接受了次日聚餐的邀请，“去打扫剩饭”。一般来说，这种关系符合行为规范，她甚至天真地把它拔高到道德规范的高度。

如今已是 1991 年，事情起了变化。不仅干部，任何人都可以租住国营铁路公司的房子。这跟以前完全不同。老房客们上了年纪，没心思出门聚会，新房客对此不感兴趣。气氛完全变了。

85 弗朗索瓦兹说自己思虑多，她的孤独感与此不无关系。孩子们跟别的孩子不一样，很像她。这也许不是什么好事；他们没有几个玩伴。她“总是惦记着可能有什么事降临到全家头上，想到灾祸，想预先有所准备”。其实，无论是父亲去世，还是离谱的恫吓，抑或是隔三岔五的侵犯和可耻的挑衅，她都没有预见到，也没有看到她所说的“那个东西”。她一向担惊受怕，现在是忧心孩子们。离她家不远，街道的另一边就是萨图维尔的两个居民区，阿谢尔居民区和尚特鲁居民区，户主大多是“马格里布人，青少年，没工作的人”。由此产生了势不两立的帮派，他们不时气势汹汹地出现在居民区的中心地带，寻衅滋事，看来根本没有具体目标，或者是要清算某一笔谁也说不清的账。弗朗索瓦兹的童年是在国家大道附近度过的，这一带阿尔及利亚人居多，可是“什么事也没出过”。当年，她还跟阿尔及利亚儿童一起玩耍。令她难以理解的是，现在“完全不一样了”。在这一带的学校里，马格里布少年越来越多，“层次很低”。她只好把孩子们送去一所教会学校，可是离家相当远，为此她学会了开汽车。她承认“送孩子上学对我也是一种锻炼”——她是指繁多的宗教节日和仪式，以及孩子们跟“在零花钱上太受宠的”伙伴们的来往。可是，没有别的办法，她想把一切机会都留给孩子们。

弗朗索瓦兹很顾家。她母亲罗歇太太开玩笑地说，世界上无论
86 什么也无法让女儿离开这个家，哪怕只是一趟短暂出行，她每次都得花至少半个钟头检查一番，煤气阀是否关掉，每一扇窗户是否关严，窗帘是否拉上，屋门要锁上好几道。“这些癖好可不是从我这

儿来的。”罗歇太太补充道。她过去一直生活在优哉游哉的杂乱无章当中，一种没什么可隐藏的人才有的闲适。如今，她睡在女儿的整洁的客厅里的长沙发上。跟我一样，她大概想起了当年在巴黎第13区的那套两居室，餐厅里的餐桌上摊着女儿的作业本、尚待填写的社会保障申请表，或者一件刚开始编织的毛衣。那个时期，没有人想到应当清空餐桌，一家人吃饭往往在厨房里解决。因此，老太太有时候弄不懂，这个终于到手的“窝”，女儿何苦为它的产权牵肠挂肚呢？

与一位独栋房主人的谈话 87

采访者：罗兹妮·克里斯坦

“我们住过地狱”

[…………]

弗朗索瓦兹：……事情是从吵闹开始的，后来是人身攻击、死亡威胁等等……闹到这个地步！我呢……有一天……元气大伤。有一天，一把榔头……我气恼得没法控制自己，使劲拍打两家的隔墙，他出来了，我也出来了，这事发生在我们两个之间，因为梯叶利当时在花园里。谁都不知道怎么回事，我们两个人就这样面对面站着，他拿着一个工具，吓唬我说：“我要你的命。”我觉得，这件事从这一天起，对我的打击很大，因为……可以说，搅得我心神不宁，出了家门也是如此。在街上……学校里……影响了我本人……影响了好几个人。(……)

竟然弄到这个地步

孩子们一块儿去上学。他们有三个孩子，最小的女儿刚出生，另外两个都比卡萝尔大。可是，真不走运，那两个小孩跟父母是一路人，上学的时候，他们恫吓卡萝尔。我开车送她上学，他们也有一辆车，不知多少次，他们竟然想把我撞倒在便道上。竟然弄到这个地步！我去（……）的时候，去信箱拿信的时候，我家拐角有一家咖啡馆，有一天我去信箱投一封信，他们开车过来，在街角拐了个弯，剐蹭了我一下，险些把我撞倒。无缘无故的。哪怕在街上，我也觉得不安全。我总有这种担心，弄得我连门也不敢出。大部分
88 时间，梯叶利送孩子们上学。我只好去找校长解释，因为他们纠缠卡萝尔，打她，威胁她。竟然到了这种程度！真让人受不了。不是争吵一顿就完事，竟然还接着干。吵闹是一回事，令人难以忍受，可是毕竟不是威胁，大概因为施工吧，这事现在消停了一点，他也许不能这样一辈子吧，也许……我一直希望……

——您认为郊区经常发生这种事情吗？

弗朗索瓦兹：吵闹倒是听说过，因为那件事过后，我跟别人联系过，一个也是因为太吵闹才搬走的人，可是像这样的恫吓……没有，从来没听说过。这是头一次。这些人常喝酒，情绪一定不稳。再说，遇到这种事的我不是第一个，因为这件事过后，我发现，住过这栋房子的人，甚至街对面几栋房子的人，都是因为人身安全受到威胁才搬走的。

——总的来说，这儿的邻居友善吗？

弗朗索瓦兹：大部分人挺好。也就是说，最开始的时候，我们刚来的时候……郊区嘛，我觉得相互是隔开的，居民不太喜欢交往。我们至少还修建了……直到让-巴普蒂斯特出生，也就是第三年……三年里我们住在家里，回家，出门，没有人过来打一句招呼。我们搬进来的那天，只有一个人过来看了看，自我介绍了一下，只有搬家那一天。他们那时候挺友善。他们说："如果你们需要什么东西……"到此为止。以后就不见人了，遇不上，他的作息时间跟我们不一样。再也没有人跟我们说话了。住在旁边的人也一样，不跟我们说话。等到让-巴普蒂斯特出生，人们才……多少出于好奇吧，加上有一点……那个……可是整整三年里，我们可以说

谁都不认识。六年以后，我们离开的时候，我们走过街道的时候……街上有些人，我们还不认识。 89

那些人你惹不起

所以说，这里已经是人们相互不大来往的市郊地带。可是，说到底，一旦所有那些麻烦找上门来，毕竟大家住在一起，他们还是支持我们的。我必须承认，我有点惊讶，他们平常不跟我们搭话，连招呼也不打。可是警察一来，因为受不了，我们才把警察叫来的，有些人反倒第二天上门来问出了什么事，他们想弄清楚事由，声援我们。然后我们想写封请愿书，大家都去了镇政府，整个这件事……这个谁也不能否认。好几次，梯叶利和我去见镇长，他有值班钟点啊。我们先去见他，跟他解释发生了什么事，整个经过，唉……别提了！总是有这样那样的具体情节……那些人你惹不起。最后，等大家都看见了我们的处境，越折腾我们越气馁，全家都到了那个程度……这时候，大家决定写一封请愿书，请那栋房子的街坊四邻签字，让他们周围的所有住户都签上名。我们签了名，大部分人签了，我们收集起来（……）包括一些我们不认识的人。我们登门解释经过，他们也很烦恼，因为他们的花园跟那栋房子是相连的。不管怎样，总之大家都被惹怒了。他们都很友善，支持我们。然后我们就把请愿书寄给镇长，他叫我们去见面，我们又去了。谈了好几个钟头，竹篮子打水。有人看到这个情况，提议说："那好，咱们给检察院写信吧。"以前派出所就是这样建议我们的。[话说得越来越快，咬字也不清楚了，情绪激动。] 我们给检察院写了信。我们甚至被告知，如果你们不高兴（……）就是这么说的（……）就把我们打发掉了。我们一年当中经历的净是这种事。连健康都受了影响。再说，孩子们……当然，小孩的反应比大人要强一些，可是他们毕竟不了解细节，我可是不行了，真的很消沉，他们马上就看出来了。卡萝尔上学受到影响……让-巴普蒂斯特当时还小， 90

意识不到这件事。可是，直到现在，他还会说起：遇到葡萄牙人，他就说“葡佬”如何如何。我们从来不提这件事，现在也不谈它，都过去了，结束了。这件事对我们有全面的影响，着实把我们伤害得不轻。我的体重减了16公斤。我妈那阵子也病了。可是，我不得不离家好几次，家没法待，待不下去。大夫告诉我：“您必须离开，不能待在家里。”我吃不香，睡不踏实，是心理问题，没法补救，脑袋全是那些吵吵嚷嚷的声音。而且，自从他恫吓我以后，从那一年起，我老是害怕，每天担惊受怕。再说，那些人暴力倾向严重，这个我们清楚，他们有很不一般的过去。

我只有一个念头：杀了他

事情经过大概就是这样。同样重要的是，在家里，因为跟那些人没法沟通，闹得我俩之间也不咬弦。这个很可悲，因为夫妻不互相扶持了。我俩都埋怨对方。没办法，这个责任不在我们，可是也没法怪邻居不好。还有一件事也很重要，我自己从来没有过这个念头，梯叶利也没有，他不是这个脾气，可是有好一阵子，我只有一个念头：杀了他。我发现，事情竟然闹到这个地步！有些人天生好斗，而我呢，不瞒您说，我一看见他，哪怕只要听见他说话，如果手里有家伙，我当时是做得出来的。真是心烦意乱，很容易冒出这种想法。不过，我毕竟思考过，我告诉自己，无论如何，那没有任何用处，而且自找麻烦。可是，说实在的，这个念头我常有，梯叶利也一样。我觉得这非同小可，因为事情弄到这个地步确实很可悲。我们知道，在廉租房里，被吵得心烦意乱的人做得出这种事。现在我知道了，起初不知道，我那时心想“怎么会有这种想法呢，真不应该啊”；可是现在，经历了这些以后，我心说，确实会如此！
91 烦透了，什么事都干得出来。过后肯定会后悔，可是在那个当口，真的干得出来。有一天，我恨不得过去杀了他。梯叶利只好带我去看大夫。我记得是在圣德尼（Saint-Denis），我俩在那儿散步，回来的路上，还去参观过高速火车……这是闲话……没多大意思……参观高速火车是为了躲开争吵。我们尽量多出门，还去拜访过邻居，也都是为了眼不见心不烦。散步的那天就是那个人威胁要我命的那天。梯叶利带我去看大夫，因为，说真的，我当时已经不是我自己了，我知道我会干出什么……什么都干得出……连自我了断的念头都有，因为真的受够了。不过，那天下午我过得很好，挺开心，一切都好，只要他跟我这么说就没事……另一点也很重要，礼拜六和礼拜日，我们经常在邻居家过夜。他们请我们过去，不让我们单独在家。他们很友善。我们很幸运能有这样的支持，这个我得承认！如果没人帮助，真不知道我们能不能在那儿住那么久。（……）还应该说说我们的小花园，实在很小。我们不在那里活动，从来不进去，因为要跟很多邻居打照面。从这个花园能看见别的住宅的里边，会经常跟人家打照面。邻居把他的房子建高了以后，他的卧室俯瞰我们的花园，这下就更别扭了，因为除了以前那通恫吓以外，我们的花园里又出现了各种垃圾，毫无用处的废物。再有，他还沿着隔墙养起了家禽，飘过来的那个气味啊！真是要多难受，他就让你有多难受。这次也是这样，我们叫来地区卫生局的人，墙根是他的，他想干什么就干什么。他养兔子，猪，什么都养。连猪都养过，他给小女儿举行洗礼时宰掉了。郊区养猪，这算怎么一档子事！换成乡下就没问题。再说，我们的花园四周都是矿渣砖垒起来的墙，形成一个四方形的小花园，可是周边都是矿渣砖，活像住在一个小监狱里，矿渣砖一直延伸到那儿，让人觉得不舒服。我们有一块小草坪，侍候一个小菜园子——如果可以这么叫的话。可是我 92
们种的西红柿晚上全被那个邻居给偷走了。所以除了种点菜，我们从来没有从这个花园得到什么好处，从来没有。兔子的气味等等先不说……（……）这个独栋房子，我们把它卖了，因为实在受够了，不是一时冲动的决定。

[…………]

——那么，您现在的住处叫什么？

弗朗索瓦兹： 这儿是国家铁路公司的住宅。住户都是同行。(……)

——您觉得在这儿过得好不好？

弗朗索瓦兹： 不错。因为我想——也许这么说不太合适……可是我觉得这儿都是聪明人，懂得实事求是，讲道理，他们能跟你谈话。哪件事出问题了，他们会跟你交谈，说明缘由和办法，事情就解决了。问题不常有。这儿人不多，只有六对夫妇……人不多就容易相处。总有一两对夫妇聚在一起，可是谁也不妨碍。我觉得每家都尽量安分守己，也互相帮助。有了什么问题，相互可以指望，可以各得其所。有时候各家互相邀请做客，请吃饭。这一次，我们决定参加地中海俱乐部，出趟门，这样就不会总是女人在家做饭。我们决定把钱凑起来，每家每个月往储蓄箱里放一点，等到11月，我们就去地中海俱乐部，吃吃饭，玩一玩。换个活法。女主人就用不着忙碌了。去年圣诞节，我们一块儿吃了晚餐。准备工作提前很久开始，弄了一张菜单，每个女主人都有点东西要做：小菜，主菜，甜点。每个女主人都参加，我们一道去采购。先把钱凑起来，再一块去采购。最后每个人还多拿出来一点东西。比方说，我做了一道烧松露，有人做了糖衣果品，这些都不算集体的菜品，是每个
93 人带来的小手艺。吃不完，我们第二天再来，因为有剩菜。接下去是化装晚会，我俩没参加，出去散步了。化装晚会总归是老一套。那次连续闹了三天。吃的东西太多了。我们两个没去化装晚会，所以他们第二天又来邀请，因为我们没参加，倒不是不愿意去。所以，我们连着被邀请了两回。因为我们没去，他们就登门来请。

1991年3月

媒体的观点 95

社会困境只会以一种显而易见的方式存在于媒体当中，即依照记者所认可的样子得到呈现。但是，它们远远不止于媒体的说法，更不仅仅是媒体看到后所呈现的那个景象。当然，记者谈论的问题不是七拼八凑的产物，他们甚至会不无道理地认为，在揭示社会问题，使之进入所谓的“公众辩论”方面，记者功莫大焉。可是，说到底，如果停留在这个看法上，就未免太天真了。困境并不都“适合媒体”，即使那些“适合的”，也难免有一部分被媒体处理得走了样，因为记者的职业远不止于记录这些困境，而是将其视为一通名副其实的建构活动的对象。而且，在很大程度上，这种建构活动服从这个领域的自身利益。

我们甚至可以说，即使把日日出现在报刊上的“困境”都摆出来，也只能得到一大堆不妨称之为“为记者准备的困境”的东西，也就是说，展现这些困境是为了引起记者的兴趣，或者说，这些困 96
境因其戏剧性或者令人动情而“非比寻常”，也就是说，它们的商业价值吸引着记者趋之若鹜：它们符合值得“上头版”的事件的社会定义。说到底，媒体撷选和处理这些问题的方式不仅涉及相关的社会群体，而且能够说明记者的行业及其工作方式。①

---

① 媒体有时会为这些问题制造出一种相当空幻的现实。例如，一部回顾性的电视片就把近 20 年的青年人历史缩略为一连串新潮的连环画式的图景，其中接连出现了嬉皮士，鲍勃·迪伦音乐会，音乐剧《毛发》，违法占地者，硬摇滚，反种族主义音乐会，焚烧汽车的郊区青年，电视剧《皮囊》，光头党和另类祖鲁人，说唱和涂鸦艺人，还包括新近出现的情景——年轻人在巴特里克·布吕尔的演唱会上点燃打火机。

制造“事件”

记者对于事件有各种各样的观点，反映出新闻职业的多样性，分析这些观点是十分必要的，但这并非本书的目的。无论效力于哪一种媒体，记者们反正都经常相互查阅、倾听和观察。对于他们来说，“报刊汇编”是一种职业需要。它能够显示应当处理的主题，因为“别家”都在谈论。它还能提供一些报道的点子，至少能够让记者找准自己的位置，拟定一个与同行有别的角度。此外，新闻界
97 的各种看法在行业内部分量有所不同，从外部建构社会表象时更是如此。例如，海湾战争、1990 年冬季的“中学生运动”“沃昂维兰的骚乱”[①] 等事件，如果重新翻阅当时的全部有关文献，则看到一两篇不失中肯的文章或报道是没有什么疑问的。可是，这种完整的和事后的阅读容易使人忘记，这些文字往往湮没在巨量口气迥然不同的文献当中，无人注意。[②] 不过，媒体面对的是时下的行为，而且集体制造出一种社会表象。尽管脱离现实，事后可能有反面证据和得到纠正，这种表象也会延续下去，因为它往往只会加强一些直观的解读方式和优先利用一些偏见，从而变得更加牢固。另外，在新闻领域里，电视的作用不可小觑，其传播的广度能够产生十分强大的支配性效果，尤其是电视新闻，在延续一个事件的支配性表象方面，它有十分可观的作用。从另一方面看，“图像信息”造成的
98 戏剧性效果尤其能够直接诱发群体情绪。最后一点，影像能够造成极其强烈的确凿证据的效果，比词语无疑更有力，显得是在指明不容置疑的事实，尽管它们本身也出自某种操作，多少得经过确定的

---

① 沃昂维兰（Vaulx-en-Velin）是里昂市东北郊的一个乡镇。此地自 1971 年以来多次发生大规模社会骚乱。——译者注

② 我们只有对问题有了充分的了解，才会发现“中肯的”文章。就目前而言，凡属我们知之甚少或全无所知的题目，我们就只好依赖已有的评论文章。

筛选和建构。电视虽然在很大程度上有赖于文字报道，或者从与之相同的来源取得素材（主要是新闻社的新闻稿件），可是这种工作有自身的逻辑和特殊的制约，这些都影响到制造事件的过程。电视既面向普通观众，也面对其他媒体。文字记者如今已经顾不上头天晚上八点的电视“头条”新闻说了些什么。

例如，1990 年 10 月，第一批中学生上街游行，电视新闻决定予以报道。这场起初规模不大的运动只限于巴黎北郊几所初中和数百所高中，学生们抗议师资短缺和一些学生受到攻击。巴黎的多家文字报刊的教育专家认为，媒体的处理方式会招来盲目模仿，因而是不负责任的（“他们昏了头！”“‘八点钟新闻’上来就说这个，脑袋进水了吧！”“让人觉得中学生倾巢出动，都上街了，其实总共只有三千来人”等等①）。不用说，电视记者决定在“八点钟新闻”上播 99
出这个系列报道并非出于恶意。他们已经有一个这方面的主题和适于电视转播的画面（一位巴黎的文字报刊的记者解释道：“电视记者从来不懂得如何用图像说明教育问题，他们经常征求我们在这方面的看法”）。另一方面，也许 1968 年大中学生的游行示威仍然留在他们的记忆里，那场运动也是逢开学的日子爆发的，开始于某个学校的罢课行动。这种逻辑关系清楚地留在大多数记者的脑海里。他们还担心贻误报道一场革命的时机，加上真诚地相信自己正在再次见证一场大规模抗议运动的开端。这些也许能够解释他们何以对局部的抗议活动作出了这种特殊处理。确实，在很大程度上，中学生罢课运动是借电视转播的效果扩大的——“电视有点像这场运动的晴雨表。既然电视新闻谈论这件事，咱们就得加入。”巴黎各家日报的

① 这些数据大多来自多米尼克·马彻蒂（Dominique Marchetti）对记者的采访。这些采访是在对中学生运动的调查的框架内进行的，由我本人指导。更完整的调查报告以后将会作出。

主编旋即对教育口的“专栏写手”施加压力，而且压力越来越大，
要求他们拿出这方面的“起底的文章”。在撰写评论时，一些擅长教
育问题的记者显得有所保留，这不仅因为历练使他们不会大惊小
100 怪[①]，也因为对于这场基本上是电视制造出来的运动，他们感到不易
把握。他们搞不懂也弄不清这场运动谁在负责，要达到什么目标。
不过，既然轮到他们发言了，他们也就不那么心甘情愿地推波助澜
说这场被媒体变成真实的社会问题的运动十分重要，它表明“中学
生的困境”，也是在更广泛的意义上的“年青一代”所面临的困境。
恰逢此时，一些负责协调中学生运动的年轻人站出来了。在媒体策
略方面，他们得到经验更丰富的成年人（共产党、反种族主义组织
和社会党的领导人）的指点。此时他们只好真把自己当一回事。在
每星期三下午的直播节目里，他们在“中学生大会”上发言的样子
俨然是国民议会讲坛上的政治家。巴黎一家著名日报的记者跟他们
并肩而坐，他回忆道：“协调机构的负责人自视为影视明星。我们太
把他们当真了。其实他们只是面对电视说说话罢了。这里头有一套
夸张的明星式的举止。他们觉得怎么干都没关系。他们去过爱丽舍
宫，跟总理若斯潘[②]共进早餐……”由此我们也能够懂得，为什么往
往一旦媒体不再谈论，那些基本上是媒体产物的运动就会很快销声
101 匿迹。再者，我们不必像人们经常做的那样，只问新闻界对什么感
兴趣，而是应该追问：究竟什么使得记者对其一手促成的事件逐渐
意兴阑珊。有一位年轻的记者很熟悉附近广播电台的编辑流程，他

① 巴黎一家日报的主编对我解释说，专家们由于谙熟自己的领域，通常不会大惊小怪：他们谦虚谨慎地填满报纸版面，一切在他们看来都平淡无奇，很难让他们对什么表示惊讶。反倒是报纸主编往往需要促使他们表明立场，因为主编们对电视新闻制造的局势更为敏感。

② 若斯潘（Lionel Jospin，1937—　），法国社会党人，1997—2002 年担任法国政府总理。——译者注

幽默地说："在电台的采编会议上，总会有某位编辑开口：'现在这个足够了，已经够烦人的了。郊区问题开始令人生厌啦，受不了了。咱们换个玩法吧。'时政消息不愁青黄不接。《世界报》会安静下来。《解放报》[1] 会挖出一些解读和分析，总结一通。也许，报道实况和耸人听闻的消息的人士会卷土重来，但是不会有追随者。"

弄错了对象

归根结底，无论是自发的还是挑唆的，常言所说的"事件"从来就是调动媒体的产物。针对某一件事，媒体在一定时间内一致同意把它当作一起事件。如果引起媒体关注的是被边缘化的或者底层的民众，媒体化的效应就远非这些社会群体所能期待的了，因为记者此时掌握一种特别重要的建构的权力。事件的炮制过程，这些群体根本无法知悉。 102

80 年代初期，里昂市郊的维尼西厄镇（Vénissieux）移民极为集中。紧接着曼盖特街区发生的事件，报刊上开始出现一套有关"问题郊区"的新说法。通过大量报道比较惹眼的事件（烧汽车，筑街垒，各种砸向警察的抛射物和燃烧瓶，等等），新闻界聚焦于一个新的民众群体：移民家庭的青少年（阿拉伯后裔）。他们学业无成，无资历，无工作。人们还发现了一些市郊地带的恶劣状况，破旧的建筑物内财物被盗窃一空，廉租房管理机构弃之不顾。这些事件爆发时，社会党掌权未满两个月，因此这被认为是一场针对左翼政府的真正的政治挑战。为了把这些文化孤岛改造翻新，政府当时采取了各种举措，在一些廉租住宅区逐步实行。此外还创办了一些新的团体，收容辍学的失业青年，帮助他们接受专业培训和进入劳务市场。这些措施的协调工作都置于"街区社会发展计划"之

① 《世界报》和《解放报》都是法国全国性报纸，在政治倾向上前者中间偏右，后者中间偏左。——译者注

下。1990 年当中，实行这个计划的地区大约有 400 个之多。

可是，1990 年 10 月，沃昂维兰事件爆发，郊区问题被媒体再次
103 提出。沃昂维兰镇在里昂市郊，1987 年被纳入“街区社会发展计划”。1990 年 9 月底，这个镇经过重建的马基道霍街区举办了一个庆祝会。庆祝会在一年前建成的新的商业中心大门前举行，这个地方位于社会住房的中心地带。为了庆祝重建工程竣工，一面瀑布墙当着前排落座的政界人士的面揭幕。一个星期以后，一辆摩托车在警车的追逐下倾覆，后座上的 18 岁年轻人倒地身亡。此人是意大利后裔，患有小儿麻痹症。于是，居民区聚集起成百的青少年，对于他们认为制造了惨剧的警察当局大肆谩骂。他们怀疑警方故意掩盖了一个“过失”，把惨剧按普通交通事故处理。局势于是变得十分紧张。当晚，有人投掷石块，焚毁了三辆汽车（这在这个社区不算稀罕）。地方报纸通过高频接收机不间断地收听警方的谈话，迅速传播讯息，并且给出有关这场悲剧的正式说法，当晚传至全国各家媒体。次日一早，一群 14 岁到 20 岁的青少年再次向沃昂维兰镇派出所投掷石块（为了引出躲在里面的警员）。随后，接近中午，一辆失窃的汽车被推入马基道霍街区的超市，超市和当地的若干商店遭焚毁。警察、消防队员和记者均被青少年逼退。众多街区居民在一种节庆
104 气氛里趁火打劫，掠走各种各样的商品。无论如何，这些商品本来也会被付之一炬。一个现场的当地报纸的记者说，他看见一群少年怀里抱着糖果、香烟和运动鞋从商店里夺门而出。有一个老太婆双手撑起超市大门，好让满载而归的球童们跑出来，直奔汽车后备箱。总而言之，即使劫掠超市无可否认，或许还有预谋①，可是巴黎的

---

① 沃昂维兰的居民告诉我们，他们在事件发生之前就听说有些年轻人在准备这种行动。这个悲剧性事件本身无疑被当作借口或导火索。同样，有一位记者在商场劫掠开始前不久就在场，他也告诉我们，一些年轻人曾劝他留下别走，因为很快就会出点事情。

报刊记者，特别是电视记者的所谓“骚乱”的提法至少过于夸张。

受支配者很难控制自己被表现的方式。在记者眼中，他们的日常生活只是一些干巴巴的乏味场景。这是因为，他们在文化方面一无所有，而且无法按照大型媒体掌握的形式表达自己。正如一个自认为代表电视行业的观点的政治领袖所宣称：“一个节目不应该让人人都来讲述自己的精神状态，给出各自的意见，而应该学会清晰地表达自己。”这些事件发生的前几天，里昂市的一家熟悉城镇化进程的新闻社未加思考地建议调查郊区状况 ，可是无人响应（当 105
时得到的回应是“没什么意思，那儿啥事也没有……”）。竞争的逻辑促使记者争夺“热点”，赶赴“出事现场”。在很短的时间内，对沃昂维兰的戏剧性事件的报道蜂拥而至，纷纷竭力说明和解释这一带郊区出了什么毛病。虽然认真观察郊区的日常生活和问题会更有说服力，记者们却大多聚焦于最令人惊讶即最不常见的暴力行为[①]。这样一来，媒体就为非直接相关的大众制造出一种表象，一种强调问题之罕见的表象，偏重于保留暴力行为和与警方的冲突、破坏行为、燃烧中的超市和汽车，而且未加整理地抛出新闻界搜集起来的解释，作为混乱状态的起因，加上警方的过失、无所事事的青少年、犯罪现象、郊区“生活之苦”、住房条件、恶劣的生活环境、 106
稀缺的体育和游乐设施、外籍居民过分集中等等。

恶性循环

这种表现方式留给受支配者的发言空间很小，他们的声音很少

---

① 例如，商场被焚烧的次日，有一个电视频道便要求里昂的一家影视公司制作一个报道，题目是“沃昂维兰的打砸抢分子和中介人，包括戴面具的”。这个调查报道的负责人也是马格里布人（阿尔及利亚人），他们把这个要求修改了一下，不是退而制作一个多少是人为的戏剧场面，而是决定尽力使生活在大型公寓楼里的年轻人得到理解。他们制作了一部有关三个马格里布青年的报道影片，这三个人既不是打砸抢分子，也不是中介人，只是失业者和青年活动中心的积极参加者。不过，这个报道至今尚未播出。

被人听到。被人谈论多于谈论自己。向支配者讲话时，他们倾向于借用别人即支配者用来谈论他们的话语，在电视上发言时尤其如此。我们会听到他们重复前一天在电视新闻或郊区问题的专题节目上听到的话，而且在谈论他们自己的时候，时而用第三人称（例如其中一人在报道里说："至于年轻人嘛，他们希望能够有个聚会的场所"）。

无论是巴黎的大报，还是外省报刊的不起眼的"栏目"，记者作出的"调查"通常更像警方的调查，而不是社会科学所说的"调研"。有时候，在某一事件中被当成榜样的不是社会学者，而是与警方"齐头并进"的调查记者。另外，特别是一些全国性的大型媒
107 体（电视台，包括新闻社），它们的考虑（多在商业方面）是如何做到不站队，避免刺激形形色色的观众。它们制造的表象力求在所有相关观点之间不偏不倚，显得矫揉造作。记者的调查与法院的调查有类似之处：在均有发言权的有关各方之间表现出客观性，就像在一场诉讼当中那样。在每一个案例里，记者们都明确地力求辩方和控方即"正反两方"均有代表，对于一起事件兼顾官方和见证者的说法。由于工作本身的要求，实地调查只限于数日，甚至数个小时，只为使报道"带一点现场感"。脚本通常在编辑会议上预先敲定并通过报道表明。①

有时候，记者会为媒体量身定做某种实况。例如，里昂的一位法新社记者说，沃昂维兰事件的高潮过后，整个新闻界密切关注这个镇子，期待出现新的事端，而且，恰恰是在当地现身的记者引发

---

① 是否有必要说明，这些看法并不是对记者职业作出的"批评"（就其常见的和新闻报道中的意义而言）？我们知道，这是一个有身体危险的职业，而且很多记者付出了生命的代价。我们这里只能提醒记者工作所承受的各种限制，以及这些限制造成的精神后果。

了预期的事件[1]。而且，即使什么事都没发生，新闻机器也会不停歇地空转。例如一位派往郊区实地报道的电视记者，尽管什么事情也没有发生，他却接到总编辑从巴黎发来的指示，要求他为当晚的电视新闻直播制作一个两分钟的节目，仅仅为了不使运达当地的昂贵的技术设备空置。很多记者尽力挖掘事件背后的隐情（例如，一位里昂的地方报纸的记者便说："社会杂闻能反映真实问题，本应深入发掘，可是我们时间有限啊，再说事件一个接着一个"），可是到处受到掣肘。在竞争的压力下，他们不得不赶往同事们所在的现场。"如果一个事件在别的频道上出了彩，"一位电视记者说，"主编就会冲你嚷嚷：'怎么还在这儿愣着？你必须马上赶到那儿去。'"一位里昂的法新社记者也说："只要沃昂维兰有点什么事，人们就会议论，不是因为事情值得议论，而是因为它发生在沃昂维兰。他们才不管马赛市郊出的事是不是更糟糕。巴黎（总编室所在地）不断催逼。竞争导致竞相抬高调门，导致失误。我们很难抗拒，因为我们有些要求很高的客户要求了解'一点儿沃昂维兰的事'。我们有时候自问，该不该为焚烧两部汽车发篇快讯。（……）一个月后，我们发了一篇长文，可是事件已经过去，没有人感兴趣了，读者减少了，这个时候发表看法，影响不大。" 108

沃昂维兰事件之所以引来铺天盖地的报道，另一个原因是这些事件同样反映出许多经过媒体建构的社会问题，例如失业率、凄凉的郊区生活、移民、不安全感、帮派、青年、让-玛丽·勒庞[2]、宗教极端主义等等。但是，这种"媒体报道"远远未能帮助人们加深理解，反而成为一个机会，使得那些对于郊区和大型居民区的刻板 109

① 我们知道，越来越多的电视记者一面花钱雇人以"重现实况"，一面隐而不提这个说法（年轻人焚烧汽车、涂抹墙壁、袭击路人等等），而且借口这是常见做法，表明他们并没有制造虚假信息。他们没有看到，应当到别处去寻找最真切的信息。

② 让-玛丽·勒庞（Jean-Marie Le Pen，1928— ），法国著名极右翼政治人物，法国国民阵线的创立者和前党魁。——译者注

印象重新浮现，这些印象在以往三十年里形成于社会杂闻，再次被生搬硬套给沃昂维兰。然而，此类概念程式显然不适合说明那里发生的事情。有些记者努力揭露“寄宿城”的问题，然而，这个镇子新创办的企业一直在增加。还有一些记者重提病态郊区的话题，说什么这些城镇缺少灵魂和凝聚力，长年累月地晦暗阴沉，人情味减少；然而，这个镇子三年以前就施行了一项重要的社会住房重建方案，重新盖起一个十分活跃的商业中心。这些矛盾之处，媒体不仅不为所动，反而认为“投入百万巨资，重新油漆楼梯间，铺设方草坪，让大型居民区恢复生气”是什么“庸见之灾”。大多数记者赞成对城镇化提出质疑，宣称建筑师设计的这些居民区导致遗弃、失望和缺少对话。记者们几乎都提到青少年和警察格格不入，既然事
110 件有必要追根溯源，特别是警方管控失灵，那么重启对话和恢复信任才是根治问题的药方。

显然，这些主题是各种报刊基于自己的意识形态取向发掘的。例如，《解放报》主要强调警方的疏失，用一份很长的名单强调了警方管控的牺牲者（10 年当中有 10 多个人）。按照这家报纸的看法，这是参加骚乱的青少年愤恨警察的缘由。这家大报站在造反的青年一边，提出“城镇化重点区域的不满情绪”，认为这些地区在一代人的岁月里建成，如今却使这些人的归属成为问题，并且希望“对这些见什么烧什么的孩子，国家得拿出催泪弹以外的办法”。“骚乱”发生一个星期之后，这家日报的主笔塞尔日·儒利（Serge July）撰写了一篇社论，充满牵强附会的类比，可是很适合唤起集体幻觉，而且把沃昂维兰放入由新闻界书写的地球历史当中：“一切都是这部历史当中的典型现象（……）我们又回到了开局的位置：一幅解体的城镇景象加剧了种族隔离（……）沃昂维兰才是无身份的社会边缘当中的城市，反映出无可救药的社会崩溃。这些郊区上空笼罩着第三世界的幽灵：近来发生的骚乱和抢劫很像巴勒斯

坦起义，也很像加拉加斯的食品暴乱。”《费加罗报》的说法截然相反，认为那是一小撮企图搞一场暴力（伊斯兰）革命的专事捣乱者所为，而且津津乐道地详述年轻示威者抢劫和攻击的场面。这家报 111
纸提醒读者，沃昂维兰一带的日常犯罪率很高，这场骚乱异乎寻常地严重，同时认为，它所揭露的“知情人的空话”（左翼人士和一部分社会工作者有关郊区生活之苦的言论）和当地居民揭露生活条件的说法之间存在着差异。比较接近事实的当地报纸（《里昂晨报》和《里昂进步报》）则趁机抓住一些巴黎记者的笼统说法不放。它们指出，除了一些无人反对的说法——例如“文化孤岛、寄宿城、移民受到的压制、蛮横的警察、郊区暴力等等”——以外，还有一个更加司空见惯的现象：“在人们付出了十分典型的努力（例如重建体育设施和各种协会）的地区，某种有组织的违法活动总是拿一次事故、一种情绪来借题发挥。”

一是实际情况的呈现方式，二是耐心的调查所能提供的实际情况，二者的差距从电视台处理事件的方式①当中可以看得更清楚。记者关注冲突本身，而不是导致冲突的客观局势。这些冲突已经成 112
为更普遍的社会危机的象征，然而对于社会危机的处理却倾向于脱离具体情境②。奇怪的是，记者在实地调查时几乎不关注当地的实际情况。正因为如此，他们制造的媒体事件反而可以用于客观地检

① 燃烧中的商业中心被从各种不同的角度展示，给人留下整个地区都在燃烧的印象。事件过后不久，法国电视三台播出了一个专题节目，标题很戏剧化：“何故如此仇恨?”“骚乱”刚过两天，电视一台的一个场景节目（“天哪，我的星期二!”）就组织了一场辩论，邀请了“打砸抢分子”（或者被假定如此的人）戴着面具出场，这些人使用的所谓边缘性的刻板说法，大多是在电视台诱导下说出的。有一些沃昂维兰的居民告诉我们，电视画面让他们的外地亲属十分担心。

② 在这种语境中，任何社会杂闻都可能被发现了可用线索或可挖掘的路子的记者们按照种族主义和郊区困境的概念程式加以解读。法国北部的一个派出所警员告诉我，在“到处都看到沃昂维兰”的新闻界的眼里，只因发生在社会住宅区的南斯拉夫人身上，一个普通的私人报复事件就变成“种族主义罪行”，反映出“郊区的困境”。

验接受采访的各种社会角色，因为每个人都会借此机会确认自己长期以来的想法。

污名化

大多数记者摈弃和谴责业内的糟糕做法，他们愿意承认，哪怕是诚信自律的讯息处理方式也难免有倾向性。尽管如此，他们认为，跟这些困难和邪门歪道相比，沉默才是最糟糕的。他们说，即使媒体没有按照应有的方式报道郊区问题，而且承认为了追求戏剧性而对一些边缘的或无关痛痒的东西作出了昧于日常实情的特殊处
113 理；然而他们仍然认为，从有利于将问题公之于众的角度来看，这种做法还是有用的。这种至少过分乐观的态度显然没有考虑到象征性后果，这些后果在文化穷困的民众身上体现得尤其强烈。沃昂维兰镇政府承认，这些事件造成一种紧迫的局面，拨给重建方案和社会活动的信用贷款多少加快了进度。不过，这大概是唯一的积极的后果（谁是这些措施的主要受益者尚不得而知）。反过来说，这些暂时的物质益处使居民在象征性的作用方面付出不菲的代价。这一带的居民对此心知肚明，因为我们发现，一些居民在事件过后接待记者的态度越来越消极，显示出一种感觉遭到背叛时的无力的反抗。当然，有违法行为的青少年更不理睬记者，他们不愿被人认出，也不愿意上警察局的花名册。在这些居民区的住户那里，记者的命运也是如此，因为随着不断出现的电视报道和报刊文章，当地居民眼看着一个非常负面的郊区的形象逐渐形成。怪就怪在媒体不仅没有对郊区居民施以援手，反而助长了往他们身上泼脏水的风气。

这些街区被说成阴森森的，居民被说成违法犯罪分子。这里的年轻人在求职时也不敢说明住处，因为自从登上“报纸头条”以
114 后，这些居民区就臭名远扬了。例如，一位电视记者讲述道，大批来自世界各地的记者到访特里厄（Dreux）附近的沙玛街区，因为

特里厄成了国民阵线发迹之地的象征①。这个污名大概并非有意为之，而是新闻界运作的结果，但是超出了促成它的事件，被硬安在哪怕身处街区以外的当地居民头上。又如，一条有关加尔（Gard）地区的一家青年客栈的事件的快讯被整个新闻界迅速热播，只因到那里度假的青少年来自沃昂维兰。同样，一些来自福来谷的青少年在汝拉（Jura）山区度假时受到当地居民的冒犯和冷遇，因为自从媒体（尤其是电视）大量报道福来谷事件以后，当地居民变得戒心很重。如此制造的紧张气氛本身就会诱发新的事件，于是反倒肯定了媒体最初的刻板说法。

新闻界对郊区的这种说法遭到上述街区一部分居民的强烈反对，这些平常比较积极地参加政治和社会活动的人被激怒了："假如我居住的郊区真像报纸说的那样，我是绝不会住在这儿的。""亲戚都不愿意来看我了，他们觉得这里似乎到处都是牛鬼蛇神，在任何一个街角都可能被强奸！""那帮家伙除了胡诌，别的不会，我就是这么看待报纸的。随它们想说什么就说什么好了。可是，到了这个时候还当街拦住我们，要我们表态，同意还是不同意。我倒是不 115
会闹到动手的地步，因为我反对暴力，可是我也知道怎么说话。"他们甚至成立了一个房客协会，致力于反对媒体抹黑沃昂维兰，让公众知道这里绝不比别处更糟。不过，由于是一个文化穷困的群体，在谈到自己时，他们大多重提对这里感兴趣的围观者制造的观点（"这里是文化孤岛""没人拿我们当一回事"）。当然，这一群有几分偷窥癖的围观者不是别人，正是记者。

沃昂维兰的不少居民起初吓了一跳，有的甚至对自己社区出事感到有点羞耻。有些商人解释说，他们平常跟青少年的关系不错；初中老师们虽然遇到很大困难，但是仍然觉得"社会爆炸"的说法

① 法国极右翼政党国民阵线于 1983 年首次在特里厄市长选举中胜出。——译者注

太过分。有些居民淡定地指出，麻烦其实来自一小部分人——一小撮青少年，其中很多跟警方熟稔，抢劫商业中心是借题肆意发挥（指警方的管控），违法犯罪者大多是外来的成年人。当地记者虽然认为这些事件很重要，却不会轻易上当，他们的看法跟当地居民大同小异："我在沃昂维兰溜达的时候，管它叫文化孤岛。可是更糟糕的地区我也见过。你应该知道词语背后藏着什么。郊区多少被妖
116 魔化了"（一位里昂地区新闻界的记者如是说）；"最要命的也许是那些江湖记者，那些自视为新星的家伙，他们去过海湾战争，后来才报道郊区，接下去是中学"（一位巴黎的文字新闻记者如是说）。

"媒体政治"的药方

总之，从今以后，媒体成了现实不可分割的一部分，或者说，通过制造一种由媒体主导的对现实的看法，他们制造出现实的效果，因为这种看法参与制造了他们自称描述的现实。尤其重要的是，不幸事件和社会诉求今后都必须通过媒体表达，才能得到公众的认可，而且以某种方式取得政治当局的"重视"。政治人物、记者和"公众舆论"专家之间的关系的逻辑使得任何政治行动都很难脱离媒体，更不用说针对媒体的行动。因为如此，政权从来不会对新闻界无动于衷，因为它想方设法掌控人们所说的"时事"，否则就通过新闻发布官参与制造时事。政治当局不喜欢受惊吓，甚至不愿意看到一些事件赶在他们前头发生。当局势紧迫时或在压力之下，他们谨慎地避免被人强加对当下社会问题的界定和处理方式。简而言之，他们力求掌握自己的日程，尤其害怕难以预见的突发事件（例如变得无法收拾的地方事件），忌惮被暴露在时政新闻的前
117 沿，因为时政新闻掌握在文字媒体和电视新闻手里。[①] 例如，众所

① 读者不妨参考 1990 年 9 月爆发的"伊斯兰头纱"事件，恰在沃昂维兰事件之前不久。

周知，一些大企业利用一些模拟方案应付不可预测事件，以求做到必要时胸有成竹地面对记者（法国电力公司便为大型核能事故筹备了预案，备有应付媒体的“最佳答复”)。当权者尤其害怕媒体制造（或联合制造）这一类事件，特别是当记者完全依照行业规则处理它们的时候（例如媒体包装、记者诘难、戏剧化处理等等)，因为，纵然持续时间很短，这些事件也会有相当重要的政治影响，使政治当局难堪。1990 年 10 月发生在沃昂维兰的事件就属于这种情形，随后 11 月里的中学生示威游行也是如此，当时媒体报道越来越多，政治当局却无法真正了解年轻的示威者究竟要什么，后者自己也不总是很清楚。

这些事件发生之后，公众的注意力随之迅速投向穷人，局面此时是否对后者有利呢？例如郊区和中学这样的问题，权力当局是否必须解决呢？没有人敢肯定。实际上，主战场在格格不入的新闻界和政治权力之间。一切迹象显示，新闻界想要证明自己享有专业自 118
主权，竭力陷权力当局于被动；政治人物则设法尽力操控媒体（如今只能做到间接操控)。换言之，斗争主要而且看来会继续在媒体领域里进行。权力当局在传媒专家的帮助下，采取一些旨在结束媒体骚动的策略，进而结束骚动。例如，为了结束 1990 年的中学生示威——因为担心会像 1986 年那样变得不可收拾而导致“一场悲剧”——国家教育部的传媒专家们起用了一位“应急方案女士”：此后，这位举止稳重、母性十足和善解人意的女人被认为能够为初中和高中的一切问题迅速找到解决办法，还被派到视听媒体广泛巡视了一番。

沃昂维兰事件过后数星期，一个“城镇事务部长”的职位被设立起来，这也许满足了一种行政需要：就地协调负责困顿群体的政府各部的行动。不过，一切都使人相信，在很大程度上，设立这个职位同样是为了便于操控处理此类问题的新闻界，使之有一个负责

针对媒体采取行动的官方对话者，同时能够有一个代表国家的公开
119 视角，超越众说纷纭的混乱局面。

要弄清这里头的来龙去脉，就必须征询普通居民对日常生活的看法，例如必须花点时间弄清沃昂维兰的历史沿革。这个乡镇在20世纪初还是一个小村庄，1921年的人口只有1 588人。到了1925年，人口随着一个人造纤维工厂的建立明显增加。[①] 应当提到1953年至1959年间盖起的最早的社会住宅，当时是为了给大批困难家庭提供住所。还应该提到这个乡镇20世纪60年代的迅速发展，以及1964年设立的“城镇化重点区域”。尤其应当注意，1971年至1983年间建造的9 000个居住单位所产生的后果，以及随之而来的人口迅猛增长：1982年居民已达45 000人。最后，还应当分析一下，局面为什么会随着1979年空置住房剧增而急转直下，特别是马基道霍一带，那里的超市于1985年被迫关门大吉。我们看到，沃昂维兰跟其他许多陷入困境的乡镇一样，本身有不少结构性问题：建筑较新，居住形式以集体住宅为主，人口非常年轻，多人口
120 家庭比例很高，原籍外国的人口比例也很高，居所流动性大，以及对日常生活有严重影响的失业率高。

第一代移民是危机发生以前来到法国的，面对当前的失业的打击，他们往往采取逆来顺受的态度，因为在很大程度上，他们仍然自认为是住在法国的外国人（尤其是很多妇女还不会说法语）。他们的子女则情况不同，他们只了解法国，要求得到跟任何其他法国人一样的待遇。由于觉得自己已经有所归属，对于客观上尚未融入社会这一点，他们极难接受。他们觉得失业对他们不公平，对他们的打击大过其他法国人。他们欠缺资历、学业受挫全因文化方面的

---

① 我们这里给出的简要数据来自皮埃尔·苏善和让-皮埃尔·沙鲍诺指导编写的《沃昂维兰：一个面向未来的中心》一书，编写单位为里昂市城镇社区服务局、沃昂维兰乡镇服务处和库尔律城镇化服务社。

理由。他们揭露说，别的不说，雇主如今很不愿意优先聘用原籍外国的年轻人。而且，反作用之下，这些年轻人不自觉地加剧了被边缘化的恶性循环。他们觉得遭到排斥，倾向于采取某些行为方式，结果却是更加被排斥，同时妨碍他们博得一些不常见的友善表示。公共设施经常被破坏，他们的雇主有时还不得不应付一些特殊的问题（盗窃、暴力等等）。

郊区的这种局面是一些过程的产物。这些过程的逻辑关系不在城镇内部，而在一些更加具有全局性的机制之内，例如住房政策和经济危机。因其如此，以社会工作者和教员为首，那些负责本地举措的人往往费力不讨好，因为全局性的机制总是使他们完成事情的 121
努力付之东流。也正因为如此，设立“城镇事务部”无疑更多地属于一种“媒体政治”的办法，而非真正的解决之道。无论如何，这些郊区的局面之所以表现形式十分特殊（违法犯罪增多，破坏行为，贩毒，盗窃汽车，抢劫商业中心，等等），是因为这些负面的机制在同一个空间里累加。表面永远只能说明表面。法国北部的一个派出所把郊区的违法犯罪现象归咎于垂直式民居（塔楼），只因它跟水平式民居（独栋住宅）相反。然而，造成这些问题的并非那些被“码起来”的居民，而是积累起来的问题和难点。住房市场的运行状况和社会住房分配机构的工作机制所产生的效果之一，是对穷困群体进行空间重组，这些以移民为主的家庭聚居一地，招致一些带有种族主义意味的议论。另外，这些街区里还有一些所谓“底子潮”的家庭（有违法前科，至少在警察局备了案），它们是被省政府和社会服务部门分配来的。这种家庭为数相对不多（里昂市的整个贫民郊区约有数百个），它们没有生活来源，在法律的边缘上讨生活，把城镇化重点区域当成自己的领地。集中居住区设计得比较适合他们，由于故意建造在远离主要道路的地方，形成了与市中 122
心隔开的名副其实的孤岛——一个并非人们乐意看到的后果。这些家庭里的一部分青少年靠某种地下经济获得生活来源，主要是盗窃，近来加上了贩毒。

最后，不能不说说比以往更难对付的当前的失业现象。近 20 年来，经济发展和销售链的普及使相当多的消费产品更容易获取。我们知道，在大型商业场所的偷窃行为并不限于生活无着的失业青年。何况我们也理解，对于越来越觉得在超市里“自便”十分正常的青少年来说，这种行为成了一个稀松平常的解决办法。盗窃甚至成了无所事事的青少年打发空虚时光的一项体育运动，甚至是表现自己的好机会，因为团伙内部往往据此划分尊卑贵贱。毫无疑问，在失业青年的消费欲望与可支配的收入之间，差距从未像今日这么大。这一点或许能够解释，根据一举两得的道理，商业中心何以成为这些城镇青年的暴力行为的首选目标之一：这些遭到他们破坏和洗劫的场所切实象征着将其排斥在外的消费社会；同时，大肆劫掠
123 也给他们带来了物质上的好处。这一点同样能够解释，汽车何以总是被盗、遭破坏和焚烧：在这些青少年眼里，汽车代表最典型的消费产品，是多种资本投注的对象（钱财的，还有情感的、社会的和时间的投注），它既是必不可少的代步和消闲的工具，又象征着接近和融入劳动市场。一旦找到稳定的工作和“入壳”（结婚）之后，汽车通常是他们购买的第一宗大件商品。

媒体“头版”刊登的暴力场面掩盖着平日的小规模暴力，后者每时每刻都会侵蚀这些街区的所有居民，连犯罪的青少年自己也是牺牲品，因为他们的暴力是对他们从小就遭受的隐藏更深的暴力的回答，这种暴力存在于学校、劳务市场、性市场等等。不过，我们也知道，这些郊区里的“可怜的白人”以“土生土长的法国人”自认为身在“自己家里”，他们尤其对周边的移民孩子总在捣乱感到愤怒。这些不断发生的冲突有时的确很富戏剧性，也为报纸连

载的社会杂闻提供了素材，它们怎么会不激起容易被人利用的愤怒呢？

自然规律 125

法国北部。一个小城市的郊外居民区，跟别处一样破烂不堪。一栋预制板搭建的临时性建筑，年深日久，窗户装着隔栅，开裂的屋门是凑合修补的（被洗劫和破坏过多次，最近还发生过），一个挂着“特殊预防活动俱乐部，聚会与休闲”的牌子的灰暗的大厅，胶合板家具和桌子，角落里有一个洗手槽和一台旧电冰箱，很像一间废弃的学校食堂，还有几位无精打采的、有几分讽刺意味的“社会工作者”。不知是害怕还是为了吓唬别人，他们都提到了《芝加哥》。

上午，作为“佳例”之一的阿拉伯裔青年——高中二年级，将满 20 岁——正在等“升学委员会”的结果，数日后将被决定能否升入高三：“我的未来都押在这上头。说实话，不是升入高三 D 班，就是改变方向，那就得另找一个中学。能不能找到一个公立中学，我没把握。”（他过去有好几次被迫自己物色学校）他既盼望发生奇迹（他在这个街区的伙伴只有两人上完高中），又觉得完不成学业 126
了（他心里明白，自己的学业已经结束）。对于学校和“街区”的不同，他有亲身体会，也能清醒道出（“跟伙伴们在一块儿的时候，谈的都是在街区里经历的问题。可是一上中学就都忘了。”——关于日常生活和学校之间的鸿沟，没有比这更好的说法了）。他父亲是阿尔及利亚移民，出身于盖勒马市（Guelma）附近的一个普通农民家庭。如今他在化工厂当技术员，“挣钱不少”。他向来被鼓励好好学习，但是得自己料理生活。他父亲“读和写都会一点”，母亲是文盲，家里只说阿拉伯语。父母“把希望都寄托在他身上”（因为年长很多的大哥很早就当了机械工，二哥长他一岁，未能考下职业资格证书[1]），总是鼓励他好好干。可是，说不出到底为什么，他总是觉得“有一个障碍”，觉得自己学习不够努力，也许是因为“没有意识到学校很重要”。母亲“感到失望，因为她也盼望”儿子学业有成，不希望他“将来吃苦”：“她仍然让我好好干，说是为我着想等等。可是，我也不知道怎么搞的，也许是因为说这话的人不理解我，不能真正理解什么是生活，也许吧，反正不咬弦，虽说他们是我的家长，毕竟是父母，也许我应该……可是，我不知道，也许，说真的，如果换成别人，如果用我能听懂的话对我说，事情就
127 会不一样。”

下午的会面很神秘（“这一位完全不同”，“刚出监狱”，等等）。一个名叫阿里的阿拉伯裔青年，20岁出头，在同伴弗朗索瓦的陪伴下走进来。两人住同一栋公寓楼，那是个名声很差的居民区，那栋楼则是名声最差的之一，当然，楼名叫“玫瑰城”。他们出言粗鲁，不断交换怀疑或赞同的眼色；两人北方口音都很重，有时听不清他们在说什么。我告诉他们我是什么人、做什么事，以打消他们可能有的疑虑或者担心（“我的工作是倾听，尽量理解，事后讲述”，“我既不是法官，也不是警察”，等等）。此时他们一边听，眸子一边斜睨，似乎在掩饰尴尬，特别是当我提出用亲昵人称跟他们谈话时，看来他们不习惯被如此尊重而用他们跟我儿子年龄相仿来推托。此外，我觉得他们在尽力掩饰对自己水平低的担心，生怕不能很好地理解我的话。他们什么问题都不提，只是在等我提问。到了最后，他们才问了一两个问题（此时双方已经建立起信任感）。

---

[1] 职业资格证书（Brevet d’Etudes Professionnelles，BEP）是法国职业中学的一种中等专业文凭。——译者注

阿里是工人的儿子。他父亲来自摩洛哥的一个叫乌芝达的小村庄，阿里 70 年代末同家人一起来到法国，当时才八岁。这是他在学习上遇到困难的开始，也是为了摆脱这些麻烦而采取挑衅性行为的起点。由于上学晚，一点法语也不会，家中只说阿拉伯语，父亲
是文盲，母亲只会写一点点，在阅读上他遇到很大困难（他在谈话 128
结束时承认，直到现在，他“读起来还像个机器人”）。这些使人不得不认为，他之所以抗拒学校，一直采取对着干的态度，把自己逐渐关进一个“顽固不化”的角色里，主要原因是他有一个心愿：不当着全班朗读课文，以免遭受羞辱。由于排斥功课和学习，他钻进了抗拒的死胡同，因而加倍受挫。不久以后，这种违心地逆来顺受的矛盾行为，就从一种校园恶习变成在社会上违法犯罪。

弗朗索瓦一直上到初三，未能考下职业资格证书（因为他说，他不常去上学——中学在 10 公里以外，非得乘公交车不可，“附近那个高中是给好学生，给优秀生准备的”）。阿里和弗朗索瓦是一对亲密伙伴，谈起不得不各奔东西时，都显得很悲伤，因为这合乎自然规律。至于什么是自然规律，看来他俩很了解……他们在这次对话中一直在谈这个事，都用同一种不言而喻的口气，在句子结尾提高声调，却从未真正显示一丝愤怒或者反抗。为了对这一点理解无误，我们真希望能够播放一段对谈录音，听听他如何带着很大的克制和尊严，讲述在夜总会门口被拒而伙伴却被放行的经历（“连去夜总会也一样，这一带的。唉，像我这样的，就拿我来说吧，不让进，阿拉伯人进不去”）。阿里的结论很简单：“总是这么干，就令
人冒火。” 129

我立刻庆幸能有这样一个偶然的机会（后来才知道这是基于友情），同时见到阿里和弗朗索瓦。只要看过他们的讲述，读者就会发现，这两个人实际上在各个方面都一模一样，除了种族背景以外——这一点他们在谈话中从未涉及。读者也不会看不到，那些在

政治话语中和公众头脑里强行灌输移民与法国人的对立的人有多么荒谬。阿里不过是另一个版本的弗朗索瓦，他的肤色和脸形，包括名字，有着抹不掉的种族印迹，从而加剧了缺少文凭和资历所造成的残障地位，或者更准确地说，使之更加彻底。这种弱势也跟缺少文化资本，特别是语言资本有关。阿里是“移民”，弗朗索瓦是“本地人”（换个时间和地点，例如“法属阿尔及利亚”，这些名号会颠倒，但后果相同），两人有相同的问题和难处，它们形成于基于相同经验的相同世界观：儿时的斗狠打架；学业的挫折和失望；住在“破落”的街区，出身于“上了花名册”的家庭（家里都有总是受到怀疑和指控的兄长）而被人指指点点；他们看到漂亮的衣裤时，无处要钱来买，只能自己想办法；两人一起度过“厌烦透顶”的难熬时光；他们没有交通工具，想进趟城既没有公交车，也没有轻便摩托车（除非去“黑市”买或者偷盗）和小汽车（反正俩人都
130 没有驾照）；聚会没地方；踢足球也没场地；特别是他俩都永远必须面对一个对他们完全关闭的世界；无论学业还是工作都没有前途，没有可能性——他们的熟人要么失业，要么自身陷入困境（我问起有无亲戚能够帮忙或者救急，回答是：他们不是失业者，就是残障人士）。

两人是铁哥们儿，这从他们自始至终用“我们”和“咱”指称自己和完全理解“本地法国人”何以另眼看待“移民”就能看出。而且，弗朗索瓦说到在夜总会门口跟遭拒的伙伴一道离开，他替阿里做出了解释（也许因为怕阿里感到难堪），此时他既没有说漂亮话，也没有标榜反种族主义信念，而只是说，即使跟女孩子结伴去也会如此［“跟女孩儿结伴去（被撵走）……她们可以说‘是啊，他是我的男伴儿，跟我一块儿来的’什么的。可是总归还是不行”］。他还替他回答问题，似乎为了使他免于受窘或者感到别扭，同时也为阿里做出不偏不倚的第三者的见证。例如，阿里提到跟警

方和法院的争执给他造成的后果，称那些争执为“蠢事”（这个委婉的说法既能够减轻违法行为，又把官方的观点用到自己身上），这时弗朗索瓦挺身而出，摆出情有可原的具体情节：“那时候我们缺钱，特别缺钱。当时，这么说吧，我一瞧见好看的外衣、裤子什么的，就……”他也有不同于阿里之处（“那都是从前的事了……
我嘛，洗手不干了，不跟他们一块儿游荡了。从前我没少游荡”）。 131
似乎为了表明这个区别不可归咎于任何其他因素，他提出阿里已经“有主儿了”。阿里则好像打算从同伴的正面经验里得出教训，下结论说：“我们都缺少一个姑娘”“为什么要有一个姑娘?”“为了不再干蠢事呗。”

不言而喻，弗朗索瓦和阿里有着显而易见的和全面的依存关系，这不仅基于二人之间的友谊，也可以说他们甘苦与共，都遭人指责，同样受到这个最讨厌年轻人的住宅区的住户、管理员和警察的“密切注意”，尤其是被流言蜚语所关注，从而使他们为一切坏事自动地背上黑锅，这就迫使他们变得具有挑衅性，心怀一种夸张的怨恨情绪。对于那些匿名的抹黑他们的流言蜚语，笔者并不想提出随便哪种形式的反驳，或者为他们平反昭雪，况且他们本人并无这种要求。我只想到这两位“郊外凶神”之一很自然地冒出的一句话，说受电台和电视的影响，父母对他晚上出门牵肠挂肚……

不用说，在这次谈话当中，他俩为自己描绘的形象多半是调查者与被调查者的关系所致，这是一种不寻常的特殊的社会关系，虽然这个形象并非是虚假的。一旦觉得被理解和接受了，他们就能吐露一些无疑平时隐藏得最深的实情，因为团伙内部有戒规（加上他
们所说的“撑台面”）还有源于逞强斗狠的集体制约（阿里和弗朗 132
索瓦提到了一些程序，与革命战争中或者运用象征的革命中的程序极为相似：少数活跃分子借以把群众一步步拖下水，以恐惧裹挟

之，以孤立加深其恐惧，而且在以暴制暴的循环中，以镇压要挟后者使其与自身保持一致）。可见，俩人都诚心实意，绝无蒙骗之意（下文将提醒读者，他们绝非“小天使”；两人之所以一道赴约，显然是为了避免“上当”，不过也能保证他们的见证的真实性）。可是，如果相信他俩道出的都是实情，那未免天真了；可是，如果连可能是实情也要否认，那就更天真得多。诚然，随着不利于或压制实情的局面越来越多，例如与种族偏见和势利眼发生碰撞，这种真实性必然越来越不易获得。种族偏见和势利眼往往抹黑他人，它们来自学校、社会和警方人士，这些人利用命运效应（effet de destin)，强有力地参与制造各种命运，或明白宣示，或提前预告。这两个青年是好人还是恶人？这个问题及其所呼唤的道德答案都没多大意义。二人真的像在这里转述的访谈里所说的那样吗？这个问题听起来较为合理，然而同样虚幻。访谈这种形式给他们创造了一个例外的情境，让他们能够以更平常和更完整的本来面貌出现，因为世界对待他们的方式是不一样的……

133 越是倾听两个年轻人很自然地讲述居民区的生活，包括他们做的“蠢事”，或者某些人或某个人的暴力行为（例如有人把“小字辈”当奴仆对待）——虽然他们有时有所保留，有时沉默不语——我就越觉得这一切都十分自然，特别是在他们的全部言谈和态度当中，有一种情理之中的“惰性暴力”。在劳务市场、学业市场、种族主义等等无情的机制里，都存在这种暴力（理当肩负压制种族主义之责的“维持秩序的力量”里也有）。每一个词语，每一句话，特别是语调里包含的情绪，以及表情和肢体动作都表达出一种显而易见的群体厄运，我的恻隐之心油然而生，没有半点矫情。这种厄运如同一道宿命，降临在所有聚居于这些遭到社会贬黜之地的人们的头上。在这里，由于与全体受苦受难者共处一地，或许尤其因为身属被抹黑的群体所反映的命运效应，每个人的处境都更加悲惨。

阿里说，他高一时留级的班上都是来自居民区的孩子，这个时期他的学习成绩急剧下降。他说，在附近开设活动场馆没啥意思，因为去那儿的都是居民区的人。他觉得那些女孩子毫无意趣，他解释说，因为她们出门时的男伴都是像他这样的人。这话倒是给格鲁乔·马科思①的有名的笑话做了一个完美的注脚："一个不排斥我的俱乐部能好到哪里去?"如果去掉调侃的本意，应当说，这句话表达的恰恰是对自身的绝望，而不是妄自菲薄。

与两个北方小伙子的谈话 134

采访者：皮埃尔·布尔迪厄

"总是这么干，就令人冒火"

——你刚才说，这一带没什么让人高兴的事情，为什么这么认为? 是什么? 是指工作，还是指娱乐活动?

弗朗索瓦：工作和娱乐都算。这一带没有工作可做，我们这个街区也一样，什么都没有。

阿里：我们没有娱乐活动。

弗朗索瓦：活动馆倒是有一个，可是住在旁边的人有意见。

阿里：没错，他们不友好。

——他们为什么有意见呢? 是因为……

弗朗索瓦：因为我们是在花园里，还有，晚上我们这个居住区什么也没有，天一冷我们就得去公寓门洞那儿。可是，人一多，他们就叫警察。不过，这边还有别的场馆。

——不让你们用吗?

弗朗索瓦：不让，他们不给钥匙。

---

① 格鲁乔·马科思（Julius Henry "Groucho" Marx，1890—1977）是美国红极一时的戏剧演员，以机敏的问答和善用比喻著称。这句话英语原为："I would not belong to a club that would have me as a member!"——译者注

——为什么不给？那不就一点也用不上了吗？

弗朗索瓦：是的，什么用也没有。

——你刚才说住在旁边的人有意见。都是些什么人？

阿里：住公寓的。我们在公寓门洞里说话声音大了点，他们就下楼来嚷嚷等等。

——对啊，因为你们没有别的地方可去……

阿里：是的，我们不知道去哪儿好。

——那个活动馆是做什么的？你刚才说活动馆倒是有一个……

弗朗索瓦：是个大厅。以前开放的时候，那儿有张乒乓球桌子，我们就去打球。

——为什么不开放了呢？是因为你们人太多，还是因为别的什么？

弗朗索瓦：都不是，因为被贼给偷了。

阿里：不，不是这个。是因为有别的居住区的人来这儿胡闹，然后就（……）。

——你们就不能收拾收拾，把它管起来吗？不好管，是吧……

135 **弗朗索瓦：**现在好了，弄得不错。居住区之间的关系好多了。

——也没有运动场吧……

弗朗索瓦：有一个手球场，都是住在旁边的人去。

——这就是了，两个居住区只有一个体育场，真差劲。居住区之间得争抢，是这样吧？

弗朗索瓦：争得可厉害了。

——那么，团伙是怎么回事啊？

弗朗索瓦：团伙有好几个呢。

——这些团伙跟谁有关系，跟学校，还是什么？这些人彼此熟悉吗？还是按街区分成……

弗朗索瓦：团伙分成好几个（……）。有些人有工作，有些人玩体育什么的，有些人在一块儿聚会。

——其中也有你吗？

弗朗索瓦：没有，没有我！

——阿里你为什么笑？

阿里：他让我觉得可笑。

——你没有都告诉我……

阿里：实际上，在我们这个居住区里，我们总是挨骂。比如昨天吧，一个小伙子朝我们扔催泪弹，对啦，那小子住的公寓楼叫官福里。

——你这样称呼那个小伙子吗？那小子是谁？

阿里：公寓门洞里人太多的时候，这个家伙就朝我们扔催泪弹。

——他为什么要扔催泪弹？你们在干什么？惹着他了，是吧？

弗朗索瓦：没有。我们当时都在公寓门洞里，他住在二层。我们在公寓门洞里说话，有时候连说带喊。

——当时是晚上还是白天？

弗朗索瓦：我们只有晚上才去。

——很晚吗？

弗朗索瓦：挺晚的，10点、11点左右吧。

——这就对了，他得睡觉，是吧？就为这个，扔催泪弹确实有点过分，可是，如果你们整晚吵吵嚷嚷的，那他这么干多少还可以理解，对吧？

阿里：对，可是他原本可以下楼来说一声啊……

——是的，他可以好好说："你们去远一点的地方，好不好？" 136

阿里：……就是不该扔催泪弹。

——是的，他没必要这么做。他从哪儿朝你们扔催泪弹来着？

阿里：从他的窗户扔下来。公寓楼里有催泪弹。是我们弄来的，年轻人弄来的。总之，大人们才用它。

弗朗索瓦： 我们跑到楼上去问，找管理员问，告诉他……有人扔过这个，他说："总是如此，说也没用。"

——谁是管理员？

弗朗索瓦： 我不认识。这个管理员从来不露面。他不住在这儿。我觉得他管着好几个居住区。

——这样的问题多吗？最后总是追究同样的几个人吗？

弗朗索瓦： 是的，都落在年纪最大的几个人身上。他哥哥［阿里的］，还有另外一个年纪大一点儿的。

——为什么总是他们，因为他们被认为有责任吗？

弗朗索瓦： 因为人家认为他们有责任，他们是头头，就得这样。

——要他们负责的时候，都是谁有意见？房客？他们叫警察吗？

弗朗索瓦： 不是叫警察，就是第二天去见管理员，说给他听。

——事后，他们准得挨骂……

弗朗索瓦： 没错，他们准挨骂。因为人家找了他们的家长。

——家长就骂他们……

弗朗索瓦： 唉！他们如今都习惯了。第一天这样，然后又来了，又来了……

——那么，你在学什么呢？

弗朗索瓦： 我在中学呀，初一到高一。我考过职业中学文凭，那个考试。后来……

——没考下来？

弗朗索瓦： 没考下来。因为不常去学校。就因为这个。

——有时候旷课？

弗朗索瓦： 是的。

阿里： 那是因为中学离我们这儿远了点。不方便，假如上附近那个高中的话……可是我们跟它隔着好几道坎呢……

137

附近那个高中是给好学生，给优秀生准备的

——这么说，你们被打发到很远的学校去了？

弗朗索瓦： 是啊，离我家 10 公里。

——你怎么去上学？

弗朗索瓦： 坐公交车。

——坐公交车……你为什么被分配到这么远的学校去呢？

弗朗索瓦： 附近那个高中是给好学生，给优秀生准备的。

阿里： 给努力学习的人准备的……

——在学校里，你小的时候，父母帮你做功课吗？

阿里： 没有，我爸不识字，也不会写字。只有我妈会写一点点，不多。我哥哥帮我……

——他们帮你一点点……

阿里： 那也得是他们在家的时候。

——有没有人问你："明天你要做什么？"

阿里： 没有。我去学习小组，因为从前，放学后有一个钟头的学习时间。总是我爸带我去。

——这挺不错的……

阿里： 是挺不错的（……），但不是每天都去。后来就开始那个了……

——什么时候开始不好了……

阿里： 上初一的时候，跟伙伴们一块儿的时候。

——那时候，你班上的同学都来自同一个街区……

阿里： 唔，对。

弗朗索瓦： 是的，那所初中就在居住区旁边。

——总体水平不怎么样，是吧？你们都有些问题吧？

阿里： 唔，都有。

——（……）初一挺难的，因为得开始学好多好多新东西，不容易。

阿里： 是的，可是如果我学进去了，本来是能学好的。没问题。可是我那一阵子贪玩。[阿里当时跟一个比他大的伙伴——19岁，而且退学了——一块儿玩。等到他懂得应该学习的时候，为时
138 已晚。]

——（……）老师呢，他们没跟你说什么吗？

阿里： 唉，老师才不在乎呢！

——老师们都不在乎？

阿里： 我们这个居住区，没人上学。

——你的意思是……？

阿里： 那些年纪最大的。

——没有人上高中或者上大学吗？一个人都没有？或者是没有上有名的大学？

阿里： 没有。

——一个人也没有？

阿里： 有是有，两三个人罢了。剩下的都去工作了，再剩下的都在蹲班房呢，再有就是……

我们尽干蠢事

——是啊，蹲班房、失业或者工作。说吧，这个你得说点什么……对吧？你没有想过从事体育？因为，怎么说呢，你挺健壮，这也是一条路子……

阿里： 体育不是没干过，没什么意思。跟他们待不长。

——为什么待不长？你那时要做的事太多吗？

阿里：我们尽干蠢事。

——比如说呢……你可以跟我说说，对吧？我可不是给警察局做事的……

阿里：偷东西，就是这个。

弗朗索瓦：不过，也没干多长时间。

——哦，一半是为了好玩吧？

阿里：那是一种娱乐。烦了的时候，我们就去偷。

——是什么样的蠢事，小的还是大的？

阿里：我们那时候都很小。

——你们那时多大年纪？

阿里：十二岁。

——是啊，十二三岁的年纪……

阿里：糖果啊，糕点啊，香水啊，什么的。年龄大的偷酒，这个东西毁了不少人，酒精，然后是嗑药。

——是啊，没有别的事可干，这样可以理解。

阿里：连去夜总会也一样，这一带的。唉，像我这样的，就拿 139
我来说吧，不让进，阿拉伯人进不去。那好，晚上回家以后，我们能干什么？就胡来呗。

——［对弗朗索瓦说］你跟他在一起的时候也是如此吗？

阿里：他不进去。不放我进去，他就不进去。

——我懂了，放他进去，却把你拦下……

阿里：有好几次呢。跟女孩子一块也不行。有人建议我："跟女孩一起去，试试行不行。"好了，他们当着大家的面说："不行，你不是这儿的顾客，不是常客。"

——真是令人厌恶，他们无权这么做。

弗朗索瓦：是的，还有，说到底，至少得去过一次才算常客。

阿里：可他们还是不让你进去，我知道那儿是怎么一回事。

——真令人气愤……

阿里： 是啊，总之……总是这么干，就令人冒火。

——就这样发生在你俩身上，你俩一块去了，可是放你进去，把他拦住？

弗朗索瓦： 正是，这样对待我们好多次。

——而你呢，你反抗，你问“凭什么？”他们也没说什么……

阿里： 唉，我能说什么呢？

——你一点办法也没有。

弗朗索瓦： 办法还是想过的。跟女孩儿结伴去，到时能够说点什么。女孩子行，她们可以说“是啊，他是我的男伴儿，跟我一块儿来的”什么的。可是总归还是不行。

——这样还是不行？

阿里： 我们试过好多次了。

[…………]

弗朗索瓦： 是啊，非得常客不可，可他没办法当常客啊！我们说的意思大概就是：“至少放他进去一次，他才能成为常客呀。”

没钱买，他们就破坏

[…………]

阿里： 警察也来过居住区好几次。你记不记得，有一次，他们
140 朝我们扔催泪弹？

——那是怎么回事？

阿里： 那次我们在公寓门洞里，因为有个小伙子要自杀，也不知道为什么。然后警察就来了，下车的时候，我们当中有人喊了一声：“该死的爪牙！”他们就返身来找我们，回来找我们。我们就不作声。他们就对我们说：“一帮胆小鬼。”说完就走了。公寓门洞里的人都尖声吹口哨，警察又返回，朝我们扔催泪瓦斯，扔完就离开

了。我们都跑掉了。

弗朗索瓦： 他们还推搡一个我们的人。

阿里： 是让-玛丽吧？

弗朗索瓦： 对，就是让-玛丽。他们知道我们没法还手，就来找我们。

——还有，你们阿拉伯人和法国人一块儿聚会，警察会不会不高兴？我不知道，假如你说“真可恶”，他们不会在乎……

阿里： 不在乎。有一回，有个阿拉伯人在住宅区里被衙役们给打了，就在住宅区中央，好了，有个法国人过来帮他，跟他们说：“你们这么做不对，你们没这个权利。”他们就把他也抓起来，弄到派出所去了，还把他也打了一顿，第二天早上才放出来。

——那是个什么人？

阿里： 是我们这个住宅区的一个伙伴，叫吉尔。我们这儿每年都过一次主保瞻礼节，每次都有斗殴事件，他们就来找我们的麻烦。我们礼拜六就不待在那儿，换个地方。

弗朗索瓦： 礼拜六和礼拜天。

——是啊，最后总是落在你们头上……

弗朗索瓦： 因为还有别的住宅区的人，不是我们这儿的，是从别的住宅区来的，来的时候揣着……

[沉默。]

——说吧，说吧……

弗朗索瓦： 他们来的时候揣着东西……［沉默。］

阿里： 是什么东西？说出来啊……

弗朗索瓦： 唔，揣着毒品。买不起，呵，他们就破坏。[沉默。]

阿里： 我们已经摆脱了那劳什子了，我们是大人了，摆脱了。前不久，我们还去过法院，就为一纸告发。

——怎么告发？

阿里：就是法院的告发传唤书。

——为什么？怎么回事？

阿里：一场小争吵罢了。法官判罚我，就因为他们判决的时候我打趣来着，他判我 8 天监禁，缓期执行，外加 1 200 块罚款，我觉得是 1 200 块，就因为我笑出声了。

——因为法庭宣读判决书的时候，你不严肃……

阿里：是的，有几个伙伴也跟我一块儿去了，我不知道不能带伙伴上法庭，他们就去了，我看见他们就想笑。

——这一带像你这个年纪的人都没有工作吗？

阿里：没有，除非是实习。

——是啊，挂幌子的实习。

阿里：是啊，一点意思也没有。1 200 法郎，没意思。有人一个钟头就能挣这么多（……）

——再说，这也不是办法呀。而且没有……我不清楚……如果，比方说，一个人找到了一份工作，干得不错，再把别人介绍进去，这不就都……

阿里：没错，大人们就这么干。

弗朗索瓦：可他们是去巴黎啊。我们这个住宅区的人，他们都在卢昂（Rouen）。那儿有个普吉奥汽车厂。他们都在那儿工作。

——他们是怎么找到那儿的工作的？一个人找到了，然后把其他人也弄进去，是这样吧？

阿里：对我来说，服兵役把我拦下了，不然我也会去那儿。

——原来是这样，没工作就没钱……目前你的经济来源是什么？父母给你一点钱吗？

阿里：给，时不时给一点儿。

[…………]

——你练不练搏击？练空手道还是……？

弗朗索瓦：什么都练，街头斗殴的那种。也是幌子。

——幌子？在哪儿练？

阿里：就在派出所的那条街上，那边。

——是吗？是楼群边上的那条街吗？

弗朗索瓦：对，只是摆摆样子。

——不太认真，对吧？ 142

弗朗索瓦：该学的我们已经会了，没必要再学。

——拳击呢？你想过没有？

弗朗索瓦：去过一次，可是路太远。我也没有交通工具。

——你没有轻便摩托车吗？

弗朗索瓦：我什么都没有。

——一辆轻便摩托车现在多少钱？

弗朗索瓦：2 000 法郎吧。

阿里：去店里买得 3 000 块。

弗朗索瓦：你糊涂了吧！店里买至少得 4 000 到 5 000 块。得去黑市，从那伙年轻人手里买。不这样不行。

——“去黑市买”究竟是什么意思？

弗朗索瓦：“去黑市买”是一个策略。

[…………]

阿里：有些故事跟我们住宅区的稽查员有关。有个稽查员在我们住宅区里挨过揍。

——是吗？怎么回事？

阿里：他没有亮出证件就动手打人，打另一个住宅区的少年。后来，我们的一个小伙子就出手了，保护那个人。再说，一般情况下，警察应该出示证件啊。他没有给人看证件。

——于是他就挨打了？

阿里：他一拔出枪来，我那伙伴就跑了，可是事后被抓了。

——栽进去了……

阿里：栽进去了一个礼拜。目前算是假释，反正我觉得是。他暂时自由了。

——你呢？法官把你……你没有被关起来……

阿里：是我成为成年人①以后的头一次。那一阵子，我刚进入成年时间不长，刚满七个月吧，我想是的。

——以前没有过？

阿里：作为未成年人，有过（……）。

——是偷窃之类的事吗？

阿里：在比利时，有过。都是小事情，小蠢事。

——是啊，可是过后一直跟着你走，换了地方也能找到你。

阿里：那是一些蠢事，不该再发生。

——是的，可是，烦恼时还是要干……

143 **弗朗索瓦：**那时候我们缺钱，特别缺钱。当时，这么说吧，我一瞧见好看的外衣、裤子什么的，就……没钱不行啊。那都是从前的事了。

——你为什么笑？

弗朗索瓦：是他在笑。

——你没有都说出来？

弗朗索瓦：没有。我嘛，洗手不干了，不跟他们一块儿游荡了。从前我没少游荡。

阿里：他有主儿了［他有女朋友了］。

——你现在有主儿了？你怎么看待这个事？

弗朗索瓦：我嘛，他们干的劳什子我都看见了，我就走了。（……）

---

① 按照法国法律，年满18岁为成年人（majeur）。——译者注

阿里：我们都缺少一个姑娘。

弗朗索瓦：为什么要有一个姑娘？

阿里：为了不再干蠢事呗。(……)

幻灯机是有，可是没有幻灯片

阿里：是啊，我们没有交通工具，也没钱，怎么出门？

——没有公交车吗？去D城没有办法？

阿里：公交车是有。

——可是不多……

阿里：有去D城的，可是你要打零工的话，就得到处跑。得去朗斯，去里尔，都非得有汽车不可，可是，唉……

——你们没有车，伙伴们也没有吗？

阿里：没有，我姐姐倒是有，可是她没有工作，什么都没有。现在，在我们这个住宅区里，他们都在考驾照。考下来就能走动走动了。

——是啊，到了礼拜六什么的，你们都憋在那儿……

弗朗索瓦：这个嘛，我们会挪挪窝的，我们在等一个小伙子，他去留尼汪岛了。以后就好了，至少他有驾照，反正我觉得他有。

——对，因为，再说，你们大部分人没有驾照……你们怎么学开车？有没有驾驶学校之类的？

阿里：俱乐部有一回有这个打算，有一个教员想弄这个……

——这是一个好主意，对吧？ 144

阿里：可是，得有幻灯片。

——对呀，必须有。

阿里：得有人去要幻灯片，去驾校问问（……）。那儿有幻灯机这种东西，可是，教学用的交规幻灯片他们没有。汽车好多人会开，麻烦的是交通规则……我们有些伙伴考过两次，两次都没通过。

——都是因为交通规则吗？

弗朗索瓦：就是因为交规。可是也有一个小伙子，无照驾驶，他去了巴黎，在那儿工作，啥事也没出。

——他在那儿做什么工作？

弗朗索瓦：做什么我也不太清楚。

阿里：他说在巴黎上班，挣一万多块钱呢……

[…………]

——对，你跟我说过，服兵役期间，不少人因为吃不了苦，擅离职守。

阿里：是的，因为确实令人厌烦。

——你说不少人，不会是好几十个吧……

阿里：没那么多，也就是五六个。

——那也不算少了。他们都是……

弗朗索瓦：都是我们这几个住宅区的，外边的也有。

——都跟你们的年纪差不多？

阿里：有一个还没去就嫌腻烦了。走时还带上了药盒子。

——药盒子是什么？

弗朗索瓦：安眠药。

——想自杀，还是要干什么？

阿里：想自杀。不过，那是假装的。

——哦，是为了能够按退役处理，是吧？

阿里：对。

——他达到目的了吗？

阿里：唔，他办了退役。

弗朗索瓦：哼，他退役退到疯子们当中去了。

阿里：对，可是，P4，不值得。这个划不来。

——P4 是什么意思？是把你送去……

弗朗索瓦：P4 是说人的精神不正常，可是要找工作的话，这

个不行……太难了。还不如当兵。 145

——你刚才说有个人去了新兵营，后来跑掉了？

阿里：是的，因为人家把他关进另一个……

——他做了什么事？

阿里：打架，他老打架。我觉得，他后来被关进了惩戒营。他受不了，就开溜，跑掉了。

——有好多这样的人吗？我从来没听说过。他受不了纪律，烦了？

阿里：他不习惯服从命令。

——这就对了。可是，工作的时候不是也有这种问题吗？没有临时工作吗？过渡之类的工作？连短工也没有吗？

弗朗索瓦：有些人有工作。你看人家让-吕克，可是连着六个月没工资。

——六个月没工资？

弗朗索瓦：是啊，可还是被合同管着。

——他接着干下去？

弗朗索瓦：他时不时地接着干，可是只挣2 030法郎，不是2 300法郎。

——可是工时一点不少？

阿里：他告诉我，还多干了260个小时。他那个职位在试工期里。

——这怎么能鼓励人们去找工作啊？

阿里：是啊，真不地道。

所以我们才特别喜欢……破坏

——你刚才说，你从搏击运动里什么也没学到。你以前是怎么学的，打架打得多？

阿里：呵呵！小时候常掐架，是的，掐架经常是在……

——在学校，是吧，跟附近住宅区的人动手。

阿里：有时候我们之间也掐。唉，谁都想当大头。

弗朗索瓦：可是，五分钟以后，又和好了，不是真打。

146 ——然后就喜欢干那个……

阿里：……破坏。

——对，就是这个。不过，你们看起来不是很凶，你俩都不像是厉害角色。有点奇怪。

阿里：不，我们才不……

——你们之间谈论政治吗？还是很少谈？

阿里：不谈。

——不怎么谈政治，不是因为不在乎，是因为不大会思考政治吧？

阿里：政治我们不太懂［暂停一会儿，以便合影］。

——［向弗朗索瓦和阿里建议：参访者离场，让他俩对着录音机轮流相互提问。说完本人就出去了，顷刻］好了，你还在问他吗？

阿里：不，他正在问我。他在说话。

——哦，是他。来吧，接着问吧，让咱们看看你问得好不好。

弗朗索瓦：我提的问题跟他的一样。

——别这样，别让他说他不想说的话。（……）法官给你下了什么判决？1 200 法郎？

阿里：外加 8 天拘押，缓期执行。

——你以前有过吗？

阿里：没有，我那时还小。

——未成年人有过一次胡来，那个判决就会跟着你走，是吧？

弗朗索瓦：是的，只要我再干什么蠢事，就会被逮住，在犯事的几天之内（……）

——你干了什么，惹出这么大的祸？

阿里：我记得是因为偷一辆轻便摩托车，他们照了相，有指纹。小事一桩。

——你当时多大？

阿里：我当时正上高一，16 岁，也许 15 岁吧。

——他们把你当场抓起来了？

阿里：不，是我自找的，我跑不快。

——当场吗？哦……他们抓住你，把你押走，然后就……

阿里：照个相什么的。

——他们没有把你关起来吗？

阿里：他们把家长叫去了，我还算未成年。那天我可惨了。他们要把我关起来，可是我爸来接我了。

——他们跟你爸爸说什么？ 147

阿里：跟他说了说经过。

——你爸爸骂你了没有？

阿里：他想狠揍我一顿。这倒没什么可奇怪的。我理解他。

——是啊，他肯定烦死了。

总是那几个人背黑锅

阿里：是的，后来好一点，幸亏有他，我才不干蠢事了。我向他［弗朗索瓦］提了一个问题。

——说吧。他还没回答吧？

阿里：还没。我是问他想不想搬家，有这个意思没有。

弗朗索瓦：搬家？要搬的话，也得等我再老一点。

阿里：现在不搬吗？

弗朗索瓦：现在嘛……

——离开这个住宅区，你会觉得遗憾吗？

弗朗索瓦：不会，因为我在这儿住了 19 年了。

——那你谁都认识喽？

弗朗索瓦：谁都认识。我的小伙伴都在这儿（……）可是，要是搬走，那也是为了跟……

——为了结婚？

弗朗索瓦：是的，结婚。为了独立生活。

——你呢？如果能搬走的话，你愿意搬家吗？

阿里：搬走可以。我有这个想法。可是我还是会有点遗憾。搬家不是件容易的事，跟别人在一起不习惯。再说也要看搬到哪儿去。

——是啊。不过，你有好多烦恼跟住在这儿有关。问题在这儿。

弗朗索瓦：是的。这儿有些人，最好还是搬走。有些……

——（……）应该改善一点的，也许是……这些住房……这些房子还是挺破烂的，对吧？

弗朗索瓦：这儿的房子……如果您想说的是房子破损什么的……一有什么东西坏了，就怪年轻人。

——什么东西坏了？是皮球砸破窗玻璃一类的事吗？

148 **阿里：**不是，是公寓楼门、玻璃窗、信箱，公寓楼门。

——是谁弄坏的？主要是年轻人？

阿里：有时候是。

弗朗索瓦：也不总是他们。可是，总是那几个人背黑锅。他们什么都没干，反倒得背黑锅。

——这就是刚才你想说的吧？你说，那些挂了号的年轻人，过错总是落在他们头上，你呢，也有那么一点，是吧？你也挂了号……你小时候，不是吗？

阿里：是的，可是现在不同。我跟比我年纪大的在一块儿，跟他大哥，还有一个年纪更大的，可是背黑锅的总是他们，这……再说，正是他们让我们别去干那种事的……

弗朗索瓦：他们真倒霉。

——为什么？不是说，他们是帮派头头之类的吗？

阿里：是的，人家说他们训练小的，给他们出主意。

——可是，你刚才说过，住宅区之间会打架斗殴，而且确实有这种帮派。

阿里：是的，有好几个帮派呢。别处的人来这儿打砸抢，我们得背黑锅。

——为什么？因为打架……

阿里：是的，有些居住区里，有人想充大腕儿，充当厉害角色。除了这个，都还好，比从前强，相处得好多了。那儿有一个夜总会，开放的，阿拉伯人里去玩的挺多，早说也只有这一个地方可去。

——这样一来就好多了……

阿里：可是，说实话，没有不认识的，所以很讨厌。夜总会，不值得去（……）

——应该去远一点的地方，谁都不认识你，遇见不一样的人。

阿里：怎么办得到？从前，我们费好大劲儿才能去远一点的地方。现在不行，谁也不把自行车借给年轻人。

——为什么，因为太贵了，还是……？

阿里：以前我们都有自行车。远处都是骑车去（……）现在不行了。

——是因为太费力吗？

弗朗索瓦：因为那时候我们都上学，坐火车。现在好多人从这儿搬走了……

——离开了你们这帮人，离开了伙伴…… 149

电视上说的，他们都相信

——哦，是这样。那你呢，没有想过……服完兵役以后怎么办，你刚才说什么来着？

阿里：是的，我肯定会在巴黎地区，如果……不是巴黎就是南方。我打算跟他［弗朗索瓦］一块儿干，可是既然他已经成家了，他最好别离开这儿。不然，我们早就这么做了，很久以前就挪地方，去南方了。

——你呢？你想做什么？

弗朗索瓦：还不就是弄张文凭嘛……一张专科技能证书。

——也许跟他在一个地方，能找个工作……

弗朗索瓦：是啊，可是我说了，我们俩不可能一辈子在一起，总有一天得分手。

——那当然，可是既然你们是伙伴，为什么不试试……

阿里：是的，如果真能找到，能找到就好办了。如果一个人能工作，就能给别人打听消息。然后就（……）好得多。

——所以我才问你有没有表兄弟，那就能……

阿里：这个有时候是父母的事，他们不信赖你，觉得你会迷路或者……比如说我吧，今年我本来打算去摩洛哥，一个人去，可是我妈说不行。她还拿我当小孩。反正摩洛哥不让去。

——特别是如果你有亲戚，就不会那么……

阿里：以前我们出不去，晚上出不去，太晚了不行。他们［父母］担心。电视上说的，他们都相信。

——是的，他们觉得住宅区危险，觉得……是吧？也有一个男孩跟我讲过，他爸爸老是害怕，收到来信不会读，所以只要收到一张不管什么纸，他就害怕。这倒是可以理解，因为他们觉得这是很严肃的事。不会读不会写，确实让人犯难。

弗朗索瓦：唔，不会读写的年轻人，我们住宅区就有。

——是吗？跟你们年纪差不多……

150 **弗朗索瓦：**是啊，比我们更大的也有。

阿里：没错，还有年龄更大的，会读是会读，可是很费劲，读起来像机器人似的……要不就是……

——是吗？人多吗？

阿里：多的是，至少 80%。

——你说 80%，这不可能，你知道吗？每 10 个人里就有 8 个啊！

阿里：是在我们这些人当中，我们这帮人里。

——你们这帮人……

阿里：我们这帮人至少有 20 到 30 人。多少人会读？我是说，读得好的，有 10 个人吧。剩下的都读不好。

——你说的“一帮人”，是指总聚在一起的那些人吗？

阿里：是一块儿踢足球的人，好几个人，除了读书以外，大家都会读，可是都读不好。

——是不是读起来磕磕绊绊的，不理解说的是什么？

阿里：对，他们读起来像机器人似的，一个字一个字地往外蹦。有些字遇上就卡壳。有这样的人。

连像我这样会读的，读起来也像机器人似的

——你看你看，这个我可没想到。

阿里：连像我这样会读的，读起来也像机器人似的。

——为什么读起来像机器人？

阿里：因为我，在我家里，我在 X 城时候，从来不读，在学校我从来不念出声。

——没有人让你朗读啊……

阿里：有。可是我不干。

弗朗索瓦：有人想设个圈套，要弄他。

——为了向伙伴们炫耀，要酷吧……

阿里：不是不是，就是不喜欢，不喜欢念出声来。读还能读，就是有点费劲。

——你一直上到高一，不管怎么说也学会阅读了……

阿里：是的，我会读，我会读……

——不太流畅，是吧？

阿里：这个有点困难。

151 ——你读报纸之类的吗？从来不读？应该读一点，是吧？

阿里：最好读一点。阅读、写字、计算等等，都得学会，这是谁都会的东西。

[休息片刻，布尔迪厄离座，弗朗索瓦向阿里打听玫瑰城公寓的情况（“很脏”）、俱乐部的情况（“总也不开门”）等等]

阿里：我回到我们公寓的时候，住在三层的那个妇人，她姐姐每次来都朝我们嚷嚷。

——她不住在这儿？

阿里：不住这儿。她住独栋房子。

——这些妇女是什么人？街区里的法国人吗？

阿里：一些不喜欢马格里布人的法国女人……

弗朗索瓦：姐妹俩是住宅区里的两个种族主义者（……）。

——还有别的像她们这样的人吗？

阿里：这是两个，还有……

弗朗索瓦：（……）另外只有一个。

——那么，管理员呢？他们怎么样？还好……？

阿里：他们下午才来，从一点到一点半。

弗朗索瓦：还有一个早上来，可是他们不住这儿。正常情况下，管理员应该住在街区里。

阿里：不过，有一个搬来住了。这人二十八岁，人特别好。幸亏他，我们才出门游玩了几次。他没少帮助我们。

——这个人是谁？

阿里：卡里姆。是个好人，他现在也在巴黎工作，见不到了。不然的话，他晚上经常跟我们聊天，给我们讲做人的道理。

——他做什么工作？

阿里：他最棒，开汽车。

——这个人有文化？

阿里：他在阿尔及利亚待过，在那儿当了五年兵，现役，后来不干了，来这儿。他有文凭，可是他走了，工作去了，在俱乐部里当临时工。

弗朗索瓦：他也帮我们的忙。(……)

阿里：是的。

——这么说，这个叫卡里姆的人，对你们挺好的。(……)

阿里：是的。他什么事都跟我们一块儿做，踢足球什么的。帮我们的忙。不管我们想去哪儿，他都开车带我们去。只要提出来，就带我们去……

——归根结底，好人还是有啊，这已经很不错了…… 152

阿里：只有他能理解年轻人。

——他多大年纪来着？

阿里：二十八九岁。

——现在他已经离开了？

弗朗索瓦：他还在X城，可是工作地点不固定。他礼拜六和礼拜天来这儿。

——他就不能跟那些妇人解释解释吗？

弗朗索瓦：没人听得进去。现在好一点，她们安静下来了。可是，有时候，他们什么都听不进去。有好几个人呢，不是我们这些人，是一伙年龄大一点的。一共五个，都被抓起来了。放出来的时候，那才真是……只有两个出来了。现在里头还有三个呢，要不就是四个。

——他们为什么被抓起来，毒品之类的事？

弗朗索瓦：是的，加上偷汽车，还有持械抢劫。为这个，他们快出来了。还有，他们扎堆。喝酒抽烟什么的，然后就……

——胡作非为……

阿里：鸡飞狗跳的，没有他们不干的。

——他们住在这个住宅区里……

阿里：不都是，大概有两个住在这儿。

——那么，他们是从外地来的。

阿里：没错，为了不引人注意。其中有个是头头。

弗朗索瓦：三个放出来了。

阿里：是的，还放出来了另一个。

弗朗索瓦：他们什么都不懂。我不知道怎么说，假如万一，当然我不愿意有这种事，假如一天晚上我被放回家了，我就洗手不干了。可是他们不明白这个。前脚回家，后脚进监狱。

——他们还有枪，这可不行……

弗朗索瓦：有枪，有毒品，什么都有。

——多少是在制造恐怖。

弗朗索瓦：唉，这个问题很恐怖，他们是……其中一个，只他一个，他最……别人不是这样，你可以把，可以把……这个挺严重的。

153 ——是啊。他们一放出来，大家都害怕。

弗朗索瓦：是害怕；再就是家里吵架，就在我们这个住宅区，你没察觉吗？（……）各家都吵架，挺凶的。

——那是怎么回事？

阿里：就是两个家庭打起来。真正是倾巢出动。

——怎么会呢？

阿里： 为一点鸡毛蒜皮的事。为了一些……蠢事。

——不是结婚之类的事情吧？

阿里： 不是，是跟收音机有关的蠢事。

——收音机？

阿里： 一个小伙子，叫埃里克，他有一台收音机，有个人想拿走，他的伙伴就来帮忙。然后就打起来了。他哥哥也下了楼，他把他哥哥叫出来了。

——随后全家出动，是吧？这些家庭人口多吗？

阿里： 都是大家庭。

——他们人很多吗？他们从哪儿来，是阿尔及利亚人吗？

阿里： 从阿尔及利亚来的。

[…………]

你要是告诉姑娘们，我家住玫瑰城……

阿里： 是的，可是，怎么说呢？玫瑰城如今没动静了。什么都没有了。只剩下一个不大的坏名声。有意思的是，假如，对那些住在更干净，也更……的住宅区里的女孩子，你要是说，我家住在玫瑰城……

——她们马上就不信任你了，是吧？

阿里： 不是不信任，她们会立刻走开。就因为这个，这个可不好。你只得花言巧语地哄她们。

——哦……你也这样做吗？（……）

阿里： 你要是告诉姑娘们，我家住玫瑰城……

弗朗索瓦： 让我说吧（……），她们就会把你当成少年犯。（……）

——那你的女伴呢，她也住在这个住宅区吗？

154 **弗朗索瓦：**是啊，也住在这儿。

——你跟她住在一起吗？

弗朗索瓦：您说的“住在一起”是啥意思？

——意思是，你们同居吗？你还没有结婚。

弗朗索瓦：我没结婚，没结婚。我不跟她同居，没有。

——你服完兵役就结婚，是吧？

弗朗索瓦：不，她得去工作。当然，我也一样。

——你呢，你有女朋友吗？

阿里：呵，我嘛，很快就会搞定，很快。对，我会很快……[笑] 我不愿意找个……必须是一个好姑娘。因为这一带我们认识的姑娘都不认真。最好是找到一个人品好、认真的姑娘，不过，这可不容易。

——是的，那些跟你们一起上街的姑娘，都不……

阿里：都不认真。一转眼，人就不见了，早跟别人走了。

——你说过，有个姑娘跟你在一块儿，也是这个住宅区的……

阿里：是一个伙伴的妹妹。我们把她当成伙伴，像个男朋友似的。她人挺好。

——别的女孩呢？你是怎么认识她们的？夜总会之类的场所吗？

阿里：是的，出门游玩的时候，或者在学校，再就是通过伙伴的姐姐们。

[提到住宅区的一位法国妇人：“她跟我们聊得挺好的。”“如果有人议论我们，她就来给我们提个醒。”话题随后回到暴力纠葛。]

弗朗索瓦：就连我们住宅区的小孩子也开始干蠢事了……

——谁？

弗朗索瓦：小孩子，我们住宅区的。九岁到十岁之间的。

阿里：他们干蠢事，跑到别人家花园里，偷樱桃……

——这种事你不是也干过吗……

阿里：谁都经过这个阶段，不过……

弗朗索瓦：他们别的也干，偷自行车什么的。

——哦。你是觉得比以前更坏，更严重了？

阿里：没错，我们当初可不是这样，我们没有一开始就偷车。 155
现在，我们住宅区的小孩都抽烟，十三四岁的也抽。

——他们抽什么，印度大麻？

阿里：不，香烟。

——香烟啊。

阿里：小孩子们十四岁开始抽烟，十五岁开始就……

——他们有钱买吗？

阿里：他们不是卖点旧货，就是想别的办法弄钱。

——你觉得这种事情越来越严重，往下滑了吗？

阿里：是啊，是啊。抽烟把他们变成了什么？这成了一种习惯，以后就老是想舒服一下。就开始偷这个那个。我们住宅区有个小家伙，多大了？十五岁吧。这个人没他不干的，嗑药，印度大麻，酒精。对了，他不是我们这儿的，是（……）另一个住宅区的。他辍学了，可以说迷失了方向。我一点也不羡慕他，他本来能够干得好一点，因为他长相好，个子比我俩还高，才十五岁，可是，瞎胡闹。可惜了他。

——多可惜啊……

阿里：还有，他一点也没意识到，他在给他的头头偷东西。

——怎么？他偷东西，偷什么……

阿里：帮他的头头偷东西。

——那么他是给团伙偷东西了。

弗朗索瓦：他要是不吸毒，也许就……

阿里：是啊，他将来才能懂。因为他什么也没有挣到，他在那儿干什么，偷东西，可是从没得到任何东西，为了别人才去偷盗。

——怎么回事，有个团伙的头头收集赃物？

阿里：那人连头头也不是，一个跟他厮混的家伙，把他的东西都拿走了。他一来就命令他："去，把什么什么给我拿来。"他就去拿，拿给他。

——那不成奴隶了？

阿里：是个傻瓜，可惜了，唉。

——经常是这样吗？这种人总是有吗？

阿里：只有他们才干这个，只有两个这样的人。

弗朗索瓦：是啊，不过……

156 **阿里：**只有他们两个这样，因为那家伙把他牢牢抓在手里。

弗朗索瓦：那个十五岁的小孩子怕他。

——哦，是这样……

弗朗索瓦："你要是不这么做，我就往死里揍你。"

——他怎么做到发号施令的？那个年纪小的不会保护自己吗？

阿里：小的什么都不会。

——他没有兄弟吗？什么人都没有，只他一个？

阿里：他好像有个小妹妹，还有他妈妈。他哥哥已经不在这儿住了。

——唉，可怜的小家伙！你认识他？

阿里：认识，他跟我们一块儿混。

——他是怎么跟你们说的？

阿里：他能说什么？什么也不说。有时候，他觉得有点尴尬、害臊，可是什么都说不出，他说他不会说话，什么的。

——那是害怕呀。你们就不能帮助他吗？这样一块儿混真不好。

阿里：是啊，是啊。这是他俩的事，他俩之间的问题。

1991年5月

一个成功融入社会的家庭 157

玛丽娅住在“新城”住宅区。这个二十年前建成的住宅区位于大都市的近郊。70 年代初，玛丽娅因翻修工程被赶出了居住了十五年之久的市中心，被重新安置到这个“城镇化重点区域”，当时这里最早的几栋楼房刚开始建造。从 1987 年起，这个城镇化重点区域被列入“街区社会发展计划”，这个计划的负责人把玛丽娅介绍给我，大概是因为这位原籍西班牙的女人是一个“地方人士”，口才极好，可视为住宅区的一位“可圈可点的”的干练的住户代言人。确实，身为法共党员的社会活动家，她是在重建工程的架构下成立的社区房客协会的活跃人物。玛丽娅个子不高，有点神经质，决不会被人轻易哄骗，而且，正如常言所说，“决不把舌头掖进口袋里”：她讲话常常十分幽默，语速很快，有时几乎听不清。声音高而有力，滔滔不绝，口音浓重。这种讲话方式常见于讲法语的西班牙移民，大致不错，毫无顾忌。 158

玛丽娅在家中接待了我。她穿着一件花纹朴素的短上衣，一件坎肩和一条淡色的裙子。她的公寓套房位于这个城镇化重点区域已经翻修的地带，房间里整洁得无可挑剔，干净利落，一尘不染。我们围坐在餐厅桌子旁边谈话。在整个谈话过程中，她边说边机械地用手抹去桌上难以觉察的面包屑。玛丽娅看上去五十岁上下，注重衣着但不过分，全无率性随意的迹象，而且拒绝一切轻浮：“您瞧，我不是那种人，把时间一下午一下午地浪费在女人当中，不是的。我更愿意把时间花在会议之类的事情上。让我去谈论那些女人之间谈论的蠢事，像怎么整理指甲和发型之类，这个我不干。”

玛丽娅出身于一个有十个子女的农民家庭，60 年代中期来到法国，当时她才 18 岁。因为她在村里没有工作可做，“1959 年和 1960 年，法国有好多好多工作。”法国雇主通过一个天主教团招募乖顺而廉价的劳动力：“那时候我们在乡下，年纪轻，没有太多（要求、野心）……很多外出机会也看不到。（……）他们寄来一份合同，可以说是催着我们接受。他们还提出承担我们的旅费，还给我们一小笔津贴。”她受雇于一家回收旧衣破布的工厂。后来，好
159 几个兄弟姐妹来法国同她会合，都在这个地区安顿下来（他们至今依然频繁来往）。她在法国认识了后来的丈夫，也是西班牙人，也是在跟她相仿的条件下离开祖国的。他在西班牙的一所军事学校里学过钣金焊接，23 岁时被一家法国汽车制造厂招募。几年之后，他成为车身工，妻子曾为抚养两个孩子在一个时期里脱离了工作（谈话中提到的两个儿子分别为 24 岁和 16 岁），后来重新做半职工作，如今为一个富裕家庭打理家务。

提到刚搬来“新城”的那几年，她带着惋惜的口气：住房比市中心的要好一些，楼房有绿地环绕，她觉得既漂亮又惬意。她讲到楼房如何在十年之内陆续竣工，人口也逐渐发生变化，特别是由于失业的年轻人越来越多，出现了“问题”。玛丽娅回忆说，以前，送奶员可以把奶瓶放在楼梯口，房客也可以把钱留在脚垫底下。不久，偷盗逐渐频发（先是偷自行车，后来偷汽车）。随着日常小打小闹的违法行为逐渐成为家常便饭，又出现了楼房逐渐破旧的问题，能搬走的家庭于是都搬出了住宅区。她随后讲起共处一地引起的问题，在欧洲裔人口和越来越多的阿拉伯裔人口之间，这些问题
160 大量增加：“有些人开始发牢骚……弄来太多阿拉伯人……好多人抱怨阿拉伯人的封斋期。因为那时抱怨太多，如今我觉得好多了（……）因为有好几年，说真的，封斋期间，街上像过节似的……仿佛身在阿尔及利亚。”不过，在她看来，住宅区的日常生活是随着 80 年代初大批“问题家庭”的到来才变得“地狱一般”的，这

些“名声很差”的家庭被安置在这个城镇化重点区域的越来越多的空房里。“没人不偷东西。我不清楚他们在外头是不是也偷，可是，说真的，大家都偷。假期当中、夜里、逢年过节，随时偷。”

这个移民家庭不知不觉地融入了社会，而且没有受到失业的威胁。这个住宅区里发生的一切本来应该迫使它像很多家庭一样搬走。尽管玛丽娅和家人看到的难题越来越多（汽车失窃，地下室被盗空，入室盗窃，等等），然而她之所以留下没走，不仅因为她不愿意放弃这个她十分牵挂和多少已经适应的住宅区，而且因为像很多移民一样，她长久生活在一个“回国”的幻觉里（玛丽娅和丈夫一直保持着西班牙国籍），在法国以一种滞留者的方式生活，滞留时间渐渐延长，使得一些重要的计划无法实现：“起初我们不知道是留下来还是回西班牙，于是决定不买房子。可是，拖呀拖，就这 161
样拖延下来了，直到孩子们都长大了，我们还要了一个车库。后来我们说，等攒点钱就离开这个住宅区。”

可是，玛丽娅很清楚，留在住宅区意味着必须对付一个怪圈：孩子们不是被吸引去违法犯罪，就是被边缘化。她必须加倍小心和努力，让孩子们远离“不好的交往”（这在她看来只有一步之遥），以及街头设施及其虚假的诱惑：“在我们这儿，如果你有孩子，就得特别警惕，如果你愿意孩子们成功，你就必须让他们脱离（这儿的）学校。所以，一看到有这些问题，那些年轻人（的家庭）就搬走了。”

不过，跟住宅区的许多阿尔及利亚裔家庭不同，玛丽娅守住了阵脚，没有让孩子们学坏，这是因为她有一些客观的特点，跟大多数马格里布女性移民很不同。出生于非洲和北非的妇女大多为了与丈夫团聚才离开自己的村庄，她却正当豆蔻年华而自己决定移民，为的是工作。马格里布女性在移民过程中完全服从家庭需要和男性的支配地位，欧洲裔女性的移民活动则更直接地以劳务市场和提升

社会地位的逻辑为转移（玛丽娅不是通过家庭关系办理移民的，而是通过一个为她找到了工作和住处的天主教团）。“我不是法国人，
162 可我是欧洲人啊，这完全是一回事。”她说道。确实，跟大多数根依然扎在本国的阿尔及利亚妇女相比，她与接受国之间的文化和社会差距要小得多。例如，那些妇女很多基本上足不出户，无从学好法语。让玛丽娅感到不快的是，只有阿尔及利亚男人才来参加会议：“他们就是如此，男人来开会，女人留在家里！”

另外，跟马格里布移民相比，欧洲移民的社会地位高一些，他们往往具备一些有利于在接受国里获得某种社会地位升迁的特点（尤其是专业知识）。玛丽娅夫妇便能够有一种站稳了脚跟的感觉，大多数马格里布家庭却不是这样，这些家庭里的丈夫即便没有失业，也是在工厂里当一辈子熟练工。这种局面对可能怀有职业憧憬的孩子们不无影响。以玛丽娅的大儿子为例，他在父亲的汽车修理铺工作，因此可以考虑走父亲的路，接手这个小小的家庭产业。可是，马格里布移民家庭的孩子大多不仅拒绝相当艰苦的工人生活，而且往往看不起一声不吭地忍受他们所说的“剥削”的父辈。玛丽娅融入社会的程度极高，如今甚至会像一个外国人似的谈论她的祖国：“今年，为了一所房子（租用度假房），我们在西班牙付了一万
163 一千法郎。他们可不白送！他们一跟我亮出价钱，我就说，你搞错了吧?! 这帮西班牙人，真跟贼一样!”

子女的多寡是另一个重要的不同。玛丽娅虽然出身多子女家庭，可是主动节制生育，只生了两个孩子，而且紧盯他们的学业。第二个孩子险些被“新城”初中的学生帮派拖下水。她让孩子上这所初中，原本基于政治信念（为了证明这个住宅区的孩子照样能够成功）。大儿子失业后，她曾经催促他出去找工作，后来，她才提议儿子在父亲的车铺里干活，权当一个替代办法。在这个住宅区里，出大问题的大多是多子女家庭，尤其是马格里布人，这不是偶

然的。事实上，在这种城镇地带，由于家庭人口众多，家长或更大的社区组织基本上做不到密切有效地监管所有的孩子，这一点跟农村并无二致。这些家庭是社会福利部门根据空余住房和资源的情形安置的，不考虑家庭关系或者原先居住的社区。它们孤立无援，自生自灭，只能靠自己。父亲不得不严厉管束不学好的儿子，但是毫无效果，儿子终至离家出走，“学大哥的榜样”。此外，这种生育策略不适应发达社会的生育和社会地位升迁的要求，因为孩子们的学历意味着一种重要的投资（学业的、物质的和情感方面的投资），164
费时很长，多子女的工人家庭实际上做不到。

有必要认真对待我们在查访过程中无数次听到的一道否认：“我可不是种族主义者，不过……”住宅区居民以此反驳对他们的指控，后者尤见于媒体的戏剧性杂闻的报道。这些报道使得国民阵线在这里的得票率上升更为可信。玛丽娅跟很多非马格里布居民一样，对于处于困境当中的群体既同情又愤懑。玛丽娅住得离这些移民很近，不可能不了解他们家中发生的事情，也不会不理解他们遇到的困难。她曾经陷入几乎完全相同的处境，所以对家长们的无能为力有更深的体会（“那位父亲把他们揍得几乎趴在地上起不来，他们却更加一意孤行”）。她也许会有跟另一次谈话中的一位“新城”的廉租房管理员一样的看法，尽管后者的投票决不会跟她相同，那位管理员说：“我们跟他们一样，都有子女的问题，孩子长到十三四岁，问题就来了。小时候一切好办，你怎么说都行。可是等到十四五岁，不知怎么，一转眼，在学校，在中学里的交往……让他们变得更有侵略性。十五六岁一过，你怎么说都没用，全变了。他们仍然跟你搭讪，可是你能感觉到，他们要的不光是这个，你就……他们躲着你。他们自认为……是大人了！家长都说：‘就这样吧，他已经十四五岁了，随他去吧。咱们什么也管不了喽。’” 165
带着跟访谈的情境不太合拍的同情心，玛丽娅还提到屡进屡出监狱的青少年和他们给家长带来的失望："我认识几个小家伙，因为偷汽车进监狱，已经进去三四次了。从监狱一出来，被父亲打个半死，唉，还是去偷。是这里头的事（她指指脑袋）。您知道，这个是没办法的。可是家长——真可怜——他们害得我好苦，唉！他们可是阿尔及利亚人啊！可怜的老头，我见到他的时候，说真的，一副被害苦了的模样。我一见他就有这个感觉。他绝没有想到这个，孩子的母亲也是一样，命中真不该有这样的孽子，真的。"

不过，对于这些家庭，玛丽娅无法不同时感到气愤。一方面是因为她每天都受到某些青少年的各种冒犯，她的日常生活因此并不好过。另一方面尤其因为她经过努力和勤俭节约，已经摆脱了这种处境，而这些青少年却不想全力以赴。虽然她很清楚，生活条件已经今非昔比（"我们这个时代，你怎么能要求他们乖乖地听话呢？"），青少年缺少她的经历，但是对于这一点她仍然无法接受："我跟孩子们说过，我们当年都很勤奋，比现在年青一代实诚。他们游手好闲，动不动就喊累，他们什么都有，就是没遇到过难处……"事实上，玛丽娅相对成功地实现了社会地位升迁的计划，
166 这跟她在政治和社会组织方面的斗争精神是分不开的，因为政治活动只是更为广泛的社会活动的一部分，从中获取的关系和信息业还可以加强后者。同时，政治活动也是一种确认道义原则的方式。这些道义原则正好使得缓慢而平稳的地位升迁成为可能，"只要有工作，就有一切，哪怕工资很低。工作就是一切，有工作就有自由"。不管听天由命、宿命论，还是与之相反的那种往往代表一部分底层工人阶级特点的不切实际的计划，玛丽娅与二者都不同，她表达出一种理性索求的态度，即应当通过斗争改善自身条件，但不去要求绝无可能的事情。应该量入为出，不要入不敷出。索求的应该是可能得到的。简言之，必须确定限度："我们开会是讨论年轻人需要什么，可是这些年轻人什么都想要。这让我很不高兴，因为我年轻

的时候什么都没有，可是挺幸福的，我那时候挺高兴的，可是他们不高兴……所以，不该有那么多要求。”谈完话，临别的时候，录音话筒一关，玛丽娅就告诉我，在她当家佣的主人的高级公寓里，经常可以听见楼上女邻居的高跟鞋的声响，“踢里踏拉”。她对主人说：“您也许有宽敞漂亮的市中心的公寓，可是太吵了，我在新城的那个小公寓要舒服得多，也更安静！”

廉租房的女房客 167

采访者：巴特里克·尚巴涅

“千万别自称种族主义者”

——您有两个孩子。他们在新城能够继续正常的学业吗？

玛丽娅：这两个儿子，一个在上初一的时候，一个在上初二的时候，我都让他们离开了新城。（……）大孩子（24 岁），您知道，上完高一，考下了电子职业资格证书（BEP）。我希望他接着读下去，可是他不愿意。老二嘛，他在离我上班不远的初中上完了初一，现在上高二了。不过，由于我为党［共产党］工作，我就说：“孩子学得不错，我把他留在新城吧，也让别人看看，在新城照样能有出息。”是啊，他读书读得好，我就把他送到路易·阿拉贡中学上初一。我得告诉您，他那阵子［在小学里］学得真的很出色，别人都赞赏他学习这么棒，好多次呢。

费德里克，如果你被学校赶走，当心我把你的脑袋拧下来！

玛丽娅：他转到初中的头一年，呵呵，勉强升了级。您瞧，人去了，换了环境，凑合过得去。可是，我被校方叫去两三次，说他不听老师的话什么的。我问：“真的吗？”我训斥了他一顿。我觉得事情还是改善了一点。虽然初一勉勉强强，但是总算通过了。然后是初二，他没有通过，重读一年。我去见过校长和其他教务人员，发现他全年逃学了17天，我竟然被蒙在鼓里。你猜猜，我是怎么知道他旷课多少天的？是因为，要送他去英国，就做点这方面的准备。（……）我去见了学校的社会工作者，说明情况，还问有没有我应该
168 注意的问题，像吸毒之类，还有没有别的故事。那个人说："没有，没有！您跟孩子有什么问题吗？"我说："什么问题也没有啊！"她就问："您儿子叫什么名字？"我说叫费德里克·D。她一听就说："我想应该是这个费德里克，旷课17天那个（……）我们只好通知了学区。"我一听就急了："不会的，不会是他！你们搞错了！"

[…………]

确实是他。我觉得这不可能。我见了校长，还有负责考勤的教务员。我说："这如何是好？我儿子旷了这么多课，我竟然一点都不知道。"人家给我打过一次电话，可是他出去干什么，我全无所知。他们告诉我："对不起，太太，您一定接到过通知单吧？"我说："没有哇，对不起，绝对没有。"我跟门口的那位太太说："太太，您听好，如果你们寄出了通知单，我没答复，那为什么不给我打个电话？整整17天啊，太过分了！"可那位太太怎么说？她说："听着，太太，我们学校有500个学生，如果给每个人都打电话，我打得过来吗？"咳！我说："这件事到此为止吧。"知道他不听老师的话以后，我就想，不能由着他胡来。因为，如果由着他，那他不就跟那么多学坏的孩子一样，也要开始学坏，不听老师的话了吗？我要来了档案。对这个老二，我是很强硬的，我说："我不会从这儿把他弄走，我把他交给你们管教［新城的路易·阿拉贡初级中学］。"不过，我也说："请听好，我还会继续为学校争取一切，可是我的儿子，如果由着他胡来，一切就全完了，生命只有一次。"

——您过后跟儿子解释过吗？

玛丽娅：解释过。不过，他什么都跟我讲，特别是当我跟他相处得很好的时候，我问他："你在外头都做什么呀？"他说："呵呵，

不就是闲溜达嘛。”有时候，他走到校门口的时候，有的伙伴就问
他：“咱们一块儿去勒克莱买点东西，怎么样？”他们就这样浪费时
间，浪费一个上午，不去学校。就这样，有时候是整整一个下午。
我说：“你在做什么呢？”他说：“没什么，散散步。”我说：“这可
不行！”我还问：“有时候，是不是有人跟你表示亲近什么的？”他
回答说：“有啊，有过两三次，我只好躲起来，因为有些人我不认 169
识，他们会问：‘费德里克，你在外头做什么？’”他告诉我：“有几
次我只好开溜，躲到车库里。”我说：“这可不行！”连他也说，他
不得不离开［学校］，因为他跟同学们说不出“不”字，那些人有
时候在教室里有点胡闹，他也跟着胡闹！他跟那些人一样，都有责
任，应该……可是，等他到了那边［市中心的另一所初中］以后，
他就开始守纪律了。头一年，我接到过两三次通知，因为他习惯了
新城这边，于是我就对他说：“听着，费德里克，如果你被学校赶
走，当心我把你的脑袋拧下来……”所以，他开头有点问题，后来
还行。还不错，甚至去年，我还对他说：“唉呦！费德里克，我什
么都没接到呀，整整一年，什么都没接到！”连他自己都说：“嘿，
是啊，您瞧，人是会变的。”

［…………］

街区死气沉沉，没人愿意住在这儿

——翻修工程是三四年以前的事吧？

玛丽娅：对，因为当时街区死气沉沉，没人愿意住在这儿。翻修工程开始的时候，这里没有多少空房，没人愿意来。局面全面恶化，到处都如此。所有外墙都破败不堪。还有，您得知道，问题在于他们弄来好多外国人，好多马格里布人。有时候，这让我为他们感到很难受，因为好人也有不少。我在这个街区住，有的人我很喜欢。有的人很愿意工作，可是被晾在一边，没人理睬。说话得公

正。[有人说] 他们人不好，偷东西，是他们自己把名声搞坏了。不过，反过来说，我们也没有主动向他们表示善意啊。(……) 没有必要跑去要求给份工作，他们不会给的。你让他们怎么办？还是偷，接着偷……可是，有时候，那些时不时小偷小摸的男孩子，只要给他找到一份工作，就会变得很认真，好好谋生，也可以说，把自己管起来。到了 18 岁，20 岁，甚至二十四五岁，他就不再混日子了。因为很多人没有工作，后来也就习惯了不工作，不为那个费
170 脑筋了。因为，有时候，你向他们推荐一份工作，他们尽管啥都没有，还挑肥拣瘦呢！我们那个年代不一样。我跟孩子们说过，我们当年都很勤奋，比现在年青一代实诚。他们游手好闲，动不动就喊累，他们什么都有，就是没遇到过难处……

——还有，这儿没有吸毒的问题吗？

玛丽娅：说到这个嘛，今年倒是挺平静。唉，有好多好多呀。那是去年，无论你白天什么时间来这儿，都能看到七八个青少年坐在楼梯上，那叫聚众啊。来了又走，聚众啊，贩毒啊，当着你的面！我们这些住户，有时候得下楼，就在楼梯里，我们说："你们至少得把走路的地方留出来呀！"哎！你可不能跟他们这样讲话，而且他们不住地开灯 [定时开关]。我呢，有时候我就说："都给我出去！"我说："对不起，可是照明费是我付的，我不愿意看到这副样子！"那些都是大孩子了，可是我差一点喊出："你们待在这儿，我受够了！"有时候，他们说："您住口吧，我们对您算是不错的。""我不愿意在这儿见到你们。你们凭什么待在过道里？在这儿干什么？""我们又没有妨碍您。""我就是不想在这儿看见你们。"不过，有那么一两次，他们在那儿吸毒、酗酒什么的，有个岁数大一点的家伙，一头卷毛，我发誓，他真有点吓人，让我害怕。他说："太太您听着，您要是喊叫，我就弄死您。"唉！然后我就说："那好，我要上楼。"这件事我在镇长会议上提过。我不知道他们去了哪儿，

反正这里安静下来了。可是，毒品，哎呀我的天！

我倒觉得日子过得还不错

——翻修期间安装了防盗门，是吧？

玛丽娅： 对，就是那阵子。

——有人砸破过您的家门吗？

玛丽娅： 有过。有人入室盗窃，把门砸了一个窟窿，那种房门都……［不结实］，破门进了屋。当时正逢假期，我们没在家。他 171
们时间选得很准。弄走了电视、录像机、我儿子的音响、录音磁带、几瓶酒。我丈夫有些收藏品，他喜欢那些玩意儿，值不少钱呢，全没了。

——他收藏什么？

玛丽娅： 法国旧币。不过，四年以来，这个城镇化重点地区变得好一点了。外表干净了，什么都翻新了。（……）我觉得，虽然这不是一个高级街区，住户们也不太注意，但是我倒觉人们过得还不错，不比市中心差。（……）我觉得，这儿都是廉租房，可是暖气烧得很足，有热水、电梯、垃圾槽，服务也很好。他们建造的公寓楼很不赖。只是，住户们……有点那个……只顾自己。（……）

——您准备买一栋房子，是为了置房产，还是为了搬离新城？

玛丽娅： 不不，您得知道，我不想离开新城。买房子，这个很有可能。（……）我不想离开新城，我在这儿认识好多人，也是很好的人。所以，我不想离开新城。有些人不太友善，可是这样的人哪儿都有啊，您知道得清楚，小偷也不光是新城才有。我妹妹住在T镇［一个不远的城市］，有一天，汽车被偷走了，所以说……她说，也许是新城的人干的。是不是谁也不清楚。同样的问题别处也有。

［她解释说，重建工程结束以来，房租上涨了一倍：目前，她的一套带车库的三居室公寓的房租是每月2 410法郎，包括水电费。

她说，如果住户的收入达到一定标准，房租就会翻倍，这也是比较富裕的家庭宁愿搬离新城，另外择地购房的一个原因。]

我年轻的时候什么都没有，可是挺幸福的

172 ——您参加了一些组织，出席街区委员会会议……

玛丽娅：是的，不过今年我有点放手了。首先因为我浪费了好多个下午，有些人的做法有时候也让我不满。(……）有那么两三次，我跟阿拉伯人争吵起来，也不算是争吵吧，怎么说呢，他们要这个要那个。我们开会是讨论年轻人需要什么，可是这些年轻人什么都想要。这让我很不高兴，因为我年轻的时候什么都没有，可是挺幸福的，我那时候挺高兴的，可是他们不高兴……所以，不该有那么多要求。他们要一个活动室，要这个，要那个。我就跟某某先生说："我最好还是待在家里，因为我觉得会跟阿拉伯人吵起来，还有……"我们和社会福利中心一起举办一次文化主题的聚餐会。我们做了好多事。我不是法国人，可我是欧洲人啊，这完全是一回事。可是有些人，怎么说呢，人和人不一样。有宗教问题。他们打听有没有猪肉，是不是早知道他们要来，就往里头掺猪肉！我们带来点烈酒，可是您想想，他们没喝过。哎！这个不行，不行。阿赫迈德先生说："哎呀，安拉不要这东西。"我说："您听好，安拉在睡觉。"那是个晚上，"安拉睡了，别打搅他"。(……）可是，阿尔及利亚人，还有黑人协会的人，都是穆斯林，带着夫人来了。可是阿尔及利亚协会来的全是男人。他们就是如此，男人来开会，女人留在家里！我就说："我以后再也不给他们举办聚会了。"这个事我们也就没有再弄。他们跟我们不一样，您知道，这个也必须……我不是种族主义者，可是有时候看到这种事，一而再，再而三的，结果有时候就不得不说……唉。(……）不错，我觉得我谁都喜欢，可是我说，既然我这一方面有点什么作为，你那一方面为什么就不能呢？试试嘛！把宗教搁在一边吧。我在西班牙的时候是天主教徒，非得去做弥撒不可，可是来这儿以后，这事就结束了，再也不去瞎掺和弥撒。即便去了，也不是为了跟阿拉伯人或者中国人或者别的什么人扎堆。这我懂。他们呢，有时候看见好多欧洲人，他们就眼盯着门，不往里走，看见阿拉伯人多才进来。这是他们的事，对吧？不应该说我们是种族主义，他们自己种族主义才最严重。还 173
有，说到法国共产党……有群众运动或者这一类活动的时候，我就参加，可是他们总是找理由，说他们没工作，挣钱不够花，说我们对他们种族主义，这个那个的。可是，当你跟他们说，听着，你们也是种族主义者，不应该……我跟您说吧，就是因为这个，协会的事我今年放手了一点。

[她提到廉租房住户把街道弄得脏兮兮的，而且"从窗户往外丢垃圾，香蕉皮、酸奶罐、奶制品之类、婴儿尿布，想怎么干就怎么干。"随后，她提到"那些很想工作，可是没有工作的人"的难处。]

——年轻人有失业的问题吧？

玛丽娅：有啊有啊，问题很多。

——那您的孩子呢？

玛丽娅：没有。您瞧，我没有这个问题。新城的好多问题，我都没有。(……) 您瞧，不是所有的人都有同样的问题。在这个城镇化重点地区，不少家庭过得不错。不应该认为，凡是住在这儿的都过得不好。不是这样的。有些有工作的家庭，家里两三口人，汽车有两三辆呢。(……) 不少事情把外表改进了一点，做了一些修整。可是内部的问题，我觉得有问题的人会接着有问题，总是有问题。照旧失业。

——有问题的是什么样的家庭？

玛丽娅：人口多的家庭最突出。不论哪国人，人口多的家庭总是这样：五六口人以上的家庭不常见，不是为了这个，我不是说没有这样的家庭，也许有……可是，一个家庭的人口在五六个以上，问题就来了，这个不分国籍。（……）有个西班牙家庭，父母离了婚，父亲总是醉醺醺的，母亲不干别的，总是为孩子跟谁都打架。
174 有一个意大利家庭也有问题。我告诉您吧，家庭人口一多就爱出问题。不在于哪国人，除非家长严厉、行得正……不过，还是阿拉伯人居多，人口多的阿拉伯家庭，这些家庭大小不一，不止一两个或者三个孩子，一年接一年地不工作，没人进过［监狱］的家庭极少。新城我认识的家庭当中，我不知道有哪个家庭没有一个两个孩子进过［监狱］。他们失业好多年，有时候人家让他们工作几个月，半年，他们就又有了失业的权利，就这样拖呀拖。有的人的儿子快30岁了，可以说还从来没工作过。这个，放在我家，哼，行不通。一个男孩子就这副样子，换成我家？（……）要是他没法找工作，我会给他找。工作如果不好，他就得回学校更努力地学习。我跟阿拉伯人就是这么说的。

——他们又是怎么跟您说的呢？

玛丽娅：我跟他们谈得很多，他们有时候说："是啊，对，对。"我就说："你们为什么不好好上学？你们说什么工作不好找，还说找到的工作也不好，等等。你得奋斗啊！奋斗！从学校开始。""对对，不过，太难了。""那么工作就不难了吗？""难，很难。太太您说得对。哎呀！您这位太太人真好，给我们的建议很好。"我跟他们说过上百遍。没错，是的，我告诉他们："你们在电视上看到了，阿拉伯人也有当记者的，干什么的都有，你们并没有被歧视啊。你们如果能好好上学就行，还是得好好干才行啊！"他们总是嬉皮笑脸，他们都认识我，我也认识他们。这里的年轻人，我都是看着长大的，要么就是看着出生的。我告诉您，我在这儿20年了。（……）我家有10个娃。我记得，从前不一样，我爸爸一直在工作，每个人都缺这少那。可是，尽管缺这少那，我们很幸福。可是，如今他们可不是这样。你知道，他们每家都不一样，有的姊妹六七个，有的四五个。好多家庭的父亲不是没工作，就是唯一工作挣钱的人，工资很低。 175

只要你妈我在，你就不能失业

——这一带找工作很难吗？

玛丽娅： 这一带，最主要的问题就是工作，因为我看到，先生，只要有工作，就有一切，哪怕工资很低。工作就是一切，有工作就有自由。可是，您知道，工作一旦没有了，那就得想办法对付。是这样，是这样，因为您知道，那些年轻人，你一旦给他们找到一份工作，他们就会认真起来。我刚才跟您说的那些混日子的年轻人不算，混日子的还是有的，不过是一小部分人。（……）您知道，我们没法百分之百地解决一切问题。有的人利用别人，利用一种处境。有些人利用失业的机会，因为，我那个儿子，开始跟他父亲一起干活儿以前，参军之前，工作过一年。我告诉您吧，他得到过一份合同，电子方面的，安装警铃、汽车电话一类劳什子。人家跟他签了六个月的合同。他呢，他知道六个月以后就会失业，他什么都不想干了。可是我告诉他："听着，傻小子，我还活着呢！"他说他要休假。我们八月里都去度了假，九月一到，我就说："你去找工作吧。"他不想去。其实不是不想找，是拖延，我看着他在那儿磨蹭。唉，我丈夫去工作，我也起了床，等他等到九点钟，这时候，我就拉开窗帘，把被子掀开，他已经不小了，18岁，完成了学业，已经不小了。我说："你去全国职业介绍所[1]找工作吧。""好，好，我昨天去过了。""今天你还得去。"他已经是大人了嘛！我这

① 全国职业介绍所（Agence Nationale pour l'Emploi，ANPE）。法国政府于1967年成立的帮助失业人士求职的机构。——译者注

么一激，他就穿好衣服出门了。我说："去吧，去吧，至少别赖床。"他拖过了整个九月份，您知道，我们娘俩这个月是怎么过的吗？每天都争吵！我跟他说过，你不想继续上学，那是你自己的事。他上私立学校是我们给付的学费。先生啊，他反倒说不去。我告诉他："只要你妈我在，你就不能失业。"我发誓，只要我们身体没问题，这个家就不能有人失业。我们这么过了一个月，每天吵
176 架，每天吵。我对他就是这样！天天如此，一直到有一天，他去了临时工介绍所，他干了几个月。后来我丈夫拿到了修理车身的活儿，事情好办了。可是他耗费了整整一个月，每天如此。您看，我们俩每天都争吵。我说："我很遗憾，可是这样不行，这样不行。"我很清楚，工作不是每个青年人都有，可是，只要你跟着我，你就得做事。我这是要告诉您，我儿子是个什么精神状态。我开头想跟您解释的就是这个。有些年轻人有权享受失业，只要有失业补贴，他们就没心思费力找工作。补贴没了，他们还要耗上三个或六个月，就这么拖着。您看出来了吧？他们人数不多，不过还是有。另外有些人，一旦你给他一份不错的事做，就是说，一旦他开始工作，他也就干下去了。（……）我向您保证，他们两个跟着我都有事做。我那个小的，目前还不错，在上学。可是……不行，就是不行！家里我是每天最早起床做事的一个，七点或六点半，我让小儿子接着睡，犯懒，我跟我丈夫却不停地傻干？这可不行！不过，我也知道，不是所有人都像我这样。

[…………]

您瞧，我们都工作，都工作。下一代年轻人也一样，你得督促他们去工作。我哥哥有一个已经结婚的儿子，有工作，小夫妻俩有两个女儿，都在上学。家里第三个孩子是个男孩，也工作。我们，还有西班牙人，大家都在一些不大起眼的地方工作，虽然不起眼，却都自食其力，这就挺好。我们都不是那种混日子的家庭，混日子

就是给别人添麻烦。能挣五千法郎，就挣五千法郎。社会福利中心的人，我都认识。每个人都尽其所有安排生活，这里头有退休人员，有时也有失业的，可是总之……能挣五千法郎的家庭就按五千法郎过日子。能挣一万法郎的家庭就……是的，我总是跟孩子们说，他们头脑里必须保持一种精气神，人们所说的上进心，工作的精神，不随波逐流，不瞎混。有了工作，什么都能干成，可是如果开始混日子，这儿混那儿混的，不行。也不该气馁，撒手不干。人有时候会灰心丧气，可是必须接着干，不管怎么样都得干下去……
我觉得，如果父母在，就得帮助他们，不让他们灰心丧气。我还跟 177
他们说，你挣这些钱，挣多少花多少，别胡思乱想。我这辈子从来没干过不正经的事，从来没有！从来没去过不正经的地方，从来没有过不正经的打扮，或者别的什么。我守住我手里的东西，如果看到我能够……是的，我跟孩子们说，不要想入非非，超出自己的能力。为了住进什么，或者为了……我在这儿住了20年了，挺不错，没必要付四千法郎房租，住进一个漂亮的街区……我就住在这儿，问心无愧，管他怎么样，就住在这儿。在这儿我有支付能力，换成那边行吗？我不知道。

1991年3月

投资失败 179

戴利耶太太是乡镇商家自卫会的主席，去年，她“搭建”起来的体育用品商店遭到抢劫，旋即被付之一炬，只剩下一副烧焦的黑架子。这个街区遍布塔楼和楼群，却只有二十来家经营生活必需品的小商号。在这种工人住宅区经营商店显然有风险，特别是要冒遭窃的风险。这种风险大型商号不得不接受，虽然有强烈保留，因为有关的规章制度要求它们非这样做不可。小店主则尽量避开这些街区，因为它们在监控和保险方面不具备同样的手段。在发生导致小型购物中心遭抢的事件期间，体育用品成了头号目标，因为这些东西平时很受住宅区青少年的青睐，而他们平常又买不起。其次是酒铺、眼镜店和鞋店。

在这里，戴利耶太太的生意显得特别“不合时宜”。跟别的小
180 店主不同，她的商店不是继承的。她五十多岁才成为商人，此前从事过的两个工作（办公室职员）跟商业完全无关。商店被毁的部分原因是缺乏经验，这次失败也意味着一项小心构拟的推广计划破产了，这令她更感到痛心。

跟很多具备行业经验的店主不同，她创办这家商店没有很多保障（特别是对生意的经济可行性的评估），但这也并非出于偶然。戴利耶太太很受体育运动的吸引：她说自己是在“运动场上”长大的，父亲是教练，母亲是篮球运动员，哥哥是体育辅导员。可是她没有把体育作为职业，因为在她那个年代，女孩子和男孩子在教育目标上受到的督促不一样（“母亲告诉我：听着，你将来是要结婚的，你丈夫会给你……”）。她系统地学习过专科：数据处理兼会计——“如今一切电脑化，所以这种职业已经没有了。”完成学业以后，她鼓励自己女儿和儿子成为体育专业人士（儿子是体操教练，参加比赛，“方向是当教练”；女儿的学习方向则是体育辅导员，她曾经获得过本行业的全国冠军）。在转行的时候，戴利耶太太就想过把体育知识和兴趣应用到商业活动中去。

她最初是一家小型内衣制造厂的雇员，企业宣告破产后面临解
181 雇，只好考虑改行。在正式关门之前，企业曾经被雇员们占领长达两年。戴利耶太太在这场运动中扮演了重要角色，而且跟支持企业员工的镇政府打过很多交道。斗争精神使她“上了榜”，成为镇政府选举的候选人。她说，这期间，自己“没能把职业生涯和家庭生

活协调好”，很少把时间花在“在工厂里做作业”的孩子身上，也没有更多地关注当小学辅导员的丈夫，以致两人不久就分居了。不过，她当选了镇政府顾问，负责镇上的体育活动。体育用品商店创办以后，她觉得终于能够发挥自己的经验和本领，多年的“奋斗”也有“用武之地”了。

对于自己的商店被毁，她感到十分冤枉。在镇政府顾问委员会任职期间，她不仅在体育活动上投入了全部精力，而且致力于捍卫居民区住户的利益，因为她了解他们“深藏的苦处”。例如，她全力反对房产充公，而且向公权力提出警示。尽管不得不面对逆境，在采访过程中她仍然没有忘记提醒，这个居民区的居民“穷得很”。“只要这里的年轻人看不到前途，(……)就不会积极参与，不会结婚成家，他们不知道能不能得到一个职业……”公益劳动培训班[①]成员和失业补助金[②]领取者“连房租都缴不起……”可是，与此同时，她坦言自己“无法睡大觉”，她的艰苦努力全部化为乌有，反 182
而促使她“加倍努力”。她的遭遇和政治信念之间的矛盾使她无法忍受“发生在眼皮底下的偷窃（……）和污言秽语”，她也无法容忍抢劫和焚烧商店的青少年很快就被释放：“你隔天就又看见了那个人……放出来了。真气人，也让人伤心（……）至少很危险，因为他们向我挑衅，只隔着一扇窗玻璃。他们本来会……［犹豫了一下］，这个，怎么说呢……找茬子报复，因为他们是由于我被抓进去的。(……）我感到很无助。”

不过，她并没有成为怨恨的俘虏，而是继续依照自己的政治信

① 公益劳动培训班（Travaux d'Utilité Collective，TUC）是为求职青年设立的职业培训机构，参加者可领取酬金。它已于1990年被“共存关系用工合同”（contratemploy-solidarité）所取代。——译者注

② 失业补助金（Revenu Minimum d'Insertion，RMI）是法国政府自1988起为无工作的成家者设立的生活津贴，2009年以后被“积极共存的收入”（Revenu de Solidarité Active，RSA）所取代。——译者注

念行事。例如，由于无力支付店员第一年的薪资，她最后雇用了一个女培训生，“因为她确实来店里央求过我”，不过她心里“反对这种属于利用廉价劳动力的做法”。培训的各种名目令她“发笑”，因为“这个新计划，那个新计划……到头来都是糊弄人的”。从跟被她接收的培训生的关系当中，她更深切地感受到这些做法的虚假，因为“我什么都不敢叫她做……因为我反对这个，而且我的经历……让我对此深恶痛绝”。

她仍然认为，暴力（“所有社会问题都人为地汇集到一个乡镇，而且是为了解决住房危机的问题!”）可以归咎于社会原因，甚至政
183 治原因，但是不应该归咎于某些人，更与他们的本性无关。她一面认为不幸的责任不在于人们本身，一面通过从政治上分析学校和劳务市场，寻找能够理解甚至容忍自身遭遇的途径。

184

一位女商人

采访者：加布里埃拉·巴拉兹

——您从前经过商吗？

戴利耶太太：一点也没有，一点也没有。再者说，我是独自一人把这个生意做起来的，我还没跟您说过……我在这个成了热点的街区里遇到过的困难。这方面可有好多话可说。不过，还是实际经营了一年半，因为我是1989年开张的，到了1990年10月，这个商店就……什么都没有了。他们把它整个给……它是被抢劫和烧毁的许多商店之一。他们是从我的商店下手的。

——它是体育运动的象征，是个什么？它象征着一些人热衷的东西……

戴利耶太太：……是的，那些商品都是青少年特别想要的，总之，是……没错，不时有些青少年想不付钱就拿走。不错，这些东西都被盯着不放。再说，街区里，总能看见好多穿运动服的年轻

人。如今可以说，穿便服的几乎没有了；如今是牛仔裤、运动服和网球鞋的天下。正是这样，这是当今人们追求的……还有，不错，这些衣服都很贵，他们根本买不起，所以就……

——那么，商店摆放的东西……他们的能力，这中间有差距，所以您的商店就像一个……

戴利耶太太：对，那些商品被看成一种挑衅，因为不是他们力所能及的，他们……没错，我被偷过三次，两次是破门而入……其中一次从房顶上进入，第二次翻墙而入，第三次他们停了手……那是在……之前。可是，我被丢过土制燃烧瓶，那东西我从来没见过……

——都发生在一年之内吧？

戴利耶太太：一年之内。一年半吧，土制燃烧瓶之前我们还没见过，在这儿没见过。起因是偷窃一张信用卡，被抓住没收了，接下来就是报复。那一年特别不好过。后来，因为我的性格不是得过 185
且过，不轻易放弃，那么……我就反抗，不过，应该说，我周围还是有好人的。无论如何，我有一些顾客，幸运的是，并非人人都是小流氓，这些顾客特别友善，而且应该说，自从我来到这个乡镇就认识他们。不过，这或许也是一个后果吧……有时候我的心情还是有波动，不管怎么样，忍受这一切，真是太过分了。

早该采取行动

——这就是说，经营条件很差。可是，您做出决定时很清楚……这一带的情况您很了解……

戴利耶太太：不是不知道，只是没想到会到这个程度。所以，我一点没有想到会……这么难。还有，骚乱以前还有一个现象……一个新现象。那就是，来了好多好多吸毒者，我跟派出所讲过，也提醒过民选代表。这个情况人人都知道，可是我得说，什么都没做。我还提醒他们，这一带会出事，因为商店像是一个共鸣箱，从里头可以得知好多东西。再说，这儿有好多年轻人……常来跟我商讨，来看看我，而且有时候会……就这样逐渐建立了一点点联系。首先是因为我早就认识他们，那是在运动场上，谈起话来什么的就比较容易……我知道有石头子、鹅卵石之类被搬运到公寓里，他们正在搭建……街垒（……）确实，早该采取行动。那是预料当中的事。这事我跟省长提过，所谓须予核实……如果不对这帮年轻人有所行动，那就非得大打出手不可。那可不是……所以，我赞成翻修街区，当然赞成……不是因为有人在墙上画两笔……在公寓墙上，问题就能解决的。不是这样的，问题还在。此外，不错，街区开始
186 变得看上去舒服一点了，您再瞧瞧都发生了什么事情。我从来没想到事情会闹得那么大。

[…………]

——商家没有不遭殃的，凡是……

戴利耶太太： 是的……不过，遭殃是因为着了火……可是首当其冲的是酒铺……他们做土制燃烧瓶，首先需要酒瓶子，其实就是一瓶瓶的烈酒，当然是冲我的体育用品商店来的。还有眼镜店被抢劫得更厉害，大批眼镜被盗，还有烟草。鞋店也一样。然后一家超市被一抢而空……总之所有的商店都……被盗，抢劫，然后放一把火。至于我，可以说，有过不少交往，我免费送给他们衣服，从头到脚。这些东西事后都在街区的地摊上出售，这个他们懂，真疯狂。再有，我在街区里听到挑衅的话，因为我总在街区里负责安排人值班……有一间分店是为商家服务的，所以我经常在街区里走动，青少年都在那儿……挑逗，惹是生非。

——这么说，您重新得到了一间房子？

戴利耶太太： 那是临时的，我没有弄到……理由很简单，我这个生意有点季节性，体育用品得提前六个月订货。小批量的订货，您瞧，现在就得动手。想一晚上搞定是不行的。

[…………]

[她解释了为赔偿金跟保险公司打过的各种交道，以及认定责任所需的全套专业知识和关于专业知识的知识。只有在原来的街区重建，商店才有权获得赔偿。]

匿名电话

[电话铃响起，戴利耶太太说她加装了一个留言功能，为避免匿名电话的骚扰。]

——即使在个人生活当中，这些事终究也会造成一些影响吧？

戴利耶太太：唉，这些都是紧跟着事情来的，因为我是商家自 187
卫会的主席，也曾经被带到电视上发言。我提出的恰恰是必须对这些年轻人采取行动，可是您得知道，这么说多少是发自内心的，因为到了关口上，你必须多少表现得坚定不移才行，软塌塌的态度太多了不是？那我们就……因为这些事端并没有停止，而是在继续……偷汽车，街区里寻衅滋事，有人带枪械，问题接连不断(……)我在街区里讨论这些问题的时候，人们很少不跟我提到枪的……那是当然，那是一种紧绷绷的局面。

——是什么人？年轻人？居民？

戴利耶太太：都有。

——是商家吗？

戴利耶太太：哪个阶层的人都有。是的，有商人，也有街区里的人。甚至最近还有枪声，因为有人偷汽车。没偷成……总之经常发生。还有镇政府的设施也被人盗了。这我就不清楚了，可是我跟片警谈过这事，他们现在都上了点年纪，他们确实是……不知道怎么干工作。这些家伙老挨骂，他们接到命令，不许过问，不能……借口不要招惹是非，随他去吧！可是，随他去，哪天算一站呢？这就是问题了。如今对警察说骂就骂，没反应，不再……

不能把眼前的一切好东西都据为己有

戴利耶太太：我刚才跟您说，我是在一个多事的街区里独自打理这家店的，就是这个意思。也就是说……你必须面对，必须监视，好了，我有好多顾客啊，可是那些青少年来店里，变着法子偷窃……话说得越多，脏话就越多。侵略性很强，很强。即使不骂你，也是……一种口气，要求……好像什么都欠他们的。这些青少年很难相处，这个地方……他们买不起。这是消费社会，他们不能
188 把眼前的一切好东西都据为已有。可是，就在我鼻子底下，前不久，就在大爆发之前，他们还在偷我的东西，以前是小偷小摸，还让我抓住过几个。他们偷走展柜上的鞋，只剩下一只，当时我没发现，因为只偷了一只，不是一双，真是邪门了！他们出了门又回来，找到箱子，在箱子里找第二只鞋，那只鞋是用来展示的，就在展台附近。这时还说了一些“您没权利盯着我看”之类的话。他带着那只鞋离开的，我就站在门口，他还推了我一把。他出门的当口，我瞄了一眼展台，一下子明白了他为什么非要找整双鞋不可。那只展台上的鞋不见了，这可是非常……还有，没错，总是小心翼翼，总是这样……我总在纳闷……

——一点都休息不了吧？

戴利耶太太：不能。还有，夜里就更不用说了。我从此睡不成踏实觉了。他们两次进入我的商店，凌晨两点，后果真可怕。防盗系统告诉我：“赶快去您的商店，有人在大肆破坏。”

——那么，有一个防盗系统给所有的……？

戴利耶太太：有，我有一个分接装置，直接连到派出所。所以，我赶到店里，警察已经在场了。那些小家伙还对我……

——这可是真让人不放心……

戴利耶太太：是啊，我再也放不下心了。脑子里总在想这个店。不能说有了安保装置就万无一失了。营业额相当低……最后，今年我就放弃了……

——这比创办一家商店还难，假如您去别处呢？

戴利耶太太：正是如此。一定会。

看不见的贫穷

戴利耶太太：1967 年，我们来这儿的时候，城镇化重点地区还没有建起来，周围都是荒地，远离城市的荒地……基本上是滩涂地带，能听见……我记得，我们训练回来的时候，能听见蛙鸣，名副 189
其实的乡下。一片沼泽地。反正农民还是挺多的，这里还是一片……150 公顷的沼泽地带（……）。问题不少，总之，这是所有城镇化重点地区都会有的问题。购买力低、失业……经济危机更是雪上加霜。贫穷你是看不到的，要看得进廉租楼房里，进入公寓单元，你得看看人们是怎样生活的。我是民选代表，我有机会看到这些……

——您到各家去看过？

戴利耶太太：去过。我是反对没收廉租房的，我得进去看看里面究竟是怎么回事。屋里除了有一张桌子，地上有一个床垫子，别的什么也没有……不是从前所说的贫民窟，可是确实掩盖着一种看不见的贫穷。我好多次看见了，我有这个机会，只有一张桌子，它一条腿还断了，几把歪歪斜斜的椅子，一个炉子，就完事了。桌子上搁着几个食品罐头……没错，这个你看不见。贫民窟我们早就知道，可这儿是一些廉租公寓啊……

——还有一点，很多人过日子不是靠微薄的工资——这些人占大多数，就是靠失业补助金之类的津贴。

戴利耶太太： 您想想，给这些年轻人提供的公益劳务酬金[①]是每月1 900法郎，如今最低助返金应该在2 000法郎上下。这点钱您能干什么？连房租都不够。为了这个，没错，你得完成学业和进修，没错……可是，如果不努力进取，不从根子上解决问题，零打碎敲，什么也不能解决，根本什么也解决不了。只要人们的购买力几乎等于零，只要年轻人依然看不到前途，那可是很悲惨的……对于年轻人来说，您明白吗？他们无法参与，结不起婚，不知道能不能找到职业，找不到……我问起，如今人们能有……工作权、居住权等等，人家告诉我，那全是幻想。人家不想听你说，依旧关闭企业，这个您已经看到了，您打开电台，法国航空公司还在解雇不知多少人，还有一些我叫不上
190 名字的地方，还在关闭企业。这样怎么能让人过像样的日子呢，特别是钱一出了问题，就都垮了，泡汤了。学校也是一样，教学内容、学习项目跟得上青少年的期望吗？是不是……就说我的小女儿吧，她跟我说：“妈妈，你老是催我多学习，可是我要去职业介绍所。”……还说：“我要先拿一个大学普通文凭（DEUG），以后看看再说。”您瞧，她不想念完四年本科，因为她知道没有出路……我记得，我被选上以后，真是受不了……一天得接待多少年轻人啊，他们不计工钱地出卖自己，打扫体育场也干，他们要工作，镇政府的工作，连看守体育场、打扫体操房这种活儿也行，虽然他们都有文凭。真邪门。这就是我们能给年轻人提供的。即便这样，我还是没法雇用他们，我还没跟您说说这方面的要求呢……

[…………]

[她提到在镇政府的工作经历，一个边干边学的过程——“没有学校教你怎么当民选代表哦”——以及她的“政治生涯”迫使她“忍受”的煎熬：“另找一份工作很难，因为我太引人注意了。”]

---

① 公益劳务酬金（Travaux d'Utilité Collective，TUC）是指1984年以后法国地方政府给失业青年分派有酬劳的公益劳动。——译者注

我看不到前途

——重新开张以后，等事情都解决了，您是否打算把商店搬到别的地方去呢？

戴利耶太太：不会的。我不再干商贸这一行了。

[…………]

——您怎么看待前途……是不是有一点模糊？

戴利耶太太：这个嘛，不光是有点模糊，比模糊更严重。我真的看不到前途。

——除非您决定不干了，可是，哪怕只是为了得到赔偿，您还得干下去。实际上，您的想法是不是商贸这一行对您来说行不通？比如说，这种经历没有获得选票那么有意思……

戴利耶太太：是的。可是翻来覆去还是一样，无论谁怎么说，
目前我走在这条路上。可是，如果找不到别的事做呢……那我立刻 191
就无路可走了，没有选择。走到头了，没办法了……特别是我没有大学文凭，那就得加倍工作……我没有多少文化……

——如果我没弄错，您在各方面都不得不艰苦奋斗，是吧？

戴利耶太太：正是这样。

1991年3月

社区重建 193

奥斯尼先生是这个居民区最老的住户之一。他住的公寓靠近遭人纵火的商店，当时他被迫撤离。公寓是事后重新粉刷的。他是在20世纪70年代搬进这个居民区的。他原籍突尼斯，是铁路技工，父亲也是铁路工人。移民法国以前，他驾驶过12年火车。他接受

了法国一家卡车制造厂的熟练工人的职位。后来，他离开了这家企业，因为未能凭组装钳工的技能证书和一年的工业制图培训获得他想要的资格。在一位突尼斯老乡的帮助下，他当上了一家化工厂的机器监护员。在此时间，他离开移民居住区，搬进了现今这个居民区。

那个时代，能够在这个居民区获得一个住所，如同天上掉馅饼。他跟他练球的足球俱乐部的名誉主席熟稔，靠这个关系得到了目前这套住房。他的生活也因此大变：结了婚，接来了当小学教员
194 的妻子（有了三个孩子后，他们又得到了一套更宽敞的住房）。

20 世纪 80 年代，这个居民区逐渐衰落。后来的房客相对不稳定，失业者很多。这些“问题户”把毒品带进了小区，也带来了暴力行为、巡逻警察……为了避开街头暴力，奥斯尼太太把孩子们关在家里，她希望能搬到一个“安静”的地方去，丈夫反对。背叛集体无异于背叛自己，还不如投身地方改造运动。奥斯尼先生于是开始了一场漫长的保卫房客的运动。他负责廉租房协会的维护和水电费（他在采访过程中出示了内容详细的卷宗、照明费和水费的滥开的账单……），而且帮助房客的一切行动（在采访过程中，一位上年纪的住户心慌意乱地前来求助，他向她解释如何化解与廉租房协会的麻烦）。他尤其注重捍卫居民区的良好形象，驳斥似乎被普遍接受的棚户区的印象。我们采访时，他拿出事件发生以来他积攒的一沓剪报，细致地分析。他还精心保存着他与一个电视频道的通信，信中对谈论居民区住户的方式提出抗议。他给我们看了写给一个负责电视节目的记者的信和后者的复函。无论是简单地偿付账单，还是与他支持的共产党当政的镇政府的关系，抑或是与媒体的关系，他都自命为受威胁的工人身份的代言人。很显然，除了维护
195 居民区的利益和秉持良好的品行，他还自认为在为一种失落的公民精神抗争。老资格住户、工人身份和无私的态度（廉租房协会曾试

图“收买”他，提出在别处给他一所更好的住房）使他成为一位无可指摘的斗士。在居民区里，他致力于为街区正名，在职场里维护自身尊严（跟一个持种族偏见的同事发生争执后，他愤然辞职），在个人生活中重视家庭和睦和严格的教育（他的妻子加入了部分谈话，孩子们短暂地来过客厅，用缄默和注目表示对正在说话的父亲的尊重）。他一直希望维护或者重塑自身形象。

对于居民区住户的再教育，他的这种唯意志论的做法的核心是重塑一个相依共存的工人群体的形象。这个形象正是20世纪60年代末，他在一个大型工业中心所见到的。这个做法也能够为在法国的移民群体平反，他认为这些人应该做到无可指摘，甚至有榜样的意义。

廉租房住户 196

采访者：加布里埃拉·巴拉兹

“贫民区不是我们制造的”

——您是最早搬来的住户，您更了解……

奥斯尼先生： 是的，最早的。那时候气氛很好。（……）“您有难处吗？有我在呢。”您瞧，都是这样。

——大家互伸援手？

奥斯尼先生： 正是，大家互相帮助。后来，不知怎么搞的，法国人开始搬走，把阿拉伯人安置进来了，也就是我这个种族，同一个种族的，待会儿我们再谈这个，谈谈贫民区，因为我们不是贫民区。贫民区不是我们制造的。那首先是政府、省政府，是社会把我们安置到这儿的，还有镇政府。我跟镇长［法共党员］讨论过这个事，也不是从他那儿来的，这个来自社会。

——法国人后来开始往外搬？

奥斯尼先生： 搬走了，是的，搬走了。也有一些阿拉伯移民愿意买房子住，坦率地说，我也不清楚，假如当时我知道的话，那么……因为，您知道，没有人能够预知未来，如果知道明天我就不在世了，那么斗争、工作，或者做这做那，都还有什么用呢……没人知道，我自己也说过："在这儿再过五年，然后就回家。"换句话说，我本来也应该像别人那样买房子……

——那些搬走的人买房子了？为了买独栋房、买公寓吗？

奥斯尼先生：是为了买别墅，别墅。搬家就是这么开始的。离开了。这下可好！我的老乡们取而代之。后来是亚洲人，再就是越南人。于是就，早就……开始变味了。跟从前不一样，不一样喽……

——你们之间没有从前那种精神了，那种相依共存的精神了？

奥斯尼先生：那种精神在我们当中，每一个人身上都萎缩了。也就是说，当人们听见什么的时候，就会说，别别别，我宁愿……
197 不掺和别人的事。

[走进来一位上年纪的邻居，向房客代表征求建议。]

老房客都走了

——您是不是说，人都变了……

奥斯尼先生：彻底变了。老的都走了，新房客来了。交情不可能那么快地培养起来，你得了解他们（……）他们来以后，我们试探过。可是，有的人跟谁都不愿意说话。翻修工程开始以前，我们注意到四周环境太脏，9层、8层、7层楼上都有人往下丢垃圾。我们和风细雨地管了管这事："对不起，请您注意，我们同住一个宜居的街区，请您利用垃圾箱，您住的那层楼就有垃圾倾倒口……脏东西也可以丢进去。"可是……他们不打算理解。重建工程就是这个时候开始的。邻居们对我说："咱们成立一个自卫会吧。"我同意了。

——哦，房客协会就是这么建立的……

奥斯尼先生： 对，因为他们想怎么要弄我们就怎么要弄。那些人口多的家庭，超额的冷热水费得花 4 000 到 5 000 法郎呢。

——那时候房租多少？合理不合理？

奥斯尼先生： 挺合理的，特别是有了补助金什么的，重建工程以前，我们付 570 法郎房租……加上不多的水电费，一共 4 000 法郎多一点。我们给彻底要弄了，有一回，他们还辩称，三条过道里的水电费中增加的部分完全合理，说什么我们一年用坏了 500 只灯泡。您瞧，把 500 只灯泡算在我们头上。我们房客一共是 94 位（……）这个时候，我就说："唯一的办法是成立一个房客协会。"我发誓，从前我可不想惹这些麻烦。我说："成立房客协会吧，我跟你们一块儿干，助你们一臂之力。"我们就请来房客，把全国房客联盟①主席也请来了，来的人不少。这个我完全没有预料到，我向您保证……他们怎么做的？我走出去了，来了一位太太，我正要给她开门，你猜他们怎么做的？他们围成一圈，就像这样，成了！ 198
"咱们把奥斯尼先生选进委员会吧。"我一回来，他们就告诉我："好啦，奥斯尼先生，我们把委员会弄起来了，您就是……"可是我说："这不行，我还没同意呢。"我还说："听我说，这个不是我的本行，再说，这个工作我没有足够的时间去做。你们需要帮忙，我就帮一把，可是我没法子……我不愿意你们把这个职位交给我，我做不了啊，我干不下去！"他们还是坚持让我干，房客联盟也是这样，都坚持说："这个工作，您是唯一的人选。"

奥斯尼太太： 不过，就协会的开销来说，这很正常，因为有些东西坏了，孩子们烧坏了什么东西……有的孩子们玩……拿着什么玩，打碎了灯泡，而且……就不提别的开销了。

---

① 全国房客联盟（Confédération Nationale des Locataires，CNL）。——译者注

奥斯尼先生：开销确实有，可是赢家永远是他们……

——从这个时期起，房租一直在上涨吗？

奥斯尼先生：实行补贴之前，工程还没完成，他们就提高了房租（……）我们递交了一份请愿书，因为委员会那时候已经成立了，一切都齐全，就像我刚才跟您解释的那样，委员会有主席、副主席、秘书、助理秘书、司库什么的。我们当时一共有八个人，现在还剩下两个。尽管这样，我们还是做了我们的工作。

——跟您一起干的那几个人泄气了？

奥斯尼先生：是的，要做的事太多，活儿干不完。而且，您知道，房客之间还有不融洽一类的事。那么好，我就说，想做事的就去做，不想做的，那就请……我可不能……

——房客之间什么时候开始不融洽了？

奥斯尼先生：是新房客搬入，看到房租上涨的时候。好了，就在这个时候，重建工程开始了。他们来见我。因为有些人的公寓得翻修，所以我过问了。他们就把什么都重新弄好了，他们来我家说：“奥斯尼先生，您看，我们也来给您干点事情吧，给您把门框什么的换换新。”“别别，我这儿没什么值得换的，给有需要的人家换吧，我这儿挺好。”尽管有的地方有个小窟窿什么的。既然回了
199 家，那些真让我看不下去的地方，比如挂毯、粉刷什么的，我都是自己动手……全都重来。这个活儿他们想替我干。我说：“不该给我做这个，去做必要的事吧，就像你们帮别人做过的那样。像这样的屋门，门玻璃很漂亮。把地毯掀掉，换成一块……另换一块玻璃吧，就这样做吧，给大家都换换新。值得换的公寓房，就给他们换换新，因为有的公寓已经十分破烂。墙隔板干脆垮掉了。你们应该去做这些事，不要管我。我在这儿挺好的。”可是这事我盯得紧。他们把屋门换了，根据政府和廉租房办公室之间的协议，他们让我们为“放心门”缴了 4 000 法郎的成本费，而不是 2 375 法郎。

——那是什么样的门?

奥斯尼先生: 防盗门呗(……)我插手了,我跟他们争起来,话说得很重。最后他们服输了……(……)后来我发现,廉租房办公室跟省政府设备管理委员会有默契,我就跟镇长和房客协会谈了这事。我说:“请听好,我犯不着跟你们如此劳心费神。我已经受够了。”因为这个,镇长[法共党员]才对我说:“好好干,奥斯尼,有事我替你担着。”他还在给我打气。别人搬来的时候,法国人早就开始往外搬了。您瞧那位[刚才来过的]太太,她很快就要搬走了……

——是啊,她是个例子,不过她住在这儿已经很久了,从1982年就……

奥斯尼先生: 如果我叫来一位老太太,一位我想已经87岁的老妇人,自打有这个地方,她就住在这儿……那我可以向您担保,如果您愿意,我就把她叫来,她会告诉您的。至于我,正像我刚才说的,我同情他们,因为人生只有一次,总得做点事情(……),不是因为她是法国人,或者是阿拉伯人,或者是犹太人,我同样看待。她生病了,她有女儿和小字辈,可是没有一个人来看她。我早上上班前上楼看她,她把钥匙给了我。我上楼去看她,她生了病,我就给她做早饭,送到她床前,递给她药盒子、药品,然后拿起钥匙,锁好门,再把钥匙交给我妻子,她8点钟再上楼去看看。我妻子在家,可以上楼去,告诉
你她怎么样了。这位太太直到今天还在呢…… 200

——您说的这位太太……一个人过日子,自从廉租房建成就住在这儿的!……

奥斯尼先生: 对,这个可怜的老太太从前,从前住在……丧夫以后,独自一人过日子。就是为了这个,我才想说说,因为您瞧,今天人还在,明天可能……就不在了。可是,她还能告诉您,老住户之间有一种很融洽的关系,至于新来的,没有喽……

今非昔比

——那些搬走的人，您说都是法国人，对吧？就像刚才来的那位太太，她在别处找到住处了。人们都尽量搬走吗？

奥斯尼先生：是的。他们想离开，因为这里已经今非昔比。我告诉您吧，如今人人都……龟缩在家里，因为看见的恶行劣迹太多了。我说看见，意思是眼睁睁地看见有人在损坏、弄脏东西，没人敢管（……）。自从有一个家庭，不是一个……自从有那么一两个、三个家庭给94位房客抹了黑，就是这个样子。不是没有干预过，我还去过他们家里，我一回家就过去给他们上了一堂品德课："不光你们的父母，我们也亲眼看见你们出生，为什么要干这种事？你们偏要这么干吗？我不跟你们过不去，弄得远点吧！远点吧！"凌晨一点钟两点钟，你听见嘟嘟嘟的声音，到处都在鸣喇叭，那是聚众吸毒，就在这一带。

——大家都不堪其扰吧？

奥斯尼先生：当然。妨碍大家伙，大家当然都不堪其扰！看吧，你确实在自己家里……。可是，你得明白，如果一天有朋友来看你，回家以后他们会怎么说？他们会说，来往的都是阿拉伯人。他们会怎么说？他们回到家，他们会觉得全是——对不起——一群废物……"瞧吧，阿拉伯人都是些什么劳什子！"

——这就给大家都抹了黑吧？

奥斯尼先生：正是，因为他没看见（……）他会扯上所有的人，他会说："他们都一个样。"您瞧见了吧？我们什么都尝试过，您瞧，什么都尝试过……那时我就说，反正我应该嚷嚷几句，我就
201 掺和进去了。我去见了他们的家长。我告诉他们，这跟他们有关，我说："请听好，做点什么吧，如果你们……作为父母，如果你们不行动，谁会采取行动呢？"这个不正常。我知道，我也有三个小

孩，如果他们把什么值钱的东西带回家，我会问："这东西你从哪儿弄来的？"对于那些什么都不做的、没反应的家长，我说："好了，做点什么吧，你们有孩子，不教育不成啊，不能由着他们的性子来，得管管，得给他们良好的教育。"……一个家长对我说："可是，如今，您知道，这新一代……"我说："不对，不是新一代的事。"还说："我不怪孩子，我从来不怪孩子，我要怪罪你们，你们才应该负责，因为如果当初把孩子抓紧点，等他们长大，你们就能放松了，能放松一点，对不对？如果当初好好抓紧，孩子们就知道怎么生活。"有些家长懂道理，有的却告诉我："哎，这个跟您没关系，这是……"您看问题在哪儿……我想说，因为……我想说，不是我们，贫民区不是我们阿拉伯人制造的。这个贫民区不是我们制造的，是社会制造的，我也不想怪罪省政府，因为省政府在这儿的公寓是有比例的，镇政府也有比例。社会想要什么？主要为了有钱可赚。当年我在突尼斯，在留宿一个人之前，先要弄清他的背景，不闻不问就把人带回家是不行的，必须了解了情况才行。我在会议上这么解释过，好多次。我说："请注意，如果你要留宿什么人，我不反对，我不是说你不能留宿，其实我的情况跟他们一样，我也是工人阶级，可是至少得把情况弄清楚，咱们的麻烦已经够多的了。"(……) 离开这儿的大部分是法国人，你们在这儿安置谁？安置阿拉伯人嘛。你们才是贫民区的制造者。然后你们又说："这个居住区是个贫民区。"它不是贫民区，它是你们亲手制造出来的。不应该因为阿拉伯人能够一起生活就怪罪他们，我们能生活下去。是你们制造了贫民区；一出点什么事，你们就说"都是阿拉伯人闹的"。我要说，连那么一丁点儿破事，报纸上也要说"一个马格里布人"，"一个马格里布人"。可是，一个法国人或者欧洲人做了同样的事，它一个字也不提！可是，法国是这么个国家，它……一个 202
民主国家，人们可以讲话，坦率地讲话。不过，我向您担保，我差一点就跟一个……闹出麻烦，跟新闻界。他不愿意我这么直截了当，不想，也就是说……

——他们不想听您说？

奥斯尼先生：正是这样。即使如此，我人还在这儿，捍卫房客，我正在针对那些说三道四的人捍卫移民的权益，因为，请注意，移民不是西班牙人、葡萄牙人，也不是土耳其人，或者别的什么人……所谓移民，指的是马格里布人、突尼斯人、阿尔及利亚人和摩洛哥人！因为有一次，不久以前，在小区的顾问会议上，有一个法国民主联盟①的家伙，他说移民如何如何，我告诉他："先生，用移民这个词之前……当前移民都是谁？您想说谁，您在说谁呢？"（……）当着镇长的面，我俩差一点动起手来。最后，我对他说："您听好，下次开会，您用词最好掌握点分寸，不能再用移民这个字眼。"会后离开会议桌的时候，他走过来说："奥斯尼先生，请原谅……"我答道："这事没有什么可原谅的。我们是在圆桌会议上讨论问题。现在就算我既没见过你，也不认识你，您连我是谁也不知道。"有好几次，我都真刀真枪地跟他们干了起来。

一听见"移民"这个词……我就按捺不住

——您好多次跟他们争吵起来……

奥斯尼先生：是的，总会这样，您知道，我保证，那是因为这个东西伤害人！阿尔及利亚人、突尼斯人、摩洛哥人，都是阿拉伯人，一个像我这样的移民而已。你们从前为什么需要我们？为什么要把他们从家里弄过来？如今他们把法国建设起来了，重新打造了法国，你们用不着他们了，是吧？可是得讲点道理啊。而且，对不起，太太，如果我对您……不是我要吓唬您，而是我这个人说话

① 法国民主联盟（Union pour la Démocratie Française，UDF）是法国中间偏右的政党。——译者注

直，我这个人就是这样。开会的时候，有时一听到“移民”这个
词，我就按捺不住。我比你们多了点什么？你们又比我多了点什 203
么？太太，我们都是人。眼下过日子，经济危机毕竟让人不好过，它来了，我们应该互相帮助才对，是吧？富人帮穷人，普通人帮穷人，等等。[他接下去评论第三世界和海湾战争。]

——刚才那位为公寓的事找您的太太，您告诉她廉租房办公室建议您搬走，给了您别的住处，可是您说不想离开这儿，是这样吧？

奥斯尼先生： 我不想离开，不想。因为从1972年起我就住在这儿，我的孩子都是在这儿出生的，换地方就又像……又成了外来户。

——是啊，一切又得从头开始。

奥斯尼太太： 我个人倒是愿意搬走。

奥斯尼先生： 她愿意搬走，可是我不愿意……

——您想去哪儿呢？

奥斯尼太太： 一个安静的地方。这就是我想要的。我想找个安静的去处，真的……

——您觉得这儿打扰太多吗？

奥斯尼太太： 倒不是受打扰，而是如今人太杂，我不是种族主义者，可是这儿太，太那个……跟从前不一样。从前的邻居们都……都搬走了，从此这儿就不得安生，就拿今年来说，我们去突尼斯期间，有人想爬墙进来（……）。

——您不放心？

奥斯尼太太： 不放心，我们的孩子从来不出门，总是待在家里，从不出去……

奥斯尼先生： 对，连我也不愿意孩子们跟那些人交往……

——那户外活动怎么办？

奥斯尼先生： 的确有一些活动……什么活动我也不清楚……他

们可以出去，他们有一个礼拜三出了门，度寒假。可是只要放他们出去，他们准去找朋友。

——是啊，你们不愿意他们这样做吗？

奥斯尼先生：我试着让他们去，不是我不愿意他们有朋友，我试过，是因为你得教育，教育是第一位的，你得告诉孩子：“你可不能做这个事那个事。即使人家对你这样，你也不能……不要答
204 应，而要如此这般……”这样孩子就懂了。你越是由着他们的性子来，他们就越是假期天天出门。你要是随便他们出门交朋友，最后会弄出什么事？你觉得会出什么事呢？他们会受影响。有时候，我让他们下楼上街，他们反倒不愿意去。为什么不愿出门呢？因为，您瞧，他们什么也不缺呀，家里什么都有。

奥斯尼太太：前不久，［指着一个儿子］他要电脑。我们就给他买了一台。

奥斯尼先生：没错，样样都有。

奥斯尼太太：［微笑］孩子们都有自己的玩具。

我唯一的成功就是孩子们的学业

——他们去哪一所学校？

奥斯尼太太：两个上初中，小的初一，大的初三。小不点儿就在对面。他出了家门以后，我站在阳台上，看着他走进校门，放学回家的时候我也看着（……）。

——他们初中毕业以后做什么，这您知道吗？

奥斯尼太太：还得接着念啊！大孩子想当飞行员，我不知道他能不能坚持下去，老二还没想好，还在念书……

——念完初中，他还想上高中吗？

奥斯尼太太：上高中，那当然。

奥斯尼先生：上高中。我们有些老乡很不错，对门那一家的闺

女正在念高二……

奥斯尼太太： 人家上大学啦，而且是大二了……

奥斯尼先生： 哦，是二年级了。我们还有一个老乡（……）都上大学三年级了。

——是啊，他们学习都不错……

奥斯尼先生： 是啊，学习都不错，学习都不错……

奥斯尼太太： 是的，那两个都很好……人很安静。是啊……突尼斯人有六七家都……

奥斯尼先生： 我这儿人不多，一共六家，六家突尼斯人。您看，我们相处得很好。另外还有阿尔及利亚人，都相处得很好，不 205
过总是有点提防着，您懂的。

奥斯尼太太： 我们的性情不太一样。这倒不是种族主义……不是，只是不一样罢了…… 我也说不好……［沉默］。

奥斯尼先生： 如果我的孩子做了什么事，您看见了，我希望您上门来告诉我。可是，我呢，我看见谁的孩子做了什么蠢事，我去告诉他，他居然说："哪儿的话，我儿子可是圣人！"这样一来，我就不愿意掺和这个麻烦了，我愿意孩子跟我在一起，要么……总之，我知道他们跟谁一起玩，我很想（……）告诉他们："听着，我不管你们跟谁来往，出了家门我不管。可是你们要注意伙伴，一到家门口，你就不能带他们进家，我可是谁也不认识。在外面，小心选择同伴，你不小了，没有几张王牌可打，好好挑选你的伙伴，这样你就能选优汰劣。"

[…………]

我还在上班，省吃俭用。她也是，省吃俭用。孩子们呢，不省吃俭用。我告诉他："有来有往，我唯一的成功就是你们把学上好，我别无他求。我不指望你们别的什么，不求别的，因为等你们长大了，你们会对我……不，我别的都不指望。长大以后，你们得自己想办法，等你们有了自己的前程，你们也会像我这样成家立业等等一切。可是我不指望你们别的，唯一的指望……是你们学业成功。”我还说：“因为我现在什么都不在乎，有一点退休金我就能生活。你们可不一样，我是说你们的前途，你们还年轻，眼前有生活等着你们，必须去尝试……因为现在不是四五十年代了，不一样了，不一样了。”

[…………]

这里出了事，问题不在本地的青少年，是有一伙年轻人要拆镇长的台（……）。事后才了解到，这里头有国民阵线在掺和。您瞧，最右翼的政党想拆可怜的镇长的台。我嘛，我用摄像机把三个欧洲人拍下来了，不过是从这儿的角度拍摄的，就在打砸抢的当时，我拍到三个欧洲人在蛊惑青少年焚烧超市，我在三米以外拍下的……

206 **奥斯尼太太：** 记者想要什么？要的是丑闻一类的东西，可是这不是他们分内的事。

奥斯尼先生： 所以说，那是一个有预谋的事件，有预谋。[采访暂时中断，一位女邻居来访，简短地谈到孩子放假和教育问题。]

——孩子们一上学，你们就不再想去突尼斯工作的事了吧？

奥斯尼先生： 没心思了。

——如今你们打算就待在这里了。

奥斯尼先生： 待在这里。因为，您知道，我已经50岁了，去哪儿重新开始生活，那是……您瞧……我有了孩子。从前单身，不在乎。如今，既然我有责任，就得走到底。也就是说，付出牺牲。为谁牺牲？不是为我自己（……）是为他们。因为我是唯一有责任的人。政府才不为他们负责。是我，我自己，头一个，我自己，（……）所以，我正在为他们牺牲一切。等他们长大成人了，那个时候他们会做同样的事。可是，有时候我们在饭桌上讨论，我说：“现在，你们给我听好，你们将来不会像我这样，因为你们看，我现在是受别人指挥。你们瞧，我早出晚归，我不愿意你们将来也像我这样，受人驱使。你们应当成功：做必要的准备吧，趁你们现在有时间。”孩子们至少明白，他们什么都不缺，老爸可能会缺这缺那，但是目前他们什么都不缺，一切都伸手可及。那就努力别受人指挥吧。

——您不愿意他们从事跟您一样的工作，您有过的和接受的……

奥斯尼先生：……对，那都是命令。

[奥斯尼先生讲起在工厂遭到种族歧视，那件事导致他离开工作了十年的职位，做起了临时工，以免总是跟同事面对面。临时职业介绍所把他介绍到另一个城市去工作。]

奥斯尼先生：留在这儿。我已经很习惯这儿了。不过，太太，种族主义者说，法国属于法国人。那我们成了什么人？从前我们又是什么人？我们跟法国人一起生活，住在一起，一块上学，我们是 207
邻居。就我个人来说，我从来没有离开过法国，也从来没有否定过法国。法国是我的第二祖国。您瞧，我对法国是感激的。再有，我打心眼里希望，有一天，我们能够坐下来，好好谈谈这事。因为他们的教育水平比我高，但是，我可以跟他们比试比试，我能够表达我的想法，能跟他们谈话。可是，要谈得好可不容易。

[奥斯尼先生揭露，电视记者对居民们的承诺缺乏诚信：他们不满足于播出一个把已经同意参与的居民排除在外的报道，可是最终把原定播出一个小时的节目缩短为七分钟，而且放在一个以中学生为主题的节目的末尾，重要性于是大减。]

[…………]

他们所说的郊区的一切

奥斯尼先生：他们平时总是想到年轻人，这很正常。可是，他们也应该想到整个市镇，整个郊区……年轻人有的是时间。可是，既然他不嫌麻烦，亲自来了，这是他本人向我们提出的……有些人有时候还有别的事要忙，可是为了见他都放弃了。最后，您瞧，他……我打断他，当面对他说，就像您和我现在这样，我没让他舒服。我说："您啊……您传递信息，给大家，给法国，全法国，给几乎全世界传递信息，大家都听您的。您居然说我们这儿是客栈居住区，什么是客栈居住区？贫民窟似的客栈居住区吗？……"

——这是什么意思？

奥斯尼先生： 没错，究竟是啥意思？我问他："那是个什么？"他回答说："先生啊，我是从同事那儿听来的。"我说："不对，您听好，我看见您，听见您说话，您是头一个这么说的人。因为出事的那阵子还没有人这么说。说出贫民客栈这种字眼的正是您本人。"

——这让人对这个镇子留下一个很不好的印象……

208 **奥斯尼先生：** 一个很不好的印象。可是我对他说："您（……）在这儿住过，对这儿不应该有坏印象。"他说："不，奥斯尼先生，我保证，我听到过……"我就说："听好，先生，我尊重您。你们，您和您的同事们，提供的是误导的信息，真相被你们隐藏起来了。不过，我知道，为了填满一页纸，你们得多写点，才能让形象复杂化，让事情复杂化。这个我不怨你们，我恨的是你们的领导，而且从今以后都是如此。"不过，我向您保证，我挺同情他的，可是自从那天他说了这个话以后……

——你觉得电视节目起了很不好的作用，是吧？

奥斯尼先生： 是的，是的，那是一个误导的信息……

——居民在那个节目里没有得到认可吗？

奥斯尼先生： 节目没有认可。因为他们有关郊区，有关全部经过所说的一切——我向您保证，我不知道，有可能我知道的不太准确，可是有人比我知道得更准确——他们有关郊区所说的一切都是错的。（……）事件发生时，有些青少年确实是我们这里的，可是大多数是从外头来的，为了看热闹。再有，他们一看见商店，嘿嘿！他们就进去了，把一切都……可是如果那天您在场的话，我可是在场的，您要是看见……可是您想象不出那……跟闹饥荒似的，不管三七二十一地扑上去，一拥而上，就像……

——好像穷得什么都没见过……

奥斯尼先生：正是，超市着了火，尽管起了火，他们还是一车车地往外推，弄出来……烟草、威士忌、香烟卷儿。不过您想象不出，得眼见才行。火后来越烧越大，我不得不把孩子们都撤出来（……）从所有的建筑里撤出来。

——莫非孩子们当时没有意识到危险？

奥斯尼先生：连一些大人都没有意识到，一些家庭听到新闻里说，就像我刚才说的那样，“瞧，这事正在发生”。这下可好！他们全都来了，开着车来了，往车里装啊装，然后，随着大火蔓延开来，我把7号楼和8号楼的住户都撤出来，因为当时火势和风向是冲着这边来的……我把大家都撤出去了。全都撤出去了，一个没 209
剩。一家都没留下，一个人不剩！我独自上楼查看，电梯坏了，全都出毛病了。还有就是催泪弹。国民保安队在另一边，也就是说，当时还有人在，催泪弹是他们扔出来的。瞧瞧，我们过了一个地狱般的下午，到了晚上，四下里还能听见噼噼啪啪的响声，到处都能听到……我没害怕，这种事我不怕，反倒冲上去……毕竟……没有医生，什么都没有，可是至少有驱散人群的水龙头、高压水炮。可是，要知道，那是诡计，有预谋的，他们不惜一切代价，要搞垮镇长，因为他……他做了好多事，好多事（……）。

——事件发生以后，国民阵线从中得到了什么好处？

奥斯尼先生：没有，正相反……因为这一点我强调过，第二天我也在场啊……售烟亭也给烧了，那么，秩序靠谁维持？靠我们这儿的青少年！我看见他们筑街垒，不让汽车通过。这反倒大大方便了消防队的工作，甚至是警察的工作，有助于维护公共秩序，而不像那些人。你看这个新闻界，这个他们为什么不写？我这儿什么都有，都有［他拿出一沓报纸］。全在我这儿……

——您积攒了全套的新闻报道？

奥斯尼先生：对。真相他们不说。瞧，真相他们才不说。他们没有报道实情。瞧瞧吧。

1991年3月

小区住户致一位电视记者的公开信

您和我们曾为筹备11月6日以居住区为主题的节目会过面，您当时介绍了节目的目的和规则。您还提醒我们，只有所有条件都具备，节目才会播出。我们随时准备在这个双方同意的框架内参与其事，因为这个节目将是我们街区的居民的一次表达的机会，也有助于提升本镇的形象。我们表明了看法和意见，您也做了笔录。可是，
210 一个星期以后，违背公布了的规则，我们当中有些人再次被您找去，参加一个家庭聚餐会，并且当着您的面进行了讨论。这样一种态度，连同您的建议，都是令人无法接受的。我们当时被告知，节目取消了。我们理解这是某些条件不具备所致，也不责怪您。可是，我们获知，我们小区的节目受到一个以中学生运动为主题的节目的挤压，只能敬陪末座，这使我们感到万分惊讶。既然我们的讨论极富成果，怎么可以如此不讲信用？您怎么可以认为，要严肃地谈论我们的小区，一个没有居民和镇上的代表参加的七分钟的节目就足够呢？再有，我们尽力参加了某个周六晚上与您的会面和讨论，然而再无人就这个节目再次接洽我们当中的任何人，包括青少年，我们表达的意思也一点未被提及。这是不折不扣的不尊重。对于这次经历，我们的感受是被人哄骗了，我们对您也不再抱有丝毫信任。尽管如此，关于我们这个小区，我们认为仍然有必要制作一个诚实可靠的节目。我们非常乐意制作这样一个节目，不过，您本人将被排除在外。

街坊会和房客协会的代表

记者复函

作为负责系列报道的记者，我十分重视你们的来函。我想感谢你们对我们节目筹备工作的特殊兴趣。但是，很可惜，电视辩论节目未能制作完成，而且这不是以我们的意志为转移的。实际上，你们从纸面新闻上亦可得知，就在我们的第二篇报道的同日，文化与传播事业部部长雅克·朗先生也取消了原定同贵居住区的住户的会面。考虑到现实情况，我们决定把报道的主题转向中学生问题，同时给发生在贵居住区的事件保留一个位置。我也想进一步说明，三位贵镇的代表出现在了我们的平台，我们还播出了一篇有关贵镇和居民的报道。我感到十分遗憾（……）。

最后一条区别 211

在那些“问题多多”的居民区里，公寓管理员所处的地位特殊，因而能够见证廉租房住户们的“切肤之痛”。因为，在那些反映街区生活特点的事件或悲剧中（由于无法忍受入室盗窃频发，房客或商家怒而枪击青少年；警察在采取强制措施时表现“勇猛”；商店遭劫；等等），他们首当其冲。出于维护公寓的责任，他们不断清理和补救故意造成的破坏，有时还不得不对付人身攻击，以及针对汽车和公寓的报复行为。跟这个街区的其他社会工作者（培训人员、学校教员、警察、社会工作者等等）不同，他们无法回避那些往往十分严峻的局面，哪怕暂避一时也绝无可能。一位接受采访的管理员用了“压力”一词。他们住在工作地点，住户们时刻都可能要求他们做这做那，不分昼夜。他们被固定在这些居住地带里，比住户更甚。他们唯一的希望是调到较为平静的居民区的申请能够

212 得到批准，然而总是归于失望。

雷蒙，廉租房管理员，已婚，50多岁，神情疲惫，穿着一件常在干活时穿的蓝色背带裤。雷蒙的妻子身穿一件日常的灰色外套（她也在廉租房管理处工作），她不时加入谈话，时而表示赞同丈夫的解释，时而加以修正。夫妻两人住在一套位于第二层的公寓里，宽敞，但是有点阴暗。这栋公寓在一个亚城市化地带的一组楼群当中，我们姑且称之为“新城”。20世纪70年代，这里建成了大批这样的公寓。简单的家具壅塞客厅：桌椅、衣柜。衣柜的隔层用玻璃罩起，里面挤满小摆设和布娃娃，大多没有拆除包装，原封不动放在那里。墙上挂着一只塑料制的鹿头。放在厨房角落的一只大鸟笼里传出好几只鸟的鸣叫声。厨房紧挨着堆满花草的小阳台。

雷蒙以通讯员似的冷静而客观的态度，不掺杂情绪地讲述居民区发生的日常杂事。这是因为他在这里像一个局外人。的确，他来到此地完全出于偶然。对他来说，这群公寓楼房只是一个工作地点而已。一到周末和节假日，他就会盘算着车后挂上大篷车，到乡下去，他说这样才能找回“大自然”和“鸟儿的歌唱”，也就是说，
213 才能唤起他对乡下老家的回忆。他来自迪戎（Dijon）附近的一个小村庄。母亲是护士，父亲虽然“没有上过学，不像现在”，但是通过自学做到“惊人地博学”。他在钢铁厂里当领班。雷蒙13岁就不上学了，“没受过多少教育”，原因正如他自己所说，“不喜欢念书”，所以他很早就开始干装卸工。（他有一个没有离开当地的姐姐，嫁给了一个木匠。她以前当过一家保洁公司的领班，现在已经不工作了。）雷蒙的妻子也是当地人，也很早就离开了学校。她出身贫寒，父母以伐木为生，她有两个兄弟，一个当油漆工，一个在一个城堡里搞维修。

25岁时，雷蒙觉得工作苦，薪水少，下决心离开了老家，去了一个地方大都市。他在那儿干了9年木匠。一次严重事故以后（脚

手架垮塌，他从好几米高处跌落)，他被迫改换职业，带着半身残障寻找“不那么艰苦的”工作。在一位农产品上门推销员——他在这一带“谁都认识”——的帮助下，他找到了目前这份廉租房管理员的工作。他负责楼房的维修（修车库、焊接、补刷墙漆等等）。妻子以前不必工作，现在负责楼房内部的维修（楼梯和楼梯间平台）。 214

廉租房管理处免费给了他们住房，每个月发给他俩大约为一万法郎的工资。雷蒙的生活一直很辛苦，所以觉得能找到目前这个工作还算幸运，对于命运基本相似的青少年，他抱着比较宽容和理解的态度。“新城”的另外两位管理员却明显地不那么“理解”，他们的想法读者在下文中将会看到。其中一部分原因是他们工作的街区就是他们的出生地。两人说话虽然有些漫不经心，却流露出一种强烈的愤懑情绪。他们觉得身在自家门口，是在针对不断侵入的“外来人”捍卫“自己的”居民区。

谈话是在梯叶利的家中进行的，他几个月前才开始在这个城镇化重点区域当管理员。不过，由于一直生活在附近一个同类的楼群里，所以他熟悉这个相似的街区里的生活。这一带的项目负责人联系过他，希望他能够回答我们的一些问题，他就请另一位在职的管理员克里斯蒂安·T同来参加讨论，后者当管理员比他稍早一些。梯叶利的妻子希尔薇也主动加入了我们的讨论。她临时受雇于廉租房管理处，协助大多原籍马格里布和非洲的房客填写与进行中的重建方案相关的表格。这种小组讨论似的访谈渐渐变成了坦率的对话，有时还相当激烈。希尔薇的观点跟丈夫梯叶利有明显的差异。

梯叶利和克里斯蒂安对世事的看法一致，反应也相当接近。两 215
个人都出身平民家庭，家中人口众多，遭遇过不幸事件或者某种考验（一个母亲过早去世，另一个父亲出过严重的工伤事故）。两人都是因为别无选择才当了管理员，尽管方式各异。不过，他们都热爱自己的居民区和这一带郊区，他们在这里长大，从未离开过。他们都觉得这份工作蛮有意思，前者认为这份工作不太束缚人，后者认为这份工作能够接触各色人等。“我觉得这份工作不错，能跟人们搭讪，总是在户外（……）再就是有机会建立良好的关系。”他们住在管理员公寓里，这对他们是很大的便利，因为他们收入不高。居民区如果不是变得让人住不下去，则他们本来可以生活得很“安逸”。简而言之，他们十分牵挂这些街区的过去和目前的日子，很难接受这一带的凋敝状况。

不过，俩人的说法还是有些差异，主要因为俩人出身于平民阶层的不同群体，社会轨迹不完全相同。克里斯蒂安个子矮小，圆脸，头发长而凌乱，有点发胖，时年 35 岁，有贫苦生活的体验。不用说，虽然对跟他一样贫穷的同龄青少年持批评态度，可是多少有些同情心。此外，他的衣着很像一个改邪归正的市郊流氓，黑皮革外套，宽松的罩裤也是黑色的，又旧又脏。他家里有五个孩子，
216 生活从来不宽裕。他母亲在一所残疾儿童学校当“服务员”。父亲如今 70 岁了，当过养路工，可是，遭遇一辆失窃汽车造成的车祸以后，近 20 年来已经不工作了。那次事故对家庭破坏巨大。由于母亲照顾不过来孩子，大部分动产也被法院扣押了，社会扶助机构把克里斯蒂安和姊妹们安置到一个收容家庭（本地农户）里。克里斯蒂安 16 岁辍学，没有考下文凭；开始工作后，先当了两年搬运工，后来做过各种室内工作，一干就是 12 年。后来，他参加了成人职业培训班[1]，操作机器。他曾经找到一个职位，不久随着企业因经济原因倒闭而再次失业。由于连房租也交不起，廉租房管理处给他提供了一个物业管理员的位置。当时他依然单身，跟家庭其他成员的关系很差，他们只会制造麻烦，不能给他带来什么好处。他承担了照料年迈体弱的父母的责任，跟两个兄弟闹翻了，跟另一个

① 成人职业培训班（Association Formation Professionnelle Adultes，AFPA），由法国各级政府、工会和企业联合管理的职业训练机构。——译者注

作为失业画家的兄弟和一个妹妹的联系时有时无。这个妹妹在阿尔代什省（Ardèche）经营一家“餐饮客栈”（“情况很不错。”他说）。

梯叶利今年 38 岁，他比克里斯蒂安严厉得多，几乎可以说脾气暴躁，他似乎毫不谅解那些他认为对自身问题负主要责任的青少年。他是一个平民家庭的八个子女中的长子。这个家庭深受母亲早 217
亡的打击。他之所以能够避免社会沉沦，全靠父亲教育下的一套严肃的道德规范，这一点甚至可以从他自我介绍的方式看出。他身材偏瘦，短头发梳理齐整，小胡子经过仔细修剪，一身运动服，牛仔裤加无领运动衫。按照他的讲述，他父亲是火车司机，鳏居以后，“竭尽全力让全家人有个好着落”。父亲的三个女儿都考下了裁缝专业证书，在很大程度上靠婚姻做到基本上自食其力：大女儿在贝济耶（Béziers）经营一家餐馆，二女儿在巴黎老佛爷商城经营一家服装店，三女儿在一家制药厂当操作员。儿子们的路没有这么平坦：梯叶利的四个兄弟年纪轻轻就在附近的商号（面包店和肉铺）当学徒，服完兵役就脱离了这些他们不太喜欢的行业，像父亲一样干起了货运司机和仓库保管员。梯叶利本人很早就离开了学校，15 岁进入父亲工作的工厂当装卸工，不过很快就离开了这份他觉得过于繁重的工作。他打过多种零工，后来当了十来年货运司机。因为“受不了总得赶时间”，他 35 岁时不干了，找到了一份体育场管理员的工作。不久，在寻找住处的过程中，廉租房管理处提供了一个在这个难题多多的地区当管理员的职位，同时他得到了现在住的这套公寓。他结婚已经十多年，有两个上学的孩子。妻子希尔薇是他 218
在舞会上认识的，来自比他稍高一点的社会阶层。她有两个兄弟，一个是小学教员，另一个子承父业，当橄榄球教练。希尔薇除了有会计技能证书以外，还通过持续教育课程取得了一张电脑技能文凭，不过未能找到对口的工作。她目前做零工，“有什么干什么”，也就是说，在几所中学里当计时领酬的保洁员。

梯叶利自律甚严，没有在社会上堕落。全凭这根唯一的保险杠，他做到了自食其力。也许由于这个原因，对于这个居民区的青少年的行为，他态度严厉，而且怀有一种可以理解的怨恨情绪，对他们毫不留情。这里的帮派成员多为马格里布少年，他怎么会原谅他们把一些“规矩”强加给“他的”居民区呢？既然更激烈的办法不是没有，那么为什么不用（国民保安队分片巡逻）呢？这种办法他小时候见过，用来对付这一类麻烦很奏效。作为母亲，希尔薇倾向于对孩子们采取比较宽容的态度。她受的教育也不如丈夫的严格。她更愿意跟青少年展开对话和讨论，虽然她承认那并不容易做到。她认为说服比压服更有效，条件是设身处地地为青少年设想：“可是，你得设身处地为这些年轻人想想，”她对丈夫这样说，“他们知道，反正什么都没有……唯一的出路就是暴力，但不是伤害人的暴力，那其实是求助的呐喊，是说‘瞧啊，我们在这儿，这儿有
219 我们存在’……”在很大程度上，希尔薇的这种态度来自她的社会背景（尤其是相当重要的文化背景）跟社会工作者的背景比较接近，以及她的“左翼”社会活跃人物的经历（她参加过基督教青年工友会，有一段时间还是共青团团员）。不过，她也隐约地表达了某种苦恼。经济危机导致她找不到跟专业和愿望对口的工作，尤其是既是现实也是希望的共产主义运动的退潮，这些都促使她弃绝政治。失去政治取向的她用道义当挡箭牌，厌弃一切政党，因为它们永远一边“教训年轻人”，一边搞“乌七八糟的明争暗斗”。

这几位管理员的说法不尽一致，但是很有代表性。他们跟这些居民区的大多数住户一样，住在这里并非基于选择，而是基于经济考虑或者行政方面的理由。他们不能或者不愿意另谋住处，只好住在这个一切都会引发争执、全面衰落和依赖救济制度的地带。不要说接受，社会经历使他们无法理解有时会带来毁灭的青少年暴乱。他们都出身平民，只有靠严格的教育和往往残酷地压低自己的期盼

和需要，才能免于陷入更低下的地位。简言之，他们只有付出不情愿的努力，才能够维持现状或者摆脱困境。评论年轻人时，他们基本上只能从道德规范着眼：“太宽容了”，“应该把不愿走正道的都 220
抓起来。没有别的办法”，等等。他们认为失业不过是游手好闲的一个蹩脚的借口：“他们觉得干什么工作都累，可是偷东西反倒不觉得累……”“我得说，一个人只要想工作，就一定能找到”，等等。盗窃只是寄生虫生活所使用的一个敲诈手段：“什么都不干，全靠……明偷暗抢过日子。”在他们看来，跟他们从前的必须自律的消费欲望相比（现在也一样），年轻人过于热衷于消费：“他们不懂得节俭”“他们什么都要，可是还不满意”“这些人只知道‘我要这个，我要那个’”。至于破坏公物和吸毒行为，他们认为都是父母放纵的直接后果：“这一带的孩子都是想干什么就干什么……家长根本不管。”然而，他们有同样的切身经历，所以并非不了解这种局面的真正缘由。他们知道，跟他们相比，如今年轻人受到的失业压力也许要大得多，也承认偏激行为跟尤其以居民区为集散地的移民现象所造成的不正常状态有很大关系，家长权威的丧失殆尽便是后果之一。他们也很清楚，随着电视和无处不在的广告的传播，以及在甚至贫寒的街区里（依照法规的要求）的大型公共场所的建立，年轻人的期待也在改变。不过，也许是担心了解过多会原谅那 221
些道义上不可接受的行为，他们似乎不愿意真正知道个中的原因。例如，提到东欧体育界人士到访这个地区，一个管理员抱怨不该领他们去镇上的大商店，理由是这么做可能引起难以满足的欲望。不过，他不知道，在很大程度上，居民区超市里的偷窃乃至顺手牵羊也都服从同样的逻辑。

虽然接受采访者都显得有所保留，我们在访谈中不难看到，但是这里的青少年受到“可怜的白人”的强烈鄙夷，不可简单地归入“种族主义”的鄙夷。管理员常常欲言又止，避免可能刺激对话者的特殊字眼："他们在这儿很难融入，唉，因为他们是……""这样的人很多，都是……生活全靠……""政府还不够……"等等。比较富裕的社会阶层住不下去便搬离，与之不同，那些不得不留在这里的"俗常白人"的反应更强烈。他们觉得，那些通常比他们晚搬入的住户构成了某种挑战，他们也很难一声不吭地忍受后者的冒犯及其五花八门的交易。他们愤愤于"最好的"住户搬离了此地（"真正的法国人，唉，都搬走了"）。虽然他们真诚地尽力帮助这里
222 的年轻人，可是仍然无法真正理解他们的偏激行为背后的冤屈感。他们不懂，这些年轻人怎么可以自诩比土生土长的法国人还要法国人？30多年前来到法国的移民生活贫穷，但是安分守己，什么都不索要，且感激和认可这个接纳他们的国家，下一代则不同，他们一直生活在法国，要求被当作法国人看待（"你送给他们一样东西，他们毫无感激之意"），因此更难接受被边缘化的命运。

无疑，正是出于这个原因，对于工人和小商人（后者尤其面临轻罪活动的危害）来说，呼吁强硬对待和驱赶不安分的、四海为家的"外国人"的任何政治诉求都有莫大的吸引力。

223

廉租房管理员

采访者：巴特里克·尚巴涅

"我要投勒庞的票，吓死他们"

——您住在这儿很久了？……

克里斯蒂安：我生在这儿的"新城"小区，1956年生人，一直住在"新城"，没离开过。当然不是从来没出过门……

——这个"新城"小区是什么时候建起来的？

克里斯蒂安：这个嘛，有些楼房已经有20多年了。我想是1964年开始的。那时候从阿尔及利亚来了一些"黑脚丫"，这些楼房是为他们盖的，因为他们来到这个地区的那阵子，都住在临时帐

篷里，那时候还没有公寓，于是就盖了一些，这里几座，那里几座，都是廉租楼房。我记得，我们那时还是小孩子，最早盖起来的是那几座，都在那一边。他们用铁轨盖房子。您知道，板块什么的。一层一层地搭建，把板块一个个顺进去。这样的楼房起得快，很快。呵呵，那阵子，我告诉您吧，没有别人，都是“黑脚丫”，这儿有一种和谐的气氛。后来就（……）因为人们受够了，搬走了。在这儿怎么能生活呢？住户的家里人挤人。您瞧，我楼上是一套跟我家一模一样的公寓，三居室，可是他家有……九个孩子，一共住了十一口人啊。再往上一层，一家十二口。这一带的孩子都是想干什么就干什么，怎么干都行，都行。家长根本不管。轻便摩托车形成了车流，就在那下边，地下那一层，总也不停，总也不停。好么，直到两点还敲敲打打，在过道里弄，留下垃圾，过道里油渍斑斑，全是垃圾。有时候，他们在外边待到晚上十一二点。（……）起初，这一带很不错。没有这么多公寓楼，周围没有这些东西，小孩子也少，没有这么多……怎么说呢？没有这么多集市……不过，也应当说，生活在变，是吧？有一个时期，人家说，这儿的公寓应 224
该重新出租，于是安装好人家想要的东西。（……）阿尔及利亚家庭就来了，跟黑脚丫家庭一块进来的，瞧见了吧。不过他们从来不出屋，总是待在屋里。给别人惹麻烦的不是这些家庭。公寓有些归省政府管，有些归镇政府管，而且……这么说吧，这一点应当提到，属于省政府的那些公寓，他们想让谁住就让谁住。您想吧，这就弄进来一些人，原先住在管理机构里的人，一些无人待见的人，被打发到这儿来了。

梯叶利：没错，所有那些，他说的对，没人待见的家庭，由谁负担？由“新城”负担！（……）那个［廉租房办公室］的管理机构，他们发现这儿的局面恶化，住房空闲，他们就说，管理机构也该挣点钱啊，就说要把人弄回“新城”去。人倒是给他们弄来了，如今小孩全长大了，都是泼皮。

——这些人来自哪个社会阶层？他们工作不工作？

梯叶利：家长大多数工作……大多数。家里如果父亲是1953、1954年来法国的，而且一直有工作，到如今他就退休了。老婆呢，从来不工作。长大成人的孩子呢，就是失业喽，他们找不到事做。那他们干什么？偷汽车，破坏，干那个，嗑药。现在，有个事儿我得说说，年轻人互相都认识，不论哪个街道的，所以，如果他们打算在某个地点聚会，你就没办法阻止。

——情况是什么时候开始恶化的？

克里斯蒂安：从1981年起就不行了。这一带成了地狱，睡不成觉了，偷汽车的事件每五分钟就有一起……有人开枪，驾着偷来的汽车撞进车库，街头到处打斗混战……你能看到13岁的小屁孩开着宝马牌汽车，车里看不见人，只看得到头发，然后他们就干蠢事。警察那阵子厌烦了，不来了。人人在这儿想干什么就干什么，
225 情况全面恶化。

人差不多都走光了

梯叶利：新城太宽容了，这么说是因为我在某某小区［邻近的一个居住区］住过三年，一模一样的故事：我那时在某某小区，叫来国民保安队。不分昼夜，日夜不停，这才稳定下来。是的……他们在新城想干什么就干什么……特别是眼下局势这么紧张［海湾战争期间］。他们还说要一切重新开始，说局势会更糟糕。

克里斯蒂安：只有他们才会这样做。可是我，我个人不想说，我不想对他们有种族歧视，可是，我得说……

梯叶利［语带讽刺］：他们可是“二代阿拉伯人”啊！

克里斯蒂安：没错！不光是他们，还有一些法国人，法国青少年跟他们在一起，而且很高兴，真的很高兴，因为……凌晨两点，

你被叫起来，去一个楼门过道，看见40来个年轻人在那儿扎堆，还用粗话骂你，这事有过两次，现在我要说，我受够了！

——他们多大年纪？

梯叶利：都在18岁到20岁之间吧……

克里斯蒂安：岁数大点的也有……有一个事，个人看法，我一直弄不明白，那些父母为什么让这些小孩，平均十四五岁的小孩子整夜待在外头……你看他们晚上从楼门里出来，成群结伙，骑几辆轻便摩托车，就这么进了城，回来时骑着偷来的摩托车，满不在乎。还有，你要是给差佬们打电话——对不起，差佬这个词……不过就是这么回事——给新城的警察局打电话，他们会说："这个嘛，我们现在不想动。"他们不愿来，因为害怕。就是如此。(……)

梯叶利：是啊，就是如此。情况恶化了。这就是恶化……

克里斯蒂安：我们有漆匠。派个年轻的漆匠去，他把所有的楼门过道都重新粉刷了一遍，粉刷得很好看。这样很好，都干净了，崭新的信箱，都是新的、漂亮的信箱。可是他们都给糟蹋了，弄 226
坏，砸坏了！他们就是喜欢破坏。我们干活儿，全换成新的，叫公司来翻修，可是第二天一早，您猜怎么着？又给弄坏了！安装了一些没用的电子玩意儿，电动罩门，礼拜一装上去了，礼拜二晚上就没用了，全弄坏了。

梯叶利：要是让我说，这种人你得想办法对付。因为，听起来好听，您听见镇长某某先生［新城的镇长］说什么："我们要给那些负担重的家庭搞到社会住房。"可是，上哪儿去找社会住房呀？他是不是找块空地，当中盖几座塔楼，然后把他们弄进去呀？我要说，那不值得。应该在远离新城的地方找块地方，然后向这些没人要的家庭提出，搬到那儿去吧，把他们弄到那儿去，让他们自己去折腾……这么说不太好听，可是我觉得是最好的办法。因为，没错，这些家庭在这儿住了20多年了，都是廉租房办公室的客户。

哎！你知道他们说什么来着？“我们受够了，一切都变坏了，给我们安装的新信箱全给砸坏了。”……还有的装上防盗门，防盗门一弄开，就把你家给偷空了。你要是有个阳台，那他们就溜进住户家里，哪怕是夜里睡觉的时候，把你的电视偷走。你看到了什么？永远是同样的故事。（……）你拿这种人怎么办？还有，汽车的事……那好，你住在新城，不装防盗门不行，窗户上不装栅栏不行，还得开辆破车……不行，这怎么行?!

克里斯蒂安：您开车来这儿，上楼回家，没几分钟，下楼一看，车窗玻璃被砸碎了，收音机被偷走了。在这儿怎么住得下去？这就是我弄不懂的地方，我不知道……［模仿有点可笑的女性尖声］。“随这些小家伙去吧，总得让他们生活啊，随他们去吧。”可是，这怎么行呢？后来，我们琢磨，除了马格里布人，为什么城镇化重点地区留不下别人？究竟为什么？那些家伙待在楼门洞里聊天，凌晨三点还在那儿，喝酒，抽烟，调解纠纷。不一会儿，因为烟酒一起
227 上，他们变成一摊烂泥。我们出去跟他们说点什么，他们就用天底下所有的脏话骂你。还有，第二天你正要开车上班，发现轮胎扎破了，保险杠砸坏了，什么都砸坏了，就是这么回事。（……）你什么都不能对他们说，得随他们去才行。那么我们……我们这些管理员就商量说：“既然他们什么都砸，我们也就不修理了，反正也没用。”

[…………]

这儿太宽容了

——你们跟这些年轻人有接触吗，怎么接触？

克里斯蒂安：跟这些年轻人什么接触都没有。什么都没有，问题就在这儿。他们觉得我们打小报告，是败类，是这个是那个，随便叫什么都行，不值得他们费神说话。我呢，我跟年轻人谈过，谈得很好，可是你从他们那儿听到的，都是什么：“我要一间屋子，

我们要一间屋子。不会再破坏了，不会有这个，不会有那个了。”(……)重建工程开始的时候，得让几个街区的年轻人参加，让他们参加企业的工作。这儿年轻人不少，他们说：“要是跟油漆公司或者电气公司一块干活儿，我们就干，我们就不许别人来这个街区了。”因为，他们一直是这么说的：“如果重漆楼梯的是我们，参加翻修工程的是我们，那你就再也看不到破坏了。”

梯叶利：这个我不同意。

克里斯蒂安：可是，他们就是这样说的呀。

梯叶利：你刚才说“我们就不许别人来”。别人能干什么？你想让我明说吗？别人，唉，我得说，他们也会给我们捣乱，跟他们一个样，因为他们会说：“怎么没人给我们做点事呀？”因为，廉租房办公室很想做点事，可是别人不想。大家都应该做点事，每个人，每个人都应该做。有人同意，有人不同意。［他讲述交给居住区青少年使用的一间活动室如何遭破坏后关门大吉。］他们说“是 228
啊，我们找不到工作，没有人给我们工作”，可是他们连这么点事都干不好，怎么让人家给他们工作呢？他们什么都偷，那间活动室连一个礼拜也没坚持下去。他们把什么都破坏了。他们往玻璃窗上胡乱涂抹，那可是刚刚重新油漆过的。眼见油漆工在那儿发愁，我真过意不去。他愣在那儿，手里拿着油漆刷子什么的。一个礼拜以后，全都被他们毁了，彻底砸烂。谁会给他们在每座公寓楼后头都盖一座国会大厦！要求别太过分！我在高速公路边上的廉租房里住了 25 年，就在那边，那些破楼房里。我来的时候才 6 岁，我在那儿住了 16 年，就在那里头，16 年啊。那些年里，我们闯的最大的祸，是在草地上踢球的时候打破了一块玻璃，因为那儿有这种玻璃护栏。球踢出去了，不幸的一脚，哐当，玻璃碎了。后来，别担心，那块玻璃，我们赔偿了，我记得。那么大一块玻璃，我们赔了 50 法郎。可是，我们从来没干过偷光整座公寓的事，只因为想要这个，想要那个，没完没了地要。不应该啊……新城太随便了，太宽容了，就是如此。(……) 您看，不少年轻人一辈子什么事都不做，为什么？因为他们只喜欢偷鸡摸狗！好了，偷汽车，拆汽车部件，偷东西比工作省事啊。就是这帮家伙，打个劫，蹲上两三个月、一年监狱，出来以后，老实两个礼拜，又开始了。找回从前的伙伴，重操旧业。什么都破坏。

克里斯蒂安：还有，对于有些人来说（……）蹲监狱是件值得自豪的事，(……) 年纪大的教唆年纪小的，当你看见小家伙也加入（……）时真让人害臊。

梯叶利：如果什么都不改，以后也改不了，永远改不了，照旧是一座疯人院。有些明摆着的蠢事，连报纸都懒得登了。你制止一些人在M城胡闹，有人就会说“跟战场似的”。确实有点像，可是我有权……国民保安队抓你的时候，这么说吧，我当年头发卷曲，被骂“臭鸡窝”——他们把我当成阿拉伯人了，命令我趴在车身
229 上，搜身。可是，这也是代价。(……)

你一开口，他们就说你种族歧视！

克里斯蒂安：(……) 也许我不太清楚，可是，廉租房办公室大概也缺点什么，他们应该想点办法。另外镇政府也有欠缺，因为镇长也一样，这是他管的镇子啊，他应该考虑点什么才对。(……) 你［对年轻人］一开口，他们就说你是种族歧视。我可不赞成。我有体会，我的朋友里就有突尼斯人、阿尔及利亚人……

梯叶利：我也有。

克里斯蒂安：……都是些好伙伴。不过，有一次，我对这些年轻人说，我告诉他们，我是种族主义者，可是只对那些蠢蛋。我容忍不了毫无道理地搞破坏的家伙。这些人因为心烦，就搞破坏！他们去工作才对嘛！他们还说不给他们工作，可是一到公司就开始

偷。老板可不留小偷，对吧？只要看看工业区发生的故事就清楚了。他［雇主］雇了一个小伙子，信任他，可是他［小伙子］在那儿还不到一个礼拜，就给了女秘书两下子［迎面打了她两拳］，抢了钱柜。警察呢，把他抓住了……再有，他有一把铁砂枪，朝警探开了枪。可是，我不是说，他们把他抓起来就算了，他们狠揍了他一顿。其他人［青少年］都离开了，边走边骂“去死吧，混蛋警察、混账种族主义者”。

［…………］

克里斯蒂安：我认识一些在公务部门工作的管理员，他们被人威胁过……

梯叶利：没错，我也被人威胁过……

克里斯蒂安：我有两个当管理员的伙伴，公寓竟然被人放了火……

梯叶利：我也是，他们恫吓我。两个家伙来我这儿，说什么：“不许你再跑到车库里探头探脑。”我说：“我没有哇，我在工作。车库里根本没有你们什么事，我在做我的工作。我该做什么，有人告诉我。”后来，他们来找我，又说：“不许你再跑到车库里探头探脑。不然的话，哪一天你会吃枪子。”您听，这就是他们说的话！还有一个家伙竟然冲我的孩子来了，那是两年前，我刚到这儿的时候。孩子那时 9 岁，那个家伙 20 岁。我抓住他，警告他：“这是头一次你碰他［他揪我儿子的头发］，也是最后一次，你下回小心点， 230
哪天你身后没有伙伴，走单了，我就把你抓起来。”他连话也说不出，结结巴巴的，眼睛盯着脚底下。

克里斯蒂安：他们晚上才会成群结伙地出来，至少又有 50 来个人……整宿在外头。我告诉您，如果天气好——像上个礼拜那样——人们出门上班的时候，他们才回家睡觉。整夜在外头胡来。整夜整夜地听见他们喊什么“萨达姆·胡赛因万岁，张三李四有那些摩托车”。……您想想，整夜的呼喊乱叫。住户都说：“真受不了，叫警察吧。”凌晨两点，我给派出所打电话，告诉他们：“喂喂，应该把他们都抓起来，他们都疯了。”还有，人家给了他们一间屋，他们走在屋外，一直吵到清晨。闹得人没法接着睡，只好起床，准备上班了。您看看，这一类的事情叫人怎么过日子？为这，我想说……

我跟住户们说，“你们不该走啊”

梯叶利：你要是跟他们说点什么，他们就拿汽车出气。

克里斯蒂安：把轮胎的气放掉。

梯叶利：他们不断地拿汽车出气。于是，住户们到时候总会有点……［吹一声口哨］。他们找好去处，就会搬走。您瞧他们怎么说：“管理员先生，我们在别处找了一套住房，我们要走了。”

克里斯蒂安：所以我才跟住户们说：“你们不该走啊。应该留下来，留在你们的公寓里。你们一走，他们反倒会兴高采烈。”还有，这样不行，我总是说：“我们这儿的好住户早晚都会搬走，都会搬走。他们会看到这儿都变成空房子。那他们还翻修个什么呀？照样会弄来这种家庭！大家都走了，很快就要起变化了。剩下的就都是这种家庭喽。”有时候，不是工作让人受不了，而是压力。这个更累人……

231 **梯叶利：**可不是嘛！压力大。我开过运货卡车，每天干十三四个钟头，还没有现在有的时候这么累呢……

克里斯蒂安：而且神经总是紧绷着。

梯叶利：……受到威胁的时候，神经挺紧张。因为只要你工作，就会受到威胁。

“二代马格里布人”就是这样

[…………]

梯叶利： 我搞不懂，他们只要把国民保安队派来就行了嘛，可他们就是不愿派。国民保安队一来，手里有作战用的枪，还有子弹夹，想抓谁就抓谁，什么都不在乎，什么都不怕，觉得有什么不对头，就立刻掏出短棍，噼里啪啦一通猛打。那些小家伙就欠这个，这个跟监狱不一样，有时候狠揍一通有好处，能让他们冷静下来，比丢进牢房还管用。反正他们每隔一两个月就得进去一次，然后就放出来了。嘿，好，这下倒好……个个都觉得自己是那里头的教父。(……)“二代马格里布人”就是这样！我真不知道这帮年轻人要的是什么。我跟他们聊过，告诉他们：“你们为什么不去帮忙收葡萄啊？报酬不错啊，而且收葡萄挺有意思的。”[模仿可笑的娇声低语]“哎呀，我们试过两天，累得腰酸背痛，我们就溜了。”有个摩洛哥人，身高一米九，身板有落地柜那么宽，他跟我说：“什么，两天？不行不行，我身体会累垮。”你能指望他们干什么？才收了两天葡萄就累垮了，可怜的家伙！

克里斯蒂安： [也用嘲弄的口吻] 是啊，干什么活儿他们都觉得累，可是，要是去偷的话……

梯叶利： 另外，还有那么多……我跟丈母娘的一个朋友聊过，他在博若莱（Beaujolais）地区那边有一个葡萄园，他说：“我再也不要他们了，再也不要了，老是偷，老是偷。”他宁可要外国人[非马格里布人]或者法国人，因为有不少外国人去博若莱地区帮忙收获葡萄。所以我真不知道他们究竟想要什么。一干活就肯定有人出问题。这是肯定的，没跑。出了问题以后，人家会认为你们个个都不好。

——那么，他们应该怎么办，你们有什么主意吗？ 232

梯叶利： 主意嘛，我不知道。警察已经抓人了。

克里斯蒂安： 我也不知道该怎么办。

梯叶利： 我们只做我们的工作。每个人都做好自己的工作不就行了？

——如果没有这些年轻人的问题，这份工作你们还是挺喜欢的，是吗？

梯叶利： 没错！

克里斯蒂安： 是的，正是。这是一份不错的工作。

梯叶利： 这个工作挺有意思，我觉得讨人喜欢。因为我一直比较习惯户外工作，要么当货车司机，一个人单干。有了这个工作，我能跟人们搭讪，我们总是在外头聊，总之是在户外。

克里斯蒂安： 对，这份工作不错，再就是有机会建立一些良好的关系。不过，绝不跟像那些人似的家庭建立关系！

梯叶利： 如果不做点什么，局面以后不会改变，新城还将是现在这副样子。如果不做点什么，以后这里就是个贫民区。

——你们没有想过申请调走吗？还是想留在这儿？

梯叶利： 坦白地说，我不会申请调走，因为，我一直住在这儿，相熟的人很多……

克里斯蒂安： 也没必要离开这儿！（……）我们看见，那些领取家庭补助或者别的什么的家庭，它们领到的钱比房租还多。所以，我得说，这些家庭早就应该撵走，对吧？且不说，给别人带来麻烦的正是这些人。

梯叶利： 对，撵出去。问题是没人愿意搬走！只有新城收留他们。可是，这也有问题。凭什么总是新城？为什么不能把他们弄到别处去？其实只要弄到附近地区就行，别让他们在这儿扎堆。要不，给他们另建廉租房，不过，那得在外边。镇长就是这么说的，得让他们住到外边去。他们住在一起，结果很糟糕，可是如果想要有效果，只能这么办。

——镇政府在政治方面怎么样?

克里斯蒂安:新城是共产党当政，已经很长时间了。就我个人来说，我得告诉您，我本人不想对他们用种族主义的态度，可是您去镇政府瞧瞧，都是些什么人?在那儿工作的都是马格里布人，一家又一家的。您申请一个工作试试，甭管什么工作，那就……什么都没您的份儿，什么都没份儿。 233

梯叶利:是啊，可是他们都投了镇长的票啊……

克里斯蒂安:都是为他们服务的。你要是生了病，不管什么病，去申请一个什么劳什子，要是没有工作，想把看牙医的费用交给镇上报销，那好，他们会说“不行”。您还得跟一位蔫头耷脑的家伙软磨硬泡，他们呢，另一位揣着那么个小玩意儿，马上就送医院去了。在新城，如果你想由别人负担你的费用，那就别去工作，当小偷，什么权利你都享受得到!

梯叶利:大家都这么说，只要你把自己晒黑一点，涂上鞋油，你就变成他们，什么都能弄到手。这可不好，可是情况确实如此!他是个人物，没有种族歧视，可是很严肃。

——依你们看，政策能不能改变什么呢?

梯叶利:让我说，新城哪一天共产党不掌权了，就会有一点变化。因为，有个时期，唉，他交了背运，没选上，那个医生反倒选上了，保卫共和联盟[①]的。不过，他是个人物，不是种族主义者，可是挺严肃的。他说，不是他们才有，别人也会有，有那么一个机构，有名的社会活动中心，他说:“如果我能当选镇长，我就把这个机构关掉。”倒不是彻底关门，按他的说法:“把它交给老人和有困难的人使用。”他没说不给他们用，他是说那个时期只给这些人

① 保卫共和联盟(Rassemblement pour la République，RPR)是法国议会第二大党，属于传统右翼。前身是戴高乐1947年创立的“法兰西人民联盟”，亦称“戴党”(gaullistes)。——译者注

用。他们呢，一点头疼脑热就送医院，什么钱也不付。至少不应该滥用吧。(……)新城的政策不好。如果继续这样下去，这里就会只剩下移民了。对，没有别的人。再说，令人惊讶的不是一下子人都没了，而是过后再想把人弄回来，不那么容易了。

234 […………]

——跟其他一般的住户相比，你们受的影响不是更大吗？

克里斯蒂安：对呀，我们更受影响，这是肯定的。

——廉租房办公室召集你们管理员开会吗？

梯叶利：按理说，有这么个会，归管理部负责人召集。会上要谈各方面的问题。

——谈得最多的是什么问题呢？

梯叶利：环境恶化、人为破坏等等所有这些问题。总是解决不了，翻来覆去都是那几个问题。我们花光了预算，修理费的预算。有时候，我们甚至觉得白费力气。(……)我们修好了，他们背地里破坏，我们再修理，他们再破坏，我们再修理。一年到头总是这么干。

克里斯蒂安：什么也挡不住他们破坏。白白给他们安装那么多超现代化的玩意儿……

梯叶利：安装什么也没用。

[…………]

——勒庞提出的那些办法，对某些人还是很有吸引力的吧？

梯叶利：这个我不知道。我就是等着瞧，想看看发生什么事。因为他们说我们是种族主义者，说法国人是种族主义者……

克里斯蒂安：不对，那是胡说……全是胡说八道。

梯叶利：还有，如果一个法国人是种族主义者，就不会来新城住。他们说我是种族主义者，我回答说："你们胡说，我要是种族主义者，就不会在城镇化重点地区当管理员，我早就干别的去了，重操货车司机的旧业，对不对？”重新挑起种族主义的正是他们这些人。所以，就是因为这，我才要等着看下回选举怎么样。嘿，是的，我倒想看看。好多人在等，因为我听到不少人说：“我们，我本人，什么都不想知道。勒庞嘛，管他是什么人，我就是要投他的票。”听见了吧，听见了吧。他们说什么：“没人干事，镇长什么都不干，警察局什么都不干，没有人做事！嘿，那好，我们去投勒庞的票。他这个人还是要做点事的。”

克里斯蒂安：让他掌一年的权吧，就一年时间……［他提到跟吸毒有关的不法行为。］

梯叶利：我想说，只要有毒品，就有人胡来。嘿嘿，毒品是祸 235
害，大祸害……

克里斯蒂安：还有，这东西给他们带来金钱，我告诉您吧，不用干活就来钱……

［两位管理员接着讲起如何发现毒贩子使用的各种藏匿毒品的伎俩，例如电梯间、灯泡里等等。如果你招惹他们或者报警，他们就会发出恫吓。］

他们烦透了，没有任何前途

［梯叶利的妻子希尔薇来了，带着女儿。我给她简单解释了一下采访的目的。］

希尔薇：我在楼下跟那些年轻人谈了一个多钟头，他们心烦意乱，没有前途，人们给他们提不出什么建议……他们看不到前景，有些雇主还有种族主义。可是，应该说，当雇主的也挺心烦。

梯叶利：确实应该这么说……

希尔薇：正是如此。可是，说到底，这可以说是一种纠缠交错……

克里斯蒂安：我们刚才正说到这儿，好人给坏人背黑锅，对吧？

希尔薇：有好人啊，特别好的人也有。

梯叶利：是啊，可是也有特别坏的人啊。

希尔薇：我们看见小孩子干坏事，就在父母眼皮子底下，可是父母不吭声。那么小的年纪就习惯干这些，我是说四五岁的小孩子，连买东西还不会呢。所以，这是一种……一种心态。他们见到什么都不会往自己身上联想。你给他们提供活动室什么的，他们都给弄坏了。有一种病态，一种生活的病态，可是，这个我们不光在城镇化重点地区能看到，因为我在让-宰伊中学工作过，那是个这一带位居第二的中学，学生们真的很优秀，拔尖的，哎！还不是一样。他们说话跟新城一样，同样的用词，对待老师方式也一样。我可是很吃惊。唔，不尊重老师……满嘴脏话……所以，不是说……

梯叶利：因为，说到底，他们谁都不尊重。他们的老师，哪一
236 位他们都不尊重。

希尔薇：我不知道怎么才能……这好像癌症，我不知道怎么才能剔除，因为……你没法跟他们讨论事情，他们不信任你。有一次，他们对我说："行啊，可是你一定是想从中捞点好处。"我说："我想讨论，才跟你们讨论，没有丝毫好处可捞。"如果说能看到什么积极的东西，那就是我从中可能获得某种个人的满足。

克里斯蒂安：［怀疑地］从中获得什么？

希尔薇：他们总觉得别人想从他们那儿捞走点什么，偷走点什么……

梯叶利：想捞点什么的正是他们自己，从我们这儿！但愿他们别再偷东西，但愿公寓楼能够保持清洁……

希尔薇：而且，我总是跟他们说，你们就是法国。我们得明白，他们是代表未来的年轻人，他们将来要……这么想真让人不寒而栗，是吧……他们说，新城给年轻人设置的活动室什么的，全是

表面文章，全是虚假的。那些活动室年轻人根本进不去。

梯叶利：他们就是“我要这个，我要那个”。说到底，就算给了他们也挡不住他们去偷。

希尔薇：跟他们谈谈很好，跟他们当中的某些人……哪怕你觉得是对牛弹琴，哪怕是……总会有某句话，某个字眼，我都会觉得……

梯叶利：[表示很怀疑] 好了，那只是你的印象罢了。我看得一清二楚，你给了他们活动室，给了他们全套家具，椅子、桌子、画品。一个礼拜以后，活动室关门了：他们把什么都给弄坏了。

希尔薇：[竭力为之开脱] 肯定有一个什么东西让他们……

梯叶利：[语气激烈] 总是有什么地方不对头！永远会有点毛病。永远如此！

——在家庭内部，父母无计可施了吗？

希尔薇：他们正是这么说的。有个年轻人，跟他后母的关系出了问题，详情我不清楚，我告诉他：“应该谈一谈，总会有调整的办法。”“呵，这个嘛，你可不知道，我跟我爸爸是不说话的，我不跟他说话。只要他跟我开口，就一定是要揍我。”

克里斯蒂安：我认识一个年轻人，因为汽车没有给他开，他就打他爹。 237

希尔薇：他跟我说：“可是你看看，我们生活在什么样的狗窝里，像这样的贫民窟，你怎么还能要求我们有……”他还说：“到处都是蟑螂，里里外外脏兮兮的，连我们自己都觉得腌臜。”我还想说，回家走进楼门的过道里，我会害怕。真是脏得不得了……唔，我要说，这怎么让人从心里尊重那些……可是，我还是尊重他们，因为我就是这么个人，可是那些街头逛游的青少年，他们的生活怎么能稳定？眼睁睁地看着自己的父母，有时候十口、十二口、十五口人挤在一间屋子里，没有私人空间，每人把着一个角落，这么小年纪，是吧，他们没有……

梯叶利：咳，别夸大嘛，嗯……

希尔薇：可是，小孩子有个自己的角落，这很重要。

梯叶利：［语气激烈］不对，瞧瞧我们自己吧，十口人住一套三居室，可是我们并没有心慌意乱啊，没有在街区里又打又砸啊。

希尔薇：你有福气，能玩得转，找到自己的路。再说，从前跟现在不一样。那时候，你要是不喜欢一个地方，哪怕是打零工，你能够很快离开那个地方，第二天再找一份工作就是了，对吧？什么活儿都没有了，什么都没有了。如果你是阿拉伯人，工作就没有你的份儿。

梯叶利：是啊，可这是为什么？

希尔薇：那我就不知道了。

梯叶利：假如他们不吸毒，情况就会好一点……［示意前面谈过的话题］那，收葡萄的活儿是怎么回事呢？那又怎么说呢？

希尔薇：他们［葡萄园主］不要他们！

梯叶利：确实不要他们，这事我跟他们聊过……那好，为什么不要呢？

希尔薇：不知道。

梯叶利：如果他们不偷就……

希尔薇：可是，你得设身处地为这些年轻人想想。他们知道……反正什么都没有……唯一的出路就是暴力，但不是伤害人的暴力，那其实是求助的呐喊，是说："瞧啊，我们在这儿，这儿有我们存在，请看我们合起来能干出什么事吧。"（……）我要说，那些当父母的，终归是……。不错，我们在学校里开会……因为有个教员被人打了，打人的是个马格里布人，他上来就打了这个教员一
238 拳，只因为教员动手打了他弟弟。一个教员跟一个孩子发生争执，扇了他一巴掌。孩子的母亲赶来，把教员的肋骨打断两根，用棍子

什么的。搞得全家都动了手。这样才召开了一个会。那么，会上都有谁呢？还是开学时我们看到的那些人，还是那批人。一共多少人？300个学童，家长才来了20位，还是当初那些人。而且，孩子们一般不会有问题！教员很难办。可是他们热爱自己的职业，我对他们也很欣赏。不管外头能挣到多少钱，他们都不会改去别的街区（……）来这儿工作的教员，工作都很出色。他们做的事你已经都看见了，是吧？

[…………]

——您认为有什么办法解决吗？应该支持现在的镇长，还是搞个大动作，支持例如国民阵线？

希尔薇：我听到人们说，因为我这个人喜欢讨论，我听到好多人说，有一伙国民阵线的人要来这儿……那就会有好多人出来，好多好多人出来。我要说，应该支持镇长，支持他做的一切，他们做过的一切，一切……那就太棒了。

克里斯蒂安：［怀疑地］当然，那就太棒了……可是，我不知道他们想做什么，准确地说，我不清楚他们下一步会怎么做。

希尔薇：我告诉年轻人，你们只想着毁坏、砸烂，就是没心思建设！（……）你们为什么不联合起来——我对他们这样说——把年轻人召集起来，起草一份材料，写上你们想要什么。还有，至少你们得有一个人真正负起责任来呀。他们就是不想负责任。连自己的价值观都没信心。

克里斯蒂安：那是不久以前，我们开会的时候，他们去找镇长，要求有一间体操房。镇长很友善，把钥匙给了他们。平静了两个礼拜，镇长有一天晚上来体操房看他们。嘿！当时他们都喝高了，满地酒瓶子，他们就在体操房当中点燃了仲夏节的篝火。这下可好，镇长说："我今天收回钥匙，这件事到此结束。"

[…………] 239

梯叶利：镇长告诉我，那间屋子交给他们用了一段时间，我不想跟您说收回时的那副样子：十足一个垃圾场。事后，他们说："哎呀，你们是种族主义者，我们想要活动室，你们不给！"又是同样的故事。你失业了，确实失业了，那又怎么样？

希尔薇：我也失业过呀。

克里斯蒂安：必须说清楚的是，如果失业者真的打算工作，就能找到事做。

希尔薇：不对，没那么容易。这些青年什么资历都没有……

梯叶利：瞧瞧那个小伙子吧，他叫什么来着，对了，叫阿布代勒，他找到了工作，折腾了好久才拿到法国国籍。他工作很努力。你不觉得他伤心吗？居民楼的门洞都是他重新油漆的，他全力以赴地干。可是没过一个礼拜，全被他们毁了。好了，他拎着桶又回来了。不过，他确实是他们当中的一个，在他们当中算一个，所以不能一概而论……

希尔薇：总之，惩罚是必要的，对吧……非得压着点儿不可。

梯叶利：说了也白说，宽容得太过分了！

掩盖贫穷是徒劳一场……

梯叶利：（……）政府应该……

希尔薇：为什么总是政府呢？未必是政府。

梯叶利：因为他们提出预算什么的……

希尔薇：对，可是这不是钱的问题，对吧？这是个心态问题，人的心态必须改变……

克里斯蒂安：心态？咳，首先是人的心态，他们干蠢事的时候……

希尔薇：……因为翻修这个那个的都是白费，那么漂亮，那些劳什子，掩盖贫穷，问题还在那儿，甚至就在翻修后的表面的底下，对吧。那改变不了问题。

梯叶利：［生气了］唉！只要把他们都撵回家就行了！这听起来荒谬，可是……

希尔薇：［口气依然冷静］不对，应该讨论，再讨论，应该听取人们的看法，任何时候都不应该放任自流。这有点像往脑袋里硬 240
灌似的，可是，不这样不行，必须……谈话，谈话，谈话。

梯叶利：你知道，如果你跟他们谈得好，他们也愿意，那就好。可是他们心里不比你想得少，他们才不拿你的话当回事呢。

希尔薇：没关系！开始是这样，慢慢就能听进去了，就这样，不是吗？我想说，金钱解决不了任何问题，什么问题都解决不了。

梯叶利：好吧，可是，为什么人们都来要求我们这些管理员呢？连警察也对我们说："跟他们谈谈，跟他们谈谈。"嘿嘿，我们可是公寓的管理员啊……

希尔薇：你在家里不也当父亲吗？

梯叶利：你让我怎么办？难道你没看见他们怎么对待我们？

希尔薇：他们怎么对待你，这不要紧。

梯叶利：我跟他们打招呼，他们连理都不理我。

希尔薇：没错，他们没礼貌……你不是为惩罚他们才在这儿工作的，这不是理由……

梯叶利：不对，正因为如此，那些明偷暗抢的勾当，才同样跟我没关系。在楼门洞里鼓捣一辆轻骑摩托车，直到凌晨两点……你过去对他们说"干这个可不应该呀"，他们认为这是跟他们过不去！你是种族主义者，混蛋，随他们叫什么，你得滚一边去，回家去。就是如此。那么好吧，你还能干什么？谁能找出办法来？

——确实不容易，得有巨大的耐心才行。

希尔薇：就像做一场心理分析似的，对吧。心理分析有的得连做好几年，在家里，突然松动，一下子都倾吐出来，就是如此……

梯叶利：你不可能跟每个人都讨论一番，对吧，连着讨论好几年更行不通。

希尔薇：对。可是，我的意思是，我总是在抓交谈的机会，总是这样，直到能够谈起来的那一刻。他们起初奚落我，你看他们是怎么说话的。总之，我跟他们谈了一个多小时，时不时会有一个人不耐烦了，说："我们这是谈什么，谈什么呢？"另一个就会劝他安静下来。所以说，他们真有交谈的意愿，喜欢一起谈谈，哪怕这样谈话没什么结果，真的没有……他们还是喜欢有人倾听，有人倾听

241 他们，还有……

梯叶利：这个毕竟挺难的。

希尔薇：不管怎么说，傻瓜总是有的，可是……

梯叶利：不错，可是新城有一大帮傻瓜，哼。

希尔薇：因为这儿太拥挤，所以有好多［笑］，很快就有更多……

克里斯蒂安：……更多的傻瓜……

希尔薇：实在不行，就得照顾那些儿童，最可贵的，最可贵的儿童们，好孩子们。至于他们，他们是傻瓜，随他们去吧，就这样。警察会把他们抓起来，我们知道结果是什么，对吧……

［…………］

梯叶利：我有个哥们儿是种族主义者，他从来没在新城住过。

希尔薇：他的种族主义是天生的，就是如此，找不出原因……

梯叶利：他对我们也是种族主义。我们出去野营，英国人、德国人都有，可是一遇上阿拉伯人，他就厌烦极了。他从来没来新城住过。

希尔薇：我不一样，我一方面挺高兴，因为我的孩子经常跟不同种族打交道，各种各样的……我想说，没有……这很简单。

梯叶利：你是说，没有像我哥们儿那样，把孩子在种族主义的气氛里带大。他家那个最小的闺女，五岁还是四岁的，正在上幼儿

园，我哥们儿总是跟她说什么："阿拉伯人都是臭大粪。"

希尔薇：那个孩子将来会有问题的。现在只是在幼儿园，将来还要上大学啊！

我在哪儿都找不到自己的路，哪儿都找不到……

——你们参加一些协会的活动吗？

希尔薇：哎！那是很久以前的事，我参加过基督教青年工友会的活动。我还当过……我还有自己的一个小组呢。后来，这些都跟我不对路……对不上，实际上，我在哪儿都找不到自我了。连政治上也是如此……我有点儿……

——失去了方向？

希尔薇：失去了方向。后来我参加过共青团的活动。唉，还不是一样！我上过共产党的党校。哪儿都找不到自己的路，哪儿都找不到……没有一个政党对我的路子，一个都没有。我不知道怎么 242
办。我甚至有一次对自己说，去投勒庞的票得了，吓死他们，而且……再说，这样做也不是我一个……我是从一个方面说……好了，我想说，我不知道往哪儿走，不知道……再说，它们都让我厌恶。我觉得，这不符合我们对一个政党的期待，乌七八糟的钩心斗角，他们想给我们……教训别人，［政治人物不停地］钩心斗角。的确，他们掌管大笔钱财，对一个小小的基层分子根本看不上眼。还有，这个共产党，我从来没见过一个政党如此封闭。话说回来，现在有了新人［改良派］，也许就……可是……没有我们说话的份，"党已经说了"，得，完事了。开会的时候，总是这一套，我说："这不行，我们可以讨论讨论，不然开会有什么用？我们都缴党费，可是你们只要这个。"瞧瞧他们在巴黎的公寓吧……这怎么行?!

1991 年 3 月

243 “一把快刀”[①]

莫里斯是保险公证员，他像一个工匠似的每周工作 60 个小时。他没有秘书，太太星期六帮他打理工作。他有一种感觉，这个公证员的位置正在渐行渐远，这个职业走下坡路的迹象随处可见。他从事这一行 25 年了，永远干得多，挣得少。他父亲是从马延省（Mayenne）“移民”到卢瓦亥省（Loiret）的农民。家中 16 个子女，他排行老八。他向来以为，凭工作实绩可以切实改变生活条件，因为他只有一份学历证书，没有别的文凭。他很向往很多“没有文凭，没有高中毕业证书，什么都没有”的企业主管，而且“十分仰慕”政府总理，还有一个跟他一起开始打拼的伙伴——人家如今已经“驾驶自己的飞机”了。他曾经认为，只要有良好的意愿，辛勤工作，就能保证成功。他也很为自己的家史自豪，“我家没有人失业，没有人靠最低工资过日子，我们都不知道那是个什么东西”。可是，这样的经验看来快要行不通了，他从很多迹象看出，像他这种“没文凭”的人，“在地球上没有位置”。他本人几乎从来不休
244 假，可是在他居住的七千人口的小镇里，年轻失业者之多令他忧虑三个子女的前途。他们在学习上遇到了一些困难，他就把他们送进了私立学校。大儿子未能通过高中毕业会考，眼下正准备考一张专科文凭。莫里斯担心，孩子们将来可能连他这样的地位也达不到。

没有名正言顺的教育文凭，就无法获得名正言顺的社会地位，于是他积极参加一些市政的、政治的和团体的活动，希望这样做能够颠覆社会游戏的规则（学历）。他把我们当成国民教育部的代表，

---

① 英译本未收入此文及其访谈录。——译者注

交给我们一份自学成才和自谋生路者的辩护状。他语焉不详地指责国家，实际上是在怪罪移民工人。首先，他认为每个社会阶层都逃不掉干系：干部们“自以为神仙下凡”，自由职业者“待人接物俨然一副公务员的神态”，公务员们“永远粘在办公桌上”，移民工人是他最不愿意接待的客户，政治人物都是“可怜的小丑”，工会组织“妨害一切”，社会保障体系和国民教育部是“两大包袱”，制定法律只是为了“被人绑架”。

莫里斯先生是保卫共和联盟盟员，在镇政府有职务。他连续担任过两届镇长助理，不过仍然“梦想重回 1789 年”。他是民粹派，赞成直截了当的司法正义。他“手握实权”，在镇政府掌管社会扶助的档案。他取消了镇上摩洛哥居民的社会权益。按照他的说法，“社会福利”只是复杂的和任意的制度的一种浪费，不过是蒙骗和流失资金而已。他拒绝“认输”，打算通过创办一个再就业协会，245
朝“游手好闲”的年轻人的“屁股上踹一脚”来解决问题。他认为所有地方势力都陷入了人道主义的和虚伪的喋喋不休，必须与之抗争，他尤其反对妨碍他展示才能和证明他是何许人的规章制度。这些都使他相信，跟大城市的郊区不同，一个小城镇的市政管理可以实现政治调控，一种必要的和积极的调控，而且应该推而广之。他最喜欢举的例子是一个失业补助金的领取者，他说此人每月领取“两千法郎的零花钱”，他让这个人在成人职业培训班注册，然后安排他到一个小作坊上班。他向作坊老板自荐为担保人：“如果他早上迟到，你就给我打电话。我会把他从床上拽起来。”

采访在一家餐馆里进行，是一个星期日的早上，因为莫里斯总是忙于处理手头急务。他个头很大，四方脸，嗓音洪亮，好像在法庭上似的，遣词用句还用干脆利落的手势加以强调，这是在提醒听话者，本人是一位斗士。他也会毫不犹豫地打破周围的松弛气氛。他身穿一件深色正装，系领带，举止有点僵硬，似乎随时准备宣读一份政治声明。他已经思考过打算说的话，基本上不等提问，而且不时用“我可以这么说”“我并不怕说……”“您听好，我告诉您吧”等强调自己的意思。在整个采访过程中，他更愿意跟男性采访者对话，把“严肃的”言辞留给后者。也许，他想通过后者向政界“高层”传递信息。

246

一位镇政府顾问

采访者：加布里埃拉·巴拉兹

[…………]

莫里斯：那个时期，我担任社会保障事务助理，其实这个职务是我自命的。我们有过一位社保事务助理，他除了领一份津贴，别的事不做。既然我是社会福利局的副主任，我就主动提出，“来吧，我把社保事务管起来，因为这事没人管，人人都光说不练，都害怕碰这个事”。事情本来不应该如此，右翼政党的政策却做左翼政党的事，他们都是笨蛋——抱歉用了这个词，可是实际情况就是如此。我说，清楚地了解档案是社保工作的前提。这种事不能大包大揽。我们开会，说一堆漂亮话，撒种子，这不行。如果收获没把握，我就不撒种子。人们并不是永远能够从社保里获得好处。可是，反过来说，人人都清楚，社保事务也从来不是营利性的，这个东西还是应该有。于是，我向镇长要求查阅全部档案，一个案例一个案例地查，这就必须把社会福利局的人都叫来，说明镇上的490份档案。我整整花了好几个星期三和星期日上午，一份一份地看，我心想：“我要看完最后一份档案。”让-保罗不让这么做，说由他说了算。第二任镇长也不让我这么做，直到有一天，我说：“我想见某某人，你让不让我见？我不打算去他家，因为不知道会受到什么样的对待。”我起草了一封语气和善的信，经过他修改。我没拿他当一回事，心想："你同意就行了，以后你就得负责到底。我现在可以按照我的意思行事了。别的先不说，这把钥匙要一直放在我的口袋里。"在警察局，廉租房那边的警察局，我先把那些住户叫来了。事后，亨利对我说："你可把我害苦了！"档案我是一份一份地查阅的，那些不来警察局的人都被搁置起来， 247
后来，有些人第二次传唤仍然不露面，我就再传唤一次。第三次显然是快刀斩乱麻。请相信我，有一半人没来。可这是快刀斩乱麻啊！他们来镇政府的时候，我站在办事窗口后头，跟秘书在一起，我俩商定，登记表只在某日发放，几点到几点之间。天知道镇长会不会恨透了我！反正我俩就是这么干的。我在办事窗口后头。被我们训斥和抓住小辫子的人已经不只是一些妇女了，那已经不是问题了！那些男人看见我都有一点，怎么说呢，有点不知所措，左右为难，再说，这些人我都认识。"是你呀，伯格赛姆！来呀，你想要什么？那天开会为什么没来？干吗不见我，好讨论你的材料？那好，你现在去隔壁办公室吧，去吧！去助理的办公室，告知你姓谁名谁，住在哪儿，等等。"我把他们折腾得够呛。我们清理了92份社会档案。

——剩下都裁撤了？

莫里斯：裁撤了。社会福利局无事可做了。您想想，一个每天都去市场的人，竟然来社会福利局享受免费的医疗补助，索取鸡蛋、牛奶和一切随之而来的福利，您觉得正常吗？很不正常！我这么说不是因为他是外国人。如果他在我们这儿觉得不舒服，回国的轮船每天都有啊！我对外国人不比对法国人差。你要是去他们那儿，他们倒是对法国人差一些。

[…………]

——您创办了一个协会，对吧？

莫里斯：对。我创办了一个失业者工团协助会。如今大家都无路可走，我搞这个协会也不是靠我的教育背景。选上镇长助理以后，我负责社会保障的事情，我这个人有一个很大的毛病，做起事来，要么不做，做就做到底。我不知道有什么中间道路。这也是眼下我跟镇长之间的问题，既然当助理，就得步步紧跟他，可是我俩
248 没有什么共鸣：当助理却不干事，这个我受不了；当助理只为领取补偿金，这个我没法接受。至于在办公室消磨时间和溜须拍马，我也不喜欢。（……）我们这种协会，我在社会福利局的时候见过，在接待求职者的过程中，我注意到这一点：“我想找活儿干，可是找不到，烦死了。”人们厌烦出去找工作，因为被同一家工厂拒绝了五六次，十次二十次，但不是因为没有工作岗位。还有，他们注意到，今天自己被拒，明天来的另一个人却被当场录用。这是种族歧视啊！只因为我是阿拉伯人，他是法国人吗？只因为我没镶金牙，或者头发理得像毛刷子吗？什么怪理由都有！解释的办法我已经有了。那是因为雇主当下需要人手，觉得头天来的那个人不合适。我说，这些人的工作时间还是需要有人管理的。我花了两年时间弄了这个协会，因为那时候什么都没有。我没有给自己规定什么规章。创办这个协会是为了把短工零活管起来。

[…………]

1990 年 12 月

场域效应 249

皮埃尔·布尔迪厄

如今，只要提起“问题郊区”或者“贫民区”，几乎马上就会使人想起一些空幻的情绪化体验，而不是“实际情况”，何况热心于谈论它的人往往知之甚少。此类情绪化体验从一些多少人为操纵的词语或者意象中获得支持，例如耸人听闻的报道、政治宣传或传闻的言辞和意象。不过，跟人们有时愿意相信的相反，要摆脱成见和日常话语的左右，“实地查看”还不够。实际上，这种情形下的实证主义幻觉无疑最为强烈，因为直面现实会有些困难，甚至有风险，因而也并非全无意义。但是，我们有一切理由认为，那些实地感受和目睹的东西，即令人印象深刻的明证和戏剧性的经验，其本质应当从外部寻找。这方面最佳的例子是美国的贫民区。从根本上说，这些被遗弃地带的确切定义是一种缺失，以国家的缺失为主，加上随之而来的各种缺失，即警察、学校、医疗机构、社会团体等等的缺失。 250

可见，比以往更重要的是，我们应当运用逆定见的思维(pensée para-doxale)，既针对常理也针对常情。在站在这两边的正直人士的眼中，这种思维方式要么像是一个既定立场，产生于“令有产者吃惊”的欲望，要么是一种令人无法接受的对于弱者疾苦的冷漠态度。不过，只要对社会空间结构和物理空间结构之间的关系进行严谨的分析，我们就可以破除虚假的外表和实体论思想中有关场域（lieux）的谬误。

物理空间结构和社会空间结构

跟任何事物一样，作为物体（和生物学个体），人类个体必然居于某一场域（人类不具备异地存身的禀赋），占据某一位置。场域可以在绝对意义上规定为一个主体或物体所在、发生（a lieu）和生存的一个物理空间点，也就是一种定位，或者从关系方面说，一个体位，即在一个序列中的排位。位置可以规定为人或物在物理空间里占据的幅员、面积和容量，即其维度，或者用一个更好的说法即块头（正如人们有时就一部车辆或一件家具所说）。

社会主体就是这样在一个社会空间［叫“场”（champs）更好］
251 里，通过与后者和主体所获取之物之间的关系构成的。其特点可以根据其他场域的相对位置（之上、之下、之间等等）和距离得到说明。正如物理空间通过各个部分的相对外在性得到规定，社会空间也通过构成它的位置之间的相互排斥［或区隔（distinction）］得到规定。也就是说，它是一种社会位置的并列结构。

因此，在极为多样的背景下，社会空间的结构以空间对立的形式出现，居住空间（或被据取的空间）成为社会空间的某种天然象征。在等级化的社会里，没有任何空间无等级之分而不显示等级和社会距离，其表现形式（或多或少地）是扭曲的，尤其是被自然化效应（effet de naturalisation）所掩盖，后者则是社会现实长期在自然界留下印记所导致的：历史的逻辑造成的差异会貌似出自事物的天性（这一点只需想到“自然疆界”的说法就不难理解）。例如，性别的社会差异的所有空间投射（教堂、学校、公共场所，乃至家庭内部）就属于这种情形。

实际上，社会空间在物理空间上的反映多少总是模糊不清的：

在已获得的物理空间中，各式各样的资本拥有所带来的空间权力表现为主体的空间分布结构与资产或服务——无论私人的还是公共的——的空间分布结构之间的某种关系。一个主体在社会空间里的 252
位置既表现在它身处的物理空间的场域（一个人如果“无立锥之地”或“居无定所”，基本上也就没有社会存在了），也表现在与其他主体相比，其临时定位（例如荣誉排名，依规则指定的驻地）和长期定位（家庭住址和工作地址）所占据的相对位置。这个位置也表现在它通过物产（例如住房，公寓，办公室，有待垦殖、开发或营建的土地，等等）合法占据的空间地点。这些地点多少都会占用地盘，或者人们常说的“空间消费”（space consumming）（因为多少出于炫耀的空间消费是炫耀权势的典型方式之一）。社会空间结构的惰性部分地因为这些结构记载在物理空间上，只有通过迁移、搬离物件，迁走或驱遣人员才能变更，这种工作本身要求难度和耗费极大的社会变动。

于是，物化的（即物理地实现或客体化的）社会空间便表现为各类资产或服务与有物理定位的个别主体或者群体（长期系于一地的单位）在物理空间里的分布，后者有程度不等的机会获取这些资产或服务（取决于它们的资本和它们与这些资产之间的物理距离，后者本身同样取决于资本）。在社会空间里，主体的分布和资产的 253
分布之间的关系规定着物化的社会空间不同区域的价值。

不同的场——物理地客体化的社会空间——之间有重叠的倾向，至少大多如此。原因是最稀缺的资产及其拥有者集中在一些物理空间的场域（纽约第五大道、巴黎圣奥诺雷大区），这些场域在各方面都与多为或全为贫寒者聚居之地（贫穷的市郊、贫民区）形成对立。这些高度集中了正面的或负面的（污名昭彰）特质的场域可能是分析者的陷阱：如果照单全收，就必然会忽略本质的东西。巴黎圣奥诺雷大街跟纽约麦迪逊大道一样，集中了艺术拍卖行、古董店、高级时装、制靴业、绘画、家居设计行等等商号，即一系列以在各自领域占据高位为共同特点的商行（因而旗鼓相当）：必须把它们与同一领域里地位较低、处于不同物理区域的商家联系起来看，才能理解其特殊之处。例如，圣奥诺雷大街的家居设计行（首先靠显赫的名声，及其全部特点、材质、产品的质量和价格，客户的社会属性）与圣安托尼瓦大街的所谓细木匠形成对立，正如美发
254 师不同于普通剃头匠，制靴商不同于修鞋匠，等等。这种对立通过一套有关区隔的地道的象征手段得以重申。例如，强调“首创”和“开创者”之独特，标榜老字号和传统，创立者及其活动如何高尚。名号也总是采用往往借自英语的有贵胄意味的同源词。

同样，至少就法国而言，无须借助文字游戏，首都即资本集中之地①。也就是说，首都作为一个物理空间的场域，汇聚着一切领域的正极和大部分权高位重的主体。可见，只有比照外省（和“乡土气”）才能恰当地设想首都，外省仅仅意味着（在相对意义上）既非一国之都，亦无资本。

在精神世界和言语行为当中，在物理空间里客体化的重大的社会对立（即如“首都/外省”之分）被复制，形成一些构成看法和区分之准则的对立，也就是说，成为一些知觉和评价的范畴，即心智结构（巴黎之于外省，高雅之于土气，等等）。例如，地图和对于（剧院）观众和（画廊）参展画家的特点的统计分析所显示的塞纳河“左岸”与“右岸”的对立，便以实验艺术相对于“小资”艺术（通俗戏剧）的形式，既在潜在观众的心目中，也在剧作家、画
255 家和批评家的心目中起到一个知觉和评价的范畴的作用。

在更一般的意义上，被据取的物理空间结构默然提示无声的秩序，是社会空间逐步转变为心智结构和喜恶体系的媒介之一。更准

① 法语“la capitale”（首都）和“le capital”（资本）是同音词。——译者注

确地说，社会性结构的这一合并过程是不知不觉地完成的，就其一个重要部分而言，必定经由长期的和无限重复的对于空间距离的体验，社会距离便是在这种体验中确立的。同样，更具体地说，完成这一合并过程尚须经过物体的迁移和运动，即根据离某一被看重的中心场域的远近，将这些变为空间结构的——自然化的——社会结构加以组织，并且称之为升迁（“上巴黎去”）或谪降，进入（包含、吸附、接纳）或移出（排斥、驱逐、除名）的社会意义上的运动。我由此想到，例如那些令人起敬的庞然大物和高度（纪念碑、讲坛和法庭）、正面观赏的雕塑和绘画作品，更微妙一些的还有社会上很普通的空间称谓所无声要求的一切崇敬行为（荣誉等级、居高临下等等），以及空间区域的一切实用性的等级之分（高处/低处、高贵/羞耻、前台/幕后、店面/后室、左侧/右侧等等）。

社会空间既载录在空间结构里，也载录在心智结构当中——后者部分地是合并这些结构的结果。因此，空间是伸张和运用权势的 256
场域之一，其方式无疑十分微妙，即难以察觉的象征性暴力。例如，跟宫廷礼仪所起到的作用一样，建筑设计空间直接向个体发出无声的指示，确保通过距离——更好的说法是，利用某种遥不可及的感受——令人保持崇仰和敬重。建筑设计空间凭借其隐秘性（对于分析者本身也是如此，因为他们像施拉姆[①]身后的历史学者一样，往往关注象征性权力最显而易见的标识，例如权杖和王冠）、权力的象征性体系，以及象征性权力所造成的真实效果，无疑成为象征性权力的最重要构件之一。

争夺空间

空间——或者更准确地说，物化的社会空间里的场域和地

---

① 伯西·恩斯特·施拉姆（Percy Ernst Schramm，1894—1970），德国历史学家，以对欧洲中世纪政治和意识形态的象征手段体系的研究知名。——译者注

点——及其带来的收益是（不同领域里的）争夺对象。空间收益可以表现为位置收益，其本身可以细分为两种：一种是与靠近稀缺的和心仪的主体和资产（教育、文化或医疗设施）有关的收益（所谓家境）；另一种是位置或等级的收益（例如凭借显赫的住址）。此乃区隔的象征性收益的一个特殊情形，它跟垄断某一区别性特征有关（物理距离既可从空间测量，亦可从时间测量，后者更佳，因为按
257 照搭乘公私交通工具的便利程度，迁移有费时长短之别。因此，不同形式的资本带来的空间权力同时也是一种时间权力）。空间收益也以采取占据（或占地）的收益的形式，即拥有一块物理空间（大片的空场、宽敞的公寓等等），同时起到将不受欢迎的闯入者挡在一定距离以外的作用（正如雷蒙·威廉姆斯在《乡村与城市》[①] 里所说，英国庄园的“悦人景观”把乡村和农民搞成了风景，为的是取悦庄园主，或者照应房地产广告所说的“独步天下的美景”）。

支配空间的能力，尤其是（实际地和象征性地）通过获取其中分布的稀缺的公私资产达到的这种能力，取决于手中掌握的资本。资本既能够使人与不受欢迎的人和物拉开距离，也可以使人接近受欢迎的人和物（除了其他因素以外，后者尤以资本丰足而受到欢迎），从而大大降低了获取所需的耗费（特别是时间）。物理空间的临近性促进或方便了社会资本的积累。更准确地说，这种临近性使人可以随时或定期地经常造访热门地点，充分发挥社会空间的临近性效果。（拥有资本还可以从经济和象征手段两方面支配交通和通
258 信工具，做到近乎无远弗届，并往往通过授权得到加强，这是一种通过中间人远距离地存在和行动的能力）。

反之，无资本者不得不跟最稀缺的社会资产保持物理的或象征的距离，被迫与最不受欢迎和最不稀缺的人物和资产为伍。缺少资

---

① 《乡村与城市》(*The Country and the City*) 的作者是英国文化学者雷蒙·威廉姆斯（Raymond H. Williams，1921—1988）。——译者注

本使人倍感受限，因为它把人拴在一个场域之内。[①]

争夺空间可以采取个人的方式，此即一代人当中或几代人之间的空间流动性。例如，首都和外省之间的双向迁移，或首都等级分化空间内的先后住址，都能够凸显这种争夺之得失，而且在更大的尺度上，显示整个社会轨迹（只需看到，如同年龄和社会轨迹不同的主体一样，例如年轻的高层干部和年老的中层干部能够在相同的职位上暂时相安共存。同样，他们也会暂时地比邻而居）。 259

能否赢得这些争夺，取决于持有多少资本（持有的形式有多种多样）。事实上，对于一个特定的居住方式（habitat）的不同据有者来说，获得该居住方式的各种物质和文化资产与服务的平均机会全看每个据有者的能力（金钱和自备交通工具等物质方面的能力、文化方面的能力）。如果没有居住所需的不言自明的能力，例如至少具备某种社会习性（habitus），那么据有者可能物理地占有居所，但并非在真正意义上居住。

如果说，居住方式有助于塑造社会习性，那么，通过或多或少恰当的社会用法，社会习性同样有助于塑造居住方式。据此，我们要质疑那种认为缩小社会空间相距较远的主体之间的空间距离就能拉近社会距离的看法。事实上，社会距离遥远的人们之间的物理临

---

① 因此，如果把法国每个省份的可用统计数据汇集起来（既有关于经济资本、文教资本甚至社会资本的指标，也有关于这个行政单位所享有的资产和服务的指标），我们就能表明，往往被归结于地理决定论的地区性差异，实际上主要是资本差异。资本差异之所以在历史上长期存在，是因为循环性增强效应在历史上一直起作用（鉴于在很大程度上，能否满足尤以居所和文教为主的追求取决于客观上是否可能）。只有找出并评估了那些貌似与物理空间相关而实际上反映社会和经济差异的现象以后，才有望分离出不可省约的剩余物，即确实应归结于单纯物理空间里的临近性和距离的东西，例如人类偏好造成的屏蔽效应。人类喜欢直接感知当下，因而也喜欢同现物或同现主体的可见的和可感知的空间（近邻）。屏蔽效应也可能使物理空间的临近性所导致的敌意（例如邻里纠纷）掩盖在社会、全国或国际空间里的一致关系当中。立足于局部的社会位置（例如一个村庄）的观点也会有碍于把握在全国性社会空间里的位置。

近性（一种鱼龙混杂的体验）是令人最难以容忍的。

合法占有一地照理应具备一些有决定意义的特点，这些特点只
260 有当合法占有者长期据有该地和频繁光顾才能具备。显然，这方面
的情形包括作为社会资本的关系或联系（尤其是童年和少年时期的
友谊等特殊联系），以及文化和语言资本的所有最微妙的方面，例
如举手投足和咬字发音（口音）等等。诸如此类的特点使得出生地
显得特别重要（居住地也一样，不过程度稍差）。

一个地方的外来者尽管感到格格不入，却必须满足该地对于占
据者的所有心照不宣的条件。这些条件可以是拥有某种文化资本，
否则可能妨碍实际分享所谓的公共资产，或者连想也别想。我们自
然会想到博物馆，不过这也适用于被视为不可或缺的日常服务设
施，例如医疗机构和法院。对于一个人来说，巴黎既可以作为他的
经济资产，也可以是其文化资产和社会资产（仅仅走入蓬皮杜中心
尚且无法获取现代艺术馆）。的确，某些空间，特别是那些最封闭、
最“精选”的空间，不仅要求经济资产和文化资产，也要求社会资
产。由于人与物的经常汇聚造成的俱乐部效应（例如在一些时尚街
区和豪宅里），它们既提供社会资产，也提供象征性资产。这些人
与物的共同点是与平头百姓不同，而且凡是没有全部必备特点或至
少显示出某个不受欢迎的特点的人与物均遭排斥，要么合法地排斥
261 [通过某种定员限制（numerus clauses）]，要么事实上排斥（外来
者必然感到身为外人而享受不到内部成员的好处）。

正如一个积极排斥不受欢迎者的俱乐部，时尚街区象征性地把每一位居民神圣化，容许他们分享靠全体居民积累起来的资本。同理，被抹黑的街区象征性地贬低它的居民，后者也照样象征性地贬低这些街区，因为他们被剥夺了参与各种社会游戏的必要手段，只剩下一个共同点：无例外地遭排斥。一个遭剥夺的同质群体聚居同一场域，其后果是双倍地遭受剥夺，尤其在教育和文化事务方面。一无所有和远离“正常”生活所需给班级、学校和居民区带来的压

力，造成一种坍塌效应，而且只剩下另寻别处一条出路（往往由于缺乏资源而行不通）。

争夺空间的形式也可能更趋于群体化。无论围绕住房政策的全国性斗争，还是地方上有关建造和分配社会住房或者选择公共设施的斗争，决定性的斗争最终都聚焦于国家政策，国家掌握着巨大的 262
空间权力，决定土地和住房的价值，在很大程度上还决定着劳务和教育的价值。因此。确定房屋政策必须经过国家高层官员（本身是分裂的）之间，直接参与出售房产信贷的财团成员之间，以及地方代表之间的交锋和协调。尤其值得注意的是，通过税收政策和建筑补贴，房屋政策实行的是一套名副其实的有关空间的政治建构，它促进了以空间为基础的同质群体的形成。对于人们在破败的大型居民区和被国家遗弃的居民区里的所见所闻，这种政策要负很大责任。

美国：反乌托邦 263

整个 20 世纪 80 年代，不仅城区不平等现象、排外主义和平民集中的“郊区”的青年抗议运动[①]日益严重，而且一种以“贫民窟化”为主题的新型话语开始蔓延。这种话语提出，法国城市和美国城市的贫困街区正在迅速趋同。在有关都市生活的公众辩论中，借来自大西洋彼岸的老生常谈（芝加哥、纽约布朗克斯区、哈莱姆区……）之助，贫民窟的说法已经成为一个常见的话题。

这种话语大多属于虚幻[②]，如果不是造成了恶劣后果，我们本

---

① Adil Jazouli，*Les années banlieue*，Paris，Seuil，1992.

② 这个概念一经通俗化，便可用于一切定义模糊的群体，以取得戏剧化之效，例如“学生贫民窟”“老人贫民窟”和“同性恋贫民窟”等等（Hervé Vieillard-Baron，«Le ghetto：approches conceptuelles et représentations communes»，*Annales de la recherche urbaine*，49，1991，p. 13-22）。

无必要为它多费笔墨。厄运预言家们玩弄耸人听闻的效果，利用一些“made in USA”的带异国情调的既唬人又含糊的图片，动辄挥
264 舞“美国病”的魔杖，这些都妨碍着我们严肃地分析法国工人阶级解体和民心不安的真正原因。鉴于劳务市场和政治领域近来的变化，集体的再生产和表现方式所使用的传统工具均已过时。他们随之言不由衷地给越来越高涨的声讨添油加醋，把大型聚居区说成社会弃物和污点，公民权利遭贬黜之地。这样一来，除了受到社会经济的排斥以外，这些地方的居民如今还得忍受更加沉重的象征性的统治。①

最后，貌似矛盾的是，“贫民窟”的说法模糊了理性比较法美异同可能带来的教益。这种比较不在于寻找法国市郊与美国贫民窟的异同，因为二者分属不同的社会空间，各有极为不同的结构、历
265 史和活力。② 历史的和社会学的比较显示，在各自的国家里，贫民窟和“郊区”的共同点是处于遭社会贬黜的地带，城市等级体系的最底层。它们之间的最大区别在于社会构成、机构分布和在都市体系中的功能，特别是造成它们的分与合的机制和原则。简而言之，就美国而言，这种贬斥首先有一个种族基础，那是国家和民族的观念形态几百年来所容许甚至强化的。在法国，这种贬斥主要源于被公众政治活动所淡化的阶级标准。结果是，跟美国的大型贫民窟形

---

① Loic J. D. Wacquant，«Urban Outcasts：Stigma and Division in the Black American Ghetto and the French Urban Periphery»，*International Journal of Urban and Regional Research*，numéro spécial sur «Les nouvelles pauvretés»，1993，sous presse；et Christian Bachmann et Luc Basier，*Mise en images d' une banlieue ordinaire*，Paris，Syros，1989.

② Pour une analyse plus détaillée，se reporter à Loic J. D. Wacquant，«Pour en finir avec le mythe des “cités-ghettos”：les différences entre la France et les Etats-Unis»，*Annales de la recherche urbaine*，52，1992，p. 20-30；et idem，«Banlieues françaises et ghetto noir américain；éléments de comparaison sociologique»，in Michel Wieviorka（ed.），*Racisme et modernité*，Paris，Editions La Découverte，1993，p. 265-279.

成的城市班图斯坦相反，法国的破败“郊区”不是匀质的社会群体，不以国家认可的社会性的种族二元之分作为依托，也没有发达的机构自主性和劳动分工来支撑一种独特的文化。

反过来说，我们完全可以把美国的“阴沉的贫民窟”（dark ghetto）当作一张社会蓝图，用来对比某些发生在今日法国贫困街区的二元化进程，以便对这些进程的激化可能带来的后果得出一种现实的看法。美国贫民窟好比一面既放大又变形的镜子，它使我们看到，一旦国家放弃了首要使命即支持在任何复杂的社会运行都不可或缺的基础设施，反而采取全面削弱公共机构的政策，社会关系会变成什么样子。国家把社会上的一部分人，尤其缺乏经济文化和 266
政治资源的人，丢给市场之手和人人为自己的逻辑[①]，然而这部分人最需要国家扶助，才能切实行使公民权利。

以 20 世纪 50 年代达到顶峰为标志，美国黑人贫民窟从此迅速全面恶化。演变的标志是居民不断迁徙，建筑物和生活环境加速衰落，失业率和暴力犯罪率迅猛上升。一切病态的行为（酗酒、吸毒、自杀、心脏和精神病症等等）和症状也都反映了这种演变，这些行为和症状均与赤贫和集体与个人的失落感紧密相关。再有，在管理这些沦为境内流亡的群体方面，城市的开支越来越大。可是，随着白人家庭和富裕住户陆续搬离，躲进远离市区的居民区，城市的税收资源日益减少。

围绕这个问题，在近来的学术和政治争论中，孤立的飞地“城中村”（inner city）不断衰落的主要原因，先后被归咎于种族主义、“穷人文化”和所谓黑人赤贫阶级的精神颓废、效果适得其反的社 267
会救济、黑人中产阶级的逃离，以及非工业化进程。累积形成和自

---

① 也就是说，丢给最有利于富人的赤裸裸的蛮力。因为，正如社会经济学最前沿的研究指出的，市场是一种社会虚构，也是一种利益攸关的虚构，每个人的利益并不是平等的，而且有着实质性的经济和社会后果。

动持续的社会解体过程饱受批评。对此，一个更好的解释是，自 20 世纪 60 年代以来，美国政府便对这些街区采取了故意放弃的城市政策。社区机构的正常运转所不可缺少的公益项目被瓦解，居民所需的资源配置被大大削减[①]，美国政府对于城市和社会的这种脱离政策导致贫民窟彻底垮掉，成为名副其实的都市炼狱。

1992 年 5 月，在罗德尼·金事件中受到谴责的白人警员无罪开释，随之爆发了怒火遍及整个洛杉矶的骚乱。媒体关注这场骚乱，但是不应绝口不提日常生活中的无声骚乱，因为它使黑人贫民窟成为一个但求苟活的长期战场。它虽然不像公开骚乱那样引人注目，但同样具有毁灭性。如果说，青少年犯罪是造成法国市郊廉租房居民区不安全的主要原因，那么美国贫民窟里的紧张气氛则来自凶
268 杀、强奸和攻击的危险在现实中的无处不在。

库克郡覆盖大芝加哥地区的三百万居民。1988 年，该郡刑事法庭的 32 位法官受理诉讼案 56 204 宗，其中 3 647 宗严重人身伤害案，8 419 宗强奸案，1 584 宗持械盗窃案和 2 569 宗“持械暴力”事件，另外还有 2 009 宗凶杀和命案。这些不法行为大多发生在黑人贫民窟，肇事者是当地居民，也大多针对他们自己。我采访过一个名叫“黑大佬门徒”的帮派的头目，问他为什么进出公寓住所总要小心翼翼地四下张望。他说：“路易，这一带你得时刻警醒。一点儿都不能松懈，你知道为什么吗？这叫丛林法则，你不咬别人，别人就咬你。我早就想明白了：决不给人咬，爱谁谁。你呢，你选择什么？”

实际上，在帮派成群的芝加哥南城的大型居民区里，袭击和枪

① Fred Block, Richard A. Cloward, Barbara Ehrenreich et Frances Fox Piven, *The Means Season: The Attack on the Welfare State*, New York, Pantheon, 1987, et Michael B. Katz, *The Undeserving Poor. From the War on Poverty to the War on Welfare*, New York, Random, 1989.

杀早已成为家常便饭，以至于母亲们教给孩子如何迅速趴下，以躲避流弹，而且每个月从自己微薄的工资里拿出钱来缴纳生命保险金。整个夏季，每个周末有五六件凶杀案登记入案是稀松平常的事，而且往往是飙车枪击（drive-by shootings）。实际上，购买一支街头自由出售的“官价”左轮手枪并非难事：一支“干净的”要300美元，使用过的半价。温特沃兹区位于南城贫民窟中心地带， 269
这里的警察分队的一位警官说：“这儿好像是一块被人遗忘的领土。”确实，这个区平均每个警察要管277件严重不法行为，这个数字比白人和资产阶级集中的芝加哥近北区高出六倍，那里出名的“金岸”地带还额外享受私人保镖的贴身保护。温特沃兹区的警察上班时不停地回应紧急呼叫，可是仍然有很多要求无法回应，因为可用警员已经全部出动了。[①]

猖獗的暴力活动迫使贫民窟住户尽量减少外出和算计出门次数以缩短上街时间，他们尽量少乘坐公共交通工具和前往公共场所。可是，闭门不出并不能确保万无一失。上述这位温特沃兹区的警察说：“万一发生火灾，他们连门都出不去，因为他们躲在铁棍和栅栏后头，怕上街。”尽管安装了金属探测器，实行出入楼房搜身，但是连学校也保证不了师生的人身安全。中学生在学校附近被同学打死或砍伤不时成为地方报纸的头版新闻，可是除了同情的悔恨表示以外，引不起别的 270
政治反响。常有贫民窟的家长把孩子送到有亲戚的南方或者附近城市的寄宿学校，为的是让孩子能够完成学业而不致丧命。

因此，人人都不得不随时准备运用自己的手段保命，自保和保卫家人。因为，众所周知，警察不仅惧怕暴力手段，也没有办法使投诉者免遭帮派对他们或亲友施加报复。这种可能性很大，因为监狱早已人满为患，大量罪犯和犯轻罪的青少年不会被立刻抓进去，

---

① «849 Homicides Place 1990 in a Sad Record Book», *Chicago Tribune*, 2 janvier 1991.

而是由于没有空位被释放。库克郡建于1929年的监狱是一座老旧建筑，能容纳1 200人。如今关着近8 000人，其中近千人只能就地睡在床垫子上。1988年，狱方只好以超员为由释放了25 000人。在这种情况下，不难理解，贫民窟的居民对于是否求助于法律当局心怀犹豫。一个唤作“公共敌人”的说唱乐队在一首歌里唱到：“911是个笑话”（911是报警电话号码）。

猖獗的犯罪活动导致贫民窟里的公共空间基本消失，这也跟地方经济的瓦解紧密相关。早在1968年，种族骚乱浪潮席卷美国一
271 百多个城市，约翰逊总统指派一个科尔奈委员会进行调查。委员会在报告中忧心忡忡地指出，“在我国大城市的大部分种族隔离地带，私人资本的撤离已经相当严重”①。二十年以后，这个过程基本结束：投资和政府刺激枯竭，产业结构的重组导致数以千计的熟练工岗位丧失，这些都使得贫民窟里的商业活动几乎荡然无存。芝加哥市伍德劳恩区63街的凋落见证了这种变化。这个区二战后一度是商业活动最为活跃的大动脉之一，如今只剩下死气沉沉的废旧的一排排楼房，以及被纵火后的店铺遗址，堆满瓦砾。在高架火车道的脚下，残留物在逐渐腐烂。1950年，伍德劳恩区曾经有近700家工商企业，没有一栋闲置的房屋和公寓。繁荣的商务活动使这个街区获得了“神奇一里地”（Miracle Mile）的美名。如今，这个奇迹只剩下百十来家商号，它们都在竭力避免破产的命运。

随着社会经济逐渐向服务经济过渡，都市的社会职业构成渐趋复杂。由于失业和就业不足日益严重，芝加哥贫民窟的社会结构越
272 来越朝同质化的方向变化。1950年，芝加哥南城中心地带的成年居民多一半是工薪族，贫民窟的劳动参与率仅仅稍低于全市平均水平。到了1980年，四分之三的成人失业。工人总数在30年当中从

---

① *The Kerner Report*: *The 1968 Report of the National Advisory Commission on Civil Disorders*, New York, Pantheon, 1989, (1re éd. 1968), p. 399.

38 000 人下降到不足 5 000 人，白领工作者的人数从 153 000 人下降到不足 7 400 百人（包括零售业店员和办公室职员、管理人员和自由职业者），减少了将近一半；与此同时，芝加哥大区的黑人中产阶级人数却增加了五倍。如今在“黑色地带”①，在每十个人当中，六个完全靠社会救济过活，四个在领取救济金的家庭里长大。

面对工薪劳务市场凋敝和社会救济极度短缺，为了生存，贫民窟的居民往往没有别的选择，只能投入非正式的市井经济活动，特别是其中最活跃的领域：毒品买卖。自从“副领主”（Vice-Lords）“信徒”（Disciples）和“根据地”（El Rukns）三大帮派控制了“城中村”的贩毒网络，倒卖“快克”及其副产品的活动以来，芝加哥的可卡因的行情从 1 公斤 55 000 美元跌落到 17 000 美元。因此，如今只需十美元就能买到一小袋白粉。由于顾客众多，毒品贩卖如今已经成为一种分工十分精细的名副其实的工业，营业额每年可达数亿美元。对于被驱逐出学校和合法经济的贫民窟青少年来说，如 273
今毒品贩卖是主要的就业渠道。危险性当然也很高，可是除了年纪小（甚至不到十岁）也能干以外，所需资历也很低，加上工作时间灵活，利润跟清贫的工薪阶层相比十分丰厚。

这种用毒品贩卖打先锋的“掠夺的资本主义”（韦伯语）发展迅猛，是贫民窟暴力行为泛滥的主要原因之一。从消费角度看，盗窃和街头不法行为是吸毒者为满足每日需求所拥有的最直接的手段。从分布方面看，施行人身暴力则是这种商业活动的必要条件，是管理和调节交易活动的工具，每一个批发商都不能放弃暴力，否则会有被竞争对手打垮的危险。② 在任何情况下，毒品买卖的大肆

---

① “黑色地带”（Black Belt）习惯上指美国东南部大致从路易斯安那州东部到北卡罗来纳州的广大地区，以 19 世纪的种植园和美国黑人高度集中为主要特点。——译者注

② A. Hamid, «The Political Economy of Crack-Related Violence», *Contemporary Drug Problems*, 17, 1989, p. 31-78.

泛滥都只不过是贫民窟经济第三世界化的一个最明显标志，其中包括：违法加工和按日计酬的劳动的普遍化；赤贫阶层的小“营生”大量增加（拾荒、流动商贩、捡拾饮料罐、成批转卖报纸、看管汽车、充当挑夫等等）；血汗作坊、在家工作和计件付酬的大量复苏；
274 不合法的各种交易大行其道，如卖血、卖淫、放高利贷、倒卖食品救济券和医疗卡等等。

商品经济退出贫民窟，生活条件普遍恶化，导致在提供安全、住房、医疗、教育、法律等公益方面，行政部门完不成最低限度的工作。更糟糕的是，由于公益机构基本上仅以黑人无产者当中被边缘化了的阶层为对象，所以可以转而被用于监管这个群体，任务是把后者遏制在划定的飞地之内。它们不仅不对缓和这个群体所经受的不平等现象有所贡献，反而倾向于加剧服务对象的孤立状态和蒙受的污名，甚至促使贫民窟事实上脱离社会。公权力从与贫穷抗争的工具变成一部针对穷人的战争机器。

既然丧失了对这部分领土的控制，政府就很难管理它的负责机构。社会住房便属于这种情形：芝加哥市的低收入住房（绝大部分位于贫民窟内）归住房管理局经营，可是它甚至拿不出一份它掌握的可居住公寓的统计表。住房管理局承认，除了二十万正式的房客以外，还有六万到十万违法入住者——尽管排队等待的家庭尚有六万之多。有些居民区的非正式房客的人数比名字见于租约的多出两倍。1989 年，芝加哥住房管理局的新任局长提出一个雄心勃勃的计
275 划，打算“清理”南城的大型聚居区，意在根绝擅自占房和帮派。可是，这个暗中运作的“一网打尽”的计划最终流产，因为新任局长多次接到威胁生命的恫吓，于是放弃了这个计划。

由于危险太大，芝加哥的社会服务机构只好退出贫民窟。被派往温特沃兹一带的社会助工拒绝前去家访“客户”，只愿意把他们叫到位于市中心的办公室来，半年一次。为了减少信箱失窃和倒卖

福利身份卡的风险，社会救济支票不再从邮局寄出，而是通过现金交易所（贫民窟内的金融管理私营机构）直接交到领取者手上。总之，社会服务机构的目标是尽量压低领取者的人数，以减少社会开支，而不是向需要的家庭提供援助，因为那是占多数的白人选民无法接受的。芝加哥公共救济局大量增加管理细节和文牍程序就是一个明证：它拨出一部分预算，专门用于对领取救济者进行“间谍活动”，以“逮住”弄虚作假者；打不留名的举报电话可以免费；在报纸上号召揭发检举；就近监视的告密者可获酬金；不宣而至地家访可疑者。总之，为了减少领取救济者的人数，无所不用其极。难怪贫民窟的居民把社会服务部门比作联邦调查局。

不过，学校最能说明城中村公共领域的赤贫化。仿佛逃离一艘沉船那样，白人、中产阶级和富人已经抛弃了芝加哥的教育体系，使之变成某种“校园保留地”，贫民窟的孩子仅仅因为无别事可做才被“存放”在这里。学童85%来自黑人和拉丁族裔家庭，这些家庭有70%生活在官方划定的贫困线以下。将近四分之一的儿童能够按时读完中学（虽然升级无须任何考试），绝大多数学生转入职业培训班，可是照样没有出路。教学水平是如此之低，一个马丁·路德·金中学的高中生即使能毕业，也写不出一个完整的句子，解不出一道基础的分数题。就每个学生的人均开支而言，芝加哥学区仅有富裕的市郊卫星城的公立学校的一半。这造成了师资、教室和家具总是短缺，贫民窟里的学校为此苦苦挣扎。芝加哥最近的五位市长无一人把自家的孩子送到公立中学读书，学区总监和足足半数教员也是如此。一位市政府顾问承认：“把自己的孩子送去公立学校，那个人脑袋准是有毛病！”[1] 276

公共机构被遗弃造成贫民窟从组织上沙漠化，因为被遗弃

① Jonathan Kozol, *Savage Inequalities: Children in America's School*, New York, Crown Books, 1991, p. 53.

277 迫使贫民窟的自身设施和依赖这些设施的私人组织逐渐消亡。例如芝加哥西区，这里的 61 000 居民有一半以上生活在联邦划定的贫困线以下，一位居民把它比作“一个黑窟窿”，因为她“很容易一一列举这里缺乏的东西。没有银行，只有几家现金交易所，兑现一张社会救济支票还要收取 8 美元佣金。没有公共图书馆，没有电影院，没有溜冰场，也没有可以让街区的年轻人开心的保龄球馆。只有两家濒临破产的残疾人诊所（……），1989 年年底就关门大吉了。儿童死亡率高于第三世界国家，例如智利、哥斯达黎加、古巴和土耳其。这里吸毒者这么多，可是连一间戒毒所也没有”[①]。

在这个贫民窟里，公益事业机构的衰落十分严重，因此，德兰修女于 1982 年来访以后，从她的慈善使团里派了两位修女，在亨利·豪纳居住区[②]里开办了一个无家可归者的妇幼庇护所、一个幼儿园和一个施粥厂。总而言之，美国政府的城市放弃政策使得贫民窟的公共设施丧失殆尽，这些人们所说的融入大社会的基础被降低为种族隔离的工具。贫民窟里鲜见政府的踪影，从而导致贫民窟的
278 排斥现象更加严重。

法国不是美国。根据贫民窟一词在美国语境里的含义，衰落中的法国市郊居民区也不能跟美国贫民窟同日而语。法国工人阶级地带的解体服从其本身的逻辑，与其历史相适应，也与一个极为不同的制度架构和国家架构所造成的限制相适应。跟美国的城中村相比，种族歧视、暴力、穷困和社会孤立状态都有很不一样的强度和广度。当然，除了层次和结构的明显差异以外，从以往十年里的演

① Alex Kotlowitz, *There Are No Children Here*, New York, Doubleday, 1991, p. 12.

② 亨利·豪纳居住区位于芝加哥市西部，由芝加哥住房管理局投资建设，1969 年建成。——译者注

变来看，法国都市中不平等现象的走势最终会造成一些条件，从而有利于把二者相提并论。无论左翼还是右翼，如果由于技术官僚的短视和短期财政效益的诱惑，法国的精英领导层非要像他们自20 世纪 70 年代中期以来所做的那样，坚持削减公共部门和支持新自由主义政策，将社会关系逐步“商业化”，我们就无法排除出现最糟糕的局面：遥远而可怕的反乌托邦[①]或许有朝一日成为现实。

“那一带” 279

利奇这个人我是通过他弟弟认识的，我当时在芝加哥调研拳击手的行业。在黑人贫民窟里的一间训练房里，我邂逅了利奇的弟弟尼德。训练房位于一个破烂不堪的大型公租楼群的边缘地带。尼德告诉我：“他还打过职业拳击赛呢，而且来了个再次出山，你可得采访采访他。”没过几天，利奇果然露面了。他请我解释这次调查的目的，然后同意我采访他。然而，每一次他都在约会前的最后一刻溜之大吉，要么就是多日不见踪影。在拳击场的约会多次无果。后来，待他事先确定我“信得过”之后，采访终于在 1991 年 8 月里的一天得以进行。

在此之前，我已经采访过他弟弟。他每个星期都拖着他那套橄榄球员的行头在运动馆里走来走去，另外靠到处打零工过日子。因此，有关利奇的家庭背景，我已经了解到一些细节。我得知，他在

① 麦克·戴维斯的杰作《石英城市：在洛杉矶挖掘未来》为美国两极化的大都市的这种“反乌托邦”描绘了一幅生动的画像。书中照片为罗伯特·莫洛所摄(Mike Davis，*City of Quartz*：*Excavating the Future in Los Angeles*，Londres，Verso，1990，photos de Robert Morrow)。

280 中断五年之后三心二意地重返拳击台没有什么希望，虽然所有人都故作信心满满，但那只为显示此事十分重要。从同一街区的另一位线民那里，我得到了有关他的地下活动的很多宝贵信息，其中特别是利奇乃是一位“专业混混儿”（hustler），这个字眼很难翻译，因为它涵盖一个既是语义的也是社会的领域，法语根本没有对应的字眼。我们只能试着借用以下一些概念标注一下：机巧、善变、暗斗、欺诈、舞弊，以及以金钱为直接目的的浑水摸鱼。

的确，英语动词“to hustle”（坑蒙拐骗）涵盖一系列活动，其共同之处是都要求掌握一种象征性的特殊资本，即一种操控和欺诈的能力，必要时将暴力与机巧和诱惑结合起来，旨在产生随即见效的金钱利益。这些活动是一个连续体[1]，从相对而言非攻击性的活动一直延伸到不法行为：前者包括私酿和分售烈酒（尤其在贫民窟的工余俱乐部里进行，这些工余俱乐部即一些违法活动的藏污纳垢之地），销售和转手赃物，从事法律禁止的赌博（纸牌、掷骰子、弹子房）以及叫作“policy”或者“numbers game”的数字博彩的贫民窟地下彩票。后者包括各类明夺暗抢，货车盗窃，货架盗窃，入室盗窃，私卸汽车部件，从废弃的楼房里“回收”砖头、管子、门窗框子，以及口耳相传所记录下来的花样百
281 出的诈骗行径；乃至不折不扣的犯罪行为，如拉皮条、用纵火相威胁（针对某一区域的商家）、敲诈勒索、贩毒、袭击（拦路抢劫、持械抢劫），甚至受雇杀人，价码在贫民窟的某些地段里是众所周知的。

---

[1] 这方面的例子可参见以下著作。B. Valentine，*Hustling and Other Hard Work：Life Styles in the Ghetto*，New York，Free Press，1978；E. Anderson，*A Place on the Corner*，Chicago，The University of Chicago Press，1976，chap. 5：«The Hoodlums»；E. Liebow，*Tally's Corner：A Study of Negro Streetcorner Men*，Boston，Little Brown，1967；et，pour un point de vue autobiographique，H. Williamson，*Hustler!*（ed. C. Keiser），New York，Avon Books，1965.

如果这个定义还嫌不够准确，那是因为英语名词“hustler”（混混儿）指在实际生活中难以捉摸和把握的一类人，因为，在很多情形下，这些人恰恰为了获益而专事暗中插手某些局面，或者营造一些表面虚假的关系，而这些益处多少是靠敲诈勒索得来的。再有，如果说，一个痞子宁愿利用引诱的手段而不是压制或者暴力威胁，宁愿运用所谓玩得帅（playing it cool）的艺术而不是炫耀肌肉（即贫民窟社会里被唤作大猩猩的一类人），具体情境却逼得他不得不常常诉诸暴力，哪怕只是为了维护自己的名声和健全的身体；那么他与贫民窟其他“社会捕食动物”之间的区别并非一清二楚。

这个坑蒙拐骗的世界在各方面都与工薪劳动有云泥之别。至少在理论上，工薪劳动意味着守法和公认的正道、守规矩、登记注册、法律允许。这可以从雇佣合同和工资单据得到证明。可是，不守规矩、违法、受谴责和唾弃的行为（往往包括肇事者本人："你得为自己的行动付出代价"，这条哲理是利奇提到有一次从汽车里偷东西时说的，脚腕连中两枪是他为那次不成功的盗窃所付出的代价）是众所周知和被默许的，因为它们再平常不过，非如此不可：人总得活下去，养家糊口。由于物资匮乏，劳动所得或 282
社会救济金长期入不敷出，贫民窟的很多居民有时得求助某种蒙骗的本领。①

正如人们所说，利奇有适合受雇的体形和相貌：瘦高个，宽身板，长腿。他身穿一件丛林绿的人造革外套，口袋镶在衣服下摆上，米黄色的皮革镶肩，足蹬颜色白得耀眼的名牌运动鞋，从而更

① *The Autobiography of Malcom X*, Alex Haley (ed.), New York, Ballentine Books, 1964. Voir également D. A. Schultz, *Coming up Black: Patterns of Ghetto Socialization*, Englewood Cliffs, Prentice Hall, 1969, p. 78-103, et D. Glasgow, *The Black Underclass: Poverty, Unemployment, and Entrapment of Ghetto Youth*, New York, Vintage, 1980, chap. 6.

显得神采奕奕和轻松自如——不过，也掩盖着略为凸起的肚腩。若想找回过去的体形，他必须减掉15公斤赘肉才行。一副反光墨镜挡住了一对小眯眼和古铜色的宽前额。一抹黑色唇髭和一撮刚长出来的山羊胡使他平添了几分思考的神情，他很注意保持这副样子。前额后拢起的乌发经过仔细梳理，扣在反戴的绿帆布垒球帽底下，帽舌盖住脖颈。我事先被告知，他“话讲得漂亮”：在贫民窟里，能言善辩是值得骄傲的事情[①]，是很受尊敬的本领。尽管如此，他
283 的滔滔不绝，他谈起街区、童年伙伴时的期盼和失落感，甚至谈起频繁打架斗狠，只为“照样过一天”的时候，他那种矜持甚至害羞的神态依然令人惊讶。对于身边的这个崩解和紊乱的世界，他几乎持有一种医生式审视眼光。他的描述毫无吹嘘夸张之语，既不美化也不抹黑，既不索求什么也不否定什么。这个世界只是存在而已：这是他的世界，但他无能为力。自己命该如此，这种意识使他痛苦而清醒地知道，自艾自怜毫无用处。

利奇出生在芝加哥，在家里的11个孩子当中，他是第七个也是最小的男孩。利奇一直住在南城的一个大型公租房居民区里，这里是全国闻名的最危险地段（“你在晚间新闻里总是听人提到这个地方”）。他母亲是1956年从田纳西州迁来的，当时正逢成千上万的黑人从南方各州迁来芝加哥的大移民潮的末期。她只有小学文凭，靠着不够一家人糊口的社会救济金和这两天那两天地做清洁工（在贫民窟里的各个酒吧和餐厅里，此前还在一家纸盘制造厂干过

① R. D. Abrahams, *Positively Black*, Englewood Cliffs, Prentice Hall, 1970; T. Kochman (ed.), *Rappin' and Stylin' Out: Communication in Urban Black America*, Urbana et Chicago, University of Illinois Press, 1973; E. A. Folb, *Runnin' Down Some Lines: The Language and Culture of Black Teenagers*, Cambridge, Harvard University Press, 1980; et W. Labov, *Le parler ordinaire: la langue dans les ghettos noirs des états-Unis*, Paris, Minuit, 1978. 说唱音乐也是当今商业活动中的一种见证［在美国黑人土语里，“rap”（说唱）一词是“美好交谈的艺术”的意思］。

一段时间)，独自抚养利奇和他兄弟姐妹。利奇很小的时候，父亲就去世了，因此父亲几乎没有给他留下什么记忆。他只知道父亲“在工厂里干过五花八门的工作，哪儿都去”，可是没有干成任何值 284
得一提的事。跟他这一代的城市黑人群体当中的很多人一样，他没有见过自己的祖父母。

在芝加哥南城一个名声最差的地区里，利奇的成长过程“很苦”，这里先后处于“信徒”和“根据地”等帮派的势力范围内，他居住的地方正是这两个帮派控制的住房项目（楼群）所在的街道。不久前，在联邦调查局的一次大规模武装突袭之后，这条街上那栋挂着“伊斯兰教中心”招牌的砖楼被拆毁了。据说是发现了大批毒品和数量可观的武器：成堆的弹药和十几把自动手枪，若干枚手榴弹和乌兹冲锋枪，甚至包括一个火箭发射器。打架斗殴、枪击、卖淫、贩毒、敲诈勒索、帮派之间无尽无休的冲突，甚至越来越致命：“要什么有什么，你走在街道拐角就能遇上。”利奇的大哥曾经为本地帮派当过一段时间的打手，负责强行讨回贩毒网络的“零售商”所拖欠的钱款。在贫民窟里，这个地段被人并非毫无原因地叫作“那一带”（The Zone)，可是利奇更愿意管它叫“杀人场”。这个可怕的简称比这个城区的任何统计数字都更能说明问题。①

还是在这个街区，利奇完成了全部学业，中间经过多次辍学， 285
他毕业于温代尔·菲利普斯中学。这所破旧的公立中学（主楼是1930年以前建成的）夹在好几个相互竞争的住宅项目之间，看起来很像一座兵营（防盗门，装有栅栏的少许窗户，废弃的体育设施)，学童全部来自附近贫穷的黑人家庭。利奇对学校感到既怨恨又遗憾。怨恨的是他接受的那一点点教育对他根本没有用处：“对我来

① 并非孤例：芝加哥西部的亨利·豪纳居住区被该地居民叫作“坟场”；该市南部的伍德劳恩区的一个大型居民楼群也有一个丝毫不逊色的外号“杀人城”。

说，上学是一个玩笑，或者说，我心思根本没在那里，就是这么回事……一点儿用处也没有……学业从我脚底下溜走了。”不过，他在市内一所社区大学短暂地上过几门课[1]，可是目标并不明确。遗憾的是他心里明白，没有文凭，他也许永远谋不到一份稳定的工作。不过，学校还掺杂着青年时期的回忆，回过头去看，那段时间跟眼下相比他还算是幸福的。他谈到重返肯尼迪·金社区大学，去注册一门“传媒学”课程，这既是出于一种模糊的欲望，期待找到一条走出贫民窟的路径，也是我们这场调查所唤起的一种思想意识
286 方面的义务。[2] 利奇至今单身，并非有意如此，而是不得已。他住在一栋紧临他长大的楼房的公寓里，一个狭小的两居室单元。他已经 29 岁，从未有过稳定的工作，向来靠坑蒙拐骗和一系列多少触犯法律的活动谋生。我问他是否有工作，他先自称给自己干的“活动销售员”：“你瞧，我一直是个混混儿，我卖的东西多了去了，鞋子啊，气球啊，香烟啊，花露水啊，什么都卖就是了。”随后他承认，赌博也挣了几个钱，并且暗示，好几个“姑娘”也给他一点钱。对于他从事的活动，他不愿意说得过多，并且用强调的语气几乎彻底否认参与过贩毒——后来，我从一个地位特殊的报告人口中

---

① 二年制社区大学是正式的高等教育机构，但是不要求必须完成高中学业，而且为成年人提供高中水平的补习课程，甚至包括初中水平的课程。在芝加哥地区的这类学校里，完不成学业的学生占 90%以上。

② 在贫民窟里，几乎无人不承认教育的伟力和有必要为之做出牺牲（一个附近街区的年轻人有一个说法，令人印象深刻：“今后哪怕去麦当劳烙牛肉馅饼，也得有张航空工程的文凭。”）。一个只是貌似奇怪的现象是：教育水平越低的人就越强烈地推崇最不值钱的文凭，而且无例外地自称（或者自以为）很快就会重返校园，重续迫于生计而“暂时中断”的学业。我在贫民窟的廉租房里访问过一些单身母亲，其中有些已经靠国家救济养家糊口十年以上，而且看不到任何实际的机会可在短期内改变生活条件，可是她们几乎众口一词地声称：“我要去学校注册了，考一张基础学业文凭（General Equivalency Diploma，在劳务市场上没有任何用处的文凭）。什么时候注册？明年秋天吧，等给孩子们找到保姆就去。然后我就找一份好工作，搬出这个街区。”

得知，利奇不时从事倒卖毒品的“工作”：麻醉剂、卡拉奇、天使尘[①]和可卡因之类。在采访过程中，他自称月收入在 600 到 1 800 美元之间（最多的一个月达到 3 000 美元），这个收入十分符合他希望展现给别人的自身形象。谈到最后，经过长时间沉默，他不无尴 287
尬地坦承：“这些其实都没啥可吹嘘的，唉，凑合支付我的账单罢了。”在一个连底层人士也以收入判定个人价值的社会里，没有人愿意坦承身无分文或者囊中羞涩。一切都可以用现金随时交易。

这也是因为他的收入并非一清二白。利奇的钱有好几个不同的来源，每一笔都不确定。他时断时续地领取一笔社会救济金，照理说他无此权利（普通救济金每月 180 美元，外加一些食品补助券）。他从好几个女性“朋友”那里抽取一些钱，这些女人本身也靠社会救济度日，仅仅由于身为“带小孩的单身母亲”而从福利局领取的钱数较多，其中情况好一点的几个在芝加哥市区当秘书或者银行职员。[②] 再就是他通过各种街头坑蒙拐骗获得的收入。他既没有银行 288
账户，也没有值钱的个人财产，只有一部电话（我向他索取电话号码时，他似乎很怀疑我的用意）、一辆普莱茅斯汽车厂的瓦良牌老爷车。车子出了毛病，他就自己修理，因为干他这一行非得有车不可。利奇尽量按时缴纳房租，缴不上就向他的几位女友求助。这件事他最为上心，“不惜一切代价”小心维护这种把他跟好几位女人

① 卡拉奇（Karachi）是海洛因、苯巴比妥和甲喹酮等精神类毒品的俗称。苯环己哌啶（pencyclid ine），俗名天使尘（Angel Dust），也叫 KJ（kristal joint）或 PCP。——译者注

② 这种谋生策略与从别人卖淫当中牟利（拉皮条）不完全是一码事，虽然可以包含后者。市井语言所说的“broad money”（宽钱）（broad 可以翻译成“荡妇”或“小娘们儿”）通常可以不经过身体接触而获得，男子提供实际的服务作为交换，例如为使家中幼童遵守规矩而提供保护、温情、陪伴或者帮助。这种交换体现了贫民窟黑人男子在经济上极度边缘化，在财力上依赖妇女（Clement Cottingham，Gender Shift in Black Communities，*Dissent*，automne 1989，p. 521-525）。因为，妇女的收入有较多来源，也较易获得（社会救济、低技能的制造业工作、家政、卖淫）。这在性活动方面更接近男性卖淫，而非传统的拉皮条。

维系起来的暧昧的爱情。这些女人各个都自以为是“真正的和唯一的”，可是利奇承认：“如果一个娘们儿要找个靠得住的男子，一个能养家过日子的人，这个人肯定不是我。”①

这次长时间的采访（紧锣密鼓地进行了差不多三个小时）谈到他的童年，他在贫民窟里的日常奔波，进入劳务市场的尝试如何受挫，以及他在职业拳击行业里的经历。我主要保留了他有关混混儿的职业和平日街区氛围里所说的话。必须注意，不可把利奇当成属于“半上流社会”的异数和边缘人物，类乎江洋大盗，或者一个通过分析“不法行为”便能够说明的人物。因为，恰恰相反，在美国贫民窟的社会空间里，混混儿乃是一个地位重要的常见形象，只是
289 在他身上得到了集中体现：不仅在统计意义上常见，而且利奇身上尤其体现着一系列当地的价值观所重视的特点和实践，因此他很像一个活样板——他善于见机行事，拥有凭“市井智慧”求生的本领。这种智慧是所有人唯一的天赋资本，是一种生动的生活方式的基础②，它能够稍微松弛贫民窟里紧绷的日常气氛，使之能够被接受。利奇不是一个社会怪物，也不代表某种“圣迹区”③ 似的畸形小社会，而是社会经济的、种族的排斥活动的逻辑关系被激化的产

---

① 这种两性之间的怀疑和剥削的关系在贫民窟里极为普遍，可以参见如下文献。E. Liebow, *Tally's Corner*, *op. cit.*, chap. 5：«Lovers and Exploiters»；E. A. Folb, *Runnin' Down Some Lines*, *op. cit.*, chap. 4；et Kenneth B. Clark, *Dark Ghetto*：*Dilemmas of Social Power*, New York, Harper Torchbooks, 1965, p. 47-54, 67-74.

② 关于这个流行于黑人大众的“生活方式”的生动侧面，可参见如下文献。L. Rainwater, *Behind Ghetto Walls*：*Black Family Life in a Federal Slum*, New York, Aldine Publishing Company, 1970, p. 377-384；U. Hannerz, The Concept of Soul, in A. Meier et E. Rudwick (éds), *The Making of The Black Ghetto*, New York, Hill and Wang, 1978；et H. Finestone, Cats, Kicks, and Color, in H. S. Becker (éd.), *The Other Side*：*Perspectives on Deviance*, New York, the Free Press, 1964, p. 281-297.

③ 旧时巴黎化装乞丐聚居的街区。这些人白天和夜晚神奇地判若两人，故名。——译者注

物。这种排斥对所有贫民窟居民都有不同程度的影响。①

美国黑人贫民窟是一个牢狱般的世界，有它自身的逻辑关系。 290
这是一种从内部加以整合的十分特殊的必然性——尽管其根源和强制力来自贫民窟之外。② 利奇的态度之所以急剧摇摆于看破红尘的现实主义和宿命论的幻觉之间，正是因为“从主观上”反映了这种必然性。要完整地说明这种逻辑关系，有两个误区我们必须避免陷入：一个是对悲惨场景做出悲天悯人的解读；另一个相反，是做出民粹主义的解读，即津津乐道于被压迫者的品德和创造性，把往往只是一种只求在支配性秩序下自保的经济策略说成“抵抗运动”的宏伟战略——这种支配性秩序因无处不在和暴戾而被人们接受，不再质疑它了。可见，有必要暂时搁置最初的同情、愤懑和憎恶的情绪，接受利奇本人对这个世界的看法：一种认为万物都应顺其自然的“自然的态度”（阿尔弗雷德·舒茨③语）。 291

---

① 瓦朗丁（Bettylou Valentine，*Hustling and Other Hard Work：Life Style in the Ghetto*，New York，Free Press，1978）论述过，身陷一个被压榨和缺少资源的社会空间中，绝大部分贫民窟居民必须把带薪工作、福利救济和坑蒙拐骗不断地结合起来才能生存下去。结合本身属于一种坑蒙拐骗的“社会艺术”。根据一份对大芝加哥地区50位依赖社会救济抚养小孩的单身母亲的详细调查，她们无例外地不得不要么经常求助于亲戚、朋友和“溜掉的父亲”的帮助，要么从事不申报的工作，才能保证全家最低限度的生活。另可参见以下文献。K. Edin，Surviving the Welfare System：How AFDC Recipients Make Ends Meet in Chicago，*Social Problems*，38（4），1991，p. 462-474. Sur ce point，voir également W. Moore，Jr.，*The Vertical Ghetto：Everday Life in an Urban Project*，New York，Random House，1969，et J. Wojcika Scharf，The Underground Economy of a Poor Neighborhood，in L. Mullings（éd.），*Cities of the United States：Studies in Urban Anthropology*，New York，Columbia University Press，1987，p. 19-50.

② Loïc J. D. Wacquant，Redrawing the Urban Color Line：The State of the Ghetto in the 1980 s，in C. J. Calhoun（ed.），*Social Theory and the Politics of Identity*，Oxford，Blackwell，1993；et idem，«Décivilisation et démonisation：la mutation du ghetto noir américain»，in C. Fauré et T. Bishop（eds.），*L'Amérique des Français*，Paris，éditions François Bonvin，1992，p. 103-125.

③ 阿尔弗雷德·舒茨（Alfred Schütz，1899—1959），奥地利裔美国哲学家和社会学家。——译者注

美国这方面的研究总是离不开从芝加哥学派继承的伦理观念和自然主义的推理。这样一个传统，我们必须反其道而行之，承认贫民窟并非深受“社会解体”之苦，而是形成了一个区分精细和等级化的寄生世界，它有特殊的组织规则，形成了一种有规则的社会熵量的形式。这些起调节作用的规则，其首要一条可以用霍布斯的提法加以概括：“所有人都相视为仇雠。”[1] 这个社会物质匮乏，充满紧迫感，它多少背离了占主导地位的社会的规则和调节，由于市场和国家都退缩不前，人际关系方面的正常的警察机构（在福柯所说的意义上）被削弱，甚至付之阙如，无论是警察、社会工作者、辅导员、教会人士、地方名流，还是上了年纪的居民（即从战后到20世纪60年代，贫民窟里那些充当智者或非正式的“息事宁人的判官”的“老家伙们”）都无法切实起到扶助或调解的作用。按照强权即真理的法则，人们的第一反应是自己给自己找回公道，也只能如此：“我要跟你办点我的事。”在这种普遍的、无时不在的“所有人都相视为仇雠”的局面下，连经过考验的友谊也永远有基于利害关系之嫌。在这个世界里，每个人都不得不随时在骗人与受骗、杀人与被杀之间做出抉择，友谊在这里如果不是利害关系，还能是什
292 么呢？不难理解，怀疑一切才是法则，人们真正能够指望的只有自己。利奇说得直截了当，“我这个人单打独斗”[2]。

这种怀疑和自保的逻辑关系在毒品的泛滥下日益激化，日常生活的一切都变得越来越不安全。利奇把毒品比作瘟疫，一旦爆发就

---

① 原话是“every man is enemy to every man”，语出托马斯·霍布斯《利维坦》第13章。——译者注

② 亚伯拉罕的《明白的黑色》（R. D. Abrahams, *Positively Black*）一书引用了一句贫民窟常言：“收入不稳和不够花，必定去朋友和亲戚那儿找补。缺乏稳定（短暂）必定导致极度不安全。”（p. 128），这句话正是基督教格言“己所欲，施与人”的苦涩的翻版，它的意思是：“要抢在别人施与你之前施与人。”（E. A. Folb, *Runnin'Down Some Lines: The Language and Culture of Black Teenagers*）

席卷一切，摧毁友谊，把一切人际交往都化为赤裸裸的、无约束的、单纯的剥削关系。他毫不掩饰对一些人的厌恶：那些陷入这种纠结的悲惨局面而无法自拔的人，兜售毒品时连自己的母亲也不放过。利奇认为，这说明，如今一切都变成“他娘的绿票子”[①]。

利奇对自己的童年没有太多的怨言，他的结论是，日子比他过得悲惨的大有人在（贫民窟的居民常说“有人混得还不如我呢”，好像是自我安慰，此话表露的双重对比意味深长地反映出社会最底层形成的微妙等级）。与之相仿，他不认为远离劳务市场给自己带 293
来多大损失。因为他从未指望过能够安守一份薪资丰厚的稳定工作，即他所说的能够保证生活“惬意”的正统的工作。既然摒弃生活的应有之义，他也就不拿它当一回事，甚至准备担负起责任。他自称属于亢奋型（hyper）（“我很清楚，我这个人神经质”），而且忍受不了工薪工作的纪律性。可是，一方面，为什么不把这种神经质跟他成长的环境联系起来呢？自童年以来，他所熟悉的唯一的环境就是连年累月的暴力和无尽无休的物质匮乏。[②] 另一方面，如果说起初他并不“亢奋”，那么，为什么看不到，他的“神经质”是他不得不从事的那些下九流的勾当所导致的呢？此外，他用来为缺乏职场经验进行辩解的那些说法（“我做不到 8 个钟头不挪窝，老待在一个地方”）能够很好地解释这种“责任分摊”，因为他所说的“做不到”既是主观上的也是客观上的。我没法受雇，因为我是个亢奋型；就算不是，我还是没办法在柜台后头一站 8 个小时。可是，既然他承认按照半日制做过他喜欢的工作，老板为什么不能减

① 他们这样做也有违缄口的规矩：“永远别做生存所需以外的事。有经验的混混儿都会告诉你，挣钱时胃口太大，你准会一头折进监狱。”（*The Autobiography of Malcom X*，*op. cit.*，p. 109）.

② 儿童心理学的新近研究成果表明，生活在芝加哥贫民窟楼群里的年轻人患有跟退役军人相似的心理障碍和创伤（James Garbarino，Kathleen Kostelny et Nancy Dubrow，*No Place to be a Child*，Lexington，Lexington Books，1991，chap. 6)。

294 少他的工作时间呢？

芝加哥黑人贫民窟的中心地带：穷困与危险

1990 年，芝加哥市有案可查的谋杀事件为 849 宗（即平均每 10 万个居民 28.3 宗，与纽约和洛杉矶相同，但是远远不及首都华盛顿和底特律），253 宗的受害人年龄在 21 岁以下（受害人年龄低于 10 岁的有 27 宗），其中十分之九是身中枪弹而亡。在这些年轻的受害者当中，一半以上是六个警察管区内的居民，也就是所谓“黑腰带”里的街区，其中 186 人（73.5%）是黑人族裔。温特沃兹区是一个狭长的带状地区，面积约为 20 平方公里，历来属于贫民窟从南到北的中心地区。1990 年，这里凶杀案的官方数字为平均每 10 万居民当中超过 106.1 宗，其中谋杀案共 96 件，比上一年多出 20 件。大量迹象和证据使人有理由相信，尚有数目可观的谋杀事件从未记录在案。

这种天文数字的犯罪率和死亡率堪比一场潜在的内战，根据最近的研究成果，一是例如哈莱姆区的黑人青年死于暴力的概率高于被送上越战前线的士兵的死亡概率，二是这个没有任何经济活动的种族隔离的地带呈现惊人的赤贫，除了镇压机构以外，政府已经完全撤出了这块地方。因此很难设想二者之间没有直接的关联。

这个清一色为黑人的居民区有 54 000 人口（根据最近一次数字可信的 1980 年的普查），其中 37% 的居民年龄低于 18 岁，高于半数的家庭生活在官方规定的“联邦贫困线”以下（即一个三口之家在 1989 年度的收入为 9 885 美元，一个四口之家为 12 675 美元），而十年前这个比例是 37%。每 20 个家庭当中有一个与全国平均收入持平或者稍高而年收入 6 900 美元的中位数勉强达到全市平均数值的三分之一。四分之三的家庭是单亲家庭（父亲离家出走所造成）。虽然不要求考试，三分之二的成年人仍然未能完成中等教育。

失业率按官方统计为24%，这个数字掩盖了四分之三的成年人没有工作的事实。这就能够解释，为什么63%的居民依赖公共救济和社会福利。我们也知道，芝加哥贫民窟（南城和西城的都算）有71%的居民全靠食品补助度日，不是靠食品券（政府发放的食品券，而且缺钱花的时候，食品券在黑市上按照面值的半价被倒卖），就是依赖留守街区的几所教堂和团体举办的施粥厂。只有三分之一的家庭拥有一辆汽车，为的是哪怕暂时地离开这个街区。有普通的银行账户的人不及10%。 295

尽管这个街区的人口骤减（20世纪70年代减少了30 000人，1951年到1980年期间共减少61 000多人），但是“大道”一带的居民有四分之一仍然挤住在超员的公寓里。这是因为，近十年里，频繁发生的火灾使得居住面积减少了五分之一（芝加哥死于火灾的人数居全国之首）。居民为避灾被迫搬离，在一个廉租房短缺的住房市场上尽量重寻安身之处。只有6%的住房是住户的私有财产，其中近一半被认为失修或破烂不堪。

“大道”是社会福利住房密度极高的地方（占此地住房的20%，而全市社会福利住房平均仅为3%），此类住房麇集于占地广大的罗伯特·泰勒住房楼群一带。这个楼群由28栋16层的楼房组成，沿着国家大道（State Street）一字排开，门窗都装有铁栅栏。这里无疑是当今全美——因而也是整个西方世界——最贫穷的城区。西侧与白人占95%的布里奇波特区相接，这里是芝加哥市长理查德·D. 戴利的领地。从1955年到1976年，他严厉推行黑人族裔分离居住的政策。1989年，其子小理查德·J. 戴利继任市长职务。布里奇波特区只有14栋公共住宅，这里只有10%的家庭生活水平低于“贫困线”，而立案的凶杀事件则低8倍。

本文的数据引自《芝加哥社区数据手册》（*Chicago Community Fact Book*，Chicago，The Chicago Review Press，1985）、《内城的种族和阶级排

斥的代价》(L. J. D. Wacquant et W. J. Wilson, *The Cost of Racial and Class Exclusion in the Inner City*, Annals of the American Academy of Political and Social Science, 501, janvier 1989, p. 8-25) 以及《芝加哥论坛报》1991 年 1 月 2 日引用的一份联邦调查局的报告。

无论如何，利奇感到，他和伙伴们唯一能够做的是那些不要求
296 什么资历的服务性工作，“站柜台”“打扫卫生”，既不能晋升，职位也没有任何保证，没有带薪假期，没有社会保障金，薪水顶多勉强糊口①。以麦当劳为代表的这一类低薪和下等的工作，怎么能跟在过去的十年里，随着“快克”等“大宗消费”产品的发展大行其道的毒品经济相比呢?② 凭什么要选择报酬少得可怜的正道呢? 须知这类工作和街头交易所能带来的报酬同样有风险，后者虽然风险高，可是有实效，见效快。除了为实现男人荣誉的价值观——那是贫民窟普众文化的基石——提供一方天地以外，街头交易还能够产生自己当老板的现实，至少是这样一种幻觉，从而提供了一种免遭
297 羞辱和歧视的可能性。对于那些愿意为新型服务经济做苦工的人来说，遭人羞辱和歧视是家常便饭。“没几个哥们儿去干那种活儿。”③

利奇隔三岔五会赶上一场葬礼，这是一种提醒：坑蒙拐骗的地

① 1989 年，最低工资从每小时 3.35 美元略微调高至 3.75 美元（此前十年未动，尽管通货膨胀十分严重)，此时美国的最低工资与 1968 年相比已经丧失了三分之一以上的价值。以 1988 年度为例，美国的一个全职雇员的全年最低工资是 6 968 美元，比联邦规定的“贫困线”还低 20%。考虑到美国没有社会资源的分配机制(缺少医疗保险、家庭补助、收入普遍课税等等)，这条贫困线可说定得相当低。

② Terry Williams, *Cocaine Kids*, Paris, Flammarion, 1990, et Philippe Bourgois, «Searching for Respect: The New Service Economy and the Crack Alternative in Harlem», communication à la conférence «Pauvreté, immigration et marginalités urbaines dans les sociétés avancées», Paris, Maison Suger, 10-11 mai 1991. 在芝加哥西部，用 10 美元便可买到一块“石头”，即“快克可卡因”。

③ 在街头谋生者都很清楚，“只有那些唯唯诺诺的人 (squares) 才会相信，只要像黑奴似的卖力气，就能有所收获”(*The Autobiography of Malcom X*, *op. cit.*, p. 139)。

下经济是毁灭性的。这一点他很清楚。这种谋生方式终究没有前途。坑蒙拐骗的经济活动导致彻底消沉，这体现在他愤恨毒品贩子把利润浪费在奢侈品上（就贫民窟而言），以及在女人、汽车、衣饰，连同毒品等等方面骄纵奢欲——一个完整的循环。靠坑蒙拐骗得来的金钱跟靠它过日子的人一样，“有今天没明日”。钱一到手就被浪费或者花光。这很自然，既然明天没有保障，那么今日有酒今日醉吧。

利奇很想及早摆脱这种经济活动，以免为时太晚（“那套劳什子你已经学会了。你得满足已经到手的运气”）。然而，如何做到？混世没有回头路，他手中唯一的资本局限于本地背景，而且是暂时的。市井智慧只能用于市井，“糊弄人”的技艺一出贫民窟就毫无用处。他的体格和性能力不可能永远持续。他曾经梦想当个邮局职员，那是一份政府工作，在美国历史上一度是黑人进入“中产阶级”的主要途径之一。也就是说，这是一个能够避免朝不保 298
夕的职业，能够让他接近象征这种地位的“财宝篮子”：家庭、房子、双车库。可是，经济结构的重组导致服务业的劳务市场高度两极化，加上在这个文凭空前重要的时代，公立学校走向衰落，利奇和他的伙伴们被夹在二者之间，眼睁睁地看着走出贫民窟的所有道路都被堵死，剩下的只有非正式的（也是违法的）经济活动和体育运动。

的确，在利奇身边的人当中，取得“成功”的和走出街区的人少之又少。他父亲奈德倒是上过大学，密苏里州的一所很小的社区大学，还是靠一笔篮球奖学金才上成的，但是没有任何用处。利奇回到芝加哥以后，靠每个星期打零工过日子（给私家抹墙灰、刷漆和打扫卫生）。他也梦想过从事拳击，想成为年轻的百万富翁。家中 11 个孩子，只有姐姐贝妮斯找到了一份稳定的工作，在库克县的公立医院当护理员。熟人当中唯一的“成功人士”名叫勒饶伊·

莫菲，他的幼年玩伴，来自附近的一栋廉租楼房。莫菲后来成了世界拳击冠军，有人说他在附近的富人区购入了一套公寓住宅（其实是租住，同时继续担任警长兼市区体育监督员）。除了体育活动以外，利奇还想找到一个愿意照顾他的女伴，这表明了他的终极弱
299 点：依赖女人。因为弱女子才真正需要依傍他人。

利奇虽然欣赏走上正路的“伙伴”，但也掺杂着一点妒忌，流露出一种既含糊又有几分遗憾的意识。遗憾是一种不舒服的感受，所以他没有明确表达出来，只说自己“没赶上趟”：按照毒品贩子们的评价，利奇当过职业拳击手（虽然阶次最低），所以比他们混得好。同样，他认为那位遵纪守法的伙伴比自己强。更值得玩味的是，谈到居民区的男人，他时而用“我们”，时而用“他们”，似乎无法肯定后者是不是自己人，抑或打算留下一个印象即拳击运动能够让他摆脱（或者将让他摆脱）这个可怕的世界，尽管他在其他方面完全接受这个世界。他模糊地感觉到，无论是重启体育生涯，还是奇迹般重拾学业，都是不现实的愿望，因为二者不仅不可能，而且彼此冲突。在朝不保夕的社会条件下，生活沦为过一天算一天的求生办法，不尽可能利用手中可怜的一点资源就活不下去。这就是说，三条路都走不通。变化无常的现实吞噬了未来。除了梦想，根本无从设想未来是什么样子。

在这里，任何初具成功条件的人都会被年轻人之间最基本的利害关系拖垮，从而放弃社会地位升迁的想法。看来，各种不幸事端的积累导致这个世界不可避免地每况愈下。这个遭到完全抛弃的世界只有求助于阴谋论才能解释。利奇也想不出更好的解释，只能附
300 和获得美国黑人广泛赞同的说法［所谓“大计划”（The Plan），即美国政府的一项秘而不宣的政策导致贫民窟分崩离析，这项政策的目标是任凭黑人社区毒品泛滥，从而削弱其进步的势头及其集体诉求］。

众多混混儿之一

我是作为众多地痞之一回到了哈莱姆街头的。大麻烟卷卖不成了，因为贩卖麻醉剂的那伙人太熟悉我了。我曾经是一个地道的混混儿，什么学也没上过，也干不了任何说得出口的营生。可是我自觉有胆量，有股机灵劲儿。利用容易上当的人谋条生路，这就足够了。那阵子，没有我不敢冒的险。

在所有大城市的贫民窟里，如今都能看到成千上万的校外年轻人，他们跟我一样，靠五花八门的蒙骗谋生。因此，他们在违法乱纪的道路上不可避免地越走越远，越陷越深。对于自己的作为和向何处去，一个全职混混儿永远无法作出必要的退一步思考。混混儿每时每刻都明白，在任何丛林里，无论在行动上还是出于本能，只要注意力一松懈，脚步一放慢，那些跟他一起打猎的饥肠辘辘和时刻警觉的伙伴，什么狐狸啊，狼啊，黄鼠狼啊，秃鹫啊，就会毫不迟疑地扑上来捕杀他。

摘自《马尔克姆·X自传》(*The Autobiography of Malcolm X*，édité par Alex Haley，New York，Ballentine Books，1964，p. 108-109)。

因此，令我印象深刻的是，利奇从未提到白人，除了上述这场可怕的却没有指名道姓的阴谋以外。在从前的种族统治体制下，压迫黑人被公然显示为故意的行为，这做法显然得由白种人承担责 301
任[①]——这一点一些俚语俗称正好能够证明，例如“the Man”“Charlie”“honkies”“paddies”之类。一切感慨和怨恨都是黑白对立酿成的，它似乎已经化为一场不间断的游击战，它必然首先针对同胞，“兄弟相残”。出于历史的无情颠倒，二战结束后，正值传统

① James Baldwin，Fifth Avenue. Uptown，in David R. Goldfield et James B. Lane (eds.)，*The Enduring Ghetto*，Philadelphie，J. B. Lippincott Company，1973，p. 116-124；et *The Kerner Report*：*The* 1968 *Report of the National Advisory Commission on Civil Disorders*，New York，Pantheon，1989.

意义上的贫民窟的顶峰时期，拉尔夫·埃里森[1]所说的“隐形人”已经不是黑人，而是白人或者富人（是欧洲后裔还是非洲后裔并不重要）。一切迹象都显示，贫民窟如今封闭地运行，而且自我吞噬，它已经“臻于完善”，形成一种纯粹的、晦暗不明的统治秩序，以至于自暴自弃成了逃脱和反抗的唯一办法，这种做法不断积累，其后果便是某种集体自杀。

302 一个美国黑人贫民窟的痞子

采访者：洛伊克·瓦冈

“穷归穷，可是我们不分你我”

——你认为自己出身很穷吗？

利奇：这个嘛……［长时间沉默］这么说吧……我们那个时候穷归穷，可是我们不分你我。就说我妈吧，她总是让我们干干净净去上学。裤子我也许只有一两条，可是她总是把它们洗得干干净净，我……所以我不觉得有过穷得吃不上饭的时候。这种饿肚子的日子我不记得有过，一天也没有。

——所以，你小时候总是有好多好多吃的啦？

利奇：多倒是不多。总有的吃就是了。跟现在相比，我更喜欢小时候的日子。你知道，我喜欢那个时候……

——为什么呢？

利奇：就是说，那个时候，也就是我上小学的年月，日子过得挺平安的。

——看来你很喜欢学校，那么，你都做些什么呢？

---

① Ralph Ellison, *Invisible Man*, New York, Random House, 1952.［拉尔夫·埃里森（Ralph Ellison，1913—1994），美国黑人作家，《隐形人》是他的成名作品。这部长篇小说讲述了一个无名无姓的黑人如何追寻自己的真实身份和社会地位。——译者注］

利奇： 这个嘛，其实我的心思并不真的在那儿。有好多东西从我身边溜走了，我都没注意到，也许现在注意到了，可是我那个时候没上心……那时候看不到。真的，不理解学习的意义……［十分怀念地］不是我妈不催促，不跟我讲道理，而是她从来没有认真跟我谈过这事有多重要，真的，从没这么说过。她只是对我说：“上学去吧。”完事。我老是遇上麻烦，没断过。

——什么样的麻烦？

利奇： 那就是被叫去见校长，我老是跟别人掐架什么的。

——你的童年很不容易，小时候很难吗？

利奇： 也不见得有多难。没有那种让我夜里做噩梦，惊出一身
冷汗的事，还得自言自语：“啊呀，这事现在我想起来了！”因为， 303
我那一阵子爱打架，爱找茬儿掐架。因为我那个街区就是这个样子。

——那么，你长大的街区很乱吗？

利奇： 没错！不用说，很乱。可是，你知道，那个时代人们很真诚。对，真诚。如今人们可是不如从前了。那个时候，你觉得［语速很快］有人跟你说点什么，他是真诚的。可是好多东西如今都变了，毒品，像一场瘟疫似的毒品，我的天！它把一切都改变了。如今只有物质的东西才重要。没有真朋友了，只剩下绿票子了，是啊，只剩下这个了。

——从前不是这样？

利奇： 对，不全是。你尽力挣钱，可是你也想有真朋友啊。你懂我的意思吗？我有好多玩伴，他们走了别的路，完全不同的路，就因为这个。我们见面的时候还是能搭讪几句，可是你瞧，我们没有太多的话了。我跟你说过，我这个人单打独斗，我的意思你懂吗？我也认识几个小娘儿们，可是，对我来说没一个是特殊的。

——说说你那个街区怎么个乱法？

利奇：这个嘛，偷盗很多，好多我认识的汉子下去干这个事。

——下到哪儿去，附近吗？

利奇：去28街、南考台树林、曼鲍威尔居住区［相邻的住宅区］一带。这种事很多，抢包……得小心才是。就得这样。老出事。整夜都能听见枪声。你得小心，别走进他们那条路。你知道，我们都知道那些家伙是怎么回事。好多家伙我认识，坐过15年牢，那时因为凶杀，还有20年的……这些事有很长时间了。里头有好些人跟我上过一个中学。有两个被判了终身监禁。好几个跟我是一个班的同学，一块长大的，结果死掉了。

——你经常在街头打架吗？

利奇：是啊。打架是家常便饭。可是，除非万不得已，我不会动手。我从来不欺负人，我不是招惹麻烦的人，可是该出手时就得
304 出手。

二话不说就开枪

——这些年你见过凶杀事件吗？

利奇：当然，好多次。就在十多天以前，我还看见两次凶杀事件呢。［神情严肃，缓慢地］一个家伙头上中了一枪，死了。他们就追赶另一个家伙，把他也撂倒了。就是这么回事。

——就在这个居住区吗？

利奇：对，在艾达·贝尔·维尔斯居住区[1]附近。大白天的，跟现在差不多，天还更亮一点，因为有太阳。就是这样，事儿就这么出了，我的天！你是奔丧去的，就是这么回事，日子还得过。你知道，有时候，我出去在附近街头转悠，拐角处有人玩牌［赌钱］

---

① 芝加哥市二战前为黑人建造的廉租公寓，位于芝加哥南城。这些公寓以美国黑人早期民权活动家和新闻业者艾达·贝尔·维尔斯-巴尼特（Ida Bell Wells-Barnett，1862—1931）命名。——译者注

什么的，那几个人，我的天！二话不说就开枪。把人撂倒后，他们就去买一箱啤酒。瞧，他们就是这么个心思。

——怎么会这样？我的意思是，他们怎么会成了这个样子？

利奇：这个事真的就是这样，这就好比，先是孩子生孩子，然后孩子现在长得比她们还快［利奇用了媒体上常见的“孩子生孩子”的说法，习惯上指贫民窟的姑娘小小年纪就当了母亲］。她们什么也不教育，所以孩子们只知道干这个事。他们不想别的，只想摆脱这块地方，然后就［压低声音］“轰隆”一下，又来了一个哥们，而且试着……事情就是这么简单：一个哥们死了，另一个自吹自擂，神气活现。就像我跟你说过的，最重要的是银子。为了银子没有他们不干的事，我的天。卖毒品时连自己的母亲都不放过［窃笑］。我见过几个干这种事的家伙，把毒品卖给自己的亲妈，我的天！都是为了弄钱，为了他娘的绿票子，你看见了吧？真够狠的！

——你打过那么多架，从来没有开过枪，动过刀子？

利奇：有人开枪打过我呀，是啊，朝我开枪。那时我还年轻，
有人朝我开了枪。瞧，手臂、左脚脖子上，都中过弹［他撩起裤 305
子，让我看一条沿着整个脚脖子而上的难看的疤痕］。

——那个人开枪故意打伤你的脚脖子，这是为了吓唬你，还是为了别的什么？

利奇：就是这个，就是为了吓唬吓唬我。他那时离我那么近，本来可以朝我脑后开枪，或者别的什么的……我觉得他没想打死我。

——那是怎么一回事，说说看。

利奇：我当时身上一分钱也没有，打算闯进他的汽车。我想……跟你这么说吧，我那个时候年轻，什么也不懂，我正打算撞进他的汽车，叫他给逮住了。你瞧，叫他给逮个正着。我本来不该撒腿就跑，可是因为那个人我认识，我只能开溜，没别的办法。那家伙就朝我的脚脖子开了枪。这下子，我明白了，我立刻就明白

了，因为我中枪了。那是我的错，我的意思你懂吧？活该如此……有一回，我在街上出过这种事，我的天！我记得当时是跟一个哥们儿在一块儿，我俩跟几个帮派家伙干起来了。我们只有一支枪，不不，我们的枪里只剩一颗子弹了。那场架打得可不小。我们跑到一栋廉租房里藏起来，外头有不少人呢。我俩跑上八层楼，那些家伙想把我们弄出来——想想看！出去？可是我们只剩一颗子弹。我们只得凿穿一堵墙，跑进另一栋公寓楼，这才跑掉了。经过就是这样。

——他们为什么追赶你们？

利奇：打架啊。我们打了他们里头的一个人，他就把同伴都招来了。

——他们是别的居住区的？

利奇：是啊。我俩要是走出楼去，非得被他们拿下不可，多亏我们有腿劲儿，冲破墙跑掉了。我的天！你瞧，我跟你说过，我从前卷进那些个……我跟几个一直认识的家伙耍过几回［赌钱］，你要是赢了钱，他们就拔枪。瞧瞧吧，这些事我都遇上过。我经历过
306 几回玩命的关头，我曾经，那些家伙……我从前被人打过，那家伙把枪口插进我嘴里，要抢我的首饰，嘿嘿。

——你那个时期参加过帮派吗？现在呢？

［我们保留了美语“gang”（帮派）一词，因为法语“bande”（团伙）是指另一种不同的社会底层年轻人的组织或者团体。］

我这个人一直就爱造反

利奇：没有，从来没有。没有这档子事，我从来不想跟在别人屁股后头跑。我一直是，就像我跟你说的，我干什么都是单打独斗，从不跟什么人搭伙。你瞧，跟别人搭伙，不就是入伙吗？这就是说，在这个街区里，我非得是个特别厉害的角色不可。因为这不

是能不能找来50个人、100个人跟我走的事。而是说，如果有人给我弄出点事，我不往整个帮派上想，我往个别人身上想。我要干的头一件事，就是跟这个人算账。然后再管剩下的事，可是我首先跟这个人算账。你明白了吧？我不从怎么找来成百上千的哥们儿那方面去想，你懂我的意思吗？你不除掉闹事的根子，就得被人除掉。

——可是，没有人施加压力逼你参加帮派吗？没有一个帮派要求你入伙吗？你还是个拳击手呢。

利奇：我告诉你吧，瞧，那些家伙大多对我说过，可是没有人说［语气强硬，威严地］："你非得跟我们在一起不可！"从来没有真的这么要求过我，而是说［口气坚定而持重］："你要是能跟我们在一起就好了。"因为，不错，我是个拳击手，你知道。我这个人一直就爱造反。你知道……我哼自己的调调。因为我这个人不相信有人会对我说："来呀，咱们去这儿去那儿，干这干那。"不行，那不是我的路子。不行，我的事我自己管。

——你通常带枪出去转悠吗？

利奇：如今不带了。我戴着首饰出门的时候，就把枪放在 307
［车里的］两个座位之间，要不就放在我的座位底下。大概就是这样。除此以外，我不带枪。因为你不知道什么时候会出什么事。不过，有那么几次，我倒是觉得应该把枪带上。比如让人给逮住的那次，我真想身上带着枪。可是，唉［凝神状］。有过几次，我在街上，你瞧，有几个家伙，他们一心只想把你摆平，你明白吧？我要跟你说的是："我宁可就地撂倒一个，也不想被人撂倒。"这你明白吧？我这个人不愿意给人找麻烦，谁的东西我也不要，可是别人招惹我，或者要我的东西，我也不答应。就这么简单。

——你这个样子上街，必须时刻保持警惕吧？

利奇：是啊，时时刻刻都得防范。我想想，那是去年吧，我身上总是带着枪。是去年，1990年夏天。好几回我都带着枪，因为那时候我经常在这一带要钱，你瞧，我可没少要，就在这一带。

在柜台后头连站 8 个小时

——你中学打不打零工？

利奇：工作倒是有过一次，那是退学以后的事。有一个叫 GNC 的保健品商店，在市中心，华盛顿大道，卖营养品的。我在那儿上过班。我丢了这个工作，因为工资太低。工作我确实挺喜欢，就是报酬太少。

——你那时都做些什么？

利奇：把柜台布置好，列出货品清单什么的。有一天，我跟老板谈话，他说不能给我加工钱，他正准备再次减少我的工时呢。我就，我就把商店给砸了，你知道我在说什么吗？我［夜里］进去，
308 把现金都卷走了，当天的现金。然后就完事了。

——后来呢？他们过后发现你闯进商店了吗？

利奇：实际上没有，那次我得了手，顺利通过。后来我又试了一次，这次其实不是他们抓住了我，［遗憾地］是我自己让他们给抓住了，因为我本来应该想到，我进去的时候，有个跟我一块干的家伙已经在那儿等着我出来，于是就……

——于是他们就把你俩送上了法庭？

利奇：是啊，整个那一套程序呗。我这次决定认罪。我想我是坐了 20 天县大牢，反正就是那一类的事。

——过后你有过工作吗？

利奇：有过，我先是意识到，反正我得面对现实。你懂我的意思吗？面对眼前的事实，诚实地对待自己吧。首先，我就是这么一个人，亢奋型，我做不到 8 个钟头不挪窝，老待在一个地方。不行，做不到。这个我很清楚。没必要骗自己。我没法在柜台后头一站 8 个小时，或者说，连续 8 个钟头打扫一个地方。我知道我干不

了这个。(……) 这样挣的钱，我在街上混比它要多挣三倍。我的意思你懂吧？多挣钱才是我应该干的事，这样你就能把钱用来办自己的事。再说，没有必要老是干一件事。这就像那个我跟你说过的哥们儿，他倒是走了正道，混出模样来了。他一年挣的钱，你在街上三个月就能挣到，可是别人一个月挣的钱，他得付出更多才行。你懂我的意思？

——那么，赌博是你干过的最好的工作喽？

利奇：没错，就是坑蒙拐骗，对，就是这个。

——现在还干这个吗？ 309

利奇：有时候还干点。我认识好多街头痞子，个个都这么干。都是丢西瓜捡芝麻的家伙。我的意思你懂吗？一句话就全说明白了，他们就是这么回事。

——如今这个居住区的某个人想出去找一份最低工资的工作，他找得着吗？

利奇：也许能找到，比如去麦当劳啊，汉堡王啊，温蒂汉堡店啊什么的。

——那么，为什么艾达·贝尔·维尔斯居住区的人不去试试这类工作呢？

利奇：他们不会去的，因为你在街上比这挣得多，真的。

——对你来说，什么是好工作？一份你喜欢的工作？

利奇：这就是我刚才说的……［停顿］找到一份什么样的工作，报酬不错的，才够我养家、付账单和一栋带双车库的房子？我的意思你懂吧？我的学历能让我找到一份什么样的工作呢？人家会白送吗？我的意思你懂吗？我又不是那种上大学弄了个博士、律师什么的人。我的意思你懂吧？

——如果是那样就值得一试了……

利奇：没错，那就值得一试了。等你有了一份这样的工作，你就不用发愁付账单了，不然你还是得不停地忙活。我的意思是，没有哪个哥们儿会告诉你说："行了，我不干了，不上街了，我要去干一份最低工资的小工。"这可不是一件容易的事。没有几个哥们儿乐意这么干。

——一般来说，你觉得什么工作对你来说算是好工作，你喜欢的工作？

利奇：我告诉你吧，邮局的工作，还有当公交车司机，反正是有福利的那一类工作。这也得看你想要哪一个层次的。这些工作都没什么了不起。我的意思你懂吧？可是，假如你能想法弄到一份
310 [打一个响指]，那也挺不赖，对吧？

[美国的社会福利立法十分陈旧，大部分技术含量低的工作没有医疗和社会保险，既没有带薪假期，也没有带薪病假。因此，贫民窟居民最欣赏的工作是行政部门（联邦政府、州政府或市政府）所能够提供的工作。这些部门通常有强大的工会组织，因而也有很好的"福利"。]

能操纵好多事情

——所以，为了收支平衡，你只好坑蒙拐骗？

利奇：对啊。从前，我是个不错的市井痞子。可是，我基本上洗手不干了，不在街头掷骰子了，那一玩就是一整夜。后来，我是今天弄个娘们儿，明天弄个娘们儿，你看，都是这一类的劳什子。

——最好的日子你能挣多少钱？

利奇：我得说，有几次，我的天！一万两千块，还有一回挣了三千块。好几千块的钞票呀，我的天！我不知道你懂不懂，好几千块呢。不过，你知道……

——是一个星期还是一个月挣的钱？

利奇：要看是哪几次。有时候一天能挣七千块，有时候上千

块。光玩就能挣钱。从来没有贩过毒，就是赌一把而已。

——赌博就能挣这么多钱吗？

利奇：哎呀，我的天！只要玩的时候手气好就行。我的天！……

——你们去什么地方赌？有一个专门的地点，还是什么地方都能玩？ 311

利奇：到处都能玩。有时候，你只要往街角上一站，比如，你瞧，就在那边，哪儿都行。就像这样往那儿一站。如今，我只要走到那边，说一声："你们几个在这儿干什么呢？"这就行了，他们就会掏出骰子，开始玩了。就是这样。他们都会下赌注，就这样开赌了。

——那些来玩的人，他们下多少赌注？

利奇：有时候，唔，要看情况，二百块、三百块，不定。

——这么多？

利奇：对。

——他们从哪儿找来这么多钱？

利奇：坑蒙拐骗呗，加上卖毒品。

——所以，毒品出手以后，他们就想要钱，让钱翻倍？

利奇：没错。

——可是你为什么不干这种事了？

利奇：这个嘛，你知道，有时候人会变得聪明一点。到手的运气，你得知道满足才行。你知道，我要干的事儿多得很，多极了。

——你是说违法的事情？

利奇：是啊，就是这个。你在街上坑蒙拐骗的时候，没工作的时候，那你就非得干违法的事不可，不然你怎么付账单？你知道，在我住的那一带，确实都是这样。艾达·贝尔·维尔斯居住区，你听说过吗？那里头总有人硬把你搅进一堆麻烦里。

——听说过。这个居住区比罗伯特·泰勒居住区还差吗？电视上总是提到两个居住区：罗伯特·泰勒居住区和斯泰德威花园。

利奇：我觉得更差。我的天！艾达·贝尔·维尔斯居住区很差，我的天！我们叫它“那一带”，你明白吧？“那一带”。我管它叫“杀人场”，因为我看见那么多家伙，我的天！［打一个响指］哪怕现在我去那边，还是有人会告诉我，谁谁被人撂倒了。

——那边的人大多干些什么？

利奇：卖毒品，玩骰子。

——靠这些真能挣到钱吗？

利奇：能啊。有时候，我能挣到［心中计算］，有时候一天就
312 能挣到差不多两千到三千块呢。遇到好日子，玩骰子能挣到九千到一万块呢。

——这钱从哪儿来呢？

利奇：打赌什么的，要钱，只要不管什么都赌，就能挣到钱。还有几个我储备的娘们儿［自辩的口气］。这倒不是说，我是拉皮条的，或者是这一类的人物……我从来没倒卖过毒品，没卖过！哪怕我身无分文也不去干那个，因为那种事我不适合。我跟你解释解释吧：我从来没有靠倒卖毒品挣过哪怕10块钱。很简单，就是因为我干不了那种事。那不是我干的事，我不碰这个。不过，你瞧，我总是尽量跟几个有工作的娘们儿保持关系，这样我能从她们身上提点成。

——这些娘们儿住在哪儿？也是这个居住区的吗？

利奇：她们也住在这一带，对。住在艾达·贝尔·维尔斯居住区。

——这样一来，有了不止一个女人，你就能轮流着提点钱，对吧？

利奇：对对。

——你靠这个能得到多少钱？

利奇：这个娘们儿身上提100块，那个娘们儿身上提50块或者200块，你瞧，这数目已经不小了。所以，保持这种关系，我是不惜代价的。

——这种关系很容易保持，还是说你得付出很多辛苦？

利奇：这个嘛，你知道，这个我得赔上很多。我这个人有一个好多人没有的特点：我能说会道。你知道，我会说街上的土话。有了这个，你就能操纵好多事情。我就是这么个人，没别的。你看，这倒不是说，我对这个特别得意，只是会说话罢了，嘴不赖。你说呀说，说呀说，而我总是有话可说，你瞧。一旦你没话可说……就不知道跟别人说什么，这个我从来没有过。

少数几个混出模样的家伙，我都不怎么熟悉

——你的哥们儿，一起长大的伙伴，你十五六岁时一起混的伙伴，他们现在怎么样了？ 313

利奇：这个嘛，那可是很……在我那个年纪，能混出模样的一般都是娘们儿，都是知道自己要什么的小娘们儿，她们倒是混出模样来了。唔，可是，说到男人嘛……

——这些女人是怎么混出模样来的？

利奇：她们上过学，找到了一份好工作，就是这样。有几个娘们儿挺成功的。这个街区里的男人，凡是成功的都上过学。我跟他们没有一点共同之处，你明白我的意思吗？你知道……

——你想说的意思是不是，这些人太循规蹈矩（square）？

［美语“square”的意思跟“lame”相近，意思是不太懂或者根本不懂市井鄙俗之事，得不到别人的尊敬。］

利奇：［显得困惑］不能这么说吧，这个意思是，唔，你可以给他们加一个标签，他们呢，也可以给你加一个，一回事。这好比你说“那好，这个人是小流氓”或者说“这个人缩手缩脚”，你知道，事情不是这么简单，而是说看谁能混出模样，走到别人前头。玩的是这个。

——那些男人呢？混出模样的男人多不多？

利奇：不多。我说过，少数几个混出模样的家伙，我都不怎么熟悉。有那么一个，现在我俩是哥们儿，生活方式完全不一样，但是成了好哥们儿。现在他买了一栋房子［语带敬意地重复这句话］，成了房主，每天上班，天天去，从来没遇上过乱七八糟的事，没进过班房，没被抓起来过，从来不赌。瞧，走正道，他混出模样来了，全靠干活，干活，还是干活。我这段时间一直在街上混，他倒是使劲干活，我在坑蒙拐骗。我俩一起出门的时候，是这样——我俩是一起长大的——我跟别人说话的方式跟他的不一样，你瞧，而
314 且……唔，就是这样。还有，你瞧，有好多娘们儿喜欢漂亮的小伙子，喜欢那些时不时佩戴首饰的汉子，佩戴什么要看女人喜欢。［他用了美语“slick”（漂亮），这个形容词有正面含义（灵巧、机敏、有魅力、利落等等，尤其用来形容一个懂得穿着、会运用贫民窟里的经典说法优雅地交谈的男子），也有负面含义，甚至完全是贬义（欺骗、操控别人、肤浅、过于讲究或者诱惑人以至于有失诚恳）。利奇此处（巧妙地！）故意利用了这个词的歧义，因为从不同立场出发可有两种不同的理解。］

——那些混出模样来的男人，如今怎么样？他们现在干什么？

利奇：还在这一带。我跟不少人是一块儿长大的。这伙人吸毒吸得凶着呢。好家伙！瞧，这不，有个出租车司机刚刚杀了我的一个伙伴，从小学到中学，我俩都是一块上的，就在上个礼拜，被枪杀了，昨天才下葬的。你瞧，他还袭击出租车司机呢，结果司机把他给撂倒了。

——在哪儿？

利奇：离这儿不远。［神情凝重］就在居住区边上。好多我认识的娘们儿，我的天！都挺漂亮，吸毒上了瘾，有两三个孩子，可是连孩子去了哪儿都不知道。我的天！他们就在那儿吸毒。一想起这个，就让人觉得真是要命。［郁闷状，陷入深思。］直到你开始认真思考这种事以前，你都……可是，你瞧，我嘛，我存一点钱，我会拳击，我心里琢磨：老是干傻事可真不值得。说真的，生活里每天都是不法行为，再说，［提高嗓门］没有人杀你害你，也不进班房，这样的日子还有多少天可过？我认识好多人，坐在轮椅上过日子，不是缺胳膊少腿，就是瘫痪，因为中了枪弹什么的。好多人，年轻小伙子，我的天！还有十三四岁的，如今不上学，参加了帮派…… 315

我的造化大

——常听人说，贫民窟最近十到二十年里大大衰落。真的是越来越差了吗？

利奇：是啊，是啊！一点不假。凶杀啊，毒品啊，我的天！你看，毒品这个东西就像瘟疫，我的天！来得真快。说来就来，好像一夜之间，“哗啦”一声就来了［打个响指］，好像生了翅膀，你还没看见它飞过来，就已经到处都是了。

——是从哪一年开始的？

利奇：我记得，大概是从1983年起，直到现在，这段时间毒品真的是……我觉得是打1980年以后，毒品一下子就兴起来了。注意，这不是说毒品以前没有，可是［特别强调］根本没法跟现在比。我相信，这好像是一个大阴谋，我的天。我们这些老百姓——我是说，我们黑人——那个时候要兴旺起来，要进步，挡也挡不住，你明白我的意思吧？可是，毒品他妈的这个玩意儿一来，我的天，哗啦一下就把我们拉回50年前去了。瞧，事情就是这么简单。

如今是兄弟相争。只要我能得到这个东西，我才不在乎你的死活。那些挣到钱的家伙［惊讶的口气］根本不管钱是怎么来的，他们只知道买汽车，我的天，买汽车，再弄几个娘们儿。我的天，就是这样，没别的。总之，我想说，29街和斯戴德大街的拐角，你只要去那儿看看就知道了。还有，一直往下走，到119街，你经过的所有这一大片街区，黑人开的店铺你找不出十家，可是这些全是黑人聚居的地方。这个就让人琢磨了。

［贫民窟的商店历来都由白人开办，现在逐渐转为由亚洲人经营：韩国人、华人、菲律宾人，以及从黎巴嫩和叙利亚来的中东人。］

——这些钱都到哪儿去了？总得有人用这些钱干点什么吧？

利奇：这就像我跟你说过的，他们对有些东西感兴趣，对男人
316 来说是汽车、娘们儿，我是说，我认识的男人当中，有的人有三四辆汽车呢。可是，说到底［有点气愤］，你一个人能开几辆车啊？

——是啊，可是毕竟有些女人得有好多钱才行，毒品贩子。她们拿这些钱干什么用呢？

利奇：这个嘛，我跟你说过，有些娘们儿，唔，她们拿别人的钱，男人给的钱。嘿，他们每天晚上都出去。什么都不干，真的……将来怎么样，他们根本不去想。你明白我的意思吧？你要是没有一个目标，就像我常跟伙伴们说的，你能一辈子倒卖毒品吗？过日子总得有个目标。我认识一个家伙，手里倒腾的钱上百万。从1983年到现在，这家伙一直倒卖毒品，运气不赖。手里有过上百万美元，可如今连几千块也挣不到。［强调］从前可是上百万打他手里过啊，这个家伙！

——他本来可以留下来，是吧？

利奇：本来可以，那对他有好处。如今我看他连五千块也碰不

着。从前，五千块一个礼拜就给他挥霍光了。这就好比说，我本来能当温蒂汉堡店老板，可是如今连上温蒂店里买个汉堡的钱都没了。这事就值得你琢磨了［凝神沉思］。所以我心想：得，我没法越活越年轻，青春找不回来，对吧？可是拳击我还打得动。瞧吧，我去碰碰运气。就像我跟你说的，我攒了点钱，九月份就要回去念书了。要是拳击还不行，我就找一个娘们儿结婚，找个喜欢我的，成个家，不就是过日子吗？我已经试过了。我在街头的造化大，从来没受过伤，也从来没有被迫伤人。谁也没伤害过我……

1992 年 1 月

艾巴寮[1]的流浪汉 317

“你希望别人怎么对待你，你就得怎么对待别人。”

1989 年 8 月底的一个夜晚，我采访了拉蒙，期间我录了音。我们相约于“植物园”[2] 对面的街上——那是人们获取毒品“快克”的地点。几年以来，我在这条街上度过了许多个夜晚。此地距离一栋破烂的公寓楼只有几步之遥。我与妻子和儿子在这栋鼠患成灾的大楼里租住了一套公寓。这一带属于西班牙语哈莱姆区，本地人管它叫“艾巴寮”[3]，居民多为波多黎各人。这个时期正值“快克”从 1985 年到 1991 年间在全美如瘟疫般肆虐。晚上，拉蒙和我坐在街边的公共长椅上。长椅破烂不堪，满布涂鸦。地点就在罗斯福社会

---

① 艾巴寮（El Barrio）街区位于纽约曼哈顿区东北角，也叫西语哈莱姆（Spanish Harlem）或东哈莱姆（East Harlem）。该地区为纽约最大的拉丁族裔社区之一，居民主要为波多黎各裔。——译者注

② 植物园（botanica）是一间草药房的名字，也出售非裔加勒比人事奉桑特里亚教（Santería）所需的宗教物品。——译者注

③ 原文西班牙语“El Barrio”。——译者注

福利住房区管理处的大门口。我俩正在庆祝大名鼎鼎的“植物园”的守夜人胡里奥的 25 岁生日。

为了不引起警察的注意，我们用牛皮纸把两人共享的大罐圣埃蒂斯牌啤酒裹起来。可是，在罗斯福社会福利住房的楼梯上，胡里
318 奥和在“快克屋”当保镖的威利还是把空酒瓶都摔碎了。我的这两位朋友不时兴致勃勃地用一把公寓钥匙或者自己黑紫色的超长指甲探入一个小纸卷，撮起少许可卡因粉末。这种用一美元钞票团成的小纸卷，胡里奥总是不忘随身携带。随后，他们把粉末凑近一个鼻孔，头略向前倾，手捏另一个鼻孔，咧着嘴猛一吸气。这个动作干脆利落，一点白粉也不浪费。

在西语哈莱姆区，这样的社会福利住房小区（均为市属财产）有十几处，其中之一便是罗斯福居民区。这一年，在曼哈顿的所有廉租房当中，这个居民区的破纪录的凶杀案高居第二位。跟艾巴寮街区的其他楼房一样，这里的楼房处处显露出穷困破败之相：废弃的楼房，空寂的场馆，垃圾遍地的人行道。夏伏时节，街道上整天都逛游着儿童和成年人，直到深夜。

我住的这条街也不例外，方圆不出 200 米就能买到诸如海洛因、快克、可卡因粉末、PCP 和致幻剂等毒品。当然，最受欢迎的莫过于快克，因为最便宜，也最容易弄到。从我住的公寓走出去，不出 30 米就有三个快克兜售点，而且价格很有竞争力。

319 我们当晚落座的长椅旁边便是一个新设的快克兜售点，也就是罗斯福小区的入口门廊。兜售点属于一个组织其实很松散的团伙，成员都是青少年。这些人给街对面的“植物园”——胡里奥和威利的工作地点——带来不少麻烦。因为这些青少年野心勃勃，他们把快克的价格从五美元一小瓶压低到两美元。正是因为如此，威利才在这些人“当班”的楼梯拐角把啤酒瓶打碎了一地。他显然感到很解气。他心里很清楚，这些竞争对手只凭嗅觉也能闻出毒品，可是

他依然率性而为，不惧风险，因为他有个 13 岁的弟弟，就在那个团伙里当“抹缝工”①，而且很得信任，经常受委派，把毒品带回藏在家里。为安全起见，他跟几个团伙成员轮流，每人每个月藏匿三五天。

本来，我们通常是在街对面的人行道上见面的，就在“植物园”门口。然而，这家草药店主刚把胡里奥和威利解雇了，因为他们上班经常迟到，似乎是不听话的雇员。胡里奥为此感到极为沮丧，因为他一分钱积蓄也没有。过去五年里，他享有一份稳定的工作，专门负责出售可卡因和烈酒，可是他把最后一毛钱都花光了。他的女朋友 18 岁，她姐姐是威利的情人，两个女人同情地听着胡里奥诉说。我们就这样过了好几个小时，都默不作声。每个人都忙着吸啜可乐和痛饮烈酒。今晚做东的拉蒙陡然打断了胡里奥的絮叨，他讨厌听他抱怨命运，也讨厌他博取众人的同情，包括我给他 320
录音时的认真模样——我把高保真微型录音机凑到胡里奥嘴边，似乎非要克服夏夜的街头喧嚷，一字不漏地把话录下来不可。

看来，不断受挫的生活使得拉蒙最终讲出了自己的故事。这种突如其来地坦露心声的欲望令我吃惊，因为他平时很腼腆，话很少，总是退缩和无言地盯着我的录音机，看它运转是否正常。因此，以前我一直误为他属于街头那种不愿在白人面前抛头露面的人。不过，在采访过程中，拉蒙主要关注的并不是美国城市的种族隔离现象。直到几个星期后，当我把这次访谈誊录下来时，我才恍然大悟，原来拉蒙打断胡里奥的话并非出于妒忌——因为他包揽了全部注意力——而是想针对胡里奥的说法，提出毒品贩卖方面的一个反例。拉蒙很清楚我与胡里奥关系密切，以及他在我的调研里所起的作用。实际上，他是担心，我在研究报告里只提那些不踏实工

① 这一带用篮球术语“pitcher”（抹缝工）称呼毒品导购员。

作、吃饱了混天黑的懒汉。例如，他反复重申，他跟胡里奥完全不同，倒卖快克是出于不得已，为了养家糊口，“都是为了能缴上母亲留下的公寓的租金”。

321 拉蒙的不寻常的爆发还有另外一个原因：他今晚喝的烈酒和吸食的可卡因比平常多得多。这么做是为了庆祝自己重获自由之身。这一天早些时候，他被判定必须为把五瓶快克卖给一个便衣警察负责。他感到惊讶的是，法官让他自由地离开法庭。拉蒙认为自己很幸运，获得了延后宣判。老板把倒卖快克被收押和吃官司所耽误的时间算成给他放假。这也使他很高兴。

拉蒙之所以显得兴致勃勃、满怀希望，另外还有一个原因：妻子为他俩享受政府补贴的公寓缴付了一笔租金①。如果一切顺利，她就能够离开市中心的收容所了——自去年被赶出拉蒙母亲的公寓以后，至今她一直跟儿子一起住在那儿。拉蒙希望能够重过家庭生活（“现在我妻子有了一套公寓，我们就不会待在街上了。我们不要别的，只想能够在那儿住着和出去工作。有家可回，生养孩子”）。

不过，拉蒙仍然心存忧虑。他担心这套公寓说不定什么时候就会被社会福利局收回去。他对妻子的感情也不无忧虑，他无法断定
322 自己会不会再去倒卖毒品。一个老对手早已发出警告，如果拉蒙在布朗克斯区的那个贩卖点重操旧业，他就要他的命。这种麻烦拉蒙早就领教过，他不得不认真对待这个威胁，在他的脏兮兮的帆布提包里藏了一把手枪。为了不引起警察的注意，他佯装把那个健身房用的提包随意地放在长椅底下。总之，拉蒙知道，他这份跑腿的工作的收入根本不够养家，可是除了贩卖毒品，他找不到任何其他收

---

① 要分得一个有纽约市补贴的公寓，通常得等十七八年。在这次面谈的那个时期，等待名单上有 88 000 个家庭。全市有政府补贴的公寓的总数仅仅上升到 175 000，无人居住的住所的官方比例为 0.1%。虽然排在 80 000 多个家庭之列，但是伊丽丝之所以能够分得一套房，是因为她带着孩子来自一个市中心的收容所，而且在那里居住了 10 个月以上。

入（“我不想凑合活着，我想过日子……我还拿不定主意，也许我非得回去卖毒品不可。也许可以去个安稳一点的地方接着卖，谁知道呢”）。他的处境十分窘迫，没有从政府救济中获得丝毫改善。正当他陷入无家可归的境地时，出于某种出人意料的逻辑关系，分配给他家的社会福利金反倒削减了，理由是他们不再需要缴纳住房租金，而且能够领到施粥站的食物。

拉蒙对胡里奥深怀怨恨，觉得他不理解自己对妻子伊丽丝爱得有多深。无论他嘴里怎么说（“我他妈的什么都不在乎。……生活这么对待我，让我吃了这么多苦头，我他妈的什么都不在乎了”），他的生活中感情一直都占有重要的位置：他挚爱妻子，而且深情地照顾儿子。这种无条件的爱情，拉蒙在采访过程中屡屡有所表示。这并不符合市井文化对一个男子汉的期待。更严重的是，人们知 323
道，他的妻子伊丽丝跟收容所里别的女人有性关系。

拉蒙的妻子曾经在自家浴室里和另一个女人乱搞，被双双逮个正着。拉蒙只是含糊其辞地提到自己得知此事时的震惊：“同性恋娘们儿挺多，娼妓也不少……在浴室里亲嘴，让我给撞见过。”不过，他爱妻子爱得很深，以至于尽力把她的胡搞归咎于纽约无家可归者的客观的生活条件（“她有需要……我也是，我是个有需要的男人啊”）。他从来不打算淡化自己的责任或者失误，实际上他坦白说出的性生活的不忠行为都是他自己做出的。

胡里奥完全相反，他决不容忍对传统的丈夫地位的任何挑战。他认为：“伊丽丝自从吸快克成瘾以后就东躲西藏，她还喜欢吸茫太佳[1]呢”“为了两三块钱就给人家打飞机”。几个月以来，胡里奥一直怂恿拉蒙，让他别再给人看笑话，必须给妻子一点颜色看看，

---

① 茫太佳（Manteca）是海洛因的葡萄牙语俗名。——译者注

把她休了算了。这次采访过后仅仅几个星期，拉蒙被关进监狱，服刑一到两年。实际上，法官并没有延后判决，只是由于纽约市的所有市属监狱都人满为患，才在判决之前将拉蒙暂时释放。胡里奥于是更加厌恶伊丽丝。拉蒙的入狱使我们很惊讶，不过，精神上受到
324 打击最大的是拉蒙本人，以及他妻子和两岁半的儿子。

四个月以后，拉蒙出人意料地出狱了，仍然是因为监狱超员。他在妻儿目前居住的享受补贴的新公寓里安顿下来，很快就在一家企业里找到了一份至少是合法的正式的全职工作。这是一家受行业工会控制的拆迁公司，按照街头的标准，薪酬很不错，也就是说，一个小时 10 美元。一年前的采访中提到的梦想，拉蒙开始实现了："我愿意出门挣钱，回家歇息，跟家人待在一起。"可是，胡里奥私下里试图说服我，拉蒙眷恋小家庭其实只证明他缺乏理性和性格懦弱："拉蒙属于那种黑鬼，多情善感，让情迷了心窍，这家伙最容易被人俘虏。真不知道他心里出了什么毛病。"

遗憾的是，拉蒙的这份看来合法的工作仅维持了六个月。1991 年经济衰退导致纽约市的建筑市场全面萎缩。他直到被辞退都不知道自己原来是被"黑市"雇用的。行业工会并没有把他的劳务合同登记在案，宣称他不能索取解雇赔偿金。他的老板其实只是一个转包商，他跟受黑社会控制的行业工会沆瀣一气，采取恐吓的办法。他雇用了一些黑人或西班牙籍的惯犯，跑到准备进行翻修的廉租楼
325 房前面，装模作样地向签下合法聘用合同的白人工人示威，其目的是恐吓和迷惑建筑商。后者于是向他提供了依照工会标准制定的拆楼合同，这种转包合同对他更加有利可图。然后他就用现金酬付工人，标准稍高于纽约施行的每小时 18 美元的官方标准的一半，同时准备好说明开支情况的虚假文件。这样一来，在整个拆迁过工程中，他就把每个工人的钟点工资中的 8 美元装入了腰包。拉蒙和"快克屋"的任何人都从未料到，工会制定的拆迁工程的正式工资

会有一个小时 18 美元之多。

不用说，采访当晚，拉蒙邀请胡里奥和其他“快克屋”的同事喝啤酒，吸可卡因，兴高采烈地过了生日。他此时绝没有想到，大事临头了。

哈莱姆区的波多黎各裔毒品贩子 326

采访者：菲利普·布尔古瓦

“我不想凑合活着，我想过日子”

拉蒙：我的经历你绝对没有。你没流落过街头，体会不到没有窝的滋味。你总是说，你做出过牺牲。可是你没有牺牲自己。我可是把自己牺牲了！没错，上无片瓦，我这么过了足足 9 个月，是 9 个多月，不到 10 个月。[此时他侧过身，溜了一眼我的录音机。]我牺牲过我自己，我在华尔街当过跑腿的，每个礼拜挣 145 块钱。这可不够花，只够养家糊口和给我儿子买一双球鞋。给我自己一分钱也剩不下，没给我和我老婆剩下一分钱。就是因为这个，我才去卖毒品，因为我想给儿子买点东西。他才两岁，他喜欢玩具，可是他没有，因为他跟我老婆住在收容所里。所以，你明白了吧？我得挣钱，我想买一辆新汽车，因为我需要车呀，我也想隔段时间能买一件首饰。这个才是我想要的，我不想凑合活着，我想过日子。我要谋生。可是这个……[他用胳膊擦拭廉租公寓，用手指了指我们四周散落的碎玻璃片，然后把小拇指伸进胡里奥膝头上的用一美元钞票卷成的小纸筒里，撮起一点可卡因粉末，轻轻地吸一口，再拿过我们分享的大瓶啤酒，喝下一大口。]这个只是凑合活着罢了——凑合着弄个收支平衡罢了[又喝了一口啤酒，把酒瓶子递给我]。我不要这个。我想……我想挣足钱，能够保护自己，想买什么就买什么，用不着犹豫……这你懂吗？还有，我想到能用自己的钱干点事，能有个好心情。我想多享受一点生活，我不想满足于已经到手的东西。那样我就没信心了。为了这，我想到了毒品，倒卖毒品，你懂吧？(……)

[他把身子挪近我，以便对着我的麦克风低声而清晰地说话。
327 我也站起身，为了录音一字不漏，把麦克风凑到他嘴边。] 我们那时候跟哥哥姐姐一起住在我妈家，可是他们几个吸快克都吸上了瘾，根本不想摆脱那玩意儿。有一天，我妈突然离家出走了。她得出去找她的活路啊。我后来也走了。我哥哥姐姐也是一样。母亲把公寓留给了我，可巧我这个时期没钱（……），还有好多租金得缴，你懂我的意思吧？所以我就开始卖毒品了，快克，还有别的，去火车站卖。都是为了能缴上母亲留下的公寓的租金。（……）瞧，伙计，能自谋生路，能活得好一点……你明白吧？

收容所的日子糟透了

我卖快克是单干，挺不容易的，卖不动。于是我就决定去给别人打工，可是也泡汤了，因为，给那个新主子干活的头一天，人家就把我难住了。那是第一次。我后来在华尔街找了一份跑腿的活儿，眼下还干着呢。我进过监狱，可是很快就把我放了，我就回去接着干。可是，公寓的房东告诉我，“我得赶你走”。我老婆想尽力保住公寓，可是太迟了。冬天一来，我跟家人一下子进了收容所。我在那儿待了五个月，这五个月我可是没少受罪啊，因为收容所跟监狱没什么两样。你得跟 20 多个你不认识的汉子在一张床上睡觉，根本没见过，也不知道他们都沾上了什么，艾滋病什么的，不是没这个可能啊。唉！他们也不洗澡。浴室邋遢得不像话。我老婆每天晚上洗澡以前得先清洗一遍。所以说，那真是让你受不了，你知道。收容所是个可怕的地方，太可怕了。我有时候甚至想，还不如待在监狱里。因为收容所的那些人照样不尊重你。那地方不是给好人准备的，不是勤劳和不惹事的人的去处。收容所不是给你我这种人准备的，是给在街头混的人，那些瞎逛游的人准备的。我可不一样。我愿意出门挣钱，回家歇息，跟家人待在一起。收容所完全不是这么回事。这种收容所可真是值得说道说道。说容所里女人多，比男人多，所以每天都争来斗去。那些女人都是名副其实的荡妇，328
同性恋娘们儿挺多，娼妓也不少，还有一些腌臜女人。她们还亲嘴呢……在浴室里亲嘴，让我给撞见过。就是这样，瞧瞧。在那儿怎么撒野都行，整个一个热带丛林！这个地方让人心灰意懒，你知道。[又吸了一口可卡因，摇摇头。]最可恨的是，你睡觉睡得正香，忽然有人打起架来。半夜被吵醒，就因为隔壁屋里有人大吵大闹，也不知到底为什么。要么就是你刚刚开始同情一个人，打算好好了解一下他，可是人一下子走掉了，身边换成了别人。再后来，那个人也忽然没了踪影，因为有人给他弄到了一间公寓房。你在那儿等着，正发愁又来一个你啥都不了解的人要睡在那张床上头。这个人是不是杀手，杀没杀过人，得没得艾滋病，这些你全不知道。见到这个人的时候会怎么怎么样，很费琢磨。他很可能吸毒成瘾，或者有艾滋病，对吧？收容所总是出这种事，就在你身边。是的，就是这样。你身边出现的准是杀手、强奸犯、鸡奸犯、吸毒的人，他们当中的一个。没跑，总是这一类人。所以，在这种收容所里，日子过得糟透了，因为你身边安置的是这种人。我和我老婆为这个烦死了。

我本来会随意杀人

在别人眼皮底下，你跟老婆没法做爱。[指着童车里的小帕高，他在注意听我们讲话。]我老婆嘛……她有需要。我也是，我是个有需要的男人啊，你知道。我没钱住旅馆，或者别的什么去处。那怎么办？到了这种地步，我总得想点办法啊。我就是这么做的，我决定再去卖毒品。当时就这样，目的就是……卖毒品，“去卖毒品吧，让老婆孩子的日子好过一点。哪怕为这个得杀个人，我也要干。我去立个状子[受雇杀人]。只要能挣钱，能活下去，我什么

329 都可以干。”我当时就是这么想的。可是，好长一段时间里，我没少吃苦。跟老婆孩子一起，我们在收容所里凑合过了10个月。很不容易，很苦。我本来会随便杀个什么人，任何一个卖毒品的都能挣到钱，买上汽车和首饰……我想杀死他们，因为他们有的我没有，因为我自私。对，我是个自私的人。我觉得自己在那个他妈的收容所里太悲惨。我看见那些不要脸的男孩子，身上戴满首饰，还有汽车，什么都有。我呢，一个贱货，一分钱也没有，只能偷偷看着那些人，我恨不得杀了他们，把东西拿过来！为这，我本来会随意杀人。（……）可是，我没有干这个，又去卖毒品了。这是我想干的事……一开始重操旧业，我就停不下手了，你瞧。

[…………]

那是因为，收容所的苦日子我受不了，太苦了。我们过了五个月苦日子，我跟老婆大吵了一架，我受不了了。吃了五个月苦以后，我就说，我宁可回到街上去，也不愿意再待下去了！我在收容所外头跟老婆顶撞起来。吵得很凶，我差一点背过气去……真是大闹一场。我明白了，我在那儿跟她住不下去了，再住下去我可能会把她给杀了。我爱我儿子，可是我必须离开收容所。我后来再没回去过。我在街头晃荡了一个礼拜左右，直到有一天，我对自己说：“去卖毒品吧。”我就又干起了这个。等到接到退返的税款，我就把钱用来买进毒品，然后开始倒卖。我把那点钱全用来买了毒品（……），把钱都投资在毒品上，大概四百美元多一点吧。我在外头卖了四个月的毒品，挣了点钱。跑腿挣的钱来了以后，事情才开始稍微有点改善。真是不容易，那段时间我过得很苦，结果我跟街头的人干了一架——就是现在要杀我的那个人［他提起藏着微型
330 卡宾枪的健身房提包，抱在胸口上，连喝几大口啤酒］……

我得活下去

拉蒙：［面对胡里奥，似乎是要证明他倒卖毒品出于跟后者完全

不同的理由］可是，那时我得活下去啊。我的日子差不多都是……基本上都是在街头过的。我把老婆孩子丢在了收容所，我自己住在一个可乐销售点里。［转身朝向我］可乐销售点嘛，就是卖好多饮料的地方，在一间屋子里为顾客服务。我跑那儿去住是要冒点风险的，因为警察可能会从什么地方冷不丁冒出来，错把我抓进监狱去，以为我犯了什么错。因为我只是要找个住处罢了。没别的！我跟公寓的管理员谈妥，住进一间住户被赶走的公寓房。之前治安官来过，把人都给轰走了——就在我的家人都在收容所的那个时期。所以这间公寓按说是被封了的。不过，你知道，那个管理员也要冒点险。他给我开了门，让我住进去，因为我是个好人。我只要一个睡觉的地方，而且每个礼拜我塞给他 40 块钱，这样就能多待两个月。开始的时候，我亏了不少钱，因为我把好多快克交给一个浪荡娘们儿去卖，可是她瘾大，还跟朋友聚在一块儿吸。可那是我自己的钱啊，都让她跟朋友挥霍了。我花了一个礼拜才从她那儿把钱要回来。她还我钱的时候慢慢腾腾的。我告诉她："你最好还上我的钱，不然有你好瞧的。"她很清楚，不还钱我就会踢她屁股，于是每天还给我 10 块、15 块美元。最后还是把欠我的 120 美元还上了。(……) 可是，后来我又没钱了，一分钱也没有。我给我哥哥找到过工作，可是他欺骗了我。我连吃饭的钱也没有。可是，我还有首饰——一条手链，我把它送去当铺，换了 180 美元。一切都得从头来。

整个这段时间，工作我没丢

这么过了一个半月，我开始挣点钱。打这以后，一切就都好起来了。买卖有了起色。(……) 自从把手链送进当铺以后，我不再
亏钱。再说，我那份跑腿的活儿也有工资。领到工资以后，我把一 331
半投资给可乐。这样我就又站住了脚。整个这段时间，我工作没丢。我一直在工作，虽说还是卖毒品，好多次夜里不睡觉。我夜里

不睡，从卖毒品的地方直接赶到上班地点，因为那份工作我不想丢掉。所以，有工资可领就好一点，因为卖毒品赚来的那份钱已经到手了。我这么说你懂吧？……这样能把工资用来做点事。丢掉工作我可承担不起，我的快克生意还不稳固。所以丢工作我承担不起。我还需要这份工作。就是为了这个，我一边上班，一边下班后卖快克。就这样，一来二去，我后来能够雇人来做了，这个人手里已经有客户了。我挣我的钱。是这套办法让我这么干的。事情成了！我开始只想站住脚，最后，砰的一下掉进去，出不来了！这期间，我每个礼拜都去看看老婆孩子。五天见不着，我逢礼拜一、礼拜五、礼拜六和礼拜天去见她和儿子，弄得紧巴巴的。我这么说你懂吗？我跟我老婆一块生活了三年半，我爱她。彼此习惯了，分离真的很苦。我想做点什么。甚至有时候想跟别的女人玩玩。这种事我做过。我不想拿她出气，只是……我觉得自己怪怪的。我从来不伤害别人，除了对我自己。她不知道我做了什么。她不是很善解人意，不能理解，她脾气太固执。我什么都没跟她说，把事情放在心里，不说出去。因为我爱我老婆，深深地爱她。我不想分开。

领救济没我的份儿

我吃过苦，遭过罪。当跑腿的当了整整一年。每天上班，一天
332 没落下。明天放假，我去把儿子领出来。我儿子两岁半了。跟帕高一般大［手指卡尔曼的小儿子，系在童车里的帕高已经不闹了，他目不转睛地欣赏我的录音机上的闪光灯］。他在上学，明天下午我去学校接他。休假没有钱，我们这个工作没什么社会福利，只有工资。你知道，我老婆在社会福利局登了记。她有一张医疗补助卡［医疗补助体系是 20 世纪 70 年代建立的帮助贫民和有需要者的医疗体系］。给她是因为她有个孩子……我儿子。每两个礼拜有 144 美元补助，每个月还可以去食品补助署领到 129 美元的食品券。可

是这不够过日子呀。你还得工作才行。我们因为这个才假装没结婚，领救济没我的份儿。不然，人家会把救济金和医疗补助卡都收回去。可是，我们丢了我妈的公寓，为了能跟我老婆一块儿去收容所，我只好去救助处说明我的身份。我说："我现在跟老婆在一起，有工作，也有什么什么的。"这样他们才把我们安置在收容所里了。可是，也就是这个时候，社会福利局开始削减她的救济金了。他们说："你们住在收容所，一天白领三顿饭，所以就得减少你们的食品券。"那个女人还说："你们不用缴房租，有个安身之处，食物也是免费的。"打那儿以后，我老婆每两个礼拜从社会福利局领到 85 美元，不是 144 美元了，加上只有 75 美元的食品券，因为他们娘俩在收容所吃饭不要钱。她可是受够了，这点钱能买什么呀。买不了衣服，只够买吃的。她的食物现在消耗得很快。再说，她吃的东西也跟咱们的家常菜不一样，不习惯［喝一口可乐］。

有了公寓房，这说明我的快克生意该罢手了

——可是，拉蒙你刚才说，你老婆很可能得到一个公寓房，那是怎么一回事？

拉蒙：公寓房是社会福利局帮她弄到的。因为她属于有需要的人。是啊，一个有需要的妇女。她跟我儿子在那个收容所过了 9 个
月，才分得一个公寓房。房租由社会福利局每个月垫付 50 美元， 333
你懂吧？这个钱从她的救济金里直接扣除。我不用交什么钱，因为他们完全不知道我在华尔街有个跑腿的差事。所以，现在嘛，我这份工资就能派上点用场了。每个礼拜 145 美元的净收入，家庭补助金他们一点也不扣除。这么一来，家里日子也许好过一点。我也有机会存点钱和买点想买的东西。如今我老婆有了公寓，我觉得一切都会好一点。你看，现在我可以放松了，想干什么自己说了算。我老婆分到了公寓，这就说明我的快克生意该罢手了。因为你知道，我遇到过这种麻烦［用脚示意藏着枪的健身房提包］，跟一个毒品贩

子打过架，那小子想把我干掉！老婆有了公寓，说明我应该离街头远远的，不上街了［朝街对面的“快克屋”舞动手臂］。这好比有人告诉你：“你已经有了只要付 50 美元的住处，别的你什么都不需要了。现在你可以放松了，上班去，下班回，在家照顾孩子就行了。”

［听着拉蒙的决定，胡里奥圆睁的双眼骨碌骨碌转，捉弄似的递上可卡因。心事重重的拉蒙喝了一口可乐，接着说下去］我还拿不定主意，也许我非得回去卖毒品不可。也许可以去个安稳一点的地方接着卖，谁知道呢。［把最后几滴圣埃蒂斯牌大罐啤酒一饮而尽，随手把啤酒罐甩了出去，啤酒罐在空中划出一个巨大的半圆形，哐啷一声坠落在便道上，小帕高见了兴奋得不得了。拉蒙用一个几乎同样干脆的动作，甩给胡里奥两张一美元的钞票，示意去街角的杂货店再买一罐啤酒来。］因为，我只希望她真能得到这间公寓。租约她已经到手了，可是房东还难为她，不给房子。她已经缴了预付款，两天以前缴的（……），明天有人去查验房子，看看有什么毛病。明天我就能知道能不能得到。全看明天了［焦虑地攥紧
334 拳头］。要是能得到就太好啦！那就太棒了！不然，我还得再等一两个月，等另一个公寓。问题是，现在这个地方我没法长住下去。对啊，我住在我老婆的表兄那儿，他缴不上房租，很快就会被赶出去了。在那儿我最多还能住两个礼拜，最多两个礼拜。我那个表兄知道他自己很快会被赶走。他有工作，可是他把钱存起来，为了在别处买一个公寓房，街区好一点的，所以他不在乎被赶出去。我就等着老婆的公寓到手，那样我就能把我的东西搬出来，再搬进她的公寓，我就能跟儿子团聚喽。［再次攥拳，然后把手伸向散落在长椅上的一丁点可卡因。］房东已经答应了，全都弄妥了。

——假如这间公寓不行，你能不能跟家里别的人住在一起？

拉蒙：我哥我姐也住在收容所里。他住一套有三个卧室的房子，跟我老婆住的一样。我还有一个姐姐，眼下跟她丈夫在一起。她丈夫刚从监狱出来，他俩住在一个旅馆里。［如果应急住房满员，

纽约市政府就把无家可归者安置在旅馆里。］我的另一个小妹妹还在监狱里，最小的弟弟也是。在外头的只有我、哥哥和姐姐。我母亲搬到皇后区去了［纽约市下辖五个区：曼哈顿、布朗克斯、布鲁克林、史泰登岛和皇后区］，她在自己的家里，很幸福。我让她相信我过得挺好，这样她就很高兴。我不想让我妈难过。每次去看她，我都是衣冠楚楚的，我对她说："别惦记我，一切都很好。"

前不久，我攒的钱快够买公寓房了

胡里奥：［打断拉蒙的话，递上一罐刚买来的啤酒。］你家可没有那么好呃，伙计！

拉蒙：［拔掉啤酒瓶的封盖，按照波多黎各人纪念死者的习俗，往地上轻轻泼了一点。他喝了一小口，发现啤酒依然冰凉。他做了一个鬼脸，把啤酒罐递给胡里奥，看也不看他。］我找公寓房已经找了快三年了。运气不好，啥也没找到。前不久，我攒的钱差不多 335
够缴一个月押金了。有一次，我给了一个自称能帮我找到房子的家伙 400 美元。那是因为我看见一栋公寓楼上有块牌子，写着"公寓出租"，进去一看，你都不敢相信，那个家伙正好往外走。他对我说："你给我 400 美元，我马上就把这套公寓给你。"他领我看了各个房间，我说："好吧。"那是在布鲁克林区，我手里忽然有了钱［抚摸手掌里一叠想象中的钞票……］他说："把钱给我，我给你开一张收据，［用手比划］我给你开一张收据。"这个人是个瘾君子。我去见过他母亲，告诉她："我的钱不是随便丢给别人的，最好还给我，不然有你们好瞧的。"她明白我不是开玩笑。我还说："我的钱如果出了什么差池，必须有人付清，是谁我可不管。我只希望那个人不是你。"这事真让人难以相信，那个鳖孙把自己的亲娘也拖进了险境！那条命是他亲妈的啊！唉！［嘬一口可乐］我花了两三天找回了我的钱。可是，还钱的不是他，是他哥哥。他母亲给他打过电话，说了说情况。我每次瞧见这个东西［晃了晃手中虚拟的收据］，我都会想起那个家伙怎么骗走我400块。别让我再碰见他，不然我会弄死他，要不就让他进医院！我后来再也没听说过这个人［猛喝一口啤酒］。

——拉蒙啊，你知道，你让我录的音真是棒极了。我想我的书能用得上。可是我现在饿坏了。我可不像你俩，还能吸上两口。我现在得送孩子上学，我得走了。

拉蒙：［口中含着凉啤酒，说不出话。于是打手势，示意我别关录音机，又顺手用指甲搓起少许胡里奥膝头再次出现的可卡因粉末，利索地吸了一口。］在艾巴寮长大，我学会了不少东西！学会了不少！……［饮下一大口可乐，语速加快］我学会了怎么躲避危险，因为还是小孩子的时候，有人就我在眼前死掉［再喝一口］，
336 脑袋被打爆，迎面中枪，一下子倒在地上［模仿扑倒的动作］。就倒在这儿［指着帕高身边的排水沟。帕高在童车里听得似乎兴趣盎然］。你盯着尸体看，看那脑浆子溅到墙上［手指我们身后的廉租楼房］，这我全都见过［吸一口可卡因］……我上过学，上过初中，就在俱乐部那个地方［俱乐部是位于下街的另一间快克屋，属于胡里奥的雇主——街对面的植物园快克屋的主人］……溅到那边那堵墙上，我眼见脑浆子一直溅到那儿［伸出手臂，似乎在欣赏一副罕见的图景］。我见过人们追杀、袭击［越说越快］，就在我眼前袭击，痛殴：有拿刀子捅人的，有挨刀子捅的［语速再次放慢］。这些我现在觉得都不算什么，麻木了。你可以拿枪指着我，我只说一句："来吧，开枪吧！"我他妈的什么都不在乎。还没有人朝我开过枪呢，可是……生活这么对待我，让我吃了这么多苦头，我他妈的什么都不在乎了。我在这儿什么都学会了……脾气什么的，都是在艾巴寮这儿学会的。

1989年8月

国家撤离 337

亲自查访的意愿很可贵，它往往要求从解释性原理的缺失之处（此类原理反正不是总有）找出观察到的现实。这个缺失之处就是观察活动所进行的实地。例如，新闻头条里越来越少见的“问题郊区”，它们只是偶尔露头，通常已经被人遗忘了。那里发生的事情肯定无法从内部找出真相。[1] 确定真正的分析对象必须透过表面，而且跟仅仅满足于承认它们的人迥然不同，对于直觉所面对的现实和现实的各种表象——尤其是报刊的、官僚的和政治的表象——必须做出社会学建构（或者更准确地说，政治学建构），这样才有助于在表象提供了讨论框架的政治界乃至学术界产生真正的效果。 338

国家的至尊地位与自由主义

这里为批判分析各种表象保留了不少笔墨，并非出于偏好论战，而是因为，这些集体的表象是我们想弄懂的现实的一部分，而且对现实负很大责任。例如新自由主义的观点便属此例。这种观点在 20 世纪 70 年代曾经影响了政府的住房财政政策，而且促使建立了社会福利局。后者往往体现在空间当中，例如圣夫洛朗坦[2]的一条普通的街道，夹在独栋房主和大型集体住房的住户之间。可是，当“沃昂维兰骚乱”和“圣夫洛朗坦谋杀案”上了电视头条报道和

---

① 例如种族学、社会学、历史学和经济学等学科划分反映在极不适当地分割研究对象上。例如，画地为牢的局部问题研究只能记录后果，但是难以把握内在逻辑；有些分析文章雄心勃勃，为了建立“好看的”模型，不得不多少任意地对复杂的细节作出取舍。

② 指法国勃艮第大区的圣夫洛朗坦镇（Saint-Florentin）。1990 年 3 月，这里一个白人厨师枪杀了一个 20 岁的摩洛哥籍青年，获刑 6 年。判决曾引起不满和街头骚乱。——译者注

报刊第一版之时，有谁还记得《廉租房白皮书》、巴尔委员会和诺拉-艾维诺委员会，以及有关“补贴建筑”还是“补贴个人”的争论呢？[①] 15年前，在吉斯卡尔·德斯坦及其住房部长雅克·巴豪当政时期，这些争论一度在所有当政者当中引起震动。官僚阶层的记忆是短暂的，所有制定战后一些最重要的集体决策的参与者都被完全遗忘了[②]。同样，对于报界在制造“事件”时的所作所为，那些
339 自认为只是记录和分析而已的记者，还有那些在报刊社论里一本正经地大谈“伊斯兰面纱”和巴黎或里昂市郊的某一“事件”的新闻界的哲学家们，我们能够指望他们切实地反躬自问吗？

自由主义和国家干涉主义之间的对立耗费了杂文家的大量笔墨，但是根本经不住推敲。我们看到，例如国家对于房屋市场起着决定性的作用，特别是通过对土地的控制和对于购房和租房的各种补贴，而且同时规定着空间的社会分布，或者说，规定着不同社会范畴的空间分布（国家还通过针对劳务市场和教育市场的举措施加影响）。而且，正如20世纪70年代用补贴个人取代补贴建筑所证实的那样，对于低劣住房的出现，国家的退出和政府削减建筑业补贴的政策应负主要责任。在经济危机和失业的压力下，社会赤贫人口在这些地方最为集中。

因此，如果不考虑集体转向新自由主义，住房和许多其他方面的情况就没法理解。这次转向开始于20世纪70年代，法国社会党领导人于80年代中期的附议标志着转向完成。这种意识形态的转

---

① 1975年发表的《廉租房白皮书》（*Le livre blanc de l'HLM*）确认以往的城镇化过程加剧了社会不平等，住房财政政策未能缩小贫富差距；同年底发表的《巴尔委员会报告书》（*Le rapport Barre*）提出修改住房改革的目标和重返市场化的方向；同时发表的《诺拉-艾维诺委员会报告书》（*Le rapport Nora-Eveno*）涉及如何重新确定旧房的政策。这个时期的争论大多围绕“补贴建筑”和“补贴个人”孰先孰后和如何取得平衡进行。——译者注

② 这些人的名字，连同一篇有关住房政策的产生过程的论文，均见于第81－82期《社会科学研究论文集》（*Actes de la recherche en sciences sociales*, publié en mars 1990），这是一期“住房经济”专号。

变被新闻界的“哲学家们”称为“返归本题”或“68年精神之死”。 340
然而，变化并不局限于这个转向，公益事业的精神随之被摧毁。思想大师们利用一系列冒牌理论和一些虚假的方程式为之鼓噪，其根据是某种神奇的互为影响的逻辑关系和有揭示作用的杂拌——他们的马克思主义对手以往经常求助于此。例如，先把经济自由主义说成达到政治自由的必然的和充足的条件，然后就可把国家干预跟“专制主义”相提并论。在苏联和社会主义之间画上等号，然后提出，不平等难免，斗争没有用处（而且责怪这种斗争不利于褒奖翘楚），到头来反有损于自由。先把效率和现代化与私营企业相提并论，再把陈旧和缺乏效率与公益事业说成一码事。客户关系据说更为平等和更有效率，因而可以取代使用者关系。“现代化”被等同于将利润最大的公益事业部门转为私营，等同于清除其员工或令其就范，因为他们被认为应该对一切无效率的和“僵化”的现象负责。

国家的左膀右臂

我们只需在最后这一点上稍作思考，就不难看出，上述这些陈词滥调恰好表明了国家权贵人士的观点和利益。在一些为了方便苦于无权的“思想家”和苦于无思想的权贵之间的交流而设置的特殊场域里（杂志、俱乐部和研讨会），这一套陈词滥调得到孕育，而且不断在报纸和周刊上被重申。这些权贵均出身国立行政学院，在 341
国立行政学院得到培养。① 这些现代官老爷热衷于奖金，随时准备跳槽到私营企业，他们厌倦了像20世纪60年代那样（对别人）宣扬公益事业的精神，也厌倦了特别是80年以后喜见的对私营企业的崇拜。他们宣称，尤其在人员管理方面，要按照私营企业的办法

① 不难证实，我们从前对于这个主题及其产生的社会条件的分析依然完全成立，尽管国立行政学院的社会主义派毕业生为国家权贵带来了一些现代化的气象（P. Bourdieu et L. Boltanski，La production de l'idéologie dominante，*Actes de la recherhche en sciences socials*，2-3，1976，p. 1-73）。

管理公益事业，可是在个人和财务方面，却一面效仿私营企业的（坏）风气，一面躲开了其中蕴含的制约和风险。他们打着“现代化”的旗号，指控公共部门的所谓“富人”即行政人员，说他们在捍卫既得利益的行业工会的保护下，享有远离自由企业风险的铁饭碗。这些人一面吹嘘工作灵活性的好处，一面以劳动生产率为借口，鼓吹逐步减员。

我们于是不难理解，尽管缺少全部必要的手段，履行所谓“社会”功能的小公务员们，尤其是那些对市场机制最难容忍的后果和
342 缺失尽力补救的警察、基层官员、社会工作者、辅导员，乃至越来越多的小学辅导员和教授感到被抛弃，甚至被否定了，虽然他们想方设法地对付物质的和精神的穷困——合法化经济的现实政治（Realpolitik）的不可否认的唯一后果。他们经历着一个矛盾重重的国家，这个国家的右手不知道左手在干什么，甚至也不想知道。这是一种越来越痛苦的“尴尬处境”。例如，对于社会功能的自身运转，鼓吹效益、劳动生产率、竞争力，或者干脆说，鼓吹利润所造成的破坏，人们难道可以视而不见吗？离开了往往与战斗的献身精神相联系的一种以专业为本的公正无私的态度，社会功能绝难实现。[①]

在一个更深的层次上，用直接补贴个人取代旧式的服务补贴（在住房领域里，但也包括别的领域，例如最低收入保障）深刻地改变了“街道官僚”（street-level bureaucracy）的功能的定义。这两种补贴的不同后果我们已经指出过：直接补贴切合自由主义的观点，它“将互相依存的关系简化为一笔单纯的家庭补助金”，而且
343 以消费（或者说，进一步刺激消费）为唯一目的，而不是引导或调

---

① 据观察，加入公共服务部门的人，特别是那些进入“基层官僚体制”的人，都有一定程度的献身精神，认为自己的工作对社会是有用的（M. Lipsky, Street-Level Bureaucracy, *Dilemmas of the Individual in Public Services*, New York, Russell Sage Foundation, 1980, p. XII）。

整消费结构。[①] 于是，国家政策的指向从分配结构本身变成仅仅调节经济文化资本的分配不均，国家政策最终成为一种面向“应予资助的穷人”（deserving poors）的国家慈善行为，正如全盛时期的宗教慈善那样。于是，在工团主义和动员机制被削弱的局面下，这种新形式的国家行为有助于把（可能被）动员起来的民众变成零散的穷人的乌合之众，即官方所说的“被排斥者”。尤其当这些人“引起问题”的时候（甚至仅在此时），或者为了提醒“富人”拥有稳定工作的好处，这个提法才会使用。

赤贫无产者的学校

必须看清国家及其政治决策的这种转向，才能理解我们当今“实地”见到的被国家（或地方政府）任命的“社会工作者”所身处的“危悬”局面：在那些国家越来越弃之不顾的居民点和郊区里，国家公务员为穷人提供最基本的公益服务，特别是在教育和医疗方面。对国家的矛盾他们有切肤之痛，往往造成严重的个人悲 344
剧。尤其在职守和住房方面，摊派他们的任务常常极为庞杂，相互矛盾，可供支配的手段却永远微乎其微。这些也许最富悲剧性的矛盾部分是他们自己的行为造成的，例如学校使之产生的希望和失望所引起的行为。

这些人每天同经济和文化上的穷困阶层打交道，既然家庭在孩子身上遇到的许多问题——包括孩子本身遇到的许多问题——都直接或间接地跟教育体系有关，那么对此他们怎么会不了解或者视而不见呢？这些“年轻人”经常被说成难以形容、前所未见，这些说法其实跟学术上所说的追求耸人听闻的报刊文体是一回事。决定这

① C. Gruson et J. Cohen，Tarification des services publics locaux，Paris，*La Documentation française*，1983，p. 47-48；P. Chambat，Service public et néo-libéralisme，*Annales ESC*，3，1990，p. 615-647.

些人的特点的真正原则大概不应该去别处寻找。在行为方面，尤其是从他们与前途的关系看，赤贫阶层的特点这些青少年全都具备，而且深受上学日久的长远影响。

关于什么是这些青少年的主要体验，所有的说法大概是一致的：由于没钱和缺少交通工具，他们感觉自己被牢牢拴在一个破烂的地方（一个“烂摊子”），无法摆脱各方面都走下坡路的命运，这似乎是一个劫数，压得人喘不过气来，或者是脸上的一记烙印，使
345 得他们无缘从事工作、娱乐活动和享受消费品。更严重的是，先是学校，后是劳务市场，他们屡遭无情挫折，这种体验使之无法或者没有勇气合理规划自己的前途。不过，人们没有看到的是，这种时间的体验正是赤贫无产者的特点：由于对当前无能为力，他们不是完全放弃未来，就是追求变化不定。这种植根于生存条件的体验对未来全无把握，内心纠结于既被教育体系启发又被其扼杀的追求。

这些年轻人缺少文化资本，学业受挫几乎是必然的。往往到了相当大的年龄，生活条件仍然促使他们不顾一切地拔高自己的追求。由于学校使他们在一个时期内脱离了生产活动，割断了他们与职场的联系，从而打破了工业再生产的“自然”循环（以尽快适应受支配的岗位为基础），这就导致他们不愿从事尤其是工厂里的体力劳动和拒绝工人生活。学校虽然使他们拒绝唯一行得通的前途，但是没有为它许诺的前程提供任何保证，而且最终通过学习评定的命运效应，教给他们如何拒绝它。这套机制无疑在外籍青少年身上最见效，尤其是马格里布裔青少年：他们已经在教育市场上受阻，在劳务市场上，他们的负面象征性资本也惹来麻烦。这种资本不仅
346 包括无法改变的相貌形体，也包括姓名和讲话口音，今后还会将居住地包括进来。

这些结构性因素体现出这些年轻人如何看待时间，因而也体现

着他们与工作的关系，它们能够解释性情不稳定的年轻人与临时工作的紧密联系。然而，如果不考虑其他几个因素，则仍然不能全面地说明尤其是“偏差”青少年的倾向和做法。首先，政党和工会渐趋消沉和没落。在以往所谓“红色市郊”里，动员机制不止于通常说的“引导和协调反抗活动”，而且在某种意义上“持续不断地包揽”整个生活（例如组织体育、文化和社会活动），从而使反抗活动乃至生活都具有某种意义。

其次，家庭结构的危机不仅对马格里布家庭影响尤其巨大，而且是此类家庭及其子女与其他移民家庭的主要差异。这些家庭的生育率极高（随着经济文化资本的提高，它会降低），很难适应全新的社会环境所无声要求的（极为广义的）教育计划。另外，无论在生活方式还是在精神追求方面，直到整个世界观，没有或者很少从事社会交往的父母和在长期上学影响下的子女，两代人的差异很大。这种差异有矛盾的后果，至少是一种悖论：对于年轻的移民来说，学校是一种机会，能够使他们既发现和体会到自己完全正当地 347
归属法国社会（而且多少明确地归属基于普世主义追求的民主文化，例如抛弃种族主义），又能够体验到经学业评定所确认的事实上的排斥性。家长们则只好承受子女的所有心理冲击和苦恼的反弹，既无力为子女提供生存手段，也无力向他们证明生活真谛，使之摆脱多余的化外之人的感受。他们往往因为失业而被排除在经济和社会生活之外，与故乡也断了联系。而且，看似悖谬的是，在这种社会住房里，他们感到很孤独，情况因而更加严重。社会住房是根据现有的公寓和收入情况分配给家庭的，不像贫民窟那样，根据亲属关系聚居。他们对当前提不出任何愿景，对未来更是如此，他们很难控制子女被学校交往和商品社会刺激起来的消费欲望。困扰社会的消费商品他们既买不起又无处不在，通过电视和每天塞满信箱的小广告、街头驶过的豪华汽车、超市，甚至深入家庭生活内部。

两代人之所以同居一室，是因为暴力在这种环境中会严重升
348 级，谁也帮不了谁，社会沦落难以阻止，也没有其他保护网。也因为“轻罪”（例如经常被当成一种游戏或挑战的逃学、小偷小摸、偷汽车等等）和突发的群体暴力（例如年轻人把他们曾经要求设立的场所和设施破坏掉）逐渐变成一小部分人主动的和有组织的行为。帮派从在校期间就开始肆虐，它压制试图摆脱它的人，使之沦为赤贫无产者，从而能够对难以从事有组织活动的零散群众施加影响。深受其害的人们要么完全顺从，把痛苦和仇恨藏在心里（这是种族本质主义不加区别地笼统谴责的根据），要么一走了之，其后果只能是加剧他们所逃离的地区的衰落及其背负的污名。

再造历史

一些地区从国家要地变成最贫穷的社会地带，原因很多，笔者认为有必要举出几条，同时在导致一种无人料到和愿见的局面的各个过程中，特别强调了无疑更为复杂的政策的方面。然而，这样做不是要放弃揭露和审判的逻辑关系，而是为了尝试采取一种理性行动的可能性，以便摆脱或者再造已经成为过去的历史。

349 的确，为这个局面找到一个言之成理的解释体系并非易事。被贬黜的地区及其居民引起的种种问题已成政治斗争的焦点，可见，那些以极其空幻为特点的解释必须打破。这种解释之所以没有立即破灭，全靠召唤西方传统中的陈腐幻象（我说的是那些种族主义的转弯抹角的蹩脚解释，连伊斯兰教传统的特殊性也被拿来解释一种极端的和不变的外异性）。因此，一方面，不可从中仅仅机械地看到一条责任的链条，另一方面有必要揭示新自由主义政治与国家撤离所强化的空间隔离之间的联系，这种新自由主义政治旨在使小资产阶级跟集体住房和“集体主义”脱离关系，并使之与私有财产——无论是其个人独栋住房还是在共有物产内的公寓住房——挂

钩，也就是说，与现存秩序挂钩。与此同时，有必要揭示这种隔离——连同其最显而易见的后果——与“本国人”和“移民”的对立的地位之间的联系，这种对立在当今政治和其他领域里已经取代了迄今最凸显的“支配者与受支配者”的对立。究其原因，在于动员机制及其克服困难的能力都衰退了，这既因为国际主义传统在理论上重振旗鼓，也因为在实践中出现了一种“新型的依存关系”。此类困难源于同居共处产生的摩擦——就在工人内部，甚至居民大多为“本国人”的地方［例如那些最出名的“居民区”，古尔诺夫的“四千户区”，曼盖特街区和维特里镇（Vitry）的巴尔扎克居 350
民区］。

国民阵线将全部策略建立在利用排外主义和种族主义的基础上，随着这个政党在政治舞台上的异军突起，整个政治辩论或多或少都是直接围绕着移民问题展开的。对立的团体——尤其是政党和工会——是以政见原则和合理的分工为诉求的。在它们的政治斗争当中，如何再分配已经成为中心问题，与此连带的问题是确定哪些人有权声索与国籍归属相关的惠益。正是在这个问题上，由于自命有权独享公民身份带来的经济和社会益处，受支配的公民会觉得自己跟居于支配地位的公民同属一个针对“移民”的阵营。

现在我们看得很清楚，政府放弃或撤退如何造成了一些始料未及的后果。就其实质而言，这些后果至少从未有人真正愿意见到，它们最终将威胁民主制度的正常运转，除非一个有决心将公示的意愿付诸实施的政府立即采取毅然决然的政策，消除这种威胁。

完不成的任务 351

为了响应我在一个社会公益工作者的研讨会上的呼吁，帕斯卡自告奋勇，愿意提供她的见证。我们会面的那个时期，她正在法国北部一个中等城市F市担任项目主任。按照她自己的说法，她的职责很模糊，因为根据合同，政府既付给她薪酬，也可以解雇她。然而，合同上说明，她听命于“市长的权威”，可是“首先跟市外的一个机构建立联系”：“这可真是一笔糊涂账，我既必须服从他的权威，同时又是独立自主的；我既得向他报告，又得听命于他。”为了把事情办好，她不得不跟各地形形色色的人打交道，这就使这个工作加倍含糊。在政府方面，她得跟17个省政府部门［省级设备管理局（DDE）、省级卫生与社会行动办公室（DDAS）、地区文化局（DRAC）、青年与体育管理局，特别是国民教育管理局①］对
352 话，那些部门的负责人彼此几乎从不见面，她几乎总得央求他们（其实后者在当地的专项活动理应由她协调和组织）。在地区、民选代表和技术人员方面，民选代表决定预算，决定着交由她支配的手段。

帕斯卡以前在附近的大城市T市里担任过类似职务，因而能够对两种经验作出比较。在T市时，她隶属廉租房办公室，而不是镇政府，因而握有实权。与现在的情况是不同的。“我就是廉租房办公室重建计划的项目主任，大权在握。因为我是合住房的业主，所以我有权力和义务，重新安置家庭、寻找资金、启动工程和分配新的住房。”由于在这个职务上，“协调工作早已开始”，并且能够获得已经动员起来的组织的帮助，这就使她能够履行她的主要职能之一：“改善人际关系”，首先是改善居民之间的关系，例如在养猫老太太的事件上。然后是改善居民与镇政府和国家之间的关系。这样一来，达到一种名副其实的自治的条件便齐备了，“最终做到了住

① 下文将涉及的其他机构及缩写：工商就业协会（ASSEDIC）、家庭补助基金（CAF）、终身干部工联（CSCV）、街区社会发展处（DSQ）、最低失业补助金（RMI）管理署。

房由居民代表们来分配”。这时，帕斯卡发现，任命她的机构“再也忍耐不了她了”。她的成功也是她的失败，因为她把合同完成得太好了，悄然放走了最主要的东西。左右为难之下，她感到任命机 353
关和正式赋予她的职能有一种原则上的矛盾：重振街区生活，居民参与管理，这些说法都是一些大话，是技术官僚们给自己贴金的虚张声势。

两种经验的比较已经把这一点显示得很清楚。在T市，由于她对受命处理的问题的一个方面——住房——握有实权，她能够深入地行动，把交给她的使命的极度矛盾的意图揭露出来。她在F市是单打独斗，全靠纯为象征性的信念和说服力，很快她就发现她根本满足不了人们的要求，而只能提供人家不想要的东西（例如不过是失业的补救办法的“培训班”)。对于上级要求她改变的局面，真正能够改变的根本不取决于她，而她能够支配的东西根本于事无补。“我很清楚，这个街区的人们所要求的只是一份工作。(……）我给不了他们的正是这个东西。”她还说：“社会公益工作本身有一个矛盾，办法得由街区发展处的项目主任去想，而且向各个部门提出。可是矛盾还是有，因为一旦找到了什么，我们就会说：‘这事得建一个卡号才行。’(领导部门的）回答却是：‘这事入不了我这儿的财务账目。’”

由于缺少以前的岗位所享有的特殊条件，帕斯卡遇到了任何社 354
会行动都无法避免的两大难题：一是一些人被一连串挫折和失望弄得懈怠和沮丧，他们已经习惯了逆来顺受。二是陷入僵化的陈规旧习和预设条件（“立案”）的领导部门四分五裂，什么事情也不干。他们在技术官僚的某种“社会官僚主义”的命令下实践民主制度时，空前地无所作为。社会公益工作者们只能尽其所能，拿出尝试摆脱困境所必需的诚信和最低限度的希望。他们不得不同时在两条战线上连续战斗：既要对付那些往往对自身利益，更不用说对集体利益感到沮丧、无心争取的人们；也要对付那些分裂的上级部门和官员。它们各自据守地盘，正如我们在实行失业补助时所见，发放失业补助金和保障就业由不同的服务机构和官员承担。当官员们遵照“上头的指示”，“一夜之间”转入“社会公益工作”时，一方面是社会救助工作的逻辑（它要求有预见力的斗争精神或者富于灵感的义举），另一方面是官僚制度及其纪律和谨言慎行，二者的对立表现得最清楚，特别当第十个计划公布以后。“从一种创造性的、凭借信念和依赖人际关系的工作，转入一种制度化的工作：真是大难临头！……”

355 无论马克斯·韦伯怎么说，奇怪的是，僵化的官僚机构只能凭借那些职务束缚最少的官员的主动性、创造性，甚至个人魅力，才能够或多或少地运转。官僚制度如果顺从其自身的逻辑，无疑会彻底瘫痪。这种逻辑包括：基层的行政划分照样复制分为独立部会的中央权力——以至于采取不了任何有效的、全面的行动；必定不断地被“传达来传达去”的文件；决定着官员想象力的官场层级（“这可是出乎人们的预料啊”）；各种兼顾慎行、审查和监督的委员会。官僚部门的划分引起的矛盾无疑为一些人提供了做手脚、发挥创意和自由的空间，他们打破官场的常规和制度，为捍卫官僚制度而反对官僚制度。

356

法国北方的一位项目经理

采访者：皮埃尔·布尔迪厄

“我知道的太多”

帕斯卡：我在T城生活了六年，将近七年吧。离开的原因是我那阵子心情低落得不行。我已经一点一点地编织起一个人际关系网，全凭我有时间，那儿的气氛也很活跃，有一大群人，都是居民代表，男的、女的，退休的、年轻的，连正在上班的人也有。这些人除了工作和家庭以外，还得花时间在别的事情上，真是不容易。另外还有一些女社工，说起来，我跟她们是对手，因为我代表廉租房办公室——是提供住房的，她们是要房子的，是坏房客的代表……

[跟女社会工作者打交道，起初很困难，后来在第九个计划期间逐渐改善。相关的社会工作者往往是不要报酬的义工，把自己的很多时间花在参与计划上："这样一来，我们一开始就可以对参加者进行挑选，一个活跃的群体已经有了。"]

改善人际关系

帕斯卡： 这样，几年之后，经过部分地依靠义工和志愿者完成的工作，一些关系建立起来了，问题就能够摆上桌面了。不过，这只是在数年之后，没法一下子达到……即使在我现在工作的F市，头一年我也只是着手熟悉一个新地方的各路人士。我很清楚，得等三四年才能让他们信任我，还是要花一点时间的。我能够了解到真正的问题，是因为我本人就负责T市廉租房办公室的工程。这是一 357
个"繁重的"重建计划，我们只好让所有人都搬迁出去。我要做的头一件事，就是给这里每一个这样的家庭找到安置房，这使得我扮演的角色特别重要，因为我得亲自跟这些家庭打交道（……）。我知道谁在家里住，知道他们以前住的是什么样的房子，他们曾经被安置到什么样的房子里，所以我熟悉他们，后来也认识了社会工作者，女社会工作者，还有房客代表，他们跟我谈到的人，我大多是自己认识的。

[…………]

是的。那好，我就给您举一个有趣的例子，我们在T市终于能够坐下来谈了，一个月一次，有廉租房的代表，也就是我，有住户代表，是志愿者，我信任他们，因为不是随便什么人都能加入一个谈论别人私生活的团体，有的居民你就不能肯定他不会到处乱说，这些人你无法真的信任。那些女社会工作者，你不能各个都相信，因为她们熟悉很多家庭，她们的任务是提供帮助，特别是她们不是为了把这些家庭的弱点告知别人才做这个事的，不然会使它们失去领取补助金的机会、分到廉租房的机会等等。所以，我们最后围着桌子坐下，一起讨论某某人的情形。举一个某种行为的例子：某某人被人投诉，因为她养了好多只猫，猫狗都有，到处撒尿，把楼门口弄得又臊又臭，（……）这位太太还要求搬家，也许为了住得离朋友近一些吧，究竟是什么理由，我想不起来了，反正不是很要紧。可是，等一等……我想起来了，理由就是［笑］……她的房子脏得没法住人!

［…………］

有些人就是这样，这是他们过日子的方式。这里当然有钱的问题。为了少花点取暖费，有人把门缝窗缝都堵得严严实实，不开暖气，空气不新鲜，湿气聚积在屋里。他们没有钱，就不重新粉刷，
358 不换地毯，这样一来，墙皮一点一点地剥落，糊墙纸粘不住了，墙漆起了泡……越来越严重。灰膏或者黏泥都变潮了，到了一定时候，整块天花板就会哗啦一声掉下来。其实，这都是一些金钱上的理由，你不得不知道，不得不考虑。再就是生活方式。他们怎么弄到这一步了呢？有时候，几年当中，一个女人死了丈夫，以后就什么都不在乎了，或者相反，分手、离婚、丢工作、失去一个孩子，然后就一切都撒手不管。到了这个时候，行为方式就起了变化。这里头没有金钱上的理由，可是他们对怎么用钱不管不顾，随它去。还有一个是家庭的问题，这个比较难办，因为是从祖父祖母那儿开始的，父母和孩子都是这么长大的，我看不出怎么才能改变。

［…………］

我告诉养猫的太太："您要搬家我不反对，可是您先得把现在住的屋子打扫干净，才能搬走。"这个不太好理解，因为正因为住不下去，人家才想搬出去的，你还得告诉她"把屋子打扫干净"。(……)可是，这正是房客的义务之一呀。因为她搬进来的时候，房子是能住的。搬走的时候，房子也应该是这么个状态，不然你很快就会接到一份一万五千法郎的罚单。所以，好多人不愿意换房子……于是，我们就要求这个人，让她明白，跟她在一起的是一位女社会工作者，她能够转达信息，因为假如是廉租房办公室来的代表，那就是"宪兵"，有拒绝她的要求的一个"借口"。一位帮助她的社会工作者就完全不一样了，她是来支援她的，其实就是一位社会和家庭福利的顾问，她正好让她明白，房子应当打扫干净，既然她一个人做不了这件事，我们就叫来几个街区的年轻人，他们已经被雇用来干油漆工程。这些人把她的房子涂了漆，把地毯也换了。

这里头有一条完整的链，总共七个人，邻居、保安员、街道积极分子（也就是关心街区事务的邻居）、社会工作者、廉租房办公室工作人员，其实是管理局里分管住房分配的那个部门，大家都参加进来，好让这位太太改变她的居住方式。在这个事上，我们要求 359
她跟一部分猫狗分开住。她照着做了。我记得有几次不那么顺利的讨论，因为我本人也不太知道那些猫和狗的年龄。只有那位社会和家庭福利的顾问清楚，她说："好吧，我们让她跟这条狗分开住，不用跟那条狗分开住。"这样，讨论得很细，花了很多时间在重要的细节上，这是人家的生活呀，直到狗有多大这种细节。总之她最后与猫狗分开住了……留下了一条狗。然后我们就让她搬家。我后来离开了T市，这件事后来怎么发展的，我就不知道了，不过只要继续跟住户们在一起，而且很亲近，就能搞好这样的安置，不然那位太太会被赶走的……这件事只是一个例子。（……）当我进入操作阶段的时候，被空降到街区的时候，协调工作好几年前就开始了，所以我有不少对话者，积极分子，街区住户当中的积极分子。

——是家庭协会吗？

帕斯卡：确实如此，我认识的最活跃的人，他们都是终身干部工联（CSCV）的成员。不过那个协会代表的人不多。

——这些人扮演的角色有点像侦察兵、瞭望员，对吧？

帕斯卡：是的。他们走在事端的前头，对负责人提出质询，我被聘用的时候，必须在某月某日就开始第一天的工作，因为主任要求我提前露面，因为他接待过几个前来质询的居民代表，他们问他："您不是要接收一个新人吗？您马上就要聘用这个人了（我当时还没有受聘）……那您将问他什么？"那个晚上，我就在主任的办公室里，面对两三个人，都是属于终身干部工联的成员的住户，加上街区社会福利中心的主任。他们几年以来就已经习惯经常碰面、讨论和一起工作。所以说，那时已经有了一个协调的平台。

——这些人的职业呢？

帕斯卡：都是退休人员。他们有的是时间。我后来又认识了一些正在工作的人。可以说，这是一个相当强大的团体，使得一些工
360 作之余对某种事情有兴趣的人也加入进来。

——您这指的是什么？

帕斯卡：我想到一位在大型超市工作的人，他注意到，因为没法出售，有些商品一旦包装破了或者标签掉了，就都丢到垃圾桶里去了。于是，他争得超市管理层的同意，把它们分发给没有生活来源的人。

——这事他得经过您吗？

帕斯卡：他在我来以前已经这么做了。他看到街区里有一个相依共存的关系网，就参加进来了。这个网络很起作用，什么事在街区里都能办到。基本上各方面代表都有，因为我跟女教徒们实际上

只有间接的联系，跟我有直接联系的倒是一位跟本地青年人一起工作的基督教青工会（JOC）的神甫，还有已经退休的住户，社会福利中心和那里的女主任和社会工作者，好多机构的公益工作者……跟我一起工作的还有家庭补助基金、社会保障部门、国民教育部门、市政府，也许还有我还不认识的别的部门，可是……

——你们是定期会晤呢，还是利用某个机会，专为某一件事情才会晤呢？

帕斯卡：最初是在我跟社会福利中心的住户见面的时候，他们要求我按照某种方式组织我的活动，我就答应了。他们要求我在街区里值班，逢农贸集市的日子，他们找了这么个地方，因为我在那儿能见到更多的人。不久他们就把地点分成三处，每一个都有自己的规矩，财务也分开了，所以说，一切都真的很不错，组织得很好，我们知道要干什么，而且慢慢地就都知道，我们每个礼拜一上午都要见面。(……)

廉租房管理局不支持我了

——这一切发生在哪一天？

帕斯卡：从 1983 年开始，1988 年就结束了。

——怎么会结束呢？

帕斯卡：我想是因为我不在 T 市工作了，工程就收尾了。

——就是说，机构留下来了…… 361

帕斯卡：不不，没有。

——那个机构没有了？

帕斯卡：彻底消失了。实际上，我觉得一停止在那儿工作，我就彻底心灰意冷了，因为廉租房管理局不支持我了。

——这个倒是令人惊讶……

帕斯卡：他们无法忍受这个跟权力对着干的组织。

——那就是说，在住房分配的问题上涉入太深。那么他们跟廉租房办公室有哪些纠纷？

帕斯卡：这个他们从来没有公布。

——各方面都有纠纷吗？

帕斯卡：是的，各方面都有。最后变成对我这个人有疑问，我太独立了，过于……对于某个人，也只能这么说……

——说你搞破坏吗？

帕斯卡：是的，搞破坏，坏脾气，犯上。廉租房办公室有过变化。开始的时候，我有过一位主任，他说："我信任她，我要她来组织一切。"我也是这样做的。后来市政府有变动，廉租办的高层换了人（……）。为了谋生，我不得不离开，被除名了，被廉租办除名。我心想：这是谁干的，民选官员还是廉租办的高层？我是个技术人员，是不是在政治上碍人家的事儿，让民选官员为难了？还是说，廉租办的工作出了问题？我最后还是觉得是廉租办的工作有问题，不在于别的。它的管理层打算用老办法行事，把我做的工作一笔勾销。

——尤其是你在住房分配上的工作吧？

帕斯卡：一笔勾销各个方面。是的。整个权力（……）我想，我这个人知道的太多了。

——那就是说，一切都完了，所有跟您共事的人都完了，社会工作者、退休人员……人人都完了……

帕斯卡：那倒不是，我觉得他们人还在，仍然在积极活动，可
362 是人少多了，因为计划改变了，这个团队只剩下居民代表了。那时有三个组织：廉租房办公室、社会服务中心、居民。居民做了一些相当新奇的事，雇了一个秘书，通常只用一个不领酬金的义工，这个做法正相反。他们采取的路子是"我们要做的工作准确无误，是技术性的。我们要像雇主那样行事"。

居民代表终于能够分配住房了

——换句话说，你们做的事有相当的颠覆性。这些协会什么的，很受人们爱戴，都是为了获得民主制度的荣誉感："我们平头百姓有个协会""我们有个街区协会"等等。可是，这些机构都没有什么权力，人们需要的时候才咨询一下，才倾听你们的意见，都是在某种意义上的无下文的宣泄渠道，不过您本人倒是做了一件很不同的事，您这么做就把一种真正的权力整合起来了。

帕斯卡： 正是。

——换句话说，您这是从事某种完全不同的基层民主……

帕斯卡： 跟常规很不同。

——所以这让人很难容忍，因为您让有实权的人参加进来，说话算数，对住房分配可以提出不同意见……

帕斯卡： 没错，我们做到了这一点……

——……对于在这个问题上握有大权的部门，你们这样做当然通不过，因为民选官员，那些干部是不会喜欢的。他们失去了全部权力。

帕斯卡： 正是这样。一步一步地，那些愿意为街区做事的居民代表终于能够分配住房了。他们是我唯一的对话者，我们之间也是逐步建立起信任的，有了一种互信。有一位活跃人士最后成了廉租房办公室的领薪职员。她负责探访样板住房。我觉得这是一件特棒的事，因为她为街区写报道。人们不光为了看看公寓什么样才来的，他们还要求我们不太了解的其他东西。她能够回答他们的问 363
题，例如有关学校的问题，她能够说出"有这个，有那个"，或者是"我认识某某人，对这个问题我认识某某人"。

——您周围有多少人，都是些什么人？

帕斯卡： 唉！人不多。

——五十个人左右，三十人？

帕斯卡：没有这么多，人数也总在变。

——都是些什么人呢？退休人员、教师、职员？

帕斯卡：都是住公寓的人，退休人员居多，因为他们了解的情况多，也有工夫。我遇到的领薪人员很少。这是因为，正相反，我看见来了新住户，一些年轻夫妇，他们都忙于上班、带孩子、买东西等等。所以，我看不见他们。我见过一些不上班的妇女。或者是做点家佣零工的妇女。我见过失了业的男人，三十多岁吧。所以，这些人有时间来我这儿，在这儿还能找到一个交谈和相互认识的地点。这才是最重要的，参与和有一个……

——当成一根生活的支柱。

帕斯卡：正是，生活支柱，一种生存方式。(……)

——这三十几个人当中，有社会公益工作者、社会工作者、辅导员什么的吧？

帕斯卡：教员、辅导员、街坊会聘用的领薪秘书、社会福利中心的社会与家庭福利顾问、家庭补助基金的、社会保障局的、市政府的、国民教育部的，都有。那些社会福利工作者比一般官僚更关注这些问题，也比较远离官僚制度的逻辑。

——换句话说，他们是派到第一线的人……

帕斯卡：而且一出事，就是他们的错。

——可能会被撤换下来的第一线人员……

帕斯卡：没错，他们的任期没有保障。

——可是，如果他们办成了事情，例如您搞起来的那种组织结
364 构，那就会很令人尴尬，因为那会带来改变……

我连一个说话的人都没有

帕斯卡：对于人们所期待的东西，我能够以知情人的身份谈

谈，因为没有过滤网。我是亲自去做家访的。这个最要紧。这比我现在的角色要多出很多东西。我现在在市政府，得通过中间人才能跟居民见面，我对他们没有权威，市长才有。而且我必须说，就我个人来说，我本来可以做别人做过的事，挨门挨户地家访，直接跟人们接触。我觉得，这是因为我有过这方面的第一次经验，可是还没有打算［在F市］再次这么做。我心想："去见人，就得给他们带去一点希望。至少有一个人上门，跟他们提出……他们期待这个人能稍微改变一点他们的生活。"再说，我不是唯一能给他们带来希望的人。小学教员也可以做到，社会福利中心的主任也可以做到，只要他愿意改变他的……我呢，我只能改变一点市政府的态度，还有过问街区事务的各方，也就是那些大名鼎鼎的管理部门和它们的地方代表的态度。我的任务是改善人际关系，把资金带进来，然后走人，消失。所以说，如果这些人不干正事，不立即做事，不亲自做，我就推着他们去做。如果他们不做事，我就总是一个多余的人，给他们捣乱的人。(……)

——如果一个体制内人士试图摆脱这个体制，就像您这样——也可以是省级设备管理局的某位青年工程师——在一段时间里，在内部弄出一点响动，然后一走了之，要么被赶走，要么感到厌倦……

帕斯卡： 他会感到疲惫厌倦，是这样的。

——然后他就放任一切，对吧？

帕斯卡： 是的，因为感到精疲力竭。

——有人会感到精疲力竭？

帕斯卡： 是的，精疲力竭，完全是精疲力竭。

——而且管理部门的职工没有一个协调性的组织，跟街区没有协会一样，管理人员也没有一个（广义上的）有新意的协会，能够…… 365

帕斯卡： 在我看来，眼下最严重的事情是，例如在F市，由于我是一个能够对街区的需要做出分析的人，我可以把它传达给市长，“跟某某人一起有所行动”。一个街区最重要的人物是廉租房的推销商，可是他级别不够，他不到街区来，不跟人们见面，管理部门的人也不见踪影，什么都不做。我虽然能够描写、理解和传达一切事情，可是如果他们决定什么也不做，也就是说，蒙上脸假装看不见，我就连一个说话的人都没有了。

大家都不露面

帕斯卡：那么，我们能做什么呢？这个时候，我们可以在住房上、休闲上做点事情。为了让人们重拾信心，任何领域都可以考虑。所以，我们应该在所有的事情上做点什么，可以使所有的事情……（……）最要紧的是使每个人重拾信心。可是，社会生活各个方面的随便什么变故，生活中可能发生的任何事，都会让你失掉这种信心。不过，这是笼统地说。所以，应该在这个方面有所作为，给每一个人找到适合个人的办法。因为我觉得，人们头脑里都在想……我可是筋疲力尽了……到头了……完蛋了。得找出一条出路。我觉得人们脑袋里没有……都认命了。

[…………]

没有人露面。一点动静都没有。这个我知道，因为整整一年里，我试了各种办法，也不缺少沟通。我们寄过信，说“你们市长如何如何”。也许市长露面不多，因为人们分不到廉租房就向市长呼吁。市长不在，有人值班，他们可以直接去市政府，可是他们不来市政府，不来见市长。别的办法也有，要求市长来见他们。现场见面会安排在一个公众地点。我们尽可能按照最好的条件安排：廉租房管理局和市长同去一个地区，同一个地点，就在街区的中心地
366 带，同一个时间，这样人家就愿意来了，用不着费好多事。我呢，我就写一封信，投进每一个信箱。信写了上千份，每个人一份，市

里派人徒步投送到信箱里。人人都收到了一份邀请信，有市长签名，说是“某日某时我会来贵府附近的某个地点，希望能见到您”。投送我们至少用了10个人……

[…………]

在我的印象里，他们觉得我们这么做毫无用处。我们必须再深入不可，因为我觉得，群众什么话都不说才是最危险的……。有时候，沉默可能是爆发的前奏。

[如此说来，居民与社会工作者当中有隔膜，更不用说居民与互相推诿、互不理睬的管理部门之间的鸿沟了，因为后者听任个别人——也就是众人或者说无人——关注和料理公用事务。于是，在某种意义上出现了一个“无人地带”，被遗弃和衰落的命运在所难免。]

帕斯卡：第一条分界线出现在经营住房的推销商和管理屋外空间的市政府之间，所以有街道和屋内之别。照明设备是一个经常引起纠纷的问题。住户往往不清楚，打破的灯泡究竟应该由谁负责换新，是归廉租房管理局呢，还是归市里。

——也就是说，他们本来应该知道向谁去反映，这件事该谁做，因为每个人都可以说……

帕斯卡：该谁做！……回答是：“不该由我做，得另外找人。”因为，在办公室接电话的那个人往往自己也不清楚。既然这个问题涉及地产，那就得知道走公家的路子还是走私人的路子。好了，除非是住在这儿已经好多年的人，否则头一回听说这事的职员自己也不清楚。

——这就引起了一个问题：谁来开这个头？因为，说到底，人们可以去……

帕斯卡：是的，“我才不管呢，反正会有别人来管”。

——再说，如果打算宣布这件事，他们得知道向谁宣布啊。

367 **帕斯卡：** 是的。这还得看有关负责人是不是有良好的意愿。

——这个嘛，成立一个机构去处理这些人们共同面临的问题，那可不是一件容易的事情，因为……

帕斯卡： 人们的习惯很难适应它。

——随着时间的推移，事情越来越难办，冲突也逐渐显现，解决问题更难了。因为没有一个裁决机构。

帕斯卡： 根本没有。有些廉租房楼群［说到T市的情形］，退休的人在那儿过日子，正常日子……得到了住房，安顿下来，他们工作了一辈子。有些人靠1977年的金融改革，获得了一点地产，可是有些人年龄太大了，他们说："不行啊，这不是给我们预备的，我们的公寓挺好，我们还是留着住吧。"所以，我认为，买一所小房子，这个想法他们没有，他们很满意自己的住房、自己的街区和环境、自己的生活。等到经济危机一来，变动也来了。来了另一类居民，他们来这儿是因为没有选择。所以，时代不同了。来这儿的居民不是因为找到了工作，而是因为没有别的地方可住。那些提出要求的人、露面的人，都是退休人员，他们习惯于捍卫自身利益，习惯于说出要说的话，因为他们有这个权利，所以就接着发出声音。有点什么事情，哪怕是细枝末节，他们也要说出来。如果办公室没有人听（那就在他们住处的楼下），他们就会打电话来，就会走出家门，去廉租房管理局，去市政府，他们就要表明态度，让你们知道。

这个从来就没有

［只有配合常态化的努力，一个一个地说服管理部门，"现场办公"才有意义。这些部门故步自封，根本不打算支持社会工作者"超越官场"的行动。］

帕斯卡： 我经手过一个案例，已经受理的，而且让打算拒绝我的人十分光火。这里头，我经历过做决定的各道程序……有点像出门打猎：谁出钱？此人口袋里还剩多少钱？我会让他高兴吗？还有，千万不可说出去他还有余钱。这是一份协议，像地毯商人似的。 368

——那是一个什么样的案例？

帕斯卡：是一个我给现有的商家争取到重建资金的案例，跟其他任何案例都不一样。只有从事商务的才可能获得商务资金。不难想象，各个居住点都有大型居民楼群，可是缺少商家，大家都觉得没有商家是件很烦人的事。你得把它们招进来。我管的那个街区正好是个老旧街区，那儿的商家都可以说有四五十年的历史。我打算做的是，维持这些已经有的商家，这在任何地方都没有先例。因此，没人回复，都说不接我这个案例。我试过好几次，甚至找到政府商务和手工业部，因为我在当地没有代表。那是一个很小的部委。出来了一位官员，列举了好多标准，结论是：商务重建资金嘛，没门！至于住房重建资金，那倒是……

——比较容易。

帕斯卡：人人都能得到。我办理的住房重建争取到了大批资金，最后只剩公寓楼脚下的几个小单位，什么事儿都没有。我甚至拒绝了一位建筑师给它们涂一层油漆。他说："我搞好了一大片房子，翻修完了，涂好了漆，现在跟新的一样；还剩下四个单位，像四个肉瘤子。"他还说："你真的不让我搞完吗？"我说："我会的，可我这是故意的，因为我要争取商务资金。我得让人看到，资金我弄不来，也不能动用住房资金来干这个。"一听这个，建筑师灰心丧气地走了，因为他的工作完成了一半，而那几个"肉瘤子"还在那儿。我于是就让人来看，跟他们说："瞧见了吧？涂不成漆，我没这个钱。""那好。我们研究研究你这个情况。不错，你这个案例有点意思，确实有点意思。"过后他们又来了，我看见了那个总是待在办公室的人，这个人往返多次，在火车上还要工作，精疲力竭，还为我的这个案例尽力，结果是告诉我："这不可能，没有先例。" 369

［经过反复争取，帕斯卡终于说服了两位部里的官员。他们从一笔剩余资金里下拨了商务重建所需的资金。］

他们找到了最便捷的办法

［为了迅速将一个官场决定付诸实施，纯粹的政治考虑促使将失业补助金交予家庭补助基金（CAF）经办。因为唯有后者拥有全国性的网点，而且能够把发放补助金与找工作和监管合同区分开来。］

帕斯卡：在我看来，失业补助金不过是一个诱饵。它的出发点很好，好极了，可是实行起来失败了……彻底失败。（……）签订返归岗位的合同没有完全准备好，这个人们事后才想到。所以说，谁来投入资金？重要的争论持续了好几个月，然后才求助于家庭补助基金，因为这个基金会有经验，有办法弄这个，补助金都是由它发放的，所以说，他们最终找到了最便捷的办法……可是有些人要求……尤其是社会福利中心，那些跟家庭直接打交道的社会福利工作者，他们明确地要求（这一点我可以肯定），由他们直接领取这笔款项，确定返岗合同，他们要求有这种交换的能力。“我来给你们钱，补助金和返岗合同，也就是说，人们从补助金领取者那里所期待的东西，由我来看管，让它切实实行。”

我认为，出于迅速实施的理由，事情不是这样的，因为全法国各地的情况很不一样，而所有的家庭补助基金都采取一个差不多相同的模式，可是社会福利中心很不一样，而且肯定有些部门你是顾不过来的。如果要保证全法国所有人都能领到就业补助，那这个工作量就太大了。如果家庭补助基金发放补助金之后，还得决定谁来处理返岗合同，一年以后你就会发现事情原地踏步。还是那句话，
370 这个事取决于有能力做这个事的人，取决于每一个人的意愿……还得有一些人物来推动，得有一些志愿者让它切实得到实施，而且依

照人们对它的看法去实施。

[…………]

我觉得，只要跟那些期待从社会得到什么的人常打交道，你就很快会得到答案：他们大多数人在等一份工作！我们恰好做不到，给不了工作！所以这里有一个很大的落差，你很快就会看到。这份大名鼎鼎的返岗合同揭示的情况，你在人们的收入里是看不到的。它让你觉得，这帮领取补助金的人都是……在大多数情况下是流浪汉。人们想到了这一层。人们觉得，这批人有过工作，领过工商就业协会的补助金，只是福利一到期就又没有收入了。这个当然能够代表这批人，可是还有很多人实际上没有去登记，因为他们没有失过业，那些年轻人从来没有工作过，他们多少在故意拖延学业，已经成家，靠打零工过日子，处境一直没有保障。虽然没有完全掉进井里，可是他们肩上还有家庭，完全可能……

如今，你告诉他们："来吧，你们可以享受就业补助啊！"你看到的是一个有小孩的家庭，而且一分钱也挣不到。他们怎么办？他们回去给人缝缝补补，干点临时工。要么就领一份助学金——所以我才说"多少在故意拖延学业"，是故意的。他们说得很清楚，这本不是他们想要的，他们在找实习的机会，那种……我对细节知道得不是很清楚，可是就我所知，说到实习，那是有一种厌烦情绪的，因为大家都知道，实习只是暂时的，其实每个人是为了得到一份工作才去实习的……他得看看是什么样的实习，他才决定是否去，找实习机会的人都会注意报酬好不好。他找的首先是报酬，实习内容还在其次。所以，当你向他们推荐返岗的或其他什么的实习
机会时（因为没有别的可以推荐），只要不是正式工作，那么 371
好……他们就不认真回去返岗实习，因为那还不是工作。这是那些社会工作者告诉我的，他们跟这些人打交道，而且……

——返岗合同有哪些内容？

帕斯卡：没有固定不变的内容。（……）目前出现的情况是，家庭补助基金根据一些标准发放了所有的补助款，现在人们在等待实行这份大名鼎鼎的返岗合同，可是跟这些人打交道的社会工作者们说："我可不愿意弄出一份虚假的合同。"再有，压力还是有的，因为根据"打分"的结果做出了一些比较……F市的地方返岗办公室没有什么作为，因为领取返岗补助金的人多，返岗合同少。换成E市，合同就多得多。我们只谈数字，没有时间下去看看具体情况。没有人有这个工夫去深挖问题，所以就让人家把返岗合同签下。可是有一位女社会工作者告诉我，我在这个问题上完全搞错了，因为我对她说："有的时候，通常如果一个人不遵守合同，他遵不遵守你知道得很清楚，你到时候就可以对这个人明说：我不同意延续你的合同。"她告诉我，应该说："好，可是还得绕一道坎，因为这事不由我做主……我只是告知我的意见。"我说："你的意见很重要，因为他会去……这是一条意见，有人会看到的，他还是会去……如果他们只了解你的意见，这个意见就仍然很有分量……""可是不光是我一个人啊，还有地方办公室，主持人是省长，实际上，得省长本人签署才算数……"

[拟定、审查和评估帕斯卡的计划的具体过程显示，社会工作的制度化解决不了官僚制度的内在矛盾。]

帕斯卡：我想跟您详细说说官员们的态度，他们被派来……

——遵命来开会，来的人都是谁……

帕斯卡：……遵命行事，没错！真是神奇：遵照政府的命令建立了制度，每次开会必到，而且参与其事，这是对每个人的规定，
372 从1989年以来就是这样。

——所有参与您的计划的人，协调他们的活动是否已经制度化了？

帕斯卡：制度化了。副省长组织会议，各个掌管资金的管理部

门在会上都有代表，还有街区代表，每个街区都有。会议产生了一份破纪录的文件，是协调工作的产物。我在 1989 年就开始了，因为整个 1989 年——所以我才跟您谈地区、民选代表和技术人员——完全是在跟民选代表的讨论中度过的，他们对地点的分布没有做成决定。

——您的意思是……

帕斯卡：哪些城市可以享受资金，他们决定不下来。

——利益攸关呀，没有不喜欢拿钱的……

帕斯卡：对。最后，到了一年头上，他们必须得做决定了……

——争斗了整整一年？

帕斯卡：结果不得不下决断……

——您也参与了吗，还是说……？

帕斯卡：我一点也没有掺和。

——一点也没有，那么完全是在民选代表之间进行的喽？管理部门呢？

帕斯卡：也没有。我觉得完全是民选代表说了算。

——在地区议会这一级吗？他们没有咨询像您这样的人？

帕斯卡：绝对没有！

——没有人说有这个必要吗？

帕斯卡：有些技术人员，那些出了名的地区技术人员用数字，用统计数字做出了评估。他们试图缓和一下，找出一些标准……

——这些人是地区的正式官员，还是专为这件事叫来的？

帕斯卡：是签了合同来的。

——合同工吗？能续签吗？

帕斯卡：可以，正是这样。

——他们只从技术角度，从统计数字的角度说话，对吧？

帕斯卡：正是。不过，举出了一些标准……

373 ——……移民参加的比例是多少，这种或那种人的比例如何？还有其他人，他们讨论最没有油水的部分……？是这样吧？

帕斯卡：［笑］正是。这确实是两个不同的世界。

——这就是说，在地区的层面，有一些有政治眼光的民选代表，几个负责提供辩护词的技术人员，然后，在这一切的最底层，有那些……

帕斯卡：然后，某个时刻一到，决定就做出来了。

——显然，他们尽可能掰开揉碎，分成一小块一小块的，用这个方式把事情完成了。

帕斯卡：正是这样。

—— 可是这就变得十分荒谬。

帕斯卡：确实荒谬。

——没有出现整体的、有意义的行动吗？

帕斯卡：一点也没有。

——可是，连把专门款项用在这上头也没有保证。

帕斯卡：没有……也没有。目标没有说清楚。

——那会后怎么样呢？

帕斯卡：一年过去了，灾难性的一年。1989 年年末，新的项目主任到任，从 1990 年起就到处聘用项目主任，因为他们很清楚那些地点在何处［“定点”］，而项目主任是条件之一，也就是说，市政府理当聘用具备某种资格的人。

［提到职能模糊的项目主任。］

——这么说来，这次会议本身如何呢？

帕斯卡：我要说的是，地区的民选代表用了一年时间，浪费了一年，消磨时光，项目主任最后一刻才任命，他们只好在我们根本不认识的人当中斡旋。接着就让大伙表态……

——这是协会的幻想，假咨询，假民主……

帕斯卡：是的。当我们明白这是怎么回事的时候，每个人都急疯了！因为这份文件必须说明，谁都咨询过、都见过面，每个人都发表了意见，这才建立起这个计划——用去六个月时间，真是神奇得很——一个面面俱到的计划。于是，好了，我们完成了一件事，是的……东拼西凑的，可是看起来还站得住脚，然后就拿出来了。374
不过，运作过程我心里有数……

——就为了那次不寻常的会议？

帕斯卡：正是为了那次不寻常的会议，它将对我们的方向做出答复。某某议题，你们同意还是不同意。你们本来应该阐明嘛，街区要求的正是这个东西，你们自己也打听过嘛……（……）我说过，我知道管理部门怎么运转，运转不灵。每一个在会上发表意见的人，你都必须给他备好一个复印件。所以，6月，最晚6月10号以前，我们必须向省政府提交材料，复印16份。

——向那个会议提交吗？哪一天举行？

帕斯卡：没有人知道。总之……七八月份吧。因为你得说明，每个人都快马加鞭，加紧做事，公务员们工作条件极其糟糕，都加班加点，我知道每个人都像我这样猛干活儿，人人都被榨干了。

——他们都参加了会议？

帕斯卡：是的，是的。

——他们都读了这份材料？

帕斯卡：没有。

——这就奇怪了。

帕斯卡：不奇怪，因为省政府的那个人每隔一两天就从60个不同的寄信人那里收到20封信。有的寄信人不会写，所以她得一一核对。我送去了我的小邮包。十天以后，我又去了，直接去了收发室。

——还没寄走吗？

帕斯卡：一直没寄出。当然，我问过她："收到了吧？复印件够数吗？没问题吧，我寄得不晚吧？""不晚，一切都好。"我说："这是因为有人告诉我，两个礼拜以后就要开会了。""是吗？没人跟我说呀。"(……)

——她还没有把材料寄出去……

帕斯卡："是吗？那我现在就寄走。"她这么一说，我就知道，
375 开会时他们来不及读我的材料。

——出席这次会议的都是跟您提出的地点有关的部门吧？

帕斯卡：它们的人都来了。

——他们说了什么？发言的人……

帕斯卡：各级部门我都了解，为了阅读起来方便，我就简明扼要地做了介绍。大家还给我的介绍鼓掌呢……

——每个人都可以只读跟自己有关的段落……

帕斯卡：没错。还有，既然每个人都能在两个章节里找到涉及自己的东西，从他们的反应，我就能知道谁读了第一章，谁读了第二章。这样一来，我就知道人们在大会上的举动，行为如何变化……有的人被派来在一无所知的议题上谈意见。他得依赖具体的东西呀，于是就赶快翻阅。"文化事务在某某页。有了，她是这么说的。那好，我说得蛮像一回事，我告诉她：'你这个不够哇。'"另一个性子更急："不行，这事你根本没弄懂。"人人各自为政。你听到最多的是："跟我们接到的指示完全不搭界，我们只能在某某方面提供资金。您介绍的东西不适合我们这个部门。"我真的很惊讶。

——这是去年七月份的事吧？

帕斯卡：对。更让我吃惊的是这些反应造成的那种气氛：看着这些被委派来的人根本不了解我们要求什么——我也没时间跟他们对话——可是还得回应。他们唯一能做的事就是跟一个可怜人过不

去……

——那个可怜人是您吗？

帕斯卡： 正是本人。(……)

1991 年 2 月

无诚信的制度 377

德尼是一位判决执行法官，帕斯卡在一个北方城市担任项目主任，虽然这两个人的地位在官僚体系里相差很远，可是德尼所经历和谈论的人生经验却与帕斯卡十分相似。这无疑因为德尼面临同样的体制内部的矛盾。他负责“执行”检察院法官的判决，也就是说，在大多数情形下，被赋予“半自由权，把定谳降低或者改为监外执行，有条件的自由”。因此，他夹在两个矛盾的体系之间，各有不同的要求和表现方式。他总是被怀疑破坏法官作出的判决，也就是削弱法律的权威，同时被大法官们居高临下地视为代表他们的“社会面”。“社会面真没什么意思，带来很多麻烦（……），一个次要的方面（……），不属于高高在上的司法（……）。司法管拟定司法文件（……），都是法律问题（……）。可是，说到追随人们的生活，了解他们的变化，尽量帮助他们，那可是……”他不仅必须设 378
法让检方和法院接受一些法律容许的宽松措施，也得让监狱负责人放心（他们总是拿以往的“挫折”为他们的谨慎辩护），而且必须站在申请人的位置上，与各种机构、协会、基金会和地方团体的代表“通融”。这些使他的工作难上加难。

平级关系并不比上下级关系更容易处理：“比方说，自从我来了以后，没有一个法庭召开过全体法官会议。（……）内部工作小组呢，根本就没有。我可以拟订工作计划，也确实有过好几个有关监狱政策的计划。可我不知道怎么跟人家谈，因为每次我跟我院长谈，他都说‘你听好，工作小组，全体大会，开会……我都不想要’，永远行不通。”

在解释他不断遇到的“冲突、失望和不理解”的时候，他清醒地提到，他身居一个本身矛盾的位置上：“所有决定最终都由定谳执行法官做出。这牵扯到做出监禁判决的法官……牵扯到检察机关，因为检方哪怕心里不同意，也不敢明说，因为，唔……还牵扯到监狱负责人，因为虽然这仍然属于他的职权范围，可是管理监外人员 379 很麻烦。大家都被牵扯进来了！没有例外！谁也跑不了！所以说，你越积极，就越连累整个（体系）……”他还提到，“监外处置”使很多官员感到“焦虑”（按照一种众所周知的精神病院的逻辑）：“人现在在哪里？在干什么？”他讲到，法律提供的可能性在实行当中如何受制于实际条件。从执行人员的心态开始，例如依赖等级体系、宗派主义，这些都妨碍面对现实和与人打交道，尤其跟地位较低的人打交道：“让真正能干的人办成一件事，得剥三层皮。”“我们的管理部门，特别是监狱管理部门，行事永远遵守一种等级关系。问题就出在这儿。事情不该这么办啊。”“我亲眼见过，监狱负责人不知道怎么给一个下命令的伙伴单位打电话。哼，连这个偏偏都不会！”

因此，他看到两个看来很奇怪的现象（项目主任也有同感）：其一，有些人虽然不像人们想象的那样独立于工作职位（因为“人一换，政策就跟着变”），他们的创造性乃至越轨行为却能使官僚体制摆脱无作为，甚至摆脱瘫痪状态。其二，为了切实完成体制本身 380 的使命，献身精神和将体制内在的正能量化为具体行动的努力远远无法从体制得到应有的回报。“您问我，创造性对创造者是否有回报……唉，没有！正相反！我给您举一个我的前任的例子。有了在Y城的经验，他本来想当个教员……讲讲他当判决执行法官的经历。可是他没有得到这个任命。他太爱惹麻烦，脾气太火暴，太缺少……结果他们派他当了Z城的上诉法庭的顾问，后来又任命他去W城。再后来我就不清楚了。从体制上说，最能让他发挥作用的地方，人家反倒不让他去。”

他还提到，以前任留下的巨大威信和权威为资本，也因为他的热情和艺术地发掘法律文件的各种可能性，他在Z城干得很成功，圆满完成了肩负的使命。他旋即被调到他目前的办公地点X城，也就是说，他被降职了。讲起这一段不那么典型的职场生涯，他神情泰然：起初，他在左翼少数派组织的全国教育联合会（SGEN）的旗下担任过法律系教员，教授民法课；取得博士学位以后，他成为律师，担任过法官；最后，出于既是种族的也是政治的理由，他选择了法律界最典型的社会部门，他觉得非如此不能表达超越自我的立场（这并非他的原话），他把这个立场归因于曾为天主教活动家的母亲的影响（他本人也是在耶稣会学校完成了中等教育）。从这个部门的等级制度和个人痛苦的压力之间的不断冲突里，他发现并 381
体会到一个深刻分裂的制度矛盾：右手不愿意知道左手在做什么，左手即检察机关，右手即负责所谓“社会面”的人员和机构。如果像萨特那样把自欺称为无诚信，那么我们同样可以谈论无诚信的制度，用此称呼政府机构的一个顽固的倾向：出于一种集体的双重游戏或双重居心，拒绝或回避真正符合政府使命的措施和行动。

尴尬处境与双重制约 383

弗朗西斯是一个法共知识分子的儿子。年轻时他就决心“站在被统治者一边”。他的职场经历开始于巴黎市郊的棚户区，在那里他一直做基层辅导员，从未中断过这个工作。特别是自从开始照料瘾君子以来，他付出的代价很大，工作起来不分白天黑夜。

20 世纪 60 年代，他是毛主义积极分子，曾经在反对审判左翼领袖的游行示威中被抓进监狱。他认为自己是在“街头”成长起来的，“当然也读过一点书”，后来一边工作，一边接受过辅导员培训。

巴黎市郊的一个镇政府为了打击吸毒活动而聘用了他。他办起了一个“毒品讯息与援助服务站”。可是，他并不满足于静等年轻人上门显示与毒品决裂的意愿，而是屡次亲历亲行，前往跟医生、辅导员和心理专家晤谈。在吸毒者最难过的日子里，他陪伴他们，获得了他们的信任，尤其是当他们表示要给自己“来一针”以及表
384 达临终遗愿的时刻。对于无论那种令人惊讶的乖顺和“舒服一下”的愿望，还是他们的癫狂行为，他都表示理解……他们需要时，他会从药剂师那里给他们弄来替代药物。为了帮助他们免遭逮捕甚至坐牢的厄运，他会去派出所把他们找回来，为他们假造工资单据，在他“很熟悉的”法官和律师那里，不断为他们提供援助。由于他随时能够为吸毒者提供帮助，他跟他们很亲近，而且毅然决然地站在他们一边；他打破规章制度，毫不犹豫地为他们“造假”。他坚决反对“学究说辞”，他认为那会使吸毒者“有话说不出”。他反对官僚体制的治疗计划，认为通过内容重复、时间分散的面谈来预测吸毒者是否诚心戒毒，结果一定会“妨碍戒毒的决心”。他从经验得知，吸毒者“一旦提出戒毒的要求”就不能拖延，“必须马上予以回应”，并且为此建立了一个十分简单的程序：取得巴黎一家大医院——他妻子在那里当护士——的住院部主任的合作，从而能够随时给准备戒毒者安排单人房间。一俟治疗结束，戒毒者便可以跟一个“接待家庭”一起生活，然后开始找工作。

他的服务无人能够取代，所以在某种意义上，他在为一个体制“打先锋”，可是这个体制总是否定他，似乎他成了吸毒者的代言人，一个“不三不四的家伙，没日没夜地在街头和酒吧里游荡”。

他感到自己好像夹在这种体制的好意和恶意之间。有一位青年代表声援勒庞领导的国民阵线的地方党部，遭到他的公开揭露，从而引发危机，他为此遭到解雇。这件事既说明他的两难处境，也说明交给他的使命的模糊性："市政府无法容忍的是，我在搞一些反权力的组织。"在某种意义上，他将身为"基层辅导员"的权力运用于街头。虽然他不断提醒当政者，实际上他帮助疏导的基层权力正是"基层官僚体制"的触角，可是他仍然被怀疑有动员群众的能力。 385

随着个人生活不断遇到各种制约，尴尬的处境引起的苦恼也日益强烈。他从事的是一种年青一代基层教育工作者避之唯恐不及的"苦行当"，"他们宁愿泡在有游戏机、桌上足球等等的青少年俱乐部里"，"总之是消费场所，喝酒，可是得付钱。玩耍也得付钱"。"你要是去教育职业介绍所（CREAI)，总是能看到招聘基层辅导员的广告……只有我这样的疯子才会应聘!"他四十岁了，看起来却像五十岁。虽然看上去身体健康，烟民的洪亮嗓音也加强了这个印象，可是他似乎很疲惫，累坏了。他试图改换门庭，转入一个比较平静的部门"家教辅助"。他的家庭，特别是三个孩子（最小的才四岁)，占去了他的大部分时间。夜晚时分，如果他想"喘口气"，
他总要按照"老习惯"去看望吸毒者，去"跟他们凑热闹"（这次 386
访谈的前一天，他凌晨两点才睡觉)。他认为，一个辅导员必须"陪伴在侧"，因为"当吸毒者认定我在我所代表的体制之外时，他们会对我产生感情，我们之间会形成一种制度化程序以外的关系。只有从这个时候起，我的工作才能奏效"。而且，也只有这样，瘾君子才"能够正视自己，用不着低眉顺眼"。

一位基层辅导员 387

采访者：皮埃尔·布尔迪厄、加布里埃拉·巴拉兹

弗朗西斯：（……）市长聘用我的那阵子，我管着一个游艺室，

年轻人来打打乒乓球啥的。那一阵，蒙巴那斯区出了一件年轻人偷入空房的事，他们聚在里头吸大麻，政府很长时间不去管。因为奥利温施坦①发表过声明，年轻人也听见了。这么说，大麻没什么大不了的，跟喝一杯酒一样，于是，他们就兴高采烈地跑到那儿去。他们后来改用针筒注射，这也很自然。于是，我们这一片郊区就出现了一个传播毒品的大网络……其实，如果用戒毒机构的办法，如果把他们送到医生那儿或者戒毒机构去，那就得先谈好多次话，然后才能开始治疗。当一个吸毒成瘾者提出戒毒要求的时候，你的行动得快。哪怕他依旧离不开毒品，你也得马上开始，马上［语气加重］……就在他们提出戒毒要求的当下，你应该马上回应，哎，不能为了弄清楚他心理上是不是真的准备好了，再等上十年八年的。那可能要了一个孩子的命啊。为这个，我有幸结识了一所大医院的一位教授，他在他那个部门给我开了一个房间，正巧我太太也在那个部门当护士。他们时不时来我家吃饭，所以认识我太太。另外还有一个安全问题。我叫来街区医生、镇上的社会服务处工作人员——他们不把我当成吸毒成瘾者，而是当成他们的代表对待，而且认为我是……事情就卡在这儿：制度不觉得我是他们的一员，而是一个不清不楚的人，就因为……我日夜都泡在街头和酒吧里……镇长采取的措施好是好，可问题是，镇上的机构一般不把我看成自
388 己人……我成了一个能够发言的吸毒成瘾者，一个实际上有发言权的瘾君子，有那么一点点权力……这个小人物他们不敢太反对，因为背后有镇长撑腰，反正……总之，上级权力部门知道这一点。

他们妨碍戒毒的决心

——您刚才说，对于那些吸毒成瘾者，行动必须迅速……体制

---

① 克洛德·奥利温施坦（Claude Olievenstein，1933—2008），擅长治疗毒瘾的法国心理医生。——译者注

给他们什么建议？非得等那么久吗？

[…………]

弗朗西斯：有毒品讯息与援助服务站等等。有一套完整的程序，[放慢语速以强调用词] 来确定他是不是真有决心……（……）可是这就给戒毒的决心设立了障碍。有时候，他们并没有真的下决心摆脱毒品，只想跑到医院去住一个礼拜（哪怕是因为干了什么坏事之类……）。这个倒不是问题，既然这是他们想要的，只要有床位，他们就会去。过后，从头再来。有的人进过十次戒毒病房！到了第十一次却管用了，于是开始找工作，好，这就行了……可是，如果你用他们根本听不懂的学究说辞，使他们有话说不出——法院要求他们定期去听这个，那么……这就是指令性疗法的原理……[略显踌躇] 当你强制一个人做事，这个人又有抗拒心理的时候……那么好，他就会退缩，因为……因为他没有别的办法。可是，实际上，在他内心里，这么做改变不了任何东西。可是如果他自己提出要求，不管什么理由，那么，从这一刻起……唔，还有，我日日夜夜都在市里 [叹气]，经常夜里三点电话铃响起，要么某个人进了派出所，必须把他捞出来，要么就是三点钟他感觉不好，摔倒在门槛上，必须给他打一针镇静剂……

[…………]

——您的工资是从市政府领取吗？

弗朗西斯：是的，领市里的工资。那个时期，毒瘾啊，大麻
啊，我来后两三个礼拜都来了。毒品就是那个时期兴起来的，也真 389
巧。我呢 [犹豫]，那时心里对有毒瘾的人有点发怵。我觉得，吸毒成瘾的人都因为缺少意志力等等吧……这个人……后来呢 [两手画出一个大圈，笑起来，略显犹豫]，一切都得清理，我帮了他们，帮那些年轻人对付他们惹上的所有官司。我一直跟南戴尔区法院打交道。一来二去，两三年以后，我就能够跟法官在庭审之前见面，决定怎么办，判决是事先决定的。关进监狱的人不多，因为……

[犹豫] 两三年以后，法院通过那位法官认可了一个办法，这个办法既然法官都承认了，我就用它……

——他赞成您的行动……

弗朗西斯：正是如此。我们之间建立了对话。好了，那是一种围绕着年轻人的共谋、同情、欢聚……于是有了一个重要的过渡。[休息片刻] 其实，我没有从市政府得到什么支持，可是 [犹豫] 我通过权力结构建立起一些关系，最终使自己获得了承认，在年轻人中间树立了一个稳重可靠的形象。整个信任感都是凭这个可靠的形象才形成的 [语速变快]。这倒不是说，他们之间一点纠纷也没有……正像他们说的，我跟他们还是有疙瘩。只要我不赞成，就会发生冲突，顶撞起来……

——两边必定都信任您，天天如此真不容易做到……

弗朗西斯：确实不容易。不过，毕竟这样过了十年呀 [笑] [沉默]！

你上法庭的时候，我也会在场

——那些年轻人呢，他们现在都在外头漂着吧？

弗朗西斯：都在外头漂着，他们都……

——他们还来看您吗？

弗朗西斯：有的还来，有的打打电话，有的写写信，还有的去了外省，还有的结了婚的……他们也都是艾滋病毒携带者，也就是
390 HIV 阳性。日子怎么过呀……不过，这是没办法的事，我也帮不上忙……唔……我能试着做的，是从社会生活方面告诉他们痊愈的可能性，虽然有那么多冲突。我想起一个人，叫莫莫，他现在是货运司机，他有 HIV，可是目前没怎么恶化，挺高兴的……我还想到另一个人，现在在法国南方，结了婚，有了孩子……孩子们没有 HIV……从社会交往来说，我倒是挺成功的。

[…………]

晚上回家晚了的时候——今天早晨两点才到家［叹息］——有一个老习惯，不禁想过去跟他们凑热闹，嘿，还在搞呢，用针筒。有意思的是看着他们给自己注射，因为从这种癫狂举动里可以看出真正的焦虑感，名副其实的焦虑、幻觉、欲望，所有这些都会有所表现，都会冒出来。再有，对于一个基层辅导员来说，能够在这种时候和他们同在，分享他们的癫狂举动……这是一种强有力的关系——我当然不赞成，可是……你还在给自己扎针的阶段，我呢，不说不行，可是等到你想停手的那一天，我就会……跟你在一起。你上法庭的时候，我也会在那儿，去试试……调和调和。我做过几次伪证了……反正法官明白，那都是一些伪证。

——事关什么，一些小事吗？

弗朗西斯：都是小事，小偷小摸什么的，为的是能买两三剂毒品……一剂卖个好价钱，就能再买一剂半的药量。

——您提到了他们的心愿、欲望。他们说了什么，比方说？

弗朗西斯：他们也表达过沮丧。这个我还没说呢。而且，除了一个人是例外，我们毕竟在跟一些很穷的人打交道，这些人的欲望无非是，比方说，为自己盖一个窝。这很重要。有件事他们反复提出，就是央求我帮他们弄到一间公寓房，一个房间。人人都想要。

——他们住在哪儿，跟父母在一起吗？

弗朗西斯：大多数住在父母家里，要是被父母赶了出来，就住在地窖里。

——是廉租房吗？

弗朗西斯：对，是廉租房，如今被拆毁的房子，因为原地要盖 391
漂亮的写字楼。我听市长说过："反正这批人得搬到50公里以外去。"……我觉得这很成问题，可是……

——您提到"一个窝"，别的他们还想要什么，女伴？

弗朗西斯：他们盼望有一个窝、一份工作和养育子女（……）

［我似乎听到的是“子女—家庭—祖国”①］［笑］。

——真的吗？通常不这么说，他们……？

弗朗西斯：那些去了外省的，他们都干了什么？他们住到接待家庭里，上医院接受戒毒治疗。我那时跟一个接待家庭的组织有工作联系。我开车送他们去火车站。他们连回家看看的时间也没有，就这样到了接待家庭里，住下了。往往是跟接待家庭的阶段结束了，他们仍然住着不走，因为实际上他们找到了一个自己的家的替身。留下不走，然后找一份工作，找个女伴，找到一间公寓，把驾照考下来，他们想买辆车。经历过地狱一般的日子以后，他们建立了自己的小天地，小康日子，很理想……

——这些人都辍过学吗？

弗朗西斯：多数人是这样。最好的也只学到初中最后一年，过渡的年级。

——他们怎么看学校？

弗朗西斯：他们是被学校除名的，都在补习班里，那不就等于被除名了嘛。既然在学校里就被排除在外，所以除名以后，他们就有一种身为异类的心理。他们没办法找工作，因为是被除名的。他们就寻求帮助，寻求施舍。这种事我从来不干。我设法让别人有钱，有吃的，我……可那是在具体事情上，目的也明确……

——他们一定对您多有期待吧？

弗朗西斯：是的。总之，他们在接待家庭落脚以后，就要求我把他们找到的天地建立起来。

——其实您能做的，只是倾听他们的声音，保护他们……

392 **弗朗西斯：**所以，我做的事也包括创办一些组织。我从省政府搞到一笔资助，创办了一个协会，建立起工作机构，我们还买了两

① “子女—家庭—祖国”是二战期间法国维希政府标榜的口号。

辆卡车。有个家伙是钣金工，所以我们就买了一些工具……他是修理车身的，有工具，现在他开了一家车身修理铺。我们从事搬运、销售、给公寓涂漆。嘿，这些事都干得不错！后来，我自己创办了一家救护车公司，跟一个坐过十年牢的家伙一道……这件事至今开销还不小，不过也算不了什么［笑］。我们还租了块地方，当然是破破烂烂的，因为我们没要粉刷一新的。那是个地窖，还能用，我叫我管的那伙年轻人抬担架，用省政府的资助付他们工钱。后来他们竟然偷汽车，还把医院的门岗给砸坏了［笑］。丑闻一桩啊！那个家伙没有驾照，救护车是同伴借给他开的。那好……医院的针筒都不见了［叹息］，其他东西也都不见了……哎……

——这就有点冒险了……［笑］

弗朗西斯：可我担待得起！担待得起就是了。见法官的时候，我让他帮我摆平这件事，不然可就……幸亏我有点办法……我没法一下子改变他们，对吧？我把工作交给一个人，可是他不会一夜之间就变成小绵羊，对吧？所以说，我需要一个过渡阶段。他想要针筒就去偷，这说明他还没有摆脱毒瘾。这说明，你让他住进那间医院，就让他进了他能偷东西的地方。再说，护士就是他很熟悉的辅导员的老婆。我们得改改他的形象。情况往往如此。

——要费很长时间吗？

弗朗西斯：您听好。我现在还负责有毒瘾的人，我想，再过不久我就不干了，可是我还干着呢，再干三年吧。三年还是更久，这个我没把握，反正可以选择就是了。他们戒了毒以后，入住接待家庭，然后开始再就业。你看，这个过程一共得三年。十年里我做的就是这个事。

［…………］ 393

权力部门容忍不了

——在各类商家那里，您都有不少支持者，您还创办了一个救护车公司……

弗朗西斯：我搭起了一个非营利组织，虽说我有资助。那可不是市政府的，而是在我弗朗西斯名下的非营利组织。市政府帮助我搞到了资助，还允许我利用工作时间弄这个救护车公司。不过，从来没有政府部门掺和这个事（而且市里的中介协会也是天主教徒创办的，跟市政府没关系）。这倒是很有意思：总是小小的下级权力给上级权力部门添砖加瓦，因此市政府把它收回去了，市长出于政治考虑收回去了……一切权力机关都以小小的下级权力为基础，小小的下级权力依靠它们才能运转，才能显示重要性。如果没给我时间，我本来搞不成这些救护车，搞不成这个非营利组织。他们给了我时间。

——他们也许帮助您准备了文件，才能取得……

弗朗西斯：什么帮助也没有。我有个伙伴是律师。市政府无法容忍的是，我在搞一些反权力的组织。我就是一个反权力的因素。只要不给权力当局惹麻烦，一个组织就行得通。可是自从那次跟勒庞联盟分裂以后——那次我搞了一份报纸，只是一张油印稿而已，我把它们分送所有的市长助理等等——这个反权力就闹大了，权力就不能容忍了，关系就破裂了。

——一边是国家，连同她的触角乡镇政府，至少不支持您；另一边是跟您有联系的一大批人，医疗部门啊，律师啊，法院啊……再加上雇主们……

弗朗西斯：药剂师们也在内……跟他们联系是为了说服他们，我熟悉的某某人……

——那是为什么呢？他们开药，提供针筒吗？

弗朗西斯：对。我有时候去药房，跟他说，给我一盒镇静剂
394 吧，因为我需要，有一个小伙子正缺这个。他先给我，过后我把药

方带过去。

——这样您每次都能节省一点时间?

弗朗西斯: 是的［沉默］。我［犹豫］……市政府权力机关对我确实不满，可是没办法取代我，代行我做的事，它没这个能力，这就成全了我。再说，我也办起了……实际上，我还跟一位律师有工作关系，也就是说，另外还有别的政治力量存在。我跟两位医生也有工作关系，其实跟其中一位合作得多，可是另一位是经过法院认证的，那位认证官就住在市里，我们彼此很熟。这个城市的所有社会工作者，纵然不是在所有问题上意见一致，我们还是在一起工作的，这就形成了一套能够运作的机制，可以使……再说，市长也不管那么多。［沉默］其实，障碍来自大老板下边的各个衙门。

——小头目们?

弗朗西斯: 管事的小头目们。不过，如果问题太多，我就要求跟市长面谈，或者给他写个条子，准让那些小头目栽跟头。

［…………］

我亮出专业执照

——你的工作很繁重吧?

弗朗西斯: 要看情况。如果某个时刻我在某个地点，正赶上，比方说，一个警方行动，我就亮出专业执照，说:“来吧……”可是如果他们抓了人，我就得给共和国检察官打电话——其实是打给他的代理人——告诉他，这事我得去派出所干预，开始讨价还价。或者，如果是某个家伙难受得厉害，我就得去陪陪他，不能撒手不管……

——把他送到医生那儿去吗?

弗朗西斯: 要是他进入了糊涂状态，这个时候他就需要说话。他需要对别人胡言乱语，冲着一个人，这个人就得耐心听他絮叨，因为伙伴们不会听他絮叨的。这是确认过程的一部分。他们很清

395 楚，我过的不是他们那种日子。可是，要让他们承认我能帮他们，他们就得首先确认我是谁，是个什么人。当吸毒者认定我在我所代表的体制之外时，他们会对我产生感情，我们之间会形成一种制度化程序以外的关系。只有从这个时候起，我的工作才能奏效。

1992 年 10 月

397

有事可做[①]

新城的地方扶助会[②]位于市中心。本周的这个早晨，这里门可罗雀，在周围楼群的包围下也不大容易找到。这里接待年轻人，倾听他们的声音。它是全法国二百多家同类机构之一，创办的目的是为有困难的年轻人提供某种培训，可能的话，也为他们提供工作机会。1990 年，新城的地方扶助会接待了 530 个青年，处理了 1 400 份案例。这些年轻人一半以上没有任何文凭，将近一半有专科技能证书或职业资格证书。可是，这些文凭在劳务市场上根本不管用。地方扶助会的功能并不是分配工作，也不是专业培训，而是为了易于这批人进入劳务市场，开展一系列工作，从办“培训班”直到鼓舞士气。

最有创意的机构是“街区管理所”，附属于廉租房管理局，由十多个成年人组成，负责楼房和街道，以及保安员的替换。在街区的修复工程方面，这个管理所根据“共济职业合同”雇用了十几个
398 年轻人。这是一个高耗能的措施，是政府想出的一个典型的办法，

① 英译本未收入此文及其访谈录。——译者注

② 地方扶助会（La Mission locale）成立于 1981 年，是法国政府为青年设立的服务机构，主要任务是通过动员和协调社会资源，帮助特别是无文凭的青年就业。全法各地设有分会。——译者注

为的是训练准备进入职场的年轻人，教居民恪守时间表，等等。新城出事以后（发生过超市遭人纵火的事件），省政府就要求地方扶助会尽量“给他们找点事干”，即不能将居民区里的年轻人弃而不顾。这个官僚的“概念”的意思不过是：让年轻人有事可做。还有一层含义：给他们一个职业，一种社会地位吧。街区管理所所长举出的有关“用工的企业”的几个例子明显表明，那其实都是虚职。

如果不是所长和员工不计时间、全力以赴地工作，则这种机构是无法运转的。所长是前法共党员，员工们也自视为社会活跃分子而非政府官员。他们有很多创意，其实大多只是新颖的提法：例如什么“工学双职中心”[①]“社会资历”“共济职业合同”“我们正在深入探讨”“我们提醒和连接各级机构”等等。所长提到了这个时期举行的多次会议和市政府设立的“危机小组”，集思广益使得个人信念得到增强，而且为这个机构提供了一个机会——尤其当政治人物、电视台记者和部长们来访时——以把握经济生活的社会现状。 399

所长在再就业问题上有过亲身体验，因此工作十分投入。他既强烈同情“陷入绝境”的群体，为他们想方设法，也与他“不计较文凭”地招募来的活跃的员工们一起，运用变通行事的本领，举办一些活动（例如帮助年轻人考取驾照的“陪驾”，聘请拳击运动的主持人）。何况他知道，这些培训事项不会带来任何真正的职业，但是这一点培训员和受培训者都不太清楚。

一位地方扶助会负责人[②] 400

采访者：加布里埃拉·巴拉兹

——地方扶助会为哪些人服务？

---

① 工学双职中心（pôle alternance-emploi）要求签约者边工作边学习，交替进行。——译者注

② 英译本未收入此文。——译者注

所长：我们的工作像蚂蚁啃骨头，很辛苦。我们尽力使年轻人能够获得工作机会。可是就眼下的情况而言，我们没法给他们找到工作，所以我们的工作就是动员他们参加一个项目，参加培训。现在的情况是，多亏有信用培训，今年我们还是成功地使不少人进入了培训。我让这些人利用在职培训计划取得了资格，拿回了文凭，所以事情又回到原地，还是有一个找工作的问题。我的意思是，只要工作没到手，这些年轻人就……

——您刚才说“就眼下的情况而言，我们没法给他们找到工作”，是吧？

所长：他们不是……新城出事以后不久，省长就告诉我们，“给他们找点事干”。

——哪些事呢？

所长：找点什么事？也许是休闲活动，让年轻人忙着，省得在街头、在公寓楼下瞎转悠等等。“不能再由着他们给街区捣蛋，你们给他们找点事干吧。”（……）目前我们各个地方扶助所之间还在深入探讨。不过我觉得，说到这些要找的事，有些工程可以算在内。我们有时候想，有些年轻人没法安排工作……企业要的是有条件开始工作的年轻人，可是人家不愿意当大夫，照料他们，培训他们。所以我们就想，为了部分地回应那些最困难的年轻人，最好建立一些机构，能把他们管起来，那么，按照就业的企业，还是街区管理所的方式呢？（……）

——如果有人进了你们的门，注册登记怎么进行，你们如何着手？

所长：一个年轻人来了，我们就跟他解释这个机构的情况，我们能为他做什么，让他了解我们。我们会告诉他，找工作很难。
401 我们不是一个求职的专门机构，可是我们会尽力做，让他取得方便他找工作的工具。跟他解释什么是在职培训计划，什么是工学交替的措施，等等。去还是不去，我们不一定能够马上得知，这时就有两种反应，还是有年轻人参加……所以我得说，在职培训计划能够帮我们……更快地回应。年轻人只要注了册，一个月之内就能让他们进培训班。

1991 年 3 月

国家的观点 403

“社会困境”被“媒体化”的后果是制造大量出版物和名目繁多的报告书，分别描述、解释和“治疗”这些“困境”，进而影响到公共领域。跟某些人所声称的相反，重要的媒体从来就不只是见证者而已，它们不止于报道实况，或者就事论事地提出问题。这是因为，一方面，公开谈论实情的做法本身会改变这些困境的性质，因为“个人或局部问题”此时变成必须从政治上解决的“社会问题”。责任本来属于个人，现在属于群体了。简而言之，作为隐私或私人问题的个人“困境”变成公众的谈资，随后又变成学术会议和思想研究班的主题，而且出现在全国性日报的“论坛”栏目里，成了政治评论和公众知识分子争论的对象。这样一来，一个经济上有利可图的名副其实的市场启动了，无论是自发的，还是有人授意的各种证言和调查纷纷出笼。另一方面，媒体摆出的社会问题是它们制造的。这种制造主要基于把最富戏剧性的现象——往往也是最 404
肤浅的现象——展示出来。通过一些词汇的运用（“棚户区”“种族主义不法行为”等等），也通过被挑选来发言或采访的社会人士之口，媒体制造出一种针对被评论的“困境”的真正的公众话语。它们提出了困境的说法（例如“郊区之苦”“辅导员的困境”之类），同时告知应当如何对待，把它们的解读既加于无关者，也加于困境的主要相关方。后者在这种话语里找到了一种合理的表达，因为他们虽然多少感受到困境，却由于不正当而难以表达。

这种公众话语全靠貌似展示显而易见的事实施加影响，由于它是一种十分接近常理的话语，所以更能够混淆视听。再者，它倾向于质疑政治当局，从而促生了大量与政治有关的出版物：有民意调查，也有行政文件——主要是在政治当局的要求下撰写的调查报告，因为新闻界（和通过新闻界发声者）迫使当局不得不尽快解决那些上了报纸“头版”的问题。

郊区的困境仍然是这方面的一个典型的例子。20 世纪 60 年代末以来，已经有过不少都市社会学和移民社会学的调查，为理解那
405 些街区的当前局面提供了几乎全部分析所需的要素（仅举数例：亨利·高安与高莱特·贝道奈关于贫民住房的调查，阿布戴玛莱克·萨亚德关于移民状况的调查，米歇尔·皮亚鲁关于此类居民区的青少年临时工的数篇论文，以及最近《社会科学研究论文集》第 81 - 82 期“住房经济”专号）。这些专家们才熟悉的研究成果几乎无人注意，因为它们不属于得到及时报道的新闻。80 年代，郊区和移民问题出现在媒体上，因为可为媒体所利用。通过当时对曼盖特街区冲突的报道，以及 90 年代对沃昂维兰事件的报道，我们亲历了一场出版物和期刊专号在这些题目下的大爆炸。个中理由之一，是尤其在这些街区的选举中飙升的极右翼政党在把它们变成一个政治问题，激起了记者甚至民众的兴趣。从一般的见证到社会学调查报告，当时的出版物都加入了一场比思想交锋的味道更浓的政治象征手段的战斗，其要务是“趁热打铁”地使某种观点和诠释占领阵地。

社会学不可轻视这些文献，不仅因为它们在某种意义上占据一方，其本身性质对于更严谨的分析构成障碍，而且因为这种大举出动不会没有一些有价值的信息和一些切题的分析。尽管我们此刻无法列出详尽的清单，但是只要读一读许多有关“郊区”“青少年”
406 “移民”和“郊区的移民青年”的出版物，我们就能确信，在某种

意义上，该说的都已经说过，不必期待社会学去揭示什么隐情或未曾预卜的现象，甚至某种前人没有想到的社会进程。不过，巨量的信息和纷杂的分析导致混乱，为残缺的、不切实际的解释大开绿灯，任何人都能轻而易举地找到希望听到的解释。谁都能够从下述任何一个问题里找到“郊区之苦”的原因：糟糕的城市规划、经济危机、宽松的或过于严厉的维持秩序的力量、无限制的移民、家庭解体、毒品泛滥，乃至这一切加在一起。对于这些问题，社会学的主要任务——而且任务并不轻松——是区分什么是相关的而什么是不那么相关的，什么是重要的而什么是第二位的或者衍生的。社会学尤其应该通过一个缜密的体系，区分和整合一系列起不同作用的因素。

我们不妨举两个例子，以期对这些文献加以鉴别。这两个例子分别代表这些应时的出版物的两个极端：一个是普通的民意调查，着意在政治；一个是专家报告，它们为政治当局汇集了便于概括的可用信息。

在公众和一些记者看来——甚至在一些专家眼中——民意调查看起来很有“学术性”，因为它们带有学术的一切外部特点：有代 407
表性的调查样本（似乎能够说明实质）、各类问卷、按百分比或图示列出的显豁答案等等。此外，这些调查结果还有一个好处：社会学者本人不露面，连那些用来分析社会机制的特殊问题在实际调查过程内外也不见影子。记者尤其喜欢这种调查，因为它们从来不带三言两语不能或者很难概括的大段评论，记者还能够很快地提取他们认为可靠的信息。然而，民意调查提出的问题也是政界的问题。因此，至少在责成提出这些问题的人看来，这些既是政界时下提出的，也是为了时政而提出的问题实在很平常。例如，对于家庭和社会的青少年犯罪，为什么不敢要求“民众”承担责任呢？在那些“谁都会提出”的问题上，尤其自郊区问题上了媒体“头版”以来，不是已经有很多清晰无误的统计数据了吗？不是已经有“胜于雄辩”的数字了吗？这些数字难道不表明我们面临新的“社会问题”（失业、媒体的语言暴力等等）吗？

民意调查者提出的问题在大众眼里毫不稀奇，这同样因为民意
408 调查机构多年来一再重复同样的问题（据说是为了能够仔细比较变化），以至于几乎无人会对听过上百遍的问题感兴趣，它们的价值和用处仅限于一小部分热衷于政治的人。民意调查产生了一种新的民意（针对民意调查的民意），这种民意往往远离本应测度的现实，而且妨碍理当提出的真实问题。民调耗资费时，总是匆匆忙忙地进行，而且促成一种幻觉，似乎存在着一种方便快捷的科学知识。实际上，它们只能说明委托调查者、调查设计者和使用者的心理状态。换句话说，问卷上的问题往往比答复更有价值，它们常常泄露政治领袖和当权者的天机。

只举一个例子。1991年，沃昂维兰事件甫过，城市事务部才设立不久，应《巴黎人》日报和“法兰西国内”电台的委托，国家视听委员会（CSA）进行过一次民意调查（也可能是受到总理办公室的委托，由另一家民调机构做出的）。问卷一共提出八个问题，值得我们在此全文援引，因为这是一个极佳的样品，能够反映一般民调和时政问卷所采用的各种不同的形式。方括弧内是我们加的简短
409 评语：

(1) 您是否感到，法国民众之间近十年来的不平等现象……有加剧的趋势？无变化？有减弱的趋势？不知道？[这个问题其实是国家行政学院入学考试的经典作文题目（尤其在社会党执政十年之后），这是在征询意见还是在确认一个事实？这样的问题主要在政界争论不休，“民众的感受”有什么用？况且接受调查的青少年很难对近十年来的变化谈出什么看法，

乱答一通又有什么用？事实上，我们要等下面的问题出来，才能了解隐藏在这道题背后的出题者的意图。]

(2) 按照您的看法，目前法国民众之间的不平等现象……令人无法忍受？很严重？不太严重？一点也不严重？不知道？[不同的答卷者如何理解这里使用的“无法忍受”“严重”等形容词的含义？其实，这一点并不重要，因为这样提问只为把答卷者引入一个纯属政治的领域，以利于他们回答接下去的两个问题。]

(3) 在下列领域当中，哪一个应当优先有所行动：住房？收入与工薪？健康？教育与培训？不知道？[政治人物经常提出优先权的问题。皮埃尔·孟戴斯-弗朗斯①就说过：“执政即选择。”不过，他当时的意思是如何在明了原委的情况下，做出符合整体利益的选择，哪怕一个措施暂时有违民意。后来，410
为了避免不受民意欢迎，建立了轻重缓急的名单，直接征询公民的意见，因为可以推想——难道还有别的推想吗？——他们在答复时会自私地将直接涉及个人利益的领域列为优先。]

(4) 在减少法国人之间的不平等现象方面，您个人对米歇尔·罗卡尔的政府是否有充分的信心？较有信心？没多少信心？毫无信心？[这个问题其实是打算一开始就提出来的，而且总结了以上三个问题。这是一个“信任问题”，并非要向国民会议提出，因为当时大部分议员游移不定，而是直接向民众提出，他们多年以来对罗卡尔政府似乎抱有“正面看法”。]

(5) 以您之见，我们的社会经历这么多变化以后，大城市今日的生活……很困难？相当困难？相当舒适？很舒适？[这个问题提得含糊空泛，难以收集到准确的信息，而且是为下一个有关郊区的问题做铺垫的。接下去的问题涉及一些媒体报道

① 皮埃尔·孟戴斯-弗朗斯（Pierre Mendès-France，1907—1982）曾于20世纪50年代初期先后担任法国外交部长和总理。——译者注

过的具体事件和媒体反响巨大的政治决策。]

(6)那么，郊区又如何呢？[我们快要听到调查者一直欲
411 言又止的问题了。]

(7)新上任的城市事务部长负责大城市和郊区的问题。在下列各群体当中，哪一个您认为应该优先关注：老年人？商家？年轻人？移民群体？单身妇女？不知道？[问题提得很空泛。这段话提醒答卷者，今后将有一位城市事务部的新部长，他打算优先关注某些群体。这些群体的称呼取自常理，可是恰好排除了真正的问题（例如，有一位年轻妇女，移民出身，开一家小商铺，应该怎样归类?)。实际上，这个问题的真正作用在于悄悄测度人们在多大程度上能够接受优先帮助移民，因为众所周知，他们受郊区问题的影响最严重，然而此处被混同于政治上受牵累较小的群体了。]

(8)正如您所知，乡镇从本地企业获得部分资源，即职业税。政府正在筹划一项法案，旨在从较为富裕的乡镇所征收的职业税中划出一部分，分配给那些本地企业很少或者阙如的乡镇。您对这个计划持赞同还是反对的态度？[这个问题纯属
412 “政治学”，它劈头就认定“正如您所知”，其实大多数接受调查者恰恰什么也不知道。接下去是短短一句提醒，貌似无关痛痒，其实说的是一项重要的税务法的进程（专家们都知道，地方税收的文献汗牛充栋，涉及问题极其复杂)。问题末尾提到政府的一项计划，使用了令人难以反对的表述方式：80%的答卷人赞同这项法案，即从最富的乡镇拿出一点钱，支援最穷的乡镇。]

以上这番评论可以告诉我们，这次民意调查要起什么样的作用。从材料方面看，它采取了一份单薄的文件的形式，没有任何评论，只有几页表格。每一页上端，问题用黑体字，而且被框起，问

题下边是答案。第一页对分布情形做出总的说明；接下去的几页，答案按照通行的“社会学”选项互相关联。每个问题都照此安排。事实上，展示调查结果是从纯粹的政治考虑出发的。第一页完全按照投票或公决的样子说明分布情形（“按照大多数法国人的看法……”），其后几页依照粗略划分出的群组（例如性别、年龄、职业、政治倾向和住所），逐条展示互相关联的答案和选项。

实际上，这种划分对于当政者的行动比对于理论分析更有利。413
换言之，这些答案互相关联的表格的目的，与其说是解释一些现象，不如说是用来甄别支持或反对某一观点的群体。观点是政治人物制造出来的，答案也被他们当作内斗的炮弹。这些答案有利于确定哪些群体仍然有待说服，以作为未来竞选运动的“标靶”（青年人还是老年人，男子还是妇女，富人还是穷人，城里人还是乡下人，等等）。遵照1977年的法律，民意调查标明了日期，这个标记无疑最有价值，因为它表明，此类民意调查的唯一用处不是理解与郊区相关的问题，而是民调当日民众对于政府作为的一个“舆论标杆”（正如民意调查所用的一个摄影的比喻所说，它只是一帧“公众舆论的快照”）。它提醒我们，事实上，这份名为“法国人的社会关注”的民意调查泄露了时任政府总理的“米歇尔·罗卡尔的政治关注”。

为了说明这些被媒体间接促成的文献的另一侧面，不妨再举一例：由国务部长、城市事务部长和领土整治部长共同撰写的题为《贬黜》的报告。1991年，沃昂维兰事件发生不久，刚履新的城市事务部长要求让-玛丽·德拉绪阐述郊区的困境。德拉绪是最高国务会议成员。数月之后，他提交了一份报告。报告的质量在很大程度上与作者有关：作者以前就对社会问题很有兴趣，这在行政高层 414
的“左翼”或“知识分子圈子”里并不罕见。此外，他受过社会学训练，具备研究这个问题所需的基本能力，尤其是能够揭露媒体对于此类问题的偏颇之论。这份报告是在广泛研读社会学论文的基础上写成的，而且认真听取过社区工作者的意见。我们从中看到了一些很有意思的见解。总而言之，毋庸置疑，这份报告运用的社会学知识比许多官方报告高明得多，对升斗小民和劳动者的认识也比大部分高官来得深刻。

不过，这份报告的分析也有一些局限，也是撰写当时的社会条件造成的。描写实际情形的部分，即如何理解郊区当下困境的部分相当单薄（在这份200页的报告里只占20多页）。不可忘记，高官的使命主要是政治性的。这篇分析倾向于服从一种政治的而非学术的逻辑关系。的确，高官们应当搜集专家的意见，以民主的方式“不带宗派偏见”地倾听大众的心声，可是政治逻辑跟严谨的学术建构几乎永远格格不入。报告从一些著述中征引了一些脱离语境的
415 零碎分析，这些作者分别属于极其纷杂甚至矛盾的理论门派（只需看看这份报告的征引作者的人名录，即可了然。在社会学者看来，这份人名录简直是一通普雷维尔[①]式的文字游戏……）。指导起草的方针导致这份文件里描述多于解释，它是一份各种肇因的清单，并非被建构出的一个有解释力的体系。

社会现实被切分成行政范畴（例如，德拉绪区分出“都市”“社会”和“青少年”三个方面）。从社会学角度来看，这些范畴虽然并不准确，却提供了一个适用的框架，当政者也可以理解，以便提出解决的办法。其实，人们从这种报告里期待的是理念、解决办法、解决思路，以及最好是能够“进入媒体的”，即看得见的、见效快的主意。尤其是报告提出的办法仍显肤浅，这是分析的不足之处：要么是简单的“好心好意”的办法（例如，有必要协调迄今零打碎敲的行动，各个行政部门都应当过问这些郊区），鉴于出自高层官员之口，考虑到目前的官僚体制，这些办法已经

---

① 普雷维尔（Jacques Prévert，1900—1977），法国著名诗人和电影编剧，以大量运用文字游戏和民俗语言见称，不少诗歌被著名歌手改编为歌曲，至今不衰。——译者注

很不错了，可是它们跟分析当前局面很少或毫无关系；要么就是一些毫无新意的办法，不光跟前面的分析无关，而且很难摆脱政治唯意志论的幻觉。例如，德拉绪的报告把一切都置于“公民资 416 格”的概念之下，似乎它能够解决问题，其实问题的根源远非单纯在政治方面。

这些报告旨在答复媒体提出的问题，因此不可能真正摆脱媒体。报告人不了解，其实应该分析社会群体的空间印记，质疑它们的社会再生产及其内部的个人轨迹，还应该评估这些群体在住房公共政策、培训体系（教育）直至求职等方面所受到的影响。所有在“郊区”工作的人，无论社会工作者，还是全国职业介绍所和临时工作介绍所的负责人，只要倾听他们的说法，就会发现，解决问题的办法不在“郊区”本身。简单地说，问题的原因不在居民区内部，而是在别处，往往就在政府的核心部门。

移民的“成本”和“收益”

“理想地”说，移民现象和移居者的意义及存在理由完全在于“收益”是否大于“成本”。如何将（特别是经济上的）“利润”最大化，将（特别是社会和文化方面的）“成本”最小化，这不是一个单纯的经济学问题，所以不能交给经济学家处理。实际上，一切有关移民的说法里都包含这个课题，其重要性似乎不言而喻。因为 417 涉及的群体地位特殊，这方面的得失权衡与其他群体完全不同。例如，对于无论儿童、青少年，还是老年人来说，问题只是如何预见和找到解决该群体的问题所需的财政手段。可是，就移民群体而言，需要作出评价的是移民政策的收益和成本，即评价移民群体的存与“亡”所带来的损益。表面上，这是个客观地被提出来的技术问题，但实际上它关乎移民的正当性。然而，我们几乎听不到任何对于移民现象本身的评论。尤其值得注意的是，例如《关于移民的相对收益与成本的经济学理论》中的那一类说法有意只谈移民的作用，时而承认其正当性，时而又认为它（实质上）是不正当的。[①]

时至今日，仅在如何评价一些应当顾及的因素方面，《关于移民的相对收益与成本的经济学理论》一文便引起若干訾议，至于这种理论要求先于任何讨论加以认可的内容，一致的看法早已达成，其中包括区分收益和成本的原则，平衡移民现象的得与失的原则，等等。可是，这种理论掩盖了一系列难以设想的其他问题，例如，移民令谁付出成本，给谁带来收益。不过，更根本的是，对于一个只有完备才有（经济的和政治的）现实意义的整体来说，把其中每一个可辨别——而且被任意剥离——的因素都无例外地当作“成本”或者“利润”，无异于把臆想的意义强加给它们，而且因无人察觉而更显得生硬和武断。对于这种“技术化”处理政治因素的做法，我们只要举出一例即可：阿尼塞·勒伯尔对于移民造成的货币
418 流动的研究，而且他的结论与费尔南·伊加尔[②]根据明显相同的数据得出的结论十分不同。

如果说，有些“成本”确实应该记在移民的账上，那么，头一个可以想到的当然是出于资金转移的理由，所有移民国家都有的货币成本，其中一部分是移民自己省吃俭用积蓄下来的钱，另一部分来自社会机制（例如家庭补助金、社会保障基金、退休金、各种养老金等等）。这些“成本”虽然可以视为显而易见和不容争议的，可是并非不能带来另外一种“利润”：“特别是，我们不妨自问，资

① 最近发生的有关移民人口数目的“数字之争”脱离不了从政治论据转入技术论据的逻辑，因为后者较易得到承认和公布，即移民人口越多，给社会带来的成本越大。

② 费尔南·伊加尔（Fernand Icart），瓦恩省议员，著有《法国外籍劳工的成本：一份综合报告》（*Paris*，*Assemblée nationale*，1976，p. 123）。

金外流究竟造成了什么影响（……）。现在看来，资金外流每减少一百万法郎就能改善一点外贸平衡（……）仅为三万八千法郎上下。的确，事先减少外流资金能够增加家庭消费，但这种增加有很大一部分不是靠增加国内生产得来的，而是靠增加进口或者减少出口。还有，减少储蓄资金向外转移限制了这些国家购入货币，进而限制了它们的进口能力，包括从法国进口。”①

另一方面，如果说，移民国家有眼前“利益”可图，即初始利润和看来能够平衡成本的净利润，这种利润恰恰是“进口”成年人或年纪尚轻者而获得的，这些人甫抵国门便是“有用的”或具备生产能力的。这种“利润”是从阿尔弗雷德·索维所说的“抚养成本”里省出来的，在费尔南·伊加尔的报告中却被轻描淡写，甚至被计入“成本”。这些人在贫穷的发展中国家里长大，也就是说，其抚养“成本”低于“法国平均成本”，这种“质量”导致他们在法国反而更“贵”（至少比人们想象的“贵”），因为还得支付适应用人社会所需的成本。

此类“矛盾”我们可以接着一一列举，因为我们采用的每一条标准都能够按照“收益”和“成本”归类，或者至少某一部分属于“收益”，某一部分属于“成本”。越是远离历来优先从经济方面处 419
理的因素，换句话说，越接近被经济学手段借口难以“度量”而忽略的因素，不确定性就越大，意义的操控和颠倒也就越容易发生和越频繁。同样，那些按照纯粹的经济数据进行分析和解释的现象，越来越显现为社会、政治和文化的现象。以移民家庭的总出生率和北非移民家庭的出生率为例：有时候，官方庆幸这些家庭为一个人口减少和老化的社会添丁进口；有时候，还是出自官方，却抱怨这

---

① A. Le Pors，*Immigration et développement économique et social*，Paris，La Documentation française，études prioritaires interministérielles，1977.

种增长是仍旧被叫作“移民人口”的增长（尽管在法国出生的年青一代并非从国外迁入），理由是“成本太高”，对于家庭扶助的社会机制的压力太大——只差直言他们已成“赘疣”。这是因为，“经济方面的”论据，或者用经济方面的别的什么论据说出更容易为人们所接受，而不会牵扯到什么。这种有关移民的高出生率的模棱两可的说法，说到底，针对举家移民，或者从旧日的单身劳工移民变成香火传递者的过程。在劳动市场紧缩的今日，这种骑墙态度也适用于另一个很能说明移民身份的特点：劳工。他们的劳动能力所代表的“利润”——连同他们凭此领取和寄往国外的工资——被重新界定为一种“成本”。当其失业，从而丧失存在的理由时，这是一种直接成本；当其有事可做，从事的工作构成某种待补的肥缺，并且潜在地有损于全国人力资源的时候，这是一种间接成本。

只有成为一种整体经济，即包含一切其他“成本”和其他一切被忽视的或纯粹的经济学理论根本不重视的“利润”，这种“移民经济”才可能被接受。此外，事情的复杂性尚不止于此，因为我们知道，只需运用相同的逻辑，就能够被同样的质疑和批评证明言之成理，《关于移民的相对收益与成本的经济学理论》就完全可以被移民的输出国照样模仿，作为建立一种对等的理论的基础。

421

无序的维护秩序者

事实上，所谓“司法困境”或“法律危机”所涵盖的现实十分不同。这些说法既指社会问题（“犯罪率上升”），又指公共服务机关遇到的困难（“法庭的困境”），也指司法界与当政者之间的缠斗

(“某某事件”)。这样混为一谈并非全无道理，因为关于“中轻度不法行为”（盗窃和倒卖麻醉剂）的争论，司法机构运转不良（“迟缓”“疏误”等等）和“不安全感”上升，这些都是不容置疑的现象。① 此外，法官和政治人物之间的纠纷也无人不晓，或者用一个更好的说法，常见于媒体。可是，谈论司法困境意味着忘记了法官并不是维护秩序的唯一角色。人们无疑也谈论警察、宪兵和监狱看 422
守当中存在的“危机”，这些也都是维护公共秩序的职业，可是，提出来的只是一些与之相关的简单问题：报酬、工作条件、表达意见的工会、培训等等——简言之，都是一些常言所谓“内部问题”。

实际上，根据不同职业的声望和地位，显示一个社会部门的困境的词语会有变化。维护社会秩序的分工是这方面的一个范例。正如这种职业化活动的不同功能所证明的，任务分工呈现制度化的特点（逮捕、审判、收监、平反等等）。每个部门的工作范围从司法上界定和区分层次。就定罪行动而言，法官扮演最重要的角色。他们不仅垄断一切属于司法范围内的事务（起诉的时机、审判），而且权威覆盖其他方面：检察官或预审法官负责指导警察或宪兵的现场调查；在规定执行判决的方式方面，审判法官拥有健全的权威；等等。法官的这种优越地位不可分割地既是司法的也是社会的。的确，一般来说，法官的社会出身比警长、典狱长和宪兵军官更优越。跟这种社会优越性（有些人认为是“高傲”）如影相随的，还 423
有一种文化上的优势。这一点，除了别的因素以外，法官们享有更好的教育背景便可证明。

因此，所谓法官的“社会没落”难道是一种偶然吗？这个说法

① 这一点从“安保沙龙”的存在、安保市场和“私人警察”的发展可以得到见证。1989年法国的私人安保机构共雇用了73 000人，交易额达到75亿法郎，大致相当于法国警察机构的预算的三分之一（G. Carrot，*Histoire de la police française*，Paris，Tallandier，1992，p. 230）。

指的既是法官们在社会空间里走下坡路（“专审鸡毛蒜皮”“下三滥的勾当”），也指权力的“土崩瓦解”（“丧失独立性”“资源匮乏”“包办一切的法官”）。[1] 至于警察和宪兵，他们的形象比地位更饱受指摘，而且常常含有贬义：我们经常听到的说法是前者“烂透了”“凶神恶煞”，后者是“一帮蠢驴”。至于监狱看守人员，一般的说法侧重于他们的工作条件：例如，他们时常被人们拿来跟坐牢相提并论；他们自己何尝不也这么说，例如值班就是“蹲班房”。

至少从这些说法来看，司法危机跟法官的困境是相提并论的，这是因为，正如一切支配着某个社会领域的群体那样，法官也把他们对困境的解释强加于所有人。由于在社会生活中享有支配地位，
424 他们能够把跟自己的阶级归属——其“独立性”或“权势”——部分相关的问题普遍化，变成“法律危机”、社会问题、“不安全感”等等。

这些空泛的说法忽视了一个事实：秩序的维护者各个不同，引起他们的问题或者危机的因素各异。即使只就法官群体而论，很清楚，这个职位包含着一些反差十分鲜明的情形，平时人们只能感觉到其中最突出者，例如“高层”与“低层”的法官职位。这两类法官是否都包括在“法官的没落”的说法里呢？20世纪50年代以来，延聘法官的办法有所改变，从前不能当法官的群体如今也可以应聘，特别是基层官员的子女。然而，一切迹象显示，社会出身不同，法官生涯也不同。这就是说，事实上，人们所说的社会衰落仅仅表明法官群体在不断分化。[2]

因此，各类法官之间的社会差异相对扩大了，这表明法官群体的非均质性增加。原因之一，是法律家庭出身起很大作用的延聘方

---

① J-C. Soyer，*Justice en perdition*，Paris，Plon，1982.

② J.-L. Bodiguel，*La magistrature，un corps sans âme?*，Paris，PUF，1991.

式被削弱。[1] 不过，这种变化对高层法官的影响似乎不如对低层法官大。[2] 50 年代末国家创办了国家司法学院（国家司法研究中心），425
法官的培训标准得到统一，而且取代了以内部遴选为主的地方考试。招聘的社会多样性的增加却没有因此减缓。[3] 相反地，由于从 70 年代起相对地大批延聘法官，增加了向考试及其平行的招聘程序（内部考试和根据学位录取）开放的法官职位，这些都加速了这个群体的社会分化。除此以外，法官人数的迅速增加（新法官在 20 年当中占 40%）也导致特别是年青一代的晋升前景被大大削弱。其后果是这个群体内部的竞争更趋激烈。除了这些形成压力的因素，如果再加上争讼案（他们用“痛宰”一词）的增多和变化造成的工作条件的实际退步，那么“危机”的所有条件已经基本齐备。不过，危机仅有一次吗？它对所有法官的影响一样吗？

必须就学于一所专科学校的上述规定要求只承认纯粹的学历标准（特别是毕业时的名次），法官从而能够彼此作出评价，也更容 426
易把握分配与晋升的合理性和接受反对意见。事实上，这种合理性日益受到诟病，因为低层法官和高层法官的界限比 19 世纪模糊得多。那些只需“好心眼”和“公道”便足以“息事宁人”的法官除了在本地获得一个“好名声”之外没有别的野心，而这个本地往往是他们不愿意离开的故土。情况如今已经改变。教育体制的发展和考试招聘的办法使得招聘市场和职业生涯扩大到全国。虽然近三分之二的法官来自高层干部或自由职业者家庭，可是，他们能够从事

---

① A. Baucaud, *La haute magistrature judiciaire entre politique et sacerdoce*, Vaucresson, juin 1991.

② J-P. Royer, R. Martinage, P. Lecocq, *Juges et notables au XIXe siècle*, Paris, PUF, 1982.

③ A. Boigeol, La formation des magistrats: de l'apprenstissage sur le tas à l'école professionnelle, *Actes de la recherche en sciences sociales*, 76-77, mars 1989, p. 49-64.

的职业并不都合乎传统上有赖于出身的志愿。

这就是说，法官的困境不止一种，而是根据低层的还是高层的法官职位，有好几种。对于作为“人中人”的高层法官来说，困境主要源于他们与国家其他司法部门成员之间的关系。自二战结束以来，随着政府行为的发展，这些部门握有一张关键的王牌，即它们可以直接参与政治权力的运用，这是高层法官做不到的事。它们从而享有一个巨大的优势，能够支配越来越多的参与维持社
427 会秩序的机构。例如，越来越多的各种“委员会”往往由一位行政司法部门的成员主持，此人能够直接干预本属司法范围的事情，这就从侧面证明，法官龙头人物相对地没落了。在更普遍的意义上，由于其他职业的兴起，高层法官在统治阶级中的地位也渐趋衰落，尽管这种兴起也许并不常见于公共领域（其中跟金融有关的部门后来逐渐取得优势），而是更多地发生在私营企业里，即所有那些跟经济和通信有直接相关的领域。这些方面历来跟法官没什么关系。

至于下层法官（常言所谓“基层法官”），困境同样是因为跟其他公权力的代表（特别是省长及其行政班子）相比，他们的权力被削弱了。不过，造成这一点的主要原因还是一些内部因素，工作条件恶化（繁复的程序、越来越不“高雅”的诉讼案子等等），以及等级分明的权力对工作人员的压力，他们的社会地位越来越依赖于本职工作。

另外，还有一个往往被一笔带过的方面，除非遭逢严重危机：重新规定职业分工和一些部门为维护和扩大地盘的不停争斗。这些也都是他们会体验到的困境的一部分。在这个方面，司法部门也是一个典型的例子。事实上，法官在垄断法律解释方面的不二地位受
428 到质疑。首先，司法界的其他人员，特别是警察和宪兵——在较小程度上——都对检察院和预审法官指挥调查的职能提出质疑。其次

是其他司法部门（律师乃至法律顾问等等），以及许多在行政法庭和最高行政法院之外被赋予准司法权的行政机构（海关、税务局等等）。

人们常常把这个现象跟政府行为的发展、争讼案的复杂性（非得向“专家”求助不可）和逐渐增多的法律求助联系起来，因为这些都超出了司法部门的处理能力。但是，假如法官至高地位的社会基础没有被颠覆，这些不同因素就不会产生如此巨大的效果。仅就刑事事务而言，不难看到，越来越多的警官，以及在较小程度上的一部分宪兵官员，他们具有的社会、文化和教育的特点都跟法官相似。司法的这些新一代的警宪力量的装备比从前更佳，完全可以认为是司法权力的主要部分之一，在调查活动中听命于法官。针对这种以警察为主的进攻，大部分法官提出了原则性的异议，由于他们在这方面的活动事实上被削弱，这些异议掩盖不了他们的特权的社会基础。这些权力之争甚至表现为公开的冲突，从而彰显出阶级的特点，因为维护公共秩序正是维护社会制度的一部分。 429

不过，这种争斗无时不有，发生在不同层次上、不同部门之间（以警察与宪兵之间为甚），而且每一个部门还会内斗（例如警察大战），这反倒巩固了法官的至高地位。此外，还出现了其他一些分别。以警长为例，达到这个职位的途径（在警察部门供过职与否）决定着是否承认司法的至高地位。因为，如何培养一个警长是这个部门内斗的焦点：“老家伙们”赞成从实际工作中锻炼，年轻人则认为学历更重要。这就是说，达到这个位置有不同的途径。这种差异并非没有社会基础。阶级之分不仅隔开了各个维护秩序的职能部门，而且是跨部门的。因此，跟其他一些部门一样（尤其是军队），部门之间和内部的争斗不只是阶级矛盾造成的，它也跟每个阶级内部的争斗相关，涉及高层位置时尤其跟统治阶级内部的派别之争相关。

431

穷人的警察①

若望今年 40 岁，出身黑脚丫家庭，父亲当过理发师。12 岁以前，他一直居住在阿尔及利亚的一个大城市的贫民街区里。说到离开那里时，他用了“流入城市”一词。来到法国以后，他不仅跟环境和朋友们都断了联系，而且因为家庭变故（父母离婚）被送入一所寄宿学校，可是一直想溜走。高中毕业会考以后，他服了兵役，因而更厌恶封闭的生活。由于“不知道干什么好”，看见一张派出所的招贴画以后，他参加了招聘警探的全国性考试，尽管此前他一直没有当警察的丝毫想法。入学以后，一个新时期取代了“一切对我都很陌生”的生活无定的时期，其间他接连投入一连串职业的、工会的和婚姻的事务当中。

在职业方面，与其说干一番事业，不如说走一条早已为一般的公共职能规定的道路，只要满足学校的要求就能办到。正像他自己说的，他当时“随时可供调遣”，“准备大干一场”。跟几乎所有的
432
警官一样，他参加了行业工会。可是，使他思考他感到苦恼的“警察职业”的主要是工会事务，而不是警察业务本身。此时，他也在准备参加派出所所长的内部考试。他考下来了。如今他担任省政府城镇警务办公室主任。

他既有基层警官的经验，也有一个工会领袖对于什么是好警察的深思熟虑。他至少部分地摆脱了官场套话。他所在的组织既给了他语言表达手段，也给了他警务工作的观念。这些都造就了今日的他，他尤其得益于与他关系十分紧密的工会。这个工会在警长和警

① 英译本未收入此文及其访谈录。——译者注

探当中的影响很小（治安警察则另论）。

贫民出身，既无家庭背景，在当地又无根基，他信守一种不妨叫作“社会的”警务工作的观念（“穷苦大众的警察”），这跟大部分警长和警探的看法很不一样。他提倡专业化、技能性和效果（所谓“尖子警察”）。在这种对立背后，其实是两个社会类型的警察，彼此抵触。一类即有些人所说的“烂货”，另一类属于“有点水平的警察”，专门负责“有组织的不法行为”。他对警察的“动机”的分析显示了他的地位的含糊性。一方面，他已经习惯和接受了这个职业的等级制度和“目标”：他是一个名声不佳的处理“中轻度不法行为”办公室被贬谪的主任，因为警察的等级制度——是“上岗 433
警察”的等级制度，不是他看不起的“办公室”的等级制度——完全模仿犯罪团伙及其社会特点。

他把警察比作街区的医务界（“派出所的人……是警察里的内科医生”），希望警察“在基层”得到培训（“应该把他们送去一个苦一点的派出所，干上五年”），怀念息事宁人的法官，这些都转弯抹角地表达了他最大的苦恼：背井离乡。这种苦恼全靠他赞同工会组织所捍卫的价值观才得以忍受。

这次访谈很像一场独白，也许因为只有交谈的话语部分能够被誊写下来。确实，我没有必要想方设法让对话者“把话说出来”，大概是因为他的苦恼本身就说明了问题，而话语既可能用来表达苦恼，也可能否定它的存在。

一位警长 434

采访者：雷米·勒诺瓦

“你得吃过苦才能理解他们，不然这些人会让你不舒服”

若望：我们是市区警察，每天都跟一般不法行为打交道。这些人都是第四等级[1]的成员，不是捡到一张支票，就是从汽车里偷来一张，然后跑去买一箱酒。很可悲，可我们必须处理这种事。另外还有一头，我们得对付有组织的犯罪，我们有一帮人管这个，对付麻醉剂之类的东西。这个是主要为了PJ。我们老板的原则是，他不是为了做赚钱的生意，而是为了对付轻度和中度的不法行为才在这儿的。说得有道理。他在这儿就是为不让老婆婆的钱包被偷走，汽车被砸坏。可是，我们还得向法官证明我们的本事。因为，他们原先以为，我们的天职是对付一般不法行为，没有处理大案子的能耐。有时候也许真是这样。所以，法官啊，上级啊，人人都违着心把一些有意思的案子交给我们，可是，只有这样，我们才留得住人才呀。

如果人家每次交给你的都是一堆烂货，总之就是一些小案子，你干活就泄了劲。如果像在巴黎那样，只对付现行的不法行为，也就是说，每天早上得去监狱号子里找那些四等人，或者可怜的失业者，因为没饭吃才倒腾支票一类玩意儿的人。这个，说实在的，没什么意思，因为没有任何有价值的排查。有意义的做法是从一无所有入手，最后查出来一桩案子。要想让排查有意思，案子得复杂一点；要想让案子复杂一点，你对付的人得有点水平；要想让你对付的人有水平，必须接触有组织的犯罪；等等。而我们呢，我们不是干这个的，这我承认。可是，如果人家不给我们这个机会——他们
435 总想这么做——我们的人就会没精神干活。再说，干活松劲或者不那么有劲，理由有很多。警察当中有好多人是为了有碗饭吃才来的，我也算一个，还有一些人靠志愿，这样的人肯定有，可我认识的不多。就算是为了饭碗才当警察的，对工作你也不是一点兴趣都没有。知道大家并不是啥也不为才工作的，还是挺有意义的。如果

① 第四等级（le quart-monde）指社会最底层的穷人。——译者注

一个人连一点地理知识都没有，职能豁免权只限于偷鸡和偷车，人身豁免权只限于第四等级的成员，他就是一个低能的警察。甚至有些人刚来的时候兴致蛮高，可是很快就松了劲。我认为，应该把一切都交给大家。我不赞成搞特警。

我觉得，所有的警察都应该一开始就在警官学校里训练。有个事不太正常，有些警长只有22岁，是从学校里出来的。这些人是小天才，16岁就通过了中学毕业会考，免除了服兵役，上完三年大学，20岁、21岁，一下子就成了警长！这事很严重。我想说，我们这儿的人都应该从基层招聘。是的，大学专科文凭，毕业文凭，对他们来说可能都有点难。他们可以被招聘为警察，但不能是警长，然后应该把他们送去一个苦一点的派出所，干上五年。去大巴黎地区或者里昂等地，让他们见识见识尸体、酗酒问题等等。派出所的人很有意思，这些人是警察里的内科医生，因为跟不法行为接触的就是他们……不单是不法行为，还有夫妻之间的问题、邻里问题、吵闹问题等等，都是给社会捣乱的人。人人都应该经历一下，然后让一些人去特别部门干一阵再回来。因为，说漂亮话很容易，像什么“我们这儿不错，我们有专家，财务法专家，可是我们连入户盗窃的取证都不会！”会计不难学，我学过。可是，隔一段时间实地干一下，去找到欺负老婆婆的人，也挺有意思。对了，这个对体力要求很高。可是，说了归齐，我觉得，既然选择了警察这行，436
也就选择了把身体交出去。

没错，有人离开了，这种事情在部门警长里就有。他们没兴趣了……事实上有这种局面：事业受阻，不法行为越来越难对付，不是永远那么容易……既然有尖子警察，也有穷人的警察啊，那些人是城镇化重点地区的。巴黎第16区的，那儿问题没有这么多，那是最好的地区之一。再如圣克鲁区等等，在那儿当警察很不赖。到了曼盖特区，那些疯子，酗酒，失业，有些人的精神状态跟别人不全一样，那又是另一回事。我不能说种族歧视的话。就拿马格里布人来说吧，我就是在北非出生的，马格里布人晚上是不睡觉的。欧洲就差点。他们晚上还在外面，喧哗，可是他们对喧哗没有责任，因为这是他们的文化闹的。好了，他们跟别人住在一起，这就出了问题……警察很难办，对付大宗不法行为特别不容易。

说到底，这种不法行为是正当的！不合法，可是可以理解，对吧？当我抓到一个女子的时候，一个可怜的小女子，独自抚养孩子，在超市里用支票只买吃的。我必须承认，我不觉得有什么值得骄傲的。我承认，纵然有控告的机会，我也不会告她。人家几乎把钱都给她了。也不总是如此……我这是举一个我这方面的例子。总之，例子还有很多。一个小家伙饿了，在超市偷块面包之类的东西，另一个偷一辆自行车之类的东西，因为有那么多值钱的财物摆在那儿，吸引人啊。不停喧哗招来袭击，动手，受伤，那才是更严重的。这种事让谁都不好受。警察目睹这一切，不应该让他们脑袋里总有这种压力，应该让他们时不时看点别的东西。

有些人总想办法脱离这种难受的岗位，换个平静点的地方。在
437 我们这儿，您能看见一些人年轻力壮却待在办公室里！这可不正常！不正常！活跃的警察不是为了蹲办公室的，除非你有一份合规矩的医生证明。有时候，还说得过去，什么抑郁症之类。人家说了，自杀率最高的是小学老师和大巴黎地区的警察。大巴黎地区的警察也是离乡背井，不在自己的故乡。再说，巴黎的交通您是知道的，路口总有令人抓狂的举动。开车通过就已经够疯狂的，何况人在里头指挥交通。真是不可思议。你所在的岗位越是无遮无拦的，就像这样，出问题的危险就越大。局面越紧张，就越可能出问题，既有内部的也有外部的问题。内部的是指疲劳、压力等等逐渐积累，我认为这一行压力特别大。压力积累起来，头发很快就白了。外部的是说，你的工作地点在一个危险的街区里，不同种族的人高

度集中，都到这儿来了，遇上好多问题，贫穷啊，酗酒啊，失业啊，等等。总之，成了一个恶性循环。在这种烂区里受罪的警长工作不到一年就都走了。没错，只剩下年轻力壮的警察留下应付。城市的中心地带烂掉了。如果您哪天走进一个警察局，看见的都是年轻的，那您就知道，这个地方不好弄。

因为警察这一行全凭经验

这很可惜，这些年轻人必定会面对一些棘手的局面，可是没有老家伙能倚靠。老家伙让人放心。我呢，已经开始了，我今年40岁，开始变成老家伙了。这很可悲。我刚来的时候，喜欢征求别人的意见，那个时候，那些人被看成老混蛋。我当时才20岁，没这么想。他们都55岁了，就在身边，将他们的经验告诉我们，因为警察这一行，一切全凭经验。我觉得在任何部门，都应该把不同年龄的人掺和在一起，有经验丰富的，也有刚来的接受训练的年轻人。无论怎样，在我看来，年轻人绝对必须放在艰苦的岗位上锻 438
炼，放在巴黎郊区，人口集中的地方，必须是难题多的街区，然后才让他们去别的清闲的地方。至于说法官，情形也差不多，刑事法官的口碑不是那么好，这没错。应当让这些法官去锻炼锻炼。看见一位预审法官才25岁，那真让我难以忍受。

我认识一位警长，大学毕业生，似乎在大学里出类拔萃，父亲是公证员，母亲是房产经纪人，也就说，出身富裕家庭。他拿到两个硕士学位才离开大学，然后去了一个僻静的地方服兵役，因为他爸爸认识不少人。他在一个基地看道口，每天晚上回他爹娘那儿睡觉。他上过圣西尔军校，上过国家高级警官学院，那儿的人告诉他，警长多少也算精英人士等等。这个倒是不假。可是他根本不了解什么是生活，从来没有吃过苦。他娶了一个大学同学，父母也很富裕。他后来去了一个不出警的部门，他的名字就别提了，领空和边疆警察署（PAF），那是个优裕清闲的行政警务部门，因为机场的顾客毕竟都有点身份。这小子什么都不懂，竟然当上了国家警察的高级干部！他现在担任部门警长，可是连什么叫吃过苦都不知道，连什么是底层生活都不知道。

要想跟一个小流氓说话，如果你从来没有离开过妈妈的裙摆，没出过大学校门，没离开过优裕的家庭，等等，你就永远不知道怎么说话，更别说小流氓的、草民的语言了。你得吃过苦，才能理解他们，不然这些人会让你不舒服。你理解不了他们，你无法……不过，我觉得一个警察应该宽容。永远要显示一种善意的不偏不倚，永远如此，不管在什么情况下。处理问题的时候，该怎么做就怎么做，可是有的时候应该宽容一些。你不是要压垮人家嘛。有时候，我们是为了清理事情才……就像人们从前说的，息事宁人的。一个违法行为，我们处理它是为了不让它弄到法庭上去。我觉得——虽然我心里并不愿意这样做——给一个15岁的小孩子戴上手铐，是
439 给他爸爸的当头棒喝，这顶得上一切法律程序。这个小家伙忍不住诱惑，在一家大商店里偷了一支笔，但这并不是世界末日啊。一辆自行车、轻骑摩托，毕竟还不是……汽车……只因为他想要或者说想向同伴们显示他需要去舞会什么的。反正，我觉得不该跟唱诗班的孩子过不去，我们出警应该针对有生活经验的人。

1990年6月

441

女人和警察

阿涅斯今年24岁，家中的独生女。不久前从国家高级警官学院毕业。她是在高中毕业会考后（G类①，无评语）通过考试进入

---

① 1992年改革以前，高中毕业会考分为F、G和H三类。其中G类有三个方向：行政技术、量化与管理技术、商贸技术。——译者注

这所学校的。她来自西南部的一个小城市。三年前，我在着手一项有关刑事预审的研究时遇到了她。

让警察说出超越上级指示和工会要求的话不是容易的事情，原因主要不在于他们身属某一个例如宪兵和法院这样的部门，而是他们身上有几乎成为规矩的某种对一切外人（“他们的机构”之外）的不信任。跟以保留、保密和匿名等等为职业特点的其他行业不同，由于总是注意纠正外人的消极描述，这种已经成为一种职业操守的怀疑态度更加强烈：“保持警惕”。职务和级别不同，这种认为警察“形象不好”的顽固想法的表现也不同：上级警官高调修正司法，讲话无可指摘，官场套话连篇；下级警察则既有令人语塞的尴 442
尬，也有虚张声势的絮叨。

此外，这些总是处于被动地位的审讯专家，他们既握有控制调查局面的预案与手段，也尽力把握说明议题性质的主动权，并且运用一切常见的招数：保守秘密，附和议题，表面默契，故作信任，等等。

问题不在于有些人与职务和机构不完全相称，这一点在女性当警察方面表现尤甚。时至今日，女警察仍不多见。这个男人世界标榜“男子汉气概”以及所有跟这个职业相关的素质，致使女警察大多被派去执行被视为“女人干的”任务。看来，正是出于这个原因，我们才在这些妇女讲话时，从她们的口气里看到一种释然和坦率的态度，甚至一种辛辣的幽默。尽管她们已经接受了“警察的价值观”，但是只要她们愿意谈话，她们就没有那么多必须按照惯例讲话的拘束。

阿涅斯本人讲话十分坦率和现实，因为她觉得这次谈话是一个机会，能够让她表达一种既难以压抑又含混的反抗。含混是因为她从三个方面感到愤懑。在她的内心里，这三个方面盘错缠绕，无法分割。首先，作为一个年轻女子，她跟父母及其代表的生活方式违和；其次，作为一个积极活跃的女人，她对官僚体制的日常运作极

为不满；最后，作为一个投身社会斗争的人，这个新警官与她所认
443 同的政府机构的其他角色和使用者发生了冲突。她在这次采访当中基本上只谈工作条件和她接受的培训，因为她的个人生活完全消失在职业生涯和工作思考背后，后者使她得以摆脱一切压制她的东西，从中“走出来”：父母、中学、原籍城市等。在她眼里，只有“家乡”的气候还算差强人意。

阿涅斯的体形看起来比较瘦弱，棕褐色的头发很短，男士发型，警觉的双眼很有神，举止却很放松。那种年轻的警长大多喜穿的制服更显得随意：旅游鞋，牛仔裤，皮革上衣，里面是一件白色的针织衫。这套装束立显一种要“自由一点”的意愿。在她看来，一切令人感到受压制的东西都是“没法容忍”的，无论是巴黎街道派出所里的“等级制度”——警校一毕业她就被分配到此地——还是使年轻人“泄气”的那些“麻木的”警长，因为他们劝我们“别掺和”，理由是被抓起来的人“会矢口否认”。“没法容忍”是她总挂在嘴边的字眼。

对于“老家伙们”，即“只为钱才来的”派出所的老所长，以及那些“懒洋洋的”或“优哉游哉”的老警长，她的看法跟对她父母的看法一样：她父亲是专管“诈骗”（竞争和价格方面的欺诈行为）的巡查员，母亲是医院的护士助理。“这伙人对工作根本不上心，从来就没上心过。”相反，她有个表哥，也是警长，当年以身作则，促
444 使她报考了警校。这个人完美地体现了阿涅斯“生活里喜欢的”东西，而且她认为这种东西能够在自己的新职业里找到：“调查”（即行动和冒险）和“结果”（跟“毫无用处的文件”和“走形式的恶习”相反），以及专管“诈骗行为”的司法警察局——而且此类诈骗绝非“小打小闹”（“我最恨这个”）。这个部门女警长最多，其职能跟她父母对她的期望最接近。“我父母本来希望我当护士，去幼儿园，当社会工作者，反正是这一类的工作，特别是留在X别走。”

“投身”警察这一行并非她的志愿——虽然她承认“一直想当警察”——而是出于一股深切的反感，针对一切“安坐不动”的，她叫作“陈腐”的东西，家里人首当其冲。外省人，背井离乡，孤独无助，等等。她也憎恶机构运行中的各种羁绊，她用一句话概括这些机构的原则，“人家把什么都推卸得一干二净”。她到处都有这种感受：厚颜无耻的违法行为（“把钱包往地上一甩，好了，就不是他偷的了”），就不提出或撤销诉讼的粗心大意的受害者（“他们害怕报复”），法官的宽容（“他们太软弱”），律师的犬儒主义（“哪怕客户认了罪，一个律师还是要找漏洞”），包括某些同事的不作为（“他们放任自流，只顾着喝酒”），等等。她把这种缺乏效率的现象概括为几条：警务工作分得过细，司法搞形式主义，物质手段短 445
缺，大众对警务工作冷漠。她对这些的反感伴随着一种愤懑之情，她愤恨一切昧于行政工作的目的的行为（“您来这儿是为了跟保险公司理赔，还是为了找回丢的汽车收音机？”“当然为了保险理赔喽。”“何必还要我们这些人！”），以及在更普遍的意义上，任何篡代警务的东西（“那些假冒的警察，不知用一张什么蓝卡、白卡、红卡，就能随便出入。我们反倒不让进”）。

于是，除了厌弃家庭环境以外，我们从她的抗争理由里还能看出她何以赞成高效维护秩序，她的表达方式既突兀又直截了当：“知道……我们为什么忙，还是空忙一场。”这里的问题已经不只是揭露那些与童年压抑和遭人鄙视的社会环境相似的东西（“有人来投诉，没过三天又撤回，真让人受不了”），也不是微不足道的小事（“我们是个很小的街区派出所，只处理一些轻微的违法事端”）。令她“气不打一处来”的是典型的警界官僚主义的所有那些障碍：部门之间缺乏协调（“这张报告单，有时候得等三个钟头才出来……浪费了好多时间”）和老警察们幻灭之后的消沉态度（“这么干划不

来，去那儿干吗？随它去吧”“这些人都麻木了”)。这种无能和不
446 作为阻塞了那种使她得以摆脱生长环境的能量，也无疑是她能够保持清醒的因由——她的冷嘲热讽的和略带苦涩的清醒。这是因为，凡是能够达到某种不大可能的地位的人，无疑都对自己的工作机构的运行情形和其中的社会关系有着敏锐的观察。

她没有用严厉的词语揭露上级警长（“所长干这事通常是为了拿钱”)，以及那些不急于提起诉讼，只对被盗物品的价值感兴趣的商人（“总是说价值多少多少，可是我们根本不在乎价值”)。有些人看不起她和她的同类人（作为中层干部的警长们)，而对金钱淡然处之从另一个半掩的侧面反映出她蔑视这些人，其中她只顺带地提到律师、法官、警界要人，以及被她批评行为太随便的受害者。她以此显示，她跟这些人不是一伙的。相反的是，她不断为“穷人”“不法分子”辩护：一个是被监狱释放后找不到工作又重回监狱的人；第二个是“可怜女子”，可以感觉到，她“以后不是毒品，就是站街”；第三个是一个被流氓“拖下水”的少年。

这种令人气恼的幻灭感（“眼见这些人被提起公诉，心里真不是滋味”）恰恰是她全力以赴工作的反面，因而这种被迫的和痛苦的感受也更强烈。她认为，全靠这个职业才改变了自己的社会轨
447 迹。可是，她的幻灭感虽然不无理由，却远未使她与工作拉开距离，或者对自己的职业“兴趣”发生怀疑（“这个工作很有意思”“我喜欢有人搞诈骗……”)，尽管她有时也对一些经历感到失望（“鼓捣一些没用的文件”“走程序，登个记，然后呢，没有下文了”)。虽然她认为有些事情“没办法解决”，可是这并不妨碍她固守一个执念：仍然可以指望取得一些“效果”。

在好几个方面，阿涅斯的话跟贝特朗·达维涅的电影《L.627》中的一些片段完全一致。人们从影片中能够看到“警察这一行”的

日常情景，那种存在于两个方面之间的张力：一方面是体育运动、冒险癖和与之相随的患难与共的警队成员之间的手足情谊，另一方面是官僚制度的成规惯例和空洞的言行。可是，这两种表现警界的方式各有不同的影响力度。这无疑是因为，电影必须遵守艺术体裁的规矩，对情景和人物作出一些风格方面的效仿，以至于这部电影有时仍有一些警探片的刻板定式。

在整个短暂而特别的采访过程中，阿涅斯从愤懑于任何对她的“工作”的质疑，不断地把话题转入肯定自己全力去做的事情（尤其对于一个从外省小康家庭走出来的女子来说）。或许这使她的说法蒙上了一点讽刺意味，这种讽刺意味经常见于那些孜孜工作却总觉得工作被人低估和完成得很差的人们。谈起工作中遇到的问题和苦恼时，她喜欢引用一些对话和幽默段子，这种冷嘲热讽无疑源自她对实际工作中荒唐无稽现象的体悟。不错，她似乎不认为这些现 448
象有什么了不起，但是也不与之混同（“所有那些表演，那些必须写进文件的东西”）。“所有我认识的人，那些比我早来一年的同事，全都说：‘愁死了，我快要当司法警官了。’”简言之，对她来说，这既是美梦，也是噩梦。

青年女警官 449

采访者：雷米·勒诺瓦

“年轻人刚来（……）头一年就泄了气”

阿涅斯：在街区的派出所[①]里，首先有一个时间和手段的问题。因为我们接到一桩投诉以后，比如说，有人在商店的货架上偷了东

① 街区的派出所隶属司法警察局。这里的便衣警官负责调查和接待提出投诉和申报等等的民众。关于警务机构的职能和界定，可参见J.若望的著作《警察中间的种族学家》(Paris，Metaillié，1990)。

西。犯事的人被带来，我们接下投诉，还得等巡警的报告单。填好报告单，那个人就交给我们管了。这张报告单，有时候得等三个钟头才出来，因为巡警得再跑一趟，还得打印出来……如果是商店行窃，店主不会马上就来，“我忙着呢，我还有好多别的事要管”等等。他过后才来提交投诉书，可是我们这些人必须有这份投诉书，因为那个家伙肯定送法院。所以，我们只好等那个店主来，可是他来的时候，已经是七点差五分了！

——你们把他留在派出所了？

阿涅斯：留在这儿。如果一直没见到投诉书，我们就等店主来。一拿到投诉书，那位先生就被起诉。他六点钟得见法官，现在已经是四点钟了。我们叫了一辆面包车送他去拘留所。可是六点差五分了，车还没来，还有一个什么问题。总是这样，浪费了好多时间。

——如果人在现场被抓，就走现行犯罪的程序，那又是怎么一回事？

阿涅斯：一般来说，如果钱数比较大，或者这个人反抗，伤了人，他就会被起诉。如果钱不多，小偷小摸，这种情况他就不会被起诉，但是我们会登个记，就是有一张传票。也就是说，我们给检察官打电话，约定一次会面。可是这就得把住处弄清楚，住处我们得核实，这儿查查，那儿查查，也得要时间……商铺行窃的最大问题是属于特殊情形的外国人，那就不归我们管了，而是由情报总局①第八科处理。不过，既然属于司法，就得通过派出所，就得在这儿留下点什么，我觉得这是为方便统计。所以……得有一个公安

① 情报总局（Renseignements Généraux，RG）隶属法国政府内政部，为警察总局的一个部门。2008 年改组为国内情报总局（The Direction Centrale du Renseignement Intérieur，DCRI）。——译者注

局的报告。我们负责填写登记表，“哪一天，几点钟，哪位司法警官[1]经手，有没有身份证，转送相关法律身份鉴定部门。”您瞧，我们只干这个。随后的事归情报总局管。这个还是跟面包车的事一样。情报总局接待特殊情形的人直到下午五点。如果人是五点以前抓起来的，就往那儿送，五点以后归我们管。有一次，一个家伙三点半被抓，六点半送到我们这儿。我们有权留他四个钟头，不属于正式拘押，只为核实身份。六点半他被送去情报总局，已经晚了……

——在这种情况下，你们怎么办？

阿涅斯：我们还是往情报总局送，可是他们不收，因为已经七点钟了。于是又送回派出所来，可是晚上我们这儿得关门啊。我们就把他打发到第五处[2]去，总是这么干，因为没法直接去情报总局啊！难以置信地浪费时间。

——什么原因？

阿涅斯：原因在于统计。这个事属于司法，所以情报总局不走程序，人就非得回来不可！情报总局管外国人，因为这是一种所谓 451
的情报来源！如果他们这样获取情报，那我可是没法理解，这真是……荒唐！还有一些跟投诉者的问题。他们跑来说：“有人偷了我的汽车。”我们把情况记录下来，把汽车、电视机找回来。他们还不高兴，说什么“保险公司不会赔偿我”。

——东西找回来了，他们反倒抱怨！

有人来投诉，没过三天又撤回，真让人受不了

阿涅斯：基本上就是如此。“好了，太太，您的汽车找回来了。

---

① 司法警官（Offiicier de Police Judiciaire，OPJ），得到授权后，负责调查违法行为的警察或探员，调查包括搜查、建立档案、把肇事者送上法庭，以及拘押、调查申请等程序。

② 第五处即司法警察处（DPJ），前身是国土宪兵团。

您能不能马上过来一趟?”比方说，我们夜里抓住了一个“偷车惯犯”，这种人专门砸破车门偷收音机，当场抓获的。通常这种事发生在周末。犯人在派出所被羁押一夜以后，我们第二天早上必须通知受害人。我们跟受害人说：“太太，我们抓到了砸坏您的汽车的人了，您现在得来派出所提出投诉。”电话我们已经打了，早上九点打的，他们下午两点才来，因为是礼拜天（一周当中照样如此，因为他们得上班）。来后我们把收音机还给他，告诉她：“太太，您现在提出投诉吧。”“不，不用提，收音机我已经取回来了。这就行了，您得理解，我不想惹什么法律上的麻烦。”顺手牵羊，也就是扒窃，也是如此。你当场抓住了小偷，女失主也看见了，钱包一拿回去，就不想提出投诉了！真是邪门，因为我们找回失窃的物品以后，往往无从知道失主是谁。例如，有一回搜查，我们查出了汽车收音机，我们在电脑上公布了厂牌、型号和序列号码，可是没动静，不知属于“张三还是李四”的，只是“无人认领”，“无人认领”啊！人家把什么都推卸得一干二净！

——他们为什么不提出投诉呢？是害怕吗？

阿涅斯：他们害怕报复。“这得要我的名字、我的住址。”可是小偷跟这个根本没关系呀。被抓住就是被抓住。对于他来说，这就完事了。

452 ——您觉得他们不提出投诉是个问题吗？

阿涅斯：也不是，因为了解了事实以后，检察官想提出控告就提出控告。

——您经常给他们打电话吗？

阿涅斯：我不打，只要有人被拘捕，当场抓获，这个电话就由司法警官打。纵使是小偷小摸，也得问问检察官，是上诉呢，还是释放……这个事让我气不打一处来。至于动手伤人，夫妻之间也是如此：“我要投诉，我丈夫一个礼拜以前动手打了我。”既然她坚持，我们就登记了投诉。可是我敢肯定，三天以后，我们把她丈夫叫来的时候，她准会撤回投诉。因为两口子没有离婚的打算，还有孩子，还有……所以，永远是这个样子。我们弄好文件，走程序，登个记，然后呢，没有下文了，连动手伤人也是如此！

——检察官这时不能上诉吗？

阿涅斯：夫妻之间动手伤人，我不觉得他会提起上诉。他只有在情况特别特别严重的时候才会，通常什么事也没有。的确，他会对现行的违法行为提起上诉，像偷汽车一类。可是一般他不会。

总是鼓捣一些没用的文件，然后完事大吉

——他经常提起上诉吗？

阿涅斯：经常提出上诉和发出传唤。不过，店内偷窃，二百法郎了事，不上诉，可能是五百法郎吧。店主倒是一定要上诉，哪怕他心里明白，登了记就不会有下文。我们呢，通常抓个小偷小摸，除非对方有反抗行为，或者偷了四十法郎，伤了人，这时候我们就受理投诉。不过，一般来说，这种情况照旧要登个记，完事大吉！如果是搞空头支票，一百五十到二百法郎吧，也要登记。可是，受理投诉可划不来……不是已经登了记嘛！太费事……

——总之，作为警察，不管事情的严重性大小，偷的是一只手袋还是一张两百万法郎的支票，你们的工作都是一样的呀……

阿涅斯：一般来说，法律是这样规定的，但实际情况就不同了。
例如入室盗窃，如果只为一个调查结果的话，法律身份鉴定科没有 453
那么多人手，整个巴黎大概只有四个人，因此这个入室盗窃的调查我们自己搞。只有钱数相当大的时候，比如说十万法郎以上，我们才叫法律身份鉴定科。不过，如果窗玻璃上留有手印一类明显的证据，调查我们还是能够自己做的。哪怕什么证据都没有，我们也会去……

——手印一类的东西得事先知道……

阿涅斯：这个得由投诉者本人告诉我们，“那儿有个手印”。我们就去看看，不过手印只是在某些表面上才有用，而且必须用劲揿才清楚。一般来说，手印会打滑……例如，有一个涉及五十万法郎的案子，由于数额大，我们叫来了法律身份鉴定科。大家都知道没有留下任何痕迹，痕迹倒是有，可是打滑了，用不上，不过还是得叫他们来，这样我们就不担责任了。小数额的入室盗窃也许留有不错的痕迹，可是，不到十万法郎以上，或者有点什么蹊跷，法律身份鉴定科不出动……（……）对了，对付入室盗窃，你得抓住他用的家伙，还得封存保管……可是法院登记的撬棍就有上百根。好是好，可是没有一点用处。其实，我们只要把文件推来推去就行了！

——你们有很多推来推去的文件吗？

阿涅斯：多得很，而且越来越多。不管做什么事，都得发一份文件。“今天我出了趟门，去了谁那儿，接了谁谁的电话”，一切的一切！

——保险公司要求警察局出具什么文件吗？

阿涅斯：要，保险公司要求警察局出具文件。受害者来了，我们问他：“你什么东西被偷了啊？”“电视被偷走了。”“什么牌子的啊？”“不知道。可我有文件。先不说别的，这台电视价值三百法郎。”（总是说价值多少多少，可是我们根本不在乎价值）“什么牌子的？”“不知道。可我有收据，得寄给保险公司。”到了保险公司，
454 人家会问什么牌子，序列号码多少。他们到了那儿会说明一切，却不跟派出所说。最近，我接到一个商店的一份入室被盗物品清单。我跟那位太太说：“您把所有被偷走的东西都列出来了：多少件某某颜色的衬衫，某某牌子。”“好啊，好啊。”一看清单，一清二楚：“编号 8526，数量 2，价值几许。”您照这个去找吧！现在，我有个办法：没有收据或者明细单，我就不受理入室盗窃的投诉。难道我们是给保险公司工作的吗？（……）

受害人对保险公司比对警察还信任，何必还要我们这些人？

——是因为受害人没有申报吧？

阿涅斯：有时候会申报。可是，人们会说“我的汽车收音机被偷了，是飞利浦牌子的”，可是没有写明型号和序列号码……这样一来，过后非得吵架不可。我们发一份电报，“搜查中发现某物，请告知偷窃投诉是否已提出。”然后得等刑拘警察过来才能搞清楚。人们根本不想这个，真是邪门，他们只想着保险公司，这我就搞不懂了。我经常问他们：“您来这儿是为了跟保险公司理赔，还是为了找回丢的汽车收音机？”当然为了保险理赔喽！一旦找回了东西，他们还不高兴。何必还要我们这些人！“您知道，我的保险公司已经赔偿我了，我没有时间，东西也太旧了”等等。

——他们不相信东西能找回来吗？

阿涅斯：不相信，他们觉得找不回来了。我们也觉得，只有在入室盗窃时当场抓住那个人，东西才找得回来。没错，光凭调查很难办到，因为你没有任何权力去街区调查：“我们是警察。开门！”人家根本不理睬，却说：“我家里没有尸体。”还有那些假冒的警察，不知用一张什么蓝卡、白卡、红卡，就能随便出入。我们反倒不让进。“我什么也没看见。我当时不在那儿。”即使看见了什么，他们也会说：“我不想来，我忙着呢，还有好多别的事”，“我不愿意公开我的名字”，等等。没有人看见任何东西，什么也没听见。反过来说，有时候投诉者反倒谁都怀疑。这时我们就得讲点道理了：“如果你说的不是真的，事情可能反而会对你不利。”因为一般 455
来说，我们知道怀疑是否有道理，假的还是真的……

——你们怎么知道？

阿涅斯：知道，而且我们能够感觉出面对的是什么人，我们能看出点什么……

——职业使你能够……？

阿涅斯：例如一个人说了什么，如果说得有道理，我们就记下来。否则，如果他说某时某刻有位邻居在那儿，做了这事或者那事，这个就要看。我们小心观察。

——那么，你们跟检察院的关系又如何呢？

阿涅斯：这要看什么检察官，有的检察官以势压人，有的是常言所说的"极左派"。这种检察官很宽松："这些可怜的小家伙，这些都不是他们的错。"所以说，要看是什么检察官。

——您讨厌宽大为怀的法官，对吧？

阿涅斯：对呀，就拿扒窃来说吧，我们接到那么多投诉，而且要当场逮住扒手很不简单，因为他只要把钱包往地上一甩，好了，就不是他偷的了。等我们逮住一个，没有足够的证据，你就会听到"法庭传唤或者释放"，尽管这个人很出名，而且偷窃了数不清多少次。缺少证据，那就得……

——缺少证据吗？

阿涅斯：这个时候只剩下"警察跟小偷之间话赶话"了。警察说："我看见你拿着……"小偷说："没有哇，我身上啥也没有，那个东西［钱包］在地上，我看见就捡起来了。"诸如此类。有的人相信小偷的话，是啊，有这样的人，也有的人信赖警察。这个时候我们就把这位有嫌疑的先生送检，可是怎么判我们不知道。一旦送检，后来怎么样，我们就不清楚了……

——你们不往下追踪……

阿涅斯：我们有一个电话号码。有时候，出了一个有意思的案子，我们就想知道那个人是怎么判的。所以，我们有时会打电话问问，想知道判了三个月，还是啥事也没有，或者缴一笔罚金——虽说他也可能不缴。

——你们对结果感兴趣吗？

阿涅斯：很想知道后来怎么样，想看看我们为什么忙，还是空
456 忙一场。很想知道。

——如果那个人没有受到处理，你们会觉得空忙一场吗？

阿涅斯：如果这个人被释放了，我们至少听取了他陈述，晚上九点就能踏踏实实睡觉，心里想着："可怜的小家伙，这是他头一次。"有时候，情形正相反。这种事在我身上有过三次，眼见这些人被提起公诉，心里真不是滋味。可是，我们也看到，这确实是个违法分子，一个可怜的违法分子。这事是他做的，可是他也确实没别的办法。光凭这个把他送上法院，不行！

足以令你失望

——他们犯了什么事？

阿涅斯：有过一个，偷车，他不干别的。监狱六进六出。找不到工作，什么也没找到。所以，又折进去了。他对我们说："我不想进监狱，我不知道进去以后干什么。我靠监狱里挣的钱生活了三个礼拜，我在那里干过活儿。可是出来以后我找不到工作，所以还得……"鉴于他进去过六次，所以，没什么说的，又被送检了。他跑不掉的，这是第七次了。还有一回，一对夫妻，一个男一女，加上一个不到两岁的孩子。他俩偷了一只手袋，里头有信用卡和支票簿，然后就用它们去购物，买了首饰和卡蒂埃牌的钢笔。那个男的衣着笔挺，女的一看就知道是穷人家出来的。俩人挺老实，承认干了这事。男的被送检，女的没有，因为有孩子。我们觉得，她这是头一次，如果她跟那个男的过下去，以后不是毒品，就是站街。正是如此，她失了业，这些都……那个男的挺奇怪，衣着笔挺，富家子弟。他的钱包里有他家的照片，小康之家。真搞不懂他为什么要干这个。他进过监狱，这让我想起《邦妮和克莱德》[1]。足以令你失

---

[1] 邦妮·派克（Bonnie Parker，1910—1934）和克莱德·巴罗（Clyde Barrow，1909—1934）是美国历史上有名的鸳鸯大盗，20世纪30年代在美国中部犯下多起抢劫案，至少杀害了九名警察。后双双被警方设伏击毙。1967年，两人的真实故事被改编成电影《邦妮和克莱德》（*Bonnie and Clyde*，又译《我俩没有明天》或《雌雄大盗》）。——译者注

望！第三次是一宗入室盗窃案，我们经过调查，追溯上去。那是一个被流氓拖下水的少年，十七八岁，看起来不像犯罪分子，可是蹲
457 过监狱。暂时羁押。这个人，我敢肯定他以后不会再偷东西，再也不会了。另外还有一些违法分子，他们不干别的。他们嘲笑你，因为他们知道你没有证据之类，他们了解程序……

——那么您觉得对这些人有什么办法呢？

阿涅斯：第一种人，如果你给他们工作，他们会去干，就不会再干违法的事了。

——其他人呢？

阿涅斯：这些人永远不会去工作。这是一帮游手好闲的人。他们喜欢五分钟挣到五百法郎，而不是三个月。对于那些违法分子，惯犯，这个我们一眼就能看出来。他们能够工作，可是永远去偷。我们看见就抓。他们已经有工作了，当个服务员什么的，可还是接着偷……他们进过监狱，什么都清楚。这个没办法。也许他们能改过自新——我说的是那些18岁到25岁的青少年轻罪犯，偷个电动车什么的——等他们长大一点，也许会改过。也许是因为惩罚力度不够。偷电动车、自行车，只被开一张罚单。“小心点，下回你就得进监狱了。”可是，他们下回照样偷，还是进不了监狱，因为有三个月的缓刑期，得等不知多少次以后才是进监狱。也有永远不会进去的……

——你这样看吗？

阿涅斯：这一类违法行为，偷汽车收音机什么的，属于轻度犯罪。我觉得，既然监狱人满为患，还有别的原因，那么办法就是罚款和缓刑。我也觉得，如果头一次犯事你就把他抓住，让他害怕，那至少对某些人有作用：“你小心点！店内偷窃，第一次放过你，再偷就得进监狱。”这个对于一部分人管用，因为他们不是惯犯。有一个工程师的儿子就是这样，我也不知道他干吗要偷。可是，对

于总是跟那一带的流氓一起混的那个小伙子，你就没办法了。应该狠一点。他从监狱出来，没有任何工作，而且他蹲过监狱，他还会重操旧业。那些社区服务（TIG），起不了什么作用，这个我见过。听起来不错，可是没有位置，例如有一千个人想干社区服务的工作，可是没有一千个位置呀，再说，你让他们干的那些事啊…… 458

——你们跟法庭的关系如何？

阿涅斯：这个属于调查委员会[①]的范围。该不该搜查，寻找手枪一类的东西呢？这个原则上由法官决定。要是打电话问法官，他就会说："好吧，你们继续听嫌疑人的陈述吧，不然就把他带过来。"这样一来，他就会被定罪了。可是，这个调查委员会，我说不出太多，因为我不清楚目前是怎么进行的，再说这个事也不归我们管。这个归司法警察局管。

我们总是担心忘记什么

——你们怎么看待法院的决定？

阿涅斯：由于我们在刑事程序当中的某个疏忽，造成判决失效。技术性瑕疵一类的事所致：打错了字，页边上另写一个，或者在一句话后头，写上……程序就失效了！我们犯这一类的小错，没有照应该做的那样去做……我觉得这些错不该犯。程序确实应该有，可是不应该这么严厉。哪怕客户认了罪，一个律师还是要找漏洞。这个真是让人无法接受。

——司法警官是干什么的？

阿涅斯：我告诉您，同事们提前一年就开始担心了。这是一种焦虑。所有我认识的人，那些比我早来一年的同事，全都说："愁死了，我快要当司法警官了。"因为他们觉得知识不够，还有那么

---

① 调查委员会（Commission Rogatoire，CR），预审法官授权的专职机构，在司法调查范围内采取行动。

多必须知道的东西。真是不可思议。我们总是担心忘记什么，得同时做那么多事。我们担心到了那一天，忘掉那个细节，或者不知道怎么做，好多人都怕……

——是啊，有那么大的责任呢……

阿涅斯： 巨大的责任，巨大的，都压在你肩上。

——你们怎么获得这方面的培训呢？

阿涅斯： 我从来没有学过法律，可是觉得刑事法很有意思。劳
459 动法我也没学过，一点也没学过……很有意思。这些我们在学校都从理论上学过，例如行政警务，可是不用就忘了。我们在巴黎做过警务实习，窗口行政警务，失物招领，身份证报失，等等，我们也学过一个星期。然后就不是窗口实习了，像武器执照、收养申请这些……我们基本上没做过的：需要哪些文件？应该怎么办理？等等。这些我们是在工作中学习的，从档案里找，看哪些写着“武器执照”的档案，然后就照葫芦画瓢。还有规范……派出所是打基础的地方，假如你想当警长的话，就必须历练历练，因为什么都得在这儿才能学到。再过两年、三年，你就能获得提升了。

——能提升吗？

阿涅斯： 内部提升，去巴黎，这个很容易。这以后再去外省，那就是另一回事了。

——比较难吗？

阿涅斯： 是的，得有15年的资历。

——这么久？

阿涅斯： 这也简单，报考警探的人大约10%是巴黎人，其余都是外省的，不想去巴黎工作。跟巴黎的派出所相比，他们更喜欢舒服的乡下老家。巴黎的警探都很年轻，26岁上下吧。越往南，年纪就越大！我们那儿的警探都在40岁到55岁之间。

——你愿意回家乡工作吗？

阿涅斯：很愿意啊，因为气候等等。可是，从跟老警探们的关系看，不行。老资格这个东西，我没问题，挺喜欢，可是要说精神状态，我不喜欢。

——为什么？

阿涅斯：也就是说，这些人都麻木了，他们见识多，“这么干划不来，不会有下文的。”他们放任自流，只顾着喝酒。现在的年轻人喝酒的越来越少，慢慢在消失。还得几年，但是已经开始消失了。看吧，他们都麻木了。“跑一趟不值得，他准会否认。”他们有自己的岗位，指定的岗位，他们在那儿会一直待到退休，很悠闲。我们这儿就这样一个。在这儿14年了，我们几乎从来没见过他参加搜查什么的。刚来的年轻人想参加搜查之类的出勤，可是头一年 460
就被搞得泄了气，“这么干划不来，去那儿干吗？随它去吧。”都是麻木的老家伙。

——司法警官呢，是不是更有意思？

阿涅斯：是的，那个工作更有意思，就像在电视上看到的那样……也不是电视，那说的是调查，我们这儿却是受理投诉的。我们现在就有一桩，大额支票诈骗，为此我们有一个调查委员会。可是，得跑一趟马德里和一趟德国取证，很不方便，所以不由我们来办，由一个专案组办这事。正是因为这个，巴黎的派出所里的调查委员会相当少，因为它们的任务十分明确，专门听取街区里有关某某的说法，专为展开调查或者类似的事情而来。因为调查委员会一卷入，就说明事情相当严重，不会是为了一张无效的小额支票什么的。事情往上走了，不是交给司法警察局，就是交给剿匪警队[1]负责，再就是一个专案小组（这个我还没见过）。只要出现了一条调查线索，就由上级处理。

---

① 剿匪警队（Brigade de Répression du Banditisme，BRB）是法国专门对付持械抢劫和严重盗窃等有组织犯罪的警察部队。——译者注

——马上送到一个专门机构去?

阿涅斯: 如果入室盗窃的价值超过十万法郎，就交给司法警官，他们有更多的时间，而且有办案手段。这个好理解，因为巴黎犯罪事件更多，难度也大一些，例如谋杀等等，巴黎都比某个外省更多。我也说不太清，就说塔恩省吧，不知几年才出一件谋杀案，人们不那么习惯于……

——巴黎、里昂、马赛，这些地方毕竟都有专门机构，甚至有专门的法官……

阿涅斯: 例如第7科、第8科、第12科……

——那么您呢，您愿意去这样的专门机构工作吗?

阿涅斯: 我倒是很愿意。我喜欢有人搞诈骗，信用卡啊，欧洲支票啊，一切造假的东西，所以，巴黎的第五处，还有后来的……巴黎的司法警察局。

我更喜欢搞调查

——您为什么对这种工作感兴趣呢?

阿涅斯: 谁知道呢，也许可以说调查这个工作……调查越深
461 入，成功率越高。比如入室盗窃，如果人们什么也没看见，什么也没听见，你就永远找不到作案人，除非有时候在搜查当中偶然发生一次。可是，信用卡欺诈，商人描述了那个人，我们通过比较确定是信用卡的持有人还是别的什么人。然后有一天，有人用这张信用卡加油。这时候，有一位先生注意到了汽车牌照……调查越深入……

——效果就越好?

阿涅斯: 假支票、被盗的支票，都不容易找，没有效果。我本人喜欢调查，进行调查。还有其他只办理逮捕的警务……我更喜欢搞调查。

——同事当中，还有对司法警察或者司法警察的其他工作感兴趣的妇女吗？

阿涅斯：好像有，目前派出所的女警察中有，但是不多。每一批警探妇女占四分之一。派出所里见得到，然后就提升了，跟其他警察一样。当然，剿匪警队或者别的负责抓人的部门，你得膀大腰圆，妇女就少一些，不过还是有的……肯定有妇女……女警察最多的是少年犯罪部门A。我觉得男女各占一半。我讨厌这个。巴黎没人对女警探大惊小怪，外省就不一样了……

——外省人不相信女人能做警探？

阿涅斯：因为女警探太少，这个事有几年了？十来年，十多年吧，所以女警察如果是1979年毕业的话，她们就都在巴黎。外放到外省的很少，就是因为这个。

——专管少年犯罪就是了。有没有专门为妇女准备的警务机构？

阿涅斯：最初有，那时候女警探要被安排去少年犯罪科。慢慢向别的部门开放了。在我们这个派出所里，我觉得是因为年轻，我们才比较受欢迎。别的部门我不清楚……有搜查任务的时候，他们肯定不会带一个女的出动。

——这也要看情况，是吧？ 462

阿涅斯：如果我们知道对方很危险，就不带女的去。

——可以保护她呀？

阿涅斯：是这样。我们在派出所里，听见街上有人喊“抓小偷啊，抓小偷啊！”，就在我们旁边。我跑得比谁都快，头一个追上了小偷，我身后还有两个追上来的同事。我把小偷控制住。这时候，那两个同事会说：“我们使劲跑，想超过你，因为担心你。”我连想都没想那家伙带没带刀、催泪弹什么的。我是跑步出去的。“我们担心你，才要跑到你前面去。”

所长干这事通常是为了拿钱

——你们跟司法警察的关系如何？他们自成体系？

阿涅斯：派出所里不是这样。可以说，有个等级制度：所长，警探，调查员，加上司法警察。我们这儿得说“所长先生”，很正式的。司法警察是另一回事，那是名副其实的警察。我一直喜欢干这个。

——所长干什么？

阿涅斯：签字。

——看来不是什么重要的事……

阿涅斯：管理派出所呀……通常所长来这儿是为了挣钱，这么说不是要批评他们，他们只管没收充公、强制驱逐、入殓核证什么的。

——入殓？

阿涅斯：入殓核证就是死人下葬的时候，把棺材盖上的时候，得有个派出所的人在场，验明正身。通常这个事由所长来做，不过他也可以派个代表来，可是拿钱的还是他本人。我想，一个棺材要72法郎吧。有各种各样的派出所所长，有的干这个是因为热衷此道，有的爱财。这就得选择有医院的，有公墓的街区。这就行了。所以有些派出所因为邻近公墓和医院而很有名气。如果是好地方，
463 好区，所长一个月能有上万法郎入账呢，外加他们的工资。强制驱逐、没收充公、入殓核证。就拿入殓核证来说，如果你是公务员，就能拿到10法郎，可是不到6个月以前，我们接到通知，说不许收这个10法郎了，因为收据是这么写的，这就惹得死者的家属不快。这样一来，10法郎人家不给我们了，可是75法郎照给所长不误，虽然他根本不露面，甚至哪天出了什么毛病什么的，事情也不会落在他头上，非得我们担责任不可，因为那上面白纸黑字，写的

是我们的名字呀！所长干这事通常是为了拿钱。

——真的吗？

阿涅斯：千真万确。他们很少出去调查。这么说吧，一个街区派出所不是那么有意思，不像……我认为有些人是废物，那些为了拿钱才干这一行的人。可是也有不一样的，我跟您说的是已经站住脚的人。

——那些当特警的警长们怎么样？

阿涅斯：他们才是真警长。如果是街区派出所，碰上一个喝酒和什么都干的所长，就得管管他，给他找个地方，适合他的地方。

1989 年 11 月

明确的指责 465

法官安德烈今年 35 岁。妻子是他的同事，子女尚幼。夫妻两人均来自外省大城市，在同一个大城市里工作。他们无疑会久居此地，既为了家庭（一方的亲属也住在这里），也基于职业理由（司法界的等级制度往往意味着频繁调换地区，这使得他们获得晋升的机会很少）。夫妻俩都毕业于国家司法学院，学习成绩平平。他们的“职业生涯”是在远离巴黎的外省小法院里开始的，这对于迅速升迁十分不利。此外，夫妻俩的脾气都很倔强，虽然表现方式不同，他们对于“安排”却都不那么俯首帖耳。这种安排也许对“法律的（良好）运行”有利，不过更有利于建立（良好的）人际关系，没有这种关系，在任何封闭的部门里都绝无很快晋升的可能——司法界便是这类部门之一。

一个星期六，采访在安德烈的家里进行。在谈话过程中，女主人一边操持家务，一边照顾一个因为年纪太小去不了幼儿园的孩

466 子，她因此没有参加谈话。虽然她跟丈夫一样忙于本职工作，可是用安德烈的话来说，他本人才“有更多的话要说”。的确，虽然两人平时几乎分摊家务，可是，只要涉及“法律”，例如我们的谈话和接下去在午餐桌上的随意闲聊，开口的就始终是丈夫，仿佛他才拥有某种正当性，对此妻子并不反对。而且，对于这一点，他的同事们也没有异议。

安德烈与媒体传播的特立独行的法官形象不大相符。“刚愎霸道”“不负责任的法官”“谨小慎微、心胸狭隘”等等这些漫画式的形象提醒我们，就像演员那样，法官的行为受到何种程度的公众监督，尽管法官与这种监督有结构性的冲突（在预审保密问题上跟记者冲突，在司法独立问题上跟政治人物冲突，在尊重辩方权利的问题上跟律师冲突）。安德烈比照后者描述和评价自己的处境：“人们经常谈论我们，可是我们对那些说法却无法任意评论，我们一张口，就被认为不严肃。”法官的世界等级分明，对公开言论管控很严。地位不够高的法官出来讲话会使他在同事当中丧失声誉。

安德烈和我讨论了“法律困境”的社会学定义，他讲话坦率，十分自信。他认为，这个提法需要纠正。他认为，我的一些做法使
467 他能够信任我：我的采访没有揪住“等级体系”和法官们不放；我是大学教员和社会学者，身处司法界的游戏之外；再者，他觉得我可以通过著述和讲授课程，公开证实这一困境的存在；等等。简而言之，安德烈既把我当成值得信赖的人，也期待我把他对法律界的看法尽量不走样地还原出来。这是一个基层法官的看法，一个饱受欺凌的，甚至伤透了心的法官。他唯一的希望是撰写一本书，写出他和不少法律界人士已经提出的“司法界的衰败”，从而成为这个领域的专门记者。这个设想的计划仅仅反映了他在司法界目前所受到的挫折吗？反正很清楚，述说这一困境的条件已经具备：我俩已经见面，一方是被边缘化的，连私人生活也被搞得疲惫不堪的人

（在这个极度官僚主义和等级分明的世界里，“精神”折磨几乎必然包括隐含的和令人不安的家庭生活的紊乱：搬家又安家的匆忙迁居，孤独感，对自己和他人丧失信任，等等），另一方是社会地位相对不稳固的社会学者，其任务是“理解”他人，可能有时施以援手，而且他具备与安德烈希望法官具备的十分相似的品质。

媒体的说法，诸如“司法独立性”“与司法警察的关系”“与等级制度的关系”“地位的丧失”“对正义的需求”等等，也有助于创 468
造自我分析的条件，因为它们反映了安德烈的看法，只是提法有别。这位法官的整个职业生涯是司法制度塑造的，但是与这个制度恰相悖反。他在“法律困境”的媒体说法里找到了表达自身苦恼的途径和工具。如果个人命运与媒体所说的体制命运息息相关，他本来不会感到苦恼，更不用说表达了。这是因为，司法制度所标榜的“正直”“诚实”“操守”“独立性”“为人民服务”“全局利益”等等价值观，也是他给自己确立的价值观。而且，恢复自己的名誉有赖于恢复这个令人失望和伤心的体制的名誉。更因为，在某种意义上，促使他脱离体制的正是这个体制本身。他内心所体验的正是这个制度所经历的困境，因为这个理当被自身原则所质疑的制度与最受它质疑的成员之一曾经有过和谐的关系，更不必说安德烈行事向来遵守司法界应有的运行原则。他毫不含糊地表明自己的审判方式，“满怀对人的同情之心，公正地运用法律。同时在某些情况下要坚定不移，找出什么是必要的，要显示我们在运用法律，而不是要报复什么”。

跟同事们一样，尤其跟同事当中的同代人一样，安德烈受到这个衰落的职业群体的影响，至少在其他法律和行政事务活动方面， 469
以及在更广泛意义上的高层行政事务方面（特别是国家行政学院毕业生所能够达到的层次），同时也受到崛起中的高级商贸职业的影响。这种衰落是人们普遍感受到的，任何与法律相关的话语都会提及。不过，除此以外，还有他自己的幻灭感。由于他对自己的职业一度期待很高，这种幻灭感就更为强烈。实际上，他很早就为这笔投资做好了一切准备，但是未能获得预想的收益。他之所以能够进入司法界，正是由于 20 世纪 60 年代的中产阶级采取的策略，他们的目标是把一部分经济资本转化为教育资本。他的父亲是富裕的商人，怀有社会天主教的理想。他一方面鼓励儿子接受高等教育，一方面培养他助人为乐的精神，而且通过经常性的教会活动加强这种精神（他是遵奉教规的天主教徒）。这种精神在不同年龄段有不同的表现形式：最初是童子军，后来是政治和工会活动，最后是进入公共服务的生涯（这种情形在外省很常见）。正像大多数年轻法官那样，安德烈的父母虽然不是法官，可是家中有人从事法律职业（他的姥爷和一个叔父分别是诉讼代理人和律师），这对他选择职业方向不无影响。这一点他自己也提到了。

安德烈的父亲既代表着他竭力规避的东西（“老板”“金钱”
470 “等级体系”“右翼”等等），也代表着使他能够实现这种规避的东西。通过与父亲斗争（同时也跟自己斗争），父亲最终认可了他选择职业的理由，“为捍卫公众利益，特别是弱者的利益做一点事”。这不仅使他如释重负，而且使他具备一种超越自我的力量，即甩掉负罪感的力量，这种感觉往往产生于社会地位升迁，或者至少是与家庭背景决裂。“我父亲最后认可了，因为他总是说‘当法官总比当商人强’。”

改弦易辙并非没有风险，因为它往往不具备另一块社会天地暗中要求的处世态度和行为方式，而考入国家司法学院却让他一窥堂奥。由于生疏，缺乏只有娴熟才能做到的灵活圆熟，这些初来乍到者“一字不差地”认真对待这块社会天地的展现方式。安德烈带进司法界的价值观正是法官们公开宣示但不用于指导实践的职业观念，特别是那些跟“专业”行为直接相关的价值，即这个最封闭的职业里的一切考虑和评价的基础。他原以为在司法界能够看到“诚实”“独立”“为大众服务”和“尊重他人”，由于司法界的真实的运行规则与之存在距离，他的职场轨迹里充满了失望。他之所以没有屈服于司法界的秩序，既因为他拥有道德力量，也因为道德在司 471
法界仍然有活力，尽管经常有人打着职业需要的旗号违背它。“在人们的头脑里，理顺法官的职业尚需时日。”

他认为自己的职业生涯多灾多难，这并不是由于他的行为和生活方式遭人“抹黑”（虽然他对此仍有很深的感触），而是因为达不到一种道德理想，一种“正义的激情”。这些很早就促使他赞成司法游戏的明确规则，不愿意迁就“好心不得好报”的“不成文规则”，因为那是一种对他进入国家司法学院以前所理解的法官职能的歪曲。安德烈对于法律的构想——他一直在强调这个看法——跟他的自我描述完全一致，这一点无疑在他的言谈里最为突出。在他看来，司法体系出了毛病，有的法官“特别可怜”“无能”“心胸狭隘”等等。他厌恶这个领域里的一切：“那些无能的法官让我脊背发凉。”“法庭庭长把那个可怜的女人训斥哭了，只因她跟男伴分手时偷了点东西。”“我真的无法忍受冷酷的人，或者说不愿与之为伍。不错，我有时候会觉得羞耻。”这种苦恼因司法群体的运行机制而加深，因为他不得不面对等级制度，其他司法部门（警察、宪兵、律师）乃至政治领域（政府司法部、地方名流）的等级制度。那些人“无能”“平庸”“懒惰”和“怯懦”。从安德烈的叙述 472
里，我们至少能够看出，他对此有切肤之痛，这种感触恰恰基于他“很想好好工作，不受打扰”“勤勤恳恳地把事情做好”，可是，一切都跟他作对。例如，他所在部门的和参与法律游戏的其他部门的等级制度，随时准备跟司法部沆瀣一气的工会领袖，以至于在被“打发回家”的威胁下，他“多少接受了一些这个制度的价值观”。

不过，也许只有当他赞扬“很棒的法官”“优秀律师”和心怀感激的被定罪者的时候（总之，仅当赞扬所有“可敬的人”的时候），安德烈才极其鲜明地揭示苦恼的根源。他义无反顾地献身于这项必须捍卫的“高贵的”事业：在工作和工会活动中，当他为所有身陷困境者义务服务时，他都是这样做的。这也导致在为制度所不容以后，他对一切都“提出质疑”，包括“制度”和他本人。

“法官的工作谁来评判?”在整个谈话过程中，他都在试图回答这个问题。他分析了法官晋升制度与他的法律观念的相悖之处，还通过分析他遭受的侮辱，揭露了一些他所不齿的行为（“虚假的措施”）和司法界的若干侧面，从中产生的主要是“决定”和“审
473 判”。他动情地提出一些手段，认为只有通过它们才能重建司法制度的可信性（因为“其合理性有待评判”）。这些手段包括“法官切实从事的工作”，“态势”，需要法官配合才能实现态势的“阶级”，以及需要所有参与者（同事、律师、法警和与之相关的被定罪者）作出的评估。从他的说法所摈弃的东西来看，它从反面提醒我们什么是司法界所要求的和保障其运转的真正法则。

他认为，在法官的独立性的背后，是对等级制度的俯首帖耳；法权的背后是对警察和政治人物的依赖；超然态度的背后是仇恨；强硬态度的背后则是怯懦；凡此种种。“你做的事本来再正常不过，却忽然发觉全都成了丑闻”。虽然失望，但是他仍然坚信司法制度的必要性（否则就是“报复”）。由于固守自己的幻象和梦想，除了撰书以外，他看不到别的出路，他想写写“那些必须批评的讳莫如深的事端”。对他来说，写书是继续存身于这个世界的唯一出路。他无法摆脱它，除非它丧失了他视之为根本而且竭力使之得到认可的价值，即“它的诚实”和“人性”，它的“一切好的东西”，这些都是在其他唯利是图的职业里看不到的。与这个他受到“酷刑折磨”而成为“烈士”的世界合为一体，这是他的改革计划的精神源

头。他越是被抛弃，就越靠近这个世界，哪怕仅仅在象征意义上， 474
因为恢复自己的社会名誉取决于恢复司法制度的名誉。就连他倡议的改革，其内容本身也带有他所体现的价值体系的标记。他把摈弃的根本理由变成一个计划，这个计划只能是也应当认为是他本人的计划，因为他认为，这是与代表他全部生命和激情的世界实现全面和解的唯一途径。

一位法官 475

采访者：雷米·勒诺瓦

“你做的事本来再正常不过，却忽然发觉都成了丑闻，这才是最要命的”

——是什么使你喜欢法官的职业呢？

安德烈： 法官的职业，让我喜欢的是这个独立性的观念，拥有一个职业的观念……有一种公共职能，为公众服务，没有雇主，没有……没有雇主，只要履行基于法律的职能就行，只要尊重法律，为大众利益服务就行。跟这个相联系，我也喜欢正义的观念，还有与人打交道的观念，也就是满怀对人的同情之心，公正地运用法律。同时在某些情况下要坚定不移，找出什么是必要的，要显示我们在运用法律，而不是要报复什么，总之，是司法制度里一切在原则上积极的东西，因为从原理上说，司法制度必不可少。我觉得这是文明的一个进步。这些都让我觉得很好。

——这种想法是怎么产生的？

安德烈： 通过读报，不过也读过一本书……

——你那时大概多大年纪？

安德烈： 快上大学一年级的时候，我读了这些东西。我必须阅读那本书，是我爷爷让我读的，书是一个退休的预审法官写的。后来我想再找出这本书，可是找不到了。一个预审法官在书里写他的职业生涯，我当时 18 岁，很喜欢这本书……当时报纸上有很多报道，有关工会和法律界的争论，这事我们也议论。大学生也争论各种问题，有这样的人是件好事，他们思考怎样尝试投入工作，怎样尝试改变他们的职业。我确实觉得这个职业很有意思。这个职业有
476 意思的地方是跟人打交道，有直接的后果，邂逅，而且触及生活的各个领域，同时有善与恶的观念……法官肩上的责任很重，此外还得完全独立地判断孰是孰非。我这个人看待事物比较理想主义，而且一般说来相信真理，所以跟别人相比，没什么顾虑，当人家说“哎呀，真理嘛……真理每个人都有自己的标准……真理本身没什么意义”等等的时候。我这个人也比较实用主义，我试图有“良心”，带引号的，而且认为有些事办错了。所以，这就让我……我也相信真理的力量。总之，当别人说实话的时候，你能感觉到……这些都是我喜欢的。当然，我也知道，职业生涯也有问题，这种独立性也有限度，可是我琢磨着：“如果不愿意干好工作，那么缩在角落里别吭气，那也不错。”

——有这样一些价值观，也许你可以当律师……

安德烈：当律师么，那个时期，让我觉得别扭的是……

——甚至当医生……

安德烈：对，自由职业者一类吧。当医生么，但是我不觉得医学能够吸引我，我缺少科学头脑。律师有两个东西让我觉得别扭，说违心话，因为，不错，有时候律师不得不为一些心里不完全赞成的说法辩护，即使很高贵……即使人们在任何情况下都只说心里所想。再说，还有一个事实，律师的逻辑永远是多挣钱，我不喜欢这个。我觉得律师的职业很复杂就是在金钱这个方面，虽然我觉得有一份工资很不错。我们做的是服务公众的工作呀，我觉得这就很好。我对律师的印象，其实就是挣多多的钱，以便经营事务所，玩命工作，看不到什么才是主要的。是啊，服务工作的观念对我来说

十分重要。(……) 我是70年代末参加法学院入学考试的，那时候达比[①]还没走红呢，还在挣什么……

——是的，局面已经有点变了……

安德烈：正是如此。那个时代，大家都不愿意给雇主干活，公众服务的观念反而十分重要。我对利润的观念不感兴趣，正相反，我可能会感到震惊，我不想从别人身上挣钱。把一种服务还之于公众，这个我倒觉得是很好的事情，为大众的利益挣一份工资。 477

——年轻的时候，你参加过社会活动吗？

安德烈：参加过。

——……是不是童子军什么的……

安德烈：我参加社会活动很积极，我是守教规的天主教徒。我想说的是，我一直积极参加社会活动。考试的那阵子，我参加了社会党，在大学里我参加了学生运动，是主要组织者之一。服兵役的时候也是如此……

——参加过童子军吗？

安德烈：参加过，是的，可是时间不长，对我影响不大。

——哦，也就是说，你一直在为组织工作……

安德烈：正是。(……) 就拿我父亲来说吧，他也承认这一点，总是对我说"反正总比当商人强"。他说，从精神上，他说："我给自己做事，虽说诚实做事，但还是缺少点什么。"所以说，他承认。可以说，我对政治问题一直有热情，一般来说吧。一直试着多少捍卫一点公众利益，特别是那些贫苦人。

——所以你父母都赞成这种……

安德烈：完全赞成。连我父亲，当商人的父亲也支持。他这个人属于右翼，可是也认为缴税缴得不够，他说没有给够……说给穷

① 贝尔纳·达比（Bernard Tapie，1943— ），号称白手起家的法国百万富翁和政客，也是一个争议人物。——译者注

人的钱不够。他有那么一点……社会右翼党人，比他们多出一点点……

——他是社会天主教徒？……

安德烈： 正是，他很仁慈，赞成人人平等，总之赞成某种社会正义，所以……这个对我当然有影响。

对正义的热情

安德烈： 在法学院里，我有点失望，总之是有某种失望情绪，因为……这有点蠢，是第一印象，可是我那些同学的头脑，你可以
478 多少看出来，都是好学生，优秀的大学生，可是缺少个性。因为我觉得，要想当个好法官，得有一点自由精神，有那么点超脱，有点独立性和勇气，有点力量；那些人更……好学生，自己学得不错，能够背诵某篇文章，可是我认为他们恰恰缺少灵魂，好的法官必须有那种。也许是缺少对正义的热情，总之有一些人缺少这个，也少了点个性，缺少对于公众意志的兴趣，还有解释自己的决定的意愿……他们对公众缺乏感受，一般意义上的感受，因为他们没有……

——缺少职业素质，做这一行跟从事任何其他行业没什么区别？

安德烈： 对。他们很看重头衔，却看不见这个职业的任务，代表什么，应该做什么，它牵扯到如何随时准备为民众服务，有什么样的挑战，或者有哪些做人的深层的品质……

对了，我当时总的来说感到失望。虽然还是遇到了一些很棒的伙伴，可是第一印象，总体来说就是这样。我还遇到了一些考试没考好的，可是很好的人。这有点像“侦探小说”——带引号的，因为有些人从法律角度说是好人，可是这个还不够。（……）总之是精神状态的问题。法学院不太一样，因为我们还没有开始工作呢，

而且那是个思想交锋的场所，我们可以相互提出一些问题。可是，进入法官队伍以后，我们就看到好多人根本早就不琢磨事情了，只是例行公事，对工作根本不在乎。我心想："至少我可以安安静静地工作。"而且，只要把工作做好，我就安心了！

——是啊，你一直认为能够把工作做好……

安德烈：同时也不弄脏自己的手……不玷污……

——正是，这样就能不同流合污，对吧？

安德烈：对。我只想当一种特别的法官，预审法官，我于是想…… 479

——这是你最初的想法吗？

安德烈：基本上一开始就有了，那时我了解到……我起初对刑法最感兴趣，要跟人接触，然后就是预审，这个职业也有很多责任，接触人，不管怎样还有某种权力，还有一种把握事物、讯问人的方式，总之我觉得很有意思。另外还有一个侧面，如何了解人的智力活动，也是为了满足我的好奇心吧……

——这是刑法当中最不像侦探小说的方面，对吧？

安德烈：技术性最少的方面，最不……

——至少表面上如此……

安德烈：是的，甚至一般说来也是如此，对司法的专业知识要求得最少，初看起来如此，总之，从整体上处理案例也是如此。不过，它也是最人性化的方面，这个时候遇到的人最多。我喜欢的就是这个。所以，我那时想，我能做这个工作，完全独立地，以我自己的方式，不会被干扰……我也觉得，我能够做到秉公诚实办案，所以最让我失望的就是，虽然一直诚实地履行职责——这是后来的事，等到履职以后——可是有人好几次打算把我搞掉，我那时看到好多人不老实：要么就是对工作漫不经心，可是仍然获得晋升；要么做了不正确的事情，把案子封存，不管疑点尚存，就给人家定了罪。这些人还在职场上混得不错……。我不想在职场上混，只要求让我安安静静地工作就行了。好几次我受到离开预审的压力，他们打算把我辞退……我发现整个等级制度十分恶劣，在我看来就是如此。从来没有谁跟我说："这不行，咱们来看看究竟是怎么回事吧。"还有人跟我撒谎，胡说八道之后还能升职，而且很快……都是你能看到的最快的晋升，可是他们头脑不灵光，道德水平低劣……低劣得很。这些加在一起，使我有了抗拒心理。

——对……

安德烈：我必须说，虽然在国家司法学院的时候，我并没有竭尽全力学习，我多少享受了一点生活，可是就职以来，我努力工作，一直很勤勉、很诚实地工作，从来没有落在事情后头，所有为被告人的利益应该做的事，我都做到了，我从来没有把什么事情忘在脑后，事情都是做到底的。而且有些时候，每天工作 12 个小时，礼拜六和礼拜天都要工作，因为有一个法官不在，我不愿意让监狱里的被告人付钱。可是，虽然你为了公众利益拼命做事，等级制度却认为你这个做法不符合检察院或者警察的想法，真是太不像话了！所以说，你付出自己的时间，损害自己的健康，只为把工作做好，可是等级制度看到的，是你……是你在兴风作浪，坏了规矩，你做的决定都不令人满意，这可真是叫我说不出地吃惊。而且，我越是诚实地做事，说句良心话，就越是愤懑不平。

[…………]

眼下，我心情沮丧，有点见谁批评谁，也许这很容易……大家都批评别人。不过，我确实感到……我觉得一切都运转不灵……说实在的，我感到，我天生是当法官的材料……我觉得能够当一个诚实的法官，正正派派地工作，我也觉得自己有一股热情。我的意思是，当一件事让我感兴趣的时候，复杂微妙，我就研究、挖掘、分析，然后就有思想斗争。如果我觉得这样做是正确的话，为了达到……合议案例的时候，思想斗争是为了达到开释，所以我取得了开释，可是别人要的是定罪。要不就是相反，我要定罪，别人要开释，而且取决于我的意见，这个时候我很高兴，觉得我把工作做得不错。所以说，我自觉能够成为一个好法官。我没有敌意，不是虐待狂，可是我觉得我有某种人情味，我愿意看到人们在尊重法律的同时，不会感到是在跟一个没人性的人打交道，一个只想让他们受罪的人。话说回来，如果我不能有效率地从事这个职业，我愿意努力促进人们改变精神状态，尽可能往积极的方面改进。没错，我并不排除当律师，因为律师也确实是法律的一部分。一个律师挽救了一个案子，救了客户的命，这当然令人很感动，当他使法庭改变看 481
法的时候，这可是很棒的。我一点也不排斥律师，可是有一些物质方面的、技术性的问题。所以，要不要做律师，我还得看……没错，当前我没有办法改变这个体系，没有这个能力。我不是民意代表，不是共和国总统，所以这个体系还是这副样子。至少应当改变人们的想法，捍卫我的这种法律观念，捍卫这种精神。对……有一些思想自由的人，有点格调的人，能够自我质疑的人，工作十年以后，如果干得不好愿意被辞退的人。这些人就像某些政治人物那样，习惯于在争论中被人批评（习惯于挨批，也习惯于自我捍卫）。法官不参加争论，他们缩在自己的角落里，相互之间搞点动作，隐藏起来，对自己说："我们别给自己找麻烦，我们还得定别人的罪。"他们无法解释他们的决定。这不是简单的沟通问题，而是从勇气来说的，是从挺身而出和人性方面来说的，总之是一个合法性的问题。他们有合法性，可是从来不质疑它。可是，法官应该感到自己是在为被告服务的。

——不过，工会组织还是有的……

安德烈：面对等级制度，一个法官不是孤立的，总之，面对问题，他并不完全孤立，他有提出申诉的一切手段。例如罢工：这个要比预算多出一点。是的，跟大家一样，我自己也罢工，我觉得这很好，方向正确。可是，我不满的是，这样做掩盖了很多法官不作为，没有人争论这个东西。因为，出于行会精神，工会里有不少不干事的人，当我们被要求超时工作的时候，没有人愿意去，可是他们的抗议只是说“这太不像话了”，可是什么行动也没有。他们还是回去干，这是很平常的事。所以说，这是工团主义的问题。不错，这个也有一些好处，可是，与此同时，有时也有一种厌倦情绪：法官工会出现了危机，也许应当重新考虑某些东西，接着是一通漂亮话，实际上没什么改变。说法和实践之间有差异。人们在集会上投票取消监狱，然后大家各回各家，礼拜一接着轮流把人投入
482 监狱。这个事情一直让我吃惊。这个时候，最好是思考一下自己的实践，让行动前后一致，承认我们实际上还在使用监狱，继续把人投入监狱，以后仍然会这样做。有人说，监狱要尽量限制使用，用点别的办法，弄清在什么情况下要用，谨慎使用，弄清使用死刑引起的问题，等等。我认为，这些话都没用，是一种虚伪的思想，它避开了真正的思考。新颖想法使人不去认真考虑当下的所作所为。我自己不怎么参加社会活动，只为思考一些原则性的问题做一点事。我对工会的责备是，既然存在一些涉及独立性的深刻的问题……他们却说：“先等等，等破坏独立性的行为的受害者出来抗议、求助……”我认为不应当这么做，独立性不是等到张三有了麻烦才需要捍卫，而是必须捍卫的一条原则。不是要捍卫李四、王五、赵六，而是捍卫一条必须绝对尊重的原则，可是它不受尊重，完全不受尊重……

最重要的事情是获得谁的承认

安德烈：另外一个重要的限制，以前我不觉得那么重要的限制，是对警察的依赖性，也就是说，必须完全依赖警察。也就是

说，一个法官需要在警察里有盟友，才能受人尊重。总之，他才是提出要求的人，这个很不正常，因为，不用说，警察应该服从法官。所以，人们不得不维持一个假象：发号施令者是我们，实际上是他们在向我们发号施令，基本如此。而且，跟他们需要我们相比，我们更需要他们。

——是啊……

安德烈：他们的时间由他们随意支配，我们呢，如果确实急需
什么东西，我们得央告，“先生，请您，真的……劳您大驾”。如果 483
我们要的东西他们不喜欢，再碰上一个笨蛋的法官，那你就得一边玩去，什么罪名你都得顶着……我就被他们责怪过，只因我要求核验宪兵队做的事。一个被控告的人告诉我：“宪兵捏造，这是一个阴谋，他们伪造证据。”我并非不分青红皂白地相信他们的话，我核实过，觉得从法律角度这么做很对，很健全，可是我却受到责怪。宪兵队指挥官给我的检察官写了一封信，也没准是应他的要求写的，信上说：“唉呀呀，真不像话，这位先生竟然连……说的话也要质疑。”根本不是这么回事，总之，不是那个意思。我当时就觉得，法官亲自去看看就万无一失了……

——这也是法官的责任之一……

安德烈：对啊，是为了知道究竟怎么回事。既然有争议，去看看不就行了？我觉得那令人十分惊讶。我不过是去了一个派出所，不宣而至，听取警察们对一个事端的看法，这样我就能够得知真相。可是，我的裁决他们先是尽一切可能撤销，因为那会显示检察官本人不诚实，然后又说太不像话。因为，去派出所之前本应提前通知，好让他们有时间统一口径！我觉得真是荒唐极了！

最要命的是，你做的事本来再正常不过，却忽然发觉都成了丑闻。也就是说，有些法律规定和大原则，例如法官在寻找真相时是自由的等等，可是，你发现，涉及某些主题时，例如警察动粗，总

之是这一类的案子，一些很敏感的事情，有些裁决是不应该的。有一些不成文的规则。这种事并不是每天都有，可是不时发生，这已经足够了：一件小事就能破坏整个法律界的名誉。总之，这就是我的想法。我还遇到了一些真相被掩盖的案件，这一类的事有好多，连续不断的。这些都让我对我的实际的独立性产生疑问，对我的职能的意义产生疑问。我一直觉得自己有能力从事这一行。在某种意义上，当法官是我的使命，我逐渐产生了从事这一行的愿望，我也
484 尽可能诚实地、勇敢地去做，对抗所有的人，对抗警察、被控告的人、律师、检察院。我跟检察院抗争得很厉害，这一点通过我被骂得狗血喷头便可证明。可是我觉得，要想让人尊敬你，取得别人的某种信任，法官应该能够对所有人说出心里话。我尽可能做到既礼貌待人，又把工作做好（……）。

你刚才提到伤害。我确实被深深地伤害过，因为我看到，出于对这个职业的热爱，我尽量带着感情把工作做好，我也得到了承认。虽然如此，对我来说，最重要的事情之一是获得谁的承认，也就是同事们。这个，总的来说，大家都清楚。我受到一起工作的警察的好评，甚至尊敬，虽说有的时候，我对其中一些人有点严苛。我也得到了律师和拘留所人员的尊敬，特别是那些被我丢进监狱的人也尊敬我。这个是我在这个职业里找到的最大的满足感。也就是说，连被我丢进监狱的人也很敬重我。他们敬重我说话算话，不是心怀怨恨的人，是个尽力了解真相的人，反正我就是这样展示自己的。我觉得人们正是这样看待我的，通过信件，通过拘留所的人所说，大家都知道的。而且，我确实相信，一个人怎么评判他人，也会得到别人同样的评判。拘留所对我的评价很不错，让我很高兴，可是让我惊讶的是，这一点从来没有得到重视，我是指我的实际工作。也就是说，我做工作是想让人们感到，我来这儿不是为了让他们痛苦的，所以尽力在高贵的意义上运用法律原则……在法律本来

应该有的意义上，法律是为了判决、为了制裁他们而存在的，不是为了让他们痛苦。我们的使命远远超过复仇，是为了让他们能够理解什么是制裁，为了使他们停止犯罪。可是，没有人愿意看看我是不是把工作做得很好，这是让我感到最惊讶的。

——是在你的职业天地里吧？

安德烈： 正是。

——……那么，谁在依照别的原则行事呢？

安德烈： 是别的标准。而且，我反倒最终被逐出了法官的行
列。我被视为害群之马。有些人没什么本事，却获得提升，是我那 485
一届的同学。我感到我的价值没有得到承认。那时，我有一种感觉，从内心深处感觉到，似乎另有一套打分的“标准”，带引号的标准，反正是我不赞成的标准。如果评价根据不同的标准，根据法官的工作实际、同事们和被告人的说法，那么，我觉得，我早就会得到承认了。反过来看，有些人什么也不干，从来没有任何压力，他们反倒有正常的职业生涯。另一方面，如果你问被告人，满意不满意那些不提交判决的人，工作草率、不读案卷的人，我想大家都会说，所有实际做事的内行人都会说“不满意”。这个是不行的。所以说，实际情形和评分制度之间有差异，这是显而易见的。这个评分制度，我根本不买它的账。可是我没有想到，它竟然会导致剥夺你的一部分职能，让你无法得到要求的调动，甚至给你带来处分的压力。然后，你还得为自己做出辩护等等。另外还有一些迎合陈规陋习的故事。我觉得，知道别人怎样看你等等，这还不是最重要的，重要的是知道你工作的质量，在司法上是不是准确无误，符合不符合人性，是否……这些嘛，全都不算数！可是，像没系领带一类的事——我自己就缺这个——反倒被当成大事。我得到第一个职位的任命那会儿，我到达之前，检察官召开全院大会，他说“注意啦，有个不系领带的疯子马上就到”等等。仿佛真的……可是，这

个检察官自己却把确凿无误的证据搞得乱七八糟，不断地弄虚作假，要求警察造假，而所有这些，如果上级注意到，就不会不知道都是确实的，可是他从来没有受到压力。不错，总的来说，诚实换不来任何好处……总之，要紧的是风平浪静，人们不过多地谈论你，没有摩擦。

从更深一层看，我觉得法律不应该呆板无味，应该是一种有生气的东西，它不必很凶暴。在某些情形下，法律应该坚定不移，不
486 应该是……应该有光彩，运用法律有时候应该有光彩，不应该完全闭锁……不应该总是做“四平八稳”的决定。有一种要求掌握的带引号的“尺度”，却与实际不相符。也就是说，如果你把一位老板投入监狱，有人会说“这不行，缺少尺度，不正常”，如果你给一位粗暴执法的警察定了罪，也有人会说“这不行”，总之他们会叫你明白；还有，与此相反，如果你对犯下小过错的普通老百姓动了恻隐之心，有人就会责怪你同情心太重，太多愁善感，等等。

法官应该通过工作显示合法性

——你说“有人”，这是泛指法律界呢，还是……？

安德烈：我指的是等级制度、法院院长、检察官。此外，还有一个东西，你看，就是实际上我们的评分是检察官做出的。如果法院院长跟他关系很好，那就遭殃了。因为法院院长负责前期评分，把它转发给上诉法院，可是如果你是预审法官，法院院长首先跟检察官商量，假如检察官跟你相处得不好，你就会得到很差的评分。最后，就会责怪你，总之是倾向于责怪法官相对于某一方没有保持独立性。因为检察官，从道理上说，总归属于各方之一，跟辩方一样。而且，我觉得，整个法律的可信度就在于知道你是不是真的独立。这个独立性，总的来说，我们没有。不错，预审就是要决定起诉还是无罪开释，可是跟被告人相比，预审法官更接近检察官，这

一点并非总是不可想象的。可是，如此先验地偏向检察院，这让我觉得很不舒服。

——这个行业的运行情形不像你以前设想的那样，恐怕这是原因之一……

安德烈： 正是如此，而且，法律根本没有意义，也就是说，有时候，有些法律根本不应该应用。我给你举一个例子。有一次，辩方提出要我当证人，正逢检察官搞了好多歪门邪道的时候。一个证人被传唤后是必须出庭的，于是招来了责怪……我出了庭，把检察官惹火了，反正我是尽可能把他惹火了，我说他在这件事情上不清 487
白，偏袒一方，等等。我话还没说完，就被打断了，因为那些事情不该往外说。可是，如果你想说出真相，就得不怕说一些不中听的话。你看，还是跟虚假的尺度有关……在我看来，真实的尺度，在于明说："不对，检察官先生，您在这件事上不公正，您心怀怨恨，太刻薄，您在调查时另搞一套，您做了不该做的事。"我觉得这才是真相，即使让人不高兴，也应当这样说。所以，这就是他们责怪我作证的地方，可是在理论上、在法律上，一个证人不出庭是要受惩罚的，要交罚金的。可是，有时候应该这样做，有时候又不应该这样做。

——是的……

安德烈： 还有一件让我很气恼的事，有一个方面，也许跟我对公众功能的批评有关，可是也有一个狭隘的方面。人们不做事，我的意思是他们尽量少做事，把工作推卸给别人。我看到不少同事现在懒得让人吃惊。某个城市的法官有一半都尽量少做事。这令人气恼，这说明一种心态，小气，卑微。总之，他们忘记了被告人的利益，甚至有些懒汉还说什么："反正事后没有回报，所以我们不在乎，尽量少干点得了。"还有人说："拿破仑还用勋章和一些小玩意儿奖赏干得好的人呢，我们什么勋章也没有，那好……"

——说到底这是为他们自己辩解……

安德烈：为他们的懒惰辩解。

——他们还炫耀懒惰……

安德烈：对，基本上是炫耀。他们说："我们才不把自己搞得那么累呢，反正没有提升的机会了。"确实，缺少激励。我认为，我们在某种意义上没有陷入危机的处境。必须把人们带入竞争，为我们的价值辩护，让合法性成为一种争取到的东西，而不是白给的，我觉得这样才能改变人们的心态，法官的合法性应该通过他的
488 工作来显示，通过他做出的决定在司法上的质量，无论民事的还是刑事的……

——获得这种合法性，谁能……？

安德烈：这个比较复杂，不过我觉得，从总体上看，这个有点像我刚才说的差异：一个是对你的评语，根据你没有兴风作浪，跟院长或者同事相处得挺好，跟检察院也没有问题；一个是看到你工作的人真正承认你，例如律师、书记官，还有，如果你是预审法官，警察、宪兵和在押人都承认你。总之，这种差异存在于你根本见不着面的人所做出的毫无意义的评语和广泛意义上的"口碑"之间：人们知道某某人什么事都不干，人们也知道某某人是个谨慎的法官。而且，这个"口碑"，即使带点主观性，也是……也应该以某种方式有所反映，至少让它有更好的体现，而且更重视……一个人的工作实际。可怕的是一个人工作得非常好，职场却弄得一塌糊涂，因为同事们肯定你；可是相反也有人工作得极差，职场反倒特别出彩，因为还有关系的问题、山头的问题，总之一大堆问题……也许是政治上有靠山的问题……

[…………]

还有些案子必须彻查，有些不应该调查，所有那些没有彻底调查的偷税漏税的案子，还有那些被压下来的案子，更不用说跟政治

有关的案子了。这方面也是一个样，不是我一个人这么说，从总体来看，看到案子被压下不办，法官都厌烦透顶，大多数法官是这样的。

——看到有些案子被压下来……

安德烈：对，这种事大家都清楚，在押人也知道，看来甚至一半以上的在押人知道……他们在法国监狱里都知道法律不公正，政治人物的案子、名人的案子等等压着不办，令人难以相信。我们把可信度完全丧失了。当我听到首席检察官说“没错，神圣的使命是没有的，法官没有神圣的使命”，我就觉得，要想获得理解，你还是得肯定一些价值。如果不尽可能践行这些价值，你就得不到 489
信任。

[…………]

——对……

安德烈：如果你想让法律重获信任，就必须还给它权力，对于跟它一起工作的人的权力，特别是对于警察的权力。对于那些鼓吹改革的报告，我最大的谴责是，它们都不质疑对于检察院的政治监管，总之不真正质疑，也不质疑法律对于警察没有任何权力。可是，主要由警察做调查，法官做调查属于例外，反正他们无法包办一切，也许他们应该多做一些，可是无法把什么都管起来。(……)可是，法律应当超越警察这个阶段，所以警察也……

——为什么要超越呢……？

安德烈：因为这并不那么简单……是的，警察可以是很好的警察，可是光有警方的观点还不够，总之经常如此。他们只想要“这事是你干的”，只求了解动机、情境。可是，法律是另一回事，我觉得理解法律得有某种同情心，得仔细掂量轻重缓急，还得知道被告怎么生活，怎么……在这一点上，我觉得警察行事比较简单化。当然，我们需要警察……我觉得，法官这个理念……要求思想自由，必须能够说心里话，有独立性，能够自我肯定，坚定不移，而且表达意见清晰无误，不受束缚。

——这是就哪些方面而言呢？

安德烈：总的来说，这是相对于警察而言的。警察是国中之国，这个从他们的工会体系来看非常重要。他们人数比我们多得多，享有大笔预算，最重要的部长要数内政部长，他们说了算，工作是他们做的，我们只是尾巴，做售后服务……我觉得我们必须做这样一种人……对，自由的人，都是有独立精神的法官，有点勇气，上点档次，有点生气，能够解释自己的决定，有点“权威
490 性”——带引号的——而且遇事不躲闪，能够自我肯定，但是并不粗暴，不会不尊重别人，不能总是心怀成见和偏见。但愿法官都胸怀广阔，能够公开捍卫自己的观点，能够用行动证明自己下判断时的合法性。

[…………]

——根据你目前取得的职业经验，你会把这个职业推荐给别人吗？

安德烈：坦率地说？我会推荐。这不是一个有意思的职业：职业本身很好，可是从事这一行不能带有幻想；而且要准备斗争，必须斗争，才能走得正。

——这一行里有人在斗争吗？

安德烈：有，确实有，而且有一些很棒的法官……

——哦。

安德烈：有些法官我很佩服，也有些地方法官是完全称职的，有些人值得尊敬，有些律师把工作做得很好。一个律师说“我的客户被拘押两年了，不过，预审过程中预审法官很有同情心，尽可能理解他的个性，而且待人接物很妥帖”这个话让我感动；而且他们得到违法犯罪者的承认，那些人干过不少蠢事，被指犯有严重的不

法行为，可是他们受到他们的律师的尊重——对这些律师，我感到很骄傲。有些律师虽然严厉，要求很严，可是尽可能取得真相，力争把那些人做过的事搞清楚，而且跟将来必定融入社会的人保持接触。法国社会里有一些马格里布人，我觉得我们有责任帮助他们融入社会。我们有责任提醒法律的存在，对于他们当中的一些人来说，我们扮演的角色有点像父亲，只要我们把工作做好，那就太棒了。有时候，当我们公布决定的时候，法庭上有些人鼓掌，不是从本质上说的，而是说他们觉得正义得到了很好的伸张，他们很高兴，没有任何煽动的成分，而是做出的决定多少有点出格，是的，因为应该如此，至少对于那些好的决定而言，有时候某种风险恰恰应该敢于去冒，倒不是说冒险去犯罪，而是作出一些看起来挺新奇的决定，很勇敢的决定。因为要想制裁得到恰如其分的执行，有时 491
候你必须走前人没走过的路，必须做点不一样的事，超乎预料的事，或者跟检察院的要求不相符的事，让他们吃惊。我认为，好的决定有时候必然使人惊讶。当我们有时做出这种超乎寻常的决定，人们也很高兴的时候，一般说就是好的审判，对，我也会高兴，很自豪。

——你有例子吗？

安德烈： 当然有。

——能举出一个来吗？

安德烈： 能啊。看这个例子，一个妇女卷入一宗贩毒大案，好几公斤海洛因……这个女人患有多发性硬化症，还有大小便失禁的毛病，她被关起来两年了，一直承认事实，算是比较有尊严的吧。审判进行了 15 天，律师告诉我们："医生说她的身体状况适合囚禁。"可是，一个这种状态的人（带着尿布，得经常上厕所），你会认为这样做违反尊严等等。这就让我们改变了看法，她开始被判 8 年，我们给了她 6 年，还有缓刑期。当天晚上她就可以回家了。我觉得，我们这样做是负责任的。(……)这也说明，我们能够改变看法，既能够质疑自己，也能够重视人性方面的问题。那一次，我为法律感到骄傲，走出法庭以后，我很高兴，心里说："我们在Y城这里的工作做得不错。"

——如果给一个人判了你认为他应得的罪名，你也会这么高兴吗？

安德烈：正是如此。例如有一个工作权的案子，在审议当中，大家都说："这可是欺诈啊！"可是我据理力争，因为这不符合实际情况，不符合劳动权。一个家伙雇用了几个临时工，完全是违法的。被告人的律师提出了论据，表面上不错，可是如果你深挖下去，就能看到，那些论据完全站不住脚，而且向一切胡作非为敞开了大门。我发现了说服另外两个法官的论据，我很高兴，心说："我不是毫无用处。"我事先读过案卷，我启动了这个事，于是，我
492 感到事情正确无误，前后一致了。这是捍卫劳动者的权益，而且并非不由分说地针对雇主，而是执行法律。同样，我也很高兴能够打破那个圈套，没有上那个似是而非的论据的当……

——那次是一个例外……

安德烈：绝对不是！所幸仍然有人在。例外是有的，这个制度有一种倾向，使你……

——制度有增强的倾向……

安德烈：正是这样。我嘛，我只是多多嘴而已，还被骂了个狗血喷头，人家把独立法官的职能都给我剥夺了，差一点把我辞退。可是连我也接纳了一点这个制度的价值，也就是说，当我想告诉检察院检察长，他做的事不像话的时候，我现在都是彬彬有礼地说："好吧，您瞧，我们不妨考虑一下……"其实，一个法官理应能够说不，明白地说什么是不可接受的，什么违背原则，什么是违法的，违背……我们眼下并不是在企业里，不必服从私营企业的逻

辑，即一个干部必须服从他的上级干部。我们应该是一些多少属于公众的人物，跟民选代表类似，就像一个市长，他必须捍卫公众利益，能够说“您有您的利益，可那不是全市的利益”，与此同时，他还得保证少数人的利益不被损害……

1991 年

493

正式工与临时工

米歇尔·皮亚鲁、斯特凡·波厄

1989年9月，索绍镇，普吉奥汽车厂[1]的罢工已经持续数日。第一波罢工游行在车身制造厂举行，以熟练工人为主的数百人参加，也有几十位专业人士。宽敞的车身车间里（新型的普吉奥605汽车本月初从这里驶出），罢工队伍环绕总装生产线前行。罢工在这里已经仪式化，每天都依照同一个模式进行。队伍首先在生产线完成工段的过桥下集合，随后开始游行，昂首挺胸，嘘声、口哨声、口号声此起彼伏。生产线外侧的过道被队伍堵得严严实实。十多个人走在前列，几位代表打头。

车身制造厂在参加罢工的人数和效果方面有关键作用。为了控制罢工势头，避免波及普吉奥集团内部不赞成罢工的人和更多的工人，同时向管理层显示局面尚可控制，厂方宣称生产线的运转未受
494 太大影响，大部分汽车照常出厂。罢工工人则邀请记者进入车间，让他们见证，罢工已令生产活动基本停顿。事实上，大量工作没有

① 索绍（Sochaux）是法国东部杜省的一个城镇。普吉奥（Automobiles Peugeot）又译“标致”。普吉奥汽车公司是法国第二大汽车公司，1978年跟法国雪铁龙汽车公司（Citroën）合并为普吉奥—雪铁龙集团（Peugeot-Citroën）。——译者注

完成，或者尚未做好，所有汽车过后都得返工。

示威游行有好几个目的，既要阻断生产，又要维持罢工者的士气，激励其他工人加入。游行队伍步伐缓慢。罢工者时而密集扎堆，时而稀稀拉拉，四下散开。领头的常为能征惯战的工会积极分子和工友代表。有的领头者手中拿着扬声器，其他工人散乱地跟随其后，叽叽喳喳，兴奋之情溢于言表。看来人人都为能够把这么多人聚合起来感到高兴，他们谈论着 1981 年的大罢工。虽然喧嚣一片，可是没有出现任何破坏行为。为了把响动搞大，不时有人有节奏地敲打着金属柜橱。

沿着生产线，干部、技术员、职员和监督员一字排开，他们大多数年龄较大，着正装，系领带。几个年轻的工程师神情茫然，不过厂方已经设法不使这些年轻人和许多新来的高级电脑技工[①]与罢工者发生直接接触，他们站在那里是为了防止罢工者破坏“生产工具”。其中也有一位门卫。他们相隔两米站开，紧盯着鱼贯而行的游行队伍，但避免跟罢工者的目光相遇。有的眼睛盯着罢工者的脚下，有的故意扭头顾盼。这真是一个令人尴尬的时刻。有的罢工者不时高声呼唤某人，偶尔交谈几句。我们事后不久了解到，这些干 495
部（工厂里常常管他们叫“跟屁虫”，一个 20 世纪 70 年代流行的叫法）早已被告知，对于嘲弄和“挑衅”，勿予回应。

气氛紧绷。争吵随时可能爆发和急剧恶化，谁也不知道如何收场。罢工者走进第四生产线时（这里工作仍在继续，管理部门希望借此证明生产并未停顿），局面显得更为紧张，人挤人，咒骂声越来越高，扬声器距离干部们的面孔只有十几厘米。好几次几乎出现推搡，尽管两边都尽量压低调门。

实际上，这条生产线周围的气氛有点怪异。仍在干活儿的工人

① 高级技术文凭（Le Brevet de Technicien Supérieur，BTS）持有者。这种文凭要求至少学习两年。——译者注

年龄往往稍长，有些人麻利地干完手中的活计，不时抬头来回敬粗话和发出嘲讽，显然是要表明不赞成罢工的态度。另外一些人看起来不大自然，有的人看到游行队伍走近，便在车间主任的首肯下离开了生产线，表情尴尬。我们知道，等队伍一过，他们就会返回。还有一些人留在原地，面带微笑地略显退让，他们似乎经常经历这种局面，不那么在乎。这些年轻人是临时工，似乎置身冲突之外。他们时而放下手中的工具，做出不起眼的赞同的手势，向罢工者挤挤眼睛，随后重新捡起活计。罢工者从他们身旁经过时尽量避免喊
496 粗话，而是轻轻打个手势，说一两句友善的话。这些年轻人，罢工者并不认识，没有人叫得出他们的名字。他们被划入一个叫"临时工"的群体。看来大家都认为这样做很自然。有些临时工在身边摆放着一块硬纸板，或者更多的是一块硬纸板的边角，上书"临时工"字样，笔迹潦草。其实年龄往往足以说明身份。"临时工"成为一个起保护作用的字眼，他们明显地不会被要求跟别人一样（一个说法很快在车间里传开：有几个"工贼"为了躲避挨骂而冒充临时工）。其实，那些在罢工期间继续工作的人——在生产线上，即表明罢工成败的最关键的地方——分为两类：一类多被罢工者视为"黄色"工贼，另一类就是被明确视为与罢工无关的临时工。

联想到 1981 年的大罢工和以往几十年里发生的冲突①，即使一个人既非社会活动家也没有加入工会，属于不跟老板坐一条板凳的工友群体，如果他从来不参加罢工，两三年后仍会受到相当强烈的指责。

497 这次罢工，谨慎的地方工会领导人下达了明确的口号和严格的

① 也许比别处更甚，此处应当牢记并考虑到索绍厂史（1968 年的罢工中死了两个人，以及 70 年代镇压工会活跃分子的政策），由于罢工在索绍是一种不常有的、重要的和严肃的行动，这些场景就更令人惊讶。罢工是一个迫使人们做出取舍的关头，立场非此即彼。在与罢工无关的日常聊天中，如果说某人是"罢工者"，则无异于说此人卷入了罢工群体的政治文化。

指令，以免罢工者把临时工当成靶子。他们很清楚，在一场大罢工期间，“基层”工人不太容易接受“有人”准许临时工“有权”继续工作。在这种条件下，全体工人，包括在工人阶级的斗争“原则”方面毫不妥协者（他们认为没有任何站得住脚的借口，可以原谅“非议罢工者”），怎能信服对临时工网开一面是合理的呢？

问到这个问题时，老工人的回答似乎表明这是一件不言而喻的事，他们说：“这又不是他们的错”“他们享受不起罢工的奢侈” 498
“如果他们哪一天参加了罢工，临时工作介绍所和企业马上就会联手赶走他们”。拿罢工去赌“转正”太危险，很难要求他们做出这样的牺牲。临时工虽然不参加罢工，但是不会被视为“破坏罢工”，人们很乐意承认他们“情有可原”。大家都知道，他们只剩下工厂一条出路，因为他们大多辍了学，而且如今学业受挫的后果比“咱们那个时代”要严重得多。罢工者的年龄在35岁到55岁之间，他们在临时工身处的局面里似乎看到了对自己子女的担忧，尤其担心孩子们面临的求职活动对于文凭的新的要求（非有不可的“背景”）。在这个意义上，恰逢这个明确而“快乐的”罢工时刻，他们觉得，临时工与其说是工作的竞争者——客观上正是如此——不如说是跟自己子女经历相仿的年轻人。从工厂内部来看，可以简单把这一点视为工作稳定的工人（“正式工”）和工作不稳定的青年人之间的一种对立。可是，一旦把局部的社会空间放入较大的视野，这种对立就有了完全不同的含义，因为从“工厂的”角度出发，只能看到两代工人的身份差异，在较大的视野下却能看出一种社会相似性。

除了对弱者的同情，还有一个希望——一种利益一致性的赌博。一切都显示，一些高度政治化的罢工者事前便认为，临时工对 499
罢工首领采取了批判的态度，这是一种抗拒（临时工自身的一些小小的迹象也鼓励了这种看法）。他们觉得，临时工也应该具有自己当年参加罢工的斗争精神，他们对后者的哪怕极其细微的赞同的举动都感到满意，似乎临时工只要甩掉头上的紧箍咒，就能够顺理成章地吸纳自己年轻时的“本能反应”和自卫的态度。他们未能准确地理解，二者的差距其实不仅仅是生物学意义上的年龄，更是代沟问题，因为十年未雇新人已经打断了工人代代相承的链条，这些临时工在干“苦活儿”和打零工的岁月里成长起来，进厂之前大多便已经“俯首帖耳”了。

尽管心存误会，罢工者和临时工之间也许还有一个默契。在罢工者经过时摆出写有“临时工”字样的纸板，这个举动我们可以说是一种“礼尚往来”：临时工表明尊重罢工者的“勇气”，反过来要求罢工者宽容他们；作为交换，罢工者“宽恕”不参加罢工的临时工，而且要求他们从道义上许诺，一旦转正就站到罢工者一边。罢工者或许主观地倾向于把这个举动视为显示社会软弱性，政治性最强的罢工者更愿意视之为一个将来加入工人斗争的许诺，一个可能
500 参加罢工组织的信号，同时也在某种意义上承认他们组织的斗争是有道理的，甚至附和作为斗争基础的政治文化。因此可以把这块纸板解读为一种许诺：工人群体将得到整合和统一（就不同的年龄组而言）。随着时间的流逝，各代工人将回到自然接续的轨道上来。

一年以后，1990 年 7 月，法国汽车工业遭到经济衰退的重创，索绍的汽车厂难逃厄运，经济指数显示前景黯淡，恶性循环的颓势因海湾战争而加剧。暑假开始之前，临时工都接到了九月返岗时合同不延长的通知。随即，按照短期生产的预期，工人人数很快被调整。这个时期，车身制造厂（HC1[①]）内的紧张气氛明显可见，达到生产目标的代价是在不同程度上违反紧缩管理方式的规则，特别

① HC1（Habillage-Caisses 1）是车身制造厂的新厂，建于老厂两公里之外，1989 年开始运行。生产过程的电脑化程度更高。工人均穿荧光绿的连裤工装。他们必须签署一份规章，工作时间车间内不允许吸烟。

是不得不密集动员工人队伍，迫使他们适应新的生产方式（紧缩生产和电脑化）①，顺应加快生产线节奏，并被要求随时听从调遣。这 501
家超现代化的工厂远未全面掌握生产技术。这项大规模的工业计划（2000年的工厂）的设计者野心太大，或者说过于重视“先进技术”。故障频发，总装线很难达成“零瑕疵”的目标，越来越多的汽车非得“修整”不可，即必须从生产线“下线”，送到其他独立部门的工人手中进行必要的修改。

众人神经紧绷。虽然制造新型车身的新车间很漂亮，宽敞明亮，时逢七月，这里却弥漫着令人憋闷的热气（预先没考虑到安装空调或制冷设备）。伏天里，厂里消防队用高压水枪往屋顶上喷水，让厂房冷却下来。工人们却说，那主要是为了防止生产线上的电脑系统出故障。他们说，车间里工作环境恶化，工人出了一连串事件，往往涉及青年工人。

1992年7月，索绍的汽车厂一个临时工也没有了，最后一批临时工已经在1990年12月离开。此前一段时间，工厂附近小城镇里的职业介绍所一度十分兴旺，现在陆续关门大吉。机械行业的临时工职位已经完全看不见。地方上的临时工求职机构人满为患：找不到临时工作的年轻人前来寻找“实习”的机会（按照略显疲惫的求 502
职顾问们的说法，这种“实习”能让他们领到2 400法郎的补贴）。这个时期，能够获得雇用的临时工共数百人。

1987—1990年是这家工厂的扩张时期，当时招募了大批临时工，人数一度很多，而且稳定持续地增长：1989年罢工发生时，临时工为1 500人；1990年7月，最多时达到3 500人。这些工人集中在几个组装车间和喷漆车间里（眼下这次罢工发生时，70%的临

---

① 生产过程电脑化以后，可以成批生产多个车型系列，这就迫使熟练工小心对待必须安装在每一辆汽车上的零件种类（不再是把同一个零件N次安装在同一款车上了）和迅速读取车身上贴的一纸安装说明书。

时工在喷漆车间）。受雇的临时工人数如此之多，以至于很多工人相信，他们当中很多人会获得正式录用。他们到工厂的头一天就被分配到生产线的岗位上，在一位本部门的老工人带领下学习，有时只需一天就能上岗工作了。有些人只工作了一天就走了，特别是本地人；有些人待的时间长一些，期盼得到一份“雇佣书”（不定期的雇佣合同）。由于工作地点主要是车身制造厂的总装车间，特别是完成部门，他们的岗位往往被视为“最繁重”，要求既吃苦耐劳，又身手敏捷。这个时期生产节奏加快了，老员工在岗位上越来越吃力，他们认为，临时工都很年轻，“上班来得很早”，车间主任把他们直接领到岗位上，没人介绍姓甚名谁，而且往往停留时间很短就
503 离开了，本部门的其他工人还来不及认识他们。留下来的临时工跟本部门的老工人交流不多，似乎人人都很谨慎，彼此有一种不信任感。

在跟上生产线的节奏方面，经过一段时间的适应，临时工比有20年工龄的熟练工人做得还要好。他们往往不能理解，“老员工”为什么总是指摘这不好，那不行，躲在角落里嘟嘟囔囔地发牢骚。新老工人一起劳动难免发生龃龉，越来越紧张的工作节奏往往引起关系紧张、口角频生（关于临时工拒绝各种怠工方式的理由，有不少描述）。冲突也可能是由于新人不遵守熟练工车间的不成文规矩和人际关系方面的习惯做法而引起的（尤其是在车间内饮酒的问题）。这些习惯和规矩对于60—70年代进厂的熟练工人是不言自明的，可是很多临时工，尤其是外地来的会感到惊讶，有时候还会愤懑不平。

对于很多熟练工人（或“老员工”，这个叫法在车间里已经叫
504 开了）来说，临时工意味着他们自身地位降低了，知识没用了。在某种意义上，临时工生动地表明，老员工随时可能被未经训练的新人取代，后者的唯一优越之处是年轻，体能充沛。无论公开还是私

下，任何人只要随便比较一下就能看出，身边的这些年轻可用的劳动力更让他们显得老气横秋。

这就使得工人分裂为两拨人，一拨是60—70年代入厂的“老员工”（1979年已停止招聘员工），一拨是“年轻人”，大多是1988—1989年间经过挑选转正的临时工。这几百个“青工”都很清楚，他们属于大量招聘的临时工当中的最后一批人。不过，人们直到1992年仍然以“临时工”称之。此外，这一代“青工”还包括一个作用越来越大的群体，通常被称为“高级技工”（BTS），他们是80年代后半期招进厂的，他们自视为一个有别于他人的独立群体。“老员工”和“年轻人”的区别不在于年龄，而在于进厂的途径。其实有些“老员工”年龄并不大。他们于70年代后期入厂，从生存样态和生活方式来看，也可以被视为年轻人。反过来说，不少年轻的临时工也不像人们想象的那么年轻，有的已经年过三十了。

真正将他们区别开的是一代工人的生存方式：“工厂的一代”是危机发生前入厂的熟练工人，“朝不保夕的一代”是不停地寻找 505
稳定工作的工人；这条鸿沟因一系列对立的特点而扩大了，例如“政治化/非政治化”“工会会员/非工会会员”等等。不妨粗略地概括一下：从前的一代青年熟练工来自学校，许多人16岁就开始工作，未获文凭者比较常见；如今“朝不保夕的一代”的年轻人则自认为被教育制度“打败”或“赶出山门”，他们未能读完职业高中①或者考取专科技能证书。经济体系与教育体系的关系的这种改变，以及经济“危机”导致的加强学业奖惩制度的做法，令学习差的学生吃了大亏。

因此，索绍汽车厂的现代化过程（工艺技术、社会和空间方面

① 职业高中（le Lycée d'Enseignement Professionnel，LEP）。——译者注

的）造成一批“相对年老”的工人的困境。他们不仅工作得筋疲力尽，也由于他们所“丧失”的东西而衰老。行事待人的方式既使得他们接受了熟练工的命运，也造成了他们的阶级意识。同样，也因为衰老，无论年纪大小，他们从心态上大多很难适应企业新安装的设备。在生产线上工作了15年以上的熟练工，哪怕只在32～35岁之间，在某种意义上“头脑”就已经老化，这是由于他们所习惯的、如今已经很难摆脱的观念，以至于他们感到跟不上“现代性”。
506 一切迹象都显示，他们不得不跟自己作斗争，跟自己逐渐习惯的“自然的反应”作斗争。这些工人成长于大型熟练工车间70年代的“对着干”的文化，自叹在政治上已经“老去”，因为他们当年的希望和理想已经贬值，支撑他们违抗厂方指令的信仰失去了市场，他们共同拥有的历史已经瓦解。简而言之，工友组织解体了。在车间生活里，工人们当中一度对它的行事方式有良好的口碑，可是这个自身形象的积极方面正在崩塌。

青年临时工在毕业后的求职过程中遇到重重困难：他们经历了好几个“阶段”，好几笔临时的“小合同”，其间包括短期失业。他们总是期待一份稳定的工作和一个属于自己的住所。由于进入壮年（和成年）时期的门槛一再延后，他们觉得“大厂”索绍是获得稳定工作的几乎唯一的机会。为此，他们许多人远道前来应聘（例如，有大批饱受长期失业之苦的年轻人来自北部和布列塔尼地区）。他们看到身边工作的熟练工们并不是一个紧密团结的“强有力的”群体，而是一群分散的精疲力竭的人，他们士气低落，未老先衰，
507 “怨声载道”，工作中有“不端行为”（甚至破坏）。他们则迫不及待地表现和证明自己的价值，尽量多赢得“好分数”，以便能够在临时合同期满后转为正式工人。他们尽量把工作岗位“做好”，跟车间主任搞好关系，因为后者可以在雇主（临时工作介绍所）面前“袒护”他们。因此，他们不认为有必要尊重车间里长期存在的传统，而且会打破规矩和习俗（例如在工作时间饮酒的问题上）。按

照他们的说法，“老员工”对他们根本不在意，除了那些前来向他们出售工会会员证的工会积极分子（他们认为这种“上门兜售”活动很不得体，甚至是一种冒犯）。这些临时工（来自外地，不了解“普吉奥精神”）在普吉奥汽车制造厂工作的时间很短，不懂得这些车间里复杂的人际关系，对于从中形成的不同的态度、派别、敌意、怨恨、创痛和伤疤的历史一无所知，连各个工会及其策略也丝毫不了解。什么是工会积极分子的生活核心，什么是导致认同的大原则，这些他们完全看不到。所以，在他们眼里，一个部门的所有工人都“一个样”，同属有幸“在厂子里过一辈子”的一代人。

“老”熟练工和“小”临时工在同一个工作场所相处，这在某种意义上能够说明彼此之间有结构性的误会。一方面，“老员工”
把临时工视为“年轻人”，把自己的“无忧无虑”和“叛逆”的青 508
年时代投射在年轻人身上，其实后者最怕永无进入劳务市场之日，总是担心“被赶走”。于是，老员工在社会活动中成长起来，“觉得”自己的知识和政治“经验”永远无法传授给后者，认定厂内的工人传统从此中断了。在出现危机和停招工人的几年当中，有一个信条或“流言蜚语”在这个地区流传得很广：工厂今后不再招收不具备“高中毕业加两年培训”资质的青年了。这种认为如今非得有“高级”文凭不可的明确意识（是否“高级”大致取决于高中毕业会考以后再入学的时间长短）很快造成了一种客观的效果，而且回溯地起作用：凡属“啥都没有”、无文凭进厂的熟练工都被视为“运气好”。可以说，由于学校奖罚制度的强化，短期职业培训（专科技能证书和职业资格证书）也不算数了。反过来说，资历浅或无资质的青年（尤其是被断定没有希望进入地方和全国劳务市场者）仅仅根据上一辈的熟练工人从前轻易地取得了工作这一点，往往倾向于视后者为无忧无虑甚至“走运”的一代人。这种对于上一辈人的事后的理解只考虑进入劳务市场的时间，全然不管那一代人曾经
遇到的种种制约（例如农家子弟脱离土地，为的是能够享受“消费 509

社会”的好处和闲逸)。

这些临时工并不希望受雇于普吉奥汽车厂，来自索绍地区的更是这样。他们的行为举止（很多人工作时耳朵里插着随身听的耳机，不穿蓝色工作服，只着无领衫，很少开口，显然不愿意跟同事交谈)，对工作和工厂生活的鄙薄，对于车间里建立经年的交往规范的不遵从（在这种条件下当然也不会主动去学习)，这些都给“老”熟练工留下“过路的打工者”的印象。这些年轻人很清楚自己不会久待，因而对工作采取一种疏离的态度和某种形式的“随它去主义”。他们跟法国工人运动多年来树立的工人形象迥然对立，这个形象在工会积极分子身上或多或少有所体现：一个生产和创造“价值观”的形象，浸透着高贵的工人劳动、团结一致的品德和对本阶级的忠贞不渝，即一切使人能够为之奋斗的“工人阶级”的“抽象的”特点。工会积极分子和“老工人”在“过路的打工者”身上，尤其在一些人的“轻浮举止”当中所看到的东西，看来甚至有损于工人阶级所需具备的“仪表”或“尊严”，这种“仪表”或“尊严”与流行的对劳工阶级的“鄙夷”针锋相对，它形成于工团
510 的和政治的不懈斗争。随着这些人大批出现在车间里，熟练工猛然醒悟，两代工人之间横亘着一条难以填平的文化沟壑。这种针对工人身份的挑战令人十分苦恼，因为它来自工人阶级“内部”，而且在某些情形下，涉及熟练工的子女。对于许多老熟练工来说，不可将“朝不保夕的年轻人”视为名副其实的工人，因为从根本上说，“工人”一词让人想起奋斗、历史、斗争、政治希望和集体期待。一个“朝不保夕的年轻人”永远不会成为工会积极分子。

在某种意义上，这些年轻的临时工的经历和职场命运向厂内许多工人表明，今后自己的子女入厂不靠“背景”多半是幻想。同样，把宝押在通过传统的短期培训（取得专科技能证书或职业资格证书）获取稳定的职业也成为一种冒险。相反，如今必须“投资”

长期教育：他们感到，要想避免失业，至少得拿下高级技术文凭（从而导致本地许多工人子弟宁可不定期地在普通高中持续上课，也不去职业高中，因为职高的社会地位偏低）。

大多数工会积极分子发现，在学业要求方面，他们并不比其他工人武装得更完备。他们因而跟其他工人一样，十分担心子女未来的学业和职业。他们对背叛了他们一切希望的厂方心怀愤懑，这种 511
担忧因而加重。老工人发现，那些他们长期为之斗争的事业，他们几乎一点也无法传授给子女，这是一种难以言传的体验，也被学校所忽略，甚至糟蹋（众所周知，很多工会积极分子十分关注历史教学及其赋予工人阶级的政治斗争的地位）。一些工人谈论子女的方式很能说明众多熟练工人与学校之间的紧张、忧虑和不安的关系，其中兼有希望、恐惧（害怕孩子的学业“成功”没有保证，或者出现反复，甚至辍学）和紧绷绷的心态（努力一刻不可放松，特别是力避孩子与坏人交往）。很多熟练工人除了把某种愤恨工厂的情绪传给子女以外，“学业上帮不了”他们。在学校这块天地里，集体主义的团结精神看来不起作用，与“有利因素建立关系”——借用一个社会活动家的说法——也没什么用处。

在厂内，与文凭有关的情形往往运用象征性恐吓，每逢这一类局面（与员工管理部门谈判，与政府代表讨论，厂方与工会联席咨询会议，等等），工会活动分子很重视语言的“拿捏”和运用形成于各种文化能力的武器。反过来，他们明白，有时候得为相对地“没文化”付出代价：遭人羞辱和恐吓，无力感，在“官方”场合 512
不得不强压怒火。他们也知道，努把力才能“赶上趟”，例如阅读领会与工会活动相关的文件（了解劳动权利、法律文件，弄懂基本的经济机制、统计结果，等等）。他们很清楚，今非昔比，“辱骂”车间主任和“反唇相讥”的办法如今“行不通了”。

在政治方面，老工人传给子女的只能是一些负面的东西：憎恨普吉奥汽车制造厂，敌视领班，“鄙视”破坏罢工的新老工友，对东方阵营国家和真正的共产主义感到失望，等等。从中不难看出一种意愿：通过子女与一个令人失望和深受其害的世界（工厂和工人世界）断绝联系，间接地给自己塑造一种不同的命运或者前景，因为他们十分乐于在“娃娃”身上看到自己本来可能做到的事（体育健将、杰出白领），而决不希望看到一个身心俱疲、希望落空的工人。这个人也许最后会怨恨自己落得今天这副样子……通过谈论子女及其前途，他们心中的戾气——导致自我隔绝的毁灭性戾气——似乎能够获得相对的和暂时的纾解。

513

老工人，新工厂

克里斯蒂安·高胡什[①]和我下午 3 点前后来到了 D 村。这个小村庄在上索恩省（Haute-Saône），距离索绍镇大约有 15 公里车程。这是 1990 年 7 月里的一天，钱拉尔“上午”进厂上班，此时正在他的独栋住宅的环形花园里等候我们：短裤，赤膊，正在用铁锨翻整一块四方形的园地。钱拉尔也是熟练工人，从 1965 年起就在索绍镇的普吉奥工厂工作。他年近 50 岁，在完成车间已经干了近 15 年。虽然干过好几个不同的岗位，可是他一直没有离开过生产线。他直起腰来跟我们打招呼，高大的身躯使我有几分惊讶，他身上透出勃勃生机和一股稳稳当当的劲头。工厂的工人通常都令人感到上了一把年纪，神情疲惫，而且正像人们所说的，大多显得比实际年龄长五到十岁，可是这一位比其他人强得多，似乎扛住了工厂劳作

① 克里斯蒂安·高胡什（Christian Corouge）是普吉奥的索绍工厂的熟练工人，80 年代同我一起工作过，我俩合写过多篇《普吉奥纪事》，发表在 1984—1986 年间的《社会科学研究论文集》上。

的消耗。

寒暄了数语之后，我们谈起打理花园的“乐趣”和工厂的劳累。钱拉尔每天都搭厂里的大巴去索绍镇上班，路上要一个小时左 514
右。他自己的那辆普吉奥 405 倒是很少开。（这个地区几十年来为一个巴士交通网所覆盖。通常每天早上三四点钟之间，大巴就上路了。工人如今没有从前那么多，可是厂方仍旧维持着旧有的大巴线路。）我们一边闲聊，一边围绕着这座独栋屋（五个房间，一个很大的地窖……）信步而行。我们拿花园调侃：花卉茂盛，绿色植物多少装饰着边边沿沿，几小块菜地。钱拉尔告诉我们，他为什么和怎样在 1972 年建造了这栋房屋，适逢他结婚不久：他在普吉奥厂有稳定的工作，贷款的利息不高，地皮也不贵（“几乎是白送”）多亏法共党员、“老狐狸”镇长的“巧计”，这个人懂得如何办事，及时给自己的镇子买下了保留地。钱拉尔说话不紧不慢，声音有点沙哑，语气平和，偶尔带点嘲讽的口吻，仿佛有意跟我们的问题保持距离……他补充说，他对地头劳动向来没什么兴趣，不过偶尔夏季里干一点（隔三岔五给某个邻居或亲戚“帮把手”）。他父亲的住所距此不远，不过他已经不再种地，而是把田地租赁给了一个邻居。（他手指老宅方向。谈话中间，他多次用手指点姐夫、妹夫、表兄弟和岳父母居住的几栋房屋……）我追问：两天各八小时工作之 515
外，还有“场外”工作吗？回答是否定的，他“从来没受过这种诱惑”，况且“没有人还做这个事了”。工人们陆续被迫放弃了“兼顾”工厂劳动和农活（“我有一个哥们儿干过厂外工作，可是有一个时期，他不得不选择，要么工厂，要么农活，没法子兼顾”。我们如今“太累了”。）他本人在村里唯一经常做的事，是约上几个伙伴去砍柴，这是当地的传统，去附近森林砍伐冬天取暖用的木柴（“冬天很冷，没有木头很难度过，这是个钱的问题”）。他接着说：“我砍砍柴，修修补补，侍弄花园，不过都是给我自己干，只为自己高兴……”他十分热衷于打猎。我们聊了三个小时，晚上七点左右临别时，钱拉尔兴高采烈地提到狩猎：出门打野猪，叫上邻居和表兄弟，宰杀时全村人都来了……这中间他更多提到的是疲惫（顺便说起，绝无过度渲染），是工作一天后体力如何难以恢复：“有几年，我回家后还能修修补补，钓钓鱼，去树林子里溜达。一点问题都没有。眼下一到家就什么都不想干了……”

钱拉尔是克里斯蒂安的老伙伴，两人相识 20 多年，有很多共
516 同的记忆。进厂时，他跟克里斯蒂安在车身车间的同一个班组工作。俩人 1969 年一道投身工会活动，当时工厂有许多斗争精神十足的年轻人。“关系就是这么建立起来的。”俩人后来经常见面，不是在车间里的“工间休息”时间，就是在工厂附近的咖啡馆里，要么就是在工会的集会上。不过，克里斯蒂安没有来过钱拉尔的小村庄：他属于钱拉尔“厂内的哥们儿”，而非“街坊里的”或者“同村”的伙伴。这个区别很重要。我跟克里斯蒂安于 1983—1984 年开始一道工作，从那以来，他经常提到钱拉尔……认为他是典型的“农民工”，完全沉浸在本地的生活圈子里，连娱乐活动也是农民式的：打猎啊，钓鱼啊……克里斯蒂安对他所体现的生活方式很感兴趣，这种生活跟廉租房（“楼群”）里的生活完全不同，因为廉租房住着没有其他选择的外地和外国的移民工人。与此同时，克里斯蒂安觉得钱拉尔与众不同：虽然上两辈都是农民，他本人却是“赤色的”，属于一个有“赤色”政治传统的地区。这里有洪尚（Ronchamp）矿区及其周边的矿工聚居的村落，小农户们长期以来有反教会的共和派背景。这个地区也有抵抗运动的生动回忆，很多村镇掌权的都是活跃的社会党人或共产党人。

无论厂里厂外，钱拉尔都享有“赤色”的名声。他长期以来为
517 法国共产党而斗争，而且是一位职务相当重要的负责人。他至今以“正牌”共产党人自命，虽然从 20 世纪 70 年代末以来就不再领党

证，他却一直是法国劳总联[①]的会员，属于一个由老资格的活跃分子和代表组成的核心，负责召集对抗厂方指令的活动。这个他全力投入的活动网络里有他真正的哥们儿。不过，他本人从未当过代表。因此，虽然每逢选举员工代表与卫生、安全和工作条件委员会[②]委员时，他的名字常常出现在劳总联的候选人名单上，可是他的选举资格总是不够充分。

参观完独栋住宅，钱拉尔穿上一件衬衫，我们随即在厨房里落座。他的厨房很现代化，设备齐全，有碗橱和“乡土气”的桌椅（老家具都留在他父母家了，这一点下文还要谈到），钱拉尔用咖啡加小点心招待我们。谈话当中，他数次起身，拿来一些文件，包括他的工资单，去莫维拉尔[③]参加培训班时收到的信函（培训班为时三个星期，信是写给到新建的车身厂工作的工人们的），他保存的工会传单……午后，钱拉尔在镇上一个机构工作的妻子回到家。她跟我们简单交谈了几句。我们谈的是工厂的事，所以她并没有真正加入谈话。不过，我们仍然能够感觉出，工厂和乡村是两个迥然不同的天地。

钱拉尔知道我很早就认识克里斯蒂安，再说，我俩三年前在工厂门外见过一面，那天正是工厂停产的日子。罢工者从各个车间蜂拥而出，步行到附近的咖啡馆集合。 518

我们这次谈话是克里斯蒂安提议和安排的。我们没有一个准备深究的明确的主题。钱拉尔觉得，我们主要是想从他那儿得到一些有关完成车间的“见证”，会问到发生过哪些变化，工作岗位的难度，生产节奏，“守时”与否，等等。他也知道，我们愿意聊聊他

---

① 劳总联，法国劳工总联合会（Confédération Générale du Travail，CGT），创立于1895年的法国工人工会，法国五大工会之首。——译者注

② 卫生、安全和工作条件委员会（Le Comité d'Hygiène，de Sécurité et des Conditions de Travail，HSCT）是法国企业或管理部门内代表员工的机构。——译者注

③ 莫维拉尔（Morvillars）是法国东部弗朗什-孔泰大区的一个乡镇。——译者注

参加莫维拉尔培训班的情况，何以第四天就被辞退。然而，他大概没有料到，谈话很快就走了一条“私密话”的路子，直截了当地问起例如他与“政治”的关系。显然，他更愿意把这个话题“留在肚子里”，至少在谈话开始时如此。不过，他很了解“他的”克里斯蒂安，预感到讨论不会不涉及“政治”问题，只是他可能心里不愿意深谈这个话题。

的确，我们也不想提出太过“私密”的问题，还有一些问题仅仅在关掉录音机后才被提出。此时我们在厨房里长时间站着谈话；预定时间超出后，仍然站在花园里的过道上谈，边走边继续超过15分钟的谈话……预先的约定里不包括钱拉尔叙述自己的经历。不过，他很快就谈起他父亲，一位积极的共产党人、抵抗运动的参加者、村委会成员（“我是在一个从事抵抗运动的家庭里成长起来
519 的，”他说，“我父亲和爷爷都参加了抵抗运动……我奶奶给抗德人士烤面包”）。30年前，他父亲拥有一个农庄，规模“不算大”，他和兄长（后来成了工厂技术员）从来没有考虑过继承（“他看到没人愿意接手，就不再投资了，没有把它做大……而是把土地都租出去了”）。钱拉尔的父母“鼓励”他“念书”，希望他能够读完高中。可是，高三那一年他放弃了学业（“学得也不太顺当……看到同学们那么早就开始认真念书，我就……”）。离开学校以后，他曾受雇于一家纺织厂，距离父母家只有两公里，工资极其微薄（“那阵子我是有机会当领班的。”他后来说）。他于是决定走人，进入索绍的汽车制造厂。那时候，在这个地区，跟大多数工厂里的专业工人乃至工长相比，连普吉奥厂的非技术工人的工资都高出不少（30%～40%）。那个时代，能去普吉奥厂当工人很令人羡慕，而且把政治活动和职业升迁结合起来看来也是完全可能的。

我们同他多次谈到子女问题，以及他们的学业和职业前景。话题很棘手，也很令他伤心，因为只要话题涉及他本人的前途和工厂

的前景，都不能不涉及子女。谈话不断扯出他心中对孩子们的忧虑（大女儿 17 岁，读高三；老二 16 岁，读高二）：担心她们高中毕不了业，最终跟他一样进工厂，从事体力劳动。他对自己前途的看法 520
同样离不开孩子们的前途。“他们的学习还算不错。”他面露微笑地说。不过，他不愿意多谈这个他不太熟悉的领域，他忧虑的是未来会给他带来坏消息。令人印象深刻的是，按照他的解释，他已经竭尽全力不让孩子们进入职业教育，因为他觉得职业教育只有工厂一条出路，因此早已贬值了。看来他把对普吉奥工厂的反感放大到了整个工业领域。

与此同时（这也反映出他对工厂既恨又爱的复杂感情，因为这里毕竟有他很多宝贵的回忆，维系着一些最强烈的情愫），他再三说，他的最大希望是孩子们暑假里能够作为“学生”进厂，他觉得那会是一种反面教育：让她们亲自见识一下，证明为什么她们应该避开工厂。言谈中他还表达了一个希望：让孩子们了解熟练工人从事的工作，明白她们的父亲如何被它搞得精疲力竭，又何以从中产生了抗争的态度。他觉得这当中既有一致性，也有伟大之处——这一点他觉得人们大多很难理解。“我很想让她们进厂看看，哪怕待上一个月也好，可是她们不愿意去。但是，如果整整一个月里她们不得不早上三点起床，那她们就不会总是惦记着听音乐喽……” 521

我们在餐桌旁落座，似乎为了打消最后一点尴尬，钱拉尔指着克里斯蒂安提到过去的日子，强调两个时代的不同：“这个家伙，他可是我培养起来的呦。”克里斯蒂安应道（此刻我打开了录音机）：“没错，我俩一块儿度过不少好时光，而且跟我们一块儿工作过的人都说，那是人生最美好的日子……”

我感到惊讶的是，谈话一开始，三个主要的主题就摊到了桌面上，后来也一再重提：一是生产线上的工作日益艰难；二是车间的“气氛”恶化；三是工会活动越来越难以开展。直到谈话结束，我们始终没有离开这几个话题。

钱拉尔和克里斯蒂安不断谈起他们的“哥们儿”，提到工作岗位的“气氛”和各种形式的工会活动（很难与工作割裂）及其与政治形势的联系。我一边倾听，一边似乎一下子明白了一种深植于复杂的工作关系（也是一部共同的历史所“铸成”的人际关系）中的政治文化何以能够长期传承，也明白了造成这种政治文化的条件何以消失，或者正在消失。

522 的确，这次谈话令人印象深刻，首先因为它带有一种褒贬混杂的口气：谈到当前的时候尽力克制激烈言辞，谈起过去时带有几分怨恨的幽默，始终未离开工作关系恶化的话题，以及其与工作班组内彼此丧失信任的联系——互不信任是一种切肤之痛。首先应该注意的无疑是他们如何弃绝工厂，这是一种毅然决然的弃绝，覆水难收。弃绝本身同样反映出一种伤痛。

钱拉尔谈话时而直陈事实，时而口气形同控诉，他其实一直在谈论旧有的社会关系体系如何分崩离析。这个体系在1985—1986年以前曾经长期主导车间内的人际关系，而且使得劳动“班组”拥有某种力量，员工代表和工会成员在这些班组里有突出的地位。钱拉尔谈话的核心在于工作集体，其存在方式，人际交往的主要特点，某种政治工作（尽管从未这样明说）如何开展，各种抗争活动的结合、联系和互为支持的形式（个人的和集体的，“道义的”与“政治的”）……

我们在钱拉尔身上察觉到伤痛和深深的失望。这种针对今日状况的幻灭感产生于整个一部历史，从他看待自己的过去和未来的方
523 式上，也从他对子女的前途的看法上，都可以看到这种失望。同时，这种失望也包括对于新一代工人的预感：除非出现奇迹，否则临时工不会跟老工人同舟共济，工人运动的大部分斗争形式他们今后将不会采取，因为它们已经不适应新形势了。回顾过去，钱拉尔

不断提到，车间里的工作条件在以往十年里不断改变和恶化，工人们的压力更大，工友之间开始相互猜疑，甚至有告密行为。班组内部曾经存在过的团结一致遭到破坏，尤其是被奖金制度所破坏，等级之分导致新的工作集体重组乃至拼凑起来，而且把人际关系朝最有利于奖金制度的方向推动。一些小圈子似乎已经形成。记忆是无法抹掉的。钱拉尔对于今日车间里社会关系的想法得之和形成于观察：他看到昔日的期望，特别是政治方面的期望如何变成了今天的样子，昔日的信任关系如今已被打破，同时这也促使他对未来产生了阴郁的看法。在某种意义上，对于失败的观察——包括昔日的失败——促成他的嘲弄态度，或者说黑色幽默，而且常常干脆变为一种自我嘲弄。

激烈的言辞似乎首先是针对“其他人”的——老伙伴，自己的同代人。不过，我们觉得它依然有一个自我贬损的方面，总有一种反过来损害自己的可能，因为那些人毕竟是老哥们儿，同班组的工 524
友，他们只是未能满足他的期望而已。

他讲到车间里的工人之间的一次“纠纷”——一桩工厂生活的小事：几个工人开玩笑，抓起一把螺栓朝对方脸上互掷，结果一个人受了点轻伤。这件事表明他对新的工作条件极度不满。他借这个机会狠批老工人胆小怕事，斥责他们为了避免“滋生事端”和维护同代人的团结而接受车间主任的说法，充当了不公正的同谋。尽管事情不大，可是社会活动家出身的钱拉尔没有放过它……这个小插曲其实很有意思，它说明钱拉尔投身的工人运动使他跟同代工友们拉开了距离。他认为那些老工友跟厂方客观上坐一条板凳，“我下了决心，从今往后再也不跟这些人搭话”，而要跟年轻人站在一起（实际上只是说说而已，为时很短，且不说出于一种误会……），或者说，是跟“某一个”年轻人站在一起。他觉得此人才真正质疑厂方硬性推行的指示，他必须义无反顾地继续拒绝这条指示，哪怕只为忠于自己的信念。

不过，他接下来讲述了车间里大批临时工的工作态度，可是他
525 的说法很能说明，对于他们将来是否继续老一代工人的斗争精神，他几乎不抱任何幻想。他认为他们远离自己，行事逻辑跟厂里的工人很不一样。

话锋于是似乎“很自然地”转入钱拉尔对工厂的强烈愤懑。恨身边的人，恨车间主任。导致这种敌视的原因，当然包括当今受到的所有屈辱、职场的挫败感，以及恐惧危及他和全家的穷困。不过，这里另有一种为时已久的更深刻的失望情绪：另一种希望，一种集体的希望也已经成为泡影，尽管他从不甘心完全放弃，而且一直为之哀伤。

526 一位身为法共党员的技术工人

采访者：米歇尔·皮亚鲁

“你谁都不能信”

钱拉尔：（……）没有停下来的工夫，从上岗到下岗，满满的，没有机动时间，什么都挤不出来［指用“窍门”挤出几秒钟］，没工夫说话（……）［沉默］我想是从1977—1978年起，眼见美国企业SMI进了厂……大清理开始，设置进度表的也是他们，计时小组随后也来了。

克里斯蒂安：以前，备工员在办公室里给你制定进度表，里头包含了机动时间，后来，一帮计时员来到，给岗位负责人测定时间，这时候得大吵一架才能定下来，因为计时员每回都难为你，找人顶替你，好测定干活用去的时间，因为他们知道你可能在时间上瞎鼓捣……岗位负责人的时间也得测定，可是这些确实引起好多问题，因为计时员没人喜欢，这个很自然！如今他们把由办公室制定的进度表给取消了，让一个技术员干这件事，就在技术部直接把他

的工时给测定了。问题是测时的条件跟从前不一样：螺纹切削机的气管，岗位环境，这些问题一下子全都变没了……

——从技巧上，从组合说，你们是不是能够挤出一点休息时间……？

钱拉尔：这个就得靠自己想办法啦（……）可以是可以，可是我们现在生产不知道多少种车型，光是普吉奥 405 就有 23 个型号！普吉奥 605 有 30 个。

——我猜想，技术部的人，他们管这个叫加强精神要求……

钱拉尔：是啊。现在我们制造的都是出口车，所以要组装的零件更多，质量比我们用的要好一点。按理说，安装这些零件得遵守 527
一个节奏，可是我们这儿没有节奏。照理每四辆车有一辆是外销美国的，可是如果缺了厢体，他们就让我们连着组装两三辆外销美国的车，一辆接一辆。因为美国车要干的活儿多很多，人就自动地随车往下走……到了岗位下头，有人会把他弄回来［工人如果干活太慢，就会占据下一个工人的位置，车间主任此时会派监工来帮他干，好让他能够返回生产线的正常位置］，这是在人手够的时候，可是人手问题总是这样，永远是打不完的架。人手目前是零：25 个岗位，25 个工人。完事！多面手，排障员，现在都没了。他们的编制还在，可是都有固定岗位，跟监工一样（……）。

——这样提高生产效率，我倒是觉得很有意思……

钱拉尔：新厂的车身车间，没错，乍一看觉得挺漂亮，真干净……问题在于工作条件，还有环境，都比我们这儿差。说到底，那儿究竟有啥呀……挡风玻璃和仪表板用机器人安装。（……）

克里斯蒂安：如今有些人在小型生产线上干活……先做一些浮面上的准备工作，机器人一抓，放到车上。那么你就……你看见整个车体过来了，你得提前知道生产线的上一头有多少临时工在那儿鼓捣，就在总装线完成组或者别的地方，玩命地拧紧 7 号螺栓，你用手拿不住的那种，一天到晚紧螺栓。

——所以，工作有新的分工……

钱拉尔：厂里的生产效率提高了很多，因为他们以前最不满意的就是岗位太多，移动太勤，等等。可是现在，这么做让他们省出了好多时间，现在每个人手上是什么活儿都干。

——所以说，没有什么根本的改变，时间倒是争取了，可是总装还得手工干……

钱拉尔：什么都没有……且不说那个车身车间运转好得不得
528 了，好得总是出毛病！礼拜三我们去了工会活动站，哈米德来了……他们推迟了午饭时间，宣布毛病还在，所以不能……上个礼拜少生产150辆车，这个礼拜三100辆，稀里哗啦地减产，都是突发故障。

——故障在车间里算不算大问题？

钱拉尔：算。他们还没有找出排除的办法……都是那边的工作条件恶化造成的，我不在那边干活，这是听人家说的。(……)

他们只跟我们说日本如何如何

——克里斯蒂安告诉我，您差一点去了新厂车身车间，结果没去成。那是怎么回事？

钱拉尔：可以说，我像很多人一样，应招去了莫维拉尔的那个有名的培训班，三个礼拜。第一个礼拜只谈日本人，谈汽车……他们只跟我们说日本如何如何……(……)怎么在班组里工作……因为做决定的不是主任，主任不算数，决定由班组做出。比如资历多出一天，请假或者休假什么的，都由班组决定某一天你能不能自己用，就是这么说的，由班组决定。主任在办公室里，什么都不管了：有个监工负责班组和主任之间的联络。

——这个班组工作的新主意，他们用了三天教给你们？

钱拉尔：整整三天，而且必须随时听命！我呢，就在这个随叫随到的要求上和他们争起来了。我说，星期六也让我来，没门［气愤地］！我从来没这么做过，也永远不会这么做。那阵子正是水灾之后，那个出了名的一个半小时。我告诉某某［培训班领导］：“在这个节骨眼上，我没法每天晚上都搞一个半钟头，晚上九点半一到我就停工！”他一听就对我说：“这样的话，我的车间不需要你，你哪儿来哪儿去吧。”挺快，那是培训班第四天的事（……）。

——其实，如果您不是在会上公开说不同意这个做法，他们就不会招惹你……

钱拉尔：对，对。第四天他们实行那个出名的随叫随到的要求……他们问我：“星期六你能不能来？”如果你回答“行啊，有时 529
候行”，这就够了；我却说“不行”，那就成了一个……因为我清楚这是怎么一回事。那天，从下午一点起，我就问这个随叫随到的事，某某就说：“别说了，别说了，我们会讲讲这个事的！”这样一来就很清楚了，他对我说：“得了，你走吧！”

每个人都把工资单捧到墙角去看

——（……）您那个地区也有临时工吗？跟他们的关系怎么样？他们的工资是不是比您要多出两千法郎？

钱拉尔：那个礼拜，我身边的两个临时工也去领工资，一个挣了九千三百法郎，另一个是一万多一点。不过工资单我可没看见……钱是他们挣的，可是我不知道普吉奥给他们多少！还有一个在我们旁边工作的人，他们想留他，他自己不愿意。他来这儿等着服兵役，不会留下来的。他不愿意受雇，因为当临时工挣钱更多。可是我不知道每个月是多少。

——你有 20 年到 25 年的资历，看着刚刚开始做同样工作的人，难道不是有点别扭？……这跟 25 年前的情形多少相反，那时候资格老的人很受尊重……

钱拉尔：现在还是多少重视一点老资格……可是，且不说临时工，现在的做法，现在真正造成工资差别的是业绩奖金，因为我敢肯定有这种情况，让一些人每月多拿一千法郎……业绩奖金已经实行十好几年了，有人每年领两三回呢。

——过去几年里是不是实行得更多了？

钱拉尔：目前最大的问题……有的人拿了业绩奖，不吭气，很难知道谁拿了。连工资单也不给别人看，每个人都把自己的工资单捧到墙角去看……从前没有业绩奖金的问题，我们把工资单拿出来对照，看看有没有差错……今天我们领到全年多发的一个月工资。
530 我呢，把信封撕开，看了看就搁在桌子上，“瞧，这是我的一份”。别人呢，把信封放进包里，有的人打开了，不是在厂里打开的。“你领到多少啊？”“我也不知道。”他们说不知道，他们回家以后才打开看。

——从前工资由谁发？车间主任吗？

钱拉尔：是，现在还是。可是工资单装在信封里，封起来的。要问什么把当今的气氛弄得更差，那就得数这种按人头涨钱的办法了，当年为了多拿25法郎，有的人什么都干得出来，打个小报告什么的……

——不过，这个毕竟是在刚才说的条件下发生的，就是整个80年代工资水平相对降低……

钱拉尔：还有，他们发给我们工薪合同单，白纸黑字写明“业绩奖金平均增幅为1.9%”，这可是平均数啊！比普遍涨的工资还高呢。这个1.9%，有多少人拿到了？那不是大家都拿1.9%。班组里也是一样，如果班组里有个出风头的家伙，那就……因为新厂的生产线上没有业绩奖了，变成每个礼拜发奖金，一周75法郎，条件是生产好，质量好……可是，要是组里出了一个蠢货，全组的奖金就吹了。真厉害！我看见一个伙伴，家住附近，在另一个班上……跟我一样，什么都不在乎，有一天，他左手戴着手套，可是忘了给右手戴，结果取消了他的奖金［讲了几个奖金被取消的事例］。上个礼拜，我听人说起奖金的事，如果你休一天丧葬假、婚假、产假，奖金就没了……只有清点资历的天数还管点用，可是如果我这个礼拜休了一天假，奖金就没了，个人奖金全没了！

——班组这个层次最要紧，如果整个班组给你施加压力，为了……这也在情理当中啊……

钱拉尔：刚到莫维拉尔的头两天，有人给我们看一张日历表，显示一个家伙的缺勤情况，他好多次没上班，可是他们却把“缺勤情况”先摆出来（……）［谈到各个车间的缺勤情况］。有些车间里仍然有缺勤，可是你得看看车身厂里那些最艰苦的岗位！ 531

——是啊，目前随着工人年龄老化和疲惫，缺勤大概跟从前的情况不同了，实际上跟慢性病什么的有关系……

钱拉尔：一直是这个情形，人们还是不敢，有些人一直干到干不动了，因为一直有这个业绩奖金的问题，一年当中缺勤超过7%，你就没有业绩奖了。我有经验，我始终没有……这件事我还跟米歇尔讨论过［米歇尔是车间里的工人代表］，因为，情形是一样的，米歇尔也从来没缺勤过……我两年当中没缺勤过一天，一天病假也没休过……没有因故缺勤，也从来不迟到……什么都没有落后……还是领不到奖金！这就说明业绩奖里还有别的东西！我也从来没有得过工作警告，什么都没有……因为我觉得说到工作问题……我不愿意让人抓小辫子。［语气激烈］工作问题，缺勤问题，这上头我没有小辫子给他们抓！他们可以在想法上，在很多别的事情上难为我……我或许有一回给了车间主任一点颜色看，可是别的事情他找不出我的岔子。再说，还有一次［朝克里斯蒂安说］，那时候某某还在，你记得吧？我记不清楚究竟是怎么回事了，就是跟他要一天休假，他说不行……可是那个家伙，他弄到了病假，其实是去翻修乡下的房子……他一年当中经常请病假，可是还能领到业绩奖，想要的他都得到了！他反倒跟我说："没错呀，可是你星期六从不来上班！"

——这个标准实行了很久……

钱拉尔：可是他们根本不想听你说话，最近一次我跟车间主任个别谈话，是跟给我们"打分"有关，他说："周六上不上班跟这个没关系……罢工才算！"

——当然，那是一个客观标准，跟普吉奥厂的关系就靠这个确定……

钱拉尔：例如，只要你一年里有哪怕两个小时的停工，这就够了！1989 年的罢工就更甭提了！参加者两年不得领业绩奖金。

——这就是价码？车间主任是这么说的吗？

532 **钱拉尔：**就是这么暗示的。罢工之后还有别的事情呢，没参加罢工的人领到了奖金。有的人领到 150 法郎，有的人少一点，尽管也没参加罢工！有人于是去找劳总联的代表，这可得有点勇气才行，"凭什么他领得比我多？"多少有别是因为有人拿得多了……我们在车间里游行示威的时候，有人留在生产线上没下来，有人躲进了厕所。所以，藏起来的人领到的奖金比留在生产线上的人少！真是这样［众人大笑］！所以，没参加罢工的人也分两种：趴在生产线上不拿游行队伍当回事的是一种，吓得躲进茅房不敢露面的是另一种……

风气就是这样

钱拉尔：前天，我们车间里出了一个问题……车间主任骂人是混蛋，骂一个年轻人，叫米歇尔［工人代表］，有人打小报告，他争辩这个事……另一个叫毕胡的，被人用螺栓砸了眼睛，去厂里医务室，人家说眼睛里进了东西，就是这个事。第二天，车间主任跟一个年轻人闹了点麻烦。那个小伙子操作千斤顶，我们站在高处，千斤顶的液压杆滑下来，砸了他的腿，他冲车间主任喊起来："你疯了？干吗把汽车往前推呀！你把我当成傻瓜了！""我又管不着你，我先不搭理你，你要是不高兴，咱们明天再说。"第二天，有人告诉车间主任："那个毕胡，眼睛被螺栓砸了，螺栓是克里斯朵夫［那个小伙子］扔过去的。"车间主任于是写了报告。可是，我也在车间里做了一个小小的调查，因为我们人不多，干活儿的有十几个，实际上他们都朝毕胡扔了螺栓，冲他起哄……那个打小报告的也扔了。我就跟米歇尔说："出了这么一件事，某某用螺栓砸人，现在得弄清楚，砸毕胡眼睛的那颗螺栓是谁扔的，必须查指纹。你去跟上面说说吧。"后来，这个小伙子找到领班解释经过，领班说："好吧，走着瞧吧！"事情就这样解决了。不然他会被解雇，那样事 533
情就严重了！毕胡被大家责骂，因为他没跟车间主任说出了什么事，经过如何……

——毕胡是工人吗？

钱拉尔：跟我们一样，是个工人。三四个人朝他扔螺栓，嘲笑他……从一辆手推车后头，他们是负责安装车窗玻璃的。扔螺栓的时候，有一颗落地后反弹起来，刚巧，毕胡转过身来，于是就打到他眼睛上了。可是，最先挑衅的是他呀，小报告是他打的。您瞧，车间里的风气就是这样！

——您说过，气氛很不好……可是，这个小伙子是谁，是临时工吗？

钱拉尔：他早就是临时工了，已经转正了，年龄在25～27岁之间，其他人……尼古拉52岁，查理47岁，都不是小孩子了（……）［语气激烈］我下了决心，从今往后再也不跟这些人搭话……

克里斯蒂安：你跟这四个人的关系还算是不错的……

钱拉尔：是啊，至于其他人，［语气激烈］到头了！他们再也别想在餐桌上见到我，哪怕他们下个礼拜带瓶酒来，庆祝放假，车间主任也带点什么……那也不行。去年他这么干过……我呢，一到排除故障的时候，我就走开，然后……去年，他留给我一杯酒，我转身就把它丢进垃圾桶了。今年他要是再送上一杯，我就当面把它丢进垃圾桶！不行，这不行！你想，我们一共 9 个人一块干活儿，相互还要搞这些名堂，差点把一个才 25 岁的小伙子赶走。不能这么胡来！他们明白了什么？这事还没弄清楚呢，那颗螺栓到底是不是这个小伙子扔的？事实是他骂了车间主任，其他人都来给车间主任撑腰……我很清楚，我决不能跟他们掺和，我得走，因为……

——我有一个印象，似乎很多人……有这样的感受……

钱拉尔：……这还不是……还有工作，可是工作是另一回事，特别是这种气氛……一有机会，比方说，遇上减产，取消了一个岗位，他们就趁机再拿掉一个，为了……

534 ——我觉得，没有伙伴是很可怕的，法希德也跟我们说过……

钱拉尔：从前我们组有 15 个人，至少十三四个是哥们儿。害群之马总会有，可是……

——不是哥们儿的是少数！

钱拉尔：……那时候我们能够互相信赖，可是现在……

克里斯蒂安：那个老阿尔萨斯人你还记得吧？那个扫街工，总是兜售他的香烟？他让咱们帮他卖烟，把咱们弄得很狼狈。他去上厕所什么的，咱们还得帮着卖。总是这样，现在没有了。现在是极端个人主义，人人为自己。咱们能在线上干活，都是因为有哥们儿一块儿干。如今线上的人越来越孤立，要是没有五个人一块儿说说话，怎么办？你就得自己扛着。好吧，你很坚强，可是你坚持不了多久，受伤害的是你，不是另外那四个笨蛋……

他们穿着监工的制服上公交车

——您的伙伴陆陆续续都走了？

钱拉尔：没有，可是厂方把班组打乱了……如果根据生产进度的变化、节奏，有个岗位得撤销，如果有两个个性特强的好哥们，能影响别人，那么只要一有机会，厂方就弄走一个，剩下的那个就孤立了。加上刚才说的名声在外的业绩奖金，人们之间就没有信任了。有时候你信任某个人，后来却得知他跟车间主任汇报了点什么。这种事前不久还有过……我才不在乎，我对厂里不再抱任何希望，不过……你谁都不能信，因为有些人为了这个业绩奖金，或者为了得到更好的评分，从180点升到190点［评分体系里与工资挂钩的较低等级］，什么都干得出来！告密啦，什么蠢事都干！车间主任要的就是这个。

——工资问题，钱的问题，这些都存在，可是你刚才讲的事都很可怕。再有，挑选监工这件事……找出一个人，多给300法郎……

钱拉尔：人有的是，只要给他们穿上监工的制服就行了……问题不在于300法郎……他们另有一个角色要演……老婆会把制服挂 535
在家门上，让大家都能看见。有的人甚至回家去取来…… 就为穿着监工制服上公交车……

克里斯蒂安：我在新厂看得很清楚，这帮“绿蜥蜴”穿着绿制服下班回家。只要是正常上班，一领到绿皮就……你我都看见了，这些“绿蜥蜴”下班以后，开车回家……

钱拉尔：这个跟工厂在外边的商标形象有关……如果你弄脏了工作服或者裤子，不用怕替换，一天换两次也行，因为有参观的人！得给他们留下一个好印象（……）哦，原来新厂是这个样子！有一天，我的组长对我说：“我梦里想的是普吉奥，思考的是普吉奥，夜里做梦都是普吉奥。”他是技术员，今天早上我还看见他来着，他的衣领下边印着一只小狮子，上衣上也有一只。

——连衣服也要穿带普吉奥字样的啊……

钱拉尔： 羽绒服上也有，你记得吧？普吉奥羽绒服，黄蓝两色，滑雪穿的，他们在羽绒服上也印上狮子［笑］。这是莫维拉尔工厂外面的商标，真当一回事儿了！他们给我们看过一盘录像带，是说一个男人要买一辆普吉奥汽车，他老婆在理发店里，跟一个普吉奥厂的女工排排坐，都在头发烘干机下边，那女工说："我才不在乎普吉奥汽车呢，关车门我都是用脚踢……"老婆回家就说："你知道普吉奥汽车是怎么做的吗……我听说如此这般……"男人搔搔脑袋……然后两口子去卖车行。销售员让他们干等着，没拿他们当一回事，于是夫妇俩跑去买雷诺汽车了……

——看了这盘录像，你们是不是得到一个教训，什么该做，什么不该做？

钱拉尔： 正是。比如说，我们三四个人在咖啡馆里，这时候就不该发牢骚："我真是受够了！关车门我要用脚！"应该说，咱们工作干得怎么怎么好，对外得吹嘘质量。大家都得这么做，他们倒是没有直接这么要求，可是你一出厂门，就得显得正经八百……

536 ——他们很注意不成文的规矩，不留小辫子。这跟你们说的"十诫"大概是一回事［指莫维拉尔培训班要求参加者签署守则］。报纸上都说这个事，这个东西多少引起一些对普吉奥工厂的不满。

钱拉尔： 我可没有这个运气！我离开太早！本来我很想学完这个培训班，至少可以安安静静过三个礼拜呀，有饭吃，还有……不是因为这个，而是……没错，工会的保罗啊，路易啊，都跟我说……应该留下来才对。可是我想对他们开诚布公，不想走后留下什么话外之音。假如他们真的想留我，本来能把我留下！这个全看他们……第二天一早，回到厂里，车间主任的脸拉得好长啊！我猜想，他打发我去培训班就是要甩掉我，他大概心想："得拿掉这家伙，不让他再给我惹麻烦!"礼拜五我一到车间，远远看见他，我就想："等他一瞧见我……"因为他还不知道我离开了培训班……他一见我就像中了枪似的，脸色惨白……我告诉他"我回来了"，完事。他什么也没问，没问我为什么回来。过了一个礼拜，我叫住他，问："那个礼拜六自愿上班的事……什么叫自愿啊?"他有点犯傻，说："自愿就是……你懂的，人家提出要求，自愿者可以……""新厂培训班那边可不是这个意思，是不是跟字典上说的不一样?""这个我不清楚，你干吗问这个?"我回答："莫维拉尔那边把我赶出来了，因为我说了，我永远不会礼拜六自愿上班。"……其实我本来可以说"也许吧""我试试吧"之类的话……可是，这个话他们就已经认为了不得了，因为他们知道很多人……他们说："如果有一个礼拜六你不来，你得找个顶替的，跟他说好顶替你。"不是车间主任找顶替的，得你自己去找……

——可以肯定，就我们所知道的日本工厂而言，那儿有一种不同形式的社会关系……［接下去聊了一阵日本、意大利和英国的情形］

钱拉尔：没错，可是这仍然让工人很害怕……对我来说，明天，如果不是加尔韦，而是我的老板拿斜眼瞧我，我绝对不会理睬他。如果有个日本人把普吉奥收购了……有一个良好的工作环境，领一份合理的工资，这才是我们最重视的。我才不在乎车间主任明 537
天是卡尔维还是一个日本人……不是说日本人差点买下了普吉奥么？……

临时工才不在乎工厂呢

——那些年轻人，临时工们怎么样……？他们仍然觉得工作太重吗？

钱拉尔：是的，可是他们才不在乎工厂呢！……我们停过工……今年我只停过一次工……两个礼拜，在临时工罢工期间。他们人不多，15 到 20 个吧，我发现他们对这个不感兴趣……就跟他们说："工作必须停下！"他们是四五个临时工，拒绝投票赞成第二天罢工的，只有这四五个人！

——这么说，上班的临时工只有少数参加了罢工？

钱拉尔：临时工在普吉奥厂一共有 3 000 人，他们是 25 个（……），从机修车间来的最早，来了四五个。第二天罢工令下达了，我去了车间，正常地走动，我们在车身车间和机修车间转了一圈，只找回十几个人，就这么多。他们重新投票，决定第二天罢不罢工……第二天，厂子食堂里只有五六个人，我说："我要回去工作！只凭 15 个人不能干傻事。"四个临时工，两个车间代表，两三个积极分子，我们怎么说也没法……晚上他们再次投票，决定次日罢不罢工。这种事得严肃点才行！跟他们讨论的时候，他们表示什么都不在乎，说："我们这些人只等着哪天被赶走，没什么值得我们在乎的！"不在乎是不在乎，可是他们没停工啊。后来厂方把几个没停工的赶走了，那个机修车间的组织者现在还在厂里呢……

——那些组织罢工的人，普吉奥厂方惩罚他们了吗？

钱拉尔：没有……这个礼拜倒是有一个，不是礼拜一就是礼拜二，早上五点他就来了，车间主任告诉他："你得走了。"他早上五点来上班，头一天也没有任何警告，什么都没说，现在就这一句"你得走了"。他昂首挺胸地走出车间，根本不在乎，他去了领班的
538 办公室，跟他说："反正我也不想在这个鬼地方待一辈子！"说得不错，可是有一点我得责怪他，他本来是应该参加罢工的。

——他没有参加过吗？

钱拉尔：一次也没有！

——即使你们邀请他参加，他也会说不感兴趣吗？

钱拉尔：他们不感兴趣，根本不往心里去。他们觉得那是转眼就过去的事。

——这些人是从外地来的？

钱拉尔：这个人是本地的，他骑自行车上班……

——这些人一点都不参与政治活动吗？

钱拉尔：倒是有那么几个人……比如机修车间的那几个……可是，他们不在乎政治活动，根本不在乎！他们是过一天算一天……前不久解雇了一个，今天早上我还看见他来厂里了……来给普吉奥当临时工，来看看车身车间，可是他以前就在我对面干活。我问他在外头干什么，他说："我换了个厂子。"……他在这儿干活的时候，每个礼拜经常早上迟到……有一天上午十点才来，睡过头了。

——过后就被解雇了？合同终止？然后又找了个工厂？

钱拉尔：是这样……我不清楚他究竟去了哪一家工厂……反正去了另外一家，现在又回来了……（……）现在正在解雇凡是合同快满 18 个月的临时工，他们这个做法最令人恶心。同时弄来大批临时工，今天早上还来了 30 多个，昨天也是。因为期满 18 个月，如果还留下的话，就必须给他们转正……

——你们跟临时工的关系好吗？

钱拉尔：还不错，可是有些人怪怪的……干活的时候整天头上戴着耳机，他们还年轻！

——上班可以带随身听吗？

钱拉尔：可以，这么多年轻人整天戴着耳机干活，这个真让人难以相信……

——大多数有这个？

钱拉尔：60%的临时工耳朵上都挂着这个。我觉得他们也不愿意跟我们打成一片（……）。他们不想融入，因为这些人待不了几天就得走。周末离开以后就再见不到人了。这个应当理解。他们看 539

到是怎么回事以后，大多数人就什么都不在乎了：在这儿合同结束就去别处……没必要争取什么，今天是今天，明天是明天……

——可是，他们总会跟你们聊聊天吧？

钱拉尔： 聊是聊，可是你能感觉到，他们什么都不在乎……

——他们对工厂的前途不感兴趣？

钱拉尔： 没兴趣，连对自己的前途也不感兴趣。他们有的还不到 20 岁，什么都不想，只想眼前，完事……

——那工会呢？

钱拉尔： 一样，工会也好，政治也好，投票也好，全都跟他们没关系。

——1989 年的大罢工一点都没触及他们吗？

钱拉尔： 那些当时在这儿的人，罢工对他们有触及……我还想，如果今天发生罢工，也许他们会有所改变……

——你认为他们会有更多的人参加进来？

钱拉尔： 正是。只要看到是怎么一回事，所有的工作条件等等，那么所有这些就……因为厂方也给他们许了愿，转正啦，提升啦，什么的……“星期六都来上班吧，你就能转正……”他们也发觉，18 个月一到，自己就会被赶出门去。有个跟我一块儿干活的临时工，来后第八天参加考试，车间主任告诉他：“我们会雇用你……如今已经不是在放假前转正了，也许在九月份……”注意这个“也许”！这个人是做面包糕点的，正在找工作，为了能够得到一份工……

1990 年 6 月

临时工的梦想 541

1991年7月底的一天，烈日炎炎，蒙贝利亚镇（Montbéliard）。自从普吉奥汽车厂的工人们奔赴假期以来，这里变得很安静，静得有点怪怪的。索绍地区有一个长期传统，除了一些“老家伙”和“倒霉蛋”以外，整个八月此地无人滞留。不过，最近几年，很多工人尽量缩短假期，只出门两三个星期，年轻人则大多留在离工厂不远的居民区内，或者跑到附近的咖啡馆里聚会，梦想着一场虚幻的“蓝色海岸”的旅游。

青年工人的聚会场所在欧迪古尔，这里是索绍镇周边兴起的众多小镇之一，人口大约一万五千，由维护得很好的七幢七层居民楼组成。在一个很长的时期内，这里只接收工厂工人当中的移民。不过，从1988年起，这些居民楼也住进了青年临时工。阿兰，一个来自法国北部的临时工，我跟他约好在这里见面。他在这个楼群里已经住了一年多，去年曾在索绍工作过三个月。数月之前，我在地方扶助会同他结识。地方扶助会由政府设立，是一个给困难地区的年轻人提供帮助的机构。此后，我有过几次跟他共同探讨的机会。九 542
月以来，自从跟普吉奥汽车厂的合同终止以后，他在索绍-蒙贝利亚地区打“苦工”，试图找到一份工作，尽管几乎完全无望。六个月当中，他只得到过两份短工合同。月初，他得到了一份共济职业合同，在一个镇政府当维修工。他的妻子（他俩两年前在北方结婚）也在北方打“苦工”打了很久，最后终于来到此地与他团聚，而且是偷偷摸摸地住进这栋楼的。小夫妻的日子过得很艰难。

阿兰从五层楼上的窗户望见我，喊我的名字，听声音他很高兴，大概是不再担心我会爽约。这栋楼从外面看显得空空荡荡：用栏杆围起的草坪上稀稀落落地坐着几个摩洛哥或土耳其移民，正在闲聊。几个少年围绕着一辆被拆得七零八落的汽车跑来跑去。走进楼房内，气氛热闹起来，很多年轻人没有休假，准备在楼里度过整个八月。阿兰的房间很小，什物壅塞：一台黑白大电视机放在睡床对面的桌子上，桌子上还有一台磁带放像机。洗脸池的旁边立着一个小电冰箱。墙上挂满电影广告、硬摇滚乐队的招贴画，以及阿兰自制的连环画。阿兰提议跟几个同楼的伙伴一块谈谈，他们从前也
543 是普吉奥厂的临时工。于是他给我介绍了同一层的几位邻居：巴特里克、雅克，以及我刚到时不在家的吕西安——忙着修理他的信箱去了。巴特里克来自布列塔尼，25 岁，在雷恩市（Rennes）的雪铁龙汽车制造厂工作过五年，在 1988 年的解雇大潮中遭解雇，后来到索绍厂当临时工，可是三个月以后，合同未获延续。从 1990 年 12 月以来还没有找到稳定的工作。雅克是索马里人，今年 28 岁，建筑技工。大家都喊他的外号“甘地”，因为他的举止有点像知识分子：宽阔的前额下架着一副金属框的小眼镜。雅克失业三个月了，盼着能找到一份施工工地上的工作。

不过，阿兰跟我谈得最多的是吕西安，这栋楼的一个“人物”，一个“老户”，此君不怕抛头露面去抗议，不怕公开发言和面对“当局”，即这栋楼的管理员和临时工作介绍所的负责人。简而言之，他在某种意义上是一位代言人。吕西安今年 25 岁，老家在布列塔尼腹地的一个小乡镇，父亲是市政官员。他考下细木工专科技能证书以后，在锯木厂做过好几个薪酬很低的工作，1988 年在雷恩市的雪铁龙工厂当了八个月熟练工，随后由于经济原因被辞退。没有等到失业津贴用完，他就跟布列塔尼老乡一起来到索绍的普吉奥汽车厂，履行一份为期六个月的临时合同。他在生产线上只干了三个月，后来去建筑工地当过几个星期的临时熟练工。吕西安中等个
544 子，有点纤瘦，涤纶裤，蓝色短袖衫，拖鞋（这群人里只有他不穿

牛仔裤和运动鞋)。阿兰跟他不同，短头发，一条紧绷绷的牛仔裤，冒牌的鳄鱼腰带，脖子上系着围巾。吕西安似乎一点也不在乎衣着。他没有坐下，一直靠着墙壁谈话。他带来一大瓶橙汁饮料，不一会儿喝一大口，一边加入讨论，一边让瓶子在手里转来转去。

吕西安在讨论过程中显得有点神经质，站立的姿势变来变去，似乎在尽力摆脱某种“紧张情绪”。他讲话很有力，断断续续的，一句话说完常常咯咯一笑。谈话开始的时候，他提到在普吉奥汽车厂当临时工的经历，语调平静得近乎肃穆，一字一顿，嗓音沉稳，尽量详细地描述他的工作。但是，不难感觉到，他在尽力控制情绪，不让自己发火。随着描述（和自我描述）的深入和触及生活的最困难的方面（经济窘迫，寻找落脚处，负债，年轻人之间的不信任，缺乏支持），他时而不禁愤懑不已。

三个青年的处境都很困难。他们跟普吉奥汽车厂的合同于1990年7月到期，均未获得延续，此后他们仅仅获得了不同企业的为时
数星期的合同，他们不计工作性质地都接受了。海湾战争爆发以 545
后，大小企业都停止了招收临时工。他们虽然都在全国职业介绍所登了记，可是两三个月以来什么都没有找到，对于能否在八月里找到本地工作已经不抱任何希望，只能等到九月工厂开工再看，但是不抱幻想。他们都很清楚，此前18个月里未能受雇于普吉奥汽车厂，这意味着他们丧失了获得稳定工作的唯一机会。他们之所以“滞留”蒙贝利亚地区，是因为他们隐约地感到，其他地区也好不到哪里去，而且他们盼着经济复苏，尽管没有什么信心。

吕西安进屋后，阿兰用自己的话把话题重复了一遍：“这个人今天来咱们这儿，是想了解你是怎么滑下去的，对吧?”吕西安一开始想把自己描绘得不像“脆弱青年”那么差：不稳定，资历浅，工作不认真。似乎他想尽量跟熟练工人或者自愿失业者保持距离。提到在普吉奥厂完成车间当熟练工的经历，他很自豪，甚至有几分

津津乐道地讲述在工厂的工作，详细描述自己在生产线上的岗位，各种不同的任务组成的链条，工作中的动作，甚至提到一些跟工作气氛有关的有趣的小插曲。他认为自己是个“好工人”（守纪律，有办法，有创造性），并且强调他坚守岗位的能力和体力，能够很快地掌握专业技能和适应工作。索绍使他了解大企业是怎么回事。
546 他的能力在这里得到认可，而且他隐约地看到了一种可能性：摆脱被打发做任何苦力的劳动力的命运，不只是一个被人随便支使，一声不吭地干“脏活儿累活儿”的临时工。在这里，虽然没有多少资历，工作上他却受到重视和尊重。

他跟一位把他当学徒工使唤的“老工人”发生过口角，这个小插曲很能说明不同辈分的工人之间的鸿沟。说起老工人，这几个年轻人几乎马上就转入饮酒的话题，那是真正裂痕的一个标志：揭露老工人酗酒也是一种自我抬高身价的方式。在某种意义上，谈论老熟练工人也是吕西安关于自己的一番道德谈话，似乎在给自己寻求一种安慰，因为在很大程度上，他的自我表达恰恰是老板们对老工人的看法的反面：年轻力壮，头脑清醒，能干重活，随时听命，毫无索求，有献身精神。

这就是说，普吉奥工厂对他是一种保护，不是使之免于失业（他已经学会把它看成一个无法避免的痼疾，而且放入自己的社会和精神视野当中），而是使他避开了小企业临时工不得不屈从的随意性。普吉奥工厂规模巨大，这增加了他与临时工作介绍所的谈判筹码，而他一直敌视后者，视之为“剥削”工具。由于近期劳务市场的变化，尤其因为小企业大量增加，临时工作介绍所或多或少成了大企业的分包商，愿意以任何条件雇用年轻人，这有助于给大企
547 业造成一种“喜人”的形象。正因为如此，吕西安和许多“不稳定的”临时工一样，都倾向于认真对待企业的工作机会（负责任，有创意，提出建议，提高质量）。他遣责临时工作介绍所的“蒙骗”

行为，也理解只关心企业效益的真正的资本主义。因此，他拒绝民主劳联[①]和法国劳总联的活跃分子所捍卫的社会观，怀疑这些人只表达现成的组织的观点。他觉得工会把“老板”和“工人”截然对立的做法很像摩尼教教义，非善即恶。打“苦工”的日子教会他跟老板和平相处。这几个人谈论老板的方式正好反映出两代人的差距。

吕西安虽然跟老熟练工人保持距离，可是并没有忘记自己跟“受雇者”之间也有隔膜，这些同龄人是他从前的临时工伙伴。在劳务市场上，他必须面对自己客观上缺少资历的事实，觉得这也未离情理。他在讲述时没有表示不满，仿佛在尽力适应一个无可奈何的局面。那是一连串他不愿意完全接受的屈尊俯就，迫使他强忍屈辱的小小的挫折。他在讲述生活的悲剧性方面时语气平淡，似乎那些都是一系列外围事件。尽管不得不逐渐“降低”从业志向，可是，一切都显示，为了捍卫自身尊严，他必须给自己保留一点幻想，否则难以重新把握自己的生活。

看来，吕西安和其他陷入困境的年轻人都难以摆脱临时工的命运，而且为此十分苦恼。除了跟一切造反的想法大为迥异的一种羞 548
羞答答的改良主义，他们看不出别的政治前景。他们似乎只关心如何生活下去，盼望摆脱难熬的过一天算一天的生活。在诉说各自的处境时，由于缺少一种集体的和一致的政治话语，他们只能运用一种转弯抹角的心理学语言；由于缺乏明确的“政治”观点，在抗争一种没有他们的地位的社会秩序时，他们的办法是强烈反对“老家伙”（政治上的“老顽固”）。他们觉得，在工作、住房分配、政治活动等等方面，“老家伙”无不霸占地盘，挡住他们的去路。正是

① 民主劳联，法国劳工民主联合会（Confédération Française Démocratique du Travail，CFDT），1919年创立的法国跨行业工会，是法国各大工会中成员最多的工会。——译者注

出于这种受到欺凌和捍卫尊严的心态，他们才欲言又止地表示或暗示连移民的待遇也比他们强得多（“移民嘛，我们什么话都不跟他们说”）。他们在这一点上态度有所保留，因为顾忌在调查者面前直言会有失身份。

549

两个临时工

采访者：斯特凡·波厄

“既然是临时工，你就啥保护也没有”

吕西安：（……）我在普吉奥厂挺好的，我那份工作很不错……可以说，我当时跟一群人在一起……［自我纠正］一些三四十岁的人，我跟他们关系都很好，除了一个人，那真是个蠢家伙，别人都很好。我对普吉奥厂没什么可抱怨的。他们待我很好，老实说，比雪铁龙厂好……

——工作节奏怎么样?“生产线的速度”呢?

吕西安：生产线的速度？这个嘛，起初，我们刚去时没问题，后来活儿越来越多，线上的速度就慢下来了，他们反倒给我们增加了活儿。

——你那时候得连续安装两台车吗?

吕西安：是的……我有一台 405，一台 205，接着又是一台 405，一台 205，有时候也安装柴油型 405。这么说吧，假如你等车到跟前再开始工作，那活儿你是干不完的。我总是老早就着手了，让它传到我岗位的时候，只剩下小修小补……我总是尽量提前……因为我得在两台车之间搭个“桥”。要是不搭这个桥，活儿本来不费吹灰之力。

——我们遇到一些 40 多岁的工人，他们都说生产线的工作越来越繁重。

吕西安：是啊，对于在这儿好多年的人来说，是很繁重。他们不得不留在这儿，因为没有别的地方可去……我总是说，假如我能留在普吉奥厂干六个月或八个月，我一定会留下来！……我只干了三个月，运气不济！

——你本想得到一份正式工的合同？

吕西安：自然很愿意。反正我那时已经准备好了，我告诉组长，跟他说得很清楚："如果您听说谁想再找一个上生产线的人手，我愿意试试。"我是没问题的……我跟他说过好几次，如果他们提 550
出跟我签合同，八个月的甚至是不定期的，我都愿意，反正他心里清楚。除了这个以外，我没有什么可抱怨的。只说精神状态吧，普吉奥厂要比雪铁龙厂好……好得多！……我把普吉奥厂跟雪铁龙厂切实比较了一番，完全不一样。[吕西安提到在雪铁龙厂工作的经历，说那里的生产线"乱七八糟"。]

你忘不了酒瓶子

阿兰：[小声地说，像说私房话] 你要想让那些人 [得到长期合同的临时工] 开口，跟他们一块聊聊 [嘲讽地咯咯笑] ……你必须给他们带去一瓶好酒 [笑]。

吕西安：等他们脸热了，他们才会跟你好好说话 [笑]。

阿兰：不光在家里，在厂里酒精也是一个问题。

吕西安：我在厂里的时候，有一个在我旁边干活儿的家伙，45岁……他头一次在岗位上就被组长抓个正着，这小子喝醉了！……[气愤地] 在岗位上犯起迷糊……醉得不省人事！……得了一个警告……第二次又被抓住了，人家说，再有第三次就解雇他，没什么说的！……哪个工厂也不会要他，这个跟他说得很清楚。这家伙还有个毛病，年轻的临时工一来，他就逼着人家给他买一瓶酒。他就是这么冲我来的，我才不吃这一套，我告诉他："你要是不高兴，咱俩出去说清楚!"我冲着他说："别以为你45岁，我才25岁，你

551 就可以骑在我的脖子上拉屎!”我在岗位上差点跟他动起手来!……他老欺负我。事情倒很简单:早上我刚来上班,跟别的工友打招呼,问问头天晚上睡得好不好什么的,这个时候他已经到了,跑过来对我说:“喂,别忘了带瓶酒来。”这个吧,那个吧,嗨!头两次我没理睬他,第三次我叫他滚开!……只差打起来了……

[…………]

——那些在厂里工作时间很久的工人,你怎么看?

吕西安: 他们都是……我只想说,就像现在大家伙儿说的,他们都很出色……是的,挺棒的。如果你有什么问题,他们指望得上……这跟雪铁龙厂不一样,在雪铁龙厂的时候,如果你要上厕所,想让组长顶替你一会儿,你只能尿在裤子里……你知道只能如此;可是,在普吉奥厂,只要你喊一声,组长马上就来!用不了几分钟,他就到了。马上就来,一点问题也没有!我在雪铁龙厂的时候,这种情况遇到过两三次,我跟他们嚷嚷起来,因为我得上厕所,可是组长跑到西伯利亚去了。第一次,我没吭声,第二次我喊起来了,第三次我就丢下工作去厕所了[笑],过去了五六台汽车,这台缺块玻璃,那台缺个螺栓。(……)

——你在普吉奥厂的这三个月里,工作还顺利吧?

吕西安: 这个,可以说,没遇到什么问题,从来没得到不好的评语什么的……评语是按照分数来的,出一次错刨掉十分……比如,有一种他们叫“安全”的分数,如果你忘记了安装一根线,就得丢掉 50 分……一下子 50 分就没有了!如果谁忘了安装刹车电路,这个要危险得多,那一下子就是 100 分,最后由组长负全责,被结结实实教训一顿。而且,多一半的情形是,工人得返工……[沉默] 不过,我自己从来没出过问题。不不,有过一次,我忘了给启动器接上一根什么电线,除了这一次,别的什么问题我都没出过。

[…………]

552

我一直认为，只要你肯干就能成事

——生产线上的活儿有没有小窍门，能省点时间？

吕西安：有，我就是这样做的，我尽可能节省时间……我的车我都是尽量早一点着手，等车到了跟前，就不用着急了。(……)

——没错，在生产线上干活儿，大家都认为知道是怎么一回事，但其实有很多窍门，很多操作都得学习，这不是每个人都能在两个星期内做到的。

吕西安：那当然！可是你不能心里说："这个我干不了。"你必须对自己说相反的话，你得有一双好眼睛。开始的时候，得仔细观察……如果把演示人的动作看得一清二楚，而且马上记牢，做起来就很容易上手。(……)

——这个完成组，你身边临时工多吗？

吕西安：我那条线上，只有我一个，唯一的临时工。上个月，这个岗位至少有十来个临时工，没有一个坚持下来……可是这里没有什么太难的呀！……一点也不难！……

——在雪铁龙的经验也许对你有帮助？

吕西安：这倒不是……我一直认为，只要你肯干，就能干成……我希望留在这个岗位上，也留下来了……其他人如果决定不留下来，他们就会找借口，说这个工作不行，说他们有健康问题，有这个那个问题，他们就……

——可是刚开始工作的头两个星期，你得坚持，对吧？

吕西安：从第一天就开始了！……从第一天起！……

——毕竟这个工作你放在心上……

吕西安：那当然……不过，我自寻开心，比较了一番我在普吉奥和雪铁龙的工作。普吉奥的工作更容易……因为在雪铁龙厂，我

每时每刻都得盯着备料，哪怕我的推车还满着，我就开始要，一样东西一用完，另一车就送到了，因为不这么做，比如推车里还剩下
553 50个螺栓，这时候才要求上备料就晚了，另一车备料不能按时送到。普吉奥不一样，备料就放在生产线旁边，两三步远就够得着，就在身边……（……）我断定，接替我的人得用两个礼拜以上才能学会……这是肯定的。因为甚至有人告诉我："只有你两个礼拜就掌握了工作。"有一个家伙用了一个月才习惯我那份工作。您想想吧！……这个家伙，我在琢磨，他怎么会追在机器后头跑，非跑不可……没错！（……）

[他用了很长时间讲述节奏很快的工作流程。]

——你站着工作吗？

吕西安：站着！……［有点自豪地］我总是站着工作！……

——用不着蹲下？……

吕西安：有时得蹲下……什么姿势都有……总是这样……你知道，汽车是趴在地上的，我是站着的……要把变速杆的轴承装上去，各种姿势都得用啊……问题就在这儿……

——这对身体来说不是容易的事吧？

吕西安：不容易……［低声说］对我来说不难……这么说吧，我一直很清楚，怎么把交给我的活儿都干好。我总有办法……无论什么活儿。就说那个我考取技能证书时的雇主吧，情形也是一样，有时候，他手下的工人得钻进一个旮旯里紧个螺栓之类的，可蜷不下身子，他就叫我，我没一点问题……

我们自然都得回到生产线上去

——你已经取得资格了吗？

吕西安：是的，可是我返回生产线了，因为我那个资格不够好……我有几个哥们儿有机修专科证书，他们都回到机械那一行去

了……如果汽车发动不起来，他们的工作就是看看哪儿出了毛病……

——你受过什么样的专业训练？ 554

阿兰：我有木工专科证书……细木匠……跟建筑业有关的木匠活儿都能干……可以说我上了生产线，可是没有……［笑］还不是跟大家一样！

——有了木工专科证书以后，你没有找本行的工作吗？

吕西安：我的本行，是啊……我给一个细木匠干过，给他干了一个月，然后他出去度假了……他答应得挺好，说是假期完了他再雇我……我就相信了！真的相信了……后来，假期一完，我就去找他，问："我哪天开始啊？"他说："这个嘛，你没必要回来了，没有那么多活儿给你干。"后来我就在附近到处找，在一个离家不远的锯木厂里干过六个月，就在镇上，离我家五公里……所以我在锯木厂里干过六个月，那是四年多以前的事。我是通过一个熟人找到这份工的……可是那个时候工资不行，只高出最低工资线一丁点，工资也不按时发。工资不定，一会儿是五百法郎，一会儿六百法郎……我那阵子住在父母家，不过我交饭钱，这个很正常，可是照这样还是不能自立呀。我就想："得干点什么才行。"好，我毕竟干了六个月，到了第六个月头上，我就走了……后来我在一个老人院当过维修木匠，又干了六个月，干得不错，不过还是一种集体公益工作（TUC），挣钱不多，所以工资接不上，因为我得缴房租啊，得缴两千多法郎呢，那点钱真不够！［强笑］……于是，我就去找别的事做，我开始准备考裁石技能证书……真是倒霉！我又碰上一个给钱很少的雇主……反正我总是走运，又碰上一个混账雇主，给钱少不说……还不按时发……这可是真让人高兴……后来，我就去雪铁龙登了记，收到了答复，就是这样！……

——你手里有细木工技能证书，怎么还要直接上生产线呢？

吕西安：是啊，生产线，是啊！……

555 **阿兰：**反正有了专科技能这个水平的证书，你还得上生产线……

吕西安：没错，还得上生产线。除非你的技能证书是机修科的。一个人如果有机修技能证书，大概能去总装车间，当“发动机安装工”，例如，去完成部门安装引擎盖之类的破玩意儿，或者当“机械检控员”，管管发动机不打火之类的事，那倒是还说得过去……可是我这种搞建筑的，有木工技能证书的，或者有别的什么我叫不上来的证书的，那当然就得上生产线喽（……）

临时工什么权利也没有

阿兰：我们工厂只有一样好东西，就是第一天参观工厂，管你一顿饭……后来全是乌七八糟了！［齐声大笑，话题接着回到临时工上来］如果你来自别的地区，刚来总有一个住房问题……因为临时工什么权利也没有……不能贷款，什么权利也没有。得不到帮助，反而越陷越深……

吕西安：没错，临时工无论在哪一家工厂工作，工作介绍所挣走的钱是临时工的双倍或者三倍。一个人挣四千法郎，工作介绍所挣的钱是这个的三倍，您看看能剩下多少！……

阿兰：还有，要是我们去问他们一点事，他们就让你滚蛋。他们只管从我们身上挣钱，别的不管！

吕西安：所以说，在蒙贝利亚，我找到活儿的那个工作介绍所，秘书挨骂最多……因为那个所谓的秘书，我的合同一满期，她就，嗨，她就想办法把东西都寄给我在布列塔尼的父母……我的全部个人材料、工资单……他们说他们是临时工作介绍所，这个我没意见，我什么临时工作都能做，没问题呀！只要能挣钱就行！可是临时工作介绍所有这么一个秘书，你真不值得跟他们找那个麻烦！……

阿兰：BIS介绍所［另一家临时工作介绍所］更差！

吕西安：更差！我把材料递进去已经三个礼拜了，可是我那一摞工商就业协会的黄纸，一直没收到…… 556

阿兰：你在BIS照样听不到回音！反正没回音就是了！我正要告诉您，BIS怎么对待工商就业协会的那些材料，我在那儿干了多久？我给他们干了96天，索要我的工商就业协会的材料，连着要三次，他们只给我注明：8点50分来过。我申请了又申请，连个纸片也没收到！这个事我花了多少时间来着？70～80个钟头！就是没消息！这期间我的材料已经过了截止期，这么一来我整整丢失了80个钟头的失业期。三个月的失业期没有了。(……)

吕西安：你得像我那样，得去后头的办公室！

阿兰：我去过啦！我把BIS里头的办公室弄了个底朝天！……

吕西安：那就对了！

阿兰：可是什么也没有改变［沉默］。……我当着好多人的面，把办公室搞了个底朝天。第一次去我就告诉他们，我要工作。他们说："你还得来一趟。"没有工作，你还得来，还得哪天哪天来。第二次一样，第三次我就忍不住了，我告诉他们："要是还是这样，我就……"我把办公桌整个掀翻了，说："一个礼拜之内要是还没工作，我就什么都砸！"秘书这时吓得够呛，另一个管事的秘书当时没在。我下午五点回到家，六点钟左右信箱里有个通知，让我第二天早上去，工作有了……哈！我心想："如果在工作介绍所都非得这么干不可，那我就这么干！"就是如此！从那以后，我在BIS没遇到问题。

吕西安：不管怎么样，只要是临时工，就没有任何保护，我们不受保护，什么事情都可能出在我们身上……(……)

——你认为普吉奥厂帮不帮你们对付工作介绍所？

吕西安：帮。我们还是能得到普吉奥厂保护的。这个很不错。

可是在雪铁龙厂，如果我有点什么问题，要求组长帮个忙，填个表格什么的，他才不管呢！嘴上说行，一转身就让你滚蛋……

557 […………]

——不给你延长合同，你是什么时候知道的？

吕西安：是提前一个礼拜告诉我的，让我有个喘息时间，去全国职业介绍所和工商就业协会递交材料等等，后来就变成现在这个样子……最后一天或者提前一个礼拜，这有什么意义！……

——你一定觉得很失望吧？

吕西安：烦透了，因为我从800公里以外来这儿工作，特别是这儿的临时工作介绍所告诉我，我的合同管六到七个月，一份长期合同，我也没觉得有什么问题。再说，来这儿以后，事情进展得还不错，可是这才三个月就被解雇了！从那时以来，差点出现一场危机！［神经质地一笑］……总之，我这是出于经济原因被解雇，可是回布列塔尼去也不见得好多少，留在那儿也没用。可是，这儿的情形看来不怎么样！……都快成一场灾祸了，眼下也没必要找工作，得等到九月份再重新开始找，因为现在一切都停下来了……

——离开普吉奥厂以来，什么工作都没找到吗？

吕西安：有过几个短期小合同，其实只能救救急，这儿干一个礼拜，那儿干一个礼拜。报酬倒是有一点，可是到头来就开始厌烦了，因为开头还行，最后连房租都不够了，每个月只挣924法郎。(……)

在普吉奥厂，临时工只挣四千法郎！

——……一个近十年来没有正式雇用年轻人的工厂，给人的印象是年轻人和干了20年的工人之间形成了一条鸿沟。你觉不觉得厂里对你的待遇不一样？

558 **吕西安：**没有啊，我觉得我被当工人对待。确实是这样，好像被正式雇用似的。没有什么不同……可以说，如果工作介绍所和普吉奥厂看你人还不错，你就有点优势了，因为转正更有点把握了……坦白地说，有个家伙和我一样，也有专科证书，已经受雇两年，挣钱比我多得多。他挣差不多六千法郎呢。可我，我是临时工，［转入好斗的语气］您想知道我挣多少钱吗？四千法郎而已！……在普吉奥厂里，临时工只挣四千法郎！四千块哪！我在雪铁龙厂挣得都比这多。

阿兰： 我是一个月六千法郎。

吕西安： 可那个受雇已经两年的，他挣差不多六千法郎……和我一样有专科证书……只因为他是正式受雇的。

——四千法郎，包括奖金吗？

吕西安： 别提奖金了！……［苦笑］……我那个岗位，我没拿到奖金，这个东西得看岗位，看部门。奖金最多的是结构车间，那儿奖金挺多的。

——没有加班费？

吕西安： 我们属于普通奖金。

——这是指上正常班吗？

吕西安： 不是，我们跟大家一样，一个礼拜早班，下一个礼拜下午班，没有加班费，我们那儿没有……对了，有些临时工拿过奖金，不过全看是什么岗位，我可没拿过……

——第一次领到四千法郎的工资以后，你是怎么用的？

吕西安： 我跟他们嚷嚷起来了！我记得那是一个早上，我们五点上班，下午一点十八分下班，回到这儿已经两点了。我回来就去信箱取信，我一看到工资单……我看得很仔细，心里想："这个有点不对头。"我冲了个澡，换了衣服，扒拉了两口饭，就跑去工作介绍所了。一到那儿我就跟他们吵起来了！我说："你们这是他妈的要干什么？你们往布列塔尼给我打电话的时候，不是说有普吉奥厂的工作，一个月挣六七千法郎吗？"……没错，他们先是告诉我

559 “六七千法郎，加长期合同，干得好的话，最后还有可能转正”。多美的事，我们都想：“那就试试吧。”现在成了什么？第一份工资：四千法郎！真该把你们打趴下！真该如此！［愤愤然］这个当口，我就动了手，把东西翻腾得东倒西歪，再说我不是唯一的一个！还有别人，都一样，情形一模一样！我们上当了，这可不行！这是欺骗啊！……我有几个工友，岗位离我只有三四百米远，他们能挣五千法郎，干的活儿反倒比我轻松。这世道真让人恶心。（……）我质问他们：“你们是在什么鬼地方长大的？唔？没离开过茅草屋吗？……”问题是，只有我一个人跟他们嚷嚷，别人都不吭声……可是，遇到这种事大伙都应该嚷嚷，不然什么用处也没有。看见这种情况，我只嚷嚷了一次，以后就自己想辙吧！……

——这么一嚷嚷，你多拿了一点钱吗？

吕西安：嗨［叹气］，别提啦……只多拿了三百法郎……

——再有，那些在普吉奥厂工作过的人，他们有可能回来接着干吗？

阿兰：不行，没有这个可能……“白丁”……归入“白丁”，意思是说凡是在普吉奥厂工作过的被赶出门的人都算“绝对的白丁”，从头开始是划不来的，回不来了……

吕西安：至于我，我的情况是，跟这儿的普吉奥厂的合同完了以后，我申请了普吉奥在米卢斯（Mulhouse）的工厂，可是一直没要我！……

阿兰：这可不行，因为档案转过去了！

吕西安：我觉得最惨的是我的一个哥们儿，眼下就在米卢斯的工厂上班，他从前就是在索绍的普吉奥厂上班的呀。

［…………］

加入工会？……没必要在厂里找那个麻烦！

——……你们来时被告知有可能转正，然后满不是那么一回

事。可是我在想，厂里应该有工会来保护你们的利益呀…… 560

［两人齐声回答。］

阿兰：［语气激烈］可是工会能做什么？

吕西安：工会才不管我们，一点也不管！嗨！什么都不管！

——你们跟工会打过交道吗？

吕西安：工会的人找过我……

——哪一家工会？

吕西安：反正是工会的人呗！他们问我是不是正式雇用的，我告诉他们，我只是临时工……他们一听转身就走了，找别人去了。

阿兰：还是应该登个记！登记加入工会，那样能多一点转正的机会。

——你们从来没有加入过工会……

吕西安：普吉奥厂有人问过我。咳！……给我拒绝了……

阿兰：对，没必要在厂里找那个麻烦！

——问你的是什么人？

吕西安：［语气略带嘲讽］当然是工会的人喽！

——对，可是工会有好几家呢……这是我的意思……

吕西安：厂里确实有好几个工会，我不清楚是哪一个。那个人问我要不要加入，我说："我才不想吃你们那碟菜！……"［语气很激烈］……我告诉他："一旦加入了你们的工会，就会没完没了！你得做这个，干那个……"

——那碟菜指的是什么？……

吕西安：我说"那碟菜"，意思是总是同样的事，总是那些花言巧语，这个吧，那个吧。开始还不错，再往后你就腻烦了。因为一参加工会，就是一辈子都得留在里头……因为你会损害自己的职业，咳！这个没疑问，他们才不管那么多！不管你是在普吉奥厂，还是雷诺厂，不管哪一家大工厂……全都一个样！

——照这么说，你是指法国劳总联，或者法国民主劳联，对
561 吧？……

吕西安：是的……反正我才不理它。很简单……

阿兰：说到底，不光是普吉奥厂才……我在一个小企业干过两个月，本来可以参加工会，我也在另外一个小企业干过，那时候也可以……可是我不愿意……

吕西安：总之，一般情况下都应该避开它们。

阿兰：反正，一个工厂的工会……我见过普吉奥厂的企业委员会[①]，他们只会放映电影，弄几张优惠购物券，除此以外，哼！只能弄弄这些……

——那些40～45岁的工人多数来自乡下，他们在你们这个年龄，20～25岁时进厂，后来很快都参加了工会，他们很多人认为这是很自然的事情。

阿兰：他们也向我建议过，出过那场变故以后，我记得他们劳总联的人对我是这么说的："你不是想转正吗？加入我们的工会吧，这样我们就能帮你解决这个事。"我说："要是为了转正才加入工会，那我就不要了。"再说，工会的口碑并不好……怎么说呢……工会的人在工作介绍所那儿名声不好，普吉奥厂方也不喜欢他们。

——对于我刚才提到的那些工人来说，参加工会是一种保护自己的办法，一种对付雇主的办法。

阿兰：可是，从前我们可以对雇主说"去你妈的"，然后可以另找工作，现在你对雇主说"去你妈的"，那你就完蛋了！在普吉奥厂就算"白丁"了，一切都完了……

吕西安：没错，上黑名单了！……

---

① 企业委员会（Comité d'Entreprise），在法国等西欧国家，法定50人以上的企业必须建立由员工代表和管理方代表组成的联席会议，以落实劳资合同、解决企业内的纠纷等为使命。——译者注

阿兰：正是这样！因为这个我清楚，我父亲告诉我，他年轻的时候换过多少多少家企业……干腻了就走人，自己担着，去别处找工作……他甚至同时打两份工，矿山和另一个地方……现在，举个例子来说，我有一份共济职业合同（CES），半职工作，共济职业合同不允许打第二份工。就算结了婚什么的也不可以。这怎么行呢?!我觉得有了这些规定，后果更糟糕……如果还是这个样子，那你一天干两个钟头，领一份钱，一个月一千八百法郎，然后就躺在床上打发一天剩下的时间……打黑工是不允许的，只让人工作四个钟头，562
这敢情很不赖。可是打黑工好是好，万一被抓住，一切全玩完！就是这样！这个不行……老板不想雇人，因为怕摊上太多的社会保障金，临时工作介绍所也有脑袋呀……要不你就得有个像样的偷懒的借口才回得去，剩下的事都一样，不管它是培训班还是别的什么！……

我们现在是山穷水尽

——吕西安，你呢，参加个培训班什么的，你有兴趣吗?

吕西安：培训班我参加过一个，那是在布列塔尼的时候，学裁割石头［笑］……可是上了一个大当，一点不夸张。我想都没想就一头扎了进去，那个家伙告诉我［模仿安慰的口气］："你用不着担心，你会看到一切都很顺利。两年后就能拿到专科技能证书，利用校外考生的资格。感兴趣吗?"我说："想试试。"我考了试，可是，过了六个月，我的工钱一直是两千法郎，房租也是两千，根本不够啊！我于是放弃了。就这样！正常情况下，拿到一张专科技能证书要求三个礼拜给雇主干，一个礼拜上学。可是，我在那儿六个月，从没上过学，一次也没去。看到这个，我就跟他们争论起来了。嗨，六个月一过，我就放弃了。这点钱根本不够花。可是就我这个方面来说，我可是照着合同上说的做的，合同我读过。我从来不迟到，还做过分外的工作，在正常情况下，我还没有多干的权利呢。

再说，我被人骗了。开头还好，后来我腻烦了，不干了，事情就是这么简单……［沉默］我都25岁了，厌恶再次失业，唉！……真要把我逼疯了！［愤愤地］……

阿兰：从政府方面看，如果你想到有人中饱私囊……

吕西安：政府？……还说呢?!……我们现在是山穷水尽，没路可走，嗨……

563 **阿兰：**唉！尽力创造就业，这个我赞成……像女总理克莱松夫人①搞的那些计划，我就赞成，可是有多少钱进了他们的口袋？……这才是问题！让年轻人做半职甚至一天八小时的工作，一个月下来挣一千两百法郎或者两千法郎，听起来很不错，可是这点钱什么也剩不下，因为就算进了实习班，你也租不起房子住。那些没房住的人，他们能做什么呢？就算找到一处住房，可是丢掉了工作，进了培训班。只要他们必须付一千八百法郎的房租，或者最低的房租一千二百法郎，那剩下的八百法郎能管什么用？交了房租，还有非付不可的水电费等等呢！他们能做什么？……他们一直从天主教会或者别的什么接受救济，获得帮助……可是这怎么行呢？我要说，这是不行的！没错，年轻人不怎么谈这些，因为说了也没用。当你看见政府什么动作也没有的时候……

吕西安：而且你看见用更低的代价转正了的年轻人也被解雇，政府这时候就收回了两年里失去的钱，可别忘了这个！因为政府把这个钱收回去了……政府肯定没有问题，因为它用漂亮话给企业许了诺："如果你们雇用一个人，两年不用缴税。"于是，老板开始雇人，可是到了第三年，上头的税务都下来了，得，他就把人一下子都赶走了。(……)

---

① 克莱松夫人（Édith Cresson，1934— ）在密特朗担任总统期间担任过政府总理，为期不到一年。她是法国历史上迄今唯一的女总理。——译者注

个个都一样腐败

——你们觉得政治方面应该做点什么？

吕西安： 政治方面？我已经说了，得有一个年轻的政府……政府得年轻……不要那帮老杂碎！……［蔑视的口气］都 50 岁了，政府还能做什么?! ……

阿兰： 都是一帮老顽固［挑衅的笑声］。

吕西安： 对，老顽固……老顽固，都 50 多岁了，在那儿还能做什么?! 坦率地说……他们只知道在那儿吵来吵去！进了政府就只知道争吵……许愿！……没别的！……拿走我们的钱，这个他们擅长…… 564

阿兰： 再就是下饭馆，把账单记到某一位公主头上……

吕西安： 他们用我们的钱到处逛游，出门旅行吃我们的粮食，我觉得很可悲……没法接受！……

——下一次选举，你不想投票给你中意的人吗？

阿兰： 选谁呀？他们全都一样！……

吕西安： 选我自己！他们个个都一样腐败，都烂透了！……

阿兰： 许许愿！说说漂亮话！什么效果也没有……

——从你们的话里，我得到的印象是政府的责任比雇主更大。

阿兰： 是啊，因为政府不作为嘛。从前政府还做点事，从前的政府……

吕西安： 对……从前的政府，对。现在的政府只许愿，好听的诺言。好像我们是傻瓜，说什么都相信，最后什么也没有，什么也没有。政府还决定取消一些合同，就是跟失业补助金差不多的，我们叫不定期合同，两三个礼拜的合同，跟一些雇主签署……所有这些合同，他们都要取消，因为不能给政府弄回钱来……［长时间沉默。］

——这种失业会持续下去，可是你们毕竟有专业经验，有资历……

阿兰：是啊［沉默］……工作离跟专科证书对口或者接近的情况越远，就越困难……会失掉一切！……这个我清楚，我在一家小企业工作过，干隔热方面的活儿，我也懂一点点供暖和管道工程，现在让我干这些我也很乐意啊！……

吕西安：我也一样。

阿兰：那份两个月的合同，我用了整整一个月熟悉工作。我很幸运，遇到一个住在同一层楼的家伙，我进了他的班子，一块儿干，他教会我……真的很走运，因为能不能掌握那一套，我当时真的没把握……技术都丢光了，嗨！从1982年起，我就没有实干经验了，因为专科技能证书是1979年年中到1982年考下的，后来没怎么做这方面的事……我刚到这家普吉奥厂就上了生产线，后来学到不少东西，因为我的资历不如他们……

——与此同时，你们所说的生产线工作跟那些35～45岁的人说的很不同，这一点令我印象深刻。他们说感觉很疲劳，“精疲力竭”，例如他们说，一到周末就想多休息休息……

阿兰：这是为什么？为什么？［语气很激烈］因为他们招了好多临时工！这样他们就好办多了。那位卡尔维先生，他宁愿坐飞机到处逛游，也不愿花时间管管他的工厂……就是这么回事！他们把临时工赶出了门。赶走临时工，这个我没意见，可是，1990年3月闹水灾的时候，那么多临时工给他们干活儿，他们很高兴啊。这样他们就能从临时工身上狠赚一笔……他们猛招临时工，可是正式工呢，后撤了［一声口哨，摆出懒散的样子］……没事干……现在厂里恢复了从前那些岗位和工人……身边没有临时工了。所以，如今工人们又开始发牢骚……

吕西安：没错，这个很合逻辑……

阿兰：九月一到，这里又会是一副什么样子？他们会再招收一些人，让他们干到明年二三月份，那个时候一到，生产也已经上去了，他们就会说［击掌］：“临时工们，回家去吧！”然后又来这一套……每年都是这样，都是这样，没什么复杂的。(……)

我 25 岁，这个年纪早就该转正了……

吕西安：我觉得，我 25 岁，不小了！这个年纪早该转正很久了……应该转正了……不应该还被失业拖着，像现在这样……真
的……这过的是什么日子?!……我曾经有个想法，［沉默］回布列 566
塔尼去，在那儿待上八个月，就这样一边失业着，一边找工作，可是处境最后还不是落得跟现在一样？所以，坦率地说，我不走了……我宁可留下来，就是因为有这个想法……再看看吧……可是，可以说，我们没有得到任何救济，什么都没有……政府对我们许了愿，工作介绍所拆我们的台，我看不出怎么才能走出这个处境，嗨！……看不出来……［沉默］再说，我们还得缴税……真是太过分！……尽给我们许愿……只听见许诺。

阿兰：我也一样，如果回北方去，我没法住在父母那儿，我什么也干不了，我没有公寓住，什么也没有……

吕西安：我还得重新申请一间公寓，在这儿反而不需要……

［…………］

阿兰：因为他［指吕西安］在这儿快被赶出去了［压低声音，好像说私房话］，快被管理员赶出去了。

吕西安：我跟您坦率地说吧，准是有人告了密，我敢肯定……没错！借口欠房租，成了问题，可是绝对不仅仅因为这个，我敢肯定……

——房租你现在缴齐了吗？

吕西安：还没有……缴不起呀！一直缴不起！全是因为 BIS 介绍所给我小鞋穿！反正，缴不缴都一样，我快被赶出去了，反正就

是这样了。管理员跟我说得很明白，还微微一笑。(……)

阿兰：这真让人气馁，哎！……对了，比方说，不过我可没有种族歧视啊……比方说，那些住在后边的移民，缴房租可以推迟十个月呢，不会被赶走！

吕西安：没有人对他们说什么，什么都不说！

阿兰：为什么不说？因为外交上的理由吗？怕招惹麻烦，怕人家给他脑袋上轰一枪……

吕西安：不敢冲他们去，就冲我们来了！……

阿兰：这点小事，就这样……

吕西安：我是四脚朝天，拼命挣面包，可是那帮 BIS 工作介绍
567 所的懒鬼还要拆我的台，我把材料填好交进去已经三个礼拜了，还是拿不到失业救济金，他们还是不给答复！……

——失业救济金有多少？

吕西安：我哪里知道?!……也不能说……不能随便说……因为有过那么多合同，这一份那一份的，我也算不清……

——大概有多少？

吕西安：搞得好有三千法郎，这就很不错了，可是我没法把欠账一下子付清，只能分两笔付，因为光是工商就业协会就得两千多法郎，要是把三千法郎一下子都缴上去，我就没钱吃饭了，所以得分两次……

[…………]

阿拉伯人最好待在家里别出来

——换句话说，你们这个楼里除了你们这样的年轻人，还有别的国籍的人？

吕西安：只有这栋楼是法国人住……真的……别的楼里全是阿

拉伯人……至少是移民吧……什么都有一点……

——你们跟他们有没有来往？

阿兰：没什么来往……基本上没有！……

吕西安：来往还是有的……我就有一个……时不时有阿拉伯人过来，叫我帮他们弄弄洗衣机什么的……

阿兰：反正不多就是了，对吧？

——有没有出现敌意？

阿兰：这个倒没有，没有这种事……他们待在屋里不出门。在我们这种居民楼里，他们阿拉伯人最好待在家里别出来，我们也是……

吕西安：这样我觉得最好！……［提高嗓门］还是这样最好！……各过各的日子呗……我觉得这样很好！

阿兰：反正目前就是这样，各过各的日子！……

吕西安：对，也就是所谓各想各的法子。我很想离开法国，也是因为这个。

——你想去哪儿？ 568

吕西安：我想远离法国，去得克萨斯！……对对，得克萨斯！［笑］……这一直是我的梦想……一直是……我特别喜欢马，到那儿我的日子就好过了，它们就有人保护了……

——当真这么想？

吕西安：当真，当真……我正在想呢，很想去！……这个想法在我头脑里已经很长时间了……那个地方很美。

阿兰：是啊，这个梦谁都有……我觉得谁都想离开法国……

1991年7月

569

上夜班

丹妮尔今年32岁，她是小农户茱丽叶特和埃米尔的女儿。老两口是我在阿维隆（Aveyron）的近邻。当年我认识丹妮尔的时候，她才十岁，每年我都能见到她几次，直到她远走巴黎。从那以后，我们见面就少了。

丹妮尔走出了“交叉地带”，这个“交叉地带”跟圣伊波利特镇中心所在的高原地带相反，是几块俯瞰图里耶尔河（La Truyère）河谷的高地；更准确地说，是指这里因拦河坝而形成的湖泊。直到上一次世界大战之前，这块“交叉地带”上农民的日子还相对安逸，生活全靠生产精美水果的商用果树：樱桃、李子、栗子，加上一些坚果。此外，他们还种一点葡萄和蓄养奶牛。他们的奶产品由合作社收购，还不时卖掉一两头小牛犊。如今只有一些老夫妻和寡妇仍旧住在交叉地带的茅草房里。连接这些茅草房的道路已经“封闭”了。这些“坦克道”直到数年以前还是茅草房之间往来的捷径。荒废的小型葡萄园遍布荆棘。年轻人都上巴黎去了。

570 在这块交叉地带里，丹妮尔是家中最小的女孩，也是子女当中最后一个离开此地的：哥哥莫里斯长她十岁，在巴黎当宪兵；姐姐伊薇特嫁给了一个当地小伙子，夫妻俩后来远走巴黎，她跟着夫婿在巴黎经营着一家咖啡馆。丹妮尔没有急着离开。在罗岱斯（Rodez）学习过文秘之后，她在家里待了两年，有时候去农场打工，有时候在家帮帮父母。她还经常参加这一带的舞会。她自认为“好好享受了时光”，还说那两年过得特别幸福。她是依依不舍地离开此地的。丹妮尔喜欢交往，性格开朗，爱漂亮，头发梳成“狮子头”，只要可能，她喜欢星期日去市场选购衣服。

我打电话给她，预约见面，接到我的电话，她并不显得惊讶，因为几个星期前，我俩在阿维隆见过面，当时说好在巴黎再见。她刚做过手术，正在休病假，听起来很高兴能够跟我一块度过几个小时。当然，我得去尤利斯看看她的公寓。她将接待我，给我做吃的，还会让我翻阅她的相册，特别是结婚照片，因为我从未欣赏过。我们还可以把她的父母也请来，总之让我不感到拘谨：我是她的客人。

我也告诉她，我很想为了正在进行的调研工作采访她，了解一下像她这样一个来自乡下的女人在巴黎的生活中遇到的难处。从出生的阿维隆小村，直到巴黎第 15 区的邮局分拣处，她愿意谈谈一路走来的甘苦吗？每次在假期里见面，她母亲都给我讲述她最初遇到的“伤心事”，这些她也愿意谈吗？实际上，她立刻就同意了。571
难归难，“毕竟没有难到哪里去，和城里人下乡相比，乡下人进城毕竟容易多了，因为城里舒适；阿维隆那样的乡下，一个城里人肯定会受不的”。

尤利斯是一个住房集中的贫寒小镇，没有合适的交通工具前往。那里正在大规模开发，周边都是居民区。因为我们约好在车站见面，丹妮尔来到区域捷运[①]车站迎候我。我等了半个多小时，才看见神情张皇的丹妮尔，她刚才跑到车站另一侧去了。每天早上，她下班回家就从那一侧出站。我俩随后在车站前面搭乘一辆大巴，快速穿过郊区的高尚地带，走了一段高速公路。快到尤利斯的时候，在塔吊和施工工地的背景下，我远远望见突兀出现的几栋居民塔楼（我后来才知道，有几栋正在翻修）。丹妮尔告诉我，有几个朋友调侃她，说她“家住芝加哥”。

乘坐大巴的路上，丹妮尔跟我说起她的丈夫。塞尔日比她小五

---

① 区域捷运（Réseau Express Régional，RER）是大巴黎地区的通勤铁路网络，由法国国家铁路公司和巴黎大众运输公司联合管理。——译者注

岁，她似乎对这一点很在意，尽管没有明白承认。塞尔日的父亲是凡尔赛镇的汽车修理工。高中毕业会考一结束，塞尔日就不想继续学业了。他当时迷上了象棋，打算全力投入：他是一个拥有段位的
572 竞赛棋手，最近还赢回了一个奖杯，摆在公寓客厅里的显眼位置。可以看出，丹妮尔对丈夫很欣赏，说他是知识分子，给她解释了很多俩人结识前她不懂的东西。可是，反过来说，她承认他在二人世界的实际生活方面并不很强，她对丈夫拥有一种母亲般的权威。

举个例子吧。我俩吃午饭的时候，塞尔日打电话回家，他下周末要去里昂参加世界象棋大赛，问她对 150 法郎一天的旅馆怎么看。丹妮尔说了不少安慰话。挂上电话，她转过身来，很得意地告诉我说："可怜的家伙，挺乖的，什么事都问我的意见，他完全可以想怎么花钱就怎么花啊，他比我挣得多呢。"（丹妮尔一个月挣 6 200法郎，塞尔日挣 6 700 法郎。）

在来回的路上我注意到，大巴司机跟丹妮尔很熟，好朋友似的跟她聊天，就像那种并非同事，可是出于职业关系，工余经常见面的人，此时别人还待在家里。丹妮尔似乎很乐于保持这种密切的关系。

下车后，我们必须步行十多分钟，经过一些塔楼才能到她家。其中有几栋看上去破烂不堪，另外几栋楼正在"翻修"。丹妮尔的家在一栋五层小楼里。这栋楼有点偏离楼群，坐落在一条灌木葱茏的巷子里。他们住一套二层的有三个房间的公寓：一个客厅，两个卧室，有一间是留给访客的（塞尔日本来想把它改造成健身房，丹
573 妮尔则愿意留作客房，以便留宿来访的亲戚和朋友）。客厅里有很多什物和照片，照片大多是丹妮尔家人的和他俩的结婚照，一张玻璃的矮桌，装饰都是丹妮尔完成的，有厚叶植物和经过细心筛选的石子。厨房的设备很齐全，有拌肉机、搅拌器、微波炉（塞尔日母亲送的礼物，她对厨房设备极有兴趣）。

一进家门，就看到桌子已经布置停当，一瓶专门为我买的苹果酒摆在显眼的地方。我们费了好大劲儿才打开了这瓶酒。午饭过程中，丹妮尔看来担心菜肴是否对我的口味，一再劝我不要客气，好几次跑进厨房给烤鸡加配料，她加进一包配好的汤汁，还拿来一包我可能喜欢的调味料。“吃吧，吃吧，”她对我说，“吃点面包，您自便!”跟回答我的问题相比，她更关心的是扮演好家庭主妇的角色，这些问题看来对她显然不合时宜。午餐的重头戏是一个蛋糕，是她按照一个名叫“体重守望者”的团体的食谱亲手制作的。初到巴黎的时期，她体态丰腴，在同事的建议下加入了这个组织。

跟不熟悉和有所忌惮的人讲话时，丹妮尔嗓门很大，好像担心对方听不懂。因此一句话有时要重复几遍，或者像说给反应迟缓的外国人似的，讲“孩子话”。丹妮尔有很重的西南部口音。小时候，她在学校说法语，回家跟父母说当地话。初中毕业以后，她去罗岱 574
斯学习文秘，从那以后就丧失了说方言的习惯，除非是晚上与亲朋聚会。不过，她说话小心遣词用字，以至于有些用词显得生硬，例如：不定形容词“quelque”（某个）被用于单数；不说“entrer”(进入)，而说“accéder”(达到)；还有一些自造的字眼，例如“at-tentionner”(关心)。这些都使她的话带上了一种无人称的口吻。她也很重视准确地描述工作中必须完成的一些举动和邮局职工的上下级关系，尽力为我解释一些简称，它们的演变和在实际工作中的用场。可是，介绍在邮局分拣处的工作环境时，她却操一口官样套话，好像在背诵工作之初学会的课文，或者说，好像她的上级不在身边，或者更准确地说，似乎她根本不在乎他们。

在整个谈话过程中，她抱怨夜班的物质条件太差，谈到白天工作的经历时也不无恐惧。她不顾家人和丈夫的一再劝告，仍然继续上夜班，似乎她从与夜班同事的友情里为离乡之苦找到了一点慰藉。

575

一位邮局分拣员

采访者：罗兹妮·克里斯坦

“我从来见不着太阳”

——你平时上夜班吗？

丹妮尔：上，上夜班。

——从几点到几点？

丹妮尔：朝五晚九。你必须习惯这个节奏。我晚上七点左右离家，先给我父母打个电话……

——每天都给父母打电话吗？

丹妮尔：几乎每天都打，通话时间不长，可是有规律，他们也习惯了。我早上五点钟下班，五点半吧，坐头班地铁，对于一个女人来说，这不是那么容易……你得喜欢才行，这个很特殊。我最初当投递员，从1982年开始，1982年5月。

[她接着解释为什么选择从投递员改为上夜班。]

丹妮尔：因为有不少好处，有不少休假。你能从帮同事顶班得到好处：如果别人顶你的班，加上一些休假日，这样你就能休比较长的假，也就是说，你可以连轴转，干两个礼拜，再休息两个礼拜。

——“连轴转”是什么意思？

丹妮尔：就是顶同事的班。三天上两个夜班，第三个夜里不休息，顶一个同事的班，这个同事如果愿意也会顶你的班，所以，有时候我们提出连休两天假，因为有时候礼拜天也上班，礼拜天夜里上班，这样你就能有三个钟头的带薪假，带工资休息。礼拜天我们从九点干到午夜，是有薪水的。这么一来，三个礼拜天就能休息一整天。你要是打算用这一天休假，管理部门欠你这一天，加上请同事顶你的班，再加上正常的休息日……这样你就有了很多自己的时

576 间。我认识塞尔日以前，我有点想家，我心想：“这么干不就是为

了能够多回几次老家嘛。要回阿维隆，一个周末绝对不够。”

——你是在那个时候认识塞尔日的吗？

丹妮尔：不是，那是后来的事。1984年我加班期间认识了塞尔日。我那一阵子上夜班，工作环境不错，我心里想，干吗不留在这个班上呢？塞尔日对我上夜班不太乐意。我琢磨着，我已经接纳了你不少，你也得接纳我一点才行，这就形成了一种连锁反应。环境……除了这个岗位非得站着干活才行以外，没错，人嘛，天生应该夜里睡觉，白天干活儿……生理机制有点失衡，可是……环境……我倒是觉得挺满意的……

我们站着干活儿，原地不动地站着……

——那是怎么一回事？

丹妮尔：你一进去，眼前就面对一副钢架子，上头有好多好多小方格，鸽子笼似的……还有一张大桌，叫作“初拣台”。邮件从卡车上卸下来以后，就摊放在台上，我们有装卸工，也叫“前期处理工”，装卸工就是了。他们把卡车上的大邮包卸下，搬到手推车上，再放在初拣台上，我们有个人负责打开邮包，其他人围着初拣台，把信件按照大件和小件分开，小件放进小盒子，大件放进邮筐，都是那种金属筐，您知道的，再把它们分拣，放进小方格子里。

我第一次走进这个房间，心里吃了一惊：我的天！怎么会这么大，像工厂似的……真的，印象很深，真是宽敞……小号信件放进塑料盒，再分拣到小方格里，然后就归各个部门处理了……为了核验挂号信……标明价值的信件要放进一个贴着红签条的口袋里，叫作“红件”，也叫保价信，由AXSG专门分拣：AXSG是通用服务员的意思，这些人把这种信件拿到一间屋子里分拣，逐个登记在小本子上。递送的时候，收信人得签字。我们站着干活儿，原地不动 577

地站着，总是站着。四个钟头面对邮件，于是您开始分拣寄往第15区的邮件，我们只管这个，不管别的。您得熟悉才行，比方说，伏希拉尔大街的走向……邮递员送信时，没法从第6区第1号直到凡尔赛门的这条街都送到。伏希拉尔大街分属好几个区呢，比如方说，把5号和12号放一起……14号和20号放一起，这些都得熟悉，得知道哪条街归哪个格子。

——放在初拣台上的邮件都经过了一次分拣吗？不是寄往整个巴黎的？

丹妮尔：都经过了初拣，是寄往巴黎第15区的，不过有些弄错了。比方说，本来应该由第17区的邮递员分送的被误分到第15区，这种算是“方向错误”，还有些是写信人弄错的，比如说，信封上写“寄往巴黎第15区哈斯巴耶大街（Boulevard Raspail)”。

——你有好多格子要处理吗？

丹妮尔：66个，加上三个“地域”，再加上“广告单”和“特别递送企业邮件”“方向错误”，一共约有75个格子。同事们也是这个数目。不过，还有另外一种邮政业务，他们叫“进出件”，我们管“进件”，另有一个管“出件”的附属部门，就在弗朗索瓦-波万大街上，他们那边可以用机器处理：有PIM、HM（……），还有一台东芝牌的，都是机器，电脑，他们用PIM打出邮政编码，比如说75014，等吐出来再送进HM（……），然后送进格子……这个嘛，我解释不清楚……临了，把邮件用塑料袋封装。“出件”就是这么处理的。

——你必须始终站着干活吗？

丹妮尔：是的，不过现在他们明白了，因为不少人有了一把年纪，他们多少个夜晚都在那儿干活儿，腿出了毛病，看静脉血管大夫等等。他们明白放一把高脚凳有好处，一把让你够得着格子的高脚凳，不那么容易，因为那些格子都有些年头了。他们本来应该弄些新的格子，可是格子太多，摊子太大，让座椅跟格子相配是个大计划，于是有时候就放几把高脚凳，您知道，就是酒吧里的那种高脚凳，两把摞起来，人再坐上去，不过这样人感觉比较累。 578

——中间你们停下来休息吗？

丹妮尔：从十二点三刻到两点，有一段休息时间，吃个便餐，这个时候能够休息一下。

——你们一共有多少同事？

丹妮尔：三十个人左右。

——你都认识他们吗？

丹妮尔：认识，不过有些调动什么的，我很久以来就认识他们了……有一种氛围，我们后来相互同情……我甚至有一个同事……集邮大师，酷爱连环画，很有热情。

他可以当邮政局长……再当部长什么的……！

——头头跟你们在一起吗？

丹妮尔：有啊，因为我们分成好几个等级，最低一级是协理员，连级别也算不上，然后是投递员……再往上是 AXDA。然后是 CDTX，就是头头，流程监控员，他监控邮递员，可是他是头头；还有就是 CT，综合服务监控员，就像塞尔日这样，不过这属于“办公室”；还有分区监控员，叫 CTDIV，以及别的……所有人都归总监理这一级管。

——他们都跟你们在一起？

丹妮尔：是啊。有好几个呢。

——你和他们不做同样的工作吧？

丹妮尔：不，他们指挥，写东西……他们每人都有明确的任务。不过，分区监控员低于总监理，高于流程监控员，然后才是总监理，再然后就没有了，齐了……因为分拣处的总监理白天工作。

邮政局长呢，这已经有个级别了……然后他就可以当邮政局长……再当［找不到适当的字眼］个部长啥的……！

——那些跟你们在一起的头头，人怎么样？

丹妮尔： 还不错，还算正派，可是我只是做我分内的事。跟任何职业一样，总是既有好处，也有坏处。

579 **我一起床，天就黑下来了**

——夫妻生活更是如此……

丹妮尔： 没错，因为我俩见面……见面的时间……可以说，要是塞尔日上夜班，那就更合适，可是他白天上班，我夜里上班，见面不那么多，不得不少见面。我是上夜班的时候认识塞尔日的，他一直是在夜班上见到我的。

——每三个夜晚你只有一个在家里过……

丹妮尔： 是啊，黑白颠倒，我这不是过日子，人就像……这不，你瞧，我还没有恢复生活节奏呢［三周以来，她在休手术后的病假］，晚上还是睡不着觉。

——假期当中呢？

丹妮尔： 也是一样。我的睡觉时间是从早上七点到下午三点。可以说，到了深冬，我从来见不到太阳：我起床……倒不是完全摸黑……不是那样，可是我一起床，天就黑下来了，我就去上班，回家的时候……永远是黑夜，这样日复一日。

——见不着你丈夫……

丹妮尔： 还是能见面，因为他的工作离家近，时间好，还是能见面。而且他是倒班工作的，上午班或者下午班，今天早上他就不用上班，因为下午要上班。他的上班时间是早六点到中午十二点半，然后是中午十二点到晚上六点半。最麻烦的是他上午在家，下午上班的时候，因为我刚回到家，又困又乏，然后他起床了，我也没心思讲话。他中午得出门上班，我会给他准备吃的，没精打采的。他离家时我刚刚打起精神。倒不是非得给他准备不可，可是他这个人这么好，而且男人毕竟是男人。我心想，好吧……他会知道的，是的，会知道吃什么……可是，我总想关心关心［提到怀孕不容易］。虽说有不少结了婚的妇女，她们有孩子，为了节省雇保姆和上幼儿园的开支，夫妇俩有一个上夜班，这个在我们这儿很常见。为了养孩子不用雇保姆，于是一个人白天，一个人夜里，两人轮流当保姆，上夜班的白天带孩子，我已经习惯了，除了家还是家。我父母是我的一切，我爱他们，也喜欢乡下，绿茵茵的乡下， 580
让我很是思念。巴黎让我觉得憋闷，那边［尤利斯］呢，虽说离巴黎边缘只有 30 公里，不算太远……不完全是乡下，算是接合地带吧。

20 岁以前，我没有离开过阿维隆。我在小镇子罗岱斯上学，学的是文秘，算是一种有中专加专科技能文凭（BEP-CAP）的办公室文职秘书。不错，那是一个很小的镇子，跟大城市相比，罗岱斯不过是一个大村。对我来说，农场本来就很好，可是……父母那边太难对付，做不到现代化，本来应该……营造一个什么房子……舒适的……本来应该……也不是这个……农场小得不能再小了！由于地势太高，而且过去他们生活得很不错，因为他们能够出售蔬菜水果，可是现在有了西班牙产的水果，欧洲共同市场什么都……再说我又是个女子……对我来说本来很好……怎么办？我父母就说："不是我们不愿意留你，可是你得有点雄心大志，得靠文凭啊。"那个时候，他们有一份报纸，我在上面看到：需要多少多少人，请跟某某机构联系，于是我就写了申请，寄出我的联系方式什么的，这些都……

——当时你不知道是申请邮局的工作吗？

丹妮尔：知道，上面注明了。那份报纸不是《中报》就是《自由南方》，我记不太清了。我注了册，去了罗岱斯，不记得按照哪个编号在那儿被录取了。我被告知录取的事，特意去做体检，以后就是“您将被分配到巴黎当投递员”，不过没说明巴黎哪一个区。他们问我更愿意去哪一个地区，卢昂，北部，法兰西岛，还是东部。于是我就注明法兰西岛。就这样我来到了巴黎大区，而且是上岗前三个月才知道是哪个区。“两个星期以后，您将被分配到第15区。”我就是这么来的。

初到巴黎

丹妮尔：最初我在圣德尼的舅妈家里住了两天。[她妈妈的弟媳妇，夫妻俩先在圣德尼，后来在华西开着一家咖啡馆，在巴黎地
581 区已经定居30多年。他们在丹妮尔的父母家附近也有一所房子，每年夏天和万圣节期间过来住上几个星期。房子维护得十分舒适宜人，以便退休后养老之用。]是雷罗尔先生[一位跟她家关系密切的邻居]开车送我去的罗岱尔火车站。我当时伤心得不得了，我才20岁呀。我心想，你得出去讨生活呀，所以有点伤感……不过那是后来的事了：我的兄弟姐妹们都有自己的生活，我落得独居斗室，独立应付生活里的问题，迈入独立生活，一大堆事情都来了，我有点不知所措。可是，说了归齐，我跟同事们相处得还不错。周末总是出去，从来不一个人待在屋里，有时候会，可是我有一些……不算是朋友，是认识比较浅的人吧……我们有时候一起出去玩。

——我好像还记得，你那时寄住在一家人那里？

丹妮尔：起初是这样，寄住在一个邮局的接待家庭里，在巴斯德大道上，这种家庭可以接待你住三个月，至少，然后你就得自己想办法……这是走进巴黎之初，后来我们又寄住在另一个家庭里，时间更长一些，我们四个人。然后，不用说，又有新人来了，必须给他们腾位置。一旦适应了巴黎的生活，每个人就得自己找住处。

我就开始找，随便什么地方都行……小公寓就行。我找到了一个单间公寓……住得很烦心，那里头阴森森的，就在第15区的费曼-迪多大街上，凡尔赛门附近，挺害怕的……后来搬到伯洛麦大街，后来又搬家，搬到圣朗贝尔街……

——为什么总是搬家？

丹妮尔：因为，一个是住得烦心，窗户太少，空气不流通，那是在四层楼顶上，上楼虽说有电梯，可是黑洞洞的，我适应不了。另一个是那个房间是给保姆住的，什么设施都没有。后来我心想，伊薇特［她姐姐，咖啡馆经理］那儿的卫生间真好用，这儿烦死人了，另找个什么地方吧，可是首先……为了挣出单间公寓的押金，我不知多少次得缴双份租金，一笔是保姆的房间，加上另一笔。这个保姆的房间我住了一年，后来一个同事告诉我："妮子啊，我找到一个单间公寓，租金说得过去，愿意就去看看。"我说好吧。那儿倒是有些设施，有厨房，一个用餐的角落，当卧室用也行，还有一个储藏间、一个卫生间。我在那儿住了一阵子，直到后来认识了 582
塞尔日。我俩在德努埃特街的一套两居室公寓住过一段时间，后来，这不，就搬到这儿来了。

好像一针镇静剂

——对于从乡下来到巴黎头几个星期的最初印象，你还记得吗？

丹妮尔：记不太清楚了。不过那时候年轻，想不了那么远，假如现在一切重来，就会感觉更难一些，可是那个时候……有点无忧无虑……心里想，我会结识人，结婚，遇到一位白马王子，总之想入非非。可是人一来……不过我在罗岱斯住过，对城市有点了解。巴黎嘛，我觉得……巴黎确实很美，可这是对一个外省旅游者而言的，如果我当时也是来旅游的，我也会借住朋友家，玩上两三个月，参观所有的纪念建筑，博物馆，所有的巴黎景点，享受一番，我会到处观赏。可是这一回，我觉得巴黎……我告诉您吧……因为人一到巴黎，也许现在不是这样，可是当时，我一直抱着调动工作的希望，期盼，那是一种期待，人家告诉你：“你是实习生。”转正得一年时间，于是我心里想：“一年的时间，好吧，我就牺牲一年，然后回老家去。”其实这不是一个好办法，因为是暂住巴黎，不打算观赏什么，只想着一年快点过去，好回家……这些。他们一开始就误导你，甜言蜜语，好像一针镇静剂，也有点敲诈的意味。所以我也没打算去适应，因为我心想，以后还得重新适应乡下的生活，也许没办法调到想去的地方，调到父母住的镇子上，再不然就得等很久很久。这一切都挺费脑筋，后来我就漂着，总是四处漂着。1976 年的想法跟现在可不一样。

——你那时用过的口袋，你妈妈总是跟我提起……

丹妮尔：对，那是个有背带的包包。如今换成超市里的那种手推车了，如果投递不出附近一带的话……他们还有一些存件点，就是用邮政总局的汽车载着你转悠，也就是说，你得把一半邮件放进一个包包里，然后一个指定的司机，一个负责开车的职员，他把你
583 送到街道号码那里，送到你的投递路线的一半那里。比方说吧，我今天投递牧羊女大街，我得先把包包装满到一定程度，足够投递路线的一半就行了。到了那个地方，我的包包就又空了，这时我就接过那个人用收集起来的邮件装满的另一个包包。虽说路线由我自己挑选，可是，那确实……而且一天要跑三趟！我每天早上有投递任务，六点钟就得到岗。如果迟到，人家会要求解释，就会丧失那个他们叫“点数”的东西，反正是不好的评价，会惹出不少麻烦事。每天上午和隔天下午，我都有投递任务。上下午连着干的日子最累人，得投递三圈，有一圈是要紧的财务邮件、汇票、挂号信、有价值申报的信函等等，都是要紧的东西。

——比上夜班更苦吧？

丹妮尔：还要苦。塞尔日本来更愿意我……不过，你知道，有一点还不错：投递员送一本日历，年底人家会给你一点酬谢。反正钱不咬人啊，虽说没有第13个月的工资那么多，可是……你花三四个法郎给顾客买一本日历，他接受也罢，不接受也罢，都会送给你一点礼金，是50还是100法郎，全看个人能力，反正是送给你的，算是一小笔过年的钱，而现在这个地方是第13个月的工资，一笔额外的薪水。上白班的对这个都挺感激。

——能收到不少钱吗？

丹妮尔：哪有的事?！而且你非得喜欢这么做才行，得伸手要，这是个很特别的事，左要一点，右要一点，不能羞羞答答，真不是那么容易。

1990年11月

我们第一次会面时，丹妮尔同意为我进入阿勒海街的分拣中心提出申请，让我看看她的夜班工作情形。不过，她对我的好奇心表示有点惊讶。因为除了她已经告诉我的东西以外，那里“再没啥可 584
看的了”，也许我对实现电脑化的邮政支票处理中心会更感兴趣。可是，正逢她的顶头上司，负责监控流程的某先生休假，必须等他回来再说，而那位替他班的人是“工作狂”：丹妮尔十分客气地告诉我，这样的访问完全不合常规，必须磋商一番才有可能。

大约两周以后的一个晚上，她开始工作之前给我打来电话，也许用的是某某的邮局电话。未及说明打电话的目的，也没有说明缘由，她一上来就大谈某位阿维隆的同乡要来巴黎的事。这个人跟她和我都谈不上关系亲近，然而是“（她的）头头的好朋友之一”（跟我谈话时，她总是以“头头”称之，当着头头的面却跟其他分拣员一样直呼其名）。顺带提起某某“头头”的地位，这样做既可以确认她与一位她能要求优待的领导之间的关系，又可以表示她很自豪于身属一个官级复杂的机构。这个体系的官职，从最小最熟悉的（甚至跟她走出的村子也有千丝万缕的联系）直到最大最难以企及的（直至政府总理），一应俱全。谈论头头，而且有点显得以头头的名义讲话，也使她能够得到这个封闭的机构的保护。

第一次会面，我发觉，提起在巴黎的生活，她有点发窘，总是
585 把话题拉回到我们对阿维隆的回忆，以及有关父母和其他村民的消息上面。这样可以把“家乡”引入她在巴黎的天地，使阿维隆的这个小小的社区进入阿勒海街的邮政局。提到同村邻居的名字，告知我她同某先生的友谊，这样做也有助于我对第 15 区的邮局分拣处不那么陌生，不使我对她的工作的兴趣显得那么唐突……

我们约好，某日晚 9 点在阿勒海街 19 号见面，那是邮政局的所在地。我告诉她会带一个朋友来。阿勒海街位于福日哈街区，晚上人迹稀少。很久以来，小商家早已关门歇业，连咖啡馆也是如此。这条街不跟任何热闹的夜生活地点连接，所以经过这里的汽车很少。只有黄色的邮政大卡车从我们身边歪歪斜斜地驶过，戛然停在因修路工程而破烂不整的街道上。与此形成鲜明对照，一栋灯火通明的方方正正的大楼拔地而起，四个楼层的窗户都有铁围栅。丹妮尔正在等我，她已经“签到”了，所以“不会有问题”。不过，我感到她有点紧张，话特别多，同时有点怕怕的。我们绕过楼房，一起走到楼后装卸邮袋的院子里，卡车整夜从这里出发，前往第 15 区投送邮件。

楼房底层是分拣“政治”邮件的地方，即一周当中的各种日报，有些日子里还有杂志……

586 丹妮尔的工作地点在第二层，信件在这里分拣。上楼得爬楼梯，楼梯台阶涂成黄灰两色的方格子，一如很多办公机构。楼梯之间的平台上挂着工会的布告板，上面有一些复印的传单和告示用揿钉固定……

这天晚上，丹妮尔穿一条紧绷绷的牛仔裤，一件宽大的白色套头衫，上面印着巨大的黑色图案，一双黑色的低跟鞋。长头发低束在脑后，狮鬃毛式地环绕面颊，可以看出几缕头发经过亮化处理。她的岗位在工作台的开端位置。右手边的一位同事来自维尔法朗士-德-鲁埃格，两人因而能够“聊聊家乡”。左手边是一位来自维也纳的年轻员工，“认识塞尔日”，丹妮尔 1985 年结婚时，婚礼曾邀请她参加。经过耐心等待，而且借她不那么喜欢的同事离职或缺勤的机会，以及善意的授权，一种亲密关系逐步建立起来……今天上班的有 21 位同事（加上缺勤、休假和替班人数，这个数字可以达到 31 人），四分之三为女性，都是年龄在 25 岁到 35 岁之间的年轻人。全班员工当中有一位年纪较长，“40 岁”，今天不在。有的人穿着管理部门发的蓝色尼龙工作服，不过不是非穿不可，很多女员工仍穿牛仔裤，加一件衬衫或套头衫。正像对于丹妮尔那样，对于她们来说，上班也是一个机会，可以试试一种新发型，一件崭新的套头衫。

分拣大厅很宽敞，进深 40 米，宽 25 米，七八米的高度直到天花板，两排柱子把大厅隔成三行工作台。丹妮尔在这个环境里一下子变得很渺小，在这个无分昼夜的“工厂”里，变成一个小小身影，隐没在分拣员的行列里。他们整夜站立着工作，没有凳子，也 587
没有栏杆可以靠一靠。大厅内 1.5 米以下全部涂成深灰色，以上是浅灰色。瓷砖也是灰色的，霓虹灯管嵌在长方形凹框里，外面罩着极其厚重的玻璃，微弱的灯光仅能照亮中央工作台（夜班工作的地点），另外两排工作台处于黑暗当中。左右两边的工作台负责将投往每个街区的邮件分别装入投递员的邮袋，每个分拣员处理第二天由两位投递员送出的信件。左边的工作台还有一个“单间”，负责分拣“有价值的”邮件和挂号信件。墙上挂着一些招贴画，一幅脊椎骨分解图，另一幅展示手推车的正确使用方法，辅之以图画。然而这两张图都挂得太高，根本看不清楚。大厅入口的凹陷处，有一具衣架，挂满羽绒服和外衣。中央工作台的对面是“办公室”，没有任何东西将之与大厅其他部分隔开。里面有两张桌子，一部电话机，三把尼龙混纺面料的椅子，金属扶手，东西全都用得很旧。唯一的装饰品是一幅黄白两色的邮政挂历和一张招贴画，招贴画上面是以蔚蓝色的大海为背景的一只帆船。这是整个大厅里仅有的几把座椅，算是某位头头享受的特权。不过，在我的访问过程中，他并没有使用。几年前，曾经有一位领导筹划过给分拣员安装活动座椅的计划，可是没有实现人就走了，后来也无人提起。“那得弄出很
588 大动静才成，”某先生如是说，“必须说服领导，可是没人管这事啊。只有来一场罢工才……”他压低了声音。

我们到达时，分拣员们已经分别站到工作台两侧的岗位上，面对他们要处理的纵向排列的 66 个金属格子（每小时要处理 1 500 封信件）。每个格子管一条街，更常见的情况是管一条街的一个路段。这些格子上边都有纸板，写着街区里的街道名称。可是位置太高，看不清楚。这里一切似乎都无人照料，灰尘斑斑，很像一个废弃的工厂。

“办公室”右侧直对电梯，四个在“初拣台”上工作的人已经打开了头一批邮包，四个人也是站立工作。台子上有今夜必须处理的大约三万个邮件。这张桌子长不到两米，宽不到 60 公分。专门发往第 15 区的信件（因为白天在别的邮局已经分拣过一次）按照“街区”的区分，小信封放进“小箱子”，大信封放进大的金属“推车”，每个分拣员过来取走属于他负责的街道的小箱子。某先生没有花时间跟我们多谈，他已经习惯于协助开始初拣，不愿意我们的来访造成一次例外。在桌旁的一个陈旧的格子上，我们看到一些以休假纪念为主的彩色明信片，用图钉揿在一根柱子上，还有一份国家铁路公司的“旅行者挂历”，注明价格便宜的出行日子。宽敞的

大厅里，员工们占据的只有这个地方。沙哑的扩音器里播放着音 589
乐，听起来好像一首摇滚乐曲，可是在叽嘎作响的推车声中根本听不出个究竟，搬运工人正在使劲把蒙着灰尘的大件邮包从电梯里磕磕碰碰地抛进手推车。

丹妮尔几次走过来，对于“未能过来跟我们说说话”表示歉意。她要处理的邮件显然不算太多，而且看来某先生也没有抱怨。不陪伴我们不是，留下来谈话也不是，她忽然对我们的突然造访表示担心（事前她只有模糊的预感），于是采取了一个折中办法：一边告知我们她实在无法跟我们交谈，一边红着脸回到在同事们当中的岗位上。

米歇尔是一个棕色皮肤的矮个子，蓄髭须，60岁上下。他是部门总监，某先生的顶头上司。此君干了一辈子邮政工作，而且一直上夜班。他观察了我们一会儿，未启齿交谈。他不停地沿着工作台来回踱步，审视一切，显得心神不宁，缄口不语。等到意识到无法回避我们，他冒出了一句：“呵，新闻界的!”他说，如果我们乐意，他愿意花时间带我们转转。有了这个理由，就可以离开工作台，和他聊聊过去。

他还记得初到巴黎的那一天。在奥斯戴利兹火车站，这个来自家乡圣-让-德间兹（Saint-Jean-De-Luz）的18岁小伙子走下火车，手里拎着行李。他得弄清楚去邮政部的路怎么走，更困难的是得找一个住处。人们说，如今初到巴黎的年轻人要好办一些，因为可以
暂时借住接待家庭，不过不一定那么容易，因为情形并没有多大改 590
变。他认为，上夜班的姑娘都来自外地或者海外省，她们往往只认识三个地方：巴黎的火车站（火车往返于巴黎和家乡地区之间）、邮局和宿舍。她们来自布列塔尼或者西南各省，第一次远离父母，心中不免忐忑，每天都生活在等待当中，等待攒够若干天假期返乡。分拣员每三天上两次夜班，每次都是朝五晚九（头头们每三天

上一次夜班，晚九点到早九点）。虽然星期六从不上班，可是利用“顶班”可以多积攒天数，以便返回“外省老家”过几天。这个好处可以解释何以大家都自愿代替别人上夜班，因为顶班不意味着白干，至少在工作初期如此。

初到巴黎时，这些乡巴佬（大部分妇女在分拣处工作）并不知道她们永远不会离开这里，而且跟丹妮尔一样，在自己的村庄获得一个邮政员的位置，这个美梦她们将要做许多年。慢慢地，她们发现这只不过是个诱饵，因为要想离家乡近一点，就必须在一个级别上苦等十年，既得不到升迁，薪水也不会增加（尤其是那些来自法国西部或者马提尼克岛的姑娘：“马提尼克女人从来不走”）。

丹妮尔来巴黎已逾十年，嫁给塞尔日也有七年了。婆婆是一个“眼里不揉沙子的极有权威的女人”。她有时候来丹妮尔家度过一
591 天，星期日他们常去丹妮尔的姐姐伊薇特家共用午餐。伊薇特在巴黎经营一家咖啡馆。他们每逢空闲的星期六晚上就同伙伴们出去玩。巴黎的阿维隆小镇同乡会的活动，丹妮尔一次也不落下。例如最近，她花了整个周末参加要求“独自来，不带丈夫”的“佩耶洛尔庆祝日”。她在这期间举办的两场宴会和一场舞会里“找回了青年时代”。

阿勒海街的这次访问之后数周，丹妮尔在电话上坦承：她和塞尔日的关系“不怎么好”，而且，一段时间以来，她“看什么都是漆黑一团”。

593

拥有

高莉妮 50 岁。两年以来，她在一个行业工会组织任职员。此前她在一家小型私营工业企业当过 15 年之久的双语秘书，由于经

济原因，当公司宣告破产时被解雇。她目前的工资比从前低。她曾经不得不放弃了一个干部职位，那是多年当中，她与老板发生纠纷的症结所在，也象征着不断受到损害的尊严。

她的父母是意大利移民，对此她谈得很少。父亲在“建筑业当搬运工”，母亲的职业她记不清了，“家庭辅导员吧”，她一语带过。小时候，她家里“一无所有”。结婚以后，她“想置办点东西”，想挣钱，“往上爬”，“打拼”，“没错，可是这样一来你就被拴住了，你就非得往前走不可”。

高莉妮中学毕业后在大学里学过一年法律，20 岁时嫁给了一位战斗机飞行员。丈夫如今已经去世。十多年里，她跟随派驻地频繁变换的丈夫，养育他们的两个孩子。后来，丈夫放弃了军旅生涯，选择了一个地面工作的职位，可是工资和待遇也随之降低了。
高莉妮开始找工作，当年她 31 岁。她在离家不远的地方找到了一 594
份办公室工作，并且开始在伯利兹语言学校上英语课和打字员培训班。一张速记和打字的文凭，加上法英商会的考试，使她能够在一家小企业找到一份管理层的秘书的工作。那个时期，工作还不算很难找。十年之后，这家企业被一家阿尔及利亚印刷厂的前任会计师罗歇收购，此人可说是“小达比或马克斯威尔[①]”，他每两年就只花名义上的款项收购一家倒闭公司，为的是“挣点现钱”。

这家控股公司有四十多名员工，经营方式是常见于小企业的家长专断。罗歇本人就反复说：“我们是一个家庭，你必须跟一个家庭共同生活。”高莉妮进入公司不久，他就开始了对她的追求，但是被她拒绝了。由此开始了“地狱般的五年时光”，既有可悲的故事，又有可笑之处。她讲到被解雇的威胁（“我很想把你赶出门去”），当众羞辱（“她的工资太高!”），被逐出干部群体，打入“车

① 罗伯特·马克斯威尔（Robert Maxwell，1923—1991）是捷克出生的英国媒体大亨，生前拥有《每日镜报》，曾担任英国国会议员。——译者注

间里那帮干活儿的”，处处遭挤兑，特别是成为家常便饭的压力，怕被抓住小辫子而战战兢兢。假如她“开了一个玩笑，他绝对不会放过。必定是一场小小的战争（……）而且没完没了”。

她的“生活天地与世隔绝”，“这种小企业的老板可不是随便什
595 么人！你只能服从”。每个人都受到不公正的对待，可是没有人反抗，因为罗歇先生“工资付得挺多”。他是一切成功的标尺和榜样，既严厉得令人惧怕，又因为他的知识得到认可而普获众人欣赏。从同事们那里，高莉妮既无法期待帮助，也无法期待安抚，他们心里都有所忌惮。她甚至觉得有些女同事对她有点幸灾乐祸（“她这是活该，还觉得自己是个人物呢”）。在某种意义上，不太明确的干部身份反倒保护她免于解雇，因为解雇她对于企业来说代价太高。另一方面，她也不得不每天努力工作，以一种无可挑剔的专业态度证实自身条件和工资水平。跟罗歇一样，高莉妮缺少过硬的文凭，凡事都必须付出代价，都得“拼搏一番”才能赢。什么“性骚扰”“小秘”，都是黄口小儿的把戏，无异于否定自己的能力和尊严。她不怨天尤人，也不图谋报复。她只要求公正地对待她按照取得成功的规则投身其中的游戏。

“我对外面的事没多大兴趣。”她说。这是她对自己全力以赴地工作，对于个人生活则不太上心的解释。此外，尽管有那么多大大小小的伤害，或许也由于有了这些伤害，办公室的日子带给她令人感受最深的情绪和事件，既有恐惧，也有羞辱，但也使她嗜爱有所作为和成功，以及一种对于罗歇的模棱两可的依赖关系。这位老板每晚都给她一张超负荷的日程表。在这种情况下，她在“外面的”生活里的角色是不言而喻的，她认为无趣，甚至“有点枯燥乏味”。

596 她很早就注意到，罗歇同样喜欢有所行动，与之相伴的是一股张扬的阳刚之气和时刻不懈的荣誉感。他陆续购入倒闭的企业，同时也接收了一些男女员工，随后就向他们发号施令，标显其男人和

老板的威风。从“睡在地毯上的”清洁工，直到带着“小蛋糕”的女秘书，再就是高莉妮，女人们照例都“得过过筛子”，但必须依照每个人的地位进行。罗歇曾经拙劣地对她大玩感情戏码（“你喜欢我吗?”）。高莉妮不傻，她很清楚，罗歇尽管做出求爱的姿态，其实对爱情并无兴趣，他追求的是如何满足一种永远填不满的更彻底的占有欲。

事实上，男人也未能幸免。呵斥和当众羞辱反映出罗歇的支配欲望，其中包含着恫吓：解雇、降薪和取消奖金。不过，他也很懂得如何奖赏。“一船之长”嘛，全凭他的复杂的和过渡性的策略和手段，他喜欢挑选几个人，再孤立另外几个人，以树立“榜样”为由，怂恿人们相互怀疑和妒忌。他以此实现了一个独霸每个人的生活的局面。此君天生精力旺盛，手中握有建立一个独立王国的全部手段，让一切围着他转，这是一种满足永远处于饥饿状态的征服欲的尝试。

一位秘书 597

采访者：罗兹妮·克里斯坦

“谁都惹不起这种人”

[…………]

高莉妮：我那时给他当秘书。这位先生特别严厉，他叫我干好多好多活儿，干得特别苦。他有一个名义上的情妇。所以，有两年我没有被打搅……（……）所以，那差不多就是……后来他甩了那个女的，盯上了我。这一来，我就惨了。我被派到另一个分理处去，这样过了两年……

——那是他偶然的决定，还是故意把你打发走?

高莉妮：是偶然的，因为我会英语，我们有很多出口业务，所以我没有被打搅。后来回到本部……这一下可就惨了，可以说，我受到这个男人的攻击，可是我不想跟他睡觉，我没有这种意愿，结果就是……先是把大量重活儿交给你，远远超出日常工作量，您看……

——是什么样的工作？

高莉妮：比方说，我得把所有的账单都管起来，邮寄账单，设立明细账，那些入账的款项，接电话……

——他本来可以交给别人办吧？

高莉妮：交给别人办，可是……我觉得这么办不行，就找到当时我的上级，告诉他："如果罗歇想解雇我，那就请便，我没法这样干下去。"回答却是："不行，他倒是很想让你走，但不是解雇。"

[…………]

那一阵，我每天都焦虑万分。我正埋在办公室的文件堆里，他
598 一到就说："高莉妮，把某某案卷递给我。"我必须马上打起精神，几分钟之内把那份文件拿给他。当时我那种焦虑啊，就甭提了。我想说，整整五年里，我始终处在焦虑当中……我有一本"君往何处"牌子的日程簿，从不离身。我回家之后就用它。有几次，我丈夫过来对我说："你用的日程簿怎么成了这个样子？里头填得满满的。"因为我晚上入睡前要看这本日程簿，所以，一天当中我做了什么，第二天我必须做什么，可以说都得做到心里一清二楚。五年里我就弄这个……！不错，现在我也在工作，也不那么容易，这我承认，可是我觉得……您看……

——您说过，他盯上了您，他是接着在身体方面捣乱，还是……？

高莉妮：后来没有了，因为这期间他找到了别人。因为……他跟谁都睡觉，哼。这成了他的一条规矩。能进那个圈子的姑娘、年轻女秘书，没有一个不是先上过罗歇的床的。这是他的一条规矩。就是冲这一条，我才不愿意的。可是，可以说，那期间他又找到了

一个，抓住了一个，可是他觉得不合适，所以对我还是有一种进攻性。您看……我可以说，那是一种精神上的进攻性，没完没了的那种。比如说，两年当中，我没有得到任何提升。正像周围的人所说，我走上了大马士革之路①。真是惨透了。说是惨透了，是因为，您知道，没完没了，没完没了……

——您有时候会跟他单独相处吗？还是……？

高莉妮：很少。

——嗯，很少。

高莉妮：他对我倒是不显示……不当众显示他的进攻性。这个人有一天把我叫到他的办公室，我不知道我做了什么，大家都在场——总是当着大家的面，这样他就更能激怒我——他对我说："我很想把你赶出门去。"（……）

——他跟您说话不用"您"吗？

高莉妮：无论跟谁说话，他都用"你"。我说："请便吧，先生。"他说："我就是这么想的，虽说压在你肩上的事太多，我得找两个人才能包下你的工作。"

——他没说明原因吗？从来没解释过吗？ 599

高莉妮：从来没有。

——总是……

高莉妮：总是暗含的，就是这样……

——看来如此，可是，照理说，起初应该发生点什么事，他才会把您调去那个分理处吧？

高莉妮：起初……

——那一阵子……您刚才说了，他盯上您了，那时发生了什么事？

① 典出《圣经·使徒行传》中保罗在往大马士革途中皈依基督教的故事，后引申为忽然获得神灵的启示。——译者注

高莉妮：他那时故意给我设下圈套，有一天，他问我：“高莉妮啊，你喜欢我吗？”我说：“喜欢啊，先生，就像老话说的，比昨天多，比明天少，”我明白地告诉他，“不过，今后也永远如此。”

——他听了以后怎么说？

高莉妮：什么也没说就走掉了。可是，有一天，他对我说：“你会后悔的。”可是，您知道，他不是一个爱上我的男人，他这么说根本没有任何意义。他是从阿尔及利亚回来的法国佬，为了发号施令，您知道，他需要有人跟他睡觉。工作上他不喜欢能干的女性。那不是……

——我想，那其实不是他感兴趣的东西，对吧？

高莉妮：一点兴趣也没有，就是这样。这种人是有的，可是他才不感兴趣。说到底，我的能力……他更乐意我跟他睡觉，那他就不会再来找我的麻烦。然后呢，我在办公室就什么都不用干了，两年半的时间吧，因为通常都以两年半为期。可是，那真是可怕极了，且不说，如今我记不住了，很多事情记不住了，因为从那时起，我就丢了工作，也失去了丈夫，所以说，我经历了好多事，不过我可以告诉您，这种行为确实有，可是大企业不多见，都是在小企业里。因为大企业如果出了这种事，你就可以找工会或者企业委员会，可是这个我们根本没有。

太太，您别再哼小曲了……

——别人怎么看？

高莉妮：他们都害怕。也有一些有点幸灾乐祸的女人，心里
600 说：“她这是活该，还觉得自己是个人物呢。”诸如此类的想法。男人呢，好多男人什么也不说……我被打发到分理处，反倒得到一些好处，工资待遇有好处，也得到更多的善意……

——那是因为被他欺负，拒绝跟他睡觉，这个大家都清楚……

高莉妮：正是这样，因为被——您知道。这个行业里的道德观念不是那么……别人才不管我跟他睡还是不睡。可是，如果您愿意听的话，还有另一个不公正的方面，从职业角度说不公正的方面，不是说身体或者男女关系，他们对我说：“这样可不行，你应该……”还有，一天，有个部门主管告诉我——因为我这个人是乐天派，经常哼唱小曲——他说：“太太，您别再哼小曲了，幸亏罗歇没在，不然，让他听见又会怒气冲天。”就这样，一直关心我……

——所以说，五年里他始终记着您拒绝了他，虽然没有再挑逗您，是吧？

高莉妮：没再挑逗。

——总之，他也许等着您垮掉，求饶……等着您撑不住的一天，再把您招安……

高莉妮：我想是吧，我想是这样……而且，也可以说，等到我们清算资产的时候，也就是说，都很拮据，都在工会和一位司法人员的监管之下，所以有大量的裁员，我们留下来清理资料……资料不多。即使这个时候，我也没有改变态度，他也仍然那么咄咄逼人……

——您这个时候还是没有理睬他……

高莉妮：没有理睬，所以他怨恨我。我知道他说过，跟别的主管说过：“这事她早有预料。”这没错，可是我并没有找上门对他说什么“先生，您小心点，我可是看见了这个，看见了那个”。我什么也没做啊，这个事也谈不上报复，因为那样我就是自讨苦吃。如果我去他的办公室说“先生，我知道出了什么事”，他就会把大家都召集到办公室，说什么“瞧，某某太太说有怎么怎么一回事……”那我就是自讨苦吃。所以，我不想那么做。可是，事情真是可怕。 601
我告诉您，有一次我们开研讨会，有些工人是从日安（Giens）来的，从车间来的，我对车间来的人没有任何成见，大家围着大桌子落座。我却坐在会议室的角落里，跟车间工人在一起，不过我跟他们一点关系也没有。可是竟然出了这种事！大家都坐在大桌子旁边，围着坐，我现在还能回想出当时的样子……每个人都在找自己的座位牌，就是没有某某太太的！当然，座位牌有是有，可是在后边呢。这一类伎俩他对我用过两三次……

——他怎么没有解雇您呢？

高莉妮：那是因为他得付出代价！您知道，我是管理层的干部，他没法解雇我。解雇我对他来说是最下策。如果解雇我，他就得……直到最后他对我都在用肮脏手段。全公司只有我一个人会双语，当人家把我们交给破产管理人的时候，有好多涉及尼日利亚的资料要处理，特别复杂，我们必须跟伦敦的劳埃德公司打交道，总之，工作量巨大。我把那些资料全都处理好了。工作一做完，我就要求解除解雇预告书的规定，别人也都是这么做的，您瞧……解雇预告书都是这么解除的呀！可是轮到我，他就是不同意解除解雇预告书对我的限制！

——解雇预告书有多久的有效期？

高莉妮：解雇预告书的有效期么，假如2月1号接到解雇预告书，那么您还得继续工作三个月……

——所以说，您最终还是打算离开……

高莉妮：正是。我记得，不是3月8号就是前后那几天，我提出解除解雇预告书的规定，因为人人都是这样啊！那些规定没人真正执行过……可他就是不愿意给我办。

——因为还有工作没完成吗？

高莉妮：没有了。我还得一早就到办公室……

——还有多少人在？

高莉妮：五六个人吧，都是经理，加上我。我得赶到办公室，收件箱里有一封信函，用不了五分钟就能处理完，所以我带上收音机，整天看报纸，什么事都做不下去，心里揣着这种事，你做什么都不踏实。大公司不会发生这种事。一个人要是没在中小型公司工 602
作过，就体会不到你一个员工会多么依赖上一级领导……你干脆任何想法都不能有，一切听命于你的顶头上司。如果他人还不错就没事，如果人不好，你就惨了。因为，小公司没有企业联席会议（……）都是这样，真是糟透了！你根本没法……没法反击。谁都帮不了我，影子都没有！

缺德的家伙

——那么，跟这位老板睡觉的姑娘们，等两年半一到，他腻味了……

高莉妮： 不，不，注意啊！我说两年半，说的是情妇……

——哦，他还有不同的……

高莉妮： 对。可是那些年轻的，也就是……他跟她们睡……

——从来没过出事吗？

高莉妮： 从来没有（……）您知道，我跟这个人工作了十多年，没见过谁离开他。第一，他付给身边员工的工资很高，而普通办事员又不多，因为我们人都在总部，所以不那么……他把我放在眼皮子底下，有个特殊理由——用一句粗话说——跟屁股有关。

——对啊，他生气了，因为别人给他……

高莉妮： 生气了，正是这样。我呢，我看到自己周围，连别人那里也看到过……有些工厂，我工作过的那家有1 800人领工资呢，工厂加上分厂，我听说也有妇女被人欺负。这种事都出在那些领班什么的那一级，你一点辙也没有！我也是，一点辙也没有。一点也没有……有时候，我心想："我怎么办呢？总不能老这样任人欺负吧。"可是我没有任何办法呀……我没办法跟您解释。有一次，我在一个分理处，他来了，办公室都很整洁干净，他邀请大家吃午饭，就是不请我。因为天老大，他老二呀。（……）这种办大公司的人，您是知道的，像什么达比啊，马克斯威尔啊——当然，层次
603 不一样，不过还是……这些人有缺点，也有优点。也就是说，他们特别活跃，但都是缺德的家伙。不可能既这样办企业，又是好人、善人……做不到！还有，您知道，我负责处理的那些案卷使得我跟他很接近。不过，他和我之间还隔着两位经理，他们成了挡风墙。比如说，他们会告诉我："别过去……"我们那里的过道很长，他们对我说："太太，您就留在您的办公室里吧，罗歇就在那边，别离开办公室。"而且不能让他看见我！

[…………]

当我们得知罗歇外出度假的消息时，嘿嘿，好家伙！人人都松了一口气！因为，您知道，一当他开始冲别人大喊大叫，用呼叫器叫你过去见他的时候，人人都听得见，走廊里一下子变得空无一人。看不见一个人，什么也听不见……

——每个人都躲进自己的办公室去了，是吧……

高莉妮：因为大家知道，他必然要跟被叫去的人算笔账。那才是最可怕的！唉，那天……我跟您详细说说一个插曲吧。有一天，我早上八点就到了办公室，我们肩并肩走着，什么也不说，我们一进大厅就看见一个大纸箱，海运用的那一种，沉得很，这您是知道的。他一看见就喊叫起来，使劲用脚踹那个纸箱，我忍不住笑起来，因为他的脚陷在纸箱里拔不出来。他的脚差一点骨折了。他整天嘴上都挂着这个纸箱子，"给我把她的东西拿出去，她拿我开心，我要把她赶出门去"。他一整天都借这件事骂所有的人！他让会计清理我的账户，看看把我解雇，他会欠我多少钱。后来没有这么做是因为他觉得划不来。总之，您通过这件事能看出他是个什么人。我们每个人整天都提心吊胆……我呢，我知道他有别的女人，别以

为只有我一个，不是的，再说他也有几个可怜的家伙……他早就是这样，总是如此！……那么，有没有人敢于做这种事呢？没有，谁都没有办法，因为他现在掌握着一个小企业，就在苏汗纳那边，可是没有人愿意去办公室见他，万一他（……）万一第13个月的工 604
资他不给了呢，万一他辞退你呢。您瞧，没有人……谁都惹不起这种人。

——他有什么样的教育背景？

高莉妮：（……）他没有任何管理者的教育背景，可是他有一个很特殊的头脑，一种超乎寻常的工作能力，这方面他有非凡的特质。我呢，我觉得这些很令人遗憾，因为他在这个方面……有想法的方面，综合能力等等好多方面是一个……他是个缩小版的达比、马克斯威尔。可是……有意思的是，我得不停地干，有干不完的案卷。

[…………]

对我来说，我现在避免跟他争斗。话说回来，我不会，怎么说呢，不会让步的，可是我会因此生出病来，因为这个我有思想斗争，我不想接受，不想接受他那一套，那套玩意儿凶残得很。可是他却有一位女职员给他，您知道吗，专门给他预订酒店什么的，我亲眼见过他动手打她。真是太可怕了，太可怕了……您知道。

大家都管他叫铁皮啄木鸟

——您老公怎么看这件事？

高莉妮：我老公一点都不知情！

——您一直瞒着他？

高莉妮：我自己的麻烦，我从来不跟我老公提起。

——可是，早上去上班的时候……

高莉妮：从来不提。我从来不在家里说我的麻烦。从来不提。

我老公始终什么都不知道。我丈夫在一家美国公司工作，（……）突然被辞退，（……）一年后回到了马特拉电脑公司，于是就接续上了，而且他自己也不跟我提这事。没向我提起过。是的，那不是我的性格。

——您一回到家就不再想这些事了？

高莉妮：怎么能不想呢?!

——换成我，我会睡不着觉……

高莉妮：我正相反，我睡得就像……昏死了似的！昏死一般！身边是我的日程簿。有几次，我丈夫对我说：“把你那日程簿搁一
605 边去。”我把什么都记在簿子上。我为这些人所做的一切，什么都记！我生活在工作里！

——就这件事而言，他是对的，基本上是对的……从某种观点来看……

高莉妮：从某种观点来看，假如他没有像这样紧盯着我的话……他是对的，他做到了……因为这种工作的原则就是如此，对他的全体员工都适用。注意啊，不是对我一个人，所有当主管的都一样。（……）是啊，有一次我女儿还责备我，可是十年以后，她对我说：“您离开那个地方离对了，因为妈妈您没有意识到，对您来说，除了您的工作，别的都不重要。”那是（……）非那么做不可啊，是啊，没错！无论怎么说，没错！他不能容忍我们下班后踏踏实实地回家，对公司里工作的所有人都是如此。不过，我们毕竟能够理解这一点。（……）我们工作很辛苦，但是，他看中的不是工作本身，而是你的行为方式。哎呀呀，的确有些人不受待见，骇人听闻地不受待见……我告诉您，我听说被当成傻逼对待的大有其人，那些人每个手底下都有三四百号人呢，都是工厂厂长一级的。可他就是这么对待他们，不管当着谁的面，不是一对一，而是当着大家的面！我们给他雇用过一个保洁工，他早晨一进办公室就呼叫

她。那个可怜的姑娘对我说："对不起，M太太，我得走了，他要在地毯上打一炮。"他就是这种人，一个男人……我跟您说过，这些人独断专行，他们把企业办起来了，企业就是他们自己的。不错，我心里想过，如果你处在这个人的地位，你会怎么做？不错，光从工作上说，我也会干得很猛。他干得就很猛，没有更合适的词儿了。如果他能让我们上夜班的话，他是会这么做的。没错，那是很恐怖的事……你没法试……什么事也做不了。可是，这些都是游戏的一部分，这我承认，因为，告诉您吧，我也会这么做，一样的。不过，说到最后，凡事总得有个限度，可是他没有。而且我觉得……（……）我记得，大家都管他叫铁皮啄木鸟……

——叫他什么？ 606

高莉妮：铁皮啄木鸟，意思是说……因为没有更合适的字眼了。你不该想法讨好这个人，不应该那样做……（……）我们只是不懂，不理解，这个人怎么会这么严厉无情。只要你的办公室不整洁，他一进来就会把一切都打翻在地。我想，有些人一旦有了权力，但肩膀不够宽阔，撑不住，就会变得……我不敢说今后有一天他会如何下台。可是，放开这些不说，他还是有点良心的，不是对每个人都有……不是对每个人都有，而且完全是居高临下的那一种。他需要这个，他必须……您知道，这样工作很不容易，让你很难忘记，终生难忘，也把人变得有点凶巴巴的。我后来就是……我刚来这儿时很惊讶，处处提防，觉得人们太友善，这个我不太习惯。在实业界，您知道，你不会给谁白白送礼，连同事之间也不会……这是一种很严峻的环境，实业界一点也不像……因为有竞争啊，你必须比别人做得好。可是这里却没有，不存在……

——是啊，这个环境里没有那种……

高莉妮：完全没有！你没必要为了往上爬去争啊斗啊……

——每个人都有分内的工作……

高莉妮： 正是这样，确定无疑。人们总是那么……令人有点郁闷。

1992 年 7 月

607

家庭事务[①]

阿尔萨斯北部。莫尼克和阿尔芒夫妇在一家制造旅行房车和活动板屋的小工厂里当工人。1985 年 7 月里的一天，我们见了面。当时阿尔芒 33 岁，是组装线上的工人，比他小五岁的妻子莫尼克在缝纫车间工作。组装车间的工长是这对夫妻的朋友，他也参加了访谈，不过没有出现在下面引用的片段里。采访者原籍也是阿尔萨斯，而且是这三个人的朋友，因此每次谈话都用当地语言进行，希望这样做能够消除采访的情境带来的社会距离。

在这个边境地区，一部分人口在阿尔萨斯的企业里工作，一部分在德国工作，那边的工资比法国这边高出 20%到 60%（一个工人可挣到一万法郎）。过境工作的人每个工作日要延长两个小时，而且即使有文凭也不会被提拔到管理部门。事实上，管理层是留给德国人的。在村里，他们与运气较差或者文凭不如他们高的人比邻而居，后者大多在像 B 厂这样的本地区中小型企业里工作。他们住
608 在继承下来的宽敞的房子里，可是只有一部分人买得起奔驰牌汽车，另一些人只能想方设法弥补收入的不足，不是做一些家务劳动，就是打点零工或出卖手艺，例如：妇女们从事机器缝纫或编织，园艺劳动和饲养家禽；男人们则干点泥瓦活和木工活，制作家具，修理汽车，等等。孩子们从小就在家里或村中学习这些活计。

---

① 英译本未收入此文及其访谈录。——译者注

B厂创办于1868年，1976年被一位德国企业家收购并施行了他自己的管理办法。这家企业从本村及其周边通过个人关系招募了500名工人。童年的玩伴们进入这家工厂，但是岗位不同，有的当工人，有的当工长。一家两代可能在同一条生产线上工作，村社和家庭的传统往往被打破。

无论厂里还是村里，人们彼此都很熟悉，然而个人关系决定不了工作岗位的分配。凡是班组长或领班都上过职业高中（工会代表也是如此）。完成学徒期者在车间里工作，没有培训资历者被分配在生产线上，或者负责维护厂房。组装在车间里生产的部件是一项高度程序化的工作，程序由德国管理人员制定。颁发或取消综合奖金针对生产线的全体工人。一个人只要稍有违反集体纪律便会遭到
揭发，被视为破坏士气和有失体统。 609

在这里未予发表的一次访谈里，生产线的工长讲到如何对付来自两个不同方面的制约。一方面是德国管理层施加的压力，即要求增加生产而不顾监管部门的意见，专横地将工作岗位程序化；另一方面是每个班组的工人都有抗拒心理，他们像一支体育团队那样向来彼此熟稔，身在工作地点，却依然全力维护和在村里一样的团结。

阿尔芒没有文凭，不敢期望在厂里获得晋升的机会。为了完成下达的任务，维持工资水平和职位，特别是担心被别人否定，他每时每刻都必须努力工作。持续的焦虑感导致他与作为童年伙伴的工长之间的关系受损，因为后者在生产指标的压力下拒绝给予他任何优待（例如出于个人理由的请假，甚至连离开岗位片刻也不允许）。

妻子莫尼克每月工资为四千七百法郎（加上奖金一共五千三百法郎）。她的工作是制作旅行房车的窗帘和坐垫。跟车间里的另外三位女工一样，她必须完成规定的件数。她过早离开了学校，以为缝纫这种职业技能她在家里已经学会了。这个职业对她来说算是一

次社会升迁，她说并不后悔，因为经历了长期失业之后，她终于能
610 够不依赖父母和丈夫了。

不过，对于所有新工人来说，受雇于这个车间都是一个考验。她既得完成日常工作，又得学习如何在这个行当里立住脚跟。因此，学徒期间，她曾经期待从女工长那里得到帮助，甚至获得一些鼓励和安慰。相反，她得到的只是对于后者权威的肯定，而且往往伴随着被解雇和调离的威胁，以及对于工作效益的不断强调。

在这段苦日子里，莫尼克从已经在厂里工作了五年的丈夫那里得到忠告，从车间同事那里得到一些安慰，她们既是她村里的邻居，也是朋友。她们乐此不疲地显示团结一致，共谋“对付工头”之道。

611

一个女工

采访者：贝尔纳·于拉舍尔

“喂，穆勒，我妹妹明天结婚，我还得来上班吗？”

[…………]

莫尼克：我们每天都得完成规定数量的坐垫，按规定，每个坐垫几分钟内就得制作好：小的两分钟，大的三分钟。有时候能完成，有时候做不到。眼下这个时期［1985年7月］，我们跟“都市”［旅行房车的车型，这个牌子出现在旅行房车的销售目录上］出了一些问题。给“俱乐部”做坐垫，那还行。“俱乐部”的坐垫缝制起来很简单。“都市”就没那么省事了，规定的几分钟不够，要做的活儿太多。必须加进泡沫填料，上机器过一遍，剔掉多余的泡沫，然后才能缝制。这个工作你没法随意去干。上一回，我们没有领到多少奖金：没拿到6.75法郎，只有5.49法郎（……）。因为给“都市”制作，时间浪费很多，你没法达到135%的效率。现在，我们打算讨论讨论这个事，因为这个样子不行。他告诉我们说，假如达不到效益，他们就会拿走我们的效益奖金，这可不公平，工作

我们毕竟完成了……有一次，有个女工还是领到了她的 5.49 法郎，他们并没有追讨回去啊。在厂子里，只要他们想要，只要他们差几分钟没有达到效益，他们就会打红卡，这是欺骗老板啊。可是轮到我们，只要我们一打红卡，马上就有麻烦了。

——这个“打红卡”是什么意思？

莫尼克：机器出了毛病，或者得去找材料，我们就有权打红卡。这个时候不计工作效益。比方说，机器该擦拭了，我们就在下班前停工一刻钟，这时就不计效益了。也就是说，可以扣除钟点（……）你瞧，明天早上该回家的时候，我拿起一张红纸，把它放在考勤记录机下面，打出“6 点 20 分”字样，然后去看看缝纫机是不是还开着。（……）我有一张红卡，专门记录缝制坐垫时出现的机器故障，哪个地方出了问题，等等。 612

——这样时间就减少了，具体怎么做呢？

莫尼克：一天下来，我必须用 435 分钟完成 125% 的工作量。平常我有一张专用的蓝卡。制作 135×34 的小号坐垫［周长以厘米计算］，我用 3.67 分钟完成 100%。制作 135×63 的大号坐垫，我用 4.67 分钟完成 100%。有些坐垫要求的是 125%，那我就得算一笔账：4.67 除以 1.25，这样就能得出我可以支配的时间。要想取得效益［效益奖金］，我就得有这个时间［3.73］。这么说吧，我用 35 分钟完成 10 个大号坐垫，10 个小号的用 28 到 29 分钟，包括缝制、完成、安放和固定在座位架上。要达到我的效益，我得完成 135 个到 145 个坐垫。

——可是，比如说，你停了工，打了一刻钟的红卡，那就达不到效益了，这时候怎么办？

莫尼克：不是这样。我嘛，这么说吧，我有 435 分钟的活儿（在不打红卡的情况下达到效益），如果我打了 11～12 分钟的红卡，我就把它减去。这样，要达到效益就得干 424 分钟（而不是 435 分钟）。可是通常我们没有频繁打红卡的权利。领班不愿意，她不干！你知道她会怎么做？她会报告给大领班［工段长］，那个全面负责的人。舔他的屁股！不管大领班说什么，她都照办！我们呢，我们没法辩解。只要我们说了点什么，她立马汇报上去。喝咖啡的时间里，她有时候会给大领班打好半天电话！可是……我们也不能随便放弃。比方说吧，我们手头有几个坐垫要完成，不是这一种［手指客厅沙发］，是80TN旅行房车上用的那一种。一共有三个60×60的坐垫。要完成这个任务，得缝制一条带子，把三个坐垫串起来。这个不好做呀！你必须在8.34分钟之内缝制好这三个垫子，时间忒紧。领班这当口来了……因为有一个人没完成，约兹亚妮没完成，她于是打了红卡。领班就问她为什么打红卡。她说："因为这样不行啊！"领班没有检验［她的活儿］就直接去报告了大领班。她一看到我们没有放弃，就出示签牌，于是她两天没来。她打电话
613 告诉我们干什么活儿。大领班第二天来了。那天轮到我干这个活儿。大领班眼见活儿不好干，她生气了。因为如果你干活儿达到了效益，就稳拿125%。他们为什么事先不检验一下呢？（……）您觉得他们这样做正常吗？领班问我："你在生产线上干过吗？"我回答说："没有，干吗问这个？""因为生产线上缺了维豪尼克！"我说："我从来没在生产线上干过，这个我怎么会干呢？"她恨恨地哼了一声作答。这个领班一直跟我一道工作，也算是同事了。她又说："我们把约兹亚妮派过去，她干过！"约兹亚妮本来应该过去，去清洗生产线上的旅行房车。阿尔芒早就告诉我："假如派你上生产线，别找不痛快，就说你从来没干过！"我才不会马不停蹄地干得汹脖子汗流！（……）于是她对我说："不许你对约兹亚妮说出去。"第二天，［缝制车间的］电话响起来，领班接了电话，说："约兹亚妮，你的电话！"［大领班在电话上说］"生产线那边需要她过去！"你看，完全是一场虚假的签牌游戏！他们都……！你只要知道，干

这件事的这个名叫穆勒的女领班，星期天还邀请约兹亚妮去过她家呢。我倒是跟阿尔芒说过："我这个人周末从来不去同事家！"德尼兹告诉我，每逢周末，她俩［约兹亚妮和穆勒］都要陪孩子。可是，现在她竟然给约兹亚妮来这一手！干得很漂亮，不是吗？我对她说："你忽悠了约兹亚妮，还差点把我也忽悠了！"对我来说，本来不应该再出什么故事，我是不会说不行的，而是直接就去生产线干活儿，因为合同写明了："需要时必须帮助工厂！"(……)可是，我手头有工作呀，我不会离开。假如遇上了应该帮一把的时候，我会去的。上个星期三，我去了厂里，因为得帮把手。不过，如果你跟她［领班］要一天［请假一天］，她会拒绝你，因为你事前没上过班。可是她会把你派到别处去，哪怕你事前没有上过班。他们说如果你星期六上了班，你就有一天假可请，哪天请假都行。这是因为他们没权要求我们星期六上班。这时我们就会说："行啊。"我同意是因为我们很乐意有连续四个星期的休假，或者遇到需要便可以使用。可是他们是怎么做的呢？他们没给我们干活的钟点全都付了钱，这样不公平！（……）放假前的最后一天，正逢我妹妹结婚。那是一个星期四，我对领班说："喂，穆勒，我妹妹明天结婚，我还得来上班吗？"正常情况下，我工作到下午五点，可是那个星期四，我一看所有的事都做完了，就对她说："明天你不需要我了，我不来了。"（……）她放了我的假。可是阿尔芒［她的在生产线上工作的丈夫］，连去镇政府之前两个钟头的洗澡时间他们都不给他。（……）他的领班说："不行，如果你不干，咱俩就一块去见办公室的人！"（……）两个钟头都不给，其实最后两个钟头［临近周末的星期五］是清理设备的时间（……）。不管怎样，假如我拿不到假，我就会去找工会，去见多米尼克。我缴着工会的会费呀。如果我请求多米尼克做什么，他一定会帮我去申请。我才不会任他们摆布。阿尔芒什么也做不了。他告诉领班："可我是证婚人啊。"回答是：

614

“他们另找一个不就行了！”

1985 年 7 月

615

倒霉蛋[①]

事情发生在 20 世纪 70 年代的巴黎第 11 区的郊区，就在位于共和广场和巴斯底广场之间的一家工厂里。这是一家从事金属抛光的小工厂。老板原先也是这个工厂的工人，前厂主决定退休的时候他接了手。因此，大部分工人是他早先的工作伙伴，厂权转手时期都已经在岗位上。员工总体上年龄偏大，这与厂内普遍资历较高一致。这一切造成厂里充满了浓厚的同伴情谊，一种“家庭气氛”，大家对工厂和厂主十分忠诚，即通过忠于曾为大多数工人的工作伙伴而忠于整个企业。

企业的核心是一个由四个工人组成的紧密团结的集体（一个法国工人，三个阿尔及利亚工人），他们对企业的运行有强烈的责任感，因为他们很久以来就彼此熟识，而且对他们受雇的企业十分了解——这两件事本来是相互联系的。他们彼此和他们已成为新厂主
616 的工友之间有着牢固的友谊。他们相互探望（三位阿尔及利亚移民工人都娶了法国妻子），彼此感到是团结一致的，既与企业也与厂主团结一致。仅就这个“老”战友的集体中的三位阿尔及利亚移民工人而言，他们的年龄分别为 45、48 和 52 岁，都是第二次世界大战期间第一次来到法国的（来得最早的一个是在 1938 年，第二个在战争当中的 1943 年，第三个是战后不久的 1947 年）。三人均来自卡比利亚地区（同一个部落，甚至是同一个村子），当初也许都是被他们当中最年长的同胞招募来的，此君在我们这次采访时期，

① 英译本未收入此文。——译者注

扮演着工段长和领班的角色。无疑，这段悠长的历史，加上他们在企业里获得的长期经验，尤其是他们在运用这种经验的企业里的资历，其结果是他们都具备良好的专业素质，尽管他们从事的活动并不要求太高深的技能。

因此，这个由“老人”、老友和“老板的朋友”组成的核心起着助理和代理人的作用。另外加上工人队伍里的四位移民：其中有两个是比别人都年轻，来得也比较晚的非洲黑人，一个是南斯拉夫人，还有一个是阿尔及利亚学徒工，年仅 17 岁，是一位资格最老的工人的侄子。大概由于年长资深，这位老工人出任工段长的职务。在这个由八个工人组成的集体之外，也许应当再举出两人：一个法国女工，元老级的年纪。为了顾全友情，她在 20 世纪 50 年代 617
初期进厂，接替故去的丈夫，即“老人”小组的成员之一；另一位工人名叫路易，大家叫他“路路”，也是旧日伙伴的后人，他得到“老人”核心的完全接纳和庇荫[①]。

他们都是“路路”在遭遇家庭生活莫名“事故”后所陷入社会解体、道德崩坏过程的见证人。谈起“路路”曾经无可置疑是“一个好工友，好同事，也是工余的好朋友”的往日，他们依然满怀眷恋、温情和悲悯。如今，未老先衰的“路路”是一个积重难返的病怏怏的酒鬼，似乎已经彻底地置身世外。如果不是有工厂这个救生圈，他就会陷入无可救药的境地。总之，无论新老伙伴们都有这种感受，这同时也是他们的担心，尽管这两种情感都没有明确地表达出来。严格地说，如果在这个特殊的情形下仍然可以谈论工资的话，不用说，这位人称“被耽误了”的工人的工资大概是最低的。其实“路路”没有真正的工作可做，特别是如果把效益与他本应从事的工作联系起来，他的效益基本上为零，而且他的工作其他工人

① 为了分析“路路”的地位和这个使用传统工艺的车间，我们进行了多次采访，但并未发表在这里。大部分是随意的现场交谈，过后根据记忆转录下来，其中包含涉及企业内部各种关系的有人种志意义的记录。

618 还得拿回来返工。事实上，由于他的操作被认为对他太“危险”，为谨慎起见，人们甚至不允许他接触一些机器。

“路路”逐渐被派去做一些附属性的和简单的工作，这种降格他本人并没有意识到。他被委派一些不重要的小活计，例如采购、揩拭工具，乃至打扫充当车间的库房，或者帮助别的工人做一些零碎的事。

“过来，路路！把这儿打扫一下；路路，去帮我买包香烟，回头请你喝一杯。”

“行……可是我要牛排！”

“牛排没问题，买烟去吧”。

就这样，随着时间的推移和无疑十分缓慢和悄然进行的员工的更替，也随着工人集体内部的劳动分配的逐渐改变，路路在企业里的地位固定下来。他成了劳动伙伴们帮助的对象，既在工作当中，也越来越多地在工作之外。只要“老人”核心还在，只要他还指望得上那些与之共享一部分从业史，即本企业的历史的人，他就能够享受帮助。帮助与忠诚，庇护与顺从，二者相辅相成，是一块奖牌的两面。这位与众不同的工人逐渐蜕变的地位，能够从工厂日常生
619 活中的两个时刻，两种特殊的情境得到很好的说明，也能够证明他如何融入这个集体（纯粹出于关照和同情）。第一个是众人聚拢的用餐时刻；第二个下班之前的时刻，因为这时要清理车间和分配次日的工作。

路路看起来孤身一人生活，无妻无子。吃饭的时候，大家拿他的饭盒开玩笑，饭食总是不变的那几样：面条、土豆、肉肠，以及当作饭后甜点的巧克力。当然，还有一瓶酒。实际上，其他工人的饭盒大多由着他分享。工间午餐是在工作现场吃的，一个极宜“聚餐”的场合：众人一起吃饭，比肩而坐，相邀分享。有时候，他们甚至会把各自带来的饭食摆在一张临时搭起的餐桌上。可是这一切

依许多不同的因素有十分多样的形式，而且有很多细微的变化，全看彼此关系的亲疏。用餐过程中，大家很愿意分享自己带来的酒：“来，试试我这瓶酒吧，这可是最棒的！”有时候还会相邀分享甜点。无论是民众的还是私人的节庆，例如某人的生日，都会被当作会餐的借口。厂主和他的妻子——负责办公室的事务：标准化、文秘、会计等等——也会加入工人的会餐，一起围着酒瓶子和蛋糕而坐。此时，路路的位置很特殊，在车间里的所有工人当中，他是唯 620
一总是被全体“邀请”入席的，也是唯一能够不请自来而且在任何一个工友身边落座的人。这是大家都接受的，没有人说三道四，因为大家都清楚（也这样明说），路路不会做饭。“没有路路不吃的食品摊……”“路路只知道舔盘子……”“路路，今天你吃的什么？跟平常一样吗？……”“你那猪食怎么咽下去呀，路路？……”“嘿，路路！你老吃一样东西烦不烦哪？又是土豆、肉肠……不利健康，你知道吧……”“换换样吧，路路。总是带来同样的烂货……”等等。这些奚落和玩笑话其实都代表邀请他分享。

另一个习以为常的现象：饭后返回工作之前，大家（老板娘有时也加入）凑在车间中间的酒吧台旁喝咖啡（有些人饮一杯饭后酒）。此时，饮者照旧依关系的亲疏汇拢起来，尽管此时大家庭气氛很浓，可是仍然透露出某种等级关系——尤其是作为一个维护适当分寸的等级体系。尽管大家都是每天见面的熟识的同伴，关系并不疏远，可是其中既有言行明显十分随便（仅少数人可以如此）的最亲密的关系，也有显示某种保留乃至些许敬重的关系（例如面对“长辈”）。路路此时仍然是众人开玩笑的对象，他被要求为大家的饮料付钱，应当说，他也是十分大方地这样做的。他也许知道自己 621
无法拒绝请客，因为他心里很清楚，对每个工友自己都欠着某种程度的情分。酒台老板为他开设了一个赊账户头（称之为“瓦片”），每两个星期结一次账。每天下班以前，路路都会在这个酒吧停留，从来不是一个人，总有几个在此耽搁一会儿的工友不失时机地跟他友善地调侃。不过，即使人们那个时期还在过所谓的“英国周”①（星期六上午仍得工作，除非是技术性停产），星期五晚上大家总是聚在一起，“庆祝”一周的结束和“月中星期五”（因为每两周发一次工资）。参加者众多，全体员工都聚拢到酒吧的柜台前，当然还有老板，因为他要把包着薪水的信封送到每个员工的手上。路路在所有这些场合从来没有被遗忘。大家都喜欢“为了路路的健康而干杯”——“祝路路健康！”人们高喊着——因为他付了好几圈酒钱，轮番给大家斟酒，同时还清了自己的欠账。他的做法总是招来一些戏弄的话：“来啊，路路！给我倒酒……”“路路，你还欠我一杯呢……”“路路，该你了……”“来吧，路路，最后一杯了……”这“最后一杯”总是由路路付钱。毫无疑问，他无处不在，不分地点时间，无论上班下班，他都是倒霉蛋。

622 工人路路在厂里的地位，尤其是工友们对待他的方式同样说明，他在工作安排当中是被极度“边缘化”的。工人之间合作气氛最明显的体现是，所有准备和结束一个工作日的活计均由参与工厂事务最积极的一部分工人承担，而且是自愿和无偿承担的（超出正常工作时间以外）。其中首先是领班（或者说，履行这个职能的工人），他身上总是挂着一大串钥匙，他必定最后一个离开现场，次日一早头一个到达。只有在他打开大门之后，别的工人才能够进入车间。其次，工人们最终配合了这项工作，虽然参与程度不同，方式各异，他们逐渐适应了每天下班之前必定归置清扫。在得到普遍接受之前，这项额外的工作起初只由四位资格最老的工人去做，而且完全出于跟老板的友情。

---

① 英国周指每周工作时间始于周一，止于星期六中午 12 点（一周工作 44 小时），这个作息时间曾长期在英国施行，法国工会 1906 年开始提出相同要求，以保障工人的休息权利。——译者注

这项贡献一旦成为一种习惯，哪怕与之没多大关联的人也很难逃避。的确，对于他们来说，这项工作能够证明他们多少向团结一致的领导班子靠拢，同时也表明他们处于核心之外，这种外人的地位既是自愿的，也是被人故意排斥所造成的。然而，无论是谁，无人不自视为——或者显得把自己视为——这个“大家庭”的成员，因为那正是“分担”志愿工作的含义。无论是最后进厂的两位黑人移民工，还是被叔叔弄进厂里培养的阿尔及利亚学徒（这位叔辈大概觉得自己对他及其父母当尽某种义务），抑或是全体员工当中唯 623
一的女性，那位昔日伙伴的孀妇——虽然众人同意不派给她“苦活儿”，她却坚持也要做一点象征性的贡献。总之，参与这种分担工作的次数和质量表明一个人在何种程度上与领导核心步调一致，进而证明与工厂同心同德。在所有人的心目中，这支核心队伍在整个企业生活中十分重要，它不仅代表着企业的当前状况，也代表着企业的未来，至少是近期内的未来。

任何人都必须遵从这套规矩，虽然程度不同，只有一个工人例外：路路。他是这个“大家庭”里资历最老的工人之一，然而完全受其他员工的支配。只有他一人没有被要求跟别人一样参加劳动条件相同的志愿工作，而是每天必须干苦活儿，无一日例外。他是唯一受人驱遣的工人：“路路，去干这个，去干那个……”这个行当本身已经极易把一切弄脏，人们仍然让他干最脏最累最差的活儿，从操作的准备工作直到关闭车间大门，没有不支使他做的。

一个世界的终结 625

“我们这一带，就业机会全靠创办的小企业。从前，进工厂不是问题。照我父母的说法，我那时才 14 岁，他们是怎么说来着：

‘你在学校里瞎混什么，进工厂吧。’家长就是这样告诉我们的。为什么要进工厂？因为我们知道，差不多每年都招工。一招就是三四百人。不成问题。可是，如今家长不再提‘进工厂吧’这个话了，因为工厂全没了！”① 这番话出自一位隆维地区的工会人士之口。他从前是冶金工人（他父亲和兄长也都是），今年 44 岁（A），目前受雇于镇政府。在这番话里，诸多导致一度很活跃的工会运动出现危机的因素得到了集中反映。按照另一位前工会负责人的说法，工
626 会运动如今真正“遭了殃”。冶金工厂大多关闭，随之而来的是大批工人被解雇和提前退休。停止招募工人，通过雇用年轻人来更新员工队伍因而中断，而以往这些人是从职业培训中心招来的。雇用四五百人的大工厂不见了，代之以永远很难进入的 50 人以下的小企业。在学校的推波助澜之下，简单的再生产周期遭到破坏。失业及其带来的压力，迫使有工作可做的人不得不服服帖帖，不敢发声。

然而，正像另一位工会人士（B）所说，还有一种普遍的士气低落的现象。此人 36 岁，跟他父亲一样，也是冶金工人。他说：“大家都以为，有这么多 50 岁时退了休的工人，工会很快就会重新
627 兴旺起来。可是没有。什么都没发生！我们还以为能够拉进不少人

---

① 总的来看，法国劳工总联合会在 20 年当中失去了三分之二的会员，法国劳工民主联合会也减员 30%。1990 年，前者有六十万会员，后者有四十二万八千个盟员，这两个法国最大的工会组织汇聚了约一百万成员，其中八十万人积极参加活动。然而，较之 1970 年的两百二十万成员，这种削弱的势头还伴随着两大工会内部各派力量的关系变化。1970 年，法国劳总联能够代表双方的四分之三的成员，待到 1980 年，则只能代表三分之二。十年过后，双方差距明显缩小，因为在全部登记的工会成员中，法国劳总联占 58%，法国劳工民主联合会占 42%。如果只看活跃成员的人数，则两大工会已经相差不大。整个 70 年代，活跃成员的人数从 13% 降低到 10%。它们的影响力在 80 年代进一步削弱。两大工会仅代表不足 20% 的全部工薪职工（D. Labbé，M. Croisat，A. Bevort. *Effectifs，audience et structures syndicales en France depuis 1945*，rapport terminal d'enquête，Grenoble，Cerat，1991）。

呢，可是找人非常困难，哪怕只为维护他自己的住所，维护涨得越来越快的住房租金（……）。不过，最使我吃惊的是那位奋斗过的代表。我是说那个一度很积极的哥们儿，一个很出色的活动家。瞧，刚退休他就啥都不干了，什么活动也不参加了。”所有成为冶金企业衰落的牺牲品的人都有这种失落感，正如另一位负责干部（C）——从前从事冶金行业，54 岁，其父是职业军人——所指出的：“对于没有做好准备的人来说，50 岁退休有点悲惨。（……）我自己在 50 岁之前就准备好（退休）了。我知道我会在地方工会继续斗争，尽力让自己有点用……可是，我失掉了跟厂里伙伴们的联系，从此一刀两断了。（……）别的退休人员总算领到了法国劳总联的会员退休卡，可是很多人完全无事可做了，（……）不过是玩玩地滚球啊，买买东西啊，再就是在大商场里没完没了地聊天（……），谈这谈那，回忆回忆，无事可做。这样就在隆维这个地方，造成好多问题：离婚，夫妻不和，过不下去的家庭。因为退休对于家庭是另外一种生活方式，例如一个人上惯了三班倒，经常身在厂里，现在整天陪着老婆，这是一种新生活的开始（……）。在隆维这个地区，50 岁闹离婚的案子不是几十个，而是几百个（……）。还有人自杀呢。唉！我知道的自杀案就有几十桩了。 628
还有人用酗酒打发日子。”

一切迹象表明，危机及其引发的各种各样的困难破坏了旧日的团结一致的关系的基础。这正是另一位工会负责人提出的，此人是意大利后裔，今年 72 岁（D）。他说：“有很多困难，深切的痛苦，精神上和物质上都有，我们很难受，很难受（……）。城镇里一团糟，难题成堆，大家都觉得别扭，话也少了（……）真是难啊，难啊。（……）连家庭也出现了分裂，因为孩子们赎买了住房，他们想让老人搬走，为的是重新装修后出租（……）。失业弄得我们四分五裂，人心里最腌臜的东西冒出来了：自私，妒忌，欲望。工作把我们聚拢在一处，兄弟情谊，团结一致……”

与这种失落感相伴，斗争精神和政治活动削弱了。对此连最坚定的工会活跃分子也有深刻印象：“包括以工人为主的城镇，政治活动没有了。只剩下某种社会党人所说的管理活动（……）。管理来，管理去，右翼也会这样做呀，也许有一点区别，不过依然是管理，（……）什么都没有了，什么活动也没有了。所以，也没有活动家了，人人都变得像我这样，远远地观望，缺乏做点什么的动力……”（A）。

629 不言而喻，“失望”（尤其是对于社会党人及其自1981年以来采取的政策[①]）和幻灭的情绪（对于东方阵营的国家和共产主义制度）与人们不再信任工会人士有很大关系，而且无疑是造成后者士气低落的原因之一。“我在这一切当中感到有点失落。别人怎么样我不知道……（长时间沉默）。也许我变了，也许我身边的世界变了，也可能是我没有察觉到事物在变。这个我说不上来。可是，反正我有点失落。也许因为上了一点年纪，不那么愿意为别人伸张正义了？也许是这样吧。因为我跟有些人一样，依旧认为我当初为之奋斗的理念，那些我认同的理念，都经得住时间的考验……”（A）。

不过，有一位资格老、威望高的活动家——此人在20世纪50年代初期的大罢工期间曾因其言行在整个地区声名远播。从他的口中，我们能够听到对于法国劳总联和法国共产党，以及苏联式社会制度最严厉的批评：“唉！我可以冷静地告诉你，假如我们掌握政权，也会犯同样的错误（跟东欧国家一样），因为这都反映在‘列宁如是说’‘斯大林如是说’‘莫里斯·多列士[②]如是说’之类的提法里。有一次，我问一个当过议员和中央委员的人：‘那么劳动者

① 1981年，法国社会党党魁弗朗索瓦·密特朗当选法国总统。——译者注
② 莫里斯·多列士（Maurice Thorez，1900—1964），自1930年起担任法共总书记直至逝世。——译者注

又是怎么说的？你倾听他们的话吗？’你看，一切都在这儿。问题就在这儿（……），人人为自己，每个人都在蓝色海岸给自己盖别墅！瞧吧，事实就是如此！”（D）他接下去批评举手表决，批评工会负责人大多不是放弃权利，就是忙于“社会地位升迁”：“因为他 630
们的生活已经有某种水平，退休后享受干部待遇等等。我们创建了一个自己的族群。他们还有自用的休闲活动站。其实他们去那儿不用自掏腰包。”

他们也都提到，1981 年以后，除了从 1981 年到 1983 年之间暂停以外，特别是在隆维地区，左翼政府重启了关闭工厂的政策，从而激起了 80 年代末期的大规模罢工浪潮。“随后，从 1982 年到 1983 年间，内阁里的共产党部长纷纷离职，他们接着宣布冶金工业不看好，必须关闭这个或那个企业……从那个时候起，噩梦开始了。从工会方面看，会员流失严重。（……）坦诚地说，1983 年，法国劳总联的会员减少了 10%、20%、30%。”（C）法国共产党也一样，因为“党没有了（……），干部没有了，党员也没有了（……）。1988 年，我们有七八个人走掉了。然后呢，太糟糕了，太糟糕了，没有干部了。（……）一些活跃分子还在，有证件的活跃分子和一些同情者，可是没人组织。”（C）最重要的是，正如一位目前失业的 36 岁的活跃分子所指出的，很难吸收年轻人：“我认识一些法共党员的孩子，他们说‘我爸爸是个混蛋！’（对不起，可是这个字眼说的是啥就是啥）。在这件事上，总的来说，我们丧失了年青一代。社会党就更别提了。（……）年轻人都拥护现存的秩序。这就能够解释他们为什么会投入勒庞那家伙的怀抱（……）。 631
破天荒第一次，我们这儿不少人投了勒庞的票。”

工作场所的管理松弛和大量招收临时工促成了新的剥削形式，面对这种情况，他们感到传统的工会的活动形式不够用了：“你得去那些不到十个人的小企业。必须去，必须亲自出现在那儿（……）。

我们不得不把头脑里的言辞变一变。如今可不像我们那会儿，那时候我去一趟中心车间，往手推车上一站，手一拍，吹一声口哨，然后，哗啦，上百人一下子围拢到我身边，然后我就开始讲话。这种做法已经过时了。再有，介绍工会的方式也得改改。小企业的问题，只有老天知道：工作超时，不给报酬。老板让他们晚下班，身体根本恢复不过来。就是这样的劳动条件。它们的问题可不少。”（E）另一位说：“我们如今面临着失业的局面，一大堆问题，但是没人吭声。我完全不能接受那些玩命连续干八个小时的人。因为一个月才挣五千三百法郎，让我怎么接受?！不错，他们没别的办法，不得不闭嘴。这一点也令人无法容忍。搞不好会闹出事来，有时候能看到一些反应，大企业也不例外。我们经常看到，正规的和传统的工会
632 在从事协调一类的事情时被弄得焦头烂额。我们不妨琢磨一下其中的缘由：‘是不是如今工会说话不适宜了？’‘为什么会出现这种情况？’一定是工会把名声弄坏了，因为只要你说‘我是工会的’，回答一定是‘工会只会玩弄政治，连它们彼此都不能和睦相处’。也许是吧，也许是吧。如今有好多问题我回答不上来，连给自己一个解释也做不到。没有任何东西能够让你依托一下。我们大概失去了好多幻想。当初太轻信了。一旦一切轰然垮塌，什么也剩不下。”（A）

1990 年 12 月—1991 年 1 月

633

一位代表的困惑

我早就应该结识哈米德，因为人们经常把他挂在嘴边。每当我提到移民在工厂里遇到的“问题”时，人们就跟我说：“你还没有见过哈米德？你应该去见见他。”其实我跟他不是没有交集，而是打过好几次照面，尤其是在 1989 年 10 月罢工期间。我知道他身材

矮小、敦实，见过他站在游行队伍的前头。他出现在多部纪录片里，也出现在一部 1990 年拍摄的有关工厂的电影里。那部电影里有好几个他身在工作岗位上的镜头，对自己的动作和操作作出评论，谈论他从事的工作的艰辛。我在法国电视三台的时事节目上也见过他。每当涉及内饰配装车间（即新的车身厂）的劳动条件的时候，往往由他来作出见证，因为他是工会代表，而且“不害怕”畅所欲言。他的话在工会里很有分量。他是为数不多的“代表”之一，他们能够扮演代言人的角色，而且近五六年以来，妇女和移民的比重大为增加。

哈米德在蒙贝利亚地区工作了 20 多年，在索绍的工厂里也已经有 15 年。不过，他 40 岁刚出头，干过不同的岗位，始终在生产 634
线上，而且在完成工段为时很久。他进厂两三年就参加了工会。1981 年的罢工结束后，他同意担任代表，至今仍是。几个月以来，特别在参加了那个出名的莫维拉尔培训班以后，他来到了 1989 年年底开工的新的内配车间。法国劳总联和法国民主劳联在这里的代表不多（“数得过来的几个人”）。活跃分子和工会代表至今大多仍然在“老”涂装厂。可是，在 1990 年 3 月的员工选举中，法国劳总联在新车间里的表现令人大跌眼镜：在若干部门里甚至占 70%。

我提前三天跟哈米德约好，趁着索绍的法国劳总联庆祝日的机会，于一个星期天的下午见面。每年这个庆祝日都在贝东古尔的运动场上举行。贝东古尔是一个距离索绍不远的小镇，法国共产党人当权。人们携家带口地参加庆祝活动。一天的安排始于一场足球比赛。球队是临时拼凑起来的：冲压车间对涂装车间，结构车间对铸造车间，男工对女工。这不是真正的比赛。有些球员还化了装。人们都乐开了怀。一些男人化装成女人，女人化装成男人。观众为女工使劲鼓掌加油。各个车间的出名人物必定在草地上现身，踢上哪怕五到十分钟的球。一局大约为二十分钟（三四年前，一局往往超

635 出半个小时，可是如今球员们老了，上气不接下气的）。球场内外是一片开心嬉笑的气氛。只管踢球，不问结果［我一边观看比赛，一边想起金属产业工会（IG Metall）[1] 的乐团，我在一部关于位于沃尔夫斯堡的大众汽车厂的电影里看到过它们的身影］。在场的工人似乎大多是熟练工，年纪明显相仿；他们当中或许有专业人士，但是为数很少。另外还有经常能够见到的两三个技术员，可是一个干部也没有。我觉得在整个庆祝活动期间，我是唯一看起来不像工人的人。

我就是在这种情况下见到哈米德的。他刚刚踢完球，由于跑动多，仍然有点气喘吁吁，他半躺在草地边缘上。妻子和女儿跟他在一起，而不是几个“伙伴儿”。我当时跟一些认识很久的活跃人士在一起，他们就把我介绍给哈米德：“这位伙伴儿你可能听说过，写过有关工厂的文章，来索绍好几年了。”还用了“社会学者”“记者”等等我记不太清的名号。哈米德的举止显得我并不是一个陌生人，实际上他肯定见过我跟某某在一起。人们接着告诉他：“他希望跟你聊聊内饰配装的活儿、车间里的气氛和工会代表的工作。”我简单地说了说我所了解的内饰配装工作、前几次采访和我遇到过的几位工人。他立刻就同意了，没问题，毫无矜持之态。

上午十点半，我来到了他居住的公寓，这是蒙贝利亚的一个
636 “城镇化重点区域”（ZUP）。这个狭长地带里聚居着大批移民工人的家庭，人们在这里只用一个词称呼它：“那一片”。哈米德身穿一件宽大的围裙，罩住 T 恤衫，下穿牛仔裤。他正在给家人准备午饭。他自己稍后很快扒拉了几口饭，准备出门上班（这个星期下午班轮到他，从下午一点一刻到晚九点）。家中窗户敞开。外面是蔚

---

① 金属产业工会（德语 Industriegewerkschaft Metal），是包括汽车工业的德国金属制造业的重要工会，既代表蓝领员工，也代表白领员工。——译者注

蓝色的天空，天气很热。他显然从做饭当中得到很大乐趣：择完几棵青菜，鲭鱼也清理好了，然后被放进肉汤。随后他给我介绍菜谱，一个南方的家用菜谱，根据本地条件加以改造。

哈米德很客气地接待了我，似乎我并没有打搅他什么。他说没有忘记我们的约会，一直在等我。我也感到没有必要解释我登门的理由。一切都显得我们好像早就认识，现在不过是重拾中断了的话题。我心想，这次谈话一定“不会有任何问题”。

我们依然站在前厅里谈话，当然，我也没有提出允许我打开录音机的要求。他一上来就详述前一天车间里发生的事，不遵循什么先后顺序，我自然不想打断他。叙述开头有点杂乱无章，可是他用词相当激烈，像什么“我真受不了”“这个我从来没遇见过”“这个我就完全搞不懂了”，于是我感到这个事件一定超出了“每日惯例”和“工会的日常工作”，对于他个人有很大触动，而且属于一个与 637
我们事先打算谈及的完全不同的范畴。

出了什么事？简单地说，此前一日，车间里一个跟他所在的部门很接近的部门（临时工一走，这个部门继海湾战争后就不断重组，来自厂里其他部门的“老工人”陆续到来）的一些跟他年龄相仿的从前在涂装车间工作的工人（他很熟悉他们，都是“好哥们儿”“好工人”，参加过 1981 年和 1989 年罢工的“没问题”的人，即使没有加入工会，也都投法国劳总联的票），也就是说，一些跟他的“团结一致”的价值观相同的工人，多少在“头头”的鼓动下起草了一份请愿书，要求把一个工人不仅从这个部门而且从索绍厂“排除出去”。这份请愿书是针对一个工人的，而且此人从前是工会会员，在厂里干了 10 年到 15 年，只不过从未在生产线上干过，因而跟不上节奏。哈米德希望工人们回心转意，可是完全失败了。

他为此感到灰心丧气，沮丧至极。他平日是一个沉静和好思考的人，此刻讲起话来却滔滔不绝，仿佛再次回到了昨天的激动情绪里。他对我说到他如何吃惊，如何困惑和气愤，又如何上前跟伙伴们激烈地争吵——利用代表专用的几个小时时间——和质问那几个头头，把他们带到他们的负责人面前。这事件他认为“丢人现眼”，
638 完全不可接受。他模仿着头头们惊讶地质问他的样子：“你这么激动干什么?”“这事怎么对你触动这么大？再说，你们这帮代表，人家平时可没有给你们香饽饽吃呀!”哈米德再次跟我解释，他如何情绪激动地三番五次去找头头，呼吁面谈和召开会议。这里面有一个东西深刻地刺痛了他，似乎对他产生了人身伤害，有损于他的工会活跃分子和工人的荣誉。

在我看来，他的抗争更多是道义上的，而非政治上的。这种抗争并没有变成揭露领导层的行为，那种话反倒常常能够从久经锻炼、熟悉工会斗争的活跃分子口里听到。他的愤怒比较有节制，既不用大词儿，也不高声喊叫，而是表现在声调的起伏上。这种愤怒针对两个方面：他不满“哥们儿”“老人儿”的做法，认为他们过了头，超出了可以原谅的底线，即工人之间团结一致的最“基本的”原则。不一会，他又讲到法国工人特别是法国劳总联的同情者在海湾战争中的立场，以及很多老资格的工会会员如何表现得比某些“铁杆普吉奥”更加反阿拉伯。他找回了有节制的愤怒的语调。他虽然没有原谅那些伙伴，可是没有把他们说得一无是处，因为他知道，他们的苦难有多么深重。

对于管理层的高级干部，那些“大头头”，他同样不满，因为他们不理睬“真正的”工人集体，偏袒一个围绕着监督员和工段长
639 的人为制造的小团体，鼓励个人主义、竞争、妒忌，实行一种近乎愚蠢的策略。他认为，这种盲目的策略终有一天会搬起石头砸自己的脚。

他把极端个人主义的做法与他所说的最基本的社会联系遭到破

坏相提并论，认为在哪怕是实行泰勒制①科学管理最彻底的车间里，这种最基本的社会联系也能够保障较为有序的人际关系。对此我感到十分惊讶。他几次重申，这是因为心怀恐惧和为未来焦虑的人的做法破坏了最基本的社会联系。他坚持认为，其后果是弄不好有一天会累及领班们自己。

我们站着谈了一会儿以后，他提出坐下来谈。我们就坐在厨房里他刚才准备青菜和鲭鱼的桌子旁边。我问他是否可以打开录音机，他爽快地同意了。几句干巴巴的话之后，我们彼此又开始用“您”相称。他说：“我不太清楚您想知道什么。”我告诉他恰恰是谈“什么都行”，既可以谈谈那些平时人们注意不够的“故事”，也可以接着谈刚才的事件，“什么都行”在我看来很重要，因为我从未“真正地”倾听一位身处第一线的工会活跃分子。

我们就这样在桌旁坐了很久，喝掉了一瓶啤酒和一杯咖啡。我
们轮流不时起身去照看一下锅里的鱼肉汤。我稍后也下手去择青 640
菜，既为了有点事做，也因为此情此景“召唤”我如此。

随着哈米德的妻子返回家中，我们的谈话中断了。我跟她只简单交谈了几句（这一带的情况），不能耽误哈米德去上班。

一位技工出身的工会代表 641

采访者：米歇尔·皮亚鲁

“工人那时抱团对付头头，如今抱团对付别的工人”

——您最好先说说你们有什么想法，然后我再提出问题……

哈米德： 好吧。我那时候在生产线的完成工段……就是流水线！那时候制造普吉奥35，他们管它叫流水线是为了好听一点！那

① 美国人弗雷德里克·温斯洛·泰勒（Frederick Winslow Taylor，1856—1915）于19世纪末建立了西方管理学的开创性理论，他提出的一套管理理念和方法被称为“泰勒制”。——译者注

是一条生产线，生产405，还有205。我在的那会儿，还没有造605，现在我不清楚……

——您在那儿干了很长时间吗？

哈米德：从1972年起，我就在那条生产线上，没挪过窝。605就是在那儿开工的，205、405也是。一直是一条试验线，因为他们挑选上这条线的工人都是干活干得最好的……相比之下……他们没有太多毛病。我必须说，连管理部门也承认，劳总联负责人，工会组织，特别是法国劳总联的负责人，这些起劳资纠纷啥的时候会给他们找麻烦的人，干活都挺棒的，该怎么干就怎么干。上头对他们也没啥可不满的，而且经常在车身制造厂里说：“是啊，我们跟劳总联的代表们从来就没有任何问题。”

——这是指工作方面吧？

哈米德：指的是工作，因为当我们去见他们，告诉他们“某某干不了他那份活儿”的时候，他们会说：“是的，可是跟你们这些劳总联的代表，我们从来就没有任何问题。”不过，我们这时就把话题绕开，因为不想上他们的当，听他们的甜言蜜语，没法……我们毕竟能感觉到，有的工人有时干不好活儿，为什么干不好，等等，于是我们就说：“还是拿得下来，全靠手边用得上的办法。”不过我得承认，有一回，有个工会代表干不好活儿，他知道那个岗位
642 的活儿太繁重，他就拿笔记下来，他也知道有个整修工专门负责补活儿。不过，对于一个工人，哪怕是老工人，这种事也不是那么光彩。我亲眼见过一些工友，为了补上一个活计，跑着追出十多米远。

——是谁落下了工作，最后补工补不上？

哈米德：……监工要是看见谁忘记了什么，他不动手，也不提醒，而是走过来让人家跑下生产线十多米……那哥们只好在下头十多米以外补活儿。如果监工本人没有填补他的岗位，也没有叫别人

来，他就得赶紧再往回跑。好些人就这么上了当。不过，我们从一开始就告诉他们：“要是他叫你下去，你必须要求有人顶替。该返工要返工，可是这个时候他得顶替你！”

头头让他们头脑发热

——可是，这些人大多在车间里干了十多年了，对情况很了解，本不应该害怕跟车间主任或者领班说说，对吧？

哈米德：车身制造厂的气氛跟完成工段不一样，比如……他们从别的工段弄来一些工人，把他们安排到生产线上，可是这些人都不习惯，因为我们这些人，甭管怎么说，已经在线上十七八年了……工作节奏对我们来说也是一样，也在逐渐加快。这样干了几年之后……每一年都给我们加码，生产年年都增加一个百分比，于是我们就想，他们明年还会让我们加快节奏，这成了心理问题。我们倒是有所准备，可是那些刚来的人还不够专业，是干质量检验的，没过两天就被放在生产线上了，他们跟不上啊……

——这样的人多吗？

哈米德：如今不少……比方说，他们弄来一些铲车司机，放到
生产线上，他们干不了啊，而且还有一些经过职业训练的人是从别 643
的车间来的……有好几个是从材料库来的学徒工……昨天就来了两个，都是从冲压车间来的，从来没有上过生产线……也许都是匆忙培训出来的技术员，空降到生产线上，但是跟不上趟……于是就出了我刚才说的那个问题［沉默］。最糟糕的是他那个班组的工友们写了一封请愿信……当然是头头怂恿的。头头做他们的工作，对他们说：“你们一天到头累得要死，可是分派给那家伙的一丁点轻活儿，他还是干不了！”于是分发了传单，我们很快就得知是怎么一回事，我就去见伙伴们，无论如何，这些伙伴我全都认识，因为他们跟我在35生产线上一块儿干过。我就一个个地跟他们谈，问他

们“怎么会……?”他们说:“我们能干好,他反倒干不了!”

——是为了开除那个人而请愿吗?

哈米德: 不是为了把他从这个工段赶走,而是为了把他赶出普吉奥汽车制造厂!这个要求可是工人们提出来的呀!说到底,这些工人都很优秀,因为[1989年]闹工潮那阵子,其中不少人参加了罢工。他们不理解,于是我就一个个地做工作,他们也开始明白是怎么回事了。我意识到是头头怂恿他们这么干的,加上那个家伙干不了,干脆让几道工序从眼前溜过去了……头头和监工无法指望他顶替干过好多年的人……这可对他们触动很深。再说,保证了质量还有50法郎奖金,就因为他,大伙一下子都拿不着了。他们心里认为拿不着全赖他。我这下发了火,对他们说:“工友们请愿反对另一个工友,这不行!”最后,我跟每个人都探讨过,包括跟车间主任都谈过,我也跟别的工会代表商量过,我们去见了人事处的临时头头,告诉他:“你小心点,这种事我们不会袖手旁观!我们会把人都记下来,让全厂都对他们戳戳点点,让工人们都知道,这是一些……告密的家伙,这些人把……”我对其中一个人说:“你必
644 须明白:如果他有家,有孩子,或者欠了债,那他怎么办……他万一被解雇,你能想到他会遇上什么问题吗?”他却回答说:“那关我屁事,反正他必须跟我们一样干!”

——这个他们打算赶走的人,年纪不小了吧,在厂里也干了10年到15年了吧?

哈米德: 这个人37岁,在厂里少说也干了15年了,往少里说……问题是他从前在质检那边,从来没上过生产线,这可是两码事。他也早就觉得难适应……他认为自己是被调离的……。因为他是一级熟练工(P1),可是被当成学徒工(APF3)使用。级别倒是一样,可是他感到受了伤害。最最糟糕的是,工友们都看不上他,都……那个头头成功地让他们觉得这个人是懒汉,绝不能上他这种

人的当。

我从来没见过工友们这么仇视那个家伙

——那么，您这样教训这些工人，他们不也是在厂里干了15年以上吗？他们就这么听头头的话？

哈米德：是听雇主的话……他们在莫维拉尔的培训班上教给我们的东西，我觉得都是一些理论。一旦出了那个班，人们就……不过，他们在实践那种理论，因为他们总是说“班组”什么的。“这个人妨碍了班组，使得班组没法工作”，只从班组方面说。我就说：“班组嘛……我们在班组里干活儿干了好多年了……你们跟这个人干的年头一样多，万一哪一天人家把你们放到他的那个岗位上，你们照样不知道怎么干呀……他这个人是有资质的，只不过……”于是，我就去见了他们的头头，告诉他：“您听好，我只说说我本人的情况：有一回我被放在一个女工的岗位上，我也不知道怎么干才好，派我去的领班还以为是送了我鲜花呢。后来，他把我放到一个更不好干的岗位上，弄那个刹车杆，可是我把活儿拿下来了。也就是说，你得看是什么情况……这个人干不了这份活儿，干吗偏要把他放在这儿？工厂这么大，派他去别处不就行了？在别的厂区给他 645 找个合适的位置，他有准备的工段，给他点时间习惯一下生产过程，过后还可以把他弄回咱们的生产线来。”我还跟他说：“这个紧张关系可是一把双刃剑哟：您要是鼓动全组反对一个工友，这里有我们，我们这些工会负责人可不允许这么干，我们会竭尽全力让这个人有一份活儿干的……不过，您也得负起责任来，因为您这么干，事情会闹得没法收拾，最后肯定有一天对您不利。”他一听，多少有点害怕。［沉默］不过，我从来没见过工友们这么仇视那个家伙。自打进了工厂，确实有人会嘟嘟囔囔，有人会……可是，这回真是彻底抛弃，根本不想听别人说到这个人，他们觉得：“这人是个懒汉……不想干活儿……”我告诉他们：“我跟你们一样，也在班组里干活儿，有人不想干活，那不关我的事。我干我的活儿，谁干得不好，我也不会像头头那样训斥他：‘你怎么不干活儿呀？为什么心不在焉?! 假装生病?!’”在同一个班组里，我们见面都互相打招呼，忙自己的活儿，再说也没空聊天，因为生产线运行很快。我对他说：“他没有妨碍你吧？影响你干活儿了吗？”他说：“没有。”于是我就问：“那么你们为什么要这么激烈地反对他？”我觉得很遗憾，因为签名的这些人有很多好人，而且一个月以前，我刚刚去给他们分发过一个申诉记录本……他们也都接受了……每逢出了什么问题，他们都把它记下来，这种本子在生产线上很有用处……这些人也都参加搜集问题，一下子忽然都被头头给“迷惑”了——也不知那个头头给他们许了什么愿。不过，有两三个从别的工段来的伙计没有在请愿信上签字，他们说：“我们跟这个不相干……我们倒不觉得有什么不便，他干他想干的事，我们干自己的活儿，这个问题得由头头去解决，我们没必要签字!”可是工段里大多数人签了。

——大多数人签了字……看来对这种事还是有某种附议，还是
646 有一部分人进入了这个制度……

哈米德：彻底进入了这个制度，因为对于他们来说……头头甩掉了不少责任，连带薪假什么的也不管了。“这个由你们在班组内部自己商量着办。”如果谁五点没来，七点才来，头头就问全组工人他该不该付这个人工钱，还说什么：“我会付他钱的，因为这是班组的决定。”所以不是普吉奥厂方付工钱了，而是车间主任自己在付工钱，这么做有好处。“头啊，你就不能付我这两个小时的工钱吗？我来晚了吗？”所以有时候，车间主任让他们留下，直到晚上十一点半，零点，要么他们就十点钟走人，车间主任付给他们直到十一点半的工钱……

雇主的说教又回来了

——把所有那些敲点小竹杠的办法教给他们，那些小聪明……

哈米德： 就拿工作制度来说吧：我们下午一点或者早上五点来上班，刚开始干活儿，头头就开口了："今天没有手套了。"要么就提前一天宣布："你们的手套别扔掉，我领不到手套了，我可是按预算来的，可是已经超支了。"于是我们一个礼拜干活儿不换手套，这么热的天气，真难受。我们来到新厂房真是凄惨。幸亏不全是这样，可是你要是不小心，很可能很危险……。且不说对双方都危险，这么热的天气，干活儿必须十分谨慎，因为如果有人跟普吉奥对着干，掉进陷阱……那反而对普吉奥和自己都不利，这种事你是控制不了的……另外，就在昨天晚上，我们还专门为这件事开了会，任凭他们这么干是不行的……

——是工会代表们的会议吗？

哈米德： 是的。看到这一点以后，我们就召集所有工段的同事们开了会，就在车身厂里。除了别的事情以外，我们讨论了这件事，因为我们不想出了事就这么让它过去。普吉奥这么做会让我们分裂的，然后它就会为所欲为……再说，下个月会给我们再增加50部汽车的工作量……就在九月里，即将出现失业……现在，我们经常加班，随后就是失业啦……比方说，一个礼拜会有两天没有活儿干，周一和周五，一周只干三天，可是七天都得生产啊，因为普吉奥要加快生产节奏，生产更多的汽车。有人会说："无论怎么样，我们都不会吃亏，打三天鱼，还有两天可以晒网嘛。"可这不是办法……它这么干已经不是一天两天了，如今大家要说："小心点吧，如果它让我们没活儿干，再给我们加码，那就没它的好果子吃！"（……）我们要是听任它这么干，说真的，谁也不知道最后会闹出什么事来。（……）

这个奖金制度，我觉得没有比它更坏的

——还有奖金制度，也是一种施压的手段……

哈米德：这个奖金制度，我觉得没有比它更坏的，因为就连分级制度之类的，普吉奥也不平等。它在分级方面很吝啬，发奖金反倒区分得很严，“你干到夜里零点就能拿到奖金，你星期六来上班也能拿到奖金，你要是都不干就什么也拿不到……”还有，医疗方面也跟工人讨价还价，“哪天哪天你歇工了，可是休病假是要占百分比的，百分比已经超出了……质量也得有个百分比，你离那儿已经差不多了……告诉你每天早来五分八分钟参加班前会，可你就是不来……这太过分了，我没法发给你奖金了!”

——这主要是指班组奖吧，如果这个人让全组丢了奖金，大概就是因为这一点，他那一组的工友才都签署了请愿信吧?

哈米德：是的，紧张关系就是从这里来的，再说车间主任把这个意思暗示得很清楚，他说：“你们就是因为他才丢了奖金。”而且
648 这些人头脑就是这么简单，他们以为那50法郎是个大事……由于这个家伙而丢掉50法郎，那是绝对不行的。“我干我的活儿。”最恶劣的是，普吉奥厂想方设法把最重最累的活儿派给这些人，派给提出异议的人，总是能够让他去相对而言“最棒”的岗位，这个最棒可是带引号的，因为真正最棒的岗位根本不存在……无论如何，可以肯定地说，这个人的岗位比同事们的强许多。于是别人说：“他的岗位已经很‘容易’，可是仍然干不好，我们呢，岗位不好干，我们还是照样拿下来了，且不说他还会出次品，我们却没有。”由于如今已经没有……一切都全球化了，什么都全球化，班组才是……比方说，假如我提出了一个建议，得益的将不是我一人，而是全组。既然啊我做了一件蠢事，全组都得付出代价，即如我不去上班，也没有打电话……全组都会问我：“你干吗不打个电话来?”工人给工人打电话……我认识一个这样的女工，她给一个女同事打

电话，因为知道她的电话号码，可说人家说：“你这么干可不行！你不来，也不事先打招呼，我就不一样，我预先想好哪一天不去，可是你……”车间主任跟她说过：“你歇工我没意见，可是你那个同事不在呀。”打电话的不是头头，反倒是这个姑娘给同事打电话，那个同事在电话上骂她。她只好缩短了病假，只休息了三天，因为她想：“她今后好几年会跟我过不去。”于是只歇了三天……这一周都去工厂上班，虽然还病着。我对她说，其实她应该反击那个女同事……我让她明白，那件事办得真蠢，她说：“下回我不会这么办了。”可是她还是上班来了，她不该接着干活儿……大夫让她休息一个礼拜呀……还有一个女工，没有领到手套她就用旧的，还拿回家去洗，回来还跟同事们吹牛：“跟我学吧。”另外还有一个甚至跟我说什么：“如果普吉奥提出要求，我可以把工资的一半拿出来给它。”……我说：“普吉奥跟你的工资没有半点干系，不管是一半还是全部。”我才不管她怎么想。可是她就是这个样子。如今一种雇主的说教又回来了，而且，例如，不允许工人们散发……我还是散发我的传单。头头要么不言语，要么对我说：“我可是看见你工作 649
时间发传单了。”我说：“没关系，你想怎么办就怎么办吧。”不过，一些工人，年轻人，对我说：“现在不是散发传单的时候，要发去外面发好了！”这些人都出于好意……因为有人告诉过他们：“只要你们看见谁干傻事，别跟他学。”我回答：“凭什么？你小子在岗位上才混了几年？你还没权利对我说三道四呢！”有些人就是这样……

人们已经习惯如此……听得多了，就中了圈套

——跟老完成车间相比……那时普吉奥厂的厂风早已形成…现在这里有什么不同吗？

哈米德：有不一样的和新的东西，因为……就说昨天吧，在大厅里，领班对我说："你们离开的时候，得保持这个地方跟上班时一样干净！"我说："好吧。"我刚进来，一个年轻的女同事就想吸烟，同事提醒说："别吸烟！别吸烟！"因为培训那会儿被告知不能吸烟，他们也就不吸了，成了习惯。可是在这儿，有的同事说："吸吧！为啥不吸？只要烟头没丢在地上，就没有理由不让吸！"饭后，有人就说："这个地方得保持跟我们来时一样干净"，于是每个人都捡起自己掉下的东西，有一个女同事说："不能像另一个工厂那样，那边有清洁工打扫，这边没有。"有些事情虽然你不一定愿意，但架不住别人老跟你说，也就习惯了。听得多了，就上了当……有时候，为了甩开这一类愚蠢的要求，我们马上有反应，可是我们自己也在说，机器似的，哪怕不这么认为，嘴上也这么说，因为身边有人在说呀，应该这样，应该那样……搞得我自己也觉得，就是这样。

——也就说，首先你得进入这种思想逻辑……

哈米德：你去要求把一瓶水带到岗位上吧……很不容易办到，如今在车身车间，人家几次三番地告诉你，岗位上什么个人物品都不能有……有个伙伴对我说："你又把水带来啦？"我说："那又怎么样？我们跟管理部门争论过这个事，现在允许带一瓶水了。""那好，趁着排除故障，我也去弄一瓶来，喝一口。"然后他就拿来了一瓶水。

——是一瓶水吗？

哈米德：对……有时候是加了薄荷的饮用水……

——从前在老厂时，带点葡萄酒、啤酒上班，这些都没有了吧？

哈米德：还是有……［微笑］到了新厂还是有，当然。

——允许带葡萄酒？

哈米德：酒嘛……什么都可以带，因为工人们有这个要求……

因为在老厂的时候，头头们都坐办公室，工人都在车间里。到了这儿，大家都跟头头们说话，吃饭在一块儿，没人去别处吃饭……休息室里有工人、车间主任、领班，他们都坐在一块儿。在厂里干了30年的老工人轮流带酒来，从来不落空……于是就延续下来了。可是，正因为这样，头头有办法给那些酒量大的加码……昨天签署请愿信的人里头，就有一个爱喝酒的老家伙，有点酗酒的意思吧，头头们对他说："你要是不签字，我们就告发你酗酒，打你的小报告，会把你赶走。"他于是签了字。这样一来，都怕了，这是一种施加给他们的压力……

——这个问题跟恐惧有关，许多头头仍然在利用这个……

那些对普吉奥厂感到失望的人

哈米德：这跟在旧厂一样：那时候就开始了……车身车间里的这些小伎俩，旧厂时期就验证过……实际运用在老车身车间上，有20%到30%的成功率，到新厂后又经过改进……工人们都掉进了这个陷阱，这个没错。可话说回来，有那么一小部分行不通……举个 651
例子吧，有位先生没法……他厌烦了，因为人家答应他"如果你顶替头头……就能从225点提高到265点……"于是他礼拜六也来上班……现在他厌烦了，就对头头说："你把我放到岗位上去吧！"这个人可是个有不少创新的人物，为了表明他给普吉奥厂工作得比工人阶级还要多……这么干让他变得疯疯癫癫的，脑袋里转的只有普吉奥，夜里不睡觉也要想着普吉奥，他家里一定有好多"标致"的照片什么的，因为"付给我钱的是雇主啊……"［笑］因为还有不少年轻人跟着他干，经验不如他多……他要求被安排到岗位上去……因为有时候大家会对普吉奥厂很失望……

——对普吉奥的厂风失望的大有人在……

哈米德：那是因为他们觉得自己为普吉奥厂做了不少好事。可是厂方呢……现实是……它不可能让每个人满意……有时候到了极限，职业上再没机会晋升，生活水平上不去，等等。这个时刻就会有抗争……不总是这样，但是会出现。普吉奥厂在培训和信息等等方面，并不总是做得很好，好多事情会引起反弹。那些从米卢斯的工厂来的人都说："这可不行，他们说过，我们会自动提高到180点，也说过一回来上班，工资就会增加200法郎，都没有兑现。他们应许过一笔300法郎的达标奖金，我们连影子都没见着，因为哪怕把活儿干得再好，只要生产线的上线出了点毛病，生产的汽车少了，也就不给了……"拿到这笔达标奖金有好多要求呢。可是，旧厂那边我们是有奖金的，每个人都会拿到，用不着说什么。

——比起新厂来，奖金制度在旧厂里不那么重要。钱不多，可是更容易到手，是吧？

哈米德：说到底，每个人都有份，连生病的都算……如今有些人被排除了……我们跟负责人谈这个事情，他们说："这个我们就
652 不明白了，90%的人拿到达标奖金，你们反而跟我们说什么……""我必须告诉您，70%的人拿不到。"他们又说："80%的人拿得到。"我们又说："70%的人拿不到。"可是，我们更占理。

无论关系好坏，工友们都不喜欢给别人看工资单

——总之，工友们谈论不谈论这个奖金的事情？说不说出来？

哈米德：说归说，可是……自从我上了生产线，无论关系好坏，工友们都不喜欢给别人看工资单，谁知道是不是因为妒忌还是别的什么，可是确实有一种不便。"你拿了多少？""六千法郎。"可是当你真的看见工资单的时候，那上面不是六千，而是六千五。比方说，"你拿了多少？""四千五百法郎。"其实不是四千五，他只有四千。连头头们也从来不说实话……一个同事问我："你拿了多少？""五千六百法郎。"他说："五千六百法郎很不错啊，比我多出

一点点。”可是我拐个弯看到他是六千二百法郎。过后我对他说：“我看见你拿到六千二百法郎。”“是啊，那包括礼拜六的，你礼拜六可没上班。”于是我说：“我没有问你减去礼拜六的是多少呀……”还有，他们过来看我的工资单，可是从来不把自己的给我看……不过，也有些人像我这样做：拆开信封，把信封丢进垃圾桶，工资单留在车间里，因为，因为我才不怕……我现在有170个点数，在厂里干了18年了，有时候拿五千六，五千七，五千九，有时候六千，看情况而定，我不怕……正相反，因为一个礼拜得早上四点半上班，下一个礼拜得晚上九点半回家……

——可是很少人会把工资单给人看吧？

哈米德：有些人会，因为，比方说吧，我是代表，大家不那么怕我，把工资单直接拿给我看，“你瞧瞧，我有个问题……这儿有一个礼拜六没有付给我工钱……那儿把我剔出去了……我搞不懂。”能解释的，我马上解释，解释不了就去监管室，要一个答复……人 653
家把工资单给我看，就是为了拿到工会，或者……因为他们知道这是为他们好……可是在他们之间没有……

——如果把这个跟70年代做个比较，还是能看出不同之处的，因为那时候班组内部很团结，很牢固……

哈米德：班组内部的团结是针对头头，针对控制的，如今工人们针对别的工人抱团儿……那些持反对意见的，不接受某些不公正现象的，认为工作量太大的工人不被看好，因为头头告诉大家这些发牢骚的人将来会砸烂厂房的，说什么假如大家都发牢骚，就生产不了汽车，也拿不到工资了，就只好把钥匙往擦鞋垫下面一藏，走人。他们就是这么干的。1970年到1978年那些年，我们一领到工资单，就把它们都摊在桌子上，一张挨一张地看，还会比较资历什么的，“你怎么会没我拿得多？”比我拿得多的这位就说：“去找你的头儿问问吧，你比我资历深，拿得却比我少……”工友们给我打气，那时候我还不是代表呢……那是1974、1975年的事……他让我去索要。如今，你向一个工友要求看看他的工资单，“不行，不行！”假如这家伙让你看，假如他有这个勇气，想让我看看工资单，他会把单据上边折起来，只让我看下边，那个写在下边的总数，不让你看见上边写的东西。这么说吧……“这是私人的事”……

——这种个人化的逻辑很值得分析，因为通常这个人们是不谈的，看来普吉奥厂真的打赢了……

哈米德：确实是普吉奥厂方的一个胜利……不过，我一直认为普吉奥的胜利都是双刃剑，因为它做了那么多蠢事，到头来会自讨苦吃……因为工人们不接受……当然，工人分两种：一些人不想给人看工资单是因为害怕，工资没有别人高，就自己琢磨：“我并不比别人傻呀，可我拿得少。”另外一些人往往比别人工时多……一
654 丁点事情就足以拉开对工资不满意的和虽然满意但付出了巨大代价的人之间的距离……因为工时超额的，在厂里干到半夜的人，也许工资单上钱多一些，可是付出了什么样的代价？你必须看到他们的代价：他们回到家，一个人要是通常晚上九点半下班，回到家就十一点差一刻了，如果他工作到晚上十一点半，到家就是凌晨一点。还有，工友们往往相互调剂，搭住在附近的工友的便车，他们把别的伙伴送回家去……至于那些住得远的，只要有人“得便”，也许就付给他汽油钱，或者是普吉奥厂付给他现金……有时候直接由头头按超时工作付给他钱……这样他就把伙伴们送回家，四个五个地送，得走好些弯路，回到家已经累瘫了……第二天还得上班……他把工作和生活都交给普吉奥厂了。

工友攻击我：“闭嘴吧，只有你老发牢骚”

——这么说，头头们在这些事情上保有讨价还价的余地，区别对待……似乎跟团队精神是针锋相对的……

哈米德：是的，团队精神的逻辑是当你迟到的时候……在这个厂子里，我自己头一次迟到的时候……可以说，哪怕我五点一刻醒来，我五点半或者六点也到不了，我是跟那些七点钟正点上班的人一块儿到的……他们是上正常班的，因为反正他们把我的工时已经扣除了，所以怎么着都一样……有一天，头头对我说："他们决定付你工时钱。"我说："这可是新鲜事，我自从来到普吉奥就没人付钱给我，哪怕是四分之一个小时。这是怎么回事？"他回答说："这儿是班组做决定。既然你这是头一回迟到，全组决定付你工时钱。"我说："那很好啊，接着这么干吧，我以后争取多迟到几次！"他说："那可不行。这回是工友们，你的班组送给你的一束鲜花，你得……"这就是说人家付你工时钱，可是你得小心！下次不可以给人家找麻烦，所以说，他们把责任推给你了……迟到的人有很多，655 可是只要一跟他们这么说，他们就不迟到了……这不是收买是什么？！

——确实如此，他们这是多少在收买，同时也呼吁集体观。

哈米德：另一次，劳总联（CGT）要我去厂外参加一个简报会，是车间主任安排好的。我发言说："给我们发言的机会真好，可是让我们解释至少十分钟吧。我周围的工友们都在谈论生产节奏和质量方面的问题，情况并不好……他们说汽车出厂时不够干净……可是这个很正常，因为我们得安装部件，再取下，再卸掉，最后从另一侧重新装上去，因为有的活儿没干好……你们不是安安静静地让汽车过去，而是逼着我们进行一些操作，你们再安装上去，结果是安装，重新安装，卸掉，重新安装，可是这对汽车并不是好事……汽车产量已经很大，你们还在给我们加码和……就这么玩手段。"说完，人事处长刚要回答我，可是并不是处长，而是工友，是年轻人开始攻击我："闭嘴吧，只有你老发牢骚！我们这是头一次见到你！"我说："当然是头一次，我在这儿六个月了，或者说一年了，今天是第二次开会，可是我不是来跟你们这些年轻人讨论的，我是来跟人事处长讨论的。你这个人来这儿还没有两三年，我在这儿可是20多年了，你趁早闭嘴吧……”于是，这几个钟头通常是付钱的，可是这次他们把钱付给了别的人，没给发牢骚的人……［打出意思明确的手势：“他们没拿到钱。”］人事处长奉承了我两句，然后却对主任说：“把他的工时划掉。”于是我告诉他：“别这么干，不然我会发火的……”好在有些工人支持我，他们对那一个年轻人说：“你闭嘴！”连主任也插话对我表示支持：“不管怎么说，哈米德说话就是这样，他把他的观点、想法亮给我们。”（……）没错，我们在老厂都习惯了过另一种日子……从前，人们
656 一下班就急着回家……如今他们留下，“面朝”自己的岗位……转悠起来……为的是向头头显示自己还没走……

——仍然“可供支配”？

哈米德：是啊……车间里那么热，可他们仍然“可供支配”……因为普吉奥就是他们的领导……不应该……技术工人当中。如今工会工作越来越……不好干。

——为什么？因为如今头头们承担了一部分工会过去的工作吧……

哈米德：是的……再说，如今好多工人真的在玩游戏……最早在解雇某个人的信上签字的人都是劳总联成员。

最没本事的小小监工也想弄个好位置

——跟70年代相比，管理部门跟你们不那么对立了吧？

哈米德：好多了……因为那些人变得更［寻找合适的词汇］“鬼”了。比方说吧，他们说：“我们注意到你在散发传单……”我说：“那又怎么样？别人不也散发吗？”“也这么做，不过我们只是注意到，指出来而已……”他们说：“我们不打算区别对待不同的

工会。”其实，我早就知道他们对工会组织是区别对待的，例如基督教工联（CFTC）和劳总联……［模仿极和善的口气］“我们只是告诉你而已……”也就是说，不像在老厂那会儿，用众人指责的害群之马的说法……可是，怎样弄到一个好位置现在成了一个越来越大的问题。对我来说，我看到一些年轻人阻止我散发传单，把我挡下……他们说：“你这号人不该在这儿……”两年前，那个家伙［说这个话的人］……来厂两年，甚至不足两年，从前当临时工，我对他解释说，我们已经抗争了好多年了……他却说：“唔，可是就因为你们这些人，我们才面临失业。”［长时间沉默］厂方的说法被接受，越来越容易……最没本事的小小监工也想弄个好位置…… 657
所有这些都行得通……确实，工会的工作明显地……越来越难做。

——工会代表被人拉后腿……监工多少取代了代表的工作。您的车间里有没有像铸造车间那样的“车间顾问”？有个人问题的工人可以去找他们……

哈米德：“车间顾问”我们那儿也有，不过都是一些管理部门的人。例如，负责面谈的是领班或车间主任……如果他哪一天看见谁没来，他就召见他：“我们不大知情，所以准备跟您好好谈谈。如果您有问题，家庭啊，金钱啊，贷款啊，等等，我们可以帮助您……可是不能［压低声音］对我们这样不理不睬。病了，您就说病了。”他们开始拿家庭生活说事……然后另一个人来了……他就告诉那个人：“你瞧，某某［说出了名字］来找我们，说他老婆要和他离婚……”他们还说：“对呀，某某［或男或女］开了口，我们帮他把问题解决了……我们去找过某某……”他们就是这样玩弄是非的，还举出例子……连个人私密都在人与人之间说来说去……他们说：“你们看见了，我们把某某的问题给解决了……”

——这也是一种把别人拉进来的方式，相互牵制的方式吧？

哈米德：没错［沉默］……因为，事实其实不是那样的嘛！当人们遇到子女问题等等……让你难受的事……他们就说："有人跟我们说了你的难处，我们知道你在休病假……遇上问题了。我们正准备帮帮你呢。"此时出问题的人就会想："他们多少还是努了一把力……"所以，哪怕生了病，这个人也会来上班！我认识一位，正在办离婚等等，他们给他打了电话，然后那个人缺勤就……不多了，因为从前他经常缺勤。等他回来上班，我去找他，他对我说："连劳总联也没有这么为我撑腰……"埋怨起劳总联来了！我告诉他："那是因为你没来找我们呀……早说，这事属于个人私密，我们不想插手……"他说："同意。可是劳总联应该干预，应该管管个人问题……"于是，您看，管理层干预不是没有
658 回报的。

——可是，对于工会来说，这不是很可怕吗？

哈米德：正是这样！这对于工会来说很可怕……［沉默］可是对于工人们来说也很可怕……我们说，普吉奥厂里的老人有的是……谁都了解。它能够翻云覆雨……场内场外都行……可是，就像常言说的，如果他们这么干下去，工人们就还会有好多麻烦……

——与此同时，在选举长期代表时，他们有60%的票投给了法国劳总联。

哈米德：是的，我这个工段，77%～78%的票投给了劳总联。他们知道，如今这个一塌糊涂的境地，都是普吉奥厂把他们搞的，他们也知道能够指望劳总联。不过，与此同时，普吉奥厂的指令还在，它是雇主，还得接着干活儿……［沉默］普吉奥厂一直成功地给工人灌输这个思想：劳总联管理不了企业委员会……工人们说，"凡是跟劳动条件有关的事，你们劳总联说了算；可是只要涉及我们的生活来源，劳总联嘛，不如共产党"［做出挑战的手

势]。这就使我们懂得，如果把管理企业委员会的责任交给劳总联，劳动者的钱就得归共产党管，或者别的什么机构……这样一来，事情就运转起来了！我们这里好多人说："我们可没有搞管理的本事……"

[…………]

工人之间你争我夺，我无法接受……

哈米德：最让我震惊的也许是工人之间的争斗。这才是最让我为将来感到担忧的事……我的个人感受是在工会各个分部有好多工作要做……我是说我们这里，我们法国劳总联。这才是努力的方向……试着运用一切手段……指责普吉奥这个体系……

——必须加以分析……

哈米德：一个班组长告诉我："你为什么这么卖力？我一天来过五六次了……"我对他说："我这么卖力地干，只有一个理由：如 659
果一个工友跟主任或者领班的关系紧张，这对我虽说不是什么特别的问题，但我要试着找出哪儿出了毛病，可是只要遇到工人之间对立的局面，或者一个工人打算赶走别的工人，我就要说，如果为了赶走这种［寻找合适的词语］'不舒服'……我没有做一切能做的事，我就不认为我尽了义务。"我说："工人之间你争我夺，我无法接受……这种事我无法接受。"我还说："他们都是好人，那些签了字的，都是一些我低头不见抬头见的工友，一块参加过1989年大罢工的工友……"所以，看到他们要"赶走"其中一个同样参加过四个星期罢工的工友，我就想："这太过分了，不行，这个我看不下去！"这时，他说："是啊。"我说："是的，哪怕是你，也得注意点……这件事可是一把双刃剑……因为被'鼓动起来'的工人，他们的目标明天可能就是车间主任或领班。"我提出1989年罢工期间发生的冲突，我说道："例如我们的大罢工：它显示了工人的［自律］能力……我们没有攻击管理部门的员工、主任、领班们……虽说他们找我们的麻烦，围剿我们……除了扯了几句咒骂以外……事情没有像其他地方那样弄得不可收拾。”我说：“假如我们听任这个事继续这样下去，有一天工潮起来了，你们就会，就会……弄不好就会被斩尽杀绝，不管是用石块、棍棒，还是用别的什么，因为苦果是你们种下的，是因为你们现在正在干的所有这些事……”我告诉他：“这些做法我觉得不会长久。我早就跟两个同事，也是工会代表，见过好几次人事部主任，试图……改变一下局面。”第二件我同样觉得十分重要的事，就是主任和领班都打社会交往的牌，拿工人利益做文章，这个我觉得特虚伪……

——他们也信服这个吗？

哈米德：信服一部分，是的。可是他们实际上并没有去做呀！我们一直想解决问题，解决工人们遇到的难处。可是，一旦面对一个确实有难处的工人，他们就甩手不管了，“这个不归我管”。只要
660 工人们还在干活儿，只要他们能够影响工人，让他们多干活儿……早来晚走，一切好说！可是只要涉及我们的切身利益，他们拔脚就溜，甭管他们嘴上说什么，“你的个人问题我们可解决不了”。这方面我有好多具体例子……因为他们真正想要的东西是不再有人休病假！这个事是一清二楚的，他们也是公开这么说的！工人生了病，在他们眼里就是残疾人。他们几乎明说了：“生了病就不该有工作。工作得交给别人，没毛病的人。他们不适合工作。”这件事十分重要，我们可以回头看看前些年……可以，即使残疾了，也不是不能来厂、无权上班的理由啊……

——这里头有那种排斥异己的逻辑吧？

哈米德：直接排斥呗……［模仿一位车间主任的口气］“某某生病了，他总是生病，不来了，病了……”在所有议论里，他们都尽量夸大这一点，使劲强调。工人们呢，听得多了，也就……没

错，工人都小心别得病。我觉得他们确实得注意……我也是这么跟大家解释的……因为谁都无法担保身体永远健康，多运动或者别的什么也都担保不了……说不定哪一天会生病，出个意外（……）。

1991 年 3 月

旧秩序（20 世纪 60—70 年代）与社会活动家、工人和管理部门之间的某种力量态势相联系，它要求一系列前提条件。首先是多年中建立的机构之间的某种“调整”。这种秩序由于生活各个方面的众多变化而受到严重破坏。在哈米德看来，管理层正在建立一种反常的管理方式：监督员、奖金制度，以及对于个人利益的诉求， 661
后者从根本上改变了劳动条件和共同生活，而且威胁着工人和工会代表之间的（他所说的）“正常”关系。

他认为管理层故意打这张牌的想法并没错。当然，这样说首先是指管理层的某些成员鼓动班组工人的方式。并且他明确地指出了一个要点：管理部门新成员的行为是一套跟老厂完全不同的策略的一部分，这套策略的目的是构建全新的劳动班组……不过，他的批评仅限于管理层的行为，然而事情比这要复杂得多。说得严重一些，我们不妨认为，曾使旧的象征的和政治的秩序（例如在给车间主任和工会代表分配具体任务和明确的角色方面）得以维持和复制的条件出现了一系列变化（例如，在社会和学历方面，监督员大多跟从前的班组长十分不同，其中有些人是从临时工提拔上来的）。

从前的情形似乎是，工会代表与监督员之间有某种心照不宣的协定，一套道德代码，二者的关系靠它维持。他们之间的冲突虽然有时候很激烈，可是每一方都各有介入的领域，另一方不涉足。每一方均有对方不去使用的技巧（请愿书为其中之一）。每一方都多少熟悉使用规则，懂得“适可而止”。如今被打破的正是这些疆界， 662

分治的规则遭到践踏。

与此同时，尽管不情愿完全承认，哈米德发现，他这一边的人，同伴们，他所说的“罢工参加者”却接受了管理层的逻辑，雇主的逻辑。这套逻辑完全是针对工人的旧式的团结精神建立起来的，例如请愿信的签署者竟然要求赶走一个“老罢工参加者”。他显然觉察到，这是一个开始很早的过程的结果，这个过程并非只质疑管理层在某一时期的不正常做法，而是从属于一场破坏结构的缓慢运动。

于是，我们看到了一位老派的工会代表的不稳定的道德观，虽然他是外国籍，年纪不大，却是依照旧式的社会活动家的逻辑培养起来的。出于多种复杂的理由，这种逻辑在索绍工厂生存已久，比在其他工厂更有抗压力。他不仅看到自己跟以往不同，已经很难完成使命（作为工会代表的那份“活儿”），他不得不面临的局面不太正常，同时也看到自己在车间里比以往更应当出面捍卫“伙伴们”的利益，不能放弃使命，逢此劳动条件变得比以往更差之时，不可“一切撒手不管”。

哈米德感到车间里被称作高级技工（BTS）的技术员越来越
663 多，新的管理人员（培训方式与技术员类似）以及大多数监督员陷入了另一种逻辑当中，被置于与“老式班组”的头领完全不同的地位。过去，在老厂车间里，大家都明白，身穿班组长的工装对于一个有巴结上司恶名的工人意味着什么，都知道他会做出什么。如今反倒很难知道新技术员会运用什么样的策略。

因而，本来明白无误的东西出现了裂隙。在外力破坏下，旧的关系似乎在慢慢改变。这种缓慢的撼动的后果被这位工会代表忽然间看到了。这就是他的困惑。

来自下面的看法[①] 665

我年幼时就认识阿尔贝，那时候我们经常一块儿踢足球，后来也常常见面。在一次参观家乡镇上的最新成就的时候，早餐中他情不自禁地提到不久前在雷恩市召开的社会党全国代表大会之前、期间和之后，他们这些活跃分子的苦闷心情。我于是提出就这个题目对他做一次录音采访，他稍微犹豫了一下，然后建议，他可以带上两个朋友来我家，因为他认为在对社会党作出政治评论方面，那两位负责人比他能力强，特别是拥有更大的授权。会面开始的时候，阿尔贝做了一个简短的开场白，为他的两位朋友介绍了我们采访的目的，说明我们的兴趣将是“对于雷恩大会的感受”。无疑，他想利用我，以及他声称的我的权威性，向听到这个录音的人表达他的异议，同时避开走“逐级反映的途径”必会遇到的拖延和检查。同时，他也想让他的批评立场通过两位“更合适”的同志的修正得到加强（见面过程中，他曾转头对两个朋友说：“评论这一点你俩比我更合适”）。可以肯定，同那两个人在一起不如我俩私下谈话谈得 666
多和随意。他在疾言厉色地讲述“头头们的斗争”（特别是提到本地支部参照全国范围的各种“潮流”的影响来划分责任……）在当地引起的反响时义愤填膺，此时的口气却委婉得多。

按照成员构成，这个小小的群体不妨视为一个“代表团”。我本人的出现，加上主动约谈和录音也增加了会谈的严肃性。这一切都加强了审查的效果，对于审查，每个对话者从各自的立场出发，都有自己的应对方式。

---

① 英译本未收入此文。——译者注

三个人当中，阿尔贝年纪最大（这次谈话时62岁），跟另外两个人相比，他享有一种道义上的权威，这是拉克（Lacq）综合工业园老工人身份赋予他的，与社会主义传统相符。这个佳夫（Gave）高地的小乡镇过去几乎是清一色的农民，如今增加了好几个独栋住宅区的半城市化人口。他虽然是乡长，却不善于当众讲话，他的自我审查最为严格：他主动把说话的机会让给另外两个人，自己则时而插入几句话，简短而效果显著（“他们在管理”），
667 为的是提供或者问出准确的信息，把时而说得慷慨激昂的同伴拉回现实，或是责备他们没有早点说出他们在这场朋友之间的谈话里宣称的东西。

亨利今年60岁，从事耕种业。他是一个重要的生产者工会的主席，在一个有600个居民的本地小镇当乡长，还担任过省议员，享有出入名门的特权。作为一位工会活动和政界的专业人士（谈话结束之前，他就农业状况自顾自地谈了很久，我们这里没有发表），他的言辞有时有点俗气，互不搭界，不能连贯地放进一句话里，往往是一些直接借自时政报刊用语的套话（“乡村空间”“为官一方，他们想留下一点印记”）。他的半截话很多，而且很有权威地说出一些有分寸的看法（“首先是政治文化，尤其在乡下，根本就没有。这一点必须说清楚”），表达对有关负责人的异议时口气温和。

雅克50岁，农产品批发公司的雇员，在乡政府给阿尔贝当助手，法国劳工民主联合会的会员。字母r的读音他发得较为沉浊，加上平时常读刊物（阅读雷恩大会的报告时还记了笔记），这些都表明他的教育水平（高中毕业）比另外两人要高一些。三个人当中，他显然最希望自己能够掌握那些在电视上听到和看到的专业人
668 士的语言技巧。在自动划分出来的角色当中，出于善意和热情，他往往采取知识分子的那种不负责任的批评。他总想“走得更远”，

在别人未加分析之处以分析者的面目出现（“这里的含义是什么呢?”），从而提示“价值观”。我对雷恩大会的兴趣或许暗示了某种反对之意，他大概从中得到了启示，开始以激烈的批评态度长篇大论，夹杂着一些他的朋友们没有使用的随便的词语（“这群傻蛋”“他妈的”“玩意儿”等等），有时候带几句有点冒失的话（“我担心的是看到这个瓦解过程……有那么一点，这玩意儿……”）。

在鼓励和启发之下，虽然有这些明显的制约因素，可是并没有妨碍这次晤面引出了一番原本未必会有的谈话。它就给这三位社会活动分子提供了一个机会，使他们能够说出一些一向被官僚传统和工会机制压抑和查禁的想法。这种机制是在整个 19 世纪当中逐渐形成的，自有其平台程序，潮流和倾向，动议和决定。雅克便说，这次晤谈中所说的话几乎完全不可能在普通的党内会议上说。我们于是看到，相形之下，似乎浮现出一种党内“基层”与“高峰”之间应有的关系，只要中央领导人不把活跃分子当成他们指示的执行者及其行动的捍卫者，不把他们当成其竞选手段的工具或者内斗的赌注，而是能够而且懂得把争论引向一致理解和构建一些计划，而不是把争论用于确认分歧和硬性推行他们的支配地位。 669

出于一种有趣的角色颠倒，眼下是这些“基层活动家”以“社会主义的手足之情”的名义在向领导人发话（也可以说，他们此时以不计报酬的代驾司机自命……），提醒他们那些曾经使他们赢得胜利的理想。他们只需稍微倾听一下对于社会主义道义的怀念，有了这种道义，一乡之长们可能会打消邪念：学习那些成为国家领导人的党内领导人的榜样，实现他们的个人利益。

统治者几乎不可避免地会低估被统治者的清醒头脑。几服强力催化剂——评论家所说的“选举的海啸”——将足以使一些以指导和主持选举活动自诩的领导人领悟到，“基层”其实十分清楚，他们并没有表达后者的观点、愿望和意志，而是强行推行他们自己的观点，尤其是他们的分道扬镳的方案。[①]“基层”同样很清楚，领导人在技术官僚的确信当中故步自封，根本不了解隐匿无形的活跃分子们的严厉看法，因为他们已经被激情和与权力相关的利益——包括与维护和增强这种利益相关的竞争——变得盲目了。

670

社会党的三个地方干部

采访者：皮埃尔·布尔迪厄

“我们正在调整”

[…………]

亨利：（……）不错，左翼眼下着手推行……尤其不是借宣布禁令来显示自身价值。左翼目前提出了什么？麦尔玛[②]来P市那天，我对他说……因为我们没少吵架，出于一些我过后也许有机会解释一下的理由。

阿尔贝：他是什么时候来P市的？

亨利：我是在麦尔玛来P市的时候对他说的……狠狠地骂了他一顿，就在汽车里，我说……

阿尔贝：是因为你去了飞机场……

亨利：我去机场接他。是我先开的口，没错，我问他：“左翼提出了哪些建议？”左翼提出的禁令先搁在一边，它的远景是什么？有用什么法子把青年人拉到左翼这边来，让他们对政治感兴趣？这是针对你们的取向来说的：你们没有计划，没有远景，不知道怎么表达清楚。也许，如果我们回到一些事情上来，那就……虽然简单得多，可是仍然……哦，对了，因为当我们谈到价值观的时候……

---

① 本文写作于1990年9月。（1990年3月，布列塔尼大区首府雷恩市，密特朗的支持者在法国社会党全国代表大会期间发生了严重分裂。——译者注）

② 路易·麦尔玛（Louis Mermaz，1931— ）是法国社会党高层人物。1981—1993年间先后担任过法国政府运输部、农业部和议会关系部部长。——译者注

您知道……农民等等，刨土地的……这些人都……到了某个节骨眼上，选举期间，人人有份……都有一个根子，一个落脚点。可是，要想切实说明这些价值，它们表明了什么……那种丰富性，这个我们虽然有，可是不去发掘，不谈根源，那可就……唔，我最好闭嘴了！

[…………]

雅克：说到富恩市议会，由于我曾经……全部报告书我以前都读过。我觉得很好玩，就……

阿尔贝：读那些报告的人并不多。

亨利：我可是全都读了，是啊，我读报告是因为我很想读读。本来还应该多做一点什么，记点笔记，概括一下，做一些比较…… 671
因为我喜欢……在一些词语、句子和说法下面画线什么的。当然了，所有这些报告的用字都差不多，数不清的发言，大趋势，已经不叫潮流的潮流，等等。我于是想："这伙人是不再干傻事了，还是要接着干下去?"我担心的，首先是看到那种……有点溃散的现象，还有各行其是，他们留给人的那种印象：为了在上帝或者头头那儿得宠，死盯着一个东西不放。我们后来这么想……还有，这样一来，我们一看辩论这么差，代表大会也开砸了。我就想……这我早就料到了。

——这些对基层有什么影响（……)?

雅克：这第二个方面，基层，您指的是什么?

——这个我也不清楚，在支部这一层，各个……

他们在搞什么鬼名堂?

阿尔贝：各方面的限制?

雅克：这件事很重要……而且我们不得不认为，基层没有真正的政治生活。能聚到一块儿的时候，该聚的时候，就开个会，为了投票，为了这事那事，有时候为了研究什么办法，为了进行一场辩论，为了……一类杂七杂八的事，可是……我们相互并不太熟识。我觉得我们有许多共同的想法，也有好多不一样的，只是不说出来的想法。有一回，我挺吃惊，支部里有个人竟然明目张胆地攻击移民——那是五六年前的事，那时的局面有点浮躁，确实有谩骂移民的，说他们人太多等等……

阿尔贝：也许，这里头还有一个隔代人的问题……

雅克：确实有一个隔代的问题。不过，我怪的倒不是那个人，而是他这么说，竟然没人吭声。就算他有说话的权利，可是……我们有各种权利，可是总不能……如果我们在克拉孟梭广场跟三个阿拉伯人站在一起，也不该随心所欲地说阿拉伯人太多了等等。人家来P市有人家的原因，别的城市也一样。再说这里的阿拉伯人并不
672 多。哎，这种事让我觉得很不舒服。我心想："见鬼，不能这么议论人家。"还有，当你看见那些辩论等等是怎么一回事以后，你就……他们谈不出什么，不了解工人和农民的生活。人人都躲在自己的窝里，自己的圈子里，只有一件东西把我们聚拢在一起，那就是党证。我们不时开个会……那个代表大会并没讨论什么，只在几件小事上投投票……那个晚上，我连投票也没有投成，我没去，还是因为报告书……他们也没有好好聊聊这次大会，这方面也令人泄气……因为没有一套真正的机制，能够时不时让我们停下来想想，发出呼吁，互相招呼一下，甚至为民众拟定一个立场。你可以想象，支部能起某种作用，为一个东西造势……好了，我们这些人都很忙，因为这儿的人至少要顶替组织者，那些人大多在别处忙得四脚朝天的，我们没办法包揽一切。至少我们……我没有这种印象……每次说起来，我都觉得有点失望。聚到一块儿的时候，我们心里都在想："他们在搞什么鬼名堂？"

把一切弄得一团糟

——你跟我说过，潮流一直到什么层次都能看到……

雅克：没错。

阿尔贝：直到负责人的层次……（……）若斯潘的议案①代表大多数，区委书记也出自这个大多数。然后，区委要求一些重要支部的选举必须在职责方面有所反映。

——是在职责的结构方面吗？所有层次，包括最基层吗？

雅克：包括最基层。

——这个做到了吗？

阿尔贝：不清楚，我没法……P市的有些支部做到了。

雅克：也许O市也一样，我不是太清楚……

阿尔贝：我们这儿可不一样。 673

雅克：我们这儿没有。我觉得我们这个支部比别的要宽容得多。我嘛，有时候看到一些攻击的调门，包括一些公众人物的立场，我特别惊讶。他们对恶语伤人感到很享受……总之，谁知道呢，把一切弄得一团糟。他们心想："见鬼，我支持这一个，反对那一个，反正我不是因为支持某某才……"我呢，我才不会让人牵着鼻子走，谁知道呢，反正……我对这个感到很不舒服，就像阿尔贝说的，潮流已经完全消失了，不过我们还是要为了一些动议开开会，然后大打出手，自相残杀。这说明什么？谁知道？这说明内斗没完没了，也许也是好事，仍然有不同意见嘛，有一些……不同的表达，为什么不能有呢？可是我的天！有的时候，你得知道闭嘴，停止闹剧，劲儿往一处使，在一些问题上达成一致……大体一致，然后再……

——是啊，特别是因为在策略方面这些倾向差别不大，跟一些

① "若斯潘的议案"当指1981年若氏首任法国社会党第一书记后提交的政治报告。——译者注

人相关，而且是靠个人的努力传递下去的，直到最基层。

[…………]

阿尔贝：为了给雅克刚才所说的做一点补充，还应当说……你……您也许比我更适合发表意见——这次代表大会期间及会后，积极分子和同情咱们的人都有一种厌倦情绪，尤其是公众舆论。大家都明白，这是一次要命的大会，这么说吧，不是思想交锋，是对立面的较量，多少有那么一点。积极分子有的也……

雅克：而且，大会期间看来很可悲的是，就像刚才说到麦尔玛时，亨利所说的那样，缺少一个作为依托的方案，有了它，我们就能说“来吧，就这么干”，而且是个东西，还能够带动年轻人。我呢，觉得如今年轻人实际上……不是说他们加入不加入左翼的问题，而是说心里有没有希望，对吧？……

——对，正是，正是如此……

雅克：现在的年轻人不知道干什么才好，可是也没有任何东西
674 让他们能够超越自己。那么，这个事在我们看来……

还有价值观呢……

亨利：有些问题引起了他［麦尔玛］的关注……

阿尔贝：我觉得他扮演的是调解人的角色。

雅克：可是，他在A市发表的纯粹是一通经理人的训话。只讲管理问题，为管理社会党辩护。（……）不错！我确实想跟他嚷嚷一通。告诉您，在A市那会儿，我真想跟他争一争。因为我心想，发表一通这样的言论，只为社会党在人们的收入、政府的金钱、法国在世界上的地位之类问题上的立场辩护，这个真是臭大粪，臭大粪！还有价值观呢，甭管人们相信还是不相信，这个价值观也应该时不时提出来，重申一下，必须说：“这么做我们同意，可是，还他妈有别的呢！”这意思不是眉毛胡子一把抓，也不是要煽动什么。

可是，怎么不提我们至少自从……就信服的价值观呀，至少得想想，一直就有一种……可他那个是什么？完全是经济学家的说法，可是应该信服这个东西呀，再说，那天大厅里都是什么样的人？

阿尔贝： 都是社会党员。

雅克： ［语气激烈］对呀……法国商界肯定还有好多跟这个没半点关系的人，法国企业在这方面掌握着这样那样的王牌，跟德国人相比有这样那样的缺陷。

雅克： 何况还有好多年轻人呢？

雅克： 不是所有人都明白这一点，应当提醒，这一点在有些情况下必须提醒，有些情况下非说清楚不可，在眼下的法国政府和国家里，社会党究竟是怎么一回事，我们能做什么，等等。然后，努力尝试，试着往前走，而不是光在这儿哼哼唧唧：我们在这儿呢，我们挺不错。

阿尔贝： 我们正在调整。

雅克： 再说，世界上我们是第五大强国，卖武器，得到普遍承认，等等……可是在居民区里……［低声说］那些至今背着债务的、不知怎么办的小农户，那些每月挣 4 300 法郎、有三个孩子、不知怎么办的工人，还有，其他所有人，加上那些失业已经三年的年轻人。 675

亨利： 可是，如果……试着找出这里面的道理，有时候可以说是你争我夺，因为您说到攻击性的口气和往脚底下扔香蕉皮，我觉得，那好——首先是政治文化，尤其在乡下，根本就没有。这一点必须说清楚。第二个是公众生活，因为太简单而太复杂。正因为它太简单，有人就把它复杂化。(……)

［长时间讨论比利牛斯山中濒临灭绝的狗熊，环境保护人士和猎人为此截然对立，其中也反映了某种地方特点：亨利认为从政治上处理这个问题反映出社会党“中央”人士不理解地方传统的特殊性。］

阿尔贝：（……）你刚才提到，一个有社会主义思想的乡长，有时候也得违心地行事。这方面我们有一个例子，你刚才说过。

——你们说到这个的时候，心里想的是什么？

亨利：我想到了什么？我能举出一个例子（……）L乡有四个左翼乡长，都属于多功能乡镇联盟工会（SIVOM），他们才不在乎意见能不能一致。在我们看来，这是一个……

——……负面的……

亨利：倒不是负面的，可是，这个事确实很敏感，这四个乡长有两个是上次选举出来的，都是社会党员。他俩什么都想要，而且要快，为官一方，他们想留下一点印记："应该做这个，我们要做那个"等等。于是，一个乡［说出乡名］的乡长打算重新启动一个旧有的乡政府计划，创办一个幼儿园，既要投资，也有随时可用的资金。他把这件事分头告知了R乡、A乡和G乡的乡长，对他们说："我现在有资金，我要兴办一个幼儿园。你们想不想加入幼儿园的运行？"……

阿尔贝：当然是要他们把自己乡里的孩子带来。

676 **亨利：**运行的意思是各乡都来……靠什么呢，Y乡的乡长——暂且不论他有没有同样的想法——却声称这个他也想到了，他说"我也要建个幼儿园"等等。您看，在这种局面下，有人就要制造一个分裂的焦点，利用某种制约性的权力，利用一些要么反对要么支持的团体。

雅克：加上大家都无法承受的财政开销。

亨利：然后什么都实现不了，倾向相同的乡长们不可避免地发生冲突，还有反对或者支持一些人的民众。

——解决这一类事端，党内没有一个仲裁机构吗？

亨利：党根本没办法解决这种局面，因为它没有权威，就像您刚才说的那样，没有人承认它是做决定的机构……

我们在划船，划呀划……

——可是，这里的原因正像您刚才说的“好像在山顶上”，缺少了“社会主义的价值观”。

亨利：社会主义者是什么人？这是问题的根子。

阿尔贝：我们当在野党的时候是社会主义者……

亨利：（……）从基层来说，社会主义者是什么人？别老提若斯潘什么的……

——因为正像你们所说，“没有计划，没有价值观……”例如，我们不妨设想一下，有一个中央机构负责把人们鼓动起来……

亨利：没错。

——好的想法，拟定好的想法，把它们传递到下面去……

雅克：（……）我觉得计划还是有的。作为政府，国家是有计划的，可是我们感觉不到……跟我们密切相关。再说，我们不觉得那些计划考虑到了我们时刻面对的问题，这可以说是个差距，它就在我们的生活方式里，在那些问题里……就像他说的，就在地方经济的问题里，或者说，就在这里的生活困境里：工业、家庭、教育、医疗、住房等等。我们付出了很大努力，应付所有这些东西， 677
其中包括社会党积极分子的努力，他们往往利用一些机制尽量想办法解决，推动议案，等等。我们在划船，划呀划……有时候得逆流而上，可是觉得没有一个能够依托的计划，也许能有某个公共资金的赞助和支持的计划，帮我们一把，能够鼓励我们往前走。一个你能够信赖、让你上进的计划。这多少是因为有那个差距。

[雅克提起跟一位教师讨论学位和工资的关系失衡，那位教师认为自己的工资和教育水平不相符，其他人则谈到如何致力于自我修养。]

——令人印象深刻的是，那次讨论是私下进行的，这种政治机构里都没有进行此类讨论的地方，实际上是没有的……

雅克：很难……关于这个问题，我向您担保，这一类讨论——我只说印象，但不知道是否确是如此——人家也许想［如果愿意的话］在机构里讨论，可是只会上当，上官僚政治的策略考虑的当（……）有一天晚上，在R乡，我对某某县［说出地名］如何划分乡镇特别反感……因为我是在一个只谈采用哪种计策的会议上……［语气激烈］当时那些说法，看待问题的水平，我要说，真是邪门，不该从这些人口里说出来的……我觉得很不舒服，很不舒服。坦率地说吧……［转向亨利］因为这种说理方式，一生中你可以遇到几次，可是不会总是如此……因为同样应该把位置留给……有的时候，我觉得我们不应该有这种讨论［在社会党人的会议上］，因为这些家伙都是结构、言辞和野心的俘虏，所以他们现在说的话毫无价值。我就是这个感觉，也许我搞错了。所以说，自从雷恩大会以后，我就一直生活在五里雾中，确实如此。从那个时候起，我就想，社会党是怎么搞的？眼下党内出了什么事？（……）这话我也说出去了。

阿尔贝：你这么，我有点惊讶，因为（……）你早就应该说出
678 来……

雅克：没机会呀，确实……可是我太忙，再说咱俩见面也不多。

阿尔贝：现在这个时候……［看到雅克泄气地耸了耸肩膀］我们还是见过面啊。雅克，这是怎么一回事？

雅克：就为这个，我本想吵一架，在某村［说出村名］。你觉得那个地方好不好？

［亨利和阿尔贝责怪雅克为什么不早说，雅克无力地辩解。］

那些人所确信的东西

阿尔贝：不是那个意思。我呢，是想说明那些人所确信的东西之间的差距，他们永远活在算计用什么策略等等的世界里，我觉得

他们跟现实完全脱节。

——你们所说的那些人是谁？

雅克： 这个嘛，就是……有那么几个人，不是省级大头头，不过也有一个议员的新闻秘书，不是他的议会秘书［口气里既有尊重，也有几分嘲弄］，还有［笑］我也不清楚是哪一个，反正不是大人物，是大人物的耳目［笑］……

［话题回到四分五裂的社会党镇长们，以及能够消除他们的分歧的机制。］

亨利： 我来回答你们。消除这种讨论里的分歧不归党管。有一个行政框架，就是多功能乡镇联盟工会。所以，这些问题都应该在那儿解决。再说也不应该把什么都交给党去解决。

［…………］

——可是，我觉得您说的是一种技术性的解决办法。说到底，是一种技术官僚的办法。这个有点像到了国家层次，要说让我们来做裁决吧等等。可是还有一些可以叫作伦理的解决办法。不妨设想，某人说，不管怎样我们也代表左翼，我们被选上来不是只为了做自己的广告，只为说什么“我干过这个，干过那个”，必须超越 679
个人的特殊利益……

亨利： 那当然……完全同意。

——可是这个已经没有了……

阿尔贝： 是没有了，可是我们赞成你的说法。

雅克： 你们只想到这儿，可是还有一些上层的坏例子吧？也就是说，那些本来首先应该把眼光放在公众利益上的人，他们总是让人觉得是在为他们自己争来斗去。所以我并不惊讶，在乡和县的层次上，或者在大区的层次上，这些人都追求有一个（……）而且专门玩这个游戏。没有任何东西能够令他们罢手。

［提到积极分子的培养和信息方面的问题，培训班，挑选代表

的问题，同时道德标准是否应当考虑?]

阿尔贝：候选人问题，这个必须通过支部。

亨利：这个我们知道，我们知道。不是还得有一个背景嘛。

——背景是……?

阿尔贝：就是说一些人的成功机会，举荐这个，不举荐那个……当然还有道德意识……

——道德意识，不单是候选人能不能入围的问题……还有……

阿尔贝：要看这个人跟选民的关系如何……

——也就是说，看这个人有什么理想，也就是人们常说的“价值观”。

亨利：还要看生活经验等等……就是这个，不管有没有跟我们一样的道德观做基础……可以说……因为这不是……而且在我看来，如今作为一个社会党人，同样是一种精神状态，我觉得，我们如今在这个事情上迷失了方向，就在党内……这个事我们忽视了。我要大声说，很可惜，可是我认为这个不是主要标准，因为我们什么人都进社会党里了，也不问问来历。这不是说这些人一钱不值，而是我们真的把一些无处可去的人弄进来了，他们在社会党里兜售
680 的那一套玩意儿，他们在别处也完全可以兜售。积极分子们肯定对这一套很敏感，比别的更敏感。我看到很多积极分子和同情咱们的人，还有那些投我们票的选民，真是不像话！这些人从来没被提起，从来不提这些人。社会主义者不只是登了记的党员啊，还有那么多投我们票的人呢……

——您说到“他们很敏感”，您的意思是什么？您是不是说，他们对一些现象很敏感……

阿尔贝：……对人品敏感……

亨利：他们敏感的，我们有例子，能说明一些家伙来自……怎么说呢，我能说什么呢……

雅克：他们是空降的，你是想说这个吧？

阿尔贝：对，空降来的，还有一些人是通过这个大会那个大会成为社会主义者的，总之是……还好，不是生来的，我不想说是天生的社会主义者，可是……还得说是……嗨！

雅克：（……）这个跟国民教育一样，跟一些企业一样，也跟在其他什么领域里一样，难道不能有一些地方，左翼，社会党既然占了多数（……），做点实验，用两三年时间试着推动这个东西，然后再加以利用？利用……首先在内部，看看有哪些限制，抗拒力量，以及能做的和做不了的事，哪些是蠢事，等等……然后用来拟定一套论据，当作卖点，把想法阐发出来，既然已经……

阿尔贝：利用经验。

雅克：我们有时间，哪怕着急实行，我们也有时间。管理也要靠时间。有些学校的经验已经到手了，而且很有意思。企业里也有一些很有意思的经验，而且我们觉得这跟从前是一样的，不是什么新发明，而且……

阿尔贝：临场创意到处都有。

雅克：一遇到必须独自解决的难题，而且解决时没人帮忙，大家就总是束手无策。可是，我的上帝！为什么就没有几个可以推广的研究小组，能够拿出一些结果来，再通报镇长、教员、工会代表、企业委员会、雇主，有时候还可以针对某一点作出澄清，告知 681
他们："看吧，这就是我们得出的结果。"然后，还可以修改嘛，拿到别的地方……

阿尔贝：然后再推而广之……

雅克：然后就可以说，宣布："既然咱们是社会党人，信服这个，就得把握住方向，让舆论也信服我们……"镇长和别的当权者也这样去做。我们就能够一点一滴地开展这种工作，因为有一些很有价值的具体例子，这样一来就能把想法重新提出……我想这些都能成为依托。可是，我们怕的是，想法空降，误导我们。人们什么都怕，什么都不去做。

——是啊。换句话说，你们的意思是："不要中央有几个应该拿出计划等等的人，而要进行实验，就在事情的发生地点，也就是在学校、企业、乡镇等等地方，实验在这些地方能够得到观察、分析，或许还能得到某个专门机构的批评、改进，然后推广。"有人会说："有过D乡的实验啊，还有最终放弃了的儿童救援会"，我们在研究，在分析啊，等等……

阿尔贝： 也有过住房翻新的实验，整修这个那个，还有交通运输，还有……

——对，还有刚刚任命的社会党乡长不期而至，气色不错，志向可嘉，他还会得到某种……

阿尔贝： ……科技人员的某种支持……

[…………]

我眼下陷在文件堆里了

亨利： 我举一个语言教学的例子，小学里的。你们很清楚政府的做法：外语必须在初中教授。那么我要说，我不会跑遍全法国找例子，只说说L乡的多功能乡镇联盟工会，也就是L乡的初中。(……)初中的老师没有时间去小学和乡下学校教外语，(……)
682 我就把各乡的乡长和学区总监都找来。我们都认为，我们做不到，因为没有教员。我们都知道，这个事和教师的额外课时都归国民教育部管（……）。于是，我提出了一个建议，这之前没有几天，我刚刚很有兴趣地听过P. M. 的讲话，他是若斯潘政府的专员，讲话的主题就是如何捍卫乡村学校。我个人虽然很欣赏他说的话，可是看不出会有什么改变。我的建议就是这么来的，乡长们都接受了，学区总监也接受了。

阿尔贝：小学的……

亨利：……小学总监，这个人有胆量。（……）我想他提出的建议是这样的：既然国民教育部支付这些额外课时，为什么不设想一下，以契约或者合同的形式，通过必然会进行的谈判，国民教育部雇用一个人，反正这笔钱也不会用的，因为没有……把这笔钱分配给教学。所以，我就谈了这件事，给P.M.打了电话。他说："起草一封信吧，我对这件事很感兴趣。"我当时就给他写了这封信，信里附上了个学区总监提供的全部数字，告诉他，这件事得通力合作等等吧。后来他给我回了一封信，写得特别好，他说一定要实行这种教学，我得跟学区总监联系，假装他什么也不明白。于是，我换了一支笔，给他写了第二封信，提请他注意若干真相。这封信是他休假期间收到的，因此我再次遇到了P.M.。上个星期，他28号休假回来以后，（……）一个电话就找到了我。他说："好吧，你听好，你的建议非常好，我觉得很有道理，只是我眼下陷在文件堆里了。"我说："我才不管什么文件不文件。假如您没办法对这样一个建议采取行动，那就没必要来这儿为乡村学校说话。"他说："我赞成你的建议，赞成。我跟若斯潘商量一下吧，看看我能够……"我说："我不要求您在开学前采取行动，来不及了，可是至少迈开一步……学年当中给我们一个答复吧。这个政府什么都不 683
愿意改变，它居然还是左翼政府，这是怎么搞的？"

阿尔贝：不是政府，是行政部门和习惯势力……

亨利：可是，当时我对他说："P先生，请听我说。如果只是为了推行规章制度，那您就别到处跑了！"我告诉他，专门委员会没有必要，也不需要专职人员，这么说是因为我坚定地这么认为，有的时候我真是受不了，我们不需要一些人跑到乡下来，就为了告诉我们"这么做规章制度不允许"。这是做的啥工作呀？他真的被臭骂了一顿。他也很着急，说："请听我说，我向你承诺，我要做……”我说：“请你听好，我每个礼拜都去巴黎。如果得不到迅速的答复，我就去敲你家的门，你就等着瞧吧。”……

雅克：做事必须有决断，全面的，非执行不可……可是你又有什么办法呢……［干笑一声］大家都在谈论教员。我倒是觉得很惊讶，按照业绩晋升为什么就这么难。唉，就是这么难。一动也不动，晋升机会三年才有一次，都知道……再说，有些人明显没有完成本该完成的服务……可还是在那儿，工资啥的照样拿，还跟玩命干、激励学生的人拥有一样的权利……

阿尔贝：有些事情不正常……

雅克：很糟糕，很不正常。

——确实，到处都是如此……

雅克：你还能看到工会在拖这些立场的后腿。我要说，有些事情出了毛病。因为工会，哎，天知道是怎么回事！……我信任工会活动有我的理由，可是我不希望把工会当成争来斗去的武器，也不愿意看到它成为掣肘的工具。（……）这个事，也许吧，只有法国才有。谁知道呢？不过，我知道左翼在这件事上［指工会活动］打拼不够。左翼跟右翼不同，有个强大得多的工会传统。（……）我觉得，我们会有更多的王牌可打，这是我们的看家本事。我觉得，
684 我们十多年来的路子走错了。机制被打破，形象被搞坏，我们……我们得为自己的衰落负责，因为如今工会不再有……这事完全是因为咱们尽干蠢事。我们的工会活动给人留下了彻头彻尾的负面形象，当然，这就让右翼的老板们钻了空子，好把我们毁掉，他们就能随心所欲。这些人也不是白种人，对吧？可是，他妈的！当你总是看见一些人躺在好处上睡大觉，不是过时的，就是没有道理的好处，嘿！他妈的！

阿尔贝：特别是法国劳总联……

雅克：不光是劳总联……是啊，这个劳总联在一切问题上都站

在对立面，它走的是强硬路线，是……居高临下，也很难对付。不过他们会起变化，我相信，如果基层变了，如果我们促进变化，人们就会对事情开始质疑。

——对啊，而且这些事情并没有被切实地讨论过，不管在上面还是在下面。

雅克： 我们会讨论的……我们民主劳联很开放，在这些事上态度很开放，那好……我们这三四年是探索哪些东西可以重新去做，何况当前还有一些很有意思的实验。

1990 年 7 月

作品失窃 685

我在巴黎的妇女之家初遇克劳蒂。这里位于巴黎第 11 区，是女同性恋者和社会活动分子聚会的场所，这些人属于女权运动中教育水平较低的一部分人。经历长期失业之后，克劳蒂参加了一个“再就业培训班”，主要学习接待和管理，目的是能够胜任一些对资质要求不高的临时工作——相对于她的新闻记者的教育背景和专业经验而言。克劳蒂曾经在国立统计与经济研究所（INSEE）有过一份稳定的工作，后来还主持过一个家暴收容所。

从第一次见面起，我就对她“悲伤的”外貌留下了深刻的印象。她总是神情十分严肃，只是时而被声音尖锐的大笑所打破，仿佛经历过某个沉重的惨剧，沉重得一开始倾诉就情绪激动、滔滔不绝地回顾每一段自身经历，时常情不自禁地涕泗滂沱，哪怕在尽力述说那一场历险的“积极方面”时也是如此。那是指她曾经创办过一个家暴收容所。这件“自己的作品”被人“偷走”了，虽然它“不久前刚刚庆祝了十周年诞辰”。 686

克劳蒂的童年在乡下度过。她生长在一个凶悍的父亲支配一切的家庭环境里。父亲习以为常地痛殴母亲，加上妇女在农村受剥削的场景，这些体验很早就使得她用一种批判的眼光看待社会中不公正的现象，特别是不公正地对待妇女的现象。20 世纪 70 年代，她在巴黎接触到妇女解放运动（MLF）以后，她的女权主义的抗争立场找到了表达渠道。对于她来说，那是一个精神愉快的时期，她兴致勃勃地结伴从一个小组到另一个小组，从一个讨论会到另一个讨论会，从一个行动到另一个行动，终日忙个不停。她跻身于“女权主义革命者”之列，与一群“红色女同志”即信仰共产主义的女同性恋者为伍，后来她还参加过一个“觉悟社”，此时与社会学者和心理学者的频繁往来使她的思考“有进展”。由于很早就从大学辍了学，这些经历使她感到十分需要学习，因而这是一个获益颇丰的时期。活跃了一段时间以后（从一个城市到另一个城市从事调查工作），虽然妇女之间的交往，包括她在作为专业人士的妇女当中遇到的同性恋的交往方式给她带来了满足感，但是她终究厌倦了不稳定的生活，回到了家乡 Y 城，打算在此定居和找一份工作。此后她在国立统计与经济研究所工作了几年。返回位于法国东部的 Y 城不久，她曾经徒劳地试图找到巴黎的那种社会活动的气氛。在这座“死气沉沉的城市”里，她只找到了几位妇女解放运动的活跃分子。这些人严守 1968 年五月风暴的路线，只关心“阶级斗争”。

687 她与这些人之间的异见越来越多。例如，优先对待“工人阶级”的事业还是“巴勒斯坦”的事业，妇女在男性统治下遇到的一些具体问题，理论思考和“意识形态斗争”孰重孰轻，支援被压迫妇女的实际行动，等等。于是，她很快便脱离了这个 MLF 群体——因为她们不停地“纠缠她”，对她的敌意和怨恨越积越深，而且批评她的做法是“典型的资产阶级”作风。她打算致力于援助妇女的具体行动。

“巴黎的伙伴们”建议她按照此时在巴黎建立起来的各类妇女救援组织的榜样，在Y城建立一个小组，作为巴黎的妇女权利联盟（西蒙娜·波伏娃为名誉主席）的分支机构。这个小组将以夫妻生活中的暴力作为斗争目标。从这以后，她便把毕生精力投入了这个事业当中。在国立统计与经济研究所的工作之余，数年当中，她致力于应接被虐待妇女打来的求援电话，帮助她们寻找解脱的办法，特别是司法途径。她努力促使公众舆论关心这方面的问题，迫使一些机构予以关注。一个小组计划在她的头脑里逐渐形成：为受到身体伤害的妇女建立一个收容所，让她们能够逃离丈夫的魔掌，重新安排自己的生活。

她用全部心身投入了一场困难的斗争，为了使有关机构——这些机构包括卫生与社会事务管理局[1]，医生、妇女权益部的代表，地方当局的一些部门——认识到这样一个收容所的必要性，也为了争取维持它的运转所必需的资助。有时靠牺牲自己的健康为代价， 688
她竟然克服了这些机构给她设下的所有的障碍和抗拒，使它们最终认可了她的“工作”。援助妇女的斗争虽然已经成为她生命的一部分，她却并没有就此止步：她的夙愿是再办一个收容所和采取新的行动。

在Y城开展的斗争中，她扮演着最积极的角色，往往必须独自面对来她这里避难的妇女们的丈夫。她也是跟那些必须说服的机构沟通的主要对话者。她说，如果没有经验更多、武装得更完备的巴黎的伙伴们的支持、建议和道义声援，以及有时候给予她的直接帮助，她肯定做不到如此坚定（例如，多亏她们的干预，卫生与社会事务管理局和妇女权益部的代表才愿意阅读她进呈的资料，而妇女

---

① 卫生与社会事务管理局［La Direction（départementale）des Affaires Sanitaires et Sociales，DASS］，法国地方政府机构，负责卫生、社会和妇幼保健。不过，自重组立法于2010年4月生效以后，这个部门已经不复存在。——译者注

收容所运转所必需的补助金恰恰归卫生与社会事务管理局管)。对于她孤身一人在这座比巴黎闭塞的外省小城市里进行的斗争，她们也对其正确性加以肯定。这里唯一的女权运动团体无可救药地对她采取敌视态度，因此她说，她很需要通过坚信自己的斗争是朋友们在巴黎的斗争的延长，二者密不可分，从而有安全感。

赢得第一个胜利以后，她的行动跟同组其他成员之间的差异便显现出来了，这种差异无疑从最开始就存在。克劳蒂说，收容所揭幕前夕，很多朋友由于厌倦多年的田野工作而离开了小组，有的继
689 续学业，有的去“体验别的事物”。至于她本人，除了女权运动的计划以外，显然没有任何别的感情生活和野心。她独自面对着一件实际上已经成为她个人的作品，此时甚至无法享受这场带有失败意味的胜利，因为她只能指望自己一人之力了。从此以后，她再也见不到动员群众所带来的激昂情绪。

不过，她并没有止步不前。她辞退了工作，当上了收容所主任，认真地监督和料理事务，后来干脆搬进所里住下，为了使收容所运行良好，不分昼夜地把一切新任务都承担起来。收容所自成立以来，仅凭志愿人士此时已经无法胜任管理工作，很多难题于是出现了。她雇用了秘书、厨娘、值夜员，这些还都不是问题。还得雇用一位“心理辅导员”，但是她很快就发现根本无法与之合作。这是两个世界观之间的对立：一方是社会活动家，行动依凭其心，全仗反抗精神和同情心，往往解救燃眉之急，属于慷慨和创造性的临时发挥；一方是“专业人士”，其不带个人色彩的行动先要经过服从纯粹的官场逻辑的规范。“‘辅导员’是一个行当……”自有其要求，“你得能证明自己”，克劳蒂评论道。她不无所指地用了“行
690 当”一词，同样，她接着说收容所时还“故意用了”“管理人员”一词。她解释说，管理人员“与斗争精神完全不是一码事”，“他们想的是工会”，“他们还告诉我，那可不是我的本职”。她激动地回

顾令她反感这位“合格的”管理人员的每一件事，不无真知灼见地分析了官场的日常运作：官场术语和空洞冷漠的行政层级，在将其烂熟于心并加以运用的社会工作者与“客户”之间，这些思想和行动的工具造成了社会距离感。过于偏专的任务分配排斥创造性，依赖制度的和集体的资源往往妨碍调动个人积极性，使之尽忠职守。例如，她认为收容所的那位辅导员甚至对这些妇女不抱任何希望，因为在她眼里，她们只是又一拨等候她处理的人！那是她的日常工作。她还述说，前来收容所避难的妇女进退两难，抱怨员工和她们之间有一道鸿沟。“她们跟我反倒没有隔膜，”她说，“这些妇女挨的打，说不定哪一天也会落到我头上。”“我不会居高临下地对待她们。”“只不过，有那么一类人……他们会认为，嘿，我有职业，我是心理学家，是辅导员。”对于所有那些她有机会观察的各类专业人士，她的看法相同：他们既不抱幻想，也没有恶意。医生和社会工作者从来不冒险行事，大概因为他们对一切形式的权力都敬而远之，把职业伦理作为合适的借口，充当避风港。她提到，在“思想 691
和内心的开放程度”方面，专业人士之间也有差异（“有些医生也是人啊”），因而善意地降低了批评的温度，而且天真地为自己的行为下了结论：“……这是个性格问题，因为我喜欢这个。不错，这里头有危险，我得冲锋陷阵。说到底，我做的事，拿公司钱的都不做。”

“这位辅导员满脑子都是工会”，她躲在“惯例”和经常征引的各种“权利”的背后，“要求的东西越来越多”，对收容所的妇女却不感兴趣。她很快就感到难以容忍此人，打算在试用期结束前打发掉她。预感到威胁的辅导员找到了某某夫人，此人是一位在女权运动中扮演重要角色的著名作家的妹妹。克劳蒂本人此时已经是收容所的主任，无权兼任主席，所以邀请这位夫人担任她们这个团体的名誉主席，因为她的显赫名声有利于她同政治和社会机构打交道。

然而，这位主席夫人远离团体，忙于自己的绘画艺术，根本无心顾及收容所的事务。可是，当解雇一位员工的消息传到她耳朵里时，她却大动肝火，突然决定，作为主席，她有义务介入，拨乱反正，重建受到威胁的王道正统。后来，在一次专门审查她的全体大会
692 上，克劳蒂受到一向与她为敌的人们的围攻，这些大搞“阶级斗争”的女权主义者是主席夫人瞒着她吸收到团体里来的，她们拉帮结派，逐步掌握了团体内的权力。她们成功地运用不同的策略，迫使克劳蒂承认工作上犯了错误，再把她逼入辞职的境地。

克劳蒂败下阵来，被一伙争强好斗的女人“搞死了”。她们并没有因为她有过善举而宽恕她，虽然她们自己只会说一些无用的空话。克劳蒂落得一无是处，一无所有，很久才从这种情绪中恢复过来，因为她曾经全身心投入收容所，为它付出了一切，甚至以收容所为家。但是，她不以这一切为忤，反而认为收容所办得不错，这才是最重要的。她的个人遭遇像是整个女权主义运动的一个微缩版，她从中获益匪浅，坦承变得对别人有戒心，对女权运动的其他群体、集会和讨论也都心存戒备。她现在弄懂了，社会的和文化的控制也渗透了女权主义运动，权势照样存在其中，而且属于那种“最会讲话”和“知识最广”的女人。“有那么一些人，”她说，“不妨让他们去奋斗、去工作，可是绝不能让他们成功。他们没有这个命。成功不符合他们的形象。我不是那位X城的太太，我是克劳蒂啊。”

693

一位女社会活动家

采访者：桑蒂丽娜·加西亚

“她们批判社会，但是用了从内部摧毁的办法”

克劳蒂：就从我创建的小组说起吧。说到底，还得从头说起。这个头就是我的童年，我从童年时期起，就看到了压迫，压迫妇女。我们第一次见面我就说过，我经常看到我母亲被我父亲毒

打……他那时是火车站站长，起初当过工人。就是这么简单。

——你母亲呢？

克劳蒂：我妈当过会计，也就是管理部门的职员，直到结婚。因为在当时，一个妇女既要生养孩子，又要继续工作，这个是无法想象的。我父亲逞凶的场面有过好多次，非常凶暴，比如把我母亲打倒在地，用脚踩，打翻桌子，等等。他倒是不酗酒，可是下手特别狠。好了，我不想详细说了。这么凶暴，原因很简单，他想把钱给自己留下，好去搞别的女人。他根本不打算负什么责任。他只要有个家可回，吃上现成饭，衣服也给他洗干净。她呢，总是忍不住对他说："可你还有孩子呀，你还有责任呀。"这下就惹翻了他。

——他于是发火了……

克劳蒂：发火了。这里头还有一个环境方面的原因，乡下，也就是一个小环境。我奶奶、教母她们，我很小就看见男人是怎么对待妇女的。

——你的意思是……

克劳蒂：我看见到处都是女人干苦活，那个时候，出现了第一批拖拉机。我很小就意识到，大家也告诉我：凡事男人做主，最强大，我看到他们端坐在拖拉机上头，妇女跟在他们后头，用铁锹掘地！ 694

——这种劳动你也参加吗？

克劳蒂：我在旁边看，观看。正逢学校放假，我不断看到这种暴行，使我很快就睁开了眼睛。我很小就对社会怀着一种批判的态度，尤其在对待妇女不公正方面。我也听到一些怪事：男人打人总是有理，知道为什么打人，这个让我很难接受，因为我知道我们经历过什么。所以说，我很小就觉悟了，但是很孤立。因为即使我跟初中的女伴们讲这些，她们也没有跟我一样的经历和看法。

——你是说，她们可能经历跟你一样，但是看法不一样？

克劳蒂： 也许吧。不过我心想，总有一天会遇到跟我想法一样女人，跟我一样敏感的女人，为什么这么想？我也不知道，虽然我孤单，可是我确信，我能遇到跟我想法一样的女人。因此，19岁那年，我来到巴黎，那时候是70年代，很快，没过几个月，我就找到了妇女解放运动（MLF）。这是大型集会，很多人在一起讨论问题。我跟很多从外省来的姑娘聚在一起，她们都有跟我类似的经历。能够聚在一起是件很快乐的事。

——那是一些什么样的组织？廉租房楼群里不是分成很多不同的派别吗？

克劳蒂： 一开始很随意。我参加了革命的女权主义派。另外有一派叫“红色骚娘们”(Gouines)，这些人都是周末活动的。我是调查员，工作在外省，周六才回巴黎。不过，有一个组织对我帮助很大，那个组织使我大彻大悟，思想进步很快，因为在那个组织里……我上过一个新闻学校，没读完，大学我基本上没上过。学校里有些女孩子是社会学者、心理学者，比我年纪稍微大一点，所以我跟她们学了不少东西。同时还有一种团结精神，志同道合，就是这个。后来，到了1975年，我去过西班牙一段时间之后，回到了Y城。

695 ——是工作的缘故吗？

克劳蒂： 回到Y城是因为我以前到处旅行，为了工作，为了那些调查。为了调查，我不停地东奔西跑。这个星期去格勒诺布尔，那个星期去里尔，总在外面。

——你为什么机构工作？

克劳蒂： 给L公司［一家大型食品公司］搞调查，那家公司也有很多妇女团体，虽说不是女权主义者，不过也很团结，因为我们都孤身在外地，一块儿工作，也都年轻，既想把工作做好，也想好好玩乐。我们挣钱不少，因为那些调查别人不熟悉，而且必须同时写出长篇说明。这种经历跟女权主义运动多少有点相似，因为都是一群自由自在的女人，随时准备远行，同性恋也不少。可是，一段时间过后，酒店啊，餐馆啊，都腻烦了，我想还是先安稳下来再说，就回到了Y城，后来在国立统计与经济研究所找到了一份工作。那是我做的第一件事，可是我发现这是一座死气沉沉的城市，跟巴黎完全不一样，跟前几年的生活也不一样。不过，至少有一个很活跃的团体，叫作妇女解放运动。于是，我就参加了这个组织。我在那里遇到了一群姑娘，十多个人吧，她们正在热论一件事，一个被解雇的工人……（……）我就想，这可不行。这个群里有个姑娘跟我的看法相同，她叫阿妮克，是从美国来的。她跟美国的女权主义者共事过一年。在这个群里，我俩都有过女权运动的切实经验，有女权主义的主张，也有女权主义的批判眼光，我俩都在这个可以说是工人运动的组织里。于是，我有一段时间没吭声，任凭她们去说话，这样过了几个星期，我对大家说："请你们听好，我觉得你们不算妇女解放运动，你们跟妇女解放运动和女权主义都不搭界。你们只谈工人问题，而且只谈男的！这跟妇女解放运动有什么关系？"就我参加过的所有讨论而言……于是她们回答说："阶级斗争一旦开展起来，妇女自然会跟上来……"

一个不思考的小组……是行动小组 696

——这恰恰是阶级斗争！

克劳蒂：是阶级斗争，没错！而我自己出于兴趣，多少也研究过一点历史，所以我很清楚，她们的做法是完全错误的，我说不能再这样干下去了，因为我看到很多确实有妇女问题的女工，干脆就被轰出去了，说什么"你们的问题我们不感兴趣，这些故事跟我们没有半点关系"。所以说，她们在欺骗那些女工。我毫不含糊地告诉她们："你们不能这样干下去了。你们得起个别的名字。嘴上说你们是妇女解放运动，欺骗那些女工，这么做无论如何是不行的。

如果三个礼拜之内，你们还不改名字，我就告诉所有在巴黎的伙伴们，大家都会知道。”我说得很清楚，很明确。她们害怕了，把组织改了名。[她提到了这个小组组织的一次“女性狂欢节”，主题是巴勒斯坦，以及针对她们的行动的激烈批评，也提到了从德国赶来声援的妇女的失望即参加了一场排斥她所关注的部分妇女的活动。她还强调了一些妇女解放运动积极分子造成的“损害”。]

没过几个月，我在地方报纸上读到，三个月内有三位妇女死于丈夫的毒打，每次都使我为之一震。我的教母有一天来我这儿，说：“太不像话了，就在这Y城，一个女人被丢出窗外，被打死了，那个混蛋却不闻不问。”我后来在报纸上看到，说是死于心脏病发作。我于是跟巴黎的伙伴们联系，告诉了她们事情经过。一个礼拜以后，一个伙伴告诉我：“告诉你吧，我们这里正在发起一个妇女救援团体，也许你也应该弄一个。”我说：“那好，可是这儿只有我和阿妮克两个人，我们什么也没有，真的没有，怎么着手？”她们回答说：“你们能做到，克劳蒂，能做到的。”她们依然推动和鼓励
697 我们去做。于是我们着手组织，就用我家里的电话。白天我在国家统计与经济研究所上班，得坐班啊，所以用家里的电话，用了三年时间，我接到过差不多一万多个电话，都是挨打的妇女打进来的。所以，我不分白天黑夜地切实开始了这项工作。

——有一套接待办法吗？你们是怎么做的？

克劳蒂：没有，只靠一部电话，而且没有录音机，我没办法给电话机加上录音，我们就是靠这样一部个人电话开了头。[她逐一列举了做过的事情：给挨打的妇女出主意；根据电话次数统计身陷困境的妇女；跟女律师们接触以求得她们的帮助；联络地方机构和一些“觉悟团体”，招募志愿者，以便物色今后可用的收容所。她要求后者亲自前来“采取行动”，而不是“用好几个钟头讨论来讨论去”。]

确实，很快就来了几位姑娘，有的来过两三次，有的来得更频繁，还有的说："我某日某时有空，有事要做的话就告诉我吧。"我们安排得很有条理。不久以后，"阶级斗争"的说法又出现了，让我们浪费了不少时间和精力。那些真实的恶习总也丢不掉。我们随即就得去妇女状况部[1]查找档案等等。妇女状况部的第一位代表是位女医生，她接待我们的态度很友善，可是她说："要知道，我是医生，可是在我的诊所里，我从来没有听到一个妇女讲过这种事。都是一些跟酗酒有关的故事，一些跟……你们使我们关注这些事。"不巧，这些故事都被她记录下来了。我呢，我马上通知了巴黎的伙伴们，引起了挺大的动静，因为她们是弗朗索瓦兹·纪胡的朋友，弗朗索瓦兹那阵子正在政府妇女状况部。可是，这位女大夫——我得说这事很重要，在政治上、人道上都很重要——过了几个月明白了，因为她从报纸上读到了文章，看到巴黎也有这方面的讨论，于是她开始到处赔不是，发表公开声明，在报刊上，到处发，这么做真是值得尊敬！因为政治人物决不会这么做。接着，她在政治上遇到了麻烦。这个女人属于右翼，有人对她说"滚回家织你的毛衣去吧"等等。于是她辞了职，也辞去了妇女状况部代表的职务。从这一点也可以看出来当时人们的心态，因为政治人物可以面对新闻界公然这么说话，而且行得通。我们呢，就在Y城这里给遭受家暴的妇女到处物色收容所，这里可是一个政治上相当反动的镇子。不过我还是跟社会事务专员约好了见面。他一上来就嘲弄我们，然后说："我们这个城市啥都没有。"然而，我知道他们有大量土地、大量场地，因为毕竟这是个相当重要的城市。那么好，这已经是1975年年底1976年年初了，我开始调查死亡妇女，死在丈夫拳脚下的 698

① 法国德斯坦政府1974年设立了负责妇女状况的国务秘书，该部门后经多次改动。2012年奥朗德政府上台后，这个政府部门改称为家庭和妇女权利部。——译者注

妇女。我能够获得一些地址，对调查工作我还是习惯的，毕竟是从新闻学校出来的嘛。调查从我的邻居开始。然后……首先是家庭，当然，对吧？比方说，受害妇女的家长，当然还有这些妇女的家庭。这些人往往出事后受到惊吓，一旦找到一个可以谈话的人，他们就十分乐意跟你讲述一切，往往还要感谢你。所以，我是从邻居着手的。有过一个很特殊的邻居，他对我说："您听好，这些都是独栋住宅，你看到房子之间的距离了吧。那个人是距离最近的邻居，晚上他回家的时候，狗都不敢动弹，不敢出声。"他还跟他的邻居说："老子是搞体育的，你要是想上街，我马上就打断你的腿。"因此，打这以后，邻居就不敢出门，不敢干预了。他老婆经常挨打，给打死了。孩子们都在，整夜躲在厨房里，精神接近崩溃。我从来没有听到过像这样的情况。这个家伙被判决之后，还曾打算脱身呢。他是大公司的股东，甚至有一家企业，有不少钱，他觉得三个月的拘押就够了，出来就没事了。我决心组织的示威游行为了全体妇女的权益，为了死于家暴的妇女，为了孩子们，也针对
699 无动于衷的社会，针对那种集体接受的态度。我们得到了一些特别棒的妇女的帮助，她们都在家庭规划部门工作，都很忙。虽然自己也要斗争，可是只要需要帮一把，她们就一定会来。这里有一种敬重。好了，当然，这些战斗的妇女总是说："啥？示威游行！那我们去喊它几嗓子。"因为示威游行似乎是一件怪事，只要扯着嗓子喊两个小时，一年喊那么一回，一切就都搞定！不过，我们打算搞的是一场完全静默的示威。真正的示威游行出现的时候，人们会说，看哪，示威游行来啦，可是，静默的示威游行一来，人们就会纳闷，这是怎么回事？它能引起注意。对，斗争需要发挥想象力，尤其当缺钱的时候……［她讲起那次运用象征手段的示威，那次示威使她跻身于各国女权运动团体派来的代表的行列，而且得到新闻界的支持。］

我做的事，拿公司钱的人都不做

——你们接到的电话来自不同社会阶层的妇女吗？

克劳蒂：是的。我给您举一个例子吧。都是什么人给我们打电话？有一位法律教授的妻子。法律他当然很懂，打老婆他也知道往哪儿下手。还有医生的妻子、企业家的妻子，很多是家庭妇女，有些属于工薪阶层。似乎没有自由职业者，商贸界的不少，但不是自由职业者。没有工作的妇女比较多，而且带着孩子。还有就是医生扮演的角色。我们要求这些妇女先到医生那儿开具医疗证明，再提起诉讼。这下可好，医生工会发了通知，要求从此以后，凡属开具外伤的医疗证明，不再用正常价格，而要按照不是K5就是K6的价格付钱。具体价位我记不太清，反正得付350法郎。我要求解释，我马上就去了。他们告诉我："来申请证明的人太多啦！"也就是说，他们承认问题是存在的，说是为了限制申请的数量。可是费用加到了谁的头上？不过，也不应该忘记，有一些好医生，他们做 700
得正相反，打电话来要提供帮助，说是要……还有一些医生给无路可走的妇女提供住处。说到底，这是一些有情有义的人，看到了人道方面的问题。有时候，医院也会打来电话，因为有被踢出家门的妇女，头部有外伤的。打电话来的有受害妇女本人、医院、邻居，也有雇主，是为了例如他们雇用的保洁女工、小学教员。这说明友谊并非一钱不值。孩子们打来的电话是最最令人伤心的……我们在报刊上看到那些有关弑父的报道，我们注意到那些孩子大多数是为了捍卫自己的母亲才动手的。这种做法传播得越广，报道得越多，人们就越是敢于突然有所表示，就越会意识到自己的责任。有些报道反倒重申对身处危险之中的人的无救助原则。说到底，这个人们都不乏了解。这些以外，就轮到政府各个部委了，因为她们在巴黎显然对政府部门做了大量工作。换成Y城，就是卫生与社会事务管理局。[她讲到卫生与社会事务管理局的抗拒和不作为，不处理堆积起来的个案。她自己去巴黎的政府部门上访，她维护的个案终获重视。]

我时不时还要往巴黎跑，因为我需要新数据，了解问题的进展情况，这个到了巴黎才能知道，还有强烈的女权主义思想，我把它们都带回Y城。这就是女权主义的那种凝聚力，研究的深入，等等。我们Y城的这个小组里有大学生，有像我这样的妇女，还有一些正在办离婚的妇女，也是家庭暴力的受害者，她们都感到需要加入我们的组织，因为她们需要有人倾听，不愿意孤单下去，需要一种休戚与共的关系，需要知道自己被人接受，属于一个整体。有一个不知道怎么把事情说清楚的妇女，她带来几首诗。不过，大部分人是年轻的社会活动家，不更事。还有一个女孩子的男朋友，他了解女权主义运动，知道我们这是为之斗争，有时还会帮我们一把。男人在这些事情里能够起很重要的作用，能够跟那些有暴力倾向的
701 男人谈心，跟他们讨论……他们不是我们小组的成员，但是能够做这种工作。因为我们只处理急事，所以说，要做的事还是很多的。如果他们愿意做，也有人去做，那就很好，很重要。现在我要说说布鲁塞尔。我们开了个会，世界各地来了很多妇女，很多女权主义活动家，为了针对妇女的暴力召集会议。那是1976年，女权主义大会，国际会议，盛大的节日啊。我们趁这个机会相互认识，见到一些人，也意识到这个问题全世界都有，一样的，都是男权文化造成的问题。后来我们组织了24小时的活动，抗议对彼此愉悦的亵渎。我们也真切地看到了一些重要的派别。我们这个妇女救助团特别实用、特别活跃，加上别的不再寻找自身定义的妇女，她们反对暴力，可是认为例如不应该鼓励妇女去打官司，不要踏入这个领域。刚才我说到小组，提到了干预行动，但是说得不多。我必须说，还有很多妇女打来电话，说警察不管，不出警，所以我自己也去管过这种事。这样，我就看到了一些人的行为。有一个家伙打发我回家，他站在门口的电铃前对我说："您看看这上头写着什么？"

写着什么呢？他的名字。他说："我住在这儿。"所以说，说到底，老婆和孩子是他"豢养"的，都属于他。我进了门。很明显，电话听筒吊在那儿，她曾经有时间打电话，可是他把听筒抢走了。我还得说，墙上还有斑斑血迹。很明显，家里还有两个很小的孩子，话都说不出来，吓坏了，蜷缩成一团，不知下一步会发生什么，一动不动。那个家伙说他在工厂上班，说我不了解是怎么回事。我平时出门总带着一个公文包，方便做笔录，因此我被当成一个知识分子。照他这么说，在工厂上班很累，就可以解释为什么回家得打老婆。我一听就说："在工厂上班的妇女也不少啊，就我所知，她们回家可是没打丈夫。"那好，这次干预行动，事情很清楚，医生不 702
愿意出诊，我就逼着他来。因为他得给这个妇女开医疗证明。唉，还有不少别的事情，也有放狗咬人的事情［她提到有个当丈夫的放狗威胁她，也提到她如何把一个阿尔及利亚姑娘从家里弄出来，只因家长不允许她上学。］

所以说，干预行动很多，什么样的都有。如今回过头看，我得说，这是个性格问题，因为我喜欢干这个。不错，这里头有危险，我得冲锋陷阵。说到底，我做的事，拿公司钱的都不做。

总会有一些人反对等级制度……这个问题跟心胸有关

——那么，收容所又是怎么回事呢？

克劳蒂：个案处理得很慢，把你叫去了，可是找不到场地，因为卫生与社会事务管理局虽然给钱，可是不给你场地，你还得去找啊。我和巴黎的伙伴们，反正是一道工作，不是一块儿上班，而是说，有了她们，想到正在战斗的妇女等等，我心里就踏实了。我心想：我们这个小组很重要，它跟巴黎的小组有联系，所以嘛……这是一种策略。可是我必须说，我们的工作太繁重了。小组内部的工作，我们是分担的。可是，有些朋友做不了多少事，她们还得上学什么的。所以，分工不是很好。再说，还有一些学校的学生来我们这儿，这件事我觉得也很重要。这种事可以借口“我没时间”来拒绝。可是我觉得对于女权运动十分重要，学生来，特别是学社会学科的，学家政什么的。特别是年轻人分布在社会学科里，老师也是，也就是说，在那种地方，人们都……

——……都会做这种工作。

克劳蒂：那将是她们的工作。所以，现在这个时候应该接受她们。因此，那时候还有一个寻找资金的工作，核心问题还是收容所，应该放在这个地区之内，因为我们在这儿已经开始有一些听众
703 了，知道女权运动的人比较多。而且，我们小组里有一两个姑娘对艺术感兴趣。我们就决定搞一个女性电影节。那是1977年的事……[她讲起她们如何在艺术团体的帮助下，通过使两个政治倾向对立的镇政府之间竞争，为妇女协会的收容所找到了场所。不过事情并非轻而易举：人家起初提出利用“采石场旁边的兵营”，后来在她们的抗议下，才提出另一个场所，但是要求三十万法郎的工程费。]

那一阵子，我可是累得要死。他们看到了我们做出的工作，我这才争取到了所需资金，因为这是一个全天的工作，没有资金是不行的，我没有假期，什么也没有。那些资金总之就是干这个用的，为了在工程期间有个长期场所，当时离启用收容所还有一个月。那么好，我不是做了很多工作吗？不是了解那些个案吗？我就得从国立统计与经济研究所辞职，专门搞这个长期的工作。所以，我一直跟踪那项工程，那些社会服务……我刚才说了不少，就是没提到宗教服务，社会服务。社会服务嘛，卫生和社会事务管理局是个大头，它的任务是给一个协会作出评估，看它是不是合格，然后拿出一些可行的办法。嗨！这个事嘛，说到社会福利制度，社会工作者，问题又来了，跟医生的问题一样。说句实话，这不是个人问

题，而是思想开放不开放的问题，是心胸问题。这个问题跟社会的
开放程度有关。比如说，有一个社会工作者，收容所启用以后，她
给我打电话，说到一位被我们收容下来的妇女：“您瞧，某某太太
跑掉了。”我问：“怎么搞的？怎么会跑掉？她是成年人还是未成年
人？”结果完全不是那么回事！回答是：“某某先生找她来了，她丈
夫，您把她送回来吧。”如同送一条狗，是吧？这倒好。说到社会
工作者，还有别的故事呢。有个妇女找到我们，当时收容所还没开
张，她无处可去，我们也不知道她可以去哪儿。我们刚建立小组那
阵子，我在自己家接待过一两个妇女，可是长久下去不行啊。再
说，还有一个小孩子呢。那个女人来了，她确实有难处，因为习惯 704
告诉我，从语气和处境就能够知道一个人是不是有危险，能不能再
撑两个礼拜。这个女人处境确实十分危险。我们让她尝试一切可能
性，比如说去一家旅馆住下，可是……随后，社会工作者把她叫过
去，命令她回家！后来，报纸上报道了这个女人，她挨了不知多少
刀，死了。当然，那个社会工作者没有任何责任。另外还有一
个（……），她来告诉我，眼下她照顾着一个男人，这个人有个坏
毛病，喜欢把孩子绑在床上痛打。她说这事只能跟我说，她自己没
法去说，因为如果说了，那个男人就会觉得她背叛了他对她的信
任。她说她无法跟那个人过下去了，可是不能明说，得我去说！有
些人就是这样，说什么：“我不能给警察打电话，您明白吗？那等于
告密！”[笑]她们自己才不明白啊！上过三年学，她们还是不明白
这个区别：告密是把一个无辜的人举报给混账当局，这跟拯救一个
面临危险的人根本是两回事。这个她们一直搞不懂。这是一种对于
权力的恐惧，害怕主子和强者，也就是打人者。可是，其他一些社
会工作者完全相反……

[她认为一些宗教组织更开放，更能帮助遇到危险的妇女。]

我呢，我是把个人和处境区别看待的。总会有一些人反对等级

制度，将来也不会接受……六个月工程结束以后，收容所启用了。我们一直是个小组，可是到了一定时候，人家要求我们转为协会。这是个地位问题、责任问题等等。我那时候当主席，阿妮克是副主席，干活最多的其实是伙伴们……权力的问题很快就被提出来了，最初就被提出来了，一直就有这个问题。这个问题很快就解决了。没有明说出来的，到处都有的问题倒不是权力，我们不想要权力，
705 我们是小组工作。这个时候，您瞧，在一个小组里，这个权力的问题总是存在的。就是那个最会讲话的、知识最广的、说话声音最大的人，还有什么呢？最会操控的那个人吧。反正这样的人就在那儿，只是不显山不露水，是从负面表现出来的。我们呢，我们从一开始就决定说："是啊，权力问题永远存在，这个谁也阻挡不了，可是权力的标准是工作，是效率。"我呢，我坚持认为，任何决定都由全组做出，总之决定应该由全组共同做出。那么好，这个收容所……当时还得去找家具等等。

——收容所规模很大吗？

累得要死

[她提到一个时期的拼搏结束于开办这个有 20 个床位的收容所：疲惫的朋友们，完成任务后的成就感，离别，她自己也感到精疲力竭，重陷孤独的凄凉，然而她决心继续和扩大行动。]

克劳蒂：那不是万事大吉！这么说不是要批评什么，不是的。因为她们完成的事已经太出色了，对吧。她们都不能在收容所里工作。因为，这么说吧，一个有很重要的工作，她是法律专家，时不时给我们很好的建议，是个好朋友……昨天她还给我打过电话，所以，这证明……［啜泣］关系是多么牢固。当然，不用说，一些人不能因为收容所耽误自己的学业，或者影响本职工作。于是，问题出来了，卫生和社会事务管理局缺那么多工作岗位，这是不用说

的，一个明摆着的障碍。如果只是秘书、厨师什么的，那没问题，可是缺少教育工作者，这可是一种职业啊，社会活动家根本不能用。你得亮出真功夫才行。这样一来，于是…… [语速变得不顺畅] 于是，于是就用了一些人，然后还得招一些人，一些妇女，来做这些工作。于是有了一位半职的女秘书，她干得很好，很了解自己的工作，她以前在一个戒毒收容所工作过，因此，这一套她全懂。还有一位值夜的等等。他们都很好。另外一个姑娘是半年前来 706
到小组的，她既是教育工作者，也是心理学家。我心想："干吗不要呢？毕竟我们需要一位心理学家，半职的，照顾小孩。"对吧，因为孩子们的心理创伤都很严重，我们开头开得很好，妇女们陆续到来。我观察到一个非比寻常的现象——这些妇女很快就表现得十分团结友爱。因为她们离家出走的时候往往很匆忙，连鞋子都没来得及穿，什么都没带，孩子也什么都没有。因此，我们得跟她们去找衣服，这可能变得很危险。有一次，我请一个辅导员陪着去，可是，别提了，那次我真正遇上了麻烦。跟你打交道的不是社会活动家了，而是心里想着工会的人，她说那不是她的工作。瞧！她害怕了。如果是这样，你就别来参加收容所的工作，对吧？我呢，有好多别的事要做，我是收容所的所长呀，我得处理好多的个案等等。因为我们这个收容所只是一个更大的收容所的雏形，那个有50个床位的收容所当时正在筹备，由妇女状况部代表主持，很容易，因为只要开了头，而且显示出……坚持一年就行。你得显示出管理有方，没有像有些人想象的那样胡来……因为卫生和社会事务管理局的人过后跟我说，按照他们的想象，"女权主义者"这个词意味着不会管理，随意胡来。瞧，他们过后对我这么说。所以，从女人的立场出发，必须团结，必须互相帮助，还要对一些人心存感激……就在去年，我接到一个女人打来的电话，事情已经过了一年多了，她还要对我说："谢谢你们，圣诞节愉快！"

［她接着讲起小组的工作方式，如何分担繁杂的工作。］

所以说，根本无法指望那个辅导员去找什么衣服。我自己跟大夫有约诊的时候，那些妇女和伙伴们就帮我打理。慢慢地，她们也会琢磨一些向我提过的问题。她们问我："我们觉得管理人员和我们之间似乎有隔阂。这是怎么回事?"这么说是因为她们跟我反倒
707 没有隔膜。也因为她们对我说："这个东西只发生在我们身上，别人没有。"我就说："很遗憾，你们身上发生的事，也会发生在我身上呀，几率比较小就是了。"我呢，我从来不觉得自己高高在上，别人都在我脚下。只不过，有那么一类人，不是所有人，他们会认为，嘿，我有职业，我是心理学家，是辅导员。只需瞪她们一眼，这些女人就会降低调门，她们已经很脆弱。收容所的目标不是这个，而是相反。

——你就是这样跟管理人员打交道的吗?

跟我打交道的看来是个工会人士……

克劳蒂：不是跟所有管理人员都这样。只跟一个人，可惜她是辅导员。她之所以一直这么做，是因为她正处在一个时期，正在……她正在三个月试用期里。于是，她开始跟我说什么"惯例"。我整天都听她念叨这个，她躲在这个惯例背后。只要我要她做什么，她就说："我有权休息一天。"要给一个律师打电话，她会说："这个我有权多挣一个法郎，那个嘛，我得拿双份工资，另外还得休息一天。"由于收容所总有周转的问题，礼拜六，礼拜天，所以也有付报酬的问题。跟我打交道的看来是个工会人士，要求的东西越来越多，不顾妇女和孩子们在做什么，这个她才不在乎。那好吧，我把她叫来，告诉她，你看，这三个月试用期完全不是我期望的那样，我们最好还是分手，应该和睦相处，我这边已经准备好了。这么说是因为她想自己做点什么，希望有人帮她。也好，其实

我已经做得相当不错了。因为我认识Y城一些地方上的人，这对她自办企业会有帮助。我们商量了一阵，她表示同意。于是我说：“我来准备这封信，明天咱俩把它签了。”她说：“我不会签任何东西。”简单说，她后来去了，因为我那时是协会主席，可是只要当上所长，你就不能兼任协会主席了，没这个权利，不能身兼两职。可是我干了件蠢事，请一位知名人士，艺术家，总之……大名鼎 708
鼎，问她愿不愿意当主席，这是我们几个人的决定，心想她在官员那儿会有分量。当时我们几个自己在拼命做事，累得要死，她答复了：“当然可以，我是女权主义者，不过……我不会掺和你们的决定，你们请我做这个工作，可以。”这下可好，那个姑娘亲自跑去见了这位艺术家。她是X城的S［一位知名的女权主义者］的妹妹，人称X城太太。她住在阿尔萨斯省，是个画家。不过她有那么点妒忌她的姐姐，这个也不难理解。我们那个姑娘跑去见了她，这位X城太太特别激动：“你们先得看清楚，总之，这可不是女权主义。总之，打算解雇人，做出这种事，你们发疯了吧？”你做什么都行，可以把一切打乱，可是女权主义者就是不能解雇人！我告诉她：“不是解雇的事，而是结束试用期。”可是这个傻瓜弄不懂二者的区别，艺术家嘛。我不反对艺术家，我自己也喜欢摄影什么的，可是我想说的是，你不能瞎掺和自己不懂的事。于是，好了，事情闹到一个管理层的评议会上。会上有阿妮克，她做过好多工作，我，还有一两个做过好多工作的人。艺术家也来了，她是主席嘛，也是管理评议会的成员。我们都在这个会议上。我说明了当时的局面，解释说，那个姑娘把一切都搅乱了，她不是女权主义者，不是。这样下去行不通，试用期必须结束。她接着对我说：“打住！我是主席，你们这是干什么？这不行！我要召开全体大会。因为我反对你们的决定！”她冲我们大喊大叫，我们可是做了很多工作的啊！这个时候，收容所里的妇女都不清楚发生了什么事，因为很明显，平常都是我在那里干这干那，而且我们缺少一个岗位。卫生和社会事务管理局说过："收容所平时总得留人。"如果出现什么问题，没有人在，那你就麻烦了。可是我们缺一个人手啊。有人跟我提出权力的问题，我回答："用我的工资除以工作的钟点嘛。我挣的钱还没厨
709 师多呢！"这种事我不擅长，可是既然有人提出我"在某地有个职务"，我就得交代清楚，因为我知道，不出一年，我就会把事情完全理顺。这里运转得不错，50 张床位的收容所也有希望。那些虽然不在一起工作，可是一起奋斗过的伙伴们理解这个策略，也理解收容所对那个姑娘的处理。可是那些妇女呢，她们一点也不懂！她们给我提出的问题越来越多！当然，她们感到收容所出了点问题，为什么有我就行，换了她就玩不转？她们在琢磨这个事。她对这些妇女也不报什么希望了，人多，难办！这是她的工作。（……）这个她学会了，也习惯了，总之这是另外一套做事的办法，跟女权主义没关系。不过，这位 X 城太太什么都听不进去。我们就做了决定，而且是在评议会上。她呢，通过全体大会召我出席，可是材料掌握在谁手里？当然是在我手里嘛，因为这些事情一直归我管。所以，我手里有份人名单，协会女成员的名单，都是缴过会费的。有一天，她冷不丁地对我说："请你把名单交出来。"我虽然不愿意给她，可还是交出去了。

[在全体大会上，她看到大厅里一下子进来"一大群跟协会毫无关系的妇女"。]

置于死地

克劳蒂：特别值得注意的是，我看见了很多当初一块共事的姑娘！都来了！（……）阶级斗争啊！都来了，一个不少！紧跟着 X 城太太，因为她宣布过："我就是主席，因为我是 X 城太太！"我问道："这些人怎么是协会成员，怎么从来没缴过会费？"她把一张名

单，一叠纸，一共37张，37张签了名字的纸给我看。“属于协会，签字如下。”建立协会的时候，我们在章程里说明，可以通过不同方式参加协会，我当时没有注意这一点，只顾着照料那些挨打的、借宿的妇女，还有那些案卷。我就睡在收容所，顶替夜班女工。那 710
些东西都签上了名字，因为有另一种加入协会的方式，趁着我在忙别的事，她们就去找章程，抱成了团儿。我问：“谁签的名？”她回答说：“您看得很清楚呀，是我姐姐签的。”你知我知，反正她随便怎么签都可以。我不是批评这个做法，不过她确实帮了她妹妹的忙……

——她肯定不了解这里头的门道……

克劳蒂：肯定不了解，这个跟她的年龄等等都有关系。话虽这么说，但我过后感到很吃惊。后来我觉得这不难理解。收容所的妇女，没有例外，全都写了一封两页的信，说她们不理解，总是看到我在忙，说我是一个好所长，不理解我为什么遭人质疑等等。因此，又开了一次管理评议会，收容所没有一个妇女，还有帮过我们忙的巴黎的伙伴们，没有人认为这件事跟女权主义扯得上关系，这个很清楚。于是，第二次管理评议会要求我马上聘用一位妇女，补上一个急需的位置。这是因为我们跟卫生和社会事务管理局之间有一份合同。如果不履行合同就没钱了，收容所也就完蛋了。这个在我们的预算里写得很清楚，每个岗位都有明确的预算。你绝对不能超支，尤其是第一年。她要我雇用这个妇女。我始终不知道怎么付她工资，怎么付社会福利。这样一来，要么我雇用她，成为一个很差的管理者，违背对卫生和社会事务管理局的承诺，要么不雇用她，也就是犯下一个错误，不服从管理评议会。那么好，卫生和社会事务管理局对这件事多少有所听闻，于是告诉我：“所有这些都是行不通的。您的工作很出色。我们认为您应该保留这个位置，因为我们信任您，您管理得很好。”那么好，还有别的事呢。我接到

了一张到会通知，我不知道还有这些臭毛病。接到传唤就得去，通
711 知是别人悄悄塞进我的笔记本的，我一直到最后一刻才看到。这就又犯了一个错误：没有出席评议会。这样一点一点地积累起来，事情越来越多。我去巴黎见了一个当律师的伙伴，向她说明了局面，我说："有些票投得蹊跷，计票过程有问题，有的留下计票的人告诉我了。"她说："克劳蒂，你掉进角斗场里了。你要么离开，要么留下，可是人家想要你的命。有人在朝你放箭啊。"我确实掉进角斗场里了。她们有权力，不过，这主要还是因为有那么一些人，不妨让他们去奋斗、去工作，可是绝不能让他们成功。他们没有这个命，成功不符合他们的形象。我不是那位X城的太太，我是克劳蒂啊。这个克劳蒂，你可以把她派到枪林弹雨里，派到下刀子的地方去，她一定会把事情办好。可是，那个在她亲手创办的收容所当所长的克劳蒂呢？且不说，我当时已经累得精疲力竭，最后我心想，卫生和社会事务管理局早就告诉我，要小心，他们听到了这方面的一些消息，简单说吧，他们有意关掉这个收容所。我是个很好的管理者，可是如果不能把秩序恢复起来，收容所就很可能关闭。另外，A太太告诉我："那个50张床位的收容所，就不要再提了。你们协会已经有这么多故事，那个就别再提了。完蛋了。"于是，我就琢磨这个角斗场里关于公牛的说法，它最后被宰杀了。我确实预感到这一点。我心想，那个姑娘，我没法付工资，我不会雇她。于是，我不得不辞职了。直说吧，全怪X城太太干的蠢事。我走了。我离开的那一天，克劳蒂重生了。有一天，有个妇女来找我，她怀孕了。我呢，那之前我一直是主张计划生育的，跟别的协会不一样，对于计划生育比别的事情更重视，因为我们有一点钱，计划生育是个经常的议题，跟妇女们解释、讨论。那么，这个怀孕的妇女要求给她说明一下，可是她拿不准自己究竟打算怎么办。众人不停地告诉她："做流产吧，你打算什么时候做？"她对我说："我都听

烦了。”我不同意，我赞成妇女有自己做决定的自由。我就告诉她们，流产做还是不做，都不要多嘴！于是，我说：“行啦，别再说
了！谁都不要再跟她说这个事了。”结果她决定保住这个孩子，还 712
请我当孩子的教母。我走的那天，孩子出生了，取名叫克劳德(……)所以说，美好的事依然很多，不能只看到消极方面。不过，好事都出自社会活动家，全小组都有，或者是被收容的妇女，很多很多。可是不会来自管理人员，我故意用了“管理人员”这个词，因为这跟她们没关系。而且，这些好事有些干得特漂亮。

[她得知收容所后来解雇了那个辅导员。]

[…………]

——收容所一直在吗？

克劳蒂：一直存在，因为它是我创办的，还在。我要给你看一些报道它的文章。办得不错。这毕竟是个积极方面。这很重要。它在12月里庆祝了建所10周年。我难受了好几年，心里乱糟糟的，因为我毕竟把全部身心都投进去了……

——你的全部精力……

克劳蒂：完完全全地，我把一切都献给了它。它仍在运转，继续存在。这毕竟是一个积极方面。如果我打官司的话，或许我能赢。不错，我走了，可是收容所还在。所以，我可以告诉你的是，也许，受到这样的打击之后，一般情况下……瞧，有件事我忘了告诉你，我们跟环境保护主义者有很好的关系，因为精神是一致的。他们有时候跟我们要一些材料读读，有时候打电话。我还可以告诉你，我还是女权主义者，仍然保有女权主义的取向，这个一点没有改变我内心的东西，你看到了吧？因为我内心的东西就在那儿，看到了吧？不过，我变得多疑，怀疑别人，非常小心。如果有事要做，我会去做。可是，如果是开会啦，小组活动啦，那我一点也不感兴趣，早就腻烦了。再说，也有一些妇女自称女权主义者，其实

根本不是。因为她们冲我来，打击过我，也打击过别人。有人告诉
713 我，有个创办了一个街道协会的人，她们对那个人也是这么干的，
利用同伙搞渗透。那个人自杀了，自杀了。因为她们是个专搞破坏的组织，毁人，彻底破坏。她们这么做究竟是为什么，她们批判社会，但是用了从内部摧毁的办法。有些女权主义者就是这么做的，这比从外部入手更容易。

1991 年

715

无声的见证

二月里的一个星期天，晚上近八点钟，我到达了隆维镇。空中雪花纷飞。寥寥几位旅客走下火车，车厢里逐渐变得空荡荡的。站台上有几辆接人的汽车，车灯照亮了站台。几分钟过后，火车站和四周重新没入黑暗。站长关上了入口的大门，回房间取暖去了。这列火车明天一早将原路驶返。空阔的广场上，镇政府的正面墙壁被灯光照得通亮，好像一面布景，见证着这座城市往日的兴旺，也是它的遗迹。广场后侧，下隆维镇的巷子里，夜幕隐约覆盖着被遗弃的建筑，到处可见停业已久的店铺及其等待出售的布告。

我已经跟玛莉兹约好见面。她今年 45 岁，在一家超市当收银员。此前我在寻找经历过洛林省冶金工业危机的女工，玛莉兹的外甥，一个 20 岁的大学生，跟我谈到了她，谈到她近来寡居和一些生活情况。我们的会面费了一点周折才确定下来，因为她白天得上班，特别是她寄住在父母家里，那是一个离城区比较远的村子。或许，
716 她也不愿意年老多病的父母身旁出现一位客人吧。后来，她的当代
理商的小叔提出，找一个晚上在他家接待我们。她小叔家离镇上十几公里，房子坐落在一块维护得很好的地段上，屋内灯火通明，经

过一夜大雪后更让人觉得温暖。家具一律是浅色的松木，一切井井有条。桌子饭后清理已毕，主人陪着玛莉兹坐在桌旁，他们给人一种稳稳当当、如愿以偿和生活舒适的印象。玛莉兹在我看来很年轻，也许是因为洗去了铅华。她穿着牛仔裤，女学生般的身材，跟我这个陌生人谈话时，她的目光里有一种说不清是担忧还是松弛的神情。我俩在厨房的桌子旁落座，她小叔全家在隔壁看电视。我们的第一次谈话正是两个女人在自家饭后常有的一番互吐衷曲。

玛莉兹是1947年出生的，就在离隆维镇十几公里的一个村庄里。父亲“在铁路上工作”，母亲是家庭妇女。她是家中四个孩子当中的老二，现在他们都已经各自成家，一个也没有上过“高等学校”。他们如今都遇到了失业问题。玛莉兹上学上到高三辍了学。由于她当年是个好学生，村里初中的老师们劝她上完初中后去隆维读高中。班上净是城里的女孩子，冶金工业的干部和技术人员的子女，这使她“感到了差异”，尤其当她开始独立外出和“按照一个女孩子想要的样子打扮（……）”的时候。她没有零用钱，身上连 717
喝杯咖啡的钱也没有：“这在一个女孩子的日常生活里挺重要的。”她说。虽然在数学上遇到过一些困难，但是她的学习成绩应该说无可厚非，然而她“感到厌倦”，打算放弃学业，出去工作和挣钱。她夏天干个一份邮政局的工作，“觉得不赖”，于是决定秋季不回学校了。不久，她在“丕苏尼克连锁超市当起了售货员”。

经历了第一次婚姻和生了一个儿子以后，她在20岁时离婚，然后于1968年再次结婚。在我们录音谈话以及私下的交谈中，她却从来不说出夫婿的名字（我至今仍不知道），似乎告诉我会使之疏远她。“我丈夫”——她向来这样称呼他，以表明她的忠诚和爱怜——是一位焊接工人，他工作的隆维工坊（SAF）是一家小企业，由于接收本地区的大企业的订单而经营得很好。他从学徒起步，由于“很有天赋”，一步步升到“焊工最高级，P3”。他挣钱不少，连同加班费能够做到不愁月底接不上。一些到法国各地出差的机会也使他感觉生活面有所拓宽。玛莉兹特别记得，有一次她带着三个孩子跟随丈夫出差，在上萨瓦省的一个工地待过三个月。

谈起那个时期的隆维镇，玛莉兹兴奋起来，“这里是一座工人城，确实充满工人气息。我们经常碰到一些总觉得自己高人一等的
718 领班，不过到处都能碰上工友，一块儿上上咖啡馆。总的来说，人们过得挺安逸，不会太过节俭”。可是如今，她说：“全垮了，(……)净是不知打哪儿来的痞子，我不知道他们是怎么过日子的。还有，这您知道，那些很早就退休的人，他们过得挺满意，过小日子，住小房子，开着不大的汽车。”

夫妇俩1975年买下了大房子，几乎用不着缴首付款就签下了一笔出乎预料的银行贷款。人们仍然生活在那个兴高采烈的时代：“一栋大破房子（……）八个房间，几处小角落，可那又怎么样？真的……整个得翻修。房子破旧，可正是我喜欢的，跟我丈夫一块计划这个，计划那个。（……）他那点工资，永远不够翻修，不过没关系。”“没什么钱，可是挺高兴……我丈夫两点半下班回家，这不，我俩马上就进了园子！我们也常常跟本地人闲聊天。”经济开始不景气，夫妇俩的烦恼就跟着不合理的开支来了。房屋贷款升高到每月700法郎，相当于一笔很高的住房租金，“越来越难以为继”。

自从1978年庞贝伊（Pompey）[1] 发生工人的示威游行以后，尽管采取了各种补救措施，可是要把职业生涯扎根当地，为时已晚。从1975年开始，工厂关闭的速度逐渐加快，1979年是一个漆黑一团的年度。谢尔河[2]畔的工厂即隆维工坊（SAF）关了门，色

---

① 位于洛林地区的庞贝伊钢铁厂是一座百年老厂，曾为巴黎的埃菲尔铁塔提供铸材。1980年年初开始的冶金业危机导致工厂大量裁减员工和陆续关闭设备，从此这座工厂开始走下坡路。——译者注

② 谢尔河（Chiers），一条流经卢森堡、比利时和法国的内陆河。——译者注

奈尔和勒昂①的两家钢厂接着倒闭。在提前退休提案和解雇补贴金 719
的作用下，工人们的团结精神损耗殆尽。玛莉兹回忆道：“我丈夫是法国劳总联成员，人家把这些给他做出了解释。他也这么想，可是当他给别人讲的时候，连给我自己家人讲的时候（……），别人都不屑地盯着他，因为我们向来被看成革命派，要不就是对自己的命运从来都不满意的人。”

听从一位以前同事的劝告，玛莉兹的丈夫干起了临时工，给一家名叫“四壁”（SPIE）的公共工程公司工作。全家得前往格拉沃林（Gravelines）的一座发电站工地。在家人的资助下，他们卖掉一些家具，购入一辆二手旅行厢车。他们似乎在很长时间里一直盼望能够返回隆维，因为他们认为命运对他们不公正——玛莉兹的叙述在这一点上是矛盾的。尽管雇主四壁公司从临时工介绍所雇用工人，他们却保留着无人居住的大房子，五年当中并没有想法在格拉沃林更好地安顿下来。如同许多来自法国各地的发电站工人那样，他们把旅行厢车泊入格拉沃林镇的露营场地。这是一个随着四壁公司或其他企业的工地到处漂泊的群体。

虽然不情愿，他们却逐渐地接受了命运的安排。由于担心失业，他们庆幸毕竟“有事做”。对于条件差带来的麻烦和窘迫，两人都不在乎，因为从小就习惯了。“大破房子”有点像一场应该结束的梦，而十米长的旅行厢车在他们眼中“很漂亮”，“该有的都有了”，“厨房布置得很好”。他们在里面住了五年之久：一年半在格 720
拉沃林，三年多在圣瓦莱里昂沟（Saint-Valéry-en-Caux）。但是，随着时间的流逝，他们越来越难以忍受狭窄和男女混杂的住处。卧室就像带滑门的壁柜，“孩子们住的房间什么样？床铺狭

① 色奈尔炼铁高炉（usine de Senelle）和勒昂（Rehon）钢铁厂都位于洛林大区的隆维地区，建于19世纪中叶。百余年之后，它们深受法国冶金业危机的重创，并于20世纪80年代末期关闭。——译者注

长（……），分上下层。从前他们都有自己的房间，现在缩成了这个样子。这个年龄的孩子，不听音乐，就什么都做不成。（……）我们另外有一个房间，当作小客厅，里头有一条长凳子，一张客厅用的小桌子，还有一件家具，上头放电视。打发旅行厢车里的日子全靠电视”。

在格拉沃林的露营地，人们相互来往很少，都在为工作和维持生活疲于奔命，尤其那些苦于失业和离乡背井的家庭。几个邻居有个晚上来喝了杯开胃酒，他们也回访过。可是，这些可能成为朋友的邻居不久就离开去了另一处工地。两年以后，轮到玛莉兹和丈夫驾着旅行厢车离开此地了，四壁公司派他们去圣瓦莱里昂沟。他们从一家农户租用了一块地，四周是空旷的农田。没有汽车是没法进城的。只有采购和送孩子上学的时候玛莉兹才出门。大儿子早上七点出门，赶乘大巴去蒂耶普（Dieppe）上高中，最小的女孩八点半出门，去圣瓦莱里的初中。送毕，玛莉兹返回旅行厢车。她觉得等待孩子们和丈夫回家的一天很长。家务很快就可以做好，她就用阅读从图书馆借来的图书打发一天的时间，小说啊，侦探故事啊，什
721 么都行。

生活在如此促狭的空间里，这要求每个人每时每刻都得自我控制：一个稍显激动的手势，一声抗议的叫喊，哪怕只表示一点不耐烦，都会在别人心中引起剧痛。长子缺少伙伴，远离一切的旅行厢车的生活使他深感孤独，于是在课堂上不再学习，患上了敌视一切的缄默症，似乎要把全家的痛苦转移到自己身上。在旅行厢车里，丈夫和大儿子的关系经常搞得很僵：“（……）真像在地狱里……这么说是因为我总是害怕，一句不合，就会……弄出惨剧来。（……）他自我封闭，什么也问不出来，儿子16岁，我跟他说话，他只低着头，不回答我们。”在很长时间里，玛莉兹认为儿子的问题是出生条件造成的（他生于她的第一次婚姻，而且父亲从来没有找过儿

子）。如今她承认，家庭的生存方式本已脆弱，因一家之长患病而加剧，这也是导致儿子方寸大乱的原因之一。1981 年，她丈夫发现患有多发性肾囊肿，这个病是家族遗传的，他父亲几年前便死于此病。

玛莉兹一听到丈夫患病的消息，就料想到后果。跟医生谈过之后，她也知道，丈夫大概无法继续工作很久。这份全家赖以生存的工作已经迫使他们远离家乡、亲人和家宅，现在看来不得不放弃。脆弱的平衡被打破，他们不得不再次出发，前往一个陌生的世界，返回隆维已无希望，失业已经使得那里的经济形势变得更加严峻。他们一直生活在祸不单行和“背井离乡”的游离生活里。“再说， 722
我们没有回家的感觉，因为不管在哪儿，我们都是外乡人，这个逃不掉的，特别是因为我们寄住在露营场里。”1983 年，他们敛集了剩余财物，利用卖掉隆维的房子换来的一小笔钱，以及玛莉兹当售货员时的积蓄，在阿涅尔（Asnières）买下了一间文具店。这个信息是从报纸的地产广告里得知的。他们借入好几笔贷款，才付上了三十八万法郎的商铺本金。

她很清楚，他俩从此以后得遵守延期付款的规定，而且有可能再次陷入绝望境地，一如当初搬入阿涅尔的公寓那样。那时他们把一个没有窗户的后店堂用作客厅，螺旋式楼梯通往楼上的三间狭小卧室。整个公寓十分破旧，有些地方还不如旅行厢车。她搬来几件隆维的房子里的家具，可是公寓小得放不下。“连跟睡床搭配的衣柜也放不下，只好一间屋子放床，另一间屋子放衣柜。难看死了！糟透了，真是糟透了。于是，有一回，我告诉您我是怎么干的吧。有一回，我有一张很漂亮的丝绒长沙发……因为太长，从楼下搬不进来，搬家工人从楼上的窗户把它吊上来，设法弄进屋内。我想尽办法把它弄下来，那一回我真被逼疯了，既不想把它留在楼上，又弄不下来，我就抄起铁锤，把它砸成了碎块……”

723 第一年还不算太困难，当时还不必缴纳水电费，然而，虽然有一些优惠，但是一万法郎的月付款随后变得过于沉重。他们也很想念家乡。“我没法告诉您是谁先提出的，总之，从那时起，我俩会不约而同地说出打道回府的打算。”

丈夫病殁的前一年，玛莉兹还在跟他商量回家的计划。两人去了一趟她出生的村庄……父母仍旧在那儿居住。他们看中了一座房子，当地最后一座，房子的花园腹地有一个井眼。他们本想用卖掉商铺得来的钱把它买下来。长子那时已经结婚，在阿涅尔有一份稳定的工作，当施工检查员。只有上大学的独女似乎有些保留。玛莉兹本来能够找到一份售货员的工作，而且离家不远，那样包括养病在内的一切花销就不会那么难应付了。可是返家前夕，丈夫病故。于是，她“贱卖”了商店，于1991年1月返回了隆维。

我们第一次谈话以后不久，我到她工作的富也丽商场去看她。这座中型自选商场位于城外数公里处，必须开车假道麦茨-布鲁塞尔高速路，经过一座高架桥。桥下可见几个工业园区，随后到达一片商业区——用一个旧日的轻工业园区改造而成。到处散放着巨型混凝土立方体，一个平价超市，两家汽车经销商，一座食品冷藏库。长方形的混凝土建筑之一便是“富也丽商场，世界大市场”的一个厨具货栈和一个“鞋城”。在1 200米长的商场内部，货物凌乱地堆
724 放着：盘碟、烟灰缸、花盆笼套、碎菜机、圣像、“埃及太阳”系列的埃及影片、化纤的毛绒松鼠。这里没有骗人的广告，也未见装饰，只有彻底的暴露。玛莉兹站在柜台后面，身穿两件套头衫，因为这个地方冷得要命。她身边有一个高脚凳，“但是不方便给顾客找钱”。十几个售货员正在工作，多数人要么正在收拾总是被翻乱的箱子，贴上标签，要么正在帮助顾客选购衣服。一周当中，每天中午时分的顾客不多，退休的人来这里打发时间，孩子们盯着看游戏的价钱。店内不停地交叉播放着50年代的摇滚乐和新近流行的乐曲。

在这个充斥着劣等货物的世界里，冰冷的霓虹灯下，玛莉兹好像一个失掉自尊的人，一副听天由命的神情。正如她大着胆子抱怨的那样，在家人有点强其所难的要求下，她感到缺少自由：“午饭我到处去吃，因为今天是去婆婆家，明天是去嫂子家，后天是去哥哥家……（……）真累人。我不喜欢去别人家吃饭，而且……不吃不行，有时候我不是很饿，可是人家专门给我做好了，我必须去，我也去了。有时候我不大想见谁，宁可独自一个人待着，而且吃饭时没有……我就是想放松一下！”

丈夫亡故一年后的今天，她感到被剥夺了一切，一个没有男人的女人，没有社会身份，在家乡成了外来人，没有一个自己的住所 725
让她能够退居独处和接待在南锡市读大学的女儿。什么也没有，也不知道自己是谁，两个家庭的热情相邀更加重了这种感觉，使她本可拥有的一点自由和独立丧失殆尽，她也没有勇气去要求：“我姐姐星期天常来吃饭，一家人在我这儿待上一个下午，我们都围着桌子坐着，等着星期天过去。还有我婆婆，如果能让谁带她去墓地，她过后会去看我父母，然后整个下午全家人在一起过。等他们一走，我头都疼了，（……）真是受够了。”

“这不是我过的日子，”在儿子家住了几天以后，她又说，“他们对一切都很满意……我也喜欢他们。（……）可是，看着他们这样过日子，我心想，我算是完了……”同样患上多发性肾囊肿的女儿跟母亲很亲近。不久以前，她遇到了一个小伙子，“女儿向来很黏我，可是，这不……”

心情好的时候，她想起从前那座小房子，那是她跟丈夫一起选中，然后卖掉商铺而购进的。她“没有住进去，因为除了四面墙壁以外，什么也没有”，“非翻修不可”，不过只翻修了足够她入住的底层。为了完成刚开始的工程，她把哥哥叫来帮忙，可是“星期天，他们高高兴兴地来溜达一圈”，谁都不想下手干活。也许，全

726 家能够围着老去的父母团聚在一起，他们就满足了，并不急于看到玛莉兹把自己家安顿下来。其实这座房子离他们很近，不过七百米……她本人也不总是很清楚要做什么，反正没有家了，“如今她独自一人，别人都有丈夫或者妻子”。

我们后来又多次见过面，这才使她改变了第一次见面时颇为冷淡的叙述口气[①]，说的都是她返乡以后反复讲过的话，她的想法是否依旧也不得而知。慢慢熟悉起来以后，随着谈话的深入，我问了一些有关她本人的问题，要求她尽可能准确地描述每天的生活、住过的地方和对若干事件的想法，她这才仔细地回想以往十年的日子。

我在倾听玛莉兹叙述的过程中，常常惊讶于她的独特经历和整个地区的集体命运之间的相似性。她总是觉得自己的生命已经完结，作为一个不再抱幻想的寡妇，被太多人包围，这使我想起生活安逸和怀旧的退休者。这样的人在隆维的工业园区和周边经常可以
727 见到，他们仍旧魂牵梦萦于曾经身为工人精英的时代。

在谈到自己时，似乎出于女人的心思，她也讲到当过工人的丈夫的生活状况。从更一般的角度看，她让我们看到了一个被瓦解的世界的现实。我觉得，像玛莉兹这样的人只能通过私房话、“小故事”、永远被“正史”排斥的妇女们的经历，才能提到浸透着集体历史的个人生活，虽说这部历史是女人书写的。但是，我们必须从不同的角度去倾听和理解。当她向我呈现生活的回忆，谈到儿子的麻烦频仍的少年时期，旅行厢车，无尽无休的失业焦虑和病痛的时候，这些被断断续续的叙述打乱的记忆其实远远优于那些大概更权威、更“能说会道”、随时能够一本正经地谈论苦难的对话者，使

① 本文不包括第一次谈话的内容，因为信息大多是在随意不拘的交谈里由玛莉兹提供的，有时是在电话上，往往没有录音。我于是把谈话内容按照时间顺序重新加以组织，引用了她说的一些最能说明问题的语句。

我对冶金工业劳动者艰辛的家庭生活，以及只能在社会舞台上跑龙套的妇女们的不幸遭遇有了更好的了解。归根结底，经济危机的所有余震都不可避免地集中发生在她们身上。

1992 年 9 月

脆弱的平衡 729

20 多年前，安东尼奥和琳达·德姆拉离开葡萄牙，来到法国找工作。曾经是一位出色的足球运动员的安东尼奥获得了一纸当建筑工人的合同，为期三年。家里留下了妻子和三个年纪尚幼的孩子。来法一年后他才有能力把家人接来团聚，安顿在一套狭小的公寓里。“睡觉连被子、床单都没有，一件家具也没有”，一切必需品都是陆陆续续购入的。两口子都工作，安东尼奥在机械维修厂当领班，妻子在学校里做杂务，也曾经在城里的大户人家帮佣。俩人付出了许多辛劳，省吃俭用地攒钱，在圣马瑟兰（Saint-Marcelin）的一个安静的街区盖起了一座小小的独栋房。旁边是几座小型廉租楼房。他们感到终于能够“像别人一样过日子”了。

凭借不懈的辛勤工作，他们甚至自信博得了这座小城镇的头面人物的认可。安东尼奥担任本地足球俱乐部的教练，有机会接触许多名流，而且为当地人服务（例如为俱乐部奉献了很多时间和金钱，为访客提供住宿）。妻子待人友善，随时乐于帮忙，以至于 730
“连圣诞节那几天，老板都会叫我过去。我真的去过，盛情难却嘛”。入耳的恭维话，加之帮佣促成的主仆一家的情感，使她有一种归属感。

经历数载苦干（“经常一天干 14 个小时”）和不计回报地奉献之后，房子盖起来了，他们也能促成孩子们继续学业了，现在他们能够对离开葡萄牙以来走过的道路回味一番。特别是琳达，她10岁时成为孤儿，很早就为照顾三个妹妹而辍学，进了一家首饰厂当工人。她觉得自己“有理由摆脱这些”。

厄运突然降临。1985年，琳达在46岁时因中风偏瘫。1990年，安东尼奥又被割草机切掉了脚趾。这一下天塌地陷。失掉了工作，众叛亲离，他们丧失了“融入”（良好的）法国社会的梦想。俩人千辛万苦挣来的稳定的经济局面原来不堪一击。被辞退以后，安东尼奥不得不屈就“一份体力劳动”，每小时只挣24.06法郎。琳达则发现，她根本不能领取失业补助金，也无权享受社会保险。他们再也付不起建房贷款，而且欠银行一大笔透支款。“在巴黎读法律学位”的大女儿也中断了学业。

731 为了使自己的权利得到承认，他们尝试过多种途径，可是仍然“处处遭到拒绝”。他们感到被欺骗了：他们的雇主，无论是私营公营，早就应该把真实情况告知他们（“难道他们不能告诉她，镇政府就不能告诉她吗?”），或者至少提出一点建议。他们提到，有些他们视为朋友的人士也没有帮助他们脱离困境，他们对此感到十分惊讶。他们看到，他们一度如此盼望能够融入的法国社会根本不认可、不承认他们，这使他们大为失望（“这一点我没有料到，根本没有。”“我原来想，法国社会，特别是发放救济金的机构，多少会承认一个工作了一辈子的人”）。他们最初考虑过申请入籍，以为自己是成功“融入”的样板，如今却心怀“反法”情绪。

他们发现，尽管曾经为取得相对的成功而欣喜，觉得虽然千辛万苦，终究被完全接纳，他们却忘记了享有稳定工作的人——以时刻警觉为代价——维持的是一种脆弱的平衡，重新坠落的危险始终存在。许多事件可能导致这种恶果：失业，丧失亲人，离婚，疾病，而且随时可能发生。不过，在做出社会原因无法解释的结论之前，必须看到，这一类变故只是一些偶然因素，除了在某些生活条件下极有可能发生以外，其作用很像扣动扳机，能够触发一些在一些经济和社会环境中潜藏的后果。一触即发产生的效力之所以强大，是因为它被施加于德姆拉夫妇这样的模范移民，他们自信已经成功融入了法国的经济和社会，他们也许高估了自己享有的保障。他们的苦恼和惶惑之所以强烈，是因为仅当变故发生之时，他们才发现自己缺少法定的保障，也缺少亲朋关系——“真正的法国人”能够指望的最后一层保护网（至少他们这样认为）。 732

一对葡萄牙籍夫妇 733

采访者：加布里埃拉·巴拉兹、让·巴翰

“为了融入法国社会，能做的我都做了”

德姆拉先生：您知道，那些事用一两句话很难说清楚，因为到处都有不公平……

——的确如此……您是怎么感受到不公平的？

德姆拉先生：您知道，我曾经那么向往法国，这是我要说的第一点。五年前，我也不乐意听到别人讲法国的坏话，因为这是一个团结一致的国家，对穷人很关注。但是，这五年以来，现实真的完全相反，完全相反。我要说的话很多很多。

——为什么是五年以来呢？这五年里出了什么事？

德姆拉先生：说起来很容易。如果您日子过得不错，属于某个层次，社会层次……中等吧，还算过得去。可是，一旦属于……真正的底层，您就啥也不是了。

——在谁的眼里啥也不是？

德姆拉先生：在所有人眼里，众人，几乎所有人吧……我说的所有人，当然是指像我这样的……

德姆拉太太：在管理部门的眼里，尤其在镇政府看来，我是说，电话另一头没人搭理了，没有人会为一个人……这个人忙着……

德姆拉先生：是这样，我来给您归纳一下我的情况。来法国以后，为了融入法国社会，能做的我都做了。首先是因为，我身在异国他乡；其次是因为我没法把自己的语言和习惯强加给别人，只能反过来去适应。没错，我融入得很不错，很快就参加了镇上的体育队。我是葡萄牙人，我们创办了一个协会，一个民俗小组，还创建了一个足球俱乐部。在镇政府的帮助下，我们还给协会盖起了一栋房子。这些都再正常不过。我一直住在这个镇上，所以我属于这个
734 镇子，我当过六七年足球教练，直到两年前，还是足球俱乐部的成员[激动起来]。只要我还能奉献，能够付出，大门就向我敞开。一旦我不行了，就什么都没有了，大门就都关上了，朋友们也都不见了。

——那是在您出事故之后吧？

德姆拉先生：是足球引起的问题，我那阵子还能露面，日子过得不错，还能奉献和付出，不要人家一分钱，什么问题也没有，一切都挺好。我接待过从土鲁兹来的业余球员，他们都住在我家里，我还属于协会，等到我不能这么做了，也就不属于协会了。

——是吗？就是说，被足球协会丢在一边了？

德姆拉先生：彻底丢弃。以至于……为足球俱乐部服务了 18 年，奉献很多，拿出好多钱，不光是钱，还到处奔波，花时间，每个赛季下来，给俱乐部挣来好名声，可是一分钱也没拿过俱乐部的。我自己出的钱，因为都是我身边的人。现在倒好，进球场我还得买票。您瞧，这有多么不公平。19 年①为足球俱乐部服务，从来没有享受到一丁点好处，总是奉献。我是教练，我带来的荣誉最多，培训的球员最多，闹了个啥都不是。所有人都得到了镇政府的服务奖章。我却什么也没得到，甭管是什么。

——没人承认？

① 原文如此。——译者注

德姆拉先生： 没人承认。因为，假如我的名字是杜邦，或者杜蒙，就能得奖了。可是咱叫德姆拉啊。

——您认为这是原因？

德姆拉先生： 当然。我当时不这么想……（……）可是我现在就是这样认为。现在我属于壁垒另一边的人了，我……

[…………]

因为我叫德姆拉

德姆拉先生： 在法国这个地方，实际上有两个社会，一个是羊群社会，最傻最笨，我就属于这群羊。这个就是实际存在的差别。 735
社会上还有好多有毛病的事物，因为有人懂得法律，遇上行政方面的问题，不管是社会福利还是别的什么他们期待的东西，他们都有自己的权利；我们呢，我们得斗争到底。可是葡萄牙人呢，葡萄牙人里十分之一是废物，这跟别的种族一样（……）。这些人，你跟他们没啥好说的。可是，另一部分人呢，他们有权利，也有义务。我遵守我的义务，可是搞不懂，我的权利他们为什么不给我。您明白我的话吗？

——您得不到承认，对吧？

德姆拉先生： 得不到承认了。到了什么程度呢，我得告诉您我的那个事故。我一直到11月27号以前都没有工作权。我在社会保障局做体检，因为我名叫德姆拉，医疗顾问告诉我："从19号起，您就无权工作了。"我的终止期到11月27号结束。19号呢，我还得去工作啊。等一下，这个我得给您解释解释。

德姆拉太太： 不对，我不觉得……

德姆拉先生： [打断太太的话，很激动] 等着，等着，让我把话说完。社会保障局让我穿上矫正靴，我得这样去上班，穿着矫正靴，您觉得这副样子正常吗？社会保障局给我一双矫正靴，让我不管怎样都穿着去上班。我上了班，老板说："这个不行，你得把靴子脱下来。"于是我跟工作诊所的大夫说好，他给社会保障局打了个电话，给我动手术的那个人也给社会保障局打了电话，他们让我待到1月7号。可是，是谁说的我可以上班？就我这副样子？可是，既然是工作诊所的大夫说的……

德姆拉太太：可是，这个……

德姆拉先生：［不顾别人地接着说下去］我不得不去，没办法……

德姆拉太太：［发现他说的话太多，想阻止他］人家没必要知道这些。

德姆拉先生：您瞧……不对，人家必须知道这些，这些
736 事（……）［对他太太说］你这是怎么了？［转向我们］她没有权利，没有权利，她那阵子得了偏瘫，现在更糟糕了。

德姆拉太太：我现在还有点偏瘫，身子右边。

德姆拉先生：您知道社会保障局为什么不管她吗？因为那个时期她还没有领取……

德姆拉太太：而且我受了不少罪。

德姆拉先生：……因为没有日常补贴，整整一年啊，得等上一年才有权领日常补贴。可是，谁把她的日常补贴拿走了？就是社会保障局嘛。他们说我们根本没有申请过。那封信我还留着，证明我们申请过，他们只因为还不到一年就拒绝了她。

德姆拉太太：最近有一个记者来调查，我呢，就抱怨了一通法国社会，不过抱怨的是法国领导层，我对周围的人没有怨言。如果有谁看我不入眼……我想，他是不喜欢我，我就随他去。可是当你到了一个法国机构，说话带着点口音，如果你有什么要求，人家不会告诉你，你就要受罪了……

德姆拉先生：首先一点，咱消息不灵通。

德姆拉太太：我们消息不灵通。要知道，如果你法语写得不好，没有一个……你就玩不转，我这个人嘛，挺笨的，如果有人为难我的话……

德姆拉先生：还有法语，我会说法语。

德姆拉太太：对，我说得远了点，这还不是全部。另外因为我们不是谁都认识，人家也不告诉我们真相，这个很讨厌。

[德姆拉夫妇谈起他们跟法国人打交道的困难。她没有上过学，不会写字，丈夫倒是会写，然而抱怨“在那边学了一口怪腔调”。]

我到处受挤兑

德姆拉太太：所以说，我发现到处受排挤，到处都是这样。在社会保障局遭挤兑，我们跟那儿的接待主任谈过好几次，他净用漂亮话忽悠我们，说什么：“你们听好，我呢……”我说：“听着，您 737
必须知道，不管怎么说，我也在法国工作了20年，而且每天不止8小时。我到处跑，老板叫去哪儿就去哪儿，从来没说过不。不错，我挣了钱，可是我从来不会说不，生了病还得……”

——生病是什么时候的事？

德姆拉太太：7年前。

德姆拉先生：1985年。

德姆拉太太：对对，我说多了，是1985年。我那时就在这种情况下，我以为，既然我有个城市雇主，我就有人管了。那时我是保洁员……在学校里……已经干了13年。有这13年的学校工作，我想，不管怎么说，我也有人管。您知道，直到现在，我生病期间照领工资，这个很正常，可是……（……）您知道，无论如何，长期生病期间，我领一半工资，然后呢，三年里一个子儿也没拿到……我可是一辈子都在法国工作的，20年了。

——不过，这些属于社会法律、公益职能的规定，长期生病确实是三年，过后就什么都没了。

德姆拉太太：是的，可是我那时有成年残障人的资格，有正在工作的丈夫，他挣……他们不管我们的开销。我有一些贷款，两年当中我每个月才挣113法郎……

德姆拉先生：107法郎。

德姆拉太太：两年里每个月107法郎，这个您不会说，镇政府不知道，省里和社会保障局也不知道吧？因为，如果城里雇用外国人工作，那么至少应该考虑失业怎么办啊?！干吗要雇用外籍呀？葡萄牙人、阿尔及利亚人、西班牙人，却不管他们会不会生病，就像我和好多别人这样？为什么不说：“注意啦，我们至少得为这批人考虑到失业怎么办?”如果真有失业这回事，那我就高兴死了……

738 ——是啊，不过政府部门并没有说会把失业补贴给它那些……

德姆拉先生：我搞不懂的是，她一生病就被解雇了，却无权去……

德姆拉太太：无权领补贴。

德姆拉先生：……无权领补贴只是开始……无权……如果她同时还能干别的，就没有权利了……

德姆拉太太：他们没有跟我建议别的工作啊……

德姆拉先生：……就这样被解雇了，什么也没问，我们连她被解雇了都不知道！

德姆拉太太：是的，您知道，我那个月还没结束呢。

——这个是公益职能的规定，某个时间一到，您就会因为身份失效被解雇。

德姆拉太太：社会保障局没有认可我。

德姆拉先生：是因为长期生病被解雇的……假如她在工厂工作，她就有权……

德姆拉太太： 对，我就能够享受失业的权利了。

[…………]

——这个工作您做了多少年？

德姆拉太太： 20年，我一到这儿就开始干了，那时候睡觉连被子、床单都没有，一件家具也没有，多亏了X先生……他是足球俱乐部主席，我带着四个孩子来了，他家楼顶上有个地方，一个弹簧垫，几床被子……

德姆拉先生： 正因为这个，我不愿意说法国的坏话，我一来就得到了人们的帮助。

德姆拉太太： 我刚一来就开始工作了。什么都不知道，我就在手上做记号，为的是第二天能够说出什么是拖把，什么是地板刷子，那时候我开始到处干活儿，有不同的主人……一家旅馆，A医生家，镇长家，S太太家，工厂老板家，都干过。日子过得很艰苦，带着四个孩子，家里啥也没有。在葡萄牙时也不容易，我都得想法子。我们还能挣钱。然后我马上就开始工作了，开始重新置办我们需要的东西。主要是床，因为我们那时还没安顿下来。然后就是家具，我们一点一点地尽量搞好，然后就是……我们刚来那会 739
儿，还以为一直会住在同一个地方……一边使劲工作（……）[沉默，叹口气]。我们还以为最困难的时期已经过去了。

——以为那已经结束了……

德姆拉太太： 如今，最大的困难又来了。因为它来的时候，我还有贷款呢。

——哦，你们还要付房子的贷款？

德姆拉先生： 还有不少呢。

德姆拉太太： 我还有不少呢，还得四年才能还清。四五年吧，还不算太多。这不，就出了那个意外。还好，我们有一笔小小的医疗保险，不然就没法……活下去了。

我……经历过很多不平……虽然我一直在为法国人服务

德姆拉太太：来法国我特别高兴，也挺喜欢法国人，可是经历过很多不平。很多，尤其在我身上！虽然我一直在为法国人服务。

——是的，因为您做了那么多工作，受雇于……

德姆拉太太：我可以向您保证，如果现在有人说："只要需要她，她每天都在。"我就会在那些人那里获得证书，那些人……有个老女人，她母亲生了重病，这个人跟扶轮社和别的啥组织是一块儿的，唔，她跟我说："琳达，我需要你，因为我妈妈不愿意要别人，你哪天晚上来一趟吧，你人一到，我就来接你去。"您知道，中听的话我经常听到，可是我琢磨，这个事跟钱肯定没关系，既然人家喜欢我，这个没法拒绝。三年当中，多少次啊，她母亲瘫痪在家……我早上四点就去，这个时候她们到来。因为扶轮社的集会经常很晚，夜里。于是，她们早上四点钟来这儿接我。我不遗憾，因为我帮助了别人，虽说她们付给我工钱。这个钟点价钱很贵，可是我都是按正常钟点拿钱。所以说，我没有……

德姆拉先生：有几次没拿钱。

德姆拉太太：那是别的情况，很正常。反正我也没指望钱。不过，我原来想，法国社会，特别是发放救济金的机构，多少会承认一个工作了一辈子的人，我一直……假如我知道会生病，知道会出这种事，我本来应该找个工厂的工作。那时候我需要工作，本来会去工厂找工作，就不去这种没有工作保障的机构了。再说，如果他们对我好，本来应该告诉我再去找个事干干，因为你得等，我想等15年吧，才有权领取……领取那个……

德姆拉先生：［气愤地］难道他们不能告诉她，镇政府就不能告诉她吗？

德姆拉太太：就不能告诉我一下？能！他们能！

——没错，没错。

德姆拉先生：这里头有一个社会方面的原因。

德姆拉太太：总之是一种疏忽，在……

德姆拉先生：他们根本不在乎！

德姆拉太太：我为镇政府工作了 13 年，13 年啊！

[…………]

德姆拉先生：反正这里头很复杂。对于法国人来说，已经够复杂的，对于我们这些外国人来说就更……她的情况和卷宗我根本没见过，是部委层级的卷宗……

——他们本来应该……没跟你们解释过吗？

德姆拉太太：这正是我责怪他们的地方，而且，在我的头脑里，我不想用种族主义这个字眼，可是……我觉得，反正有什么人不愿意外国人参加服务工作。这个想法虽然我不说，但还是在我头脑里。我这么想，是因为有一次，就在这张桌子旁边，我跟镇政府的一个顾问谈话，我一直觉得他是朋友，他说什么："无论如何，我不希望把位置……一个行政部门的位置，交给一个外国人。"我于是说："不，您听好……"

德姆拉先生：跟另外那个不愿意我们领取家庭补贴的人一样。

德姆拉太太：正是，我于是问他："那是为什么？" 741

德姆拉先生：外国人为什么能够领取家庭补贴？原因他并不知道。

德姆拉太太：被找去做这个工作以前，我并没有向镇政府提出过申请，因为那个时候，人们都知道我这个人到处跑，那一年气温特别高，是 1976 年吧？1976 年……保洁女工全都病倒了，她们受不了高温，还有两个人动了胆囊手术……我接到一个电话，那时候我打算出去工作，是一个学校保洁女工打来的，我不认识她。我就说："行，我去干几个小时，帮帮忙吧……"接下来，镇政府就把我留下了。所以说，您看，我连申请都没提交过，对吧？那阵子，我不是没活儿干，不是没有，时不时找上门来，都招架不过来了。这不，后来就把我留下了。再后来，有一位顾问对我说：“我希望这个工作留给法国人做。”这不行……这件事让我头脑里有个想法，那个家伙的名字我可以告诉您，不过……

德姆拉先生：别说，别说出来。

德姆拉太太：我于是问他：“那是为什么？”我还跟他争辩了一通，说：“嘿！怎么说呢？我们跟别人一样纳税呀，一切开支我们都有份啊。”再说，我本人从来没有享受过社会救助，直到今天还是如此，更别说那个时期，当时我本来应该享受的。这一点就行了，我再也受不了了。我说的是当初，我告诉他：“您听好，我像别人一样工作，这份工作是他们建议我去做的，我感到孩子们开始长大，我不出去收拾打扫，他们也能生活下去，我们的处境稳定得多了。”(……)

德姆拉太太：错误啊，严重错误。

德姆拉太太：我于是就接受了。他说：“不不，我跟您直说吧，这些活儿不应该交给外国人，我希望留给法国人干。”镇政府的各个部门里有外国人，不过都入籍了。(……)我也申请了入籍，然后，不知道哪个层次缺了点什么……我就没再去管它，也不知道会
742 生一场大病，再说，那些法律我都不了解，要是早知道，我就会启动国籍申请了。(……)L太太我当初觉得是个好人，现在有那么点……有点怀疑了，(……)她对我说：“德姆拉太太，您来一趟吧，我要见见您，谈谈您的工作问题，您生病两年了，到了第三年头上，我们就必须给您推荐一个半职的工作，要么就得……”可是没有人动弹！我要是知道，早就……我还是去见了她，我说：“L太太，您还是去问问顾问或者镇长，看看有没有半职工作给我吧。”早知道事情会是这样，我就会说点什么。

德姆拉先生：她留下了，被解雇了。她去过镇议会，他们知道，不出两三个月，她就会被解雇。

德姆拉太太：今年五月。

德姆拉太太：您看到事情的经过了吧？［提高嗓门］必须去找，去找！

必须弄清楚，他们是愿意我们融入社会呢，还是要我们撒谎、造假……

德姆拉太太：这就是说，我和我丈夫失去了好多好多工资，因为生病以后的两个月，工厂发工资的时候，拿掉了奖金。可是第三个月，他拿到四千法郎，我什么也没有，只拿到107法郎，这样一来，我们就接不上了，一张一千一百多法郎的水费账单。于是，您知道，我当时很生气，就写了一封信，拿去给镇长看，信里说："破天荒头一次，我要申请救助，因为我无法应付病后的开支和镇政府的疏忽；其次，我丈夫刚刚出了事故——这事无人不晓——我无力偿付……因此请求社会救助局帮我付清这张账单。"一个月过后，税务官给我寄来了通知。一个星期五，我给镇政府打电话，说："我要跟镇长先生说话。"人家说："不行，他不在。"我："太太，请问社会扶助办公室谁管？""是我啊，A太太。"我就问："那么，A太太，我是德姆拉太太，至少一个半月以前，我给您送去了一封信，是为了一个申请……"她说："是的，可是那个申请没批 743
准！""凭什么？我就不值得你们回复一下？这个镇政府是怎么搞的？申请被拒，这个您是知道的，你们连个回复也不给。"她说："那您来一趟，见见X先生吧。"那个人是管不知什么技术的，我就说："我跟他说不着，我要见的是镇长先生。"我去了镇政府，没跟我丈夫提一个字，我进去就说："镇长先生，我来见您。"他说："A太太已经跟我说了，您的账单会付清的。"那位镇长，我对他有点意见，因为我丈夫每天帮助他打理足球俱乐部，连星期天都搭进去了。那是我那心肝儿的一切，他的全部。可是，他出事以后，镇长连个电话也没打过。当时，曾经有……镇警察局，一块踢球的伙伴，他们一听到救护车的警笛就都来了，都知道准是他。都是朋友，都来了。还有其他人，镇议会的，他们20号那天知道我提出了申请，他们提到了我们付不起账单。于是，第二天，那是个星期六，镇议会的议员都给我们打电话，告诉我们："这个太不像话了。你们遇到的事我们刚刚得知，我们一直不知道，那好吧……你有什么需要就提出来好了。"

［议论了一番镇议会。］

德姆拉太太：三年前，我生病的时候，镇长给我打过电话，说："德姆拉太太，这个事现在很棘手，我们正在领圣体呢。"那是在五月里，所以"人们都很忙，法国人说得接待客人……我这儿忙得不可开交，还不知道安排他们去哪儿睡觉呢"。我说："镇长先生，您希望我做什么，尽管说。跟以往一样，我可以接待两个人吃饭，可以安排单身的在我家睡觉。"他说："那太好了，您人真好。"我不愿意把这些事都摊在桌面上，可是我觉得，有一天我得跟他说说，因为，直到今天，他有需要的时候，他心里很清楚，那些一向配合他的人还会挺身而出。不过，为了不使我们的生活面临险境，他得告知议员们和做出一些必要的安排……因为，您知道，我的住房之所以还没有被没收，我告诉您是什么原因吧：因为我的孩子们
744 一直是……用葡萄牙语养大的，他们给了我们钱。因为我们的房子……一个时期里没付钱，还有汽车贷款，现在还清了。

［…………］

德姆拉太太：这不是盯住别人不放，我也不认为人人都是种族主义者，我是冲着法国行政部门来的。

德姆拉先生：您知道，有时候我会暗琢磨，为什么要融入社

会？他们是对的。我呢，本来应该做的，是在这儿靠救助过日子，尽量搜刮，再寄往葡萄牙。这边吃救助，那边发点财？不不，这不是发疯吗?!必须弄清楚，他们是愿意我们融入社会呢，还是要我们撒谎、造假、钻法律的空子？不，这不行，我们既有权利，也有义务。那么好，既然我承担义务，你就该把权利还给我。这个才是让我气愤不平的。（……）因为我属于家庭，一切都运转得不错，都很好，可是一旦你掉进粪坑里，就一个人都不见了。有权利也没用。

1990 年 12 月

命悬一线 745

她的一切不幸都始于买下住房，“一个疯狂的举动”：一千二百万法郎，加上她本来以为已经包括在内的公证费用。在我们的整个交谈过程中，她都在试图给自己找理由：不喜欢从前居住的街区，很想有一个自己的花园。她在一个工业保洁公司（一个在尊重劳动权利方面最靠不住的部门）当过清洁工，那时她本来可以申请购买一个比较便宜的住房，可是被用各种借口拒绝了。

命途多舛。买下房屋后没几个月，她就被“经济原因解雇”了，这是“冶金行业重组”的直接后果。此后整整一年，她都依赖母亲过活。为了在卢森堡找到一份工作，她参加过“一大堆培训班”。由于付不起交通费，她不得不放弃了那份工作（当初开车载她上下班的人都被解雇了）。

她今年 35 岁。这天，她刚从一个“初级培训班”——一个权宜之计，或者说一段缓刑期——走出来。培训班在改建为“信息之家”的虞兹诺钢铁公司的办公大楼里。她说话时尽力克制着急躁情

746 绪，时而轻轻摇头，接着便是沉默。她的语气直截了当，极富个性，与其说显示了自信，不如说控诉。她的态度和目光透露出对于能够被理解、被倾听的渴望，也有终于有人可以倾诉和当面辩解的喜悦，甚至觉得有人为她辩护和接受她。

她不厌其烦地细数账单上的开支：汽车、住房、公证人、电话，加上所有已经压至最低限度的日常用度，包括儿子的开销。还有住房税、电视税，每个月共约三千法郎。她气愤地提到银行职员对她的名副其实的逼迫，他们把电话打到家里，甚至她的熟人那里，用逼她卖掉住房相威胁，完全不理解她并非不愿付钱，而是没有能力。“我可是老实人，很愿意还清债务，你们要是给我钱，我马上就还，可是没钱就是没钱，我也没别的办法。”（这个话一位失业的阿尔及利亚移民也说过，几乎一字不差）。

在这种境遇当中，令人最难以忍受的无疑是家人的包含几分鄙视的敌对态度，以及由此而来的孤独感。她只剩下一位同样失业的女伴，还有她的母亲。母亲当过工人，被丈夫遗弃后，不得不独立
747 抚养四个女儿。周围的人不仅不施以援手，反而责怪她的处境。她的姐夫，一个嗜酒如命的熟练工，本身也处于失业状态。她婆婆不仅不让她使用电话，而且把一份可能拿到的工作的讯息压下，迟迟不转告她。她姐姐甚至对于母亲对她的帮助心怀妒忌。这些家庭成员都变着法子提醒她的处境，暗示她和丈夫之所以失业，是因为两人好吃懒做，不设法找工作。他们也不认真对待夫妇俩非比寻常的辛劳和牺牲，以及同样不寻常的困境。

这种孤独很可怕，既不得不忍受，也出于自尊心和失望而甘愿自取。孤独感的一个方面是她没有任何办法能够预防陷入可怕的万劫不复之境。当她深陷苦恼当中，盼望得到鼓励和安慰的时候，我们向她逐个提出可能提供支援的家人，姐妹和姐夫妹夫，父母一辈，丈夫的兄弟们，可是每家都有不幸的境况。小妹妹比她姐姐对

她要好，但身体有残疾，而且当熟练工的妹夫也失业了。她只好指望自己和丈夫。对于家人的指摘，她满怀温情地为丈夫说话。虽然要指望儿子，可是她仍须尽可能帮助有严重心理障碍的儿子克服学业上的困难。

她陷入了穷困的恶性循环。培训班结束后，她连一辆用来赶赴招聘职位的摩托车也买不起（况且她没有驾照，也没有时间准备驾 748
照考试）。她跟丈夫一起对付令人失望的屡次许诺和屡次拒绝，以及对他们的处境趁火打劫的雇主，他们借就业不足之机，厚颜无耻地一面假意许诺长期雇用，一面提出少得可怜的薪资。她也曾徒劳地求助于社会保障部门，却被填不完的表格搞得筋疲力尽（“他们怎么会要求这么多东西?!”），而且不得不重复申请她寄托全部希望的失业补助金。

我们可以理解，为什么几乎在她的同一句话里，既有针对无名无姓的不公正的无效的抗争，又包含一切听天由命的失望：“这过的是什么日子啊！有几次我真想放弃，有好几次，都是因为文件的问题，就想干脆随它去吧，因为我真是受够了。”

这种无处不遇恶意的感受（“社会对我不好，我就对谁都有怨气”）恐怕跟她经常做的一个噩梦不无关系。梦中她绝望地重温父亲如何撒手人寰，姐姐的种种刁难。一段似乎没完没了地重复出现在梦中的故事，“还有一点……就是我父亲，他已经死了，我特别想念他。还有，这不，他把我们丢给穷日子，撒手走了……遇上麻烦的时候，我都觉得好像在读一本书”。

749 她一再说，她觉得面临深渊，整个生命仿佛悬在母亲在世这根线上，“看见我母亲病危，我心想：‘完了，这下子完了，只能流落街头，没地方住……没人管我”。如今，她夹在生存和死亡之间，夹在她栖身的母亲家和始终未打理、已经断电的自己家之间，她应该和能够坚持多久，社会保障部门才会处理这个“案例”，让她领到失业补助金，或者帮助她丈夫找到一份真正的工作呢？

750

一个失业者

采访者：皮埃尔·布尔迪厄

“到处碰壁”

——您很久没有任何生活来源……

莉迪娅：没有，一年，差不多一年时间吧，起初我能靠领 200 法郎过日子，那就是全部了。我没有任何生活来源，我丈夫没有，我也没有。

——全靠你母亲接济吗？

莉迪娅：全靠她了。她给我们吃的等等是这样。

——所以你们不出门旅游，什么也没有，是吗？

莉迪娅：没有了，就守在家里。就是这样，别的没那么容易。

——那么，穿衣什么的怎么办呢？

莉迪娅：衣服嘛，我自己有，早买的，从前还有钱的时候买的。我后来给儿子买过，出了问题以后，我母亲有时候给孩子们买点衣服。不然，我买不起。这不是……

——这个事是突然降临到你们头上的。说到底，你们过得还好，有个孩子，有个房子……

莉迪娅：我们买房子的时候，事情已经不像从前了，总的说来。

——你们有一大笔贷款要还？

莉迪娅：呵呵，这个嘛，有一大笔汽车贷款要还。有一笔……叫什么来着？房子的……叫什么？……公证员，我有电话，因为有过一部电话，好了，我有一笔十万法郎的贷款，那时付不起，就越积越多，还有因为失业晚缴了，所以有一百多万，我付清了一部分，可是因为有过住房税、电视税，我把以前迟缴的都付清了，从那个方面说，我是按时缴的，是一点一点地付清的，可是还欠不少，说不清还有多少……是的，还欠银行一笔贷款，另外还有类似的一笔钱，记不太清了，我知道剩下的还不少，欠了不少债，是的……不少。 751

——您每个月得拿出多少钱？

莉迪娅：三千块吧，三千多块，每个月，必须……

——得付到什么时候能够还清？

莉迪娅：有的贷款一年以内，有的还得两年，还有三年的，60个月的。好几种呢，不都是一样的。我本来可以有点钱，像电话什么的，本来可以还清，一千块吧，本来能还清的，可是做不到……不可能……因为我借了一笔信用卡贷款，一般这种贷款，他们对你现有的财产做个评估表，可是他们评估得太高了，我就告诉他们……他们说："不这样我们就得把您的房子卖掉。您自己选择吧。"我不知道如何是好，就说："那好吧，那就……"我不想告诉他们，他在法兰西面点城［一个面点加工集团］工作，正常情况下会雇用他（人家是这么说的，不过什么样的老板都有啊），有雇用他的可能性。当时他有一份30天的合同，只管一个月，过后有可能被雇用。这个当时我不愿意提，因为那是勉勉强强的，当时他才干了一个礼拜，于是我就说："那好，再说吧，既然人家要卖咱的房子，你就告诉他们已经找到活儿干了。"可是这只是为了应付一下，因为我们有贷款，人家老打电话催："你们什么时候还款？"这么说，好像我们不愿意还债似的！我告诉他们："我可是老实人，很愿意还清债务，你们要是给我钱，我马上就还，可是没钱就是没钱，我也没别的办法。"那个人就催逼我们，她甚至给别的人打电话，不认识我们的人，我不知道那些人怎么知道我们的名字的，因为我们根本不认识他们。他们说："您只要知道她来过电话就行了。"然后，两分钟过后，我丈夫刚下班回家，从法兰西面点城回

来，电话又打来了，好像知道他会回来似的，又来催，还是说那个
个案，可是从来不是管我们的个案的那个人，总是某个中介人，名
字怪怪的，也不说为什么，只见一个名字，一个号码，也不知到是
752 从哪儿打来的，总是这一类玩意儿，让人无法接受。真恶毒！

——不错，货真价实的迫害……

你们为什么不工作呢？

莉迪娅：是啊。要是有工作，甭管是什么鬼名堂，我也会去干啊，社会对我不好，我就对谁都有怨气。没错，我不愿意有谁再对我……别提工作，我公爹提起工作的事，总是说“你可是没工作啊”等等，总是说这个，我就说：“别提工作了，行不？我一听这个就心烦。”因为他只提这个，我们一见面他就提这个，我就说：“别提这事好不好……”

——是啊，好像你是故意不工作似的……

莉迪娅：他把我看成游手好闲的人，也总是这么看他自己的儿子，我们随时随地都能听到他这么说：“你们为什么不工作呢？”还有什么“这种事只发生在你们头上”之类的话。我说：“运气不好，这不是我们的错。”再说，现在的社会上，还有一些老板，他们不愿意付工钱，付钱给年轻人，只想别人白给他们干活儿。他也在公司里干过活儿，人家答应付给他工钱，最后什么都没有，他就不干了。可是他在莫兹河那里干过，不干不行啊，不然就被叫作游手好闲啊。他连汽车里都睡过！所以，为了在莫兹河那边的C城找一份木工厂的工作，他就在车里睡觉，吃盒饭，因为人家把一块地借给我们用，他就在哪儿吃饭，不然就没工作了，可是他才挣多少啊……不多，一共200法郎，300法郎。这哪儿够啊。我就说：“如果是为了工作，达到什么目的，你就没必要照这个样子干下去，这不行，不行。”就连在我自己家里，我待在……是的，在我妈那儿

吃饭，可是麻烦一直没断，“你不给妈妈伙食钱”……

——谁在搅和这些事？ 753

莉迪娅： 我姐姐呗，她妒忌了……我在这方面有些麻烦。

——她是怎么做的？

莉迪娅： 她在游泳池当出纳。不过，她总是妒忌我，说“你不给妈妈伙食钱”等等。她自有一所房子，该有的她都有。可是她不好好待在家里，却给我妈妈添乱。她给她看一个两岁的孩子，累坏了，去年差一点死了，我差一点失去她，这方面我也有一些麻烦。不得不，不得不……去医院看她，她肺部有个肿块，于是，所有的毛病到了90岁真的都积累起来了，眼下全是麻烦事。

——那段时间确实很难过。您的那位姐姐，她就不能帮您找个事做吗？

莉迪娅： 她告诉了我们一些地方，可是每次都马上招到了人，大家都……失业的人太多，人家立马就扑上去了。怎么会是这样，真让人想不到。他们只要稍微晚一点告诉我们，位置就没有了，这个也是必须知道的。有几次，他们说：“别等，赶紧申请。”可是，电话刚打过去，位置就没了。再有，得承认，我在电话上说不清楚。我婆婆不许我用她家的电话，不愿意我用就是了。我有一段时间里有一部电话，现在没有了，我在S城的家里时也有这个问题，我给妈妈打电话都困难。我有这个障碍，打不了电话。有一回在电话亭里，似乎全世界都在地震。我打不了电话。所以，她有时候得不到我的消息，就因为这个……

——你们当时住在你们买的房子里吗？

莉迪娅： 是的。

——你们不能把它改建一下吗？一点也不行？

莉迪娅： 不行。有的地方得翻修，我一点也不懂。我有一扇门，上面有个地方漏风。不过，我们还是有热水可用的，有些设施

从前没有过，那时什么都没有。房租倒不高，400法郎吧，可是什
754 么都没有，没什么设施，冬天特别冷，我倒是不孤单，我家在一座居民楼的五层，居民楼的日子我可不喜欢。再有，我愿意有个花园，我丈夫会侍候花草，摆弄摆弄花草有好处，不然我们什么也做不了。

——还有，你们周围的人觉得……

莉迪娅：他们也看出了问题，也批评，批评得还挺厉害……

——在家里也这样吗？

莉迪娅：就为这个，我和朋友们——朋友不多，我都不来往，我就是一个人，几乎谁都不来往。也许有点特别吧，可我就是这样，变成这样了。有时候，我不见人了，这样反倒好，因为人人都批评我，说这说那。"我真搞不懂，你怎么能跟这么个丈夫待在一起，他又没工作。"诸如此类品头论足的。我说："你要是不相信，就来我家看看我那些信，哎，说什么，我们保留您的申请资格以备不时之需。"你听到的都是这一类话，漂亮话，许诺，盖着公章，因为这种事（……）到了一定时候都得有公章，一连串公章，什么用都没有。

我到处碰壁……

——你丈夫有什么专长？

莉迪娅：唉，他就是个熟练工，没有专业技能证书，什么都干一点。他干过屠夫、建筑油漆工、泥瓦匠。还干过什么来着？当代理人，他干过不少这种小活计，能干什么干什么呗。上哪儿干都行，他不在乎。

——你俩既然相处得很好，那就是说……

莉迪娅：这个嘛，他人很好，很好……好人。

——这个很重要吧？

莉迪娅： 可我遇到的问题是，我爸爸1989年就过世了，房子也没有了。我本来1989年就该有那个房子，可我是经过争取，1990年才把房子拿回来的。那个房子呢，按说他给了我一百万翻修费。弄来弄去，按说房子的贷款本来应该包括公证费什么的，结果不包括，他们于是把我那一百万弄走了——都是些坏家伙——说是充当公证费，所以我不得不追加两百万，所以为了这个我得跟两个 755
不同的公司打交道。

——房子您花了多少钱？

莉迪娅： 一千二百万。而且我是照原样买下来的，一点翻修都没做。

——那个培训班，您是怎么加入的？

莉迪娅： 社会工作者跟我说过会办培训班的事，然后又说："是的，平常不需要这个，不过已经定了，怎么样？您去了吗？"我说："还没去。"她说："这可不行，这事我跟您谈过，就是为了让您去参加的。"其实职业介绍所也打过电话，因为我的福利补贴快用完了。他们于是叫我去参加那个培训班，我就去了。进去以后呢，去一个企业干一个礼拜，说是老板要是喜欢，就可能雇你。可是我有个交通工具的问题，我没有驾照，所以呢，要么我去找一辆车，可我丈夫也需要啊，要么我去上班，可是不行，没有车啊。在本地上班还行，可是从我那儿到V城没有公交车。轻便摩托车那玩意儿，我也开不了，试过，站不住，再说还得买一辆，我买不起啊，我那点工资不够。我四处碰壁，没办法。再买一辆车，我没那个条件，驾照也还没有，到处碰壁。

——在这个地方，驾照的事他们就不能想点办法？您说四处碰壁，问题是缺钱，倒不在于车子，也不在于工作……

莉迪娅： 对，全都纠缠在一块了，解不开。解不开是很头疼的事。没办法解决。M城早上四点钟还没有公交车，这不行。他不开

756 车不行。

——早上四点就得上班，他做的是什么工作？

莉迪娅：从早上四点到下午一点，接着从一点到晚上九点，他就是这么连轴转……就是这样，真不是人干的活儿。

——挣钱多吗？

莉迪娅：这个不清楚，他刚开始，才干了八天，还不知道呢。

——他们没告诉他挣多少钱？

莉迪娅：通常是最低工资线。没多少，五千四百法郎吧。这还不够我必须花的钱和迟缴的贷款，我陷进去了。这怎么行？我还得省吃俭用到什么时候？这怎么行?！怎么行?！

我夜里做噩梦……

——您夜里睡不好觉吗？

莉迪娅：以前我夜里爱做噩梦，噩梦，都是因为……

——您的意思是……？

莉迪娅：梦见我从前遇到的麻烦，发大水了。我梦见睡在街上，看见我母亲病危，我心想："完了，这下子完了，只能流落街头，没地方住。我会去的，没人管我，因为我姐姐不管我了。"

——公婆呢？

莉迪娅：哎……不能指望他们呀。他们是恶人，真的很凶，对我很凶，就连对他都……（……）我公公爱喝酒，而且很凶，整天恶狠狠的。骂完这个骂那个，他谁都骂。说全家都游手好闲，连他儿子也是，他说儿子游手好闲，可是他找到了工作呀，可是他还是这么说……就因为他有一段时间失业在家，那时我就说："车轮总有一天会转起来，您别笑话，总有一天会转的，要是真的转起来了，您就失业啦。"这不，他又丢了工作，而且就在快到退休年龄的当口，又失业了。他积攒的点数不够，只能失业。

——他那时候做什么工作，冶金工人？ 757

莉迪娅：他算是熟练工，算是吧。

——冶金行业的？

莉迪娅：冶金行业，是的，他干过。（……）不过，我婆婆也是，也骂这个骂那个，不是一个好家庭，都一样。我才不去看他们。基本上从来不去。

——您说夜里爱做噩梦，跟工作有关系吗？

莉迪娅：有，都有，那一类问题吧，也跟家庭有点关系，跟这一类问题有关系。

——跟婆婆有关系吗？

莉迪娅：有，也跟姑嫂有关系……我那几个姑嫂也是一样。我们不来往，只有一个常来往的，另外还有一个，别的都不来往。

——哦，一直跟你们的工作和指责你们有关系，是这方面的事情吗？

莉迪娅：正是，都是因为这一类的事。

——这些让你们一直感到很大压力，对吧？

莉迪娅：没错。还有一点……就是我父亲，他已经死了，我特别想念他。还有，这不，他把我们丢给穷日子，撒手走了。唉，遇上麻烦的时候，我都觉得好像在读一本书，似乎这些……

——又浮现出来了？

莉迪娅：我看到一切都从眼前一一走过，从小时候起，我遇到过的问题，直到现在，这……

——您想说什么……一切都回想起来了？

莉迪娅：确实如此。什么都从眼前一一走过。

——您说未来漆黑一团，指的是什么？

莉迪娅：是……我经历过的所有问题，从小时候到现在。就是这些，我看不出……

——您对未来感到害怕？

莉迪娅：唔，我看不到……看不出会有什么改善。我不知道，不相信会有什么改善。什么都不信，再也不信了，给我许过那么多愿又不兑现，我没法相信了。不可能的。要是出了什么大事，我会
758 认为“奇迹出现了”，也会说“这不可能”，很难回心转意，我会说“这不可能”。我什么都不信，不信还能赌一把，什么都不信了。我不赌博，什么都不赌，什么也都不信。

——不，不是的，我觉得倒不是在这方面应该……

莉迪娅：不不，这个嘛，我想说……就连赌博什么的都不……因为连我丈夫有时候也会赌一把，他总是写什么：“你们赢了。”我说：“别写了，都是荒唐无稽的东西。”我也告诉他，如果我们不工作，就什么也没有，我们的办法只有这个。我反正什么都不相信。我觉得不工作就没有出路。不是别人，而是我们自己给自己做［事情］……就是这样。（……）

因为这是一场灾难……

莉迪娅：就是这样，不那么容易［干笑］。有这些问题的，我知道，不只是我们一家。想起这个，有时候觉得宽心一点，还有比我们更差的。哎，幸亏还有别人。因为我想，幸亏还有比我们更差的，因为这是一场灾难。可是，我也想，生活在这么个时代真不幸，有这么多问题。人们都说进步、前进啥的，可不是这么回事啊。我倒是觉得是在后退，不是前进。真不像话！许诺一通，然后什么都不做，这可不行。说说很容易，我也能说点什么呀。许许愿，然后往办公室里一坐，说“你那文件我都处理了”，然后他们就去睡大觉——这种事我早就遇见过——他们侧身大睡，然后说“这个我们会处理，那个不会”，这个，我见识过，这种官僚我也能当。不就是这样吗？我马上就能当这种官僚，因为为了文件打起来

了。文件我已经递上去了，他们给弄丢了。本来应该处理的。自从他们有了电脑以后，弄出来那些愚蠢的事，真不像话。我有一个号码，这样我就成了出生在外国的人了。可是，我不是在外国出生的，是在法国呀。我跟一位太太打交道，因为我有一次，我动了眼睛手术，出了点问题。手术我非做不可。我跑了不知多少个地方，50个办公室啊！“这个么，不归我管”，把我打发到收发室去了，然后又说：“我们不要这个，要那个。”这过的是什么日子啊！有几次我真想放弃，有好几次，都是因为文件的问题，就想干脆随它去 759
吧，因为我真是受够了。

——我不知道怎么说才好，如果我能制造奇迹，那就太好了。

莉迪娅：这个不是那么容易的，太难了。而且，我有时候琢磨，这个世界怎么会是这样的？因为从前可不像现在这样凶恶。如今如果你需要去一个地方打听点情况，人家劈头盖脸地就教训你一通。我丈夫就是这样。有一次，人家约他20号去谈失业补助金的事，说：“您的失业补助金批准了。”他说：“哦，可是我不知道我能不能去。”您猜那边怎么回答他？“这么说您不需要失业补助金了？”就是这么对待他。他说：“我需要啊，可是如果我出不了门怎么办？”您看。后来他老是被约谈，跟镇政府谈，可是什么进展也没有，什么也没有。

——他始终没有领到失业补助金吗？

莉迪娅：一直没有。

——他申请了没有？

莉迪娅：所有文件他都办齐了，可是一直什么都没有，一直原地踏步。（……）镇政府说，如果没有进展，他们就介入。还说：“像这样的一份档案，很快就能搞定。”“这样可不行。”我自己有一次心想，是不是有什么人故意给我的生活添乱，因为我觉得，怎么会搞出来这样一套把戏！

——怎么会这么倒霉？

莉迪娅： 我心想，准是有人给我搞鬼。

——有人诅咒你？

莉迪娅： 对，我也是这么猜想的。

——有这么严重？

莉迪娅： 没错。因为这是一场灾难。我不知道是不是有这么回事。眼下我还弄不清楚。我知道有些人有这样的问题，可是不像我的这么多，进培训班就已经这样了。

——连这方面也如此？他们可是本身也有麻烦呀……

莉迪娅： 他们有问题，可是跟我的不一样。他们的问题我都知道，可是不像我这样。他们没有……问题他们有，可是不像我这样
760 欠着一屁股债等等。还有文件方面的问题，他们有失业补助金，我没有。只有我一个人还在“办理当中”。我甚至注意到，登记的时候，我注意到，上头写着“办理当中”，因为我不知道……就是这样，我有时候会想，会琢磨是不是有人在文件上给我使坏，是不是某个我认识的人不想看见我……

——给你捣乱？

莉迪娅： 对，在文件什么的上面，在这上面给我捣乱。这可不行！这可不行！总是跟我要文件，要过三次了。

——是啊，社会保障局，很不幸，经常如此……

莉迪娅： 不是，是失业补助金。您可是不知道，他们在电话上是怎么跟我说的，我说：“我想了解一下，我的失业补助金办理得怎么样了，因为我一直什么都没收到。”因为他们说过“不出十天，您就会收到钱”这样的话。一个月过去，什么都没有。我就问：“你们要我丈夫 1990 年的文件，经济来源，我都给你们邮寄过去了。你们这样怎么行?!”过后，他们又说：“可是还有别的呢。”我说：“白纸黑字，写着 1990 年的文件和我丈夫的经济来源呢。”现

在他们又问我要我休病假的材料，我就说：“可是你们得知道，你们在文件上给我写了点什么，可是没有写上夫妇俩人！幸亏我打了电话，于是你们又要别的东西。”我还说：“别把别人当傻瓜!”于是，那个人就在电话上跟我争起来：“没有哇，我们没有把别人当傻瓜呀。镇政府把文件搞乱了，不是我的错。”她就是这样跟我说话的，就是这样答复我的。您明白了吧？

[…………]

档案正在处理

莉迪娅： 他们怪罪别人……

——是啊，镇政府和……之间就是如此。

莉迪娅： 一根无尽无休的链条。

——……那个失业补助金，没有人跟您谈过话，也没有做过调查…… 761

莉迪娅： 都没有。我只知道，有过一次会，一次约谈，他们跟我丈夫说：“失业补助金您没有份儿。”他说：“这不行。我要写一封信，还要催这个事，让它动起来，是怎么回事。”诸如此类。“这个样子是不对的，我要写一封要紧的信。”我们一直在等。那个人说两个礼拜什么的“你就会收到答复”。现在已经过了，时间已经过了。我弄不懂，是那个人忘了回信，还是根本不做她的工作。这样可不行。镇政府那边，这里头有点什么把戏。

——是您跟老公一块儿准备材料的吧？

莉迪娅： 是我俩一块儿办的。表格什么的我知道怎么填，这已经很不错了，比我老公还强一点呢。材料都这样填好寄出去了。我动作挺快的，只要接到那个要求，我马上就办。“正在处理”“文件正在处理当中”，总是这个答复，每次都写着这个话。真不像话！

——也许很快就会解决了。

莉迪娅：这我可不知道，不知道。因为，不久以前，他跟C社会助理员见过面，C是镇政府的。她告诉他："我来把信寄出去。"可是我现在还在等，日子早过了。二月里寄出的，是一月吧，是一月中旬。我记得是那个时候。可是一直什么动静也没有。这不可能！一封信用不了三天呀，用不了一个礼拜呀，我不知道得等多少天……真不像话！这里头有问题。我不知道是谁制造了这些问题。不知道，说不清。[只有这些问题而已?] 后来他们又要一份文件，不然就没法领孩子的补助。那是最近的一份文件，我在等，一直没音信。而且，他们还跟我要根本办不到的文件。什么时候我休过病假，我是怎么领工钱的，1990年的经济来源，1989年的经济来源，不能接着领孩子的补助了，一大堆文件，一些让人觉得要这么多文件，是不是脑袋进了水。真不像话！要这么多材料，有什么用啊?!

762 ——或许哪天，事情忽然间会出现转机，这个很有可能。

莉迪娅：她给我办材料的时候，连一个失业补助金的账号都没给我建，我一直就没有，自从1990年10月以来就没有！一直什么都没有，可是我开过户头啊。您想想看……真不像话！我还得交钱才行。她说"钱您不用交"，但我还是交了50法郎啊。我连50法郎都没有，从我妈那儿借的。这怎么行？准是什么地方有问题！我不知道他们怎么办事。现在我家的电源被切断了，他们给切断了，因为我欠了一万块钱电费，他们就给切断了。我家也没有暖气了，因为他们没办法供暖，因为这是在我家里，给关掉了，他们把电源给掐了。我周末回家，我们经常得摸着黑。我得打理这些事，还有一条狗呢。我的狗，我得管它。

——狗留在家里？

莉迪娅：我没法把它带到我母亲那儿去，因为那个公寓很小，两居室。我婆婆也不愿意管，她有自己的狗。我公公老挑刺儿，说狗叫得太凶什么的。不过，他们家旮旯里有个窝，他们倒不觉得碍事。那好，我这条长得挺肥大的狗，他们反倒觉得别扭。我呢，我的狗我自己管。我喜欢动物，很喜欢。

——是的，人尤其会离不开。您的老公呢，拾掇花园……

莉迪娅：对，拾掇花园什么的。

——他去那儿拾掇吗？

莉迪娅：他去，去花园，摆弄坛坛罐罐。是的，他弄那些坛坛罐罐……这些事他管得很多……

——这个对生活有帮助，甚至是你们的一个生活来源。

莉迪娅：是这样。对。唔……生活不是那么容易。

——不容易，很苦……真的很苦。

莉迪娅：很苦，是啊。（……）我想："为什么不是别人，而是我？"开始我接受不了，眼泪流了不少。我妈说："别哭啦！"后来见我又哭，就说："你怎么啦，这样可不行。"她也会冲我喊叫。我告诉她："你身体不好，不和你吵架。你让我安静安静吧。"因为我知道母亲也有同样的问题，她不愿意看见我流泪。她有钱上 763
的问题。我还对她说："你有了问题就来，来了别哭。"她答应了，可是还哭。我告诉她："我也一样，别因为哭怪我，我管不住自己。"

——是这个道理。

莉迪娅：我姐夫也是一样，他要我去马赛找工作，我不愿去，我说："不想去，因为我家在这儿，贷款也没还清呢。我欠着债，无权一走了之。那不行。"可问题是，上哪儿去工作呢？

1992年2月

765

上无片瓦，下不容锥[①]

采访是在娜诺和米歇尔夫妇的栖身处进行的，他们每日的大半时间在这里度过，就在巴黎第3区的一座亚美尼亚教堂的栅栏脚下，此处的这条街相当狭窄，行人不多，小商铺稀少，倒是有很多画廊、房地产经纪商和批发商。附近公寓楼的住户很多认识这对夫妇，一些人有时跟他们搭话，聊聊他们的处境。其实这个处境一直没有什么变化。他俩相当开放，似乎很高兴能够跟居民保持接触，尽管他们对于未能信守主动提出的帮助和许诺经常感到失望。

在1990年11月的第一次谈话中，他俩同意回答我的一些问题。我那时对他们根本不了解，以为他们只是两个无家可归者而已，因为他们总是待在同一个地方，有时候身旁还放着一瓶红酒。可是，他们较为整洁的外貌和衣衫却跟别的流浪汉不一样。两人穿
766 着多少还是新的黑色牛仔裤、皮鞋、套头衫和外衣（米歇尔穿黑色皮衣，娜诺则穿有毛皮衬里的外套），保持个人卫生是他们每天的奋斗内容之一：保持清洁和盥洗，以免腌臜得不可救药（他们每个星期洗两次澡，把衣服拿到“机器”上去洗，而且经常去搜罗“别人扔掉的干净衣服”）。尽管长年户外生活在两人的脸上和手上都留下了印记——米歇尔被香烟熏得发黑的手指。正如常言所说，他们给人的“印象不错”。娜诺的头发梳理得很整齐，米歇尔的胡须也刮得干干净净（虽然有时候数日不刮）。

珍贵的东西都放在娜诺的手提袋里：钞票、数页纸（多年前的出生证明被米歇尔小心地折起放入钱包）、收音机、香烟。他们很

---

① 英译本未收入此文。——译者注

重视外表，尽管他们承认是“流浪汉”。他们不去找别的流浪汉做伴，也避免去他们聚会的场所。“要是跟我们这样的流浪汉一块出去，那就会出问题的，肯定得打架。”米歇尔说。他近乎厌恶地说到在电影院遇到过的流浪汉，“他们带着干粮、酒瓶子什么的，你骂我，我骂你”。

跟那些上过学，甚至取得了学位的年轻流浪汉不同，娜诺和米歇尔年纪大，也不太熟悉各种机构，他们几乎没有求助过社会救济部门，因为认为那是自取其辱，所以宁可自己“对付着过”。他们 767
觉得被社会保障体系排斥在外，既然不可能入住廉租房，那么地窖、公寓楼门厅、车库的车道上、桥梁或拱廊下，随遇而安。他们时刻担心被“穿蓝制服的”抓起来，送进南戴尔的收容所，对于流浪汉来说，那里就像一个拘留所，他们不得不带着负罪的心情脱光衣服，冲个澡，然后跟入住的其他流浪汉一起挨过十分难熬的时间。这使他们再次想起自己卑贱的身份。

娜诺和米歇尔很高兴有这次采访，他们倒不是觉得这有多么重要，而是觉得可以借机解解闷，改变一下他们的日常生活内容。他们无亲无友，而且总是遭人白眼和驱赶，能够对他们说说话的只有一台收音机，俩人唯一的伴侣。他俩都出自子女众多、遭遇失业的家庭，问题日积月累（金钱、健康、酒精等等），直至分崩离析（父母争执、子女出走等等）。他们曾经去过社会扶助部门，随后被安置到接待家庭里。他们跟自己的家庭一直没有联系，而且成为没有文凭的文盲。虽然他们没有表示对父母心怀怨恨，可是显然把目前的境遇归咎于后者。他们年轻时（20 世纪 60 年代）都工作过。娜 768
诺当时在一所学前班当保洁员，米歇尔在一座煤矿当工人。70 年代，他们成了经济衰退的第一批牺牲品。从那以后，俩人只能通过在黑市打打零工来赚钱，而且工作越来越低贱（家庭帮佣，街头拾荒，建筑工地上干体力活儿，在垃圾箱里翻捡废铜烂铁）。然后就是乞讨。娜诺16岁时嫁给了一个卡比尔人（楼房的职员），生了五个男孩，一个女孩。她失去工作后，丈夫不付房租了，吃喝嫖赌。离婚后，她抱着出生没几天的女儿搬出了公寓楼。她后来遇到了处于相似境况的米歇尔。俩人如今过贫苦的日子。他俩一个38岁，一个44岁。娜诺已经怀孕，可是俩人身上一文不名。

接受慈善捐助等于表明二人的贫穷状况。他们觉得，与其伸手索取，不如干点零活，尽管有时一天只挣到三四个法郎。遇到没有钱吃饭的时候，他们就不得不乞讨。不过，乞讨不以明显的方式进行，他们既没有小盒子，也不用纸板告知过路者他们是乞丐。他们并不总是伸着手讨要，而是首先向路人敬礼，然后索要几个硬币，只有当对方露出施舍之意时才伸出手去。跟大多数乞丐一样，他们围绕着一些有节奏和意义的活动组织生活：去高端居民区翻垃圾箱
769 必须选好时间，抢在别人之前进行；捡拾废铜烂铁必须早起；赶在关门时刻达到市场；等等。他们拥有少许财产（准备卖掉的物件和个人用品），他们将其存入火车站的寄存站，以防丢失。可是，寄存站是要交费的：每天必须寻得10到15法郎的收入才行。必须“工作”，出售物品或者乞讨才能寄存得起。否则，他们就不得不动用并非总有的“积蓄”。他们归置、擦洗、整理自己的临时居所，利用公共厕所和投币盥洗间来保持个人卫生，他们乞讨时有固定的行走路线和“打猎”的地盘。遇上一天不景气，没钱买吃的，他们就去食品救助站，领取一碗难以下咽的稀饭。然而这顿饭可以有把握得到。他们在一座公寓里安身的过道很不稳定，而且无法做一顿温热的午饭——因为“这不是自己家”，他们解释道，“有家回不去”。白天不能待在那里，只好在外面游荡，打发时间，不知做什么好：“到处溜达”“瞎混呗”“甭管干什么，只要晚回来就行”。

他们到处寻找服务性的零碎活，例如在河畔为在禁停区泊车的人看管车辆，望见警察走来就示意，或是为允许进入教堂庭院泊车

的汽车把守铁栅门（神父把打开铁链的钥匙交给了他们，俩人感到很荣幸能够受到如此信任）。 770

采访开始之前，我先自我介绍，这时他俩像往常一样站在教堂门口，正在跟一个住在邻近公寓的中国少年说话。他们不拘客套地聊天，看来他很了解少年家里的情况。他们提到一位“小弟弟”正在“变坏”，有必要赶快把他拉回来：“非得教训教训他不可”，娜诺和米歇尔都这么说。他们谈到最后，我急着提醒他们得进行采访了，他们才做了个手势，表示完全记得这回事，已经准备好回答任何问题。米歇尔首先开口，他让娜诺回答问题。她显得有点拘谨，在米歇尔的鼓励下才开口。开始的时候，她有点笨拙地拿着麦克风，似乎表明她感到尴尬，可是她说得很好。米歇尔说话的时候，她便把麦克风递给他，然后又拿过去自己说。我跟他们很客气，当然他们也随之用了客气的口吻。待到采访最后，参观过他们的栖身处之后，我们之间就用不着总是以客气的口吻交谈了。

交谈中多次出现不顺畅：他们的回答很简短，以至于问题常常不得不被重复提出。我把时间顺序作为主线（让他俩分别讲述经历，从童年到现在），这跟他们讲述的方式并不真的对得上号。他们的记忆往往跟一些地点或者人物，而不是日期联系在一起。与人生各个不同阶段的延续时间相比，他们似乎更重视经历过的一些时刻的质量（米歇尔在建筑工地上工作过四个月，在煤矿工作过 25 771
年，不过对前者谈得较多，也更详细）。他们用寥寥数语作答。几句话连续说的时候很少。

娜诺表达比较自如，男友米歇尔有时候说话不太清晰。俩人的法语都不是很好。米歇尔往往记不起一些人名地名和日期，有时连一些字眼也想不起来，不得不向女友求助。采访一开始，我觉得米歇尔似乎想显示自己比谈吐自如的女友要强（总是由她把他俩介绍给不了解他们处境的外人）。娜诺有点害怕录音机，本想让我们先谈米歇尔的情况，米歇尔此时却硬逼着她先发言。采访一开始就确定了二人轮流谈话的方式，他们也很遵守这个规矩，都没有不合时宜地打断另一个人的话头，除了插入一些细节，然而总体上跟刚才提到的情况一致。这表明两人彼此相知颇深。只有一次，米歇尔问起娜诺的经历中的一个详情（“我在监狱里的那阵子，你是在哪个收容所来着?”）。说到米歇尔时，娜诺总是说“我丈夫”如何如何（俩人并没有结婚，正在考虑），米歇尔则时而直呼娜诺的名字，时而用其别名称之，可是从来不用“我老婆”相称。

772 米歇尔讲话没有保留，使人觉得他能够无所不谈，既无羞涩之意，也不显得尴尬。娜诺不一样，尤其谈到钱财的时候，面对外人的关注，她显得有点拘谨和有所保留。她的肢体动作和声音表明，对于俩人的困境她比米歇尔要敏感得多。她常常或是垂手低头，或是似乎有意地用近乎啜泣的语调表示再也无法忍受下去了。她对我讲述的故事，她的语调，连同伴随的手势，似乎都为了表明某种穷困处境的经验。相反，米歇尔似乎没有试图利用厄运和牺牲他的不公正来打动我。谈起他的故事和遭遇的挫折，他很坦率，几乎不带什么情感。他们讲述的生活故事贯穿着某种宿命论：他们经常把自己说成牺牲品（“我被一脚踢开”），他也不探讨自身不幸的原因（“企业完了蛋”“我拿不出健康证明”），除非被问起。

俩人栖身在一栋破旧的公寓楼的一层。他们说，这栋楼房很快就要彻底翻修，而且很多套房是空置的（窗户用木板封死）。通向一座木楼梯的公寓门厅很狭小，一侧是信箱，另一侧是湿腐的墙壁。这一层没有可供居住的房间。门厅一侧只有一条楼道，连接一
773 扇通往地窖的门。这条没什么人使用的楼道便被他们选作栖身之处。他俩占用了这条楼道的一端，在台阶之下转入下一段楼梯的平台上。一部自行车斜靠在墙上，不远处就是公寓的垃圾箱。整个门厅和楼梯部分仅靠一只吊在电线上的灯泡照亮。光线很差，昼夜亮

着，因为哪怕白天，这里也很黑暗。墙壁的油漆显得脏兮兮的，有些地方可以看到油漆剥落后露出的灰膏，显然是搬家时刮碰所致。木质楼梯明显未经常打扫，无疑也没有打蜡，楼道地面的瓷砖也是如此。

从门厅里便可以窥见他们的蜗居状况：一条对折起来的海绵褥垫挤放在楼梯下端，旁边一个大纸箱子里放着他们的衣服和夜间盖的被子。褥垫和纸箱之间便是他们的“厨房”了：一个酒精炉，一口锅，几件厨具和一个“食物柜”（几盒干面条，几包干菜糊和汤料，等等）。这些东西白天都收拾得很整齐，以免受到老鼠的侵袭。早上出门打工之前，他俩要先把东西都收拾好；晚上很晚，等到房客们都返回房间以后，他们才铺开这些物件，准备饭食和睡觉。

为了凸显对话的简短的特点，我们完整地誊录了采访问答的第一部分；为了方便阅读，第二部分在若干处经过了重新组织。

一对流浪中的夫妇 774

采访者：安妮-玛丽·瓦塞尔

“自己一钱不值，可是还得说说”

——我为一个关注无家可归者的组织工作。我们很想知道他们是什么样的人，如何走到了目前这个境地。为此，我得找到流落街头的人，也就是你们这样的情形，了解存在什么样的问题。一开始，我们希望你们可以分别讲述一下各自的童年生活，以及后来的情况。

米歇尔：［转向娜诺］来吧，先说说你的日子吧。

——［对娜诺说］这样好了，先从您开始。请拿好话筒……［我把一只小话筒递过去，她不无尴尬地看了看，才接了过去。］

娜诺：可是，我该说点什么呢？［笑起来，似乎不知如何是好，好像掉进了一个圈套。］

米歇尔： 哎，你就说嘛，说说你怎么走到了今天这一步，谁把你弄成这样，怎么弄的［用臂肘碰了碰娜诺，鼓励她开口］。

娜诺： 怎么说呢？……唉。

米歇尔： 你就说嘛。

——您有什么样的家庭，当时住在什么地方，等等。

米歇尔： 说吧，娜诺［语气充满柔情和鼓励］。

娜诺的童年和婚姻

娜诺： 唉，两岁时我就被父母丢给了社会福利院。他们都酗酒。

——您父亲做什么工作？

娜诺： 他那时候是……大约是图书装订工。可是，他后来不干了。

——他有工作吗？

娜诺： 有，图书装订工，就在……我母亲在一个洗衣店当洗
775 衣工。

——那是在哪个城镇？

娜诺： 我爸爸，他在巴尼奥莱（Bagnolet），我妈呢，在圣德尼大街。

——他后来不干了？怎么回事？因为酗酒吗？

娜诺： 我那时候很小，不知道。

——兄弟姊妹呢？

娜诺： 我有三个兄弟，是的，三个。他们住在沙杭东街，就在第 12 区的阿利格市场旁边。可是他们不愿意见我。

——您的这些兄弟姊妹也在社会福利院吗？

娜诺： 我没有姐妹。有过一个妹妹，可是一出生就死了，她有病。

——您的兄弟都比您大吗？

娜诺：不，我最大。

——他们也都去过社会福利院吗？

娜诺：我们当中三个去过，一个没去。

——哦，第四个做什么？

娜诺：他跟我妈留在家里。

——哦，这个孩子不用去，她可以把他留下。

娜诺：唉，她那时候在穆厚街当保管员……［此时话音显得有些把握，说话更加自信，似乎忘记了这是一场访谈。］

——哦，做过洗衣工之后，又当了保管员？

娜诺：保管员，门房，住在一间小屋子里。

——那么她为什么不干洗衣工了呢？

娜诺：这个我不清楚。

——您呢，到社会福利院以后怎么样了？

娜诺：我当时……把我留下了，我留下了，交给了一个家庭，我在那儿待的时间不短。

——那个家庭是什么样的人？

娜诺：一个农民家庭……

——家里没有孩子吗？他们想收养一个孩子？

娜诺：是的。不管怎么样，他们从社会救济部门领养了好多孩子。 776

——你们一共几个孩子？

娜诺：他们有三个，加上我。

——您在那儿总共待了多久？

娜诺：五年吧，至少。

——七岁才离开。

娜诺：我爷爷抚养了我们不长一段时间。后来我父母把我们弄回去了，因为我有个爷爷住在圣尼古拉大街，他不是我真正的爷爷，可是……反正是个爷爷［做出带有温情的动作，头伤感地垂下］。他把我们都接过去了，我们都回家了。我爸爸在野外失踪了，不知道去哪儿了［笑起来，表示这件事对她影响不大］。我爷爷抚养了我们不长一段时间。我们上过一点学，学校就在沙杭东大街旁边。不过，上学时间不长。就是这样。

——为什么不长？也就是说，从七岁起……

娜诺：不，您没听懂，那是因为我爸爸很晚回家以后，我们半夜得起床去给他满地找烟头，好让他抽烟，还得给他找酒。还有，我那时候嫁给了一个阿拉伯人。

——那是很久以后的事吧？您多大结的婚？

娜诺：我 16 岁结婚。

——您是怎么认识他的？那位卡比利亚人，您上次提到过。

娜诺：［不无尴尬地笑］在一个舞会上，不记得在哪儿了。(……)是在马恩河谷的维特里镇（Vitry），我那时候在塞纳河畔的维特里（Vitry-sur-Seine）打工，当学校保洁员。我干了差不多 27 年呢，他老找我的麻烦，不停地打电话，打到学校的总机，［问］我在不在，是不是……是不是下班了，什么的。因为总机接线员不是每个电话都给你接通，她有时候就烦了。

——他为什么不放心？

777 **娜诺：**［不解地耸肩］可是，一个人也没有啊。那是因为我上下班得赶路［一个人从家到单位的路程］。有一天，我回家，好几天［好几次］，一到家，他正和一个娘们在我的床上。事情就这么开始了。

——可是，起初是他怀疑您有外遇的，要不为什么总是给您打电话呢？

娜诺：我没有任何外遇。

米歇尔：他妒忌了。他还喝酒。

娜诺：是啊，玩纸牌，扑克，他的钱都……

——他是什么职业？

娜诺：建筑油漆工。他去过好几次沙特阿拉伯，一个月挣三百万呢。（……）很赚钱。维特里的主任让他当了领班，要么就是全法国的副主任，然后他就去了沙特阿拉伯，去了三个月还是六个月。

——他那时候多大年纪？

娜诺：42 岁，比我小两岁。现在他又结婚了，有两个孩子（……），老婆是阿拉伯人。

——你们现在还见见面吗？关系还好吗？

娜诺：［略显踌躇］见面。我跟他［用头指点米歇尔］一块见过他一次。不，不，最好还是不见他。

米歇尔：他不愿意见我。

进了社会福利院，就不非得上学不可了

——再说说您的学业，您在头一个家庭的时候，学是怎么上的？您那时候做些什么？

娜诺：放牛，在一个农民家里（……），在［乡下］野外，一个房子也没有……

——放牛您喜欢吗？

娜诺：不是很喜欢，不过……［微笑，带着几分伤感。］

——您那时候想做什么？

娜诺：……［耸耸肩。］

［…………］

——后来呢，爷爷把您接回去以后，上过一点学吗？爷爷把您抚养到几岁？ 778

娜诺：我还有一个家呢。一位太太让我来到维特里，她是镇长的助理。我回来的时候 16 岁了。（……）她是我妈的妹妹，同父异母。

——那么，学怎么上呢？

娜诺：哎，没上什么正经学［笑］。（……）因为我不会读，也不会写［笑］。

——上学不就是要学习吗？

娜诺：唔，是啊。［抱怨的口气］我在社会福利院的时候，从那儿出来以后，人家就把我放到……进了一个家庭，马上就得干活，不上学。（……）我回来的时候九岁，父母把我接回来的时候。他们把我，我的两个弟弟和别的孩子都接回来了。他们都跟我父母在一块儿。

——于是您就重新跟父母住在一起了。那是怎么回事？

娜诺：然后就是我爷爷那儿，圣尼古拉大街的那个，（……）哎，可是一般说他不是我真的爷爷，因为……

——是爷爷还是姥爷？

娜诺：我姥爷。

米歇尔：他在院子里唱歌。

娜诺：对，小时候，我好多次在院子里唱歌。他在院子里唱歌是为了挣钱。

——也就是说，您九岁去上学了。

娜诺：我基本上没上过学。

——可这是义务教育啊。

娜诺：不不，不是非上不可。进了社会福利院，学就不是非上不可了。

——您那时候不想上学吗？您觉得上学不值得吗？

娜诺：那倒不是。不管怎么说，16 岁就……［她就结婚了。］

——您九岁的时候，父母把您接回家，您就没有去上学吗？是父母不想让您去吗？

米歇尔：不是。不去学校，是我自己［不想去］。我常去电影院，是的［笑］，跟爷爷一起去。

——那个时期，您都做过什么？ 779

娜诺：唔……就是跟我爷爷一起过日子啊，没别的。我陪他去唱歌，在地上捡零钱，找卖肉的屠夫，什么的。因为我爷爷认识那些屠夫，把肉和好多东西带回家。这样的日子过了五年。

——后来呢？

米歇尔：唉，现在我们啥也没有。

娜诺：现在是这样［吸鼻子，似乎在哭泣］。

——您的弟弟们呢？

娜诺：唉，他们不愿见我。

——您最近一次见到他们是什么时候？

娜诺：两年以前吧。

——当门房的就是他们吧？

娜诺：对，他们捡起了我妈的那份活儿。因为我妈去世了，我爸也去世了，两人都是癌症，前不久的事。我妈是1980年去世的，我爸已经死了。

［…………］

——爷爷也去世了吗？

娜诺：死了，我爷爷死在摩纳哥。

——摩纳哥？他去那儿做什么？

娜诺：他……他还有一个女儿在那儿。他女儿是医生，姑爷也是。他死在他们那儿了。

——他们不能帮你们一把吗？

娜诺：什么也不做。连父母他们都从来就没想做点什么，怎么会愿意帮我［声音颤抖，神情沮丧］？

——您跟他们要求过吗？家里人怎么会不帮忙呢？

娜诺：这我不知道［耸肩膀］。

米歇尔：因为是醉鬼（……）。喝酒呗。说的不是我们，是她当门卫的弟弟，没日没夜地喝。

［…………］

——可是他们还有工作……

娜诺：有一个当门房的，另外两个能够工作。（……）当门房的那个弟弟49岁了。不对，我胡说什么呢？42岁。另一个39岁，最小的那个28岁。我有两个儿子跟他们一块生活。是啊，因为我前夫把他俩赶出了门，所以他们跟我弟弟过日子。

780 ——这两个孩子上学吗？他们都做过什么？

娜诺：什么也没做过［语气干脆］。

——都没上学吗？

娜诺：没上。哦，不对，小闺女上了。她留在她父亲身边。我老公，前夫，他留下了两个，两个最小的。这两个上学了。

——其他都跟着您弟弟们生活。人可不少啊？

娜诺：我有五个儿子，一个女儿。

这种日子过惯了，再找工作很难

——您说过，您在托儿所工作过。

娜诺：是幼儿园。

——当服务员？

娜诺：是的，我还帮孩子们画画什么的，帮他们学习［勾起最好的回忆，微微一笑］。

——您喜欢这一行。您没想过成为幼儿园教师吗？

娜诺：唔，那得知道一大堆事儿才行［皱眉毛，摇摇头］！

——您不是在那儿工作了25年吗？

娜诺：27年呢！

——年头可不少！那里头的人不能帮点忙吗？他们照说对您应该很满意，27 年可不是小数啊？

娜诺：那些同事对我挺好的，是的。

——您还时常见他们吗？您肯定他们帮不了一点忙吗？

娜诺：帮不了。我呢，再也不去维特里了，了结了，过去的事了，经过那个……叫什么来着？……他们给我一份什么什么东西？叫什么……

米歇尔：半退休。[说说] 你拿多少钱？

娜诺：每个季度领四千法郎。

米歇尔：住旅馆的话，两三个晚上就用完了，什么也剩不下。[在第一次访谈当中，他们说，俩人每个月要住两三次便宜旅馆，为的是洗澡和在床上睡个觉。] 781

——是因为托儿所关张了吗？他们为什么让你提前退休？

娜诺：因为我没能提交体检证明。我跑镇政府跑了一个礼拜，遇到一个助理员，然后就把我给这么打发了。[在] 维特里镇政府就是这样。不少人就是这么被打发走的，有女服务员，还有……

——因为人太多了？

娜诺：肯定是，都这么打发走了。

——您没有找找别的托儿所吗？

娜诺：没有，找不到。

米歇尔：这种日子过惯了，再找工作很难。

——能找到，为什么找不到？

娜诺：[攻击性的口吻] 找不到的。是这样，我找不到工作。有时候吃不上饭，因为没有人给我们吃的。有时候我们睡在纸板上，睡醒后腰疼，浑身不舒坦。我们受人欺负，警察也……把我们弄到这儿来，好像我们是小偷 [大概是指南戴尔的收容所，她下面还会多次提到]。干吗不抓那边那些吸毒者和小流氓 [手指空中远处］呢？

——你被打发走的时候，您的丈夫和您在一起吗？

娜诺：那时候我已经离婚了。他就在那儿开始找所有人的茬子。

［…………］

——离婚那会儿，您没有另找一处公寓吗？

娜诺：没有。他把公寓留下了。那是个廉租房，他没有租下来，他什么也没做。不管怎么说，照理那是我的公寓呀。那是一个社区职工的住处。

——所以，公寓登记的是您的名字。他怎么会留下，住进去的呢？

娜诺：这个嘛……社会工作者每个礼拜都要来，说："先生您得搬走。"我也叫过好多次警察。他把门什么的都给砸坏了……警察一走，五分钟之后，他就来了。

782 ——离婚是怎么办理的？您要求过孩子的监护权吗？

娜诺：唉……我没法要求这个，因为我自己还在街头嘛。我1983年9月19号生下了小女儿，第二天我离婚，第三天就带着女儿和儿子马莱克走了。

——你为什么要走呢？

娜诺：因为是他把我赶出的门呀。

——可是公寓是您的呀！房租是您付的！

娜诺：不，我有一个……叫什么来着？因为有一天，好几个月里，他没缴房租，卫生与社会事务管理局给我们下达了一封监管书，房租归他缴，剩下的钱都用在孩子身上。他反倒把我的工资都拿走，剩余的钱拿去玩纸牌，找他那些娘们和别的乱七八糟的玩意儿。

孩子们都吸毒

——您跟孩子们相处得还好吧？

米歇尔：（……）跟闺女，老幺，挺好，别的孩子……［否定的含糊手势。］

——孩子们从多大开始变成这样？您最初应该跟孩子们相处都得挺好，对吧？

娜诺：甭管怎么说，孩子们都吸毒。我推着坐在带篷童车里的小闺女去市场。他们就在那儿，和小伙伴们你给我、我给你打针之类的吧。没必要这么干。再说，他们偷我的钱，都是这样。

——所以您跟他们就都不联系了。

娜诺：我知道两个在我兄弟家，别的情况都不知道。

——另外几个您连在什么地方也不知道？

娜诺：知道，一个阿尔及利亚服兵役，另外两个，唉……我女儿跟她婆婆在一起［沉默］。

——这么说来，你们是什么时候来到第3区的？

娜诺：八年前，［和米歇尔］一块儿来的。我俩在一块儿有八个年头了。我们工作过……

米歇尔：黑市，这儿干点，那儿干点。

——你俩是什么时候，在哪儿认识的？

米歇尔：邮局旁边的拱廊底下［擅自占用］。（……）以前，我 783
们住在一个小个子老太太那儿。（……）有一个家伙常来［老太太家］。那个小老太太捡酒瓶子，送去回炉。

娜诺：您知道，她是为了回炉才搜罗酒瓶子的。她还把瓶子排列得整整齐齐。后来，第3区的一个社会救助工来了，他本来想帮帮我们，再给我们找点事做，可是他一瞧见那些瓶子就明白了。

米歇尔：他以为我们酗酒。

娜诺：他一瞧见瓶子就明白了。

米歇尔：他说："先生们，太太们，我什么也帮不了你们了，你们不是酗酒吗？那好，接着喝好了。"说完就走了。

——那位小老太太就这样收留了你们？

米歇尔：那倒不是，我认识她很久了。我帮过她一把。她丈夫有残疾，我帮他洗澡什么的。他走不了路，什么也干不了，老坐着。我帮帮他，就是这样。

——就因为这个，她把一间屋子让给你们住？

米歇尔：不是一间屋子，我们是睡在地上的，唔。

娜诺：就像狗一样。

米歇尔：睡在屋门旁边。只有两个房间。她有自己的床。我们俩睡在厨房里。我们给她帮点忙。就是这些。

[…………]

——你们打什么零工？

米歇尔：我嘛，干建筑，打黑工。

嗯，我妈肯定去世了

——那好，您也给我们从头讲讲吧［娜诺把话筒递给米歇尔］。

米歇尔：我们是这样认识的。我呢，来自北方，布鲁埃昂阿杜瓦，离瓦朗谢纳不远，在加莱海峡省。我有一个哥哥，虚头巴脑的，还有一个姐姐……

——等等，您说的"虚头巴脑"是指什么？

［他于是开始讲述他的故事，语速很快，似乎担心对着话筒表达不好。］

米歇尔：他老是进监狱，反正是那一类的事。我有一个靠给人家擦玻璃过日子的姐姐。（……）我哥哥个头比较高，年长一点，然后是我和一个妹妹。

——您的父母是做什么的？ 784

米歇尔：我嘛，是……从前，唔，不是爹妈，是一家人把我收留了。

——就是说，您从来没见过您的生身父母，从来没见过么？

米歇尔：没有，没见过。一个家庭就这样把我们收养了。我一直在社会福利院，我溜出去好几次，几次逃跑。

——为什么要跑呢，您不喜欢那里？

米歇尔：唔，我得（……），得去大屋子，这个我不喜欢。（……）那是一个很大的宿舍，一百多，二百多人吧，年纪小的也有。倒不是混住，一边是女的，一边是男的。

——你们在那儿每天怎么过？做些什么事？

米歇尔：咳，就是打打闹闹，瞎转悠呗。每天早上吃了早饭，我们得把地板擦亮，得帮把手……（……）有辅导员监视着。我们也玩玩纸牌，瞎胡闹呗。（……）礼拜天才让出去，就是这样。别的什么也没有。

——你们不学习读书写字吗？

米歇尔：不学。

——你们不上学？

米歇尔：从来没上过。

——您在社会福利院待了多久？

米歇尔：我是两岁进的社会福利院。那时候我有一个家。我工作过，东边帮点忙，西边帮点忙（……）。起初我在建筑部门，浇筑水泥板，然后这样搭建成公寓楼［举手做高抬状］。

——所以您是做水泥板的木模的？

米歇尔：是啊，水泥浇筑进去以后，放进去钢筋，钢筋网。（……）我从16岁起就干这个。等到年纪大了一点，我去一个矿山干过。

——您为什么不在建筑部门继续干呢？

米歇尔：倒闭啊，公司关张了。

——那时候您也是拿黑市的工钱吗？

米歇尔：不，是经过申报的。那是……不是我爹，是另一个人去领工钱，然后我把它倒腾一下（……）。

785 ——另一个人是谁？

米歇尔：那个人是……怎么叫来着？养父……他叫加斯东，我妈名叫 B。我那养父总是喝醉酒，没一天不喝。

——那您的父母，您后来见过吗？

米歇尔：对，是后来见到的，唔，我那时候20岁。

——您找过他们吗？

米歇尔：不，是他们在找我。我反倒放弃了。

——见到他们，您留有什么印象？您跟他们说了些什么？

米歇尔：见到了，谈了谈话……互相问候，拥抱了一下，就是这些，没别的了。我爹是个百分之百的酒鬼（……），我妈被火钳子烧伤了奶子。（……）我爹这个人不正常，喝得醉醺醺地回家，乱摔乱砸，很不像话。

——他在矿上干过吧？

米歇尔：那是后来的事了。他半路不干了。不干是因为……不，不是因为退休，他喝酒喝得太多。那个叫什么来着……矿主把他赶走了。

——后来他干什么，您知道吗？

米歇尔：不清楚。

——您只见过他一面？

米歇尔：只见过一面，跟我兄弟一块儿见的。我兄弟他们一直在北方。

——他们呢？他们还跟您父亲见面吗？

米歇尔：这个我不清楚。我在巴黎，他们……

娜诺：他妈妈肯定已经死了。火钳子烧伤了奶子，可不容易治好。

米歇尔：嗯，我妈肯定去世了。

——您能肯定？

米歇尔：不敢肯定，我不知道，没音讯。

——那么您的兄弟们呢，您常见他们吗？

米歇尔：不常见。哦，对了，我姐姐来过巴黎一次，只一次。

——她是做什么的？您哥哥呢？

米歇尔：玻璃清洗工。我哥哥什么都做不来，他偷东西，顺手牵羊。

——对于您来说，不见他们也好？

米歇尔：我根本无所谓［他的回答十分干脆，近乎粗暴］。

——说白了，您是不是觉得他们算不上一家人？ 786

米歇尔：不，还是一家人。可是，家庭内部，我们谈不来（……），谁也不帮谁。

——为什么？您的姐姐还是有点钱的，不是吗？

米歇尔：［摇头否认。］

［…………］

——您不能去她家，看看她能否帮您点忙吗？

米歇尔：这个不行。唔……唔……我没这个权利。（……）她丈夫会把我赶出门。

——可是，您毕竟是她的弟弟呀？

米歇尔：她才不管这个。

——他是做什么工作的？

米歇尔：不知道，他没跟我说过。

肺上头有个斑点……人家就把我开了，就是这样

——您是什么时候来巴黎的？

米歇尔：唔，好久好久以前。离开矿山以后就来了。

——您在矿上工作了多长时间？建筑部门呢？

米歇尔：在矿上干了25年，然后就不干了。在建筑部门的时间不长，干了四五个月。

——所以，以矿山为主，矿上的工作是正式的吧？

米歇尔：正式的，申报的，等等吧。

——那为什么没能接着干下去？为什么不干了？

米歇尔：我的肺上头有个斑点，放射科照过片子。[人家说] 先生……[做出不顺利的手势]（……）这样一来，人家就把我开了，就是这样。

——可是，显然这是雇主的不对啊。

米歇尔：雇主才不管这个呢。

——情况跟您相同的其他人呢？

米歇尔：有不少人呢，他才不管。

[…………]

——您找不到别的工作吗？

米歇尔：找不到，这个叫什么来着……剥削［转眼看娜诺，后者认可了这个字眼］。这个就叫剥削。他们剥削咱们。就是这样。

787 ——所以您不干了。您那时多大年纪？

米歇尔：［对娜诺说］我今年多大了？

娜诺：39岁。

——您干了25年。您在巴黎几年了？

米歇尔：这个呢［转向娜诺］？

娜诺：我当时不在巴黎，没法说。

——反正八年以上，因为你俩已经认识八年了。

米歇尔： 八年以上。以前我在纸箱厂工作，甘冈布瓦街。

——您来巴黎图个什么？

米歇尔： 唉，那时候什么都找不到，如今北方什么都找不到了。

——有人告诉您，巴黎有活儿干，是吗？

米歇尔： 是啊，巴黎有活儿干……［人家是这么说的。］唉，巴黎还不是一样［也没有工作］？不过，我找到了一份纸箱厂的活儿。上街捡纸箱，到处踅摸，再按一毛钱一公斤卖出去。

——［惊讶状。］

娜诺： 这没几个钱，对吧？

——确实没几个钱。恐怕得弄湿了才能沉一点。

米歇尔： 弄湿了也是一样。

——您靠这个能过日子？一个月能卖多少钱？

米歇尔： 唔，一下子能卖出三四百法郎。我跟娜诺一块卖。

——你们干这个干了多久？

米歇尔： 多久，娜诺，你给说说，多久？

娜诺： 我俩在钱拉尔那里折腾了六年纸箱子。

——那时候你们有住处吗？

米歇尔： 没有，我们当街睡。（……）到处过夜。今天这儿，明天那儿，不定（……）。有一天，我们在拱廊那边占了一块地方，就在邮政局隔壁。

娜诺： 连门我们都能关上了。一天，另一个流浪汉白天来了，把家具都偷走了。

米歇尔： （……）这事是那个家伙干的：大白天把家具都搬走了。如今这小子被查封了，家具都给查封了，封三四个月。我俩现在住在那边儿［指着楼房］。 788

我们只想要一间普通的小屋（……），或者一个地窖，干净就行

——我也希望你们谈谈怎么度过每一天，例如今天吧。你们几点钟起身？

米歇尔：早上？很早就起。

娜诺：唉，今天起得不早：七点半吧。平常我们五点半或者六点就起来了。因为公寓楼里的人们要上班了。礼拜六和礼拜天比较安静。

米歇尔：起来以后，我们做早饭，做一个菜汤。我们有个锅，一个酒精炉。

娜诺：晚饭要是有剩下的，我们早上就吃完它。

米歇尔：我们不吃午饭。没这个权利。

娜诺：然后我们就收拾打扫，都弄一遍。然后喝点咖啡。我们去那边的面包房，因为便宜得多。面包房那儿有一个煮咖啡的机器[电子咖啡壶]。

米歇尔：我们付三法郎，三加三等于六，不贵！

——你们还吃一个羊角面包吗？

娜诺：[先是摇头]也吃，有时候面包房白送我们一个。蘸着咖啡吃，挺好的！

米歇尔：然后，我们回到这儿[教堂的栅栏门前]，我们就乞讨，试着要点。

——零钱你们也要吗？

米歇尔：试着要呗。

娜诺：人家要是能给，我们就拿着。我们不像有的人那样，跟人家吵闹。

——那你们每天能讨到多少钱？

米歇尔：一天差不多50法郎吧。我们两个人，这就挺好的。

娜诺：因为还得买烧火的酒精、黄油、菜汤、面条、菜泥啥的。(……）中午我们什么也不吃。

米歇尔：要是有了钱，我们就去“黑人”饭馆吃一顿，就在共和广场旁边。没钱就不吃。

娜诺： 七个半法郎一个人。

——那个饭馆是给流浪者开的？

米歇尔： 不是给无家可归的人开的，（……）谁都去吃。（……）还有，那是一个黑人聚集的地方。 789

——你们为什么不吃午饭呢？

米歇尔： 有钱就吃，没钱就不吃呗。

——下午呢？你们还在这儿吗？

娜诺： 下午我们去遛个弯。不是老在一个地方，我们去转悠转悠。

米歇尔： 有时候，穿蓝制服的会把我们抓走。

娜诺： 他们抓你就像抓小鸡似的，一下子提溜起来。再一提溜，塞进大巴了！

——可是，当他们看见你们的时候，不会觉得你们是街头的行人吗［俩人的衣着很得体］？

米歇尔： 有人会打电话。（……）到了南戴尔，关你四个钟头才放人。

娜诺： 有一回，早上八点就把我们抓起来了。

米歇尔： 那次是一辆大卡车，把我们弄走了。要是晚上抓人，得在那儿过一宿。那个地方可不好看，什么货色都能见着……［做出表示厌恶的手势。］不好看。

娜诺： 他们把你丢进大卡车，那里头有人呕吐，有人拉屎……唔……（……）要是白天被拉走，一整天你也睡不了觉。冲个澡，你就在大厅里等着……

——他们给你们吃的吗？

米歇尔： 吃的？那得看给你什么。（……）有人是自愿去那儿的，我可不自愿。

——为什么？您觉得这儿更好？

米歇尔： 当然，［十分肯定地］好得多。他们好像欺负妇女，我是说那些穿蓝制服的，不是流浪汉。

——那么，你们要在这个地方占住多久？

娜诺： 好像月底就要关闭了。我也不清楚。他们要盖个带家具的公寓。

——到时候你们怎么办呢？

娜诺： 另找地方呗。

——你们在镇政府申请的事进行得怎么样？

米歇尔： 什么消息也没有。

——你们申请了什么？

米歇尔： 一块地方。一间普通的小屋子。

娜诺： 或者一个地窖，干净就行。干净的地窖还是有的。

［…………］

米歇尔： 他们什么也不愿意管。怎么说来着？……妈的……有个名字……刚才我还说来着……行政部门［他有点费力地说出这个
790 词］等于零。这就是行政部门。你得削尖了脑袋才能钻进去……

我们什么权利也没有，我们不过是一堆废铜烂铁

——婴儿呢，什么时候出生？

娜诺： 三月份。

——你们跟社会福利部门谈过了？

米歇尔： 他们才不当一回事。

娜诺： 您只要去巴黎的那些桥底下，就能看见被推来拖去的童车，还有车里睡觉的婴儿。

米歇尔： 还有一回，我们看见一个小姑娘和她讨饭的娘，带着童车。

——你们什么人都不认识吗？几个能帮忙的朋友？

米歇尔： 人家都是许诺，许诺……然后什么也没有。一个小小的单间公寓也没有。也许有，如果去郊区，好像有。我们去那儿干什么？我们在郊区待过，就在丁香门一带……

——那儿不算真正的郊区吧？

娜诺： 是郊区。我们就在丁香门一带，我们去找过……那叫什么来着？丁香门的镇政府，[人家说]：“先生，这儿什么都没有您的。您不在这儿住，您走吧 [离开这儿]。”

——你去行政部门的时候，提出了什么要求？

米歇尔： 一个带家具的屋子，你得提前三个月缴房租。

娜诺： 您看看那房价。[他们把街对面一家房产中介公司指给我看：一个 30 平方米的单间公寓得要 90 万法郎，一套一室一厅的月租是 4 500 法郎，等等。]

米歇尔： 看来得提前三个月缴房租。提前三个月，这怎么做得到？不可能的。我们挣这点钱，不可能的。

——加上你们的补助金和退休金，一共多少钱？

米歇尔： 我没有退休金，什么也没有。我就是乞讨，捡垃圾，什么也没有。退休金娜诺倒是有一点，我一个子儿也没有。 791

——退休金加补助金，一共有多少？

娜诺： 退休金和补助金我都没有，只有一笔……唔，一笔每三个月领一次的退休金，这是全部了。

——一共是多少呢？

娜诺： 这个跟那些……都没关系。我们什么权利也没有，我们不过是一堆废铜烂铁。

——怎么会什么都没有呢？您在矿上工作过嘛。

娜诺： 他全丢了，把他那些……文件都烧了。这样一来，他怎么去办退休登记呢？

米歇尔： 我的文件全都一把火烧没了。

——怎么会烧了呢？

米歇尔： 我那时候在甘冈布瓦街上班，遇上火灾。我的文件全都烧焦了。

——总有人能证明您是工作过的吧？

米歇尔： 他们才不拿这个当回事。

娜诺： 不，是因为他的工作没申报，捡纸箱子［雇用他的企业］，打的是黑工。

——不，我是说矿上。

米歇尔： 对呀，得找老板才行。可是，要是老板死了什么的，怎么办？那得找谁？（……）得等多长时间？还上那儿去找人和……不行啊，咱们去不了，没办法去。（……）我想领那个……叫什么来着？失业补助金。可是没那个权利。

——您申请过吗？

米歇尔： 申请过，可是无权领取，因为没有住所。

——您见过负责就业补助的社会福利部门吗？你不妨要求建立一份档案。

米歇尔： 一份档案？不行。我什么也没有。（……）没有权利，没有住所。申请倒是申请过。

娜诺： 是啊，我们被当成街上的一堆废铁，跟废旧汽车一样。

［…………］

娜诺： 过路的人看见你，就像看见牲口似的［反抗的语气］。他们咒骂你："唉，一帮叫花子。"总有那么一天，我得告诉他们："你们跟我换个位置试试看。"无论怎么说，他们会比我还惨……我
792 当面跟我女儿说："他们会比我还要流浪汉。"特别是当着他的面［指教堂对过的小房产中介所的经理］，也当着不少别的人的面。

——真的有人会咒骂你们，把你们当成……

米歇尔： 他们叫来警察，叫来穿蓝制服的，把我们抓走。好像

我们妨碍［他们］工作了。我们坐在这儿，也会妨碍别人工作?!我们干了什么妨碍别人工作的事？我们又不喊叫，也不吵闹。唔?［沉默］那小子会去工作［冷笑着用头示意小房产中介所的雇员］?

娜诺： 那家伙老是坐在那儿，一动不动，不停地抽烟。屁股整天不离开那把扶手椅，从早上九点到晚上七点，总是那副德行。他的午饭从中午十二点吃到下午三点，去饭馆吃。您说，这也叫工作吗?

——你们落到这个地步，应该是这种人的错吧?

米歇尔： 是父母的错，用不着再深究了。

1990年12月，1991年1月

南戴尔终点站

皮埃尔·鲁瓦朴

在进行这场访谈的时候，朱利安41岁，已经失业10年了。他当工人当到31岁，起初在一家父亲当熟练工的橡胶厂，后来在一家大型连锁商店当货栈搬运工，最后到了一家水喉制造厂，在全自动化车间里当电镀熟练工，直到1981年因经济形势被解雇。

正如许多被“长期”解雇的工人一样，朱利安没有文凭（他那个时期“定向”当糕点师，可是未能考下专业技能证书），他渐渐地脱离了劳务市场，同时染上了酗酒的毛病。祸不单行，职场失控导致了家庭生活失控。同样是工人的妻子带着小女儿离开了他。“失业到了一定时间，我老婆就忍受不了，时间是她定的，我想大概是一个月吧。也许，她心想，再过一个月，朱利安就有工作了。到了两个月头上，我很快就看出她跟以前不一样了，晚上下班回家后，不愿意跟我拥抱，也不想跟我聊聊她上班的情形。” 793

朱利安在本地的舞会上当过一个时期的演奏员。幼时在母亲的督促下，他获得过读谱大奖。尽管如此，他未能从爱好音乐当中获得职业益处。于是，他离开了家乡，由于没有工作和住所，他曾经在生活在巴黎的一个哥哥那里借宿了数月。后来住处不断改换，救世军，天主教济世团，也经常在大街上过夜。能否认朱利安是一个失业者吗？无权益，无住处，他变成一个地地道道的酒鬼。经过好几个戒酒疗程后，他获得了一笔成年残疾人的补助金。

在我们保留下来的采访片段里，朱利安回顾了“无家可归”的时期，如何曾经被“穿蓝制服的”收留的经历，那些警察专职负责把“流浪汉”和“无证件者”带往南戴尔区的收容所。尽管有医疗监护——一位急诊医生，新来者须冲个澡——有床铺和饭食，朱利安依然觉得那不是一个好地方。他认为南戴尔收容所令人厌恶，因为不时出现的暴力行为及其给被收容者留下的无疑是——特别是——令人反感的形象。

[…………]

朱利安： 我进过好几次南戴尔收容所，那个地方我不陌生。也就是说，我在好几年里被关进这个南戴尔收容所六七次。这个收容所现在好一些，从前空荡荡的院子当中盖了一个房子，从前那是一个女子监狱，有个有电视机的建筑，名叫“中转”，是好多年前建造的。为什么叫中转呢？因为人们早上喝完咖啡以后，都在那儿取东西，看看电视，取回自己的物件，换衣服什么的，也在那儿脱掉进来的时候给他们的制服，长裤和上衣，取回自家的衣服。去报到处之前，在那儿取回放在规定的柜橱里的个人物品。也就是说，来这儿的时候，把个人物品留下，签到，再洗个澡。他们把个人的衣帽放在一个柜架上，拿一个挂在细绳上的号码牌。冲完澡以后，领一身收容所的长裤和上衣，这样一来，你就成了……在这儿过一宿，就没有个人物品了，除了你想留在身边的东西，像香烟、鞋子
794 之类的……手表，可都是最低限度的东西，不能带钱、纸张，那些都必须放入进来时分配给你的塑料柜橱里，还得签字。连塑料袋都

得留在门厅里的一个地方。洗澡以后有一顿饭，这要看你进来的时间……由夜班保安管理，过了一个时间段，比方说，你要是晚上八点以后进来的话，就没饭吃了。可是第二天上午有一顿，快到中午的时候。要是八点以前进来，那就有一顿饭，第二天早上离开。吃饭在一个大厅里，饭厅，就在宿舍隔壁。一菜一汤，几块面包。有时候会加菜，加一个冷盘，是一菜一汤以外的。吃完我们就回去了，回到……夜里过得挺好，也要看时间，因为，有时候，我们……我们会说话，会有一点响动，有人会叫喊，过后还是会安静下来，我们一直睡到起床，早上七点。

——宿舍里大约住多少人？

朱利安：像南戴尔这样的收容所，宿舍相当大，一个宿舍里大概有三百个上下铺，因为床铺是重叠起来的（……）。还有，你得知道，这是一个应急的收容所。帮助被收容的人住一宿，可以洗澡、吃饭、睡觉……再说，还有一些人在工作，都是志愿者。他们为南戴尔区政府工作。

——你对此从来不感兴趣吗？

朱利安：不感兴趣。

——你厌恶南戴尔。你是怎么进去的？整个过程你现在怎么看？

朱利安：我当时喝了酒，买了一瓶酒，不过，之前我在几个酒吧里已经喝过了。

——你当时在哪儿？

朱利安：在卢浮宫一带。

——就这样在街上让人给逮住了？

朱利安：是啊，还拎着一瓶酒。不过，第一次被抓是在我家附近，巴黎第11区。因为警察有时候开着小面包车走街串巷，小巴当然也有，这一类车比较小，能在小胡同里钻来钻去。所以，最近

几次，是啊，把我抓了……还有，确实有那么一种羞辱，因为那些穿蓝制服的——大家就是这么称呼他们的——检查你是不是带了证
795 件，说什么“行啊，不过您没法证明有固定住所，也没有旅馆入住卡”。于是，他们就让你上车，去后座。车里已经坐着不少人，那就上去呗……

——车里是怎么一种情况？

朱利安：有时候我能遇上已经认识的人。

——你说过，不喜欢遇到同样倒霉的熟人。你觉得遇上他们很别扭吗？

朱利安：不喜欢，我不喜欢这个。

——为什么？有点害怕，是吗？想摆脱他们？

朱利安：是的，因为这些人有时候爱偷东西，偷同伴的东西。拿走你的酒瓶子，他们一点也不犹豫，再把空瓶子还给你。就这样，这有点……如果不巧，你有一瓶酒，这些人就会偷走，在车后座上分着喝，瓶子扔掉。还有偷香烟的，偷钱包的，等等。

——实际上是很凶的一帮人？

朱利安：没错，相当凶（……）。

——（……）这也算是一种帮助，因为这些人都……

朱利安：帮助，还说什么帮助！主要是侮辱，这个是一定的！

——怎么会是侮辱呢？

朱利安：人身侮辱。对个人、人格的侮辱。上了那辆车，他们就……说到底，我当时那个状态，人喝了酒，人格就跟正常状态不一样了。这样的人不是没有啊，一跟别人打交道，人格就完全变了，不一样了，受酒精摆布，对吧？然后……人格完全变了。南戴尔终点站，是啊，好多人觉得，特别是头一回来的，听人家说它这儿好那儿好，可是，说到底，那根本不是终点站，因为第二天人又得离开。好多人正是这么想的，对呀，这里是……结束一切的地

方，他们这么想象，可是并不知道，到了要离开的时候，人很容易惊慌失措。(……) 此外，说到这个南戴尔收容所，我在厕所里看见一些涂写的文字，正好说明来这里的人恨别人，其他跟他们所处的状况相同的人。这就是说，不是仇恨，是妒忌，相互之间很妒忌。例如因为……没有香烟了，就一直乞讨，这儿很少有人送给别人东西，因为没什么可送啊。比方说，我看见厕所墙上写着“你这 796
没用的垃圾，地球上多余有你；你在地球上多余，你这没用的垃圾”，这个清楚地说明这些人不受待见，还相互妒忌。这个不应该。(……)哪怕在地铁里，通常都是一小群这样的倒霉蛋在自我孤立，躲避众人。他们自愿地跟众人隔绝。不过，为什么愿意孤立呢？我经常暗自琢磨，觉得低人一等呗。

一生虚掷 797

皮埃尔今年 59 岁，他和亨利都是勤劳的农民。在这个饱受农村人口外流和独身主义冲击的国度里，跟其他同代人相比，他俩算是很成功的。亨利在离镇上很远的地方继承了一块土地，这是一小块 18 公顷的丘陵地，坡度大，耕作困难，成本也高。付出了艰巨的劳动之后（“29 年里，我从未离开这块地两天以上”），他把可耕地的面积扩大了十几公顷。据他说，为了开垦和耕种取之于森林的土地，他不得不购置一套重要的设备，以应付耕种 100 公顷的平原地带之需。儿子 27 岁，不久前迎娶了一位城里姑娘。就在我们这次采访之前不久，他得知，在儿媳妇的催促下，儿子决定离开父亲，搬到他媳妇的姥姥家去。亨利对这个突如其来的变化没有任何心理准备，因而大感失望。这是因为，儿子上完农业高中以后回到了农场，十分明确地准备接手父亲的产业，也曾积极参加捍

卫这个行业的活动。皮埃尔邀亨利加入谈话，也正是出于这个
798 理由。

皮埃尔拥有这个地区最重要的农场之一，加上几乎完全亲手建造的用来烘干烟叶和储存牧草的宽敞库房。他还有一座配备全套挤奶设备的牛棚，既宽敞又超现代化，养了百十来头奶牛。年轻时，他是基督教农青会（JAC）的活跃成员，参加过20世纪50年代的再造运动。他婚后（当时同龄伙伴大多依然单身）育有一子，眼下已经三十上下岁。儿子进过两年农业学校，目前跟随他在农场干活，一向单身。皮埃尔在村里口碑很好，更不用说镇上了——他每天送牛奶到镇上去。他给镇政府当过很长时间的顾问，而且很活跃。妻子久病之后，几年前去世了，他本人也因为髋关节病动过大手术，落下了跛行的毛病。

父子俩相依为命，不依赖外人，仅靠一套设备开发宽广的土地，大部分土地出租给了别人。当我们突然到访时（我正在给一位华人经济学者介绍欧洲农业），爷俩身穿蓝色工装正在干活，到处都是泥巴和农家肥料，似乎无人照管。四下里散落着使用过的食具
799 和废旧农具。空气中漂浮着青储饲料发出的臭味。

亨利和皮埃尔从最初继承下来的一宗薄产发展起来，投入大量钱财，通过“信贷”，尤其是通过辛勤劳动，积累起以土地、房屋、工具和牲畜为形式的相当可观的资本。不过，此时比以往更重要的是，遗产的作用好像一种命运。正如他不无苦涩地指出的：一方面，运气较好的继承者去了城市，创业精神不足者则满足于空守“家宅”，任凭注定随之一道消失的家宅逐渐变得陈旧，或者不去借贷，仅从出售一些地块赚取维持农耕和房产所需的钱款。另一方面，正像人们所说的那样，他俩无疑出于对父母的忠诚而“坚守着土地”。他们首先脱离不开这样一笔遗产，其次是经济上的投资，尤其还有心理的投入，这就使他们身陷一项革新带出另一项革新的

泥沼而无法自拔。仿佛身不由己，他们对于农业顾问、农业局、信
贷机构和乳品合作社的五花八门的鼓动和指令言听计从。如今他们
落入两难境地：身为投资人，却无法变现他们的资本（除了心理上
和经济上付出的巨额“支出成本”），他们没有多少流动资金，收入
也接近熟练工的薪资水平，远不如技术工人（他们很难忘记，那些
流入城市的亲戚回村度假时展示过的工资单）。他们是一个企业的
变相的薪资领取者，这家奶制品企业有权雇用他们，也有权解雇他 800
们，而且像中央行政机关似的，利用一些“通报”向他们发指示，
规定他们的工作时间，控制他们的设备和产品质量，等等。在众人
的赞许之下，他们可以继续做一家之主的空幻梦想，维持先辈们悠
闲自在的乡村生活的神话。应我陪同的华人经济学者的要求，我向
他们提出了一些问题。在这个过程中，我蓦然感到，他们的境况有
点像自负盈亏的集体农庄的庄员，收入和生产投入方面的决策完全
受制于国家或者较为遥远的社区机构，其突如其来和无法预见的政
治决策跟从前靠天吃饭的时代没什么不同——今天依旧如此，尽管
政府大人有一些保护和保障的措施（真假都有）。

农户们散居在地处偏僻的农场，传统上生活靠把土地分租给独
立佃农耕种。他们如今被绑在依赖政府的隐形绳索上，受到无所不
及的规章制度的束缚，以及既不可缺少又不稳定的政府补贴的影
响。我们也能够理解，这些农户天生厌恶杂乱无章和自由放纵，认
为城市生活便是如此；而且，从拒绝离开土地开始，他们针对城市
营造自己的全部生活。他们几乎违心地加入了反对省政府说辞的游 801
行示威，他们被迫顺从多种由双重制约激起的没有明确目标的暴
力，有时竟会导致某种自我牺牲的极端行为（例如任意宰杀牲畜）。
甚至在采访当中，当我们把录音机关掉时，他们会显得大松一口
气，释放出难以从政治上表达的内心纠结，他们对于此时方兴未艾
的国民阵线的首领表示同情。这种情况出现在谈话进行一段时间之

后。此前对于法律不公、住院治疗的日常费用、监狱犯人的维护成本、“领钱太多”的失业者、移民、城市里的乱象（他们毫无切身体验）、对立派别的政治家之间的暗通款曲等等现象，两人欲说还休、面露尴尬，甚至近乎语无伦次（数年之后，国民阵线在这个千把人口的小镇上获得了72票）。

因此，家庭经济企业的结构当中所包含的双重制约正是一套矛盾的和分裂的机制的核心，同时也是所有这些话题所揭示的真正悲剧性的矛盾的核心。不过，这种揭示是半隐半现的，也就是说，由于彻底揭露会置揭示者于死地，所以永远是半掩半露，是通过一些替代物转弯抹角地完成的。例如，一些模棱两可的种族主义言论既
802 能够蛊惑说话者，也能够蛊惑诠释者。由于儿子不愿意继承（或者因单身未婚而无法传续遗产），他们作为遗产继承者不得不提出传续的问题，被迫面临企业难以维持——其实本来就不应该存在——的局面，我们这时听到的是一番较为全面的揭露，针对内部撕裂和不同的习性。对于他倾注毕生精力的企业，为之辛苦一生的生活规划的心中目标而言，儿子既是终结者，又是把目标延续下去所不可或缺的。看到儿子要拒绝接手，这对亨利无异于天塌地陷，一辈子毫无意义可言了。这等于说，当初的选择就是荒谬的。财产继承人一开始就给这家农业企业签署了死刑执行令。我们已经指出，这家企业最显著的特点便是家庭单位——其劳动力——的生物学繁殖制约着企业本身的再生产活动。一辈子的期待因之毁于一旦，同时也毁掉了心怀期待的人，使他不能不感到（尽管不一定明说），对于这个显然必死无疑的项目，无法在儿子身上再抱什么希望。然而，儿子是社会指定的另一个自我，身上寄托着他的全部投入。拒绝继承父业的儿子于是完成了一次“弑父行为”，这远比将父亲取而代之——卡比利亚人所说的“复活”——更为可怕，通过得到社会维护和批准的某种“兴废”（Aufhebung）举动，为了延续父辈而杀

之，为保存而超越。这个儿子不仅把对于父子的理解，对于遗产继 803
承的传统的服从完全抛弃，而且由于这笔遗产完全由传承者亲手创下，他抛弃的同样是，尤其是父亲一生致力的作品，一宗耗尽其毕生精力的产业。他把父亲置于一个难以忍受的两难境地，迫使后者只能通过一席话把它提出来，既要遮掩又要挑明，其中有沉默、转弯抹角、含糊其辞、遮掩修饰，也有前后矛盾之处。言谈中，他时而把儿子和自己都推入悲惨的身陷泥沼的境地（“我好歹勤勤恳恳劳动好多年，还告诉自己‘我这儿资源不少，他也需要’”），时而想把儿子从这条穷途末路中救出去，鼓励他脱离土地（“我不是没让他选择啊，我告诉他：‘小心啊，这块地很小。你完全可以去合作社打零工嘛’”）。所有小块土地的拥有者迟早都面临这个选择，无法回避，因为多少出于潜意识，儿辈会胁迫他们购进这样那样的昂贵设备（“不买调节器，那你就什么也干不成”）。他们觉得，这种做法源于受到脱离土地威胁的下一代如何看待企业的前途（也导致他们陷入这个泥沼）。

禀性难移是历史造成的幻觉，这种幻觉往往令人看不到所谓个人经验最显著的征兆。此类经验产生于某种特殊的载录于社会秩序
中的社会经验，这些社会经验必然体现在一些泛泛的说法里。因 804
此，遇到日常生活的重要时刻，空泛的套话往往是表达难言之隐的唯一方式，这绝不是偶然的。本文的案例就是用最无个人色彩的说法来表达个人特点最浓的东西，因为最有个人特点的往往最无个人色彩。那些跟我们的对话者处境相仿的人经常说：“土地完蛋了。”当自身命运系于一个前景堪忧的农庄企业的时候，只有这么说才能谈论自己的死亡，才能喊出喜剧表演家的那句出自潜意识的自杀式的话“我已经死了”，同时不至于显得荒唐可笑。

805

两个贝阿恩地区的农民

采访者：皮埃尔·布尔迪厄

“这是一条锁链，把我们拴住了”

皮埃尔：农活儿越来越难做，因为，一些跟耕种相关的问题最突出，而且往往牵累家庭。比方说我家吧，身体就是个问题。我的体力已经跟不上了，（……）重活儿基本上是儿子一个人支撑……农场务农，单打独斗常常力不从心……（……）今后十年……每十个人当中必定有七个是单身汉，（……）看来一定会有很多农场没人管。问题是怎么个没人管法……

亨利：农民的后代有一些会留下来，应付挑选土地的麻烦，因为他们没法把一切都管起来。

皮埃尔：可是，他们拿得到那些土地吗？

亨利：如果拿得到的话……

皮埃尔：你会看到……就拿咱们邻居来说，他既做牲口买卖，也出租农田。我跟他很熟，跟他聊过（……）知道他出什么价钱。他告诉我：“我承认，你们这些干农活的交不起钱……我们侍候牲口，弄进几头就能长膘，你们办不到。”（……）可是，你必须“让佃农放心”啊。

失望，大失所望

亨利：现而今的小伙子，娶进门的姑娘都不会……比方说吧，都另有职业。对我来说，我在镇上负责农业，我总是跟年轻人争论这个事（……）我告诉他们：“有老人撑腰，他们的事情就好办。”等到这些年轻人——倒不如说那个小伙子，因为他老婆远走高飞

806 了——晌午独自面对饭碗，如果还得照管几个孩子，农活儿全靠自己，到了这个当口，当初要那么多土地就没有任何意义了，因为他一个人无论如何管不过来……

[…………]

前不久，我给儿子办了婚事（……）他不跟我们一块住，上他媳妇的姥姥那儿去了。我特失望，大失所望，因为我花了整整一年翻盖房子。他反倒最后一分钟才告诉我：“我老婆决定了，婚后一段时间，我们不跟父母一起住。不过，她不会一个人住的，她要去她姥姥家……”这个事把我搞得垂头丧气……不管你愿不愿意，年轻农民只要跟不务农的人结婚——如今这些人都是公务员、工人，（……）他们比农民空闲得多——自然会打退堂鼓。我们连周末也得搭进去，还有一早一晚，闹钟如果没按时响，活该你倒霉……这个事很严重。要说我们，假如说，我们还是办成了一点事的，可是，现在这一辈人没有把时间观念保留下来。

[…………]

皮埃尔：上哪儿去找愿意务农的姑娘？不管怎么说，从前她们是迫不得已（……）。为了找一份工作，为了……根据自己的能力继续学业。所以她们不在农场里了，你顶多能看到几个继承遗产的姑娘，再没有了……

[…………]

亨利：我对将来比对眼下想得多。到了不得不独立支撑家业那一天，父母也帮不上忙了，（……）只剩小伙子一人，他就会撒手不管，带着有工作的老婆一走了之。（……）

皮埃尔：他能干什么？无论什么都干吗？哪怕开卡车……还是随便别的什么。农民的儿子找个工作并不难……

——开卡车，家里有老婆……我只跟你说吧……

亨利：可是，不同的月份呢……

皮埃尔：月份没什么问题，加上没人不知道的那些空闲……老婆一怂恿……

亨利：我们可从来没听说哪个人有空闲，倒是越来越觉得，这

807 个东西可能有用，政府可以成立一个休闲部，因为有的人（……）空闲时间多了去了，可以让一些年轻农民不干活儿……

[…………]

[对于皮埃尔来说，这很正常，他认为农民之间往往有代沟。]

亨利：我想责备的是……谁知道呢……咳，这完全是个人的事，家庭的事。年轻人的心肠变硬了，才不在乎你失去的是一辈子。他们想要什么，你马上就得办。比方说，我记得，两年前，为了割草方便一点，我打算买一台割草机。可是，不行啊，不买调节器，那你就什么也干不成。非有调节器不可，那得多花一百五十万块钱啊……他们的要求很高，然后就撒手不管了。他对我说过："只能这样，非这样办不可……"我只能照他的要求去做，烦死我了。你经历了很多……也许我有点特殊。1953年，我盘下22公顷地，其中可耕地只有5公顷。我用了30年，拾掇出18公顷的可耕地，那是在地里拼命干啊……我们那阵子连耕牛也没有。

皮埃尔：那种地特别不好伺候。

亨利：都是冻土地，一下雪就……出名的贫瘠地。

皮埃尔：还是涝洼地呢……

皮埃尔：……先得排涝……在丘陵地上……那时我们三人在这块地上劳动，假如真的能挣最低工资，我们仨早就攒下钱来了。（……）我其实不该开荒，应该种树。那样收益更大。因为只要有了树，树下就见不着水了。一干18年下来，荒是开了，可是水洼子也来了。

[…………]

钱一砸进去，我们就只得接着干。这是一条铰链，一点一点地把我们绞进去了，后来全身都绞进去了。我们也就随它去了……

[…………]

真的，你得去看看，看了才能明白……丘陵地得投入大量劳动才能维持庄稼，体力活儿啊。(……) 年轻人变得越来越孤单……我们呢，用了整整一代人才把这块地侍弄好，添置设备，然后眼看着这些年轻人……我本人不算，我担心的是他们会干脆抛弃这块土 808
地，撒手不管了。我们觉得他们不热心……这才是让人发愁的，因为我……最近几个月，我更担忧了……因为，首先，我没想到他会离开，我觉得他要走了，(……) 一走了之 (……)。这是拿我家当例子。他年龄慢慢大了 [27 岁]，不出六七年，他就得成家立业，不然享受不了农民补贴。我呢，退休还嫌早，得有足够的土地才能参加农业合作社 (GAEC)，得有两倍的……差不多 26 公顷的土地。

[…………]

这个事令人遗憾。我们这儿是穷地方，大家都知道。不过，我们原本应该开出一片坡地。因为，比方说，你看阿萨斯 (Asasp) 平原，10 公里平地，有近 60 公顷的耕地，那么平坦，每人有七八十头牲口，人家可是发了财。他们有在山地耕种的本事。他们肯定一步步地来，耕地一块一块地开发。阿崧 (Asson) 那儿有维莱孔塔 (Villecomtel) 乳品厂最大的牛奶仓库，可是，宏蒂农 (Rontignon) 那种山地出产 4 500 公升牛奶，一头奶牛最多才赚 150 法郎……

皮埃尔：他们领到的补助比别人多……

亨利：我们是个穷地方，就拿我的农场来说，每公顷耗油低于 80 公升的地，我一块也没有。(……) 我提出过要求，改用绿色燃料 (……)，减免贫瘠地和山地的燃料税，因为耗油按公顷平均下来，我们耗油是 80 到 100 公升，平原才 25 到 30 公升。

[土地分四类：山地、坡地、贫瘠地和平原。前两类须付燃油税，贫瘠地无须。就翻耕 (前期准备) 来说，每 80 公升燃油缴 2.5 法郎的税，共 200 法郎。平地每公顷需 3 个小时的劳力，坡地的准备工作和翻耕则各需 8 到 10 个小时。]

809 **这种连续性投资，你永远得往里砸钱，停不下来**

亨利：好多年里，干活越来越多，收获越来越少，再也找不到我们这样刚强的壮丁了。10多年了，向来如此……如今年轻人接受不了这个……。他们要……他们上学比我多，接受不了也许很正常……事情就是这样。我把收到的账单找出来一些，10年来的情形真是可怕极了。1973年，用一公升牛奶能买2.06公升燃油，如今一公升牛奶是1.50法郎，只能换半公升多一点的燃油，少四分之一。我们的拖拉机越来越有劲，耗油越来越多。可以说……

皮埃尔：脱不了身啊，这是一条锁链，把我们拴住了。只要你有一台20马力的小拖拉机，那就……幸亏我们有两头牛，已经是天堂喽，现在那台20马力的拖拉机，你拿它怎么办？一点办法没有……这种连续性投资永远得往里砸钱，停不下来……就像你说的那样，年轻人哪怕有一丁点雄心壮志，不去费心思计算您那个马力……

亨利：就我本人来说，我有设备，能够让100公顷地运转起来，我敢说，一块100公顷的平原肯定用不着我的全部设备……

皮埃尔：是啊，负担太大，压死人……

亨利：所以说，这是一场赌博。因为好多年前，我每隔六年就换一台拖拉机，很容易的事，那时候有消费税……只要添一点点钱，就总能有全新的设备。如今，我最晚购置的那台，年龄有六年半……我没有准备置换，再过六年半，机龄就得翻倍。这台拖拉机没有任何舒适的配置，跟六年前一样，价值（……）这就要求仔细思量，才能摆脱双倍的机龄。消费税拿掉以后，我能拿回大概两百万，那可是个很大的负担。从前那些运转不错的年头，直到……直到经济危机出现……我那时候每五年就不费力地置换一台新的……
810 而且四平八稳，从来没遇到任何麻烦。可是今后最糟糕的是，照这样耗下去，会出来大堆可怕的问题……

［有出产的农场剩下的已经不多，约有 150 座（1970 年有 220 座），其中在今后 10 年当中能够靠传承维持下去的有 50 多座。］

皮埃尔：对于这 50 多个农场，还得打个问号。你说到的那个年轻农场主……一只脚在家里，另一只脚在屋外，不管怎么说，好像是一个单身汉……

——这些人就不另外想办法吗？

亨利：我们这地方有葡萄园，也会有不少的收益，可是年轻人一般不喜欢干这个。

——那得下很大的气力才行……

皮埃尔：对，这个，加上饲养奶牛，都是压得人喘不上气的活儿……

亨利：我认识几个农民，他们想让儿子懂得，照料一个葡萄园，除了收获季节以外，周末都可以出去玩，可是饲养牲口不一样，你闲不下来。（……）

——你们这儿没有互助机构吗？

亨利：那得内行才行……而且是本地的……这个现在时兴起来了，因为年轻人都走了。我们可没走。二十九年以前，我结婚那阵子，我觉得准得离开，如果你不算天数的话（……），可是二十九年零两天了，我们还在这儿。

［雇人代工的开支太大。请短工也不便宜（工资和社会保障费用）。］

亨利：说来说去，活儿还得自己干，自家人干，不然不如不干。如今这一带农业工人不多了。

皮埃尔：哎，那是一种奢侈……最可怕的是，人手找不到，却那么多人失业……

亨利：我们这儿失业能拿不少钱。失业者如果都只拿最低工资，就会去找工作了……可是，差别太大了……最低工资线上的失业者能找到工作。可是，谁要是两头都够不着……（……）因为这里头有很多不确定的事……一天晚上，在合作社，我刚说，我们是来找您的，社长就要求我回想一下葡萄园种植的重组规划。那不过
811 是一纸空文，因为那是——我想是——今年年初已经宣布的事，可是大家都不动，等着钱下来……一公顷葡萄的种植开销让人有点垂头丧气……永远得这么等呀等……应下的事应该落实呀……

——什么时候许诺的？

亨利： 自从1982年以来一直有。（……）巴伊兹地区（Baïse）的合同也一样。我们啥都没看见下来呀。我们在这上头已经有了开销……没见下来啥。（……）

[此处插入一段话，有关朱朗松葡萄酒合作社的运作，反对好年份仍须蒸馏剩余酒料的强制性地方规定。他们会被处以一个年度的惩罚（贱价购入剩余酒料），另一年度则（因冰雹而）歉收——“真让人伤心，我们没办法两头兼顾。”]

亨利： 这个事跟牛奶的事一样。我们累死累活地搞生产，乳品工厂跟我们要的牛奶也越来越多，他们还要我们交这个税，真是可恶得很。乳品工厂都亏损，他们还用规定压我们……正像伙伴们（除了山里……）一样。这里有需求……隆斯（Lons）有一个合作社……

[二人异口同声地认为，本地的规定对于法国生产者尤其不公平，许诺的补助迟迟不到，甚至不见踪影，许多人上了那些许诺的当。“造成很多人失望。”]

亨利： 我呢，让我有点害怕的是，年轻人不想承担过多的责任。那个时代我们早已习惯，也选定了一个职业。我们那个时候……尽量不耽误时间……这个，这个让我很伤心。因为，比方说，看到自己家里的小伙子。

——这个跟学校有关系。他上学上到几岁？

亨利： 别提了！只在蒙东栋中学上过两年，后来就……

——他上学上到十六七岁。

亨利： 18岁。可是我觉得他放学回家才精神焕发。我不是没让他选择啊，我告诉他：“小心啊，这块地很小。你完全可以去合作社打零工嘛，挣点钱（……）。”他什么都想要。“还是想想吧，你 812
很快就会思考点事了。”

[…………]

因为我好歹勤勤恳恳劳动好多年，还告诉自己“我这儿资源不少，他也需要”。可是，有……他们年轻人也会头脑发热，各有各的想法……

[…………]

我现在思考的事，自从……以前没有，两年前他让我开始想这个事，一年想两回：“你真傻，干吗不利用这个机会出去休假呢?”我对他说：“咳，那么你手头怎么会有这些设备呢?”这么说是因为，我想起闺女考完高中毕业会考以后，有个保险公司的代理来我家，说什么：“您不妨出钱让闺女出去好好旅游一下啊。”花钱旅游? 旅游对我来说，还不如添置一件工具……用旅游的钱购置工具，干活儿会方便一点。其实（……）有的人没有买那么多工具也照样干活儿。比我们的少。也许他们口袋里钱比我们多。总之，他们没有我们这种雄心。也许我们……啥都没有，还想干点事，这个……很不好。

皮埃尔： 最危险的是父亲费了好多时间想（……）儿子，因为（……）儿子的想法跟父亲完全不一样……环境摆在那儿……

亨利： 我在好多年里觉得他是跟我走的，因为，哎，我向他提出留在合作社里的时候……

——他妻子做什么工作? ……

亨利： 她现在是秘书处的职员。她上过学。她在找一个位置，可是找不到。现在是在S城的一个残疾人之家的秘书处工作，临时的（……）。

皮埃尔：这方面也是这样，这些上过学的年轻人失望的很多，他们……工作过……要是没有做事的一股“冲劲儿”，有的还能混下去，有的就倒了胃口，结果就……

[…………]

813 **亨利**：（……）不过，我们放走的年轻人都在倒腾毒品等等吧你看着（……）怎么能容忍？现今这些年轻人，当你看见他们藏着武器的时候……

[…………]

我认为，上一届政府多少放任警察开枪，我觉得虽然有瑕疵，但是比眼看着……要强一些（……）。我倒是没看见……有必要摆开警方拒马的时候，他们只能用手头现成的手段，那个头一个出头的人就……（……）没理由跟警察作对（……），哪怕他多开了一枪，（……）他得相机处置啊。我打野猪时也一样，要是第一枪没打死，就得补一枪。这是从警察的角度说，如果……（……）有人要求我们……有件事让我吃惊。要求我们（……）一个要住院治疗的人需要病床，你要是计较一个坐牢的大盗住医院要花多少钱，那才是名副其实的灾难。应该把那些位置腾出几个，别让普通公民交病床的钱……不过，我想得太远了……我跟大家的意见不一样。可是，我看到一些人，四五个死者压在心头（……）。我们没法可怜这些人……垮掉的是整个社会……

皮埃尔：对，对。有一个迷失方向的问题（……）。

亨利：他们[政治人物]自己其实也应该是伙伴。这有点像两个律师，每个律师都捍卫自己的顾客，上法庭之前两个人就说妥了。我们这件事应该是一样的……

——情况往往更糟糕，如果是同一个……

皮埃尔：同一个小组。

亨利：总之，过于放任。应该明说，正是所有这些，就不难理解那些为勒庞辩护的人……至少，他说出了一部分真相……

1983 年

由于录音磁带保存得不好，誊写这次访谈的内容并非易事，有时根本进行不下去。

这次采访是1983年完成的。我当时并没有很明确的意向，只是打算进行一次政治的和科研的试验，我打算给认识很久的一些人 814
提供一个机会，以表达他们心中的苦恼和不满，即“基层”和“领导”之间所有常用的沟通工具——无论是政治代表大会上的动议和发言平台，还是民意调查——都无法把握和传递的东西。这些人当中有农民、工人、手艺人、小职员等等。我认为，在一场调查的场景下，受访者接受一位理应能够将其意见汇报给有关方面的采访者的特意征询，并且因而值得被认真对待，从本质上说，这样的场景应该能够鼓励受访者摆脱在普通调查中采取的不太负责任的态度，而以获得授权的代言人自命，毅然地提出他们的问题、忧虑和索求（正因为如此，在这次采访之前，考虑到自己的“代表性”，被皮埃尔请来作陪的亨利曾联系过一个酿酒合作社的领导，以便把后者的期待和要求反映给我）。有鉴于此，整个采访过程表明，我的两位对话者似乎希望利用我的全盘接纳的态度（这在政治生活中是罕见的，甚至在日常生活中也是如此），抓住机会说出心里话。采访大多是他俩向我提出问题，表面上似乎是一些压在他们心头的个人问题（例如儿子的离去）。如果把例如地价和燃油补助一类的问题放
在一边，这些问题的共同之处是完全未被纯粹的政治演讲所容纳 815
的。这一点反而凸显出一般“受访者”对调查者先入为主的提问（也往往提得不好）的回答很不自然，都是多少轻率地说出来的，并不总是经过认真的思考。正如大多数民意调查那样，很多调查聚焦于提供资金者和“策划”者的兴趣。

我的这两位受访者肩负着提出政治和公众问题的使命而来，他们向我提出了一些所谓个人的或者私密的问题。我们的交谈有很大一部分（三个多小时）涉及二人之一的儿子如何离去。虽然我关注这类问题已久（20 世纪 60 年代我从事过一项关于这个地区的单身长子的研究），却没有真正听明白他们所说的话。这大概是因为在开头的那个自称“地区农业负责人”的话里（尤其是关于“年轻人”的），我仅看到了不得不“忍受”的开场白，然后才轮到“严肃的事情”，即我所期待的东西。另外，我也得承认，直到将访谈录全部誊清，并且完全沉浸在其中的逻辑里，我才弄明白亨利欲言又止的东西。再者，也许是顾及尊严和得体，避免令人费解的过于明晰的证言，他采用了笼统的说法，可是他的语言却成功地引起了
816 我们对于他人的日常困境的抽象的关注。尽管由于无法面对而没有明言，他还是告诉我，他被儿子杀死了。这个话的含义，直到我把既单一又泛指的解释模型——将拒不继承视为放弃遗产和杀死生父——建立起来之后，我才明白：“年轻人的心肠变得很硬，他们才不在乎你失去的是一辈子。”（“年轻人”指他儿子，他几乎从头至尾都这么称呼他。）皮埃尔的处境尽管在某种意义上没有亨利那么严峻（单身的儿子留在家里），然而很相似，因此朋友的悲剧他不难理解。他也说：“父亲花费好多时间想（……）儿子，因为儿子的想法跟父亲完全不一样。”若要真正理解内心的悲苦，首先得理解离个人最远的东西，即通过普遍机制也就是此处的传承机制。这些机制仅仅呈现在一种得到全面把握的社会条件的整体性当中。另外，并非不可以这么认为，凭借个案建立的模型有助于理解那种存在于某些社会条件当中（或之下）的忧虑：自身能否在继承人或遗产（物质的或精神的）当中得到存续。那么，是否应当把这种忧虑看成一种企图摆脱人生荒诞性的方式，不使毕生追求和赋予人生意义的东西（例如一个名门之后尽力捍卫家族名誉）与生命同殁

呢？在消失的同时，这些追求也反向地褫夺了人生的意义。

前途未卜[①] 817

拉巴斯图海夫妇上了年纪，他们一边跟独子在一块农耕地里从事劳动，一边等待有人接班。儿子弗朗索瓦年纪很轻就结了婚（20岁时），生了三个女儿。我们访问这家人时，拉巴斯图海先生56岁，妻子53岁，儿子32岁。全家人经营的农场是一个“父子农业合作社”[②]，有90公顷土地，这在这个地区不算很大。他们自己只拥有其中20公顷，另外30公顷早就租赁给本地的小资人士了（医生和公证员），剩下的40公顷租给了别的农户。这些农户表示，他们有意在承租合同1996年到期时将其出售，从而无意中加剧了这个农场已经很脆弱的经济局面。的确，拉巴斯图海夫妇和儿子目前 818
遇到的困难十分巨大。这个情况，一位农业局官员已经告诉了我们，他负责本地的“困难农户”。这些农户的人数每年都在增长，涉及的方面也愈来愈多。

这个农场位于一个本身已经较为偏远的村庄边缘，距离一条贯穿诺曼底的国道4公里。虽然离本省的一个重要城市只有20余公里，离巴黎也只有150公里之遥，但是看起来这个农场依旧比较传统。父母们居住的房屋虽然翻修过，可是那些用来存放设备的房屋却因为缺少资金而显得破旧，破损严重的屋顶，虫蚀严重和破烂的房门，较新的机房显然是利用便宜建材盖起来的，里面胡乱堆放着

---

① 英译本未收入此文及其访谈录。——译者注

② 农业合作社（Groupement Agricole d'Exploitation en Commun，GAEC）的目的最初是通过将多位农户合并为一个企业，求得扩大农垦的平均规模和发展合作农业。这种协作方式因其在赋税方面的优越性，曾被用来保障几代农民在完成继承之前能够在一个家庭农庄里共存。此类合作社中以父子农业合作社为数最多。

已经不那么新的农业器械、成捆的稻草、肥料袋和别的一些生锈的物件。农场宽敞的院子凸凹不平，到处是湿泥巴。在这些凌乱不整的建筑中间，能够显示有人居住的只是缺少维护的两三块草坪，门架下吊着的几具儿童秋千，以及地上几块稀薄的花圃。另一位农户由于“出生的阶梯高”而比较成功，他的邻居都是巴黎人和领退休金者，他们出于“有特点”这一原因而买下了偏僻的老旧农庄，并
819 加以翻修。农场对面，公路另一侧，住着一位退休的宪兵上校。仔细修剪过的高高的篱笆墙半遮着一座诺曼底风格的房子。外露的墙筋木，簇新的草屋顶，整个房子环绕着得到细心维护的繁盛花草。

一家三口在父母家里迎接我。这是一座很小的平房，典型的诺曼底建筑风格。从前卧室、牲畜栏和谷仓是并联的，直到 1985 年才全部改造成居住房间。我们在一个宽敞房间里落座，这里与地面取平，可是由于窗户狭窄而有点昏暗，房间取暖靠一个取代了从前老式大壁炉的新式小壁炉。房间当中是一张长桌，覆盖着的蜡面桌布已经由于用久而图案不清。窗户旁边有几只活跃的金丝雀，墙上响动很大的挂钟每隔半小时就将寂静打破。靠墙放着一只长沙发，已经很旧，为了经久耐用而用花呢子布罩起。房间翻修尚未完工，一个简陋的深色橡木柜橱是室内唯一的家具。

我们围着长桌落座，开始了持续三个多小时的谈话。身穿蓝色工作服的父亲话不多，语速却很快，时常听不清他在说什么。身着长裤和衬衫的母亲对我们的问题作出回答，谈到儿子时语带几分狡黠，话题涉及放弃农场时情绪有些激昂。儿子身高体壮，穿着一件羽绒服，话语流畅，而且都是抗争性的，不抱幻想。谈话中间，两
820 个女儿进屋打招呼，拥抱了每一个人。儿媳我没有见到，她始终在距此约 150 米开外的尚未竣工的小阁楼上。她在农场帮忙，不过也在物色一份工薪工作，以便增加收入。“去老年人家里做做家务，先是替班，可是希望能找到一个正式的位置。”丈夫弗朗索瓦说。

拉巴斯图海夫妇 1959 年结婚，当年一个 23 岁，一个 20 岁。四年以后，他们从男方家接手了农场。农场面积为 90 公顷，在那个时代算是不小了。如今在这一地区，农场的平均面积已经达到 120 公顷。农场循依旧例，什么都做（多样的耕种加蓄养牲畜），有奶牛 20 多头，肥料牛 10 多头，还有 7 匹马。不过，农垦现代化的进程过于缓慢。拉巴斯图海先生说："我爸爸不是一个开创者。"家里 1952 年才购进第一台拖拉机，几乎比其他任何人都晚。1968 年，拉巴斯图海夫妇决定安装自来水和修建一个小卫生间，一个适逢失业的表兄弟当帮手——"那一年全都武装起来啦!"

作为家中长子（他在本地有一个学屠宰的弟弟），拉巴斯图海先生 1963 年接手父亲的农场时对此兴趣并不大。这么做主要是顺从严父之命，也因为妻子有此愿望：她觉得这是件光宗耀祖的事。她来自本地一户比较贫寒的农家。当年只有一个 26 公顷的农场，10 多头奶牛。家中长子 20 岁去了巴黎，为的是"找老婆"和当工 821
人。二儿子满 25 岁后也决定远走高飞，此时唯一留在农场的父亲已经 55 岁，也不得不离开，进工厂工作。

30 年以来，每逢影响农业的重大变化出现时，这些农户几乎总是慢一拍。1963 年接手农场时，拉巴斯图海夫妇便未能享受帮助青年农民立业的贷款，只因丈夫的年龄超了一岁（26 岁，而非 25 岁）。乳制品配额颁布的那一年——旨在稳定被视为过剩的乳制品生产——他们大幅度增加了牛奶生产。他们逐渐认识到，仅仅改变经营活动和加速"现代化"并不够，还得把握时机。1978 年，他们出于一个偶然的机会参加了管理中心，夫妇俩当时已经 40 多岁，旧习很难改变。在社会集资过程中，俩人都有点不知如何应对。父亲带着某种戒心谈起管理中心（"我就是这么进去的"，"那是后来的事"，从前"那阵子……所有这些都还没有……"）。其中的道理，母亲也不知道如何说清："牛奶我觉得不赖，因为能带来一笔进账。

再说，我的想法依旧没变，也不知道想得对不对。”她说起现代化
让人身陷泥沼，觉得现代化并没有切实改善他们的生活，收入也没
有增加，而且整个传统农业最终都卷入了这个过程。她说：“自从
822 着手这个事，我们的日子不停地改变。”她详细地为我们解释道：
随着农场各项必要开支的增加（例如，越来越大的农业社会互助基
金的分摊比重、保险费、地税、农业设备、肥料等等），他们不得
不不断扩大牲口畜养，同时劳动力却减少了。又如，庄稼和牛乳产
品搞得越来越好，收入却停滞无增。他们加入管理中心的 1978 年，
他们当年每头牛平均产奶 3 800 公升。“虽说现在能达到 7 000 公
升，我们还是高兴不起来。”儿子说，“如今躲不开的必要开支太大，
弄得收入上不去。”亨利和皮埃尔两家都是农业合作社（GAEC）的
成员，可是 1992 年这一年，每个家庭每月收入仅为 7 000 法郎。仅
就从农场经营中获得的效益来看，这个数目已经算是不错的。

由于现今没有资金就无法建立农场和扩大规模，中小型农场都
面临着各方面的财务压力，并且因此变得头绪复杂和脆弱不堪：
“越往前走，事情越复杂”，父亲说，那口气如同一个“扛不住事
情”的人。儿子也表示同感：“真是复杂得没法说！”他认为，由于
如今制约农业生产的法律规章十分复杂，“如今要当个农民，恐怕
得先上两三年法学院才成”。这个变化的主要后果是削弱了家庭农
823 业，使之越来越依赖银行。这场演变的不同以往之处是，如今“要
想背上一屁股债容易得很”，儿子继续说，他在这方面有切身体验。
不过，农场的生产仍然处在一个很好的水平，麻烦出在银行方面。
小农场不具备跟本地区一些大型农场竞争的资格，后者能够以它们
不敢问津的价格买入一些无主的土地（“咱们块头不够大啊”）。这
些无地可增产的农民于是更加依赖各种名目的顾问。按理说，这些
顾问本应指导和规范小农户，帮助他们加强农业活动，可是小农户
实际上完全听凭其错误评估的摆布，例如一份算得过于精细的财务

计划（35万法郎，却算成20万法郎）给供应商和合作社造成一大笔短期透支（这次调查期间仍有210万法郎的透支额），即数额巨大的亏空。乳品监制员“让人干出一些傻事”，即毫无用处的开支；顾问们整天上蹿下跳，而且能力参差不齐。不论在这个方面还是在其他方面（例如医疗等等），跟大型农企都是不一样的：后者拥有从优秀者当中选出的最优秀顾问，中小农户却只能随遇而安和碰运气。

再有，这些受困的农户往往会遭遇不幸和事故的打击，身体上的、社会的都有。由于农场本已脆弱，家庭关系对于生产活动又十 824
分重要，此类事件都在社会轨迹上留下了严重后果。例如某位母亲早亡，某位父亲因多关节病而过早地落下残疾，劳动时严重跌伤，等等，这些都给健在的家庭成员造成了负担。家庭内部的冲突亦不鲜见，如兄弟姊妹之间的龃龉或分家、夫妻离婚等等。简言之，亲属关系往往缩水，化为各项负担。所有这一切对年青一代安家立业都有影响，他们无法指望获得一笔不可缺少的家族资产。正如儿子指出的那样，他提到住得不远的一个搞得不错的农家：“父亲把两个儿子一下子安顿在各有100公顷地的农场，而且看来什么问题也没出。（可是我呢）我得从头做起才行。”

我们很理解这些农户的抗拒心理和苦楚，他们竭力做到别人让他们做的一切，如今却陷入困境，他们当中破产的人越来越多。现在连那些生产合作组织也越来越不看好他们。母亲说：“农业信贷银行如今变得对农民很不信任，它们再也不相信农民了。”儿子的教女有工资收入，她在为购买汽车跟农业信贷银行打交道时，受到的待遇比儿子要好，对此儿子颇不以为然。我们也可以理解，这些农户何以十分反感欧洲的农业政策，以及“布鲁塞尔的那群技术官 825
僚”——他们只从经济角度构想法规制度。他们凭什么要颁布补贴金制度？公众舆论认为，他们怎么就一直没想到，这个制度把农民置于领取救济的地位？再说，对于农户的损失，这个制度只给予微薄的补偿。既然他们拼命试图扩大生产，为什么又赞成每年将10%的良田变成休耕地？农民依旧十分依恋牲畜，他们看到，借口从东欧国家进口的数量巨大，市场消化不了，于是用奖励的办法，鼓励杀掉新生的公牛仔，他们怎么能够不认为这是一种“疯狂的做法”？他们甚至视之为一桩反自然的罪行（“这样一来，牛就没有干劲儿了。”母亲说）。简而言之，一旦发觉失去了有公众舆论撑腰的传统（“如今呢，游行让你觉得自己有点属于令人讨厌的一伙”），他们怎能不感到惶恐和无所适从呢？怎么会不尽力寻找稳固一些的支撑点呢？正如儿子所说：“我们不知道如何是好，不知道往哪儿走，经营什么才对。”

这种中小型农业充满了无法克服的矛盾。孩子们往往没有更佳选择才会接手农场，这是因为畜牧业越来越难以在困境中支撑，农户们也很自然地会不断跟工薪阶层进行比较。这些年轻农民虽然已经同意投入农业现代化的进程，却不认为他们的努力得到了应得的
826 报偿。儿子年幼时，母亲曾经十分期待他完成学业，盼望他能够脱离农民这一行，取得更好的前程（“哪怕天天啃土豆，也得培养他成材。”母亲说）。不过，儿子学业受挫之后，想方设法让儿子回来接手农场的也是这位母亲。她虽然对穷日子满腹牢骚，却下不了离开的决心。她热爱这个职业，“付出了那么多”。她一方面担心退休以后如何生活，一方面却说正在焦急地等待那一天的来到。农业劳动艰苦，收入少，可是占据了她的全部生活，令她无法离去，这已经成为她生命的全部意义。至于儿子，他仍然会努力坚守，然而缺乏信心，因为他心里清楚，别人也多次告诉他，这个农场没有前途了。“赶走三四十万农民”的政府已经提前宣告了他将决然离去。这个国家通过尤其是贷款、补贴和锁定农产品价格（“我们自己没法进行价格谈判，只能听任政治家去谈……”）而拥有将这项预告

变为现实的空前的手段。根据农业杂志对一个似乎既可取又不可避免的未来的展望，到了2000年，农业将只剩下大企业，以及一些充当配角的不甘放弃的农户和寥寥可数的兼职农民。读到这样的报道，他怎会不感到义愤填膺呢？

一对农民夫妇 827

采访者：巴特里克·尚巴涅

——［对父母二人说］您二位是怎么认识的？

母：在学校的课桌旁边［咯咯笑］。我丈夫家住这儿，我家住隔壁。

父：我老婆一出生，我就去看过……好像……［开玩笑的口气］……是跟我妈一块去的。我不记得了，我妈倒是跟我说过好几次。

儿子：那个时候，大伙说的国土尽头就是指三百米开外……

告诉您吧，我们这儿没多大变化

——年轻时你们经常进城吗？

母：不常去。我们只有自行车。

父：我们逢赶集的时候才去A城［18公里以外］。我们也搭火车，火车经过这儿，我们就搭车去那边。也就是这些了。别的嘛……

母：再就是去看电影，不远［5公里外］。（……）我有一个哥哥，20岁去巴黎当了工人。告诉您吧，我们这儿没多大变化。哥哥结婚的时候，婚礼我们都没去参加，因为对我们来说，巴黎是天涯海角。所以我们没挪窝。他有两个证婚人。连我爸爸也没去。我还有一个哥哥，结婚比我早六个月。他在这儿的时间长一点，一直到25岁。他走了以后，农场我爸爸一个人侍弄不过来了。55岁时，他去了工厂，一家纸板厂。他说在那儿的10年是他最幸福的时光。他等着卡车来，来了就有活儿干，没来也一样拿工资。那时候，他有工资入账，日子过得挺好。

——［对父亲说］农场是您接手的，是因为您是家中长子吗？

父：对啊，嗯，都是这么做的。

828 ——您愿意接手吗？

父：［微笑］不愿意，可是不接大概也不行。

——您那时打算脱离农业？

父：是啊……［含糊不清。］

——务农有什么您不喜欢的东西？

父：每天都那么忙，不知几点才能回家。休假嘛，我从来没有过。我们去看电影的时候，晚上也得几点几点以前回到家。

——因为回家还得照顾奶牛？

母：还得挤牛奶，虽说我家雇着一个牛倌。

母：对呀，你爸爸不是说过吗？“规矩就是规矩。”我公公这个人特厉害，不按他说的做不行……

父：时间就是时间。他说午夜回家，你就得午夜回家。礼拜天晚上，如果我们去看电影、跳舞，回到家得敲窗户才能拿到门钥匙。那是半夜，不是凌晨一点，不然，等到下个礼拜天，你就会明白了……

母：他走了以后［退休以后］，开头一段时间他还会回家，看看我们是不是按钟点吃饭什么的。

父：有几次，我们还想晚一点，把什么事情做完再吃饭，可是办不到。

母：那阵子，他住自己的房子［距此处300米］，可是他每天都回农场来。

他们不愿意看到我从事这一行

[母亲述说全家如何逐步接手了农场。奶牛起初有四头，后来慢慢增加。1965 年，他们迈开了步伐，建成一个开放式的牛舍，即一间取代了牛圈的大棚，奶牛的活动天地更大了。]

——[对儿子说] 您上学上到几年级?

儿子: 没上几年。想上的话，本来能上完。可是，学校没有给我学习的动力。现在我多少有点后悔。

——您上的是什么学校?

儿子: 我上的是寄宿学校，念了初一、初二，因为我的年龄不够上技术科目。后来我去岗城，学习冶金。

——您想过接手农场吗?

儿子: 咳，我那时十二三岁，将来要干什么，没想那么多。

——那您的父母呢? 829

儿子: 他们特别不愿意看到我从事这一行。

母: 我那时有准备，哪怕天天啃土豆，也得培养他成材。我每天啃土豆都行。他是一块成材的料，可是后来还是没成。

——您不希望他接着办下去吗?

母: 不，我希望他干别的行当。我说过，我们这一行太忙……虽然我自己愿意，因为喜欢务农。我就是喜欢干农业这一行嘛！我希望 [我儿子] 有别的职业。

——您不觉得务农蛮有意思吗?

母: 总之，连做菜汤用的盐都挣不够。

父: 越干越复杂。

母: 交完各种杂费以后，钱还能剩多少? 什么都剩不下！哎，总之，务农向来是一件苦事。

——[对儿子说] 您曾经被引导从事技术性职业……

儿子: 是我自己选择的。十二三岁时，我特别喜欢机械，我觉得自己天生喜欢摆弄工具。我那时尤其热衷机械，想当飞机机械师。很想跟飞机打交道。

父：他特别羡慕航天员。有人登月的时候，呵，他能盯着看到凌晨一点钟。

儿子：说到学业，这个很快就让我头大。我学过两年汽车机械，高中一年级没有上。我没有专科技能证书，就这么停学了。回到农场来了。(……) 1978 年农场要投资。我们那时候打算不搞牛奶了，搞粮食，为的是把农场的日子过得舒坦一些。

——［对父母说］那时候正逢你们的儿子刚刚离开学校，你们投资不是想让儿子以后接班吗?

儿子：［转眼看母亲］应该这么说：那时候他们使劲敦促我接着干下去，而且做到了。

母：［为自己辩护］你还记得粮食入仓吧？你当时是怎么说的?

儿子：记得呀。可是我们那时候还没有说到牛奶配额。我只说有一天我们农场的奶牛可能会有上百头。那阵子我还不懂养牛是怎么一回事。我小时候不管牛。9 岁我就去了寄宿学校，回来的时候已经 17 岁了，根本不知道什么是务农。总之，我生来是个粮农，不是养牛的。1987 年的时候，我真以为我能够学会，可是我并不喜欢这个。

——为什么不喜欢？因为受约束?

儿子：因为劳动条件——又脏又累。我不喜欢早起，还弄得两手都是大粪。这么说挺惨的……［不愿意母亲伤心］……我们是谁还是谁，改变不了的，可是这不合我的胃口。不过，我还是挺努力的。

——您为什么回农场来呢？父母需要您回来？您知道，这个时候一回农场，就很可能留下走不了……

儿子：我知道。我父母在这个农场没有别的人了，这些奶牛，加上别的农活儿，劳动量不小。

——是父母要求您留下来的吗？

父： 他一回来就出了问题：他想去工厂。有一天，他在离这儿不远的地方打麦子，走过来见我就说："我能不能回去？"我说："行啊，可是你要是来回折腾，那就没必要了。"

母： 这么一说，他真的留下来了［笑］。

儿子： 我那时候18岁……

母： ［好像说私房话］那时候他有个女伴，后来嫁给了他。

——那么，问题到底在哪儿？是不是父母付的帮工钱不够多？

儿子： 对。我俩那时租了一个单间房，离这儿20公里，需要的钱就多了。

［接着是一场有关父母当时如何接济儿子的讨论。母亲认为他俩每个月给儿子2 500法郎，儿子纠正说只有1 500法郎。母亲说："也许是吧，可是不用交房租和水电，这已经很不错了……"］

他告诉我们，事情这下有转机了

儿子： 我在家帮工，一直干到1980年，也服了兵役。当兵期间我结了婚，有了一个孩子。服完兵役以后，我又回家帮工。后 831
来，为了有保险，我22岁当了带薪农工。1987年，我安顿下来了。

——退役以后，您想过接手农场没有？

儿子： 唉……

母： 这么说吧，那时候还得靠我。事情应当照实说。

儿子： 我们做过一项研究，可是没有实行。我们研究过农业合作社的可能性，但是那个东西我不喜欢，因为我这个人比较独立，我热爱自由，这对我很重要。如今我很怀念这一类东西。我们也考虑过建立一个小公牛研究站——小公牛那时候可火啦……可是又冷下去了——还有就是资金方面也不怎么强，我们在纸上研究过。从零开始，什么都没有，没有房子，也没有设备。

——您说的“我们”是谁？

儿子： 管理中心呗。我自己没有加入。我们随着事情自然发展。1986年，我们又开始认真考虑农业合作社了。

——“我们”是谁？

儿子： 主要是农业顾问，他们好歹还在推动这个事。

——［对母亲说］那您呢？您怎么看这个事？

母： 我对这个很热心。嗯，那一次没有弄成。

——［对父亲说］您呢？

父： 哎，有了农业合作社，等我走了以后，他接手可以更容易一些。

母： 是这样。还有一个问题，那就是管理顾问给我们出的主意：不管对他还是对我们，这么办到头来放血都会放得少一些［指纳税制度］。

——［对父母二人说］农场会带来多少收益，你们最初清楚吗？

母： 我们不知道，什么都没有参加过。我什么都没有一个数。

父： 那个时期……还没有……

母： 牛奶我觉得不赖，因为能带来一笔进账。［压低声音，好像感到办错了事］再说，我的想法依旧没变，也不知道想得对
832 不对。

——你们是什么时候加入管理中心的？

父： 1978年，开始课公司税的时候，那个税太……一位农业发展顾问来商量这个事。我跟他讲了想法。他说：“您稍安毋躁，我来打个电话。建议我们总是会接受的呀。”就这样，我们加入了。

——你们那个时候知不知道自己的收入情况？

母： 知道，因为从前我们不那么清楚。

——你们挣多少钱？

儿子：我觉得那个时期［1980年］，我们家一年能挣两万五千法郎。

母：哎，过日子呗。不过，也剩不下什么钱……1980年，有了农业合作社计划，照农业顾问的说法，我们有很大希望，事情这下有转机了。

——唔。账算得也有差错，东西有的地方搞乱了。

一开头就出了大差池

——在研究当中，农业合作社的创立计划有什么依据？

儿子：首先是要提高牛奶配额，这个我们得到了。［他接着解释说，配额对他们不那么重要，因为他们在1984年增加奶牛头数时已经迟了一步。1983年开始实行牛奶配额——依照共同农业政策（CAP），目的是把乳品生产量锁定在此前的最高水平上。］这倒不很要紧，再说那一年牛奶产量也不好，结果我们还被罚了款。1984年增产不少。配额就是冲这个来的。这可把我们害苦了。好多剩余的牛奶都倒掉了。［于是他们搞了那个失败的小公牛研究站，饲养长到6个月大的牛犊子。效益微乎其微］无论如何，没有增产，我就站不住脚。我们从169 000公升提高到278 000公升。然后有了接着生产的意愿，因为从收入来看……我们一直没多少收入。(……)

——1978年安顿下来以后，您的投资增加了多少？ 833

儿子：［对父亲说］咱们投入了多少？一共50多吧？库房啊，水泥啊，大棚啊，这里头有很大一部分靠自筹资金。

——资金全靠自筹？

儿子：是啊，这么一来就打破了预算，欠下供应商的债。一开头就出了大差池。这个问题，我不能说全赖农商会，但是，可以说，他们派人来建档案，帮你订计划，因为他们想让你显示有多大的规模，这个时候竟然有人一点也不作为。照他们的计算得要两千万，可我们实际上花了三千五百万，可是款子是按两千万贷下来的。这样一来，整个财务都要补资金的窟窿。结果是几乎处处欠供应商的债。说是手续费，其实是不让你脱身，因为债越欠越多。现在回过头看这块地方，心情特别沉痛。我们还有两三年的路要走。我们跟管理中心一起盘算的时候，财务搞得挺好的……

——除了他们依然观望不动以外。

儿子：对，什么地方出了问题。不过，除了这个把我们的钱财折腾干净的事情以外，我们倒是没有遇到天灾。我们在奶牛的遗传基因上下了大气力。钱花了不少，这事可没有免费的，得买回高品质的奶牛才行啊。

[…………]

——[对儿子说]您受过哪方面的训练？

儿子：我没有专门学过农业。

——你上过200小时的培训班没有？[指农商会组织的培训班，青年农民必须参加才有权领取安居补助金。]

儿子：上过，不过那些全是理论，学不到什么真东西。培训班上——总共不过两三天——学得最多的，是怎么陪着农业信贷银行的代表参观，他给我们讲讲他那些财务小账目。然后来了一个农业商会的人，实际上是个技术顾问，外加一个很有意思的人，是法律
834 顾问，跟这样的人你可以学到不少东西。正因为这样，我们才意识到，说到底，如今要当个农民，恐怕得上两三年法学院才成。真想不到，好多事情我们不清楚。

——例如……

儿子：就拿承租来说，这个大家平常谈得不多，可是问题就在这儿。我感到，好多务农的人上了当……比方说，土地承租吧……

大农场都有自己的顾问。

[谈起土地和承租的问题。这个地区无地可供出租或者购买。“很残酷啊，跟打仗似的。”父亲说。他们寻找土地，是因为不久前得知，他们出租给别人的40公顷土地将在1996年被出售。]

儿子：还有，我们这儿有一伙人，大农户，很大……咳，我不怎么喜欢这个字眼，叫他们大农场主吧，看起来他们日子过得蛮不错，铆足了劲买东西。这些人之间也你争我夺。我们比不了他们。两年前，我们打算买一块地，地是乡里的，从前土地整治协会①以每公顷39 000法郎买下，又以52 000法郎一公顷卖出去了。[嘲讽口气]真得感谢土地整治协会！我呢，是出价39 000而不是52 000法郎的候选人。(……)

[他提到附近的大型农场，每个都拥有250到300公顷的土地，雇有农业工人。一个经营土豆，另一个有1 000公顷土地，外加一家亚麻加工厂，第三个大农场经营猪肥料。母亲说明：侍弄亚麻的是几个比利时人，搞土豆的是一个荷兰人，倒腾猪粪的那位呢，呵，是个法国人。]

我们……总是擦肩而过

儿子：我们从来不是能够把东西拿回家的那种人，总是擦肩而过。1963年那个时期，我们还是比较大的农场之一。如今归入中型农场。我们算不上本省的中型农场，得有120公顷才算数。最佳时机一来，偶然因素从来跟我们无缘。

——什么是偶然因素？ 835

儿子：有人总能找到能够拿回家的东西，也就是可租佃的土

---

① 全名为“土地整治与乡村设施协会”(Société d'Aménagement Foncier et d'Établissement Rural，SAFER)，是一个法国政府机构，拥有购买上市土地的优先权。——译者注

地。这种机会我们从来没有。

母：［反驳］前不久，有过一块6公顷的土地。

儿子：［激烈地］是的。可是，要看是什么样的地块！为了接手［租佃］6公顷地，有一天他们［地主］来到院子里。当天晚上就得拿出6万法郎来！那可不好办。

母：［最终同意儿子的说法］后来拿过一份大的，一份18年的合同，可是地租很高，到了第9个年头上可能还要涨。再说，也没有好地了。

——在这一带，得要多少地才能侍弄好？

儿子：种粮食得要120公顷才行。有的地块可以侍弄好，可那不是我们干得了的。

——你们这儿有多少农民？

母：就两个！

——他跟你们一样困难吗？

母：不一样，因为，坦率地说吧，我们光着身子来到这个世界的，人家是穿着衣服的。

——他比你们多点什么，土地吗？

母：家长的设备比我们多得多，容易上轨道。

儿子：这个没法比，人家有三个儿子。他把两个安顿在两个农场里，每个都有100公顷。看来没有任何问题。

母：有的人起步一帆风顺，我们是背着百万法郎的债起步的！

父：有人起点高，有人起点低。

儿子：对，我的起点就很低。

［…………］

好吧，我们试试跟他们对着干

——我的印象是，你们越现代化，越改进，困难就越多，是吧？

儿子：这个我们知道，别人跟我们没少念叨，可悲的是，国家现在尽量减少农民的数量，他们想尽一切办法这么做，而且看来能 836
做到。

——你们是不是觉得自己就是这种做法的对象？

儿子：正是。我在《农业法兰西》上读到一篇文章，说是到了2000年，会剩下三种农民：一种是大企业，某一些企业，就是不愿意放弃的人，还有一小部分临时的农民，他们有自己的小农场，一半时间在外头打工。(……) 我感到真的要被赶走三四十万农民的农业政策给盯上了。好吧，我们试试跟他们对着干。他们为这个调动一切手段。(……) 他们要发奖金，可是我不相信这一套。还弄出一项什么共同农业政策（PAC），不知要把我们带到哪儿去。从会计账目看，我们的收入会减少15%到30%。有了那个虚设的奖金，如果就不给我们的话……

——目前谁在跟踪你们？

儿子：有个管理顾问。管理中心负责拉响警报。反正，这个我们很清楚。我们做不到收支平衡。一张账单寄到，我们付不起，何况我们还欠着供应商的债，高达32万法郎。去年我们欠债23万5千法郎。外加其他开销，银行的手续费。

父：让我们干蠢事的是那个乳品监察员。

儿子：我们有过一个技术员，不称职，向来不做事，他叫我们分发压缩干粮［牲畜饲料］，说是好得不得了。这一项花掉我们一大笔钱，至少五万法郎。我们被那个走邪门歪道的技术员给误导了。我们就把这个事自己抓起来，自己干，跟兽医服务站合作。

母：这样就好多了，收入增加了。

［…………］

接下来的事才最烦人

837 **母：**我们本来去年能够退休，可是退不成啊。

儿子：这个是我的错。原因是1996年我将会遇上麻烦，丢掉40公顷地。只要有什么还没有干成，他们就想留下来看看。

母：［佯做生气状］嗨，这个当口你惹我……因为我烦透了，真的烦透了。

——您会退休吗？

母：我丈夫退，我就跟着退。

——看来你们有点心灰意冷。

儿子：是的，我们感到心灰意冷。马上我就满32岁了，有一件事比其他什么都让我灰心，那就是任土地闲着，什么都不种。我们不得不让15%的土地闲着。我们这93公顷地，今年不得不让10.5公顷闲在那儿。

母：我们算了一笔账，今年会少收入4万法郎。

儿子：接下来的事才是最烦人的。四年以后干什么好？［意为他目前出租的40公顷地将在1996年出售。］

母：［激动地］这个才让我烦透了，因为对我来说，农场必须生存下去！

——你们对这个农场很上心……

儿子：［不无激动地替母亲答道］那当然！

父：我们这块地已经出租了70年了！

——［对儿子说］您呢？卖掉农场，一走了之，您都不在乎吗？

儿子：也不完全如此。那真是最后一招了，因为首先就过不了我妈这一关。她一直没离开这儿，而且付出了这么多。

——这种不确定性是当今的一种新情况，对吧？

父：活儿我们都干了，就是不知道下一步往哪儿走。

母：自从我们开始在这儿干活儿，生活一直在变。从来没有确定不变的事。我记得，开始我们有一个雇工，十七八头奶牛。没过几年，奶牛必须添到21头，因为我们付不起工资、杂费和税赋了。后来，为了对付局面，我们又添进三四头奶牛。后来，还是为了对付局面，我们投了资，借了款，开始盖开放式大棚，为了达到饲养30头奶牛的目标。后来，我们达到了三十五六头。为什么？因为总是急需钱，也因为牛一多，什么都跟着大涨，保险费，农业社会互助金[①]，一点点加起来就…… 838

儿子：现在我们有50头奶牛。工薪农工也多了！（……）只有各种杂费跟不上趟。在收益方面，我们跟其他农场一样干得不错。土地税高了一点，不过，最重的是农业社会互助金，保险费。延迟付款是我们掉进赤字里的主要原因，这个开支巨大。[接下去，三人讨论了一番各类保险，意思含糊不清：哪些必须购买哪些不必，是主要的还是辅助性的，他们都理不清楚，于是查找明细表。他们每年得给农业社会互助金和农业合作社交纳7万法郎，各种保险每年7万法郎。]

——扩大规模是为了交得上这些杂费吗？

儿子：所有这些杂费，增长起来要比其余的钱快得多，这要了大家伙的命。

这事真是疯狂

——你们也无法保证价格……

儿子：我们有那个剪刀差，那些多少应该能够弥补一点的奖金，还有社区里那些出了名的补助金，我都觉得靠不住。

母：我们早就料到，刚生下来的小公牛会被宰杀，只为……只为不让它们上市。

---

① 法国农业开发者和工薪人士必须购买的一种社会保障（la Mutualité Sociale Agricole，MSA）。——译者注

儿子： 有的人已经这么干了，按照全国的，也许也是全欧洲的指示。为这我们能领点奖金，680法郎。可是光宰牛一项，我们就得付给兽医250法郎。带着产品出诊又得付240法郎。领到180法郎，只为宰掉小牛！我们现在跟一个牲口商贩合作，我那些小牛，凡是公的都被他弄走了。

母： 牛犊都宰了！这样一来，牛就没有干劲儿了。如果说，取奶非得宰牛不可……我们费尽力气产牛犊，可是如果必须把刚生下
839 的小牛宰掉，疯子才做得出来啊！一点逻辑也没有。有很长一段时间，我们有一条销路，那就是意大利。

儿子： 如今它们来自东欧国家。

母： 说是比法国的小牛还好……

——如果从头来，你们还会这样做吗？

母： 我父亲凭双手干了一辈子，没挣到什么钱。一贫如洗是啥意思，我们向来有体会。

儿子： 我早就知道，如果五年后必须从头来，我才不干。

母： 我连退休也不看好，因为我在琢磨活着我得做什么。我得学着把事情安排好。我们根本不知道什么叫娱乐。除了干活，别的不会。我问自己，我肯定是错了：不养牛，我会干什么？我可不是"家庭妇女"。我这一辈子必须跟打蜡棒和抹布打交道，那可不行！也许我没有学会。年轻时，除了劳动就是劳动。不过，也许我们动脑筋不够。这我觉得倒是真的。

[…………]

——你们加入了农会没有？

儿子： 入了，可是从来不见人［指农业工会代表］。

——入农会有哪些好处？

儿子： 这个嘛，如果要打官司，税务审核，等等，他们会跟管理中心一块帮我们说话……不过，这类事我们从来没碰上过。

——你们参加过游行吗？

父：当然参加过。

儿子：我也参加过。我们最近去过省会游行。说到底，我们觉得游行示威起不了什么作用。从前游行，还有人同情我们。可以说，起初我们觉得众人还是同情我们的。如今呢，游行让你觉得自己有点属于令人讨厌的一伙。(……)

——这一带的农民都参加游行吗？ 840

儿子：我们不那么团结。

父：参加的都是年轻人。

儿子：大农场很少有人去，只看见平日里坐办公室的那些人[农业工会的]……

母：另外还有一个事，在电视和报纸上，我们看到发放了不知多少亿法郎。钱都去哪儿了？

儿子：我们从来没见什么动静。这事我们感觉很不舒服。

母：有人会说，看吧，农民抱怨起来了。

父：我们开着拖拉机去游行，当时就有人说，瞧，他们的机械设备真是呱呱叫！幸亏人群里有个农民，他告诉他们："没错，可是钱还没还清呢，拖拉机还是农业信贷银行的。"

它们再也不相信农民了

儿子：如果您在一个农场里见到一台新设备，那很可能属于农业信贷银行，或者是另外一家什么银行的，因为农民不非得用农业信贷银行不可。如今可不像从前了。

母：农业信贷银行如今变得对农民很不信任，它们再也不相信农民了。

儿子：总之，这种做法很可悲。你去银行申请一笔5万法郎的信贷款，它会拒绝你。我那个教女要买一辆汽车，她有工资单，需要 7 万法郎，他们对她说［低声道］：“可以，小姐。”

母：要是农民想借钱，他得有担保人和抵押，可是买汽车的人呢……这也是弄得很糟糕的一件事。

儿子：他们不愿意借钱给农民。务农成了有风险的行业。干这一行，你得有一大笔开发资金。这样一来，你就很难维持下去，因为更新设备越来越贵。就拿拖拉机来说，跟十年前相比，如今得多拿出一千万。看到农业设备的价格变化，买一台小拖拉机，你必须
841 经过银行才行，没有别的办法。眼看着大门当着我们的面关上了。

——不过，人家还是鼓励你们接着办下去，对吧？

母：那个把农业合作社办起来的人走掉了，接替他的人不怎么管事。

儿子：一般说，管理中心对于出了什么事情不大关心。我就是这样认为的。钱不是它们的。要是它们的，它们就会哭天抹泪了。我们有一位不作为的管理顾问。这个人最多是个技术人员，没有什么好主意，根本不在乎。不得不做的事，他对付着做。多一点都不干。我就是这样看他的。不是因为没有从他那儿得到过什么意见，而是他从来没有指引一个好方向。如今更甭说了。我问过他，我们还可以做点别的什么。他说：“哎，您知道，你们这一带做不了什么大事。”这是他唯一的答复。我就此打住，不再提了。另外一个因为亏空随访我们的顾问不太一样，因为我跟他熟识……我跟他一块思考农场的前途。这个人倒是不催我们，他出过几个主意，有几种设想。也许有一些办法更有效，不过我们还没想到。他建议我们关掉农场，离开此地。这个可不是我们的想法。我把我们的麻烦摆出来，谈了谈，我们还要接着讨论。他认为今年我们干得不错。

父：我们把螺丝都拧紧了！

儿子：今年，也就是今年，我们也许遇上了机会。好不容易有一次！

——你们目前的赤字有多大？

儿子： 短期债务有 21 万法郎，快付清的长期债务是 22 万法郎。花钱多的是短期债务，因为钱财上的开支。（……）看到电视上说，农民的平均收入提高了 1% 或 2%，我们总是说，这可不是我们家哦，不包括我们！（……）也许我太悲观，可是 20 年以后，他们也许得央求什么人来耕种这儿的地，因为农民也许比现在多。嗯，不该做梦啊，如今限制在 120 公顷以下，以后也许是 150 或者 200 公顷。（……）艾特雷塔（Étretat）那边有个人已经改行了。他 842
如今饲养矮种马，还弄了几间客房，搞得不错。可是，这不是我要的东西。这杯咖啡不是我的。再说，你必须多几分务农的头脑，而不是经商的头脑！也许如今要当农民，你什么都得有，商人、律师、法律专家……瞧，农业变得多么复杂啊！变化这么快，全都乱了套。我们不知道如何是好，吃不准前途，反正不那么光明。总之，最可怜的是没法靠自己的职业体面地讨生活，不得不干“黑市”的活儿［他解释说，为了补贴家用，他不得不做一些瞒报税务的泥瓦工或管道工的工作，今天倘若我没来采访，他早就去工作现场了……］。

母： 我们没有别的办法。

儿子： 好多项杂费降不下来，评估也有问题，弄不清事情究竟是怎么随着时间演变的。互助金上涨了不少。还有税赋和按公顷征收的杂费。牛奶和每公担小麦的价格反倒下跌。如今，要搞一场灭顶之灾很容易。我们已经很脆弱了。

母：［听天由命貌］我父亲早就说过，等不到富起来，我们就死了。其实我们不算最穷的，有房子住，有饭吃。只要不坐吃山空就好。应该知足。

1992 年 10 月

843

家道中落

皮埃尔是一个乡下小镇的葡萄酒经销商。小镇地处法国东部，约有 3 000 人口。他已逾 65 岁，却拒绝退休，说是很难出让他的生意（确实如此），还有别的种种难处。我们认识已经很久，随便闲聊无数次——日常交往，有意无意地互访。我们无所不谈：小小乡镇的日子，天气好坏，各自的家人，在电视上成为全国“头条新闻”的事件，等等。一个时期以来，由于往往是不欢而散，皮埃尔与周围的人、朋友和亲戚之间很少讨论，涉及政治话题时更是如此。皮埃尔乐于助人，慷慨大方，“喜怒形于色”，但也像常言所说，“刚愎自用”，情绪容易失控，而且会说出一些人们认为过头的话，从而引起一些尴尬甚至恼怒的局面（“你凭什么这么说?”）。因此，为了避免毫无益处的争吵，人们不跟他谈国事民生，因为大家
844 心里明白，无论讨论什么，一切最终都会被归结到政治上去。而且，只要他一激动，大家就得让他语气激烈地独自说下去（“你跟他没法讨论”），听任他一个人说完想说的话，讲完他“心里一清二楚”的身边故事。

通过这次谈话，我们对他的观点和喜用大段独白的特点有了充分的了解。他并不真正倾听我们的问题和异议，因为他坚信自己是对的。他的话题可以从近来提高的酒精增值税率，转入他觉得很有道理的“了不起的贝当老爹①”，以及他认为“1940 年当了逃兵”的戴高乐。这些高论我早已领教多次。这次谈话，他首先是把它们复述一遍，几乎一字不差。采访的背景并没有影响此次谈话，因为

① 贝当老爹指亨利·菲利普·贝当（Henri Philippe Pétain，1856—1951），法国陆军元帅和政治家，二战期间法国维希政权的首脑。——译者注

皮埃尔基本上处于“自然而然的”状态：他立即表示同意使用录音机，而且很快就把它忘了。这倒不是说，他完全没有自我审查的意识。例如：他曾经投票给勒庞一事，他就没有透露；那种他在别处公开说出的反智主义言论，他也轻描淡写地带过（这次他只提到，有的人“读过好多书”，可是连一张账务明细表也看不懂）。

这些好斗的言论我多次听到过，但是没有真正理解，虽然我并不感到惊讶。可是，从社会学角度看，只要把这些说法跟他的社会地位联系起来（在日常闲谈或争论中我倒不会这样做），它们的连贯性就着实令人吃惊。周围的人无疑都知道，皮埃尔的生意很久以来就不怎么好。我们也怀疑，生意陷入困境是否跟他的极端政治立 845
场（政治上“反动”，宗教上“传统”，总之是个“保守派”）有关。不过，通常所用的政治标签（“他有种族歧视思想”“有偏激的右翼观点”等等）和心理标签（“这个人倔得很”“脾气坏”）仅适用于将人们分门别类，而无助于真正理解他们。

跟以往多次访谈不同，这次谈话的内容难以原封不动地完整发表。因为，根据每个人在社会空间中地位的投射，它很容易成为一次测试，引发或赞同或气愤的反应。他的义愤填膺反映了一种他认为不公平的社会堕落（“全都滚一边去，我什么都不拿正眼看了”）。作为一个遭到惩罚的道德的化身（他认为自己之所以走不出厄运，是因为“太实诚”），他觉得没什么可以自责的，甚至不认为错失了在生活中的某个时刻本应做到的事：他觉得自己的一切不幸都是“金融骗子”和“政客们”预先安排的。一切都蓄谋已久。他倒霉，是因为有人用不诚实的手段杀死了诚实做人的小商家（他揭露说，大型超市的做法“从前就叫作诈骗”）。

皮埃尔家道中落表现在三个方面。从前，他是地方上的头面人物，现在不过是跟别人一样的一个普通的社区居民。他从前是个富商，现在被超市所毁灭。再有，他出售的普通佐餐酒一度闻名全

846 国，甚至身负一种神秘的爱国精神（民间传说，第一次世界大战期间，这种酒曾经有助于“战壕里的伙计们”坚持到胜利），如今却贬了值，甚至受人蔑视（“散装红酒”），并且在日常消费中被一些他认为毫无法国味道的饮品所取代，例如可口可乐和威士忌，以及不那么天然的果汁粉。

作为继承者，他接手家族企业时并没有多大热情。他从来没有把应有的时间和精力投入生意，而宁愿把时间花在他的机械作坊里，那才是他真正的兴趣所在。他接手和经营了近40年的家族企业一度是这一带最重要的企业之一。这个当年尚属贫穷的农业地区与富有的香槟葡萄园相邻，葡萄酒行业在这里得到蓬勃发展：二战后该地区有八家经销商（他所在的镇子便有两家），如今只剩下两家。面临退休，皮埃尔发现自己差不多破产了——其实别人早已多少知道。过去的几年里全靠“吃老本”和妻子的私房钱勉强维持生活（她竭力催他尽快退休）。年轻时他开着一辆父亲买下的霍奇基斯牌豪华轿车，如今是一辆双缸雪铁龙旧车。

皮埃尔在家里四个孩子当中最小，他走下坡路始于青年时代。
847 尽管父母百般督促，他还是拒绝读完高中，而且在接手生意之前不久，娶了一个本地工人家庭的姑娘。妻子虽然一向积极襄助，可是她既没有带来钱资，也没有能力（她没上过学）。然而，在消费习惯改变和超市的竞争的双重冲击下，要想成功地做出根本性改变和帮助他维持活跃的生意，这两样都是不可缺少的。皮埃尔哥哥的情形有所不同，他也接手了一家零售酒店，就在距家族企业约30公里的一个小镇上。他迎娶了本地一个富农的姑娘，因而得以避免衰落的命运。皮埃尔的姐姐也有相当大的社会成就。读完了中学（当年在女孩子当中不多见），也“嫁得好”：丈夫是古董商，出身于里昂市一个家境殷实的资产阶级家庭（很多人至今还记得这个小镇上最后一场盛大婚礼）。姐姐经常跟皮埃尔见面，逢节假日更是如此。

对他来说，姐姐社会地位蹿升的象征之一是她在法国南部买下了一幢相当豪华的别墅，这就令他更觉得自己每况愈下，心里更不舒服。

但是，衰落涉及整个行业和一整套经商的形式。葡萄酒贸易跟传统乡村生活有着深厚的联系，也受到二战后最重要的经济和文化变革的正面冲击，所有这些变革的后果是旧的生活方式几乎消失殆 848
尽，也导致这个行业失去了以往的形态。由于农村人口外流，许多乡下餐饮店的顾客逐渐流失，同时，人们回归家庭生活的普遍趋势也促进了这种演变。葡萄酒交易明显放缓，因为大部分零售商被迫放弃了这个行当。当地的节庆日子是这个越来越支离破碎的群体最后的欢庆场合之一，如今成为这个行业——只要它仍然存在——的一个少有的经济和社会的重大时刻。地方节庆活动多少掩饰了皮埃尔的衰落，这是一个少有的机会，能够让他觉得自己依旧不可或缺，甚至无人能够替代。每逢此时，他便不吝惜时间和精力地提供酒饮，出借桌椅，等等（他在账簿上记作"节日酬供"，他跟税务局发生的一些龃龉也由此而来）。

此外，跟整个零售业一样，葡萄酒贸易不得不面对极强劲的新的经济竞争。饮料消费的个体化程度越来越高，其承担者实际上主要是 20 世纪 70 年代以来蓬勃发展的新的流通网络，以连锁超市为主（1992 年一年当中，皮埃尔所在的乡镇便开办了三家大型超市）。他对大型超市痛加挞伐，因为在他看来，它们从事不正当竞争。他批评销售者及其管理方法的无能，认为它们没有本着顾全大局的诚 849
实的管理方法，而是搞"金融交易"（"他们哪里还是商人，全是金融家"）。金融资本主义大举侵入流通体系，纵容经济和金融机制的膨胀，从而必然跟皮埃尔与传统乡村生意紧密联系的价值观发生碰撞。似乎顺理成章地，皮埃尔重拾反对犹太金融资本主义的老话题，或者按照找出替罪羊的逻辑，严厉地谴责共济会勾结政界。

作为一个典型的传统乡下生意人，皮埃尔为自己出身于本地百年老字号酒商家庭而自豪。那些超市的招牌遍布方圆数公里，经理也不断换马，而皮埃尔的店面始终未变，看起来像是一间位于庭院深处的旧谷仓。客户也都是当地人。店内散乱堆积着存货。他是那种行事从来不紧不慢的人。时间既然没多少价值，他也就不去计较，既不计较自己的时间，也不计较客户的——他们往往必须等候才能得到接待。他从来没有明确把生意区别于跟顾客的个人关系。他的账单总是延迟寄出，客人付账付得甚至更迟。对此他从来没有想过抱怨谁，而是不求回报地信任，并让妻子去应付那些滥用信任
850 的顾客，设法让他们付清欠账。他也很注意业务保密，并非要遮掩什么可疑之举，而是因为他觉得，挣到的钱必须保持一点模糊性。总之，他勉强维持着如今陷入亏本的业务，也总是能找到很好的理由推迟退休，尽管妻子催促他尽早抽身。

他对政府十分不满，因为政府不仅把税款用来支付公务员的薪资（他认为他们人数太多，而且没用），而且实行一种他认为过分的收入再分配。“（过去）我们从来没有发放过失业补助金，没给过这个那个。我们太慷慨了，社会规划慷慨得过了头。”皮埃尔只知道政府是“坏政府”，一个用沉重的社会税收毁掉商家，用税收打击正直公民，支持反酒“宣传”的政府。他特别指出，饮酒是巴斯德推荐的。再有，政府运用严苛的规定迫害诚实的纳税人，而且无所不及。他的不服输的精神不仅导致生意崩溃，而且在道义上把他引向与税务部门的冲突——一场尚未开始便已输定的冲突。所有这些只能加深他对政府、政客和官僚机构的不满和敌视。他认为，政府财政部迁至旧日酒市所在地的塞纳河的贝尔西堤岸，此举很有象征意义。即使饮料销售的许多变化跟某些积极的政策无关，或者关系不大，这些变化的受害者仍然强烈地认为，导致一切不幸的责任
851 都在于政府和政治家。

皮埃尔与当地生活完全融为一体，因而成为传统的习性与价值观的俘虏。他虽然经历了影响职业和农村社会的种种变化，却没有真正理解它们。比如，只因不愿看到自己的名字从商业交易中消失，他就拒绝与另一位经销商合作，从本地生产商那里批量直接采购葡萄酒。如果把无能为力换成从前的自主选择，那么他从未预见到未来的变化——尽管他屡次一口咬定，“这一切当时都可以预料”。他也未能作出一些必要的决定，以保住自己在这个经济领域里的位置。即使在今天，谈到已经发生的变化和他能够预见的唯一策略时，他仍然语焉不详：“假如我非得从头再来不可的话”，其实他依旧什么也不会去做。这种无奈并不意味着看不清，哪些经济力量搞垮了他的生意，他完全清楚（访谈录略去了大部分专业性往往很强的分析）。他不需要理解正在发生的事情，因为他已经心知肚明。不过，一切都裹挟着他拒绝变革，把他拖入他知道无法避免的厄运。

村庄变化得面目全非，使他有似乎身处异乡的感慨。他觉得似乎遭到外族入侵，认为外族人是他种种不幸的根源（他仅从电视新闻上了解到移民是怎么回事，而且这令他气愤不已）。他相信有保护作用的国界，那让他心安理得。他赞成重新设立物质屏障，而且为例如“柏林墙”的倒塌感到遗憾，担心那将导致俄国人蜂拥进入欧洲，最终还会招来“黄祸”。他主张重建道德屏障，斥责不断追 852
求新的权利，认为最好提醒人们的义务和责任，只有这样才能合理地约束欲望。

他的激烈言辞印证了他遭受的社会的、政治的和经济的暴力。这种暴力正在日复一日地毁灭他和他的妻子。这对夫妇已经数次濒临分居的边缘。他在大男子主义的支配地位中画地为牢，以为自己无所不知，不屑于听取妇女的意见（妻子在访谈中曾短暂露面，他当着她的面说“女人不明事理”）；他对妻子很久以来常说他的话

（“他倔得像头骡子”）也充耳不闻。因此，他只能独自支撑无法掌控的困难局面。最重要的是，在这个大小事都瞒不过每个人的眼睛的乡下小天地里，他只能做到惋惜那些对生意有利的少数措施，将之与鼓励农民现代化的大量补贴做出对比。他又怎会不认为，“为了让小店主饿死和滚蛋”，“没有他们不干的事”，而且“只给我留下一根上吊绳”呢？

853

乡村商贩

采访者：巴特里克·尚巴涅

“我们被谋杀了”

——立业之初［20 世纪 50 年代初］，酒商这一行您觉得有意思，可行，对吗？经过如何？您又是在什么时候感到形势不妙的？

皮埃尔：接手酒行是一件好事，这是一个立得住的职业。当今推行反饮酒、酗酒的政策，可是反酗酒政策实际上针对的是葡萄酒，不反威士忌和其他酒精饮料，也不反茴香酒。而且把法国人说成世界上最顽固的酒鬼、全然不顾喝威士忌和啤酒的俄罗斯酒鬼、美国酒鬼。结果呢，法国倒成了全世界酗酒最严重的国家。您试试把啤酒消费也算上，那样我们就不比别人更差，名声不比别人更臭！

——您的意思是不是，由于孟戴斯-弗朗斯政府的反酗酒运动，贩酒生意从一开始就不太好？

皮埃尔：唔，孟戴斯-弗朗斯完全是胡来。他先在图尔努斯（Tournus）地区搞了个牛奶厂。1956 年，他看到了牛奶厂建成，使之专供学校和军队。可是，那个牛奶厂搞得不好，干脆说，完全是想当然的结果，因为索恩-卢瓦尔省满足不了牛奶厂的全部需要。于是，又从阿登省，从其他所有鲜奶产区给它供货。可是，等到牛奶送进厂里，三天已过，不新鲜了。再说这个牛奶，出台了一项法律条文，禁止人口3 000人以下的地区出售农场鲜奶。如今让咱们喝的都是脱脂和半脱脂奶，纯天然的鲜奶倒是一直没有断货，可是胆固醇含量从来没有现在这样这么高。还有，我们这一带，如今奶 854
牛已经没有了，因为全欧有协议，牛奶过剩了（……）。我们为了蓄养法国小牛，把奶粉卖到意大利，还要给农场发奖金！从某个方面说，奖金是那伙专精讨价还价的家伙用的技巧，一个操控手段。

完蛋了，法国进入破产状态了

——您能不能说明一下，您的贩酒生意究竟从什么时候起走下坡路？

皮埃尔：呵呵，时间不难确定。早就有征兆。好的社会活动家必定是劣等政客，好政客必定是劣等经济学家，对吧？我们如今陷到烂泥里——一塘烂泥，因为不光我们，到处都是一样。而且不能只拿外国比，还得看国内的情形，像说什么“冶金工业必须关停，钢铁最好从国外买进，没有必要自产，成本太高”，说说很容易，可是想法过于简单化。这也不是左翼政策还是右翼政策的问题，而是谁做决定的问题。我们制造了失业大军。矿石我们还有，却不懂得开发。这一切都是我们制造出来的，可是，如今呢，我们却什么事都不做，只会拿钱去别人那儿买。你必须知道，究竟想做事还是不想。

——您的生意呢，您是什么时候发觉……？

皮埃尔：要说我嘛，我的生意很简单，跟别的演变过程一样，它也会朝着某一个方向变化，这个再正常不过。可是，我们的经济学家打错了算盘。可以说，至少他们是在一个让某些人尝到甜头的体制里做事，其他人倒霉，都在垮台；已经垮台了，不是正在；完蛋了，法国眼下进入了破产状态。它得向欧洲求救，央求欧洲把她管起来，因为法国管理不好自己，自己不能纾解，这个情况眼下没

法改变。如果一切顺利，大家都想重新出发，也得10年光景才能扭转这个局面。这个我不相信能够做到。所有已经发生的事情都有
855 前兆。缺少预见的人都该被送上绞刑架，都该枪毙。因为他们本来应该知道会出什么事……或许他们不听忠告。反正，二者之一吧。也许他们被提醒过，却认为："咳，这帮老疯汉要开倒车，前景嘛，应该是……"前景本来应该照这样发展，不该给它设限。硬要这么做，就离栽跟头不远了。可是，他们还是给它设了限，结果眼下正在栽跟头。这个事很简单，对吧？

——这个事，您在做生意过程中也感觉到了吧？

皮埃尔：我们的生意受到攻击，对，就是攻击，酒的攻击。他们让大众对酒产生厌恶。

——那是什么时期？

皮埃尔：哎，这里头用了两套办法。一套是宣传，很奏效。宣传要用广告。他们采取一种果汁策略，不是用水果榨出来的果汁，而是打碎水果，做成干粉，冷冻干燥，加水，这么喝下去。你把它倒进水瓶里，三天一过，放在显微镜底下看看，一堆滋生物。这个对肠道有好处。对于这方面的懒人，这个很不赖哟。可是，它不是天然的。你把水果榨汁倒进杯子里喝，那才算饮用天然的东西。如果用干粉加水喝就……人喝了这种玩意儿，就不会喝别的了，比如说佐餐酒。他们使大家对酒产生厌恶，说喝酒的都是酒鬼。这个谬误后来被发现了。1978年，吉斯卡尔·德斯坦决定搞一套有关酒的广告（……）。我们得缴一分钱的酒税，为了建立一笔广告基金，重新推动酒的消费，那时硬说饮酒等于酒精和酗酒已经20年了！那根本就是错误的。您看看巴斯德是怎么说的吧。酒属于食品，跟别的一样。多喝一点威士忌会醉，葡萄酒喝多了也会醉，可是这不等于是酒鬼哟。（……）后来，配供办法也变了。办法改变的后果
856 是，大伙不用上酒馆就把自己灌醉了。上一次酒馆，得栽三个跟

头，因为得按比免税价高三倍的价钱［买酒］。非这样不可，因为酒税按照销售额规定，比免税价高三倍。不论里卡酒还是威士忌，大伙横竖都去超市买。从超市买比酒窖还便宜一点。这里头有一个怪现象，很可耻：说人家批量买酒，说这说那都没用，都不对。(……)怎么会按这么低的价格批量卖威士忌，这个谁能给说说清楚？

——您知道他们是怎么做到的吗？

皮埃尔：他们是怎么做的？这个嘛，1968年以前的那条旧法规应该还在，增值税实行之前的那一条。［他接着解释什么是“保险杠法”。这条税法极复杂，连议员们也搞不清楚。］也就是说，有人鼓捣出了一套法规条文，可是不知道怎么实行，直到今天也还不知道。(……)增值税，大超市不向省税务局缴纳，直接缴给政府财政部，可是没人知道到底缴上去多少。(……)跟传统商店相比，如果说大超市有增值税和某种优惠的话，那我们就被欺骗了……工薪人士也被欺骗了，因为他们不会什么都去大超市买呀。总之，如今，他们差不多买什么都去大超市。已经15年了——这玩意儿是15年到20年前的事，那是1968年——最早的大型超市是1968、1969、1970年那阵子开办的。那时候，经过对比，我才发现了20%的增值税这个花招。

［…………］

我管大超市叫“殖民柜台”

——这么说来，您是1968年以后才……

皮埃尔：1968年以后是一塌糊涂。增值税一实行，就弄得一塌糊涂。先是乡镇失掉了地方税收，乡镇头头一直没能把他们的优惠找回来。随后乡下小商号都不得不跑掉了，因为1972、1973年以后，社会保障制度的强制保险给小商人课税，压得他们喘不过气来。乡下食杂店主、小面包店老板、小屠户，全都不堪重负，快活 857

不下去了。他们每天工作 10 到 12 个钟头，缴完税后，到了年底，缴了营业税以后，连两个人的工资都拿不出来——他不时雇个妇女一起干。（……）这样一来，一切都乱了套，什么都没有了。几年当中，大型超市开始站稳脚跟，小商人或者由于年纪或者由于销售不畅，感到有压力……哎，一个小地方，一个小小的面包房，一个小小的这个店那个店……您马上就有了一点生意，那时人们出门不远就能满足日常需要。哎，如今要想从哪个街角看到一家小商店，您得跑六七个地方。到处都空荡荡的。那么好，推出了一种新税，正是为了这个（……），因为这个局面是咱们的经济学家早就料到和筹划过的，让这些"殖民柜台"——这是我给大型超市起的名字——蚕食小商户，逼得后者连只用本金都转让不出去。这些殖民柜台缴上一笔税，于是乎，一个小商人到了退休年龄，收不回本金就只能领一笔赔偿金，然后走人。可怜的小商人必定没饭吃，让你滚蛋是预谋的。他们还搞出来一套广告，您在巴黎能看到，因为那儿有葡萄酒交易……贩酒生意有潜力，有市场，是重磅角色，有政府管，给国家带来收入。他们在巴黎酒市推出一项限酒政策，这就给大超市在巴黎［占领地盘］帮了忙。最早冒出来的是巴黎酒市，那个地方后来改建了一个医学院［其实是科学院］。这事您知道吧？后来接着推动，直到今天，贝尔西那个地方改建成一个体育中心。这个政策后来继续推动，贝尔西又成了财政部的驻地。这就把整个配发葡萄酒的行业给扼杀了，塞纳河一边盖了财政部，另一边盖了
858 医学院。不用说，医学院也是个体系……那些孩子，你不知道怎么培养，不知道怎样让他们学本事，把他们培养成……先从兽医开始，这个很重要，因为兽医这一行咱们都得重视；学不成就让他们学医；医学［如果学不成］，还可以学牙科；牙医不成，可以当理疗师。然后照这样下去，还可以当药剂师嘛。［医生］都是签字机器，这里头的差价归社会保障负担！生病找社保嘛！生了病，却没

有社保，那可能不太好，可是这事被夸大了一点（……），如果医疗免费，您有自己的大夫，他照料您，医生就会少一些，因为他们有自己的使命。商人会多起来。这个事情给社会体系，给法国社会的生产效率造成的压力很大，很沉重。

[他解释道，他认为社会保险金制度不公平，因为它“榨取你的几个福利钱，你却得不到好一点的医疗条件”。]

这些人不是生意人，而是金融家

——所以负担挺重，您也说了，还有一条对超市十分有利的法规。

皮埃尔：因为超市大批量进货，控制了价格。我见过超市出售6瓶装的啤酒，含税，我成箱地买啤酒的价格却不含税，于是就打起啤酒厂的主意了！

——按照您的看法，那如何行得通？

皮埃尔：这个问题，我跟啤酒厂提过，一直没答复。他们会说，啤酒我是一箱或四五箱地买，超市一买就是两三个车皮。一方面，有一个时期，它们可以赊账120天——如今不行，缩短到90天。可是，只要从每天的销售情况和缴付第一节车皮的欠款之前入账的钱来看，您就能看出超市得赚多少钱了，无论那是啤酒、葡萄酒还是威士忌。这些钱派什么用场？去哪儿了？那些个团体用电脑打印出一份两周的预估表，公司就能知道真正的结果。这些人不是 859
生意人，而是金融家。他们还会搞一笔所谓的负债保险金。（……）这个东西是金融手腕。这已经不是生意之间的竞争了，商贸法律不是要欺骗顾客。一个生意人的收益在于平衡他的预算，余下的是为顾客服务，因为顾客接济了他，让他的商品有销路，等等。超市不是做生意。它们要的是钱财利润……我管这个叫投机买卖，从前就这么叫：产品没等付款就以三倍的价钱卖出去了。

[皮埃尔举了一个例子：一家大酒商为了实现现代化而与大型

超市合作，在后者的苛求下却无力维持价格。]

它们［大型超市］的抽屉里有的是钱，却不付给供应商！大型超市吞噬供应商。(……）四年光景，那家大酒商被坑光了最后一分钱！它们把葡萄园、城堡，把一切都吃光了！什么都卖了，卖给了一个伦敦的家伙，这个人早就在波尔多地区买下了一份产业。如今那儿只剩下一间办公室——失业就是这么造成的——还剩下大约三四个雇员，加上酒窖里的两三个。葡萄收获后储存在酿酒桶里，用罐槽车把博若莱葡萄酒拉到波尔多去装瓶，再装船运往国外，完事大吉。法国人手里还有葡萄酒，企业却被吃掉了，消失了。没有员工的空头企业转手给了外国人。为什么？它们把赌注压在大型超市上！

金融资本主义不过是靠迷惑人赚钱

——这些对超市有利的举措，背后有些什么人？

皮埃尔：是从政治来的，从政策来的，借口是……

——是谁要搞这些玩意儿？

皮埃尔：金融制度呗！没错，金融手腕。都是这一干人搞的。
860 有这样的帮派。宗教帮派，别的就不用说了。天主教不起作用，只会祷告。新教也是一样。可是，还有一些特别牢固的帮派。既有犹太人的，也有共济会。它们抱成团，在政界有分支，在金融界也有分支，一切都在金融的支配之下。资本主义制度本身没有什么不好，可是金融资本主义不过是靠迷惑人赚钱。我们这些企业，小批发商，30年前，工业界和贸易界给了我们低于10%的贷款的金融优惠，对我们很不错。30年前，50年前，我们那个时候能够立足安身。说100年前也可以，因为爷爷就干这一行。我们这个世纪初盖的老屋还在呢。那时候，做生意什么都不缺。装备自己和现代化所需要的一切，我们都有。可是，随着时间的变化……因为从用大木桶装酒开始，到改用公升，这种分装办法要求有分格箱、酒瓶、漂洗机等等。这些都是变化。

[…………]

如今，我们都受银行的摆布。比方说，你有一项短期贷款，利率18%。那么，一个产品，你用什么价钱卖出，才能付得起这18%的利率？哪怕你只赚了三分钱，国家也会给你扔过来一张纳税表！你还能剩下几个钱？一根上吊绳，结果就是这个。这些都行不通。你瞧，这是一条铰链。第二次世界大战的时候，那个贝当老爹是个老狐狸——幸亏有他，不然德国鬼子抓走的法国人会更多，也许会逼着你穿上他们的制服，他们裹走了一些志愿者，这个志愿者嘛，那是他们自己的事——参加那个不是贝当老爹的……。因为希特勒敬重他，他毕竟是1914年战争的老家伙，老骨头。还有，我觉得戴高乐是1940年的逃兵，跟多列士[①]没啥两样。因为多列士1940年跑到苏俄去了，戴高乐也是临阵脱逃，没错，跟不少人一样开溜，跑到英国去待下来了。

[皮埃尔提到本地区的农户如何实现现代化，顺带揭露某些人从低利率贷款中获利，把一部分钱转用于投机性投资。他不无苦闷 861
地说，有些昔日贫穷的农民富起来了（意思是比他富裕），尽管他们像公务员一样，“一年劳动120天、150天，跟小学老师差不多……总想不劳而获!”。]

我总是说，金融资本主义最可耻的是制造通货膨胀，也就是从蛊惑人心开始，1968年以后更加动荡不安。其实在那以前，平衡就已经很难维持。戴高乐老爹被黑脚丫们要弄了。1962年，他把黑脚丫们召回法国；1965年以后，他就控制不了局面了。因为，请注意，黑脚丫们可是剥削殖民地阿拉伯人的法国人啊（……）。三五年之后，这些人重新进入了各种服务业，有点像共济会，他们也在

① 应指莫里斯·多列士，二战期间多列士曾长期避居苏联。——译者注

政界、金融界和各行各业多少立住了脚。他们也把自己的作风，自己跟阿拉伯人在一起时的行事办法带了进来。他们把阿拉伯人弄来法国，给他们擦皮鞋；把当年给他们帮佣的家属弄来，还弄来他们的子女，因为那一阵子，法国确实缺少劳动力。这些人非雇不可，却是按照一份加了限制的合同弄来的。总之，银行那些拉皮条的毁掉了我们。同时，我们的社会摊派已经不少，加上跟企业打交道的银行和通过增值税跟企业打交道的国家。只要边境还在，这个国内体系还管用，可是一旦搞到全欧洲去，然后破坏我们的经济制度，这个体系就不管用了，行不通了。所以，您看，整个经济体系都被黑脚丫们的那一套给搞坏了，它原本就依赖于剥削廉价劳动力。他们改变了法国的体系。

[…………]

您认为这种局面会维持很久吗？手里攥着税单，缴得起税的人还会很多吗？能够把钱摊在桌上的人不多啦！生意嘛，没有一种还玩得转，都不行啦。这是事实！我们这儿有三四家酒馆正在出售。
862 有一家带酒牌的旅馆，可是一个买主也没有。

——您呢，既然面临同样的问题，您估计您的生意价值多少？

皮埃尔：这份生意的资产是营业额的10%吧，营业税不算。

——就目前而言，那是多少钱？

皮埃尔：15万法郎。可是没人要。

——拿得出15万的买主没有吗？

皮埃尔：倒是遇到过一位买主，是个骗子。我太实诚了。他们跟一对夫妇一起上门，打算蒙骗他俩10万到15万法郎，还给他俩搞了一张信用证，用来买我的资产……

——他们有意接手您的生意？

皮埃尔：对，有这个意思。那对夫妇35岁上下。男的可以照管进出货物，女的管管案头。可是，他们要求那个男的每天必须有

60到80个顾客。这怎么可能？这一行的门道我清楚。一切顺利的话，夏天可以有多到35位顾客；天长夜短的日子里，不考虑时间，顾客可以多到45位。他们向那对夫妇担保，按每天60到80个顾客计算，每个月能挣150万法郎。

——于是，您就告诉那对夫妇："你们不会有60个顾客的"？

皮埃尔：我说的是："那再好不过啦，谁不愿意呢？可是，实话实说，你们不会有60到80个顾客的。"那些从鞋铺，也就是卖鞋的超市出来的人，人家来了……。按公斤买鞋，你不会买下500公斤的鞋，再摊到桌子上转卖出去。那位生意代理人一看我说实话，就说"这个表格得填好"，实际上什么也没有填写。我本来可以什么话都不说，尽管让他俩把表格一张张填好，那就行了，再把20万法郎揣进口袋，完事。

[…………]

这跟做生意没有半点关系

——如今配发活动是由超市主导，对吧？

皮埃尔：正是超市！（……）有一条法规，罗歇法。这个人过去被踩到最底层，没人理睬他，说他是小丑，是这个是那个。可是 863
这个人很诚实，维护商业。这个人……是个好人。可是人家拿他不当回事，那些小商人和在体制里骗钱的都有银行内线。他们要走的是另一条路。（……）大超市向来想干什么就干什么！中介所通过了，到省里被拒，到市政府被拒，一直捅到部一级，你在共济会或者党里有哥们儿，不论是左派还是右派，因为都是一路人。我不在乎什么政治党派，经济体制是超越政治的。问题不在于说什么"这个是社会党的""这个是右翼的"，还是"那个是左翼的"，不是这么回事！经济体制是一种……一种管理企业的体制，是比内老爹①。

① 比内老爹指安托万·比内（Antoine Pinay，1891—1994），法国保守派政治家，20世纪50—60年代先后担任过法国政府财政部长、外交部长和总理。——译者注

比内都做过什么事？企业老总，经营过皮革厂，知道什么是收支账目，什么是预算，各种该交的和不该交的杂费。你把一些出身高师的人委派到政府部门［故作恭敬的口气］，这个我没意见，可是，这些人看得懂预算表吗？我认识一个议员，我得替他算出增值税的税率。大超市都有购买力，在金融方面都有潜力。银行到账的都是新钱哟。(……）这就跟生意没有任何关系了。

［…………］

说到我们，完了，我们都被谋杀了。我们都完蛋了。大超市把我们给宰了。5年以前吧，我跟一个大超市的会计聊过，我说："看看欧洲会是一个什么情形吧。我那时35岁了，我把店铺关掉，里里外外打扫干净，让我的设施都进入最佳状态，一尘不染，一切整旧如新，那时欧洲已经弄好了——唉，就是连成一体了，不是单脚走路的欧洲了——以后，两三年以后，我就重新开张，接着干。可是，那个时刻到来之前……我们还在泥潭里，脱不了身。"没办法脱身。再有，我们来聊聊政治吧，因为……

864 ［皮埃尔讲述如何同意了接纳本地一所管理学校的实习学生，但是拒绝告知自家企业的收支状况，因为他确信企业的运行信息会被人利用，成为不利于自己和普通小商户的武器。"我说，您这些学生，我不能说是奸细，可是有了电脑这个东西，别人就能了解这个地区的全部情况，各行各业的情况。从酒商、鞋商，直到鼓捣花生的商人、服装商等等，全都一清二楚了。"］

享有权利，这个我没意见，可是也应该有义务

皮埃尔： 密特朗这个蠢货拿出一大堆人权，向全世界各个国家胡他妈的兜售，因为这个真他妈的不是个东西！该有的都应该有，男人权、女人权、小孩权！那义务呢，义务在哪儿？享有权利，这个我没意见，可是也应该有义务，有责任。有的地方得有约束，也

就是说“个人自由开始于他人的自由止步之处”。如果都这么办，日子就会好过得多，就会有最棒的默契。可是，只要人们说“你走开，我要这个地方。我得把你赶走，占你的位置，而且我才不管那么多”，从这个时刻起，一切就乱套了。好了，人权这个玩意，戈尔巴乔夫打算给人自由，可是那些人一天半天适应不了自由，咱们是在氧气层下头，你得呼吸氧气哟。你适应了，可是身子亏，健康不佳。突然一下子，有人对你说，“你的病全好了”，接着拔掉氧气管，把你赶出去，你就狂奔，你……喘不上气，受不了，所以没有一个过渡不行。

[…………]

这里也一样，明争暗斗，生意上的、金融界的明争暗斗。生意上的明争暗斗，不是开诚布公地做生意。因为，东德人从前为了养活俄国人生产奶牛，忽然有一天，实行欧洲的法律了，布鲁塞尔说，东德的奶牛……卖烂肉的商人，金钱，金融界的商人，弄虚作假的买卖人，他们以很便宜的价钱把东德的奶牛买下来。结果怎么 865
样？结果是俄国人吃不上饭了，他们需要这个才能维持经济平衡，才能吃饱。养奶牛的法国人也吃不上饭了，他们有奶牛，可是卖不出去。那么好，这是个什么世道？完全是胡闹嘛。

——不错，苏联的问题很复杂……

皮埃尔：对于法国人，对于那些 1989 年瞎折腾的人，我不满的是胡闹。人权啦，自由啦，这个吧，那个吧……自由应该有，侮辱人不应该，可是，说到底，这种自由是有限的！让全世界每个人都领到白面包，这个做不到。让世界上每个人都享受假期，这个也不可能。不能光做美梦哟，这个从来就没有过，钱你去哪儿找？正是在这个方面，我们的经济制度、社会制度等等，都玩不转了。再说，法国还是有好多好多外国人，由法国负担，他们在失业，他们……如果他们有一张外籍身份证，没有工作，那就得给他们一个生财之道，让他们带着一笔资金回家去，回去买一头奶牛，一头猪，回家养牲畜，回家搞点小营生。（……）比内老爹，这个人特别好，是个办企业的老板，懂管理。只要你看到设立那么多政府部长，国民教育部来一个，农业部来一个，左一个，右一个，你就会对我说："部委没有打破哟，都还在哟。"可是，我认为，需要的是内行人，他们知道自己在说什么。

——是啊，完全正确。

皮埃尔：可是，无人问津的问题，美国人预料到的问题，是他们在分裂俄国的时候，也就把它削弱了，这个是从技术角度说的，因为俄国人毕竟是最早上太空的呀。不过，最严重的情况是2000年时的中国，因为对于欧洲来说，俄国是抵挡中国侵入的盾牌，俄国一分裂，中国人就会得利。他们会推进，这就是黄祸呀。到了
866 2000年，俄国人会倒向中国人，跟他们一块往欧洲大陆上推进。

——您的意思是说，目前没有一个政治家会跟另一个政治家换位，没有一个会……

皮埃尔：……没有一个会拍着桌子说："别胡闹了，我们必须开始工作，必须把计时器回拨到零。"您是指这个吗？

——我也说不好，我提这个问题是想弄清楚您怎么看这些事情。

皮埃尔：这个嘛，这个，要想让经济复苏，就得降低利率，把贷款利率降下来，这样才能减轻所有企业的银行负担。没有企业不欠银行钱，不得不依赖银行，银行就靠迷惑所有企业赚钱。您觉得用信贷卡赚钱正常吗？您觉得这个体系正常吗？柜台上的人手不够？您看，那些人一年给自己发17个月的工资，工资太高了嘛。每逢节假日，头天还不上班！（……）还说这是现代科技，银行卡什么的，很好哟，可是我反对这个体系。取款机里一没钱，我们也就没钱了。我自己从来没有银行卡，我反对这个。我倒是有个支票簿，可以写张支票。需要钱的时候，我就去柜台办。这个其实是为

了不让银行职员费事，而让别人去干活。这个跟大超市一样，都是给自己捞好处，有那么两三个小兵卒把蹩脚货放进货架子里，再运来一台正品，这些人就开始给自己捞好处了。他们到收银台那儿，干活儿的只有收银员一人。这就造成了失业，因为不能创造就业。大超市不像小企业，创造不了就业机会。为什么不能创造就业呢？[因为] 有社会法规。你一旦雇了人，就没办法赶他走了（……），你不得不拿出支票簿，给他开出买麦乳精的钱。我们在这个体系里走得太远了，得往回拉才行。这不算是倒退……那么好，第一，银行挣钱太多，拿走的利率太高，对于任何打算发展起来的企业来说，贴现率太高。想要发展的年轻人一下子就被扼杀了。负担太重了，要交营业税，一种行业税收。哎，假如你一个人干，赤手空拳，这样的话，伙计，你就啥也不用交了！只要你买下一辆小卡车，一套灌瓶设备，一台漂洗机，一部铲车什么的，那就有人按照你的设备计算你那东西喽。(……) 867

——也就是您说的两个办法，一个是银行，另一个是……？

皮埃尔：另一个是社会摊派没有搞好，要减轻社会摊派，首先得有免费医疗。这样才能赶走懒汉，那些一辈子赖在社会保障上的人，我在这儿就认识几个。（……）社会摊派，能减轻免费医疗负担的社会摊派，还有过重的行业税收。

[…………]

法律条文不缺，缺的是逻辑

皮埃尔：瞧，这个就像我每年都得向社保公摊联合会[①]申报。

① 社保公摊联合会，全称社会保障与家庭补助公摊联合会（Unions de Recouvrement des Cotisations de Sécurité Sociale et d'Allocations Familiales，URCSSAF），负责向雇主和雇员收取社会保障公摊金，以维持法国的社会保障和公费医疗制度。——译者注

可是，这个事有时候真令我抓狂。您看，我接到的是这个［把表格指给我看］，员工情况申报表，每年都得填写，1月31号以前提交电脑处理。1991年，我搞定了我那些事，有了帮手。1月23号，人家把这个东西寄来了。3月1号，社保公摊联合会寄给我一封挂号信，说我申报迟了，说什么根据第几条第几款——倒是什么钱都不用交，因为那只是申报一下发了多少工资，便于他们在电脑上建立退休卡片，总之是每个人的档案——我得交纳400法郎的罚款！我就想："这可糟糕了！"（……）我拿着申报表找到他们，要求给个解释。我说："请把那封带邮戳的信拿出来看看，我想知道是怎么回事，因为那封信不是我寄出去的。""这个嘛，信封没有保留。"我就说："那你们凭什么证明？""这个嘛，您应该信赖我们呀。"我说："这不行，你们本来应该在2月1号或者5号通知我，要么2月10号。我的申报表是2月10号收到的，可是你们逾期一个月才吭气。"（……）五月底，我又接到一个通知，说两年前我交给社保公摊联合会的钱太多了，他们事隔两年后要退还我，说什么"我们计
868 算了您的账目，我们欠您3 200法郎，我们将于1991年10月31日以支票形式偿还您"。（……）10月31日我没见到支票，11月30日又没见到。12月10日，我去了一趟特洛瓦（Troyes），找到他们说："嘿，这是怎么回事？你们本来应该寄给我一张支票啊，3 200法郎。""是啊，是啊，您的支票嘛，对呀，我们来查一查，不过我们得扣除您那400法郎。"我说："那是两回事，你们怎么能这么做？""这是电脑的事。"我说："电脑不是不可能，可是不是同一份档案呀，两档子事嘛。""我们会把支票寄给您的。"果不其然，他们寄给我一张2 800法郎的支票，生生拿走了我那400法郎。这个做法真不地道。我说，如果你们想每年扣下张三或者李四400法郎，用这个办法接济你们的钱柜子，还要说大家都是好人，那我们二话不说，会把那400法郎给你们寄去。

——您一直没有接到获得专业援助的消息吗？

皮埃尔：还得干等一个月。可是，您看，一个月还没消息，我就给他们再寄一封挂号信，把我的选民证也寄去，告诉他们，没有一个好衙门，我就没必要出门投票！如果不想把我当公民对待，那就把我当成阿拉伯人或者反对派好了。我告诉某某："不参加投票是因为有人偷了我400法郎。"其实不是400法郎的事，去总理事会①投票关我屁事！可你又能怎么办呢？一切都是这副样子……法律文件不缺，缺的是逻辑。有逻辑就有办法。我遇到过一次，那是1981年，密特朗上台不久，不知您还记得不？当时有按照百分比的减免，具体数字我记不得了，总之，工资低就少交3%到4%。工资不超过4 200法郎都得交纳公摊费。我不是很清楚，可是，不开玩笑，凡是工资每月不到4 200法郎的人都不用交14%的公摊费，而是——我不清楚，只是这么说说罢了——只交10%，减免4%。有六个月时间，我有几个雇员的工资低于这道线，后来工资涨上去了，可是没人警告你："注意哟，您要超出4 200法郎了，我们得提醒您……"我有一个雇员，上班多干了几个小时，越过了4 200法郎的坎儿。不过，您听好，这个人的工资是4 208.20法郎。多出820［旧］法郎。一年以后，社保公摊联合会派来一位稽查员，拿 869
走了全部账目。嘿，太好了！这一位客户多出了820旧法郎。那么，请相信我，我觉得有没有这8.20法郎都一样。他却说："不行，多出4%呢。"他把这个4%计入4 200法郎，得出160法郎。可是，既然是过了一两年才查出来的，那么利息呢……再加多少多少百分点？我于是说："也许法律文件是这么规定的，可是咱们设身处地为对方想想……""您总是可以取得专业援助的，可以提出异议嘛，如果您……"我把材料呈递上去，要求专业援助，折腾到

① 总理事会（Conseil Général），自2015年以来已改称省理事会（Conseil Départemental），是法国省一级的民选代表会议，负责处理本省民政事务。——译者注

省级行政部门所在地，找到了傲慢自大的行政官员。他们看了看材料，对我说："对于这个事情，我们做不了什么。您得去问问法官的看法。"我上了法庭，法官是个傻丫头，肯定刚出道不久。我带着全部材料，呈上所有要件，以证明这超出的 8.20 法郎有一个逻辑上的问题……我没有请律师，因为那一阵子……可别误会我，我可是带着所有材料上法庭的。我打算争一争，法官天生不就是干这个的吗？她对我说："好了，您走吧。下一个案子！"我说："您还没有让我解释呢。""不用了，不用了。下一个案子！"

他们根本不容我解释，一分钟也没给。我走了，心里很不舒服。当时，我在走廊里遇到一位太太，似乎是社保公摊联合会的律师或者会计之类的，她代表……我就对她说："您知道吗？你们正在谋杀小企业。你们令我厌恶。"这多出来的八块两毛让我花了 12 万法郎！妈的！法律条文是这样的吗？我说："这就是法国的正义吗？"又说："我才不在乎。如果这样能让你们的抽屉里多出 1 200 法郎，你们就会美滋滋的？"我还说："我们这样的企业，唉，都会消失。那时你们再去大型超市找这笔钱？"唉，所有这些都是蝇头小事。还有，所有这些，我嘛，您知道，明天就要选举。我再也不找这个麻烦了。我已经很久没去投票了，身在一个小地方，投票谁来谁不来，大家伙都知道。因为那些有职位的家伙，一旦选上了，
870 就想："管它呢，我只能在这个位子上待六年而已……"这伙人才不会降低自己的补助金！

——的确，这类故事令人反感……

皮埃尔：这很可悲，都是小人，他们也许挣钱不少，可是，我还是认为他们是小人。我觉得没有必要正眼看他们。

1992 年 1 月

大失所望[①] 871

1991 年年底的一天，我第一次见到了玛丽。她当时正在圣尼古拉·德·沙道奈教堂[②]前兜售国民阵线的杂志《国民周刊》。这里是传统天主教派 15 年来的聚集地。她的摊位在教堂前的庭院里比较靠后的地方。桌上摆着《冲击》杂志和一些《国民周刊》的夹页，还有印有让-玛丽·勒庞头像的打火机，并列摊开的两幅画像展现一对出售《利瓦罗尔》和《国民周刊》的活动家夫妇。玛丽把一张关于活体解剖的传单递给了我。见我表情惊讶，她微笑着说："相干倒是不相干，不过他们挺友善的。"我翻了翻这一周的《法兰西时刻》，里面有好几篇有关这个问题的文章。国民阵线此前不久才发现了环境保护的主题，看来对活体解剖也开始关注了。

我告诉玛丽，希望能采访几位国民阵线的活跃人士，她认为自己不属于此列，因为"活跃人士必定是少数"，但是很乐意把"凡是知道的都告诉您"，但不是今天，因为弥撒马上就要结束，她得开始兜售报纸、发放传单了。她明确地告诉我，她曾经是国民阵线在巴黎第 4～6 872
区的负责人，让-玛丽·勒庞那个时期正竭力在第 20 区站稳脚跟。

一个 20 多岁的小伙子慢慢加入了我们的交谈，他表明赞同国民阵线，但并不是积极分子。他和我都希望玛丽描述一下勒庞当年走进咖啡馆的情景。那个年代，同情勒庞的人不多，以至为了把集会厅填满 200 个人，街头流浪汉也被招来充数。玛丽还跟我解释，她是因为厌恶共产主义才加入国民阵线的。"我得告诉你，我妈妈

① 英译本未收入此文。——译者注

② 圣尼古拉·德·沙道奈（Saint-Nicolas du Chardonnet）是一座位于巴黎第 5 区的天主教堂。20 世纪 70 年代中后期被传统派圣庇护十世兄弟会占领。——译者注

是俄罗斯人。”她说。她最初经常接触“新秩序派”和“新力量党”①，尽管它们“很晚才吸引了我”。她半怀旧半嘲讽地回忆起当年的社会活动，边说边模仿一些“走路晃肩膀的家伙”的姿势，认为他们“带来负面影响”。她指出，如今支持国民阵线的“资产阶级”对于真正从事社会活动是三心二意的，不知这个话是否暗指加进谈话的这个年轻人？

玛丽50岁出头，个子矮小，热情洋溢：蓝色的眸子直视对方，红头发是染过的，发福的身体今天裹着一件外套，其他日子里穿一件波浪图案的旧套头衫，引人产生好感。我在后来的采访中注意到，她跟谁都熟识。除了我以外，她还跟每个走近摊位的人亲切地打招呼，跟很多来看她的人拥抱。她十分痛快地同意下个星期天跟
873 我再次见面：“我在两场弥撒之间有点空。”

实际上，过后的那个星期天，她因为生病未能赴约，我一月初才得以跟她再次见面，还是同一张摊位桌子。我在第一场弥撒散去时到达，玛丽正朝着老顾客们起劲地晃动手中的《国民周刊》。见到我时，她似乎不像三个星期前那么爽快。她不是“真正的活动家，您最好采访一下别人”。我后来在谈话中发现，这只是她对我的第一次“回避”，接着还有一连串这样的举动。

摊位桌上，弗朗索瓦·比格诺的《我最后的笔记本》摆在打火机和单张画页旁边。第一本是有关贝当的，第二本是“拉比之子口中的犹太种族主义”，第三本有关勒费尔主教②。一位60多岁的妇

① 新秩序派（Ordre Nouveau）是1969年成立的一个法国极右翼政党，1972年加入同年成立的国民阵线。新力量党（Parti des Forces Nouvelles，PFN）是从法国国民阵线分化出来一个极右翼政党，由一部分反对勒庞的国民阵线成员于1974年11月组建。——译者注

② 勒费尔主教（Marcel François Marie Joseph Lefebvre，1905—1991）是罗马天主教会的一位总主教，1970年创建了圣庇护十世兄弟会（SSPX）。这个天主教传统主义团体与梵蒂冈天主教廷存有诸多异见。——译者注

女在抱怨价钱："太贵了，怎么没告诉我们啊。"一对20多岁的外省夫妇一边在买《国民周刊》和单张画页，一边打听如何前往国民阵线所在的克莱日利将军大街。玛丽花了很长时间耐心向他们解释。一位40来岁的男子走过来，把一份马恩河谷联盟的挂历送给玛丽，上面的照片是勒庞搂着一个金黄头发的男孩。玛丽和桌旁的人问："那个孩子是谁?"男人笑答："反正不是阿拉伯人就对了。"玛丽后来告诉我，此人是政治避难者，罗马尼亚人。他询问玛丽是否愿意利用一个机会：有一个罗马尼亚人要离法赴美，另辟天地，正在出售他的全套家具。玛丽回答说，这一阵她实在没有钱。她私
下告诉我，所幸有些朋友送给了她一个灶具和一个冰箱。她在这儿 874
通谈话之间得空跟我闲聊，抱怨今天销售情况不佳，社会活动如何艰难，妻子们阻拦丈夫出去活动，担心他们有外遇。

跟那些圣尼古拉·德·沙道奈的多数"高饰领"风格有出入者和一些前额剃得发亮的身穿罗登呢的年轻人相比，玛丽在生活上遇到的困难，她跟其他社会活动分子开玩笑的方式以及这些人的外貌和无特色的便宜的朴素衣着，全都迥然有别。她始终没有走近教堂的前廊。这个距离本身就说明，她代表的是国民阵线的平民活动分子，这些人跟贵族和资产阶级的极右翼没有太多交集，各干各的。

玛丽一边请一对出售《利瓦罗尔》和《法兰西行动》的夫妇照看她的摊位，一边跟身旁的人打趣："把你丈夫借给我使使吧。"那一位回敬说："丈夫一借出去，恐怕就有去无回喽。"她把我领进蒙日大街的一家咖啡馆，这里是她的地盘："这儿是活动家聚会的地方，是个卡比利人开的咖啡馆，从来没出过问题。"一进门，她就宣布："我买单。"玛丽是利用一个机会邀请我来的：有一对年轻的外省夫妇付了一张500法郎的钞票，她得找给他们零头。我们坐下来，玛丽要了一杯橘子汁。她讲话声音很低，以至于有一刻我不得不停下来检查录音质量。她的悲伤的语调跟欢愉的外表恰成鲜明对

875 比。玛丽始终在微笑，然而是一种羞涩的笑，甚至显得拘谨。紧张和心烦意乱导致她答错问题，她时而自我纠正，时而请求谅解。这是一场很严肃的谈话，她只能调动社会活动家的经验才不致“丢面子”，她的眼睛还频频瞥向录音机。

不过，仅凭这一点大概不能解释她的态度的大幅度变化。有限的谈话时间要求玛丽详述生活中遇到的种种困难，对此她没有思想准备，也令她不得不面对由此而来的压力。她本来以为只需回忆一番社会活动家的经历，讲述一连串的挫折。首先是职场受挫：“我干过 36 行（……），常言说，干 36 行，吃 36 种苦。”连萨拉查①当政时期的葡萄牙她也去过。玛丽失业已经一年，目前靠失业补助金生活。其次，她在家庭生活中也遇到了挫折：她跟“讨厌”社会活动和政治的丈夫分居了。儿子“也不拿这个当一回事”，尽管“他还是有一点自己的想法的”，玛丽纠正说。政治上的挫折也许是相对的，因为她在这个党派内部已经不大认得出自己了。为了结束谈话，她数次用沉默和比较偏激的言词来躲闪，最终达到了目的。此时她并不完全在谈度日的艰难，也透露了她和父母的出身，以及她经历过的（许多）职业。玛丽想避开不谈的是，政治生涯已经不是她的避风港或者突发奇想的产物，而似乎是一种必然的结果。当我
876 再次问她失业以前从事什么工作的时候，玛丽回答说，她“宁可不提这个，因为您马上就会……”看来，她的职业跟她参加新秩序派，随后加入极右翼的经历有很大关系。

在政治生活方面，玛丽看来保持着少见的一贯性。正如她自己所说，从最初参加政治活动起，她一直忠实于俄罗斯母亲的历史和她本人在葡萄牙的经历，也忠实于她的职业轨迹。从极少政界人士能够做到的角度来看，她的社会活动家的经历并不多见。不过，这

① 安东尼奥·萨拉查（António de Oliveira Salazar，1889—1970），1932—1968 年期间的葡萄牙独裁者。——译者注

在法国极右翼阵营里也不算新鲜。例如，玛丽出售其著作的弗朗索瓦·比格诺（François Brigneau）便参加过新秩序派，参与创建国民阵线，后来组织了新力量党，最后才回到让-玛丽·勒庞的身边。

于是，在自发社会学的启发下（国民阵线的活动家对其成员便运用此道，玛丽本人也是如此，这一点可以从她对自己的沉寂的解释得到证实），我自然会揣想玛丽从事过何种职业。参加警察或军队，除非被辞退，或者被除名？不然凑足年数便可径直退休，万无一失地领取失业补助金？当过服务员？售货员？总之是一个能够勉强糊口的职业，那就既跟“吃过 36 种苦”，又跟必然投身社会活动多少取得一致了。

玛丽自命“一贯”地忠实于自己，这种连社会活动也不惜放弃的忠诚表明一种选择，而不是社会制约，并且传达着某种政治信息。她向来用道德标准描述社会活动家的工作：勇气、无私和奉 877
献。可是，对于一些以失败收场的游行示威和几次同居经历，她并没有像很多国民阵线的男成员那样感到兴奋不已。她对别的社会活动家大谈“第二年的士兵”[1] 和“桂河大桥”只表示“厌恶”。她虽然摈弃“名门贵胄”，但是没有按照一种理想化的观点去看待参与政治和目前退出政治的连带后果，即唯有国民阵线才是好的，其他政党都是坏的。她忠诚于既是朋党又是革命的极右翼，而且对国民阵线走向职业化感到失望。她只赞赏和同情——这是她用的字眼——不谋私利的草根派。这些从她在我们第一次见面时抨击资产阶级，这次又抨击“吉斯卡尔[2]派的老狐狸”都能够得到明确无误的证明。被问起如何对待外国人时，玛丽立即亮出了她的观念体系：爱国主义和民族主义。玛丽“知道什么是吃苦”，很愿意为社

[1] 当指法国大革命爆发的次年（1794 年）全国规模的征兵活动。——译者注

[2] 吉斯卡尔·德斯坦（Giscard d'Estaing，1926— ），1974 年至 1981 年的法国总统。2003 年获选法兰西学院院士。曾主持起草《欧盟宪法条约》。——译者注

会边缘的“底层白人”代言，这比那些小有名气的国民阵线人士进了一大步。

玛丽有过多次幻想破灭的经历。谈话及此，她显得不太自然，可是没有掩饰。因为她有捍卫底层白人的理由。她毕竟需要一个自己的自由空间，一个做出政治选择的空间，同时也为了能够得到承认，正如我们在教堂前的空场上分手时，她所说的那样：“请不要讲太多我们的坏话。”说完，她再次露出微笑：“请再来看看我，告诉我事情进行得怎么样。”

878 一位国民阵线的女活动家

采访者：费德里克·马东迪

——我想知道，您是什么时候加入国民阵线的，或者说，您是如何投入社会活动的？

玛丽：稍等一下，我得想想［边说边小声笑，带着几分尴尬。玛丽跟咖啡馆的一位顾客打招呼］，因为毕竟日子久了。那好，等等看……勒庞是什么时候当了巴黎第20区议员的？就在那个时候吧，那一年是多么……

——是1983年。

玛丽：对，1983年，已经是市议员了。那是10年前的事了。这就对了。

——您是在那个时期参加社会活动的？

玛丽：对，积极参与。就是那个时候，我投入了社会活动，我们跟随他一起干起来，就在第20区。对，对。

——此前您参加过社会活动没有？

［玛丽想了想才找回思路，先否认，然后表示歉意。］

玛丽：参加过，我加入过新秩序派。

——新秩序派？

玛丽：对，还参加过PFN，就是新力量党吧［得到我的首肯］。在新力量党里……

——那么，您后来怎么选择了国民阵线呢？

玛丽：这个嘛，因为有好多人从新力量党出来了。他们曾经……观念基本上一样，基本上……大致相同吧。您知道，在我看来，右翼内部主要是一个人格魅力的问题，人都差不多……想法是相同的。我是指全国的右翼运动，然后才是区别，这个来自首领的特点。人格魅力有大小之分。显然，如果想法一样，首领却不那么讨人喜欢，你就去得少了，尽管观念跟您的一样……这个还是有很大作用的。

——知道新秩序派的人毕竟不多，您参加这个党派是谁介绍的？ 879

玛丽：您是指哪个方面？

——那时没有那么多人嘛……

玛丽：唔，不多，数得过来的几个人……干吗问这个？等等，让我想想，因为日子久了［沉默］。我在那个时候以前去过葡萄牙（……），葡萄牙有好多人讨厌共产党。在他们的……在他们的殖民地里，共产党祸害不浅。我是反共的。等我到法国以后，新秩序派是唯一真正反共的。新秩序派不怕……不怕表明民族主义的、反共的立场。所以，可以说，从根子上说，这个党最符合……跟反共立场最契合……那阵子只有新秩序派最……因为大家都和共产党串通一气……

［我问到她在葡萄牙从事什么职业，玛丽第一次避免明确回答。我接着问她加入新秩序派的时间，她想不起具体日期，只说当在20世纪70年代初期。］

他们用不着我了

——您现在的活动区域是塞纳-圣德尼地区吧？

玛丽：不，告诉您吧，实际上，无论积极还是不积极［伤感一笑］，可以说，我都在从事温和的社会活动，因为，我告诉您吧，有意思的是，起步慢一点，观念要清晰，还得有章法，还有，我一向有那么点，怎么说呢，有那么点挑战性。您看，这个有点像刚上学的学童，或者说，有点像最初的……民族主义者，这是一种精神，这个……后来变成……可以说，变成大机器，从而失去了它的……这么说吧，他们用不着我了［浅笑］，如今无论我活动还是不活动，都没有什么关系……身在一个小党派里，您就会，您就会觉得责任不小，涉及得更深。

——那么，您是不是觉得国民阵线规模过于庞大？

玛丽：这个嘛，看起来是这样……不，不，这样很不错，我的意思是……它不那么使人意气风发了，因为……上了轨道嘛。那么
880 好……不过这里头有一点危险，就是里头有好多老活动家，他们不那么在乎，我绝不会……绝不是为了金钱，什么都不寻求。不过，如今嘛，有好多新加入的人，他们……都想给自己弄一个位置，特别是都想［咯咯笑］……怎么说好呢？都想拿报酬，当选……

——是吗？

玛丽：是哟，因为他们觉得……这些人觉得这个很有关系……这个时候，您就会有……这个就像［咯咯笑］二战时期，那时……就像他们说起那个时期时所说的，人少得可怜［咯咯笑］，可是，最后一刻冒出来成千上万。告诉您吧，效果恰恰有点像这样，可是真正的活动家、老活动家等等……正直的人当中最正直的……我这么说，因为我们都有点理想主义……（……）他感到自己有点被忽视，因为那个时代不是这种做法……大多数人，我现在说的是我个人的看法，几个好朋友的看法，无法代表普遍观点……有些人过去是很棒的活动家，可是现在要变成一位……可是……最好还是看看（……）他们的过去。

[玛丽接着发挥。我问她是否出身热衷社会活动的家庭。并非如此。不过，无论我怎么提问，除了母亲是俄罗斯人以外，她没有透露任何家庭背景方面的情况。]

真可怕，我甚至被人攻击过

——塞纳-圣德尼地区的情况怎么样？这边应该容易应付一些吧……

玛丽：不好。他们真棒，都是塞纳-圣德尼地区的英雄人物，我可以大声这么说。他们做的一些事情，我可是做不来。他们非常出色，胆量大得出奇……反对他们的人不知有多少，全世界都跟他们作对……不要以为我们得到整个传统右翼的帮助，绝对不是这样……从传统右翼，希拉克一派，德斯坦一派，我们都得不到任何帮助，他们才不管我们呢。要是谴责我们，他们甚至会附和别人的声音呢……这一点大家都应该明白。[玛丽解释道，右翼人士误以为国民阵线的选民都会投自己的票，其实不然。然后回到有关国民阵线的活动家的话题上来。]他们非常出色……我找不出更有力的 881
字眼，因为这些人不光工作，还搭上……晚上也留下不走……还有，遇到麻烦，还得找警察，从烫手的街区把那些给他们捣乱的人找出来……

[玛丽继续讲述社会活动家们的勇气。]

——他们经常受到袭击吗？

玛丽：哎，这个我不知道。在圣德尼广场上卖《国民周刊》，您试没试过？没有？那就试试嘛。[笑]很恐怖哟！我在第20区卖过，那边根本算不了什么。在一些街区卖报的时候，我挨过骂，叫我什么的都有，真可怕，我甚至受过袭击。有几次，我不得不报警，没办法，我不得不当一回……到处都像麻风病人似的被人驱赶。(……)这不就是因为他们听见了勒庞的名字嘛，不论在街上还是别处，那个很容易就……一直很不容易哟……如今好一点，可是当初一直是……那个时期我可是知道的，只要说自己是法国人，只要扛着法国国旗溜达一圈，我记得那个新秩序时期，带着国旗上香榭丽舍大道，呵呵，极左派就会迎头扑上来。还有警车、保安队，别的就甭说了。恐怖极了！

[…………]

这些人都是闲坐办公室的德斯坦派

玛丽：这个您懂的，那些新来的人，仕途多少已经为他们所划定了（……）。那也好，只要他们愿意跟我们在一起。可是，我得告诉您，这些人都是大部分时间闲坐小办公室的德斯坦派［笑］。我可是听到过一些令人震惊的事情，令人震惊哟！有一回，他们聚在一块开会，一个人说："呵呵，不管怎么说，如果共产党人来了，你们这些极右派、民族主义者，应该跟他们开打。"这不是故意把我们往坑里推吗?！我说："那么，在这种情况下，你们又做什么呢？你们作何反应?"（……）那个家伙啥也没说，看来他根本没想
882 过究竟能做点什么。（……）可是，我觉得……我永远不会忘记，那通谈话真有点超现实主义……因为那个家伙故意送我们去拼命，还是个法国人！

——那个家伙已经是国民阵线的活动家了？

玛丽：根本不是！那位男士是我偶然遇到的，属于所谓传统的右翼。不过，平心而论，他的胆子可不小。哎，谁知道呢？我承认……我是彻底的……不管彻底不彻底，参加还是不参加活动，我都有自己的观点，也尊重任何别的观点……告诉您吧，说到底，有时候，我反倒喜欢一个人……那是一个法共党员，这个人正直，相信自己的所作所为……很实在，做事像疯子一样不惜力……诚实，而且勇敢。跟那个为了私利而利用别人的家伙相比，我对于这样的

人要尊重十倍。

［玛丽再次避谈她的职业活动，急着离去。我试探着重启谈话。］

我住在八层楼上，带着一个孩子，没有自来水，没有……

——我采访过一些国民阵线人士，他们的话题总是离不开外籍人，您却从未提起……

玛丽：是的，我不谈外国人是因为，怎么谈才好？您知道，我对这个话题有点厌烦了。我们，已经有……好多年以来，我们尝试过关闭边境，喊停！没有什么用……等不了多久，越来越多的人会涌进来［笑］，没法赶他们走，你不得不适应……我不是不想争一争……可是，怎么说呢……这事有点令人沮丧……唔，我们嚷嚷很久了……我们被人变着花样骂，说我们是恶人，是法西斯，丑陋，是这个，是那个，对吧？这本身不属于政治，因为狠批一个人，(……)没有建设性。再说，改变不了事态呀……外国人仍然不断到达。至于我，我想说，早就烦透了。

［…………］

——看起来，这不是您加入国民阵线的原因……

玛丽：我嘛，起初是因为反共。我去美丽城、巴拜斯，或者在教堂大道[①]上散步的时候，显然，不能说心情很好。坦率地说，就 883
是不好。再说，我不喜欢的是，我们，比方说俄国移民，我们来法国的时候，那时我们……（……）努力适应，我们不光要权利，也会尽义务。如今来到法国的人态度傲慢。（……）他们没有身份文件，还要上街游行。这个，我不能接受……这不行，全世界哪个国

① 美丽城（Belleville）、巴拜斯（Barbès）、教堂大道（Boulevard de la Chapelle）都是巴黎比较平民化的地区。——译者注

家都行不通……您去中国、美国看看，没有身份文件，还要上街吵闹，行吗？这个过分了，太过分了！在这个事情上，我们正在……我们成了擦脚垫，让人家随便践踏，我觉得无论怎么看，这个局面都让人很不舒服，不是吗？我认为，我们已经失掉了自豪感，作为法国人的自豪感，当家做主的自豪感，这个……我承认……（……）有一个歌谣不是说“送煤工，主人翁”吗？所以说，尽管可以利用的办法不多，我们仍然能够……毕竟我们是……不能忘记，死了好几辈法国人，我们才有了自由［强调“自由”两字］，对不？才能够决定自己的命运，对不？无论如何，也不能忘记……说这个有点悲情，可是您去看看战士墓园吧，他妈的，那些人毕竟为法国打过仗，为了自由［再次强调这两字］而战。如果说，今天我们不得不挨骂，任何人都可以骂我们……我不反对班图人，他们跟我没啥关系，因为哪怕有一天我必须出门挣口饭吃，我也许会去美国，我也不会做人家的主，批评美国，不然我会留在家里。总得有一点规矩。

——您是在法国出生的吗？

玛丽：是啊，当然是生在法国了。我是法国人，也为此感到自豪，这个没有问题［笑］。可是，如今我觉得这成为一种权利，他们来到法国，吵闹，没有身份文件，要钱花，（……）可是您知道，我住在八层楼上，带着一个孩子，没有自来水，没有……我知道什么是贫穷，可是我既不是阿拉伯人，也不是黑人，什么也不是。可是我们还得谈论法国人和小人物，还有那些人，他们都……根正苗红哟！您去北部看看，去看看吧，太可怕了。这些人不在街头，没
884 有摇旗呐喊，这些人……他们不吵不闹，他们会无声无息地饿死。没有人提到他们。哎，我喜欢两套做法，双重标准，您懂吧？谈论外国人，这个我没意见，可是也应该说说法国人哟……我觉得……因为法国人得去哪儿才能……出国不成，可怜的伙计，他能做什

么？很明显，一个加纳人总是可以来法国，那么可怜的法国人呢，他能往哪儿去？我遇到过一个……告诉您吧……一件怪事，一个法籍阿尔及利亚人，他重新申请原先的国籍，只为领取补助，他要重归阿尔及利亚籍。这事绝了。为了法国，他打过仗，离开了自己的祖国，有过可怕的遭遇（……）。好了，落到现在这个地步，你就不用总在问，为什么人们会感到厌烦透顶。这种事甚至不是政治问题，是常识。

［玛丽急着离开，在我的要求下，谈了谈前夫和儿子的情况。］

1992 年 1 月

附　景观宗教

费德里克·马东迪

自 1976 年 3 月被天主教传统派占领以来，圣尼古拉·德·沙道奈教堂一直是天主教传统派的大本营。每个星期日早上，这里都会为观众提供两场礼拜和两场演说。第一场演说在礼拜过程中举行，就在教堂内；第二场在仪式完成之后，在教堂外面的广场上举行，由于不拘礼仪而复杂一些。教堂有个侧门，一部分信众由此出去，既可以避开广场，也免于太早卷入广场上的政治活动。

每逢星期日，举行两场礼拜时，教堂里人很多，以至于一部分信众不得不在靠近出口的地方站立着做礼拜。领圣餐的仪式至少得有十位神父照管。信众当中男略少于女。各个年龄段的人都有。

第一场礼拜尚未结束，领完圣餐的信众还在陆续离开祭坛，第二场礼拜的常客便已落座。从他们的交谈可以听出，这是为了占到便于观看的好座位。这种贪欲或许与圣庇护五世重视程式的精神大为迥异。自从圣尼古拉·德·沙道奈教堂 1976 年 3 月被占领以来，教众便要求用拉丁文做礼拜，不仅如此，主持神父还得背朝信众。其实，这里的一切都是表演，这种贪欲便与之并行不悖。 885

这样比拟于每周连续放映的电影厅而更有道理。一座“漂亮的教堂”，浓重的花卉图案，通明的烛火，巴洛克吊灯和水晶玻璃，用聚光灯照着的彩色玻璃窗，这些都是表演；一场“美好的弥撒”，童声唱诗班，穿法袍的牧师，合唱队，香气氤氲和管风琴，这些也都是表演；仪式临近结束，表演达到高潮。神父由唱诗班儿童和牧师陪伴，跟随一面教区的旗帜，沿中堂下行，随后从低到高走向祭衣间。

自1983年以来，圣尼古拉教区由拉阁利教长职掌，这种唯美主义是这座教堂的核心举措，也是他在当年五月一日宣誓就职时提出的。纪念占领教堂十五周年的一场布道更是把圣尼古拉教堂及其信众的价值观彰显无遗。他说，教区的努力方向是把教堂和弥撒仪式搞得更漂亮。这种审美追求虽属少见的做法，却能够把一些不再上教堂的信众吸引到圣尼古拉教堂来，因为他们认为第二次梵蒂冈大公会议后的教廷太过严苛。把这种追求像布道所宣示的那样当作一个目标，这也是对教廷权威的一场挑战。拉阁利教长说得十分明白：弥撒是“我们的旗帜”，传统派教会则是“抵抗活动的堡垒”。此外，在圣尼古拉教堂，人们说得更多的是如何“解放”教会，而非占领行动。拉阁利教长毫不犹豫地强调说，这场挑战“受到上天的赞赏”。三月一日那天，我也看到，教堂山墙上悬挂的条幅上写着：“十五年的传统，这就是进步。”

对于这场从战略上导演的弥撒仪式，大部分信众的反应是一种怜悯，而且在很大程度上是作秀。十分之一以上的到场者跪着完成了大半弥撒，半数信众每逢星期日参加领圣体，张张面孔呈现出冥想的样子。在圣尼古拉教堂，信仰也应该是戏剧性的，好斗而自信的，属于抗争的一部分。拉阁利教长在描述信仰的返归、教区信众的“虔诚”，甚至“一些圣洁的灵魂”时，口气一贯地泰然自若。

这里很多年轻妇女和姑娘戴着当今很少见的头纱，人们可能会觉得她们的衣着一定很"寒酸"，完全不是这么回事：浓妆艳抹的妇女、貂皮大氅和各类皮草衣服随处可见。即使不是如此，从古典 886
的装束依然能看出她们的富有：正式套装，苏格兰褶裥裙、褶纹裙，名牌披巾，齐整的发式，一片海蓝色。

看得出，为数明显不多的一部分人——四分之一或五分之一吧——来自平民阶层。在圣尼古拉教堂的仪式上，来自加勒比海地区的妇女们尤其显眼。不过，弥撒结束后，在教堂前面的广场上却见不到她们的身影。教堂里有，仪式的第二场里却没有，这就不能不令人思忖，一部分信众貌似仅寻求圣尼古拉教堂提供的奢华的天主教仪式而已。

参加弥撒的男人们经常在胸前别上一朵百合花或一枚圣心徽章。这种与布道大义完全契合的宣示——一如既往——表明，这里同样而且尤其展示了一整套右翼传统人士的价值观。这一点从精心挑选的仪式歌曲也能看出来。整个星期天，我听到人们咏唱圣歌时，比唱天主教节日歌曲还要激情四溢。例如，《我是一个基督徒》《以圣心的名义，拯救法兰西吧》，而《啊，玛丽亚，我的母亲！》的结尾是反复咏唱的一句："天主教与法兰西，永世不变！"这些以"高雅趣味"为主的规矩却被一些人打破了。事情倒不是为数寥寥的几个人要表达不同见解，而是这些人通身上下在效仿一种调和天主教、传统和保皇党的价值观的方式：朱安党造反①。这几个平民出身的男子留长发，佩戴大十字徽章，身上有圣心和百合花图案的刺青。一个星期天，我遇到一个30多岁的汉子，显然出身小资阶层，他不仅有大十字徽章和长发，而且双手每一指节上都有此类刺青。

这些行为并未妨碍弥撒的进行。第一个星期天，我跟着一群信

① 法国大革命期间，布列塔尼地区的朱安党人（les Chouans）于1799年发动保王党叛乱。法国19世纪作家巴尔扎克的小说《朱安党人》便以这一事件为背景。——译者注

众走进地铁。一位50岁上下的妇人高声向一个同行的男子打招呼：“亲爱的雅克，上帝保佑您。”一个小伙子翻阅手里的祈祷书，一边合上书，一边在胸前划十字，随后开始读《天主教法兰西》报，上面的大标题是“查理·贝居[①]回来了”。

然而，这样一套价值观在教堂前的广场上展现得最为显著。那些从正门走出的人仅在主要的行为方式方面，才与走出其他任何一个教堂的信众相仿。亲朋好友汇聚在一起。几个小伙子额头剃得锃
887 亮，正在热议一场即将举行的游行，这说明他们都是捍卫联合小组[②]的活跃分子。他们来到出口处寻找伙伴。几个等父母来接的童子军在玩耍，他们胸口都佩戴着百合花，另外几个年龄稍长的在兜售糕点。拉阁利教长走出来跟教区信众交谈，握手，亲吻幼童。我后来还听到他谈论如何纪念3月1日，讨论如何清理广场上停泊的车辆和要在教堂上悬挂什么字样的标语。

每个星期天的交谈内容都一样。一伙人用赞同的口气议论皮埃尔·布当解释穆拉斯[③]何以皈依宗教的文章。另一个佩戴CNC（国民阵线的领导人之一罗歇·奥兰德[④]主持的“全法战士中心”）的别针的男子气愤地把一份塞尔日·克拉斯费尔德[⑤]采访录的复印件交给朋友。几个保皇派在散发一份请愿书：《征集天主教徒签名：路易十六陛下乃虔敬基督徒，恳请圣父教皇恩赐宣福礼》。还有人手持印

---

① 查理·贝居（Charles Pierre Péguy，1873—1914），法国诗人和散文家。35岁以后信奉天主教，作品对此多有反映。——译者注

② 捍卫联合小组（Groupe Union Défense，GUD）是法国保守派大学生发起的团体。——译者注

③ 穆拉斯（Charles Maurras，1868—1952），法国记者和社会活动家。保皇派组织“法兰西行动”的理论家和组织者。——译者注

④ 罗歇·奥兰德（Roger Holeindre，1929—　），法国极右翼政党国民阵线副主席。——译者注

⑤ 塞尔日·克拉斯费尔德（Serge Klarsfeld，1935—　），法国社会活动家，以坚持不懈组织搜寻二战时期迫害犹太人的纳粹分子知名。——译者注

着安茹公爵头像的传单，宣布“保皇派和天主教的伟大日子”……即3月1日。最后是蒙茹阿-圣德尼的合唱队，四位30岁上下的男子在广场上立定，一支接着一支唱歌，保皇派的、传统派的歌曲都有。同时，教堂义工向教区信众分发葡萄酒和巧克力热饮。

如果不是经常涉及当下政情，这些交谈会很容易失去时间参照。这个参照显然是3月22日的选举。他们不断提到“克莱松这个婊子”，有些人宣称“轮到地方选举，咱们要给他们一点颜色看看”……3月1日，一个40多岁的女人在一群国民阵线活动家的簇拥下，走过来散发国民阵线的传单，全然不理睬照常守着摊位的玛丽。

不过，即使在议论政情的时候，圣尼古拉教区的信众也从未远离历史——他们自身的历史。例如，一月里的一天，在授道厅里举行了一场叫作“为信仰而战”的义卖活动，期间有一位不到50岁的男子发出预言：“达比的下场要比斯塔维斯基[①]还悲惨。看吧，总有一天他会自杀！”正在同他交谈的是一个守摊位的女人，她大骂达比是“坏蛋”“垃圾”，然后点出了激起她的义愤的社会答案：“一个在女佣人的房间里成长到15岁的人，怎么可能成为亿万富翁？”

1991年12月

职场受挫 889

解雇意味着出局，不仅持续时间不定，而且打乱了出局者的期待：除了收入减少，解雇也使规划未来失去意义，而且把以前在职场环境里可能做出的规划一笔勾销，或者使之大为缩水。在其他苦

① 斯塔维斯基（Alexandre Stavisky，1886—1934），出生于乌克兰的法国富商，以商业丑闻和最终神秘自杀而留名。——译者注

果之外，失去工作还打破了企业经常在在职管理干部心中诱发的自我欣赏。对于他们当中的多数人来说，跟“事业”的理念密切相关的各种期待是殚精竭虑工作的一个必要条件：事业是一个积累物质利益（薪资、奖金等等）和象征手段利益（名声、关系等等）的过程。这种保障顺理成章地带来一系列利害程度不等的承诺，无论是工作（外省或国外的岗位、职业培训）还是在私人生活方面（夫妻生活、婚姻、育儿、休闲、房产信贷……）。解雇的后果是质疑一切个人承诺，例如“个人”特质（如“活力”、热情和忠诚）、职场
890 的愿景和个人期盼。失掉了工作，未来就变得难以确定，遭解雇者不得不清点尚可利用的资源；对于一些人来说，解雇也暴露出以前被抑制或发生畸变的缺陷。无论是配偶、朋友，还是邻居，他人有时会投来令人难以忍受的目光。这也许表明，目前的局面跟久已确认的期待之间存在着落差。

这种考验对于每个人的意义不可能一样。应对办法，或者在某些情况下克服它的办法，取决于手中掌握什么样的资本。我们不妨比较两种极端的情形：一头是拥有一系列正面特点的干部，少见的高学历、男性、年轻等等；另一头是最不具备这些特点的干部。由于干部与干部不同（根据某一特定时期对干部的定义），他们面临的失业概率也不一样。最先殃及的是与群体的从属关系最为脆弱者，特别是靠着极度依赖雇主的特殊机会加入群体的那一部分人。这批人是潜藏在仕途中的一些受制约的牺牲品，同时也是自己的学历、外貌、缺少关系以及被视为能力有限等等的牺牲品。此时他们才发现，从前享有的重视、上级的善意表示，乃至“干部”头衔，都仅仅标志着一种极脆弱的成功而已。

候车室

891 萨班先生已有10年没找到工作，已经不抱任何希望了。但是，51岁的他仍然很健谈，身体强壮。他离退休年龄尚远。从26岁到

43 岁，他曾在一家很大的矿泉水公司工作，是所谓的“看家干部”。虽然学历仅止于通过高中毕业会考（他提到拥有“双份高中毕业会考文凭”），可是他迅速爬升到地区代表的职位，专门负责与医疗界接触。他无疑很懂得如何让他在人际关系方面的才能获得承认和尊重。他不愿只当普通的“商务代表”，只负责与超市打交道，而自认为能够与专家对话，因为跟他们讨论才“有意思”。他曾经到处旅行，接触各色人等，肩负“责任”（招聘和培训）。至于被解雇的原因，他现在的解释似乎将一半归咎于市场，强调在一个如今衰落的行业里裁员的必要性，将另一半归咎于公开重“少”轻“老”的聘任政策。

在一个为失业者举办的团体“年度活动”上见到萨班先生并非难事。他和蔼可亲，态度开放，让人觉得他不愿放过任何谈论自己的机会，顺带评论一番社会制度如何应该为失业负责。他显然已经习惯在公众场合发言，而且上过电视。他希望得到社会的承认。从他不厌其烦地竭力打动对方上，这一点表现得很明显。他出身法国北部的一个贫寒家庭，幼年失怙，曾经盼望接受高等教育，然而只 892
上了一年大学就退了学。他经常重温与教育制度有关的这一段不幸的初步经验。尽管没有正式学位，他却自认为拥有与之相称的水平。可是，缺少合法学位使得他一会儿表示疑虑，一会儿表示肯定：他自称曾是模范学生，但不是“最耀眼的”；他声称拥有营养学学位，可是马上补充说并未真正毕业；他是干部，但不是名副其实的干部；等等。成功和失败的影响他都有所感受，他深切地感到自己是个双面人（“我身上有两个不同的人”）。作为失业干部，他靠领取年金度日。由于靠几笔家族遗产积累了一点钱财和房产，他有一笔相对安稳的额外收入。他自认为基本上可算有钱人。不过，由于他一门心思省钱，日子过得非常寒酸。他出自本能地以“左派”自命，却认为自己与邻居们不同，那些人是他居住的一座高级公寓的共同业主（他毫无遮掩地跟他们谈自己的失业情形）。他“不墨守成规”，不愿意以有产者的形象出现：他留着不大齐整的长头发，穿一件套头夹克。他的政治取向同样有双重性：既是“左派”，又对移民、妇女、青年、教师等很反感。他在文化方面也显示出某种排斥：他自豪地谈起自己拥有“3 500 本书”，言谈间夹杂
893 一些文绉绉的字眼，但并不总是很贴切。例如吹嘘能够就毕苏斯基①时期的波兰之类的题目讲上“半个钟头”，有时甚至自称为某个电视竞技节目的赢家。他对政治很感兴趣，不愠不火地声援失业者，不过很认真，并且提供一些众人期待的服务。他不仅远非无所事事，而且似乎掌握了变失业为某种“成功之道”的钥匙，因而受到大部分有关人士的羡慕和追捧。他学会了没钱也能过日子的技巧，津津乐道于把一些省钱的窍门告诉别人。如果说他自奉甚俭，不妨认为，这既是灵活地根据有限财力调整自己的需要，也是为了证明为人处世方面的转变，其中便包括区分什么是必要的，什么是多余的。

关于他的目前状况，以上就是萨班先生希望留给我们的多为“正面的”印象。当谈话进行了将近一个小时的时候，一名年轻女子闯进房间，一边道歉一边打断了我们的交谈，非要我们给她一个说话的机会不可。此人显然被失业的压力搞得有几分神经质，看来远不如萨班先生那么泰然自若。

这位罗朗太太曾经是一家猎头公司的干部，但地位始终未获认可。“失宠”导致了被解雇。这个结局使她意识到地位带来的一切好处。身处一个对妇女不利的世界，她没有可以使之免受雇主摆布

---

① 约瑟夫·毕苏斯基（Józef Klemens Pilsudski，1867—1935），是波兰第二共和国国家元首（1918—1922）和独裁者（1926—1935）。自第一次世界大战中期起，成为波兰和欧洲政局的重要人物，被认为是继波兰被瓜分一百多年后于 1918 年使之重新赢得独立的功臣。——译者注

的高阶文凭。连她那张有“专科”字样的文凭[①]也属于没多少价值的专业（人才管理学位），这一类文凭都是学校近来发放的，为的 894
是应付就读学生大增的情况。忽然间，似乎被罗朗太太的动人陈述唤醒，萨班先生也不时表达了不满（治不起牙疾，既没钱也没兴致度假）、恐惧和愿望。这些都是他刚才未曾涉及的，尽管他那番话说得有点过头。

无火不生烟

我们略感惊讶的是，富尼叶夫人跟很多人迥然不同。按照她的看法，即使失业，穿戴也不该松松垮垮。她身着一套淡雅的正装，佩戴金首饰，一头金发修剪得很短，这使人想到如今在企业里地位较高的“职业妇女”的流行形象。她谈吐稳健，很有分寸，尽力使对方接受她的“性格”，却似乎不追求赞美的话。 907

她在各种考验当中显示的干练与自信不无关系，这种自信既来自手握学位文凭（经济学科和多个专科的毕业证书），也来自金融管理方面的职业经验（她自认为“在这个领域里特别强”）。她的工作是在离婚之后才开始的，那是位于巴黎大区的一家软件公司。她跟独生女一起在外省安了家以开始一个“职业计划”，或更准确地说，希望获得一个财务主任的重要职位。因为这些追求在巴黎难以实现，她只好同意前往南特，到一家同类公司做管理工作，而且最终获得了最初企盼的职位。她的工作是将一个快速成长的公司的管理部门电脑化，她对这项工作极感兴趣。工作内容是“建立系统，组建团队，购入电脑器材，培训软件程序员，教会员工使用设备——总之，逐步把结构搭建起来”。可是，在这个企业的“家族

① 应指高等专科学位证书（Diplôme d'Études Superiéures Spécialisées，DESS）是法国高校本科毕业后经过一年的学习方可取得的学位证书，面向企业。大致相当于英美和中国的硕士学位。——译者注

结构”内部，她很快就看出，在看起来很合理的自身期待与雇主想要的东西之间存在着矛盾：一俟交给她的任务完成，雇主就要甩掉这个潜在的竞争者。

富尼叶夫人早就有过多次挫折，特别是“遭拒绝的三个金融经理的职位，因为他们不想让她去巴黎出席清一色的男人的董事会
908 议”。最后出于现实的考虑，她很快接受了南特的管理职位。她在那里发现了从未想到的晋升机会，尽管开头多少遇到了一些困难。她真的能够选择吗？“我很快就明白，我会碰上两个人，主任和他太太。我准确地知道终究会出问题，不过我这个人一直信任别人，心想也许……不管怎么说，一完事我就会离开这里，没想太多……因为我还没有职业，到这儿是为了开始职业生涯，所以我想：‘等到把事情做完，我就……’我本来应该早一点离开，哪怕一切还没有……我在这方面判断有疏失。我这个人做事要求完美无缺，一切都得是呱呱叫，因此被抓了小辫子。不过，问题也许还是一样，因为我或许会意识到，这个地区根本没有工作可找。”

有意思的是，富尼叶夫人跟主任发生冲突的起因是在一次讨论中，不是跟主任，而是跟主任的妻子发生了龃龉。此人拥有（内部）财务经理的头衔，可“真是废物一个”。富尼叶夫人认为她什么都不会，只代表“家族”逻辑。富尼叶夫人认为这种逻辑根本站不住脚。连解雇她的理由也只不过是要提醒她是女人。主任夫妇通过伤害她的自尊心迫使她辞职（完不成的任务、小人伎俩等等）。
909 “一天，老板的太太要求我做一件根本做不到的事（做不到是因为我在两个系统里工作，既有原来的手工系统，同时还得推行电脑化）。我独自一人，工作量巨大，星期天，夜晚，都得搭进去……而且她星期五给我要求星期一做完的事情，因为有美国人要来。我就说：‘您听好，这事根本不可能做到。我给不了您，办不到。’‘可是我丈夫星期一非要不可。’我回答道：‘告诉您吧，如果实际

上能够做到，我何乐而不为，可是办不到就是办不到啊。’我对她解释：‘这个您是了解的。’她一听就露出嘲弄的微笑，这下可真把我逼到墙角了，我勃然大怒。我说大怒是当真的！我对她说：‘您这是痴人说梦！真是白痴得吓人！’完了，这下我可以卷铺盖走人了。不过，我还是稍微等候了一阵，因为我很想知道她凭什么解雇我。因为当时什么都没说。所以呢，我等了一阵，看她如何应对。于是，她弄进来一个家伙，夹在她和我之间，以便迫使我离开。她本人没有这么做的胆量，不过……我硬扛着，我有相当不错的适应能力，这是我的性格的一部分。她对这种适应能力一定感到吃惊。那个家伙纠缠了我六个月，他在我对面的一间有落地玻璃的办公室里，我每迈出一步他都紧跟不舍，连我接一个电话他都在一旁听着。他整天都在问我：‘您的工作到哪一步了？您在做什么？’等 910
等。不过，我从来没有任何举动，没有攻击行为，什么都没做……我很想看看，这种绝对可怕的关系会走到什么地步。这样一来，看到我不吭气，他们有点乱了阵脚，因为他们毕竟得作出某种选择呀。到了年底，那个家伙说：‘我不想让您留在这个团队里。’我就说：‘那就请您明确说明理由。’‘就是如此，我不想让您留在这个团队里。’我说：‘也好，我去见财务主任。’她本人根本不知道当时的情况，我就问她：‘好了，现在您告诉我理由何在吧。’‘这个嘛，这个嘛……’根本没有任何理由，她没法告诉我理由。于是我说：‘您听好，我对自己说过的话一点也不后悔，您在这一行里根本就是白痴。碰巧您是主任的老婆，您想干什么就干什么。现在，我依然告诉您：您是白痴。您不能接受这个说法，那是您自己的问题。可是您这样看待是错误的。假如您给了我完成工作的一切可能性，哪怕只是走走形式，我反倒能够接受这个说法。’我还说：‘可惜呀，对于您尤其可惜。’他们于是拿‘失去信任’作为理由。”

为了走出这种局面，富尼叶夫人作出一番分析，尽力去理解：

“无火不生烟……对付一种煎熬，你得有毅力才能免遭毁灭……人
911 都有一种把握事物的超常能力，只要你想运用就能做到……”她明
知在本地谋职的可能性很小，仍然拒绝一切宿命论，心中甚至有一些解决这些困难的想法（例如计划创办一个地方机构，帮助失业干部的群体跟她尚有人脉的企业建立联系）。她对自身的职业素养很有信心，从而使她摆脱了怨天尤人的情绪，有助于相对平静地看待那些无法掌控的挫折。正因为如此，雄心未泯的她才会近乎超脱地评价企业这个男性天地，一个“男人制造的世界”。如果像男人那样，将自身的全部“特质”等同于“工作”，她认为是一种完全虚幻的优越感。

1992 年 9 月

895 **失业的企业干部**[①]

采访者：加布里埃拉·巴拉兹、路易·班铎

“前途？我不知道那是什么”

萨班先生：我这个人很难归入任何一类……

——为什么？

萨班先生：为什么？因为我天生反对墨守成规，从来不跟风，从来没有。25 岁时，我是狂热的反戴高乐派，前后四次属于密特朗派，可是现在呢……我在等，等着多数派发生改变，不是为了站到右翼去（从根本上说，我不是右翼），而是因为，既然身为民主派，我觉得交替一下对解决问题很有用。总之，你得考虑我这种非典型性，我有我的经历，6 岁失去母亲，19 岁父亲也没了，少年老成，这些加在一起，促使我成了一个有点特别的人。还有，一场并非那么出彩的职业生涯，好在全靠辉煌的 30 年代末期，手里还有双份高

---

① 这份访谈录原附在路易·班铎《职场受挫》一文（原书第 889－894 页）之后。——译者注

中毕业会考文凭，上过一年高等商学院。我还记得那场入学考试，我在275人里是第二名。可是我没去，因为父亲那年过世了。我想家里没办法支持我把学上好。这么说，是因为我有一个21岁的女儿，她也会走得很远。她目前在读学士学位，一切正常的话，她应该能成为教师……我的头一个高中毕业会考拿的是经济科文凭，那个当年还在摸索当中，后来我腻味了，又考下一个哲学科的……那时候有两张文凭，哪儿都能去。我天生不那么喜欢学习，有一阵子不知道往那儿去，还有组建家庭，缺少家庭的支撑。我16岁就认识了后来35年里一直一起生活的女人——35年没变——我们很快就结了婚。我在国民教育部当过一阵小卒子，我太太也工作，她虽然不算知识分子，可是很聪明，脚踏实地，很有求知欲。她在管理部门当秘书，在职场里融合得很不错，很受欢迎，办事干练。 896

——您的工作是……

萨班先生：访问医疗机构，先是在法国北部，我负责的领域膨胀过，也缩减过，总之总是在变。反正有一阵子，我一直在北方跑来跑去，毕加底和上下两个诺曼底，我那时住在里尔，有半年时间晚上回家，其余时间都在外面跑，候鸟似的。三月份走，入冬回家……开着旅行车到处跑。这种日子有那么一阵子，因为经历了两三家制药厂以后，我26岁加入了K集团。两年后被提拔当了管理干部。他们后来把我赶走了，因为我要求去南特市（Nantes）的另一个部门。赶走我不是没有道理的。一条很好的理由是我没啥用了。我回到南特市，负责公共关系。您瞧，在跟人打交道方面，我这个人的确如鱼得水。（……）我什么都不怕，在“年终聚会”上面对600多人讲话，向全国职业介绍所的总头目厉声发问。我不知道什么是恐惧……已经成了习惯，因为我的工作使我有机会接触各色人等。我参加过好多好多会议，我们在医疗领域嘛。（……）在南特市，我可能会跟两万多人打交道，我特别喜欢这个工作……我想见谁就见谁，从诊所护士到会议上的大老板，也有大学生，我给他们作20分钟报告，讲讲尿酸、治疗等等。题目都不一样，没有一天是一成不变的。地点也总是不一样，原因不用说了。所以说，我不是关在企业高墙里的俘虏，因为你得理解我（我觉得这个很要紧）：领了25年工资，但不是从企业领。可是，既然跟结果没有联系，您看……

——是哟……不过，不管怎么说，您跟结果还是有联系的……

萨班先生：这个说不清。其实企业老板起初待我们很不错，后来K集团被收购了，以后老板就把我们甩了。一到南特市，我就知道局面不对劲了，那些走掉的、退休的都没人顶替。第六年，企业
897 联席会议开了会等等。他们不想把我们留下当医药代表了，这样做是对的。我们被电视广告取代了，没用了。于是，他们把我……

——您的职业是医药代表。

萨班先生：对。我那时候是医药代表，医药代理，不过最近七八年，我已经当了很久的干部，因为我培训出来50多个新手，那时期受聘的人不少，做行销。为了让他们了解我们的产品的药性，我培训了50多人，招聘了30多人。一招聘就把我召到巴黎。我有个同事，是蒙彼利埃市时期的密友，我俩一块儿决定招聘方面的事：这个人可以要，那个人不要。人一招到，就由我负责培训，所以有好几年，我把星期天都花在学习医药知识上了。我常驻北方那阵子，K集团把我派到主宫医院（l'Hôtel-Dieu）三年，达到了胜任主持培训的水平。我的老板是医生，对我很信任，让我管招聘、培训和陪同一些人……（……）那一阵子真是活泛，因为能见到很多人，挑选我想要的医生，因为医务界的同事会告诉我哪一位医生糟糕、脾气坏。我有两万多个医生的名录，而且我跟他们的关系特别好。（……）

我在巴黎和别的地方参加过很多会议，也有国外的（我德语、英语都说得不错），总之，日子过得十分惬意，因为全靠跟医生关

系好，他们张开双臂欢迎我，也因为这跟制药厂的那些丑事截然不同。年轻的医生多数不知道怎么开温泉疗法的处方，因为没有人教过他们。那个时期真的很棒。我每天的工作安排很灵活……每个星期工作三天半，一出差就四处奔命，有时候每天工作十二个小时：从约见早七点开始门诊的医生起，午夜十二点半才离开。可是我不抱怨，就因为很自由，再说干这一行得跑很多地方（不过并非人们 898
想象的那么频繁）。所以呢，我不得不独自在外奔忙，孤独当然难受，好在我太太经受得住。而且，说白了，从夫妻情感方面来看，这个……这样也没什么不好的。

关于文化和遗产

——您为什么说发现事情开始“不对劲了”？发生了什么事情？

萨班先生：他们很快就发现了更便宜的矿产，医院的市场垮了，全垮了！他们就放了手。他们提议我来个不靠谱的彻底转型，我不是那个年纪啦！于是他们说：“不管您愿意不愿意，您被解雇了，您充分保留权利。”我就拿着相当于如今的四万五千法郎走人了。当然，我没有用这笔钱买一辆宝马汽车，而是马上用来投点资，这个是我可以做的。我还是要对您说我昨天提到的那三个条件即文化、幽默感和怀疑态度，再加上遗产。跟所有其他失业者相比，我这个人倒是自觉活得挺自在。(……)

——这是因为您投过资，用那笔钱投了资吗？

萨班先生：我从爷爷奶奶那儿继承了房子等等，所以可以说，我靠税务技巧让人家没法课我的税（……）。我也不是那种日进斗金的人，如今我每个月有九千法朗过日子。所以说，由于我是一只节俭的蚂蚁，还掌握生活技巧，尽量少花钱，所以仍然能过上一种比较宽裕的日子。我住的公寓里有产阶级居多，住户大多是公务员，甚至有一位从前当过副省长，还有一位警察分局局长等等。公寓里都知道我丢了工作，我公开讲过，谁都不瞒着……

——高声说出……

萨班先生：对，高声说出。面对某些人，为的是让他们不舒服，对于另一些人，只为让他们知道真相，这么做我一点问题也没有，这也是经过训练和有文化带来的优势，我掌握着一些社会代码
899 和语言，使我能够跨越社会距离。那么好，如今我比较安逸一点了，公寓房的报销额度的确少了点，可是一满 60 岁，我就能拿到一万两千法郎的退休金。

——这就挺不错，这样一来事情就进入正轨了……

萨班先生：还因为全国职业介绍所当面对我宣布，我很感激他们，因为那个人是我引荐的，一直保持着积极的关系。他跟我说："先生，像您这样的人很难遇上。"……我上过电视。他们保留了我对年龄歧视的抨击。我明确地说（因为我这个人有点演喜剧的本事，言辞犀利）："依我之见，年龄歧视跟种族歧视是一回事。"可是，这些都过去了！你再也没有任何找工作的机会了。我给您举一个例子：我有个老伙伴，他留下没走，而且同意干行销……对我来说，行销真没意思，为了预算方面的问题跟人家讨论芝麻粒大的事，这个太没劲，不行不行……

——一点也不适合您……

萨班先生：我没上多少学，可是我这个人每年读 150 多本书，读《世界报》读了 30 年了，多少还算是个知识分子。我的水平可以这么说：我半个小时就能做完《世界报》和《费加罗报》上的拼字游戏。您知道我的水平了吧？如果哪天让我上电视节目《向冠军提问》，我不会被吓死，我的记忆力特强，我的这方面比智力方面要强。我并不认为自己特别聪明，可是适应力超好，超级……这个不假，因为我过去的职业让我遇见很多陌生人，医生。走进他们的办公室，我只需半分钟，您一定知道"头三规则"吧？头三句话，

头三步和头三道目光……我非得弄懂不可哟！一切都得弄懂。例如那个家伙属于哪一类人，室内装潢……我从在接待室里看到的东西获得启示。这可是一种大脑体操，甚至有点吓人，因为只要15秒钟，我就能看到对方的心里去。(……) 900

我身上有两个不同的人

——开始您说过开头很难……

萨班先生：这是不言而喻的，如果您愿意这么说也可以。现在我在这里可以说一切都很好。可是，在45岁时，人家告诉你“没你的事了”，那个震动哟！尽管如此，我并不在企业里，我既能够当个工作狂，一天干12个小时，在巴黎连续开一个月的会，也知道该偷懒的时候怎么偷懒。可以说，我对生活抱着一种懒散随意的观念，同时也是一个上进的人……总之，我的职业提高了我的价值，因为这个职业让我感到很满足。我跟医生们打交道，这些人很亲切！他们请我吃饭……小斟一杯，他们……有一次，我遇到一位医生，他对我说“咱们去听音乐吧”，把接待室一屋子人晾在那儿了。事实上，当你赶上这种事的时候，即便你不是工作狂——例如我就不是，我喜欢做的事情太多，诺曼底的博物馆我都熟悉——而是懒汉，表现得蔑视工作，即便你满脑子都是拉法格［马克思的女婿］的《懒惰颂》，如果你刚巧如此，那也不是问题。哎，我这是苦中作乐……

——是哟，可是您毕竟还得重新安排生活吧？

萨班先生：是的，重新安排生活其实不难做到，我那时不在企业里，自己安排自己的时间，这个没有变……我找回了……因为正面的结果毕竟还是有的，我找回了家庭生活，因为我总是在外面跑，您知道，这个不那么好玩，幸亏……

——其实，努力工作是因为您没有别的事可做？

萨班先生：那倒不是，我读书……所有的报纸，可是家外的日子不好玩，不好玩。虽然能遇到一些人，男女都有，可是不带劲，你没法从事体育活动，一周当中没法定时去娱乐，而在外面跑。我认为，我早就告诉他们……哎，我还得写报告，星期六和星期日我
901 都得用来拼命阅读各种医学杂志。对呀，因为整个星期天都在读医药新闻，设立文档，帮同事们准备会议，等等。所以，这一下我又有家庭生活了……我不是那种离不开家的人，跟儿子的关系也很不好；可是我跟太太关系很好；我女儿是知识分子，不过我和她不怎么合拍。比方说，她投了反对票［指申根条约的公民投票］，因为她很受勒庞的观点的影响。可是，怎么说呢？左翼父亲，右翼女儿。是哟，这个我能接受，就是如此……她会变的，会变的。

——这件事不仅改变了您的生活安排，而且改变了您的世界观，对吧？

萨班先生：对，世界观也变了！这很简单！我是不折不扣的左翼，在弃权和激进的左翼之间摇摆……投共产党的票？这不行。除了因为幻灭和不乐观而投票以外，我还是一个悲观主义者，宣告灾难来临的悲观主义者，因为我希望灾难不会变成现实。（……）还有，我一点也不相信星象学，可是我是典型的双子座。星象学全是胡说八道。比我更有双子座特点的人，您找不到，绝对找不到！不过，我身上有两个不同的人，这个我清楚……真是难以想象！一种奇特的两面性，其实我的清醒就是从这里来的！

［…………］

我从来不乱花钱

萨班先生：举例来说吧，我有一项近三百万法郎的遗产，因为我有公寓房……为这个房子，我交了六百法郎，因此我属于非典型的失业者。当然，这个我也不能到处去说。（……）这笔遗产没有

像我能够做到的那样被充分利用，不过我是有意这样的，因为我把它多样化了，不打算都放进一个篮子里。所以，您可以认为，我这个人有一个恶意的方面，是个有钱的小资阶层的混账资本主义者。这个不假！这么说是因为我有一些左翼的思想。是哟，加上“事情就是如此，我能够接受（……）”。我跟大多数人一样，从来不乱花 902
钱：我不旅游，汽车用到报废，没有炫耀富裕的外表，穿衣戴帽一如常人，一周当中穿牛仔裤，我没有在衣服上花钱，裤子是别人送给我的，我给他修过窗户遮板，他给了我四条，质量特棒，经我太太的手剪裁过等等。我太太做一些裁缝活计。我们都是北方人，她经常回那边，我俩每年回去一趟——我刚才说过，我从不休假，去年我去过北方（可是这个能叫作“去北方休假”吗?)。有些事情，我这个人不那么轻易上当，我不瞒您，比如说，我反对失业补助金，这个我已经说过。有必要明确一点，既然有人失业，就说明有一群妇女把饭碗偷走了，使一些像我这样的父亲沦为失业者——我一直坚持这个看法。

——您这样认为吗?

萨班先生：我就是这么想的。不过请注意，我可不是性虐待狂。妇女有她们的职业，这个没有任何疑问。可是，你必须超越这个，我就是通过劳动分工超越了这个。不过，我还要加上少数移民，少数被赶出乡下的人等等。不管怎么说，我在等两个东西，我在等，请不要以为这是“Schadenfreude”[幸灾乐祸]，或是恶意的政治观点：第一，我等着出生率下降；第二，等着养老金崩盘。有工作的妇女（……）生个独子是灾祸，只生一个的妇女应当受罚，那样还不如一个不生。那些双收入的家庭，月收入两百五十万。我有一个退了休的邻居，刚花一千七百万［十七万新法郎］买了辆二手奔驰车，您看我生活在什么阶层的人中间，这位先生有辆宝马，那位太太是辆沃尔沃……哎，女人我真弄不懂！劳动条件是一种奴隶制度，在一个钩心斗角的企业里任人欺辱，正是如此，还有专横的老板。那么好，我看不出把一生交给工作有什么好处。假如我是个嫁给有钱人的女人，首先我得在夫妻关系里争取和睦相处，还有，我选择一个男人是为了白头到老，生活中没有比忠诚更重要

903 的，得天长地久。我眼见人们过精神生活的那副样子……跟那样的女人过三年，唉！加上养孩子的付出！哎呀，不行哟，不行！所以说，有工作的女人才是真正的原因，反正……

[一位年轻妇女罗朗太太此时现身，自我介绍后，要求说几句话。]

我忘记告诉您的正是这件事

罗朗太太：可以说，没有梦想才是最可怕的。这意思是说，由于我们不知道明天会是什么样子，我们只能等，在等待过程中，最严重的莫过于连你全家都没法做任何计划……这就是我想对您说的。(……)

萨班先生：是哟，她说得很有道理！我忘记告诉您的正是这件事……嗯，我得感谢您，感谢您哟！真是天意！因为，这件事……我忘记告诉您了……全忘了……

罗朗太太：……因为这个很要紧，虽说还没有出现太多的问题，因为我失业还不算太久，可是这件事深深地藏在我心底，它让我很不舒服，就是这个，是不得不说，“我不知道自己明天能干什么”。什么什么都不知道！

萨班先生：丹妮尔，答案找到了：我活在一个永恒的当下……

罗朗太太：我想说的倒不是这个，因为大家都说活在永远的当下，可是我的日子，包括我的家庭，我的至亲，至今都是经常做计划的，多少总是生活在将来里头……至少，用伊壁鸠鲁派的说法，活在当下吧，因为当下最好。那句名言是怎么说来着……

萨班先生：“及时行乐”……

罗朗太太：不是伊壁鸠鲁的当下，不是这样的当下……

萨班先生：是一个沉重的当下，对，就是这个，一种很难消解的当下。

罗朗太太：正是这样。而且这个当下对我来说几乎让你不敢想
明天，因为恐惧，好像一个人大梦方醒……心里也似乎说：“还是老 904
样子，我依然一无所有，不知明天能做什么。”……同时琢磨：“我也许会接到一封信或一个有意思的电话。”我想对您说的都在这里了。

萨班先生：她说得很对……

罗朗太太：活着却不能有梦想，这是很严重的事，而且“梦想”这个词有很多含义……

萨班先生：说得很对，正因为如此，我才要问：“什么梦想？夜里做梦还是梦想……”

罗朗太太：我可是一直有梦想的！我这一辈子都在当下做事，这个没有错。不管在工作当中还是私下，我一直在告诉自己：“明天，下个星期，我们要做这做那。”可是现在呢，什么也做不了！……确实如此，这个我觉得才是最可怕的。当然，有些事情比这个更严重，不过……没钱对一个人来说很严重……不能做计划，没有梦想。

萨班先生：更别说，就我本人而言，我有人接替……两个孩子，我儿子不很出色，可是他努力，他有自己的计划，女儿呢，照理说应该走得很远，也许吧，我不知道……至少拿个硕士，或者……所以说，他俩将来会接替我。可是我本人的前景在哪儿？这个我从来不去想。你说得很对，这我得谢谢你，我把它完全忘记了。我在永恒的当下里漂上漂下，不知道将来是个什么样子。那么，当然了，我心想：“再坚持八年就退休了。”至于明天如何，我不去想。所以说，在我头脑里，时间概念已经彻底消失了。有一件事我可以

告诉您："我从来不会因为例如失业什么的失眠，不过起床很费劲。"有好几个月，我都是做着同一个梦醒来的，我梦见我身在医生的接待室里，不过那间接待室永远不一样。我去过 2 500 个接待室——也许没有这么多，我有点夸大——全都不一样。好在我从来不失眠。如果你说这就是抑郁症，我反倒觉得弄不懂这是个什么。

——［对罗朗太太说］您以前是做什么工作的？

罗朗太太： 我那时在人事管理部门，我的意思是……您看，我说的是过去的事，我曾经是……！我是……因为那是我的工作，我
905 不由自主地用现在时态说话……这个很无奈……人家两三年前就给我的同事和我许了愿，当干部，可是干部身份多少是个圈套……

萨班先生： 那是胡萝卜……

罗朗太太： 您知道，工资多少我们不那么在乎，我们争的是地位。一个高层领导那时有点人品问题，他总是反对把两个女人……倒不是反对提升，尤其在我们这个服务部门，他却认为，一旦我们有了干部地位，他担心——虽说我俩是责任重大的管理人员——我们树立不起来某种威信：那就成了既是干部，又不是干部。

［…………］

一份"特棒的"工作

罗朗太太： 我不是干部，可是我有一份很不错的简历（有人给我的雇主打过电话，我肩负的责任很大，可能让人感到惊讶）。不过，我承认，多亏了我工作过的公司，也不论我跟一个高层干部有什么过节，我们的运气还是很好的。"我们"是指我俩，我们两个人在工作中的确非常合拍。唉，这个优势就是我们有机会一起工作，做一些特棒的事。有一个时期，我们利用了这些机会，心想："太好了，任务交给我们了，这是对我们的信任，我们得胜任，我们要巡查，做点审计。"对我们来说，那可是太妙了！可是转念一

想，又对自己说："等等！"我们眼见很多人升为干部，就琢磨开了："这是怎么回事？"这个公司男人很多，女人尤其少……我们就想："为什么不是我们？"后来，我们第一次问道："为什么不是我们？"我们每年都有面谈，其中一次是谈下一年的任务。我们被告知："不行。"用了一些愚蠢的理由，根本站不住脚。后来，局面变得更糟糕，所有的关系都渐渐地恶化了，我们那位负责财务的经理管得更多的是财务，而不是员工，其实他对自己的职能也不了解， 906
他感到管不住自己的部门了，我们把自己的工作做得很好。可以说，他管不住我们了，他说："我也不知道这个公司怎么搞的，我跟财会部门没有问题，可是跟人事部门除了问题，还是问题。"

萨班先生：如果当初结婚生子，你就不会有这些麻烦了。

萨班先生：不，不，我那位伙伴有一次对我说："我把你那些资料都扔掉了，从窗户丢出去了。"他受不了啦！事情很有趣，以至于我心想……我不愿意……有几次，逢到周末，我很想知道，很想做事，也常在外面跑。有一年，每隔半个月就出差一次，剩下的半个月远离家门，去波尔多、克莱蒙菲朗等等地方。这样一来，每个月倒有两个星期在外面跑。起初大概有两三次，后来就停不下来了。我那位伙伴开始担心了……看到我没有被提升为干部，他非常气愤，因为他早就知道，那个位置是留给我的……告诉您吧，这里头也许不是财务问题，而是……

——那是一种认可……

罗朗太太：正是。他应该为我感到骄傲。他常说："至少，你配得上。"……

1992年9月

只讲生存条件的深重苦难而排斥其他一切困苦，无异于对很大一部分反映社会秩序的困苦视而不见和不理解。

——皮埃尔·布尔迪厄

布尔迪厄作品

世界的苦难

布尔迪厄的社会调查

（下）

LA MISÈRE DU MONDE

[法]皮埃尔·布尔迪厄（Pierre Bourdieu）著
张祖建 译

中国人民大学出版社
·北京·

目　录

局内的局外人 913

皮埃尔·布尔迪厄、巴特里克·尚巴涅

如果像人们经常所做的那样，只凭出现于特别是 1986 年 11 月和 1990 年 11 月的两次危机，就大谈“病态的高中”如何如何，这无异于把一种（具体的或精神上的）“现状”不容分说地强加给一个极为多样和分散的社会群体。这个所谓“现状”本身也不够清晰，缺乏界定。的确，学校及其学生群体显然是一个连续体，而且人们通常只根据两种极端的情形去把握它：一种是为了吸纳越来越多的缺少文化优势的学生，在贫寒的市郊成批地匆忙办起的学校，它们其实跟 1950 年以前的中学没有多少共同点；另一种是操持有方的学校，那里的来自良好家庭的学生如今的生活跟父辈或祖父辈没有多大差别。当前广泛存在的“校园病”虽然因怀有同感的学生（或家长）群起抗议，却有十分不同的表现形式。一边是巴黎顶尖中 914
学的优秀学生及其家庭，一边是贫寒市郊的大型住宅区里的职业初中的学生，两边的所忧所虑完全不一样。

中等教育制度在 20 世纪 50 年代末期以前一直很稳定。这种稳定性基于淘汰出自低文化家庭的学生。这个制度施行得很早（初中即开始），相当严酷寡情。由于貌似全凭天资和成绩进行选拔，这种以社会为基础的选拔制度被那些遭到淘汰的孩子和家庭普遍接

受；这些孩子也确信（校方更是这样告诉他们），自己没有必要再跟学业打什么交道。简单明确的学习梯次，特别是小学教育和中学教育之分与社会等级之分是高度类同的。这种关系深刻影响着那些自认为不适合上学的孩子，他们也自认为不适合教育所开启（或封闭）的社会地位，即白领职业，更不用说那些职业里的领导职务。

20 世纪 50 年代以来发生了很多影响教育制度的变化，毫无疑问，其中后果最严重的是从前有意或无意地被排斥的社会阶层进入了教育体制，如小店主、手工业者、农民（由于义务制教育延长到
915 16 岁，初中相应地普及），甚至包括制造业的工人。这个过程导致竞争趋于激烈，早就倚重教育制度的社会阶层也加大了教育投资。

关于这个“民主化”的过程，人们谈得很多，但有些草率，也带有不少偏见。它的最自相矛盾的后果之一，是穷人们渐渐发现，以“解放思想”为使命的教育制度居然十分保守。确实，经过一段令人想入非非、欢欣鼓舞的时期，新来的受益者逐渐明白，上中学并不能保证毕业，即使毕了业，也不能保证取得从前的一纸文凭——特别是高中毕业证书——便足以取得的社会地位。那个时代，他们这个年龄的人大多没上过中学。我们有理由相信，关于在学业上的理由相信，对于教育，特别是影响学业成败的社会因素，社会科学的重要成果的传播必定有助于学生和家长改变对学校的看法。其实在实际生活中，他们对学校的作用已经有所了解。这一切无疑有利于有关教育的主流话语逐渐发生变化。因为，尽管无法避免的失言（如谈到“超常儿童”时），这种话语往往倒退到一些隐藏极深的观点和区分的原则，但教学方法的“圣经”和充满含糊的
916 社会学概念的“武库”——如“社会功能障碍”“文化障碍”或“教学方法缺失”——却传播了一个理念：学业受挫不再是，或不仅仅是被排斥者个人的即“天生的”缺陷造成的。于是，在人们的头脑里，集体责任逐步取代了导致“受害者咎由自取”的个人责

任；天资和兴趣等貌似“天生如此”的理由让位于未明确界定的社会因素，例如，学校可用的手段不足，教师无能或能力不够（父母越来越要求他们为成绩欠佳的子女承担责任），以及更难说清的整体有弊端的制度，其机制应当改善。

我们不想鼓励虚幻的决定论（更具体地说，最坏情形的作用），而是觉得，就由新的学生群体构成的完全不同的教育体系的主体来说，有必要指出学校的效益和相关的社会效益的不同分布如何通过差别的总体转化得以维持。不过，这里面有一个根本的区别：淘汰过程既然已经在时间上推迟和延伸，而且在延续中被冲淡，长期占据校园的是大批受排斥的学生，他们把自身的种种矛盾和冲突带进了学校，使得受教育成了为上学而上学。简言之，危机在校园里间歇性发作，越来越少地受到批评，成了悄悄进行的结构和配置方面的往往是无意识的调整的对应物。在某种意义上，这些调整解决了 917
新的社会阶层给中学甚至大学教育带来的矛盾；更明确地说，也更不准确地说——因而也是用更危险的话来说——这些“功能障碍”是实现“民主化”（特别在政治上）的效益所“必须付出的代价”。

显然，如果不深刻地改变学位在经济和象征方面的价值（同时至少表面上不使学位持有者面临什么风险），文化水平和经济能力低下之家的孩子就无法进入教育体系的不同层次，尤其是最高层次。同样明显的是，学位和学位持有者的大量增加导致学位的价值缩水，新移民既是这种现象的直接责任人，同时也是第一批受害者。经过多年的求学生涯，往往在做出大量牺牲后，学生或文化水平低下的家庭才有可能获得一纸贬值的文凭。一旦学业受挫——对他们来说，这种可能性更大——他们必然陷入受排斥的境地，甚至比以前更丢脸，更绝望。丢脸是因为表面上他们有过“自己的机会”，学校可能一度较为周全地明确他们的社会地位；绝望则是因为，越来越多的职位被就业市场名正言顺地留给有文凭的人，事实

上也被日益增多的这些人拿走了。这就能够解释，何以连下层老百
918 姓也日益把学业受挫视为一场灾难。所以，无论对于家庭还是学
生，学校越来越像一幢令人最终大失所望的海市蜃楼，一块应许之
地，恰如天际线，你越是走近它，它就越往后退。

分流的办法与提前定向和选拔程序相结合，有利于造成“温和
的”淘汰，即在实行中难以觉察的排斥性做法，这里有两层意思：
一是它是持续的和循序渐进的；二是它是不知不觉，看不出来的。
对于实行者和接受者都是如此。“温和的”淘汰与“残酷的”淘汰
的关系恰如有天资和无天资的交换关系，互为补偿。“温和的”淘
汰过程一经拉长时间，经历者就能够将自己的真实情况掩盖起来，
或至少有可能在自己的所作所为上面自欺欺人。从某种意义上说，
做出决定性“选择”的时间越来越提前（初中四年级就得做出，从
前是在高中毕业会考之后）。学业前途更是很早就锁定了（这一点
有助于解释，近来大规模示威游行何以出现了年幼的高中生）。不
过，从另一个意义上看，这些选择的后果出现得越来越迟，仿佛一
切都合谋已久，以鼓励和支持高中生和大学生获得“缓刑”，推迟
919 算总账，即真相大白之时，醒悟到上学是一段白白浪费的光阴。

学业结束以后，在许多情形下，凭借特别是某些模糊和不确定的社会环境，这种自欺欺人的做法会长期持续。由于这些社会环境很难分类，所以给两方面留下的运作余地都更大。这是教育体制与其本应开启的社会空间的关系所带来的后果之一，极为强劲，也隐藏最深——并非无缘无故。因为，学校培养出越来越多的心理长期失衡的人，这种失衡是多少被压抑的对于学业受挫的体验所导致的，无论受挫是彻底的还是相对的。这些人不得不总是似乎虚张声势地长期维持一个受伤害和残缺的自我形象，既为面对他人，也为自己。即使在最成功的层次，我们也能看到无数这样的相对失败者。例如，普通学校的学生较之于名校学生，名校学生当中排名靠

后者相对于排名靠前者，等等，他们无疑很像帕特里克·苏斯坎德[①]笔下的低音大提琴手，他的深重而实在的痛苦源于一个事实：虽然身属特权世界，但一切都似乎在提醒他，他的地位实际上十分低下。

然而，即使有整个教育机制及其控制下的集体防卫体系的支持，压制有关在学校里（或社会上）的地位的客观真相的做法从来就不是很成功的。跟自我欺骗遇到的困境相比，“说谎者悖论”
（“我总是撒谎”）根本算不上什么。这一点的最佳注脚恰是一些“缓 920
刑”者的言论，其中既有对于为留在校内而上学的真相的清醒认识，也有几乎是故意地加入这种虚假游戏的决定，目的也许是充分享受学校的自由和无忧无虑。说到底，一个人只要把学校有关他的谎言变成自己的，就必定落入三心二意和双重制约的境地。

但是，官方的多样化（通过分科）和非正式的多样化（借特别是现代语言之名，在学校或班级当中巧妙地区分优劣）同样能收到重建一条区别对待的原则的效果。这是一条特别隐蔽的原则：出身优越的学生能够从家庭获得明确的地位感，每逢拿不定主意时还能获得励志的好榜样和忠告。他们因此能够在恰当的时间和地点全力以赴，学科对头，学校对头，班级对头，等等。与之相反，来自最贫困的家庭的学生，尤其是移民的孩子，往往难逃自生自灭的命运，从小学后期开始，他们就听凭校方的诫令和偶然性的摆布，只为在一个日益复杂的世界里找到自己的出路。他们被迫不合时宜地和逆向地运用自己的已经很微薄的文化资本。

这里涉及的是文化资本的传承以外的诸多机制之一，它导致水
平最高的学校，尤其是那些向经济和政治权力的位置开放的学校， 921

---

① 帕特里克·苏斯坎德（1949— ），当代德国剧作家和电影编剧。《低音大提琴》是1981年上演的他的话剧。剧中主人公有大段反映失意者矛盾心态的自嘲，既愤世嫉俗，又无可奈何。——译者注

能够跟过去一样继续鹤立鸡群。这个教育体系既面向所有人，又为一部分人有所保留，它的绝招是把“民主化”的表面现象与再生产的现实结合起来。这种再生产完成了高水平的掩饰，同时也取得了在社会上合法化的更佳效果。

但是，这种调和对立面的做法不会不引起反响。教育制度的矛盾，一种强加于与之不相适应者的新形式的暴力，二者的持久效果明显体现为高中学生近 20 年来不断举行的各种抗议示威，以及条件最差的校园里频发的各种暴力行为。

一如既往，教育制度总会有所排斥，但是，排斥如今在课程的各个层次不间断地进行（过渡性班级与职业学校之间也许只有程度的分别），同时在制度内部给被排斥者保留空间，把他们打发到可有可无的教学分支机构去。这样一来，根据制度的变动、摇摆和惩罚的不同，这些内部的弃儿被迫在依旧惊羡地相信教育体制所描述的幻象和服从校方的裁决之间，在不无焦虑的服从和无力的反抗之间寻找平衡点。他们很快就发现，有些字眼——如“中学”“中学生”“教师”“中学课程”“高中毕业会考”——背后隐藏着各种不
922 同的事物；学校和学科方向把他们汇集在一个最低下的地位；他们正在攻读的文凭其实是不值钱的（“我只是要考一张小小的会计证。”其中一人说道）；他们取得的高中毕业会考的成绩如果没有必不可少的奖掖之辞，他们就只能走上一条有名无实的高等教育之路，此后也是如此。由于学校判定他们放弃学校本身曾经启示他们的学术追求和社会追求，而且，一言以蔽之，迫使他们降低身份，他们只能明知学业没有前途，仍旧无精打采地混日子。皮革书包、整洁的校服、尊师重道的时代已经过去，平民子弟归附学校的一切象征如今已经被一种更疏远的关系取代：失望之下的屈从就范伪装成满不在乎的懒散放任；文具故意缺这少那；懒洋洋地肩挎用线绳或橡皮筋绷住的文件夹；毡芯笔取代了当年的贵重钢笔——那是在

生日等场合下得到的取得好成绩的鼓励。屈从也表现在针对教师的挑衅越来越频繁，有时甚至在课堂上也要听随身听，故意穿着随便，衣服上常常印着时髦摇滚乐队的名字，圆珠笔和毡头笔上也常见这些名字。这些都提醒人们，“真实的世界”其实在学校以外。

借助充斥日常话语的先于逻辑的思维捷径，也出于对戏剧化或
惊人之谈的嗜好，喜欢谈论“高中病”的人把它跟“问题郊 923
区”——本身也受到“移民”幻象的影响——联系起来，从而在不知不觉之中触及了当代社会的最根本的矛盾之一。这个矛盾在一个无疑比以往更重要的教育体系的运行当中特别突出：作为一个重要的社会组成部分，这个矛盾也是社会制度的矛盾，这个制度日益强烈地倾向于为所有人倾其所有，尤其是在物质财富和象征手段财富的消费方面，甚至包括政治财富，然而一切都是在仿冒制品的虚假外表之下进行的，似乎只有这样，一部分人才能切实和合法地独占这些财富。

当年的好日子 925

马利克年方十九，可是“阅历不浅”。我们见到他时，他正在从事一份无薪实习的工作。他既不抱太多的幻想，也得不到多少训练。为了满足一所排名很低的郊区高中的要求，他自己找到了这个实习机会。那些要求是针对一个不伦不类的专业的学生制定的。他跟父亲一起住在一个小房子里，父亲几年前离了婚，至今未娶。马利克定期去他的“保障房”探望母亲。他依旧怀念那里，怀念那里和睦的氛围，以及他所说的“有福同享”。也许在快乐的外表之下，他仍然怀念自己家庭的团结，有时候他似乎要用肩膀扛起所有的分量，对于一度成为榜样的哥哥，他的感情很复杂。他仍然很爱哥

哥，他从来没有真正对哥哥予以谴责，可是责备哥哥对父亲太冷漠，父亲已经被哥哥的不良行为伤害不浅。谈起父亲，马利克表现得十分宽容和理解，他解释说，父亲的恐惧和严肃性既过分又徒劳无益，那是他的“出身”造成的，同时出于一种能够被承认和融入社会的愿望。马利克竭尽全力保护父亲，而且——如果用这个词不
926 太过分——对他进行再教育。马利克既要面对这个被拔了根的、不合拍的、被剥夺了父权的基础的男人，又得设身处地为他着想。此时马利克所承担的责任，连同对于生活和社会的恐惧，使他迫切地渴望稳定，也导致他试图长期保持高中生的身份，这种身份尽管是暂时的和不确定的，但总算比较舒坦。他似乎沿着两个不同的时间轨道，从两个不同的角度向我们讲述他的生活，但无意调和二者：先从学校的角度，后从他度过童年和部分少年时期的“保障房”的角度。这是两个独立甚至对立的世界，也是两种记忆，只有把二者联系起来看才有意义。

他的神情举止、装束，乃至语言，都给人一种十分自如的感觉，这无疑跟他的体态的魅力有关，他不可能全然不知。不过，我们也觉得他脆弱和不稳定，正像差劲的心理学教科书有时所说的那样。他坐不住，似乎总得起来走动走动。这证明了柏柏尔人把青春期比喻为春天的神话：进退交替；晴雨、冷暖交替。他不停地在近乎天真的漫不经心和深重的焦虑之间变换。说着说着，他有时会失去思路，有点过分明确地表示忧虑。对此他似乎已经习惯，而且为之自责。采访一开始，经过长久沉默后，他说“找不到词儿了”。
927 过了一会儿，他又不耐烦地说，他把“另一个词儿也忘了”。他竭力高声给自己鼓劲，好像在下赌注：“不，我不能卡壳，不能卡壳。”他两次都在搜寻规范的课堂用语——“求职技巧”“实习规范”。仿佛重温校方的评语似的，他说他读书很吃力［“我做不到。读起书来，过不了一会儿就得放下，因为有别的事，不然我就能找

到需要的东西。不错，书里确实有说不完的了不起的东西（口头承认学科的价值），可是那就得活得像个隐士，有个藏书屋，才能做这个"］。他自责没有想清楚（"是我弄混了，告诉您吧，我告诉您的是一笔糊涂账"），他有时候会陷入混乱，也许是采访的情境唤起了他在学校的体验，他被吓蒙了，说不出一句完整的话。

他时而把必要性说成美德，时而把犹疑不定说成有意做出的决定："我觉得我必须……逃脱……不分时间地逃脱，可是关键是逃脱，这比别的都重要，嗯，这个……我有……非这么做不可，我不喜欢稳定。我要它动起来，得有点动静才行，得有点什么事。"抑或："这么说吧……哪儿都一样，实习的时候我这种个性也能看到。我去实习的每一家公司，我都得琢磨琢磨，我要它与众不同。"一切都令人相信，他在校内外结成的关系（他的朋友，以及一个在他的中学里教书的他心仪的年轻女子）被他用来制造一种山寨版的艺术家生活（这一点当他叙述在西班牙度假时尤为明显，此处未发表）： 928
"当上总裁，眼睛不再盯着女友……不看了……没兴趣了……"

事实上，无论是工作、家庭、学校，还是友谊，他的整个生命都带有不稳定和不断变化的标记。马利克的父亲出生于阿尔及利亚的特莱姆森（Tlemcen），在马利克出生以前不久来到法国，多次改换工作和公司。"父亲换过好多工作，他曾经……我想一开始是当……修车师傅，修理轻型摩托车什么的。后来也干过别的，然后当钻工，在一家企业里当钻工，他在那儿待的时间最长，后来企业倒闭了（……），他又找了一家，后来也倒闭了。再换一家，他不得不东奔西跑，直到现在还是……"不仅马利克的父亲不断变换地点，他的母亲，一位南斯拉夫移民，也先后在一家（提供住处的）游泳池和一家大百货公司当过收银员，正如他说的，"家搬了又搬，学校换了又换"。

这是一种深感当下和未来都不确定的体验。"保障房"社区的

动荡生活无疑扰乱了学业，失望情绪使这种体验倍加沉重：做出一些“蠢事”的动机只是“闹点动静”，也为了跟大龄孩子混在一起，
929 包括从他 12 岁起就带他去夜总会的大姐及其更年长的好友们，以及比他大两岁的哥哥：在一次持枪抢劫之后，他的不断升级的“蠢事”（“越干越大，越干越多”）和对金钱的需求最终把他送进了监狱。

由此，我们能够理解，正如同样无法把握现在和未来的赤贫阶层，他何以只能尽量延长这种不确定状态的时间，尽管这种状态恰恰不允许他把握时间（“总之，说实话，我们在学校里挺享受的。”“总之，这是我选择的路，这样就能在学校多待一阵子。”）；我们也能理解，他何以把极端的现实主义与风险极大的空想掺和在一起。一方面，他大言不惭地提出怪要求（往往笑着或露出浅笑）：“请注意，我的要求很高。我要的工作必须让我完全满意!”他在访谈结束前甚至抛出了一个完全不切实际的计划，一个千禧年神话，跟两个同样懵懂的朋友一道拟定：奔赴一个从未去过的远东国家，在那儿创办一家类似地中海俱乐部的旅行社，但是以亿万富翁为对象。可是，另一方面，他又千方百计地申明，他明白自己所处的地位：他上的是一所“垃圾中学”（只用三言两语，他就使我们懂得了他如何很快想通了学业受挫的原因：他发现，坐在前后排的同学跟他是一路人）；他还谈到毕业证书，称之为“死胡同”。他表达了一个幼年以来从未放弃的愿望：不顾一切地离家出走。可是，他在结论里却承认了这通漫游梦所否定的现实：“说来说去，有一件事我敢
930 肯定：我会留下来。不过，我眼下不这么想。”

谈到最后，他提出了一个很划算的交换理论（“学校里没人要求我得高分……只要过得去就行了”），这就似乎使得在有保障的学校里最经济地存活的艺术显得合情合理。这无疑是他的“智慧”的最佳说明：这种存活艺术的主要益处是不仅能尽量推迟进入社会生活的时间，特别是尽量避开进“工厂”的恐惧——从适应学校生活

的意义看，就学无疑促成了这种恐惧——也能够延长在校的不确定状态，从而在想象中勉强维持被学校一再碾碎的欲望。

一位北非移民青年 931

采访者：皮埃尔·布尔迪厄

“生活待我不错”

——那个培训班是怎么回事？你在那儿学习什么？

马利克： 按理我应该学做销售。销售和演示。所以我上午学着做，也就是观看，我不接订单嘛，不接是因为不了解产品，要不就是……就是我下午留在商店里，看人家怎么做，学着做，我开始学了……

——是哪个方面的？

马利克： 汽车零件。

——培训班付给你钱没有？

马利克： 一分也没有。

——培训班是学校还是你自己找到的？

马利克： 不是，不是，那个属于……属于……我找不到词儿了。哎，这不重要！那是谋职技巧的一部分，我反正得找事情做呀，而且还有分数，等等。一切要看找什么工作，怎么找，找到了什么，都得学习。

[…………]

——那我们就回到你的学业上来。说说那是怎么回事吧。

马利克： 这要看您想知道什么，您是想从学前班说起吗？

——行哟，为什么不呢？

那个学校连垃圾场都不如……

马利克： 学前班还过得去，只是下午我一般不去，在家陪我妈

妈（……），那时她在一家赌场［超市］有一份半职工作（……）。一年级以后，说实话，整个小学阶段我上得还可以，很正常吧。后来头一次上初一，我说头一次是因为我上了两遍：第一个季度挺
932 好，第二个不怎么样，第三个很糟糕。

——那是在什么地方？

马利克：在加尚[1]，提到加尚是为了让您有一个概念。就在那一带。当时我刚刚上中学。我觉得，一进校门就青春焕发，初中我们很少想学习，要想应该早一点想才对。（……）后来我又读了一遍初一，学校多少算是私立的，反正签了合同书，是父母让我上的一所寄宿制初中。我自己不乐意上寄宿学校，因为我有点幽闭症。结果呢，事情还不错，真的过得很好。初二反倒变成一场灾难。

——怎么回事？

马利克：哎，不愿意下功夫学习呗。有点……不是学校不好，是我的心思不在那儿。

——那是为什么呢？如果我可以知道的话……

马利克：（……）同学们怎么想我不知道，不了解。说到底，也不是环境，而是……我觉得因为到了一定时候，我需要休息一下，停下来想想一些事情。

——你的父母这个时候支持你吗？

马利克：不支持。唉，您知道，问题正是我父母一直帮助我，直到小学，因为他们……还有，一段时间以后，出现了一条鸿沟……

——那么，小学他们支持你的学习？他们帮助你……

马利克：是的，他们看着我……。他们有能力帮助我。

——这就对了。你的父亲是做什么的？

马利克：我父亲如今在工厂，能做什么做什么，服务，开车，

---

① Cachan，在巴黎南郊。——译者注

是个多面手，没有一个真正的固定的……岗位。

[…………]

——你上私立学校，父母得花不少钱吧？

马利克：那倒不是，那是个名叫邮政之家[①]的学校，按家长的收入交学费，还有配额什么的，所以这方面情况还不错。那时我就做了决定，哎，是他们提出来的，让我复读一年，我不想，可是后来……

——是在初中二年级那一年吧？

马利克：初二。我决定走一条路，考一个技能证书。所以，他 933
们就让我在那个学校留下来了。

——在准备考技能证书的事情上，父母依然支持你吗？

马利克：没有，可是我坚持要走这条路。只想这么干，可是不知道以后会怎么样……

——哪方面的技能证书？

马利克：办公室职员，会计……

——跟你母亲差不多？你母亲是会计吧？

马利克：不不，是收银员。也做过一点会计，不过……

——为什么想做会计呢？

马利克：为什么想做会计？因为我那时可以选择，要么学电子机械，或者叫不上来名字的什么，纯电子学吧……因为我这个人屁股沉……

——做会计好，因为可以坐着干，对吧？

马利克：对，我想是因为这个。可以坐着，而且没有……那样也许让我害怕，倒不一定是害怕，而是上车间里干活，噪声什么的……

---

① 邮政之家（foyers des PTT）是法国政府邮电部为职工家属兴办的机构，组织一些家属子弟上学、职工夜校和退休职工活动等活动。——译者注

——是工厂。

马利克：对，工厂。对对，就是工厂。不行，那得把我吓死。(……)后来，读专科技能证书的第一年，第二年，第三年，我向来没有好好读，也不知道为什么会这样，一直往前走……

——一直在同一个学校吗？

马利克：同一个学校。我想说那三年是我上学上得最好的三年，因为……倒不是分数好，特别是有我身边的那些人，同班同学，因为我在那儿交了两个好朋友，还有别的几个，等等吧。后来……在那儿开始了，我知道我是……我考下了专科技能证书，也就是说，到了第三年年底，顾问团开了会，一件大事，由他们来决定谁可以接着走。这个我觉得可笑之极，应该给每个人一个机会嘛。咳，可笑归可笑，谁知道呢，因为，归根结底……从专科技能证书方面说很可笑。我想说，他们不给机会，他们应该给。不过，人太多。既然人多，就得挑一挑，这个我懂。

——对，他们没有足够的位置，就是因为这个。

马利克：可是，就是这一次，他们没有让我通过，我没有获得
934 赞同意见，也就是说，我的档案没能送到校长那里去，没送出去。然后我们这些人就得自己找出路，所以我呢，一个学校接着一个学校，一个办公室接着一个办公室地跑，最后找到了一个学校，可是……

——你得自己“找地方”吗？

马利克：我不得不找哟，因为我不能停下不干了。因为那个时候，我觉得我的机会更多，比起……哎，反正专科技能证书没有把我带得更远。(……) 我于是在销售方面找 (……)，找销售方面的，因为他们开设了一个销售班：销售、经营和商品推销。我找了找 (……)，没找到，都满了。那是……最后找到了一个地址，因为我去了我那个市镇的信息中心 (CIO)，人家告诉我，有一个学校

有空额，我就去了。最后被收下了。不过，不是销售，也不是会计，是文秘。他们说，第二年我可以学会计。

——那好哟。学校在什么地方？

马利克： 在尚蒂伊（Gentilly）。所以，在尚蒂伊我慢慢发现，那个学校连垃圾场都不如……

——学校叫什么名字？

马利克： 瓦尔德比佛。总之，一想到这个就觉得很不好受……

——你过了多久才意识到这一点？

马利克： 很快。跟邻座一聊就知道了……他们的情形跟我一样；座位在我前排的一个人，还有一个坐在我后排的，他们的情形跟我都一样。最后我们都明白了，那是一个（……），后来还有旁边的别人，那是……

——你们聊些什么？聊天在你们之间进行吗？

我很喜欢，真的喜欢，说不清为什么，就是喜欢

马利克： 问题是，一入校就掉进……得入乡随俗，这才是……我心想：这算不了什么，第二年再读会计吧。后来呢，最后，真的
挺舒心。舒心是因为班上有朋友，跟老师也熟悉起来，等等吧。所 935
以呢，一切都不错，不是他们教给我们的东西不好，而是学校，让你觉得缺乏……卡住了，让你觉得，不管怎么样，一到职业资格证书就停下不动了。让你觉得我们是靠边站的，走不了正路的才上这儿来，不得不经过这个学校，让人觉得怪怪的。

——老师们好不好？

马利克： 嗯，都很好。

——可是，他们自己也知道……

马利克： 他们心里很清楚，他们又不是疯子……

——他们做力所能及的事，对吧？

马利克：对。通常是这样。通常。你不能说……一部分老师把心思用在那儿，因为他们也想做完两年三年，因为对老师来说，那也是个学校哟……

——垃圾场是怎么回事？

马利克：意思就是候车厅，不是垃圾场，得在那儿干等三年……

——为了另找出路，是吧？

马利克：再说，不少老师是从这儿开始的，从这个学校起步。年轻教师，……把他们放在这儿，他们还会（……），谁知道，反正有好多这样的事情。后来我读了第二年，他们最终没有让我上会计班，我第二年又读了文秘。一读第二年我就决心接着读完，我想头一年算是适应阶段。

——为了追上去……

马利克：为了追上同伴，我心里想：你最好奋起直追，可是结果还是一样：挂了。（……）哎，我向来没好好读，不过，说穿了，我没觉得要升班就非得好好读不可，谁知道呢，而且我……还是通过了，没出问题，可是你得好好读，或者做出好好读的样子，为的是也许……因为他们会这么想：这个家伙既然不好好读书，下一年大概照样不会好好读。确实，读书应该踏踏实实。所以，这方面他
936 们倒很友善，因为他们让我复读一年，我也是这样做的。那次也许是我头一回做出的真正的选择，真正的，也就是做销售，我选择了销售。这不，我做起来了。

——刚才你提到前后排的小伙伴和老师，随后你说："他们心里很清楚……"这是什么意思？

马利克：哎，意思是我接受了，心想：就这样吧。这样是这样，但不完全是件坏事，能够意识到，就能做到……（……）是的，不管怎么说，那是一段好日子。我喜欢学校，它使我……我很

喜欢，真的喜欢，说不清为什么，就是喜欢……也说不清为什么喜欢伙伴们，还有我学到的东西；说不出为什么。

——你还说“屁股沉”，以及……

马利克：这个嘛，我这个人很懒惰，特别特别懒。也就是俗话说的游手好闲。

——可是你给自己定下了目标，到处跑，找学校……你付出的努力巨大？

马利克：我倒不觉得是努力，因为从前不用努力，我本来也可以做到。这是，我（含糊不清）碰了壁以后，我心想：我得做点什么，得想办法挽住绳扣，什么地方都行，我得跟上趟呀。哎，这也不是一件容易的事，很难……不过也不是那么难。那么，无论如何……的确，我很懒散，因为我这个人，说到底……晚上回家接着干活，那样或许能够争取更多的机会，更多的选择，这不假……倒不是说他们……反正他们在那儿看着，往前推我，往前推，对我说“只要你继续好好读书，就不会有问题”，等等。可是，他们在学习上帮助不了我。

他有自己的一套

——他们想帮助你，但不知从哪儿下手，对吧？

马利克：我觉得目前他们很相信我。他们应该信任我呀，我想还有别的，因为他们心里说：“哎，无论怎么说，假如他找不到事做，我们就不知道如何是好了，可是他自己也得……”不过，我下
面要说的真的很可笑，我爸爸连我现在做什么都不知道。您看，我 937
在做什么，他说不出。他说不清是会计，还是销售，像这样的事情在他脑袋里乱七八糟的有好多。他不清楚我做什么工作。

——你和他谈话不多？

马利克：不多，我俩很少交谈。特别是他跟我从不多谈他的工

作，我也不多谈我的。

——对他来说，工作也不容易，对吧？

马利克：这个嘛，我想应该是吧……到了一定时候，他这个人识字不多，只认识字母表，可是阅读有困难。

——他原籍阿尔及利亚？

马利克：是的。

——哪个地区？

马利克：他出生在那儿。

——出生在什么地方，你不知道？

马利克：知道。特莱姆森。

——噢，特莱姆森。所以他吃过苦。

马利克：吃过苦，其实，我也不太清楚，对他来说，那些都过去了，他没上过学，倒是进过几天学校的门，可是没有读下去。在我的印象里，他觉得那都过去了，是他来法国以后感到特别懊恼的一个经历……是不是被人刁难过？我不清楚，反正他现在意识到（……）现在他要求，只要上进就好，学什么不重要，啥都行。他在家里确实支持我，能做的他都会做。也就是说，经济上他还会帮助我，等等，只要是上学。的确，假如我甩手不干了，那他会不高兴，非常不高兴。

[…………]

——你有一个哥哥，他是做什么的？他也和你们爷俩一起生活吗？

马利克：不是。我哥哥也很怪，他跟他的女友一块儿过日子，我们不认识她。他有时候回家，有时候不在。他在做什么？我觉得我爸爸早就撒手不管了。应该是这样，撒手不管。因为我爸爸觉得我哥哥跟他很生分，年纪很小的时候就是这样，从十六七岁起，彻

938 底疏远他了……

——你说“跟他很生分”是什么意思？

马利克：说生分是因为他基本上不回家，经常在外头，等等。所以我爸爸两年当中跟不上他的趟，看不到他怎么变化。

——这一定让你父亲感到很难受吧？

马利克：我觉得……很难受……我是这么觉得。现在，不管怎么样，我能意识到这一点，现在他一个人生活了……

——他说话不多吗？

马利克：他尽量多说。他应该多说一点。我认为他也需要这个（……）。这方面今后不会那么有趣了，不像从前那么有趣了……

——这个情况请你多说几句……（……）

马利克：我父母离婚以后——也就是目前，照我的看法，请您注意，不是客观的角度——离婚以后，可以说从前他并没有意识到……他一向用父亲对儿子的眼光看我们，不是任凭我们成长，怎么说呢，直到某个时候以前，不可能跟他商量事情，因为我说的他跟不上趟。他是个非常实打实的人，因此，离婚，我母亲走了，剩下我和我哥哥，姐姐也跟她的男友走了。既然我哥哥经常不在家，说到底，家里只剩下我一个。可是，我也经常不在家——比我哥哥在家的时间多，后来就少了——结果家里只剩下我爸爸一个人……这样过了十个月，其实可以从开学算起吧。从这以后，他就开始……因为他被丢在一边了，我敢肯定，他心里一定感到被丢弃了，没人管了。由于我母亲跟孩子更亲昵，我觉得他……（……），这事他一定会……

——思考？[马利克的思路断了，而且为此显得不高兴]（……）其实，如果你以前同他这样谈话，情形也许会不同吧？那时候做不到吗？

马利克：做得到，可那是一条单行道。我刚才对您说了，他有

自己的一套，自己的一套。要谈得我找他谈，只能这样单向地谈。就得说，我想跟您谈谈我自己。可是，说到底，谈什么都不得不这
939 样，那是……当父亲的才会……

——对，当父亲的总是有道理。

马利克：父亲是主心骨……我们什么都不加评论……不过，我完全理解，这跟他的出身什么的有关。

——当然，这很正常。

马利克：不过，他很了不起，因为，说穿了，他什么都放手不管。我想说的是，在宗教方面，他一点也不……他只想融进这个社会。他甚至有点偏执，因为他不愿意出问题。他会因为接到一张罚单而发疯，遇到问题也会……他不想惹一点麻烦，只想安定。不过，我觉得他有一种恐惧，很古怪，什么都怕［不合规定的事］。可是，还是那句话，这跟他的出身有关……绝对如此。我想说，他接到一张通知，谁知道，比如我吧，我也接到过违章停车的罚单之类的东西，可是时间一过就……那是电脑打印的，“刷拉一下”就直接寄过来了。可是，他理解不了那是电脑生成的，不是看得见的活人写的。他的偏执劲一上来，就认为严重得不得了，可是（……）这里头的事我得给他解释，得解释才行，可是他很难理解，很难很难。这种事很有趣，也很没趣，碰上我们只好一笑了之，然后……

我需要整天动起来

［…………］

——今后呢，你是怎么想的？

马利克：［笑］不在这儿，不在这儿。

——你的意思是……？

马利克：不在这儿，不在巴黎。哎，不过我很喜欢巴黎，这是一个我很喜欢的城市，我的意思是很乐意在这儿生活。不过，我觉

得我得……跑掉……总想跑掉。跑掉比别的事情都重要，唔，就是……我有……必须……我这个人不喜欢安定。我需要整天动起来，发生一些事端，有点什么事情。如果我在这儿坐一阵子，发现事情千篇一律，我就会开始……目前我不愿意被裹挟，动弹不得。主要是因为这个。好在事情也许会起变化。而且，变化只影响我们这些人，反正一定会有变化。说到底，只有一件事我能肯定：我一 940
定会留在这儿。不过目前我不想留下。

——是哟，你不愿意承认。

马利克：对，就是这样，我觉得是这样。不过，我快要走了［笑］。

［…………］

——还有目前这个实习期，结果会怎么样？结业后会去什么地方？

马利克：实习期？实习的确挺有意思，可以说……培训班都一样，他们都能看出我的性格，因为我对每个去实习的企业都要研究一番，我希望它跟别的不一样。我刚从一家大企业出来，比方说欧莱雅，我就另找一家小的，刚开张的，这是六个月以前的事。一家很小很小的公司（……）。可是，轮到写报告的时候都一样……做报告的那一天，因为到头来，我……考试包括一场口试，谈那份必须做的实习报告，等等。实习什么的，都得口试，那一天我不想参加，因为如果他们问我实习，我不想把同一次实习说两遍。我不感兴趣。不感兴趣是因为他们自己会厌烦，我也会厌烦，而且你能感觉到。这样一来，如果两年当中得参加两次、四次实习，我就老老实实干两年，可是我希望它们各个不同，能够取长补短。

［…………］

——企业给你安排了位置以后，还会做什么？

马利克：不，不，那以后……您瞧，企业安排我们，这我连想

都没想过［笑］，从前也许行，如今不行了。

——那你能得到什么，文凭？

马利克： 文凭？我有一张职高毕业文凭，修车工一类的。没什么前途。谁知道呢，我不觉得能够做什么是一清二楚的，这类文凭开设没多久哟，我也不拿它当一回事。［实习无薪酬。］

——噢，那么您靠什么生活呢？总得有点钱哟……

马利克： 我嘛，要看情况。有时候我干点活儿，有时候会干点活儿……

941 ——去外头找活儿干，是吧？

马利克： 反正不多，我这个人不是……刚才我说过。有时候我也会干一点……

——父亲帮你一把……？

马利克： 爸爸妈妈都帮，他俩在这方面挺好，特别特别好。

——为什么说"在这方面"呢？

马利克：［含糊不清］这个很讨嫌，不是吗？

这样大家会分享很多东西

——我们不妨聊聊你居住的小区，你从什么开始入住，怎么……

马利克： 好吧。我长大的地方是（……），离开巴黎以后，住过好几个地方。我也可以和您聊聊我父母。我想他们是 1964 年来法国的，不是 1963 年就是 1964 年吧。他俩是在法国认识的。我爸爸当年住在加尚，我妈妈在巴黎，住宿舍，（……）后来他俩认识，恋爱，住进了巴黎的一个房间里，全靠法国朋友的帮助——后来成了好朋友。再后来，通过廉租房管理局，他俩在加尚找到了一个公寓。我就是在那儿出生的（……）。

那个小区很大，巨大，可是跟别的小区不一样，人不多。所以

我想说……我觉得在一个这样的地方挺有意思的，因为很方便结识一个伙伴，一些伙伴，还有女伴，不管是男是女吧。这要比关在一个独栋房子里容易得多。还有，这样带出来好多别的东西，大家会分享很多东西。总之，这是我的感觉，我不知道这是不是从父母那儿来的，还是别的什么地方，可是会长久延续，因为如果你有两分钱，能买两块糖，只要身边有个伙伴，你就不会独吞，我不知道这是不是因为我们都没钱，所以有什么都会跟别人分享，因为那人说不定哪天也会这么做。谁知道呢。就在那儿，我长大了。我母亲申请了一个游泳池旁边的住处，我们就搬到游泳池那边去了。整个街区里……（……）

还有，我经常游泳，等等。等到游到一定水平的时候，我发觉自己已经13岁了。他们于是就督促我，督促我，因为他们知道每 942
天训练就能达到某个水平，比方说，每个礼拜六要比赛，连礼拜天也有比赛。游泳我就是这么学的。

——这样一来，参加比赛什么的……你游得一定相当好，是吧？

马利克：似乎是吧。我只是坚持游下去！可是这方面，我感到这么干不利于健康，太不健康了。他们这样督促我，我不觉得很正常。（……）

——这个跟学习差不多。

马利克：倒不是，学校不这么督促我。不一样的。

——对，是这样，学习督促不够，体育督促太多。

马利克：［沉默良久］学校同样督促不够。

——该督促的不督促。

马利克：还有……我认为是这样。我认为是这样。正是这样。该做的不做。反正有一种被普遍接受的完善的教学法，学究式的，但是你能看到它不管个人的东西，不顾特殊的个人……

［…………］

只是想闹出点动静

——伙伴们对你很重要吧？

马利克：当然啦！

——所有的娱乐活动都跟伙伴们在一起？

马利克：是哟。

——在小区里吗？

马利克：很多在小区里，也就是……我就是在那儿和……搬家到游泳池的时候，我还在上小学，因此（……）我家搬了又搬，学校换了又换，因此到了加尚，一切都好起来。我开始认识一些住户，所以，我不用改变什么，因为我住在这儿，不觉得自己是挂上去的，等等，根本没觉得。人们很容易接近，一切都顺顺当当，小学四年级，五年级……而且到了五年级年底，我开始注意别的事
943 物，我是说，谁知道呢，开始做出一些小孩子的傻事，小偷小摸，都是傻事，真是傻事，蠢蛋，傻得没边了，因为我们差一点去盗窃法兰西银行。真去就更有意思了。我们没有啥雄心壮志。嗯，这样挺够朋友，可是我觉得总归有危险，不过那时候……真是小孩子，不是真想偷盗，是因为想摆脱什么。是这样：一个东西我没有，我就去偷。我想说，那些都是傻事，偷橘子，玩的就是冒险，真傻。只想闹出点动静［笑］。是啊，就像……好像我们真的是（……）。不过，也好，成长得快一点。还有一次，过后我就变了，变化很大……我总是跟我哥哥一道，毕竟这样才使我们俩……小孩子的时候，我俩总在一起，我们搬到那儿以后，总是在一起，总是一块四处溜达，修理我们的自行车，然后一块儿骑车出去，把加尚一带跑个遍。

［…………］

——他后来出了什么事？

马利克： 他长大了，我们呢，还很小。小归小，14 岁，可是我认为很能干。不过，从那个时候起，我俩各走各的路了。我呢，当时我要准备专科技能证书的考试，告诉您吧，当时有过［含糊不清］。可不，那是真的，不是蠢事，我想说，我当时有……谁知道呢，我没法这么跟您说，那得用好长时间才说得清，有好多好多回忆，好多事情，好多……真是了不起哟！好多忘不了的事情，也有对老师干的傻事，想起来就会一起掉眼泪的事，疯狂的事情。总之，跟伙伴在一起，我从来没哭过。对了，哭过一回，那是在派出所里，这不一样。［含糊不清］在派出所里，是因为干下一桩傻事进去的。一出来我就换了很多朋友。

——这话前言不搭后语的，你到底干了什么才进了派出所？

马利克： 那是……我跟两个伙伴一道……很有意思，因为我能看出是怎么回事［手指脑袋］，您可看不到。我能想象，能够……

——可是你没有把一切都告诉我。 944

马利克： 没有。是的，没有［笑］……

——你可以告诉我，这个你清楚。咱们卡在这儿了。

［他接着解释如何跟男孩子们“干过蠢事”：“跟一些名声不好，可是一起玩得好的朋友来往”，因为“好冒险”而偷窃，玩火和不小心造成火灾，占用多少被遗弃的房子，其间被警察抓起来，还通知了父母。］

马利克：（……）所以，我一到派出所，父母就跟来了。特别是我妈妈，因为她……不是——她其实从来没有打过我，可是那时候惩罚得挺重，比如剪头发……你不想要……头发中间剃出一道沟。还有，礼拜一上学校，跟（……）一起去，我想说我们不是高高兴兴地去的，可是非去不可哟。所以，那儿还算可以，过得去，我从来没做过坏事，可是事后在这个公司里被传得越来越大，越来越快，还添油加醋，最后闹得……周围的人都知道了。所以，一上

初二，我就报考了专科技能证书，后来开始结识朋友，处理各方面的关系，我完全脱离了学校。可是我走了，我兄弟却留下了。

——继续完成学业……

马利克：继续干那些乱七八糟的坏事呗，而且时间不短，后来……

——出了问题？他被……

马利克：被抓了，抓起来了。倒是没有关进去，可是离监狱也不远了，说实话……

——为什么抓他？因为偷盗一类的事吗？

马利克：这个……因为他有一次……因为后来有一阵子，他有一阵子没去上学，可是总得吃饭哟，需要钱。我也不明白他是怎么搞的。面包他也吃不了那么多哟。可是，说实话，他一直没脱离那种事。一个晚上，他晚上闯进一家杂货店，那阵子人们都喜欢喝里加酒，他倒是不喝，但是倒卖，把里加酒倒卖给（……），他们都弄这个。他卖得好，量大，所以经常被抓个正着。最后……结果倒了大霉。那天晚上，他遇到几个小子，都开着轻骑摩托，聊怎么倒
945 卖里加酒的事，警察正好打那儿经过，结果他们一块儿被抓了。这类事总是让他碰上。要不就是在巴黎，他一个人安安静静地抽大麻，就这样也会被抓起来。这类事真是邪门！这么说吧……我呢，更进一步，就这样认识了一些人，现在都成了朋友。

[…………]

很想开一家水上运动馆

——是这样啊，不过你玩得那么开心，都不想去……

马利克：家都不想回。白天不回家，晚上 8 点我还是要回家的。我留在教室，还跟……事情一个接着一个，还得聊聊什么的。等我们发觉……

——你们于是就不想读书了？

马利克： 对。我觉得，只要一遇到伙伴们，玩兴就来了，不想学习了……因为好多别的机会一下子多起来，有更多挺重要的机遇。再说，我不知道是不是每个人都明白，不知道谁能抓住这里头的事情。

——这话是什么意思？

马利克： 他们需要做个交易……

［大谈与同伴一道流浪西班牙的旅行。］

——你这个伙伴眼下做什么？

马利克： 他在准备职高毕业会考，正上二年级。我们作为校外生考过，他通过了，我没通过。

——你说什么？我没听清楚。

马利克： 他考过了，我没过。

——考的是什么？

马利克： 职高毕业会考，我们作为校外考生，也就是说，提前一年，提前一年。因为他没有考下专科技能证书，他出了点事。不过，这并不意味着不能变成好事。

——这么说，你俩有共同的计划？

马利克： 不知道您说的计划指什么……

——我也不知道，因为我觉得……

马利克： ［夸张的口气］反正他有个计划，我们很想开一家水上运动馆。 946

——在哪儿？

马利克： 越南［笑］。

——干吗要去越南？

马利克： 因为那边发展很快，越南刚开放不久嘛。

——这个主意不错。

马利克：那边刚开放不久，这个国家看来会……富裕起来……

——嗯，弄个俱乐部是个好主意。

马利克：不是俱乐部，不是。我不喜欢……

——那么是什么？

马利克：……俱乐部嘛，我刚才说了，我不要……刚才说了……从头到尾必须货真价实。

——那会是个什么呢？比方说？

马利克：这里头有好多事情：音响啦，气味啦，什么都得小心才行，所以不是谁都干得来的。因为我们打算同时开一家水上运动馆，设在法国西部，海边，完全是（……）地点我们还不知道。这么一来，这件事其实是一次招聘……可以认为是给企业提出一个建立这些服务点的建议，我们也的确需要某一类人才。不过，这个……先不告诉它们，它们不会知道……这样去了解这些人里谁能够……谁在琢磨这类事情。总之，就是这个，他正琢磨这个，这个计划。这个事还得看那些人怎么想，那些我们向他们提出计划的人……。严格地说，这不是给那种看热闹的人准备的。这样很好。

——是的，这很好。确实不错。

马利克：真的很不赖。不过，一切得从零开始，我们想提供从头到尾的一条龙建议。说是提供，可是……总之要从吃开始，一切都有了。真的，全有了。因为我们把它丢了，这让我很气愤，我们如今把它丢了，可是我们这些狗养的既然要干，就要从这上头挣点钱回来……总之我也不知道……可是把它丢了，我可不甘心看到一些人……

——你们是不是先两个人一道去那边看看……

马利克：不用，他人已经在泰国了，带着一个朋友，就是另一个叫费里德利克的，那个人经常在外旅行，因为他爸爸的关系。他爸爸是工程师，通信公司的外派工程师，总是到处跑。所以他也有

了这种机会，我们从他那儿才知道越南是这么个国家…… 947

——这个叫费里德利克的朋友是干什么的？

马利克：费里德利克在巴黎，正上高三，另一个叫费里德利克的上职高二年级，不过他是半职学生，因为他不跟父母住，出过一些（……）问题。很快，他很快就被赶出去了。

——被谁赶出去了？被他父母？

马利克：被他父母放弃了。反正这事有点复杂。其实他在这儿也会挺好的，可是，不不，确实……所以这件事，哎。他有自己的公寓房，完全独立……

——所以你们三个人打算一起干，包括费里德利克，对吧？

马利克：对，可是……

——连他也去了那边？

马利克：去了，不是去越南看看，是泰国，还有罗朗呢，安安静静的……

——他们有钱吗？那边还是挺远的哟。

马利克：哎，他们有办法。

——干点活儿？

马利克：一个是半工半读，所以有工作。可是旅游过后，他有6个月没上班。

——那么，今年夏天你想做什么？

马利克：我打算跟罗朗一块儿去旅游，出去一个礼拜，我们想一块儿去趟户外运动中心。

——是吗？在哪儿？

马利克：凡尔登（Verdon），玩一次漂流，找个水急的地方……

[…………]

——那可真的太妙了，能累死人，可是……

马利克： 是累人，可是挺好，这个还要看，我们得尽快决定，不行的话还是要出门一个礼拜，去法国西部，在那儿玩一点（……），还有卡塔船。

——卡塔船是什么？

马利克： 双体船。就像电影《巡航》里的那种小型双体船，您见过没有？不过，那样我们就不用离开法国。对，不行就玩这个。那种感觉太棒了。也就是 10 天时间，再……带上……带上……我在西班牙的朋友，因为我特别喜欢……

948 **她是阿尔及利亚人，倒不是有意找的……**

——你的朋友？

马利克： 她叫 I. E. 。

——是这样哟，因为你说话的方式让我不敢乱猜。这就对了。

马利克： I. E. 。

——这个 I. E. 是谁？如果这么问没什么不合适的话……

马利克： ［笑］I. E. 就是法戴拉。她人很好。

——她是做什么的？

马利克： 教员。

——教什么？

马利克： 在一个职业高中（LEP，即他上的职高）教书，法律，经济，那一类东西。

［…………］

对，我要去 10 天左右。是哟，更有意思的是她从来没去过，怕水，也不会游泳，我想让她看看……教她游泳，不是教会她游泳，她只要用脚沾沾直布罗陀的水就行了，因为那是我找到的唯一一个地方，也许再找一个合适的地方让她见识一下。大西洋和地中海的相遇点嘛！

——她原先是从哪里来的？

马利克：她是阿尔及利亚人，倒不是有意找的［笑］。不是有意找的，因为所有那些……反正这个不重要。对哟，这样也不错，谁知道。

［…………］

［马利克谈到不跟女友在一起的时候，便跟父亲一起住在一幢独栋房子里。］

职业嘛，也挺让我害怕的……

——你一直跟女友住在一起吗？还是你去找她？

马利克：住在女友那儿？对哟……因为［笑］……

——我这是顺着思路问，不是要……完全没那个意思……

马利克：因为我被夹在当中。真的，一觉醒来，身边有……确实挺惬意的。

——你父亲认识你的女友吗？

马利克：认识哟。不光认识，相处也挺好的。他俩挺谈得来……

——相处挺好，也谈得来……那么她的父母呢？她父亲也是阿尔及利亚人喽？ 949

马利克：也是，母亲也是。刚巧，他们也是从特莱姆森来的。

——是吗？这很有意思，他们以前不认识……

马利克：不认识，因为她父母……可以说，她父亲来得很早，30 年代就来了，所以……

——是这样，你父亲来得晚得多。

马利克：对。

——你把情况都告诉我们了吗？

马利克：全说了，除了（……）我也许会留下来一段时间，上

学。我愿意这样。接着念书，只为保险一点。如果有一天我跑掉了，或者念不下去了……

——是哟，总得有个……

马利克：……或者不得不留下来，找个位置，用物质补偿一下，就像人人都这么做的那样……

——我没听懂你这个话的意思。

马利克：反正我对金钱有一种奇怪的看法，觉得金钱主要是带来一种补偿，还觉得人人都有自己的问题，金钱能够用固定不变的物质的东西补偿一些梦想……这是补偿，可是我这个人没有太多的欲望，我要生活，不是用什么东西来补偿什么。

——那也就是说，金钱不是最重要的，对吧？

马利克：不是我的……不是我的首要目标。不错，我打算做的这个事情需要一些钱，可以说，要实现我要做的事，钱是最便捷、最根本的办法，但不是首要目标。

——为了你们的企业，你们考虑过找资金的事吧？

马利克：法兰西银行［笑］。没有，没想过。谁知道呢……要找到钱，就得巧干苦干，得找一份比较有意思的工作，称心的工作，我要的是一份有意思的工作。注意哟，我的要求很高哟，我要的工作得让我完全满意才行。我不干那种累人的、吃人的工作，然后你就得［含糊不清，笑］……这么说吧，我不想一上班就变成一个号码，不过依然在这个方面（……），这个还是挺重要的。不能让它剥削你，职业嘛，也挺让我害怕的……

——是的，从某个角度看，学校很好。

马利克：当公司总裁，顾不上看一眼女友，这个我没兴趣。

［…………］

——那么，学校呢？你喜欢学校这块天地吗？

马利克： 喜欢，很喜欢。我觉得它现在成了我的一部分，我心想，反正这是我选择的道路，它让我能够在学校多留一段时间。我也想……

——其实，最讨厌的是你在学校非得使劲念书不可，否则真的是很不错。

马利克： 哎，我不念书。

——所以说嘛，这不是很好吗？

马利克： 很不错，真的很不错。老师都很亲和。(……) 都很出色。

——这话怎么讲？

马利克： 他们纳闷我为什么不好好念书。

——对，他们纳闷哟，因为如果想好好干，你书会念得很好。

马利克： 不会的。

——会的。

马利克： 不会的。不会的。我觉得现在这样就很好。为什么？我也不知道。学校倒是不要求考满分，可是工作必须打满分才行：要么零蛋，要么 100 分。得 B 或者得 C 都不行。学校给你留有余地，你可以得 C，C+，或者 D，反正 F 肯定不行，因为过后会有问题。所以尽量混个及格就行了［笑］……多得几个 D，等到最后一个学期，用 C 找齐。然后你出去闲逛一阵，最后你屁事没干，他们也会让你过去。我的问题也就出在这儿，告诉您吧……为了能够实现我要的东西，因为他们觉得我永远会是这副样子，这么想就是走极端了，太走极端了。不过，我慢慢能够吃透他们的想法了，因为我女友也是教书的，也是那一边的人……您现在看出来是怎么回事了吧？可是，这样挺好，生活待我不错［笑］。

1991 年 6 月

951
失乐园

跟很多同学一样，克莱尔、穆丽尔和娜丁一上高中就对教育的大幅度贬值有了亲身体验。发现这一点之后，她们被迫搁置期盼，痛批中学的制度和学习条件。她们来自三所不同的初中，目前都在魏尔伦高中上学。在这里，她们失望地看到更严峻的等级分化：凡是未能踏上“理工科的康庄大道”的学生都被瞧不起；价值观也不再相同。她们都是从前的“好学生”，得到过好学校的承认和鼓励，因此对于高中处理她们的困境的方式，感到特别震惊。她们突然发现，学生如果对于高中的严格要求毫无准备，就会受到校方的粗暴对待。

魏尔伦中学是20世纪50年代建成的，条件不是很好，它所属的学区覆盖两个城镇，居民以工人为主（虽然“雇员”和从事“中
952 间职业”以及普通服务业的人口有所增长），其中一个城镇离巴黎不远。它是唯一一所提供理工科（C类和D类）和文科（A1类、A2类和A3类）高中毕业会考的公立中学。它汇集了来自12所初级中学的顶尖学生，除转入巴黎高中者以外，更多的“中等”学生分别升入一所普通高中和一所职业高中，以便考取技能证书，或者参加B类和E类（经济科）高中毕业会考。为了限制这种“外流”，尤其在进入理工科毕业班方面，魏尔伦中学的校方和教师尽力维持较高的教学水平（因为决定学校声誉的主要因素是高中毕业会考的成功率）。可见，出身于较高社会阶层的学生前往巴黎上高中的现象主要发生在初中阶段。

升入理工科班级的主要根据是数学和自然科学的成绩，学生大多此时发现这所中学的要求极高。对他们当中的很多人来说，他们

的成绩远远低于预期，因为进入高中时的“难度骤升”发生在“成绩普遍下滑”当中。而事实上，相比其他不提供名声最佳的毕业会考学科的高中，魏尔伦中学的高要求最为系统，评分标准也最严。这一点从学生们升入高一后，成绩比前一年普遍下降就可以证明，特别是数学和法文。下降的幅度在这里比在另外两所中学都要大，尽管课程名义上相同。 953

“成绩下滑”跟学生来自哪一所初中也有关系。如今不像从前，每一所初中的社会特色和教学特点可以通过选拔过程得到“调整”，这一点因而更显重要。政府的意向是80%的学生升入毕业班，可是这一意向不仅远未做到优化教学体系，而且使之变成了一整套行政措施（就不同学科的容纳能力而言）和压力，并且在某种意义上，迫使初中管理部门凭“资历”给一些在旧常态下根本通不过的学生放行，包括升入初中毕业班；与此同时，他们不得不因为学生人数必须维持（至少）四年①而降低要求。这些在高中一年级暴露出来的差异，法国教育部有关部门的统计数字通常不予透露，此时依学生来自哪一所初中，其学业前景会有相当大的变化（例如魏尔伦中学，学生依照所来自初中的不同，复读和把方向改为考职业资格证书的学生的比例有从8%到50%的变化）。在很大程度上，初中成绩的优劣对高一学生失去了意义，他们大受学习成绩突降的影响。由于同班有比初中更优秀的学生，成绩下滑的局面更加严重。

见到克莱尔、穆丽尔和娜丁三个中学生之前，我在魏尔伦中学所属的学区已经做了好几年中学教育调研。在此期间，无论是国家 954
教育部的工作人员，还是学生家长和中学生，我都接触了不少。这三个女孩都很爽快地同意会面，愿意谈谈她们在学校遇到的问题。她们也很乐于把我介绍给其他志愿加入的同学。或因所处局面，或

① 按照法国公立中学的学制，初中为四年，高中为三年。——译者注

因就学经历，或因参加共产主义青少年活动，她们之间很熟络。第一次聚谈我就注意到她们互相鼓励，说出高中对她们影响最大的事情（特别是校方对她们的困难的漠视和责难）。于是，我要求再聚，因为在一间“官气”不那么重的独立房间里谈话，无疑有助于她们更放松地表达对管理部门和教师的看法。

谈起她们的困惑和跟校内成年人无法讨论她们遇到的困难时，她们一再强调，不愿被视为“耍小聪明”，为自身不足找借口。有鉴于此，我在接过她们的话茬时，尽量用“咱们”代替“你们”，这样做可以凸显我赞成她们的观点，也能够减轻她们的心理戒备。

克莱尔：“全面贬值”

克莱尔 15 岁，来到魏尔伦上高中一年级将满三个月。她在三个人里是最寡言少语的。她父亲是工厂的工人，母亲是医院职员。
955 中学期间，持有文科（A1 类）高中毕业会考文凭（而且有佳评）的姐姐常常施以援手。姐姐本人也得到过担任医院总监的姨妈的帮助。

穆丽尔和娜丁出身于文化和社会地位优越的家庭，所以大胆地肯定合自己口味和课外兴趣的计划（新闻、摄影），克莱尔则相反，她提到自己的目标是国际贸易时有点害羞，做出这个决定是因为有可能成功（“人家告诉我，这个领域有出路”），并且考虑到她的学习状况（“我尤其在语言方面比较强”）。看来，她跟穆丽尔和娜丁一样，在初中阶段都是“好”学生（“良好”一语在她初四最后一个季度的成绩单里出现了 7 次）。不过，只有她一人明确地预先排除了理工类的高中毕业会考，尽管她很清楚这个选择的负面后果。她插话虽然不多，可是几乎每次都提到理工科（C 类）高中毕业会考，似乎在这个毕业会考和进入就业市场尚无把握的一般阶段，选择理工科是唯一有积极意义的事。她几次遗憾地说，成绩下滑使得她报考的其他学科“全面贬值”。她提到，初中四年级老师展示过

一本杂志，其中有一张漫画正好表达了她对前途的忧虑：漫画上有一个“正在扫街的小男人”，身旁写着“文科高中毕业会考”，而“通过理工科高中毕业会考的却是一位企业总裁”。克莱尔的父亲没有什么专长，在“维修部门”工作了很久。这张漫画给她留下了特别深刻的印象。 956

克莱尔一直“力保”在所有学科上都得高分，而不仅是在若干学科上成绩最好。可是，进入高一，她只做到在语言课上取得好成绩。根据学科的不同，其他学科的分数下降了 2 到 7 分①，这也是出自同一所初中的学生们的成绩变化的平均值。这所初中所招收的学生大多出自下层老百姓，而且日益被该地区的优秀学生抛在后面(何况压低选拔标准是定期施行的政策)。在这种情况下，克莱尔仍然是能够满足老师的期待的为数不多的学生之一，而且能够跟他们一道加入令双方满意的游戏。这些从前的“好学生”——通常是女孩子——一旦落入被视为“平庸”的高中学生的群体，她们对初中的怀念只有跟她们从前所受的重视相比才有意义。初中有很多在一些学科上“挂了”的学生，这就使得老师的工作特别难做，因此老师特别重视和欣赏像克莱尔这样的“珍稀动物”，希望她们留在学校。教育环境如此不利，她们却能够努力学习，教师们极表认可。他们一有机会就不吝鼓励和赞扬之词，使得师生关系有点像父子关系。难怪克莱尔后来说，“初中就像一个小小的家庭……总有一个老师给你撑腰”，高中则使她“不觉得能够去见见老师”。 957

穆丽尔：“前后完全矛盾”

自从明确了我们要讨论进入高中的种种不适应，克莱尔和我接触的其他几个人就都提到了穆丽尔：“她肯定有很多话要说。她也有时间，她在文科班……”穆丽尔的父亲（体育老师）的一位同事

① 法国学生成绩评分历来实行 20 分制，而非百分制。——译者注

说，同时委婉地表示，她的女儿念中学，可是跟穆丽尔完全不同，是靠“苦读”获得理工科毕业会考证书的。穆丽尔是个非常聪明的学生，甚至提前一年升入了高中（此后成绩仍然超前），然而做出了一个可以说避重就轻的选择。这个众口一词的说法主要基于穆丽尔是学校的当选代表，参加了一个高中生的全国性协调组织（倾向于共产主义青少年运动）。她同意不躲在“发言人”的地位背后（我们原来有这个担心），只谈她自己的故事。

她提到学习期间的两次关键的断裂：第一次发生在从小学到初中的过渡时期。学生不多的小学离家不远，有一种“家庭似的”气氛，而且因为同为小学教师的母亲与学校老师之间的关系而亲上加亲。初级中学却是“灰不溜秋和冷冰冰”的，其前身是魏尔伦中学的初中部，学生很多：600 人。第二次断裂发生在升入高中之后，理工科（她最不舒心的学科）的至上地位颠覆了她一向享有的“好学生”的形象。

魏尔伦初中部招收学区内顶尖的学生，由此观之，它在各初级
958 中学当中最接近魏尔伦高中，而且学习要求很严格（升入高一时，来自魏尔伦初中部的学生的成绩下滑幅度最低）。不过，跟成绩中等的学生相反，穆丽尔总体成绩不错，数学和自然科学不行（成绩平均从 12 分降至 7 分）。虽然她把选择文科方向尽力说成一个自主的决定，但有时候也承认，文学是她相对较新的爱好，而且跟读高一后在数学和自然科学上遇到困难不无联系，况且她讨厌在对结果心里没底的情况下“为进理工科而拼命读书”。

由于意识到这种“选择”会降低身份，她谴责理工科和文科的武断划分，提倡各科平等，从而将这个选择的后果尽量相对化。她语带自信地批评这套“前后完全矛盾”的制度：“要想进入名牌大学的文科预备班，最保险的办法是通过理工科高中毕业会考。”这也是文科教师向最优秀的学生推荐的方向。可是，虽然有许多否定

的说法，尽管受到诟病，但她仍然感到和表达了某种挫折感，似乎自己今后在学校里的地位降低了。这种感受促使她跟“一帆风顺”的初中同学进行比较。“我俩当初是一样的。一块儿上高中——一
上高一，数学就难多了——嗯，有些事我俩都放松了。我呢，数学 959
家里没人能帮（……）。她呢，一直跟她爸爸学……所以她通过了，总之通过了……我不是说她真的成功了，可是人家进了理工科，进去了。”另外，她强调高一数学老师所起的负面作用，认为这令她和许多同学对数学失去了兴趣。

娜丁：“我走出了梦想”

娜丁，18 岁，高中毕业班学生，正准备文科毕业会考。对她来说，很明显，高中的两年是决定性的和最困难的。在社会和学业方面，她曾经就读的那所初中跟克莱尔的相似，她同样讨厌魏尔伦高中，怀念初中。那时候，除了数学以外，她是个优秀生。她自己料理一切，对充分信任她的父母没有任何要求。她父亲在法国职业介绍所当工会代表，母亲是法国科学研究院（CNRS）的化学技术员。

打算成为职业摄影师之前，她从初中辅导员那里发现，招收中学毕业生的摄影艺术学校大多要求理工科类的高中毕业会考证书：“要么你亮出 C 类或者 D 类理工科的毕业证书，要么放弃你的打算，没有别的选择。”人家这样告诉她。明白理工科课程的重要性以后，她努力大幅提高初中四年级的数学成绩，并且做到了。

但是，正如大部分来自同一所初中的同学那样，她的成绩一进
高中就明显下滑：从各科平均只差两分直到数学落后好多分；头两 960
个季度，她的数学评分掉入“差”等。再加上教师“差距巨大!”的评语，她对自己感到深深的失望：她觉得自己既永远“深造”不了，也无法参加理工科高中毕业会考。于是，她改变了想法。在父母的建议下，而且由于很难完全放弃自己的职业规划，她寄希望于复读一年，重新开始。可是，复读这一年的“压力”比以前更大，

她的理工科成绩依旧上不去。终于，她“走出了梦想”。

娜丁的故事，以及从她的话里不难听出的情绪和困惑，都使我们相信，高一这一年，她不仅经受了学业和职业目标的挫折，连对自己、校方和成年人的看法也被一连串幻灭和失望改变了：学业受挫（几个月前还难以想象），失去尊重，以及与从前的和谐相处相比，人际关系在一般意义上的损失。谈到父母和师长时，她说“我向来跟他们相处得不错”，可是到了高中一年级，“我跟谁都争辩”。

虽然对理工科不感兴趣，但克莱尔她们尤其是穆丽尔都坚信自己仍然是不错的学生，至少在喜欢的科目上如此。娜丁却由于复读了一年，完全丧失了“好学生”的自我感觉。而且感到受到了一场
961 迎头痛击。因为第一次考理工科对她来说无疑是非有不可的过渡，在某种意义上令她来不及调整期许和机会。此外，娜丁很晚才意识到，自己在很长时间里，以对于理想学校的看法为借口，拒绝父母在数学上的有益的建议不是现实的做法。她已经习惯于不要大人帮助，取得好成绩完全指望老师，根据是：“有些孩子，父母帮不了他们(……) ……能不能成功，全靠老师。（……）我一直觉得：家长必须干预是不正常的。”不过，她并没有完全否定家长的干预，实际上最终放弃了自己原本的看法，并且同意参加课后补习班，也承认为了克服某些困难，通常“都是这样做的”。

克莱尔、穆丽尔和娜丁三人的经历类似，都体会到从初中的快乐到高中成绩下滑的痛苦的转变。在她们的发言里，这种共同的经历以历史的形式呈现，或多或少跟她们同属共产主义青少年运动有关。转变开始于无所排斥、团结一致（她们对此依然怀念）的初中，从一个社团似的温暖世界，转入凭借暴力、区隔和竞争的高中，一个冷漠和无名无姓的世界（她们对氛围、组织和运转方式持严厉批评的态度）。这三个人的故事符合女孩子学业顺利的主流模
962 式：初中阶段，她们在数学或自然科学上的表现不如其他学科。理

工方面的弱点在高一变成了切实的学习困难，此时三人都缺乏有效的家庭支持（娜丁拒绝了），否则迎头赶上并非不可能。进入高一以后，相同的学习背景使得三人面临同一种取舍（并且预告了高中毕业会考之后的取舍：上名校预备班，还是上普通大学?）：要么冒着失败的风险，靠苦读走上“理工科的康庄大道”，要么选择“不受重视”的文科，找回从前的自信和坦然。

娜丁的情形清楚地表明了第一个选择包含的风险有多大：一旦受挫将打破关系的平衡和造成身份降格。同样，对于很多一上高一就设想理工科方向（C类毕业会考），然而遇到意想不到的困难的学生来说，第二年年初“凑合”进入理工科班的后果才是沉重的，也就是人们经常提到的高二学生的“崩溃”（抑郁症、厌食症、自杀倾向）。

这些从前的好学生进入高中的全新天地，难以适应严厉得多的要求和新的科目排名体系，他们把文科（A1类）当成一个康复中心，建构起另一个世界，其中有两点接近从前的事物秩序：学生有可能把在班上较高的地位找回来；在高一被视为次要的科目重新被认为颇有价值。不妨说，A1类文科唯一的不足是始终笼罩在理工科的阴影下，因为人们公认，理工科汇集了最优秀的学生。 963

这三个高中生所做的对比——在“选拔机制”支配下的地狱似的高中、社团精神所主导的以前的天堂般的初中——反映出她们所经历的初中和高中的差异。首先，初中没有“区隔”现象，几乎所有初中生，尤其是在“好班”的学生都能够升学，而高一结束时，学生按科目分配到等级明确的班级去。其次，初中四年期间，每个学生都“熟悉”她们，来到高中却“无人知晓”她们；人数明显增多的班级更加强了这种身为无名小卒的感受。高中作业量也显著增加了。可是，这些差异并不能说明一切；（失落的）亲人和家庭的比喻反映出对小学和初中的愉悦和怀旧的体验，这

种体验看来与一个受青睐的中学生小群体的经历相称。在普通学校里属于好学生小圈子的孩子们，尤其是女生，由于人数少而备受赞赏和羡慕。一旦来到学习要求更严格的高中，她们就突然失去了那些可喜的关系及其带来的平静日子。这一点同样适用于地位较低的学生，因为显而易见，教师对“优秀”学生善待有加
964 （以致“差一些”的学生有自动疏远教师的倾向，例如把课堂提问的机会让给好学生）。同样道理，受益于与教师的良好关系的学生（正如初中时期的克莱尔、穆丽尔和娜丁）把这种关系归因于跟成绩无关的人际关系。娜丁在长达两年里显然是失败者，也许正因为如此，她最清楚人际关系有赖于成绩排名：“我在他们眼里成了什么？”她痛苦地自问，同时指出，在她成绩下滑期间，老师和父母注视她的目光都变了。

克莱尔、穆丽尔和娜丁都指出：“只有理工科学生最风光。”“反正最好的学生都被安排进了理工科。”不过，说起高一时师生关系恶化时，她们并没有归因于她们从初中到高中的地位的下降，而是归因于从一个世界到另一个世界的性质的变化。初中时学生们比较“团结一致”，而且“总有一个老师给你撑腰”；她们在高中遇到的却是选拔机制，“内疚”和“孤单”，这些都增加了受挫和逼人“崩溃”的风险。

她们没有提及这些问题是否其他初中同学也有（我在采访笔录以外询问她们时确认了这一点）。而且，我觉得，她们之所以义愤
965 填膺地批评高中，一个必要条件是对比从前的好学校。实际上，愤懑情绪很快就失去了势头，因为，在目前的教育体制内，为了短期内不招惹太多麻烦，地位较低的学生通常没有别的选择，只能采取（隐瞒困难、抄袭好学生等）一些很快使之感到无权批评与地位低下相关的无助和遭轻视的行为方式。克莱尔、穆丽尔和娜丁从前一向被视为模范学生，也深信校方会帮助困难学生，正因为如此，她

们才对一些现象十分反感："谁跟不上，谁活该。""你要是什么地方没弄好，毛病在你自己。"

1990年秋季的中学生抗议运动，克莱尔、穆丽尔和娜丁都积极参加了。虽然表达得不总是很清晰，但这场运动实际上指向这个矛盾重重的制度，它一方面使进入高中的学生人数不断增加，另一方面将大多数学生引向贬值的科目。此外，这个制度以学生表现欠佳为由，为这些违背初衷的矛盾的取向辩解，可是并没有保障良好的"学习条件"，这就迫使很多学生去校外寻找校内设置不能提供的帮助。

五六年以来，推迟学科定向的国家政策已经加速实行，很多学生似乎开始重视自身价值，而且产生了一些希望，这跟以往从小学起就根据成绩决定学科方向是不一样的，特别是在以平民子弟为对象的公立中学，学科定向过程开始得最早、最密集。随着较差的学 966
生被淘汰，那些从前被逐渐引导承认自身"弱点"的学生，现在能够越来越持久地保持良好或中等水平。可是，正如频繁发生的"高一成绩下滑"及其重要性所揭示的那样，这个成果更多地来自行政措施和压力，而不是切实地将满足高中要求的机会平等化。但是，这些中学生习惯于自认为"中不溜"，而非"极差"，因此，在这个已经能够批判地对待周围条件的年龄上，对于他们许多人遇到的挫折（相对于期待而言），他们不那么愿意承担全部责任。

全面促成高中毕业会考水平提升的政策开始实行时，那一代学生中的30%能够达标，这离2000年学生达标率为80%的目标尚不足一半。如果实行这套政策仍以降低面向平民子弟的学校的门槛为基础，不承认目前教育体系所延续的社会不平等，那么可以预期，上述矛盾还会激化。依照成绩确定学科方向既然来得更晚和更普遍，更多像克莱尔、穆丽尔和娜丁这样的学生将照样谴责导致学业受挫的环境。

967 ## 巴黎郊区的三个高中女生

采访者：西尔万·布洛高利奇

“我们在高中被人瞧不起”

穆丽尔： 有件事我还记得，上小学的时候——那是个很现代化的小学，实验性质的……怎么说呢，我真的很喜欢去学校。星期天没课还觉得闲得慌（……）。可是上初中以后……

——哪一所初中啊？

穆丽尔： 魏尔伦初级中学［魏尔伦高中从前的初中部］。学校很大，很旧，什么都没有，冷得很，特别冷。日子也不好过……不管从哪个方面说都不好过……上小学的时候，我们生活在一起，互相都认识。那个时期真美好，跟老师也不用客客气气的，好像一家人……我们来到这儿……怎么说呢，这所高中比初中还要大两倍，初中有差不多六百人吧［实际上有一千余人］，谁也不认识谁（……）。上学来，放学走……像一座工厂，不像一个家庭。后来呢，上了高中，可是高中更糟……下课后连说两句话的时间都没有，得赶去另一堂课……有时候，紧张得要聊天就得占下一堂课的时间……有的班学生多，35 个人……有时候连班上同学叫什么都不知道。冷漠得很！

娜丁： 我呢，一上高中就有这个感觉。初中一切还不错（……）。有时候班上人满为患，设施破旧，可是那是另一个问题……在这个高中里，我总是感觉到有一种压力，初中一点也没有。我越是怀念初中，就越是不留恋高中。我希望早点离开这儿……我对上高中就是这个感受：总是感到压力。离家上学前，我经常得吃几片镇静药，或者这一类的药片……有时候晚上也得这样，不然睡不着……第一年上高一，我经常有可怕的失眠，怎么说
968 呢，那种总的气氛，某种沟通不畅……

我们没有犯错的权利

穆丽尔：我还觉得，高中有一场游戏，游戏，嗯。也就是说，大人们故意把我们往压力上推，因为到了高一，人人都想走上康庄大道……也就是进入理工科班：他们把人人都得走这条路，或者能够走上这条路当成目标……跟不上的活该……非跟上不可哟！不感兴趣的也活该，因为他们必须像别人一样跟上……这样一来，我们总是有压力，功课成山，地狱一般的日子……。为了完成作业，睡觉不分钟点。如果哪天你累得学不下去，一切都会彻底完蛋，整个学期就完蛋了。[娜丁首肯。]我有一回生了病……去年12月，我得了两次流感，相隔一个星期，所以没上学。年底前的物理课我跟不上了。他们已经开始教化学……我从来没学过，整个一年我什么也没听懂。

娜丁：还有，他们让你感到内疚……你要是什么地方没弄好，毛病在你自己。只要你提出什么问题……老师的评论有时特别吓人……只要提出什么问题……我们只有生病的时候才有权缺勤……。根本不管我们的心理状态……去年有个老师家里失去了亲人，一个很亲近的人吧，她一个星期没来上课。我觉得这可以理解。可是，不久以后，有个同学，她的亲密伙伴没了，开轻便摩托给撞死了……她连说都说不出来，一个星期没到校。可是，还是那个老师，她唯一的反应就是："是哟，她连生病都不是，我那天在街上还看见她呢……就是旷课嘛，她没有病。"有时候，我们觉得没有犯错的权利。我们无权也有自己的……

穆丽尔：情绪不好的时候（……）我们想试着跟他们说说，可是人家看不起我们……我们真觉得……老师一回教室，他是上帝哟，我们就得听着……当然，老师不都是这样，可是这样的也不少。老师一讲完课就走了，课外从来不跟学生讲话。

娜丁：倒是有几个人主动过来跟我们说说话，不过很少。很难 969

去见一位老师，说：您瞧，我没来上学，因为不舒服……我心里有点事过不去……

——是不是因为很难就不尝试了？

[三人异口同声说“不是”。]

穆丽尔：其实，这跟担心随后会挂科有关系。我们觉得……知道……预先知道，反正不管用，所以连试也不去试。我们被说成自作聪明——“这倒是不上课的一个好棒的理由哟。”——好像我们拿不上学当成好玩似的。

娜丁：我一直没弄明白，他们为什么……每逢我没去上学或者完不成作业的时候，我去见辅导员或者老师，总是被他们臭骂一顿。我真的觉得，在他们眼里，我只是一个自作聪明的女孩子，不拿自己的未来当一回事……根本不是这样。如果旷了课，我能意识到，害怕……我知道会影响前途。用不着他们告诉我。每次旷课，我都会一直发愁，直到想办法得到原谅，或者补上这节课……有时候你觉得他们拿你当没心没肺的小孩子，不懂得前途的重要（……）。

——你呢，克莱尔？这些事你也这么想吗？还是有不一样的想法？

克莱尔：跟老师的关系并不是……反正老师就是……我们就是上课，做作业，谈不上有什么接触……

——如果出了不寻常的状况呢？你觉得有可能得到理解吗？

克莱尔：我不这么觉得，我很久不在那儿了，可是我真的不觉得能够去见见老师。

——在初中的时候呢？

克莱尔：初中就像一个小小的家庭……谁都认识谁。老师知道我们是谁。总有一个老师给你撑腰（……）。

学理工的学生最风光

——高一的时候，老师让你们觉得只有理工科一条路可走，可

是你们意识到，走上这条路得付出巨大努力，于是就感到某种压力…… 970

穆丽尔： 有时候是自己不愿意学理工。

——如果是自己不愿意学理工，可以想象，压力应该会小一些……

穆丽尔： 绝不是这么回事！

娜丁： 那会被人瞧不起……只有学理工的学生最风光。我复读高一的那一年，决定学文学，我的文学课都上得很好。不过，他们给我的评语不怎么样，因为我的理工科目跟不上。我不在乎……不过，说真的，我挺喜欢数学和物理，我就接着学下去。可是我最感兴趣的还是文学课。我在这方面的成绩都很好，可是评语上不去。评语上不去，这对我是个打击。他们给你写评语的时候不考虑兴趣……而且我们知道，他们会因为那些毫无关系的科目让你复读。

——非理工科的教师也会参与进来，这倒很令人惊讶……

穆丽尔： 这是个问题，因为现在的理工班上的学生不是只在物理、数学和自然科学方面成绩最好的，他们在这些科目上可能成绩平平。老师们认为这些人将来会使劲学习，反正把最好的学生放进理工班就是了。头一个学期末，数学老师过来对我说："根据你在其他科目上的成绩，你的数学课应该多得几分，我让你上理工班吧。"别别，我的兴趣不在这个方面。他说："不行，最好的学生都上理工班。"……"不，我不感兴趣。明年我不想玩命学数学和物理，我宁愿学我喜欢的科目。"老师当时的神情很惊讶。

娜丁： 是哟，我们一告诉老师，他们就大吃一惊！我不知道，第一年上高一，高中毕业会考大多数人打算报考文学科目。我们有些理工科老师——都是很好的老师——可是他们根本不拿我们当回事，一年下来都在敌视我们。第一天他们就对我们说："你们报了三种语言课，我们是不喜欢的……你们不喜欢我们，我们也不喜欢 971

你们。”总之他们就是这种说法。相反呢，跟那些教偏文学科目的老师，我们的关系要好得多。复读高一的那一年，我刚巧进了一个多数人报考理工科的班，可是那个法语老师呢，校方认为他不具备教书的能力（……）。

克莱尔：我呢，学年开始，我选修了第三门语言，打算报考文科高中毕业会考，可是很想学第三种语言。可是他们呢，硬是把我放进文科 A2－A3 班里［被视为专门收容数学较差的学生的班级］。学年一开始，他们就告诉我们：“好啦，我们知道你们数学不行，怎么都考不过，所以呢，我们在数学上不会对你们严格要求。”这么说让我有点惊讶，毕竟是开学第一天呀……

——第一天就这么说……？

穆丽尔：返校第一天！丝毫不掩饰。

克莱尔：说是高一，是一切未定的高一，（……）可是我不知道，怎么竟然说“你们在数学上不行，我们不会对你们严格要求”……［克莱尔后来调换了班级。］

［与特别是初中时期相比，同学之间的团结一致的关系被削弱了。娜丁为此感到惋惜。］

娜丁：上初中以后，我跟父母开始发生问题，那一年我的学习成绩下滑。除了复读高一以外，我跟家庭向来没有任何问题。唔，我知道，这一年他们开始意识到……我一直不能适应他们要管我的……学习。因为我一直是个好学生，所以很难适应连我的学业他们也要过问，而且在家里造成了一些冲突……真正的冲突！

穆丽尔：［打断娜丁的话］再说，我们一个星期当中都是独自学习的，压力那么大，好不容易到了星期六，我们什么都不想干了，只想睡觉，出去玩玩，找找乐子，去看看小伙伴，星期六夜里不想睡觉，胡乱做点什么……家长呢？他们开始发疯！可是他们什么也禁止不了我们，因为他们自己也明白，有的时候，如果不让我

972

们开开心，好，那就……我们就学不下去了，跟不上课了。可是，玩得开心以后，照样可能跟不上趟。所以……

上学，上学，还是上学

娜丁：家庭冲突里一直有个事，我从高一起……父母开始操心我的学习。看见我的成绩下滑，接着大大下滑，他们在家里谈的于是都是上学的事，别的都不谈了！上学，上学，还是上学……这门课怎么样？那门课怎么样？我妈妈特别关心我的数学成绩——这个跟她心里盼着我学理工有关系。我告诉她："法语我得了'良'。"——"那数学呢？……数学怎么样？"根本不提法语的"良"。她总是这样，总是追问个不停。还有……我记得，有时候我心想："我在他们眼里成了什么？"我有过心里特别难受的时刻。我们之间没少争吵。然后又和好（……），我母亲不提这个了，只有我成绩下滑的时候，她才旧话重提！好在在很大程度上，她已经不那么计较了。可是，那两年高一，我上得真不容易！

——是不是有时候相同的压力来自老师和家长两边？

娜丁：没错。不过，我觉得，我父母因为我的学业也有巨大的压力。还有，从我哥哥那边也感觉有压力。压力巨大！尤其是我妈妈。压力也许不一样，因为事情不同，谁知道，压力很大。

穆丽尔：家长的压力也很大，因为……他们跟我们一样，知道眼前的事关系到我们的前途。他们跟我们一样担忧我们的前途。只是看问题的角度也许不同。因为他们已经在那儿了，走进他们自己的前程里了。我们还没有到那一步，也许有些事情，也就是他们犯过的错误，我们可以避开，反正他们是这样认为的。同时，给我们忠告对于他们来说不容易做到。我们听不进去呀［笑］。反正我们 973
不那么想听就是了……［获娜丁首肯。］这是因为我们在课堂上听到的道德规劝够多的了。

[…………]

穆丽尔： 我心想，无论如何，我想做什么自己清楚，那些压力嘛，我得把它们，尽量把它们放在一边，（……）我心想，为了进理工科班而发疯似的学习，那没有任何用处，再说我也不心甘情愿……

——是因为你父母为了让你学理工，也给你压力吗？

穆丽尔： 不是，我想这个事早就说清楚了。还在初中的时候，嘿，我数学就学得很好，但是我的兴趣不在那上面。

娜丁： 我父母倒是从来不直接给我压力……从来没说过"你得学理工啊，别的可不行"（……）。这挺奇怪的，我成绩最差的那一年（第一年上高一），他们没有太……烦我，呵呵。复读那年，我的成绩又上去了以后，那一年压力可真不小！我妈妈是……真是莫名其妙！等我的数学平均成绩上去了一点，她还在说："也许你能学理工科这个，理工科那个……"

[…………]

毕业会考，你要报考理工科哟！

克莱尔： 还有怪事呢……我姐姐上亨利四世中学［在沙特尔学校[①]的预备班上］，报考了文科，文学……他们不再报考数学、物理等等了（……）。全班四分之三的学生报考理工科，这些人是最先通过的。（……）其他类的毕业会考完全不受重视。还有，我听到老师们说："你要报考理工科！报考理工科哟！"因为会考过后，你要是想优先进大学，毕业会考就得考理工科。他们就是这么明白地告诉我们的，所以……

① 亨利四世中学（Lycée Henri IV）是巴黎最负盛名的中学之一。该校设有比普通学生多学一年的预备班，专门为学生报考名校开设。名校沙特尔学校（L'École des Chartes）以古文字学和文献学最为知名。——译者注

穆丽尔： 要想上文科预备班，最好是考理工科的毕业会考。这不是驴唇不对马嘴嘛?!

娜丁： 应该只有一种毕业会考才对! 974

[…………]

——你们是否记得，高一有多少同学想报理工科毕业会考?

穆丽尔： 这个嘛，一个班 35 个人，我们是 4 个，学年一开始就要报考文科，(……) 其余同学都想报考理工科。

娜丁： 最开始，刚上高一的时候，我本想报考理工科来着。可是不知怎的，我想上摄影学院。后来呢，放弃这个幻想了。我想过，为什么不呢? 我直到那时学习一向不错，所以摄影学院看来不那么适合我……高一第二个月底，我心想，反正我没有搞大研究的能力，学习也达不到进理工班的程度，于是改变了想法。

克莱尔： 班上有三分之一的同学打算报考理工科毕业会考 (……)。反正我不想学理工，因为我实在讨厌数学。

[…………]

娜丁： 初中四年，我跟老师们的关系始终很好。高一那一年跟大家都不错，没有例外……有一个东西很奇怪，那就是直到初三，我都是个好学生，好像是天生的，这事不可能出在我身上……我绝对不会有挂科这种事……可是，另一方面，复读高一对我来说也很正常。高一的确很难。我哥哥就复读过。(……) 有一个东西也许有影响，我妈妈，她不是故意的，的确不是故意的，可是我能感觉到，在好几次……我们聊天的时候，她倒不是不信任……唉，怎么说呢，跟我比，她更信任我哥哥。我记得，高一一开学她对我说(不是刻薄，是为了安慰我)："不管怎么样，假如非得复读不可，那也没什么了不起，你哥哥就复读过。"(……) 回过头想一想，(……)高中第一年确实有……对我有点缺乏信任。复读高一似乎很正常……这个看法来自老师，来自初中，来自我的家长，来自

一切地方。它使得我的高中第一年没有什么压力，可是第二年把我
975 压得喘不过气来！

——不过，这里头是不是有一层含义：只要复读，事情就会自然好办一些？（……）

娜丁：（……）在我看来，高一几乎每个人都得复读……实际上，我的伙伴好多都升了级。我最终被分到一个我谁都不认识的班里，（……）都是玩命干的人，都使劲学习。在这个班上，我只交了两个朋友。其他人我连话都没说过，相处不来（……）。再说，我得努力学习哟。我还发现，说是复读，其实看到的全是新内容。我得全心全意地学习，还得搞好关系。我从前那些朋友，不是考过了毕业会考，就是升入了高二。这样一来，虽然我们课外还会见面，可是还是有点疏远了。而且……反正可以说，我走出了自己的梦想……高一的第二年，我边上学边思忖：我在这儿做什么呢？经常这样自问，因为我意识到，我本来头一年就应该能够通过的（……）。

最先崩溃的，就活该啦！

娜丁：在班上，我经常看到，同学是分成小团体的。有的人不合群，而且通常很多会挂科……

——不合群的人会挂科？

[三人异口同声说“对呀！”。]

娜丁：我有这个感觉（……），是在复读高一的那一年。可是我也看到一些人不是独来独往，就是总是两个人在一起，这些人都读不下去：要么干脆退学，要么，最严重的，企图自杀。因为，就我所知——我读高中读了四年了——就我所知，高中有过五个同学试过自杀。我觉得这个数字很大（……）。还有一个重要的事，不少学生心理有毛病。有一个女同学不来上学了，一个半月没到校。（……）去年有一个女同学生了好几场病，全是因为压力太

大（……），高二年级的，怕毕业会考通不过……嗯，还有好多人 976
生了说不清楚的小病……我得的是热病疱疹……

[…………]

——在扶助有时候陷入困顿的人方面，看来什么准备也没有做。

[…………]

娜丁：这有点像适者生存的法则，扛得住才能成功。这个很像在大学里，谁扛得住，谁就有希望成为500人的阶梯教室里剩下的那200人。最先崩溃的，那就活该啦！适者生存嘛。适者才能达到……

——归根结底，没有提供帮助的预案，没有扶助机制，这在你们看来似乎再正常不过……

娜丁：我不觉得很正常。看来这个是他们自己的逻辑。因为择优机制的逻辑已经在那儿了。已经有了择优的逻辑，泼冷水的逻辑……我不知道他们是不是真这么想的，可是，哎……既然他们千方百计搞择优录取，弄什么精英中学，精英毕业会考……还有……我想说，他们不会帮助我们学业成功，他们早就开始淘汰我们了……

穆丽尔：他们也不会从外面看问题……反正你没法要求他们太多！……

1990年12月

陷入泥沼 977

三十多年来，教育制度在形式划一方面有明显的变化（出现了

综合性初中[①]、普通高中、技工高中)。实际上,变化的背后是一个深刻的分化过程。不仅教师地位和资历的旧有差别没有从中学教育中消失,而且如今跟一系列同时发生的变化相结合,不断加深了学校之间的差别。在文化上处于劣势的学生,即最可能给学校"添麻烦"的学生的不平等分布方面,差别尤其显著。教师职业的工作条
978 件如今也越来越不均衡,这也是学校之间差别悬殊的原因。[②]

由于导致这些问题的原因尚不清楚,教师遇到的困难更多,在受这些问题影响最严重的学校里工作的教师自然首当其冲。责任往往被推卸给他们这些替罪羊。学校理应是在最公正的条件下传播知识的场所。可是,究竟是什么妨碍学校达成使命,甚至导致一些学校教学"难以进行",看来没有人能够说清楚。

需求压力和蛊惑性的选择

自 20 世纪 80 年代中期开始,这一分化过程加剧,结果是有些学校问题特别集中。[③] 自 80 年代中期开始,经历十年的低增长率以后,升入中学的学生,特别是升入高一和报考普通高中毕业会考的学生的就学时间延长了。管理部门分别于 1973 年和 1980 年对比了
979 部分初一学生,注意到"就所有被比较的群体而言,课程设置均无切实改善"(社会出身和上初一时的年龄已考虑在内)。"七年当中,

---

① 综合性初中(collège unique)是法国 20 世纪 70 年代后期建立的四年制初级中学。学生不再分散就读于教学分支机构,而是在同一所学校里完成四年的课程要求。——译者注

② 媒体在发掘有关"暴力学校"或"名师危机"的素材时,对于教师职业和学生情况时而会提出大而化之的笼统看法,时而会提出一种摩尼教式的解读,突出显而易见的不同:非"好"即"坏",非"野蛮"即"文明"(学校、学生、教师、校长……)。

③ 无论是法国全国还是地方(省一级),从学生人数方面都能看到学校之间的差异日益突出。例如,在平民家庭的学生、年纪较大的学生和移民家庭的学生等方面,初级中学之间的差异日益扩大。另外,在划归"文教重点区域"(ZEP)的初中和其他初中之间,十年当中也可以看到同样的趋势(尽管程度较轻),而且有非正职的年轻教师向最劣势的学校集中的现象。

（升入高一的）比例从41%攀至46%。这是因为，地位优越的群体，即管理干部和自由职业者的子女11岁就进入初中，1980年他们表现得比1973年更好。”① 鉴于对长时段教育的需求十分强劲和普遍，在毕业率方面，教育制度将继续制造社会不平等，而且经过学科定向的认可。

针对这一情况，“2000年，同一年龄组的80%要达到高中毕业会考的水平”。这个目标以及自1985年起实行的80%的政策都可以理解为意欲表面上满足对高阶教育的强烈需求，可是教师的意见却越来越不受重视。分科的决定越来越脱离教学团队做出的评估，不顾班务会②的评判，家长要求子女升学的压力越来越大。这样一来，同一年龄组升入高中毕业班（普通、专科和职业教育）的比例从1985年的36%变为1991年的58%，也就是说，六年当中上升了22个百分点，而此前十五年当中的增长率仅为10%。 980

混乱和压力

旧体系虽然有横暴的歧视问题，但至少还能保持一定的连贯性。它放大并且规定了尤其在掌握知识和对学校的好恶方面的差异，把很早就能够“长期攻读”的学生区别于成绩品行被教师“证实”不适合中学的学生，后者16岁就被引向“技能性”学科，或者“参加工作”。

家长的压力

目前实行的升学办法的后果之一是校长办公室不断有家长你进我出。用校长的说法，“好像赶集似的”。这些都是为孩子升学前来施压的家长。（……）他们左施压，右施压，把校长压得受不了。于是他说：“行行，升学好了。”（……）我们初中不这么做也不行啊。从初中

---

① Annexe du Plan pour l'avenir de l'Éducation nationale, publié dans *Éducation et formations*, avril-juin 1988.

② 班务会（conseils de classe）制度通行于法国公立中学，由校方代表、任课教师、学生代表和家长会代表组成，定期开会。——译者注

毕业班到高一，这中间我们还能有一点点变通余地，可是，无论如何，总有一些学生达不到班上的水平，而且越来越严重，每个层次上都有。所以，我们实际上有个选择（那可就全凭主观感情了）：要么是为了学生，你得玩命干，把他拔上去；要么声明你受够了，撒手不管，让他踏踏实实地坐到教室角落去，只要不给你招惹太多麻烦就行了。如果他太纠缠，我们就使劲折腾他，直到他不再难为你为止。瞧，学生不就在那儿等着吗，等着等着，几年时间就过去了（……）。

家长如今都习惯于找校长说话，都知道他是一只容易摆弄的软柿子。就拿班级构成来说，过去都是遵照校方的要求，学校怎么规定，你只能服从。如今家长越来越觉得施压能改变学科定向，等等，或许他们会想："干吗不也试试这个呢……"（……）

我们这儿招收的学生，一部分来自住独栋房的家庭，一部分来自保障房小区，这样我们中学才站得住，因为总有一些好好念书的
981 孩子。（……）我们就能正常运转下去，既为我们自己，也为其他孩子。如果没有这些愿意念书的孩子，这个学校就存在不下去，这一点很明显。（……）他们的父母正是那些不断施压的家长，我们也正是为了他们才向压力让步的，例如为了凑几个好班，等等。（……）有些家长说："我女儿如果进了某个老师的某个班，那我们就要改去私立学校了。"（……）只要这些属于个别情形，我们就不计较。可是如今压力越来越大，都是一般学生的家长，这些人什么都不在乎，只想着自己的小宝贝能进个好班。

（……）好了，还说什么工作得有团队精神，同事们可是都厌恶透了，因为"没必要参加什么会议，校长摆脱了那么多必须对付的压力之后，还不是他说了算么"。班务会一点用处也没有。（……）

如今越来越没有章法。说什么都行，怎么干都行。用什么稀奇古怪的理由处世都行，反正我们没有别的地方可去……

摘自一位巴黎郊区的初中数学老师的谈话。

学校的新管理模式彻底破坏了教学实践和学科划分之间的平衡。要了解它给学生造成的后果和在教师中间经常引起的反应，必须记住关键的一点：在目前的教学体系下，老师无法为学生提供密集的和个别的帮助。可是，在缺少文化资本的学生日益增多，需要从学校学到更多东西的情况下，这种帮助是必不可少的。可见，把过去必定遭“排斥”的孩子留在校内，却不给行之有效的教学措施创造条件，以满足校方对更多地依赖学校的学生的要求，就会在各 982
方面给教师工作带来困难，无法切实改善学生的处境。因此，我们可以理解，所谓“80%”的蛊惑人心的政策的效果是无法掌控的，而且导致很多教师怀念旧时的做法。在初中和高中的教师休息室里，经常可以听到的说法是“我做我的工作，可是，我不想为挽救那些本来不该在这儿的学生而累死”。不难想见，这些问题在那些教学沟通和师生关系方面的问题已经很严重的地方——以学生来自平民阶层的初级中学为主——只会更糟。因为，在这些学校里，选择学科方向一向用于舒缓学业不适带来的压力和困难。职业高中也有同样的问题，那里的学生适应能力最差，年龄也偏大。

在“老大难”学生越来越多、困难越来越难以克服的情况下，这些学生之所以能够维持到初中毕业班，是因为校领导被指示如此办理，面向专科技能证书、职业预备班和学艺预备班①的科目②也逐步被取消了。最令老师们困扰、气馁和失望的，不止是直到一个 983
方

① 职业预备班（Classes pré-professionnelles de niveau，CPPN）接收初中2～3年级学习有困难的学生，学习方向是考取专科技能证书或学艺预备班。学艺预备班（Classe préparatoires à l'apprentissage，CPA）接收16岁以下的学习有困难的初中生，进入专业培训中心学习。2011年，这个培训项目为交替培训班（Dispositif d'Initiation aux Métiers en Alternance，DIMA）所取代。——译者注

② 针对每个学校的分科情形作出的统计数字表明，与20世纪80年代不同，在大多数以平民阶层为对象的城乡初中里，1/3的中学生读不到初中三年级。我们看到，全法读不到初三的学生近40%出身平民阶层，而教师和高层管理干部的子弟只有3%属于这种情况。

更危险的年龄段，还得容忍某些“举止可怖”“缺乏动机”或“什么都不懂”，令人“难以容忍”“绝望”，甚至感到“无可救药”的学生，也由于惩戒学生、引导他们参加学校活动和赢得对教学要求的最起码的尊重的权力都遭到弱化，哪怕对于最冥顽不灵的学生也是如此。由于依据学习成绩决定升学变得越来越不明确，在跟某些学生的关系当中，教师感到失去了自身权威的一个重要基础。他们对没兴趣参加学校活动的学生越来越感到“力不从心”，而此类学生的比例在很多初中在不断增加。

穷人的学校

——我们有一个真切的印象：这些小家伙越来越不像话，(……)我说不像话，是指让他们做功课越来越难，这是一种动机缺失，我就是这么看的……他们好像心灰意懒。

——您是说他们心灰意懒，学习更被动吗？

——不一定是更被动，也有别的表现方式……例如有侵略性……(……)。我认为学生成分已经不一样了……移民工人的孩子越来越多。好学生走掉的越来越多。所以我们中学成了穷人的学校。我觉得公众教育很快就会变成为穷人服务的。这才是最令人害怕的。

还有，看吧，我自己的孩子，我也没让他们进V中学(……)。埃里克上小学五年级(CM2)那一年，我教初一。班上有七个捣蛋的孩子。他们把他们放在一块儿，这样就不会扰乱别的班级(大家
984 多少都是这么做的)。这样治好了我，我决定把埃里克送去巴黎。在我们V中学，这么做的不是我一个人，这也能解释为什么我们只有尾巴学生。(……)

最后，今年我有一个很不错的初一班，跟去年相比真是白天和黑夜的不同。(……)有个好班，日子过得很顺当，真是一种乐趣：你在那儿能感受到全班的活力，学生们带着你走……哦，我不知道怎么说才好，只要你说点什么，他们一下子就能动起来！初一就是

这样，我觉得真是太棒了。我在初中最后一年没有遇到任何纪律问题，可是他们很难动弹，你得尝试……尝试激励他们，我不知道这是不是……你得尽量不惹恼他们，那就行了。您瞧，我连老师也不是了，我试着尽量不惹恼他们（……）。很难做到（……），因为有时候我得思忖他们能做出什么，我能为他们做什么……（……）。

也就是说，我并没有非要求初中毕业班的水平不可。我确实压低了标准。（……）我很清楚，即便如此，也总有一些学生能上高一，这些人我尽量鼓励，可是不想升学的学生多得很，他们压根儿就厌倦上学，也知道以后可以考一个职业资格证书（BEP），所以就静等那一天……

摘自与一位有十余年教龄的初中英语老师的谈话记录。他执教的初中（两年前被划入城镇化重点区域）在巴黎郊区，离他家不远。

从课堂考试到考验体力

职业高中无疑是这些变化表现得最显著的地方。按照旧制度，从前一部分学生得准备职业资格证书的考试，如今大部分学生能升入高中；从前 14～15 岁进入职业高中的学生，如今 17～18 岁就上高中；可是，他们背负着较差的学习成绩，因而跟学校“有账要算”。在学校里，这些学生长期处于一种可能导致被动性或暴力行为的输家的地位，而且带上了一些令教师工作更艰巨、更难以承受 985
的个人特质。[①] 既然周围条件都无助于起到真正的教育作用，我们看到越来越多以“帮派头头”自命的学生公开挑战教师，这些学业受挫者往往利用力量测验来报复学校。

---

① échec（失败）和 inadaptation scolaire（不适应学业）两个字眼因为用法多而词义含糊，尽管如此，它们依然可以提醒一个事实：在教育的现状下，地位低的学生经常被说成学习“不够聪明”（他们对学习越来越不感兴趣）。这种局面往往迫使他们要么被动地接受低人一等的地位（相对于他们所说的“书呆子”），要么在其他方面寻找能够得到肯定的途径，如肢体暴力（例如，宁愿当“硬汉”，也不当“懦弱”的学生）。

市场规律

学校之间距离拉开，麻烦集中出现，这个过程与初中和高中如何留住学生密切相关。酝酿着新的恶性循环的“分权”措施和学校之间的竞争都使这个过程趋于恶化。不错，学校在使用资源方面有较大的操作空间。它们不仅要适应公众，也要顾及在当地市场的形象和对客户的影响。学校既可能吸引，也可能吓跑他们。实际上，
986 可供“自由”支配的资源是有限的，做出取舍在所难免。例如，选择开设希腊语文一类负有盛名的选修课，防止优秀学生转往其他竞争学校；又例如，对困难学生施以援手。排名体系正是在能够以“最佳学苑”自命的学校和除了处理问题学生以外别无特点（没有值得称道之处）的学校之间建立起来和得到巩固的。

经济状况理应有助于学校适应公众，可是，竞争带来的制约反而促使学校向需求让步，以防止“优秀生外流”为第一要务。这个现象通常伴随着“问题”学生的增加（值此分科措施被削弱的时期，此类学生总是被认为过多）。由于坐拥社会和学习最大优势的家庭也最有能力凭借知识为孩子选择学科和获得满足感，在那些优秀生“跑掉”最多的学校，忙于“填补空位”导致学校成为问题成堆的“流放地”，而且比从前更严重。

即使在像马恩河谷这类仍旧划分服务区的省份里，就大多数城镇而言，在初中阶段，好学生外流导致的学生成分的分化也日趋严重。然而，外流和分化之间的互动在不分服务区的城镇地带最为强
987 烈，而且取决于招徕新生的“卖点”，以及学生家长对旗鼓相当的学校做出的不怎么可靠的比较。[1]

---

[1] 对于（1985 年和 1987 年）取消分区的做法，总结显示，这些措施有加剧社会不平等的危险。然而，在没有对后者做出任何评估的情况下，这些措施依然在半数以上的初中获得推行。

看来，最稳妥的办法是避开优等生外流最多的学校，争取进入（同一社会群体的家长）尽力争取的学校，对于起初尚不确定的排名体系来说，多数人的信任只会加深差异和巩固最初的排名体系。我们知道，在公立或私立学校做出录取决定时，与社会出身相关的就学履历的质量是关键因素。在不分服务区的地方，就学履历使家长能够自由选择学校，无论这种自由是真实的，还是虚幻的（虚幻指仅止于提交得不到满足的申请，学生随后被硬性分配到热门学校）。

这个循环过程导致热门学校拒绝的“问题学生”大量集中于饱受诟病的学校。疑虑从而逐渐变成明证。实际上，这就制造出了广受诟病的“贫民区”的对等物。① 因此，不仅多所初中卷入了出现
在巴黎的阵阵恐慌——其后果比含糊不清的起因更要命——甚至波 988
及三所拥有光荣历史的高中。它们正式宣布，全校考试成绩在“优等生外流”的影响下大幅下滑，学校“遭了殃”。看来，这种下滑说明新的外流并非没有道理……②

心存内疚，士气低落的“问题学生”的高度集中使得教师的工作吃力不讨好，局面因而令人倍感难堪：“不断有人辞职（……）；你投入那么多精力，有时候得不到任何回报，有时候只得到一丁点，你心里就想：对这些孩子，我可什么也做不了。（……）我知道，有些我不得不放弃。”教师根本无法令人满意地从事本职工作，可是人们不质疑学校的运转情形，而是把学生的困难归咎于教师。这种学生越来越多，很少经过筛选，也不具备从前那些“有利于学习”的社会属性。首先，在教学方面，宣称（普及初一后不久）“每一个学生都是可造之材”正值向教师颁布以下指导意见的时期

---

① 学校和居住地的共同点是二者均须根据客户群体获得部分的界定。近年来的变化造成这一现象在学生群体方面更加突显：在“选择学校”的新条件下，当地居民之间已经不小的差异更加扩大。

② 这些学校的不幸看来首先跟它们在巴黎的竞争环境中的“地理位置不好”有关。这三所高中都位于环市大道和市外大道之间。

989 （特别是1985年给初中教师的训令）：“确保多样化和个性化教学。”然而只字不提保证这种改变的条件。再有，过去几年里，“自主办学”的提法敦促各地教育机构自行解决问题。可是，问题大多是所谓“80％达标”的国策造成的。教师的困境比各道训令所合理预见的要严重得多。无论教师们引咎自责，还是认为尤其是对向教师颁布以上指导意见理应予以澄清的人确实或者佯装无知，这些训令痛切地描述的都是一种“与理想状态之间的差距”。

虽然学校和教育经常被说成是国家大事，“个个成功”或“机会均等”的官方愿景和实际运作之间的矛盾却大多不为人所知，因而这一矛盾轻易地继续存在下去。学生流动和院校差异的统计与一些虚假的种族学调查共存，但彼此缺乏沟通，后一类调查未能客观地呈现往往与出现的各种问题相关的条件。这种缺失必然导致加罪
990 于受害者，强调例如“当事者的能力和参与”①。因此，学校之间存在着摩尼教式的对立：一些学校怀有“当排头兵的意愿”，改变甚至被“视为一个机会”（“当事者顶住走回头路的诱惑”）；另一些学校的“教师和管理层既对学生怀有负面看法，也对必要的解决方案各持己见”。尽量淡化困难或将之归咎于其亲历者，等于妨碍切实弄清学校的问题，促使工作条件恶化的教师们更加灰心丧气。在损害教学条件的情况下普遍延长学时，将有不同难题的学校引进考虑不周的竞争，这些看来使穷困学生日益增多的学校所面临的问题更集中、更激化。针对蛊惑性的僵化政策造成的后果缺少调控措施，教学系统陷入了深重的危机，教师士气低落既是这场危机的后果，也是危机的一部分。

---

① 此处和下文的引语摘自奥利维古赞和让-飞利浦吉耶麦的论文《学业表现与学校的作用》（Olivier Cousin et Jean-Philippe Guillemet，«Variations des performances scolaires et effets d'etablissement»，载于 *Éducatton et formations*，No. 31，1992）。文章专门比较了“走下坡路的”与“上升中的”高级中学。

双面生活 991

对于范妮的情况，我们原以为有全面的了解：原籍外省，祖父是农民，父母是工人，高中时期获得过荣誉奖，图卢兹大学文学专业，后赴巴黎，在杜瓦兹河谷（Val-d'Oise）的一所中学执教，是一位有 25 年教龄的巴黎远郊中学的教师。

1991 年 1 月，我们与她初次见面。她谈到当年的激情、青年教师的社会活动、往往期待过高的学生、不时发生的暴力、影视俱乐部、一些作风散漫的同事，还有她自己的心灰意懒。她说自己既不是“懒洋洋的公务员”，也不是“圣女特蕾莎”，而总是觉得自己在“干一份臭狗屎的活儿”。

第一次见面，在一位朋友（曾在她执教的中学担任校长助理）的陪同下，范妮前来赴约。她的举止和装束、长而卷曲的金发、带美洲豹图案的宽松的套头衫、略微高昂的语调、浑身充满活力的样子，这些都令人想到一个大学生，而不是一个 48 岁的女人。计划已久的访谈在一个星期三进行，这是她每周唯一的假日。我们在巴黎人类科学院的一间办公室见了面。范妮天性谨慎，一丝不苟。在事先 992
进行的多次交谈中，她曾多次询问我们的工作性质，然后才同意回答我们的问题。当然，我们认识不少患有这种“教师病”的老师，也跟他们讨论过问题。不过，谈起杜瓦兹河谷的初级中学时，范妮的情感仍然强烈和敏锐。这所初中约有 700 名职员和干部的子弟，学生家庭属于那种买得起独栋小房子的家庭。范妮在这里已教了 10 年书。这一天她好几次详述了这所跟其他学校一样的初级中学的日常生活：一位“臭显摆”的校长、积年累月患上抑郁症的同事、积攒带薪病假的同事，以及为了制作一段视频“死缠着（她）”的孩子们。

虽然没有自责和自我贬低，但她还是表达了沮丧的心情。这是一幅很典型的肖像，而且在我们看来，触及深层次的东西。不过，守着一台录音机，毕竟只能谈谈范妮的职业生涯。看来，访谈的客观背景和严肃的情境模糊了某种悄然滋生的亲昵感——这在年龄相近的女性之间是很自然的，因为我们至少有一些共同的参照和信念，连生活方式也相近。

我们事后重阅了这次访谈的誊录稿。从“对话以外”获知的内容已经删除，范妮本人也不在场了。也许，她很能代表一种苦恼，这种苦恼极为普遍和无处不在，以至于无人拿它当真。范妮说的话平淡无奇，不仅适用于众多其他人，其实也适用于整个教师行业。
993 不过，有一点我们起初不愿意公开承认，即我们逐渐发现，为了满足于获得一幅美好的人物肖像，我们在一些表面现象上故步自封，这无异于自我欺骗。可是，有些隐藏在字里行间的想法是一点点浮现出来的，很难一下子看清楚，它们仿佛在呼唤一些问号：为什么有些日子得工作十多个小时？为什么总是不在家，招致老公怨声连连？为什么如此热情地献身于本职工作，以致损害整个家庭生活，“如今遭女儿责怪”？她为什么离婚，而且语焉不详？“夫妻俩只要有一个当老师，我还没见过有哪一对没有这一类问题的。”这是一种无时无刻不侍奉神明的献身精神吗？为了他人和自己，就义无反顾地投入角色，连家也不顾了？

我们必须跟她深入交谈，进一步了解这些迹象所透露的东西，弄清职业生涯和私人生活如何相互损害，这不仅涉及范妮个人，许多教师的生活或许都是如此。

今年四月，通过几次电话以后，我们约定再次见面。这一次是在她家里，用小型摄像机拍摄下来的。范妮觉得这个设想很好玩，因为她将面对摄像机。我们希望这个片子能让我们从范妮的生动神态当中捕捉到一些手势、表情和眼神，从容地加以分析。

这条长长的林荫道，离小教堂（Porte de la Chapelle）半小时路程，远离市中心，既不偏僻，也不令人愉悦。下午的街道冷冷清清，沿街大多是依照“住宅小区”划分的五层公寓楼，周边围绕着 994
稀疏的植物。范妮和她的一对 23 岁的双胞胎女儿住在这里。两间卧室，一个小客厅。她与丈夫在这套公寓里住过 15 年以上。家具是他俩一起置办的，至今一件也没有移动过，一切都应该翻修了。剥落的墙纸该更换，家具也该修整了。这些她很清楚地知道，但是感到无能为力，有点发愁，因为要做的事情太多，无暇顾及。丈夫 1985 年搬了出去。她不得不跟女儿一起“收拾残局”。一个女儿正准备报考教师证书，另一个是园艺师。

范妮的生活充满动荡、放弃和破裂。她是纺织工人的女儿，父亲是阿列日省（Ariège）的一个农民的儿子。她至今保留着浓重的乡音，这种口音尽管我们尽量不去注意，但仍然使她的一些最“有思想”的话显得有点怪异。她年幼时，父亲离开村庄去附近一个镇子上“学一门手艺”，而且曾经“在一家工厂努力工作”。当时她“还是个孩子”。那是她第一次离开家乡，她至今还记得那时遇到的困难。她有一个多月没敢走出家门。她后来上过几年寄宿学校，然后是图卢兹、巴黎，还有阿维农，试着回到一个与往日不同的南方。“最后连身在何处都不知道了”。假如跟丈夫留在外省，她本来会有一种更平静的生活，“安稳踏实”。可是，这两个离乡背井的逃兵和移民“一切都得亲手打理，日子过得很辛苦”。

范妮的母亲是一个西班牙移民与一个“村中荡妇”所生，幼年被一个经商的叔父收养。叔父“自己闯下一片天地”，“有点钱”。 995
她高小毕业后嫁人，后来进工厂工作。她梦想女儿能够有自己未能达到的学历、一份教书的职业、一桩好婚姻、另外一种生活。在帕维初级中学，范妮是哲学课上最优秀的学生，她想“当大夫”，但遭到了父母的反对，他们认为女性不适合这种职业。范妮的母亲甚

至认识一个从不行医的女医生。况且学费昂贵。而教书能够“名声和安定”兼得，是这个家庭十分钦慕的职业。范妮对此有一肚子的苦水。如今她“原谅了父母，全家在一起时，甚至会拿这事取笑一番”。不过，范妮 18 岁时与家人第一次关系破裂。她选择了哲学专业，在图卢兹市的皮埃尔·德·费玛高中注册了预备课程，获得了一笔奖学金。很快她就忘掉了医学，找到了大学生活，大城市和启发智力的讨论让她“很享受生活”，以致未能通过高等师范学校的入学考试。可是她并不怎么后悔。她“像大家一样”拿下了大学文科文凭，而且对戏剧和音乐发生了兴趣：仿佛不敢忘掉家世似的，对于文化的兴趣是她的一种个人成就和特殊的本领，而不是用来敲开生活之门的一块稳妥和必要的敲门砖，毕竟这种生活很难企及。

她在图卢兹遇到了未来的丈夫，他比她小三岁，不是大学生。她跟从前一样，并没有像一些女大学生那样打算嫁给一位未来的教
996 师，或者借婚姻和诱惑男人来提高自己的社会地位。出于难以言说的现实考虑和自卑感，爱情也许会不知不觉地让位于此类把戏。你只能依靠你自己和与你类似的人。贝尔纳“出身非常贫寒”，曾经就读于航空职业高中，梦想当飞行员。他俩决定结婚，去巴黎，那里有他们的一切机会和完全的自由（“在那个时代，要在一起生活就必须这么做”）。他们认为自己完全可能拥有一个光明的未来。当时正逢经济增长时期，听不到人们谈论青年人的失业问题，找到一份工作和一间公寓不是难事。他俩雄心勃勃，但也懂得如何做出牺牲。

年轻的贝尔纳放弃了一切，他通过了国家邮政部的考试，立即被任命去巴黎担任物流调度员：“于是又做起了好梦……”这件事她是这样总结的：“1966 年，我取得学位，完婚，然后随老公来到巴黎。如此而已。”因此，她描绘的是一幅浪漫的自画像：一个新婚女子把自己托付给一个崛起很早的年轻官员。不过，她认为他们

的“夫妻问题也许正始于那个时期”。

10 月里，她在查理曼大帝高中开始实习。夫妇俩一个 19 岁，一个 22 岁。双胞胎女儿很快就出生了（那时，避孕方法仅在知情者当中流传，尚未立法，年轻妇女很多都无从知晓）。天有不测风云，仅此而已。尽管（考虑到她的出身），学习和工作对她而言都是一次次远征，兼顾职业和家庭却还没有被视为了不起，人们不拿它当话题。平凡的生活只是有一些令人失望的时刻罢了。 997

母亲当初不同意范妮的这门婚姻。因为要面子，在丈夫出走以前，她一直把困境瞒着母亲：“巴黎挺好的（……），我想显示日子过得很正常，事实上，就像常言说的，去南方晒太阳的人最爱炫耀。”但是，正像瞒着父母那样，她无疑也对灾难的最初征兆视而不见，似乎对刚刚开始的知识分子的新生活迫不及待。

“女儿（……）个个都是拖拖拉拉的。”她在高中实习时，她把她们托付给“我们刚刚认识的公寓管理员（……），怎么照顾都行，可是我们经常听见孩子的哭叫声，她俩独自留在公寓里，或者是在公园里，所以就……”。她“对工作十分尽心”，爱她的学生，对他们“难以置信地”耐心，晚上回家后却对年幼的女儿发脾气，“所有的耐心白天都用完了”。她得准备教案，批改作业。在家里“她什么都不能忍受”，女儿的功课是“一场灾难”。做事务必要快，永远得速战速决，她的时间永远不够用。孩子们一定觉得她“面目可憎”。好多年过去了，女儿们如今告诉她，那时“真是苦死了”。她忽略了孩子的困惑，认为只要爱她们就够了。

她的丈夫未能做出一番事业。既然放弃了学业，他就只能留在邮政部门。作为“主管”，他给缺勤的稽查员和接待员替班。这些他虽然从来不提，可是范妮心里清楚，放弃学业对他有很大影响。显然，范妮对他的工作没有任何兴趣，也不喜欢他在邮局的朋友们，因为他们跟她的同事很不一样。同事们往往口气轻蔑地提到 998

"老师的老公"如何如何，贝尔纳也以此自谓。她感到内疚的是，不该抛弃旧日的同伴——"地道的知识分子"——也没有善待在某些方面酷似她的丈夫。她承认有时会为他感到害羞，正如自己当年为"当工人的寒酸爹娘"感到羞耻一样，他们比不上"什么都不缺"的同班女生的父母。这是过"舒坦日子"——她喜欢这么说——的代价，这种生活是她一直向往的，也是母亲曾经希望的。她向来致力于培养一点"精神生活"：写诗，作画。

1985 年，她不得不直面现实。丈夫离开她的那一天，她"并没有预感"。两人随后正式离了婚，可是，她一直戴着结婚戒指，坦言希望他会回到自己身边。丈夫离家那一天，一个女儿从高中退了学。一场两个孪生女儿的噩梦从此开始，非此即彼。痛苦的彷徨，至今尚未完全消退：吸毒，离家出走，考试挂科。"造孽啊，造孽……"范妮眼里噙着泪水，不愿多谈。

毫无疑问，这场塌方她既未预料，也没法阻止。那样她就得承认太多的东西：苦日子，动荡，磕碰，被人嘲笑的丈夫，决裂——付出了那么多牺牲，只为一种不确定的社会地位升迁和憧憬同样不确定的文化的海市蜃楼。她如今有一种上当的感觉，不再相信"知识分子那一套"，不再买唱片，因为她既"没钱"，也没有"一台用
999 来听好东西的播放器"。俱往矣。

工作也是一样，青年教师的积极性和热情已经变成了心灰意懒。她渐渐感到，自己的时间、精力和"个人生活"都付出得太多，却没有得到任何回报。学生家长瞧不起，学校领导不理睬，教育部不重视，学生不理解——更吸引他们的是物质的东西，而不是精神（"除了钱，还是钱"）。她已经认不出当年选择的职业了。25 年以后的今天，图卢兹的大学生的期待和初期经验什么也没剩下。虽然跟同事一起时，她仍然会提到"教育家"的崇高使命，但她常常认为——至少在情绪沮丧时——自己只是一个护士或义工，总之

是一种特殊的“社会工作者”。

面临难以设想和预料的局面，教师角色的巨变使她毫无反抗之力。然而，她无疑不比别人更差。出身和反叛者的命运使她能够理解新移民学生的困难和苦处，她负责的学生很多有类似的背景。不少同事用缺勤来躲避青少年暴力，生活经历和超乎寻常的热情反倒让她不那么害怕，而且作为新入道者，她能够利用一切教化的资源去面对，“把爱给学生”，换来“感激之情”。

宽容使她能够做到不像别人那样难以适应新局面。诡谲的是，
这种态度也使这个局面成为她的一个陷阱，一个献身于学生的陷 1000
阱。的确，她不能不琢磨：付出了这么多，也失去了这么多，仅仅为了得到只有从学生那里才能得到的感激之情是否值得。

一位初中语文老师 1001

采访者：加布里埃拉·巴拉兹、罗兹妮·克里斯坦

“一份臭狗屎的活儿”

——您刚才说，很多初中老师想离职。

范妮：是哟，很多，我也在其中。还有一些人感到有点压抑，也想脱身。我想到（……）一位教音乐的同事。我感到，自从换了校长以后，大家就觉得不顺心。从去年起，我们有了新校长，可是他得不到一致推崇，完全得不到，大家对他有很严苛的看法（……），不顺心就是从这儿来的。另外还有一种跟教学直接相关的不顺心。我觉得，大家的印象是——至少我有这种印象——感到被压榨，像柠檬似的，而且得不到认可。我跟法语教研组的同事聊天时，大家都是这个感觉，感到自己一文不值，工作是一种——说一句糙话——在干一份臭狗屎的活儿！我听别人这么说来着。大家都被整垮了，可是什么也没换来。上了当！到了职业生涯的某个时刻。我到了哪个级别了？我自己也不清楚，十级吧？我都 48 岁了。我们觉得，不管对错，我们做的一切都没有用，没有任何用

处。我们已经到了一个年轻人都想干点别的的时期。那个教音乐的同事说他在音乐会上挺出彩，很走运，他能够另外搞点别的，可是其他人除了教书以外，什么也没有（……）。有一位共产党员同事，虽然有社会活动……可是他对自己做的事也不那么信赖，返校深造去了。这让他觉得生活还有点意义。

——各有各的逃离的办法……

范妮：正是如此。这是一种逃离。换学校也是一种逃离的办法，也许是逃离教育口吧。我实在厌烦了学校，可是不知道在别处能找到什么。我想去高中教书，因为我希望能够像年轻人说的那样，起飞，过得快活一点，因为我一直在付出，不停地付出，可是感觉什么也没得到！

1002 每个人都想好好生活。初中和高中都不是生活场所。我跟孩子们讨论的时候，很多东西错字连篇，其中或许有一种跟成年人一起讨论的渴望，一种真正生活一场的需要。而且，我觉得年轻人从某个方面反映出教师的不适感，甚至社会的不适感。这一点我不知道他们是否切实意识到，也不知道是否有人表达过，反正它在那儿。

——他们感到不舒心。

范妮：我正是这样感觉。和学生在一起，我呢，不能说人人都这样，小家伙们都很棒，至少他们还渴望什么，这个我在初中毕业班的学生身上看到了，一种渴望，想帮我们一把，甚至是爱我们。所以，每当我听见同事们说："哎呀！我们不是为了这个才来这儿的，不是因为喜欢小孩才来这儿的。"我就觉得这个想法完全错误。他们需要这个，老师也需要这个。反正我需要。我需要跟他们友好相处，在各个方面都友好相处，因为我想做好这份工作。这是这个集体的一部分，人人都想好好生活。对于眼下这个社会，孩子们不是没有体验，他们看到的都是一些金钱至上的榜样。我觉得这也是个问题。（……）他们觉得我们把他们往不健康的东西里拖。

——您说老师们得不到认可，您自己也感到没有得到认可，得到谁的认可，如何才算认可？

范妮：上级领导呗！他们……我经常听人说，学校领导——不是全部，因为我时常也听说某某领导如何出色，等等——企业领导才会努力工作，我想说……学校不是给在里头工作的人准备的，师生都算。学校领导找你的麻烦，要求你做分外的事。可是，我们很清楚，那些事对孩子们没什么益处，不过是为了晋升一类的事。如果老师喜欢做点这个，做点那个，那么短时间内能起作用。这样的老师不在少数。这也包括家长的认可，所有其他人的认可。

——对，所有其他人的认可。

范妮：因为，坦率地说，当你听见议论老师的时候（……）， 1003
历来如此……或者按照我自己家里的看法，我们的工作实在是轻松，总是想着提前放假……之类的……

——是哟，假期，（……）您一家人怎么度假呢？

范妮：我父亲是工人，纺织业工人。他吃了不少苦，每天工作真的很辛苦。对他来说——因为我曾经想过学医，是的——他不同意，因为没钱，他们俩“这个吧，那个吧……”冲我啰唆。他们觉得教师的职业平稳，安定。一份小小的活计，他想到的是公务员的日子。

我用“圣女特蕾莎”签了名

范妮：对，他想到的是公务员的日子。因为教师是公务员，生活安不安稳我不知道。因为他们不给自己提要求……有这样的人，对吧？他们不给自己提出太高的要求。可是，想当教师和教育工作者的人是因为——我又要念经了——我认为，眼下让教师们害怕的是我们必须扮演真正的教育家的角色。去年我跟同事们争论过这事，因为这是我的看法，一个大词儿，我不想咬文嚼字，但是这并

不单单是传递知识，现在的教师，不管怎么说，代表着国民教育部，孩子们也是这样要求的。他们要求我们当……不是代替家长，而是一个可供咨询、可以交谈的成年人。只要接受了这个角色，事情就好办了。有些教师拒绝这个角色。去年我带过一个很麻烦的班级，问题学生多，我开玩笑地——真的只是开玩笑而已，也许我玩笑开得太差——写出……我召集了一个前期辅导会议，因为那个班实在有问题，我用“圣女特蕾莎”签了名。为什么要签这个名？我也不知道，一个神圣的灵感源泉吧。我的天！这个签名招来一片喧哗。

我认为，如今当教师很累，精疲力竭，因为我们为这些孩子耗尽精力，不过我觉得没有这个就当不好教师。可是，同时，虽说得
1004 不到认可，其实我跟孩子们的关系很好，因为这个我才留下没走。因为跟学生在一起，即使带一个麻烦班级，吵闹不休，让你心急上火，有一个东西还在那儿：我喜欢他们，他们也喜欢我，他们使我留在了教育口。假如没有这个东西，我会随便干点什么，任何工作我都会接受！有了这个，学生就认可你，这种认可只能从孩子们那儿得到。(……)

——说到家庭，您刚才说他们工作很辛苦……您母亲工作吗？

范妮：我妈妈不工作了。她从前工作过，那时我还很小，她也是当工人，可是心情不大好，因为她上过学，拿到过那个时代的高级文凭。我姥姥要求她出去挣钱。那时只有进工厂一途。我妈妈于是进工厂当了工人。我想，跟那个时代的大多数孩子一样，我走了母亲走的路，她…… (……) 或者说，走上了她自己要走的路，如此而已。我们俩聊起这个事，我觉得她认为那是……怎么说呢？她觉得当小学教员是了不起的事。她的想法依然是乡下人的想法。他们在家里都说“督学”。我爷爷也一样，他不识字，特别尊重传授知识的人。在我们的方言里，“督学”是很了不起的人，我妈妈就

是这么想的，我爸爸好一点……

[…………]

我妈妈的口气变了

——家人不认为您应该在某一方面施展身手吗？例如，实现当小学教师的目标……

范妮：当然，他们的确这么看。家里人认为我成功了。不过，现在我妈妈的口气变了，真的变了……

——在某一个时候？

范妮：是的，起初……在她看来，我学习很好，考试也考得好，那就是成功了。现在她看到我是怎么生活的，也许跟我的生活方式、我的那些忧虑有关，她对我说："话说回来……终究……"
其实她的要求并不高……话虽这么说，可是话里有话，她感觉到什 1005
么东西，可是不加分析，我也不跟她多谈，因为她已经觉得对不起我了。我不多说话，可是……她能感觉到，国民教育部的大衙门里有一种腐败的、使人困惑的东西，我不说，但感觉得到。万圣节我去看她，她见我随身带着学生作业就说："照这个样子下去，说到底，你永远安稳不下来。"她只能看到这一点，或者看见我情绪低落，她就说："你姐姐比你过得强多了。"

——因此她不认为……这不是她期待的样子。

范妮：不是，她认为……是不是可以用"认为"这两个字，我也不知道……您看，这个有点含糊……没有明确说出来，没有。如果谈谈个人的事情，我结过婚，1985年离了婚，我丈夫总是责备我忙学校的事。我听说，不少同事都因为这个教学使得夫妻之间出了问题。真的，哎……瞧，昨天晚上我打过去电话的那一位，学前班的教师，生了病，在家休息到15号，大夫要求她22号以前都不要上班，她跟大夫说，她见过教育部保健公司的心理医生，人家告诉

她："您的毛病出在这儿"，那是一种抗拒心理，抗拒。她告诉我："我再也受不了噪声了。"这是抑郁症哟……

[…………]

——配偶经常认为当教师工作太多，太忙，是吧？

范妮： 是的……太忙了。从哪儿来的都有，前几天是伙伴们来电话。有一位是税务监察员，空闲时间大把大把的，他说："圣诞节我们要去波兰啦。"他想见识一下波兰人。莫妮克在电话上问他："你老婆呢？她在做什么？""你还要问我?！她埋在作业本里了，烦死人了！"哎，都是一些讥讽的话……

——是的，可是也很中肯！您丈夫那时候做什么？

范妮： 他那时在邮政局，一直在那儿工作，很平稳，（……）当验收员。（……）从前他起床很早，每逢去很远的地方替班的时候，因为邮件卡车到达时，他必须到场接收，所以很早就得爬起来。不过，在这方面，我认为——问题还是跟当教员有关——就教
1006 员来说，干不完的活儿把我累得无精打采，没有创作欲。回家还得备课，这方面，就说今年吧，因为这个跟法国人削减了工作时间有关，现在我们不得不多教门课，不然完不成 18 个小时的工作量。教四门初中法语课，其中三门各有 30 个学生，真是难以想象总共多少份作业要批改，初中阶段你什么都得核对，我得批改课文分析，不然孩子们不会去做……作业本永远成堆……所以，一天下来……

哎！每天都有作业。每天都有，因为我发现，最初我批改了几篇课文分析，发现大多数孩子过了一次关之后，就再也不做了，于是我把全部教学都围绕着文本、写作和思考文本展开，加上文本问世后的传播，因此他们觉得不是……现在他们懂了，一旦理解就行得通。可是，一开始他们没有去做，所以我什么都得动手改。我这个做法跟其他同事的不一样。我那个教音乐课的伙伴，他的工作不

一样，的确很特殊。我可是每天都有作业要改。我老觉得……耗尽精力。真是消耗我的精力。

——有人责备您，也是这个原因吧？您老公就是为了这个责怪您吧？总也指望不上……

范妮：就是为这个。还有我的孩子，现在我回头看，我承认我真的投入很多，实在是投入工作很多。可是，我女儿真正需要我的时候，我疏于照顾，的确把她们……

——您有两个女儿？

范妮：双胞胎，都是女孩，她们抱怨我，抱怨我呀！她们需要我的时候，我呢，我……哎，这是个人的事。有一个时期，我确实是全力以赴，在工作上真的发挥得很好，我也不能说，工作并没有给我带来满足感，嗯，真的。我付出很多，很喜欢跟孩子在一起，可是，另一方面，正是因为付出太多，回家后耐心已经耗尽。嗯，的确，我女儿如今抱怨我，我夹在当中…… 1007

——她俩现在多大了？

范妮：20岁……我的两个女儿23岁，23。

——所以已经不完全是小孩子了，对吧？

范妮：是哟，我总是说……不，我们正在重新享受我们当年没体验过的东西，所以我告诉女儿们：我们现在总算把对方找回来了。她们在23岁上正在零零碎碎地体验童年没有得到的东西。我在尽量运用一点心理分析疗法。不过，那好吧，这是真的。那么，我刚才说什么来着？我不记得了……

这一类的问题，我认识的教员夫妻，或者夫妻俩当中有一个当老师的，全都会有……有些夫妇能够解决好，不过，这个东西一直在某个地方有影响，这种感觉总是在那儿，无论对错……一种付出、奉献了生命，可是什么回报也没有的感觉。这就像当护士，一种在别人眼里什么都不是的感觉，那么，别人是谁……孩子们就是

这样看待我的："您把工作做得很漂亮，可是您知道，我们可不想自己也这样干。"他们琢磨的是，何苦这么干。这是因为他们看到的都是成功的样板，穿正装，系领带，有钱，钱，钱……

我只能零打碎敲地阅读

范妮：我认为，追求更好的生活，这个到处都能看到，每个职业里都有，还有获得承认的愿望，我看到社会工作者同样要求这个东西，这种愿望被认为那些有用的人才会有，而不是那些得过且过的人，例如小公务员。有一次，我听到公共广播电台的新闻，高中生的抗议游行使我很反感，那是在我的汽车里——不然没空。听广播是我的一项文化活动，在学校里没工夫读书（……）我只能零打碎敲地阅读，零打碎敲……！

——您可是语文老师哟！

范妮：谁说不是！我必须沉浸在书里才读得下去，可是脑袋里总是装满了杂事，我刚才跟您说的就是这个意思，总觉得有干不完
1008 的事，脑袋里总有事，没法享受一本书。假期里还行，可是学年当中没办法享受阅读的乐趣，因为，突然之间，打住！心想，还有事要做，于是就得动起来，找个事做。我承认，年龄也许是个因素，我 48 岁了，会感到疲惫……是的，的确，精力不如从前了，因为从前我总是有上课的点子，把课上得更有趣。当我意识到有点疲惫的时候，我就想点办法对付过去；如今，等我上完一整天的课以后，还会有学生家长来见我……几乎每天都有，基本上吧，家长来见我……

——事先有约定，还是不请自来？

范妮：约定嘛，没有。差不多天天有，不是每天都有。通常，眼下这个时间应该召开班会了，家长们有点担心，有的人是真诚的，有的只是为了能够……

——……是哟，搞阴谋诡计……

范妮：对！真的是这样，这也在意料之中，可是，想到做这些事所花的额外的时间，你会感到厌烦。我也一样，我觉得……这好像是自我标榜，但是我是真诚的，不愿像一个公务员那样斤斤计较花去的时间，我不想那样做。可是，有的同事告诉我："你做事太执着了，正因为有你这样的人，人家才认为……"既然到处都有人"使人觉得一切运转正常"，那么，只有停止一切课外活动，才能证明机器转不动了。我可做不到，否则……我除此之外无事可做。我真的在这上面花了大量时间，我觉得别人都不知情。

——您认为每周您工作多少个小时？没法计算？

范妮：这个学年，我到目前什么事都还没做，也许除了星期二的辅导课，没有做任何事情，除了……这是就目前而言，因为我参加的两个学校项目很快就要开始了，一个跟新闻界有关，一个跟遗产有关，所以我有课外的工作量，电影哟，剪辑哟，以及这一类的东西，所以，这个学年，我不教课……我每天工作大约10小时。

[她提到，媒体经常不无贬义地把教师等同于"公务员"，她举 1009
出法国演员菲利普·莱奥塔尔在公共广播电台上的节目的例子，莱奥塔尔语带轻蔑地谈到教师对工资的要求，绘声绘色地说他们有"公务员心态"。]

金钱和能量混杂

——我想回到您刚才所说的上面来。开头您说"大家都被整垮了，可是什么也没换来。上了当"，您的确说到被整垮了，包括私生活方面。您在个人生活上付出巨大代价，因为您终究离了婚。您还说，除了其他原因以外，离婚也跟这个有关。

范妮：除了其他原因以外，但是，这的确是我被人指责的一部分……

——您说“大家都被整垮了”，这个“整垮了”究竟意味着什么？是指您全力以赴地工作，积极参加政治活动，还是……

范妮：我参加过政治活动，是的，那是在职业生涯之初。在圣日耳曼昂莱高中、德彪西高中，那时我一份接着一份写报告，德彪西高中当时被视为重点学校。那时我在一个研究学业失败的小组里，我们那时候就开始做实验，努力工作……有关的报告由我撰写。我们当时就感觉到，要想让我们说的话被高层听到，同样需要很长时间，可是这期间事情已经起了变化，因为教育问题是活的东西，活生生的，处于变化当中。所以，当我们期盼的改革10年以后姗姗而来的时候，为时已晚！去年，在那场全国性的协商活动期间（……），我还保留着一盘磁带，我们还拿录像带开玩笑呢。我们做了一盘录像带，玛丽里埃特谈到那些著名的“模块”，谈到教学模块（……），这些玩意儿我们早就谈到过，听说如今很吃香。（……）这是一部无比沉重的机器，沉重得挪不开步……你觉得一切都来得太迟。

1010 ——是哟，你们做了这么多工作，回报来得如此迟缓……是的……

范妮：确实如此，我不想指责教育部，因为我不太清楚它如何运转。我的印象是，在这部庞大的机器内部，确实存在着巨大的能量。金钱和能量混杂。（……）我也能看出这些事情里蕴含的危险，因为我们刚才谈到了区域化问题，因为，真的，如果说这件事在全国层面上已经很难推动，那些可能出现的全部后果，我现在就能预料到。（……）谈论什么需求哟，资源哟，这一类事情，其实中学就已经有很多浪费钱的事。冤枉钱！以我为例，我制作视频一类东西，可是真的有点腻烦了，因为我的眼睛有毛病，我还有自己的生活。我主张有权退出从事从前做过的事，因为那时候我能够做，也愿意做，可是我们总是被骚扰，仅仅因为你曾经做过，你就必须接着做下去。我当年跟一个团队一起做视频。早在……我们制作了一

部电影，我们的第一部电影……

[范妮提到视频制作坊去年的活动，那是她主持的。]

——学生们怎么样？您如何给他们下定义……？

范妮：总体而言，我们学校的学生分两大类。这是一所乡村初中，连郊区都不是，旁边有池塘，可以说有一点……所以我没有怨言，我们不像巴黎北郊，问题成堆，完全不一样。可有两类学生，家境优越的——我们这一带有两家大公司，所以有工程师的子弟，这些孩子还不错，然后是出身农村的学生，加上小职员家庭的、普通工人家庭的，水平比较低，真的，这些孩子……他们没什么雄心壮志。总之是这两个类型……（……），所以我们有一些问题学生，跟其他地方一样，考试不及格，不过……

——这些在课堂上有哪些表现？既然很难办……

范妮：唔，就拿今年来说吧，我有一班初二的学生，只有二十四个人，总体而言还不是……水平不是非常非常高，班上有三个孩子有很严重的行为问题。此外，上个星期，有两个孩子，不是三个，所以（……）一个从外校转来，是被三所中学赶出来的，性情 1011
极不稳定，另一个什么事都不干，两个人偷窃时被抓了个正着。

（……）警察随后把他们送回家，因为（……）他们这不是初犯。这三个孩子总是形影不离。他们在这个问题多多的班上算是明星人物。三个人的年龄也比其他孩子大一些……

——年纪大一些？

范妮：大一些，也不都是，差不多 14 岁，13 岁半吧。您看，14 岁才上初二[①]。也有 14 足岁的，他们比较高大强壮，也……谁知道，我也说不清（……），他们没有任何愿意参照的东西，天不怕地不怕。校方的惩戒、警告、停课，都不管用。停课他们才高

---

① 正常情况下，法国初二年级的学生应当在 12～13 岁。——译者注

兴，你停他们的课，正中他们下怀。这个我尽量避免。家长也没有文化。你停他们三天课，他们反倒出去瞎溜达、惹麻烦，那不是……因为他们很清楚，我们拿他们没办法，所以就挑衅，把你逼到边缘，所以这对我们也是一个提醒：他们也需要别人的关注，他们一直需要这个东西，这样拖一段时间以后就能把人累死！累死人！

这个班有一个老师，开班会那天，他来时生着病。手拿一张医生证明。他赶到后说："今天我不能久留。"他拿出证明作为理由，这使我感到很难过。您看，老师、学生和家长代表都对他有意见，所以几乎可以说，这是他的一个摆脱的办法。他拿着医生的字条走进来，喊道："这个班太可怕了，在这儿工作等于自杀！我自杀全赖他们呀！毫无价值地自杀！他们是病人、恶棍，我干不下去了，干不下去了！"说完就走了。一位母亲对他说："祝你身体好起来，先生。"事情就到这里。这些孩子让他干不下去了，干不了。他本想当个传送知识的教师，但是做得不成功，还死抱着教师的角色，可是……事情严重了。这个人是那种文化素养很高的人。这件事是历史老师在电话上告诉我的，因为他们在家长会上议论过：如果学
1012 生好，他会是那种天才型的老师！可惜，学生并不是都好哟！

——每一个教师的班级都应该有清一色的优秀学生［笑］……

范妮：（……）有时候，我不得不扮演警察的角色。前两天，那个名声很坏的巴黎综合理工的某某，被三个学校赶走的那个孩子——这么一说您就知道是谁了——他想起身走动，闹了点动静，其实他在寻找能接触的人。可是，你很难既当教师，又当辅导员。（……）在一个学习已经出了问题的班上，连一只苍蝇也能引开学生们的注意力，再有这么个孩子，总是在乱搞、挑衅什么的，那就拖了全班的后腿，只要有两个这样的孩子就够了。比如，昨天下午，他们旷课（……）去干蠢事，这些孩子都是有危险的。真让我心痛！

有时候我感到力不从心，唯一的办法就是跟他们谈，谈，谈……

——您以前工作过的中学也是这个样子吗？

范妮：不不。我还是年轻教师的时候，从未遇到过这种非解决不可的问题，从来没有。1968年以前，跟当年我自己的老师们一样，我就当中学老师了。我跟学生从未有过如今这种个人接触。但是，这是我们工作中发生的变化，它就在那儿。对我来说，变化就在那儿，我认为，许多教师完全拒绝这种角色的转变。

她全垮了

——对象不一样，还有不一样的……

范妮：正是这样，对象不同。有人说："我们干吗非要扮演这个角色不可……"去年我们有过一次讨论，专门讨论这个专门设立的难题班。我带了他们两年，初三上了两遍，一帮老师都不想带的孩子。关于这个班，还有一套虚假的说辞。这个班上的孩子，我一个也不认识，我是自愿教他们的，校方要求教师自愿报名教他们，全是考试不及格的孩子，性情不稳，经常抗拒社会，甚至犯一些轻罪，等等。因此，初二结束的时候，老师都不想要他们。有些人不这样明说："哎呀！不行，不行，别把某某塞进我的班上……那不行，我受够了，我已经忍了他整整一年，到此为止啦。" 1013

有一天，我跟刚才说的那三个学生的家长发了火。一个家长说："您把他赶出去不就得了？"我回答："我们拿他们怎么办？"还有一个别的学生的父亲说："如果您愿意，我们可以来课堂上维持秩序。"我说："那怎么行？您是要我们把这几个孩子送进焚尸炉吗？我们拿他们怎么办？您要是这几个孩子的家长，不是也希望我们能帮帮他们吗？"虽然如此，他们还是回来了。我真的生气了，可是……可是，另一方面，我觉得得不到教育部、校方和这个那个校长的支持，你有这样一帮孩子，可是不知道该怎么做。因为，一

方面，我们管他们还受批评，有人还说，“唔，这个人只是在煽风点火”，这个我无法忍受。我说“得不到承认”就是这个意思。

我们想管管这些孩子，但是得人性化。非洲人我们不是也在帮助吗？我也参加了联合国教科文组织的俱乐部，我们在帮助别人，这样做我们在物质上没有损失，给钱，送书，这种事情很容易办到，可是当你真正面对一个人，对一个孩子有责任的时候，四分之三的人会开溜，这时就会有……还有一种厌烦。这才是大问题：你拿这些孩子怎么办？各种机构都不帮我们，我不知道会不会起变化，这种孩子越来越多，越来越多，都升初一了，生活该怎么样还是怎么样，破碎的家庭，身上有这一类问题的孩子很多很多，这就能够说明为什么会有问题班级。(……)

——您自己遇到过吗？您刚才说到一位生病的小学老师，那么，初中有没有人得抑郁症，生病？

范妮：有哇！当然有。早就有。高老师教过我的女儿瓦莱丽。她教我女儿的那个时期可不是小菜一碟。正像常言说的，她全垮了！垮了只是一个简单的说法。带这样一个班，那三个孩子，可以说，我这位同事搞糟了，我不希望举出名字，可是对这些孩子，她做了非常糟糕的事：张口骂了他们，他们这样告诉了我，不过我不会去教训她的。这方面，老师之间，你不会背后说同事的坏话，也
1014 不会试图教训人家。可是，这个人嘛，她……怎么说才好呢？也许这样能够清算她跟这些孩子的芥蒂，她遇到了很多麻烦，因为他们很难对付，可是她自己崩溃了，用脏话骂他们。在家长会上，实际是班会，提到纪律问题时，她说：“我干不下去了，再也干不下去了！照这样下去，我会被逮捕三次！”这也是一种逃避，再说，还有……

——还有很多？

范妮：这件事的起因是不是学生，我一直不很清楚，反正我不

知道……

——是因为有病吧……

范妮：没错，去年他们开会，有一个同事当场哭了起来……她的学生，他们……当他们感觉被老师看不起……甚至憎恨的时候，因为有的老师确实不喜欢他们——但是喜欢学校，因为离不开呀——不喜欢惹恼他们的孩子，当孩子们有这个感觉的时候，你想不出他们会有多凶恶！一个受处分的孩子表面上守规矩，可实际上会继续往下溜，实际上他甚至不需要老师，他不需要，真的……问题学生只要感觉到这个，就会变得凶恶（……）。我不想把一切责任都推给教师，可是确实有这个东西。那位老师，去年他们吓唬她，我不记得是怎么说的，记不清了……说是要炸掉她的汽车……

——这种事真的发生了，还是只是恫吓？

范妮：都是恫吓。这我们在一次全体大会上提出过，全体老师都来了，那位老师在会上神经质地哭起来……是哟，有些人干不下去了，这个我能理解……正因为如此，必须……我觉得班上有这样的孩子，你就必须坚强，神经系统必须坚强。或者，爱他们。

1991 年 1 月

“我的心思不在这儿” 1015

范妮：我丈夫么？我们已经谈过这个话题了。不错，这是一个永远存在的问题。对于我，我觉得他有一个特别严重的心结，因为我比他受的教育多……因为所有这些理由，我现在把一切都弄明白了，年轻的时候，你会想：“这些都不重要。”真的。

——婚姻三四年之后，还是一点也不重要吗？

范妮：对我来说没有，对他来说是有的。他后来告诉我，他常常觉得自己是某某老师的老公。例如我俩的朋友都是我这边的朋友，我们的朋友都是我的。而且每次聚会……嗯，我真的是犯了大

错误，如果要我像面对心理医生那样，谈谈夫妻关系，那我可以说我真的犯了大错误，我现在才明白。可是那个时候，例如阿维农（Avignon）时期，我跟他一样是新人……

——什么是阿维农时期？

范妮：我们在大巴黎地区的马利勒鲁瓦（Marly-le-Roi）住了10年，后来想回到南方去。他那时候也被任命去尼姆（Nîmes）工作……

[…………]

我们于是搬到了阿维农地区——我刚才要说什么来着？

——阿维农时期……

范妮：对，记得我们到那里的初期，在我们住的公寓里遇到一位老师，跟我在同一个学校，我们成了朋友。她丈夫是药剂师，其实他那阵子在军队里，如今已经在柏荷池（Berre-L'étang）那边开了一间药房。我丈夫在尼姆结识了几个人，都在邮政局工作，可是我受不了他们。我还记得一个可怕的场景——我现在感到很惭愧——真的，心想……

——那是为什么？是因为……

范妮：因为，头一条，这些人，怎么说呢？他们都是酷爱斗牛的尼姆人……

——唔。可是，这个只是……

范妮：不，不是，因为……那好，我受不了了，也没有再忍下
1016 去。我跟他们大吵大闹。（……）我知道我无法忍受。另外，离婚以前，他给我介绍过邮政局的人，我觉得他们令人愉悦，后来还见过面。于是我想……我不是要把一切失误都揽过来，也不是“邮局”这两个字让我不满意，但是……我知道，我经常责备他。这就带来了很多很多问题。并不都是从这儿来的，而是围绕着这一切和我丈夫逐渐形成的，他对我的确有一种令人难以置信的心结……我对他也不是很温柔，说话也直截了当。所以，有时候，一些不太好

的事情我应该放过才对。

——他的父母对他怎么样？

范妮：我的公公婆婆都是工人，很朴实。我公公是铜匠，说到具体做什么工作，他在一家小机械厂工作……据我所知，他上班骑轻便摩托车，去大约六公里以外。我婆婆在纺织厂工作过很长时间，因为我们这个地区全靠纺织业，可是她什么文凭也没有。据我所知她不会——算啦，我不想说她是文盲——她会写字，但是错字连篇。他们给我写过信，里头的错字比我母亲写的还多，两人都是这样。

是我毁了他

范妮：是的，他们都是真正的工人，我丈夫的哥哥也是工人，技工，在一家机修厂工作。我嫂子不在纺织行业工作了，因为——我刚才说过——因为很多人被解雇了，所以她现在在家，他们有三个孩子。他们虽说是工人，可是孩子们的学习很好。我昨天还和婆婆谈起他们的大儿子，他在高中毕业班，准备理工科的毕业会考，他想当工程师。您瞧，这就不是……我不知道是不是跟家庭环境有关系。我认为一个和谐的家庭会使孩子们长大以后做得更好。因为他家可以说完全是……就拿我的这位伯兄来说，他从来没给我写过什么东西，因为他不会写字。一个字也写不对。

[…………]

我从来没想过怎么看待男女平等；我遇到我丈夫，嫁给他，根 1017
本没考虑过这个问题。后来，其实……是我毁了他，别人这样告诉我，我自己什么也不知道，一点也不知道，我想这么说没错。因为，咳，这个跟我的性格有很大关系。我这个人非常自信，有时候喜欢强加于人。这么说，有点三流的心理分析的意思，可是，确实如此。我就是这种性格。

——可是，您的职业从哪个方面困扰了他呢？

范妮：唔，这个么……

——教师有大把的时间，对吧？

范妮：不，不是，说实话，假期挺好的，可是，跟人们想的正相反，一个语文老师在家里没有多少时间。我在巴黎工作的头一年，7点、7点半左右下班，一到家就得改作业，准备教案。还有，我认为这种工作让你忙碌得不行，而且我的朋友也都是同事，都是老师，我们见面不说别的，只谈工作。这个让做丈夫的觉得很不舒服，难以忍受，这一点我现在才明白。可是，我们当时一直是这样。有这样的情况：我有一对夫妇朋友，男的是医生，她呢，是教师。我们聚在一起吃饭的时候，不得不停止谈工作。因为我们看见……她老公受不了了。我不知道这是不是……那可好，他被惹恼了，感到困扰。我觉得我的话太多，也使我丈夫不舒服。不过，在我们的……什么是最大的困扰？他常常对我自称“老师的老公”。我认为原因不全在这儿，不都是因为我的工作，虽说它有这个作用——也是因为我自己，因为我的性格，真的。

——可是，您不是说没有太多的时间吗？总之，留给他的时间不够……

范妮：是这样，但是，即使时间不够多，更没有足够的时间陪女儿，这些都是真的，都加到我的个性上，还是于事无补。我想，如果我是一个家庭主妇，我不想……我们的日子会完全不同……

——但是这就有点像一个，我是这么看的，也许不对，似乎他感到你走的是一条知识分子的道路，他的道路却迥然不同，然而最
1018 初他也有规划，他自己的学习计划……

范妮：嗯，我想这也许是一个原因，或许也是我现在讨厌书呆子的原因。真的，我觉得，作为一个女人，我的生活是失败的，这使我警惕所有那些……因为当时，一个已经很遥远的时代，我真的

很喜欢出去玩，看戏。如今我一张唱片也不买，不不，有时候买一两张。再说，我没有一台用来听好东西的播放机，没钱买好音响，所以就不听了。当年，没有我不想了解的，都想知道，做这做那。嗯，这些都过去了，自从离婚以后全没有了。那么，那时是为了什么呢？去想想吧！可是，当年确实如此，那时候我就是这样，他也很喜欢，他很喜欢一块儿出去玩，大概也喜欢反复对我说："我不过如此，只是老师的老公罢了。"我觉得，那时候，我说了算。

我生活中最大的败笔

——孩子们呢，您没留给她们多少时间？

范妮：没有，我觉得两个女儿因为所有这些很遭罪，从我们俩合不来就开始了，加上我的确没有留给她们太多的时间。

[…………]

——女儿们现在做什么？

范妮：还好，她们奋斗过，所以都很……劳伦斯，最让我担心的那个，现在是特殊教育教师，很快就要考证书了。我不知道她正在做什么，我二月份以来没怎么见过她，这也不是偶然的。我认为，由于缺少当年……她受了好多罪，我们聊这个，我们现在可以聊聊了，聊她的青少年、童年时期。她照管有问题的小孩，在一家中心工作，负责社会个案，都是初二的孩子。瓦莱丽呢，她父亲出走的那天，她就离开了高中，不想再走进任何一所学校，她也认为老师都是废物、可怜的家伙、没有价值的人，包括我在内，我们根本理解不了年轻人。从那以后——我在笑，神经质地笑——好几年 1019
里都是一个烂摊子，正如年轻人所说，乱糟糟，一个很大很大的烂摊子。

——她离开学校时多大？

范妮：她那时正上高二，那是多大岁数？

——十六七岁？现在呢……？

范妮：对。她现在从事园艺，很满足，因为是户外活动。瓦莱丽是个与众不同的女孩子，她跟我的另一个女儿……她俩是双胞胎。我觉得她受不了约束，没有她不想尝试的：办公室工作，实习，如今在户外。尽管……我很惊讶她能够这样坚持不懈，风雨无阻，她一直热爱花卉。两年后，两年来，不，我丈夫是 1985 年离开的，去年我看到了隧道的尽头。不过，说真的，那是我生活中最大的败笔。

——既然她已经自立了，为什么还要这么说呢？

范妮：不知道，因为我认为她们一度很不幸。跟您说这些事，我会哭起来的。真的，谈这个事情我难以启齿。

——是哟，可是如今她俩都找到了自己的人生道路，也有……她们多大了？

范妮：23 岁，我觉得她们都……怎么跟您说呢？都无法挽回地受到了伤害，这两个女孩，都被父母的生活伤害了。

——您跟您的丈夫在一起很久了吗？

范妮：很久，20 年。但是，我认为我们做了一大堆蠢事，俩人都是如此，因为我们结婚时不够成熟，因为我的心思不在这儿，因为我们没有准备好养育子女。这里头再加上教师的职业，一点忙也没帮上。一点也没帮上我的忙，在我与女儿们的关系上，一点忙也没帮上，一丁点都没有。

——您是不是觉得，从事别的职业会好一些？

范妮：谁知道呢？不，这个我没法告诉您，因为我还有其他例子可以举出来……就说我的朋友吧，一位女士，我的朋友——称她为女士，这个有点傻——我这位教师朋友，她丈夫是医生，家境完全不一样，他们比我们有钱。他们俩也有一些问题，因为她……正
1020 相反，是她丈夫没有把她放在眼里，现在依然如此。俩人谈话，他

总是对她说："你们当老师的都不行，等等，等等，可我呢（他是工厂里的医生），我看到，来我这儿的孩子都想当泥瓦匠，或者上建筑工地干活，他们都是文盲，等等，你们在学校都是干什么吃的?"一句话，他们也有问题，也有夫妻关系的问题——议论别人不是件容易的事——但是问题确实有。他们有非常可爱的孩子，没有受太多罪，可是孩子们知道他俩之间的问题，他俩说的话，孩子们什么都能听见。即使如此，俩人的日子依然过得挺好。一个孩子在撒维尼（Savigny）上预科班，另一个在初中毕业班，所以说，都是心智很健全的孩子，学业上一点问题也没有，可是夫妻关系里的问题照样有，照样持续。因为她——我拿她跟我丈夫相比，如果您同意——由于她跟丈夫有问题，她一直在其他方面寻找补偿，就是如此。但是，这是不是职业的缘故，我也不知道。

——可是，您那天说过，几乎所有您的同事，只要夫妇俩当中有一个当教师，或者双方都是教师——您的同事毕竟很多都是教师之间结合的，而且这种情况其他人也有——您说，到了一定时候，差不多都过不下去了，对吧?

范妮：哦，是的，不顺利，但是有些夫妻熬得住这种"不顺利"。有很多对夫妻不顺利，可是没有散伙。唔，可是这个……依我看，大问题是，这对孩子的影响很大，我自己极不顺利。我认识一些不顺利的夫妻，也听到过一些这方面的思考，可是，不管怎么样……

——对孩子们来说，一切不都得听其自然吗?

范妮：是的。听其自然。可是双方都在欺骗。我这个人从不打听别人的私事，可是，比如，我在布列塔尼有一个朋友，英语老师，丈夫是税务员。谈起她的时候，她丈夫会说："咳，你以为她在干什么? 永远埋在作业本里，我真受够了。"等等。现在他一个人坐飞机休假去了，他在波兰有朋友，他们家接待过波兰人，所以

1021 他就去了。我不清楚究竟是怎么回事。能熬过去当然很好，不过，肯定会有一些麻烦。(……)

我这个人多愁善感

——您的丈夫和您有不同的职业，这两种职业是不是使你俩渐行渐远？您说，他起初是主管，后来当了邮局职员。我真看不出这在职业方面说明了什么。

范妮：他现在是邮政局局长。他离开我时还没有晋升，除了……那时我对他做什么不是很关心。我对他在做什么从来不感兴趣。

——你们俩有共同的兴趣爱好吗？你们一起生活了 20 年，总是有一些美好的时光吧？

范妮：有的。可是，共同兴趣么，怎么跟您说呢？我觉得，我要告诉您的事都是傻乎乎的。他跟我是青梅竹马，我这个人多愁善感，结婚以后，我以为我们一定会白头到老，如此而已。我们的共同点吗？唔，我们总是在一起，经常一起出去玩。这些都是美好的时光。不过，真的……是的，有过美好的时光。告诉您，假期里我们会去看戏，全家人都去，那是我过的一段可爱的小日子。我这个人没什么雄心壮志，对一切都很满足。我并没有真正意识到，哪里会出问题。后来，他开始去别处寻找另一个跟我心目中不同的自我形象，此时已经来不及了，如此而已。这一点我当时根本没有意识到，而且很长一个时期都没有。可是，对他的工作，我从来就没什么兴趣，这也是真的。我有这一面，怎么说呢？知识分子的一面，知性的一面。我不知道，毫无疑问，我确实对很多其他事情很感兴趣，可是他的工作显得有点……我心想：盖邮戳什么的，都不带劲，没啥意思。我有时在女性杂志上读到，对于自己的伴侣应该满怀兴趣，我于是往这个方向努力。还是不行，真的！这里头我犯了

不少错误，确实不感兴趣，如今我已经把这些都摆脱了。一刀两断了。

——是哟，工作已经足够您忙的。总之，已经把日子填得满满当当了？

范妮：是的，朋友们看到我这样过日子，对我说："工作是你 1022
的一切。"我还跟他们争辩这一点，因为我那时不觉得如此。

——可是，工作哟，同事哟，所有周围的一切，您怎么看呢？生活不光是批改作业哟，只有这个吗？

范妮：是的，就是这些。作业，学生，同事，这些把我的生活填得满满的。

——同事也很重要吗？

范妮：很重要。对，对。都是朋友。有些同事成了朋友，让我的生活很充实。至于我丈夫，我觉得他身处一边。而且，我觉得他也是这么想的。当他说"我是老师的老公"的时候，就是这个意思，不过……

——您在中学以外有什么活动吗？

范妮：您说的活动是指什么？

——您告诉我，您不是社会活动家，但是主持……？

范妮：哦！社会活动嘛（……），有那么一个时期：在阿维农的时候，我当过支部秘书，我丈夫和我都是社会党员，他比我更活跃，我当过一阵子支部秘书。至于是不是带着确定的信念做这个事，很难说。

——当了多长时间？

范妮：两年吧。那个时期，我确信很多事情，现在，这种事……我的心冷了，确实冷下来了。我做点什么呢？锻炼身体，画点画儿。

——两个孩子加丈夫，再加上学校，已经足够您忙的，是吧？

范妮：也不是每天都那么忙。别的我还做什么呢？写诗，小玩

意儿。不，我过着一种挺舒坦的小日子，当我想到自己的生活的时候，挺舒坦，不不，我这样挺不错，照这个样子，不用知晓任何事情。足够了……

——什么也不用知晓吗？哪怕是一丁点？如果稍微知晓一点呢？

范妮：不。不用，不用。当我丈夫告诉我——他实际上蒙骗了我，他在外头有艳遇，这个我知道——当他告诉我，他真的厌倦了总是守在我身边，我才真的有所意识，而且我从前从未想到这个东西。我就想，唔……这个很难说……

1023 ——您没有预感？

范妮：没有。现在呢，是不是……我心里琢磨，这个是否真是因为我正在做的工作，我不知道，可能还来自我的更深的东西，来自我的童年、我母亲，来自母亲希望看到我如此这般。谁知道。我不知道，我只想成为一个不同于当工人的父母的人。

——哦，那么，您丈夫有几分像他们吧？在某些方面……

我俩的朋友都是我的朋友

范妮：正是这样。是的，其实……我认为他思考得很苦恼，这么说是因为我想起一些蠢事。我俩的朋友都是我的朋友，也就是说，教师。有一次，其中有一位，我不记得是从哪儿谈起的，他在饭桌上谈到我丈夫时，高声说："咳，他才不是火箭专家呢。"我觉得这个话把他伤得很重。我们对这一类事情一笑了之。我认为，教育界我有不少同事都……尤其是从巴黎地区来的，我们把家搬到巴黎以后才知道，他们是真正的知识分子。真正意义上的知识分子，他们把哲学讨论置于高于一切的地位。有那么一位，不知道是做什么的，反正名字我有一天在别处读到过，在某个研讨会上，他准是爬上去了（……）。他们都是上层中产阶级，在一个跟我们完全不

同的环境，都是中产阶级的子弟，都是我说的名副其实的知识分子。照我的看法，他们也很傲慢……是的，我这么评论就能说明，这一点我不情愿接受，也不打算认可。那么我呢，在他们面前，我觉得很自在，跟他们在一起我觉得很自在，我老公不行，这一点我没看到，不想看到。我觉得，这些都很伤他的心，他不是一个愚蠢的人，可是在这个资产阶级知识分子的环境里，不会保护自己。我已经跟这些人断绝了关系，彻底断绝了。(……)连我女儿也特别受不了教师。

——真的吗？

范妮：真的。只有劳伦斯遇到了一个很出色的老师，如果您能
听听她们是怎么评论的，不过那是因为我的缘故。 1024

——她们怎么说？

范妮：她俩遇到的老师多数很自私、自我中心、很难交流……。其实我也遇到过这种人。

——跟谁无法交流？

范妮：咳！瓦莱丽离家出走的时候，我非常沮丧，那一天正逢她父亲也走了，也是1985年的复活节后返校的第一天，瓦莱丽退学了。我开始不知道，因为她早上背着书包出门，去学校了。等到我想跟她的老师谈谈的时候，他们却躲在法律的背后，这个我并不反对，我也是教师哟，也了解规定，问题是没有一个人愿意提供帮助，真的。我那时没有对她敞开心扉地谈话，忙于自己的问题，只对她说："你得上学去。"我俩只谈了几句话，等等吧，可是我没有找到任何人帮她一下。我跑了好几趟她的高中。于是，她，她……(……)

——她就这么一走了之，没人帮她返回学校，是吗？

范妮：有。现在想想，她遇到了一个人……比如，我把她送到学校里——也只能是我，因为她爸爸那时不在家……她们就是这么说的，俩人没有过父亲，所谓的父亲。所以，她俩一直跟男教师比

较亲密。我把瓦莱丽放在我的中学，这里有个教地理和历史的老师，他长得有点像我丈夫，也留着胡子。他创造了一个奇迹，使瓦莱丽重返学校，虽说她是个很难对付的孩子。她们对教师都十分厌恶。如今我也感到内疚，没法自豪地说……所以，由于她们的缘故，我尽量做一个能够倾听学生的老师。

[…………]

——假如你们留在南方，生活是否会容易一些？

范妮：我不想留在南方，比他还不想。我是拿主意的人。我在
南方感到很无聊。事实上，这个问题是……我现在是这样分析
1025 的……我很早就离家进了城，因为我父母就是“进城”找工作的，
这个“城”字是带引号的，因为其实那是一个大镇子，很大很大的镇子。那是我头一回离乡背井，我还是个孩子，还没有上中学，我把自己关在屋子里一个月，头一回离乡背井嘛。后来呢，我还有记忆……戳心的记忆。后来是几年寄宿学校，然后是图卢兹……再后来是巴黎，最后不知道自己身在何处了。我认为，假如留在外省，我们会有一个平静的生活，就像伯兄过的日子，更简单，更轻松。我认为，正逢起步，家人却不在身边，这是一种残缺。我是赞成有家庭的，赞成这些以往的价值观，我认为，家庭内核、整个家庭关系网、父母健在等等，都非常重要。他要求我们去……怎么说呢？要求我们的关注，关注其他人。在这个问题上，我们有点过于关注自己，被引入歧途了。

[…………]

——怎么！他又回到南方去了？

范妮：是的，是的，1985年，他又回南方去了。现在他在一家小办公室里当收件员，我认为他也同样放弃了……他的日子一定过得非常艰难，多少放弃了一切志向。他想要的跟我一样，在办公室里图个安静。所以，我不知道他现在怎么样了，但是不管怎样，两

个闺女再也不见他了。

——从他离家那天以来就没见过？

范妮：没见过。即使在那以前，离开巴黎地区之前，他不时会来家里看看，可是也从来没有真正关心过孩子。这个跟他的工作，或者我的工作都无关，我认为，这可能是因为有孩子的时候，他太年轻，刚19岁就得对孩子负起责任来，他对自己的孩子从来不感兴趣。她俩现在就是这样认为的，这个我也没有注意到。我的心理犯了一个万劫不复的大错误，那就是，以为——我现在不这么认为了——那就是我一直以为，别人都和我一样，都跟我的反应相同。我做事，看问题有自己的方式，却硬要把它们塞进……我喜欢把……现在我不知道，我很清楚我就是如此，这是一个缺陷。把什么都硬塞进自己的看法里，一切都得像我要的那样才成。我就是这 1026
么认为的，意识不到所有那些问题。有时候会磕磕绊绊，出现一些……不，还是我承担起责任，这样还能过下去。

——因为小日子还得接着过？你们好歹是四口人，掌舵的是您吧？

范妮：是我。日子还过得下去，过得下去。是的，事实上，还过得下去。

——这已经很不简单了，真的。

我爱他们，这就够了

范妮：正是如此。所以，人们的所有内部问题，我不是看不到，就是心想："这些都没啥了不起，我爱他们，这就够了。"那么，我们在谈什么？我在跟您谈我自己，不知这是不是您想听的？

——是，是的，正是我想听的。

范妮：有点像在心理医师的诊所里。

——哟，不！毕竟还不是！

范妮：咳！可是我已经去过啦！

——哦，那么您去看过心理医师了？

范妮：去过。倒不是为我自己，是瓦莱丽吸毒那阵子，我去找过心理医师。

——她现在不吸了吧？

范妮：还吸，她还在用那种小包装的。我在医书里读过，这个不算很严重。反正他们能从药店买到，就这么买。海洛因她吸了两年，不是经常吸。我发现她是真的想要。总之，我知道她过着一种放荡的日子，幸亏她跟我住在一起。只要她真想让我知道，她自有办法。

——您说，为了帮助她，您去找过心理医师。她跟着您去了？

范妮：我一个人去的。我一发现这个事情，就去找我的校长，是前校长，因为他现在在特拉普（Trappes）当校长。他很了解我，了解我的那些问题，我也了解他的问题。我们不是名副其实的朋友，但是关系可以说挺密切。他给了我一个机构的地址，在伊夫里
1027 （Ivry）一带，名叫救助接待中心，这个机构专门帮助这种有点放任自流的年轻人。心理医师告诉我："让我们从您开始吧。"我说好吧，就把告诉您的情况都告诉了他。他呢，他把我……心理医师都是……这些都过去了，我把一切都跟他讲了，可是他没能让我前进半步。在这期间，我父亲去世了，后来我不便再去那个诊所，因为不知道我能告诉他什么。我通知他："您听好，我不来了，我父亲刚过世。"我告诉他我还在处理后事。确实，这件事也是我生活里的一个重要事件。

[…………]

——是前不久的事吗？

范妮：1987年。和对待我女儿一样，我看事物的方式不同。因为有一阵子，我仍然从老师的地位出发，不会承认女儿们走的路不对，而且很多问题都是从这儿生出来的。加上面对这个去世的人，

我心想，这一切都不重要了。

——然而，起初您不想走出自己的角落，现在反倒不想回到那儿去了。

范妮：不，不是不想回去了。我觉得我在这里的朋友都非常重要，我很难离开他们。我已经离开了一些阿维农的朋友，不……我真的感到很不舒服。每年我都说，我要申请调动工作。[与视频有关的问题。] 可是，我很羞愧，很羞愧，为什么？我一点也不否认我的出身。有不少人来自外省，我说话也许已经没有口音，也付出了不少努力。我和公婆的关系依旧很好。婆婆告诉我："范妮，我喜欢您从前的朴实。"

——您从前……

一伙趾高气扬的人

范妮：说从前，是因为如今……对她来说，离婚是……我觉得
很伤害他们，我父母也是一样。我父亲很伤心，公婆也是。婆婆说
"从前"如何如何，是因为婚姻已经结束了，我再也不能和从前一
样去他们家了。"您朴实，从来不摆架子。"他们这样看我，我觉得
对于工人来说，我为他们……我姐姐有几个当教师的朋友，要是照 1028
我的说法，那些人可以说有点趾高气扬。不知这是现实情况，还是
我的感觉，我特别瞧不起那伙趾高气扬的人。可是，当他们和别人
在一起的时候，从言谈举止你就能感觉出他们是教师。

——能感觉出来？那很好笑！另一方面，您刚才说，母亲看到您的工作那么繁重，感到很失望。当初她看到您一路走来的时候，以为老师就是公务员……

范妮：是的，我想她已经弄明白了，她在学年当中来这儿时，就发现我这工作毕竟很累人。我想她一定明白了一些事，因为——即使她不完全知情——她看到我女儿不那么合规矩，等等，她就把

一切责任归咎于——她也的确在场——我们夫妇之间的麻烦和我的性格，等等，等等。但是她也看到我的工作并非像她想象的那么轻松：没什么事可做，下班回家，还有寒暑假，真是太棒了，等等。她只看到，真的只看到一面……既有权力，又无后顾之忧的一面。她一来——她和我父亲在学年当中来过好几次——就意识到，晚上，我根本动弹不得！

还有，哪怕是假期，我仍然得工作，甚至……这两天我就要去度复活节的假了，可是手上还有90份作业。这还是最低的批改量。这个事我非做不可，另外还得备课。在假期当中，长假更好，我依然得为学校工作。(……) 我最大的梦想就是把孩子们带到那儿去[阿列日地区]。可是，我也许做不到，因为我想我会被派到高中去。可是我很愿意让她们认识认识我的老家，赶在它被彻底毁掉之前，因为他们目前侧重推动旅游业，目前在阿列日省，我认为，用不了很长时间，它就会面目全非了。

——您老家在阿列日省哪里？

范妮： 我出生的村庄很小，名叫垒夯村（Léran），可是我母亲现在住在拉布拉纳村（Lablanet），那个地区出名的是纺织业和橄榄球。唉，他们的橄榄球队现在已经过气了。阿列日相当小，省府叫
1029 什么来着？富瓦（Foix），富瓦县。它不大，可是有一座非常漂亮的城堡。这是一个美丽的小地方，我很喜欢。但是，我不会搬去那里，再说我在这儿挺好，我已经搭好了自己的窝，这是我自己的生活。我只有一个担心：我丈夫和我从来没有把财产做一个分割，因此我不得不总是搬家，改变很多东西。我总是担心……我这些年受了这么多罪，所以总是害怕变化。所以，也好，这个总是会来的。但是，如果必须去别处安家，我会很烦恼。而且，事实上，当你被连根拔起——我真的感到被连根拔起了——以后，你不得不去另寻根基。我在这里的朋友当中找到了根基。也许我对这个地方有感情，

因为我和我丈夫在这儿生活过，虽然那不是我一生中最美好的时光。

如果在阿列日省生活，我会有麻烦。我爱巴黎。我不时去那里，不太频繁，可是我喜欢巴黎，喜欢过这个城市。不知为什么，我很喜欢它的街道，喜欢随意溜达，在查理大帝中学的时候，我经常出去散步。我那时有不少空闲时间，我是青年教师，他们很照顾我！经常有空闲时间去散散步，我确实热爱这座城市。我把这些话告诉南方人，他们却说我是傻瓜。巴黎在他们看来令人恶心，漆黑一团。

1991 年 4 月

法语课 1031

高莱特觉得自己近来“情况”还不错。两年前，她通过了高等教师资格会考（Agrégation），后来到莫镇初级中学教书。最近，她分到了两个班，一个毕业班，两个初三班。这正是她要求的。作为新来的代课教师，只能带别人挑剩下的班级，这些班级是最难带的，授课时段也最差。能不能带好，她现在还不敢肯定。

最初，取得硕士学位以后，高莱特未能考下中学教师资格证书（CAPES），于是决定一边当代课教师，一边继续研读。她向巴黎附近的几所学校递交了求职材料，最后被分配到博韦市（Beauvais），担任长期代课教师。薪水只比最低工资线稍高一点，可是在她看来已经“近乎神奇”，因为此前她只打过零工，现在终于有了一份体面的工作，不久又有了假期。不过，她很快就尝到了“可怕”的班级的苦头。

又过了两年，她未能通过高等教师资格会考，但是考下了中学教师资格证书，选择了教书的正式职业，由亚眠（Amiens）校区董事会分配工作，这样她就不必离开大巴黎地区，还能够在同一所学

1032 校继续教一年书。她于是被分配到克雷尔（Creil）附近的一个工业区，担任一所学校的法语教师。这是个很不起眼的“草房子初中”：两栋长方形的水泥楼房，一座“预制板”房子，靠燃油炉子取暖。学生大多是移民工人的子弟，居住在住宅区或小型廉租房里。打架斗殴和语言暴力是家常便饭。虽然有一些年纪稍长的少年在“警察那儿挂过号”，但大多数学生还是孩子，比少年罪犯更不稳定和容易冲动。这里依然维持着一定的学习秩序，而且乍看上去，共同的规章制度仍然得到遵守，至少经常得到提醒。高莱特讲述的此类普通初中全国到处都有。在某些班上，甚至在学生年龄最小的班上，也有吸毒现象。校内表面上看不到毒品交易，这让教师们大松一口气，因为吸毒过量引起的不适和丧失意识有时会引发悲剧。

她以前在蒂耶里堡（Château-Thierry）教过书，那所中学“什么问题都没有。除了由于不交作业，她连一小时的课后留校的惩罚也没有用过”。这一段正常教学的经验使得她比较放松，可是，用她的话来说，结果“被钻了空子”。从复活节假期开始，班上的新学生就察觉出她的弱点，她不得不奋战整整一年，以防出现最恶劣的失控。

1033 她每周 5 天，到校 18 个小时。校内那些老资格、年龄大的教师和中学普通教育教师①因为在当地和校内已久，跟校务部门熟稔，所以能够要求对自己来说合适的授课时段。拥有“正式教职”者可以在校区范围内调换工作，有的在一所学校只工作一年就换地方。他们年轻，往往刚考下中学教师资格证书不久，待遇没有那么优渥。高莱特一通过资格考试就搬出了学生宿舍，在巴黎第 18 区找了一个舒适一点的单间公寓，就在火车往来亚眠方向的巴黎北站附近。上午的火车班次很少，因此她一周 4 天都得搭乘早上 7 点 1 刻

① 中学普通教育教师（PEGC）属于地方教育机构，但享有全国性的公务员地位。与认证教师和取得高等教师资格的教师不同，他们通常能够教授两个不同的科目，负责为学生进行评估并提供职业规划方面的指导。——译者注

的火车。早上5点3刻起床，6点半出门。她在站台上会遇到其他教师，有些日子里人还不少。他们彼此遥相致意。每个人都似乎心照不宣地在陌生乘客之间找一个座位，打个盹儿，或者批改最后一批作业。火车抵达后，因为没有公交车接驳，他们就结伴搭乘出租汽车：“三个人司机还同意，第四个你就得多交点钱，那等于多载一个大号行李箱嘛。”

一到这个时刻，高莱特就感到“陷进去了”。她得思考有问题的班级，今天如何使学生保持安静。一周最长的一天里，她得上午上三个小时课，下午上两个小时课。课间她必须在教师休息室休息一会儿。房间里光线暗淡，几把模压塑料椅子，两盆绿叶植物，最重要的是那只能够带来安逸感的电咖啡壶。人们围着它取暖，一阵耳语，几番抱怨。气氛不是很和谐：一年到头，普教教师、“老教 1034
师”和年轻教师都相互暗中较劲。

这所中学孤零零地位于工业区中间，附近无咖啡馆可去，也没有地方“跑出去买点东西”。晚上，有自用轿车的教师把家住巴黎的同事载到火车站或公交汽车站。“这是一天当中最美好的时刻，我们能够轻松地聊聊天。”高莱特说。

她对初二那一班的学生记忆犹新，他们的年龄在14～16岁之间：“接手这个班的那天，我很不舒服……夜里没睡好，不停地琢磨用什么办法才能让他们在椅子上坐稳。”

从走向教室的一刻起，“你就觉得完蛋了”：经过涂鸦满墙的楼梯和走廊，这里永远人来人往，人声鼎沸（一只“地道的压力锅”）。中央走廊的两侧，每一层楼都有10个教室，用齐腰的玻璃围板分隔开来。这可是个好玩的东西，因为“只要轻轻一跃，再笨的人也能跨过去，扰乱另一边的课堂”。迟到的、四下游荡的和“缺勤的”学生整天都能遇到，后者往往被叫去二楼的辅导员办公室。

在教室门口排队是第一个考验：“连这个也很难做到……30个

学生有一半在排队，可是有些学生在喊别的班的朋友，也有人在卿
1035 卿我我，还有人继续一场鬼知道因为什么而起的对骂……总之是没完没了的脏话和谩骂（最常说的是‘你个狗娘养的!’）。如果楼梯上谁踩了别人的脚，就会招来一大堆脏话，对方显然认为事关面子，于是以牙还牙。”

进入教室有时得费时 10 分钟。他们虽然尚未落座，不过总算“进了门”。这时“有个学生进来报告一件不寻常的事，他刚才去了辅导员的办公室，因为他头一天没来上课。辅导员说的话有些他不爱听，于是气呼呼地走回教室，诉说他的怒气，其他学生都支持他”。就这样，又过去了好几分钟。

学生从来不会到齐。有的早上来，有的下午来，有的甚至连续几个星期不见踪影。学年之初，高莱特排定了一个座位表，每个学生都有了一个全年的座位。这个原则一开始基本上得到了遵守，可是几个星期以后，争抢桌椅的战斗再次爆发。有几个学生在布满刻痕的木头旧课桌上到处涂鸦，班上最软弱的学生不得不凑合使用。“班上最差的学生，那个在特殊教育中心读完小学的小家伙，有一张这样的课桌（……）。他不会写字——就是这么简单，连自己的名字也不会写——他花了整整一个小时，不是用刀子，就是用他的指南针，使劲刻他的桌子。有一天，他特别高兴，因为他掏了个洞，把桌面挖通了。”最好的课桌不过是带塑料贴面的双人桌，大
1036 小可以根据学生的身材用凹槽和螺钉调节，“于是成了马戏表演……我把它给你装上，再把它给你卸掉”。椅子大多是坏的，因此，上课之前还得调换一通座位，班上地位高的学生把破损歪斜的椅子给地位低的用，“如果你是班长，头头，你就得有那么点……得有一把好椅子，一张好课桌”。

二十分钟过去，可以开始上课了。十多个学生有法语练习本，其他学生什么都没有，只见纸笔传过来递过去。阅读课文——“默

读”练习——一开始只有十来个人认真做，其他人做什么的都有。然后是朗读，“他们倒是想读，可是不知道怎么读”。轮到做问答练习：“我让他们把问题和答案抄下来。为了让他们保持安静，我尽量让他们多写字，防止做口头练习时乱成一团。”这种练习锻炼记忆，要求回答有关主人公穿什么衣服、什么颜色，以及有关另一个特征的问题；还有理解题、逻辑题、语法题。真正做练习的学生很少，大部分学生很快就放弃了，他们不顾呵斥，起身去看邻座在做什么。无论分数还是趣味智力或者竞争，什么都不能吸引他们参与。他们的热情在别处。“学生分成帮派，有话彼此诉说……可是他们之间也有一些可怕的事端。也就是说，一旦涉及联合起来跟校长或辅导员作对，他们就会团结一致，可是他们也会互相抛出可怕的脏话。例如，他们把别人的成绩簿——实际上用处不大——抢过 1037
来，在上面胡写乱涂一些诋毁的话、粗野的脏话，这往往发生在男孩子和女孩子之间。”

这个年龄的中学生总是如此，放纵不羁的言辞和服饰是他们的规矩，这些规矩既是共享的，也是强制的。自由放任不仅是一种处世之道，也是一种个人的和集体的确认。今年流行宽松的运动衫和篮球鞋，鞋带却要系得松松垮垮，鞋舌得耷拉在外边。

有时候，课桌上会出现一部随身听。随后，为了要不要把它放回书包里，一场讨价还价开始了。试图没收是没有用的：“反正只会导致激烈的对抗场面，大孩子比我们还强壮，惹这个麻烦不值得，闹僵了以后只能是肢体对抗。”你得谈判，得尝试建立起权威和信任的关系，不那么确定的那一种，不过下节课还得从头来，“这种事从来不会一劳永逸”。有些日子，你最好避免转身写板书，以免背朝全班，那会给他们一个“搞你一下子”的机会。

做笔头练习的时候，她常常会在各排学生之间巡行。此时，一个“没事可干的”小头目会评论她穿的牛仔裤品牌是利百多牌还是莱瓦斯

牌，问她多少钱买的，还会贴近细观她的鞋子和外套，提出老师或者他自己，发出一番奇怪的议论："对啊，这东西我知道，我虽然不穿，可是我知道，再说，我哥哥还从舍维农成衣店偷过东西呢……"

1992 年 6 月

1039 力量对比

艾莲娜似乎对职业高中的变化忧心忡忡，这是她嫂子告诉我的。我于是问艾莲娜是否愿意谈谈，她马上同意了，说很想为严重的事态做个见证。自 1985 年以来，她担任文秘专业的教师。学校位于巴黎，有相当不错的声誉。同事们说，有些"工业"职业高中（她所在的职高既有工业专科，也有服务业专科）的情况往往更糟，这是她很难想象的。

她原本想当体育教师，可是不得不同意再学一个辅修专业。于是，她成了一名秘书，尽管"从培训一开始"，她就知道自己不适合这种工作。这个信念当她最初去企业实习时增强了。在"当夏令营辅导员"期间，她发现自己"对于儿童和青少年教学有兴趣"。1981 年，她听到了"青年培训班"的消息，立即抓住了这个机会。她对于如何通过这些新措施帮助那些被教育制度排斥的年轻人"有
1040 很多想法"，成为再就业培训班的负责人。后来，她还在当地担任过青年行动组织的协调员。她热爱这项工作，可是由于这些措施的延续缺乏保证，她于 1985 年获得法国教育部的正式认可，成为一名文秘专业教师。

刚开始工作的时候，她觉得职业高中是一种相当令人放心的机构，学生"比较安静"，跟她以前打过交道的年轻人相比，毕竟"社会问题更少"。她经历过一些"神话般"的时光，"孩子们意识

到，他们有能力理解一些东西”，甚至在十五六岁上就“积极投入了”学校的活动。“他们不经意之间会喊你‘妈妈’……男孩女孩都会这么叫。”

近几年，教学条件恶化，师生关系也变了味，对此她越来越感到“痛心疾首”：“我们如今处于一种缺失的局面……缺少思想联系，我们本来要跟他们做朋友，结果反倒成了敌人。你成了狱警。”

她觉得自己的经历使她特别能够对付困难局面。迄今为止，她能够做到“正视问题”，不过她开始思忖，是否有一天会“真的感到筋疲力尽”。“辛苦打拼，像小丑似的表演，只为震慑那些闹事的学生，当着他们的伙伴的面‘敲打’他们，这个我应付起来还不费力。可是再过几年，我会受不了……如果再这样下去，也许我会不得不一走了之。”

在她看来，最糟糕的还不是紧绷的神经，也不是因为把贬值文凭发给学生而感到在“欺骗所有的人”，而是日益强烈地感到，自 1041
己一直努力确保的教育使命注定会失败。她认为，监督机制不足和学生的变化削弱了教育的作用，帮派头目乘虚而入，迫害和羞辱不愿跟他们走的学生，把他们的法则强加于校园。“这是丛林法则，学生们学会了忍受这种暴力，要么保持沉默，要么畏缩避让。”

一位女教师 1042

采访者：西尔万·布洛高利奇

艾莲娜： 我走进教室，一个人面对30个学生。他们大多已经拖定了主意：什么都不干，或者尽量少干，而且要清算学科定向的账。由于老师是他们的唯一的对话者，他们也想看看老师是块什么料，好不好欺负（……）。先试探简单的把戏：当你走进教室的时候，有的学生故意背朝老师，继续聊天，不理睬保持安静的要求，有的当你发出要求的时候，哪怕只是拿出纸笔之类，也会尖叫、吵

嚷。他们也会做出拆散打字机或实验设备之类的挑衅，测试老师如何反应。(……)

——面对这样的现实，您有什么感受?

艾莲娜：这些从来没有吓住我：我见过孩子们打架，不是亮出裁纸刀，就是用头盔袭击对方。我从来没有害怕过，因为……我有面对严酷的现实的经验（……)。我也准备好在遭到羞辱和袭击的情况下捍卫自己。不过，有些老师有点害怕。当然，面对个头一米八左右的30个学生，害怕也情有可原。（……）我心里总想，无论什么样的情况，我总会有办法（……)。也许这就是当今教师这个职业的宿命吧。可是，有些老师确实害怕，因为拿这么对付他们的班级没办法。而且，这些人自我封闭得很严重，他们为压不住阵脚感到害羞，也不跟同事们讨论这类事，你在教员休息室里见不到他们……

——他们真的是少数吗?

艾莲娜：咳，绝对不是！我认为，两个老师里就有一个。

——在那些有麻烦学生的班级里……

1043 **艾莲娜：**那些被认为麻烦学生很少的班级照样如此，我觉得，老师半数经历过这种令人头疼的“起哄”的局面。有些同事十分热爱自己教授的科目，法语哟，历史和地理哟，他们内心深处受到的伤害最大，因为没法让学生分享他们深感兴趣的学问。我教的科目没有这个问题。我最初想当体育老师来着，因为文秘不是一个有意思的科目。（……）有一位同事，总是郁郁不得志，因为没法照她想象的那样分享对文学的热爱。这使她苦恼万分。(……)

——您是否注意到，临到考取职业资格证书（BEP)，局面会出现变化?

艾莲娜：目前，专科技能证书（CAP）已经基本上没有了。只剩下职业资格证书；可是，我们好几年以前就知道，学生即使有这个文凭也找不到工作。因此，他们必须多走一步，报考职业类高中

毕业会考。这个刚好合适，因为按照教育部的指示，据说80%的同龄学生组能够达到这个水平。所以他们必须考下这个证书：我们从中也可以看到这究竟是怎么回事。先看看难度逐年明显下降的测验内容。从我批改的考卷和其他测验来看，如果考生会照抄，他就已经拿到了一半分数。（……）因为答案全在文本里，会读就会答，无论是法语，还是会计学，都是这样……还有，如果阅卷老师打算恪尽职守，给连这个也做不好的学生打个坏分数，那么，为了让一定比例的学生获得这个文凭，考试成绩或者由当地主管部门或别的什么部门直接重评，或者由阅卷中心负责人接一个电话，再传话给同事们：和其他地方相比，看来咱们打分过严……差不多都是这个做法。职高毕业会考都这么办。既然非得达到那个80%不可，职高毕业会考就照此办理。

[…………]

精英教育我并不赞成，但是现在这种做法欺骗了所有的人。这是欺骗学生，因为他们会以为，在现实生活中这么做也行得通，而事实上，他们连工作都找不到，他们不会明白到底是怎么回事。这 1044
么做对老师也不好，因为它令人沮丧……我们不是在打理花园，而是要把知识和技能教给学生。我们已经厌倦了伪装！（……）在校园里，学生们彼此炫耀，如何什么都不用做，如何给老师捣捣乱就能安然通过："我被赶出来了。""这一年我一次书本也没带过。"然后，啪的一下，职业资格证书到手了。事后他们还觉得自己挺鬼，特聪明，把大家都给"鸡奸"了——这是他们的说法。（……）我这个人不是反动派，至少我认为，不过那是从前了，学校是一个学会尊重事物、人、同伴的地方，一个学会共同生活的地方，一个物归其所的地方。可是，现在呢，我甚至想说，恰恰相反。学校成了一个非教育之地。也就是说，这些人虽然进了校门，却没有服软认输，而且对职业高中能够带给他们的东西深信不疑；他们都身处险

境。这种氛围，这种暴力及其在他们心里造成的恐惧，他们得忍受好几年，而且只会在每个人身上，在缺少责任心的未来的家长身上，在公民身上留下烙印。

[…………]

照说，如今辅导员之类的已经没有了。然而，40名教师照管500名学生，每个班往往不止25～30名学生（……），这个力量对比对学生有利，尤其对班长和学校领导等有利，我们知道，有些学生是成帮结伙地入校的。这些事都可以补救，只需重视这样一个事实：职业高中不再只是，甚至也不是真正从事职业培训的地方，它首先是一个收容所，收容被公立初中和高中拒绝的学生。接待意味着有从事接待的组织结构，有成年人监督，例如文件管理员、社会工作者、校医、走读生管理员、维修人员……从而使年轻人感到被成年人环绕，能够得到成年人的支持。一旦这些都有了，也就有了接纳的人性化条件，国民教育就能起到教育的作用。

[…………]

——目前有哪些最显著的演变？

艾莲娜：在我看来，最明显的是入学生源的水平大为降
1045 低（……），无论咱们的部长怎么说。而且，我觉得极为严重的是……我都快急疯了……我不知道这个该怎么解释。[她的神情和声音显示极度沮丧。] 你领着一个可能会很友好，甚至充满善意的羊群，然而你越来越感觉到头领的压力，他们逮着机会就以领导者、老板的面目出现……他们把学校这个界定不清的社会引向一些绝对不可思议的东西。（……）这是因为，他们实际所做和他们脑袋里所想，二者之间有差距。在他们眼里，所谓帮助就是强加于人，而且越来越厉害。（……）几天前，我听见几个学生在聊他们从前在别的学校的战功：“那个文秘老师，真把我们肚子都笑疼了！还记得吧……！”（……）一个男孩子拿拆机器取乐。老师走过来，

让他停下。学生不听。老师走近一看，作势将学生和机器隔开。学生随后把老师一把推倒，撞到了暖气片上。他起身后脖子淌血……“那可是太好玩了！”因为那天的力量对比对他们有利。这件事很能说明目前的演变情形……我不觉得有哪个老师能够完全避免这一类事端。

——您觉得这种事比以前更常见吗？

艾莲娜：是的，再明显不过。因为我10年前办过返校实习班，那是一些被赶出国民教育体系的孩子，有时候我得去监狱找他们，帮助他们返校实习。他们搞过破坏，是小流氓一类的角色，可是跟如今一些人相比，没什么大不了的。我当时没有感受到如今这种暴力！

1992年10月

校园暴力 1047

拉缪先生是一位中学校长。他觉得，目前正值困难时期，在本市教育负责人的介绍下，同两位社会学者举行一次会谈是理所当然的。他的学校位于被划入“文教重点区域”的“问题街区”。校长是小学教师出身，近50岁，本地人。他原本期待局面不会像现在这么糟糕。学生们出身的社会阶层跟教育体系十分疏远，他们在中学遇到和制造的麻烦，反映在1990年10月以来出现在校内的紧张局面上。这些都逐渐改变了校长的职责，迫使他日复一日地穷于应付大大小小的暴力行为。为了保持校园的整洁，防止出现涂鸦一类的破坏，他不得不时刻保持警惕，清除更新很快的涂鸦。上学和放学时，他得站到校门前，以免师生受到攻击。他制止学生在校内打架。为了确保这方面的纪律时刻有效，创造非得执行纪律不可的条件，他搬到学校里居住，周末才回家与妻子和孩子们团聚。他的妻 1048

子也在里昂市的一所重点高中当物理老师。他还必须同整个市政当局保持密切联系，尤其是必须适应他所面对的公众的特点。幸亏学生们理解他，他执行纪律也比较灵活，暴力行为得到了控制，并未闹得太大。

从学习方面看，与成见相反，这所初中的成绩并不比其他学校差，达到了本省的平均水平，特别是在取得初中证书方面（虽然初一的落后生为65％，而全省为35％）。从社会特点看，这是本省条件最差的初中之一：学生大多出身平民家庭，3/4 的学生的父母为外国籍。例如，教师子弟没有一个上这所学校。学校设有一个过渡班，专门接纳来自非洲、亚洲和欧洲的学生。不过，绝大多数学生来自久居法国的阿尔及利亚人家庭。接受政府扶助的学生比例高达75％，而全省的比例仅为 30％。尽管自 1982 年以来便被列入“以整改为目的的实验性初中”，尽管学生只有 400 名——20 世纪 80 年代有 600 多学生——却有 36 名教师，尽管学校离里昂也不远，但这些都不足以挽留教师，他们一直都盼望着调动。学校有强化的辅导制度，在更广泛的意义上，还有一个重要的教务体系，可是这些
1049 都无法防止来自独栋住宅区，乃至某些廉租房的学生外流。他们的家长要求得到一些宽免待遇，以便进入其他公立学校。

这位平民出身的前小学教师是共和党人，他说自己一直很想知道“怎样才能挽救尽可能多的学生”。他的沮丧语气透露出经历给他带来的悲伤：他厌恶学生的暴力行为，也厌恶教育制度的暴力——这令他内心十分纠结，因为他感到不得不与他从前对学校和教育职业的设想发生激烈抗争。他无法接受学校如今被当成警察局，自己也纡尊降贵，成为一名“挥舞拳头”的纠察队队员。作为一名师范生，他 16 岁就进入了国家教育体系，在一个非常贫困的郊区开始了小学教师的生涯，后来在贫困社区教了整整 13 年书。因此，虽然倾尽全力不负他所设想的教育使命，给所谓“问题”街

区的“那些被圈住的孩子们（带去）也许是最有用的、最不可缺少的东西，即教师对他们绝对是尊重的，加上帮助他们摆脱困境的为数不多的手段，一些也许有一天让他们能够自立的手段”，但只要难以切实履行使命的处境尚未迫使教师们干脆否定学校教给他们的信念和价值，他就很难原谅这个制度竟然把它最忠实的奴仆置于这种境地。因为，正是基于这些信念和价值，他们才在 20 岁上选择了常言所说的教师的“天职”。

一位“文教重点区域”的中学校长 1050

采访者：加布里埃拉·巴拉兹、阿布戴玛莱克·萨亚德

“这一年我们没少吃苦”

拉缪先生：非常紧张的时期有，平静的时期也有。今年嘛，开学那一阵一切都还过得去，发生过示威游行。我们的学生，至少有一部分积极参加了；别的学生跟随家里人参加了，跟着他们的哥哥姐姐。家长有两种非常不同的反应，孩子们也有两个星期生活在歇斯底里的气氛当中，也许是三周或一个月吧。不是歇斯底里地支持示威游行，就是歇斯底里地反对示威游行。我们的学校每天照常运转，没有任何中断。有些教师跟他们的学生商讨过，因为开学初期，他们觉得紧张气氛根本于事无补，所以有必要谈谈，有必要……不过，即使在骚乱的第一周，当教师问学生：“你们想不想聊聊?”学生们也说：“不想，还是上课吧。”所以，您看，这个很……各个班很不一样，也许跟老师的不同性格也有关。

——事件当中缺席的学生多一些?

拉缪先生：不，不多。学生们照样上学，我也相当高兴，因为这儿是他们能够逃避家庭歇斯底里的唯一地方，无论他们的家人站在哪一边。我们接到了大批电话……

——从家里、从父母那儿打来的吧?

拉缪先生： 有家长问我们："这是怎么回事？传闻学校会遭人袭击，是不是很危险呀？"等等。我们有些孩子……有一位父亲找到我，对我说："这怎么行，我们得离开这儿。"他居然跑到陶姆地区（Drôme）藏了一个星期。好在这毕竟是少数。还有的家长跑来告诉我："您听好，我们把孩子领走了，我们不能把他们留下，我们不能冒这个险。"等等。我说："咳，危险么，您已经来了，您都
1051 看到了，这不是什么大灾大难。"因此，我们当时有过一两个辍学回家的，都是因为那场骚动，仅此而已。

——永远退学了？

拉缪先生： 是的，几个永远退学的学生。

躁动没有完全消失

拉缪先生： 10月里就出现了躁动不安的情绪。11月里，高中生的大动作来了，我们受到了一些影响，一种躁动的态势一直没变。特别是，如果您到镇上走一走，就会看出10月份以来的躁动还没有完全消失，而且不少东西依然存在，像一场流行病似的。扔石头和打弹弓已经成了年轻人的一种表达手段，甚至包括10～14岁孩子。非常不像话。我们校门前有两条公交线路。今年2月，一到上学时间，公交车就不来了，因为有……不知怎么搞的，因为破坏公交车拿出去数千法郎的赔偿金，学生们砸破窗户，撕破坐席。公交车到校门口一停，孩子们就爬上去，大肆破坏，随后溜掉。所以一些线路逢某些时段停驶了。那是一段紧张时期。后来，12月一到，下雪了。下雪好像不算什么，却成了一个问题……

——是个玩滚雪球的机会。

拉缪先生： 对，滚雪球，我记得还要打雪仗，很好玩，可是，因为我好歹不算非常非常压制学生，还保留着童年打雪仗的美好记忆，所以我没有采取禁止滚雪球的措施。不过，有些同事下了禁

令。我不得不叫救护车，送学生去医院就诊。他们不是掷雪球，是掷冰块。用了最坚硬的、最容易捏起来的那种，于是出现了打破头的情形。特别是发生过趁附近住户出门而攻击人家的事情。

——针对街区里的住户？

拉缪先生： 是的，有人开车经过，孩子们把 50 个雪球投向汽 1052
车的挡风玻璃，司机停车，打开车窗，迎面又是一阵雪球。有人受了伤，等等。人家提出了投诉。因此，学校在街区里的名声一直不好。那是 12 月里的事。一二月份又爆发了海湾战争，这个我真是没法说……所以我们有……比如在体育课上就有反映，有的学生做热身时高喊“萨达姆·侯赛因，萨达姆·侯赛因”，还出现了涂鸦。2 月份，我们这儿复活节放假是 2 月 21 号，局面紧张得可怕，很可怕。学校真的很不好过。有的教师请了病假，一时间我们学校有五位老师请病假，而替补老师只有一个，所以用不着我多说，麻烦更大了，而且教师缺勤——都是合理的缺勤，我这儿丝毫没有批评他们的意思——使得局面雪上加霜：我们都被搞得非常非常疲劳。

2 月里的假期来得正是时候。学生返校以后有一个时期很平静，十分平静，斋月没有发生任何风潮。可是，我们这儿的斋月末，去年 4 月 16 日开斋节那天，我们总共有 410 或 420 个学生，那天只有 160 人到校，有几个 25 人的班级只有 4 个学生出席。可见我们这个街区非常容易辨别。我还记得我小时候，孩子们打架，如果有两个孩子在院子里打架，那好，两个打架，可能有三四个在一旁观战。而如今我们这儿的孩子可凶猛了，所以任何打架的苗头我们都不能容忍，不能容忍学生拿……

——担心引起连锁反应，是吧？

气氛相当暴戾

拉缪先生： 对，因为如果打架的是两个孩子，旁观的孩子有

200个，那么打架的孩子就不会歇手，只会越打越凶，因为他们受
到怂恿，特亢奋……我们就控制不了了。我们的成果——我可以向
您保证，也可以告诉您统计数字——99.5%的校园打架斗殴被我消
除了，现在它们改在街上、校门外了。如果说学校的形象因此有明
1053 显改善，这个我倒不敢确信。所以，可以说，我们的问题仍然不
少……不妨说，这个地方的气氛相当暴戾。

[…………]

我们了解到一些事情，毒品之类的……那好，就说毒品问题，这一带——这个圣雅克街区和廉租房住户都十分关心：每次我在街坊会上发言，都有人跟我谈毒品。毒品，毒品，还是毒品。

我去探访过，参加过培训班，我有毒品方面的信息；大约一个月以前，我这辈子第一次见到了大麻和海洛因。当时我参加了一个培训班，警方展示了放在公文包里的毒品。(……)

我想，我可以在所有这些会议上宣称，首先，据我所知，烈性毒品在我们学校从来没有被发现过。会议上说的一切令我很震惊，我就向校董会提出要求，也得到了支持。他们给我派来了合同制医生，借给我支配，他们是政府付钱聘用的，专门研究毒品和相关的事情。于是，两个学年中各有一个学期，两位医生分别到校待了整整一个学期，见到了所有同年级的学生，一个不漏地见到了初中毕业班的学生。然后检查了所有他们有点怀疑的同学……您知道，说起来我忍不住要笑，我去开会，会上那些无所不晓的人说："这个嘛，只要看孩子们哪个早上有点发懵和打盹就行了。"可是，早上上课，我的学生80%都会睡觉哟，因为他们头一天看电视看到凌晨两点。在研究报告里，那两位1988年和1989年观察了我们学校的医生，丝毫没有认为有人在使用毒品。他们发现的是营养不足一类的问题，但是没有怀疑毒品，烈性毒品，我想是吧。像印度大麻之类的毒品，我说过的，跟消除了99%的校园斗殴一样，我也消除了

99%的校内吸烟现象。我叫人安装了篱笆，因为我们没法处处监视学生。所以我就装上了篱笆，您瞧，就是那边把院子圈起来的那道篱笆，用这个防止孩子们跑去楼后边吸烟。所以，我来这儿的头一 1054
年，忙得四脚朝天……

[…………]

——这样一来，可以把学生一览无余。

拉缪先生： 正是。既然室内不许吸烟，能吸烟的地方就剩下洗手间了，而且为数很少。那里是传统的吸烟圣地，好在，唔，没有几处。虽然如此，还是有一些早上到校的学生，他们走到离我半米的地方，不多不少整整50厘米的时候，故意把烟头一下掐灭，表明吸的的确是香烟。里面是不是烟草，我没法证实。关于毒品，我能说的就是这些。不过，我最担心的是打架斗殴，我怕呀！有一场打架，我们没能在30秒之内制止，结果是那个孩子肚子上被捅了一刀，住院一个月。两年前的事了。所以，从那次以后，我有点……

——更谨慎了？您讲述了校园气氛、难题、侵略性和暴力行为，可是，自从学生骚乱以来，这些有没有改变？从您的逐月描述来看，好多事情都已经……

[…………]

拉缪先生： 我认为自从骚乱以来，变化确实有，更何况，我可以告诉您，目前制造麻烦最多的并不是参加了骚乱之类的年轻人，而是那群10～16岁的少年，他们攻击别人，在这一带制造不安宁。骚乱期间，校车被偷走了，烧毁了。不知您看没看过电视报道……还记得不，有一辆两马力的皮卡，在防暴警察和示威者之间兜圈子？那就是……

——你们的校车？

拉缪先生： 从前的那辆。后来，据我所知，再没有别的破坏行为了。今年我提起两宗投诉，一个是校车，一个是总务办公室被盗。不过，那几乎是…… 1055

我们容得下别处容不下的孩子

——你们能接收年龄较大的学生吧？

拉缪先生：唔，能哟！初中一年级，我们利用过渡班，让他们尽可能快一点转入正常的班级，这些从过渡班出来的孩子，上初一时年龄在 11 岁到十五六岁之间。我收过大概一两个已经 16 岁的孩子上初一。

——你们居然容忍他们，因为通常这样的孩子会被送进特殊教育班（SES）……

拉缪先生：没错，没错。我们能够容忍的都是别处容忍不了的，这个毫无疑问。（……）多事之秋一过，我们感到很疲惫，有点苦涩，有点失望，因为这一年我们没少吃苦，我们真的搞得很累。说句私下里的话：我这个人很幸运，因为身子骨硬朗，我认为，亲爱的女士，我永远不必看医生，跟他说什么“我受不了了，受不了了呀”。像必须吃安眠药一类的事，我从来不认为会发生在我身上。我曾经自诩永远不会有这种事。结果呢，我不得不吃安眠药，不然挺不过 2 月休假之前的最后两个星期。这个事对我影响很大，因为我从前很自豪，觉得这种事只会发生在别人身上，绝不会轮到我。（……）因此——有这种情况的不止我一人——有时我觉得有点失落，也感觉非常疲惫。（……）我盼着复活节假期里能捞回一点睡眠。不过，我没有抱怨，我只是告诉您……

出现过一些事件，对学校有影响：针对教师的攻击再起。我有一个初中同事，11 月事件过去没几天，他就在学校里目睹了一次非常严重的纵火企图。两个星期前，他的汽车被烧毁；一个星期以前，我们不得不把一个监督学生早晨进校的门卫送去医院，因为她被石块打破了头。在 B 中学和 N 中学，攻击等潜在的暴行也存在。开斋节那天，我们学校有三个学生朝 N 中学扔石头，砸到了女门卫
1056 和她的狗。可是人们现在已经烦透了，不单闭口不提，那位门卫还

告了状，警察也烦透了，把投诉登记入档，接着把学生们叫到派出所，法官和邻里教育工作者也传唤了他们，他们好像告诉孩子家长“不要放任不管”。有两位母亲跑来对我叫嚷，因为她们的孩子……因此，您瞧，这是不是挺有趣：学生平日上学，宗教节日那天缺勤，我们批准了。结果他们跑去附近中学胡闹，人家提出了投诉，他们母亲反倒冲我大喊大叫。

[…………]

所以，V校校长的汽车被烧毁之后，群情激愤之下，本区四所中学加上职业高中的教师们上周二开了一个会，我们三位校长参加了。我得告诉您，会议结束时，这些学校的全体教员拟定了一封致学区总学监和总校长的信，信中表明：“希望最终能够考虑我们的工作和生活的困难。”因为很多其他地方忍受不了的东西，我们都一直隐忍，对学生也隐忍得太多。我也发了言，举出了一个能够帮助我们的办法：在一个所谓正常的学校里，一个学生如果胡来，他们就开除他。那好，轮到我们这儿，一个学生如果做出同样的蠢事，我们不开除，而是给他警告，警告一次或者五十次。不得不开除一个学生时，我就打电话给同事，告诉他们：“瞧，我得给你送去一个学生，他有上学的义务，我不得不这么做，如果我把他开除，我得把他搁在某个地方。”人家的回答是：“你可真够仁慈的，我们不是不想帮你，可是，从你那个学校来的学生，老师们不会接受的，他们会罢课哟。”结果是，我们不得不把学生在各校之间倒腾，但是不离开这个学区，所以，一个办法或许是请求学区管理部门协助。如果我们既为了一个学生自身的利益，也为了其他学生的利益，不得不开除他，那么管理部门最好帮我们物色一个落脚之处，不要让我们到处求爷爷告奶奶……成为……有裁决权的学区总 1057
学监可以发话：“某某学生将被分派至某某学校，这是最终决定。”

[…………]

——您刚才说的那个女门卫是最近的事吧……

这所学校没有幸免

拉缪先生：对，是上个星期的事。随后……可以说，里昂的总校长，一个月前任命的新的总校长，到任没几天，作为一项教学活动，也就是新闻报道对于学校的作用，他照例应该巡视学区内的中学之一。他本来应该上周五来，可是我的同事的汽车是周四晚上被烧毁的。因此，我们很客气地问总校长，是否可以借他来访的机会见见我们，于是他接见了我们，我们告诉他，事态不是非常好，学区的事情一点也不顺利，但是并没有大呼“狼来了”，因为别的事件我们也看到了，等等。我们征求他的意见，他说：“唔，这可以做两种解释：要么这是一场社会学运动的一部分，也就是说，是一种普遍情形，也许这就需要一个总体的解决办法；要么这是企图搞乱国家教育体系，教育体系是靶子……”他说：“我初来乍到。”你瞧，从这个话推断……因为这个问题我只能扼要地说一说，那就是从教育部来的观察员断定——或者说认为这个断定比较好——各个学校在骚乱期间并没有受到大的冲击，换句话说，焚烧和怂恿什么的都是冲着商业场所去的，学术和文化设施没有被触及。他们于是使劲把这个观点理论化。可是，我不赞成……

[…………]

骚乱发生的当天，我们中学对面的那所小学，对，就是后边的那所学校（我们学校也翻修了，可是跟它们比真是一个笑话。那边的孩子有经过电脑培训的老师，他们还有一个计算机中心，有不知
1058 价值几千法郎的计算机设备，是一所货真价实的尖子学校），他们有一间教室在骚乱期间被完全烧毁了，电脑被用来砸窗户。所以不能说幸免于难。我的意思不是说这所学校被专当靶子……

几天以后，一座幼儿园也被点着了，被迫关闭了两个星期，所

以不能说损失不大。而且，我且不说校车，也不提 11 月初 P 校被烧毁的那一间半教室，因为警报器没响，他们赶到以后，从垃圾箱里找出剩下的 20 升汽油，已经用掉的可能有 5～6 升。那次烧了一间半教室，假如 20 升都泼出去，那真会是一场极其严重的火灾。就是如此，所以我不认为……

但是，如果您愿意的话，总校长来了，读了报告书，教育体系幸免于难，而我们报告的是一个显然未能幸免的局面，所以他的反应是："那好吧，会有……教育体系挺过了骚乱，现在会不会像几年前企图搞乱警察和别处那样，出现一种把挺过骚乱的学校搞乱的企图呢?"总校长于是要我们会见警察局局长。一个星期前，警察局头头接见了我们。我们五位校长，加上那位职业高中的校长，我们去了省里的城镇警察总部，跟警官们商量能够做点什么，这可不是开玩笑……

我忍受不了涂鸦

——跟别的学区不同，这儿的人似乎不甘愿逆来顺受，这使我很惊讶，因为通常在类似的情况下，教师，校长，总之各路员工都会感到相当气馁，唉，完了，就这样吧。垂头丧气的，然后……可是，在这儿，我的印象是……您采取了不少举措……

拉缪先生：你得生存哟……是的，当然得生存下去，我们不能……我可以领您参观参观我的中学。比方说吧，涂鸦这个东西我
就忍受不了。也就是说，总务处的员工——我们去学校转一圈吧， 1059
带您看看——一看到涂鸦出现，就得优先处理：在一个小时之内清除干净，因为如果留在那儿，一个小时后会出现十多个，两个小时后会有 150 个。弄干净完事。我才不管有关校工的工作时间的法律。我直接跟那些员工商量："你们有 41 个半小时，我不在乎你们是不是到处瞎转悠，打发这 41 个半小时，只要帮我去走廊里看着学生们走动就行。有你们在，他们会少干点蠢事。他们少干点蠢

事，你们就少受累。看管顶替干活儿，虽然这事不是合同规定的，可是你们帮我的忙，我就多放你们几天假，我放假，你走人……”

——着实得筹措安排。

拉缪先生：对，所以，实际上，如果督察员来了，问：“这是怎么回事？这个钟点应该有人值班呀。”他找不到人，可是这块地方肯定是干净的。（……）我会带您参观一下学校。我们坚持这么做，因为生存的首要条件是物理环境，如果把它搞坏了，就完了。

——必须拨乱反正。把自己的名姓用刀子刻在桌面上，这个从前司空见惯。现在他们有别的招数：用喷漆罐往墙上喷涂。纪律当然是必要的，可是，说到底，公共场所哟，这些确实都是公共场所，这些行为我们一直没能阻止。

拉缪先生：公共场所，是哟，但是我们学校不行。不行，我在这个问题上非常坚定，这是我不能妥协的重点之一。

——同时也不赋予它其他含义……

拉缪先生：对，我不说它违法，但是我要说，如果你忍受环境开始恶化，那么以后……

——我帮助马赛市政府做过一项有关清理市内街区的调查。我告诉他们，如果你们要显示正在努力保持清洁，要求每天清理一次
1060 街道，那么你们一天就必须清理两遍，这样居民就学会守规矩了。

拉缪先生：正是这样，我就是这么想的。这就是为什么，说起来真让我发笑，有时候上头下来人，跟同事们说：“这不是挺好，挺干净吗？你们抱怨什么呢？”我不抱怨，我只是努力保持整洁。虽说如此，我……我不知道，也许跟家庭背景有关吧，我对总务人员很尊重。因此他们也尊重我。我特别重视学生羞辱某位校工一类的事情。跟针对老师的情形相比，我想我的反应只会更激烈。我向您保证，四年之内，只有过两次辱骂校工的事件，孩子们干的，他们觉得过后就没事了。针对老师的更频繁。不过，这也许跟我母亲

是作为餐厅洗碗工退休的有关，嗯，说不定是因为这个。尊重服务人员也许就是尊重她。

——男女校工各有多少人?

拉缪先生：唔！女性比男性多得多，这是教育部门的特点，不过在这方面，我跟校董会谈判的时候尽量小心谨慎，我说，在北非移民的环境当中，一个年轻女性在统计学上有更多的困难……（……）这倒不是对妇女等抱有成见，而是从统计结果得来的。如果他们设法把一个小伙子安排给我，情况就不同了。去年他们派来一位学监……人很好，可是只坚持了一个月。那是个小伙子，接着又派来了一个姑娘接替他的位置，她一直坚持到年底，所以，您看，这不是……所以，你必须非常谨慎。

今年，他们给我派来了一位学监，一个马格里布裔的小伙子，
学数学的大学生，未来的数学老师，已经考下了中学教学证书
(CAPES)。不过我不认识他。我在8月里看到了他的任命信，我的
第一反应是："嘿，也许校董会认为他能行，会把事情干好。"我饶
有兴趣地等着，这是我第一次有一个马格里布裔的学监。好了，这
个可怜的家伙，他的日子真不好过，不是因为没有威信，我觉得是 1061
因为马格里布人的形象。他被看成合作者，真的比很多其他人受到
更多的辱骂。有好几次我不得不介入，比介入其他人多得多。唉，
每天都能学到新东西。

我们这些校长告诉学区总学监、总校长和警方，我们的难处在于什么都没法预见。灾难总是冷不丁地降临，总是有如履薄冰的感觉，一件微不足道的小事会发酵，然后……你真得（……）我现在的问题，如果说疲惫，那是因为……嗯，不过，这是我个人的事，我很想在这个中学每天当12小时的校长，余下的12小时……这个，这种平衡我自己很难维持。

在毫无准备的时候受欺辱是很难受的

——您跟学生家长们的关系如何？刚才您提到，特殊时期有家长跑来找您理论，那么，我大胆问一句，正常时期是不是就……

拉缪先生：我们的问题是跟学生家长的接触尽可能多，因为我们看到……

——是您主动要求跟他们接触的？

拉缪先生：是的。我们要求他们来学校。而且对不习惯来学校的人也这么要求，这些家长……我来这儿以前，很多事情已经形成了。我们不会给家庭寄送季度成绩单，一封也没送过。成绩单由家属到校自取。因此，经过我们的安排，取走的比例已经达到90%。一年三次——头两个季度是90%，第三个季度少一点，达到了65%或者70 %；第一和第二个季度，都有90%的家庭来学校拿成绩单。也就是说，每个班的主任教师、带学生的辅导老师……由他来接待。因此，一年当中有三个晚上，有的老师从4点开始，有的
1062 从5点开始，直到晚上8点半甚至9点多，搞得筋疲力尽，这样能接待70%的家长，剩下的我们就折腾他们，直到人来学校自取。也就是说，我们要求他们见面必须预约，等等。这样一来，拒不取成绩单的人少得可怜。可是，不管怎么样，这些总还是不够。

我积极参与了建立家长会，因为在别的地方，正规学校，校长们都觉得家长只会捣乱。我们这儿呢，我需要他们。孩子出了问题，是因为父母撒手不管，照我的观察，即使是穷人家，只要家长跟孩子保持接触，孩子们就会少干点蠢事，学习会更好。所以，我在尝试，我们试着展开一项动员家长的行动，请那些孩子明年要上初一的家长到校一整天，会见老师，一起吃饭……必须使孩子们对上学没有恐惧感，没有……对于大部分家长来说，对于那些上过学的家长来说，中学代表着学业失败，而且很多妇女，尤其是马格里布妇女，40～45岁这一代人没有上过学，从来没有。她们是文盲，

既不能读，也不会写，几乎不会讲法语，只讲阿拉伯语，但是读和写都不会，就是这样。学校这种地方不应该是……我早就腻烦一些人。

——她们来不来?

拉缪先生：不来，很少有人来。她们来取成绩单的时候，我烦透了把她们叫过来说“您儿子表现不好”或者“您女儿表现不好”。我真的很想见她们，很愿意她们来，很愿意她们虽然事先不了解子女的情况，却过来跟我打招呼：“近来怎么样?”而且，或许有一天，我能告诉她们：“好哟，一切都不错。”……我很愿意这样做，因为……告诉你一个小插曲吧。我们有一位体育老师跟班上的几个女同学关系很僵，她已经教了12年了，……学生们把体育课当成放松的机会，她却认为体育课像其他课一样，而且要求十分严格。
有一天，她把学生带到游泳池。等她从游泳池一出来，就发现她的 1063
汽车被砸破了窗户。她认为，我也这样认为，车窗是班上的学生砸破的，可是没法证明。于是，她气呼呼地找到我，而且告诉我一堆事情，班上有六名学生惹她很生气，她要求我加以惩罚。我说：“在停他们的课之前，咱们先把家长叫来谈谈。”

一天，我把家长叫来了。她也跟我在一起，加上我的校长助理，六个家庭和我们面对面，我只说说其中两家。有一位父亲，我不得不把他从我的办公室赶出去，因为他辱骂女教师，骂她是骗子、婊子什么的，所以我不得不和我的助手一起，把他……因为我要他离开，他不想走，于是我们把他赶了出去。他女儿在他身后大笑，高兴得很。她父亲对老师说的话跟她说的一样，所以我这么做很合适……这种孩子，你能拿他们怎么办!

在另一端，另一位父亲坐在办公室另一头，身后是他儿子，他低着头说话，我不知道他是在跟我说还是对他儿子说：“我来法国28年了，其中27年半我一直在同一个单位，因为我觉得当老板的

永远是对的。他说什么，哪怕你不同意，也得说是是是，我们地位低，什么都得接受，不能抗议，就是这样。有了这个态度，我才能够把妻子接来法国，才能养育子女。”我当时觉得，站在他身后的儿子一定想打父亲一拳。那种仇恨我还从来没有见过，因为父亲说的话完全不可接受。

——他多大了？

拉缪先生：16 岁。这两种极端的情形，一个是对学校卑躬屈膝，一个是富于侵略性，最终落在孩子们身上的结果是一样的。我告诉您另一个我们不得不面对的例子。去年有过一场巴士罢工。巴士停驶的街区里有不少年轻人已经习惯这个了，照例出来四下转悠，特别是下午，他们跳过了校门——1.6 米高，干得挺漂亮——来到校园里，然后跑到各班教室，打开教室门，就往学生和老师身上吐唾沫，向他们骂脏话。一有人通知我，我就去找他们，他们拔
1064 腿就跑。一天，他们当中的三个又来了，有人看见他们进来就告诉了我。我早有防备，下了一个套，逮住了一个。他才 19 岁。

——一个从前的学生？

拉缪先生：不是，被抓的不是从前的学生。他试图甩开我，我不得不使劲揪住他。他问：“你要怎么样？”我说：“带你去办公室。”他说：“我不去。”我说：“你必须去。”我还说：“也许我没法把你弄去，可是除非你杀死我，或者伤了我，不然我非要把你带去办公室不可。”最后我还是把他弄进了我的办公室，他对我说：“要不要我来说说你会做什么？你会报警，警察一来就会痛打我一顿，把我押去派出所，到了那儿再揍我一顿，他们会给我老爸打电话。他一来就哭起来，警察把我交给他带回家。整个过程得一个半钟头。可是，两个钟头一过，我们会再来，什么都不给学校留下。你看着办吧。”

他在我的办公室里说这些话的时候，进来的三个人有两个跑掉

了，他俩接着聚集了五十多个人。这伙人在院子里站成半个圆圈。我的助手跑去把所有男老师都找来了。那天，他叫来六七个人，围在我的办公室门前，就是这副样子。于是开始了一场讨价还价。我走到校园中央，他们的两个代表走过来说："你打算干什么？你不会为了这件小事把警察叫来吧？这算什么了不起的事，不就是吐了口痰吗？再说，你别想在我们头上撒尿，你最好是放我们的朋友出来。如果你不这么做，有你好瞧的。"老师们是一半对一半。一半人说："叫警察吧，不能任由他们欺负。"另一半人说："我提醒你哟，如果叫来警察，我们就再也没法开车上班了。"咳…… 毫无准备的时候受欺辱是很难受的，一点心理准备都没有哟。如果一个人有自尊，有某种荣誉感，这个时候会很不好受。

我不愿意听任门卫被人守着校门辱骂，就和助手一起，每天早上和下午，在校门口等着学生进校。虽然我不善于凭相貌识人，可是有一位门卫在那儿，学校的维修工，北非"黑脚丫"出身，特别 1065
擅长看脸，他告诉我："那边有三个人，不是咱们学校的。"等他们走到校门口的时候，我迎上去对他们说："先生们，你们不是这儿的学生，你们有事吗？直说吧，你们想干什么，不说就别进来。不行，你们不能进来。"一听这话，他们后退几步，站到栅栏旁边，开始嘀嘀咕咕，我能听见，那是在说我是混蛋，"瞧他那副德性"之类。他们边说边回头吐唾沫，他们冲我吐唾沫。10分钟吐了七八口，吐到你脚下只有半尺远的地方。对于一个有自尊心、有某种荣誉感的人来说，这时很不好受，很不好受。好了，情况就是这样。因此，有时候，我想，还不如一走了之（……）。

对话对得倒胃口

拉缪先生：他们恨死了我们学校，因为我们没有容许他们胡来；结果还好，对此我并不惊讶。再说，学校是一个有约束的地

方。骚乱期间，我经历了……真是怪诞。1990年9月开始的上一个学年，就拿罗纳河（Rhône）一省来说，职业高中共有700个名额空缺，因为没人报名。整个9月份和10月初，每天都有700个供申请的位置。我们在联网电脑上看到了电子公告，不断地提醒：某某学校有多少空位，某某学校有多少空位。

骚乱发生以后，流行的解释是我们没少修建、没少重新粉刷校墙，可就是没有跟学生展开对话，正是因为缺少对话，他们才起来抗争。那好，让我们开始对话吧。在街区会议上，我们对话对得胃口都倒了。我们也听到街区里的孩子们说："咳，学校什么也没有为我们做，我们什么都没有，什么培训也没有。"可是，职业高中
1066 此时还有700个空位。为什么有空位的只是职业高中？上职高意味着每周工作32个小时，薪水为零。好了好了，他们不会愿意去。说到底，郊区的年轻人要的是什么？他们要谋生的手段。好，他们最终要求一份有意思的工作，可是国家不能为他们提供有意思的工作，因为他们没有接受过培训，可是我有，我的工作不是每天都很有意思，于是……我看不到奇迹，也不会有奇迹！因此，他们很生气，他们生学校的气，他们要砸掉所有属于形象的东西，所有让他们具有失败的形象的东西。我可没有很多解决办法。

——对，可是，他们不是还有兄弟姐妹得上学吗……？

拉缪先生：是哟。当他们听到哥哥姐姐告诉他们说："你得努力学习，你看，我上高一，高二，或者高中毕业班，可是我能走出来。"……我们这儿有个大学教授的侄女，她叔叔出版了一本书[一部有关贫民阶层的移民子弟如何上学的自传体小说]，告诉她："别胡来。"于是她就不胡来了。她尽量好好干，学习成绩可能不如她叔叔从前那么出色，但是我认为她能够走出来，她正在上高二，今后，我相信……有一些家庭，你得到的印象是，几个哥哥似乎轮流着，总有一个在外面，剩下的都在监狱里，不会同时都蹲监狱。还有一个家庭，三个哥哥都因为组织卖淫蹲了监狱，母亲不得不去

小酒馆工作，那是全家唯一的生活来源。她早上 6 点出门，半夜或者凌晨 1 点才回家，孩子们都在我这儿，一个女孩上初三，另一个上初二。他们自生自灭，想干什么干什么，名副其实的捣蛋鬼，有时候，我恨不得把他们……掐死算了。可是我真不明白，在这种环境下，他们怎么可能老实下来，变得和善、耐心、有礼貌、善良。如果他们真能变好的话，那可真是奇迹了。

我再给你举个例子，一件小事。的确，有些事情我理解不了，也把握不了。去年的某一天，8 点 1 刻，我听到办公室门上有刮擦的声音，可是没见人走动，我过去一看，来人是一位阿拉伯妇女，用披巾裹得严严实实，凑合着用法语说："我女儿在初中毕业班， 1067
今天早上来上学了，我不想让她来，因为她爸爸昨天晚上又打了她，她头上怎么样了，您看见了吗?"我并没有看见，因为她女儿躲着我走。"她爸爸抓着她的头往水池上撞，还往桌子角和水槽沿上撞。"她接着诉说了一些诸如此类的事……

我去课堂找那个女孩，看见了她，人真的已经走了形，浑身都……我带她出去，把母女都带进一间办公室，我把社会工作者喊来，因为这些事情妇女会彼此照顾。社工告诉我："绝对有必要给母女都做一次体检。"可是没有校医，去年我们没有校医，经过我抗争，后来才争取到一位，每半个月到校值半天班。去年根本没有。我觉得是一位实习医生。他来后给她们做了检查，开了诊断证明。过后，他来找我说："那次是 160 法郎。"我的预算里没有这项开支，没法支付 160 法郎，我就自掏腰包付了。为了不让我出这 160 法郎，医生同意写一张假证明，说他是来给我看病的！结果社会保障局给我报销了 120 法郎。还是花了我 40 法郎。这个我没有怨言。

开完诊断证明，我们招父亲到校。他来了，怎么形容呢？我坐在校长办公桌后面，有一层保护，那位父亲坐在您现在的座位上，社会工作者在这儿——那位社工是个漂亮姑娘，30 岁上下，她已

经跟那位父亲谈过，告诉他：“这种事情做不得，您不知道吗？您要是还要这么做，我们会阻止您，我们会提起申诉的，我们可是攥着诊断证明的呀。”那位父亲忽地站起身来。我对小姑娘说：“你听好，他不会再打你第二下，因为我会先把他放倒在地，可是第一下我没法制止，因为来不及从办公桌上跳过去……”——嘿，那位父亲只差半步就扑上来了。然后他往门口走，临出门丢给我几句话，像什么真主诅咒你，一直到……不知道一直到我家哪一辈。他那套东西……且不说，您倒是告诉我，换成您，您怎么回答他？他住的
1068 街区是城里最差的。真的，真是最糟糕的地方。他说，“我的邻居，那边的胡同里……孩子们逃学、吸毒、偷盗、犯罪，高兴干什么就干什么，没人吭声。可是我的孩子从来不逃学”，真的“成绩不赖”，真的“有礼貌”，真的“没犯过罪，干干净净”，等等。“那好，您要找我的麻烦吗？打算送我去警察局？您对别人为啥不这样……干吗单冲我来?”他走了，一个满脑袋糨糊的人。

——我认为，那位妻子和女儿当晚上就应该……

拉缪先生： 不光是晚上，不光是那天晚上，他等了好几天。很可悲……我不知道，我来这里时并没有很大把握……现在就更少了，因为我不知道，我有一种感觉……

——至少在制止校内暴力行为方面，您做得很成功。

拉缪先生： 肢体暴力没有了，打架消失了。言语暴力……这方面还有一个学校的电话的问题。没有接线员的时候，像现在这样，例如有人往学校打电话，电话不在这儿响，而是在我的公寓里响起来。既然没有接线员，就响在我的公寓里。有一天，我老婆在这儿，她来了，我正巧在我的助手的公寓里，我们俩去喝一杯，我老婆来了，从5点到8点半，我跟我的助手在社交中心开会，她当时在临时公寓里。8点半，她上来和我们一块儿喝一杯。她说：“我可受不了了，我在、你不在的时候，把电话线掐断吧。”因为每隔10

分钟就有人打电话进来辱骂我。

——辱骂？

拉缪先生：骂脏话。她拿起话筒。“拉缪先生在吗？”“他不在。”“哦，你是他老婆吧，你个臭婊子，娼妇，我日你娘，日你娘……”一天二三十个电话。她说：“如果我不接，电话就一直响，一直响，一直响。”有一次她数铃声数到27下，直到铃声停止她都没有接听。

——是啊，所以生活中公与私没法截然分开……

拉缪先生：分不开，我也没有安装电话专线，因为我心想，如果安装了专线，他们从名字就能查到我的号码。我可不想上黑名 1069
单，不想做这种自投罗网的事……所以，当星期三下午，我把自己关在公寓里的时候——因为有工作要做，或者想读书或听音乐之类——如果我拔掉电话线，那就意味着我的孩子、母亲和老婆都没法跟我通电话了。还有，您跟我说了，我在制止暴力行为方面挺成功，这个不假。言语暴力呢，还没有。这是一件非常令人难过的事。您刚才要问我一个问题，那个问题的重点是什么来着？……

——……是关于打架斗殴的。

拉缪先生：哦，可是我是指学生之间打架斗殴，这个我在校园内已经成功地制止了。我不是说街头的那些……

——不是外边的那些……

拉缪先生：不是外边的那些。有时候我跟助手，就是这儿的那位门卫，我们给她增加了工作时间，学生们12点离校，她看守到12点1刻，如果学生们5点离校，她就看守到5点1刻。只要看到有人聚集，她就马上给我打电话，这时候我可能正在办公室里进行一场有趣的讨论，可是一有她的电话进来……我就得离开，马上离开，赶赴现场，他们一看见我来了——因为我是跑步去的，为的是大家都能看见，因为我要劝阻他们——他们就住手了。如果转入大

街，也许有时候打架就停下来了，结束了。不过，有时候我感觉它还会……所以，有时候我们走得挺远，得过去两次，之后就不用去了（……）。

我跟警察谈这些事的时候……他们给我讲一大套理论，说有“三大选项：一个是弹压，那样我们就成了镇压者；一个是劝阻；第三个是预防”。可是我告诉他们“劝阻须在现场进行”。我很乐意看到学生离校时有警车驶过，用不着停下来。警察却说：“我们没法监视所有的中学，那不是我们的工作。”等等。(……)

——好学生如何？

拉缪先生：好学生处境尴尬，因为被说成马屁精。体育课老师
1070 在一份工会杂志上发表了一篇文章（……），讲到好学生受到困扰[他念了文章节选]。今年来了一位女教员，教授作为第二语言的西班牙语，她还年轻，住在R市，工作条件比较差，因为她没有汽车，她有个幼小的女儿，上下班得一个半小时路程，除非有别的老师让她搭顺风车。不过，她是一个出色的姑娘。但是，开头一段时间真够她累的。

我们很了解情况，也就是说，我们将全力支持她，帮助她坚持下来。她掉眼泪的时候，我还接待过她，好言好语地劝慰。有一天，这位女青年告诉我，我在一次全体教工大会上评论女人之间的争斗，说了一些歧视妇女的话。我当时说：“老天！我做梦都想有一所清一色男人的学校，这些麻烦我们在那儿一个小时就能解决，守着……在酒吧里一个小时就能全解决。”我那是开玩笑。过后，她当面讽刺我：“不管怎么说，虽然在这个学校吃了不少苦，但我仍会很珍惜，因为这里有人情的温暖，以至于……”我认为，亲近的关系没有了，这是……是令人难受的方面之一，我想，也是困扰我的原因之一。你没法不把情感投入这所学校，也就是说，顺利时什么都好，不顺利时就震惊不已，这是一个错误。还有，我看不出

怎样避免这个错误。而且，教师之间的关系……

——不会保持一定距离……

拉缪先生：正是如此，教师之间不是亲热得要命，就是水火不容，因为……总之，这是情绪化的表现：非友即敌。我中午说过，有些人在全体教师大会上不能一块儿发言。我想说，如果打算解决政治、工会、教学等方面的冲突，我还有些机会，可是，这都是实实在在的内部分歧。可以说，有一些很有意思的侧面。

——您在职高的同事是怎么认为的，毕竟他有相同的学生（……）？

拉缪先生：学生不一样，不一样。他教的是好的那一半。 1071

——哦，可以说有一个选择的过程（……）。

拉缪先生：学生不一样，年龄不一样，有不一样的约束。而他呢，例如他会直截了当地批评我是老母鸡的角色，手把手地指导学生，使得他们失去了独立性，学习成绩更差。有些孩子是在职业高中浪费光阴。

——纪律问题少了……

拉缪先生：哦！这可不是一回事。我老婆也在公立中学，她根本不知道什么叫纪律问题。不过，F高中也不是没有所有这些问题。去年，F高中出现过破坏汽车的事，老师的汽车彻底毁了。也是去年，B高中的一位女老师刚开完班会，一个本地的马格里布学生就对她动了粗。所以，都是这样。不过，毕竟跟这儿完全不一样……跟中学的日常景象不是一回事。什么样的学生我们都有。您是不是要问，如果是法国孩子，即原籍法国，然而家贫，那么问题会不会相同？如果您问这个，答案是肯定的。是的，这个我有充分的了解，麻烦出在问题家庭成了堆，不管什么社会出身，也无论哪个种族。我们在这一点上非常一致。

——我很怀疑，能否找到一个解决办法，特别是在社会方

面……

拉缪先生：不过，例如，对于可能发生的事情，有一个改进的办法：请看维尼雪镇的曼盖特居民区[1]。自 1981 年以来，那里的问题有所缓解，因为人口的密集程度降低了，他们清空了公寓和塔楼，推平了无人居住的塔楼。我就是从维尼雪来的，我全家都是。我父亲出生在那儿，我的叔伯、姑姑、堂兄弟都住在维尼雪。1981 年是曼盖特的全盛时期，可怕极了。现在的居民多少还是同一类人，但是不那么拥挤。空间多了，可以呼吸了。所以说，社会阶层之分早就有了。可是，挤在一起的后果也得考虑。这是我的看法。

1991 年 4 月

1073

第一代大学生[2]

埃马纽埃尔，巴黎第四大学克利尼昂古校区[3]历史系学生，大学二年级，正在准备大学普通文凭[4]。他和姐姐是家中第一代大学生，这一点两人很清楚，而且不无自豪感。父亲在巴黎市郊一家小食品厂当工人（月薪八千法郎）。父亲上过学，“上到初一”。母亲是政府部门的秘书。她当初想当助产士，所以没有继续求学。母亲虽然没有高中毕业文凭，可是十分关注孩子们的学业。埃马纽埃尔的姐姐有一个办公自动化专业的高级技术文凭，正准备接着考教师

① 曼盖特（Minguettes）居民区在法国里昂市南郊，隶属维尼雪镇（Vénissieux）。曼盖特居民区建于 1980 年，居民多为非洲移民。1983 年，法国首次全国性反种族歧视的游行示威发轫于此。——译者注

② 英译本未收入此文及其访谈录。——译者注

③ 巴黎四大的克利尼昂古校区在巴黎区北部的第 18 区。——译者注

④ 大学普通文凭（DEUG）是法国大学第一阶段（用时两到三年）的学位。——译者注

证书，眼下靠当“监考员”挣点收入。埃马纽埃尔家原籍埃纳省(Aisne)，家中不是农民就是工人。“也有几个熬出头的，全凭体力劳动，可是都没念过书，跑运输，开饭馆，都在乡下生活。”

埃马纽埃尔在一所“名声很差”的远郊中学复读过高中毕业班，通过“补考”面试才拿下了高中毕业会考。靠母亲所在的教育部的一位官员的推荐，他在巴黎第四大学注上了册。大学跟他熟悉 1074
的中学很不一样，他感到“晕头转向”：学院似乎是一个任意妄为的场域，一个巨大的赌场。这个他靠“走后门”进来的地方让他觉得似乎不属于他。他在这儿倍感孤独：一方面，高中的伙伴都去了位于圣-德尼[①]的学院，失掉了联系；另一方面，他跟别的学生建立不起来新的友谊（“什么都说不到一块儿，因为来自不同的社会环境，想法不一致，这也是必然的”）。

跟许多（接近半数）同学一样，埃马纽埃尔说不清自己为什么选择了历史学而不是经济学，尽管他在高中毕业会考中，历史一门考得很不错。他此前曾经报名贸易专业的高级技术文凭，遭拒。他虽然了解一些用得上历史的学科，可是完全不清楚学历史有什么前途。他猜想自己可能成为教授，其实他宁愿当小学教师，不过他不想上师范学校。从注册开始，他就几乎要放弃这个通过“抽签”确定的专业，那是他当时在最后一天“碰巧遇上的”，因为“最后一天才来，别的什么都没有了”。他觉得巴黎四大的索邦校区“是一座迷宫（……），你得熟悉才行”，而他“根本不知道应该往哪儿走”，而且“头一次打听点事，就差点让人家赶出来”。这里到处人满为患，使他觉得“照这样到校，看到教室已经满座，真让我倒胃口”，可是他只能逆来顺受。一个教授问他，学历史打算干什么，
“我告诉他，高级技术文凭专科没要我，如果历史系也不收我，那 1075

① 当指位于巴黎北部圣-德尼（Saint-Denis）地区的巴黎第八大学。该校以文科为主。——译者注

我真的是没啥可学的了”。若要两年内拿下大学普通文凭，第一年必须修满六个学分，可是他只修完了两个。他花了几乎整一年才弄清学业的来龙去脉，因此得用三年才能拿到大学普通文凭，否则就得辍学。有他这种情况的学生不少，入学两个月才明白专业定向有问题，但是只能等到年底才能重新来过，因为学年当中不允许改换学科。他的前途很不明朗：“如果今年不顺，我就得卷铺盖回家”，除非去报考公务员。埃马纽埃尔厌恶“大学政治化”，批评那些只会“刷人，淘汰”的教授，也很反感那些他认为类似抽奖的考试。他甚至认定，教授们培养历史学者的方式害人不浅，只会扩大校方要求和自身能力的差距：“我又不是历史学家！我来这儿就是学习的。”

跟那些乐观的描述相比，他对大学日常生活的描述迥然不同，毕竟他还没有入道。一个初来乍到的门外汉必须了解游戏规则，他对大学生生活如何运转却毫无所知。“大学头一年，开始准备普通文凭，我虽然知道那是什么，可是不知道如何着手。不知道该做什么，怎么做。”克利尼昂古校区一点也不像从前的校园：“不那么漂
1076 亮，啥也没有，糟透了。咖啡馆倒是有几家，我去过几次，里头脏兮兮的，所以如果你真要办什么事，只能坐地铁。”索邦大学就不同了，那儿的历史系学生可以攻读学士文凭，他觉得“十分理想”。“那个地方很漂亮，让你愿意待下去；我觉得，只要能进去就成功了一半，差不多吧。”对于一个普通学生来说，克利尼昂古校区的整套学习设施不是拒人千里，就是用不上：图书馆是唯一可以坐下来的地方，参考书大多是英文的，可是他英文不好；珍本书和绝版书根本买不到；进入学校餐厅和体育设施，必须极有耐心。

他几次提到“封闭”的感受：他没钱出去玩，没有驾驶执照，加上住在郊区，邀请朋友来也很不方便。父亲是共产党活动家，埃马纽埃尔在与父亲的冲突当中形成了自己的政治立场（“饭桌上情

形更糟"），即忍气吞声。一切讨论和聚会，特别是政治方面的，过去曾经是生存方式和大学生活的重要部分，如今他认为都是浪费时间。尽管刚刚踏入大学生活，埃马纽埃尔早已是一个"乖乖的"和心灰意懒的大学生。

一次小小的破格录取把他送进了大学。他在这里感到孤独，时时感到难以真正企及那些表面上向他开放的东西。无论社会功能还是学术功能，大学都名不副实。他试着多少弄清楚发生在自己身上
的一切。有时候，他尽量根据统计结果不偏不倚地看问题，以便拉 1077
开一点距离，或者把例如报刊和电视辩论中提出的有关"大学新生"的说法用于自己：学生人数增加、信息不畅、过早定向和场所不敷使用等因素都被他用来解释自己的挫折感。

不过，反过来，他也把挫折归咎于高一没有复读，尽管成绩"不好"。"我从高一升到高二的时候，成绩并不好。问题是，所有想升高二的学生，成绩比我还差（……）。现在回想起来，我觉得我不该升高二。我觉得，假如没有高二，我后来的成绩会好一些。"埃马纽埃尔心里很清楚，自己是遭到一连串拒绝之后，被打发到历史专业的。他觉得自己只是处于缓刑期，这种高等教育不是为他准备的，自己也与之格格不入。

一个历史系学生 1078

采访者：加布里埃拉·巴拉兹

"一开始就是这样，那么……"

——你现在哪一个学习阶段？

埃马纽埃尔：大学普通文凭（DEUG），历史科。反正我是打算考这个文凭，不过看来第一年考下来很难，因为剩下的学生不多。事实上，他们还在淘汰，淘汰的办法是考试，所以能够淘汰学生，这方面我举不出具体例子，可是只要看看注册人数多少、留下

的人数多少就知道了。这个挺吓人的。他们打算达到一个年龄段的80%参加高中毕业会考，可是过后他们拿这些人怎么办？因为今年历史系的学生人数降低，在克利尼昂古校区，各科系加起来总共有两万两千学生。至于历史系多少人，我不清楚。去年是300人，今年要压缩到250人。这真不是小数目。

——你刚刚念完大学一年级吧？

埃马纽埃尔：念完了，不过念得不怎么样。

——那是怎么回事呢？

埃马纽埃尔：咳，我觉得还是没有准备好。跟别的科系相比，历史系有点特殊。同学从来就不是同一拨人。学分实际上分成好几类。历史科大学普通文凭是这样组织的：你可以用4个学分完成普通文凭：古代、中世纪、现代和当代。每个历史时期必须修1个学分。然后是地理或者艺术史的必修学分。我上个星期上了第一堂地理课，老师告诉我们：我今年要教授的这门课实际上没什么用，一共24个小时的课程，别希望学到多少知识。一开始就是这样，那么……对我倒是没什么，可是……还有1个学分的语言课，相当好玩，一个小时（我选了西班牙语），注册学生100个，都在一个有50个座椅的教室里。考试那天，不用说，来了100多个，到了6月
1079 份，通过了15个。不算多。这是一种没人认可的淘汰办法。

——你修完两个学分了吧？

埃马纽埃尔：两个，可是得有12个才能拿下大学普通文凭呀。正常情况下，一年得修完6个，这样才能两年拿下普通文凭。好像有75%的人得用三年。我已经有了两个，今年得修8个，才能试试拿一个有条件的学士文凭。这种文凭是不是很好，我不知道。同时攻读学士文凭和普通文凭，我觉得有点太麻烦。所以，（……）我必须用三年的时间拿下来。

——补齐学分很困难吗？

埃马纽埃尔：无论如何，我打算修8个学分，这样就能获得有条件的学士学位。学分最少得修5个，最多8个。反正得用三年。

——你参加过情况通报会没有？

埃马纽埃尔：那个似乎什么用处也没有，我一直没能参加。实际上，是这么干的：当初注册的时候，我本来想去南戴尔(Nanterre)，是某某先生出手帮了我一把，我这才进了这个大学。

——他为什么帮你，为了能去南戴尔吗？

埃马纽埃尔：只为我能上大学。因为我呢，我是靠补考才通过了高中毕业会考的。那时候大学注册时间已经过去了。注册是在公布会考成绩的那一天进行的。我那天得知会考没通过。（……）注册已经晚了。我一直等到9月份，想知道究竟能不能上大学。一天，我收到一封信，要我去巴黎四大报到。我带上信就去了索邦校区。人家看我的表情有点怪怪的。其实我这是靠走后门进来的。那封信用了部长办公室的信笺。我记得，我带着信去了秘书处。一位女士拿着信走了出去，我当时是插队进去的，别人都在等着办别的事。她拿着信出去，我想去找主任了，想确定到底怎么办。

——是一封教授推荐信吗？

埃马纽埃尔：我想不是吧，我也不清楚他是不是在巴黎一大教书。

——你是怎么认识他的？

埃马纽埃尔：我妈妈在他手下工作过。 1080

索邦大学像一座迷宫

——你在巴黎四大注了册，是吧？

埃马纽埃尔：我带着注册簿，上面注明“特例注册”，材料很完整。全办好了。完事以后，我就开始在索邦校园里溜达。一次是去找我的材料，一次是把它报上去。后来我每次都去看有没有入学情况通报会，了解怎么回事，可是从来没能参加，因为我定期去学

院都会看看告示板，上头什么也没有，只要是在会议次日贴出来的，你就晚了两天。咳，会已经开过了。再有，我根本不知道怎么办事，因为注册有两道手续，一道跟教学有关，一道是跟学分有关的行政注册。我弄好了行政注册，还得去办教学注册，可是情况我一点也不了解。于是，等我到了那儿，不知索邦大学您熟不熟，那真是一座迷宫。我得爬两层楼，到了顶层，一条特别狭窄的楼梯通向一间办公室，叫什么来着？哦，历史系办公室。所以你得熟悉才行，反正我不熟悉，根本不知道应该往哪儿走，人家告诉我得上三层，可是我找不着，而且我头一次打听点事，就差点让人家赶出来。那是负责秘书处的一位太太（……）。我母亲得知后，给他们打电话大吵。她让我母亲转告我，可以回去找她。那一次，她给我好好解释了一通，把必需的材料都交给了我。事实上，我跑了十多趟才办好全部注册手续。这就有点过分了。就为这个，我差一点甩手回家。从这儿开始，我一看大学是这个样子，心想，一开局就不妙。这已经够令人沮丧的。不光如此，头几堂课我感觉也不好，气氛令人沮丧。真正是各顾各。从高中来这儿，感觉怪怪的，高中班上我认识很多同学，在同一个小组。在这儿孤零零的，认识个把人
1081 得四五个星期以后。我谁也不认识。从我的家乡来的一个也没有。等到认识了一个人，由于班级不是固定的集体……就拿1个学分的课来说，也许有一个小时和某个人在一起，接着是7堂辅导课（TD），很难在同一堂课上再次相遇。我发现，即使是经常相遇的同学，在大学里也有一个社会差别的问题，比在高中里重要得多。我们在高中不在意，在这儿大家都很注重这个。

[…………]

就是如此，今年的注册挺特殊。你得去找一张表格，教学学分课的召集通知书，在8日和13日之间。抽签决定，他们把表格和日期打乱，注册的人很多，表格也多，日期加时间，然后开始抽签。我最后一天才来，别的什么都没有了。不过，我是唯一一个报

名历史系普通文凭的。也就是说，所有 13 日被召集的学生都是之前来的。这意味着，每一门学分课我都得参加期末大考。

——“都得参加期末大考”是什么意思？

埃马纽埃尔：6 月里举行，不分开考。跟积分测验不一样，那是分阶段考的。

——大家都愿意用这个办法吗？

埃马纽埃尔：这不是最好的办法。期末大考有的人考得很好。不过，那也说明不了什么，全凭运气。因为分数是分成好几次给的，期末考砸了的可能性也不小。有两个大考，两个都得通过才行。一个考不过就全完了。

——显然没有给你们选择的余地。

上课上到圣诞节，那时再看吧

埃马纽埃尔：没有给我选择的余地。我去告示板一看，学分课都写在上面，人家说全在那儿了。也就是说，整整一个月，六个星期吧，我都不能参加辅导课，进不去，人太多了。辅导课有好几堂，大家都想注册。一堂辅导课比方说能容纳 40 个人，可是常常有 60 个人想进。于是，20 个人进不去。去年还有一件事，想起来 1082
我就想笑。有一堂辅导课，我是头一个到的，大家走进教室，已经满员了，有的人在椅子之间坐下，有人站在教室外头。我一看这个阵势，心想，这怎么上课呀！虽说可以听一段演讲，或者老师做个开场白，可是别的事做不了。差不多连续六个星期，都是这个样子，圣诞节之后教室才空了下来。这要看你修的学分是不是重要。为了有的学分，我肯定不会赶在圣诞节之前回来上课。(……)而且让人倒胃口。照这样到校，看到教室已经满座，真让我倒胃口，阶梯教室好一点。阶梯教室也有人坐在地上，不过只是开学头两个星期这样。后注册的人，看到注册辅导课的人这么多，教室进不去，那真是件事。我知道我开始想退出来着。我母亲让我去，因

为……我自己后来也想，上课上到圣诞节，那时再看吧，因为不少人到时就不来了。也不能等一个星期以后，再说不行，不喜欢。(……) 因为如果耗去时间太久，再注册别的科目也就晚了，什么都注册不上了。我知道有些人就是这样，在一门课注了册，直接去上课，可是发现自己不喜欢，于是上两三个星期课，可是不愿意学下去。然后改了课，可是为时已晚，跟不上了。这个人现在当兵去了。

——当初你为什么想去南戴尔呢？

埃马纽埃尔： 因为某某先生说那是最好的大学，政治化程度最低，因为历史学总体上已经政治化了。

——这个克利尼昂古校区，你觉得不太好？

埃马纽埃尔： 我觉得不怎么好，因为在我的印象里老师们在这儿就是为了刷人，他们给我的印象就是这个。老师们在这儿就是要淘汰。老师在学会通报会上的讲话令人不快，你刚来就被告知，学年末将有60%的人通不过。他们按每100个学生给出统计数字。考试的时候35%的学生不露面，每个学期有15%的人拿不下学分，
1083 学分是零。这些学生第二年得从零开始普通文凭的学习，其中10%拿得到学分。也就是说，60%的人什么也得不到。今年的情况看来不怎么好。反正还是由老师来统计结果呗。我确实遇到一些专门刷人的老师。我修一个学分，但是没拿到，因为那个家伙相当令人倒胃口。他全年上辅导课。有一个姑娘做了个报告，过后他说：“你这个报告又臭又长。”一开始就是这样，那么……好在我也遇到了一些特别友善的老师……他们正在攻读博士学位，被派来教几个小时的课，这些人主持口试，跟这些人一起往往特别顺利。因为他们会跟你说，他们知道什么叫考试，因为他们自己也要考试呀。学生的焦虑心情，他们能理解。有一个主持口试的就说：“您今天运气不好，因为我心情差。”9月返校以后，他对第一个进考场的女孩就这么说。(……)

教大课的常常是历史学家。我们上课带着成绩簿，上头写了一些话——有的不中听——对他们来说，据他们所知，我们都不怎么样。还有些老师对每个学分的必读书有更多的要求。有一位老师根据他自己的统计，觉得我们每年读两本半书不够。(……)图书馆的管理方式我不喜欢。事实上，一进图书馆就有一张书卡，你在上头找到你要的书。把书名写在一张纸上，交上去。如果书架上有，他们就拿给你。你无权进去看。还有，书你只能借走一周。如果这个星期遇到什么麻烦，你就没法读这本书了。要是还想读，你就得去买。一个严重的问题是好些书都是20世纪20—30年代、50年代出版的，目前没有再版。有一门学分课，跟英属岛屿有关的书有110种，其中这89种是英文的。也许这是好事，可是我的英文极差，因此这89种我没法读。

——你学过英语，作为第一外语，也学过西班牙语，作为第二外语，对吧？

埃马纽埃尔：是的，可是我读不下来完整的一本英文书。而且一看出版日期，你就知道书已经绝版了。 1084

——那么，你怎么阅读呢？

埃马纽埃尔：我查阅书里列出的文献，跟认识的人交换，换书。

——你好歹也认识几个人，可以一块儿学习吧？

埃马纽埃尔：学习么……如果愿意的话。我们不在一块儿学习，倒是会交换书籍，到此为止。

[…………]

我还是感到有点孤独

——你身处一个什么样的环境，对周围的人感觉如何？

埃马纽埃尔：这个校区的问题在于，来这儿上学的大多是巴黎第4区和第16区的子弟，诸如此类吧。所以来这儿的不是随便什么人。

——你认为招生对象跟区域有关吗?

埃马纽埃尔: 根据我的印象，招生主要在巴黎市内进行。我认识很多巴黎人，或者是克利尼昂古一带的，巴黎北部的。巴黎西部和东部的我认识的很少。一个人得花两个小时在火车上，这种情况也有，不过……

——你遇到的人，或者说能够结识的人，都是什么样的?

埃马纽埃尔: 唔，正因为如此，交友不怎么多。他们都出自比较富裕的家庭。根据这一点，也有一个彼此观念不同的问题，交不成朋友。

——你们信服什么，在哪些方面谈不拢?

埃马纽埃尔: 实际上，上大学以后，大家是无所不谈的。而且最后总是聊到政治方面，因为大学永远是政治化的。此外，校门口总有人……散发传单。这种事我是不感兴趣的。这样搞政治，站在校门口散发传单，这种事我不感兴趣。也有人在出售他们的报纸，有时候你会觉得他们会打起来，我们对他们不感兴趣。克利尼昂古是个小地方，政治活动不算多。换成阿萨斯(Assas)，那边各个学
1085 院都讲政治。在我们这儿，学院每年都有选举，谁知道呢，选民意代表吧，我太不清楚，也不感兴趣。所以我没去看(……)。

——其他人呢——比方说，来自第4区和第16区的学生——他们对政治有兴趣吧，既然你刚才说你跟他们谈不来?

埃马纽埃尔: 我们什么都说不到一块儿，因为来自不同的社会环境，想法不一致，这也是必然的。

——你认为，这些人的家长是从事什么工作的?

埃马纽埃尔: 有些人的情况我知道，有一个人的父亲是副教授，不过是为企业干的，负责对外联系，具体管什么我不清楚。他母亲不工作，他家住第4区，在近郊有个独栋房，邮编是78[①]……

---

① 巴黎西郊的伊芙林省的邮政编码以78开头，省府即凡尔赛。——译者注

所以嘛，这就是一个差别。

——他们邀请你到家里做客吗，还是你……？

埃马纽埃尔：我去过，可是不那么开心。

——你感觉不舒心？

埃马纽埃尔：我感到不太舒服，他们请客人也不是那么爽快。

——不那么自然吧？

埃马纽埃尔：对，我觉得不自然。

——不是说，打个电话就去别人家，对吧？

埃马纽埃尔：绝对不是这样。学院里的关系就是学院关系。到了学院，打个招呼，结伴去上课，聊两句教授和课程，就此打住。也就是说，一个刚毕业的高中生，谁也不认识，要想在大学交朋友不是那么容易。

——你呢，你邀请过他们吗？

埃马纽埃尔：他们不那么想来。既是这样，我也就不请了。我邀请过一两回，没下文，我也就不再试探了。我还是……我跟几个人出去玩过，因为以前多少认识一点，人们还是跟起初就熟悉的人在一起，跟高中就认识的人在一起。仅此而已。我觉得这是个挺遗憾的事。我倒是认识几个大学外面的人。很幸运，不然我真的是孤家寡人了。今年还是如此，我还是感到有点孤独。 1086

[埃马纽埃尔谈到时间零碎的大学生活，形容它是一张“有孔洞的时间表”，利用“孔洞”游巴黎，他很少到大学食堂就餐，因为“排大队领餐券，排完队就吃饭”。]

烦人的入学培训

——你选课时遇到问题了没有？

埃马纽埃尔：实际上没有选择……体育老师就是这样说的。事实上，整个过程全凭是否及格：D类课程不及格，才会上B类或者

A 类课。学年开始可以选课，年底再次回到原点。只能这么办，没有别的办法，不喜欢也得如此。我知道我能上 B 类课，虽然经济学我不感兴趣，可是，学起来慢慢就喜欢了。

——假如可以选择，你会选哪一门课？

埃马纽埃尔：这个么，我想我会跟大家一样，选修数学课，这是最佳选择，因为学完数学，所有的大门就为你敞开了。连 B 类课里的经济学也是如此。经济学不论哪个班，都是修完数学的人优先进入。

——可是你想学历史。

埃马纽埃尔：进入 B 类课程以后，我才开始对历史感兴趣。跟我两次才拿下高中毕业会考一样，这个时候最容易成功。我就想，我要学历史。

——在这之前，你已经有过这方面的想法？

埃马纽埃尔：学历史的想法说来话长。而且我申请过高级技工证书，可是人家没要我。(……) 申请的是商贸类的，完成 B 类课程以后，通常都是这么做。被拒绝后，我又回来上学了。还有一些申请根本没有回音，要不就是有回信，但是不知道为什么遭拒。因为申请人往往回信问拒绝的理由，不过他们通常不理睬。(……)

——你在家里有人辅导吗？

埃马纽埃尔：没有。预备课程我已经落后了，每门课我都觉得
1087 需要帮助，即使目前在历史课上也一样。

——是在作文方面有困难吗？

埃马纽埃尔：作文上遇到了困难。我知道学分课上有一位老师，他把我的作文拿给我，让我念出整整一段，我一读就发现，已经进了攻读大学普通文凭的阶段，写成那样确实不应该。这里头有很久以前的原因。老师还问我在历史系都学些什么。我告诉他，高级技术文凭专科没要我，如果历史系也不收我，那我真的是没啥可

学的了。

[…………]

——你现在知道你要学什么了吧？

埃马纽埃尔： 还是不清楚，我只知道攻读大学普通文凭，接下去读学士学位，可是完全不清楚会做什么工作。

埃马纽埃尔的姐姐 ［她一直在这个作为餐厅兼客厅的房间里，虽不主动加入访谈，但不时纠正弟弟的话，此时插话］：你还是有一些想法的嘛……

埃马纽埃尔： 想法有，因为学历史就得这儿有一点，那儿有一点。可是，我说不出明确的想法。

——例如教学，你没有想过吗？

埃马纽埃尔： 不是不愿意，可是要想当小学教师，你得先上师范学校。我不愿意上师范。我见过读了师范学校的人，知道是怎么回事。不不，我对那个一点也不感冒。(……)

——要不然，你会考虑当小学教师的，对吧？

埃马纽埃尔： 我会愿意当小学老师，因为实际上总不能一个科目一教就是30年吧，总是一成不变地教历史一门课。

——历史会使你腻烦吗？

埃马纽埃尔： 让我腻烦的倒不是历史。也许开始挺好，然而过了一段时间我就会腻烦，因为即使改变一下，从初一变成初二，最后照我的看法还是教同一个内容。

[…………]

——你想没想过换工作？

埃马纽埃尔： 想过。大家都这么想。我觉得大家都想。我愿意干点别的。可是找工作很难，大学期间，我很想挣点钱。也可以像 1088
我姐姐那样，当一个学监。

[…………]

——一周当中，除了上课以外，你觉不觉得工作太繁重？

埃马纽埃尔：不，什么都不做也照样可以度过一周。去上课就是了。去年，可以说，我就是这么过来的。上课，记笔记，别的没干。大学头一年，开始准备普通文凭，我虽然知道那是什么，可是不知道如何着手。不知道该做什么，怎么做。我们被告知："你得读书。"可是你得知道用脑子去读。只在文献里找，然后说"那好，读读这一本"还不够。实际上，往往到了年底，你才明白本来应该读什么。

[…………]

另类教学法

——你认为现在自己不会安排时间，对吗？

埃马纽埃尔：不，其实我尽量把事情安排好。不过，将来工作会不会是这样，我不知道。因为你得有很强的意志，因为没人跟在后面督促你。老师嘛，你读不读书，他们才不在乎。没人监督，辅导课（TD）你去没去，没人说什么。正课也一样。因此，实际上……

姐姐：缺少规矩。

埃马纽埃尔：这倒不是规矩的问题，其实是关心不关心你的问题。

——跟高中一样？

埃马纽埃尔：有点类似。虽然不是军营式管理，在高中，两个小时不见人，也没有理由，就会有人出去找你。不，不是这样。没有到这个程度。你到校，上辅导课，一个家伙做报告，说完回到座位上，老师讲评，完事，走人。这个我没意见，可是不觉得这样做很好。

1089 ——下课以后，你从来见不到老师吗？

埃马纽埃尔：见不到，老师是见不到的。这可真成了问题，而

且，老师往往不那么友善。我就遇到过，一门学分课，老师把两节课合成一节上。

——下课以后，你们不能向老师提问题吗？

埃马纽埃尔：问题是，老师们对普通文凭没兴趣，他们教的是学士和硕士学位的课程。对我们，他们不感兴趣。不过，从某种意义上说，他们不应该忘记，我们将来也是要读学士和硕士的呀。他们对我们不感兴趣。

——他们是这么说的，还是你们有这个感觉？

埃马纽埃尔：感觉得到。今年的考试，我们得 8 点半到考场（往年是 9 点，早到的先考）。到后从 8 点半开始，一个小时考一场。第一位老师进来时已经 9 点 1 刻了，当着大家的面，她又出去了，说："我还以为迟到了呢。"有的人 8 点就来了，已经等候了一个多钟头。等待考试是最难受的时刻。然后，另一位老师 9 点半来到。一个读学士学位的学生宣布："老师不会来了，因为他要和学士学位的学生开会。"这一天是普通文凭考试，他却和学士学位的学生们开会，这就说明他对普通文凭没兴趣，不然他会到场的嘛。事实上也没有别的解释。

——你试过跟其他同学一起学习没有？

埃马纽埃尔：我们的时间表从来都不一样，从来不会在同一时间都有空，所以没法碰面。这一点读学士和硕士的学生其实都知道。这些人本来应该帮助别的学生，也最有资格把应该做什么告诉我们，因为他们已经拿到了文凭……去年，我第一个认识的那个人正在上三年级，他让我了解了好些事请，不然我根本无从知道。他跟我说了说 B 类和 A 类课程。我那时不知道年底大考怎么考。学年当中没有人告诉我们。

[…………]

——刚才你说，你一度沮丧得差一点退学，假如退了学，你会 1090

做什么？

埃马纽埃尔： 我也不知道，因为假如辍学，接下去修普通学位就有点晚了。不过，还有一条路，就是参加会考，走这条路的人不少。包括所有那些行政会考。

姐姐： 还有商会呢。

——你会参加会考吗？

埃马纽埃尔： 那个时候，这是一条不得不考虑的路。如果今年我考试通不过，由于去年也没通过，而且规定三年之内得完成，那么今年通不过，我就得退学。最好马上退，那说明什么地方出了点问题。我遇到一位老师，她说我属于那种凑合凑合的学生。有一门学分课，我 6 月份得了 9.9 分，9 月份又得了 9.9 分。我本来应该得 10 分。我跟那位老师说，我宁愿得 4.4 分。至少，我知道为什么没得到。花了 4 个小时的作业，写在对折大号纸上，当我把它交上去的时候，老师却说："这个不够。"我同意，可是真想说："我又不是历史学家！我来这儿就是学习的。照理说，普通文凭就是教授包括所有时代的基础知识。"

[他接着说到对克利尼昂古校区的失望，这里"不那么漂亮"，活动场所狭小，食堂里人多得坐不下。他还说，没办法参加体育活动，因为有学分的体育课总是满员。]

——你去过别的大学没有？

埃马纽埃尔： 我去过那个……叫什么来着？对，索邦校园。他们总在不停地……内部翻修，不用说当然很好。这一次翻修这一边，下一次翻修那一边，所以，索邦校园真棒。

——你觉得那儿的学习条件很好吗？

埃马纽埃尔： 我认为十分理想。先不说那个地方很漂亮，让你愿意待下去。我觉得，只要能进去就成功了一半，差不多吧。

1990 年 10 月

矛盾的遗产 1091

皮埃尔·布尔迪厄

按照希罗多德的说法，波斯人只需满足于教给后代骑马、射箭和不撒谎，天下就太平了。的确，可以肯定，分化的社会以极为独特的方式提出了一个传承秩序的问题，这在任何社会里都是一个根本性的问题，即在最广泛的意义上，如何处理父子关系，也就是世系和遗产的延续。首先，为了延续在我们的社会里体现着世系的个体即父亲，及其最重要的遗产，“在存在中延续的倾向”，即延续父亲所承载的社会地位，往往必须有别于和超越父亲，甚至在某种意义上否定父亲。这件事做起来并非毫无困难。为人父者，既希望又不希望这种致命的超越；作为儿子（或女儿），则面临着一项可能被视为越轨的伤心的使命。① 1092

其次，对于所有的社会阶层来说（尽管程度不同），遗产的继承取决于作为一条现实的定律运转的教育机构的裁决，这些裁决粗暴而强有力，而且由于它加剧了竞争，因而对许多失败和失望负责。迄今为止，继承人的设定及其对命运的影响完全取决于父母之

---

① 我在这里不得不优先分析身为人子的情形，我将在另一个场合考察家长和子女的性别如何影响继承关系。

言，因为他们代表整个家庭的意志和权威，可是今日这种权威也落在了教育制度的身上。学校的判断和裁决对于身份的建构有决定性的影响，它既能够认可，也可能违反或阻碍家庭的判断和裁决。这一点看来可以解释，正如我们经常看到的那样，为什么学校是一些接受访谈者吃苦的根源，他们不是对自己的计划和为后代设计的计划感到失望，就是对就业市场与学校的承诺和保证相悖感到失望。

家庭包含着社会轨迹和与之相关的矛盾和双重制约（double binds)，后者是从继承者的意向与继承所蕴含的命运之间的脱节当中产生的。家庭也产生了一些紧张关系和矛盾，既有一般的（在任何家庭里都可以看到，与每个家庭的延续倾向相关)，也有特定的(尤其依继承的特点而有所不同)。父亲是一项“计划”（更好的说
1093 法是“自然倾向”[①] 的立足点和工具)。“计划”记载在父亲所继承的属性当中，依赖和通过他的存在而不知不觉地传递，也通过旨在延续世系（在一些文化里叫做“门第”）的教化行动得到明确的传递。所谓继承，就是把这些内在属性传递下去，延续这种自然倾向，乐于给这项繁衍的“计划”当驯服工具。所谓顺利的继承，就是一次听命于父亲的弑父行为，一种超越父亲以保存之的行为，保存其超越的“计划”，因为这种超越理所当然，是传承秩序的题中应有之义。儿子与父亲的延续愿望取得一致，成就了毫无疑问的继承者。[②]

继承者同意继承遗产，通过接受和取得遗产而成为继承者（例如名校学生的父亲也是名校学生，钢铁工人的父亲也是钢铁工人)，从而消除了传与承的对立。有资产者的父亲希望儿子有他所有，是他所是，在他所生的这个“另我”（alter ego）身上完整地看到自

① 尽管不愿搬弄术语，但我们仍将使用 conatus 一词，以避免“计划”一词所蕴含的“故意为之”的逻辑意义。(斯宾诺莎的哲学术语 conatus 有“自然倾向”“冲动”“争取”“努力”等含义。——译者注)

② 儿子与父亲或与父亲的嗣续愿望取得一致，这是进入男性幻想世界的主要中介之一，它意味着加入游戏，即一场在社会上被视为利益攸关的博弈。

我。这个“另我”再现了他本人，完整地认可了他的社会身份。轮到他儿子时，情形依旧不变。

同样道理，对于一个上升轨迹遭腰斩的父亲来说，儿子的蹿升和超越他将是他本人的某种成就，那将意味着通过代理人最终实现 1094
一个失败的“计划”。至于儿子，拒绝实际生活中的父亲，等于同意接过父亲的理想，因为父亲在要求儿子超越自己的同时，也就摈弃和否定了他自己。

但是，在这种情况下，父亲的愿望无论多么现实，有时也会大得不着边际，实际上根本无法满足：作为父亲的替身，儿子或女儿要替他实现一个多少无法实现的理想的自我，而且是通过某种代理权来实现。这方面的例子我们遇到过很多，父母把补偿性的愿望或计划托付给儿子，要求他完成做不到的事。这是矛盾和痛苦的一个主要根源：一边是自己的作为，一边是难以满足和违迕的父母的期待，二者的落差长久地折磨着很多人。①

与父亲及其“计划”一致虽然是顺利继承遗产的必要条件之一（或许当遗产涉及文化资本时尤其如此），可是并不构成顺利继承的 1095
充分条件，对于坐拥文化资本的人而言尤其如此；其他人也是如此，尽管程度轻一些。这种一致性如今服从教育制度的判决，因而必然经由学业的成功。人们通常所说的“窝囊废”大多指错失目标的人，而这个目标却是社会依照载入父母的轨迹中的“计划”及其蕴含的未来给他们规定的。如果说他们的反抗既针对学校，也针对家庭，那是因为他们完全正当地感受到这两种表面上不同的社会建

① 属于这种情况的还有：有时候，父母的期待在先前的社会条件下形成，与当今世界多少脱节或者不合拍，而在不同的社会交往的条件下形成的孩子的期待与后者调适得比较好。另一个造成痛苦的原因是父母二人期待不同。这一点也许跟父母之间或双方家庭的社会差异有关，因为父母二人都寻求通过继承达到延续自我（这个情形与父母亲的愿望完全重合的情形是相反的）。造成矛盾和双重制约的另一个可能的原因是与父亲的个人“规划”产生矛盾。

制所共有的复杂性，这种复杂性表现在他们既是原因，也使得对象失望。他们令父亲的期待和希望破灭，只剩下自暴自弃一途，接受这两个沆瀣一气的制度强加给他们的负面形象，或者象征性地从根本上取消父母的“计划”，无处不跟家庭对着干。我们所知的某个少年便是如此，他父亲是工程师，左翼人士，他却投身于极右翼的最愚蠢的政治活动。

因此，对于校方的裁决和家长的裁决之间的关系可能采取的不同形式，我们需要更全面地考察一下：校方的裁决常常是本质主义的和强制性的，家长的裁决更多是随后做出的。在很大程度上，这种关系取决于一个家庭如何解读“教学合同”——不同的社会阶层
1096 对此有十分不同的解读——对学校和老师的信任程度，以及如何理解后者的明确要求，尤其是心照不宣的要求。学校因为受到一种精英体制的观点的束缚，在辨别和应对学生的极为多样的心智策略方面准备不足，经常采取导致精神创伤的做法无异于在伤口上撒盐：影响自我形象的消极判断被家长加以强化——其力度和形式无疑是不同的——从而加深了儿童或青少年的痛苦，而且使之面临一个取舍：要么顺从服帖，要么通过各种不同形式的否认、补偿或者倒退脱离这场游戏（例如男子汉气概和靠体能建立的关系，二者可理解为一种从个人或集体方面颠覆文化和校方势力的方式）。

这方面的另一个例子跟上述例子相仿，但在某种意义上更富于戏剧性：就像人们常说的，一个儿子为了“走自己的路”而否定父亲的生活方式，干脆拒绝继承遗产，反溯性地废止了遭其拒绝的物质遗产所代表的整个父亲的事业。这对于父亲（对儿子无疑也是如此）是一个特别痛苦的考验。例如我们采访的一位农夫白手起家兴办的整个产业，这个“家”，将终结于他这一辈；他毕生的作品、他的整个存在被宣布无效，被剥夺了意义和目的。

所有这些产生于矛盾和继承的戏剧和冲突，既有内部的，也有外部的，既与兴盛也与衰落有关，其中最令人意想不到的无疑是一种撕裂的感受，它出于一种成功即失败的体验，或者换个更好的说 1097
法，成功即越轨。你越成功（即满足父亲盼望儿子成功的心愿）就越失败，因为你越接近杀死父亲，就离他越远。反过来说，你越失败（即满足在潜意识里不愿意全盘自我否定的父亲）就越成功。父亲的地位仿佛是一条不可逾越的界线，这条界线一经内化便成为一道禁令，不允许异见、分殊、否定和破坏。

这种对于野心的限制能够作用于十分成功的父亲（父母为名人的情形很值得专门分析）。不过，当父亲处于受支配的地位时，这种限制作用发挥得最充分，无论从经济和社会的角度（体力劳动者、低级雇员），还是从象征性的角度（遭诟病的群体）均是如此。此时父亲对儿子的成功和自己都会感到纠结（既为儿子自豪，也因为接受了他人的看法而自惭）。他会同时说出：要像我一样，像我这样行事；可是别跟我一样，走开吧。他的整个存在蕴含着一道双重禁令：要成功，要改变，进入中产阶层，但要保持简朴，别骄傲，靠近老百姓（贴近我）。他不会希望儿子与自己的地位和气质相同，可是他的所作所为却一直在制造这个结果。在塑造习性方面，肢体语言的作用尤其巨大。他既希望又忌惮儿子成为一个另我，既忌惮又希望儿子成为异己（alter）。这道矛盾的禁令必然导 1098
致纠结和负罪感，因为这种情况下的成功实际上意味着谋杀父亲：成功意味着叛逆，失败则要担负使之失望之责。叛逆者必须为父亲正名，于是才有为了忠于父亲而效忠人民的行为（例如，我们的查访证实，有些人加入法共是因为希望与想象中的民众取得和解，幻想民众就在法共党内）。此外还有一些行为（不限于政治方面）可以视为企图一笔勾销造成自己与父亲和伙伴们割裂的立场和心态的变化（“你容忍不了我们”）。鉴于无法完全认同作为被支配者的父

亲，忠于自己的政治立场同样是为了对此作出补偿。①

这些体验往往造成撕裂的习性，习性分裂，自相违迕，在其自身矛盾之间不断纠结，从而必然形成一种重叠，一种双重的自我感受，接连不断地向多重身份效忠。

1099 因此，尽管家庭并非社会困境的唯一根源，尽管社会产生了很多后果类似的立场，家庭却经常强加一些矛盾的禁令，要么禁令本身是矛盾的，要么实行的条件是矛盾的。家庭是最常见的社会苦难的根源，包括特权所制造的苦处。家庭可以使特权变成陷阱。社会地位这杯毒酒的饮用者——即所有从某种认可或选拔当中既受益又受害的“贵族派头”的个人：贵胄望族，家中长子，持有稀罕学位者——会被引入各种各样的所谓光明的绝路，这些阳关大道实际上都是死胡同。至于受害者本人（或者更确切地说，导致其心态的社会环境）所承受的一部分社会苦难，家庭无疑要负主要责任。

尽管如此，必须防止把家庭当成问题的终极原因，虽然这些问题看起来是它造成的。事实上，正如我们在一个农民家庭里看到的那样，整个家业的凋零是跟在独身不娶和长子出走之后出现的，最基本的结构性因素（例如经济财产和特别是象征手段财产的市场的统一）在家族的核心部分同样存在。这就能够说明，最具“个人色彩”的困难，即看起来主观性极强的紧张关系和矛盾往往表明社会
1100 的深层结构及其矛盾。这一点在那些本身就是出色的“实用分析师”的地位脆弱者身上看得最清楚不过：由于身处社会结构“起作用”的位置，而且对这些结构的矛盾有切肤之痛，为了生存或者苟活下去，他们不得不从事某种自我剖析，因而常常能够认识到自身

① 至此，笔者想起一位阿拉伯裔法国少年，他夹在两个难以调和的世界之间，既无法认同他的学校，也无法认同本应庇护他的父亲。在他女友的父母接纳他以后，这种张力似乎开始缓解，而且这个收养家庭使他在学校里能够得到承认。（见本书第735页“当年的好日子”部分。——译者注）

卷入的客观矛盾以及后者反映出来的客观结构。[1]

此处不宜讨论上述主观性和精神分析学模式之间的关系。但是，我们至少要避免按照互为替代的思路考虑二者的关系。社会学不主张用它的解释取代精神分析的模式，它只关心如何用不同的方法建构精神分析学同样在研究的现实。它关注那些以次要或无关紧要为由，被精神分析学避开的现实的一些侧面，或者被它视为为了抓住重点而必须跨越的障碍（例如，学业或职场不如意，工作中的冲突，等等）。这些侧面很可能蕴含跟心理分析研究相关的信息。

在研究构成习性的心态时，一门真正的社会发生学应当努力弄懂社会制度如何截取、传导、强化或者阻滞一些心理过程，关注这 1101
两套机制之间是否存在类同性、冗赘和增强，或者相反的矛盾和张力等现象。不言而喻，心智结构不仅仅是社会结构的反映。习性和场所之间存在着相互吸引的关系，幻觉（illusio）是从内部决定的，源于促使人们专注于对象的冲动，但也是从外部决定的，始自一个为这种凝神专注提供对象的特定的社会天地。无论宗教的、政治的还是学术的，每一个场所可能具有的特征的空间在运行中都依照特有的分治原则（nomos）形成一个结构化的整体，其中有供有求，还有禁忌。如同一门语言，这个可能性的空间既有能够表达的，也有不能够表达的，它禁止或促进一些不同的心理过程——总之跟外部世界不同。它借助一个经过调节的补赎体系，将一种独特的规范施加于欲望，使之变为特定的幻觉。例如，正像雅克·迈特尔指出的，在一些规范日常生活的场合里，宗教领域所截取并合法化的一些心理过程表现为病态地抗拒现实：太空人物，被社会接受、认可

---

① 社会工作者往往就属于这种情形，我们起初打算把他们作为报告人进行采访，后来他们却变成了独特的分析对象。这种分析因深入探讨主观经验而能够客观地揭示更多的东西。

和赋予意义的象征体系中的想象的物体，以及一些自觉或不自觉地借自独立的神秘传统的模式，都能够用来投射得到周围的人承认的幻象，并且确保一种对于“幻想的宗教性调节”（这与爱情主题下
1102 的文学人物和模式的调节作用十分相似[①]）。同样可以指出的是，在每一个供其表达的世界里，欲望会具体化或升华，以取得被社会认可和识别的形式，即此处的权力欲（libido dominandi），以及别处的求知欲（libido sciendi）。

弗洛伊德在分析“神经病患的家庭浪漫曲”时指出，在以摈弃父母为目标的幻想活动中，前青春期的白日梦想往往攫取“家庭关系的主题”，遭鄙视的父母被其他“社会地位更高”或干脆说“更出色”的人取代。他顺带指出，这些梦想“用于实现欲望和纠正生活现实，目标主要有两个：情欲和野心”。他随即在括弧内补充道：“不过，最常见的情况是，这个目标（野心）背后还隐藏着一个情
1103 欲的目标。”[②] 这个断言不宜由我置喙。不过，我只想提示一下这位精神分析学家未置可否的一条补充性断言：在每一个领域里（我们已经看到了宗教方面的例子），欲望只会以该领域于某一特定时间分派给它的一种具体形式得到体现，这个形式多为野心。

---

① 参见 J. Maître，«Sociologie de l' idéologie et entretien non-directif»，*Revue française de sociologie*，XVI，1975，p. 248-256。在试图将社会学和心理分析学加以调和时，并非人人都像雅克·迈特尔研究神秘主义者一般严谨和谨慎。令人欣慰的是，近来一些这个方向上的尝试保持着高度警惕。如果不想使社会分析像一些交叉学科所常见的那样，逃避两门相交学科的要求而沦为一个空荡荡的交叉路口，就必须不惜一切代价防止那种将庸俗心理分析学和一门软塌塌的社会学融于一炉的做法，因为前者不过是给闭门造车的心理学的幼稚概念重新命名而已：野心变成了理想的自我，或者全能的自恋欲，失败变成了丧失对象，后者借“复杂性”和“后现代性”的名义，摆弄建立在相对词项之上的一部神话的空洞概念，全无客观所指，而且重弹柏格森的封闭与开放的老调。

② S. Freud，*Névrose，psychose et perversion*，Paris，PUF，1973，p. 158-159.

学业历程 1105

塞巴斯蒂安是一家听众不限于本地的电台的政治记者。他起步较晚。经历过一段相当动荡的学校和职业时期后，他于 1981 年修读了一所著名的新闻学院的课程。当年他 28 岁。访谈在他位于一幢有钱人的公寓内的新居进行。楼房建筑虽旧，但是翻修过，地处一个外省大城市的中心地带，这套设备齐全的住房与他的职业生涯的近期变化更为般配。尽管有了他呈现的成功，但塞巴斯蒂安似乎深受一种痛苦的困扰，虽然他的社会哀悼的工作可能最终使之缓解（“抗争活动的锐气尽失啊。”他坦诚地说道），可是从未完全消除。

塞巴斯蒂安是一个下层资产阶级家庭的长子。这个家庭付出了可敬的牺牲，做好了踏入上升之路的准备。由于无法立即彻底改变家庭境况，他们大量投资于教育，把真正成功的希望寄托在子女身上。塞巴斯蒂安的父亲是铁路工人，为移民摩洛哥的西班牙人后裔。小学毕业之后，父亲幼时参加过一段专业培训，但是不得不放 1106
弃，进入摩洛哥铁路系统，当了一名熟练工。多亏上夜校和文化比他高的妻子的帮助，他逼着自己苦练写作，后来当了领班。他的妻子曾经一路上到初中二年级，因为没钱，同样被迫中断了学业。这个家族似乎祸不单行。她的父亲多年前本想高中毕业后当一名公证员，不意父母突然离世，彻底摧毁了这个计划。因此，从很小的时候起，在父母的训诫之下，塞巴斯蒂安就义无反顾地追求学业成功，以保证全家走上发迹之路。

压在幼年塞巴斯蒂安心头的这种道义负担十分沉重，那时他只隐约地意识到这种远非他承受得起的利害关系的重要性。他的学业上的困难之所以发生了戏剧性的转折，这种负担无疑是促成因素之

一。然而，当读小学的长子似乎“带来了希望”时，内心有“很深的挫折感”、对孩子的学业“实在着迷”父母感到有可能最终摆脱家庭迄今遭遇的不幸。在他和小他五岁的弟弟的学习上，父母倾注了全部精力。例如，为了不打扰两个孩子的学习，甚至不买电视机。母亲出去当保洁工，以支付两人的学习开销（尤其是数学家教课）；父亲呢，自从塞巴斯蒂安取得最初的成功之后，他的宿愿就
1107 “展翅高飞”了，他积极对待儿子的在校表现，从未错过一次家长会，越来越多地跟老师约谈。按照“不太会说话”的塞巴斯蒂安的说法，这些约谈不过提供了“多几次挨老师骂”的机会而已。

尽管家庭动员如此有力，但塞巴斯蒂安无疑是“填鸭式教学”的受害者。最初令人看好的成绩（领先全班）很快就放慢了脚步（从小学五年级开始，他说）。回顾上学的经历，塞巴斯蒂安对父母怀有既感恩又内疚的复杂感情，但是把坏角色留给了自己［“我不那么出色”“真正拉着我往前走的是父母，他们一直给我输血打气。没有他们（……）我坚持不下来”］。忍受这种焦虑的压力并不容易，它常常与提高社会地位的计划相伴相随，对这一点他毫不讳言。

有好几件事能够说明父亲与学校的冲突。学业是一项极特殊的投资，因而也是所有抱怨的对象。因此，例如，小学三年级那一年，父亲跟女教师发生了争吵，因为他怀疑她故意把儿子全班第一的地位拿掉，换给了药剂师的女儿。塞巴斯蒂安的评论倒是很清醒，“糟糕的场面”，“我父亲把我的成绩算错了”。父亲从前是工会活跃分子，抗争精神十足，“可以说一直在跟命运抗争”，这种抗争
1108 精神被他生搬硬套在学校上：由于文化水平低，除了拒绝和固执地怀疑以外，他没有别的武器可以用来跟学校对抗。至少在塞巴斯蒂安上学的头几年里，他以为，如果校方的决定与他的愿望相违，那么捍卫儿子的利益的最好办法是坚决不接受。例如，20 世纪 60 年

代初，塞巴斯蒂安被离家最近的一所普通初级中学勉强录取，父亲却拒绝让儿子去那所市郊学校读初一，反而“违背当时老师们的意见”，送他上了市中心的一所最大的公立中学。因为那所中学有精英学校的美誉，而且分区政策要求接收来自某些位于交汇地带的乡镇的学生，这些大多来自中产家庭的学生能够在此准备高中毕业会考和报考名校。

父亲坚持“把最好的东西给儿子”，可是犯了一个后果严重的
“过头的错误”，这个错误他不会在小儿子身上再犯。塞巴斯蒂安 9
岁半上中学，一下子被推入了一个奇怪和陌生的世界，遭遇了一场
“震荡”，结果学习瘫痪：一上初一就是“一场灾难”，全面崩溃，
“他连究竟是怎么一回事都不知道”。从地域、学业和社会各方面来
说，中学对于塞巴斯蒂安而言都是一场背井离乡的体验，他感到被
连根拔起：脱离了家人、学校伙伴们和熟悉的天地，清晨得搭乘大
巴赶赴学校，在学校吃午饭，全天不着家。学校的要求更高（例 1109
如，他在初一发现自己的“拼写一塌糊涂”）。学校带给他陌生感：
这里的学生被要求做“乐谱听写”，他觉得“教法语、拉丁文和希
腊文的老师”好像“魔鬼”“半仙”“外星人”，总之“来自不同的
世界”。周围的目光、同学及其家长和中学老师的想法都不断提醒
他的社会环境，对此他也不无感觉。他感觉自己不属于这个地方，
这种感觉因父亲与老师的痛苦的会面和冲突而增强，“跟达不到他
们的标准的人打交道时，他们并不和善”。初中三年是阴暗的、受
罪的和屡遭挫折的三年。他永远不会“不担惊受怕地走进校门”。
面对随时会展现“虐待狂”或者居高临下的态度的教师，他在课堂
上越来越感到恐惧。然而，这种恐惧在家里也不总是能够缓解——
那是另一个舞台，因儿子受挫而“气恼”的父亲不时有暴怒的“场
面”（“家里的那些动武的场面和争吵，我就不拿来烦您了”）。时至
今日，只要提到“糟糕的”初中二年级，他仍然会“浑身冒冷汗”。

初二结束后，他“被安排进了一个职业再定向的班级”，实际上是被中学开除了，而且老师断定他将“前途黑暗”，这就残酷地否定了父亲的社会追求——因为它高得“不靠谱”。

1110 这段经验使他心怀一个“沉重的心结”和忍辱含垢。在很长一段时间里，即使学业要求变得不那么严苛，他仍然无法打开受挫的心结。假如不是父亲再次强烈反对，他差一点去上短期技工班。经过多次复考，他终于以最低分数段通过了技工类高中毕业会考。在困难的学习过程中，塞巴斯蒂安终于和文科教师们建立了较好的、不那么抵触的个人关系，而且在普通初中和技工高中——或许因为他在一所著名的中学上过学吧——获得了老师前所未有的关注。尤其是 1971—1972 年间，正上高一的他发现了中学生运动和积极斗争的精神，这使他能够自我肯定，而且为他的懵懵懂懂的叛逆提供了一种表达的手段和支持。特别值得提出的是，学习当发言人的过程有助于克服“羞怯”“心结”和语言压抑，逐渐培养起一种能力和自如，从而能够在继续学业和参加政治运动时延续斗争精神。但是，他从最初与教师打交道中产生了对各种权威的厌恶，这种“发自肺腑”的经验使他自认为是“自由主义加环保主义的双料左派”，声称自己在任何政治或工会组织内都无法长期待下去。

不难理解，新闻记者的职业何以吸引了塞巴斯蒂安，至少它在一些青少年心中可能有的威望是不难理解的，因为这些人虽然学业
1111 “落败”，可是仍然怀有社会抱负，随时准备投入抗争和揭露社会不公正现象，而且必然从他们有切肤之痛之处开始。然而，投身此行以前，他也曾犹豫过，无疑因为缺少从事记者这一行所不可或缺的社会关系，也因为，从根本上说，他对记者的看法不够明确——他觉得记者毕竟是统治阶层的代言人。正是出于这个原因，在就读新闻学院之前，他轻而易举地考下了技术贸易科的高级技术文凭。他也打过各种“零工”，甚至一度打算考一张厨师证书。

塞巴斯蒂安最终找回了信心，取得了较高的社会地位。不过，诸如此类的转变过程在很大程度上要归功于一些邂逅和偶发事件，这些出自校门的“机会主义者”的人生方向往往因之改变。命运的这些小小的推手使转机成为可能，虽然不一定启动全部成功的机制，它们至少能够抑止失败的势头，重新鼓起受阻于一连串失败的家庭教育的抱负。在高中毕业会考之前，塞巴斯蒂安就巧遇了一位担任审议员的前中学老师，幸获此人的帮助。

目前，尽管已经成为站稳脚跟的受尊敬的专业人士，塞巴斯蒂安却无法——或者不想——融入记者的圈子，也不承认自己是什么“记者搭档”，而且拒绝在级次体系中占据高位，例如他婉拒了一个助理总编辑的职位。宣示保持距离无疑是一种拒绝跻身支配者行列 1112
的更一般的表达，这从他使用的语言就可以看出来，他的遣词用句隐约保留着一些俚俗说法（“我弄了个第一名”“我干过仓库保管员”），同时也表明对于电台记者这一行的不屑。事实上，他对这个乏善可陈的环境没有丝毫自负，也不抱幻想：工作总是急匆匆的，“草率凑合”，广播时间不足，新闻力求耸人听闻，以及那些知足认命的同事，泡在积习和平庸的智力中得过且过。他本想借这次访谈的机会“反思一下（他）自己”，这就促使他多少有点自我抹黑地把自己纳入了对整个行业的否定，甚至有点夸张地宣布，选择新闻业是因为“这是一种干不成什么大事的职业，只需花言巧语，加上一点煞有介事就行了”。

事实上，塞巴斯蒂安至今尚未完全“消化”他的就学经历，他认为这场经历是可耻的灾难。教育制度拒不承认他，从而一举促成他对一切鄙视阶级的表现都极为敏感。正如失恋者的矛盾反应恰恰从反面证实了一种迷恋和得到承认的含糊愿望，塞巴斯蒂安的愤懑既针对在学校受的委屈（某位学生家长或老师的评论、精英高中的独特气氛），也在更一般的意义上针对社会贵胄驱赶擅自闯入者的 1113

做法。与此同时，他还表达了一种自我憎恨，看来这位年轻的记者自愿降低身份，自称“自己的刽子手”，甚至鄙视自己身上那种被社会舆论斥为可憎的东西。

同样可以理解，塞巴斯蒂安对于当记者的好处和特权并非全然无知，它们能够给他一个报复社会的机会，特别是当他采访精英人士，尤其是老师的时候——这些人是他那么多的痛苦、惊吓和怨恨的始作俑者。看到他们面对麦克风时的紧张神情和倏然表露的羞怯，他会情不自禁地提醒他们自己当学生时站到黑板前的恐惧。虽然他有时认为，在雇佣他的电台的范围内有可能从事某种更激进和介入更深的新闻实践，可是他向来保持着清醒的头脑，不会陷入幻想，同时把真正的抱负尽力隐藏起来，那就是，他终有一天要从事一种高水平的新闻职业，他认为《外交月刊》[①] 的文章在这方面已经做出了榜样。这无疑也因为他早就学会了防止野心过大，未来在他看来似乎只是目前的惨淡局面的无尽延伸，因为他觉得：“今后 20 年，我还是会在 X 市当记者，还在这个层次，这个级别。”

1114

与一位记者的谈话

采访者：阿兰·阿卡德

“让我继续学业，这是我父母的执着想法”

［…………］

塞巴斯蒂安：我 4 岁半上学，小学，因为那时还没有幼儿园，我上的是学前班，然后又上了另一个学前班，所以我耽误了——其实没有真正耽误，因为 4 岁半还是个儿童，很小哟。后来，嗯，上小学一年级，二年级，学上得很顺利，我在学校的成绩很好。只出

① 法国《世界报》办的月刊，专注于外交政策和事件。——译者注

现过一个小故事：我父亲跟二年级老师发生过争执，因为我被列为第二名，本来应该是第一名，可是第一名是药剂师的女儿。我父亲就抱怨："可不是么，药剂师嘛，所以……"我父亲把我的成绩算错了一处，结果一个糟糕的场面出现了！后来，我继续上学……我……我父母来到V镇以后，盖起了一个小房子。我在V镇小学读四年级（CM1）。我其实很……非常好，总是第一名。五年级（CM2）稍微差了一点，我不清楚为什么，好在还是升入了初一。这期间，我父母都非常后悔自己没能上完学——这一点对我求学非常重要——他俩对自己早年辍学都特别后悔，都有很深的挫折感，这才有了他们的那种执着，真正执着于儿子能够继续上学和深造。在这一点上，我觉得我欠他们很多，尽管学习挺辛苦。

——您家有几个孩子？

塞巴斯蒂安：两个，我弟弟比我小五岁，出生在法国。

——因此父母在你们身上寄托了很大希望？

塞巴斯蒂安：正是这样，完全寄托在我们身上，这让我有时候
觉得很不舒服，可是这也能够解释我为什么基本上做到了，不然是 1115
做不到的。我的确信服这一点！所以，我一上初一，父母就……感到自豪。能进M中学，这不是跟当初老师的看法相反嘛。唉！M中学是一场灾难。一进去就是灾难。我对它的记忆，回想起来全跟老师有关。唔，我那时是一个小毛孩，一上学就是一整天，等等。教法语、拉丁文和希腊文的老师，怎么说呢……都是魔鬼，对，是魔鬼！那个年代，老师是半个神仙嘛！于是，整个初一，我什么也没学懂。法语拼写，我从前并不差，初一变得一塌糊涂：满篇错，等等。

校长评语是"前途黑暗"

塞巴斯蒂安：所以，我完全找不到方向了。初一我成了落后

生。升入初二，糟糕的一年，糟糕透顶！回想那一年，我现在还浑身冒冷汗，学年末我有……学年当中……校长有一句评语——“前途黑暗”。那好，我就去见校纪委员会，因为之前我跟一个同学交换过作业，所以说，最终还是可怕的一年。那一年结束，我被安排进了一个职业再定向的班级（CPPN）。我爸爸为这事气恼得要命，家里的那些动武的场面和争吵，我就不拿来烦您了［笑］。

——您是个捣蛋鬼吗？

塞巴斯蒂安：不，不是。我没捅过娄子。可是，也许在这件事的打击下，我的心结越来越复杂。

——和同学的关系怎么样？

塞巴斯蒂安：哦，我和他们都很好。

——那时候招生情况怎么样？

塞巴斯蒂安：我爸爸在我身上花了巨大的精力，他去找……接待室里已经有一些家长，有一位家长对他说，唔，他记得是一句评论：“您儿子在M中学没有位置。”意思是他有这样的想法。我记得，在M中学，我有一个后来又在男生技工高中见到的同学，那时他正准备技工类高中毕业会考①，已经在技工高中上高三了，而
1116 我刚上高一。他说：“你吓了我一跳，怎么会在这儿见到你！没想到，你能走到这一步。”所以，这样我就到S校上了普通初中（CEG），这个跟我更对路。我在那儿上初三，多少是我应该去的地方，除了我爸爸要给我……我父母不得不花钱给我请数学辅导老师。这个为我升入初中毕业班帮了大忙。初中毕业班的第一个季度，一切都顺利，后来就……开始走下坡路了，大下坡哟。那是在

① 法国公立高中毕业会考分为三大类：职业、技工和普通。初中（四年）毕业生必须选择高中的学习方向。准备职业类会考者另可在高二结束时报考专科技能证书（CAP）或职业资格证书（BEP），不必参加高三后的毕业会考。技工类会考细分为不同方向，这里说的是机械制造（F1）、电子学（F2）和 电子技术（F3）。——译者注

1968年。因此，年底出现了好多干扰；好吧，我尽量拉开距离去看它，您知道——我那时14岁——受到很大干扰，也就是说，上不成高一了。于是，我转报电子类专科技能证书（CAP）。我父亲说：不行！他不想这样。所以，我重读了一年，他们叫什么特殊初中毕业班，也就是说，把大部分重读这一年的学生收下，对他们提出更严格的要求，等等。这一年不是真正重读，不过，也就是这样了。然后我进入了技工类科目。为什么呢？我父母，特别是我爸爸，他总是告诉我，如果不能一直上到最后一年的毕业班，我随时可以转入专科技能证书的轨道，再找一份工作，可是学文嘛……所以我不知道该做什么，等到上了技工类高一，我感兴趣的却是法语、历史和地理，这太糟糕了，可是，咳，人已经进入轨道了。所以，高一学习凑凑合合，很一般，我凑合进入了技工类F1课程，不是有意选择，不是，因为我正在……最优秀的进入技工类方向，然后学F3和F2课程，然后最差的进F1。然后，嗯，技工类那时候相当难念。再后来，我上了高二，学习还算说得过去，可是毕业班念得马马虎虎。后来，第一年高中毕业会考没通过，于是我想远远离开，因为无论如何，告诉您吧，我讨厌研习班。我们每周上12个小时的研习班，工业设计我整个是零蛋，而工业设计是高中毕业会考的一部分，平均分是6分，可是我第一年考出4分，第二年5分，考成这个样子，追上去根本没希望！所以我第二年在P校复读，通过了高中毕业会考，靠1分之差通过了，真的只差1分，那是因为我有运气，遇到了我从前的初中数学老师。我相信他大大帮了我一把，我想他的确央求过阅卷老师给我额外加一两分。就这样，我通 1117
过了。他是考试委员会评委，一个偶然的时刻，他正要去……我碰巧遇到了他，但是不知道他是评委。我想我还差8分，但是有1分超出，他在那儿加了1分，虽然只是1分，可是按照系数往上加，我就……成了！我拿到了高中毕业会考文凭。于是，我千方百计想

摆脱技工科目，那是……后来，我申请学习当记者。我去过教育指导处，他们问我：“哎，你有熟人吗?”我说没有。他们就说：“如果什么关系都没有，最好别学这个专业。”所以，没有任何关系，只有一个拿了技工类文凭的人的一些心结，我就说，那好吧，反正已经做出了选择。所以，怎么办呢?我搜寻了一番，我对经济学有一点兴趣，因为它是……它跟社会活动等等有关，所以，凡是跟经济学有关的我都着迷。于是，我在T校选报了高级技工证书(BTS)，技术贸易类的。我在那儿念得非常顺利，这个很适合我。我顺利念完，不费力地拿到了高级技工证书。我想，我甚至获得了“优异”的评语。后来呢，嗯，就开始找工作。

我曾经在考厨师证书和新闻学院之间犹豫

塞巴斯蒂安：我在仓库里干过几个月，也做过一点人寿保险。后来，我去了跨国工业公司W。这些零打碎敲的工作跟我的训练不对口。不过，那个仓库属于辛格公司的售后服务部，他们招有高级技工证书的人。那在当时已经是……他们愿意有一个……做一份连高中文凭也用不着的工作，有一张证书就行，那就是我啦。所以他们聘用了我，那个工作根本用不着我这种资质，却属于管理工作，虽然只是一个仓库，但也得搞一些盘点之类的管理工作。我有点大材小用，不过也就算啦。我在那儿待了三年。一段时间之后，我感到厌倦，就辞职不干了。不过，我并非随便做了三年，因为我知道，满三年就可以参加带薪培训，那个年代仍然有这么一说。于是我参加了培训，结束才离开。我后来在餐馆工作过，那是X镇的一家独立经营的餐馆，所以……我对做饭很有兴趣。之后，考厨师证书还是进新闻学院?我曾经犹豫过。经过一段时间，这种体验结束
1118 了，我去了乡下，因为想散散心。我打过一些户外的零工，只是为了找点事做罢了，为了……为了能够生活。有些时候，我没有工

作，过了一段时间我就想："你总得做点事情，总不能这样空耗余生吧！"后来，我路过新闻学院，因为有个在W公司跟我在一起，后来被解雇的哥们，在我之前刚刚进了新闻学院。这就又把我往学新闻的道路上推了一把。我的路就是这么找到的。那么，究竟是什么让我去了那儿呢？可以这样解释：在生活中一直支持我的父母。如果没有他们，我是说在我住的那种社区里，没有一个年轻人拿到过高中毕业会考文凭！……

——那个社区是一个住房开发项目吗？

塞巴斯蒂安：那些开发项目您是知道的，小房子加一个小花园，开发小房子的项目，仅此而已。我父母好多年前买的就是这样的小房子，价钱很便宜，靠贷款，就是您一进W公司看见的那一种，嗯，那是给工人和小公务员搞的开发项目，多少是这样。这些人当中有3/4在铁路上工作。

——您大概是少数几个能上M中学的子弟之一吧？

塞巴斯蒂安：哦，是的，是的！没有人上过M中学，没人去过那儿。我父母也没有在我弟弟身上犯同样的错误，他上的是V初中，过渡期要轻松得多，没有受到任何冲击，而我搞不懂发生了什么，搞不懂。

——您有没有进入一方陌生天地的感觉？

塞巴斯蒂安：有，正是如此！不错，我当时还很小，只有……因为我上学很早，尽管有过复读，但我那时也才9岁半，一个真正的小不点儿，连公交车的门柄都够不着，我早上6点半就得起床离家，整天在外面，最后成了日托的孩子，别的事情也很多……小孩子容易习惯，我是说，就没问题了，虽说这没有什么了不起，但是对我来说，那无疑是一个冲击，加上后来的M中学！那个时期，M中学是"地道"的学校，我父母当初选择了最好的，最适合自己儿子的学校。的确，小学时期我给了他们希望，五年级走下坡路也是

真的，不过，也不完全如此，不完全如此。我不那么出色，可是你也得看看C初中、V初中是怎么回事，那个时期肯定不是……我所
1119 有那些小伙伴，我几乎没看见一个能上……后来，就是那样。那时，要是你准备考取证书，就意味着你在争取小学毕业后最好的东西。我想，我的小学同学很多人顶多拿到初中毕业文凭（BEPC），是这个吧？对，就是这个，也就是如此。20世纪60年代，念完C校就算到头了，连V校也是。所以，我的意思从那儿能升高中的人已经很好了。我们有音乐课。唔，音乐我不懂……他们会学那个乐谱听写，有的人会弄这个，也学习演奏乐器，听写乐谱哟！还记成绩呢……

——您读书读得多不多？喜欢阅读吗？

塞巴斯蒂安： 不多，书是要读的，要读的，后来读得多了，虽然读古典作品，我还是在读哟。

——那是在M中学的时候？

塞巴斯蒂安： 后来也一样，书我一直读，虽然是经典作品。那时候我读巴尔扎克、左拉等。

——因为喜欢？

塞巴斯蒂安： 喜欢，也因为是规定读的，也有乐趣。不过，或许我总是有一点落后。小时候，我……是的，我肯定一直在读，我没有电视机，一点电视节目也不看，看电视是很久很久以后的事。我父母很晚才有一台电视机，我18岁的时候；因为之前他们不想要。他们很长时间里买不起电视机。我父亲有第一辆汽车的时候已经40岁了，拿到驾驶执照也是40岁，我们出门骑电动车，就是这样，骑电动车或者自行车，所以我们没有电视机。后来他们还是没有买电视机，因为怕影响我学习，所以没买。

我是自由主义加环保主义的双料左派

——您刚才提到了社会活动？

塞巴斯蒂安： 这个么，1968 年 5 月，我确实不懂当时发生的事。那时才我十四五岁。所以，现在回想起来，我当时有点落后于形势。即便如此，还是有必要说说我弟弟和我之间的情况。我的意思是，他差不多在同样的时间里跟我经历了同样的事，虽然我俩相差五岁。也就是说，他在学校里比我轻松得多，那时候，我父母呢……这我得解释一下，按说真的没多大关系，但我还是得解释一 1120
下：我父亲在摩洛哥就参加了劳总联（CGT），回国以后，法共指责他信奉殖民主义。于是他撕毁了劳总联会员证，再也没有参加工会。

——他是哪一年回法国的？

塞巴斯蒂安： 是 1953 年到 1956 年之间回来的，阿尔及利亚之前的一些事件，当时的气氛……都是从阿尔及利亚开始的。

——阿尔及利亚是从 1954 年开始……

塞巴斯蒂安： 是的，不过，摩洛哥也出了些事，所以，他们回国时都是戴高乐的拥护者，很多下层老百姓都是这样。我跟父母一样，也是戴高乐派。后来，我看出了差异。真的，即使在学校里，我也能看到差异。复读初中毕业班的时候，我有一位法语老师，在我的人生中，她是一个很重要的人。我们经常聊天，这位女性一直在做很有意思的工作。后来，我上了高一，不知怎么回事，我遇到了一些不那么政治化，可是很好的人。接着上高二，我心想，我要当学生代表，我那时候有很重的心结，总想超越自己，就是如此，还想打破一点什么。那是 1971—1972 年之交，局面很快就躁动起来……不久以后，高中学生开始示威游行。因此，这似乎是我的一种下意识的策略，后来我的确卷入了造反活动，不过，我没有党员证，我哪个党派都不是。

——您从来没有真正属于某一个组织？

塞巴斯蒂安： 没有。准备高级技工证书的第一年，我跟社会党

学生在一块，可是后来变成……我曾经想加入那些筹备《解放报》［左翼报纸］的团体，可是走错了门，跑到社会党学生的集会上去了［笑］。嗯，我那时头脑里没有“政党”这个概念。有的人在苦苦挣扎，有的人甘心情愿地接受一切。我没有站到哪一边去……所以，我观望了一段时间，因为，事实上，哪一边都让我觉得不舒心。1974 年大选，我在观望，密特朗和德斯坦的第一次对决，总统选举，差不多是那个时候吧。所以，也可以说，我是……怎么说呢？一个
1121 自由主义加环保主义的双料左派，对，那时候什么都有……

——为了对抗既成秩序？

塞巴斯蒂安：您说对了。可是，您也得看到，我父亲对他的生活境况一直以某种方式……多少抱着抗拒心理。他在很长时间里都是法国劳总联的会员，所以他有强烈的情绪。他参加过大规模罢工，等等。再说，他一直强烈反对等级制度，不过方式是……个人主义的，不是野心家的那种，也有那么一丁点。的确，这样对抗整个教育制度，他肯定干过不止一次！我设身处地为他想过，他不太会说话，写得也很差，非常差，等等。他肯定吃过很多苦。可是，学校对于不符合它们的“标准”的人也不好，这也是真的。老师哟，校长哟，主任哟，等等，所以，他一定没少吃苦头。

我很久很久以后才明白，教师多数是左派

——为什么还有老师呢，为了盯紧您的表现？

塞巴斯蒂安：对，是的，为了盯紧我。只要老师召集会面，他就会去，每次家长会——他是学生与家长的小组成员。但是他只有一个目标，就是想办法帮助我，对我弟弟也是一样。所以，这也许就把事情……从这个方面说，我想说……所有那些不及格的成绩，我的意思是，当你是一个孩子，可是有人说“前途黑暗”，那就使我产生了沉重的心结。我很害羞，我的意思是，要么你被彻底摧垮，要

么你心里还留下一点……后来，我遇到一些人，初二我遇到一个历史老师，确实是非常好的老师，他让我们对历史有了很多思考，我还遇到一个法语老师，这一年对我来说决定性的，也可以说，是思想斗争很激烈的一年，有想法倒不是很难……各种想法到处冒出来。

——所以，您觉得您站在反抗者一边，即使懵懵懂懂地这样做？

塞巴斯蒂安：是的，甚至是懵懵懂懂的。告诉您吧，非常有摩尼教的意味：事情不是黑的就是白的，人也分成左派和右派，就是这样分的，许多年里都是这样。我后来才多少明白了一些细微的差异，但是那时候，我就是这个样子。所以，我得告诉您，一个时期 1122
里——不过这是常有的事——我不敢在公众面前讲话，但是跟过去一样有点好奇。我记得去参加集会的时候，逼着自己站起来说话，胡乱说点什么，哪怕说几句全世界最傻的话。我逼着自己当众说话，把话说出来，学着讲话，等等。真是一种折磨，绝对是受罪！

——您那是为自己说话呀，既然您不属于任何组织，对吧？

塞巴斯蒂安：对［笑］，以我自己的名义。我一直不愿意归哪个组织管。我很快就退出了法国劳总联。

——您领到过会员证没有？

塞巴斯蒂安：领过，劳总联的。我来后一个月左右。

——您当了多久劳总联会员？

塞巴斯蒂安：当了一年会员，但是那种方式……我与人相处得很差，因为，嗯……

——您退出是由于出了严重问题，还是由于做事不合？

塞巴斯蒂安：那个时期——我不想用“极左”这个词——我有一种本能的排斥，排斥一切权势、党内运作、工会等等，还有官僚作风，因为所有这些，才有这种排斥。

——一个老 1968 年派对于制度的抗拒？

塞巴斯蒂安：正是！首先，真的，头一条就是这个，而且我一直保留着，或许它已经成了我的第二天性，我可以问心无愧地说，这是我的第二天性，可是它来自我的内心，比如说，我跟教师是对立的，我憎恶教师！讨厌他们。

——您有时候谈起他们还挺感激的。

塞巴斯蒂安：是的，但不是感激涕零！其中可能有三四位，其余的嘛，我恨他们，都恨！这么说可怕是可怕，但是确定无疑。因为初二的时候，我把同一门课的三个作业簿忘在家里了，一个上午就得了仨零蛋；也因为怕老师揪着我的头发把我拽起来，我不得不把头发剃光光；还因为老师嫌你做得不好，就用戒尺打屁股，我倒觉得那是一种性虐待。对我来说，我很久以后才明白，教师多数是
1123 左派，明白这个让我花了很长很长时间。我们来自不同的世界，当然，我是不知不觉之间意识到的，老师都是另一类人。法语—拉丁文—希腊文像一幅漫画，这些课对我来说好像在月亮上，是异国他乡，他们都是外星人。我呢，过了一阵子还发现，有些孩子上学没有任何问题，很正常地去上学，平平静静。而我呢，总是害怕。哪一天上学没害怕？我不记得有过这样的日子。

——小学也是如此？

塞巴斯蒂安：不，不，我是说初中。小学不是这样，小学我没有任何，不多……初中完全不一样！那么，到了高中以后，高一、高二和毕业班，参与政治活动以后，我落后了一点，随后，有些事情毕竟得自己把握，而且在某种程度上得到了部分教师的认可，倒不是因为学习成绩，我不是明星学生哟，他们，嗯，因为有了一种力量的平衡，承认了我的地位、作用等等。这些也许就是我的存在方式，因为我的存在没法靠成绩，是靠抗拒。

我一边上新闻学院，一边憎恶这一行

——为什么要上新闻学院呢？

塞巴斯蒂安：高中毕业会考以后，我想学新闻。那么，参加政治活动使得我对时事产生了兴趣：唔，世界大事，当时的各种事件，包括国家大事、政治事件、社会事件。于是我大量读报，电视、广播、报刊的报道都会使我发怒。嗯，我从来不是共产党员，所以《人道报》[法共日报]不是我的文化的一部分。还有，后来创办的《解放报》让我们觉得呼吸到了新鲜空气。嗯，那时还有一些杂志，像《查理周刊》《张嘴》[均为左翼刊物]等等，就是这样。我记得高二时读史地方面的报刊，有关历史的报刊，等等吧，贪婪地读报，没什么本事，可是对当下的事件很感兴趣[笑]！我的意思是，我不是很有才华，凡是跟数学有关的我都没戏，法语也不行。我只有一个小小的本领，讲话，表达自己，因为下过功夫， 1124
取得了一点成功，就是这样。所以我心想，找一份知识不必很多，但是得能说会道，多少有点唬人的工作吧。所以，嗯，当记者喽。从学校毕业以后，我没能马上做这一行。那以后有一个时期，发自内心的，一个时期里……唔，那种憎恶哟[笑]！也憎恶记者，觉得他们……现在心里还有，算是我的第二天性吧。于是，我一边上新闻学院，一边憎恶这一行。千真万确，真的憎恶……也不再读报了，也就是说，甚至带有一种挑战的意味：哼！我才不读报刊上的东西呢！我记得，这个话我对一位老师也说过："哼，我什么也不读了，没兴趣了。"他一听完全愣住了[笑]。

——您是从高中直接到Z电台去的？

塞巴斯蒂安：是的。结果真是这样。我的运气不错，因为电台编辑跑来"采购"，也就是找人试听，完事以后把我留下来了。我没有了不得的嗓音，凡是有的都被留下来了。长话短说吧，老师告诉那位电台编辑："如果你把一个麦克风交给这个家伙，他能给你讲个故事。"就是这样。于是，我们学校有六个人被录用了，当特约通讯员。我们制作了一个节目，然后，嗯，我赶上这班车了，就

是如此。我后来也取得了一些专业经验。工作过的人都知道职场是怎么回事，也多少了解你得怎么干才会被聘用。我的问题不少，因为，可以说，没人想雇佣一个败家子。他们此前向 W 公司打听过我，所以他们并不打算聘用我。妙的是，我发现，我从前陪一位 *NQ*［一份重要的地区性报纸］的记者采访过 W 公司，那时就已经被 Z 电台聘为自由撰稿人了！

——现在您有一份全职的工作了？

塞巴斯蒂安：是的，位置有了，而且成了政治专家、职业记者，这个级别多少是职权下放的结果。后来他们想让我当助理总编辑，但是我不想往上爬，我不是不想动一动，但是得跟我的能力般配，晋升一步能获得这份工作的知识，可是我不愿意高升、掌握等
1125 级权力。因此我拒绝了，现在还是拒绝。这样一来，近来我又收到了……CNT 愿意给我一个助理编辑的职位……这回还是一样，又惹恼了他们，因为我想知道他们究竟怎么看待我这种情况，他们反倒责备我对上级过于客气［用“您”称呼他］，实际上我一直没那么客气［用了“你”］，其实他不过是个播音员罢了。好多微妙之处哟……

——您还“憎恶”记者吗？

塞巴斯蒂安：还是憎恶［笑］，我没有——除了几个，为数不多——几个下班后还有来往的，我不随便跟什么人交朋友，我不跟任何记者来往，没有一个记者哥们儿。是的，我的确与三四个人交好，他们……这么做也是因为“尽管”他们是记者。那些从 Z 电台辞职的人当中，有一个叫高莱特・D. 的女记者，因为出了一点法律纠纷……；另一个叫范妮・R.，精神科护士，现在正在找别的事做；还有一位叫杰米纳尔・G.，他的经历非同小可，父亲是西班牙难民，参加过抵抗运动和西班牙内战，使劲督促儿子学习。杰米纳尔有文学硕士学位，已经是记者了，不过他是……就是这样，都不

是刚毕业的菜鸟。

我们好像是体制里的捣蛋鬼

塞巴斯蒂安： 咳，那不是个人的怨恨，是怨恨他们做的工作，还有，真的，我们做别的事情的能力，是当……我们是……像我们这样的人好像是体制里的捣蛋鬼，体制比我们强大。还有，我们所做的99%的工作都是“垃圾”。你最好不要拿自己开玩笑，但是也有不少辩论，也就是说，每天都有，我是指例如那些长度为1分钟的采访。有些电台有35秒的播出时段，35秒！如同一场战斗，真正的战斗。只要分得1分钟，你就必须开始战斗！一旦超过了1分钟，如果你做的采访是1分零10秒，1分零15秒，你就得，就得……那可了不得！这个很可笑，在不干我们这一行的人看来，这是一场很可笑的战斗，但是，这场战斗是有意义的……你还必须努力把你的想法传达出来。至于我，我目前的主要战斗是新闻业，新闻业的确很难弄，1126
但是这跟别的任何地方一样。教学也是一样，你不得不跟大山搏斗，制度正是这样建立起来的，它让你知道，我们是不是占了上风。

——您批评的是制度，不是个人？

塞巴斯蒂安： 我的意思是，两方面都既有责任，也没有责任，记者还是一个应该把所见所闻写出来的人。的确，那些拥有权力的人最懂得如何利用媒体，也最会说话。嗯，比如说，昨天市长举行了宴会，主题是“某市与海洋”，今天上午又召开了一场新闻发布会，题目是“某市的公共工程”。他什么都没说。我们不会接受来自任何人的说法，我们会返回现场，我们会感到气愤，写一篇怒气冲冲的报道。这样一来，故事会照这样继续发展。市长昨天整晚发布新闻，接着是早晨的一场，还有今天早晨的新闻早餐会——结果全都什么也没说！嗯，我的意思是，新闻界真正是彻底屈尊俯就。这是例子之一，还有别的。你得知道，社会在运转，可是整个社会

上面悬着一把吊锤！您试试找一个卫生与社会事务管理局的人谈谈，这个机构覆盖整个社会领域。根本找不到！领工资的人不能谈论他们的工作，一位社会工作者能说出50个故事……对，告诉你用葡萄酒招待员工的本地大酒庄；告诉你有些地方，文盲比例极高的贫民窟，民宅里还是泥土地面呢。你从来都听不到任何相关的报告。因为到那儿去的社会工作者，他们不谈这个，必须严守这个秘密。农业工人当然更不能说了！你甚至进都进不去；你能够做得到的就是品尝佳酿、名酒等等，可是永远写不出有关真相的报告。

——作为记者，如果由您提出报告呢？

塞巴斯蒂安： 我可以，唔，我可以提出报告。那可是一份复杂的报告！我们赶着写出来，得写三份——日产量是有要求的——每天写出三份、四份，甚至五份报告。所以，报告写得越多，我们就越少有机会看到内情，事情的机制的复杂性，等等。像这样的调
1127 查，我不得不说，调查报告是需要时间的！你得去揭盖子！在这个社会里，人人都有恐惧，很少有人愿意深谈，并且面面俱到。你去找工会，谈谈学校、企业等，他们才不会跟你谈，因为他们得维护自己的角色，捍卫工人利益。他们不会跟你谈这个社会的实际运作。要想了解事情如何运作，真正谈论它，你必须从事社会学家的工作，可是我们没有当社会学家的手段，而且跟高等教育界打交道有很多困难，进行得特别缓慢……还有，唔，只要我一提“大学教授”“学术会议”，每个人都会做鬼脸……“哦，你又来了，又要用你那些故事招惹我们。”诸如此类！

——新闻界是不是有一种反智主义的心态？

塞巴斯蒂安： 是反智主义，例如不能用“工人”这个词，不能提工人。我的报告里的“工人”这个词会被删掉！我不得不说，这么一来，这是不是成了一个坏字眼了？

——那应该怎么说呢？

塞巴斯蒂安：工薪阶层，雇员。

各个层次都有审查制度

——谁删掉了这个词？

塞巴斯蒂安：记者。不一定是编辑，是记者删的。这里有一种审查环境，一种压力，而且每个层面都有。就拿海湾战争来说，关于佩罗[1]，关于号召逃避兵役，H电台都给删掉了——有人做过一次采访——所以，H电台把它删掉了，没通过……他们用一篇文章顶替了。我采访了第二天的示威游行。他们要我采访人们的反应。我找了一个年轻人，问他："您反对沙漠战争吗？"他说："反对。"这段对话被他们删掉了！因此，出现危机的时候，审查制度就用上了！既然有海湾战争，你就得赞成海湾战争。我的意思是，好吧，可是，不同意见呢？

——是不是总有一种非正式的审查制度？

塞巴斯蒂安：这个问题很简单，我自己判断，我的语言、遣词
用句，都采取转弯抹角的办法，因为，说实话…… 1128

——不过，那个年轻人的话并不是您拿掉的呀？

塞巴斯蒂安：对，真不是我！他一剪子就给剪掉了！他剪掉，我们就指责他动用审查手段（……），正义在记者身上用不上，这意味着我们可以诋毁、操纵我们想要的东西，你对我们什么也做不了，司法系统拿我们没办法。如果司法系统做出什么，那就是呼唤拿起武器，进行"一场针对新闻自由的攻击"，等等。其实发起攻击的往往是我们，我的意思是，这里头还有那些现身说法，例如神圣不可侵犯的"社会杂闻"的那些故事：永远是民众的，平头百姓

---

① 当指法国著名调查记者和作家吉尔·佩罗（Gilles Perrault，1931— ）。美国1990—1991年攻击伊拉克的海湾战争期间，他和一些法国名流曾经组织了反对美国和法国用兵的大规模示威游行。——译者注

的故事。我们让他们讲自己的“故事”，拿他们开心。他们不善言辞，常有口误，我们就取笑他们，然后就这样播出去！嗯，就这样侮辱老百姓，不过，这个……

——您认为这是新闻界的特点？

塞巴斯蒂安：哦，是的！正是侮辱老百姓，“老百姓喜欢顶尖的50名”，句号，完事大吉。被侮辱的既是老百姓，也是……只要不是记者，不属于上层知识分子的人都在内。

——不过，这些社会上层也许具备某种诱惑力？

塞巴斯蒂安：权力呗。知识阶层没有权力，一切跟经济相关的东西都有权力。连一个小创业家也有权力，能够为自己的观点发出声音，对任何事情都有自己的看法，然后是政治权力，对，政治权力，于是，从达比到塞格拉①，这种乱七八糟的气候就形成了。

——作为记者，您好像不是很乐观……您有过某种报复之心吗？

塞巴斯蒂安：是的，有过。可是，我最反感的是看到……最近我去了一个地方，做一篇报道，就在那后边，过了火车站的桥，那一片拆迁安置房，从二战以来一直在那儿。咳，那些可怜人，父母一个月挣不到4 700法郎，孤立无援。女儿的男朋友想买一辆摩托车，父母二人合伙贷款，给他买了一辆，出了事故，他又买了一辆，俩人又给做了担保，那家伙溜了，不付钱了，他俩除了3 000
1129 法郎的债，什么也没有了。也有一些人欠下买房子的债务，可是这3 000法郎，让他们无计可施。母亲看来挣扎了一辈子，如今离不开氧气瓶，不然没法呼吸。这样一来，他们就……看看那些房子，你会琢磨，这样怎么能住人！于是，人家说要给他们翻修翻修，也就是说租金得翻倍。我从那个地方回来以后，的确，我……心里那

① 雅克·塞格拉（Jacques Séguéla，1934— ）是法国富豪，曾任密特朗总统的传媒顾问，以大胆放言引起媒体辩论和围攻知名人士。——译者注

个恨哟，真是憎恨。有没有报复心？那是玩笑话，可是，我第一次采访一位老师的时候，他说："哎呀！很抱歉，我不习惯这个，我在发抖。"我告诉他："唔，没错！这跟我当年上黑板写字一样，也是浑身颤抖。"［笑］这不假……真的，当我和一些人面对面的时候——一些有权有势的人——我往往……那是一场战斗，而我肯定是为了击败他们才提出问题的，必须如此。那么，我们最缺少的是什么？是武器，是知识。干这一行你得有更多的文化，我还不够。

——这是训练问题吗？

塞巴斯蒂安：是的。不过，在这个问题上，我就没有任何心结了，因为，真的，缺少学问，嗯，我嘛，真的，一部分是由于对于社会的好奇心，我也以某种方式弥补了。也就是说，我的实际的社会知识要高于有学校或者大学文化的人，虽说他们的教育水平比我高。真的，了解事物如何运行，对于这一行非常有用。

——报酬方面，你觉得满意吗？

塞巴斯蒂安：这个很……我的净工资11 000法郎，扣除税款，看电影、听音乐会不花钱，书籍几乎全是免费的，净剩11 000。此外，我有时候教两三门课。这个我感兴趣，它让我回想新闻学这个行业，用不同的方式思考问题。我的意思是，我计算过，加上缴纳的税额，去年我总共挣了13 000法郎。这已经很宽裕了，事实上，相对于高中毕业会考加两年的教育，说到底，这个报酬太多了一点，当护士还得高中毕业会考加三年教育呢，可是她们的工资是我的一半［笑］，再说，那叫什么工作呀［笑］！ 1130

四分之三的记者稳坐办公室，身旁有秘书

——如今，人们议论得很多的一个话题就是记者的职业道德。

塞巴斯蒂安：职业道德也是一个经济问题，这意味着，干这种工作，你总得考虑时间。你怎么能要求一个人……世界上任何地方

都有事情发生，你把一个记者派去报道某一件事情，这个人最多对那个问题有点研究。好，他得到那个地方去，他已经两年没去过了。可是，他到那儿以后，两三小时内就必须写出一篇文章来。你要他怎么办？如何把信息传递出去？因此，他得去找新闻机构，找那里的人，人得接触几个，当一回特派大使，然后就行了，就写出一篇报道，不管好坏，他什么也不了解，所以他得弄三个……还得有一个吸引眼球的东西，一个令读者有好感的角度，等等。那么好，的确，这一切都要求行动要快。

请看《世界报》办的《外交月刊》，为什么那上面的文章看来完全不一样？因为，首先，他们有个把月的时间，其次，那一班人研究一个问题要花几年时间！所以，这个事的确很复杂，一个问题得研究好几年！的确，你不可能总是身处最前沿，这些都不假。可是这样一来，工作会严肃得多，深入得多，能够真正对问题做出解释，还有，四分之三的记者更糟糕，因为他们完全按照法新社稿子评论新闻影像。举例来说，H 电台的播音员 B 先生，他总是在播发新闻之前讲出那句套话，因为没有那句套话，新闻就播不成，那句话很有趣，也很精彩，而且新闻得跟那句话一致！他对派出去的记者说："我要这个！"我有一个搞社会杂闻的朋友，有一天，为了让那个家伙说出播音员在她离开之前要的那句话，她采访了他四遍，最后终于说出来了！再说，那些记者多少年没出过门，稳坐办公室，身旁有秘书。
1131 有了法新社，大功告成！这些人顶多是跟有权力的人泡泡饭局，不管是什么权力，有权力就行。社会上的事情他们什么都看不见。

——您身边有没有这种情况？

塞巴斯蒂安：凡是播音员都是如此！

——您是说全国都如此？

塞巴斯蒂安：都是这样，我身边也一样。我们有一个负责《晚六点》节目的播音员，他已经有一阵子没出去过了。他对社会的看

法非常……他上过新闻学院，他那个环境里都是律师、法官什么的，其他的事他一概不知。他不懂什么叫“吃奶的牛犊子”，以为那是一种生小牛崽的方法［笑］。真的，我这不是跟您开玩笑！所以，那些刚从新闻学院毕业的年轻人，直接到法国新闻台当了播音员，直接当！可是，他们没有见过现实世界，不会做报道！这一行的基本功是拿着录音机或者笔记本，赶到现场，然后在那儿待一阵子，沉下去，这是必须的！这个问题跟训练有关，跟好奇心有关，也是一个经济问题。

——您在这一行里的未来，您怎么看？

塞巴斯蒂安：我承认，这个职业对我来说并不代表一切，因为，我喜欢跟朋友在一起，一块儿喝一杯，旅行，去海边，登山，走路，等等。而且我觉得这才是生活，工作只是……

——就是说，您不想把它当成毕生职业？

塞巴斯蒂安：不想！不过，我觉得，今后 20 年，我还是会在 X 市当记者，还在这个层次，这个级别。

1991 年 10 月

关于暴力的对话[①] 1133

在某种意义上，我们只能盼望有一种比安东尼所接受的更好的教育。他父亲是四海为家的商贸人士，向来十分重视孩子的教育，他把安东尼从第 13 区的“不三不四的人光顾的”中学弄出来，让他上了塞维涅（Sévigné）初中毕业班，这所初中是第 5 区的中产知识阶层的招牌学校，而且逐渐从中规中矩的私立教育转入有进步思

① 此文及其访谈录英译本未收。——译者注

想的世俗教育。由于担心孩子学习不好，他随后又让安东尼转学到查理大帝学院，这里专收巴黎的名门贵胄和资产阶级高层的不安分的继承人，是一个所谓“高级教养所”。然而，事与愿违，他为孩子能够攀上社会阶梯所付出的一切努力似乎都打了水漂。一时间，安东尼被抛进了一个完全陌生的世界：他不会新同学们都懂得的全套象征（衣着、趣味、参照系等）；一些小小的羞辱，例如他的便宜衣装被人嘲笑，某些同学蒙受特殊照顾，等等，使他意识到自己的出身低人一等。直到一天他甚至对他人拳脚相向，这件最后的武
1134 器、弱势者的最后一招把众人吓坏了。同时，他没有向父母希望的那样，融入周围的习惯和待人接物的方式，反而高调显示自己的平民特征，完全丧失了对衣着的兴趣，而且只跟拳击和健身房的人交朋友。

经历过一连串学习失利（高一他上了两遍）和贸然尝试过几种职业之后，他当了夜总会的专职保安员。可是，他说自己已经定型的“平民身份”依然如故，也逐渐感到夜生活不适合自己，正像他在查理大帝学院的大家子弟当中感到不适应一样。他觉得自己在“中产阶级”当中是“无产阶级”，在“无产阶级”当中是“中产阶级”，里外都不是人。成为专业暴力人士后，他开始注意跟夜总会的那些没心没肺的顾客保持距离。他认为那些人永远有怯懦小人之嫌，至少在严肃的事情上属于无能之辈。他也谴责街头斗殴者毫无头脑的粗野举动，谴责环境恶劣的郊区里的“二流子”，包括一些既不懂规矩，也毫无原则的同事。他声称自己使用的暴力是“崇高的”，基于他眼前的现实，这种暴力跟拳击馆里的那种霸道和抽象的暴力完全不是一回事。它是冷酷而清醒的，跟星期六晚间的狂怒的斗殴者也完全不同，因为那些“面红耳赤的家伙不懂得什么时候该罢手”。最后，“崇高的”暴力自有其道德规范，不同于“卑鄙的”二流子和打砸抢，那些人只要你跟他一对一地单挑，就会顿失

傲慢气焰，连爹娘也会背弃。同样，他喜欢的电影不消说都是讲暴 1135
力的，但不是随便任何暴力：这种电影从来不会像例如跆拳道那样以原始状态展现暴力，而是利用了个人抗争的美学媒介（例如《我心狂野》和《筋疲力尽》），或者一些昭示传统价值的伦理原则（《愤怒的公牛》里的基督教忏悔精神、《出租车司机》中面对罪犯的浩然正气），抑或马龙·白兰度在《现代启示录》里表现的那种唯美的和绝望的异教精神。

这种他此时匠心独具地构想的暴力无疑跟这次访谈的情境不无关系，尤其跟采访者的地位和调研活动的赞助者有关，他努力猜出我们期待的东西。在他准备高中毕业会考期间，我辅导过他哲学，这种师生关系在一些揶揄的称呼里得到了提示（“亲爱的老师”“敬爱的师傅”），而且在更广泛的意义上，可见于一些学究口吻的咬文嚼字的题外话——他显然想表现出有能力把握抽象的论理，另外也体现在他伸手调节录音机的举动上——在他看来，录音机代表着精神权力，也就是本次访谈的赞助者。

尽管如此，不可草率下结论，认为他所说的一切都是特意表演出来的，或者是一次应景的课堂演讲。这一点从他的论点具有某种内在的逻辑和活力便可证明，他不时偏离他觉得“可以无愧地承认
的”思路。例如，他声称对军队及其授权的暴力很感兴趣。他的所 1136
谓“崇高的”暴力仍然是正义的，即一种持之有故和遵守规矩的暴力，其准则不在道德、智力，甚至审美方面，而是属于公民义务和国家理性的范畴。军队赋予杀戮之权，也就是把绝对的暴力完全合法化。同样，访谈结束时，有关家庭的保守价值观压倒了个人英雄主义和自我控制，尽管多少受到抑制（“当你听见别人这么对你说话，你的反应就像一个老傻瓜”）。

再有，即使他看起来预料到了采访者所期待的东西，也很难认为他是在装模作样。例如，他对有关暴力的哲学“命题”很感兴

趣，也尽量使自己的说法显得缜密周详。这些都不是单单由访谈的场景造成的。他不是为了取悦或者打动我才谈论“仇恨的概念”和分析“被幻觉笼罩”的夜生活。同样，跟别的保安员相比，他自认为智高一筹，位高一等，是夜总会里的思想家或预言家，能够分析和说明别人满足于经历和忍受的东西。他谈论夜生活的方式显示他有权这样做：作为体力劳动者当中的知识分子，他诠释了一个从不自我评论的世界；作为知识分子当中的体力劳动者，他很清楚自己说的是什么，因为他并未止于口头评论。

1137 一位保安员

采访者：埃马纽埃尔·布尔迪厄

“我们不属于同一个世界”

安东尼：嗯，跟你直说吧……我当初在塞维涅的时候，就已经把当地人和我自己分得很清楚，因为我做事有一个原则，那就是，我不属于他们那个世界，不是一个环境出来的。那时候，嗯，有一个人，他爸爸当过部长，还有一个人［另一个部长的儿子］，……看见了吧，对我来说，他们属于另一个种姓。他们一张口说话就……我跟那些人一直相处得不错，跟其中一些人不错，因为他们思想比较开放，能容人。可是，凡是不那么开放的，还有那些从态度上显示社会出身的人……他们都有所表露，也就是说，一看就知道是怎么回事。对我来说，这一点很要紧，因为我是从一个公立学校出来的。

——哪一所学校？

安东尼：……是第13区的一个小学。我从那时候开始就经常打架。所以，那里头……你瞧，我想起一个故事来了，那时候分男校和女校，我跟您说的是我们那个学校。好多别的学校也是一样。凡是来这个学校的，家里都不那么富裕。我知道我的伙伴们……我

们班上的同学都是中等普罗家境，或者普罗家庭，也就是不那么富
裕……不过什么算普罗，这个我一点也不清楚……再就是一般的普
通家庭。我家就是普通家庭，不算彻底的普罗吧。我父母有一套公
寓房，……我呢，跟他们打成一片，虽然不是一个模子里出来的，
可是我还是给自己戴上了一顶普罗的帽子……且不说我的日子过得
挺寒酸的……生活一点也不像仙境，好在还凑合，从来没有什么大
问题。所以，我不能说，我的暴力倾向来自父母让我承受的一些事
情，或者说，让我懂得了我家没钱，等等。从来不是这样。你看到
了吧。可是，我马上就跟那些人有了比较，我上过街区幼儿园，就 1138
是街对面那个……我小时候在那儿已经吃了不少苦。后来，来到了
塞维涅，因为我父母看到，那边的学校你躲不开……［转向录音话
筒：虽然这个不是今天话题，我还是想说说］……公立小学一完就
得就近上中学。那儿有克洛德马奈中学、罗丹中学，躲不开的。克
洛德马奈中学、罗丹中学都是诈骗和毒品猖獗之地。我父母为了让
我躲开，宁可多花钱让我来塞维涅上一个私立学校，因为我妈妈认
为上私立学校等于“接受良好的教育”。在这一点上，她没搞错，
因为别的不说，私立学校的学生人数本来就少……从一开始就严格
挑选，而且确实对学生照顾得比较好。好一些。我呢，我记得，我
跟那些来自富裕家庭的同学之间有很多问题。不如说，一个叫D的
学生，我经常揍他，他爸爸是个演员，我觉得他就是中产阶级的象
征、代表……我大致属于马克思主义派系……心中的……用不着到
处宣讲，因为我什么也不想参加，什么都不了解嘛。我只知道打架
斗殴。

——你在塞维涅待了多久？

安东尼：直到初中毕业。然后升学，我上了查理大帝学院，私立里头的私立。到了那儿我真的泄了气，因为属于极少数，孤零零的，我真的看到了差别。由于这个，你看，我才决定学拳

击。(……)我一直上学，从来没有对父母说过“不”字，没说过脏字，从来没有。我一直照这样接受良好的教育。可是一出家门，暴力……那叫什么来着……凶狠字眼我用得特别多。也就是说，我有点像柯赛特，一个被人捉弄的家伙。不过，我心里变得越来越凶狠，那股火气是积累起来的，一直在积累。后来我就被刷掉了……被刷掉的有好几个……一个伙伴捎来他爸爸的话，说什么：“瞧，枫丹白露那边有一场考试……签字吧……”

1139 ——你知道名字吗?

安东尼：哦，特别知名的倒没有，不过都是上层中产阶级家庭。

——上层中产阶级的名门贵胄?

安东尼：对，都是上层中产阶级的名门。他们住在诺耶市(Neuilly)，阿福屯（Maisons-Alfort）……——日子都过得挺舒坦——他们互相都用“亲爱的某某”称呼。我呢，来这里以后，有一次我说：“今天是俄罗斯复活节［安东尼是俄罗斯后裔］，我想跟父母一块儿过……”可是，不可能！于是，一来二去，火气郁积。我在校规方面总是惹人注意，这使得我父母总想——其实他们想错了，只是没有意识到——这样能教训，使我守纪律。好像那是一个高中毕业会考的训练营。富家子弟实际上生活在自己的兴趣里。也许这很好，因为那些人无事可做，他们的家长还说：“好啊，我们有这个办法，孩子们照这样就能成功，这是一个高中毕业会考的训练营，他们肯定能通过会考等等，一定能找到工作……”再好没有了……来这里的时候，只有我一人穿着潘塔成衣店（Pantashop）的廉价衣裤，他们穿的戴的全是名牌。这是个很肤浅的差别，可是很扎眼，因为他们不拿我当回事。嘿，潘塔成衣店呀，等等。在他们眼里，潘塔成衣店等于大地杂货店（Tati）。不用说，他们买衣服得去……他们彼此是要比衣服的：“这件斯考特是我花600块买的。”

我妈妈给我买的这条裤子只花了200块，这就足够了。所以，这条裤子我一直穿着。我说一直穿着，是因为我一直对穿什么衣服没多大兴趣。我穿戴一直很简单，这对我有帮助……

不平衡当中的平衡

安东尼：直到有一天，我遇到一点小事，我修理了……动了粗……［犹豫］……粗口骂了一个小子，他妈是个婊子。于是……

——那是个什么样的人？

安东尼：他么，一个资产阶级的小子。我把整个阶级都骂了。 1140
“你小子是婊子养的”，因为脏话我时不时冲口而出……好在都是在家外面说的，还有打拳的时候也会发泄一下。这样第二天我感觉好一点。一天就是这样开始的，火气在积攒，骂完重新开始训练，结果是找回了平衡感。不平衡当中的平衡吧。因为在那里头我一点也不觉得有我的位置。

——你在查理大帝学院有伙伴吗？

安东尼：没有，一个也没有。

——拳击呢？

安东尼：拳击的时候，有，我觉得舒心多了。那都是一些特别谦和的人……我是说在经济条件上。生活当中也是……所以，跟他们在一起我感觉好多了，跟别人我无话可说。我在那儿一个伙伴也没有。这个我倒不那么在乎，反正精神上我属于边缘人，跟他们没什么交道可打。不过，有时候有点尴尬，因为跟所有年轻人一样，我有时候也想开个玩笑什么的。所以说，那个家伙对我说，咱们干一仗怎么样……两个礼拜以后，我俩干了一仗，一场预先策划的对决。那是在“具便宜”超市旁边的广场上。他们那帮人围成一个圆圈，等等。很好玩。那帮蠢货让我发笑。我倒是觉得这事很简单。我痛揍了那个家伙一顿。他们都大吃一惊，没想到我会下狠手。我

很冷静，很那个。我让他们领教了一个大动作，街头打架的那种动作。那个家伙最终还是吃了亏，缩回去了。这么说吧，我把他的手掌打得骨折了。还有，我这个人一直不是他们尊重的人，因为从来没有显示这一手，只会挨揍。于是，出来这么一个家伙，自以为是个东西，想跟我比试比试……你看，就是这个素质。瞧，我小时候就是这样过的。

——你愿意谈谈拳击的事吗？

安东尼：我训练过三年，每个礼拜练三次，要求相当高。每场
1141 训练是两个小时，也就是每周训练六个小时。很紧张。我在那儿认识了一些人。后来我转了学，去了皮克布斯（Picpus）的那个什么圣-米歇尔高中，因为查理大帝学院不要我了。

——那个圣-米歇尔高中怎么样？

安东尼：学校在第12区，是个半私立的高中，挺不错，可是有点天主教倾向，对那些希望如此的人挺好，可是我不在乎这个。不过，我觉得学校挺好，因为我在班上岁数最大，再说还练拳击。大家都挺尊重我。还有就是那完全是另一种……我觉得很适应。学生的家境一般，不是那种富人家庭。

——你在那儿上几年级？

安东尼：高一，因为我重读了高一。因为我想升入高二文科班，可是我妈妈想让我上高二理科班，所以我为了让她高兴才重读了高一，我也就是从这个时候起讨厌整个制度。也就是说，我开始逃课，……那也是我第一次尝试。我想当海军，当海军陆战队指挥官，想玩命干。也就是说，我想宣泄，身体吃点苦，还有，不骗你，我想行使暴力，想要这个。再说，我这个人动粗的时候不觉得紧张，很冷静，动手的时候稳得住，也就是说，我故意打人的时候，对方有时候会满脸涨红，脚下不稳，往你身上乱打。我倒是很冷静，知道怎么发泄内心的情绪。不过，岁数越来越大，我现在明

白我有杀人的意念。也就是说，走进夜总会……［犹豫］……结果军队不要我，等等。我倒是没有觉得特别沮丧。

——拒绝你是什么理由？

安东尼：心理方面的理由，因为那个时候……第一次，因为我先得通过高中毕业会考。鉴于我有俄语的优势，等等，他们想利用这个优势，我坚决不同意，他们想要我干通信，我想当司令官，完全没有关系。1142

杀人是因为你有这个权利

安东尼：我要的是暴力，是要表达我内心的东西，用我的良心，这是因为给我开了这么做的绿灯。实际上，这就是军队的原则。杀人是因为你有这个权利。你参加军事训练，自觉训练，等等。一旦有战争，冲上去，伙计们，给我把这个抹掉，把那个抹掉，尽管你有良心，但既然你答应这么做，背后总是有理由的。不过……

——所以，你宁可这么做也不愿留在学校里？

安东尼：咳，也就是说，自从离开学校以后，每一件事都是我自己做主，没有人指挥我，我总是自己做出选择。我选择离开学校，同时也选择了去认识认识职场，于是我从临时工做起，我干过搬运、建筑工地等等，了解了我想了解的劳务市场，也就是真正的打工世界、工人生活等等，而且我自我感觉这样不错，你瞧见了吧？而且，我还想慢慢地多了解一点别的事情。一个偶然的机会，我在训练厅，有人跟我说了说，这一来我就搞了最初的几场音乐会［安东尼有几次负责音乐会的保安工作］。后来还有别的。再后来就是防入室侵犯。

——是谁介绍你做这个的？

安东尼：那是在健身房里，我听人家说的。有个伙伴告诉我：你只要上门自荐就行。我那年 17 岁，我撒了个谎，说我已经成年

了，于是就成了。人家雇我保卫我的第一场音乐会。

——你那个伙伴在那儿干过没有？

安东尼：没有，没干过。他当时也在场，人家过来问他，不过他岁数比我大多了。自我推荐以后我就在名叫“火车头”的夜总会开始干了。“火车头”的人挺杂的，不过还有6个门卫，我不是独挑大梁。我在那里头有点摸不着头脑，有一个吸毒的家伙扑上来，因为我让陪他的姑娘出去。他拽掉了我的背心，我有尤其不许还手的命令，所以我只能往外推搡他。他对我破口大骂，等等。简单说
1143 吧，最后我只好去叫援兵。那是我头一次在夜总会打架，还好，没闹大。（……）后来我转到卡兰巴俱乐部。也就是说，气氛不同了。乡巴佬气氛，在离巴黎90公里以外的地方。气氛完全不一样了。价值观完全不同，玩法也完全不一样。来的客人一个星期里都被工作憋坏了，来了就是要宣泄一下。那儿的暴行，我不想跟你说得太多，反正就是那个样子。

——环境差不多吧？

安东尼：是的。他们来是要轻松一下，等等。再有就是，如果遇上点什么事，也顺便发泄发泄。其实他们不是来寻事打架的，不过这些人精神状态有点特别，想迅速清算什么事。所以你的工作是让他们刹车。在卡兰巴俱乐部，我头一遭真正佩上了武器，真正面对相当激烈的暴力场面。我们在那儿得穿白衬衣，有一个晚上白衬衣沾了血迹，我最后只穿剩下的圆领衫。你瞧，弄到这个地步。真是夸张得不得了！那是……

——这种暴力有点不一样，你的责任是给他们降温，对吗？

安东尼：开始是劝阻打架。可是，比如说，一个人准备打架，或者起了这么干的念头，因为别人勾引他老婆，等等，他要修理那个胡来的家伙，即使说你是门卫，他也不想打住。再比如说，变得理性一点，提出：咱们出去算这个账吧。再比如说，一拳打在人家

鼻子上，出手重了一点，但是没有意识到，忘乎所以了，又回到开头想打架的念头上，最后还要冲我们来。再就是本身就是一个凶狠的角色，根本不惧我们，打算把我们也裹进去。所以，这种时候，你得控制后果……

我从来没有跟女孩子冲突过

安东尼：都是暴行，好在我慢慢适应了，刚来的时候觉得很吃惊。上班头一个晚上，我赶走了——不得不赶走——三个姑娘。不 1144
得不发生一点冲突，不过，我从来没有跟女孩子冲突过……随后还不得不赶出去三个男子。一个晚上起了三场冲突。头一个晚上就这么多，而且我不大会处理，应付这些我浑身都有点痉挛了，心里想："且慢，我这是在什么地方?"你看，每个周末晚上，临上班之前，我都觉得胃里有个疙瘩，因为对于可能发生什么事情，心里没底。

——其他人是怎么做的？他们教给你吗？是预先告知你，还是说，你只能跟着做？

安东尼：跟着做就是……好在我跟着一个老兵油子。我俩很快就说到一起了。他一开始就教给我应该怎么处理事情。

——总的来说，他给了你什么样的建议？

安东尼：咳，什么叫建议？不过是行动要快、不能犹豫罢了。这就是建议，一旦出手就不能停下。人家来了，玩一个晚上，这属于娱乐的范围。你往那儿一站，也属于娱乐的范围。一点一点地，习惯成自然，你就融进这个圈子了。也就是说，里头的人都认识了，握握手啥的。这样一来，可能有两个后果，一个是他们慢慢就跟你称兄道弟，如果拍肩膀拍得太勤，最后他们就会搂住你的胳膊，以为干什么都没事，这个时候你就应该做点什么了，或者说，一个圈外人进来捣乱……也就是说，一个外来人进来后发生口角，然后闹事，因为我们这儿都是酒精哟。我呢，我的原则是凡是有暴

行肯定都有原因，帮忙的不是酒精就是毒品。这个时候，你得特别冷静地介入，这样最后还能教给你自信，沉得住气。

——再说你还代表着这家俱乐部，对吧？

安东尼：对呀，多少代表一点，代表着规矩。假如有一个警察站到你身边，对你说："先生，这儿不能停车。"你答道："你给我一边玩儿蛋去。"他一听就缩回去了，这说明他根本不懂警察是干什么的。反过来，如果你说"先生，您这么做有点过分了"，等等，他照样给你开了罚单，大声训斥你"现在给我闭嘴"，这说明，他
1145 知道应该怎么办。因此，遇到打架斗殴，你冷静地现身，你很清楚，自己拿的就是这个钱，慢慢你就适应了，会越来越自信；也就是说，面对一个人或者十来个人，如果你有一定的胆量，就要像我这样，就要像我打算一块儿做事的人那样，我们有胆量……

幻觉中的社会和提示现实

安东尼：在我看来，暴力也好，夜总会也好，都是人们的邪恶生活的反映，我是这么看。也就是说……走进夜总会，黑乎乎的，有聚光灯，有日光灯，等等，有酒精。聚光灯下，人人都很美好。也就是说，一走进夜总会，你就会发现，线条变得柔和了，肤色变得有点模糊，你会觉得看起来更棒。瞧啊，那个人真不赖，看上去很友善，体形真棒……你看得出来我在说什么吧？我想强调的，实际上是幻觉，一切都在幻觉里，你只会不时被提醒一下现实……提醒什么现实？暴力呗，也就是说，在这儿你有老婆陪着，有朋友，有酒精，桌上有两瓶酒，你喝起来，一晚都在喝，一切都很好，你在聊天，觉得头脑清楚，因为多喝了一点，如果钱有富余，又跟熟人在一起，那你会干什么？来点毒品，来点可卡因……这个确实有助于安度这个夜晚，而且跟气氛很合拍，强烈的音乐，两个耳朵都灌满了……然后你看到夜总会里的人彼此凑近，因为得对着耳朵说

话才听得见，而且也能有别的接触，可以凑近……瞧见了吧。总之一切都相互关联，像是一块小天地……夜总会自成一块小天地，与世隔绝。也就是说，你经过这儿，看见一块霓虹灯招牌，心想：哎，我得进去瞧瞧这是个什么世界。你从一家夜总会出来，走进另一家，又是另一回事，人不一样，另一种个性，因为夜总会各有各的特点。不如说，你心想：好了，今天晚上我想见识一下某一类人，于是挑选一家营业中的夜总会。一家上点年纪的人的夜总会吧，客人都在35岁到40岁之间。那里气氛活跃，因为要发泄。或者另一家夜总会，稍微富裕一点的人去的地方，瞧，有点钱的那一种。“第五大道”，福煦大道上的一家。你想要一点时髦的玩意儿，带一点同性恋的那种，最风行的乐队是，等等。“小男孩”……那些人都在，兴高采烈，看见了自己想见的人，一切顺利，直到出了一点小事情。混蛋总是会有一个，也就是说，一个不这么想的人，或者是一个觉得这家夜总会不舒心的家伙。于是，有时候这个人会让大家知道……要么是攻击别人，随意弄出点什么动静，要么是找个借口，等等吧，(……)要么就干脆发泄出来，照着邻座脸上就是一拳，这个通常没啥好结果。这时你走过去，维持秩序。事实上，你就是这个小社会里的警察。要是让我说，这个社会是幻觉造成的。特别是，当你一清早走出夜总会，现实生活扑面而来。你会看见有人抱着公文包在街上睡了一夜，这时还得赶去上班，等等。于是，你会想：他妈的，我跟他们真是不一样。这样你就意识到差别了。说到底，你走出的是一个充斥暴力的环境，很凶暴。(……)夜总会本来是躲避暴力的地方，能够使人忘记外部世界，有点像上电影院，两个小时里你把身边的事情全忘光。那好，如今，所谓运行良好是那种不出事情的夜总会，没有打架斗殴，啥事也没有。那儿有自己的常客，那就很好。可是，在我们这儿，里面不出事就已经很不错，如今是大门外头，有人上门来，你得把他们挡在外头，因为不是我们的顾

1146

客。（……）可是，这么做往往不讨好，那些人已经是哼哼唧唧的，要么干脆搞出点攻击行为，不接受遭拒。他们不喜欢这个，好不容易从20公里以外赶来，甚至有坐地铁来的。人已经到了，准备好好玩一个晚上，还说“来哟，咱们今天晚上去那里开开心”。到了大门口，却被一个傻瓜告知：“不行，你们不是这儿的。”确实令人懊恼。于是，有的人能平静接受，商讨一阵，有时候还试图搞个对话啥的，有的人不行，直接往里闯，这个时候，我们就得出现。

1147 ——如果人家对你挺友善，这个时候会不会感觉不好下台？

安东尼：一般说是这样。不过，你得看人。实际上，有坏蛋硬闯。就是说，你看见一个家伙，得盯紧他。往往得看哪个种族，也就是说是不是阿拉伯人、黑人，或者像不像从郊区来的，等等。如果是，就得挡住他。

——外表像郊区的？

安东尼：外表像郊区来的，那就得挡住。如今外表像郊区来的人都在为他们开办的夜总会里，比如奥利（Orly）那边的那家叫“大都会”的夜总会。也就是说，整个巴黎周边地带的夜总会都接纳这些人。我不能说这些地方都很平静。

——你后来再次尝试入伍了吗？

安东尼：接着试过。因为我铁了心相信，军队适合我。

——你宁愿当兵，也不当保安员？现在你更愿意当兵了，不是吗？

安东尼：不，不是。因为，实际上，当兵并不是最理想的。不过，的确，我认为找到了一条表达我的感受的途径。因为我可以实实在在地跟你谈暴力。我看过《我心狂野》[①]，觉得在里头看到了我

---

① 美国电影导演大卫·林奇（David Lynch，1946— ）执导的电影（原名*Wild at Heart*），改编自美国作家白瑞·吉福德（Barry Gifford，1946— ）的小说《我心狂野：塞勒和卢拉的故事》（*Wild at Heart*：*The Story of Sailor and Lula*）。此片曾于1990年获戛纳电影节金棕榈奖。——译者注

自己。我觉得这部电影非常棒，因为我跟男女主角确实有一些相同点。也就是说，那种经历我有过两次，我记得很清楚，深深留在记忆里。也就是说，在我内心深处我曾经想亲手杀人，我这么跟你说并不是带着一种……也就是用一种方式，我觉得是最恶劣的方式，也就是亲手去干，也即是带着最清醒的意识去……

——你想到的是什么？

安东尼：具体说吧，是一场普普通通的打架，跟一个被我叫出来的家伙打架，他扑到我身上，我突然产生了一股冲动，肾上腺素的一阵勃发，但是超越肾上腺素勃发，也就是在肾上腺素勃发之后，是另一种东西，是从内心深处来的。要么你能够控制它，也就是该怎么出手就怎么出手，要么控制不住了，下狠手，连续狠打，直到对方不动弹了，这个不用说特别危险。我出手的都是必要的动作。我想得出……［迟疑］……得出这个结论：我这个人内心有一种暴力倾向，置人于死地的内心倾向，而且，有时候很难住手。我
呢，认为只要入了伍，就有了一条发泄这种杀人暴行的途径，万一 1148
碰上战争和类似的局面……

——是哟，这是一种激烈的暴力，是杀人的权利？

安东尼：对，杀人权。不过，与此同时，也可以说，我一天天会变老，也越来越意识到我的良心不会容许这么做。

［…………］

——夜总会里有些什么会让你心生恶念？

安东尼：的确有。有时候，在清早下班回家的路上，我会琢磨这是怎么来的。为什么某个人会做出那样的反应，为什么他会把我逼到墙角，其实根本没有那个必要。而且，我把给自己提出来的一些问题思来想去，难以入眠。如今一些人回家以后无事可做，倒头便睡……我在军队上有熟人，我问他们："杀人你们不觉得受不了吗？""不会，不会，我可以杀他 1 500 人，不会觉得有啥了不起。"

——你能否认为，你是在保卫夜总会，是在执行任务？

安东尼：对呀。可是夜总会总有打架斗殴一类的事，久而久之，你就把夜总会给忘记了，人家是冲你这个人来的。所以，你保卫的与其说是夜总会，不如说是自己。

[…………]

义务感

——感到自身安全受威胁，你经常有这种感觉吗？保安常常成了个人的事吗？

安东尼：尽管人家付钱给我们，让我们保卫夜总会，但我们最先想到的还是自身的安全。保卫的是夜总会，可是我这条命也很要紧呀。因为，暴力行为到了一定程度，你就别想抽身了。我呢，愿意的话，你也可以管这个叫勇敢，我自己管它叫现场下意识，因为你没法多想。只要头脑保持冷静，也不多想，你就可以管这个叫勇敢。也就是说，能够介入任何一种局面。如果你重友谊，或者至少有一点……因为我有一条准则，那就是，跟伙计们一起工作的时
1149 候，不管是谁，你喜欢还是不喜欢……总之，这跟军队里的准则是一样的，正是因为这个，我才想在军队里找到一个比较高的层次。你看出我的意思了吧？军队里有一部分叫作警卫队。不管彼此喜欢不喜欢，尽管他们之间有差别，但一旦介入一场冲突，他们都得相互支援，相互断后，因为军队有军队的荣誉准则，等等。也就是说，当哪个伙伴陷入麻烦的时候，哪怕你不喜欢他，也得……正常情况下，如果你有义务感，或者别的什么感，你就得去找他，把他弄回来，哪怕冒着自己回不来的危险。在夜总会把门也是这一套规矩。

——不过，你的意思似乎是军队要好一些。为什么会好一些呢？

安东尼：不是因为更好，我这么说是因为我觉得军队属于一个

更高的层次。为夜总会把门是民间的工作，受约束，你还是在社会上，必须遵守这个社会的法律。也就是说，你没有权利杀人。换成军队，这个社会给了你杀人的权利。也就是说，假如密特朗决定对德国人开战，你被派过去，共和国总统说“你可以杀人”，你就会去杀。这也可以让你的暴力倾向得到释放……那么，现在回到这个杀人的话题上来，此时你就掉进这个暴力里头了，就像《现代启示录》一类电影描写的那种有暴力倾向的人，马龙·白兰度把这种人诠释得特出色。我觉得自己就是这样的人。这种人有智力上的巨大可能性，也就是说，他有一种凶暴的内心冲突，同时也有潜力巨大的智力。一般来说，看看历史上那些大牌杀手就知道了，他们都是特别聪明的人。

——这一点你比其他保安员体会更深，对吗？

安东尼：的确，因为我的自我感觉是——可别把这个当成自我吹嘘哟——我自觉比他们聪明一些，可以这么说。我对自己做的事情更有自觉。我知道，只要我愿意，我可能变得更危险，只要撤下 1150
哪个按钮，有一个启动装置就够了。这个装置没有我的指令不会启动。好多人不知道怎么控制自己的暴力倾向，这个才是危险的。(……)我呢，我感觉能够同时……意识到自己有这种暴力倾向，可是它好比一件可以随时亮出来的武器，能够按照我的意志加以运用。也就是说，如果有一天我把它亮出来，也就是说，我变得很凶暴……临到撤下按钮的一刻，理性立即就会占据上风，因为我知道，也会告诉自己把手从按钮上拿开，我随即就会想到对手，也就是说，因为我知道对面不只是一堆肉，那是一个人……有自己的特点，有性格，一个站在我对面的人。

——是因为这个呀，咱们一开始谈到了打砸抢分子［指 1990 年 10 月的事件，一场学生示威游行的纠察队被打砸抢分子冲垮］，你是不是由于这一点才认为自己与众不同，才不赞成打砸抢，不同

意那种想法的……？

安东尼： 打砸抢分子又是另一回事。是不一样的暴力行为，完全不同。我给你说说打砸抢分子是怎么回事吧。门卫也有好人。也就是说，不管出现什么局面，他们都会站出来。他们有的才 15 岁，有的 20 岁，只要同事或者队友上去了，他们就会眼睛一闭跟上去。跟进时完全不顾自己，因为他首先想到队友的安危，只想保护一块儿工作的同事。

——这方面是不是和军队很相似？

安东尼： 正是。事实上这里有一种哥们儿义气……一种……比哥们儿还要哥们儿。如果伙伴干得好，那就得同舟共济。一个人出手，另一个人会跟进。也就是说，我跟吕克一起工作，他用不着回头找我，我也用不着回头找他，我迈开步就知道身后会有他。(……)如果我第一个站出来，吕克肯定立马跟上，紧跟着我，我就没有危险，我只需管应该管的事情，他会把周围的事全管起来。换成我也照样。你知道我的意思了吧。这样一来，我俩同舟共济，结果把危险全忘了。的确，危险最后变得十分自然，因为我的职业
1151 是这样，我拿这分工资哟。也就是说，一个防暴警察站在那儿等待，有些人，可以说打砸抢分子吧，朝他丢东西，你不必叫他出手，他不会出手的［指同一事件中，防暴警察原地未动］。可是，的确……

——你觉得这样很好……

可耻的暴力

安东尼： 我觉得这样很好。我想那是没用的，因为，确实……打砸抢分子的暴行是可耻的暴行。也就是说，哪怕是使用暴力，你也得有……

——法律？

安东尼： 法律，得有分寸。哪怕暴力也是……你得讲点分寸。

也就是说，暴力也分可耻的暴力、聪明的暴力，还有稳健的暴力。(……)因为，就像你刚才想强调的，那些打砸抢分子，我其实可以谈谈他们。所有你在电视上看到的情形都发生在郊区，显然都是一种生活苦恼的反映。显然，那些孩子在街头瞎转悠，不去上学，终究都是因为有自己的哥们儿在外头混，他们只是跟着哥们儿走罢了，他们觉得这样更好……街头生活更像是一种冒险，或者像他们所说，搭帮结伙，他们觉得这种日子更适合他们，因为他们感到自由了，不受任何制度的约束……（……）他们觉得身处边缘地带，实际上不是……

——无论如何，他们也有一套荣誉准则，是吧？

安东尼：是的，有一套荣誉准则。不过，请注意……他们的荣誉准则是随时变化的，这个我可以说。例如，一个小插曲，上一次我跟他们有点问题，跟巴黎大堂广场的“祖鲁帮”［与极右帮派“光头党”敌对的团伙］出了点麻烦，我当时在同性恋酒吧上班。(……)我们逮住了两个，因为我们4个没法把25个人都逮起来。同伙一见就趁机溜走，留下那两个给我们好一顿痛打。可是过后，他们又回来了，回来是要商讨，例如说“嘿，哈斯玛，我们想在真汉子之间商量商量”，等等。他们就是这样说话的……实际上
［犹豫］……他们不知道自己在哪儿。总之，无论哪个时代，凡是 1152
帮派……都说明有那么一部分人，他们不知道自己在哪儿，完全迷失了方向。反正这不是什么新鲜事。这些年轻人，不知道自己在哪儿的少年，来自谁知道什么地方的移民，有阿拉伯人、法国人（……），自生自灭，因为家长没工夫管他们。总之，唉，总之是一帮乌合之众，再说（……）还有街头法则。他们自己想办法摆平事情。不过，结帮搭伙是很厉害的。一旦有事就相互鼓劲，你已经知道那些打砸抢分子，大概有20多个人，没明说究竟多少人，如果是20多个，学生们立刻就会包围他们，纠察队也会上去，立

刻就是一场痛殴。可是，那天他们有好几百人哟，于是他们就……争先恐后，团结就是力量嘛。这伙人……如果你把人类和动物比较一下，就懂得我在说什么了……不妨把他们比作一群狼，但是是很差劲的狼。也就是说，结群搭伴还行，一旦离群独处，啥也干不成。

——是哟，缺少个性，对吧？

安东尼： 他们没有个性，是一个团伙，离开团伙，什么也不是。

——你之所以讨厌打砸抢分子，实际上是因为他们全无约束地使用暴力？

安东尼： 正是因为这个。胆小鬼……只要离开了团伙，没有某种……可以说，他们个人没有自信心，几个人在一块儿才有信心。可是我，或者像我们这样的，这种人不多哟，我们个个都是独一无二的［笑］。我们都有自信心，所以跟他们完全相反。比如说，他们 10 个人围殴一个人，把人家往死里打，我呢，10 个打我一个也没什么了不起，我不考虑后果，我不怵。你懂我的意思吧？

——我明白，就是这个意思。你刚才说过：你狠揍了一个家伙……［笑］。你说，你对面那个家伙，你知道他是贫民区的，日子过得差，干这种事有他的理由，不过，时候一到……

安东尼： 对呀，这个时候到了，有你没我，这跟在拳击台上一
1153 样。你可以非常尊重对手。格斗竞技的悖论就在这儿。尽管尊重对手，可是该出手就出手。很多人为这个说了很多蠢话。然而那是对生活的另一种看法，是另一回事。的确，如果不懂就会说蠢话。可是，如果你懂得尊重一个人并不意味着一见面就说“先生您好”等等。而且，场合不同，尊重可能有不同的含义……你完全可以，比方说，揍他一顿，但是不影响这种尊重。

［…………］

取胜最重要

——我正好有一个问题要问你。我想我们开头谈到过。拳击场和当保安员，这两种环境有什么关系。在你看来，二者是一回事吗？

安东尼：不是。我就见过优秀的拳击手到了街上反而不知所措。不同就在这里，街头和体育竞技完全是两回事。

——为什么他们在街上反倒不知所措了呢？

安东尼：因为规则没有了。你站在一个拳击台上，或者一块榻榻米上，这个时候你有规则可循。也就是说，你无权击打这个部分，腰带以下，无权这么干，那是不行的。事实上，你觉得受保护。以某种方式受到了保护，因为你不必担心那些动作。街头就不同了，怎么干都行。问题就出在这儿。因此，起初有些人就会说：“多亏练过格斗竞技，我真的用不着担心了。”最后他们才意识到，格斗竞技导致他们在街头不敢逾越某些限制。因为，街头怎么干都行。对方转过身去的时候，你完全可以往他背上捅一刀，这个没什么不可以。取胜最重要。有些人就是不明白这一点。

——夜总会也是这样吗？

安东尼：一样哟。夜总会也是如此。一个家伙晚上捣乱，或者
在你前头加塞儿，或是弄出别的什么事，反正是这一类的蠢事吧， 1154
你这时凑上去，告诉他，很好很好，您这么干有道理，然后砰地给他一下子。这没啥了不起，把他打趴下就好，赢了就好，只要身体冲突是你选择的，只要你毫发无损就好。结局才是重要的。

——可是，这跟荣誉准则还是有点矛盾吧？不是说得有限度吗？

安东尼：对哟，对哟。不过，荣誉准则是针对同事之间说的，这些人……［犹豫］……也对任何社会职业都管用。即使管理部门也一样哟：你隔壁营业窗口的同事填好了一份表格，你过后也不应该在上面乱涂改。即使复核他的工作是你的事，也不能糟蹋人家的

工作哟。相反，你应该帮他的忙，这才是正常的。

醉鬼的背后总归有点什么事

——可是，你说过，即使一个人惹你讨厌，你也多少也会尊重他。

安东尼： 请注意，这可是纯属个人的看法：现在我认为，醉鬼的背后总归有点什么事，一个打算当面闹事的家伙，或者当你面发泄的家伙，他背后总归有点事。很可能有点什么事。正因为有“可能”两个字，有时候你不得不借用暴力。假如我能确定背后肯定有事情，假如我知道理由是什么，我就会尽力去理解，可那是为了做到澄清一切［一条出色结论就要出现了……靠近话筒说吧!］。我觉得，无知是因为没想弄清楚［用权威性的口吻］。无知分两种：因此暴力也分两种。反正我是这么认为的……我想是吧［笑］。告诉你吧，比方说，如果我了解对方，知道什么原因造
1155 成他这个样子，我就不会使用暴力了。可是，当我不了解的时候，不知道他能走到哪一步，与其说被动等着他给我一拳——这种过头的事他做得出来——与其说给他这个机会，与其说接着跟他斗嘴皮子，我宁可保护自己，动用那条原则：暴打一顿对谁都没坏处。这个结论没有什么出奇之处，不过，也只能如此了。如今我得出了一套哲学，其中包括佛教，我发现，暴打一顿对谁都没坏处的结论还是会引起一些后果。你的暴力，无论行动上的还是“口头”的，对于对方都会有影响。我想，反正，咳，我也不太信服，还在研究呢，可是凶暴地对待一个人，这已经传送了某种……——不是电磁波，那有点像江湖郎中的用词——反正对他很有害。会有利于他的想法……对他不会有帮助……现在，比如说，我跟瓦莱丽经常发生冲突，她跟我一起生活了两年，她经常对我宣扬和平主义的观念，我在人际关系上比她偏激得多，谁对

我动手，我就会把他放倒［靠近话筒］——放倒就是打倒的意思。瓦莱丽却宣扬和平主义。如今我俩谈起工作中的小事和解决之道，还是经常争论不休。（……）针对例如某个家伙攻击我的问题，如果有人建议一个和平的解决办法，如果管用的话，我会接受。如今，我采取的办法是，暴力能避免就尽量避免，反正这也不是什么新鲜事，不是有“以暴制暴”一说吗？就拿右翼极端分子为例子吧，他们跑到街上“揍黑鬼”。那么，他们所说的“黑鬼”怎么办？报复呗。这个问题我遇到过。也就是说，在一个男同性恋酒吧里，我看到一些人，外表很像极右派分子，光头党，额头剃得光光的，穿着飞行员夹克、森林警察制服等等。实际上，他们跟右翼极端分子完全没关系，因为，既是同性恋，又是右翼极端分 1156
子的人极少，对吧？虽然不是绝对没有！少得数得过来！他们那天来我的酒吧，是为了报复右翼极端分子的，因为两个星期之前，好几个光头党跑来打死了两个他们的人。所以你看，报复没完没了。像我这样跟他们的故事毫无瓜葛的可怜家伙反倒夹在他们的混战当中，我最终也会发怒，拿他们出气。总之，暴力会自动地影响某个人，不一定是挑起是非者。最终，你瞧，闹得一地鸡毛。也就是说，你路过此地，安安静静地走在街上，头发剪得稍短了一点。有十来个人走过来，借口一个黑人受到额头剃光的人的攻击，而你安静地走在便道上，正在放学回家的路上，这十个黑人攻击你，说你是混账法西斯，实际上你跟这一切毫无关系。

——你不是几次说人们不了解情况，或者……

安东尼：我常用“黑鬼”这个字眼［笑］。

——你也常用“窑子”这个词哟。

安东尼：是哟［笑］。

——不，你总是说他们不知道，或者不想知道，因为你宁愿不下结论，对吧？

安东尼：不是我不愿意下结论，是我不知道怎么下。人的性情不同，我不想就一件事贸然做出普遍的概括。比如，有一左一右两个人。这时有两个人走过来找他们的麻烦，两拳打过去，你瞧……——这个例子有点复杂，注意跟紧我！［笑］——起火啦！……这样就有两场打斗，各有各的道理，架一打完你就问他们，一个人的理由跟另一个人的不同。为什么他惹起这场架，为什么是他挑起的，等等。咳，谁知道呢，这一个会说，因为他浑身有臭味，那一个会说，因为他骂了我。你瞧，说也说不清楚，全都荒唐透顶。

——最后，我想问……你现在是不是不想做保安员了？

1157 **安东尼**：对，对。

——所以说，你准备不干了，那你准备做什么？

安东尼：我想投身时尚界。

——准备跟随让-保罗·高梯叶？

安东尼：［笑］是哟，那当然好啦［笑］。

——你想给自己做事，放弃保安员的工作啦？

安东尼：是哟，慢慢来吧。分阶段去做。从经济需要说，现在我还离不开这个。可是，一旦走上另一条路……现在我还比较理智，手头的工作不会放弃，六个月内等别的工作，或者另外找。

——为什么说“现在”呢？

安东尼：因为从前靠脑袋一热，自尊心，你看出来了吧？我放弃过几个工作，结果搞得生活一塌糊涂。

——为什么放弃，因为周围的人不好吗？

安东尼：因为我认为那些人不好，跟我的信念和工作方式都对不上号，也因为他们的原则跟我的完全不一样。

价值观丧失了

——比如说呢?

安东尼:可以认为,我这个人行事有我的道德原则,我认为这些价值观和原则很重要,这些在现代社会里都丧失了。我上次说过了,亲爱的老师哟,不知你记得不?但是……造成丧失这些价值观和原则的,是物质主义,金钱。正是这个……这些价值观和原则丧失了,我反复告诉自己……

——所以你很受震动……

安东尼:这对某些态度有影响,也牵涉到暴力。比如说,有人为了钱可以杀人。这你可以去问问他们。你只要手拿麦克风,到街上去转转就知道了。有人为了钱可以出卖母亲。

——那么,在你的工作里,发生过哪些震撼你的事情,促使你离开?

安东尼:这个很简单,更多是老板和我之间的个人的事情……
某些…… 1158

——他们对你说话的口气?

安东尼:不尊重。就是这个。不尊重雇员。把你当成臭狗屎。我觉得这一点很重要,即使工作不跟……这种尊重也是丢掉了的价值观的一部分。很明显,当你听见别人这么对你说话,你的反应就像一个老傻瓜。你看,如今就是这个样子,老傻瓜的意思是落伍,是跟不上趟了。就是这个词本身的意思。也就是说,如今都在随波逐流,这些全都丢了。可是从前呢,有些价值观和原则的确十分僵硬,比如婚前不能有性关系什么的,这你都知道,我举适合我的例子。现在都放开了。放开的结果是全都丢失了。如今你只要看看一些人怎么行事……对利益的诱惑俯首帖耳。

1991 年 11 月

1159

令人为难的成功

在蒙帕纳斯火车站附近的一间咖啡馆里，短头发，绛紫色的小肩包，神情有点伤感，高琳妮接受采访时就是这副模样。她 32 岁，在 Z 城的一个最贫寒的郊区里当小学老师。那是一个约有 5 万居民的省级小城镇。她对我表示信任的速度之快令人惊讶，这无疑跟她堂姐的举荐和彼此的社会处境相似有关。这些都有助于引起情感迁移。我对她也油然产生了同情。

高琳妮的父母都是农民，在一块 75 公顷的田地上耕作，在当地属于中等规模。这个地区位于巴黎西南的博斯和波尔奇的交界处。经历一连串厄运之后，高琳妮的父母发现自己深陷债务。为了“体面地”生活下去，他们在会计师的监督下不得不承接额外的工作（四年来她父亲一直开着接送学童的校车）。我跟高琳妮的一个堂姐有过长谈，据她说，父母感到被人“忽悠”和“痛宰”，而且无法像从前那样，显示从前几代人身上继承下来的“农民的自豪
1160 感”。家庭在继承祖父母的遗产时发生了危机，从而加深了这方面的苦恼。高琳妮的父亲在十个男孩当中排行老二。他和四个兄弟姐妹一样，没有脱离农业，可是在遗产继承方面的命运却是最糟糕的，特别是，尽管学习不错，他却很小就退学到父亲的农场干活。他感到，自己为了父亲的农场的兴旺和弟妹们上学付出了牺牲，而且很难摆脱这种感受。当他把自己当农民的困境跟弟妹们的境况做出比较时，这种感受就更加强烈（两个弟弟当了医生，第三个是喷气机飞行员兼空军教官，一个妹妹是社会工作者），尤其是他们对他的态度：既无丝毫感激的表示，也没有团结和睦的意愿。

高琳妮和两个妹妹都上了学，可是父母失望于未能生个儿子，

不怎么督促三个姐妹的学业。高中毕业会考通过以后，高琳妮进了一所师范学校，可是没多大兴趣。一个妹妹通过了普通类高中毕业会考，后来从护士学校退了学，目前“打杂”，薪酬微薄。只有最小的妹妹看起来没有犹豫过，也没有经历两个姐姐遇到的物质的和心理的困境。获得学士学位以后，她目前在撰写社会学博士论文，从而有机会反思农民的游行示威所体现的农业问题。

接受我的采访时，高琳妮正利用年度培训假准备心理学学位， 1161
以便“做点别的”（她梦想当心理分析师）。尽管——或许由于——这种职业要求她全力以赴，但她在教师生涯中最终并不感到十分自在。她所在的学校接收的学童都来自穷困家庭。

这所学校位于一个被大流量高速公路包围的社区，最初为一个“应急发展区”，用于“暂时”接纳下城的搬迁户，那些人因重建计划而从历史悠久的市中心被撵到郊外。此处已经成为一个“贬黜地”。廉租房管理局负责中转房项目，它把拖欠房租者和所有“穷途末路”的家庭都赶进这里。据好几个报告人说，这个社区殃及所有新来的住户，即那些“（我们眼见）倒下的人，我们知道他们在别处生活挺正常，结了婚，有孩子”。居民中法国人占四分之三，他们大多数没有工作，生活依赖失业补助金、失业救济金、家庭补贴（人口多的家庭很常见），有时甚至靠盗窃。高琳妮提到一些家庭，虽然总有某个成员蹲监狱，吃穿用度却异乎寻常的宽裕，孩子们穿着“名牌运动服”，“最流行的球鞋，不是自选商场买得到的”。还有一些“不断离异”的家庭因“打乱结构”而导致亲属关系复杂，孩子们可能“既是表兄弟，又是亲兄弟”。

汇集在同一个空间里的经济和家庭问题也反映在学校上面。高 1162
琳妮就遇到过家属的排斥举动：“与家长的关系是个很大的难题……比如说，我来这儿教书以后，学校可以说代表着他们所排斥的一切。家长排斥学校，孩子们也排斥学校。到处都写满涂鸦。还

有他们议论老师的那个样子，学校好像是臭狗屎，似乎不属于他们的世界……”

跟一部分同为青年教师的同事一道，高琳妮尽其所能对付这种局面。已经采取了包括加强学习后援等多种多样的措施。这方面主要由高琳妮负责，因为她是这所被政府划入文教重点区域的小学的专家教师。校方还参与了社区的重建工作：居住区的楼梯口都悬挂着孩子们亲手制作的彩绘陶瓷画；成立了柔道室；老师们还尝试学校向社区开放，以方便家长走进校门，激发他们对子女所做的事情的兴趣。此类举措的最具体的成效之一是教师们从此可以在社区内停汽车，而不必担心被破坏。然而孩子们的成绩仍然令人很失望（去年有 12 个学生升入初一，可是除了一个女孩以外，无人升入初二）。解释这个失败的原因时，高琳妮认为，有些教师缺乏动力，
1163 这比学生们身处极为不利的社会和文化环境更要紧。对于一些同事的慵懒不作为，她感到心情沉重（“老师的头脑不改变，孩子们的头脑更不会改变”）。她尤其对一位同事的态度有很大意见，这位女教师显然出身富裕阶层，没有像其他同事那样上过师范学校，不认同他们对于教师的角色的理念和对学生的奉献精神，也不参与他们时刻不懈的全力投入——高琳妮认为，只有这样才能帮助文化水平如此之低的孩子们获得成功。高琳妮对缺少文化有切身体会，很容易跟这些学习落败的孩子取得共识；她不甘心听凭这些穷家子弟在学校里——在她的学校里——受挫，也不愿看到他们只因“生在某个地方”，“觉得自己是局外人，边缘人”，甚至像她所说的“脑袋里没有任何未来”，就重蹈自己的父母的覆辙。跟很多得过且过的老师不同，她很难接受这种说法：“好学校是给不出问题的孩子准备的”，从而不顾其他孩子；以及高中毕业会考不及格的孩子“只有 20%，不算太严重”。至于为这一类学童设计的教学法，她宁愿相信是有效的，尽管她也看出推行密集教学计划所蕴含的风险：教

育责任从家庭转移到学校，家庭与之脱离干系，一如社会工作者有时被平民阶层视为“偷走小孩的窃贼”。

如果不是在学校里的苦恼经常令高琳妮想起家庭的苦恼，她对 1164
工作上的困难和矛盾的感受不会如此敏锐。她很难承受父母和她之间客观存在的裂痕。自从双方的社会距离拉大，她感到他们之间“形成了一道鸿沟”，使得双方都十分痛苦，在她则好像永远踩住了刹车板：“我觉得，如果可以这么说的话，我这个人得慢慢来……为了，嗯，为了成功，嗯。”遭社会否定已经成为父亲家族史的一部分，这种可能性因而更令人痛苦：父亲始终没有从被兄弟姐妹背叛和遭社会抛弃当中恢复过来。这件事大概可以说明，高琳妮为何多少有意识地把学业限于父母赞成的小学教师：“我真的很想上大学，可是我被卡住了，嗯（……）再说，考虑到我们的背景，可以说是种地的，当老师对家人来不是一件坏事，对我父母来说是个不错的象征，很重要，物质上也是如此，我也觉得很重要，不然我真不知道我会不会接着读下去。”

高琳妮相信终有一天得离开这个令人失望的职业，她“觉得自己微小得像一粒沙子”，而且一场真正的群体危机正在酝酿（她的学校每五个教师就有三个回炉深造，或者正在这么考虑）。她盼望一个心理学学位能够帮助她分析和说明她的苦恼，最重要的是将来
有可能“做点别的事”，这对于普通的小学教师来说全无可能，因 1165
为她这种专业文凭“外面根本不承认”。可是，她的心愿似乎又被刹了车，跟最初的学业一样受到压制：她在大学里遇到了跟别处相同的问题，即与其他同学的关系，特别是在她虽然完全懂得，但是不会运用也掌握不了的学术话语方面，仿佛她无法超越内心的一道来自父亲的禁忌，其效果跟从前一样，害怕轮到自己背叛父亲：“我觉得，假如我掌握了这套语言，就会滑到另一边去。总之，我说不清，不知道应该怎么解释。”这样一种瘫痪状态使她站立不稳，

好像夹在两个不可调和的世界之间："眼下，我不知道把自己往哪儿摆才好，这一边还是那一边。我对这一边会有一些憧憬，但不排斥那一边，同时两边都让我觉得不那么自在。"

1166

教导贫困学生的小学教师

采访者：查理·苏利耶

"我觉得，我这个人得慢慢来"

[…………]

——您不喜欢您的处境，想有所改变，对吗?

高琳妮：对，事实上，我做不到……我不知道它是不是跟我有关，因为我个人也在变化，我在孩子们身上得不到希望的结果。我心想，眼下先挺住吧，但是或许因为投入太多，我也许没法总是给别人提供什么了。我对自己说，等到有一天不这么想了，我就得做点别的事情，不能虽然不想来，但还是要来。

——您不希望像同事们那样［笑］?

高琳妮：正是如此。也就是说，时至今日，早上起床以后，我基本上是高高兴兴地去学校的。我心想，等我不再这么想了，我必须能做点别的事。而且，一般情况下，一个小学老师做不了别的事，除非返校读书，因为外面根本不承认你，所以，如果你去自荐，说是小学教师，打算试试不同的职业，人家会当面嘲笑你，就是如此。

[…………]

我觉得自己微小得像一粒沙子

——不过，回到同事都缺少工作动力的话题，您有过什么设想没有?

高琳妮：有些人确实感到失望，也就是说，他们对于在孩子们

身上获得的成果多少感到失望。

——是一种无能为力的感觉吗?

高琳妮: 是的,我就感到无能为力……我有这种印象,我也不太清楚[笑]。好,是离开学校的时候了,因为……我需要退一步看[笑]。不,可是谁知道呢,我觉得自己微小得像一粒沙子,唔, 1167
没有什么能力,(……)什么都得做。

——如果跟一个真正的团队在一起,您会更有效率吗?

高琳妮: 会的,尽管有时候也会……我想,对于某些孩子会更有效,可是对于另外一些,就……

——问题是不是首先出在您所面对的群体上,出在那些家庭上?

高琳妮: 可是,与家长的关系是个很大的难题,因为他们同时是……唔,比如说,我来这儿教书以后,学校可以说代表着他们所排斥的一切。家长排斥学校,孩子们也排斥学校。到处都写满涂鸦。还有他们议论老师的那个样子,学校好像是臭狗屎,似乎不属于他们的世界(……)。因为,对于他们来说,学校代表他们生活的失败,反正,谁知道呢,跟他们相关。总之,谁知道,反正我们都这么看。他们很明白,自己不成功,也没办法帮助子女。不少家长连自己的孩子上几年级都不知道,听起来这很奇怪,他们知道老师姓甚名谁,却不知道教几年级。我们有时有一种印象,这些人对学校十分陌生,你跟他们谈学校的事情,甚至显得荒诞不经。不少人对我们说:"你们夸大其词,把事情放大了。"不对,不是这样。因此,我们尽力尝试,让他们回到学校来,从另外一个角度看学校,从而摆正自己的位置,并且少一点担心。这更像是一种社会工作,我认为,我们在这个方面做得很成功。可是,在那种我们还没有完全——我不是说完全不着调——没有完全取得成功的地方,也就是孩子们目前的知识水平,接受教育方面,严格地说,唔……相对而言,仍然很一般。不过,要想只用一年就改变也不现实。这么

说吧，去年，我们觉得及格率可能会高一些。那么，就目前而言，这一年在学习成绩方面真是没有多少收获。另外，可以说，其他方面倒是取得了成果，也就是在对学校的看法方面，是的，这方面还不错。可以认为，如果他们在街头跟我们相遇，他们不会像以前那
1168 样朝我们吐口水了。

——然而，他们总是盼望子女能够成功，对吧？这对他们意味着什么？

高琳妮：对他们嘛，那就意味着他们希望孩子好好学习，所以，这个……很难做到，因为，事实上，他们既有这种愿望，又传递着一种态度，这种态度导致孩子们学习受挫。也就是说，一方面他们有孩子们好好学习的愿望，另一方面，不学习的孩子会挨他们打。可是，学习不好，又挨耳光的孩子更没法好好学习了。

[…………]

我们会帮您把孩子拉回正路

高琳妮：我有时候问自己，这方面究竟是我的问题，还是学校的问题……因为，有时候，我其实觉得……好学校是给不出问题的孩子准备的，……可是对于那20%考不过高中毕业会考的学生呢，唉！他们也许只有20%，不算太严重。也就是说，只要有80%的成功率，20%的失败率就不是大问题，可是，毕竟这20%……

——是哟，跟交通事故类似……

高琳妮：对，就是如此，我们给自己留下了20%的余地，于是……问题是，如果你恰好只跟这20%的学生打交道［声音颤抖，笑起来］，这就足够……

——跟家境比较好的学生打交道，情况是不是好一些？

高琳妮：［沉默］是的，是的……可是我认为，那是因为他们没机会，缺资源，也许，谁知道，帮助他们是校门之外的事。当

然，这跟一个匮乏的环境有关，但是跟学校提供不足也有关系。

——在这个意义上，您是不是认为，学校尚有改进的余地？

高琳妮： 学校肯定可以多做一些事。有很多运作方面的东西应该改进［沉默］，总之，我也不太清楚。我有一个同事，离校三个星期，参加一个滑雪班。孩子们做好了计划，准备好了这次旅行，准备工作全由孩子们负责。这可不是外出赏雪，是去滑三个星期的雪。那三个星期真的太棒了，孩子们进步巨大。回到自己的环境，
校园，围墙之内，总之一切的一切，三天以后就……这并不是说， 1169
孩子们必须脱离他们的家庭环境，我的意思是，总有一些可能性。哪些可能性呢？我不知道……我们用不着假装大善人，把孩子从贫困家庭拽出来，说什么“我们会帮您把孩子拉回正路”。

——那等于不管家长是否愿意，都要去挽救人家的孩子：既然您不会照顾孩子，就由我们来带他们吧，过后把他们给您领回来，干干净净的，又好又有教养，等等。

高琳妮： 完全不是这样，不是往这个方向上去……这我知道，不过……

我很不容易，这我知道

——可是，如果他们能成功，就会发现自己跟父母所处的局面完全不一样了，不是吗？

高琳妮： 不会的。不过，这种处境我非常了解［笑］。

——您是说，就您个人的经验而言？

高琳妮： 是的，这个不容易，很辛苦……

——是因为改变自己的社会阶层吗？这个问题您提到过。

高琳妮： 我很不容易，这我知道［沉默］。

——从您的父母方面而言？

高琳妮： 是的。

——您能不能具体地说说是怎么一回事？您用双手比画某种平衡，这是什么意思？

高琳妮：［沉默］唔……我觉得，如果可以这么说的话，我这个人得慢慢来……为了，嗯，为了成功，嗯。例如，跟大学里的好多人相比，我的口才不行，不太会表达，嗯……我能听懂，理解方面没问题，可是加以利用嘛，嗯……词汇，这对我是个问题。在同别人的关系方面，在学习内容方面，都有问题。我知道，比如说，哪怕只是心理学课程的内容，对于可能会怎样起作用，我理解起来真的一点问题也没有，可是一旦我得利用这种作用，我就感觉心生抗拒，自我锁定了。这也许跟我父母多少有关系，而且，说到底，还得……两辈人之间形成了一道鸿沟，我不一定非要……把它扩大不可。所以，我不知道，这个很难说清楚。不过，有一个非常明显的例子：西尔薇［正在撰写论文的最小的妹妹］和我的一个姐姐［家庭主妇，没有上大学］。另一个姐姐嘛，结了婚的那个，我没有太多可说的，其实我本应和她更近，因为我们的孩子年龄差不多，嗯，算了。我和西尔薇更好，可是，有时候，我觉得她在这方面和我距离很远，让我觉得有点遗憾。

——您的意思是在思想上有距离？

高琳妮：我也有点讨厌这个思想的方面。眼下，我不知道把自己往哪儿摆才好，这一边还是那一边。我对这一边会有一些憧憬，但不排斥那一边，同时两边都让我感觉不那么自在。

——您大学上得怎么样？您在使用教学话语时有点麻烦，对吗？

高琳妮：对，这个其实还是语言水平的问题，这方面……［沉默］。

我觉得，假如我掌握了这套语言，就会滑到另一边去。总之，我说不清，不知道应该怎么解释。

——那您的父母呢，这个他们也发现了，还是只关您自己的事？

高琳妮：不是只关我一个人的事。我想，不管怎么说，他们意识到了。我觉得，在一定程度上，他们准是觉得，对我经历的事情知道得不多。因为，我记得，我妈妈不久前还在问我："呃，对啦，你的大学是怎么上的?"

——她这么问是什么意思?

高琳妮：她真的不知道我究竟在做什么，而且我觉得她不明白我为什么要学习，她觉得我有职业，有住处，总之有了一个位置……可是，她不清楚我的工作内容，而且，唔，理解不了我为什么想换工作。

[…………]

1991年

自相矛盾 1171

费德里克今年19岁。父母住在诺伊市（Neuilly），他称之为"小资产阶级"。父亲是法国电力公司的工程师，母亲不工作。他们订阅《世界报》，政治上偏左。费德里克的父亲甚至为社会党奔走过。费德里克生性冷漠，极度敏感，在家里向来是个"问题"，也是家中屡生龃龉的根由。我们这次采访时，他正在高中毕业班准备经济和社会科学类毕业会考。他复读过高一和毕业班。与此同时，他在诺伊市上一个家教班，上课的大多是富裕家庭的子弟，政治上接近极右翼，保皇党或者国民阵线。复读高一那年，他加入了青年国民阵线[1]，隶属诺伊市分部。不久以后，学年当中他遭遇了一次

---

① 青年国民阵线（Front National de la Jeunesse，FNJ）创建于1973年，是隶属国民阵线的极右翼青少年政治团体。号称有超过2.5万名16岁到30岁的成员。——译者注

摩托车事故，左眼重伤。由于毁容，他两年没有上学。他的左眼至今依然不便，这给他带来很大的困扰。他和父亲经常激烈争吵。两人几乎不搭话了。

费德里克是极右翼青年的代表，被人追问时——提问者其实是
1172 一个朋友的哥哥，反正他知道此人必定属于敌对的左翼高校文化界——他只能处于守势，或者表演一番。因此，我们在试图做出分析之前，首先遇到一个方法论的问题：对于一个并不讳言以修辞策略设想对话的交谈者，你如何诠释他的说法？很可能，一套说辞只是为了趋奉采访者预想的要求和标准而虚构的真相，而且经过了粉饰——删除不便承认的立场，掩盖个人痛苦——那么，如何从中找出社会学真相呢？

当被问到运用什么样的论据来招募新成员时，费德里克回答说："这要看是什么人。"此外，他似乎把文化与修辞术、培训与演讲训练混为一谈：按照他的说法，他之所以加入国民阵线，唯一真实的原因是有望参加一个暑期培训班，在此期间主要能够学习"跟媒体对话"。一个伟人必定是伟大的演说家。在德里约·拉罗谢尔[①]的精辟的"刺人"语句的启发下，费德里克甚至利用"悖论"和煽情阐发了一套政治美学。

尽管如此，一方面，修辞术并非天衣无缝。费德里克的说法时常避开了潜意识的审查和妥协。另一方面，虽然一直在表演，他想扮演的角色却不都是虚假的，特别是当它们不时自相矛盾的时候，以至于在表演中，它们能够再现一个与父亲顶撞的少年的真实的紧
1173 张情绪和矛盾——他纠结于参加挑衅性的、激情澎湃的政治运动和对于政治生活失望之间。费德里克一会儿显得好像是一个模范社会

① 德里约·拉罗谢尔（Pierre Drieu la Rochelle，1893—1945），法国作家，曾担任《法兰西新杂志》社社长。二战期间著名的纳粹合作分子，巴黎解放后自杀。——译者注

活动家，回答问题斩钉截铁，而且只有在理应和必须回答时才这样做；一会儿又像一个不十分相信自己正在做的事的幻灭的业余爱好者，而且嘲笑“有扯谎癖者”的幻觉及其类似于轻歌剧中的小兵卒的傲慢，“他们光说不练”；一会儿又成了四处张贴海报的基层人士，满足于底层活跃分子干的体力活。对于自己的代表性和访谈本身的合法性，他甚至也有怀疑。

费德里克的不稳定的个性反映在这些不同角色的冲突当中：这个幻灭者责怪另外两个人物未经思考就加入政党，投身于被野心家和骗人的党魁控制的政治生活（勒庞不反萨达姆，从而背叛了基层支持者）；他看不起为青年国民阵线张贴海报的具体工作，那是一桩“苦差事”，只要“转一圈就贴完了”，“随便谁都干得了”；基层活动家“很笨”，意识不到国民阵线的干部和真正的活动家都“不露面，从来不”，他们把基层活动家看作“劳动力”（“需要贴海报时才给我们打电话，不然根本没有我们什么事”）。

至于那位忠心耿耿的活动家则身陷一场“运动”、一套“机制”、一个“法庭”。这位本地的土造理论家盲目“崇拜”让-玛丽·勒庞，他的工作不过是从《国家周刊》上筛选“消息”（“某某夫人今遭艾哈迈德·某某攻击”），充其量只是重弹一些并非其首创的“基本立场”的老调。针对新入道者的天真热情，这位幻灭者坚持鼓吹“培训”比立即行动更重要（“社会活动好是好，可是缺乏培训”）。幻灭者有自己的修辞术。他精心培育悖论（“我这个人喜欢抬杠”），不断淡化表达方式——提到青年国民阵线举办的暑期培训班，他先说“兴致勃勃”，随即修正：“不，也许不是兴致勃勃，感兴趣罢了。”在后来说出的一句话中，他再次自我纠正，提到他的惊讶和热情：“我当时……还没见识过这场运动的广度有多大，或许不该叫‘广度’，不过……”

费德里克在别处也显得自相矛盾：“要了解是怎么一回事，只

贴一回海报是不行的。”他起初全心全意地投入了具体的社会行动，有时还要冒点风险，他在别处显示出来的悲观情绪并没有掩盖他对基层活动的这种迷恋：他仍然很怀念最初张贴海报时的劲头和严肃态度。上街贴海报是友爱和效率的结合，他们在小卡车里开怀大笑，随后不出声地迅速在街头展开行动。夜间出去贴海报很像一场冒险。他认为，跟那些懒散的全职成员完全不同，也跟那些把精力都花费在无用和怪诞的“招摇”上的“有扯谎癖者”们迥异，上街
1175 贴海报仍然属于卓有成效的政治参与：“应当说，我们在小卡车里有说有笑的，特带劲儿。”

这个海报张贴者既浪漫又谦卑，在倨傲的当地理论家面前，他自认不足，把发言权让给后者，承认自己的局限和思想上的无能。他写的东西都是技术性的或管理方面的，“设立诺伊市办事处”啦，“接收到的设备”啦，等等。他承认自己“还不具备写‘深入的文章’的本事”，而且“凡是文化方面的文章，我都留给别人去写，他们比我强”。即使如此，他跟“理论家”的关系也好坏参半：他既“有话要说”，也尤其倾向于认为，意识形态争论只是向上爬和相互倾轧的党内野心家和“有扯谎癖者”的借口，从来就跟街头运动不搭界。总之，有效的行动远胜思考和多疑的批评，哪怕是大彻大悟的批评。

但是，一旦我们顺理成章地触及政治问题，这位模范活动家就重拾有节制的日常用语。例如，他呼吁将艾滋病患者隔离，为的是“让他们好好思考一下”。他宣称北非人将在法国举行“大起义”。在为此类说法辩护时，他还佐以官方数字（“年龄金字塔么……将会出现缺口”）和教科书上的老生常谈［“把他们赶走（……），贫民区就会消失”］。费德里克宣称有能力阐发任何一个其他“基本立场”——安全啦，投票方式啦，等等，似乎要炫耀一番他出色的口才。最重要的是，他坚持只谈得到授权的话题，从而对自己进行了

有效的封杀。一旦脱离了政治辩论的惯常套路，费德里克的回答就 1176
变得空洞无物，仅止于含糊地重复提问的内容，既累赘又啰唆。

有时候，他会说漏嘴，说出一些拿不上台面的话，但是立即收回，降低调门：“把他们赶走，这个没错，可是，要消除所有的贫民区，这么干当然不行。”在这位模范活动家身上，既没有张贴海报时的谦卑的热情，也不见幻灭者的半带嘲讽的超脱，只剩下一个国民阵线的代表，一件样品。

审美考虑似乎对口误和用词不当特别有利，仿佛审美的逻辑可以消除自我审查和意识形态禁忌：“我很喜欢军装……可是我不喜欢军队”。费德里克有一套小小的“军品收藏”，里头有各种钢盔和军帽。不过，他不承认对军品感兴趣跟加入国民阵线有什么联系。同样，谈到音乐时，他觉得自己有一种跟不同寻常的兴趣有关的不寻常的需要：他随口提到并无文化争议的“穹石”广播电台[①]，旋即举出一连串有极右翼倾向的军旅歌曲，称之为“传统歌曲”，最后他承认，无论如何，“纳粹歌曲和德国歌曲，毕竟差不多”，加上一句保留：“歌词我不懂，所以嘛……”

这一系列矛盾的角色透露出费德里克的困境和他热衷的东西，
而且后者最终仅以否定的形式得到表达：一开始，他不假思索地强 1177
调他跟父亲的矛盾“无关政治”。过了一会儿，他被问到加入国民阵线跟家庭问题有无关联，此时他只简单地回答：“是的，也许有吧，再没别的了。”随即把话茬转入与金钱有关的具体问题上，似乎打算重新控制话题：“话说回来，要说父母嘛，他们不给我钱。”而且，父母坚持他应该去看心理医生。“如果真是那样……我会去的。可是我不觉得需要帮助。”这话只能理解为否认要求帮助。费德里克似乎需要说服自己，加入国民阵线的决定纯属个人选择，不

---

① “穹石”（Skyrock）起初是法国1986年开播的一个说唱音乐电台，后来发展成专注现代音乐的社交网站。——译者注

应过度解读他与父母之间的过节，因为他“已经习惯了”，接着纠正说，因为“这并不严重”，这个“心里不痛快”青年人仿佛尽力驱赶自己身上的“有扯谎癖者”，对他来说，国民阵线才“是（他的）家”，他只“为它活着”。于是，这个“失败者”反而重新发现了无疑是从父亲那里继承下来的“教育”的价值。父亲“高中毕业会考是一次通过的”，“读工程学校”（像父亲那样）。他虽然瞧不起“小资产阶级”的父亲，世界观却似乎是从他那里继承下来的。因此，他跟父亲的关系比乍看起来显得更为复杂。我们由此可以推测，费德里克身上的根本冲突，他的所有那些矛盾角色的根源在
1178 于：他是一个处于心理危机时期的青年，残障之身和学业困境造成了他的复杂心理，而且经济上依赖父母；作为一个社会党人工程师的儿子，他却通不过高中毕业会考；为了自我肯定，他很想跟这个相对有文化的和有进步思想的家庭决裂，却做不到真正与其价值观和思想取向一刀两断。

命运似乎已经确定走向决裂。这次访谈后数月，费德里克通过了经济和社会科学类高中毕业会考。父母则在他的要求下，为他在法国东南部的一家私立商学院注册了高级技工专业，学费不菲。他因而在经济上更加依赖父母。虽然一切看起来重归正途，可是经过一段时间的军训之后，费德里克离家参加了支援克罗地亚人的战争。这个看破红尘的社会活动家的这一举动出人预料，不过它证实了我们为解读它提出的假设：费德里克对我说的话并不像其真实立场那样偏激；通过那些说法的内在矛盾，便可看出支配它的潜意识的审查作用。

1179 一位国民阵线的青年活动家

采访者：德尼·鲍达利代斯

“我没有加入的理由”

——你是什么时候加入国民阵线的？

费德里克： 两年半以前吧。

——你那时多大？

费德里克： 17，16 岁半或者 17 岁吧。我多少知道这场运动，实际知道得不多。

——你是怎么知道它的，是靠媒体、电视、报纸，还是已经在里头的朋友？

费德里克： 我谁都不认识，也不觉得有必要去看看那里头有什么。我觉得那是一帮年轻人，都是小伙伴。我只知道青年国民阵线(FNJ)，有这个就够了。一天晚上，一个朋友骑着摩托车，跟我一块儿，他也是我这个年龄，我俩同班，跟我完全一样——先不说别的，我俩也许都喜欢这一点，但是到此为止，我也没兴趣跑进里头去看看——他当时要让一个熟人给他理发，那人是青年国民阵线的成员，那天晚上提议给他理发来着。于是，我俩就去了。一个人也没看见，只见一些宣传材料、几大堆报纸，诸如此类的东西……

——那是个什么地方，是给你朋友理发的那个人的住处？

费德里克： 不是，是个办事处。

——是国民阵线的还是青年国民阵线的办事处？

费德里克： 那是青年国民阵线[①]的办事处，一个小小的常设机构。他一边理发，我一边和他聊了聊。再后来，来了两三个人，他们商量了一阵子，交谈了几句。

——谈了些什么？

费德里克： 我没有说话，唔，只是听他们谈话。对我来说，那都是从未听说的东西。我从来没见过上街张贴标语的，我也没有散发过传单，那些事我都没见过。

——你的父母呢？他们同样从未参加过政治活动，是吗？ 1180

---

① 以下简称“青国阵”。——译者注

费德里克：噢，这个嘛……［不屑的表情］那天晚上，我回到家就告诉他们，我去了那个地方，他们没有表示特别高兴。那好，我又去过，想见见那儿的一些人，我觉得挺有意思，社会活动我很陌生，我想一定是值得参加的事情，并不是年轻人的聚会。……它确实让我着迷。

——可是，其他政党，像保卫共和联盟①、社会党，还有共产党，也都有它们的办事处哟，也有海报张贴员、传单散发员……

费德里克：［微笑着垂下眼睛］是哟，可是都不是我那哥们儿理发的地方，嗯……不，但是……别的地方会让我厌烦的，再说……

——你的哥们儿知道那个理发的是什么地方吗？

费德里克：唔……他也是理发师……

——他要剪一个特别的发型？

费德里克：不，不，他想剪一个方盖头，也不是什么特别的发型。于是我在那儿见到了青国阵的头头，23岁，上塞纳省的书记。

——那个晚上，你回家以后，想过参加他们的组织没有？

费德里克：那倒没有，我是一年以后加入的，有一个特殊原因，因为我想去看看青国阵的暑期班。我这才领到了党员证。那天晚上，第一次去的时候，我只是听他们说话。

——他们谈了些什么？

弗德里克：开展活动的事。

——意思是……？

费德里克：他们说，星期三他们要制作一张宣传画。有两个人去贴海报。这些真的让我感到惊讶。

---

① 2002年，保卫共和联盟（RPR）与法国自民党等政党合并，改称人民运动联盟（UMP）。该党曾于1995—2012年执政。2015年复更名为共和党（LR）。该党是法国主要的中间偏右政党。——译者注

——惊讶于他们正在做的事，还是他们说的话？他们试图说服你加入吗？

费德里克：没有，他们跟我打了个招呼，就自己聊起来了，这些人我从来没见过。不过他们没有不信任我的意思。其中有一个叫乔斯琳的，说起她跟几个闺蜜聚会的事。他们这个那个地聊了一阵。就是这样。

——那个晚上以后，直到你加入青国阵，这中间你又见过他们没有？

费德里克：见过呀。那个周三晚上，张贴宣传画的时候，我又
见过他们，因为我想看看，下了课，或者从工厂下班以后，他们晚 1181
上都做什么。有几个是工厂的，甚至就在诺伊市，这里多数人关注的是上学，都是资产阶级，或者像我这样的小资分子。我想弄清楚贴标语、发传单是怎么回事，就是在市场上散发传单、报纸什么的，包括填箱。

——什么是填箱？

费德里克：就是把传单塞进住户的信箱里。这个是按街区来的，选举期间特别多。我去的时候，正逢总统选举，所以活动特别多，有好多事要做。所以，张贴海报我参加过两三次，为的是慢慢多了解一些情况，因为要了解是怎么一回事，只贴一回海报是不行的。

——这些都是你加入青国阵以前的活动吗？

费德里克：没有这些，我本来不会加入青国阵。你得知道一点这个运动的情况哟，各路情况、观点啦，国民阵线的立场啦，等等。

——也读过有关的书籍吧……？

费德里克：读过，我读报纸。其实，我一直在读……《每日新闻》和《世界报》，一直是这两份。读《世界报》是因为我爸爸每天晚上带回家。《每日新闻》呢，我隔天买一份。那一阵子，其实是每周买一份，只一次。那个时候，我也读国民阵线的报纸，叫什

么来着？……《国家周刊》，可是我觉得一点意思也没有。里头什么也没有，得不到教益。

——不过，你给我的印象是，加入青国阵完全出于偶然。什么事情促使你参加了这个组织？

费德里克：对于我来说，参加这个组织，我完全没有理由，我看不出为什么要缴120法郎给它，领一张党员证有什么好处，它对我什么用也没有。可是，不是有那个暑期培训班嘛？

暑期培训班："我心想，反正没什么害处，去看看吧，然后再说"

费德里克：因此，你必须有党员证，才能参加暑期培训班，参加那个在"尼维昂男爵让"城堡（Nevis-en-Baronjean）举办的周末
1182 培训班，为期三到五天。我心想，反正没什么害处，去看看吧，然后再说，那儿还有一些朋友呢。事实上，也不是那么糟糕，除了讲座有点长。不过，也有一些不那么差的演说家，当然还有最后现身的勒庞，他做了总结发言。他只能最后到场，因为他大部分时间在国民阵线的暑期班，不在青国阵。另外还有让-伊夫·勒迦鲁，大师瓦格纳①。

——整个过程怎么样？

费德里克：我们早上七八点钟起床，吃早餐，听讲座，然后是问与答，直到吃午饭；下午照样。也有小会，学习如何跟媒体对话。每个人都得在镜头面前说一番话，最后会给你打一个分数。再有就是演练回答问题。

——你是怎么参加的？

费德里克：有好几个主题，抽签确定，有两个我不喜欢，一个

---

① 让-伊夫·勒迦鲁（Jean-Yves Le Gallou，1948— ），国民阵线的领导人物，1998年分裂出国民共和运动（MNR）。瓦格纳大师（Georges-Paul Wagner，1921— ），法官出身的国民阵线议员。——译者注

是经济，一个是生态环境，都是我最不了解的。可是我抽到了这两个，所以我几乎无话可答。谈到生态的时候，费德里克·米斯特拉尔①的名字我记不起来了，我为这个挺恼火。

——是他们给你提问的吗？

费德里克：不，是我自己要说一说。他是右翼生态学说的第一人。开讲生态环境的时候，我打算这样评价他，可是，名字反倒记不起来了。

——什么是右翼生态学？

费德里克：哦，我只想举出一个名字，问题不在于是右翼的还是左翼的生态学，因为这个说法目前被左翼占有了。我就是想说这个，把它拿到镜头跟前说说。可是演练只持续了五分钟，又是早晨，我刚醒。

——来到这个暑期培训班的时候，你期待很高，还是说，简单地出于好奇，甚至有些疑虑？

费德里克：应该说是热情吧。兴致勃勃。不，也许不是兴致勃
勃，感兴趣罢了。我当时已经入党一年了，可是还没见识过这场运
动的广度有多大，或许不该叫‘广度’，不过……也就是一些活动，
辩论哟，讨论哟，这么度过五天……我那时候想看到它的其他东
西。因为，有一伙我称之为“有扯谎癖者”，永远剃着光头，等等，
这些人信口开河，大讲一些他们根本做不到的事，这些都让我很厌 1183
烦，我很想知道，那里头是不是有很多这样的人。让我吃惊的是，
我一个也没看见。他们留短发，仅此而已，像我现在一样。

往上爬的人和他们的同类

——有扯谎癖者是一些狂热分子吗？

---

① 费德里克·米斯特拉尔（Frédéric Mistral，1803—1914），法国作家。1904年，他因以普罗旺斯方言写成的长诗《米海欧》获得诺贝尔文学奖。——译者注

费德里克： 不不，这个问题连狂热都扯不上，都是一些糊涂人。他们以国民阵线为家，靠这个过日子，他们唯一的乐趣是出门贴海报，一群可怜虫。我很高兴没有这种人。说是这么说，总会有几个，嗯，这些倒不是恶人，可是只知道谈国民阵线，甚至谈都不会谈，因为谈论国民阵线不是这个谈法，一伙蠢蛋。诺伊市就有这么两个：让-保罗，干脆说吧，我看他精神功能有点差，这么说也许有点太恶毒。可是他一定有什么缺陷，因为他父母年纪很大了。这种人我们不应该留下，也不应让他们赖着不走。所以，后来，我就入党了。每个月我都会收让-玛丽·勒庞的来信，我不怎么读它，因为它跟《国家周刊》一样没趣，唠唠叨叨，要不就是一丁点消息，下一届国民阵线大会在哪儿开什么的。它跟不上时事，只有那些烂消息，什么“某某夫人今遭艾哈迈德·某某攻击”。一点意思也没有。

——国民阵线的那些被媒体热炒的话题——移民啦，安全啦，看来都不是你感兴趣的。那么，促使你加入的是什么话题？

费德里克： 我从来没想加入哟！什么运动都不想！我不感兴趣。

——那参加暑期培训班真是偶然的喽？

费德里克： 哪怕是最接近国民阵线的那一阵，我也有起有落。我心想，他们永远啥都干不成，我可受够了。这就是我指责国民阵线的地方：社会活动好是好，可是缺乏培训。比如92分区吧，上塞纳省，这个分区搞得不错，可是没有培训。哪怕有很好的团队首领，成员有动力，也只能持续两三年，一过就完了。人来了，被吸引了，
1184 然后又走了，因为我们没有训练他们。你看到的永远是那几张面孔，一块儿出去贴海报，转一圈就贴完了，虽说开始挺有乐趣。

——你做过很多次吗？

费德里克： 六个月，每个星期都去。从来没问题，从来没遇到攻击。可是，国民阵线的人认为，我们青国阵就是干这个的：贴海

报。需要贴海报时才给我们打电话，不然根本没有我们什么事。

——把你们当成劳动力？

费德里克：差不多吧。

——你刚才说，你在最接近国民阵线的时期，也有起有落……

费德里克：对呀，我去开一个会，有两三个傻瓜过来找我说话，不管是为了什么事吧，和我说些蠢话，让我心里厌烦得很；要么，正在制作一张粘贴画的时候，我请某个人把胶水递给我，或者帮我找一点来［他就生气了］，不能帮我找胶水，而且，因为他，我只得打发那些我因为粘贴画接触过的人都回家。因为，没有胶水怎么做粘贴画？幸亏这种人不算太多。我制作过20来张粘贴画，两张没做成。

——你在青国阵里负责什么？

费德里克：唔，负责粘贴画。

——获得提拔了？

费德里克：负责粘贴画，我真的不觉得这是提拔。他们说我制作得很好。可是，一张粘贴画，随便谁都干得了。叫来20个人，挑出10个，找一辆皮卡，这些都不难做到。

——青国阵的其他分部，你也有接触吧？

费德里克：对，里尔（Lille）分部、艾克斯（Aix）分部居多。我们有一份报纸，叫《堡垒》。我要送给你几份。是写我们自己的。我写过一篇关于设立诺伊市办事处的小文章，解释了一下我们接收到的设备。我还不具备写“深入的文章”的本事。凡是文化方面的文章，我都留给别人去写，他们比我强，虽说我也有话要说。

——你会怎样说服别人加入国民阵线？

费德里克：有人问国民阵线的问题时，我尽量回答就是了。 1185

——那么，你是怎么回答的呢？

费德里克：他们问我：你们都做什么，经过怎么样？

——这些人是不是已经赞成国民阵线，准备加入了？

费德里克： 对。

——你说服过敌视国民阵线的人吗？

费德里克： 那倒没有，倒是有一些从前的法共党员，大多是老年人。

——这些人对什么最关注？

费德里克： 不知道。

——你呢，你最关注什么？是勒庞这个人吗？

费德里克： 不止于此。国民阵线是一个集体。勒庞是演说家，很厉害的那种。但是，我不搞个人崇拜。加入青国阵，我很高兴，我在卧室里挂上了勒庞的海报，两天后又摘了下来。国民阵线里我敬重的人不多。现在大多是往上爬的人，还有他们的同类。这是一部机器，勒庞身边围着一帮人，都是可怜的家伙。他们什么也干不成的。这就如同我梦想只要参加这个运动，以后就能成为国会议员一样。现在，我也不力争回到最初的日子了。人们对"极右派"这个词着迷，可这是不够的。为了变革，我们要做的是重新发扬友爱和团结的精神，这些东西都不复存在了！

这是必然的，因为是青春期……

费德里克： 因为，我现在不那么信任青国阵的人了，他们出了大事才来，待上一个月，完事。那些有扯谎癖者也是如此，搞小山头，永远走不到头的第三道路派，联保组的斗士们，"谷仓"，奥利维·马修，"坏皮肤"①，一个胆小鬼、疯子、白痴。他母亲是法官。

① 联保组（Groupe Union Défense，GUD）是法国大学生的极右派团体，成立于1968年。奥利维·马修（Olivier Mathieu，1960— ），法国右翼作家和记者，曾公开否认二战中毒气室的存在，引起公众哗然。"谷仓"（Sidos）和"坏皮肤"（Bad Skin）是当代两支滚石乐队的名字。——译者注

他不是全法共和运动，就是革命民族主义青年党[1]的成员。巴黎圣日耳曼区的光头党和青国阵完全不一样。这群人都是小团体，兄弟会，一群比谁都蠢的醉鬼，穿森林警察制服、飞行员夹克，剃光头。

——你从来没有穿成这副样子吧？

费德里克：我们这儿不许穿军服。我们穿蓝色工作服。制作宣传画的时候呢，就穿破旧的蓝色牛仔裤……那些小法西斯招摇过市，挺滑稽。 1186

——这在你和父母之间没有造成什么问题吧？

费德里克：我父母受不了这个。每次我晚上出去弄宣传画，他们都会担心。后来，我就不说去贴海报了。

——你挂在卧室里的勒庞的宣传画，他们看见了怎么说？

费德里克：他们觉得，那只是青春期的一次小小的发作。可是，我们很少谈政治，因为，不用说，他们不完全赞成。因此，这必然会引起一些矛盾。

——你试着跟他们谈过没有？

费德里克：试过，我试图说服他们。我比他们更了解时事，也更会说话。他们感到烦扰，因为我有论据。可是，谈不了五分钟，因为我爸爸不许在家里谈这个。我们的意见从来就不一致，他们会对我说："你是个白痴、傻瓜，什么都不懂。"一开始还挺正常，谈起这些事，我很高兴，新鲜事嘛，他们马上就说："闭嘴，你哪儿知道你在说谁。"他们不想听我说，从来不想。我哥哥没问题，可是我很少见到他。他对政治不感兴趣。这个我理解。可惜政治如今不是很有意思，本来大家应该感兴趣的。我也常常觉得反感。如果事态不改变的话……反正，我从来没投过票，从来没有。连国民阵

---

① 全法共和运动（Mouvement national républicain，MNR）是 1998 年从国民阵线分裂出去的。革命民族主义青年党（Jeunesses nationalistes révolutionnaires，JNR）是以罐头党人为主的法国极右团体，以暴力倾向闻名。——译者注

线的票也没投过。我妈妈对我说："你，为了给国民阵线拉来一张票，跑出去贴海报，自己却不投票！"

——确实矛盾，不是吗？

费德里克：哦，是矛盾。连国民阵线的党员证，我都没去领。国民阵线里头有两个人也是这样。怎么回事？我答不出。我不觉得有必要投票。

——你是不是觉得选举制度有毛病？

费德里克：不，不。毛病还是有一点。它一直让我妈妈感到惊讶。我父母倒是去投票。肯定不是投给勒庞啦。可是，他们始终没有告诉我投谁的票，不然我会问问他们。不管投给密特朗还是希拉克，我都不会放过他们。无论如何，支持希拉克还是支持密特朗，都没有多大区别。我认为，勒庞最终会跟他们合流。他已经被政治阶层招安了。

——青国阵给你的学业带来了问题吗？

1187 **费德里克：**我从来没有因为青国阵旷课。旷课是因为别的事。因为我不想去。影响学业最大的是我的事故。就在诺伊市，我骑轻便摩托车出了事。我酒喝多了，跌倒了。眼睛受了伤，动了手术，我左眼是斜的。为了让眼睛恢复，我动过三次手术。

[…………]

那两年，我只琢磨我这只眼睛。我的模样很可怕。后来，我就不习惯上学了。现在返校读书真的很难。我在高中毕业班，报考环境科学。要通过毕业会考，我一切都得重来。

——国民阵线改变了你吗？

费德里克：这是必然的，因为是青春期……

——或者你在国民阵线里遇到了某个人……

费德里克：我最好的朋友都不是国民阵线的，他们甚至相对地比较非政治化。我有个伙伴，混血儿，倾向于无政府主义。有时

候，晚上多喝了几杯，我们会争论一番，但是不会走得太远。其实我俩就是这么认识的。

[…………]

我加入了国民阵线这件事，别人知道了并不总是很高兴，我因此也失去了一些朋友。不过我不在乎。老师知道后不理我了，我也不理他们。起初，我非得经常谈论它不可，超热情，谈起来真的很满足。朋友没了，再找新的代替呗。我承认，我肯定话说得太多了。可是，这也很正常哟。

——你有过种族主义言论吗？

费德里克：有人说："你是国民阵线的，那你就是种族主义者！"说到底，这个我承认，因为那是我们的外部形象，可是，这是假消息呀……你愿意怎么叫我们，你随便。再说，什么是种族主义，什么是我们真正说过的话，人们是分不清的。你得重复一万遍，那太烦人，浪费时间，太啰唆。

缺乏培训

——国民阵线有没有文化活动，看戏，音乐会，有没有一套团购席位的办法？

费德里克：没有，太遗憾了。正像我说的，缺乏培训。也没有图书馆。有一个很小的，书都丢了。 1188

——哪些书？

费德里克：都德。

——雷昂·都德，还是阿封斯·都德？

费德里克：不知道。这个我不太懂。不过，它让我知道了德里欧·拉罗谢尔，我喜欢他。《鬼火》《一个受骗男人的日记》，还有

《马背上的男人》[1]。我最喜欢他那简练的文笔，不断抛出那些带苦味的短小句子，还有一些很有意思的比较。特别是《一个受骗男人的日记》，这个小说讲的是妓院，还说是向圣母玛利亚致敬。我很喜欢，好几次拿出来重读。

——德里欧是谁引荐给你的？

费德里克：雷吉，一个朋友，他知道得很多。他给我讲过书里的人物。说到音乐，我喜欢听穹石（Skyrock）。嗯，我喜欢军旅音乐，军旅歌曲，基本上还行，只要不是意大利法西斯歌曲就行。德国歌曲么，我有一张光盘，可是我也爱听古典音乐，不过不是纳粹歌曲，是传统德国歌曲，不是一码事。唔，纳粹歌曲和德国歌曲，毕竟差不多……歌词我不懂，所以嘛……我看不出区别。现在，我时不时去国民阵线制作粘贴画，就是这个啦，别的事不多。来了不少新面孔，我这就要去跟他们聊聊。

我跟我父亲之间，一点就着

——你和父母的关系好一些了吗？

费德里克：眼下还可以。我经常尽量努力，他们也是，但是很
1189 少同时进行。跟我父亲的关系可不是一天两天的事。我头一次离家时才 5 岁。我出走了。那时在摩洛哥。两年前，我父母把我赶出了家门。

——为什么？

费德里克：没有什么特别的原因。也许是我的错吧，因为他们

---

① 德里欧·拉罗谢尔（Drieu la Rochelle，1893—1945），法国小说家和散文家，二战结束前在法国文坛上很活跃，也十分前卫。小说《鬼火》（*Le Feu Follet*）发表于 1931 年，后于 1963 拍成同名电影。小说《一个受骗男人的日记》（*Le journal d'un homme trompé*）发表于 1934 年，为 12 个短篇小说的合集。小说《马背上的男人》（*L'Homme à cheval*）发表于 1943 年。二战结束甫一结束，拉罗谢尔即因被谴责与纳粹合作而自杀谢世。——译者注

一惹我，我就喊叫。只要家里有什么过不去的事情，那一定是我的错。还有，在饭桌上，我一顶撞他，他就嚷嚷。我母亲也开始叫喊，因为我不好好吃饭。一闹起来，我就走了。只要有一丁点火花，就又闹腾起来。尤其是跟我父亲。跟我母亲还好。我跟我父亲之间，一点就着。

[…………]

说这些，是要让你知道，我跟父亲的问题不是什么新鲜事。它无关政治，也跟我出的事故无关，是个老问题。我跟他从来就处不来。

——你加入青国阵，是不是多少有点针对他，想吓唬吓唬他？

费德里克：往深里说，我不知道。反正他对这事不高兴。这是肯定的。他们这种小资胆小怕事，所以国民阵线一出现，他们必然想得很离谱。只要我因为张贴宣传画回家很晚，他们就以为，我这下变成了一个货真价实的小流氓。

——你很愿意他们这样认为吗？

费德里克：不愿意，因为真的不是那样，而且我绝对不愿意他们有这个感觉。但是，他们不打算理解，他们要我去看心理医生，而且一再坚持。可是我没去。如果真是那样……我会去的。可是我不觉得需要帮助。我父亲倒是没有把我看成疯子，而是有点问题，他只把我看成“小混蛋”，因为我老惹他生气。他没有认为我堕落，或者别的什么。我也照样回敬他。

——小混蛋？

费德里克：对。

——然后呢？

费德里克：我的书包被他扔出窗外，就这样，于是我就走了，身上一分钱没有，什么也没有。三天以后，我悄悄溜回家，取走了存款簿，去了一个朋友家。 1190

——对你来说，这些好像都挺好玩的，你说起来那么轻巧……

费德里克：因为我已经习惯了，这没什么了不起。

——跟父母难以相处，加入青国阵，你不认为这两者有一种明显的联系吗？

费德里克：是的，也许有吧，再没别的了。话说回来，要说父母嘛，他们不给我钱。所以，为了挣点钱——这也多亏了青国阵——我当了纠察队：两个晚上，埃菲尔铁塔之庆，挣了900法郎。

——你今后想做什么？

费德里克：我希望高中毕业会考一次就能通过，之后去一个工程学校。我能找到一个，问题不大，一所航空工程学院。

——你今年学习上有没有问题？

费德里克：我还是旷了不少课。

[我说，谈话到此可以结束了。他建议我从青国阵找一个比他更有意思的人采访。我问他能否见到一个特别活跃和非常投入的人。]

我们在冒天下大乱的危险

费德里克：我认识一个非常投入的人，可是特别蠢，一辈子什么都不干。所以，也许不值得找他。否则，其他人都跟我一样，都大大咧咧。我们这个联盟如今摇摇欲坠，没有人出手帮一把，哪怕是抬抬小拇指。这个相当令人厌恶。我们有过一间办公室，谁都不干事。我们等这间办公室等了一年半，互道：那可是太棒了。等到有了，却什么事都不做。我们还有过一间酒吧，卖可乐和啤酒，5个法郎一杯。于是，他们会来，一来就瘫倒在沙发里，狗屁不干……

——你当初那么坚定，为什么还会有这种疲疲沓沓的现象？

费德里克：我们这个分部30个人，只有10个有新的党员证。

可是，事实上，真正的党员，有党员证的，根本见不着。他们不露面，从来不。我们试着跟他们联系，那又是另一桩恶心事！我们心想，既然有了办公室，就得做事，联系党员，组织，安排；我们请两位党员做这件事，他们叫来三个人，完事。别的什么都不干了。 1191
都是这副懒散模样！我们在冒天下大乱的危险。就说伊拉克吧，这桩事会把我们带进穷途末路，这是肯定的。所以，勒庞说的、做的，都很难让人理解，不过最要紧的还是，说到底，如果你明白，那都是为了躲开等待着我们的灾难就行了，我就是这么想的。

——什么大乱？

费德里克：如果宣战，那将是一个巨大的烂摊子，谁知道会是什么结果，以色列也将成为一个烂摊子，此起彼伏，到处都会起来造反，连法国在内。

——谁会造反呢？

费德里克：我看，移民人口就很可能。不过，你没法用数字说明造反有多大。可是我们有证明。两年半以前，诺伊市，警察突袭了一家阿拉伯咖啡馆，发现了机枪、火箭筒、炸药。这是两年半以前，已经这样了，如今他们更厉害10倍。而且还发现了地图之类的玩意儿。他们很有组织。我们有眼线，一些进驻住房项目的国民阵线的人。当然，他们不会说自己是谁，不然会被生吞活剥。假如被揪出来一两个，那就热闹了。我们第二天会散发传单，甚至搞点别的。我们都会去。如果有人袭击国民阵线的人，我们肯定反弹。不过，他们不敢袭击我们，因为有极右派等等神话，这个使他们保持冷静。比如我自己吧，我不会有袭击法国劳总联的念头，他们有纠察队！我们有我们的神话，什么凶神恶煞啊，光头党啊，啤酒瓶，剃须刀……这些对我们都有利。

——既对你们有利，也针对你们？

费德里克：对。对我们有利，免得我们的人受伤害。也针对我

们，因为它带来了坏名声。很明显，那些贫民区的人彻底完蛋了，没救了。有贫民区就不可能整合。我认识两个黑人，他们就了解这一点。一个叫马马杜，另外一个叫斯特凡的是国民阵线的，还是省委书记呢。这样的人比人们想象的多得多。这不那么容易理解。有一位麦德菲特纳夫人，也是黑人，在国民阵线里挺活跃。他们很清楚地懂得，有必要扭转整合。把他们赶走，这个没错，可是，要消
1192 除所有的贫民区，这样干当然不行。移民带来了十亿法郎，数字我读到过，代价却是四十亿法郎，都花在社会保障体系里。非法居留的外国人每天都有。对于年轻一代的阿拉伯人，有必要——因为成了一个问题，他们在文化上是法国人——你得让他们有回老家的意愿。再说，有必要重新修订国籍法。现在太容易了，不会法语都行。他们给形形色色的人政治庇护权，借口他们在家乡有人身危险。这个问题肯定是最难办的，也是最重要的。我还可以聊聊别的老话题，安全啦，什么的。问题是国民阵线是个不能执政的党，我看今后也不会，我不投票就是因为这个。可是，即使我觉得它不会掌权，它还是一个我喜欢的党派，因为面对这些问题，我觉得应该站出来捍卫它。

[…………]

艾滋病嘛，我们会看到人肉炸弹，四下里传播它……我们应该把艾滋病患者集中起来，隔离一段时间，让他们好好思考一下他们带来的危险。不能因为他们有这个病，别人就该死……年龄金字塔么，无论怎么说，将会出现缺口……也许这是老生常谈，可是这个事必须反复讲。这跟毒品一样，对于这类问题你得坚定不移，安全问题也是一样。勒庞永远掌不了权，我不觉得他能够做什么。

——是不是国民阵线的军国主义吸引了你？

费德里克：不，不是。尽管如此，我确实很喜欢军装，我有一些军事收藏品，可是我不喜欢军队，不打算服役。或许这么说很矛

盾。我对军品的兴趣很特别。我收藏已经四年了，有些一套小小的军品收藏：我起初买了一顶德军头盔，后来又买了一些大兵的头盔，我有好几顶钢盔呢，也有不少圆顶军帽。我甚至收藏了一套外籍军团的中校军服，还有一把刺刀。不过，热兵器不许私藏。

——可是，这种对于军装等军品的兴趣和国民阵线对你的吸引，二者是否有联系？你参加国民阵线看来出于激情，或者更确切地说，出于冲动，还是二者都有？ 1193

费德里克：是的，我并非每件事都跟国民阵线一致。的确，我这个人喜欢抬杠。有时候，我反对国民阵线的某个人，纯粹为了好玩。也因为他们往往很愚蠢。这个东西如果不改变，最后会招人厌恶。不过，当我想说说的时候，没有人懂得必须有所行动。

我得先通过高中毕业会考，然后再说

——贴海报从来没遇到过麻烦吗？

费德里克：我们往往凌晨4点出去贴海报，这时人们还在睡觉，我们甚至会潜入工人居住区。甚至有一次，有个人停下脚步，递过来500法郎，表达对我们的赞赏。这笔钱我们存入了国民阵线的账户。有人隔着很远向我们提问题，有人远远地呼喊一声"你们这帮龟孙子!"立即开车走人，不打搅我们的人也有。不过，贴海报并不是我的全部生活。我得先通过高中毕业会考，然后再说。

1991年

光明的绝路[①] 1195

身披睡袍的玛蒂妮睡眼惺忪地给我开了门（她以为我次日来），

① 此文及其访谈录英译本未收。——译者注

离开了片刻去整理头发。随后她把我领进了厨房。厨房墙上挂满了美国电影的招贴画、纪念相片，还有很多照片是她的52岁的美国男友的。在一张照片上，这个人手搭在奥玛·沙里夫的肩膀上，在另一张上搂着朗贝尔·维尔森[①]的肩膀。

玛蒂妮非常友善地欢迎我的到访，马上请我坐下，端上点心和咖啡。我告诉她，我也是戏剧学院的毕业生，正在对戏剧艺术的教学和毕业生的目前状况展开调查。交谈没等落座就已经开始。她把一本"书"拿给我看，那是她的剧照，都是她扮演过的各类角色：荡妇，丘八剧人物，悲剧人物，贵妇，等等。有的照片上她显得肥硕丰满，有的却显得比较瘦小。她透露说，她的食欲有时会忽然大增，导致体重常常从45公斤一下子增加到110公斤。她谈话时显得机变灵活，时而扮演"舞女"（乐天，笑声爽朗，神采奕奕），时而随着她讲述的小故事、得出的结论和给青年演员的忠告等等，适
1196 时调整音量，制造一些煽情的效果。她常常停顿一下，然后把话题岔开。谈话越深入，中断和跳跃就越频繁（特别是谈到邂逅奥玛·沙里夫时）。在整个谈话过程中，她很少看我，眼睛盯着杯子。每当试图组织自己的想法、讲述一个插曲，或者回忆某件事的时候，她常常身体后仰，望着天花板。她不时用手掌揩拭桌面，动作很大地改变在椅子上的坐姿。当她说起泛指的"人们"时，常常高举手臂，指着窗户说"外面的世界"如何如何。她丝毫不在意我的态度，似乎她不是跟我说什么，而是面向全世界，面向所有演员讲话。

玛蒂妮今年36岁，自1976年从国家戏剧学院毕业以来，从未受聘为正式演员，仅仅隔三差五地在咖啡剧场里表演。她背负的巨大遗产使她成了牺牲品，她觉得自己遭人背弃。首先是被父母背

---

① 奥玛·沙里夫（Omar Sharif，1932— ），埃及电影演员，因演出《日瓦格医生》而闻名。朗贝尔·维尔森（Lambert Wilson，1958— ），法国电影演员和男中音歌唱家，因扮演美国电影《黑客帝国》里的墨洛温一角知名。——译者注

弃，因为他们虽然“非常希望三个孩子里有一个能够成功”，但是不懂得引导她选择自己的路。她觉得自己也被一生潦倒的当导演的舅舅背弃了。在传统教学的浸润下，他使她相信自己天生是演戏的材料，别的对她都不合适。可是，当他迫使她走上这个没有回头路的行业，把她引入没有前途的超古典派的戏路之后，却撒手不管了。她还觉得自己遭到唯一的“现代派”导演马赛尔·布吕瓦尔的背弃，或许再加上维特兹①。她对舅舅的违反潮流的艳羡本来可能 1197
转移到此人身上，因为他是唯一“教会她忘掉（她舅舅）莫罗”的人，而且本应能够使她重新入道，使她摆脱既严苛又过时的“紧身衣”的“束缚”，但是维特兹从来“没有给她机会”。年纪轻轻被抛入一个“做梦也没有想过的”世界，“什么都不懂”；在别人的怂恿下，本末倒置地“全力以赴”。她看到国家戏剧学院的阳关大道变成了一条死胡同，“大门进去”，“小门出来”。

由于这个原因，她对舅舅的态度十分暧昧。舅舅一厢情愿，笨拙地对她抱有极高的期待，可是，过分宠爱反而把她毁了，使她一直在感激与苦涩的感情之间挣扎。她隐约地意识到，她从舅舅那里继承的遗产是一份有毒的礼物。一方面，她对舅舅及其代表的传统戏剧观的尊重已经近似一种崇拜：她把舅舅描写成神话人物，笼罩着神秘的色彩，在他面前，她总是感到自己“特傻，因为他给我的印象太强烈”。回忆起带有十足的原始味道的第一次见面，那个情景兼有心理因素和社会因素，是一段足够进入传记的故事，她大概已经讲述过，虽然有点流于俗套，可是回想起来仍然让她感到好像一次心理重创，尤其是故事结尾变得怪异，完全不同于奥秘叙事的寻常过程。跟着小孩的最初的脚步走入那座幽暗、神奇和诱人的戏

---

① 马赛尔·布吕瓦尔（Marcel Bluwal，1925—　），法国电影导演和编剧。安托万·维特兹（Antoine Vitez，1930—1990），法国演员和导演，诗人，法国 20 世纪戏剧界的著名人物。终身担任法兰西剧院总监。——译者注

1198 院的过道和幕后，可以预料，一道纯粹的特殊的美学召唤将会出现，此刻整个场景忽然围绕着一个人物缩小，对于舅舅的现身和魔法，她有点奇怪地——总之极富戏剧性地——称之为“这浮现，这魔力”的一切都消退了。于是，魔法让位于瘫痪。整个剧院里只剩下舅舅一人。玛蒂妮服膺教授们的戏剧观，尊重前辈大师的工作、技巧和“真正的规矩，名副其实的基本功”，例如，路易·赛涅、罗伯尔·曼努埃尔，以及“梅耶先生”①。她厌恶在新戏剧中大行其道（比德帕迪约等电影演员成就更大，不过德帕迪约自有其他追求）的时髦的“滑头”演员、先锋派导演及其“所谓的间离效应”，甚至连莫里哀喜剧里的荡妇角色也不喜欢。按照传统的等级标准，她喜欢的是“多情女子”一类的正角。

不过，她也有清醒的瞬间，例如，维特兹注意到却没有启用她，为此她感到很遗憾。她也曾像遇到救命稻草似的紧跟布吕瓦尔。她意识到，在旧式戏剧中画地为牢已经使她脱离了活的戏剧。况且，自命出身“戏剧世家”实际上使她脱离了戏剧界，几乎置身于合法的潮流之外。她甚至声称，自己只重视正规的悲剧角色，轻视咖啡馆戏剧和通俗戏剧是一个错误。这个想法从舅舅的观点看显然大逆不道，可是她屡次随口说出，好像一个难以摆脱的口误。当她提到自己本来会成为什么人——或者希望如此（“真是那样就太
1199 好了”）——的时候，口中说出的名字是索菲·德玛雷②——一个中产阶级喜剧的美艳新星，而非利斯·德拉马尔③——前任法兰西剧

① 路易·赛涅（Louis Seigner，1903—1991），法国话剧和电影演员。罗伯尔·曼努埃尔（Robert Manuel，1916—1995），法国演员和导演，曾任法兰西喜剧院的荣誉秘书。“梅耶先生”所指何人，未详。——译者注

② 索菲·德玛雷（Sophie Desmarets，1922—2012），法国话剧和影视女演员，有长达50多年的表演生涯。——译者注

③ 利斯·德拉马尔（Lise Delamare，1913—2006），法国著名古典话剧和影视女演员。——译者注

院荣誉秘书，国家戏剧学院的严厉的教授，同时也是舅舅的一个影子。不过，看到和承认失败是一种十分痛苦的内心情感，这不仅因为她对莫罗舅舅依旧很钦佩，而且因为她并没有一套可以用来判断她所继承的东西的参照系和价值观。保守的美学原则和舅舅传给她的严厉的规矩模糊了她的戏剧观，以致即使她能从中多少摆脱出来，也不足以使她找到自己的“戏路”：“（他们）彻底解放（我），对我说：‘脱掉这件紧身衣吧，这你能做到。可是，你还能做什么呢？’这样一来，演戏对我来说已经没有任何意义。”舅舅按照自己的路子已经把她塑造成形（“对我来说，戏剧就是莫罗，莫罗就是戏剧”）。抽去他的影响，玛蒂妮不仅不能自由选择自己的戏剧之路，连一般意义上的戏剧是什么都会弄不清楚。也许，从这一点可以看出，对于可能成为一条中间道路的莫里哀作品和荡妇的角色，她何以奇怪地反感，因为她宁愿演咖啡戏剧或街头剧，也不要二流的喜剧角色。宁可不要戏剧，也不要二流戏剧。

失业女演员 1200

采访者：德尼·鲍达利代斯

“一份惹麻烦的遗产”

[…………]

玛蒂妮：不过，我们毕竟还是朋友。咳，做朋友可不容易。可是这里有一个很大的不同，我那时糊里糊涂，不懂事。戏剧学院我从来没想过，是因为我舅舅才上的。我11岁，上中学时期开始上晚课，也就是每个星期上五次课，后来我舅舅让我进了戏剧学院，每周六上午上课，那个课程是给打算演练演练的专业演员准备的。

——是他叫您去上他的课的吗？

玛蒂妮：正是，不过我意识到，这条路不对。我父母有那么点令人失望，不像上一辈人那样懂得教育子女。我觉得我能够理解他

们，我知道自己是怎么回事，能够理解他们，可是他们不理解我们，除了那些让孩子广泛尝试的家长，什么音乐会啦，艺术啦，等等。我家的情况不属于这种情况。我感到自己与众不同，小时候，我甚至会想，我是不是发疯了，因为我跟谁都不一样。后来，有一次，我去了凡尔赛的蒙当榭剧场，我舅舅在那儿……

我走的路完全不同，而且太迟了

玛蒂妮：他在那儿排演一部戏，我说不出那些参演的大名人的名字，戏名也不记得了，可是……我给舅舅准备了鲜花，我母亲说“你去献给他嘛”，我就走进昏暗的后台，有点《歌剧魅影》的气氛。我感到那里有很多人，一些人物和喜剧演员，可是十分安静，那种气氛，那种神秘，我感觉得到。我站到前台上，周围一片黑
1201 暗，我觉得，已经演绎过的人物依旧在我身边。突然，有人把我吓了一跳，原来是站在我身后的舅舅。我从来不知道对他该说什么好，一直显得傻乎乎的。只要同他在一起，我就特傻，因为他给我的印象太强烈，长大以后也是如此。一看见他，我就把鲜花递上，赶快跑掉了，像个小娃娃！那出戏，“橘红色的连衣裙”……［她尽力回想戏名：《瓦兰丁的红连衣裙》］。

——那是在开场之前吗？

玛蒂妮：开场之前。我看过的戏不多，头一次看一场咖啡馆戏剧，因为没有心理准备，那么强烈的情感起伏，我还从来没有过。他们不顾我的反对，把我推到前台，完全出乎我的预料，根本想不到。表演接着开始。我们终于把戏演完了。真是一次令人难忘的经验。我心想，这怎么行，再说，还没演主角呢。真是没想到。也好，去奥戴翁剧院或者法兰西剧院跑跑龙套，这个我能行！虽说不可思议，可是一旦上场，我就……我一直关注着舅舅的舞台生涯，我的卧室墙上挂着他的剧照，还有那些有关他的文章就更不用说

了。我父母很快就明白了。他是我母亲和姨妈的兄弟，同父异母。我母亲和姨妈小时候跟他不是一个姓。我母亲不喜欢戏剧，我父亲不一样，我觉得他非常希望三个孩子里有一个能够成功，我觉得他把赌注全押在我身上。起初，我还是小丫头的时候，他把赌注押在体育上。他什么都让我尝试。练习木马的第一天，晚上他对我说："我要给你买一条马鞭子，带金色马头的那种。"我说："千万别买！"后来，他又让我学曲棍球，学滑冰，什么都学。即使这些不能让我成功，也必定是别的什么。他需要三个孩子里有一个取得成功。我舅舅的一个朋友跟他谈起戏剧，我母亲倒是什么也没说，我父亲同意了。[她的舅舅那时很出名，法兰西剧院的秘书，新近离职。他还是国家戏剧学院的最具权威的教授之一，无疑也是最"传统的"一位，激烈反对安托万·维特兹及其现代派。] 我那时去戏剧 1202
学院，舅舅对我说："你得学着背诵某某的台词啊。拿着你的书，去后院背台词吧。"我那时就是这副样子，很害怕。后来有一天，我的那个上过戏剧学院的演员朋友跟我聊天，问我："你愿不愿意我去为你说说情？"其实我什么也没有跟他提起过。他跟我舅舅谈了我的情况。一天，我父母送我舅舅去地铁站，因为他住在罗曼维尔（Romainville)，前不着村，后不着店的。我舅舅在汽车上问我父母："放学以后，让玛蒂妮来上我的课吧，你们同意吗？"我母亲听后没有什么表示，父亲把眼睛睁得大大的。

——看来他很高兴，是吧？

玛蒂妮：是的，于是我就去听课了。一个月以后，两个月吧，因为只在一旁看和听——这也很正常——我就跟舅舅说了。想当细木匠，不是一开始就下手做一把椅子，而是边看边学。我舅舅一定也是这样，心里琢磨这个外甥女是不是有那么点天赋，就像大家所说的那样，这可是有点尴尬。于是，有一天，我壮着胆子对他说了。那个时期他正在表演《布杜落水遇救记》，跟奥戴特·洛尔

(Odette Laure) 合作。德帕迪约 (Depardieu) 在里头第一次扮演一个小角色，名副其实的跑龙套。还有蒂索 (Henri Tisot) 等一伙人，在金莲花剧场。我对舅舅说："您能不能让我知道一点。不知道适不适合，我就没法在班上待下去。"很久很久，也就是说，不久以前，我才意识到，我错把他当成崇拜对象，可是这个班不是我应该走的路。它本应帮助我提高文化水平，增强自信，可是完全不对我的路，而且来得太迟。舞蹈和唱歌，对我来说，开始得太晚，这个我意识到了。有一天，我停下来不练了，因为不想生活在焦虑当中。于是，我舅舅看了我一眼，说："练习一下某某场景，某某天来见我吧。"我还记得那天我穿什么衣服。那个时期流行小贝雷
1203 帽，等等。我当时在他的化妆间里，就在金莲花剧场，正要去上课。那个阿涅丝[1]的角色真差，完全不对我的路子。

[…………]

对不起，不过我的记性很差，到处是窟窿，像一块格吕耶尔奶酪！只剩下窟窿了！而且那个卑劣的家伙连对白也对不出！我只好接着演下去，把对白的时间留出，这就表明整个场景我准备得很充分，不仅是我的角色，而且是整个场景。因为有人连一出戏都没有完整地读过是常有的事。他说："注意，等到你知道怎么干这一行，你就会尊重它，就会想起来了。"不仅如此，你还得注意听另一个人物在说什么，而且"小猫咪已死"[2] 的场景并不容易，因为它不是，也没有真正反映阿涅丝的情感。所以我不得不没有搭档地独自表演，没有对手的台词，你就得给它留出时间，你得心里默想它，然后说出自己的对白。这可不容易，每个场景都辛苦得很，因为它

---

① 阿涅丝是莫里哀喜剧《太太学堂》(*L'Ecole des femmes*，1662 年) 中的主要人物之一。——译者注

② 莫里哀喜剧《太太学堂》中阿涅丝的台词。意在告知她未来的丈夫阿诺夫，不要再指望她会嫁给他。——译者注

能证明你对场景是否谙熟于心，而且教你学会倾听别人。真是太棒了！反正是头一遭，有点难，有受虐的感觉！我把它拿下来了，然后表演了另一个场景，这时他说："停！可以了。我这儿有一份人物表，你读一读。如果今晚你想来，那就来吧。你是个喜剧演员，你有这个天赋。"真是疯狂极了。于是我开始工作。记得在一些场景里，他对我说："好，你为戏剧学院的某某场景或者出场都做了哪些准备？"我站起身，拿出一份人物表，就这样！有几次，他急匆匆跑下来，因为他必须偿付酬金，因为他不愿意学生们说他［偏心眼］……嗯，有好几回，我被夸奖压垮了。这不好，因为我从来不知道这是好事还是坏事，是不是血液里带来的，是不是得感谢母亲，等等。

——您很少在家里见到他吗？

玛蒂妮：总是在课堂上见。往往是星期天。我父亲经常问："你们想去罗曼维尔吗？"我呢，只有一个愿望，就是多见识见识。每次舅舅叫我去他的小房间时，他只露两次面，一次是进来打招呼，一次是说再见。那是他个人用的客厅，他在那儿弹钢琴，指导 1204
几个吃重的配角，听听唱片，等等。钢琴他经常弹。他安排和指导几个吃重的小角色之后，总要把脚本重新誊写一遍。他追求尽善尽美。每当我有几句聪明的话要跟他说，一出口总是变成了傻话。他让我去他的小房间的时候，我只想："跟他说什么呢？他会对我说什么？我怎么跟他说话才好？"我一辈子跟他打交道都是这样。后来，我们有过几次激烈的争论，不过应当说，他这个人就是这个样子，他是从法兰西剧院出来的，有固定的年金可领，不过总监没当成［实际上是想从秘书升任总监］，他一气之下离开了。每当法兰西剧院变动领导层，他都会提出申请，我告诉他："那些秘书永远不会让你当总监。"［语气激动］他这个人太严厉，太自我，也许也太聪明。他对志怪戏剧有强烈的意识，了解也很深入，但是恃才傲物，秘书们才不会甘心情愿被他这样对待，而他总是信奉他那一

套。第三次申请被驳回以后，大难来临［怨恨的语气］。他始终没有得到法兰西剧院的领导职位，于是一走了之。我觉得他走完了自己的路，彻底失败了，因为他不会运用他的广博知识，同时培育一种宽厚的性格。他始终没有被真正认可为一个特殊人物，一直隐身在吉特里[①]和莫里哀的剧目的背后，变成了一个自高自大的人。这一点对于生性敏感的人甚至很危险。他讲话一开头很吸引人，能够用整整一堂课大谈一个初试表演者，随后停下来跟我们这些人聊时代，一聊就是三个钟头，聊风格，聊情感。我们都穿着这样那样的戏服，没法走开。那是一种神奇的经验，于是我把他当成崇拜的对象。在很长一段时间里，我走错了路，被他肆意摆弄，对于形势没
1205 有自己的观点。所以说，我过于相信我的莫罗先生了。

——连在戏剧学院时期也是如此吗？

玛蒂妮： 那不一样，全变了！我曾经得到教育部的特许，免考入学。真不幸，他们要了我。我那时可以选择导师，要么跟着路易·赛格纳先生，要么跟罗伯尔·玛纽尔——他在做人方面不是一个好榜样——或者直接跟我舅舅。我不知道他为什么一下子喜欢上了我。的确，有人仍然去上他的个别辅导课，可是我不去了，不过那是另外一回事。我不知道为什么会去他那儿，那时候我太年轻，文化水平不高，或者说，缺乏走什么路的远见，没有明确目标，因为戏剧学院那时已经不再是法兰西剧院的跳板。有些人为了通过考试，还死抱着地道的古典戏剧不放，穿古装，演马里沃[②]，等等乱七八糟的玩意儿。在莫罗的课上，我结识了不少人：德帕迪约，迪索利耶（Dussolier)，好多人啊！我觉得认识迪索利耶是好事，也

① 萨沙·吉特里（Alexandre-Pierre Georges “Sacha” Guitry，1885—1957），俄裔法国电影导演，演员，剧作家。——译者注

② 马里沃（Pierre Carlet de Chamblain de Marivaux，1688—1763），18世纪法国重要的喜剧家和小说作家。——译者注

合情合理。不过，请注意，他有了一把年纪，在古典文学和现代文学方面都有相当的造诣，真是一个人物！他很会运用自己的魅力，可是，不管怎么说，他懂得服从自己的角色，其他人从来不会！我是说那个大猩猩德帕迪约，在莫罗的课上，他是最友善、最温和、最可爱的一个，总想好好干，终于成了人人皆知的大猩猩［语气激烈起来］。他哪里只是什么装卸工、卡车司机哟，是大猩猩！他跟那只猿猴在美国演电影［马尔科·费雷里的《猴子再见》］的时候，我就说："为什么不让他……演那只猿猴呢？"我个人认为，这话请给我剪掉［手指录音机］，他从来不会躲在角色后面，演来演去还是他自己。这就跟吉霍度（Giraudeau）一样，我从来不觉得他有丝毫魅力。因为我曾经瘦过，也胖过，后来又瘦下来——我是说体形。体胖的那个时期，我进了索菲·德玛雷［口误］在戏剧学院的班——不对，真是那样就太好了，是利斯·德拉马尔的班。 1206

……我厌恶莫里哀，我不喜欢他……

玛蒂妮： 她让我们排练的都是她自己扮演过的角色。真可怕！如果是从未演过的角色，她就把人物表拿给我看，都是一些贴身女仆人之类的角色，因为我那时候很胖。［口气突然软下来］我厌恶，我不喜欢莫里哀。真搞不懂，时至今日，为什么还有人喜欢女仆人。不会的，没人喜欢。我一看人物表就跑掉了。有一个如今很出名的家伙，名字我记不清了，是我们这一届的。一天，他在街上看到我，就问："你这是怎么回事？"我说："你看看她给我的都是些什么就明白了。"我回校以后，她问我："你这是怎么回事？"我说："我想扮演伟大的多情女子，想演妲娜·伊纳斯。"［蒙泰朗①的《死

① 亨利·德·蒙泰朗（Henry de Montherlant，1895—1972），法国散文作家和剧作家，1960 年当选法兰西学院院士。妲娜·伊纳斯是蒙泰朗的剧作《死去的王后》里的主要人物之一。——译者注

去的王后》］……她不相信我能演，然而我一说完，就发生了一件奇事［情绪激动起来］。我跟戏剧学院的朋友们本来没什么关系，因为他们都比我年龄大，可是我那个伙伴，我看了他一眼，眼见他在哭泣！那是我一生中最美好的时刻之一［似乎因为我不相信她的话而愤然］，他真的在哭泣。于是她说："你开始节食吧，准备饰演多情女子。"后来我加入了布吕瓦尔［戏剧导演和电视制片人（与米歇尔·比高利和克洛德·布拉索等人合作过《唐璜》），1972 年至 1981 年担任国家戏剧学院现代戏剧教授］的班子，把舅舅晾在一边了，真妙！从图沙尔［Touchard，担任国家戏剧学院院长至 1974 年］到罗斯内［Rosner，从 1974 年至 1982 年担任国家戏剧学院院长，极端"现代派"，取消了毕业考试（为莫罗所憎恨）］，我都经历过。罗斯内试图利用我和我母亲，把我置于他和莫罗之间，也就是说，整个一类戏剧……而且死守各自的立场。我这是指曼努埃尔［Manuel，超级现代派教授］等人，这就是说，他们不容许任何偏离轨道，死守立场。

——连曼努埃尔也死守立场！

玛蒂妮：不过，他不是一位很差的教授！现在怎么样我不清楚。他在生活中倒是很友善，但是有点自大，充满自信。那个时候，他把规矩教给我这种什么都不懂的学生，教授想当职业喜剧演
1207 员的学生所必须具备的基本功。我呢，这些我都跟莫罗学过，但是过于僵化，这我知道，我努力学，有了自己的基本功。没有的人可以跟莫罗学，跟赛涅可以学得更多，从他俩那儿学到。总之，不该抹杀他们的功劳。我们跟着梅耶尔（Meyer）先生学习的时候［强调敬重之意］，无论别人说他什么，老糊涂啦，这个那个啦，跟随他排演费多[1]的戏片的时候，通常都是原汁原味的费多，真的很棒！大家

① 乔治·费多（Georges Feydeau，1862—1921），法国剧作家，现代荒诞剧的开山人物。——译者注

都很开心，边玩边演，所以说，所谓间离化，等等，等等（……）。

——间离化谈得很多吗？布吕瓦尔属于这一派？

玛蒂妮： 不，布吕瓦尔常说：“嗯，那好，我不多谈这个间离化，不给你们解释它的意思。”他让我们做的事是必须回到某种有具体表现的现实，同时必须用某个东西把我们的人物表现出来。我们的人物永远必须是真实的，不用道具就能取信于观众，什么都不用，然而可以一眼认出，只用某个特别的东西表现出来。可有意思了！我在戏剧学院学到的一切都让你飘忽不定，让你玩剑术。我很喜欢，觉得非常有趣，而且跟同伴一起，我们常常去大吃一顿。我感觉如鱼得水，但是融而不化。我不像他们那么辛苦。比如说，一天，我手上有一部维克多·雨果的戏，我正在饶有兴味地阅读其中几个场景，维特兹的班上有个姑娘，个子不高，却是戏剧学院最得宠的女生之一，人人都认为她是新生辈中的天才。那时她还不怎么出名，戏剧学院欣赏她的新浪潮和超级现代派风格，她把屁股给人看，颠覆一切。他们硬搞什么间离化，却连什么是间离化都不知道。他们多少是在乱弹琴。维特兹给他们讲解间离化，他们一点也没听懂。我那时已经榜上有名，我便把书借给这个正上大三的小姑娘。她选择了一个无人知晓的场景，绝对不是考试用的，一个没人表演过的场景，因为不像一个值得拿出手的、表演起来很有意思的场景。多亏我把缪塞的书借给了她，她才参加了考试。一个完全不知名的场景，她表演了其中提取的一段，把毫无意趣的东西表演得 1208
很有意思。我气得发疯。她是为了升入三年级，她大概在二年级，我在一年级。大致如此。上戏剧学院如果在好年纪，或者说，如果有充分信心，知道要往哪里去，目标远大，也了解自己的局限，愿意努力克服，自我约束——学校也会要求这种纪律性，强迫你遵守——这样一来，我想说，怎么不可以呢？不是有人 17 岁就获得了罗兰·加洛斯（Roland-Garros）奖吗？不过，我从来没想回戏剧

学院去，那说明不了什么，再说，我已经摆脱了莫罗的严刑峻法，像一条出水的鱼，一个没有莫罗的戏剧里的莫罗的弟子！一开始很不容易。布吕瓦尔教给我很多东西，可是我没有跟着他准备毕业考试，什么都没有跟他一起做，也许是因为我把我最后做的东西给他看了。

我当不了观众

玛蒂妮：于是我就琢磨，为什么布吕瓦尔先生让我们苦学两年，后来继续这样做，而且从不……他是不是觉得我们很差，不敢告诉我们，或者缺乏自信心？［激动起来，口干舌燥地高声说］这个我很想知道，很想弄懂。他从来没有把机会给班上任何一个学生，从来没有！唉，我很想弄懂。所以，我独自准备毕业考试，我不想把它当成法兰西剧院的跳板，再说那时也不管用，过时了。法兰西剧院知道罗斯内在戏剧学院当院长。他们不愿为他背书。他们的立场完全是右翼的。罗斯内门下的学生竟然能演古典戏剧？这个他们无法想象。可是，绝非如此！罗斯内工作脚踏实地，但是我看不出他在法兰西剧院能做什么。我能够做咖啡戏剧，全靠理查·丰塔纳［Richard Fontana，法兰西剧院秘书，我们这次采访期间，他
1209 是剧院内的要人，并且与玛蒂妮同时上过国家戏剧学院］。我和他并不同届，不过他后来进了法兰西剧院［愤懑的样子，语气夸张，似乎在掩饰或压制敏感和亢奋的情绪，几乎要落泪］。我讨厌当观众，我当不了观众，再说我那时从来不去剧院，从来不去歌剧院，不看那些滑稽戏，我看了会反胃。那不是我的位置！如果去剧院和歌剧院，我就得站到舞台上，不然就不去，这个我不能接受。

——电影院呢？

玛蒂妮：对我来说，电影院容易一些，不过，我不跟熟人或者从前遇到过的人一道去，因为我太了解他们了，知道他们那套玩意

儿，太了解他们的生活了，无法信服。[字斟句酌地说] 我认为法国电影界有严重的不公正现象，真正的丑闻。我不会自倒胃口，去剖腹自杀，当一个不忍卒视的观众。

——音乐，歌曲，戏剧，您都看不下去吗？

玛蒂妮： 是的，比如说一个钢琴家吧，我就看不下去…… [她忽然感到很疲惫。]

——您学过钢琴吗？

玛蒂妮： 学过一点。弹钢琴我有兴趣，没兴趣看别人弹。所以，也许有点心理障碍，我从来不愿意置身于观众当中，不愿意当观众。我认识不少愿意站在观众一边的演员，他们觉得很不自在，可是仍然站在观众一边。他们可以不计较，我可做不到。

——"站在观众一边"是什么意思？

玛蒂妮： 就是消极，陷入某种状态，而我呢，我同时能够看到好的一面，哪怕是不好的东西，我也总能看到好的一面。(……) 我看过一场莫里哀的戏，演得特棒，因为一切都完全在黑暗当中进行，什么戏剧场面我也看不见，除了演员们最后出来谢幕的时候，这才看见边幕亮起来，我就想："为什么不让我们看见这些戏装呢？这些演员真棒，真美！干吗要把整出戏放在黑暗当中呢？" [她把这个小插曲戏剧化了，"真棒，真美"几个字几乎是喊出来的。] 我搞
不懂。我不喜欢当观众，受不了。作为观众看戏会妨碍我入戏，尽 1210
管入戏很浅很浅。坐在观众席上，我总是觉得别扭。布吕瓦尔先生有一次说得很对，他教给我们如何消除莫罗的影响，那是一种桎梏，一副铠甲。不忘演技的同时，他教给我尝试自我，展示自己的观点和事物观，但是仍然得站在人物的背后。他教会我打破身上披的这副铠甲。他对我们说："把戏剧当成理疗很不好，应当立即停手。对于那些有毛病的人、当邮差的、一家之母等等，戏剧作为一种心理疗法有它的好处，虽说，嗯，我还是有怀疑，因为这些人马

上就会膨胀，他们会想，我得上一门更好的课。”他还说：“可是，专业人士，比如像你们这样，为了从事演戏这一行来到这儿的人，如果哪一天你们觉得演戏对你们是一种心理疗法，就什么也别干了，那才是糟糕透了！戏剧永远不该成为一种理疗，那是你们能够遇到的最糟糕的事情。”可是莫罗呢，他告诉我们“你们今天人很多”，他的第一堂课，我们有120人，真是疯狂！那间小屋子一开始就塞进那么多人。怪事一桩！他说：“你们这120个，90个人当中……也许只有两个将来会干这一行，可是我要教给你们一些你们一辈子都有用的东西。”只要他不扼杀我们的个性就谢天谢地了，有时候他真的压得我们喘不过气来，特别是女学生，我很少见到像他这样厌恶世人、歧视女性的人。他要求我们尽善尽美，然而女人并不是完美的造物，除了几个神奇的例外，从来做不到完美无瑕。我上过巴黎戏剧学院，那可是要和国家戏剧学院一争高下的！［莫罗曾经打算在各区戏剧学院之上创立一所戏剧学院，计划最终得以实现。］

——最终打了水漂？

玛蒂妮：非打水漂不可。那是信口开河！我去以前，已经通过了入学考试，但是始终不知道我被接受是不是因为他，所以一直避免亮出他的名号，但是不容易做到，因为不说大家也知道，而且很快就看出来我的莫罗戏风。可是，他的助手告诉我们：“你们必须
1211 知道，跟着咱们的大师莫罗学习，今后你们很可能在哪儿也不会获得启用。”学生们缴钱上这个只有莫罗一个教授的戏剧学院，你这么说让人很不舒服！好么，任何出演机会都没有，这也太残酷了点！我既为当莫罗的学生感到自豪，又得藏着掖着。一次，莫罗让我自信有演戏的天赋，舞台才是最重要的，我当时掉了眼泪，因为刚刚看过一台经他指导的戏，一部创作，我正泪眼婆娑，用手绢不住擦泪，让其他观众感到有点尴尬。我那副样子说不过去，于是走

到剧场顶楼的廉价席去了。过后我给他们献上了一大捧鲜花，一边哭着走下来，向他们致谢。我舅舅盯着我看，说："我希望现在你懂了，只有舞台这个东西最重要，只有这个，没别的。"我说："这我一直就明白。"[沉默。她看来很难保持冷静和清醒：泪眼蒙眬，嗓音干涩，手势不明。她使劲吸烟，连饮橘汁。]这个还毁了我的婚姻。

——您结婚时很年轻？

我不认为演戏是一种自恋

玛蒂妮：是的，当时我还在戏剧学院。我没有正式结婚，我俩只是同居，后来因为别的理由办了手续。我知道我站错了树枝。等到明白了，也晚了。我知道我的位置在哪儿。不是因为自恋，人都有自恋情结，都有……（……）我对别人的戏剧不感兴趣，除了莫罗的。很久以后的一天，莫罗——他一直让我相信我属于他的戏剧班子，我只跟他的戏剧家族相关，因为对我来说，戏剧就是莫罗，莫罗就是戏剧。后来的一天，我陪他乘车去埃贝多剧院，路上他说："你知道，你得到处去找，设法加入一个演戏的家族。"

——是在离开戏剧学院以后吗？

玛蒂妮：对。

——您参加布吕瓦尔的班子，他不生气吗？

玛蒂妮：咳！别提了！[语气夸张而激烈。] 1212

——所以您就不去维特兹的班子了？

玛蒂妮：完全不是这样。（……）什么战事也没有发生，可是我能感觉到谁想成功，也就是说，谁完全献身于古典戏剧。当时那个如今特别卖力，跟布吕瓦尔学习过的女演员……我记不清了，她原来在罗伯尔·曼努埃尔那里，我觉得她，咳，受不了她[厌恶溢于言表]。一开始我就觉得她是臭大粪，她倒是不断努力，这个

人啊！

——克里斯蒂·布瓦松？

玛蒂妮：［语气突然缓和下来，一变而为敬重］不是她，布瓦松嘛，没人说她好，也没人说她不好。我在戏剧学院的时候和她在一起，真是个人物！不是她。我说的这个人跟着曼努埃尔，后来从未停手，一部电视片接着一部，连续剧接着连续剧，真是不可思议！还演戏呢！我承认，她这些年改进了不少。

——同学之间很团结吗？

玛蒂妮：我在那儿究竟做什么，我自己也不清楚。所以，我丧失了三年时光。给我献花的不少，维特兹也来看我。我跟他是在卸妆间相遇的，克里斯蒂在场［布瓦松在安东尼奥尼的电影《女人身份》里成为影星］。我俩对视片刻，然后他说："行，完事了，现在得看电话铃会不会响起了。"我想我们都没有互道再见，不过大家心里多少有数。我呢，我倒不觉得电话铃会响，因为我不喜欢我的形象，一点都不。

［…………］

请注意，天赋属于他，属于我丈夫。管他叫"我丈夫"有点滑稽，可是天赋毫无疑问在他那一边。他告诉我，戏剧像古希腊语，是一种死语言，他认为"一点用也没有，不存在了，死了"。我听任他影响我，也许太快了一点，太容易了一点，因为我恰好不愿意突显我自己的形象，不甘心只扮演贴身女仆，我害怕失败，缺乏自信。再说，一旦脱离了我依附的莫罗家族，我将一无所有。于是，我担负起我丈夫的职责，也就是说，抛头露面的事归我。他这个人既自
1213 高自大，又极为内向。一段时间过后，一切进入正轨，钞票挣得很多，如同天赐甘霖。我竭尽一切努力。［突然亢奋起来］我又有了焦虑感，（……）心想：自己越辛苦就越焦虑。后来又想，也许这是维持夫妻和谐的唯一办法，因为两人一天到晚见面，总是音乐。这样，

我打算重返剧场，可是他不支持。他不同意我回到莫罗那儿去。

我后悔与生活失之交臂

——您多少摆脱了一直纠缠您的神话。

玛蒂妮：没有，这个神话又来了，不过我看见了他的疯狂，他的［莫罗的］张扬变得疯狂、极端。而且他从未见过我出演的悲剧角色，每当我说了点什么，他就说："可是你怎么会……我不知道，给我看看这个那个。"我就跟他讲述一部悲剧，好像是《费德尔》吧，记不清了，他站起身来，说："又是悲剧，悲剧，除了悲剧没别的！"事态于是急转直下，莫罗第三次狠批了我，后来我丈夫也狠批我，娘家人也狠批我，没有人支持我，没有人给我撑腰。于是我放弃了。我觉得患上了慢性抑郁症，没有自信，过早放弃了雄心。如今我遗憾没有谁鞭策我继续学业，使我左右摇摆而且顺从。遗憾自己听任摆布，以为上戏剧学院是一件好事，被人推上了这条路，因为不知道我会失去什么。我现在打算拿下高中毕业会考，上大学。我想学声乐和舞蹈。目前还有点早，准备起来会很苦，但是我想学一门让我自豪的专业，有自己的地位，不一定站到聚光灯下，那已经不可能了。不过我还是打算试试，哪怕只为我自己。

然后就是关系破裂，先是丈夫离我而去……可是房间里没有
我……他一刻也活不下去，他还催我去上舅舅的课，这个已经有点 1214
奇怪。有时候，我离家去上舅舅的课，他还会装模作样地站到阳台上［为了让她留在身边，其实上莫罗的课是他怂恿的］。我于是返回楼上，告诉他："那好，我不去了。"他说："去吧，你还得去，这对你有好处。"我再次下楼，启动汽车，他又走到阳台上。有人告诉过他："蝎子遇到鱼会出事的，不好。"咳！就是如此……其实，我的生活中所有那些对我不利的，不代表我自己的事，我一直受人摆布，被别人塑造，个性被压制，因为我觉得我的个性很强。我一辈子都

受压制，直到今天还是被别人捏来捏去，任人摆布而毫无意识。可是如今别人反倒指摘我："你为什么这么做，不那么做?"他们催促我，说我，或者不催促，只说；要么什么也不说，随便我怎么做。比如，我有过上戏剧学院的意愿——我现在认不出那里了，它不属于我，不是我该去的地方。我当年太年轻。我的个人情况和莫罗对我的塑造，二者还是有区别的。在演技方面，在理解剧本和人物，以及人物的深刻人性方面，包括人物为什么用这个词，不用那个词，莫罗的教育很了不起。有人倾听很好，不过年纪得大一些，要不就得基本功扎实，天资超常，不然就会丧失自律。我没有意识到这个应该靠自己，从某个方面靠戏剧学院的训练（……），我的情况很特殊。我不想被当作样板，我真觉得那样很……他们要么随便学生怎么做，要么逼他们做一些极端的、不适合他们的事情，因为他们不是根本不懂，例如间离化什么的，就是像对待我这样，彻底解放，对我说："脱掉这件紧身衣吧，这你能做到，可是，你还能做什么呢?"这样一来，演戏对我来说已经没有任何意义。

——您目前做什么？

玛蒂妮：［疲惫不堪，语气松弛下来］我很后悔错失了生活中
1215 的机会，我还以为正在生命的高峰期呢。有一句很有名的话，记不清是谁说的："到了回首往事，懂得自认生活失败的年纪。"可是我呢，我永远不会承认，所以总是痛苦，我不必回首往事才知道错失了什么。我觉得这个也导致了我的暴食症，由于我的家庭生活，由于所有这一切，由于莫罗，由于那些摆布我、压制我的个性的人，我得了慢性抑郁症。我认为我的个性很强，他们不愿意释放它，让它自由发展，正相反，他们要把我塑造成他们的个性，要我通过他们的眼睛去看，按照他们的方式去生活。这是我的错吗？我是不是太傻、太幼稚了？我不知道。也许我那时太痴迷，爱得太深，太追星？我不知道。的确，身在咖啡剧场，或者大剧院，头一次在咖啡

剧里演主角，那种与观众的交流真是棒极了。他们一疏离，你就把他们拉回来，对我来说，这才是最好的学校（……）。

[…………]

当时我在一个高原地区，帮助阿兰［Alain W. 是她的朋友，以撰写译文对白为业，即演员做同步录音所依照的法语版。正如这段叙事所说，她有时会协助他］译制一部影片。那是奥玛·沙里夫第一次为英语版录音。影片翻译得不好，所以必须重来。我在高原上协助阿兰给大家做简报，包括奥玛·沙里夫，他在一个很远的地方，而且还得返回那里，因为他得在那儿打完一局扑克牌。不完成后期录音或者同步录音，我们就不能放他走。我见他依然很英俊，不输青年时期。有人告诉他："你在高原上会遇到阿兰·W. 先生和他的女助手，他们会简报情况，担保一个场景不丢。"他来后便与阿兰和我握了握手，说："你好，阿兰！我很高兴和你一起工作，希望一切顺利。"他还亲吻了我的手，对我说："你好，玛蒂妮，我很高兴和你一起工作。希望一切顺利。"您知道，人家这种态度肯定会起某种作用。我在高原上制作瓦依达[①]导演的一部陀思妥耶夫斯基的作品，那是神来之笔！绝了！［语气激烈而干脆］有人把他 1216
［沙里夫］领进来。我听见走廊里有人说："沙里夫先生啊，我们深感荣幸，非常感动！"［说这话的是阿兰。］"太精彩了，太神奇了！"［说"太精彩"的是沙里夫，应答"我们非常感动"之语。］他如此亲和、谦卑、朴实［语气强烈得有点过分，似乎大部分演员的态度与此相反］，即使是简单的几个字，他也说得很漂亮。我这儿有个很有趣的小插曲。译制影片时，他有一个时刻得说"我隐姓埋名"，

① 安德烈·瓦依达（Andrzej Wajda，1926—　），波兰电影和戏剧导演。奠定其影史地位的作品是他的抵抗运动三部曲：《这一代》（1954）、《地下水道》（1957）和《灰烬与钻石》（1958）。他有多部电影获得过奥斯卡最佳外语片奖提名，2000 年获得奥斯卡荣誉奖。——译者注

英语得说“I am incognito”。此时彼得说“啧啧”［表示不同意］，于是，沙里夫说：“是不是出了技术毛病？还是说，你们更希望用别的什么？把片子再过一遍，看看我是不是没录好。”这么谦卑，这么朴实。阿兰什么也不想说，真不想说，彼得却用不同语言跟他说了说，他认为：“我不认为英语会用 incognito 这个词。这可是给高蒙公司制作的片子，人家也许会说这样不行。”大家都躲在电脑后头，看沙里夫如何回答。大家在偷笑，耳语——终于有人给他一点颜色看了。彼得一出去，大家就大笑起来。沙里夫说：“先生，的确，我在影片里说了 incognito，我的声音全世界都熟悉。如果用法语或者意大利语说 incognito，换成英语我还是这么说。为什么呢？因为高蒙公司在全世界没什么人知道，可是奥玛·沙里夫和他的声音无人不晓，谁都听得出。不管是哪一部电影，从来没有人要求我改变口音和表达方式，我也尽量做得最好，可是我的口音和我的表达方式都是我自己特有的，嗓音是我的，是我自己的选择，没有人责怪过我，要求我别这么做，因此，我还是要说 incognito。”可是他依然很和善，非常温和。朗贝尔·维尔森（Lambert Wilson）、戴尔斐·勒鲁瓦……不，是菲丽帕·里罗伊（Philippine Leroy-Beaulieu）！她真的不同凡响，那么友善、谦和！这三个大牌都不同凡响！这是高原上从来没见过的。对比那些丑陋、高傲、虚荣，总是往别人菜汤里吐痰的法国人和双语人士，真是极大的教训［夸张的厌恶表情］。在影片里，当他濒死时刻，你可以听到猪的骚
1217 动声，那是世界末日，真是精妙！［强调“精妙”而略过细节，但她并未意识到。她用的形容词个个重读而且脱离正常语流。］瓦依达的这部电影，即使只看色彩，除了他，即使喜剧演员也……不，出色的喜剧女演员还是有的！这部电影很棒，但是译制得很差。我们给高蒙公司译制这部美式英语版，可是连法语版也不怎么样。高蒙的老板说过：“这是我们制作得最好的译制片和最美的影片。”译制

得虽然不好，可是我永远为它感到自豪。[这个插曲叙述得支离破碎，语病很多，目的不过是炫耀她跟众明星共过事，后者很欣赏她和她的朋友。玛蒂妮看来在暗示旧日同学在她眼里都是粗俗的机会主义者（丰塔纳、贝瑞、吉霍度）。幻觉方面的东西多于见证：例如她对明星的看法近乎玄秘，而且有些幼稚。译制电影似乎是她唯一的成功的和在职业生涯中“奇妙的”经历，她为之激动不已。这段经历的叙述杂乱无序，几个顽固的念头交织盘错：关于大明星的神话，自恋情结，演员大多粗俗不堪，制片工作的失败，等等。]

旁门左道

——您现在做什么呢？

玛蒂妮：[神情沮丧，疲惫，语气徐缓而简短，除了着重强调一句“永远不会”。] 不幸的是，我现在什么都不做，这才是最难受的。什么都做不了，因为我没有完成学业，简历上没啥可填的，申请不了艺术以外的职业，烦死了，最好别跟我提这个。别跟我说当协调人，或者组织业余爱好者的活动，永远不会！或者组织孩子们的活动，这个我干不了。我需要的是一位导演，他把戏文交到我手里，我来实行。我不想演戏了，我已经演得倒了胃口。[她想重拾演戏，但要换一个环境，摆脱莫罗和她的同学们。]

——您不想返校读书了？

玛蒂妮：[带有几分怨气，口气疲软。] 不想，因为没有学籍。 1218
理论上，当年我有过，因为我没有报考高中毕业会考，上了戏剧学院就有了学籍：高中毕业会考加三年戏剧学院。

——哦，是这样。您去大学询问，人家是不是说：没有高中毕业会考的成绩是不行的？

玛蒂妮：哪儿都这么说。我去过国民教育部，问他们：“你们干吗让我那样做？为什么把我降级？高中毕业会考加三年戏剧学院

那时仍算大学水平，我还能返校读书。可是，你们现在却说：不行，按照目前的做法不行，不能倒回去算！”所以，我没有高中毕业会考的证书，也不会再去报考，不做这个梦，一无所有。没有工作，对我这样患慢性抑郁症的人没有任何帮助，特别是抑郁症已经七年，什么都追不上了。

——您目前处于某种过渡期吗？

玛蒂妮：已经七年啦！

——您领失业津贴吗？

玛蒂妮：我一无所有。如果想要，我可以领失业补助金。目前，经济上我没什么问题，可是我觉得不舒心，很像完全由国家负担的那些人。这可不行！我从来不能忍受这种事。我一直认为女人和男人一样，不过，从内心里——这也是一种返祖现象——一个男人永远不会想，让一个女人养着我吧。从我童年的记忆开始，我从来没有觉得自己是男人，我是女人啊，这我很清楚。不过，不知道怎么回事，从何而来，我有这样一个想法：我首先是一个完整的人[她的意思是“独一无二”，不可改变]，首先应当做一个完整的人，然后才是女人，你得有一份职业，永远不结婚，哪怕你深爱某个人，而且不要孩子……

——您从来不想要孩子吗？

玛蒂妮：不想，因为我觉得自己不够成熟，不太稳重，当不了榜样。这可是大人能够给孩子的唯一的教育。你得有相当的文化水平，才能唤起孩子的兴趣，而不是逼着他们做什么，不去影响他们，而是促使他们对文学，对各类音乐发生兴趣，不应该分得过
1219 细，要引导孩子自己做出选择，向别人请教。而且，你得有勇气承认：“孩子们，听我说，今天妈妈很差［强调‘差’字］，全线崩溃，妈妈啥也不懂。妈妈做了这件事……”孩子一听就笑起来，问：“后来呢？”我觉得自己不成熟，能力不行，我打算

通过自身努力实现某个事情，证实我可以成为一个人物，那是我4岁以来的梦想。一到36岁就不那么容易喽！我没有钱，没有很多钱……从来没挣过……［从未回避与失败相关的字眼，而是加以渲染。］

——家里人没有从经济上帮助过您吗？

玛蒂妮：我宁愿不谈这个。并非每个人生来都是孤儿，问题不在这儿。我心想，总有一天我得把命运翻转过来，不走这条大家让我走的路，它本来就不是我的路。他们过于宽容我，随我怎么干，现在却责备我没有达成目标。他们无权这么说。当我说“这是我的错”，第三次我就说“这不是我的错，是他们的错”，因为我不知道是我错了，走了歧路。现在我应当做的是赢彩票，把它送给那些需要的人［既严肃又戏谑地强颜欢笑］。

——您玩彩票吗？

玛蒂妮：不玩。我琢磨过这个东西，知道有多少人玩这个，把全部工资都搭进去。我有一阵子当过舞弊监管员。我干过不少行当，可是从来没有感到自豪，除了有几次有那么一点点，可是谁都不认可我。现在我心想，日子紧起来了，因为金钱是战争的神经，不然你就得很有才能和机会。“机会”非常重要。我觉得我没有什么才能，可是我身上有某种能够让我成功的东西。戏剧对我的伤害太大。太让我伤心了。我连想都不愿去想它［强调“不”字］。我觉得，戏剧这个东西很像迷魂药。如果说，那时我一定要演戏，那就得演街头剧。

正如维特兹告诉我的那样——其实那时我毫无所知——他导演过图尼埃（Tournier）的作品［她在国家戏剧艺术学院毕业庆典上表演过图尼埃的《星期五》的片断］。我呢，我做过另一个片断。 1220
当时我并不知道上演过一次，那是他在沙窑剧场（Chaillot）导演的。他来探望时对我说：“玛蒂妮啊，玛蒂妮（他在戏剧学院用师

生的口吻跟我讲话，这也许是唯一的一次)，我想说，我没有见过像你这样表演的，可是现在一想，为什么不可以呢？真的，我要祝贺你，因为我没有见过这种表演，我导演的不是这样。”过后，布吕瓦尔跑到咖啡馆里找我，因为我谁都不想见。表演已经结束，我停下一切，他刚巧看见我，说：“嗨，我没什么可说的，我教给你的正是你想要的，而且你把绝对沉默完成得很好，而且不是因为他们在睡觉（可以听到打鼾的声音)，连苍蝇都能听见，你使他们静听了半个小时，你的念白那么晦涩难解，观众根本不懂你在说什么，然而保持了沉默，你的确抓住了他们的注意力。”他又说：“这才是最要紧的。你现在应当考虑拿这个当作职业了。”这个话跟他完全是矛盾的，这个布吕瓦尔说得有道理，什么［角色］都应当接受下来，哪怕是丑恶的、傻乎乎的、愣头青的、愚笨的。其实他是个左翼人士、半拉子知识分子，竟然这么说！我说，那不行，有些东西我必须拒绝，接受等于出卖自己的灵魂，出卖良心。那不行，你是专业人士呀，你们不都是专业人士吗？［她通过我朝所有演员喊话，好像在法庭上。］什么角色你们都应当接演。你们不应该画地为牢。什么你们都应当接演，哪怕角色让你们恶心。你们必须这样做！你们必须靠你们的职业生活。

——如果现在给您一个角色呢？那就能够重新出发了。

玛蒂妮：我跟别人不一样，没有这个能力。(……)［借这次采访给演员们提出最后的劝告，一个结论］我的情况太特殊。喜剧演员们必须能吃苦，这个不假。莫罗有句话，我不知道是否应该相信：“自从你选择了这个职业，每天早晨你会肚子疼，你会怯场，哪怕你每天上午都要演出。因为你可能连演一个星期，三个月，半年，一年，只因演出成功。时候一到，这些都会消失，那就行了！”

1990 年 12 月

家庭的梦想[①] 1221

亨利已经得到了他当初想要的一切，可是不能肯定，凡是他得到的都是他想要的。回顾自己走过的快捷而出众的求学经历，他觉得这条路“很久以前就确定了”，虽然他一直能够选择最喜欢的东西，可是“当研究员多少已经被编进了程序”，即使头脑清醒也改变不了什么。他考虑过各种可能性，可是，似乎因为心有所悟，或者心里明白这些可能性预先已经排除，自己最终还得做出看起来——至少回头看时——最差的选择。从“社会和金钱方面”看，他不知道自己是否确实是成功的。

亨利的父亲是小学教师，更准确地说，是法国东部的一个两千人口的小镇上的小学校长，母亲是学前班教师。他从小就浸润在一个校园生活的天地里，而且恐怕永远如此。“我一直生活在这样一种氛围当中：学校，书籍，文化，都很受重视……”上高中以前，
父亲是他的第一个老师。他是个非常敬业的人，很喜欢谈论学校的 1222
问题（政治上接近社会党，不喜欢军队。最近有一位将官被选入镇政府，为此他大为光火）。不过，他并不鼓励亨利投身教育界：“不假，教学这一行很吸引人，可是在我家里相当受排斥，我父母都不怎么支持我进教育界……总之，倒不是教导我厌恶这一行，而是……他们经常发牢骚，而且……”父亲的矛盾态度大概跟教育界的变化不无关系。亨利似乎重蹈覆辙，每当做出选择时都会表现出深刻的矛盾性，总是在最接近教育真谛的无私选择与学费较低，却能够带来物质收益的职业之间摇摆。“一直是一种并存的关系……

① 此文英译本未收。——译者注

怎么说呢，是一种既吸引又排斥的关系，凡事都有这么一点，差不多总是这样。”不过，他很清楚——话未出口，他先笑了起来——自己最终总会回到苦行僧式的选择上来：“我不知道怎么把我的活动优化一下。”……

他似乎服从“程序”（这是他用的比喻），一生中每逢岔路口，他做出的选择都是最有利于学业的，但是“在社会方面”未必最好：上高中后，高二选了科学，毕业班选了理工类，高中毕业会考获得的评语是“优良”；在一所外省的名校预备班里照样数学优等。按照他的说法，所有这些都“没有经过考虑”，因为它们对于一个优秀生来说不言而喻（“一条康庄大道，你只要走下去就行了，拿个好分数，完事”）。他从来都是全班第一名，参加了名校的统考。
1223 在综合理工学院绕了个弯子之后，进入高等师范学校的理论物理学专业。在选择综合理工还是高师的问题上，他深感“程序”给自己留下的自由的限制。总之，在这个显然是人生的转捩点上，他戏剧性地悟出两条取舍的准则和从中引出的两种生存方式：“可以说，一直有这个纠结，至今还有，究竟哪一个更适合我……怎么说好呢？很难一下子说清楚。一个看来是思想方面最令人满意的选择，另一个是社会方面的最佳选择，或者说，能够更多地开启职业生涯的可能性，总之是这一类的东西”。两所学校的入学考试他都通过了，经过长时间犹豫，最后他听从了老师的建议，决定去巴黎综合理工学院。老师们认为，一所学校的声望是用成功者的人数衡量的，父母和周围的人也说“巴黎综合理工学院最负盛名”。不过，更重要的原因是他对校方的判断深信不疑，也觉得两场入学考试的分数排名便能够指示未来的道路（“我在巴黎综合理工学院排在30多名，我想是第34名；乌尔姆街高师把我放在候补名单上。……我心想，录取名次低正好说明学校不那么适合我”）。巴黎综合理工学院是军事院校，开学便是军训阶段，非参加不可。这对他来说是

一次可怕的经历：他不得不洗耳恭听一些军官的蠢话及其“法西斯式”的训诫，也震惊于同学们的绝对服从：只要能给综合理工学院 1224
学生的头衔增光，他们什么都能做。亨利毅然决定退学，哪怕这意味着打道回府，返回外省上学。

此时他无疑看到，一些强大的机制不容许他做出某些选择：“这个嘛，在我这里行不通，我做不到。”“我似乎背弃了从前对我很重要的东西。”“我可不愿意以后当个排长，告诉应征者：‘看，军队就是这样，很棒……你们照我这样做就行。’这种话我一个字也不相信，根本不是那么回事嘛。”不妨认为，他的内心深处的反黩武主义是从父亲那里继承的，这促使他在父亲的鼓励下脱离父辈的职业轨道，试探综合理工学院所提供的名声更佳、酬薪也更优厚的职业道路。从更深一层看，父亲的意见他向来征求和遵从，而且与父亲很亲近，即使选择不都是父亲替他做出的，也仍然可以肯定，它们都符合父亲的意愿。可以认为，一个外省小学教师的儿子之所以一度徘徊于巴黎综合理工学院与乌尔姆街高师这两个“不言而喻的地方”之间，在某种程度上是由于目标不明确，他的努力完全是为了满足父亲的矛盾的欲望——正如常言所说，这位父亲“不知道自己在做什么”。的确，他一方面要求儿子放弃他的地位，脱离常轨，从而否定他自己；另一方面在儿子基本不知情，似乎也不情愿的情况下，竭力促使他延续自己，给他灌输一种后继有人的激情。这是一种经过社会加工的父亲的欲望；况且在这个家庭里，母亲的欲望不用说使之加倍地强烈。 1225

然而，失去的可能性如同挥之不去的幽灵，依然令亨利苦恼。也许这是因为，随着时间的流逝，他能够更好地评估旧日选择的后果，以及已经得到的好处与错失的可能性之间的失调。尽管不愿明说，亨利却承认“情不自禁地”（这个话他说了好几次）把自己目前和尤其是今后的财务境况跟老同学们相比，他们没有像他这样受

制于教育制度的约束，却有酬报丰厚的事业前景。他自称也有“当公务员的小算盘”，可是他很清楚，自己永远不会为了加入政府机构而放弃研究工作。他时常觉得做过一些“愚蠢的决定”，而且对于植根于以教育为本的世界观的矛盾感受颇深：既反精英统治，又愤恨不公正地对待教育精英。在很大程度上，造成这种矛盾的是，学校无法真正酬报它所提倡和鼓励的一些态度，例如，推崇无私奉献、无偿服务、纯学术研究等等。不过，更重要的是，他无疑不得不面对一种新的选择，不得不暗自思忖是否成了自己的选择的牺牲品。他做出的一系列选择都是出于对学校所倡导的东西，即最稳妥、名声也最佳的东西的兴趣，也由于他拒绝实验的不精确性和不确定性（“我喜欢漂亮的方程式”“我向来不怎么喜欢实际工作，不
1226 喜欢经验”）。这就使得他转入了一个纯理论性的专业。然而，事与愿违，这个专业与军事应用有关。他发现，他的研究只有在一个研制精密军用设备的大型私营企业里才能找到最佳条件（以及与这种稀少的研究相称的酬报）。他的一个朋友便跳槽到这家公司去了，两人经常一起探讨海湾战争和精密武器的必要性。历史奇怪地重演，他再次面临取舍：要么待在国家科研中心的职位上，工作艰苦，而且有风险（相对微薄的工资，特别是研究条件比不上私营企业），要么去一个以军事应用为主的私营实验室。这就是说，当初放弃综合理工学院而选择了乌尔姆街高师，他以为一劳永逸地解决了取舍问题，然而如今被迫回到原地。“我觉得我做不到……试试可以，可能做不到……这跟综合理工学院一样，我会感到完全脱节……和一帮人一起甄别坦克型号，这对他们没有一点问题，对我可不那么容易。”

又及：这篇谈话记录曾经给亨利过目，随后他致信采访他的朋友。信的结尾说：“即使‘丧失的可能性继续令人苦恼’（我想这对你来说也一样），进入国家科研中心或者大学却没有使我难过（也

许这一点访谈录没写明白)。干脆说,从综合理工学院毕业后的职 1227
业生涯在社会方面会是什么样子,这个有时候很难不想。请不要告诉我你从来不想……"

一位高等师范学校的物理学者 1228

采访者:皮埃尔·布尔迪厄

"康庄大道"

——你在中学时就很出色,对吧?

亨利: 对,我是个好学生。

——第一名?

亨利: 第一名。是的。

——一直是?

亨利: 是啊。不过,这也跟竞争有关,乡下不比巴黎。

——不假。班上的同学一般都不行吧?

亨利: 不行,也不是都很差,不过,的确,我们三四个学习很好,剩下的都……(……)

——小时候,父母把你的学习抓得很紧?

亨利: 也不完全如此,但可以说,学校一直是最优先的东西,有时候有点过分,我都有点受不了,因为……不是说他们在家里说这个说得很多,而是我一直生活在这样一种氛围当中:学校,书籍,文化,都很受重视……现在他们不追着我问了:你做什么来着?有什么作业?……连想都不想就问……

——高三上理科班一定是你的选择,那是你自己选的,还是不言而喻的?

亨利: 理科班在高二年末已经是首选。具体方向不是普通班,就是某一类科技。这个事得首先做。我这么选择是因为,取舍的常数永远是尽量留取最多的可能性。

——那时候，你已经对科学感兴趣了吧？

亨利：是的。（……）跟文科不同的地方是我觉得得努力学法语，数学倒是……

——数学对你来说比较容易？

1229 **亨利**：更容易一些，至于其他科目，只要读书就行了。

——高三上理科班不用说了，毕业班上数理化班也不用说了，因为你是第一名嘛。

亨利：是的，这个……不用多想。（……）

——可是，上高等师范学校一定是你的选择吧？

亨利：［叹气］也没有想得更多，没想得更多。家中我的教父上过高师数学专业，他是第一个上高师的，学习很好，就去了高师……我也没有考虑太多，我的数学确实不错，而且数学老师也跟我说……

——可是科学这东西……不知你在课堂学习以外，是不是搞一些科学项目，你订阅杂志吗……？

亨利：这个嘛，我的确阅读一些东西……比如《我感兴趣》之类的读物，多少有点陈旧，像《科学与未来》什么的，不过读得不多，可以说，我很喜欢阅读，可是毕竟是学生读物一类。

——那么电脑呢？计算机科学，你说过你很喜欢……？

亨利：这个没有错！计算机科学是我的最爱，直到毕业班都没变。

——一上毕业班就放下了？

亨利：放下了……再说也没时间了，跟我也没什么关系了。可是，的确……

——你对科学课题毕竟有很大的热情，对吧？

亨利：有。我在这上头花了整天整天的时间。然后才做学校留的作业。

——所以说，你选择了上高师学数学，你去了X市，干吗不马上就去巴黎呢？

亨利：因为我对去巴黎有点害怕。有两个理由：一是巴黎离我家要远得多，我当时半寄宿，可是那以前我从来没有上过寄宿学校，再有，路易大帝中学[①]的水平让我害怕。我觉得他们会要我的。我的老师就是这么说的，可是我心想，一到那儿就得跟水平特棒的人在一起，那比去X市要难得多。

[…………] 1230

——关于高师这样的名校，你那时了解多少？

亨利：唔，例如X学院、中央理工。我也许也听说过采矿学院。

确实，巴黎综合理工学院最负盛名

——这些名校之间的不同，你知道一些吗？

亨利：不知道……这个我不比街头老百姓知道得更多。

——你知道学生有的是军人，有的是工程师……这一类事吗？

亨利：不知道。说实话，我什么都不知道。

——所以你并不知道……比如说，进入高师后，你打算上巴黎综合理工学院吗？

亨利：没有，真的没有，因为我觉得，要上高师系统的巴黎综合理工，你得预先有所了解。

——对。所以，上这个学院之前，你了解得并不多。

亨利：我上高师是因为它的数学和物理学很强。还有，从《大学生》杂志上能看到，名校当中再没有比它更好的。这是一条康庄大道，于是我就去了，就是这样（……）。

---

① 在法国，决定报考高师的高中毕业生通常得上两年的预备学校。一些像路易大帝中学这样的高中便提供高师预备课程。——译者注

——看来你喜欢那儿的学术科目？

亨利：再说，这似乎也是一种合理的继续，既然我上理科毕业班以后，数学和物理学都还行。(……)

——除此以外，看来你参加入学考试的时候，知道巴黎综合理工学院和乌尔姆街高师是怎么回事。

亨利：唔，整整一年当中，老师们都问我喜欢什么，等等，可是我一直不敢说，心想，点明想去哪一所有点太矫情……

——你一定同别人说起过，比如你父母，或者……？

亨利：说过，可是，信息……信息的确不那么通畅。当时的目标是要考过考试，过后如何我就不太清楚了。

[…………]

——伙伴们怎么说？他们有没有劝你去巴黎综合理工？

亨利：说过，的确说过。

1231 ——他们说那是最知名的？

亨利：那是最知名的，加上老师也鼓励我去巴黎综合理工。

——你父母呢，他们对你……？

亨利：不光是父母，我觉得整个家庭环境都起了作用。确实，巴黎综合理工学院最负盛名。

[…………]

——你到巴黎综合理工以后，是如何分班的？

亨利：我在巴黎综合理工学院排在30多名，我想是第34名；乌尔姆街高师把我放在候补名单上。所以，出于一种自豪感，不光是自豪感，当然也确实有那么一点点，也有一点害怕……我心想，录取名次低正好说明学校不那么适合我。

——你这么说，让人觉得你本来更乐意去乌尔姆街高师，只是……

亨利：确实如此。我在乌尔姆街一看到考试题目，就知道比综

合理工的题目难，确实难一些……我一直比较喜欢有难度的东西……

——这么说，在内心里你是一直想去乌尔姆街高师的，至少在那个时候，对吧？

亨利：可以说，一直有这个纠结，至今还有，究竟哪一个更适合我，总之……怎么说好呢？很难一下子说清楚。一个看来是思想方面最令人满意的选择，另一个是社会方面的最佳选择，或者说，能够更多地开启职业生涯的可能性，总之是这一类的东西（……）。

我觉得似乎背弃了从前对我很重要的东西

——于是，你就选择了巴黎综合理工？

亨利：不，当我知道两个学校都录取了我以后，选择是很难的。整个夏天都在……

——你问过周围的人吗？还是你自己做出了决定？

亨利：我做出了选择，也跟父母商量过，随后辞退了高师。

——你于是去了综合理工学院。

亨利：去了巴黎综合理工学院。 1232

——我知道那是一段不好的回忆，不过还是说说你在那儿的情况吧。

亨利：实际上，我没有见到综合理工学院的课程，因为我在那儿只待了一个月。头一个星期在巴莱邹（Palaiseau）校园度过，那儿已经有军队气氛，还不算太浓。然后，连续三个星期多一点，在拉古尔汀（La Courtine），完全是军营了，我们在那儿接受军训。我确实感觉和周围的人合不上拍，甚至觉得很厌恶。

——周围的人是谁，学生吗？

亨利：是学生兵。也许我没能遇上最好的条件，咳，谁知道呢！

——你的意思是？

亨利：我觉得我遇到了一个多少有点奇怪的少尉。

——是吗？他让你做什么？

亨利：让我搞一些军事科目，可是主要都出自他的想法，我受不了的正是他的想法。

——都是一些什么样的想法？

亨利：那些想法让我觉得……谁知道……反共和，反民主！甚至……反共产主义，反同性恋，反……咳！

——法西斯式的？

亨利：……很迷惑人。肯定很迷惑人，这个我不……

——这你很……

亨利：让我很厌恶。还有，如果别的学生……我不愿意用“抗议”这个词，因为军队里不兴抗议，要不你就走人。但是，至少不当面谈起他的时候，我能够接受。可是他呢，不行。而且，我注意到，大部分学生的态度起了变化。

——对，你跟我说过，这个变化使你感到震惊……

亨利：正是，我感到匪夷所思。这些人都是……我们都一样，预科学生，一下子让我们变成军人，我们也正在这样转变。这个让我觉得不可思议。

——是啊，他们兴高采烈地来到巴黎综合理工，你让他们干什
1233 么都行。

亨利：正是如此。既然来到巴黎综合理工，不管让他们做什么，他们都一定得做好（……）。

——那都是一些什么事，纯粹的刁难？还是说，仅仅是个气氛问题？

亨利：是一种地狱般的气氛。可是我得说，我并没有……有些事情压在心头，我却做不到……

——也就是说，还没有出现哪一件特别的事，让你实在感到厌恶，一种积累……

亨利：确实是一种积累，让我觉得天生无法适应。唔，我被记了一笔，有一套军事分级制度。我记得降了220级，这个搞得我很沮丧，还有特别是那些挤进中间的家伙，他们很高兴。咳，也不是都高兴！不都高兴，不应该……有些反黩武主义者反倒能够接受。可是我做不到。这让我很气恼。我尤其搞不懂凭什么必须接受。我不认为巴黎综合理工所代表的优越地位，你必须什么都忍受才能维持。

——我赞同。所以，此时你选择了退学？

亨利：正是。

——你也不知道下一步应该做什么？

亨利：不知道。我想上普通大学，我给父母打了电话，告知了我离开的决定。

——你父母反应如何，当你……？

亨利：唉，我母亲大吃一惊。

——你是突如其来地宣布这个消息的吧？

亨利：是啊。她认为这个决定有点草率。我告诉她，我不会反悔。当时是拉古尔汀军训的后期，随后要去高埃特吉当(Coëtquidan)军营。我们有五天休假。

[…………]

——你这个决定做得多少令人惊讶，因为你离开了一个担保你有光明前程的地方，还有钱，那是一张文凭啊，法国文凭没有比这更好的了……

亨利：是的，是的，没有错。

——说到上普通大学，大学是怎么回事，你了解吗？

亨利：我知道。不过，我也想，可以重新报考高师啊，我已经

1234 考过一次，第二次也许还能考过……是的，这个我知道（……）可是我并没有考砸呀！

[…………]

——这样一来，你的确错过了一个机遇……一个巨大的机遇，这个时候你并没有赢得什么……

亨利：我赢得了好心情，我觉得这才是更本质的东西。完事。

——是的，是这样。

亨利：心情不好的我也认识几个，他们都能熬过去，因为目的永远重于手段。多少如此。他们不会这么说，可是要得到一份好工作，在社交方面出色，得到人们的承认，确实非这样不可。可我做不到。

——你耻于既是综合理工的学生，又得受当兵的罪，对吗？

亨利：对，我有一种感觉，我似乎背弃了从前对我很重要的东西。我确实感到完全脱节了。

——在哪个方面？

亨利：我可不愿意以后当个排长，告诉应征者："看，军队就是这样，很棒……你们照我这样做就行。"这种话我一个字也不相信，根本不是那么回事嘛。

[从巴黎综合理工学院退学以后，亨利直接进入高师学习经典物理学，然后撰写学位论文。]

当研究员早就被编进了我的程序

亨利：虽然是一篇理论物理学论文，但毕竟也跟一些东西相联系，跟实际应用相联系。不是量子引力学，也不是粒子物理或者天体物理，而是一篇目的很实用的论文。我向来喜欢这个，喜欢做理论性的、抽象的工作，同时能够有实际用途，我非常喜欢计算机科学，原因就在这儿。（……）

——这是一种需要独立进行的工作吧？

亨利：单独进行，是的。（……）

——那么，完成论文之后，你就得多少做出选择……

亨利：是的，论文得写一年，大概一年半吧，专业出路有各种 1235
各样的，因为……

——都有哪些出路？

亨利：有各种可能性，要么接着做单纯的基础研究，去国家科研中心，或者去高等教育部门做研究，去大学，不然就去私立机构，还是做科研，偏重工程，工程研究员，应用性的研究呗。再有就是高师的其他特殊部门，例如……

——那就是管理部门了……

亨利：实质上是管理部门。还有一些技术方面的可能性，例如法国电讯公司之类，主要就是这些。

——那么你是怎么想的？已经决定了吗？

亨利：还没有，还没有。

——关键的问题在哪儿？

亨利：关键的问题有好几个，我还没有全想清楚。先说最简单的吧。不按重要性大小，比较简单地说说。例如，首先有个经济问题。国家科研中心和高教机构，显然不怎么样，特别是我想留在巴黎，那是相当不容易的……

——那就有两个问题吧，一个是基本工资，一个是居住在巴黎的开销？

亨利：正是。在巴黎居住就得挣得比较多，这个很明显。基本工资和上涨幅度毕竟都不怎么样。职业的经济条件和变化，我是说，很多研究人员干了十年以后就不喜欢了，这种事是有的。

——你以前做出选择一直尽量保有最多的可能性，这一回你有点保守了……

亨利：嗯，因为我一直认为，当你不那么了解情况的时候，这是最佳方案，最好给自己多留下几扇门……不过，到了一定时刻，取舍不可避免。

——你的方向早就确定了，那是一个特别偏专的方向吧？

亨利：这个事情同样让我感到不安。现在回顾我做过的事，我
1236 真的觉得这个方向很久以前就确定了。

——为什么这么说？

亨利：唉，我从来没有真正……不错，我选择的一直是我最喜欢的东西，可是我觉得，当研究员多少已经被编进了程序。国家科研中心代表正路，可是，我最终感到掉进了什么东西里出不来，因为别的我没见过，别的没做过，这个让我……有点心焦。

——是啊，你从来没有参加过企业实习，从来没有……

亨利：对对，没错。不过，这也是我的错误，企业实习我从来没要求过。

——你的学习内容不提倡这个吗？

亨利：不提倡。

——是不是因为你完成得太快？

亨利：是的。

——因为你太杰出了？

亨利：［叹息］太杰出……这么说吧，一个人的成熟得争取，不一定是天生的，学习成绩反倒比成熟来得快（……）。

——所以你才跟我谈了不少财务问题，的确……

亨利：这是眼前的事嘛。

一个现成的比较

——一个很傻的问题：为什么挣钱这么少会让你不痛快？

亨利：唉［叹息］，因为它影响到日常生活，一间20平方米的

住房，对我来说并不理想。的确如此。或者住在地铁快线的终点站附近，也不是那么好。这些对日常生活都有影响。还有一个比较，这个不能否认，有些人学历和我相同，甚至更差——学校的名气不如我的大，可是挣钱比我多两倍……我知道，职业……

——跟你的伙伴们比较？

亨利：是的，跟那些从中央理工或者综合理工毕业的伙伴们比较。中央理工的入学考试容易一些，虽然没有报考，可是我本来能 1237
够通过。我觉得他们挣钱多一些……倒不一定从事他们的职业，这个我同意，这也不是唯一的尺度，可是我还是忍不住往这上边想。

——这样想很正常，而且想起来就苦恼……

亨利：苦恼，是的。

——你提到你在国家科研中心的工资时，伙伴们嘲笑你吗？

亨利：这个，往坏里说，他们会嘲笑；往好里说，他们不理解这是我的选择。

——嗯，如果是私立机构，你能够比在国家科研中心多挣多少？

亨利：我想是双倍吧。一开始是双倍，差不多双倍。是的，因为我手里有高师的文凭，价码高出一倍。再说，私立机构的工资也上涨得快得多。嗯，那些在国家科研中心做很令人崇敬的工作的人，我见过他们的标准：如果做到一级研究员，即最高一级，60岁上的工资才和一个法国电讯公司的三四十岁的人持平。这个差别毕竟相当大。

——所以，金钱标准是一个必要的标准，因为身在巴黎，挣这点钱能叫你发疯……

亨利：的确不容易……因为，在社会上成功与否，不管怎么说，还是靠金钱判断。

——不过也因为你觉得自己的努力没有得到相应的回报？不是

因为这个吗？

亨利：有时候，我也想，认为一定水平的学历理应有相应的报酬是愚蠢的，可是常情正是如此啊，往往很不容易拒绝……我不知道是不是表达得很清楚……再说，这的确不是什么家庭压力。我父母都是小学教师，确实有某种沮丧情绪，在社会方面。总之，级别毕竟很低，他们希望我能高一点。

——那么，他们愿意看到你进入公立机构还是私立机构？

亨利：咳！我觉得这个不是那么重要，他们或许更喜欢公立机
1238 构，这种偏好眼下正在消失，不那么普遍了。不过，我想他们更喜欢公立机构。

——你拥有的资源，我是说经验和工作项目，对于你去私立机构找工作更有利？

亨利：这个也不假，也是非常重要的一个方面。私立机构的确很重视这个，只要你是……不过，这里相应地也有一个方面：在国家科研中心，选择研究领域比较自由，没那么多工作汇报要做；私立机构就不一样了，总有一个分派给你的研究方向。可是，方向一确定，就有很多达成的手段，所以……

——可是，此时也不妨考虑去美国嘛……

亨利：可是，无论如何，我还得给公司干活呀。

——美国有多得多的手段，你认识的人有这么干的先例吧……

亨利：有。

——这对你没有吸引力吗？

亨利：我也往这上头想过，可是心想……为了干得更好，总之为了科研，这样会更好一点。为了我热爱的东西，我可以做出牺牲……国家，也不全是国家，可是这是一个我过得更舒坦的国家，因为我说这儿的语言，我的亲朋都在这儿。这一切要是都从金钱和物理学看，有时候我就……

——是啊，没有让你这么做的很强的动力，是吧？

亨利：正是这样。我觉得代价太大。

——是的，是的。

亨利：我觉得这有点不正常……

——因为你得移民……

亨利：对，为了过上体面的日子……（……）咳，也许我内心深处有那么点惰性。可是我想，我眼见伙伴们上了大学，我那时在高师预科，学习比他们多十倍！我确实很努力，别人却不对我说……没错，也不光是追求数学或者物理学之美！因为……我也多少希望今后得到某种回报，不该……我认为不这么想是乌托邦。总 1239
之，自命不凡是不对的。我也想，假如什么回报也拿不到——当然不非得是什么物质上的好处，也许是一点点名声吧，谁知道——那好，我就觉得失去了点什么。我最好是去……

——是，啊，比如说，你的伙伴有些会学不同的科目，例如电子学、计算机科学，获得大学文凭，取得跟你一样的头衔……

亨利：大学文凭可能有点夸张。不过，的确，他们会写出有点忽悠人的论文，这种事常见。他们会做同样的事，我想……这不行。

——他们会做同样的事，只是慢一些……一些容易做的事，容易得多的事……（……）

我不知道怎么把我的活动优化一下

亨利：的确，国家科研中心不是那么容易进去的，很不好进。

——刚才你还提到一些位置。你的意思是……

亨利：不，可是有好几个难处。目前难就难在时机，进巴黎比去外省要难得多。这并不是说巴黎比起外省来一定是天堂，可是好的科研工作确实集中在巴黎，除了个别领域，外省做得也很不错。

这个是有的。第二个问题，我想说，是学术领域的问题。

——你想加入的物理学委员会是不是要求极为严格？

亨利：是，不过他们对我没什么要求，反正我不想做经典物理学，所以他们对我兴趣不太大。

——还有，那个要求最严格的数学物理学委员会，你也是成员之一，对吧？

亨利：是的，我拥有所有……所以这不是……我不知道怎么把我的活动优化一下［笑］。

——所以，最后你要申请一个你知道不太知名、工资也不高的
1240 位置，而且能不能拿到，你也没把握？

亨利：的确没什么把握，因为我这个领域尚未获得广泛承认，也没有完全确立。

——因为你们这一届最优秀的学生也都在这个理论物理委员会里。

亨利：没错，很多都在里头。

——跟已经提供的位置相比，人很多……里头的竞争很激烈。

亨利：是的，不管怎么说，从某个方面看，短期内我这么做没什么可遗憾的，因为我喜欢做这个。我喜欢我正在做的工作。不过也引来一些问题。

——是不是从策略上看？

亨利：从策略上看，我正在做的工作啥也不是［笑］。这个很清楚……（……）

——你刚才说到很有意思的一点，说你可以去外省，例如，对你来说反倒容易……

亨利：这个不假，问题是，我这个领域在外省没有什么东西，不过也不应该灰心丧气，外省的确是个解决办法。

［…………］

有时候我觉得自己很愚蠢……

亨利：是啊，因为这种事总是……怎么说呢，是一种既吸引又排斥的关系，凡事都有这么一点，差不多总是这样。我既有点打算扎根，因为总有一些有意思的事可做，有时候又想一走了之，什么都不要了。

——什么东西使你排斥？

亨利：哦，这个放到别处也是一样。我总是这个态度，末了选一条中间道路，咳……（……）

——可是，在另一件事上，你的态度很强烈呀，综合理工学院，××［一个大企业的名字］，科研……

亨利：我不会对未来的雇主品头论足。 1241

——你可能去那儿工作。

亨利：对，当然。

——可是，归根到底，你是不会去的，是吧？

亨利：［叹息］假如我去了，就不会有……就会掉进低谷。不，我不喜欢，因为……有好几个方面，我们先前谈到过私立机构，有些东西我不太喜欢，不过，谁知道呢，私立机构可以做一些纯粹民用的东西，比如说，制造录像机，这个我挺乐意。综合理工学院呢，他们的研究完全以军用为基础，反正是一个使我关切的领域。

——那确实是私立机构做的事，不过，你最可能去综合理工学院，是吧？

亨利：对，我还有几个别的可能的去处……

——最大的可能性，总之，在科研方面最好的还是综合理工，最终还得是军事用途？

亨利：主要用于军事，对。

——这样一来，你的可能性就少了一个，对吧？

亨利：对，少了一个……是的，因为……

——你不会时而告诉自己，原则太多会妨碍你做一些事吧？

亨利：会的。有时候我觉得自己很愚蠢……不过，谁知道呢，这让我很苦恼。

——你无法跟他们一道工作？

亨利：我觉得我做不到……试试可以，可能做不到……这跟综合理工学院一样，我会感到完全脱节……和一帮人一起甄别坦克型号，这对他们没有一点问题，对我可不那么容易。

——你好几次用了"脱节"这个词，给我的印象是……

亨利：是啊，因为我觉得在哪儿都不舒心，真的。

——总之，去国家科研中心做研究工作能让你觉得不那么脱节，这个将是你的选择吧？

亨利：那就一定是一个积极的选择吗？告诉我，是不是因为那
1242 是我最了解的环境，因为我没有勇气去别处？我有时候这么想。可是，我同样感到，既然我总是在这上边翻来覆去，那一定是因为别处不行。例如，即使我知道，我们谈到了军事，我很清楚，即使是民用科研，成果也会首先让军队运用。这个我清楚。优先用于军事，这个我不糊涂。可是，这个跟直接去他们那儿工作不是一码事。我认为区别还是很大的。

——是啊，这一点你很上心……

亨利：正是这样！

1992 年 4 月

1243

妻子与合作伙伴

艾莲娜是一位影视编辑（起步时期，她有幸跟几位"新浪潮"

的重要导演合作过），她曾经经常与她同为电影导演的丈夫合作。共同生活 20 年之后，他的离去把她的情感生活和职业生活都搅乱了。

艾莲娜 50 岁上下，住在巴黎西郊一栋公园环绕的住宅楼里。自从独自带着小女儿居住以来，她的公寓显得过于宽敞。丈夫离去后屋内看起来一切都没有改变（她说，前夫有时来取走客厅书架上的一些唱片和书籍，他事先会打电话，以避免碰面，仿佛只是暂时离家）。这次采访时，他们分手已逾一年半。她在谈话中告知，她至今尚未办理离婚手续。

通过她在高等电影艺术学院①的一个老同学的介绍，我见到了艾莲娜。她于 20 世纪 50 年代进入这所学院。那时候，电影行业里的职业女性很少。虽然她那一届招收的女生比男生多，但她心里很 1244
清楚，他们在职业生涯中不会有相同的机会。那个时期，电视的扩张带来了对于“电影技术人员”的巨大需求，从这所学校毕业的女生大多都找到了技术性岗位，虽然比较稳定，可是不像大部分男同学那样称心如意地当了导演。一个很能说明问题的例子是，艾莲娜有个同届同学是唯一当上导演的女性，其人在职业生涯之初也当过一段时期的剪辑师，而且目前的工作状态仍然不太稳定。艾莲娜在整个访谈过程中一直拿她当“参照”，一个既是正面的，也是负面的参照，并且反映了她们这一代人能够选择的范围。

这个职业，艾莲娜说是一次学科重新定向的“偶然”产物，此前没有任何准备。19 岁那年，在天主教学院读文理预科期间，她决定放弃她兴趣不大的人文学科，准备报名去读偶然听说的高等电影艺术学院。她的父母起初曾鼓励她换个专业，他们最初只了解到报

---

① 高等电影艺术学院（L'Institut des hautes études cinématographiques, IDHEC）建立于 20 世纪 40 年代，80 年代经重组更名为国立高等影音学院（École Nationale Supérieure des Métiers de l'Image et du Son，La Fémis）。——译者注

考名校这回事，即先上一所公立高中的预备课程，避开大学生活和报考国家文凭等等的干扰。他们于是把艺术方向去掉了。

艾莲娜是一个小资产阶级天主教家庭的独女，父亲是工程师，
1245 母亲从未工作过。她在大巴黎地区的一个小镇读了女子中学，那个地方在20世纪50年代仍然属于乡下。她跟父母一起住到25岁，父母对她依然没有出嫁的意愿有点担心，于是在巴黎给她买下了一个单间公寓。她30岁上结了婚，这在当时算是比较晚的。这是因为她学习电影“多少出于偶然”，况且缺少“从事这一行的热切渴望”，从而可以说被推入了一个陌生的环境。这一行里的夫妻往往不稳定，这使得她最初很难同男性交往，即便在工作当中。

因此，她在访谈的第一阶段里详加解释说，她为婚姻付出的牺牲或者奉献（不仅是嫁人，也是嫁给“男人的事业”的想法把她跟丈夫紧密联系在一起，她自己反倒没有强烈的创业欲望）恰恰是她对待工作环境中的男性的态度的反面，不妨叫作“委身”。看起来一次不大不小的专业改变，实际上是社会环境的改变（“高等电影艺术学院，无论怎么说都是一个有思想的环境”），她因而能够遇到以往环境里没有的男性，一些“创造力出众”的人。那时正值阿尔及利亚战争，她也从他们那里得到了政治和文化方面的培育（“我家从来不谈政治”）。不过，现在她承认，50岁一到，她“变得很有
1246 幻灭感”。她的生活中曾经被这个职业剥夺的东西，尤其是跟男人打交道时的自信，随着她在职场中渐入佳境而逐渐恢复。经过很长一段时间不自觉地学着调整与男人的关系，与一个比她年轻得多的人的婚姻最终近乎神奇地使她产生了事业和个人兼佳的愿望。“我不想只当那些小伙子的欣赏者，把他们理想化，所以我开始跟年龄比我小的人交往，对那些小伙子来说，我能够代表一些专业上已经有的东西。在他们眼里，我不再是个傻乎乎的姑娘，而是一个很懂专业的人，跟我可以建立有意义的工作关系，关系也可以发展得更

深入。”

至于那个与她共同工作生活了20多年的男人，她在访谈的第二阶段详谈了她的看法是如何改变的。当年这位年方22岁的导演，虽然事业刚刚开始，却在业内已经有了口碑，他身上最吸引艾莲娜的正是一种“创作者的态度”，这将使她的没有“任何特别的野心”的技工生活更令人满足，也更丰富。在15年左右的时间里，两人的合作似乎没有出现任何问题：艾莲娜身兼剪辑师和红颜知己，不仅负责剪辑了他最初的几部电影作品——这仅仅是她的一小部分的活动——而且，更重要的，也许也更具决定性的是，她满足了一个“创造者”希望从同伴那里得到的鼓励和精神抚慰，尽管他从来没 1247
有开过口。但是，随着时间的推移，她变得不那么“欣赏”这个丈夫，因为他的事业并没有满足俩人共同期许的东西。她虽然仍旧喜欢丈夫的电影，却渐渐地疏远了他的那些项目，责怪他“尽图省事”。两人最初那些共同的朋友不知不觉当中也分化了。她不得不重拾自己的职业生涯，但这已经不是一件容易的事情。不仅因为职场竞争越来越激烈，而且由于全心关注两个女儿的教育，她多年来已经有点忽视自己的职业了。况且，对于丈夫来说，由于被她看到了职业生涯的局限，她对于电影的“技术性”知识也给他泼了冷水，令他难以忍受。

像他那一代的许多导演一样，他在40岁前后经历过一段艰苦时期。他为拒绝向商业电影“妥协”而付出了高昂代价，不得不长期把精力分散在没有什么意义的项目上，甚至导致失业。他不再像起初那样能够轻易容忍必须不断证明自己（“他说：‘每拍一部电影，都像重考一次高中毕业会考似的，我真的受够了’”）。虽然她不认同父母的观点——他们本来希望她嫁的人“最好是一个公务员”，但她选择了一种“更平常的，然而更安稳的生活”。自从不再跟一个变了样的男人共同生活以后（“他整个人都变了，……他跟 1248

孩子和老朋友们都没有太多联系”)，她甚至有了跟父母差不多的想法：“回头看这 25 年，结果不一定是那么正面的。”

这两个同校毕业生对电影的共同热爱最初为两人的感情契合和专业协作铺平了道路。两人都曾经先后师从让-路易·博里和亨利·阿热尔[1]。在丈夫的眼里，她具备扎实的专业经验，这一点从她参加过几部当今被认为最重要的 20 世纪 60 年代的电影的剪辑工作便可证明。虽然出身不同（他父亲是商业管理干部），年龄也有差别（他年轻 6 岁），可是电影把他们结合在一起。尽管如此，随着时间的推移，各自职业生涯的利益矛盾可以视为导致他们分手的一个重要因素。

的确，回顾过去的这些年，工作的逻辑占据着生活的中心。看来她选择的职业延迟了她的婚期和生育（即使从教育和家庭背景的影响使她远离适合她的男人来看），她作为妻子和同事，也被双倍牢固地跟丈夫拴在一起。同时，她的剪辑师的职业弥补了能干贤妻的谨小慎微的一面，尽管工作时间与正常的家居生活很难并行不悖，但她总是想方设法地把专业工作和操持家务都安排妥当。从中不难看到，一切都与例如教师夫妻不同：即使只就一部分工作可以
1249 在家里完成而言，教师职业也使得夫妻能够比较公平地分担家务。从这个角度看，艾莲娜的工作更像一代人之后的女工程师或私企女经理，她们往往单身未嫁，向以男性为主的职业冲击。

这些女性成年以后才对女权主义有所了解，通过她们遇到的这种专业和感情的冲突的典型的生活轨迹，我们可以看到，受历史条件规定的一代人的经验如何区分了不同年龄的独立个体，尽管家庭乃至阶级和性别各有不同的存在形式。

艾莲娜出生于二战前夕，属于在教育大发展和 1968 年之间过

---

① 让-路易·博里（Jean-Louis Bory，1919—1979），法国影视编剧和演员。亨利·阿热尔（Henri Agel，1911—2008），法国电影演员。——译者注

渡的一代人（至1968年，她已经有近10年的专业经验）。在个人生活当中，这一代妇女受到取得专业资格所带来的“自立”的实践的双重影响。对于她这种年龄和出身的女性来说，家庭环境有着天主教观念的深刻烙印：例如，为人妻者不消说应当留在家里，而“生活自立”并不能保证可以跟男性更平等地“讨价还价”。这一代人比女权主义只早了几年，却不得不面对同样的冲突，然而以她称之为“一套传统教育”的东西作为出发点，带有某种“多愁善感”，
以及一种传统的婚姻观。照此，夫妻和谐的要义是二人之一必须懂 1250
得“最好保持谦卑”的道理，这个人非妻子莫属。

看起来很奇怪，在某种意义上，艾莲娜靠刻苦攻读获得的职业自立反而变得对她不利，并且促成了丈夫的出走（他甚至不认为有义务资助两个上学的女儿）。留给艾莲娜的只有某种苦涩的满足感，满足于终于弄懂了发生在自己身上的事情，这倒是有助于把似乎无法承受的命运看成一种新的自由，一种未曾预料的自由。

电影剪辑师 1251

采访者：让-皮埃尔·法盖尔

“幻想嫁给一个男人的事业，我完全错了”

艾莲娜：（……）我从来没有从事这一行的热切渴望。我以前上过一年大学预科。那一年，我突如其来地改变了方向，全凭头脑发热，可是我最终感到很高兴。事情多少出于偶然。有人跟我谈起高等电影艺术学院（IDHEC），我很着迷，心想：“为什么不试试呢。”其实我对它并不真正了解，没有真正了解电影。（……）。我在伏尔泰中学读了预科班。我们那一届有很多女学生，大家都知道那几年电视会提供很多工作机会，因为那时正逢全国电台电视网（ORTF）全面启动。我们知道，这个行业将大批招收毕业生。事实上，确实如此：我们这一辈人有一半，半数以上，都从事过电视这

一行，不一定都签过合同（……）。我们毕业班20人，有12个女生（……）。实际上，没有给女生预备的导演职位，只有技术性职位（……）。我们12个人当中，有两三个想当导演。她们盘算，先从剪辑做起，以后再当导演。后来真正成为导演的只有一个。导演职位是1968年才对女性开放的。总之，我们知道会进入电视这一行，但是只能想象当技术人员。我们就是为这一行被选中的（……）。进入这一行，当年有一种排斥，排斥受过这方面训练的人，说是“他们从电影学院出来，自视甚高，知识分子，他们会烦我们”（……）。可是，我很幸运，能够进入几部重要的影片，做实习（……）。

——您在高中有什么计划吗？

艾莲娜： 我上的是女子高中，在一个小城市里，可以说是远郊区吧。我那时候想从事社会公益工作，您看，这不是一点关系都没
1252 有吗？（……）。和我一道上电影学院的女同学当中，有些人有更好、更稳定，也更明确的职业前景（……）。我反倒糊里糊涂，什么都不懂。亨利·阿热尔、让-路易·博里这几个男人才使我开了窍，熟悉和热爱电影。确实，伏尔泰高中的预科班，加上两年电影学院，让我们具备了一定的电影艺术知识，但是，最重要的是，也使我们染上了电影的病毒（……）。毕业以后，我接到过两三次全国电台电视网提出的合同，为他们做年度剪辑师，两次我都拒绝了，虽说实际上我们好多人都是为这个目的接受培养的，但我拒绝了，因为1960年，1965年，这个行业发展得很不错，而且我们的人数相对来说不多，我们学习也很认真，这是相互联系的，我们学习很努力，而且我们反而沉浸在电影里，与“新浪潮”运动相伴相随，不想去电视台工作。

男人高人一等，我从那时起就感到有点失望

——从男女生关系的角度看，大学预科、电影学院、高中，这

中间有什么区别？

艾莲娜：这个么，告诉您吧，我大学预科是中学教育的直接后果，那时我思想不开放，男生有一些，可是我没有接近他们。我是在天主教学校哟，我母亲认为这样更严肃［笑］，她有点担心我的未来（……）。跟如今 18 岁的女孩子相比，我那时候特别无知。我家住在远郊，晚上放学回家，然后给我带来了一点问题：如果要去电影院看晚场，就有点麻烦。在电影院为了搭上末班火车，几乎所有的电影我都没法看完。其实，我开始接近男生是在 19 岁以后，那是在伏尔泰中学和电影学院期间。但是，由于我受到的教育非常严格，我跟他们没有太多接触（……）的。对我来说，重要的是从我 19 岁起，男生们都在谈论政治。那是 1956 年，发生了布达佩斯事件。共产党人都支持暴动。这就使我开了窍，我并没有任何政治经验。我家从来不谈政治，我是通过阿尔及利亚战争了解政治的。 1253
那个时期，人们上街游行示威（……），我于是学到了一些事情。我当时尽可能倾听，然后选择站到哪一边，根据（……）他们都是共产党员，或者是共产党的同情者，都是左翼，都反对阿尔及利亚战争。游行示威不断，我也跟着去，很真诚地相信，这是我们确实应该做的，是真理，每个人都十分真诚。1958 年，我们都投票反对独夫戴高乐上台。

——那时候，您的一些朋友是不是已经开始出双入对了？

艾莲娜：是的，当然，有些开始过二人小日子了，卿卿我我嘛，想做什么就做什么（……），但是我没有，因为 19 岁，我依然很拘谨，懂的不多，我还得学会生活，为了开始一种正常的生活，我得把时间全用在电影学院上。因为受到的教育的关系，我是很封闭的。我花了相当长的时间才做到释放自己。高等电影艺术学院，无论怎么说都是一个有思想的环境，假如我没有上这个学校，谁知道，也许会当个公务员，那样我的变化会缓慢得多。

——您那时候怎么看男孩子？

艾莲娜：我多少恋上过一两个，崇拜他们。

——他们有什么值得您钦佩的地方？

艾莲娜：没有什么可钦佩之处，除了他们想当导演这一点。我知道自己不打算当导演。事实上，我一辈子都这么想。我知足，一切于我都已经足够好。此外，我也没心思创作，没有野心，在我看来，凡是会成为导演的男生都很神奇。我们当中也有几个音乐家。他们那么富于创意，我完全目瞪口呆。我被男人迷住了，所以接近他们有困难。我觉得男人高人一等，我从那时起就感到有点失望［笑］，我那时幻想比较多，傻乎乎的。

我自动放弃了事业

1254 ——您是否认为，夫妻一道对您的工作有益处？

艾莲娜：我想是，但是，有时候，夫妻之间也会有竞争。

——您知道身边有些人有这种情形吗？

艾莲娜：是的，我知道一些，有的夫妇两人都是导演，有时会出问题。

——那么，您认为，把它变成好事需要哪些条件？

艾莲娜：两人当中得有一个比较低调，没有个人野心。我认为，如果双方都有个人野心，那就困难了。

——轮流来不行吗，这种情况不存在？

艾莲娜：我想肯定有，谁知道，但是不常见。我认识很多干这一行的夫妻，最后都分开了，大部分都分开了（……）。这种事让我父母感到很困扰：他们看得很清楚，这个职业里没有一对夫妻是稳定的，这真的让他们很担心。我呢，我认为我有自信心，从长远看能够做点事情。我一直认为，而且仍然认为，这一点我能够做到。我这个人并不脆弱，但是，我觉得，为了共同的计划长期合

作，干这一行的夫妻大部分都很难切实做到。

——在您的职业环境里，女权运动是否有重要的影响？

艾莲娜：首先一点，我搞的是一些女权主义的项目，非常依赖那个时代的项目。我个人认为，我的生活相当独立，从我的职业生涯看，总之，从我的专业和资金方面看，都非常独立。可我不把自己定位成一个激进的女权主义者。无论如何，我想我的生活可以证明，我只是一个相对而言的女权主义者。

——从哪个方面说呢？

艾莲娜：在我看来，一个女权主义者意味着首先在职业和经济上独立，但是在与一个男人的关系上，这说明不了任何东西。我一直从平等而不是竞争的方面看待这种关系。的确，如果我想成为导演，如果一直有这个想法的话，我看不出为什么我不会试一试。正是因为不想当导演，我才选择了当剪辑师。

——您刚才说，两个人当中必须有一方比另一方低调。据您所 1255
知，有男方更低调的情形吗？

艾莲娜：嗯，是的，男方比较低调的情形，我知道一些(……)。我想起几对夫妻（……），都是朋友。我要告诉您的也许有点简单化，很多人会奚落我，可是我就是这样长大的，我总是顺从另一个人的欲望和创造力，这另一个人就是男人。如果我有过欲望，我或许会有不同的反应，但是正因为我没有个人的创作欲，我只有一个愿望，就是帮助别人完成创作欲。

——在一个实际上大多数夫妇都不稳定的环境里，你们是否曾经被视为一对关系稳定的夫妇？

艾莲娜：绝对是。人们正是这样看我们的，以至于很多人告诉我："哦，按照我们的想象，你们两个本来应该白头到老，保证不会出问题。"等等。其实并非如此（……）。

——职业没有把你俩分开？

艾莲娜：没有，他越来越频繁地跑外省，出国，这些都没有把我们分开。我尽力做好本职工作，这种工作有点疯狂，为了孩子，晚上8点还在那儿（……）。这对我的职业有点损害，想做的事没法切实做到，我于是放弃了职业追求。我自动放弃了事业，因为我越来越多地做一些边缘性的项目（……），事业渐渐地垮掉了，不完全是因为孩子，而是因为我没有做商业电影。

——对于您想做的事，您那时有确定的想法吗？

艾莲娜：有，我的想法就是不随便做什么事情，我拒绝那些平庸的小玩意儿。

——你们夫妇之间谈不谈专业选择？

艾莲娜：谈得很多。例如，1974年，我跟一个女电视制片人做点东西，合作得很不好，搞得我只想甩手不干了，因为我真的无法忍受同她合作（……）。由于我俩确实遇到了资金的问题，他对我说："嗯，那是愚蠢的，一旦开始做一个东西，就应该把它做到
1256 底。"终于，我也一样，真的，我心想，应该把已经着手的事情做完，所以我迫使自己完成了。我浪费了一年时间，过后我们俩说："咱们犯了一个错误，其实你本来最好摆脱她。"

他完全变了一个人

（……）我们有一些20多年的共同的朋友，有的是他的朋友，有的是我的（……）。不过，慢慢地，我们有了别的朋友（……），后来的事情便不同了：过去几年里，他又结识了一些朋友，偏向他个人的朋友，可以说是"他的朋友"。因为这些年来，我们的夫妻关系变得有点不一样，有点疏远了。我开始做故事片，跟一些他不怎么熟悉的人一起工作。他做电视、录像带，这些事我没有参与。我不懂视频技术。还有，除了电影以外，他还有别的专业和学问上的兴趣，所以在这些方面发展了很多友谊，逐渐成为我俩的朋友；

我是作为他的妻子被接纳的，但是后来更多的是他的而不是我的朋友。我也发现，那些人我再也见不到了，而我们共同的朋友，我继续见，他反倒不再见他们了。

——他的生活改变了吗?

艾莲娜: 他整个人都变了，是某种意义上的断裂、破裂。我明白了，实际上，他跟孩子和老朋友们都没有太多联系。

——身体方面也有变化?

艾莲娜: 身体方面是肯定的，不过更多的是个性的变化。按照我的分析，都是大概近10年里悄悄发生的变化（……）。我在这10年里开始有所意识。1985年有已经有过一些断裂，发生过一些我遇到和了解的事，我们重新开始过，后来我不那么警觉了，因为在生活中发生了我父母过世等很多事情，我更多地关注孩子和父母，顾及他少一些，就是这样。再有就是更多地关注我的工作，因为我又开始做故事片了，过去这几年我做了很多工作。 1257

工作没有使我们更亲密

（……）再一个就是，10多年以来，工作没有使我们更亲密。所以，我俩呢，他更多地做电视片、纪录片，而我更多是做故事片。1985年，他做了一个我非常喜欢的电影，可是我却变得更疏远了，他也意识到了。

——他是不是觉得自己的工作被人品头论足?

艾莲娜: 也许他觉得被人品头论足吧。我不像从前那样佩服他，我们从来没有真正谈过这个（……）。他这个人有一些神奇的可能性，在文化素养方面，从敏感性和富于创意的角度来看，都是一个极有内涵的人，可是干这一行久了，他慢慢僵化了，因为这种工作很难做，他没法真的去做想做的事情，因为这一行不允许。他尝试过故事片，没有成功，因为他不得不像大家一样做电视片，这

就使他变得枯竭了，然后，一点一点地，他对自己想做的事业也不再那么坚定不移，放任自己去做容易的项目，那些轻而易举的电视片他都接受。我有一些朋友就不接受这种东西。不过，这很难做到，他们都经历过难关，而他呢，也许他接受是因为我们有孩子，可是别人也有孩子呀（……）。

——您没有提醒过他？

艾莲娜：提醒过，可是为时已晚，而且大概提醒得不够。再说，我有提醒他的权利吗？一段时间以后，我不再这么想了，我不认为有权对他的职业生涯施加影响。我认为，他是自己的主人。

——他或许认为，您能够用“专业”眼光看他呢？

艾莲娜：也许他最终受不了这种职业眼光，打算摆脱它了，可是，与此同时——他现在告诉我——我们一起工作的时候最亲密。也许真是这样吧。所以，如果确实如此，那是很令人伤心的。不过，这大概是真的。在他职业生涯的最初15年，我是帮了他的，他那时认为我在贡献。现在，他无疑认为那不是贡献了，我对他没
1258 有用处了，很可能他不再需要有人同他有相同的职业目标，我不知道，没办法知道（……）。长期一起工作的老夫老妻，我认识的不多，凡是我知道的，其实，女方一般不做同样的工作：男人是导演，妻子不是，也许不在电影界，如果在，也是从事制作，做文秘，做附属性质的工作。我不知道有多少人能够这样天长地久。

——如果不做同样的工作，您觉得更容易吗？

艾莲娜：我认为更难，因为，不是同行往往不理解必须全身心地投入，很难融合，不过，从长远来看，这不是更好吗？

换个伴侣，在这个行业里很常见

——进入这一行的年轻一代的女性，单身的更多？

艾莲娜：40岁左右的比较年轻的女性不是这样。在我这个年龄

上，那些把单身当作命运接受下来的女性，她们仍旧这么看，可是几乎是自愿单身的50岁以上的女性，她们很悲惨，这是一场灾难。她们的经历非常糟糕，她们很悲惨，不能更糟糕了，她们为了专业把一生给糟蹋了，大多如此，只为选择自由、独立和职业生涯。你只要看看，40岁一到，她们那股突然想要孩子的劲头，用什么方式都不在乎了。如果做不到，那就成了一场灾难。我认识的其他女性，40岁上下，在“正常”年龄过上了“正常”的夫妻生活，生儿育女，过了15年、18年以后仍然在一起，她们才是成功的。我认为他们彼此是忠实的。我还认为，二人必有一方支配着另一方，通常是丈夫。照实说吧，女方支配男方的很少见，如果是妻子主宰，
我想她会很独立，我觉得她不会嫁人，或者过夫妻日子，但是不结 1259
婚。总而言之，你不会为了有更多自主性而嫁人呀。但是，像我们这样的夫妻，我觉得在这一行里再也找不出来了（……）。如今的夫妻生儿育女，一起过若干年，一到30几岁，40几岁，就找一个伴儿，但是不结婚，共度余生。我觉得事情更像是这样一种结果。也就是说，似乎第二个伴侣更牢靠。我丈夫是不是这样，我不清楚，我什么都不知道（……）。这事对我来说是不同的，破裂发生得太晚了，它在我的生活里来得太晚（……）。我不代表这个行业里的常态。我认为，一般情况下，换个伴侣，对于男人来说，永远容易得多。可是对于到了一定年龄的女人来说，就不容易了（……）。不过，我对您说的这些也许有点简单化，过于简单。

我觉得上了独立自主的当

（……）除了安排孩子的教育问题以外，那时我们俩过的是一种完全独立的、自由的生活，他真的在做他想做的事，按照他要的方式，在他想做的时间去做。不过，也许他并不这么认为。

——您负责照顾孩子……

艾莲娜：是的，总之还是我。

——您不属于分担家务的那一代人吗？

艾莲娜：不是，我不是那一代人。很不幸，我认为我属于上一代，我们是遵照有些陈旧的观念被养育成人的。那种观念认为，妻子总得负起家庭职责，担负着喂饱小孩和全家、采购等职责。实际上，他是不分担家务的。不过，我想他现在会的。但是，那是我的错，我只要逼着他做就是了，可是我呢，我以为我一人做家务很正常，我其实只需要求他做就行了，也许他会做。由于他这个人对自己的职业特别感兴趣，总是工作，工作，工作，我于是给他机会，让他从这些事情上完全解放出来，100%地解放出来。看来我错了
1260 (……)，也许我们俩一开始就没有明确出发点，把它说清楚，我不知道，我做不到很好地分析事情，反正我觉得他支配了我。也许，我们是从一个松松垮垮的基础上开始的。他已经走了一年半了，可我还没有把一切梳理清楚。

——具体地说，您的生活里发生了哪些变化？

艾莲娜：变化很多。事实上，我有被欺骗了的印象。情感方面，我不想多说，因为我也许会让您觉得过于多愁善感，太浪漫，所以这个不值得谈论。但是，单从社会层面讲，我要告诉您的会让您觉得比传统还传统，也许还有点不识时务，因为我有被欺骗了的印象。20多年里我们在各方面都分享了一些共同的东西，现在我落得不得不在财务方面独自承担一切，他突然一下把什么都丢给了我。一夜之间，不管是我的财务负担，还是为了女儿们，他什么都不管了。当然，他能够这样做，很大程度上是因为我是独立的，我有自己的职业，自由，自立。总而言之，这恰恰是我父亲想要的，他要我自立，我要的也是自立。可是，女权主义，独立自主，我觉得我有点成了它的牺牲品，因为我能够想象，父亲那一代很多人娶了没有工作的女人，正因为如此，他们永远不会嫌弃她们，这是我

的想法。假如我对他说这个，他一定会发笑，说："不，当然不，不管怎么说，我也要离开。"但是，他就是这样离开的，而且油腔滑调地告诉我："该付的钱你付吧，我什么都不管了。"这就是说，他把一切都丢给我了（……）。离婚手续我目前还没办，还没有正式和合法地了结这件事，但是，这些负担我目前确实有，小女儿还跟我一起生活，做不了贡献，日子过得非常难，非常沉重。他知道我能够自立，所以走得更心安理得。我近年来拼命工作，他也不再有丝毫的愧疚感。

——从前你们一直能够很好地分享职业生活吗？ 1261

艾莲娜：我们一直各有各的生活，我做我自己的电影，也许是他不喜欢的电影。看过我的电影以后，我们有时会谈论一番，他会说"我这么想，那么想，你这一个不错，那一个不行，这个你本来不该弄"。但是，我认为，他那些年里确实没拿我做的片子当回事，我对他的东西也不那么欣赏（……）。我认为，我丈夫离去不只是我们夫妇生活的结束，也是他的职业生涯里的一个时刻，起了变化，转变。朝哪个方向转变？我没法告诉您，我还没有掌握足以谈论它的事实，我自己肯定不会改变，因为我没有个人野心。我的目标是继续做剪辑，这个没变，所以在工作方面没出现危机（……）。我的生活简单得多，做剪辑，孩子，加上他。他显然不是这样：对于他来说，事业成功是第一位的，然而，过去几年里出了问题，不是他一个人的问题，是整个一代人的问题，而且，在未来几年里，它对于整整一代人会更加关键。他已经满 50 岁了，却未能拿出他本来希望做出的作品，这很清楚。过去这 10 年里他做了能够做的一切，虽然他做了一些不错的片子，可是也做了一些很平庸的玩意儿，他并非只做好东西哟。他着急了，觉得如果现在不做，就永远没机会了。我认为他有这个意识。我认为，想到这一点，他害怕了，离开这儿也是因为我，我这个人稍微简单一点，我的想法更直

截了当，生活选择更明确，不妨说，更讲求所谓的道德。我愿意走直线，我大概让他感觉不舒服，因为他迷失了方向，在好几种可能性之间犹豫不定，包括彻底放弃这一行，他倒没有这么对我说过，但是跟女儿们说了，他也许心里想：我上当上了20年，路走岔了。反正，谁知道，他一定对很多事情提出了质疑。

他说："每拍一部电影，都像重考一次高中毕业会考似的，我真的受够了"

（……）在我们这一行里，事业不一定变得越来越稳固。正如
1262 他说的，这个让他觉得不爽："每拍一部电影，都像重考一次高中毕业会考似的，我真的受够了。"的确，你似乎每一次都得证明你依然存在，你依然是最棒的，你做了一件好东西。实际上，技术人员没有这个问题。如果我们做一部电影做得不好，当然会有一些负面后果，但是跟导演不同。对他来说，负面后果是了不得的，如果他每制作一个东西都得不到承认，那是了不得的事，40岁是希望得到越来越多的承认的年纪，如果不被公认最好，那就会被视为失败（……）。女导演也会遇到这个问题，而且更严重，因为女性做起事来会难得多。女人更难以证明自身能力。

——和女人一起工作是不是容易一些？

艾莲娜：对我来说，跟女人一起工作更困难，（……）我跟女人的关系时好时坏。（……）一个女人永远得被认可，女人和女人一起工作时，有时甚至会莫名其妙地产生冲突，变得有压制性，（……）当导演的女人都很刚强，而保持女性特点的女人（……），她们会遇到很多困难，因为女性的特点使她们备受质疑，她们制作电影的方式十分女性化，总是受指责。不然的话，女人就得愿意用男人的方式制作电影（……）。

——回到男人的职业危机的话题上，您是否认为，作为夫妇更

经受得住危机？

艾莲娜： 我认为有可能经受得住这种危机。问题也许在于，一起生活时你意识不到这一点，后来才会意识到（……）。

——您的那些年纪较轻的同事，她们能够把职业和家庭协调得很好吗？

艾莲娜： 这个我真的说不好，我认识的年轻人不多。我认识的比我年轻的妇女都在40岁上下，孩子都10多岁了。更年轻一点的 1263
都是单身，26岁、30岁吧，她们目前仍想过单身的日子，努力在事业上取得成绩，一旦她们的事业成功有了保证，她们肯定会生儿育女。

——这样的话，她们不会给别人带来压力吗？

艾莲娜： 会的，某些人会，当然会。但是，工作上的压力最大，这种职业就是如此。比方说，制作一个故事片，当你要做混合录音的时候，每天晚上得连续干好几个小时，直到九十点钟，没人会要求一个刚生了孩子的女人做这个事。我之所以能够继续做这份工作，是因为尽可能把一些时间推给导演：我已经当头领了，不是助理。如果我还是助理，真不知道该怎么办。

——导演责怪手下人把家庭置于工作之前，这种情形有没有？

艾莲娜： 直截了当地责怪是没有的，但是会间接地责怪，这个有。（……）不用说，如果用一个助理，这个人理所当然地要花时间。

最后落得孤身一人

（……）年轻女性相信夫妻世界，只是不把赌注都押在这上面。实际上，她们认为任何事情都可能发生，随时会发生，任何事情都不可预测。这种想法我也有过，尽管心里想，一切尚在未定之天，可是我仍然相信它，我有一种相信它的意愿。咳，我天性如此，我

愿意不顾一切地信赖它。他也一样，愿意相信它，力图去相信它，后来生活让他明白很难做到，不过，他也为生活中的这种破裂感到难受，尽管比我轻一些，也许因为他在夫妇生活里的投入比我少一些吧，我投入了20多年哟。所以，对于这种……失败，他的痛苦可能少一些。所以，他不是牺牲品，我觉得自己是牺牲品，错误地以为。我觉得我这一代人没有一个跟我相同，我这种情况很多女性能够更平静地面对。

——可是，无论如何，您的工作给家庭生活留下的时间很少，
1264 具体地说，电影剪辑在工作时间方面是怎样一种情形？

艾莲娜：时间限制比较严格。通常每天工作八九个小时，这应该足够了，9小时多于8小时。让我算一算，一般来说，我大约9点钟出门，晚上7点半到家，总共是11个小时不沾家，工作9个小时。我也接过一些工作量更大的电影。还有一些女剪辑师更努力，疯了似的工作。我有一些女性朋友，工作是为了自由，她们热爱工作，做很多事，个人生活一点都没有了。由于毫无个人生活可言，她们不得不用工作填补时间。这里头有一种恶性循环：工作是因为你独自一个人挣钱，而由于工作，你独自一人，没有别人，最后你45岁仍然是独自一人，一个人工作，直到一生最后的日子。这跟我现在的情形有点像。现在，我看到自己已经不得不在工作中投入了很多，工作过，有子女，心里却想，我的未来是什么？目前，我还得继续工作，首先得有自知之明，我必须一个人生活，所以，我有点像一个独身女人，除了有过生孩子的好运气（……），这是一个不可理想化的职业，你在剪辑当中投入了大量时间，有非常好的人际关系，很有温情，可是，电影一制作完，哗啦一下散伙了。电影完成后的这种分离，你必须习惯。干了30年之后，我习惯了，可是起初很难习惯，因为，真的，投入很多，太多了（……）。我做出的总结是相当负面的，就夫妻关系而言，因为，具

体地说吧，夫妻关系破裂了，不过，回头看不愿意在一起的原因，不仅有个人的，也有职业上的。我发现我一直在幻想里生活（……）。我这个人介于两代人之间：既要自立又要自由，同时又感到二者没法完全兼顾，因为我还是想过传统的生活，就像我所学会的那样，就像我也许本来会喜欢的那样（……）。我没法让自己解脱出来，因此有点成了我受到的教育的牺牲品，而且我也太老了一点，你得年轻 15 岁才能真正有所体悟（……）。再说，每个人面对自己的想法都很孤独。幻想嫁给一个男人的事业，我完全错了，虽 1265
说有几年还真是这样，但从根本上说错了。我没有试图找到原因，那对我而言太难了。

1991 年 12 月

厄运 1267

移民工人的生活状态如何？以了解内情为前提，要回答这个问题，首先应当对这种生活有深入的体验，同时如他们所说，“并没有想太多”。然后，通过一些有利于保持间离效果的境遇，即所有那些令人感受到一种除了劳动别无意义的空虚的生命的时刻——父母亡故、儿女离家自立、疾病、工伤事故、下岗和退休——还需要一种逐渐形成的态度，以便“避开生活及其谎言”，也就是说，避开虚浮空幻的生活。这是传统智慧的一个说法，这里用其完整的含义：“高悬生命，以观其往。”即将其作为一个观察对象摊开在眼前，再将全部思考力运用于其中。毕生获得的经验只将这种思考力赋予那些关注“认识自己，认识生活，尽管生活会欺骗（ghadra：陷阱，背叛）”的人。

说这些话的阿巴斯就属于这样的人。他是从巴黎地区的一家大

1268 工厂退休的工人，也是一个独特的知识分子。佐证这一点的并非他关于出身的简短暗示（“我父亲天生得当小农户”，爷爷“是家里的‘文人’……他一直靠《古兰经》生活”），而是他说的话，特别是他与自己保持的距离，他沉痛地称之为“跟自己离婚”。对于他有长期切身体验的移民生活，他把直接经验和反思态度结合起来，这种态度使他能够首先阐述自身经验，随后加以审视检讨；更少有的是，他能够用最平常的叙述口吻将之传达给别人（如下文）。这样一来，阿巴斯就把悄无声息的日常经验和不着边际的空谈都避开了（移民活动和移民经验的评论者大多显然进不去这块封闭的天地）。在他身上，查访和观察的对象变成了查访和观察的主体，至于现场的“专业”采访者不过提供了一个可以把深思熟虑的结果高声说出来的等待已久的机会（“这一切我思考得很多……更确切地说，我不断地冥思苦想，那些问题在心里转来转去”）。这个结果距科学研究的结果并不远，因为对于使查访对象和采访者坐到一起的查访活动，我们有共同的利益；对于需要探讨的问题，双方也不谋而合——采访者打算问的问题是查访对象自己提出来的。

1269 正如他自己所说，怎样才能具备这种“忘我”的能力，从而更好地“记住自己”？而且，这种最终导致返归自我的彻悟，其原因必须从一系列社会特点当中，特别是从阿巴斯一家与移民活动的关系当中去寻找——这种关系在这个移民活动非常密集和历史悠久的地区实属罕见。为了使目前的状况可以被接受，必须回顾走到今天这一步的过程——它始于人们常说的“第一天”，即“厄运”的始发点——重构这条道路的社会成因，给它一个解释。反过来说，人们乐此不疲地回顾的初始局面促使人们采取一种批判地看待目前局面的角度，这一角度是能够清醒地看待个人轨迹（也是集体的轨迹）的前奏；更重要的是，它预示着自我剖析和自我确认所产生的一种解放的效果。这是对于已经属于过去的这“一代”移民所遇到

的危机的一种确认。“如今一切都跟过去想象的不一样了。”这“一代”人与过去戏剧性地决裂了，这个过去并不很遥远，而且，正如作为意识的唤醒者的阿巴斯所说，处于“沉睡状态”（“我们那时候都睡着了”）、“低迷状态”。尽管人生轨迹和生活条件相同——他一再强调他们属于一个命运共同体——但他充分意识到了自己与普通的移民即他的同代人的不同之处，呼吁提高警惕，要求他们“警醒”（fayaq）。他深信对自己所处的局面和他所说的“真相”已经心中有数。他希望众人接受他提出的“真相”，也希望每个人都努力 1270
拿出自己的“真相”，把移民活动为了被接受而要求人们佩戴的一切面具和掩饰统统丢掉。这不是一件容易的事，而是一个极为痛苦的考验，即使大家都明白，这种痛苦的纠正工作是他们存活下去的条件。由于命运发生了变化，特别是他们自己的移民地位的一贯形象发生了变化，他们受到了毁灭的威胁，然而只有做出纠正，才能抗拒这种毁灭。阿巴斯认为，自己在某种意义上注定要扮演意识的唤醒者的角色。他有一种贵族式的情感，自觉卓尔不群，这使他对那些拒绝他建议的禁欲主义的人们有恻隐之心（“他们需要同情”“他们应该睁开眼睛……，可是他们拒绝这样做”）。他不仅以行动，更多的是通过谈话提出建议。他身边所有的人，包括家人，都把他视为例外，钦佩和尊敬他，认为他有个人魅力，当然也有任何例外都会引起的烦恼。无论亲近与否，人们都来向他求教［称他为“酋长”（cheikh），即智者］。他获得了一个“独行者”的名声，即使退隐归家，在众目睽睽之下，他仍旧半真半假地“孑然一身”，他的好静无为使他更加孤单。

对于这个正直和求真的男人，人们畏惧他率直的判断。他们虽然感激他点出真相，却往往对他的做法不无怨言，尤其当事关子女教育的时候，这时可以看出家长与子女的裂痕，凡是移民家庭对此 1271
都深有体会。他们是在完全不同的社会和文化环境里成长起来的两

代人。这位有时候能够预见厄运的智者宣称，移民是一个“错误”，每个人都做错了。这个说法尚可接受，可是，当他提出举家移民——他自己即为一例——是一种背叛，是一种否定和（在宗教意义上）背信弃义的行为，其后果是一种彻底的改宗换旨，而且导致——这一点他喜欢反复强调——“移民（家庭）不是为自己的繁荣，实际上是为别人的繁荣而工作”时，这样的宣称令人很难接受，因为它同时也是一道指控。

1272

一位“移民工人”

采访者：阿布戴玛莱克·萨亚德

“一切都不像我们想象的那样”

阿巴斯：事事不顺……现在一切都结束了，路得走到底，你才能意识到，事事不顺利……因为这条路我们完全走错了：一切都不是我们想象的那样。我没法恢复平静，甚至怀疑自己……我觉得对自己说了谎话。这一切我思考得很多……更确切地说，我不断地冥思苦想，那些问题在心里转来转去……虽然想得很多，可是直到现在才得出了这个结论，才得出了今天这个结论［el-haqiqa：真理，现实，确定性］。剩下的那些事情，总在脑袋里转悠。我们怎么会走到这一步？我们还是来［移民法国］后第一天的那些造物吗？什么东西改变了我们？我们从什么时候开始发生了剧变［用了这个词的最强意义，即遭到天谴的后果］？变化完全出乎预料，等它降临到头上，抗拒已经太迟了。只能原封不动地接受……必须照这个样子接受自己。什么都来不及了。除了感谢真主的恩典以外。真主知道自己在做什么。我们只是他手中的玩物罢了。他的意志支配着我们。

——“天谴”是什么？怎么会有这道“天谴”呢？

阿巴斯：要明白这一点，也许我得把一切都告诉您，从第一天

开始说，不然什么都不能理解。我也只有回想第一天才能弄懂这种变化，回顾我们走过的路……我不是唯一这么做的人……可是，别人都幸运地视而不见……什么都看不见……对于离他们很近的东西、脚底下的事情、肚子里装的东西，他们都视而不见。他们什么都看不见、听不见，把一切都忘记了，什么都不记得。他们很有福气。

[…………] 1273

即使我想说，也不知道从哪儿说起……只能把所有这些东西都装在肚子里。到了该说出来的时候，连我在内——有时候我就对自己说，对自己大声说出，人们会以为我疯了——这些东西同时涌上心头，一股脑地汇聚在一起，没法分开，非常令人困惑。这个时候，即使我自说自话，转眼也会停下来，我闭了嘴，任凭事情胡乱冲撞，混杂在一起，一起返回，然后怎么来就怎么去……谈论这一切不是一件容易的事。

[…………]

每个时代都有自己的问题和困难，随着年龄的增长，事物会变得越来越差。但是年龄会让人更好地品味事物，懂得它们是此消彼长的：一方面是一些无关紧要的东西，你从前曾经为之大动肝火；另一方面是一些更重要的东西，你从前却不在乎，或者瞧不上眼。这些都不是一路上发生变化的东西，发生变化的是我们，是我们看待它们的眼光变了。

——比方说？

阿巴斯： 比方说，从前我的居住条件很差。起初是一个房间，还有三个孩子……后来是一套公寓，带着五个孩子。现在，是一套真正的公寓，在一栋真正的住宅楼里，虽说是一栋廉租楼房——不用说，这是一个进步。可是，变化独独发生在这一点上：住房问题现在解决了……又发现了同样切实存在的问题，这个不是问题了，

真正的问题，是没有任何办法解决的问题，是没有人能够找到解决方案的问题，因为办法不可能来自外部。这就是一个例子。您还想听第二个例子吗？工作，这个问题也是如此：我经历过失业、低工资、工人的贫困状态……这一切都是那个时代的问题。后来，我得到了一份永久性的工作，15 年在同一个企业，薪金变得好了一些，不是发了财，而是我们能吃饱穿暖、养活孩子，还能省下一点钱……这个事，这个曾经而且继续令所有的工人都发愁的问题，现在对我来说不是问题了……或者说，向我提出的方式不同了，我后来发现，真正的问题也不在这里。

——那么，什么是真正的问题呢？

[…………]

1274 **这难道不是天谴吗？**

阿巴斯：第一天！这第一天是怎么回事？我扪心自问这个问题。(……) 我想得很多。我想弄明白，我这个“第一天”为什么跟别人［移民］的“第一天”不同，因为每个人都有“第一天”。为什么？因为我是我们家第一个移民到法国的。

——您这个家庭都有什么人……？

阿巴斯：我父亲，他老婆（因为我母亲在我十二三岁时就去世了），一个弟弟，其实是同父异母的弟弟（他是我父亲的另一个老婆的孩子，她也在 1948 年去世了，当时我十七八岁）。我哥哥和我有相同的双亲，他年纪轻轻就去世了，大概在 18 到 20 岁之间。

那天我记得很清楚：1951 年 11 月 17 日。那一天我永远忘不了。我那时已经跟父亲吵闹了好几年，要去法国。他假装没听见，顶着不理我……可是，我们的日子不富裕，是家族里最穷的一支。这里头有一个原因，一个隐秘的原因，却是我们的心态的一部分，也是我们看待世上的事物的方式的原因。我 21 岁，是大人了。我

父亲和我之间是通过其他人沟通的。我让可以跟我谈点事情的人去见他，一些他多少信任的人。他呢，也用同样的方式答复我，但是不一定通过那些为我而介入的人。结果形成了两群人：我在他身边的“律师们”和我身边的他的立场的“捍卫者”。这种磨人的情形持续了两年。我觉得我赢了——如果可以这么说的话——我父亲把他的理由让人告诉了我，为什么他要拒绝，是我打发去见他的人转告我的。（……）这个人是一位亲戚，某种智者，一个非常严肃的人，教徒，很勤奋，很虔诚，虽说他一辈子在法国度过。我父亲很钦佩他，彼此钦佩。多亏了这个人，也因为他在法国当过工人，我父亲软下来了，可是并没有正式同意（……）。因此，我同那个人 1275
一道来到了法国。那是我第一次远离本村和附近地区，第一次接触城市：火车，阿尔及尔，渡船，法国……1951 年 11 月 17 日和 18 日，我 21 岁（……）。

17 日上午，那个人陪着我一路到了法国，临到不得不分手的时刻，他透露了我父亲反对的理由（我那时视父亲为暴君，认为他思想落后，死守穷日子），当我俩拥别的时候，他告诉我，而且声音很大，似乎要让身旁的每个人都做见证，我们身边男女都有，因为也有女人，是马上要离开的那些人的母亲：“真主作证，你们都好好听着：我从来没有让你为了我，为了给我寄来法国的钱而去法国。我一辈子没这么想过，从来没有想过这种事情会发生在我身上。怎么能消受来自法国的钞票！我认为那是一种亵渎。我要求人人都知道这一点。我请求你，这钱你自己留着，留在那边好了。这是你给我帮的一个大忙，不止帮忙，这是我给你的一道命令，不要让我沾上这种脏东西。因为，如果你把钱寄给我，我不知道该拿它怎么办，既没法吃，也不能烧。”这几句话是我父亲的遗言，几年后他去世了，我没能再见到他。更糟糕的是，我当时没有听懂这道遣责，心里还想，他这是跟我玩什么把戏［用法语说］！只是到了

后来，我才掂量出他的话的分量，为时晚矣：这难道不是天谴吗？这道天谴不是一直在追逐我吗？它也在追逐所有其他人，尽管他们一无所知……

[…………]

法国钱是赃款

——我们谈谈您的父亲好了。他是谁？一个从来没有离开过家门的农民，从未离开过他的土地？还是说，为了挣钱，他曾经在别的地方工作过？

阿巴斯：（……）我父亲天生得当 fellah［小农户］。他也不得不成为 fellah，虽然我们实际上无地可耕，或者说少得可怜，完全
1276 生活在 el-miziria［贫困］当中。但是，在我父亲之前，从我祖父说起吧。我祖父在家里年龄最小，有很多兄弟和很多叔父伯父。他是家里的“文人”，［年龄］最小的一个，有点体弱多病，家里让他去学习［《古兰经》］，他一直靠《古兰经》生活，起初在 zaouïa［宗教学校］当 taleb［文人］。那个时代您是了解的。所有常来这些场所的人——学生、老师和虔诚的人［“兄弟”］都住在那儿，住在一起。学校收取捐赠，安排生活用品的收集活动，我们参加收集，也做做饭，同时一起学习，全都在一起。我祖父在这个环境里长大成人。人们说，他结婚以后，孩子也长大了，他仍然会放下一切，不时跑回宗教学校去。显然，他对别的东西，对生活中的一切一概不感兴趣。他也有工作的时候，也就是说，出去挣钱维持生活，那是学生时期，去某个村庄，人家会用实物支付他，刚够维持生活。那个时代都是这么做的，而且，当然，轮到他和叔伯兄弟之间分享的时候，他总是被牺牲。他心不在那里，他根本不在意那些事情，他连家族的田地在哪儿都不知道。家里人借口他没有干过活，没吃过苦，安享一顶“文人”的帽子的优待，只给了他很小一部分遗产，

跟没有差不多，这对他简直是趁火打劫。他生前好像从来不说什么，什么都不抗争。我大伯好像是事后觉得难以咽下这口气，第一个试图出面抗争这种不公平的。我从来没见过他，他在我出生那年或者前一年就去世了。人家说他比我父亲果断、坚定，精力更充沛。可是他们俩都有一种失落感，特别是觉得都不应该落入各人当时的处境。可是，正像我父亲说的，他们接受和服从了强加给他们的命运。这并不意味着鄙视常言所说的庄稼活儿，完全不是那样。原因很简单，因为他们不是在农家长大的，没有任何耕地。他们不得不倍加辛苦地劳动。(……) 他们无疑没有完成《古兰经》的学业。也许，taleb 的职业条件发生了变化？然而，他们始终靠自己 1277
的双手辛勤劳动，尽管没有这方面的训练。他们在农场上从事大量季节性劳动，两人发展出自己的特长，使他们得以不去干那些例如掘地、挖土豆一类的重活儿：他们学会了嫁接葡萄。一年做两季。春天准备剪枝，也叫“桌上移植”，秋季“畦垄嫁接”。从突尼斯到摩洛哥，我父亲名声远扬，得到众人的赞赏。我家那时就是这样 (……)。

是的，这已经算移民了 [字面意思是“走出本乡”]，不过它跟我这样的移民不是一回事……因为依旧在本土，没有越过海洋。那是一种季节性移民：最多三个星期到一个半月，在土地上劳动，住在农场，不在城里……而且，最重要的是，我父亲——这是我经常从他嘴里听到的——还是身在伊斯兰国家。这就是他的问题了，法国的钱可疑，可憎，是赃款。现在您懂得为什么他不要这种钱了吧！(……) 他一生都是这样过的，不得休息，没有喘息的机会。甚至我的移民举动也在某一方面回应了他的心愿。而且，不管我自己怎么想，再说我也不希望这样，但是我的移民举动处处符合我父亲的预见，也许也符合他的愿望。我不想承认我父亲，在我们那时的贫穷状态下，会拒绝往他口袋里装钱。这对我来说完全无法理

解。而且，我心想，他也没有这个权利：哪怕这是他的意愿、他的乐趣，即使他自己想在苦修禁欲当中生活，他也没有把这种生活方式强加给别人的权利哟，包括他的妻子、我的兄弟姐妹，无论老少。

——您的移民举动怎么会回应他的心愿？我没听懂。

阿巴斯：回应他的心愿，是指他从来没有碰过我的一分钱。生命没有给他留下这个时间：既没有留给他，也没有留给我。我到法国不是时候：1951 年到 1953 年，那段日子过得很艰难，我一直没找到一份我喜欢的工作，这儿打点零工，那儿打点零工，仅此而
1278 已。我没有像很多人那样，急着给他寄钱，因为他已经告诉我，他会感到尴尬：这钱是合法的还是非法的？（……）我也没有借钱寄给他，那时人们到了法国以后经常这样做，现在仍然如此：这就使家里人以为法国到处是钱，你只要去法国就能遍地捡……这个东西在阿尔及利亚珍贵、稀少、挣不到——不光是难挣。话说回来，我在法国并不是没人支援：我一下船就借住在姐夫家，而且住了好一阵；我舅父在法国是个老移民；另外还有不少人，都是或远或近的亲戚（……）。等到我终于安顿下来，找到了自己的窝，要命的事情发生了……战争，连带着一切苦难（……）。不过，那是另一回事了。[据说他父亲是该地区第一批死于战争的人之一，时逢 1955 年春。]

这就是父亲给我留下的记忆……甚至不是分别时他的面孔——我们怎么知道不会再相见？而是他的声音，那可怕的声音至今仍然在耳边回响："记住……让大家给我做见证吧，……我没做过促使你去法国的任何事情，我从来没有要求你，从来没有鼓励你离开。相反，我尽了一切可能让你不再有这种念头……你另有决定。我没法阻止……你以后只能怪自己了，这也不是我愿意看到的（……）。"是的……他看得远，不希望我后悔，然而我还是来了。

他担心的事显然终于发生了，比他想的还早。我一直能听到这句告别的话。它占据着我的心思。时间越久，它越是散不去。他最后对我说："一路顺风吧，愿真主与你同在。"

[…………]

我们知道法国不是天堂

——所以说，您生长在一个可以被称为"知识分子"的家庭里。这个方面您怎么看？

阿巴斯：知识分子家庭？过奖了。也许我祖父算是知识分子。我父亲……到他这一代已经结束了……至于我，根本不能算。已经 1279
不是虔诚奉献的时代了，也许干脆连信念和信仰也不是。

——不不，多少还剩下一点嘛。您的童年时期，这笔"知识分子"的遗产，您在家里能够看到哪些？

阿巴斯：我在家里能够看到什么？几块刻板［用于书写《古兰经》的篇章］，我们很小心地珍藏着，取用的时候恭恭敬敬，因为上面写着真主的话。再说，别人告诉我，这是我爷爷和伯父亲手所写！几本破旧的《古兰经》草体书（naskha），他们一定经常翻阅。(……）还有，一个碰不得的小匣子……里头有一本小书，一部完整的《古兰经》。除了这些作品，还有几本书……律法方面的，特别是《布哈里圣训》［Elboukhari，810—870，法学家和神学家］。因为有人会来向我父亲借阅，所以我知道。除了这个小图书馆以外，还有父亲从他妹夫那里——他最小的妹妹即我小姑的丈夫——获得和保存下来的几本书，其中有《古兰经》的评注、宗教史，还有几本阿拉伯语期刊，包括 *Elbassaïr*［20 世纪 50 年代"乌雷玛协会"的期刊］。这些就是一个"文人"所能获得的滋养品，他既不是一个像其他农民那样的农民，从生活完全靠自己掌握的知识看，也不是一个名副其实的文人。我父亲的情形介于二者之间。他接受

了脱离文人的身份，可是不难想见，他并非乐意这样。大家都了解他，因此也尊重他。他们尊重他的农民身份，也钦佩他，因为他离家去学习，为了“双手白净”，而且终于奇妙地摆脱了务农这一行。人们也更加尊重他是个虔诚的人。他的地位往往比村里的 taleb 更优越，而且那个人无论做什么都要先征得我父亲的同意。我父亲什么事都会帮他一把，会代他领祷告，周五他不在就代他布道……每逢村里和附近的葬礼，我父亲都参加守夜，整晚整晚地背诵《古兰经》。不过他不是“专业人士”，他始终不肯因为这项服务拿一分钱，而专业的 talebs 是有薪酬的（……）。

这就是我父亲。还有，那个时代是没有选择的：去法国是所有的年轻人走的路，无论穷富；这是证明你成为男人，不再是小孩的唯一方式。我父亲内心深处从来没有想过我会跟大家一样，他不知道我只等那一天……年龄适当的时候……这跟他为自己想象的和为我想象的生活完全相反。已经不是读经的时代了，而是工作的时代；而真正的工作在法国。

——在这种情况下，您一定也接受过《古兰经》的教育吧？

阿巴斯：我出生时已经太晚了。就连对祖父了解更多的我哥哥——人们说，祖父去世于 1931 年——也来晚了；他也没有从祖父那儿获得本来可以预期的教益。（……）小时候，我一边在地里劳动，一边学习《古兰经》。那时仍然得去村里清真寺学习，而且主要在冬季，夏天我们得忙田里的活儿。还有，我很幸运，遇上一位非常好的老师，一位智者，认真尽责。可是，所有这些都靠 bricolage［法语“七拼八凑”］。我十三四岁上，在村里的清真寺里学到四分之一［即《古兰经》60 章的前 15 章］。那时候真是一贫如洗哟：没有东西吃，流行病肆虐，死人无数。我父亲想让我多学一点。为此我得离家去一所 zaouïa［宗教学校］。（……）另外，我生了一场病……这个病后来一直跟着我到了法国，一次发作住了院，

发现是肾结石。生病使我放下一切，一点也不想知道为什么得这样生活。当然，我回家之后，我拒绝返回 zaouïa，父亲很不高兴；我们会彼此避开对方。别扭的气氛或多或少一直持续到我离乡赴法。所以，您看，我就是在这种情况下来到法国的。您看到了，一开始就不是十分愉快，至少可以这么说。离开家乡和家人去外国，从来就不是令人舒心的事。哪怕你一直梦想那个地方，期待很高，离开家人和家庭也总是有遗憾和痛苦的。当我听到有人说，我们都移民到法国是因为我们想象法国是天堂，我心想他们是不是把我们当成了小孩！我们知道法国不是天堂；我们甚至知道，它在某些方面是 1281
地狱（……）。我的情形比这更严重：不仅有分离的痛苦，不仅是丧失了在家时始终具有的信心，产生了前往一个陌生世界时的恐惧，以及肝肠欲裂的思乡之情，还有懊悔之心，懊悔跟父亲对着干。从内心说，我父亲从来没有真正同意我赴法，即使表面上同意了，也纯粹是走走形式。对于这一点，我无法原谅自己。更不能原谅自己的是，我不明白怎么会落到今天这个地步：近 40 年后的今天，娶了妻，生了子。当年我还认为独自去法国工作，干几个月、几年就回家，最多两三年吧。这 40 年当中，把我在阿尔及利亚逗留的天数加起来，也不超过 6 个月。这是怎么回事？去弄个明白吧！

真的有人想要这样吗？

——这个得您来告诉我。或者更确切地说，这种情况是怎么发生的？

阿巴斯：我离乡不久，坏事情开始了，种种战争的罪行。当阿尔及利亚的不幸降临时，我还没来得及从最初的困难中回过神来，还没有适应法国和我的新处境，因为我来后第一年饱受失业之苦。当时我们村和家人也未能幸免。起初，众人如痴如醉……人人争当

moudjahid［志愿者］、mousabal［圣战者］，大家都以为阿尔及利亚已经独立了。甚至那些有充分理由怀疑的人也赞成……他们体面地修正了立场，甚至使劲推波助澜。

［…………］

后来，军队占领了村庄，这些人跑到前排，当向导、指路人。暴行到处都有。我父亲就是这个时候死去的。村庄被占领，村里的
1282 部族之间开仗，周围到处是禁区，飞机轰炸，人人争相逃难。谁可以走，谁不能走，去哪儿避难，往哪儿逃，一个人跑还是和家人一块儿跑……就这样，我老婆、我妹妹和她的孩子，被一位家在阿尔及尔郊外的亲戚收留了。那位亲戚再无别的办法可想，1956 年春天里的一天，带着大家在法国下船登岸了。

［…………］

他使我们不得不面对一个既成事实（……）。我妹夫也在法国……他已经有三个孩子。我自己有一个刚出生的女儿。所以，这是两家子人哟，不是那么简单的。再说，这完全出乎我的预料，因为那阵子我们没法定期通通消息。于是，一切都得临时凑合。我没有家庭公寓的那种住宿条件，无论大小都没有。而且，不像这些年，你可以在巴黎找到这种廉租房，根本没有这种机会。我们设法将就着住下，遇到紧急情况你总得想办法。对付一两天……不，一天之内就得对付下来，一天之内，从早到晚，我们必须给两个家庭落实住宿。我们还不是唯一遇到这种情况的家庭，很多家庭已经开始从各地到达，无疑出于同样的原因：战争，危险，死亡。怎么住宿呢？三四个人合住一个旅馆房间，巴黎第 18 区、第 19 区和第 20 区，在美丽城、梅尼蒙当、莫街、瑟克雷当街，这些街道我都去过。我甚至有点优越之处：当时我跟一个同村同龄的亲戚按月合租一个房间，用他的名字。他于是把房间留给我用，自己到收留他的别人那儿去（……）。我们一致同意大家都挤进唯一一间空房里，

这样我老婆和我妹妹可以做伴，她俩谁都不认识，对法国一点也不了解。当天晚上，一切安置停当，大家都入睡以后，我和妹夫跑去别的地方过夜，能找到一块空间的地方。我们这样住了很久：一个旅馆单间，全家人挤着住……后来，我们在南戴尔的旧棚户区也住过一段时间，当时都是这个样子（……）。1283

情况就是这样。归根结底，现在整个故事都过去了，回过头看(我只会回头看)，这真是我们要的东西吗？在法国度过一辈子……却没有意识到是怎么回事，没有意识到，实际上我们在用我们的孩子填充法国，还自以为有了孩子是自己的！真的有人想要这样吗？有没有人想过这一点？就我而言，我承认，当年我从来没有考虑过。从来没有。我做不到……也没有人会这么想。我来法国难道是要工作一辈子吗？然而，事情已经发生了。我是想把老婆孩子都弄来法国吗？说真的，我不能这么说，我不能向自己承认这一点。在我那个时代，这是禁区，没有人谈论它，这是耻辱。然而，事情已经发生了。它发生在我身上，也发生在许多跟我一样的人身上，甚至发生在几乎每一个人身上。从前，这种情形很少见，那些在法国有家的人是例外。(……)。人们随遇而安。在这里，法国，同那边过来的家人在一起的人——如今在这里结婚的越来越多——不能不对自己和大家说，他做得很对。(有人不是说，我们这些在法国的移民，过的是有老婆的鳏夫日子，说我们虽有孩子却孤身一人吗?)那些仅仅由于生活没有给他家庭移民的机会而在法国没有家人的人，他们会给自己找台阶下，说什么他选择了独自待在法国，因为他厌恶那些占便宜的厚脸皮的男人。自从办理家庭移民成为趋势以来，你在移民当中听到的都是这些。无论过去还是现在，人人都为自己的境况辩护，都装出一副真的喜欢自己当前处境的样子，只谈其中的好处。自从在法国的家庭数目大增，自从阿尔及利亚战争结束以来，这方面的讨论没完没了，我都很了解（……）。为什么会

这样？因为，战争及其带来的所有那些危险，你都没法拿来当借口了，甭管借口是真是假。

1284 […………]

现在正是意识到这是彻底失败的时候

——但是，还有别的什么办法吗？

阿巴斯：的确。我也同样感到无能为力，是最无能为力的一个。但是，我不喜欢人们闭眼不看，不喜欢人们给自己制造幻象[虚构故事]。真相就在我们眼前（或者我们之间），我们首先欠自己一个真相（……）。而且，我想告诉自己和其他人的正是这个真相。首先是我自己——默默地告诉自己，如果能够做到，再告诉别人——不幸的是，这事根本说不出口。

[…………]

他们说我“孤僻”。我听见人们这么说我。他们打算对我友善的时候，就说：“这是讲求真相的人，他说实话，但是没法跟他相处，谁都受不了他！”我听见人们这么说我……没错。真相伤人，它不必非伤害人不可。可是，不伤人说明它值得怀疑。这不是我说的，是《古兰经》上说的。这是我父亲教给我的，他不断地跟我重复这个话，我也再三为自己重复……真相伤人，也许因此我才宁可自己默诵这句话……我不羞辱任何人……别人也别羞辱我。

[…………]

——为什么说出真相，向移民说出您眼中的真相，会成为一种羞辱，或者相当于羞辱？

阿巴斯：为了工作而移民并没有错。错误在于接下来的事情，在于我们每个人在法国的生活方式，在于我们在这么长的时间里把自己变成了什么，首先是这个；其次，你把家庭、子女变成了什么，变成了所有这一切。今天来看，时隔很久，事后你做出总结，

我们在法国这里的生活快结束了，因为生命即将结束，离彻底死亡越来越近，现在正是意识到这是彻底失败（el khala）的时候。这并不令人欣慰。我们在人生路上遇到了障碍，半途中改变了方向，转向了西方［我们失去了“东方”，因为到西方来也是背井离乡］。

——为什么会这样？您似乎在说，出现了某种“背叛”，某种
失误，不仅仅是行为不当，而是自己的失误，对自己不利的失误； 1285
似乎是一种自我否定。

阿巴斯：对，完全正确。我们否定了一切：祖先，根子，宗教。我们是背叛了圣教。

［…………］

工厂里的清真寺纯属谎言

［对于移民的生活境况及其对自己和家人的无可避免的影响，这个人有充分的理解。他也懂得在“驯化被支配者”的过程中一门弱势宗教被迫扮演的政治角色。］

阿巴斯：清真寺，祷告，只靠这些不能塑造一个穆斯林。如果一个人的心黑了，沾上污秽，无论做什么都离谱，他可以去祷告，天天上清真寺，可是祈祷不起任何作用。那是做给人看的，是虚伪（elkhobth）。再说，宗教里一直有数不清的伪君子。更严重的是……如果仅此而已，那算不了什么，问题是伪君子的话总是有人听。我记得，那时我还在上班，工厂里要建一个清真寺，有很多议论，动静很大。每个人都加入了讨论。各人有各人的看法：有些人赞成……有些人反对……工厂为什么要有清真寺？从前未曾有过。实际上，这座工厂里的清真寺纯属谎言。那一阵人们议论得很多。我们需要一个清真寺。我不知道工厂里现在怎么样，我已经离开了，但是我知道每个人，从叫清真寺叫得最响的开始，都忘了工厂有过一个清真寺，只存在了一瞬间。那阵风一过去——不妨说他们

扇起了那阵风——清真寺就再也不重要了，人们发现了那阵扇得很起劲的风的真相，发现了清真寺本身并没有任何意义：其实不是建不建清真寺的问题，而是别的。而且这对大家而言都是如此，大家
1286 都同意过，都往那个方向使劲。我太了解那几个大吹大擂的人了，他们说："我们要在这儿给你们建个清真寺，我们要从他们那儿弄来一个清真寺，不管他们愿意不愿意!"也许他们想象，有了清真寺，他们就能直接上天堂了。(……)如果清真寺被拒，那会是他们的一场胜利，清真寺也就会有某种价值，真实的价值。否则就等于把一个不值钱的东西丢到他们脸上，它还抵不上每个月加薪100法郎。为了加薪，他们会罢工、游行，跟工会一起折腾，加薪不成就几个星期几个星期地谈判。一个清真寺值不了几个法郎，不值得多虑。可是，这个他们能理解吗？两方面的人都不能理解。当他们说"教堂没有，但是清真寺会有"时，他们不知道，如果出来几个疯子要求有教堂，那就会出现激烈的争斗。但是，在他们那里，我们知道，不会有这种疯子。而且，教会在他们眼里是非常可敬的，他们才不会把它安在工厂里，把它玷污了。

[…………]

如今我已经退休，离开了工厂，不清楚那里发生的事情，可是我一直在琢磨，为什么他们会同意腾出一个房间，当作所谓的"清真寺"。工厂为什么会同意？法国为什么会同意？我提不出证据，我没有证据。但是我敢肯定，工厂是为了反伊斯兰教才同意的，法国也是为了反伊斯兰教才同意的……

——为什么？因为法国是基督教国家吗？

阿巴斯： 不，不是因为法国是基督教国家，而是因为法国根本不在乎。她没有这个兴趣。她对伊斯兰教和自己的宗教都没兴趣。(……)"他们不是想要个清真寺吗？他们会得到的，给他们弄一个好了……要紧的是让我们清静一点……"这就是我的理解。同意其

实是因为瞧不起我们。(……)是的，我们应该要求人们必须尊重宗教，也让那些借清真寺哗众取宠的捣蛋的家伙守点规矩，他们……应该听听他们当时怎么说。他们到处吹嘘，说要使老板、政府、法国和所有的人都服软。他们把这件事说成一场挑战，一个给厂方捣乱的办法：如果厂方让步，他们就可以说打赢了一仗，可以自称英雄；如果厂方拒绝，他们还是赢了，因为他们有胆量跟厂方掀起一场前所未见的冲突。如果真有一个清真寺，那再好不过；如 1287
果没有，我们也跟厂方结结实实干过一场。不管是哪一种情形，他们都想显示自己是优秀的穆斯林、伊斯兰教的捍卫者。我们不能跟所有人公开宣战，因为那是跟所有人斗争哟，既跟向老板要求清真寺的人斗争，也跟所有的穆斯林或者自认为穆斯林的人斗争——那样我们就成了清真寺和宗教的敌人——而且，很不幸，这才是最伤害人的：跟公司斗争，因为公司无疑不希望跟一部分员工发生冲突。为什么冲突？就为一个清真寺！为了工资、劳动条件，公司会接受，可是为了一个破清真寺？那是什么？一间15平方米的库房而已……不值得找这个麻烦。再说，当然，厂方会伺机报复，把这个补回来，让你为它用不着花钱的慷慨和容忍付出代价。一旦时机成熟，厂方会想起这件事，就会说：“你们想要清真寺，我们给了你们一个。这个厂内清真寺少说也会占去1/4的工作时间……”对于公司来说，事关所有信奉伊斯兰教的员工，不管他们做不做祷告，这个它不关心。“祷告一刻钟，薪水却不减，这就等于加薪……事实上加薪，今后逢到加薪，我们必须首先把这个考虑进去。”厂方会这么说，而且不无道理。换句话说，最终支付这张账单的，是那些在家里继续做祷告的虔诚的穆斯林工人，还有其他非穆斯林工人。

[…………]

所以，清真寺这件事，他们要求的不是清真寺本身，不是为了

一个清真寺，而是别的东西。这一点各方心里都清楚：支持清真寺的人，口头表示支持的工会，所有穆斯林工人，包括工厂管理部门。

移民是"双倍的耻辱"

——我觉得，您跟我解释了什么是移民。

阿巴斯： 那是为了告诉您，移民是耻辱，双倍的耻辱：在这儿生活的耻辱，因为总有人对你说，也让你对自己说——让你对自己
1288 说，我一辈子都有这个感觉——你为什么在这儿，出于什么理由在这儿；你没必要来，你在这儿是多余的；这儿不是你的位置；我不知道你有没有这个感觉，还是说，这是我的过错；是不是我造成的，一种疯狂造成的，我这个疯子造成的。不过我敢肯定，每个人，根据个人情况，或多或少都是这么想的，因为作为一个移民正是如此，而且是通过这儿的生活经验学到的东西。你得经历过这一切，才能有这种想法（……）。

——什么是第二层耻辱呢？

阿巴斯： 第二层耻辱在那一边，是离开那一边，从那儿出走，是移居他乡。因为，不管你愿意不愿意，哪怕人人都把它藏着，藏着不给自己看，哪怕没有人想知道它，移民都永远是一个错误。你想方设法原谅自己，原谅这个必要的"错误"，这个有用的"过错"，这个你不想要的、任何人都不愿把它叫作"过错"的"过错"。它就是移民的"耻辱"，不管喜欢还是不喜欢，都是自己的"耻辱"、家人的"耻辱"、阿尔及尔的"耻辱"……每当有人骂我是移民的时候，受辱的是阿尔及利亚，挨骂的是阿尔及利亚（……）。

——换句话说，移民在本国并不比在外国的形象好多少。

阿巴斯： 很不好，肯定更差。从前不是这样。那时候形象良

好。我们移民是为了有工作，为全家着想；大家都很不容易，他们对我们有怨言，可是绝对没有拿这个那个来指责我们的问题。他们唯一指责我们的是我们没有尽到自己的义务，当我们忘记汇钱的时候。那时两边都完全赞成，用的是同一种话语：我们的男人离乡背井，为我们去工作。我们离乡背井是为了家人去工作！但是，这种情况未能持续很久。特别是当大多数移民在法国同家人团聚以后，情况完全变了。“我们的男人离乡背井，为我们去工作”这句话，那些家庭没法再说了；我们这些移民也不可能再说“我们离乡背井是为了家人”。如今我们开始对着骂，两边都指控对方，都说对方 1289
一文不值。尤其是现在，金钱问题掺进来了，也就是两边都叫作硬通货的东西。跟过去那些为家人工作的移民不同，我们不再寄钱给国内的家人。大家都来法国购买硬通货，大家在这儿也都出售硬通货，然而大家又都为此指责对方，彼此怨恨。人们说，那边的人两手空空，什么都缺，全靠我们才能吃上饭，靠我们养活着。

——平行汇率目前是多少，货币“黑市”行情如何？

阿巴斯：如果你想让亲戚朋友高兴，汇率是 1 比 6，否则是 1 比 7。有人甚至说，会升到 1 比 8。怎么不会呢？它没有哪一天停止不动的理由哟（……）。对，6、7、8 第纳尔换 1 个法郎！不过，由于那边什么都贵，一切都是黑市交易，他们就借此回敬我们。只要你到了那边，不管你想干什么，需要买什么，他们都说：“让法国出钱好了！”[用法语说。]

我们彼此盯着看，仅此而已。

——那是怎么回事？您不后悔吗？您的儿女都很有出息，你们之间是如何做的？

阿巴斯：（……）首先，我至此说过的一切，当我说别人的时候……看起来是说别人，可也是在说我自己……我知道，我感觉您

已经明白了，既然您明白了，我就可以承认。当我说自己的时候，我也在说别人……

——不过，看来您责备别人没有用您说他们时——因此也是针对您自己的——所用的语言，并且为此感到很难过。

阿巴斯：那无所谓。我们说的话完全不一样，对自己说的话不一样，这并不妨碍我们都谈论同一些事，也许方式不同，不过到头来还是一回事，不管说的是真相还是谎言，我们说的是同一些事，
1290 各人有各人的方式，因为我们毕竟身处的境况相同。每个人都尽可能解决自己的问题。

——可是，您能不能像谈论别人的孩子那样谈谈您自己的子女？……例如，看到那些孩子们经常遭遇的灾难，失业……毒品、暴力……往往还有坐牢……这些却不适用于您的子女。他们平安无事……看来他们是成功的。

阿巴斯：咳！不是这样……多少算是成功的。但是，同样一些事到处都有。就某些情况而言，不假，没有发生最糟糕的事，但是有可能。这跟我们每个人相关……你可以问问自己：在这种生活条件下，生儿育女是怎么回事？为什么生养这样的儿女？我们彼此盯着看，仅此而已；在家里打个照面，每个人都有自己的日程表。如果他们愿意，我们可以几个月不见面，虽然都住在同一个屋檐下。

——为什么会是这样？

阿巴斯：为什么？因为我父亲养育我的方式跟我养育子女的方式不一样。

——您宁愿像您父亲那样培养子女吗？

阿巴斯：不一定，正相反，因为我知道办不到……再说，我不喜欢父亲培养我的方式。但是，父亲那样培养我，是因为他没有别的路可走。他没有别的办法，其他人也没有别的办法。那个时代就是这样，仅此而已。可是，情况变了——这里完全是另一回事——

我可以有所期待，我有理由认为可以走另一条路。

——那么，另一条路没有走通吗？

[…………]

阿巴斯：没有，问题不在于上班的人的日程表。正相反，正是由于没有工作，他们的日程表才不一样：睡觉睡到下午3点，起床，给自己弄一顿丰盛的早餐，出门，不到凌晨一两点不回家；饿了就打开冰箱，吃饭，然后一觉睡到第二天中午，或者下午1点，然后从头来（……）。就像您说的，全家聚不到一块儿。而且，家人的分分合合不单单因为每天奔忙和工作，而是因为，实际上，各人走各人的路，每个人都沿着自己的道路往前走，我们的路相互不 1291
会有交集。而且，什么都是如此：我们的工作方式，看问题的方式，挣钱和花钱的方式，吃喝的方式（……）。而且这些不同不是在宗教方面，即使他们不堕入罪孽，也还是不一样，吃饭喝水的方式不一样。最终，我们变得彼此很疏远，把我们联系起来的只剩下一个东西：我是他们的父亲，他们的母亲是他们的母亲，我们俩是父母，他们是子女。他们自己也会问他们是我们的孩子吗，这个不是那么肯定（……）。我们身在两个不同的世界，每个人都按照自己的心思行事。我们之间什么事都没有，这个很正常……除了一些少有的例外，例如发生了灾难。最好的情况是，为了要紧的事，我打电话把一个孩子叫到身边，要他认真听我说话，注意我要对他说的事，也许这个时候，他们才会记得，还有一个东西把我们联系在一起。

——我很难想象，您的孩子会发生您所说的灾难性的事情。

阿巴斯：是的，正是这样。这是从最佳情况来说的，我的孩子就属于这种情况。没有争吵，没有人提高嗓门说话。一切都遵照最高的礼貌原则。情况就是这样。时不时会有一通真正的交流，跟他们的母亲比跟我更多；否则，我们只是住在一起，仅此而已。

似乎只有高兴的时候，他们才愿意工作

——您的大儿子多大了，做什么工作？

阿巴斯：嗯……老大现在有……他是［阿尔及利亚］独立之前出生的，所以没有法国国籍。所以他三十一二岁了。我最不明白的就是他了。他什么都有，我们为他付出了一切。他可以工作。他可以很容易地找到一份工作。但是，我不明白。这没有任何道理。我找不出解释。我真不得不承认完全出于纯粹的懒惰，只有这个……
1292 只剩下这个理由了：他不喜欢工作，不想工作，拒绝去工作……所以说他懒惰。我没法可怜他，也不能说他没有找到工作，他从来不去找……正相反，他拒绝工作。我认为他们都对工作很生气。他不是一个人，他们是整整一帮人，都是这样游手好闲。

——就像您说的，这些年轻人能找到工作，可是不去工作，这究竟是为什么？

阿巴斯：去问他们好了！……我怎么知道？……我像您一样问自己，他们才不会说为什么不工作。他们肯定自己也不清楚。我问过这个问题……可是，从来没有过哪怕是一个字的回答，一声不吭！这是唯一的回答。人家扭头便走。不过，即便如此，我还是听见了他们相互之间说的话，因为你还是能听见他们交谈，有些人对父母说话很凶哦……他们很多人——这个我承认——不像我们的孩子那么有礼貌，我们之间说的那些事情——因为我们只谈这个，我从来没见过哪个人不是一开口就抱怨自己的孩子：大家都遇到同样的事，有同样的苦处，都同样抱怨。我们处境相同，或多或少地遭年轻人的罪，程度不同罢了……因为，当然，凡是偷盗、入室盗窃、警察干预、坐牢等等，情形会有差别；还有一些情形，事情只发生在家里，没有少年犯罪，什么都看不见，什么也都听不见，好像一切都往好里发展。而且，的确，前一种情形下的父母很羡慕后

一种情形下的父母。

——都是一些什么样的事情？

阿巴斯：听听他们怎么说吧：我们不想工作，不想要他们的工
作。我想“他们”指的是法国人，法国人、法国给他们的工作……
我们呢，当初我们找工作的时候，能找到就挺高兴，我们会说“我
们的工作”……我们不会说“他们的工作”。现在呢，正相反：他
们能找到的，或者找到了的工作却不是他们的，而是别人的工作，
他们为别人打工。于是，他们就说，对你说，他们之间也这么说：
为他们，为别人干活儿不值得。你总是给别人，给老板干活儿，永 1293
远给某一个老板干活，这个他们不能接受。在我看来，他们没有工
作的愿望，不喜欢劳动，他们宁愿过苦日子。因为能保证饿不死，
他们就翻来覆去地说：“我们才不给法国人干活儿呢！”他们只有在
这个时候才记得还有法国人，记得自己身在法国，至于其他事情，
他们是法国人，而且会这么说、很乐意说——如果事情合他们的心
意——他们在法国，是法国人！可是工作嘛，不行！

——可是，他们如何行事呢？即使在父母家里有吃有喝，有房子住，也得有一点钱，因为有日常开销哟。而且，他们花销很大：吸烟、看电影、喝咖啡；有了汽车，还得加油、维护。他们总不会像小孩子一样向家长伸手吧？

阿巴斯：零花钱，他们知道怎么对付。他们从来不缺这个，也从来不靠偷窃。他们只做最低限度的工作：每两年工作一年，一个星期干他几天，一天干几个钟头……过得去就行，只为有工资单可领。干一点，失业一段。时光都这么过去了。

——也就是当今所说的“打零工”。

阿巴斯：也许人们管这个叫“打零工”［用法语说］吧。但是，通常那些工作不像我们想象的那么零碎……这些工作让他们，或者能够让他们过日子，而且，更特别的是，让他们能“满嘴跑火车”

[“吹牛皮”之意。例如说“我在这儿当老师，在那儿当老师”]。我不知道他们说的有多少是真话。

——您指的是什么？

阿巴斯：这种情况的年轻人很多。我的大儿子就是一个。他总是在这所那所学校里兼几个钟头的课，数学课或者物理课——这些都是他自学的。我妹妹的儿子也跟着他，他比我儿子年纪还大。他也兼课，究竟教什么我不清楚，大概有时候教教经济，有时候教教会计吧。我还想起另一个年轻人，一个近亲的儿子，他本来可以成
1294 为工程师，他上过工程学校，可是也是这个样子生活。我现在说的是能够找到一个货真价实的正职的人，不是其他那些什么也不干的人。还有，有些人什么也做不了，你不能这么说任何人，除非这个人有残疾，我说的不是那种情况。我也应该说，这一点应当认可他们，那就是必要时，需要钱的时候，他们什么活儿都会干，他们有自己的渠道。一旦其中一个人发现有一个门道，别人会蜂拥跟进，他们互通消息。他们不是不工作，但是，似乎只有高兴的时候，他们才愿意工作。每天工作，同一个时间上下班，同一个工作，他们说太无聊，没兴趣。

[…………]

我觉得，如果真想，他们早就有一份真正的工作了。因为他们有很快找到工作的能力，这一类工作他们也能够做较长时间，不管是不是喜欢。再说，既然他们一直在尝试，不停地换工作，干的活儿五花八门——搬家，油漆，各种体力劳动——他们总会找到一份适合他们，让他们喜欢的工作吧？什么也没有！

——当然也有一些人找不到工作，他们肯定得失业。

阿巴斯：咳！有这样的，而且，很不幸，这样的人相当多。不过，情况不都一样，没法相互比较。我觉得他们之间甚至不怎么来往，彼此都不喜欢。你一眼就能看出不同，那些区分他们的东西，

你一眼都能看出来。但是，结果最后还是一样：有的不工作是因为不喜欢，有的不工作是因为找不到。有些人相处得来，因为都是东找西找，做三天打鱼两天晒网的工作。这种情形还是最好的，承认工作是诚实地挣钱的唯一手段，不偷不盗，不去鼓捣黑市。

——您已经谈起您的长子。如果我没理解错的话，他上学上得还是很好的，您告诉我，他有时候会教教数学和物理。 1295

阿巴斯：是的，为了他把学上好，我们付出了一切。他花费的时间不少，因为好几次改变方向，他一直是这么说的。我弄不懂这意味着什么。我们什么都做了，为了他我们什么都接受。为了完成学业，他去法国北部上学，在里尔，是个机械工程学校。他从那儿拿到一个工程学士的学位。他本来可以有工业工程师的职业，当然是一个小小的工程师，为这个他上过学，拿到了必需的文凭。他从来不去找。他总是说，快了快了，还在等。我们跟着他一块儿等。

——他还没有结婚……

即使我们假装什么也没看见

阿巴斯：也许只剩下结婚了……我还得养活他的妻子，然后很快还得养活他的孩子。也许这一点让他心里有点压力：等到他想结婚的时候——这个问题曾经被提出来过——他就得找个住处，为此他得好好工作。是时候了。

[他的大女儿，35 岁，10 年前离开了家。]

阿巴斯：在他之前，其实我们还有一个女儿。她是孩子里的老大，今年三十四五岁了。她离家出走了，这是至少 10 年前的事。她没有结婚。

——她有工作吗？

阿巴斯：有。离家以后，她一直有工作……至少我是这么听说的。她母亲告诉我的。可是详细情况我一点也不知道。她日子好像

过得不错……因为她提到把她现在住的公寓买下来。

——她是做什么工作的?

阿巴斯：咳！说来话长。我对在这儿的生活的全部思考都是从她开始的。怎么能够一边在这里生活，一边好像不在这里生活似的工作？一开始，我还以为这是可以做到的，不这样也不行，非这样不可，没有别的办法。那还是最初的时候，悲惨的居住条件、一个
1296 快要坍塌的老房子（……）。小学可以上，就在附近，她那时还是个小丫头。确实，她在学校的情况，我说不出什么。她每天上学，上完学16岁，这更好。回家以后，她再也没有出过门。

——“再也没有出过门”是什么意思?

阿巴斯：干吗要出去？她在外面有什么可做的事？她的位置在家里。就个人而言，我觉得这个再正常不过。她没有别的去处。就是这样，没有别的。她母亲也没有出门嘛。

——这个情形持续了多久？她没有反叛或者抗议过吗?

阿巴斯：我不知道……也许她对这个情形感到不开心，那又怎么办？她自己肯定也不知道怎么办。

——她没有要求出去工作吗？可是，那个时期，那一定是20世纪70年代吧，不是比现在更容易找到工作吗?

阿巴斯：当时没有这个问题。那完全不可能，没人这样做……我们周围没有这种做法。

——您拒绝，您不同意她出去工作?

阿巴斯：没有哟，没有这样做的必要。没有人有过这个想法。

——那个时期，她都做些什么?

阿巴斯：她住在家里，完事。当然，跟她母亲是吵不完的架。

——跟您呢?

阿巴斯：跟我完全没有这个问题。无论跟她还是跟别人，我没必要和她讨论这些事情。她知道我的想法，没有必要重新提起。她

和别人都是如此，包括她母亲。

——既然如此，您为什么不把她嫁出去？求婚的肯定有过吧？

阿巴斯：有过，可是求婚都是通过她母亲提出来的，由于没有我满意的，也没有她们满意的，我不想勉强。她是我的女儿，她有权在这个家过一辈子……或者直到我不在了；她有权什么都不缺，只要我力所能及。 1297

——什么都不缺，除了行动自由！

阿巴斯：我想，她从没要求过她已经有的东西。虽然她也生闷气，像我刚才说的那样。她对什么都会生闷气，对每个人，她母亲，饭菜，她自己（……）。

——这一切是怎么结束的？

阿巴斯：结果跟我那时候想的正好相反……我现在还是这么想，如果时间没有赶在我们前头，如果时间没有征服我们，没有迫使我们接受无法接受的东西。

——换句话说，时间征服了您，但是没有让您心服口服。

阿巴斯：绝对没有，永远不会，必须实话实说。真主更强大……！有些时候，你得下决心接受无法避免的事情。我们试图争一争，竭尽所能抗拒。但是，现实就在眼前：我们在这个世界上没法独自生活。我们在法国——不管你喜欢不喜欢，法国就在这儿，我们在她的怀抱里，她最终也会进入我们的怀抱，这很正常。可是，尽管进入怀抱，她也不会到我们的心坎上。对我来说，她始终没有进入我的怀抱，也永远到不了心坎。这一点我不隐瞒，也一直是这么说的，尤其是每天心里都装着它。我知道，我会死在这里，我已经看到很多人都死在这里，有我的同龄人，也有比我大的，他们像我一样来到这里，住多久？没人说得清，但是没人想过要在这儿过一辈子，整个一生在这里度过。我们每个人都是这样，包括我自己。最终会是如此，可是我从来不能想象这是我的国家。所以，出于这个

原因，抗拒已经没有任何意义。（……）我在内心深处没有丝毫改变，什么都没有抛弃。所以，对我谈不上帮助还是不帮助。现在，一切都留在我心里。既然我知道得不到任何人的认可，连我的家人也一样，那么我就闭嘴，随他们在这儿去做人人都做的事吧。

——也就是说，那些反正也阻止不了的事，您宁愿不去阻止。不过，您的女儿是怎么一种情况？

阿巴斯：我自己什么都不知道……这里头有一连串小小的原因，直到事情出来了，我们也不知道是怎么发生的，真的。哪怕我
1298 们假装什么也不说，什么都没看见，事情还是摆在那里：这丫头很不高兴。我们都认为她什么都不缺，住在家里，有人照顾，父母家就是她自己的家嘛，完全正常。这个没什么可说的……她看来对此也不说反对的话，她好像什么都不说。可是，实际上，尽管我们装作什么都没看见，可是一连串迹象透露了不和谐，她抗议这个处境，至少对我是这样，因为对她母亲，她的说法很激烈。

——既然情况您知道，您是怎么回应的？

阿巴斯：哦。这些我们已经习惯了。对我来说，两个女人在家里，即使一个是母亲，一个是女儿，俩人之间也不会没有故事，我一直就是这么想的。她母亲的说法我不听，或者只听一点点，每次我的回答都是“这是你俩的事，她是你女儿，你们自己解决吧，我不搅和你们的事”。所以，一切都好像什么事也没有。

——有没有别的迹象显示女儿打不起精神，可是您那时忽视了，或者像您说的，宁可视而不见？

阿巴斯：哦！不完全是这样。孤僻、沉默也许有，这个女孩子躲在里头。但是，这毕竟很正常哟。她没什么好说的，总之，没什么好跟我们说的，现在和从前都是如此。哪怕是现在，即使她回家住上几天，也什么都不说……也没什么好说的。我们不会彼此诉说那些故事。可是，让我思来想去的是在这种情况下你不

得不对付的那些官僚。这时我才明白，我家有很多事情，别人理解不了，它们在这儿没有位置。很多东西我们认为很正常，比如我女儿住在我这儿，在这儿却得不到认可。我女儿病了很长一段时间，有过好几回，我们不知道是怎么搞的，每次都得把她送去一个疗养院。而且每次送去治疗，都是同一个故事：她没有社会保障卡，我的社会保障卡管不了她。他们不理解，为什么她没有社保，至少为什么她没有登记失业。我说她没有要求工作，这个他们也不明白。每次我们都得呼叫急救、救援。我甚至不得不给她买一份自愿保险。 1299

——她生了什么病？

阿巴斯：我们不太清楚。人家说是神经方面的。每次他们都这么说。说她得换换环境。

——那么，最后怎么样？她现在怎么样了？

阿巴斯：她跟疗养院的一个社会工作者慢慢交了朋友，去了她家休养几天，去过好几次。有一天，她对她母亲说，她要在那儿多待一阵，不会很快回来，因为她想去找工作。她母亲一听就懵了，她没法相信，没法相信她要自立：这个闺女从来没有工作过，什么都不会，再说，那个时期大家都很困难，别人比她找工作更难，哪怕是习惯出去工作的人。我们简直不敢相信，她能够自立了。她找到了工作，好像一直在工作。现在她和大家是平等的，跟她的兄弟姐妹是平等的，甚至比她兄弟们还要好，特别是比那几个还在那儿晃悠、不工作的兄弟更好。连跟我比，她也是平等的：成了像我一样的“男子汉”，一点也不比我差。她走出了家门，靠自己的收入生活，自己管自己……无论对她，还是对我自己，我从来没敢这样想过，包括对我这个家族，尽管这个姓在不少人身上见证过很多事情——顶着这个姓的人不在少数。可是，这就挺好，总比更差的好得多。

都是移民的错

——事过之后，时至今日，既然有了这个最后的结果，对于您以往的做法，您是否觉得后悔，尤其对女儿，您使她浪费了不少时光，而且感到痛苦……回过头看，白白痛苦一场。

阿巴斯：我没有什么可遗憾的。要说遗憾的话，那是目前的情形。我遗憾她怪我不对。我没错，女儿也没错。不知您知不知道人们讲的那个故事……我们的处境相同。

——什么故事？

阿巴斯：很久以前，冬季寒冷，交通完全靠步行。一个赶路的旅行者突然遇上漫天大雪。他走进附近的一个村庄，求他看到的第一家收留他，这家人热情地接待了他。大雪连续地下，根本没法动身。一天过去，两天过去，眼看快到一个星期了，雪仍然下个不停，房子的主人开始腻烦这个陌生人。必须说，那时候大家都很穷，尤其是冬天，几乎没有食物给他。倒霉的旅行者懂得这一点。有一天，夫妻之间因为他爆发了争执。他也不傻，知道那是一个赶他走的借口。尴尬之下，他看了看大雪封堵的屋门，说了一句至今无人不晓的话：“我知道，这不是我的错，也不是你们的错，而是上天的错，上天把我引到这儿，让我想走也走不了！”现在也是一样，这不是一个会让我后悔的错，也不是一个可以用来责怪她的错。正像人们说的，都是移民的错［用法语说］！所以说，相互指责没有用，问题也不在于断绝关系，关上大门，然后像有些人所做的那样，宣布：“我不要你了，你已经不是我的儿女了，永世不要踏进我的家门！”不行，不能那么做。

1990 年

通讯员[①] 1301

阿伊莎今年 28 岁，是一个有 6 个子女的摩洛哥家庭的长女。父亲是一幢大厦的吊车司机，1968 年来到法国；母亲 1971 年来法团聚，当时阿伊莎刚满 9 岁。这 6 个子女当中，只有老幺出生在法国。全家住在克雷尔高原地区的一个住宅区里。这里的住户大多是移民家庭，都是他家的邻居，跟这个“姑娘们都戴头巾”的家庭熟稔。还是在摩洛哥时期，父亲有一辆出租汽车，而且“干得不错”。阿伊莎觉得父亲是“出于选择”而移民法国的，跟其他移民不一样。

阿伊莎在大学主修心理学和社会学。1988 年，她通过了本科三期文凭（DEA）的答辩[②]，研究方向为影响摩洛哥青年学业投入的社会文化环境。五年以来，她和一个法国人同居，过着一种“双面生活”。前不久，她向家里宣布了结婚的打算，也递交了入籍申请。

在法国，无论找工作还是跟家里谈感情选择都很难，加上父母也很愿意了解老家的情况和返国的问题，这就促使阿伊莎抱着回去“侦察一番”的心态，于 1988 年夏季回到摩洛哥找工作。工作没有 1302
找到，她意识到自己难以“适应”了。

在这次访谈期间，她的家庭遇到了一个麻烦。其根源在于，她多少明确地认识到，返回摩洛哥已经全无可能。当阿伊莎宣布要跟法国人结婚的时候，她不得不应付父亲的强烈反应（“那个局面的

① 此文英译本未收。——译者注

② 本科三期文凭（Diplôme d'Études Approfondies，DEA），法国高等教育本科第三阶段的国家文凭，通过便取得了继续攻读博士文凭的资格。自 2004 年法国教育制度改革以来，各大学停止了颁发这种文凭。——译者注

经历就像犯了罪似的”）。另外，尽管受过高等教育，但她仍面临着就业问题（“我完蛋了”）。她总结了一番家族史，家庭在她眼里恰是一个为了“融入”社会而不断讨价还价的关键场所。

他们的移民轨迹的特点，母亲的摩洛哥家史的特点——由于从小被遗弃，又遭收养家庭虐待，赴法对她来说没有什么损失，或者说，什么损失也没有——孩子们的学业投入，让他们都能“上大学”，这些都使得这个家庭的成员在克莱伊高原地区的其他摩洛哥家庭看来很像（融入过程中的）一些“通讯员”。半演员半观察家的身份使阿伊莎对这些家庭了然于胸，使她能够重构它们面对融入问题时的两难境地、冲突和家庭选择方面的困境。

阿伊莎指出，正值一个移民的返国和留法均遭质疑的历史时刻，媒体所说的“面纱之争”是一种手段，用来评论和化解身份难以管理所引起的矛盾。她也提到面对“返乡的神话”，男性和女性
1303 的立场之间的差异和冲突。在她的家里，父亲一直没有放弃返国的目标。他之所以在这个问题上不让步，是因为这样做既维护了为全家掌舵的男人本色，也是一种捍卫家庭的方式，防止因对未来的想法不同而在精神上解体——“不知如何是好”。不过，事实上，无论是在法国求学还是在摩洛哥置房产，父母双方的实际做法都证明，分歧并不像言谈话语中显示的那么严重。阿伊莎的母亲不是说出了父亲私下的所思所想吗？她给孩子们慢慢灌输的是一种对于未来的不同看法，这项工作不正是在争取理解所需要的时间吗？

无论如何，在跟行政部门、学校和医药界打交道时，男女之间的家务分工的逻辑关系当然使母亲能够显示自己的适应和学习的能力及其观点的正确性（这种情形也常见于教育和文化水平较低的家庭，无论是否移民家庭）。通过跟不同的生活和行为方式、不同的价值观交往，阿伊莎的母亲逐渐获得了独立、新的能力和与背井离乡地独立生活相适应的讲话方式。

阿伊莎分析了自己与父亲的矛盾、母亲的变化（她一度不得不看护罹患重病的幼子，这个严酷的过程使她“发现了自己的能力”）、宗教习俗和有关这个家庭的宗教信仰的说法。她认为这是一 1304
个漫长的融入过程，一个颇费踌躇和有时候前后矛盾的过程（“麻烦是我夹在两个人中间，不知如何是好，里外不是人”），永远可以抱怨别人“融入”得不是太深，就是不够，每个人都不得不为自己的地位讨价还价：女人的，男人的，移民的，留在法国不走的，家长的，儿子的，女儿的，长女的（“我父亲说我是他的左膀右臂”）。长女的地位使之必然肩负着传承家庭价值观的责任，更因为她是第一个接受高等教育的家庭成员，也就是说，她身兼翻译和家庭内外的联络员。对于伴随着“融入”过程的令人感慨的种种客观矛盾，阿伊莎虽然身处明显带有双重制约的印迹的矛盾地位，却保持着清醒的头脑。为了这种清醒她是付出了代价的：“整个担子都压在我肩上，我能体会父母的伤痛。”

无疑，这种源于社会关系的苦恼使得读过书的这一代移民的女儿（往往是家中长女）的话更显沉重。阿伊莎把自我剖析作为贯穿家庭叙事的一根红线，使谈话的对方不得不视之为达到理解的唯一途径（如果不懂得社会分析对于某个特定类别的社会学的必要性，便有双方互不理解的风险）。她一开始就声明，对于她来说——对于其他人也一样，只要是近亲——自我剖析是一种手段，适用于把 1305
握她本人和家庭所处的局面，以及她在家中的特殊地位的内在矛盾。她属于那些需要社会学以做到自我解脱的人：“头一次做社会调查，我就觉得自己心里其实有疙瘩。因为对于她们经历的事情，我太有体会了。有时候，有些很好的问题，我却不敢向她们提出，因为我也是那样自问的呀。这事让我搞砸了。第二次，我心想，我必须问，因为我需要答复，说不定什么时候用得上——这毕竟有点自私，或者说一点也不客观，不过某种客观性我还是有的，而且用

上了我得到的结果，毫不愧疚地利用了。”

1306

一位摩洛哥裔女学生

采访者：弗朗辛·米埃尔-德雷富斯

“我什么都要分析一番，想得太多”

——我们上次见面的时候，你正要去摩洛哥，你那时刚拿到社会学的本科三期文凭吧？

阿伊莎：我是两年前去的。那时候我正逢困难时期，大困局，因为，的确，我对就职不顺利非常失望。我不知道我能够做什么了——为什么要费力求学——我似乎最终困住了，无路可走。既然在这儿找不到工作，我就想，只剩下摩洛哥一条路了。我总得试试吧。于是我就去了。我的朋友也没拦我，他理解我有多难……唉，这个处境也给了他极大压力，不过他总之也准备要去摩洛哥。这样一来，我就回摩洛哥去了。之前我已经很有一段时间没去了，一到那儿，你看，那种差距真的让我感到失望……我很想做点事，可是要做的事情太多。咳，我接触了一些在社会部门工作的人，政府医疗部的，对我来说，可以供我周旋的余地不大，根本没办法重新融入摩洛哥。

——你接触的人怎么说？

阿伊莎：他们先是说，回去的想法是发疯。

——直接这么说吗？

阿伊莎：其实，我听过两种说法，两种完全不同的说法。我的家人认为我在法国差不多当上部长了，还有一套相当优越的知识，而且很容易就能够融入摩洛哥的生活，他们觉得我可以在摩洛哥过上好得多的生活。

——这边的家人还是那边的家人？

阿伊莎：那边的家人呗，摩洛哥的。也有人说：“你彻底发疯

了，这个游戏一开始就玩坏了。看你这脾气秉性等等，这儿的生活 1307
你适应不了。”至于我父母，真让我受不了。第一，我是长女，他们在子女学业上投入很多，对孩子们都是这样，尤其为了我。他们完全移情到我身上了，在我的整个学习过程中，我最忍受不了的就是这个。不过，最难以忍受的是我去摩洛哥的那一年，那是两年前的事，唉，那时候我已经有了点岁数，他们觉得我拿到了不少文凭，足够了，应该回摩洛哥去了。实际上，这套说法可以从不同层次分析，因为他们想要我回去，是因为我岁数不小了，应该结婚了，因为在法国，好的男方不容易找——摩洛哥人，穆斯林嘛，剩下的连谈都别谈。所以我应该回到摩洛哥去，找个好人家嫁掉，安顿下来，再找一份好工作，总之他们不担心我能不能找到工作，再说天底下没有比女儿更优秀的人了。嗯，我知道，怎么说呢，我知道这是他们急着要办的一件事……

——他们有什么担心吗？

阿伊莎：很担心，不过他们实际上很想在摩洛哥有个落脚之处，所以就催促我，你懂我的意思吧？他们人在这里，没法回去。反正他们总能找到［回不去的］借口，总有一个站得住脚的理由，那一年是说，孩子们正在完成学业，不能再次打扰他们。那么我呢，他们觉得还不错，足够了，可以回去了。再说，他们毕竟也能有一个家，也许不完全是，不过还是一个家，他们可以落脚，因为那个时期，我们回摩洛哥都住在我奶奶或我姑姑家。

倒霉的返乡

——他们没有盖一座房子吗？

阿伊莎：跟所有要面子的移民一样，他们在那边也盖了一座房子，可是不知多少年了，一直没有完工。总之，我不觉得他们会盖完这座房子，因为房子是一个象征，已经拖了十年了。每年都得投

1308 点资过去，钱不多，工程不大，名副其实的象征。而且，我心想，等到房子完了工，他们干什么去？也许会再盖一座。奇怪的是，我父亲本来可以把它盖完，可是他每次都是做一些小工程，他一切自己动手——其实他完全可以雇工——自己精雕细刻，把房子盖起来，现在进入最后的工程了，油漆……

——他从事什么职业？

阿伊莎：他在建筑工地上工作。

——泥瓦匠？

阿伊莎：不，开吊车。不过他有一双巧手。今年他本该回去，把房子盖完。早该完工了，已经拖了十年了。可是今年他不回去了，因为他手头拮据。我觉得我们能够安排得开，因为法国是个消费社会，可以借贷，可他不愿意。我想如果让他们盖，房子哪个地方会出现裂缝，某个东西会停下来，因为我们这么多年梦想着房子。现在呢，房子快盖完了，他又开始想在法国盖房子。因为这个，我才对你说，说到底，他要做的就是再盖一座房子。所以我父亲老是念叨这个，因为我母亲——所以我才对你说，哪天我跟你说说我母亲——我母亲 10 年或者 15 年以前，就打算在这边买一座房子，因为她不想回摩洛哥了，不去那边常住了，可是我父亲呢，成天唠叨："我们要走了，要回去了，要回去了。"他们有过很多机会，因为我父亲干的就是建房这一行。他一直拒绝，现在却念叨"我们的小屋"。从他们打算在这儿买房的意愿里，我们可以听出心思的变化，这是很稀罕的事，特别是它出自我父亲。因为他是这么一个人，你瞧，他总是说"我们无论如何会回去，孩子们也会回去"，等等。如今他却开始……提起这个事……不过，事情已经过去，我们不回去了。他有一天说的话真让我寒心，因为我能感觉到什么东西毁掉了，也许重新生出了另一种东西，某种东西正在展开，正因为如此，我才注意观察我父母。特别是他们现在知道我有

男朋友了，这就把他们想做的事完全颠覆了。这个房子的事，我想 1309
已经结束了。返乡的想法妨碍移民融入社会，这种想法已经没有了。事实上，回归传统和某些严厉的做法都出自这个倒霉的返乡。他们感到这种想法开始变得含糊不定。抛弃它以后怎么办？回到更强大的现实上来，回到最根本的东西。我觉得……

[…………]

——是不是因为你在摩洛哥没有找到工作，这对你父母影响很大？

阿伊莎：对他们来说，正是这样。因为他们是把我当侦察兵派回去的，就是侦察一番。由我来观察，怎么说呢，全家能不能重新融入那边的生活。这个我很难承受，因为我觉得很压抑。更甭说我什么都知道，因为我做了很多分析，不这么做不行，我感觉得到父母对这个事有多么重视。我回来以后，摩洛哥那边的家人并没有觉得失望，他们猜想得到，感到失望的是我父母。他们把这件事放下了，因为他们心地善良。不过，回来以后，我觉得那个时期裂隙开始出现。他俩之间说"她没能留下不走"，这么说很有意思，因为关系到……我递交过入籍申请，三四个月之前吧，这个我跟父母早就谈过。因为，比方说，我妹妹想考接生员，但是不被允许报考。我父亲总是说："她们可以干点别的嘛。"可是，自从我从摩洛哥回来以后，他们终于接受了我们在这儿可以生活得很好的想法。而且，我的难处是在这儿找不到工作。起初，我父母一直不理解，父亲对我的学业一直不理解。他们不明白我怎么会找不到工作，因为他们做出了那么多牺牲，为的就是让孩子们完成学业，既然有了专业训练和文凭，那么照理应该找得到工作，我找不到工作，一定是什么地方出了毛病。

——社会学、法语等专业的学生有同样的问题，这个他们不理解？

阿伊莎：不理解。他们想象不出，这样一来，他们就开始找房
1310 子，我父亲也同意我申请入籍……不过，这些我母亲早就能理解了，她说过："我的孩子用不着回去，反正摩洛哥两个钟头飞机就能到，干吗还要回去？我看不出这有什么问题。"她一下子就明白了，我父亲却很难做到。我想，他跟那些马格里布家庭一样，在这儿很痛苦，他们实际上不知道往哪儿走才对，不知道应该怎么办，不知如何是好。我知道，在我们这个街区里，我父亲的子女是年龄最大的，上过大学，等等。整个一代新人已经长大，刚刚上大学一年级，于是他们来向我父亲请教。因为我父亲在街区里的形象可以说很好，男子汉，等等。他在这一带已经住了很久，融入得很成功。有意思的是，从他和别人的谈话里，你能感觉出……如今他反倒劝起别人来了！他告诉他们："好啦，说到底，您的孩子都在这儿，干吗不让他们尽快融合呢。他们现在就应该申请入籍。因为我闺女参加了药剂师会考，能通过的外国人只占5%，她不在这5%之内，因为平均分稍低了点，所以说，如果她有法国籍，机会可能更大一些……"（……）

脱离家庭的庇护

——你认为回摩洛哥去的想法很重要吗？

阿伊莎：这个回去的想法，我早就知道有什么地方不对头，因为，实际上，我打算远离一些东西。我想摆脱在法国的那种不舒服的感觉。我知道我学的东西跟劳务市场对不上号，被困在什么地方了，这是从求职方面说，不是就个人能够获益而言。因为我遇到过一个法国朋友，他打乱了我的生活处境……我已经有的处境，因为，从某个方面看，我心理失衡已经很久了，哪怕走得更远一点，这也许有几分野心勃勃，学业不光是敲门砖，说到底，还有比专业
1311 训练更重要的东西——因为我一直想自立——它更是一种脱离家庭

庇护的途径：不惜一切代价脱离家庭，对，离家出走。对，就是这样，学业对我来说更是一种脱离家庭的策略，实际上我也只能做到这一点。我不是那种不知廉耻的女孩，甘愿离开父母，我内心不情愿。再说，我的学习成绩挺不错，还能进一步深造，跟父母保持距离，不光从地理上，人也离得远远的。

——社会学专业是你随意选择的吗？

阿伊莎：不是。我想研究自己身上的某种东西。

——你有朋友学这个专业吗？这个选择是怎么做出的，在中学时谈过吗？

阿伊莎：没有。可是我对社会学一直有兴趣……手头早就有几本书，有一本书名记不得了，《心理学的钥匙》之类，达科[①]写的，其实是一本有关心灵之河的书。我想我买这本书是因为他向我……不过，买这本书的那个时期，已经有一种需求，我这么想，不过我……我不喜欢谈论自己太多，可是，我一个女孩子，已经开始大量观察了。

——你的处境也很特殊，长女，在那边生活过9年，经历过社会变化……

阿伊莎：是这样。我觉得我总是在等待什么。跟妹妹们相比，我什么都要分析一番，想得太多，她俩最后都混得很不错。俩人都有法国男朋友，也没有因此而精神崩溃。我父母很想回摩洛哥去，可是回不去，这也没有让他们精神崩溃。可是我呢，我得把这些都扛起来，整个担子都压在我肩上，我能体会父母的伤痛，感觉得到他们需要什么，我觉得我没有满足他们的期待，我想这一切促使我选择了社会学、心理学，我想弄明白。我在孤军奋战，我觉得我会找到钥匙的。实际上，我那时是用一个放大镜看世界的。我那时比

---

① 皮埃尔·达科（Pierre Daco，1936—1992），比利时心理医生。——译者注

较年轻，真的放不下那些事，焦虑，即使现在也不时有焦虑感。对呀，心理学，社会学，都是策略，上大学也是为了这个。

——因为一上大学你就能搬出去，对吧？

1312 **阿伊莎：**住到外面去，过自己的生活，自己的。因为我一直很独立，小时候就有自己的世界。离家对我来说是去别的地方，过自己的生活，同时不打扰父母。我小时候就想离家出走，因为做不到才回来。几次回家，我就想，得改变一下，得另想办法。那时候一回到家就不许说法语了——现在不同了，现在我们只说10%的阿拉伯语，时代变啦！那个时候，我只跟女伴们聊性生活，在家不行。那个时代已经过去了。我们聊怎么出去玩，回家不能谈。我们聊男孩子，聊勾引，都是13岁到15岁的女孩子嘛。因此，上学成了一种逃避，我总是埋在书本里……因为不想跟这个世界对抗，你看，因为我知道自己身上有一种野性的东西，一旦爆发就会乱摔乱砸，甚至现在也是如此，只要一发火，我会把一切都打烂。结果呢，就像我母亲说的，我一直显得很理性。不这样不行啊，我理性是因为把什么都藏着掖着，妹妹们是无论什么情况都要放炮，一放炮就把屋门震得山响，妈妈着急不着急，她们才不管。

——你不认为这跟你是长女有关系吗？在研究工作里，你对别人不也是这么说的吗？

阿伊莎：是的。不管怎么说，长女就是长女，身上有家长的很沉重的感情迁移。老二呢，已经好多了，老三更甭提，老幺实际上自顾自。这些都是联系在一块儿的。小时候你协助妈妈，是第二母亲，你已经有不小的责任了。记得小时候，刚12岁，我就帮父母填写报税表了。如果填写得不好，去父亲那，法语他会读不会写，除了一些常用词，如果我填报税表填得不好，上来就是一巴掌。可是我也理解父亲，也接受挨巴掌，因为，你看，他不知道该怎么办，他害怕填错，所以我得挨巴掌。所以，12岁我就填报税表了，

我还得看他的工资单，得看清楚，其实现在我也不太清楚，可是那个时候，我得找出他的净收入才能申报，这已经相当…… 1313

——相当麻烦……

阿伊莎： 是的。我得写贺年卡，经常一写就是50张。

——是往摩洛哥那边寄吗？

阿伊莎： 不，寄给这里的摩洛哥人、法国人。我父亲说，我们要寄50张贺年卡，于是我就得一张一张地写。我觉得，对一个12岁的孩子来说，这太……没辙，要么反抗，那是不可能的，我是说，那样就没法过下去了；要么忍受，接受，给自己另外制造一块小天地。等我有离家的能力时，一拿到高中毕业会考文凭就……

——那么，跟写贺年卡一样，报税也是为了维持与外界的联系，与这边的社会、与留在那边的人维持联系，对吧？

阿伊莎： 正是如此。正是因为这个，我觉得自己被夹在当中……我父亲呢……我记得移民的孩子都是这样，陪着母亲出门，翻译各种文件。不错，我一直当联络员，当翻译，是家里家外、摩洛哥和法国之间的联络员。想起那50张贺年卡，唉，写得满纸都是错别字！没错，这个地位比较难。相反，我妹妹们，即使是老幺，也从来没有填写过什么东西。我也就更懂得这是必须由我担起的责任。他们让我扮演的角色，我觉得我担起来了，其实这个我早就明白。

——这个角色是……搭桥，充当全家的发言人，对吧？

阿伊莎： 正是。有些方面的发言人，多少担保跟外界的某种联系畅通。即使是现在，我也是好多好多事情的担保人，今天还是。还有，我把男朋友介绍给父母的时候，父亲的反应真有戏剧性——三天没吃饭。我知道他会难过，因为他对我说：“不行，尤其不能从你这儿开头，不能是你！”于是我就感到父女关系……我知道他在我身上寄托了很重的东西，我这下把他伤得不轻。可是，我也知

道，说到底，也该轮到他难过了。我心想，我已经很难过了，已经做出了相当多的让步了，我五年里一直过着双面生活，已经尽量保
1314 护了他们。对，保护他们，一直在保护他们。当他说“尤其不能从你这儿开头，我简直没法想象你会给我来这么一下”，这个话的言外之意是，另一个妹妹如果这样做反而不会有事，我却不行。

——因为你出生在摩洛哥？

阿伊莎：不是因为这个，因为我父亲说我是他的左膀右臂，说我是……就因为这个。我告诉过你，我一直是家庭稳定的一个保障。我出生在摩洛哥，在那边没找到工作，返回这边，实际上都是我自己要这么做，是为了在某些方面预做准备，可以说是他们的卒子，他们想移动就移动，不行他们就往后退一步；他们不得不这么做，因为我是他们的保障，他们没法超越我给他们带来的东西。

——你这个位置真是沉甸甸的……

阿伊莎：沉重得要命。所以我刚才才没法多说。

[…………]

其实不是面纱的事

——与此相关，那个“面纱”的事，你怎么看？你与父母之间是怎么说的？你可是认识不少女孩的，也了解你那个街区……

阿伊莎：那些女孩子么，我跟她们的家很熟识，男人不是激进派，但是笃信宗教，因为你不能把什么都混为一谈。那个男人特别信教，而且遵守教规，我总是把他跟一个遵守教规的基督教徒相比，因为只要你严格遵守教规，有些事情就跟外界不合拍了。从那个时期起，我父亲就给我们打了预防针，那件事让他发笑，因为他对我母亲说：“你知道吗？他去摩洛哥期间，因为怕老婆出去买菜，自己跑出去采购，把冰箱填满。”你看，只为老婆不出去花钱。女儿呢，比如说上学吧，往往有小弟弟陪着。当我们听到那个“面

纱”等等的故事时……我弟弟跟他很熟，说他不是一个凶恶的人，可是很信教。这个人的确被这个事件吓坏了，媒体抓住这事大做文章，迎合大众，可是他完全不知所措了。我父亲遇到他时，他说：“这事我从来没想过，我女儿只想按照教规做事。”女孩子们在成长 1315
过程中，必定一直实行伊斯兰教的习俗，关在自己的房间里，墙上有挂幅，手边有经书，凡是用来培养一个好穆斯林的东西都不缺。再说，她们戴面纱也不是一天两天了，这件事出来之前，面纱她们已经戴了一年了，谁也没有妨碍呀。然后，突然一下子，因为跟另一件别的事碰上了，于是就得惹出点动静。那位父亲很吃惊，因为面纱女儿们已经戴了好一阵了……一个女儿，上小学，戴着面纱，是头巾，连面纱都不是，面纱得遮住脸。一个头巾罢了，因为穆斯林妇女只能露脸、手和脚，所以你看，这还是挺合乎逻辑的。不过，也不是特别合逻辑，因为她们戴着头巾、穿着长裤走来走去，所以时代显得完全颠倒，可是这些事件被人尽可能地充分利用了。

你问我，我父母怎么看待这件事。我母亲么，因为有一个时期，有些妇女闹过一阵子这种运动，不是宗教激进主义，但是出门要戴头巾，穿黑袍，等等，就这样登别家的门。有一个女人对我母亲说：“你想想看……”……其实，一开始，这些都是一些无关紧要的闲言碎语，聊伊斯兰教，这个啦，那个啦，然后慢慢地变成有人说我母亲不真正遵守教规，只因为她穿戴跟她们不一样……

——都是一些穆斯林姐妹吗？

阿伊莎：是的，别人叫她们……我母亲跟她们都很熟，她们的生活就像她从前那样……好玩的是……我待会儿再告诉你吧。她们日子过得很正常，穿戴跟欧洲人一样，外出，等等。可是，一下子出来很多穿传统服装的妇女，戴着头巾，就这样在街区里溜达。她们其实是在宣传伊斯兰教。一天，我父亲见到一位来看我母亲的妇女，问“你来干什么”，等等。他特别严厉，因为他说：“这一套全

1316 是演戏，一场闹剧。穿上黑长袍，戴上头巾，就以为离真主近了。信奉真主不是靠这些东西教给你的，害人的正是霍梅尼，他怂恿小孩子们去杀人。不行，这不行，他永远教不会我信奉真主。”我母亲于是谨慎起来，那个妇女来我家时，变得有点咄咄逼人，她对我母亲说，她觉得害臊，因为我母亲的女儿们出去闲逛，而且开着汽车，连去哪儿我母亲都不知道。她还说我母亲都 45 岁了，穿着却像个小女孩，应该注意了；还说什么“瞧瞧吧，姑娘们一来就昏了头”。我母亲一听很不高兴：“数落我女儿，那不行。”她不太清楚这里头的联系。而且我弟弟是去清真寺的……这些同时发生的事情很有趣。过后，那个妇女如今又穿戴得像欧洲人了，而且她丈夫差一点跟她离婚，因为他们没法一块儿生活……。他不得不自己去市场买清真肉食，他们不去超市采购，你懂的。

——丈夫不赞成她吗?

阿伊莎：不赞成。他在巴黎开出租车，肯定好多事不知情。

——这怎么解释？她们是一个妇女群体吗?

阿伊莎：是个群体，彼此相熟，我觉得都是同伴。不过，我认为，这不仅仅是突发奇想，你看，不是一种让人觉得放心的怪念头。告诉你吧，当你看到闹腾这个东西的时候，她们实际上是在试探，都是试探。闹腾了不到一年就是证明。

[…………]

我母亲的确不知道如何是好，不知道自己在哪儿。还有，我弟弟常去清真寺，有一天他一到那儿——我弟弟特别天真——有一帮常去那儿的小伙伴忽然守起斋月来，那是两年前的事。因为弟弟常去，父亲就问他：“你去那儿干啥？”母亲说：“随他去好了。”无论如何，我家没有宗教教育，我母亲认为儿子还能从清真寺学一点知识回来。于是，一天，弟弟对母亲说：“瞧，你应该穿长袍呀，让别人只能看见手脚和脸，然后人家就……”我弟弟并不是那种典型

的阿拉伯男孩……母亲于是说："不行，别再说了。你在那儿都学 1317
到了些什么？"其实，他们在那儿学习如何做一个好穆斯林，不是实行宗教习俗，而是当一个好穆斯林。一个好穆斯林应当阻止姐妹、妻子和女儿外出，自己自由自在地过男人的日子。其实这些一点也没有改变他，因为我问过他："你们有什么改变？"咳，改变的是妇女，他们也讨论妇女应该如何当一个好穆斯林。妇女能够担保某个传统，担保某种延续性，所以一切必然都得由妇女承担。

——这跟有这种变化的某一个人有关吗？你说的这种局部的新潮流是怎么回事？

阿伊莎：没有，我觉得始终都是清真寺的那个人，可是，突然间，他吸引了大批信众。

——对于你弟弟来说，就是伙伴们，对吧？

阿伊莎：对，伙伴们。有一个伙伴一直做祈祷，守斋月，非常……是哟，我不知道，可是，无论如何，他们人数不多。我说过，这些人做出试探，为了放心试探。

——你说的试探是什么意思？

阿伊莎：就拿清真寺说吧，从前人很多。记得我弟弟为了占个位子去得很早，现在他不去了，位子也空出来了。我觉得，特别是媒体的那些说法，在人们身上的实际效果完全相反。非但不能扰乱人心，使人害怕——我是说穆斯林——反而迫使他们高调回归某一种传统。事实上，这就是他们所做的一切。而且，看似偶然，其实一旦扼杀就会出现这种倒退。渐渐地，留胡须的男人不留了，戴头巾的妇女也不戴了，好像是偶然发生的事。所以，怎么说呢，他们想在什么地方寻找救助、回应，或者说，某种保护。要我说很简单，是为了心里踏实。当然，出大事情的时候，清真寺里人山人海，令人害怕。人们心里恐惧，就去清真寺，他们还能去什么地方？看到扰乱人心的环境，除了至少躲进自己的家，他们还能够做

1318 什么呢？退入一个全家在一起的天地，人多安全嘛，等等。

——你记不记得，跟朋友或者家人一起的时候，电视上一天到晚谈这些事……？

阿伊莎：记得。我母亲非常惊讶，因为我家就在那个公寓对面。头几天，尽是卡车、欧洲电视台：法国的、比利时的、荷兰的都有。连停车的地方都没有了。最初，我母亲说："她们疯了。"她以为那些女孩子被操纵了，是那个父亲的问题。我后来得知——我小弟弟就在她们班上——她们一直是这样，一直与人为善。她们以某种方式寻找自己，某种方式，那是一种寻找自我的方式。

总之，差距巨大，相比我们这些已经居住……我们多少已经融进了这个社会。她们呢，完全封闭，你能要求她们做出什么反应呢？外部世界随时会威胁到她们生活的天地。很简单，躲在头巾后面是一种自保的方式。但是，并非穆斯林妇女都是这样。对我来说是上大学，对她们来说，也许是戴头巾。她们是怎么想的，我也不知道。

[…………]

回归毕竟行不通

——你是不是也认为，那个时期，由于看到回归毕竟行不通，大家做出了某种最终结论？

阿伊莎：无论如何，那是一个总的概括，不一定就回归传统而言。我觉得法国现在提出的问题很好，因为不这样做已经不行了。从前，家长们贴着墙根走路，小心谨慎，等等。他们看到了问题，琢磨是什么原因造成的。他们每走一步都要说对不起，他们也知道早晚要离开此地。他们忘记了，既然自己努力工作，那么无论如何有在这里生活的权利。现在的一些年轻人，他们不像从前那样……

1319 他们有要求，怎么说好呢，有一些权利，也有一些义务。这些年轻

人闹出一些响动，他们很会讲话，因为有些年轻人很成功，有些文化群体站住了脚，有好多好多的事情。他们也讲不好话，因为有一些小孩在成长过程里不一定会做出反应。所以，对于这群人，有一份总的概括，他们要做些什么，未来如何。这样就提出了回归的问题、阿拉伯青少年的问题。可是，我觉得，不管怎么说，这个概括还是非常笼统的。对这个情况应该仔细研究。问题还没解决，我认为前景非常不妙，因为谁也不能假装看不见了：从前，他们还小，听不见他们发声，现在学校里到处都是这些孩子，有人说升学率下降就是他们拖累的——这一点我绝不敢苟同。有些年轻人在市中心捣乱，等等，砸汽车，偷汽车收音机。这是一种概括。回归么，回归总之是行不通的。

——你一开始说你母亲变化很大，是朝什么方向变化？

阿伊莎： 她是个女人，让我想到一只小老鼠。她在摩洛哥和我父亲结婚。我父亲那时候是个狂妄的小伙子，说是一头狼也可以。然后呢，这个女人就在他身边，身边，然后一切就这样了。他俩可以说很相爱，生儿育女。我父亲离开了，我母亲来法国的时候，看到丈夫在这儿生活得不错。其实，别人把工资全数寄回家，他只寄一小部分，他过得很好，不是凑合。母亲独立养育我们，还有婆婆的监视，动弹不得。

——那样过了多少年？

阿伊莎： 两三年。她其实是一个很有梦想的女人：梦想能有一个不同于现在的未来。掉进这个陷阱以后，她很长时间里一直在想……她很想离开，想离开我父亲。可是，那样一个社会，她怎么能离开呢？离不开呀。再说，她是孤儿。来到法国以后，她有过很严重的抑郁症，总是哭泣，我记得很清楚，总是哭，总是哭。最后她明白了，生活并非她想象的那样，因为，虽说摩洛哥生活不好，但毕竟还有一个能够保护她的环境，周围还有一些人。一到法国， 1320

她成了孤身一人，孤独得很，不会法语，连衣服也得改换；夫妻生活也是一样，两年一过，日复一日的生活就不那么轻松了。她必定感到非常沮丧，对我父亲常常百般顺从，说是顺从，其实我父亲也不是那么大男子主义。于是，她就过起了贤妻良母的小日子。她曾经提出要出去工作，我父亲不愿意。她想去参加一个扫盲班，父亲也不干。后来，我的小弟弟生了一场大病，在巴黎住了好几个月医院，我母亲得每天去看他，得跟医生商量。而且我父亲一周当中脱不开身。我母亲生平头一次坐火车，以前她从没有觉得那有什么用处。于是，她又坐火车，又在巴黎坐出租车。她跑过好几家巴黎的医院。她跟我弟弟在圣德尼一起待了很长时间，见识了很难对付的医疗服务，跟医生教授商量的一直是她。因为小弟弟要靠家长送饭，你看到了吧……

——我知道那是怎么回事。是在内克医院吗？

阿伊莎：在圣德尼，内克医院就在那儿，利拉门附近。

——你弟弟当时要靠家长送饭？

阿伊莎：对，所以我母亲不得不学着做。为了全面掌握，还参加过培训。都是很麻烦的事。她跟教授们讨论，还给他们出了一些很棒的主意。她说："既然是这样，为什么不制作一个录影带呢？那样大家都方便，谁都能学。"教授说："那可真是太棒了，我们为什么没有想到呢。"所以，在这个领域里，她有了自我感觉，发现了自己的能力。谈起这些我觉得很尴尬，因为她确实付出了……这个女人让我大吃一惊，大大地吃惊。我父亲呢，周六、周日不上班，可是他不去见医生，等等。全是我母亲在忙活，商谈一切。

[…………]

我母亲从来没有坐过火车，就这样早出晚归，她是个妇女哟。
1321 我父亲却一点也没有改变，……即使是现在，很有趣，因为我母亲
呢，你感觉得到，她有时会提高声音，她不受人摆布。我父亲对她

说“是哟，自从坐了火车以后，你把自己当成谁了”，等等。我记不起他对她说了什么，那一次他俩大吵起来，我父亲说“哼，要不是我把你从摩洛哥弄来，你会落得什么”，等等。总之，大吵大嚷。母亲说，反正她自己在那边也能过得很好，因为她一个人抚养了孩子们两年，对吧？是谁跟医生商讨我小弟弟的治疗来着？她还曾经跑到第 13 区，找到医院的药房，因为医生对她说，你儿子一周之内无药可用。她就想：“如果我能办到，现在就去！”她现在不再任人摆布了。而且，她考下了驾照，考得很辛苦，那是她生平第一个考试，她考了 6 次才考下来，现在她可以开车了。她说自己什么都不知道了，因为一切都搅成一锅粥了。不过，是我父亲催着她考驾照的。

——对呀，所以说，改变并不是单方面的。

阿伊莎：实际上，不是一清二楚的。不过他俩确实在讨价还价，双方的地位啦，身份啦。这个我们有明确的感受，因为每天都会出点事情，从前很自然地去做的事，他俩也得讨价还价一番。

[…………]

——你最终怎么解释在摩洛哥找工作的想法？

阿伊莎：那个时期，我非常焦虑，我想什么办法都找。摩洛哥对我很有象征意义，是回归本源，也可以看看是不是行得通。虽然离开了摩洛哥，可是我年轻，有很多幻想。我觉得那边有我的位置，人们也各有各的位置。再说，只要选择还没有做出，我就不得不做一个选择，因为必须有所取舍，你没法同时在两个身份下生活，哪怕是像我这样有一定程度的思考的人。决定去摩洛哥就是要试着做出选择，因为我感到，选择无论如何已经做出了。不过，我还是大大松了一口气，因为我希望在投身职场之前，取得某种自信。这对我很有好处，因为试过了，才能确信这边有我的路，别处 1322
行不通。人们生活中带着伤痛，意识不到他们的取舍早就定下了。

不过，人还是会怀旧，怀念过去的时光。

——这一点不适用于你母亲吗？

阿伊莎： 不怎么适用。她怀念的是女人之间的默契，往昔的那种，大家都是如此。尤其是当我们聊天聊到摩洛哥的时候，我母亲看到的永远是现实的一面，我父亲看到的却是经过美化的一面。她能够一五一十地列出那些不好的地方，父亲却视而不见，永远说好话。父亲总是批评母亲，说她怂恿女儿反对摩洛哥。

——他俩其实相处得很好吧？

阿伊莎： 很好。相处得很好。两人之间有一种深深的默契。不过，在这方面，我觉得他俩还在为地位讨价还价呢。

1990 年 9 月

1323 挣脱束缚

这里部分发表的几篇访谈录各有背景：连续三次访谈，每次两到三个小时；另外还有多次交谈，有的在访谈之前进行（即使只是为录音访谈做准备），有的伴随或紧接着访谈。这些交谈因而对于澄清访谈的内容都有帮助。我们这项调研来源于此前另一项计划，最初旨在延续和补足前者。我们在调查移民家庭（主要是摩洛哥和突尼斯家庭）子女的就学情况期间，有机会结识了一位姑娘，她不久前（1986 年）在一所外省高校获得了应用语言学硕士学位。姑娘很愿意参加我们这次查访。我们想，我们的查访对象不是一个大学生，而是包括所有子女的完整的家庭。于是，我们向她提出了要求：如果可能的话，除了采访她的姐姐以外，请所有的兄弟姐妹都参加进来。她提议先见见大姐法丽达，她目前就暂住法丽达家，而
1324 且后者是她的“开路”之人，尽管当年她并没有意识到。

女青年法丽达35岁，由于缺少公众生活和工作经验，反应很像一个未成年人，起初显得怯生生的，疑虑重重，举手投足很笨拙。在妹妹的不断劝说下，她终于同意在访谈中将主要谈谈与学校的关系。不过，她后来愿意把她的整个故事详细讲出来，而且显示出一种真正的满足感，心情也一下子放松下来了。她讲到童年早期的经历：当时父亲已经移民法国，加上战争的原因，她跟住在阿尔及尔的姥爷姥姥一起生活。她在学前班的年纪来到法国，不过已经记不清学前班上的事情；上学上到16岁，完成了义务教育；被“关在家里不许出门”，被“幽禁”；后来跟母亲发生争执，“记恨”父亲，感情转移到弟妹们身上；“抑郁症”多次发作，为了“维持精神健全”而想方设法地抗拒（“为了不丧失理智，这个最要紧，因为我虽然还有两只脚，可是不准走路”）；最终摆脱了束缚，并从这些经历当中得出了教训——用她的话说，这段经历好比二十年中“走过好几个世纪”——这使她意识到以往的生活有多么沉重：“那是一种蛰伏生活，如同植物人似的……毫无兴致，也没有魅力可言……既无事可做，也没有意味的空虚的日子，一种毫无意义的生活……它是从哪儿来的？……无所事事的生活……平淡而重复…… 1325
日子和年月都不重要，没有任何东西让你觉得每日每夜有什么不同，没有差别……一种毫无内容的生活……这不光指活动——总有办法把一天混过去，包括夜晚，只要你睡不着，总有东西把日程填满——还有头脑里的东西……所思所想。”无论如何，这种事后的认识并没有错。但是，它只有在“摆脱烦恼”之后才有可能，才能够评估走过的道路，因为此前的空间局限于“反复琢磨……反刍，把吃下去的东西翻腾出来，反复咀嚼……对我来说，这些东西是一些同样的问题：‘为什么，为什么这么不公平，我对上天做了什么，受这种苦恼煎熬的凭什么是我……有什么办法能走出这种困境，等等’”。其次，客观上还必须采取一种不妨称之为自我剖析的态度。

因为，在一定条件下，自我反思是唯一可行的自救机制。由于本身蕴含强烈的矛盾，有些情形要求人们深刻地自我质疑才能够得到理解。这是因为，人们或许很清楚，此类属于死胡同的情形没有专门的“外部的”解决办法，即借助一些预定的程序和技巧解开死结；人们同样知道，归咎于某个明确界定的肇因——甚至包括叛逆行
1326 为——也是不可能的。此时质疑的方式必然是寻求社会学真相，除非表面上不掺加私利的理解能够使人相对容易地把握此类局面，而且成为一种生存条件以及此处所说的最终“再生”。不平等的情形往往强化支配者的社会主导地位，迫使受支配者（殖民地人民、黑人、犹太人、妇女、移民等等）对二者的关系做出澄清，这是一种针对自我的澄清工作。它在实际生活中是必要的，甚至不妨说攸关生死，它要求非得做出社会分析不可。长此以往，这种倾向终会形成“第二天性”，支配着个人的一切行为举止。

对于法丽达来说，希望知道自己是谁、为什么和如何成为自己今日所是，或者更直白地说，自己为什么与他人有别，这些并非只跟今日常言所说的“寻找自我”有关，而是真正令她魂牵梦萦的问题。她觉得自己的生平经历促成并使之戏剧化了（她的出生没有被按时上报，甚至没有在她出生的乡镇注册，连她父母的婚姻也没有）：“所以我得自我介绍一下……我是谁，我不知道……我只是自问而已，这就是我能做的……连我的年龄也不确定，我的年龄不属于……连这个也是假的……连我是否存在也是个问号，每个人都有出生日期：某年某月某日，……有一个生日嘛（……）。出生地也是一样……这个也不存在。这些都能让我笑出声来……有人告诉
1327 我，我的身份登记被省略了，多么好听的字眼！我被省略啦，我可是要背诵动词变位了（我真的这么做过），来吧，按照所有的时态和语式，把动词 omettre（省略）改为变位吧。这个动词我喜欢……一个透露真相的动词啊……”法丽达摆脱束缚之后，刚刚甩

掉这个顽念，行政部门就找上门来，再次提醒她犯有“原始缺失和舛误”。确实，在入籍问题上，有关部门发现她的出生日期（编造的）与父母的结婚日期（也是编造的）之间有不符之处（晚了三年），竟至于“要求出具所有表明父母的宗教（原文如此）婚姻的文件”。

法丽达详细叙述了她的命运和多次经历的“人格分裂”与“断裂”。从中我们有意选取了能够说明演变过程的段落。总的来说，这个家庭内部发生的过程完成得很快，最终既在男性和女性的行为方式方面，也在家庭内部的关系和彼此感情方面完成了全面的转变。两姐妹异口同声地说：“父母学会了扮演自己的角色，多少学会了怎么当家长。”两人也一致同意，无论是不得已，还是出于自愿——实际上既是被迫的，也是甘心情愿的——女儿是这个学习过程的推动者或真正的老师，而非儿子；是这位大姐，而非妹妹们，因为她是她们的“开路”人。不过，她最初对于自己所受的待遇采取了服从和逆来顺受的态度，比两个妹妹“行使自由权”要晚得多。妹妹们受过很好的高等教育，一俟学业完成便离开了父亲，眼
下一个在德国当教师，另一个在巴塞罗那从事旅游业。这方面，不 1328
同的道路和为人父母的客观责任（这一点没有必要锱铢必较，每个人也都小心地不去深究）使整个家庭关系的网络笼罩着一种模糊的负罪感：无论是父母与子女之间、兄弟与姐妹之间，还是为全家做出“牺牲”的长女与父母之间，以及无言地感激她的弟妹们之间——都是如此。法丽达喜欢谈论的牺牲者的地位已经变成一种愧疚感，或许正是因为这个地位，她才能够自诩做出了“孝道”的榜样，比弟妹们“强得多”，尤其比男孩子们强。这是不是一种报复父母、自己和自己的过去的一种方式呢（她是个求知若渴的自学成才者）？从这方面来看，懂得宽恕和表达宽恕才能最大限度地战胜困苦。

1329 # 一位阿尔及利亚姑娘

采访者：阿布戴玛莱克·萨亚德

法丽达：我那时候只知道去上学，糊里糊涂……我想也没人知道。你怎么能要求我父母知道上学是怎么回事呢？他们从来没上过学。我上学是因为不得不上，就是这样。长大一点以后，我上了初中，我在初二的定向是专科技能证书，办公职员类的（CAP），我学过打字和一点速记……现在忘了——从此起了与我父亲的口角。他总在监视我，从走出家门开始，就盯着我。出门……那是去上学哟，从家到学校，从学校到家，如此而已。我没有别的地方可去，可是连这种非出门不可的活动也受怀疑。最后，我很不好意思说这个，我父亲会去学校等着我放学，陪着我一直走到家，好像我是一个小姑娘……不，不是这个样子。我们俩从来不一起走路，去找个什么人的时候，他会走他的一边，我走我的一边，好像彼此根本不认识。男同学和女同学都笑我："嘿，你爹在那儿呢！你看不见他！也不走过去……！"从我家窗户可以看到中学和一段道路，我父亲就站在窗口观察我。我真不知道，他为什么不去买副望远镜……从那时以来，世道变化很大，真是难以置信。事物毕竟变化很快。我父亲那个时期的顽固想法跟什么人都说，我好几次听见他说："让人在公交车上看我女儿，这个绝对不行，我这张老脸该往哪儿搁呀！"他竟至于说，如果真出了这样的事，他就自杀。这个话我相信，人人都相信，很像一通胁迫……毫无意义的胁迫，除了把我的生活毁了多年，还让我浪费了很多时间。而且，确实，我那个时期听到的都是这种话："看见某甲的老婆了，看见某乙的闺女了……街上，市场里，公交车上！"所以，那时候，为数很少的妇女不能见人。那是羞耻。男人们说事关她们的荣誉。所以，你得藏起来，
1330 藏起来，只能这样，让家中四壁把你关起来，把你隐藏得更稳妥。这是让我最痛苦的。初中最后一年，我父亲竟然给我找了一条没人

走的路线，一条得绕很远的路，而且不那么安全，尤其是冬天，我父亲非要我走那条路不可。这么做全是为了不让别人说看见了某先生的女儿，那会伤了他的自尊……

——现在看到你，我很难想象那种情景。大家走了多么远的路哟！你说得对，世道变化很大，真是难以置信。

法丽达：这还不算完呢。如今我已经解脱了——如果可以管这个叫解脱的话，可是每当我回顾这一切的时候，最令人伤心的是我父亲的那股执拗劲，这一切都为了什么？从他的角度，他认为自己做得正确，可是效果呢？毫无效果！如今，我觉得他才是最可怜的。我想知道，在内心深处，他现在怎么想。难道他不后悔？我不知道，不过我不这么认为。我很了解他：他有他的道德观，而且确信不疑，是他的道德观丢弃了他，他才不会丢弃他的道德观。那么，他现在怎么看我们，我和妹妹们？哪怕是我母亲和弟弟们，都不是他原来希望的样子。现在，我出去闲逛，旅游，很晚回家，出去玩，甚至带我母亲散散步。我带她去看电影，让她去旅游，带她下餐馆，我还让她坐过塞纳河上的游船。

——对于这样一个过去，你最遗憾的是什么？

法丽达：我最遗憾的是学业。我从来没有得到支持。当然了，我是家中老大，前头没有人指导我，现在，事后想起来……我可以说，没有人告诉我父母学校是怎么回事。他们后来学会了，如果我可以事后评判的话。每当我想到——这个依然让我心痛——只不过几年以前，仅仅 10 到 12 年以前，只要把头探出窗外就会挨两巴掌。现在我可以去海边，回来晾干游泳衣，谁也不能说什么。

——把头探出窗外就挨巴掌，怎么回事？

法丽达：咳！一件小事。很久以前，刚从学校毕业的那一年，我 17 岁。我在屋里听见我弟弟在街上哭。于是，我把头探出窗外， 1331
想看看究竟是什么事。显然，有人看见了。这人是我家的一个亲

戚，一位表兄，可是我父亲并不喜欢他，他也不喜欢我们——显然由于这个原因——他是不跟我父亲搭话的。这一天，他一看见我父亲，就赶快跑过去告诉他："我看见你女儿往窗外望……"我能理解，一听到这个报告，加上遭人指责，我父亲会怎样光火。他一进家门，不问青红皂白就扇了我两个耳光。我恨死了。现在想起来，我仍然觉得很受伤害。还有一次——尽管我们住的房子几乎是在乡下——一天早晨，我想洗洗头，发现没有洗发水了。我很小心地赶快走出门外，我母亲看见了，一直盯着我。我跑过马路——那儿有一间小杂货店，不过是一个小破屋而已，是一个小老太太开的。我买了一点洗发水。那个时代，洗发水是灌进小纸盒里出售的。当然，买完回家这段时间被人看见了，而且报告了我父亲。总是如此。(……) 随着时间的推移，特别是弟妹们都长大成人，一切都变了。因此，他们也没法把别家已经对幼童放开的事情强加给我了。事情的经过就是这样。现在想想，那个时期我是怎么度过的？生活在黑暗里，我生命中的一个黑洞，名副其实的黑洞。黑夜和白天对我来说没有什么区别，我更喜欢夜晚，因为我可以一个人待着。我把我的生活、我的日程安排得让我 24 个小时都能独处，就在大家中间。我可以连着几天不吭气，无需说一个字，也没有人跟我说一句话。又聋又哑。我知道白天得做什么，完成我的那一份家务活：弟妹还小的时候，我负责把他们叫醒，让他们洗漱，吃早饭，然后打扫房间，饭后洗碗。这些事一做完，我就把自己关在卧室里，没人会进来。在这个过程中我跟谁都不说话，一声不吭。这种沉默特别伤害我。我从年幼的弟妹那里得到一点安慰，仅此
1332 而已。

他们叫我山豹子

——你那时跟你父母，尤其是你母亲的关系怎么样？因为总是

你俩在家里，面对面。

法丽达： 跟我父亲，什么都没有。对我来说，他好像不存在；对他来说，我好像根本不存在。这很怪，没有我母亲他就不存在。我妈妈就对我说（这或多或少是她的原话）：“你爸爸告诉我……你爸爸觉得……你爸爸想……你爸爸要求……你爸爸会怎么想，怎么说……小心别让你爸爸知道……不能让你爸爸知道……”等等。除了这些话没别的。我认为，同样，没有我妈妈，我就不存在……或者当他俩说到我的时候。我和我母亲呢，正相反。我只能拿她出气，最后闹得彼此不搭话。我觉得她应该对一切负责，我认为她比我父亲更糟糕，更压制我……这个很明显，她负责看管一切，担保女儿的行为守规矩。我听到过我爸爸对她说：“她是你的女儿，你女儿就是这副样子……就是这么想的……这么做的……”所以，这些都是她的错，因为她是这个女孩的母亲。现在我一想起来就……！我是一个邋遢鬼，脏兮兮的，身上一定有臭味，不洗澡，一个真正的大懒虫。我总是穿着围裙……厨房的，我从来不脱衣服，睡觉也不脱，我不换衣服。饭也不吃……我有厌食症，要么就是什么东西都吃，站着吃……从来不跟全家一起上餐桌。后来，我得了可怕的失眠症，睡不着了，接连几个晚上不合眼。我丧失了时间概念：什么日子，月份，我全不在乎。我觉得我是故意不理会。我看报纸从来不看日期，白天黑夜对我来说是一回事，不是在黑暗中，就是开着灯，房间从来不拉开窗帘。这真是他们给我的唯一的好处，他们也不能不这样做，因为我有一个完全属于自己的房间，白天黑夜都是我一个人，我不跟妹妹们合住。所以，跟我母亲，我
俩总是怒目相视。我把火气都撒在她头上，这是我唯一所能做的 1333
事。我总是咄咄逼人，任何人都会这样，除非……有些东西倒是还在……你自己已经想到了［笑］。我浑身长刺。他们管我叫……弟弟妹妹们叫我山豹子。不过，只有跟他们，我才能谈一些话，有点

合谋的意思吧。

——男孩女孩都能谈，跟你的弟弟妹妹们？

法丽达：总的来说，是的。我想说，跟弟弟说话比跟妹妹更多，因为两个弟弟大一点，是紧挨着我出生的。他们有自己的方式，不过他们没有意识到，他们帮了我很多。

——好，这个先放一边，我们接着说你母亲吧，你和母亲的关系。

法丽达：和我母亲的关系……总是有敌意，倒不是仇恨。要说仇恨……很惭愧，那是针对我父亲的……我真的很讨厌他，现在还是，我回家的时候，只要能不见他，我什么办法都愿意用。再说，这是相互的。我想他也愿意这样。这是另一种撒谎的方式。这样他就能假装什么也不知道，不知道我离家，独自生活，也就是说还没结婚，住在别的地方，有自己的生活（……）。但是，跟我母亲是不停地争吵。我对她跟对别人一样，是进攻性的，这更刺激她，也使我加倍具有进攻性。不把她弄哭了我不停嘴，随后我躲进自己的房间，独自哭一场。在她眼里，我就是个怪物。我的举动确实很像一个怪物……

——一直是这样吗……？

法丽达：呵呵！不。现在我们彼此爱得不行，仿佛都想补偿一下，求得原谅，把做过的事补救回来。现在，我母亲只信赖我一个人。她有她的理由，我待会儿告诉你是什么。从前，她诅咒我，预言最坏的事会发生在我头上，她希望这种事发生，当着我的面召唤，说什么这是我的劫数……我甚至听见她一边哭泣，一边抱怨："我做了什么对不起真主的事哟，给我这么个折磨人的女儿？"而且用同一个字眼："用这样一个女儿诅咒我！这样惩罚我！"她一定还
1334 会祈求真主原谅，原谅她犯下一条叫不出名字的罪：生养了一个怪物！我成了邪恶的化身，真身……确实如此。她最牵挂的是绝不能让我影响妹妹们。这类顽固的念头她有不少。

——她还有别的什么顽固念头?

法丽达: 我母亲对学校耿耿于怀。一切都是学校的错，因为我上学上到16岁——刚好16岁，一天也不多。那算个什么学校哟!糟糕透了。总之，按我母亲的说法，这个学校把我的“头脑扭歪了”。她还发誓，绝不听之任之，绝不让它在我妹妹身上故伎重演，她要把她们从学校领回家［大笑］。现在一想起这些——其实她们上了一流大学，现在一个在德国教中学法语，在法兰克福，另一个在西班牙工作，在巴塞罗那从事旅游业!结果就是这样。而且，我母亲如今非常自豪，为女儿们自豪，她们比在家里混日子的儿子们强，都有工作，都离开了家，我是最后一个。我总是敬陪末座。儿子们只上到职业高中，凑合活着。不过，尽管如此，这个事还是被她用来敲打我。不知有多少次，我想离家出走。嗯，也不完全如此。我从来不赞成离家出走。它最终总会落得一个非常糟糕的结果。我认识不少像我这样被带大的女孩子，有亲戚，也有邻居，她们选择了离家出走，结果都很惨，因为没办法摆脱困境——她们一直被关在家里，哪儿有什么办法?没有职业，连什么是工作都不知道，没住处，没人脉，家里人、熟人都不能帮助她们。服务部门呢，无论社会工作者还是失业救助，她们全不了解。所以，离家出走是行不通的。不过，我想弄出一个大动静，一次真正的反抗，当着每个人的面摔门，同时准备好落脚点……而且，我后来真的做到了，只是更巧妙，因为情况变了。不过，我相信我母亲发出的恫吓，担心她会对妹妹们也用这一套。真的，我相信她的那种恫吓。
(……) 如果必须把该说的话都说出来……我失眠、哭喊、沮丧和 1335
郁闷，这期间我开始写东西，写完一把火烧掉，因为写了也没用，而且担心会落到弟妹们的手里。我不想让他们知道。再说，那些都是我的私房话。

一切都得从头学习

——这对你的精神和身体一定都是一种摧残。

法丽达：绝对是摧残。走出那种状态之后，我才意识到它的伤害，或者像你说的，那种摧残。一切都得从头学习…… 什么都得学。学会正常说话，学会倾听而不浑身发抖，学会边听边思考，那是我一直没有学会的，既不会听，也不会思考，因为我根本不愿意听。我学会了走路，和别人来往。总之，学会生活。还有一个东西：我害怕公共场合，我迟疑了很久才下决心去看电影，因为电影院是个堕落的巢穴，你在那儿孤零零的，在人群当中、黑暗当中，观看一些不总是合乎天主教教义的东西！我一个人不去饭馆，因为我从来没有学会当众吃饭。我不得不接受一场再教育，必须花费极大的努力……对于别人来说很自然的事情，我不得不去学习，因为它们对我来说不是自然而然的。我曾经申请在疗养院当看护。差一点就当成了，可是社会保障和病假方面出了问题。我是靠吃药撑下来的，靠药物，抗抑郁药，加上我自己的药。

——你自己用的什么药？

法丽达：我自己的药……就是看书。我大量阅读。我靠阅读熬过彻夜失眠。起初，弟妹们还小，家里几乎没有书可看，连报纸也没有。我把杂货店用来包裹生菜的报纸存起来，一遍又一遍地读。邻居有一个和我年龄差不多的女孩，她给了我一些报纸和杂志，特别是妇女杂志，还有几本她家里的书。弟弟们后来也会给我带回一
1336 些，不多，可是至少有报纸、期刊、流行书籍、侦探故事，也有小说……带点色情。但是主要是妹妹们给我。她们带回家的，我都要读，包括课堂教材，当然也有小说和她们读的一切文字的东西。不过，在这以前，我曾经请那位邻居女孩去镇上图书馆登个记。她这样做了。她带给我的书刊我甚至连挑都不挑，我告诉她：“你去吧，进去就随便拿三本，给我带回来，因为每次可以外借三本。”就这

样，我读了不少书。不管读懂没读懂，什么都读。这对我好处很多。不光是当时有好处，因为如果没有这个，我想我什么都会忘记，我就不会说法语了，因为我们家里不说法语，一句都不说。孩子们都得等到长大成人才说法语，我们之间自然而然地只说法语。现在大家都觉得这很正常。这也是一件变化很大的事，而且招致父母大为不满……当然是父母。现在，连我母亲也说法语……而且不带口音，甚至可以说，她说得很不错，反正说得比我父亲好。因此，阅读不光对我的法语有帮助，也有助于书写。因为，在学校里，如果你只考下了一份专科技能证书——办公室职员一类的，有没有证书其实是一回事——这个不能教会你怎么写。如今，不是自夸，我在工作中属于最会撰写的人，而且不出拼写错误，一个都没有，尤其是不出语法错误。所以说，这不是学校教给我的，这是阅读教给我的……说真的，因祸得福，我现在得这么想。

——你们娘俩是怎么和解的？这种重新焕发的大爱，你告诉我，似乎是不得不彼此原谅对方造成的一切伤害。这种大爱是怎么样、以什么方式表现出来的？

法丽达：和解是自然发生的。自从我离开了家，而且全家似乎也都接受了，实际情况是这一切都随着家里发生的一些变化，一点一点地改变了。我头一个吃了亏之后，弟妹们，尤其是妹妹们随后带来了一些变化，我也就跟着解放了自己，真正的解放。我亏欠弟 1337
弟们很多，这跟别人说到兄弟时正相反。在我父母的内心深处，最惊扰他们，也使他们困惑的，也许是他们意识到，连男孩子——他们的儿子也不跟着他们走，也不同意他们的观点。对于我们之间——我和弟弟之间的直率无忌的关系，我母亲一直感到惊讶。他们不吭声——不反对父母，也许父母还蒙在鼓里——实际上却是支持我的。他们虽然不公开站到我一边——那样做也没有任何用处——却自然而然地支持我，只要有行动就行了，自自然然地行

事。因为，从某个方面说，我们是一伙的，弟弟成了我的同盟军，比妹妹还坚定呢。我父母深感困惑，本来指望儿子扮演纠察队、把关的角色，拥护他们的看法。母亲更是指望着他们："你等着吧，等你弟弟长大了，他们会修理你的!"因为她认为我走上了邪路(mà aw ja)："等着吧，你损失不了什么……我可不愿意像你这样，你会得到报应的……"这一次，她又上了当，完全弄错了。她是不是觉得失望？她甚至来不及想明白。她现在肯定会说，一切都搞错了。在这一点上，她跟我父亲一样，两人都从来没有料想到。看到事情起了变化，你就得跟着改变。工作问题也是这样。我记得16岁时，有亲戚试着跟我父亲讲道理，他却发誓说，有生之年绝不会让女儿出去工作。为了开始工作，我已经花了差不多15年时间。我不过是一个不起眼的企业秘书，因为我未能像我妹妹那样上大学，可是我父亲根本不懂什么是高等教育，连有没有大学都不知道。

——你们娘俩的和解是如何表现的？特别是这种爱有哪些迹象？你不是说"我们彼此爱得不行"吗？

法丽达：是哟。我得告诉你，我母亲病得很重，已经有一段时间了。她消瘦了不少，在家里勉强走动，吃不下饭，总是呕吐。说
1338 是治疗，其实只是去看本地的医生，每次都开一大张药物单，不知道都是些什么。我每天晚上打电话回家，问问情况。最后，我母亲不得不住院治疗，不停地接受全身各种检查，一个不漏，这使我很担心。

[母亲住院后发现患了肝硬化，虽然她没有沾过一滴酒。]

法丽达：整个这段时间里，我母亲每次跑医院，都会在我这儿落脚。她是我的客人，她也把这个角色扮演得很好。我说的带她去看电影就是在这段时间里，为了让她看到，事情并不是一团漆黑。当然，看什么影片，我会精心选择。在家里，我们从来不看电视，除了新闻。我们下饭馆，乘船游览。我觉得这对她有点效果，我要

让她知道，照顾她的不是儿子，他们不仅什么都做不了，生活还一直靠母亲接济，而且，更重要的是，他们几乎不问她的情况，因为住在一起，天天见面，所以他们对一切都麻木了。我还得敲打他们，让他们意识到，这不是小事，是非常严重的事。后来，我父亲也知道了。当然，我母亲不得不告诉他。他一定会这么想："现在我知道了，知道可以指望谁了。假如我出了什么事，我敢肯定，守在身边的还是她（指我）!"这话真让人不敢相信！

[…………]

我全力以赴，认真做事

——要弄明白这一切，还有一件事。你是怎么离开这个家的？那个时期，即使有经验的人也很难得获得聘用，你是怎么找到工作的？你是怎么找到住房的？谁帮了你？家里有人帮助了你吗？例如借给你钱等等？

法丽达： 这些都没有。办法来自一位堂姐。她已经出嫁，有了 1339
孩子，也打拼过，我们都是这样。也许，今天的一代，只有十五六岁的女孩子，出生在这里的，似乎能够有出路，能够避免我们那种经历。我们是来到法国的第一代女孩子，第一代家庭。我们这茬人还得教育我们的父母［笑］。从这种工作里受益的是年龄最小的。这对她们再好不过。（……）这位堂姐来过我家两三次，和我父母聊这聊那，她对我说："你干吗不来我这儿住几天？也好换换环境，让你脱离这个地方，呼吸点新鲜空气?"我父母没有任何反应，不置可否，好像什么都没听见，连声谢谢也没有，也没有一句礼貌的反对的话。她的话我是当真的。我们俩之间绝对没有任何合谋。两天后，要离开的时候，她过来和我父母道别，这时我的行李已经准备好了。到了她家，我心想，要走出困境，正逢其时。一切可能我都试了：招聘广告、全国职业介绍所（ANPE）、培训班。在全国职

业介绍所，人家给我介绍了一个两个月的文秘班，还有薪酬。这样我有了一点钱。我全力以赴，认真做事。班上没有真正的排名，不过好像有评估，我得了第一名。他们马上建议我修一个更长的培训班，十个月，水平和资质都更高，当然也有报酬。我在堂姐家住了差不多一个月。我到处找住处，在巴黎的一处民居找到了一个地方，我两年里换过三个地方。在全国职业介绍所培训之后，我获得了安排。我没有任何选择，所以不苛求工作时间、地点，连工资也不去争。我走出来了，能够自立了，靠工作，有自己的窝，这令我非常高兴……这是我的梦想哟！后来，我在巴黎找到了一个房间，不太贵，可是条件极差。这没关系。我从来没有失业过，不管是正式工作还是临时工作，我一直在工作。

[…………]

——你目前做什么工作?

1340 **法丽达：**我一直有工作。我必须取得行政秘书的正式资质。这种工作我一直在做，可是没有得到认可。我得掌握英语，正在努力学。我在国立工艺学院（CNAM）修了课，同时进行另一件事情：我在工商就业协会（ASSEDIC）注了册，申请英语培训和认证。情况就是这样。我觉得，我的一切现在你都知道了。我不知道你会拿它怎么办，可是我可以猜。我很好奇，很想看看你把我描绘成什么样子，不会很漂亮。

1990 年

1341

患者对象

伊莎贝尔出生于 50 年前，天生患有严重抑制四肢和脊柱发展的疾病，一直以残障之身过日子。否则，在受教育、婚姻和职业等

方面，出身乡村小贵族之家的她可能会有跟姐妹们的命运相同的未来。在她身边的人看来，身体缺陷使她注定要走几个姨妈的路——她们均终身未嫁，守护着被包括战争在内的屡次变故消耗殆尽的家族的象征性遗产。

她的家人动辄规定她能做什么，不能做什么，以及她想要、希望或正在做的事是否适当。可是，家庭之外的一连串邂逅使她摆脱了家庭的监护：起初在一个残障青年夏令营里，几位本身也有残障的辅导员为她做出了跟家人的期待保持距离的榜样；后来，她通过关系又得到了一份工作。于是，她一步步地争取到了一种她自己和
全家人都一度难以想象的生存方式：在一所曾经得到她家赞助的私 1342
立学校担任辅导老师。这个工作使她既远离家人独立居住，经济上也能够独立了。她取得了一部特别设计的车辆的驾驶执照，于是能够自由走动，无需别人帮助。一个姨母留给她一所房子，这样她就可以不在家人的注视下生活，在家庭环境之外结交朋友。这一切都是她为摆脱残障的束缚而不懈斗争的结果。以往那些劝告、关注和贴心话，乃至家人的和周围人的目光都在不断地向她提醒这种束缚。

这场不懈的斗争造成了一种与众不同的心态，她把生活安排得比别人的计划更超前，在近亲之外寻找支持和资本，而且凡事总是提前行动。无论是安排和安度生活的这个新阶段，还是接受一系列预防过度使用关节的外科手术——为了走路能够甩掉连臂拐杖——无疑都是这种心态在支撑着她。她求助于外科界的最高权威，获得了名望最高的外科医生的关注。她接受的手术是一场外科真功夫的演示。初期手术至少给了她跟医务界人士建立有益的个人关系的机会，为她提供了一切可能的担保。可是，她很快就不得不面对艰难
乏味的住院时期，以及接下去的康复阶段。住院令她陷入了一个完 1343
全依赖别人的局面，这对普通病人而言只是生活中的一个插曲，但

对于一向不得不依赖别人生活的她来说，却是一场难以忍受的考验。

伊莎贝尔懂得调节依赖他人的程度，掌握预防危险和提前行动的艺术（例如她总是首先“安慰”护士）。她对自己的处境感觉极为敏锐，而且毫不掩饰地揭露医疗机制。看来，饱受折磨的患者及其要求是医院正常运转的障碍，因为医生和护理人员都期待病人能够做到自我克制，乖乖听话。在争取自立的过程中，残障人士取得的进展总是脆弱的和暂时的，他们惧怕倒退，而他们处处依赖的医院却粗暴地重启这种恐惧。身体本身或许确有残疾，它随时可能背叛和毁灭不以之为转移的希望。残障人士的生存状况使然，每一个冲突都可能令其重新陷入——用伊莎贝尔的话说，被“打发回”——特殊的身体状况，因为在医护人员常见的安详目光里，或许有着某种现实原则的令人生畏的效力。

1344

一位住院病人

采访者：弗朗索瓦·邦万

“我不过是一根稻草”

——医院究竟给您建议了什么样的手术方案？

伊莎贝尔：他们没有建议，是我自己去问的。他们看到我陷入了极度困惑，然后才提出了手术建议。

——您的意思是……？

伊莎贝尔：事实上，没人能给我提建议。1990 年的最后几个月，我意识到病情开始恶化，我以为是肩周炎，实际上，早就有毛病的软骨完全损坏了，而且，如果我听人劝告，去看外科医生，医生自然会告诉我，肩膀要动手术。可是，我认为那还是解决不了生活自理的问题。所以，出于慎重，我没去找上肢外科医生，而是去一个水疗中心待了一个月。经过可的松浸润治疗之后，我发现炎症消失了一点，只是一点点，而且可的松不能无限期地用，那种药的

疗效可以很显著，但是给药剂量必须非常轻缓；我明白，完了，这下我不得不彻底改变生活方式。打那以后，几个月里我被抛出了正常轨道，没法动弹，没法驾车，走不了路，最终会卧床不起。这个看来不成功。我也不知道那是怎么回事。这可不行。我到处找一个能看这个病的医生，有人给我推荐了一位专治软骨病的教授。这对我而言是一个大发现，因为我不知道会有这样的大夫。于是，当然，我心急火燎地赶去见他。而且，因为我遇上的这个人非常和善，我随即接受了他的建议（……）。他告诉我："从您的病史看，
这样一种遗传病史其实很像那种退行性多关节炎，长期使用皮质激 1345
素治疗会损伤软骨和肌腱，不过这一点在用药之初并不清楚。总体而言，可以认为，这个结果对您和别人应该是一样的。"

——他是第一个给您做检查和提出建议的大夫？

伊莎贝尔：是哟，反正他是第一个给我做检查的，唉！总之，立刻就看清楚了。因为他很懂。事实上，我立刻接触到了顶级的医学专家。我的直觉使我通过遗传学家巴洪医生找到了他。事实上，你得提前三个月才能约到斯特劳斯博士，还得有风湿病医生的介绍，说到底……嗯，费了不知多少劲，我说："您听好，不管怎么说，我的问题相当清楚，无论如何，我不打算回去找风湿病大夫，再说我一个都不认识……谁知道他会拿我怎么办，会跟我说什么。"我那时有意无意地一直和巴洪医生保持着联系，我告诉他，我的肩膀彻底损伤了，我说："您听好，也许总得有个什么办法，我不知道那是谁，是个什么东西，有什么可以做的，也不知道可以去看谁。您认识斯特劳斯教授吗？"他说："当然认识，他是我的朋友，我现在就给您写一封介绍信。"过了三天，我就赴约了。去时正赶上护士罢工，医院里一个人也没有，我在那里头像个幽灵似的。一个小时的约谈，我们谈到了绘画和一切无关紧要的事。然后，他对我说："但是，您不能这样呆坐不动，这不行，您不属于那种老坐

着不动的人，这是不对的。最后会给您装上四个假体的。起来，走走吧！”我一听，眼睛就忍不住乱眨，我问：“真的呀，四个假体？”他说：“对，四个假体，没错。”再后来，我们又天南海北地瞎聊，生活、社会事件，就是不谈治疗问题。聊天当中，他又提到假体，最后说：“我觉得现在我能让您站起来了，您的双腿笔直，可以重新走路了，不必靠肩膀的力量了。今后10年没事，之后我们再看。”于是，我就回家了。因为他谈起一大堆更有趣的事情，所以
1346 至少重新点燃了你的生活欲望，他不像别的医生，跟你谈一些绝对疯狂的事情：什么成年残疾保障、社会救济等等。于是，我想，这才是事情应该有的方向。

——所以您做出了决定。

伊莎贝尔：嗯，是的，完全决定了，接触了这位大夫以后，我就做出了决定。因为，假体的建议其实早就有人向我提出来了，我对建议这个的大夫和理疗师的回答是：“你们是不是有病，竟然提出这样的建议？这个建议缺德，因为这一段时间，你们对病人一直含糊其辞，这个我一点也不喜欢。”（……）真是一点也不滑稽。他们的头脑狭窄得不可思议，利用伤残贬低你。

——所以说，这个选择是全凭斯特劳斯医生的品格做出的。那么，您是怎么听说他的？

伊莎贝尔：我头一次听说他，是从当记者的表妹那儿。她一直说，她的报纸的医药栏目是一流的，有一流的接触和采访。于是，表妹对我说：“你可不能这样下去呀。”朋友们都急得要命，我表妹更着急，她给我打电话说：“这样不行，得找大夫，用个什么办法治疗。”过了两天，她又打电话告诉我：“现在的大牌权威研究员是施特劳斯教授，就在巴黎，这是他的电话号码。”我知道，她这一年来口袋里总是装着大人物的名片，没有这个我什么事情也办不了。于是，我们有了巴洪医生的引荐——他是研究员，没有他不认识的人。我觉得这个办

法太妙了。有了他写的介绍信，不到一个星期，我就见到了斯特劳斯
医生。我惊讶得不得了。他一点也没让我等候，我在走廊上连等都没
等就获得了接待。我记得我戴着帽子，我们从眼角斜睨了对方一眼，
真是很有趣。就是如此，我带着照这样去做的想法离开了。特别要提
到的是，他在电话机上嘟嘟地按了几下，说："你好，亨利，是你吗？
我这里有一个很有意思的女人，你过来看看吧。"这个亨利，也就是勒
鲁瓦教授，跑上楼来，一见我就问："哦，按照刚才说的，您就是那位 1347
有要求的患者吧？"我就说："是哟，听着，我好像被灌了三杯威士忌，
才来到这儿，你们问我是不是要装四个假体，我来这儿是……是为
了……"斯特劳斯教授对我说："那么，您到底打算怎么办？"我说：
"我也不知道，开点小药，随便什么。"他说："可是，您知道，像您这
种情况，我们不建议小处方。您知道，那些都是安慰剂，什么用都没
有。我们之间，您知道得很清楚，小小的消炎药一点用也没有，您需
要彻底的解决办法，咱们来吧！"

见鬼，他们看来并不知道该干什么

——所以，这之后，您住进了医院。这些与您有过极好接触的大牌教授，一旦下刀，又是怎么回事呢？

伊莎贝尔：嗯，于是他们下了刀……我三个星期后又见到了勒鲁瓦教授，这次是事先约好的，有排队等待和一些乱七八糟的手续。他开始测量角度，"她打开到45度，弯曲90度，右腿，注意，左腿"，等等。他开始利用身躯测量的结果分析我的情况，这个时候我虽然又开始了，但是我没有把这些放在心上。他告诉我一个可以做手术的日子。我说："不，这样太仓促。我得先安排一下我的事情，我也不想一下子投入一个需要两个月才能恢复的手术，这不行。"于是，他问我："12月24日行不行？"我回答："除非您第二天带着香槟酒来看我！"他笑了。然后，毕竟他是大牌医生，他建

议1月里的一天。这个情况，我以为斯特劳斯教授是知道的。其实他什么都不知道。他说："可是您应该让我知道呀，亲爱的，让我知道才对。"我听了有点惊讶。我这时才明白，有时候会出现一些干扰，你必须加以调控。那好，我就开始调控。

——调控的成效怎么样？

伊莎贝尔：唉，实际上，调控刚开了一个头。但是我也得说，
1348 他对我的病情也很感兴趣，这个显而易见，因为是我，因为我是一个医疗案例（……）。总之，这对双方而言都是一个大胆的决定：放手做手术，敢于接受手术。

——决定了之后，勒鲁瓦教授包揽和组织这个病案，对吧？

伊莎贝尔：呃，这个我无从知道。我是根据初次见到斯特劳斯教授想象的，我想。因为他笑着对我这么说，他们打算做一个"国土整治"的方案。可是，这个整治方案实际上我从未见到，我只知道他们打算给我放四个假体。

——更详细的信息他们没有给您？

伊莎贝尔：没有和我沟通，因为他们自己也不清楚。实际上，他们是走一步说一步。所以，第一次手术以后，我脑袋里空空的，心想："见鬼，他们看来并不知道该干什么。"实在吓死我了。而且，我事实上真的十分担忧，因为，首先，手术之前的几个小时，或者是头天晚上，勒鲁瓦先生来过，告诉我："好了，我们最后决定不做右胯骨，我们要把假体装在右膝上。按说这样应该能行。也就是说，我们在最后时刻听从了斯特劳斯的意见，尽量保留右髋关节。"

[…………]

——他们事前没有告诉您吗？

伊莎贝尔：没有，不过，不管怎么说，我觉得，在这一点上，我是很听话的。我这个人在别的事情上可能不那么灵活，可是这次

很顺从，因为我完全信任他们。我心想："我不在乎他们怎么干，重要的是结果。"管它两个、三个，还是五个假体，要紧的是能起作用！

好一个车间，六个小时哟！

——事实上，开头那场对话很好，激励您。在这之后，有关后续工作的沟通有点含糊。 1349

伊莎贝尔：之后，第二天他来了，我周一已经接受了手术，手术持续了六个小时，这可不是闹着玩的，他对我说："好一个车间，六个小时哟！您知道吗，我们给您装了一个漂亮的小假体，最后还是没有把它装在髋部，因为我们想冒个险，这儿挑开一点肌肉，那儿剥离一点，不然您就伸不开腿啦。"他讲起整个经过，我说："别说了！听着真让人恶心！"他就笑起来。

[…………]

[第二个手术比原计划提前了，与第一个手术仅隔三个星期。]

伊莎贝尔：我随便他们怎么做，不过这一次我多少有点担心。不，不是担心，是觉得很困惑。

——您对大牌医生从来没有失去信心？

伊莎贝尔：没有。

——实际上，疼痛使得您难以安然度过这个过程。当您完成第二次手术以后，他们重塑了您的整个左侧，也就是髋关节和膝盖，您曾说："要是知道，我就不会来了！我以前挺好，我干吗要来这儿！我那时候什么事也没有。"

伊莎贝尔：不，我不认为我那时觉得什么事也没有。但是，我确实想过，这么大的痛苦，这种随机决定的手术真不知哪天才能结束。六根排脓管，我觉得多少有点胡来，让人很难相信。还有，我来这儿的时候，他们说："嘿！瞧那个折腾来折腾去的老淑女！"人

家认为我遭这个罪遭了好几年，其实都在三个月以内。这事我跟这儿［康复中心］的理疗师说了，他说："什么？多久以前？三个月？勒鲁瓦又有惊人之举！"这是因为，人们都知道勒鲁瓦做事孤注一掷。我看来真的落到了冒失鬼的手里，而且找不到比这更胆大妄为的外科手术了。由于疼痛难忍，我有点失去信心，心想他们是不是疯了。从医疗角度看，痛苦没法解释他们为什么不给我用镇痛药。
1350 是因为我的体重吗？我找不到解释。

——可是他告诉过您："镇痛药只要需要，您都会得到。您只要提出来就行了。"

伊莎贝尔：事实上我什么都没得到！只有含少量吗啡的对乙酰氨基酚。

我还得安慰护士

——现实是这些医护人员让您碰了壁。

伊莎贝尔：还有夜晚，那些夜班护士太可怕。

——医院怎么处理简单的病患？您经历过吗？

伊莎贝尔：没有完全经历过，因为我觉得，不管怎么说，因为有斯特劳斯先生，我跟他有过友好的初次接触，虽然我不是他的病人，但他也每周来看我三次，这对我的病房和治疗方案都有某种好影响。最初一段时间，甚至过后，我身边总有人照顾。

——您告诉我，您在病房里听到了他们怎么对待其他病人。他们从来没有这样对待您吗？

伊莎贝尔：嗯，夜晚有时真是痛苦得要命，我被固定在一个尿盆上头，一点镇痛药也不让用。他们要求："您想按呼叫铃的时候，请集中到一起呼叫！"夜班人员实在可怕，简直让我容忍不下去。并且，我认为，从护士那边说，由于是一个手术服务部门，她们真的武装得很好。呼叫铃在她们身边此起彼伏。我呢，当然觉得，显

然我最好表现得放松和友善。我不断安慰她们。哦，对了！有一个叫朱莉的，她进来说："我冷啊，我冷！"我一听就说："可怜的朱莉！把手给我。"我抚摸着她的手，冰凉，那是在2月份。我说："这样好点吗？来吧，把手放在我胸上。"她说："您真好，这样好多了！可怜的伊莎贝尔，您睡得好吗？"每天早上，我都得做颠倒过来的事情，问候她来上班的路上怎么样，火车站台是不是太冷。 1351

——她们一开始就对您这么亲热吗？

伊莎贝尔：不是的，不过很快。所以，我也亲热地有问有答。再说他们总是让我照管自己，可是我没法起身，连脚趾头挪动一点也会疼得要命。而呼叫铃只能集中起来用，这就是说，你得预先知道床垫是不是起皱了，是不是快要生褥疮了，能不能偶然要一片安神药。看，这些都得在一刻钟之内想清楚。斯特劳斯先生不时来看我："不知道您怎么样了，我倒是觉得事情进行得挺好，看来您头上有光环哟。"勒鲁瓦医生的团队有特别强硬的名声，而斯特劳斯手下的人特别亲和。

——您是怎么知道的？有人告诉您？

伊莎贝尔：是从他的秘书那儿知道的，因为3月里，我回医院做膝盖复原活动，他硬要我坐进扶手椅不动，我受不了反流腿部的血液。规定两个小时，他让我坐四个小时，有几次是五个小时。我疼得不得了，没人理睬我。

——您提出要求了吗？

伊莎贝尔：当然提出了！而且变着法要求。最后他们说："再看吧。"

——护士这么告诉您的？

伊莎贝尔：对。这样一来，突然间，你变成了一个对象。因为你可以说你想要什么，怎么说都行，可是人家拿它当耳旁风。所以，最后，我心想："这算怎么一回事？这不行！"我使劲想办法，

说："那好，我要见斯特劳斯医生。"——"他不在。"我身上气味不好，一件衬衣穿了4天，头发看起来很可怕，感觉很不好，病房里热得要命。就是这样，这种事就该如此。于是我去找斯特劳斯医生，问问能不能去他那个科室。所以我就问他的秘书，她说："不行，这不可能，做不到，您是外科病房的。"还有同样可怕的，那
1352 是第二次手术以后，我得了那个好厉害的500克血肿，他们不得不在2月初给我做紧急手术。一个多星期里，我髋部疼痛剧烈。实际上是一条动脉出了血，我不知道我怎么还没死，毕竟血肿超过500克。

痛苦是没法测量的

——这时他们给您派来了心理医生？

[…………]

伊莎贝尔：那个星期一我见到了心理学家，星期四见到了心理医生，到了周五，我说："你们知道，我还是很不好。"然后，星期六我侄子来了，我说："你上五楼去，找找斯特劳斯先生，告诉他伊莎贝尔受不了了，她想知道您能不能抽出两分钟上去看看她，因为她感觉真的不好。"他回来后神情沮丧，告诉我，斯特劳斯先生不在。于是，我说："咳！连人影都不见！"后来，上个周日，好多朋友来看我，我那天痛得不得了，吗啡一点作用也没有，我要求的半针管吗啡，他们也不愿给我打。星期一早晨，勒鲁瓦先生来了，说："这是怎么搞的？来吧！上手术台！"

——这时他睁开眼睛了吗？负责医生和病人之间，距离竟有这么大？好在他还是来了。

伊莎贝尔：好在他来了。每天两三次。

——不管怎样，他来得挺快的。他觉得您夸大了疼痛吗？

伊莎贝尔：我是这样觉得。我感觉疼痛很严重。所以，当然，

我后来明白了强硬是什么意思，咬牙忍痛是什么意思。如今有很多东西，例如用一根细线能够测出水温，可是痛苦没法测量，没有一个参照点。后来，星期一晚上，他们似乎有点惭愧，后来的星期一重演这个故事，再后来，贫血。几乎整个白天和晚上，三次输血，旁边还有一个绑在床上喊叫的男人，那个人呼吸困难。恢复室真可
怕。真的，一辈子应该见识一次。我感到第一次世界大战又回来 1353
了，大家挤在一起，有的人在喊叫，护士也喊叫："安静！""吸气！""这样做！""翻身！""吐痰！""我来了！"你没法入睡。人们以为这是一个非常温情的地方，她们牵着你的手，轻摇着你，根本不是这么回事！这是一个撼动你、唤醒你的地方。连别人的叫喊你也能听见。所以，痛苦，那是肯定的。因为这儿什么故事都有：肾病，脚病，截肢，呼吸困难，在这儿都少不了。

——您还提到另一件事：医护人员的专业分工。您很了解这些人都做什么：护士做这个，助理护士做那个，等等。

伊莎贝尔：哦，是的。这样对病人的效果是，由于你已经变得非常依赖人，如果你有一丁点儿心血来潮，那么在全天的安排里，心血来潮是没有位置的。心血来潮么，不过是想喝一杯水，可是够不着水杯。（……）所以，那位理疗师，那个老板着脸的老娘们，她认定比如说换床单和盖被子不归她管，所以她把床铺弄得很凌乱，只要她能矫正你的脚丫子，你就算是幸运的。

——您那时一定觉得很难受，因为我记得，您得靠一个非常柔软的东西支撑着脚趾，撑起一毫米。那么，她有没有这么做呢？

伊莎贝尔：没有。再说，她是勒鲁瓦先生的理疗师。所以，小心点吧！而且，勒鲁瓦先生是一个人物，他的理疗师必定也是一个人物。这意味着，她是一个认真看待自己的地位和名声的人。她在那里低声下气——勒鲁瓦先生是个大官僚，不容任何人顶嘴，也没有人这样做，除了我：有一天，他要求我在那种条件下走路，我拒

绝了。他对我说:“您不肯走吗?”我说:“我不拒绝走路,我拒绝这样走路。”我对斯特劳斯先生说:“我觉得您可以告诉勒鲁瓦先生,他把我当成电动小火车,而且,说到底,这位外科医生像个大孩子。他给我做了手术,现在要我在环道上跑四分之一圈。”
1354 (……)我拼命叫他们看紧我,我还有贫血病,不过没有因果关系。他们没听懂,没看紧。我的肚皮发绿,在床上躺不下来,因为髋部周围都是血肿,好像有400克堵住了动脉。又是一件开心事!其实,体内开始失血了。

——我记得,您因为一些琐碎事很不好过,比如,他们给您一个小便壶,那毕竟很不方便。

伊莎贝尔:唔,很不好受。几个小时坐在上头,反正我觉得是过了好几个小时,也许没那么久,但是肯定有好几刻钟。屁股都坐麻了,4月里二次手术以后,那个铁盆不见了……换了个塑料的,总之不那么硌屁股了。

——关于这一点,您跟我说过一件事,我想提醒您一下:夜里您坐在小便盆上,未能按要求迅速解完小便,他们就说:“尿在床单上得了,我们会给您换的。”

伊莎贝尔:哦,他们确实是这么说的,我一直拒绝这么做,我说:“那不行。”不过,在这儿,有一天晚上,他们说:“我们要给您戴上尿布,您知道,这没啥了不起。”我说:“我绝对不干!”是啊,真是怪事。我们这儿还有一个人得了多发性硬化症,身子重得推不动,拽不动,她也不愿意给人折腾。结果成了一摊死肉。这是个设备方面的问题。我想,他们也不再觉得是在跟人打交道。外科这样怎么行!那么多湿乎乎、脏兮兮的东西,他们用镊子夹来夹去。

没办法,我们是人啊

——也就是说,那是一个令人厌恶的地方,您身处其中?

伊莎贝尔：我大部分时间都在吐痰，撒尿，拉屎，出汗，等等。这些东西越来越多地被用镊子夹走丢掉。可是，没办法，我们是人啊，总得出汗，撒尿，周而复始。这样下去还得很长时间。 1355

——还有一点：医护人员变动很频繁，就像看护您的团队那样，他们人很多。

伊莎贝尔：嗯。最后没有我不认识的，因为我是住院最久的病人之一。我经历了三次手术，一共七个星期。

——所以，那些人您都认识了。可是，住院第一个星期，您觉得好像在走马灯似的换人，总有没见过的。

伊莎贝尔：对呀，很可怕。每次都有新面孔。后备军源源不断，有熟人，也有生人。

——因此，您无法慢慢熟悉其中一个，以便更好地照顾您？

伊莎贝尔：有过一个叫玛丽-泰蕾兹的，真是个人物！红头发褪了色，55岁上下，个头不高，做事果断，很坚定，也很干练。她给我讲过小红帽的故事，删改版。她一边换药包扎和拔去排脓管，一边给我讲故事，叫我“一、二、三，深呼吸。很好，接着来吧，一、二、三，深呼吸”。玛丽-泰蕾兹就是这样。还有一个助理护士，护校的学生，给我换药和包扎，这在她是第一次。她比我还害怕，过后，我祝贺她，说她做得非常好，我几乎一点感觉也没有，这让她十分开心。后来，她把她的地址给了我。我和她保持着良好关系，她每次都很细心，仔细为我冲洗。只要知道来人是她，我就很放心。

——周围那么多陌生人，有几个固定的护士，这对您很重要吧？

伊莎贝尔：对，不然你就真的无关紧要了，变成别人手里的一根稻草，任人摆布，残酷地摆布，尤其是夜晚，甚至受到虐待。

[…………]

1992年7月

1357 # 留守老人[①]

茱丽叶特和埃米尔都是退休的小农户，一个 70 岁，一个 79 岁。两人都出生在阿维隆省（Aveyron）的一个小小的 L 村里，也都惊讶地见证了这个一度很繁荣的地区的凋敝和自己的乡镇的式微。[②] 在孤独的生活和从未料及的命运当中，最令二人伤感的是弟弟伊波利特和弟媳黛莱丝，他们一个时期以来在巴黎地区经营餐馆。谈起他们，茱丽叶特和埃米尔总是用一种讥讽和欣赏掺半的口气，特别是他们的三个孩子也都“上巴黎”去了。尽管从未公开承认，也没有对旁人提起，但他俩如今都觉得“当初还不如一走了之”。

很久以来，阿维隆北部地区向巴黎流动的人口虽然不多，但是持续不断。有的当邮递员或者小公务员，更多的人当咖啡馆服务员
1358 或者经理。在巴黎开咖啡馆的小农曾被唤作“掌柜的”，他们的继承者如今已经是大酒馆和餐馆的老板。这些人经营有方，发财后仍然经常返乡。他们最愿意从熟识的家庭的年轻人当中招收服务员和店员。一对来巴黎谋生的年轻夫妇如果能够证明做事“不含糊”和持之以恒，年长者就会给予支持和提供必要的资金，先取得经营权，然后购入一个咖啡馆。

这个乡镇包括二十多个小村落，散落在地形复杂的山谷地带，

---

① 此文英译本未收。——译者注

② 1989 年人口普查时，这个乡镇有居民 551 人，1982 年为 686 人，而在茱丽叶特和埃米尔决定留在村里的 1946 年前后，居民人数为 1 241 人。小村落的衰落则更为显著，1911 年，小村落 L 有 20 户人家，20 栋房子，共 87 人。1946 年只有 32 人（6 户，9 栋房子）。1989 年居民只剩下 7 位（4 户，4 栋房屋，另有 3 栋乡间别墅）。

有的距镇政府所在的坝上有十多公里。虽然道路修得不错，但往来村落之间通常得看费时多久，不能只看距离。村子中央是教堂、村政府、学校和几栋房屋、两家咖啡馆，可是一间食品店也没有。L村坐落在俯瞰水库的山谷地带，离水坝两公里，中间是500米宽的经过平整的地带。当年每逢星期天，步履轻快的茱丽叶特早上都要步行去做弥撒。细心梳妆之后，按照季节的不同，她身穿披风或者一套正装，足蹬进城的鞋子，挎上黑漆皮包。在前往教堂的路上，她经常遇见几位邻家妇女，她本人也是孤身前往（当地习俗要求男人晚些到达教堂，站在教堂门廊里，先不进去)。对于妇女们来说， 1359
这是一个少有的碰面的机会，可以借机维护始自童年的家人般的关系，交换消息，预告婚事、生儿育女、关系破裂，抛弃长期纠纷和往往涉及遗产继承的嫉恨，总之，一切纷争都必须当众显示跟丈夫保持一致。埃米尔和两个弟弟“掌握着”这个小村里的4栋房屋当中的3栋，相距数百米。兄弟之间的关系曾有几年很融洽，可是由于家庭争吵和邻里纠纷，多半时间关系紧张。而且，自从父亲1927年去世以来，由于资产纠纷，两个弟弟跟大哥奥古斯特都不搭话了。多年来，每逢路上相遇，双方好像迎面开来的战车，相互规避和观察着对方。

那所“高处的房子”建在从国家公路下至水库的小路旁边，是进入整个谷地之前的第一所房屋，战略位置重要。旅游者从很远就能看到它，自然也会在这里驻足，打听前往坡下另一个如今被荆棘淹没的小村庄的路径。山坡通向为无人管理的老胡桃树和其他果树所遮掩的水库。从公路到食品杂货铺门口，有一段很陡的坡路。两年前，每逢星期三都有一个货郎把他的小卡车停在路尽头。由于客人太少，此人已经不来了。不过，乡长每星期组织两次出行，用小面包车接送，前往距此地最近的一个17公里以外的小镇。那又是 1360
一个探亲访友、偷闲游逛、采买食品和办理公事的机会。中午时

分，茱丽叶特透过镶着半扇玻璃的大门，眺望邮递员的那辆黄色的雷诺4型汽车，跟他交换新闻。隔三岔五，她会跟来来往往的人交流几句，获得一些消息，如谷地居民眼下的健康状况、家庭和社会关系等等，并且不时向偶遇的人和来访者发表一些评论。

1927年，在附近一家钢厂工作了很短一个时期以后，茱丽叶特的父母决定回村劳动和生活。为了避免与父母同住可能带来的不便——茱丽叶特的爷爷奶奶当年就住在公路“下边那个房子里”，现在是她弟弟的乡间别墅——他们带上两个孩子住到岳父母家，即那个“高处的房子”。他们开始打理总共18公顷的土地（其中只有10公顷是可耕地）。这些土地散布在谷地的陡坡上，从国家公路一直延伸到水库。有种着樱桃和李子的果木园、几块牧场，几处荒地上有长不大的欧石南和金雀花，在可容收割机施展的高台地上，还有两块麦田。他们度日全靠出售蔬果，采摘核桃和板栗，每年还给屠宰场提供一两头牛犊和出售一头肥猪。除了家禽以外，他们有四头奶牛和两头耕牛——在陡坡上行走和耕作全靠后者。

1361 茱丽叶特和埃米尔1943年完婚，婚后仍然靠这些资产过日子，虽说一穷二白，但还是抚养了三个孩子。幼女名叫伊薇特，如今已经40岁，她回忆说：“我们小时候只知道‘饿得要命’，总是混不到月底，最后每天都是面包泡汤，要么就是板栗，我和姐姐饿了就吃面包，所以我们才长得这么胖（……）。”“我们上学倒是有助学金，可是蹲班不行，因为取消了，父母的日子过得很艰难。”如今，埃米尔已经把两块麦田和奶牛都卖掉了，牧场闲置着，葡萄园和果树也没人照管。只剩下一个菜园子得到悉心照料，继续生产菜蔬。

茱丽叶特的父母当年在此地安家时，整栋房子只有一间卧室和一个阁楼，敞开的楼梯连通楼下的客厅。为了方便孩子就寝，他们用隔板分出了一间卧室，把楼梯封了起来。从那时以来，变动就很少了：翻新过的大壁炉及一个烧柴和液化气的炉灶占去了整整一面

墙。为了方便清洁，褐色的瓷砖码放在炉灶周围和屋门前。地上铺着没有油漆过的粗厚的木板。大桌子的木头桌面已经换成胶合板，两侧是长凳，这两样占去了整个房间的大部分面积。1951 年通电，1982 年接通自来水，房屋的舒适程度从而有所改善，尽管来得比较迟。1983 年，子女们离家后，又装修了卧室内的狭小卫生间。他们买了一台电视机、一个冰箱，不久前又购入了洗衣机，安装了电 1362
话。他们对迟来的舒适感到十分满意，觉得城里人再无可羡慕之处。交谈当中，他们最喜欢的话题是怀旧，重提整天忙于生计的过去。俩人心怀慰藉地列举每日的活计："我们那时候啥都没有，吃水得出门去找，洗衣服得去洗衣池，没有电，取暖得拾柴，杀猪腌肉，要存放就得晾干，我们把它做成肉酱、肉肠，那时候没有电视电话，啥都不知道……"这种与世隔绝的生活有一种很脆弱的平衡，祸事频仍："我俩是 1943 年完婚的，刚过了两个礼拜，他就从 5 米多高的树上掉下来了，手腕子摔断了，后脊梁发黑，黑得跟您这条裤子似的。他在罗岱斯（医院）住了至少一个月，唉……这事就这么过去了……1953 年，他又把腿摔断了。这一回就更是……当时没办法打石膏，就往骨头里打进了一根锔子，他现在还带着呢。然后……1972 年更惨！他得了破伤风！更严重了。"在这几次伤病当中，埃米尔都得到了茱丽叶特无微不至的照料，她就像保护小孩子一样。

几年来，因修建水库，法国电力公司付给乡里的费用以各种补贴的形式发放了，加上特别是他们的退休金（两人每个季度领取约两万法郎），这对老夫妇过上了一种从来不敢想象的舒适生活。他们一生中头一次有了零用钱。女儿说："他俩不知道这个钱怎么用 1363
才好，墙泥本该重新涂了，可是……"虽然现在生活容易了，可是一谈起过去的日子，他们就感到迷惘，心想自己是不是从一个消失已久的世界过来的人。

茱丽叶特跟小弟弟伊波利特很谈得来，他在乡镇上当了十多年养路工，后来在妻子黛莱丝的坚持下去了巴黎。两口子在巴黎日子过得不错。夏天两人关掉餐馆，开着奔驰车回村小住。留守乡村的人据此便看到了与离村者之间的差距。黛莱丝志得意满，每天都广邀乡下的“全家人”午宴（“他们不必自己做饭了，好让他们省点钱”），她的决意邀请使别人没法拒绝。茱丽叶特有点怕这个不容二话的弟媳，又不敢表明保留的态度（“他俩叫我们下去吃饭，我们腿脚不灵，再说还有事要做呢”）。那些持续很久的午宴，到欧里拉克市一家大超市采购［“他俩一次就花掉15万（旧）法郎”］，以及安置在斜坡花园里的那个七扭八歪的游泳池——从来无人使用——都使她惊讶。不过，女儿们自去巴黎后也有了新习惯。她为弟弟的成功感到骄傲，很欣赏他有一种自己从来没有过的勇气：“他俩在那儿开头挺不容易的喔。”说完，把双臂一垂：“那又有什么办法
1364 呢……”

患破伤风之后，埃米尔行走困难，靠拐杖移步。他必须穿上黑色的高腰靴子，靴带系得很高的那种，每次穿时都很麻烦，可是不穿就无法在房子周围高低不平的地上走动。他总是穿着一条蓝色的帆布长裤或背带工作服，外衣也是帆布的。出门时他头戴一顶贝雷帽，一进屋便摘掉，为的是不失礼。在整个谈话过程中，他不断用手掌把帽子在桌上拨来转去。

茱丽叶特是一个小个子妇人，圆脸，满头白发修剪得很短。她很注意自身整洁，她向来访的客人表示歉意，因为家里尚未“拾掇好”。在整个谷地，她是为数不多的安装了假牙的妇女之一，尽管开头几个月不怎么舒服。

两口子讲话都有很重的口音，音调也高。他们跟年龄相仿的人和彼此之间说当地土话，跟在学校学会法语的孩子们，他们说的法语既简单又实用。

这次访谈是在1990年11月里一个天气很冷的下午进行的（之后又谈了好几次，谈及一家人生活的各个方面，例如房子的来历、遗产、他们的父母和孩子们的生活状况）。这天，茱丽叶特在壁炉里生起一小堆火，煮了咖啡。埃米尔当时正在花园里劳作，她一个人跟我一起坐了许久，双方产生了某种亲切感。她漫不经心地谈起农民生活，流露出怀念之情，她当年没有继承任何能够让她“从头再来”的遗产，“没有牲口”，因为合作社不再登门收购牛奶，也因 1365
为夫妇俩年纪太大，无力侍候牛犊。时至今日，连耕地也没有了。像很多人一样，她本来很愿意离开乡下，可是她还记得埃米尔那时候的担心：害怕被德国人“抓走”，也许也害怕陌生的地方。她很清楚——她说话吞吞吐吐，不时沉默——只要埃米尔不打算离开，两人命中注定就得留在此地。她不抱怨丈夫，可是，她常常情不自禁地拿那些返乡的父母和远走高飞的孩子跟自己可能会有的和眼下的状况做出一番比较，这时她就会想起丈夫的决定。

阿维隆的一对农民夫妇 1366

采访者：罗兹妮·克里斯坦

“老的一走，你还能怎么办！”

茱丽叶特： 是的，我出生在下边，就在下边那个房子里，后来我父母、我爷爷奶奶……您知道，俩人脾气不对付，总之日子过得还好……可是老是有话说。我爸爸那时想离开这个地方，他们就下决心搬到S.-H.去，在那儿住进了一个旅馆。

——那是一个村庄吗？

茱丽叶特： 嗯，在上边，克莱蒙（Clermont）一带，格拉涅村（Granier）……后来，在那儿待了两年以后，他们又搬回来了。他把房子修了修［即茱丽叶特目前居住的“上边的”房子］。

——这个房子怎么样？

茱丽叶特：是我太姥姥的房子。

——一座废弃的房子？

茱丽叶特：对。

——自从太姥姥去世后就没人住了……

茱丽叶特：对，就是这样。他们收拾了一下就住进去了。

——他们有田地吗？

茱丽叶特：有，是姥爷姥姥留下来的土地，在那边……那下边。

[含糊地絮叨。]

——父母那时已经不在世了？

茱丽叶特：在，我姥爷和我妈妈那时住的房子如今是我弟弟的[谈到在华西（Roissy）开餐馆的弟弟，他来度假时住在姐姐这里]，我父母留在这儿，耕种[姥爷姥姥的]地。那时我姥姥去卖[水果和蔬菜]，卖给MB，把换来的钱交给我妈妈。一直是这么做的。后
1367 来，我爸爸去世了，1939年走的，那时我19岁，弟弟才14岁。

——家里只有你们两个孩子吗？

茱丽叶特：对，我和住在下边的弟弟。当然，我们尽量留下来工作，因为我妈妈……那个时候没有退休一说……姥爷姥姥也从不退休……我们尽一切可能谋生，尽量让姥姥和我妈过得下去，因为那时我姥爷已经过世5年了，44岁就走了。我呢，后来结了婚。我先认识了他[她丈夫]……可是，他那阵子在巴黎……他在巴黎待过7年。

最好离开这里

——埃米尔出生在哪里？

茱丽叶特：他是在那边，在那个大房子里出生的。

——他去了巴黎？

茱丽叶特：去了……在巴黎待了7年。

——去之前您就认识他？

茱丽叶特：嗯，不过……因为我俩年龄相差很大，再说他在巴黎……我那时还小……对，认识，可是没多少来往。

——他不时回村里吗？

茱丽叶特：回是回，但不是每年都回。因为后来他进了战俘营。从德国回来的时候，他已经被关了两年……遣送回国了……他留在那儿，因为怕又被德国人抓去。他本来可以再到巴黎去，可是都一样，他也担心在巴黎被德国人抓起来，就待在家里没走。他出去了一年光景，去我叔叔那儿了，就是上边那个S村。那条通往J地的路您是知道的。他给人做家佣，就是管理员吧……

——是在一个农庄里吗？

茱丽叶特：在一个农庄里。

——那么这里的地谁来管呢？

茱丽叶特：这儿的地吗？我弟弟管呗。他那时结了婚，可是，后来他俩［弟弟和弟媳］不想留在这儿了……于是我就来了，因为我当时的想法是去巴黎，跟所有的年轻人一样……总之，那个时代的年轻人。

——您是和埃米尔一道来的？

茱丽叶特：和他一起……巴黎没去成，我们到了这儿，还不如去巴黎呢。

——哦？ 1368

茱丽叶特：也许，如果……也许吧，因为在这儿不容易养育孩子，上学什么的，毕竟很不容易……钱不好挣……对……现在我们已经在这儿了，将来是不会离开的［笑］。是啊，女儿们都走了……

——是不是因为需要有人照管土地，你们才留下没走，没有去

巴黎？

茱丽叶特：是啊，那时不得不放弃离开的打算，因为我弟弟不想留下来，如果我也不留下，这块地就没人管了……我们还是留下了，我跟您说了，当初还不如一走了之。

我当宪兵去吧

茱丽叶特：我们让莫里斯上了学，希望他能学点文化，将来有一个职业，比如说……加入法国电力公司、煤气公司、邮政局什么的……可是考试他没通过，没通过法国电力公司的考试。既然机会没拿到，他就想："也好，我当宪兵去吧。"他真的这么做了，当了宪兵！

——当宪兵有哪些要求？

茱丽叶特：为这个，他得先跟附近的宪兵队打交道啊！他得登记，参加培训，他去沙德勒霍待了6个月，有薪酬，然后参加过好多次参访，当然他必须表现得很好［强调"很好"两个字］，然后就被录用了，如今他是个"差佬"［匆匆滑过这两个字］。

——他不是当过担架员吗？

茱丽叶特：当过一阵，后来不干了……

——不当宪兵了？

茱丽叶特：宪兵他只当了一年。

——为什么不干了呢？

茱丽叶特：他觉得过普通人的日子更好，可是他最后还是回宪兵队去了，因为担架员不怎么……首先是不给他吃中午饭的时间，连这个也不给！还有，我们有了伊薇特，对她也是一样，我们希望她做管理工作，我们于是让她参加考试，可是，既然她不想学习［笑］……

1369 ——伊薇特的天赋很高啊。

茱丽叶特：很高，孩子里天赋最高的一个，如今她管理着一家咖啡馆。

——好啊，伊薇特一定会很成功。

茱丽叶特：我们有这个期盼。这个更难，相比……她把假期利用得很好……但是每个礼拜工作一天，只一天……等到他们攒起一点钱以后，也许就能回到这儿来了，谁知道，因为他也喜欢农场。

——您是说米歇尔？

茱丽叶特：对，米歇尔。在这儿工作和在巴黎工作，他一样喜欢，只要能挣钱就行。

对她来说，也许那有点勉强

——弗朗索瓦兹让你们如愿以偿，成功了。

茱丽叶特：是的，要说弗朗索瓦兹嘛，我叫她“去考邮递员好了”，她不太想考，可是还是去了，第二次拿下来了，对她来说，也许那有点勉强。

——她的生活有困难吗？

茱丽叶特：您知道，背着邮包……可不像……不过看起来还是比坐办公室要好，至少她走走路，她喜欢体育运动，如果老是干坐着，比如说，处理支票什么的……谁都知道那就得呆坐着，坐办公室。

——她对生活满意吗？

茱丽叶特：唉……谁知道呢，反正她说，有时候一个人爬那么高，心里有点害怕。

——她一个人住，还是和朋友合住？

茱丽叶特：一个人，这才是最让人担心的，我自己更愿意她能有个人，结婚就行啦！能有个人，总是一个人，我看不下去，有一天总会有的。总得抱点希望啊。

——是的，她多大了？

茱丽叶特： 22岁了。

——我想，她经常出去玩吧？常出门。

茱丽叶特： 星期六去参加舞会，我支持她去［笑］，总该放松放松啊。

1370 ——总是，她的日子没有伊薇特那么艰难。

茱丽叶特： 对，不一样。因为，您瞧，伊薇特有人陪嘛！除了这个，她的工作也不如伊薇特：第一，挣钱不如伊薇特多，是啊……

——您认为留在乡下的年轻人越来越多吗？

茱丽叶特：［听不清］年轻人啊。

——现在也是？

茱丽叶特： 是啊，因为，您知道，要留下，你在这儿得有一大块土地，有一项生意。

——这一带缺少新生意，没什么商贸活动。

茱丽叶特： 没有。只有几家小餐馆，再没什么了，没有大农场，得有大农场，至少有……20头奶牛。可是，这一带，S.-H.这一带，算算只有4个，年轻人……

——4个有20多头奶牛的农场？

茱丽叶特： 不，总共是4个……比较年轻的，50岁以下的。对，正是！……比不了从前！这个村从前至少有14座房子。

——那时他们怎么生活？

茱丽叶特： 他们生活靠的是［一字一顿地细数起来，好像背诵］喂猪，种土豆，捡板栗，种蔬菜，就是这些了。

——家里的长子得留下来吧？

茱丽叶特： 不，大家都在。冬天里，有的人去农场帮工，如今有机器，不需要人了，这些人就得去别的地方。我跟您说的那个时

期，50 岁的人都留下劳动。

——还是有人去了巴黎。

茱丽叶特：有啊，人不少呢，不像现在。您看看如今这个村子，年轻人都走了（……），直到……有去 P 地的，也有去 T 地的……留下干泥瓦活儿的也不少……［沉默许久。］

——大房子归谁继承？［那是一个很大的农场，有一座人称“城堡”的高楼，是埃米尔和兄长奥古斯特的出生地。两人的父亲过世后，奥古斯特继承了那座房子和一些土地。］ 1371

茱丽叶特：我不知道。

——是不是因为他［奥古斯特］的三个儿子都在巴黎？

茱丽叶特：两个在巴黎，而且事情也弄得不怎么好。女儿呢，一个在 D 村［本村 6 公里外的一个村庄］，一个在 M 地那边。所以，您看……谁知道。再说，儿子们干得也不怎么样。

——您是说他们的营生不太好？

茱丽叶特：对。

——我见过一个，看起来他干得还不错，就是在维尔主教大街上开咖啡馆的那一个。

茱丽叶特：肯定是老大喽，他叫若望……

——看起来干得不错。

茱丽叶特：是的，不过我说的是夫妻之间，跟另一个儿子一样，也在闹离婚，那个小的。您知道，一离婚就会……过后就都不一样了。女儿一个去了 C 村，另一个……她们回不来了。（……）老的一走，你还能怎么办！

［正当我们谈起颇受拥戴的新镇长和担任镇政府秘书的神甫的时候，埃米尔一瘸一拐地从菜园子走进屋来：自从出过几次事故和患了破伤风以来，他走路就很困难。他穿着日日如此的蓝色工装，一进屋就注意到录音机，笑起来，神情窘迫。他在大桌子旁坐下，

把帽子摘下放在桌子上。埃米尔进来以后，茱丽叶特讲话更有气势，似乎要在他面前确认自己的权威，埃米尔则静听她说话。茱丽叶特煮了咖啡，因为房间里很冷，尽管壁炉里燃烧着两小块木柴。]

我在咖啡馆柜台上干过，可是从来不知道开胃酒是什么东西

——您在巴黎当过咖啡馆伙计，那是从什么时候开始？

埃米尔： 32岁上。

茱丽叶特： 不对，31岁。

埃米尔： 不是31岁，那时我义务兵还没当完呢。是从32岁到39岁。

——您喜欢那个工作吗？

埃米尔： [急忙说] 很好啊，咖啡馆伙计很好啊……很好。我没有回巴黎去，一回到L村，我们就结婚了。

——您很勇敢啊，您认识茱丽叶特是从……从前就认识，有这
1372 个勇气出门7年。

埃米尔： 哪里哪里 [笑]，您得知道，我俩年纪相差很大。我去巴黎的那一阵子，她还是小孩子呢。

[二人相视一笑。]

——她很想念您，可是您不想念她。

茱丽叶特： 不不，我从来没想过他，第一，我觉得他大我很多……没有，没想过！

——可是他一回来……

茱丽叶特： [笑] 他一回来，那是当然……总之……嗯，我那时候22岁，跟他去巴黎的时候不一样了。(……)

——不当咖啡馆伙计，您不觉得遗憾？

埃米尔： 又遗憾，又不遗憾。

——这个职业有哪些好处？

埃米尔：如果你喜欢，这个职业就不赖，只是工作时间太长。我那时每天干 16 个钟头，太长了。

——总是做那么长时间?

茱丽叶特：对，跟伊薇特一样，她每天是 14 个钟头。

——在您那个时代，工资好像挺高。

埃米尔：那时不像现在，没多少花钱的机会。除此以外，实际上跟现在差不多。那时候，有的人能挣 8 000 法郎，8 000 法郎等于现在的 80 法郎，可是挣 100 法郎的人很少。我那时候挣 35 法郎，也就是 3 500 法郎。

——您怎么会比别人挣得少?

埃米尔：因为客人给的小费少，那是一个工人聚居区，小费很差。

——您那时在哪儿?

埃米尔：玛拉考夫（Malakoff)。

——住在家里?

埃米尔：不。他们是北方人，诺曼底来的。老板娘是诺曼底人，老板家是从北方来的，北方人的后代，不过，两个人都出生在巴黎。

——从 L 村出来，做到这一行不容易啊……

埃米尔：当咖啡馆伙计? 不过，我做了一年不到，我先在表兄那儿干了 6 个月，当烧火工，在朗彭街，共和广场旁边……(……）后来去了咖啡馆，只是开头那些日子有一点……，是啊，特别是听见别人谈论开胃酒，我从来不知道那是什么东西，这事多少有点滑稽（……)，我倒是见过表兄在前台卖这种酒，我自己从来没卖过……在表兄那儿，上酒的事不归我管，我只管烧火、运 1373
煤，不上柜台。

——是表兄叫您去巴黎的?

埃米尔：对，是他让我去的，反正我也得离开这儿。去表兄那儿是因为他了解我，不然我哥哥——我俩是同一年走的，他去了煤栈……那个老板也是阿维隆人，不过一点不沾亲……［沉默］是啊……

——后来呢？

埃米尔：后来就去咖啡馆当了伙计。那个地方在圣三广场，可是我没干下去，那个活儿我照应不过来，咖啡馆太大了。柜台伙计要吃饭，我得上柜台顶着；大堂伙计要吃饭，我也得照应着。这个对我来说太难了。老板说我干不了，我于是去了一家烟草店，就我一个，只我一个伙计。遇到不懂的地方，老板就帮帮我，所以我在那儿干得挺好。

走了也许更好，也许更差

——后来，您和茱丽叶特还想过回巴黎去。

埃米尔：想过，我也不知道是怎么回事。

茱丽叶特：其实你知道，你是怕德国人又把你抓去，那时候我们管理我叔叔在S地的农场，后来我弟弟不愿意留在本地，这样一来，我俩被拴在那儿了。因为有我母亲、我姥姥，不这样她们没法活下去。真的。那时候没有退休这一说，我母亲［离退休］还远着呢，怎么办？还得帮她们呀。所以，为了她俩我们才留下来。

——没有遗憾吗？

埃米尔：有一点，可是，走了也许更好，也许更差……

茱丽叶特：我们心里也没底……有时候我们心里想，也许走了更好。

埃米尔：没办法知道，我们见到一些人破了产，可是我们如果去巴黎，那是要定居的。

——接手一家咖啡馆，或者……

埃米尔：可是得贷款啊……我们有什么，几乎什么也没有。二战以前，我倒是挣了几个钱，可是，生活费也高上去了，我们手里 1374
几乎什么也没剩下……是啊……不然，也许走了更好。

茱丽叶特：那样也许不会出那么多事故，你就不会摔断腿，谁知道呢。(……)

埃米尔：亨利不就留下来了吗？这你也看见了（……），他的弟兄们也留下来了，一个在V村，一个在C村。亨利呢，［在巴黎的时候］他换工作比我更勤，两三个月就换个地方。(……)

——你俩都出生在这个L村吧？

茱丽叶特和埃米尔：［异口同声］对。

——两家相距没有几步路……

埃米尔：人家亨利娶来的媳妇也不远啊，从P地娶来的，想迷路都迷不了。(……)

茱丽叶特：那个时候的年轻人，总之几公里以内的，都上这儿来聚会，结亲。你瞧人家苏概，他跟E村的那个……

埃米尔：连一个教区都没出……

茱丽叶特：还有E村的那个姑娘和J村的那个小伙子……(……）大家都认识，您看到了吧？

——你们的子女都不愿意接手……？我知道这不是件容易的事。

茱丽叶特：如果我们有个大农场，也许会留下来一个，没准弗朗索瓦兹或者伊薇特会留下来，莫里斯是不会的，因为他更想进管理部门。［朝家犬喊道］不许叫！……后来他结了婚，根本就没打算回来。

——莫里斯也许会回来，他会早早地退休的。

茱丽叶特：也许吧，可是他不会照料农场的，不会的。有个房子，退休回家，弄弄小花园，不会有别的。

埃米尔：他不会种地。

茱丽叶特：不会的，他种不了地……（……）更别说克劳蒂

［莫里斯之妻］了，她不会，也不懂怎么伺候牲口。

1990 年 11 月

1375 孤独

在巴黎一家大医院的急诊室的建议下，我们与露易兹见了面。急诊室的环境完全不适合采访：来去匆匆的医护人员、急救人员，警报器的尖叫声，擦身而过的手推车，塑料门扇的开合声，担架员的呼唤。在这样一个开放的空间里，无法单辟一处交谈，因为这里一切安排都以活动病床畅通无阻和其他病人为主，而且护士和探访者随时可能走进急诊室来，这些都不利于对露易兹进行采访。

露易兹今年 80 岁，患有心脏病，她同意跟我们谈谈。虽然交谈不时被打断，一会儿要戴氧气罩，一会儿量体温，一会儿量血压，但她依然向我们极富戏剧性地讲述了一位老年人的伤心的入院
1376 经历，由此开始了一个由医院接手的不可逆转的进程。①

露易兹因为感到不适被送入急诊室，这就凸显了她一直被忽视的孤独处境。这不仅是一个医疗问题，同时也有治疗后如何照顾她的问题。医院急诊室接收的老年人越来越多，必须给他们找到栖身之处。

她告诉我，她感到很疲倦，因为“搬家”后就一直没有睡好——患者送达急诊室是不分昼夜的。我建议中止采访，她却不愿意，一定要接着讲完她的故事。

---

① 从 1965 年至 1989 年，在 1/4 个世纪里，法国 60 岁以上的人所占的比例已经从 17%上升至 19%。预期寿命女性超过了 80 岁，男性超过了 72 岁。男女之间的平均寿命之差为 8 年，这说明一个事实：55 岁以上的单身者有 3/4 是女性。1989 年，27%的家庭是单人户（1901 年是 16%，1968 年为 20%），每 10 人当中至少有 1 人是单身（1990 年为 10.6%）。有 100 万 75 岁以上的人过着单身生活。

谈话一开始，露易兹说到自己时常用无定人称代词“on”，似 1377
乎是在不自觉地沿用护理人员习惯的无人称说法（“今早体温 38 度”）。然后她详细讲述了她长期义务从事的职业：社会工作者。当年她是一位殷实之家的姑娘，父亲有“生意”，她不必出门工作。二战结束后，她从事过工薪职业：她的声音、语气、题外话，一直到担任社会工作者期间和个人生活里的私事——肉铺老板叫她 B 小姐，还央求她帮过忙——一切似乎都在显示，重提这个角色是要把她被遗忘的职业和社会身份提醒给众人，因为她觉得自己在医院里像是一个碍手碍脚的包袱。不仅如此，在她居住的巴黎第 6 区的公寓里，甚至在家里，她的存在也只是一个“问题”而已。更令她伤心的是，作为一个社会工作者，她跟同行们一样，一生中一直在照顾他人，可是职业经验告诉她，无论机构还是员工，抑或是失去自理能力的人士，都无法解决依赖性问题。露易兹很清楚，收纳机构相对稀缺，平均得等待一年之久才能找到适当的去处。一想到自己将不得不接受物质和道义的帮助，而且还得“麻烦别人”，她就很难过。

跟许多同辈的社会工作者、护士和小学教师一样，露易兹一直
单身。她家里还有兄嫂和住在外省的几个侄子侄女。露易兹谈话并 1378
无怨气和悔恨，更多像是在闲聊天，似乎要用轻松的口气掩饰自己的凄凉处境。她一再说“他们人都很好，特别好”，反倒从反面强调了家庭的缺失。虽然孑然一身，她却自信“很幸运”，得到了很多帮助，家人也关心她——她为侄女劝她尽早入住养老院而极为“感动”。从“一切都很好”的说法里，我们能够反向地看到她的生活内容——其实都是一些她历数的微末琐事，不免令人心生恻隐——老邻居到访，侄女打来电话，保洁工登门。住院期间的主要问题令人伤心，难以尽言，一想起来就难受。每当谈话涉及实在的孤独时——回不了家，家人不能也不想把她接回去——她就把令人

活不下去的清醒念头隐藏起来，只说一些令人放心的正面的话："我有朋友"，"身边的人都挺关照我"，"我很幸运"。

1379

一位老妇人

采访者：加布里埃拉·巴拉兹

"我一个老太太，你能拿我怎么办？"

——希望先谈谈您遇到过的困难……

露易兹：（……）我得先告诉您，我很累。我是星期五中午到这儿的，一瘸一拐地来的……昨天晚上睡得非常不踏实，因为有个人来探望我，搅得我心情大乱。我没法告诉您有多少人来，我根本没有闭眼……还有吵闹，您想想！所以，今天我早上状态不太好，体温又上来了。今早体温38度，不算太高。所以……是的……我没有找原因，也没人问我怎么回事，而且……我夜里过得很糟糕。

——如果您累了，我们就停下来。您告诉我就行了。

露易兹：不，您看，我还能凑合。

——要不要谈下去，您跟我说，让我知道……医生告诉我，您是被救护车送来的，来后您不想回家了……

露易兹：我回不去。[强调"回不去"。]这可是两回事！[烦恼地笑。]

——那好。可是，为什么不能回家？怎么回事？

露易兹：我一直单身，以前当社会工作者，已经有20年了，快25年了，对……不是从头到尾都干这个，我已经退休了……我在巴黎当社会工作者，也在乡下干过，而且真的很喜欢农村，我喜欢在农村劳动的人。人们彼此熟悉[认识全家人]，都知道谁有什么困难，都感觉得到，因为都见得到，在面包店，在肉铺，无论什么地方。总之，这个工作我喜欢，我不后悔选择了这一行。

——您是什么时候退下来的？退休是在……？

露易兹：1971 年，因为得了严重的关节炎，很痛苦，因为我们服务社会，总是跑很多路，开着微型车跑乡下的路。在这之前，开 1380
始是骑自行车，早在 1949 年，后来开始有……因为我跑疗养院。总之，简单地说，我开始有点扛不住了。这种服务有很多您不了解的难处，可是毕竟派给了我一辆轻骑摩托车，还不错。那是丘陵地区，摩托车有时好用，有时不好用，上坡我得推着它，或者……其实是它拽着我跑。总之，简单地说，就是如此。后来，到了 1953 年，终于有了那辆微型汽车。

——后来您就生活在巴黎了。您告诉我，退休后您住在巴黎，是吧？

露易兹：住在巴黎，是的。嗯，我是从诺曼底来的，可是……退休以后，我住在乡下，附近有朋友。后来，我觉得自己不年轻了，一个人住在乡下……去任何地方都得开车，我非常喜欢，这没问题，但不可能总是这样（……）。因此，巴黎的那个小小的落脚处，那是我当社会工作者时有的，总得换换环境。一到星期天，在去买面包的路上，[模仿客户]“喂，露易兹小姐，您还好吗？您领没领来我的津贴呀？”“露易兹小姐……”总之，人们会碰到你，亲切地打招呼，可是您看，你总得摆脱一下……[几乎听不清]。所以，我拿到了那个落脚处。后来回到了那儿，因为我觉得没法独自住在乡下了。汽车……你得明白，总有一天得说再见……就是这样。

[…………]

——家里有人帮您吗？您怎么安排购买杂货、打扫房间等等，有帮手吗？

露易兹：您是说退休以后？有了那个落脚处，然后，谢天谢地，我还能自理……

渐渐地，一天不如一天，最后……

——是啊，可是没有人帮您做做清洁，还有……

露易兹：哦！如果需要，有的，有。家里有一个非常，非常好的人，如果我需要上街的话。那是个大好人，她告诉我："如果哪天您感觉疲倦，想让我侍候睡觉，您就说话吧。"因为我那儿只有
1381 一个房间，厨房在走廊里——如果可以叫厨房的话——那是在院子里，一个真正的正方形庭院，我住一层，有一丁点阳光和天空。头上望不到天，你得从院子角落看出去，那儿在……

——黑暗是因为在一层？

露易兹：黑暗。而且有人在那儿搞工程。所以嘛，［讽刺］我过的是壁垒森严的日子！有个很和善的看门女人，也算一个朋友，阿尔及利亚妇女，一个非常非常好的人（我知道我也帮过她忙，不过我特别欣赏她做事的一片好意，我们是很好的朋友），她对我说："您就像我母亲。"她是阿尔及利亚人……［沉默］。后来，渐渐地，一天不如一天，最后……就是这样。

——那么，您找到了什么样的家政项目？

露易兹：那个阿尔及利亚妇女，是的。还有，真不错，镇政府有几个生活俱乐部，很好，真是相当不错，有一个正好离我家不远，我参加了，想哪天去吃个午餐，就哪天去，只要登个记，依照经济能力付钱就行……［咳嗽］。非常好，服务很好，唔，花样也很多。而且，大家还能聊聊过去，这个挺好的。然后，然后，当然，我觉得心很累……6月里跌倒了，摔断了胳膊，这个自然惹出了一大堆事情。因为这个，我愿意在这个医院里住几天，然后我就回家了，手臂还是这副样子，您瞧这三根手指，活动不开……后来，再后来，我又去了以前常去的俱乐部。需要的时候，那个小个子保洁工开车送我去，她有（……），她有善心，非常善良，把我接回家，还帮我切肉，因为我切不了……

——哦，家务事都帮您做了，因为您活动困难了。

最后全垮了

露易兹： 我动不了了，有了这个保洁工（……），她是纯金打造的，值得完全信任，她有我家里的钥匙，她了解情况。我不得不叫她停手，因为她干起活来……她来我家帮佣一个小时，一进门就 1382
问："您要我做点什么？"可是……还有，您看，不用说，那次摔跤造成全面崩溃，这事是6月里发生的，从那以后，我打过好几次石膏，没放置好，我疼得要命，等等吧［笑］……时间太长。这个事不好玩，因为一到8月，你找谁去？……人都走了，一个不剩……（……）不是没有人愿意帮助我，可是……然后，然后，然后，我就重新开始生活，照这样，有点一瘸一拐的，真的是一瘸一拐的，走路得拄拐杖，唉，反正尽可能对付呗。然后，然后，嗯，最后么，全垮了。这下弄得……是的，我在家里跌倒了。这一下多少拉响了警报。我起不来床了。［医用推车的声音，有人在说话。］所以，这次事故本来会更惨重，那个当口我正要做点什么事，哦，对了，煮牛奶的时候，对对，可是煤气灶熄灭了。于是，我就像一条虫子，对付着爬到电话机旁边，打电话通知那个看门的妇女，她问："出了什么事……"她显然吓坏了，这件事惹来好多后果。"这可如何是好！"事情就是这样。

——门房劝过您不要孤身一人在家吧？

露易兹： 嗯，她心地善良。不错，她帮我做事，等等，可是这些我都不想要，对不对？因为她没有帮助我的义务。的确，我有一回问她去不去买面包："麻烦您顺带给我买点回来。"这个没问题，要么就是趁送信的机会，她坐到我床边，我俩聊聊天，就是这样。可是我不想要这样，这不是她的工作啊。再说我太重，她抱不动，不用说，那样就会引发……这不，我到了这一步。因为拉响警报的

这次跌倒，她给我弟弟打了电话，反正［笑］，这个有点……

——那么，您弟弟是怎么说的？

他们能拿我怎么办

露易兹：哦，他说……这个弟弟挺照顾我，可是还得想办法。第二天，社工和我弟弟通了电话——我弟妹也是一个非常和善的人——两口子住在拉罗谢尔（La Rochelle），所以……弟妹非常善
1383 良，弟弟也一样。他们一起想办法，这儿的社工也跟我弟弟保持着联系……为了知道能拿我怎么办，要不要把我送到……人上了年纪，就得走这一步。社工想到了布罗卡医院，这个因为在布罗卡，有这种事的时候……可是我迟疑了一下，我得回家去，还有采取哪个办法，等等一切。后来，社工还跟我说起布罗卡，我心想，我毕竟还有这个阿尔及利亚帮手，附近有那个俱乐部，我完全可以照这样继续生活。可是［沉默］，一切都结束了！

——不可能了？

露易兹：我还能做什么呢［停顿］。可是，这个俱乐部真的，接受了我。我的意思是说，我在那儿感觉很好，人们来看我也不费事，而且我的家门始终是敞开的。就这样，对吧，我常常卧床不起，这样挺好，还是能够……非常友善，非常……还有就是，很明显，我跌倒那天，煤气灶点燃着，这件事显然造成，显然引人思考，大家都警觉起来了。那天，看门的女人通知了在拉罗谢尔的弟弟，于是……他对我那么好……我靠烧煤气取暖，厨房也用煤气，所以，这件事一出，他们自然想切断煤气，改用电，这我能理解，也合情合理，而且显然这样还可以……可是，他们又发现老鼠成了灾。我那时候知道有老鼠，也尽量给它们一点吃的，可是还是不行。因为那个非做不可的接电工程，还有老鼠，门房有点生气，真让她没办法。我不知道眼下是什么状况，不知道他们正在鼓捣什

么，什么都不知道［笑］。

——也就是说，如果您想回家，就得重新装修，一切都得重做？

露易兹：您看……哦，重来……不，问题只是煤气和电力。总之，他们说得完全对，是不是？您看，我明白，我今后不能独自生活了，其实那阵子我出门并不多，出门带着拐杖，我有外出活动，而且很幸运，参加了几次家庭团聚，当然，他们也会开车来接我……是的，是的，我1月1日就开始享受它的好处，反正是在1月里就是了……

——您在巴黎有亲戚吗？

露易兹：有的，我在巴黎有亲戚，几个表兄弟，……当然还有 1384
侄女，我还有一个……看到我这副样子，她很难过，这我知道，我感觉得到。她有三个孩子，她丈夫失业已经有一段时间了，所以她得去上班。她是幼儿园老师，还得重新回去修课。她得全力以赴，这可是非常累人的。因为这个，我不想打听她……

［一个护士此时进来照顾她。］

——哦，您不想提什么要求？

我可不想给别人添麻烦

露易兹：对，我不想提什么要求！

——您觉得她做不到？

露易兹：凡是能做的，她都做，打打电话什么的，而且，我得说，我告诉她："您坐出租车来吧。"她来后，我付给她车费。她也就是来一个小时左右，每逢……可是，她还有三个孩子啊，我可不想给别人添麻烦。

——哦，说到添麻烦，为什么您觉得是他们的负担？是因为没地方住，还是……

露易兹：因为他们都很忙。生活忙碌，您懂的。她丈夫又上班

了，她总得想办法让他保持士气。嗯，总之，我不想成为别人的负担。她跟我在电话上聊，聊得很好，非常好，说起我的侄女们，真的……谈得很好，但是，她们没法来见我，我也不要。偶尔一两次，我说："好，你打出租车来吧。"

——侄子和侄女没有一个能过来和您住在一起？

露易兹：住在一起？

——是的，住在一起。

露易兹：［有人在喊："8号有病人，来一位医生！"］咳，我认为那不可能！那是一个倒霉的房间，我是这么认为的，也许5个人凑合，8平方米加一条过道，挺宽的过道，我拿它当厨房……

——是啊，用来接待客人嫌小？

露易兹：太小了。不过，我那个阿尔及利亚妇女佐拉有时候告
1385 诉我："您知道的……""假如……我就来陪您睡。"好多次，她在地板上放一张床垫，她就这样来这儿过夜不知多少次。"喂喂……咱们搁张床垫，你来好了。"可是，后来有一天，她来了，这个可怜人着了凉——那时候天冷了，凉空气从门缝钻进来。后来就不行了，空间也不够大……对吧，那个破床垫还在地上呢……［干笑］。

——是啊，那是一个临时凑合的办法，没有人能够长期住您那儿吗？

露易兹：没有。唉，不行，那儿住不下两个人。

——那您现在怎么打算呢？会不会去您弟弟和弟妹那儿？

露易兹：呵，不，不行！我谁那儿也不去……不，哟不！再说，您看，他们的生活有安排，也刚有了第三个孙子，就是一个住得不远的子女的家里。每个人都有自己安排好的生活，不是吗？不行，这不行，这是……我弟妹很懂事，她经常打电话给我，特亲切，问我："您怎么样了？"等等，因为她知道我尽量自理，不去打搅她。不，不行……我想说，我心里总在惦记他们的……

我靠别人活着……

——不给他们添麻烦，这个想法是从哪儿来的？您一直以照顾别人为职业，是因为这个吧？

露易兹：嗯，正是因为这个，我知道什么叫麻烦别人。我一个老太太，你能拿我怎么办？您说什么？不，您看……我靠别人活着，问题多少就在这儿，不过我不确定这能不能叫生活［笑］。您看，我喜欢阅读，喜欢填字游戏。有人来了，应该说，来我这儿不费事，敲敲门，玩一通填字游戏。我有过一台电视机，不好用，而且……不，因为我有侄子，不过是我甘愿这么叫他们，其实是朋友的孩子，我是他们的阿姨。这不，有一家前两天打电话给我，说："哎，我把我岳母的电视机给您带过来。"于是，我有了一台漂亮的电视机，很好用，而且不用下床就……您看，就是这样。人们都想办法让我高 1386
兴。［提高声音］可是也有不那么懂事的。［激动］他们觉得自己什么都懂，什么都管，什么都安排。［模仿权威的声音］"您怎么会有这种鞋子？"如果您看得到……呵呵，就在昨天，真是一场戏！我那个侄女，说真的，她对我什么都要评头论足，她今年40岁……

——是您另一个弟弟的女儿吗？不是在拉罗谢尔的那个弟弟的女儿吧？

露易兹：哦，咱们正在录音。哦，小心点。哦，是的！

［露易兹对未来忧心忡忡，侄女的来访也令她很"不安"，她不愿谈得太多，要求关掉录音机再谈。录音谈话稍后重新开始。］

露易兹：我弟弟和弟妹，主要是我那个弟妹，是非常小心谨慎的人。就在刚才，社工告诉我，弟妹给我打过电话，说他俩明天要出门，路过巴黎时会跟社工和一个人见面，我还不知道那个人是谁，他们要商量一下怎么对付我这个沉重负担［笑——走廊上人声嘈杂］。真是这样。我这种人有多少？我琢磨，我还算幸运的，因

为……嗯，我明白我有什么，人得知道自己有什么。我这儿电话用起来很方便，毕竟我还能过得活蹦乱跳……

——那么，您喜欢过什么样的日子？

露易兹：我么，我已经受够了，我宁愿住进养老院，找一个安静的角落……

——养老院？

露易兹：［压低声音］哦，对……只剩下这个了。不过，地方别太远，人们可以来看看我……

——唔，巴黎……

露易兹：对，或者巴黎附近……［沉默］。所以，我想明天他们就会商量这个事。所以，加上我侄女的那么多忠言劝告：［模仿后者的声音］“尤其要注意哟，喂，可别拿他们的建议不当回事啊。”我这是掉到什么里头了！好像我一直靠她生活似的！……我昨天还是给她提了醒，因为我开始厌烦了。从 1938 年起，我在疗养院干过两年，这点事还不懂吗！我就说：“你知道，勇气我还是有一点的，所以，你用不着再跟我说了！”有一次，我告诉她：“听
1387 着，你刚才说的那些话，从来没有人敢对我说过。”我觉得，这么一来，她多少会意识到，她做得有点过头了。我不得不说，她那些话很伤我的心。

——她是做什么工作的？从事什么职业？

露易兹：哦，她是搞心理学的。嗯［笑］，您知道，心理学这个东西不是一个让大家都羡慕的……。而且，她没有接下去说，其实她并不是非得出去工作不可，她丈夫混得不错，完全可以满足她的生活需要，我还帮她带孩子——有时候我管得太多。不过，也有别人，我看见别人……。比如说，今天上午，我接了一个从蒙彼利埃打来的电话。打电话来的这个人，我管她叫侄女。昨天呢，有一个来自鲁昂的电话，怎么说呢，是一个戛纳时期的朋友。所以，还

是得看自己拥有的一切，不能只看出头得意的那一阵。(……)

［护士助理走进来："您好，又要打扰您了!"］

露易兹：还能有什么办法呢?

［她拿起一位访客带来的报纸，起身走了……］

1992 年 2 月

1389

理解

皮埃尔·布尔迪厄

我在这里不打算过分强调理论或方法的思考，因为那是给研究人员看的。“我们所做的，不过是相互诠释而已。”这是蒙田说过的。即使只能如此，不过用一种不同的方式，我还是不想写一篇高头讲章，专论解释学或什么“沟通活动的理想情境”。要想从一般意义上研究沟通活动的关系，我认为，最真实也最现实的办法是从采访者和受访者之间的互动入手，重视这个特殊情形所凸显出来的问题。这些问题既是理论上的，也是实际的，不可分割。

关于采访技巧的“方法论”文章不胜枚举，我不认为求助于它们能带来什么益处。虽然它们能够说明采访者不知不觉地造成的某个效果，可是几乎总是因小失大。因为它们往往只想模仿成熟学科的严谨性的外部标记，死抱着陈旧的方法论原则不放，例如，追求
1390 把工作程序标准化。总之，看来研究人员一直在做的和了解的事情，这些文章都没有注意到。研究人员尊重调查对象，也很注意社会主体在日常行为中运用的策略的无穷的微妙性。

几十年中，从种族学到社会学，从所谓封闭式问卷到随兴所至的畅谈，各种形式的调研实践使我相信，这些实践在无论在科学主义往往大于科学性的方法论条例里，还是在相信心灵契合的神秘派

的反科学的警示中，一直没有得到适当的表述。出于这个理由，我觉得有必要对我们在研究中运用的原则和程序试做一番说明。这些研究的成果本书已经有所展示，读者在阅读过程中能够再现产生文本的构建和理解活动。[①] 1391

调研关系与大部分日常交流不同，因为调查以获得知识为唯一目的。无论如何进行，查访都是一种社会关系，它对取得的结果产生影响（参数不同，影响也不同）。[②] 不消说，科学的提问理应排除故意使用某种形式的象征性暴力，以免影响回答。然而，在这方面，也不能只相信良好的意愿，因为调研关系的结构里存在着各种各样的畸变，必须了解和把握。这只能在深思熟虑的和讲求方法的实践当中才能做到，而实践不必是某种方法或某种理论思考的实际运用。

反思性与方法同义，然而是一种基于“本行”和社会学“眼光”的反射的反思性。访谈从中展开的社会结构的作用只能靠它在
引领访谈时就地感知和掌控。如果不努力了解自身的预设条件，怎 1392
么能够声称从事预设条件的研究呢？这就是说，必须反思地利用社会科学的研究成果去把握调查的效果，在能够把握提问的必然效果

① 在各次工作会议中，我阐述了从我自己和我的合作者（特别是罗兹妮·克里斯坦、伊薇特·戴索、米歇尔·皮亚鲁、阿布戴玛莱克·萨亚德）多年来的经验中得出的研究目标和（临时的）面谈原则。每次我们都仔细考虑了如何根据潜在的受访者的社会特点选择主题和面谈形式。在许多情况下，聆听或阅读第一次面试都会引出（有关事实的或诠释的）新的问题，需要第二次面试。接下来，在我的法兰西公学 1991—1992 年的研讨会上，我们定期讨论了采访者在面谈过程中所遇到的问题、难点和教益。在不断对比这些经验和参与者的反思的过程中，通过明确和逐步排定施行步骤，一点点形成了方法。

② 所谓量化方法（如问卷调查）与定性方法（如采访）之间的传统对立掩盖了二者都基于社会互动这个共同点，而社会互动则是在社会结构的制约下完成的。两种方法各自的支持者的共同点是忘记了这些社会结构。再如，种族方法论者的主观主义看法便忽视了客观结构不仅对于他们所记录和分析的互动（如医生和护士之间），而且对于他们自己跟接受观察和问讯者之间的活动都会产生的影响。

的情况下投入访谈。

实证主义幻想一种纯洁无瑕的认识论状态，它掩盖了一个事实：区别不在于此科学从事建构，彼科学不从事建构，而在于一个意识不到自己正在这样做，另一个不仅意识到了，而且尽量全面了解和把握不可避免的建构活动及其产生的同样不可避免的效果。

“无暴力”沟通

调研关系建立起来以后，要了解受访者的所作所为，首先就要了解无意间的冒犯对采访者的影响，而这种从来都带有任意性的冒犯正是交流活动固有的属性（主要见于自我介绍和介绍访谈的方式，是否吝惜鼓励的话语，等等）。这也意味着揭示受访者对情境、整个调研活动及其建立的特殊关系，以及调研目的的看法。它还意味着说明受访者之所以同意加入交流活动的理由与调查目的、受访者的理解和解读与采访者的构想是有差别的。事实上，采访者必须
1393 权衡这种差别的程度和性质，才能减少它造成的扭曲，或者对于什么能说、什么不能说，那种阻止受访者说出某些话的审查机制，以及促使他强调另外一些东西的理由，至少都必须尽量理解。

调研者启动游戏，制定规则，通常不预先磋商就单方面确定采访目的和前景。可是，至少对于受访者来说，这两个东西有时并没有被解释清楚。在各种资本构成的等级体系中，尤其在文化资本方面，这种不对称性每每因采访者的社会地位高于受访者而加倍地不对称。每一场采访都建立起一个语言商品和象征性商品的市场，根据采访者与受访者之间的客观关系的不同——换言之，根据双方拥有的各种资本，尤其是语言资本的不同——这个市场的结构也不一样。

鉴于调研关系有这两个固有的特点，我们千方百计地掌控其影响（但不自诩完全消除），或者更准确地说，我们尽可能减少调研关系中的象征性暴力。为此，我们试着建立起一种积极的、有条不

紊的倾听的关系，它既不像无方向的谈话那样完全自由放任，也不像问卷调查那样引导话题。在实际访谈中，保持这个貌似矛盾的立场并不容易。它实际上结合着以下两个方面：一是采访者任由受访者支配，完全依从后者的特殊的生活史——通过有节制的模仿，还可能接受对方的用语、观点、情感和思想；二是在了解整个社会群 1394
体的客观命运的基础上，讲究方法的建构活动。

要使调研关系尽可能接近这个理想的限度，必须满足几个条件：在互动当中，一如任何“好的”调查人员都会自发地做到的那样，只顾及那些可以被自觉或不自觉地掌控的因素，特别是语言风格的运用和一切用于鼓励对方合作的语言的或非语言的符号，是不够的，因为只有当受访者把访谈当成自己的事，而且成为访谈的主体的时候，他才会做出实实在在的回答。在某些场合下，还得对这种关系的结构本身采取行动（进而对语言和象征手段的市场的结构采取行动），也就是说，对于受访者和采访者的选择采取行动。

强人所难

有时候，我们会惊讶于受访者竟会友善地回答一些愚蠢的、武断的或者不着边际的问题，尤其是那些在民意调查中往往“在监督下”提出的问题。不过，只要从事一次采访，就能意识到，困难在于既要持续专注于话语内容（不仅是词语本身），又得提前想到哪些问题能够被“自然地”顺着话题提出，同时还得守住某种理论“思路”。这就意味着，无人能够免于“冒犯效应”的影响。造成这种效应的要么是一些自我中心的天真的问题，要么干脆是不经意的提问。更重要的是，如此追问下的回答反过来可能影响分析者自己，因为分析者在解读时总是可能把一个自己在不经意之间制造的假象当真。举一个这方面的例子：一位冶金工人告诉采访者，自己 1395
如何幸运地一辈子没离开同一个车间；采访者尽管既体贴又细心，却紧接着问他“就个人而言”是否“准备离开隆维”。片刻的惊讶

之后，他得到一个礼貌的回答——仓促的采访者和民意调查机构会把它解读为一种默认："眼下吗［惊讶的口气］？干吗要走呢？离开……我看不出有什么用……不，我不觉得我会离开隆维……从来没这么想过……特别是我老婆还在工作。这也许是个障碍……可是，离开隆维……我不知道，也许，为什么不呢？总有一天……谁知道呢？可是我还没想过，没入过脑子，何况我还留在这儿没走呢……我不知道，为什么不呢［笑］？我不知道，你永远不敢说……"

因此，我们决定让采访者在熟人或者熟人介绍的人当中自行挑选受访者。社会邻近性和熟悉程度实际上满足了"无暴力"沟通的两个主要条件。因为，一方面，当访问者与受访者在社会意义上十分接近时，就为前者与后者之间的可互换性提供了一种保证，使之免于将主观推理化为客观原因，也使以往做出的选择能够摆脱分析所揭示的客观决定论的影响。另一方面，在这种情形下，双方能够在有关沟通的内容和形式的预设条件方面迅速取得一致，这种一致性在一切与语言符号相协调的非语言符号的经过调节的释放过程中（有意识、有目的地释放很难做到）不再得到
1396 确认。非语言符号表明哪一部分话语应获解读，以及说话者是如何解读它的。[①]

但是，满足熟悉程度的最佳条件的社会类别是有限的（即使由于地位相似，社会学者与某些受访群体——如法官和社会教育工作者——之间有实在的类似性）。为了尽量扩大这个范围，我们本来也可以像早先所做的那样，采取一些不同的策略，如角色扮演，也

---

① 谢格洛夫（E. A. Schegloff）把这些反馈符号叫作"回应记号"，如"是啊""是吗""当然""哦"，以及表示认可的点头、目光、微笑和一切收到信息的表示，所有那些表达兴趣、赞同、鼓励或认可的肢体的或语言的符号，都是延续良好交流的条件（以至于往往一次分神或目光游离便足以使受访者感到不自在并使他失掉话语的线索）。只要运用适当，这些信号都能证明采访者在思想和情感方面的投入。

就是拼凑起一位有特定社会地位的受访者的身份，假装买东西或者打听消息（主要通过打电话）。此时，为了使采访者多样化，我们有步骤地采用了威廉·拉勃夫在哈莱姆区调查黑人语言时所用的办法。为了消除正经八百的语言引起的冒犯效应，拉勃夫请一些黑人青年实行语言调查。同样，对于那些因熟识而能够接近我们希望接 1397
触的受访人群的人，我们尽可能通过培训把调查技巧教给他们，从而消除导致调研关系走样的主要因素之一。

当一个青年物理学家采访另一个青年物理学家（或一个演员采访另一个演员，一个失业工人采访另一个失业工人，等等）的时候，对于后者的可起解释作用的知与行的主要特点，采访者有近乎全面的了解，而且由于熟稔，二人是紧密联系的。他提出的问题基于一种客观上与受访者一致的心态。即便有对象化倾向，那些最突兀的问题也不会带有威胁性或者攻击性，因为受访者明白，采访者与之共享一种使他说出重要东西的心态；同样道理，双方也共享泄露可能导致的风险。任何一个采访者都不应该忘记，将受访者对象化等于自我对象化，因为在这种情况下，通过调整某些问题，从使用对象化的代词“您”转而使用无人称集合代词“人们”，旋即转用“咱们”，采访者清楚地表明自己加入了对象化的进程：“换句话说，您的整个学习过程，人们的整个学习过程，最终使得咱们热爱理论。”无疑，受访者的社会比邻性能够解释几乎所有在这个位置上的研究人员都承认的不适感：他们都有体会，有时在整个采访过程中，有时从分析一个特定的时刻开始。的确，在任何情况下，提问都十分自然地成为针对双方的社会分析，分析者同样接受质疑， 1398
丝毫不逊于被提问者。

但是，这种与拉勃夫运用的策略做出的类比并非完美。因为简单地搜集尽可能少受文化不对称影响的“自然话语”是不够的，还必须科学地构建这些话语，使之能够为其本身的解读提供必要的元

素。这就显然提高了对非专业调查人员的要求。虽然为了汇集他们所掌握的有关受访者的所有信息，我们跟他们每个人都预先谈过话，也一道大致确定了采访策略，可是，仍然有不少在这些条件下完成的调查未能在本书发表，因为它们提供的社会语言学数据太少，连解读这些调查本身都不够。①

除开这种社会学者能够找到某种替身的情形，还有一些能够使
1399 他克服一部分社会距离的调研关系，熟人关系能够使他与受访者之间亲近和开诚布公，有利于进行基于各种次要的利害关系的坦率交谈。此类关系正是善意理解的保证：例如，亲戚关系和童年友情，或按照一些女性调研者的说法，女人之间的同情心。这些都多次帮助我们克服了社会地位差异的障碍，特别是对于高人一等的畏惧。这种畏惧很常见，甚至十分普遍。社会学者如果被视为居高临下，往往会加剧其对被对象化的担忧。

一场思想活动

不过，为了缩短社会距离，我们能够想到的所有程序和招数都是有限的。访谈笔录虽然无法显示口语的快慢缓急，但是只要连着阅读几篇访谈就能看出，受访者远离心照不宣的采访要求的零碎话语与按照预设的要求调整过（有时会调整过度）的话语之间的不同。

如果没有任何东西能够消除或搁置社会距离带来的不对称性的社会效应，我们就只能期待通过不断建构获取一些尽可能少受采访

① 导致不足的原因之一无疑是采访者和受访者完全相同，以至于除了不言自明的东西（例如，一个演员对另一个演员说话的时候可以略去戏剧体裁或导演的等级之分，以及戏剧领域在某一特定时期的种种结构性对立），受访者什么都能说（如个人看法和历史文件）。因此，调查工作处于两个无疑从未完全达到的极端之间：或者采访者和受访者完全重合，什么都不必说出，因为什么都不成为问题，一切都不言而喻；或者完全不同，因此理解和信任变得全无可能。

情境影响的回答。看起来矛盾的是，这种建构工作做得越好，越是带有“自然的”话语交流的一切迹象（指日常生活里的家常话），就越显得无斧凿之嫌。1400

采访者如果能够通过讲话的语气，尤其是提问的内容，向社会距离与之最远的受访者表明，自己并不是在矫揉造作地消除这种距离（与看不出个人观点的民粹派不同），而是设身处地为受访者着想，就能够使对方感到，实事求是地表达自己完全是正当和合理的。

考虑受访者的社会地位，设身处地，以此为出发点提问，以理解对方必然所是，而且在某种意义上站到他的立场上［即弗朗西斯·蓬热[①]所说的“事物的立场”］，这样做并不是现象学家所说的“将自己投射为他人”，而是做到从总体上和源流上理解对方是什么人，这种理解基于能够（从理论和实践两方面）把握受访者由之产生的社会环境：既要把握影响他所隶属的整个社会类别（中学生、技术工人、法官等等）的生存条件和社会机制，也要把握与他在社会空间中的地位和特殊轨迹相关的心态和社会环境（二者不可分割）的调整过程。与狄尔泰[②]的旧区分相反，我们要说，理解和解释是一个整体。

这种理解不单单是一种与人为善的态度，它贯穿于既明白易懂
又令人安心地介绍、延邀访谈以及引导谈话的方式当中，从而使受 1401
访者感到访谈本身和（尤其是）摆出的议题都有意义。议题及其呼唤的答复都得自一幅对于受访者所处的生活环境和塑造他的条件的经过核查的图景。也就是说，只有对于受访者有深入的了解，采访者才可能有机会跟受访者平起平坐。获得这种知识有时候要耗费毕

① 弗朗西斯·蓬热（Francis Ponge，1899—1988），法国诗人。——译者注

② 威廉·狄尔泰（Wilhelm Dilthey，1833—1911），德国哲学家、历史学家、社会学家和心理学家。——译者注

生的研究，有时候得事先与受访者或报告人晤谈。这里发表的访谈录大多只是很长的一系列交流的一个片断——当然是受重视的片断。跟缺少专门知识的采访者匆忙完成的调查的那些有限的、任意的和随机进行的会面相比，它们是完全不同的。

即使这种信息只表现为否定性的，特别是它能够启迪谨慎而殷切的态度——受访者能否信任你和加入访谈取决于此——以及提问不为难对方或者偏离议题，采访者据此也能够不断地随时提出恰当的问题。也就是说，凭借对于受访者的生成方式的本能的和临时的理解而做出的名副其实的设问，能够鼓励受访者更充分地揭示
1402 自己。①

无论事先了解多么深入，如果缺少日常生活里少有的对他人的关心和忍让豁达，就依然达不到对受访者的真正的理解，尽管这种了解能够为熟悉的实际知识带来某种理论对等物。实际上，相比那些有关日常困苦的多少俗套化了的说法，我们对于这些困苦的关注跟引出此类说法的问候语“您近来可好?”一样，大多也是空洞的俗套。通过各种知觉范畴，有关遗产继承和邻里冲突、学业困境和职场倾轧，我们知道的故事不在少数。这些知觉范畴把个别变成普遍，把个人悲剧变成社会杂闻，似乎可以大大节省思考、兴致、感受，简言之，节省理解。即使动员起一切资源——从职业敏感到个人的恻隐之心——我们仍然很难摆脱似曾相识或似曾听闻的幻觉导
1403 致的注意力松懈，无法进入每一个生命的故事，也无法从单一性和一般性两方面去理解生活中的悲剧。心不在焉和习以为常的即时的

① 跟别处一样，我们可以通过最典型的失误的例子来更好地理解这一点。失误的主因都是潜意识或者无知。重自身实效的采访的某些优点必然无人注意，因为它们主要表现在一些缺失的地方。正因为如此，我们将在下文做出分析的官方采访很有意思（见原书第 1425 页），因为采访者此时因自己的制度偏见和伦理信条而画地为牢，用“妥当”与否测度受访者的行为。此类采访引起的问题很多，尤其是仅凭事先的了解，排斥被视为与妥当的看法或受访者的行动哲学不相容的看法。

一知半解会破坏我们为打破陈词滥调所付出的努力。我们每个人都离不开这些陈词滥调，而且用它们来谈论生活中的细琐难题和大灾大难。不定人称代词“人们”（on）在哲学上受谴责，在文学上被摈弃，它适用于任何人；而“我”要求最普通的单一性——我们认为指我们自己。相形之下，“人们”因手段极“不可靠”，它要表达的东西无疑最难听明白。

抵制对象化

不可仅凭反思性就认为社会学家能够完全掌握调研关系的所有效果，这些效果永远是极为复杂的和多样的。尤其是受访者也会有意无意地对这些效果加以利用，以便给访谈的情境定下调子，使一场交流变得对他们有利，因为交流的要点恰是他们如何看待自己和希望展示给别人和自己的自身形象。正如调查的目的所提示的那样，在这种情境下，在说出自己的生活“怎么不对劲儿”的同时，他们就把自己置于一切负面推定前。只要不照搬政治、法律、心理学、文学所提供的合法说法来表达合理的不幸，他们就只能忍受针对痛苦和不幸的一切负面推定。换句话说，在多次访谈（特别是与国民阵线成员进行的访谈）当中，采访者和受访者之间的社会关系造成强烈的审查效应，使用录音机使之更甚：它无疑使得受访者没有说出某些见解（除非是顺口说出或口误）。有一些谈话带有许多受访者尽力把握情境的制约的迹象，以显示他们能够主导自己的对象化进程，并且为自己掌握设计调查时所包含的反思的观点。

因此，抵制对象化的最微妙的方式之一便是，受访者利用与采 1404
访者的较近的社会距离，无意识多于有意识地通过表面上投入游戏和摆出一副自我分析的样子——并非总是自觉地——竭力自我保护。然而，这些外表距离参与的对象化过程远之又远，因为参与意味着采访者协助受访者通过痛苦而有益的努力，揭示后者的想法和

行为当中难以明言和承认的决定性的社会因素。虚假地迎合的对象化过程则不同，这种半遮半掩其实更加令人困惑：虽然能够带来清晰明白的快感，却无法质疑任何重要的东西。

此处仅举一例："有那么一种苦恼，也就是说，我不知道把自己往哪儿摆（……），不知道我在社会上身属何处……也许这跟承认别人有点关系（……）。我意识到，根据社会地位的不同，别人也许对我有完全不同的看法，这一点令人十分烦恼。对我来说，同时拥有好几个不同的社会身份不是一件容易的事，有时候我做不到坦然处之，尤其当事关别人怎么看待你的时候。"

这些说法给表面上的供称披上了一件解释的外衣，有时候会诱发从中认出自己的采访者的精神自恋，因为用来建构它们的思想工具和表达形式都很接近他自己的。这种精神自恋或者与民粹主义的惊喜相结合，或者隐藏在后者当中。

例如，一位移民的女儿相当轻松地提到她的分裂的生活之苦。采访者从她的说法里能够看出一些失衡的体验，然而她设法使采访者忘记了她提出的经过精心修饰的生活观的核心，即她正在从事的文学研究，从而使她能够让对方感到双重满意：既有一套跟采访者对社会底层的看法尽可能相近的说法，也从形式上抹去了一切跟社会文化差异相关的障碍。我们把问题和答复完整地引用如下：

采访者——你来法国以后才有所意识，可是意识到了什么？

受访者——意识到真实，即对我来说，世界上的事物从此变得
1405 清晰起来。我亲身经历了父母的离异。母亲对我很重要，真的很重要。从我在那边跟父母一起生活的时期开始，其实是跟我母亲和她的家庭（在摩洛哥，母亲离异后留下没走）一起生活，直到在这里我才终于发现了我父亲。这是我们第一次一起生活。即使他跟母亲结了婚，他的社会生活也是在这里（法国）过的，所以他俩分多聚

少，我们很少见到他。我觉得他是一个我第一次真正发现的人（……）。自从我们一起生活，他才进入我的生活。所以，对这个方面有所意识，离异显得重要了。我意识到，我有个父亲，一个从来没有一起生活过的父亲。（……）还有，意识到还有另一种风景。时间空间完全不同（……），要知道，你是从父亲过渡到母亲了。这个也让人有点兴奋不已，在某种意义上，可是现实情况是一点一点清晰起来的，也使以往的事情变得清晰起来。所以，风景不一样，人不一样，时间空间也不一样了。对于我来说，我从这个时期开始，可以说，进入了一个相当含糊不清的时期，两个世界之间得搭起一座桥，两个我觉得完全不同的世界。我多少停留在这儿，滞留在这种不同当中，它远比父母离异更厉害。

她稍后又说："我好像任何事情都放不下。现在的问题是我应该留在这里面，还是想法子彻底摆脱？坦白地说，我不相信我能回答这个问题。所以，我永远停留在半路上。是的，我确实对非黑即白不感兴趣。我的心愿是留住这股新鲜空气，这个中间位置。这些我说不清。"

我们看到，对话变成了自白，受访者自问自答，话说得很多，一口气答完。这就迫使采访者接受她的话题（采访者显然求之不得），甚至讲话的风格（"你是不是觉得在这儿失去了根基？""你最不满意的是什么？"）。事实上，除非跟她打算描绘的自画像有关，一切涉及人生经历的客观事实的问题都被她排除了。

这种交流关系的双方都有点自欺欺人，因为采访者对于受访者的证言的"真实性"深信不疑，自以为发现了一通原始的、内容丰富和原汁原味的话语，是别人听不到或者诱发不出来的（经过不同
程度的加工，某些农民和工人的话语也能产生类似的诱惑）。受访者 1406
则装作采访所期待的女性移民的角色，虽然无需公开要求，但她确信自己的谈吐的文学色彩得到了承认。也就是说，她的话忠实地同

时见证了一个分裂的内心世界和一种利用语言风格自保的努力。①

因此，尽管可能会使顽固的方法论者和灵感丰富的解释学家大为震惊，我还是要说，访谈完全可以被视为一种思想活动，旨在通过忘掉自我，真正达到改变我们在日常生活中的待人接物的方式的目的。② 与人为善的态度意味着把受访者的问题当成自己的，也是一种依照这些问题的独特的必然性，实事求是地加以把握和理解的能力，这是一种知性的爱，一种赞许必然性的眼光，一如“对上帝
1407 的知性的爱”，也就是爱自然秩序，斯宾诺莎认为它是知识的最高形式。

无疑，访谈的“最佳条件”的中心内容仍然无人注意。采访者为它提供一种完全特殊的沟通情境，摆脱一切羁绊，尤其是制约着大多数日常交流的时间羁绊，促使或允许它有权选择在表达苦恼、缺失或要求的过程中发现的不同途径，从而为一套不寻常的话语的出现创造条件。这种话语可能从来不会被说出，然而就在那里静候

① 这是一种你来我往的确认身份的游戏，调研关系的逻辑无疑为之提供了一个极佳的领域。这种逻辑的用武之地不只是我们被迫放弃发表一些（为数不少的）“搞砸了”的采访。我可以举出一些能够充分说明这一点的作品，比如尼娜·布拉维（Nina Bouraoui）最近出版的小说《遭禁的偷窥女》（*La voyeuse interdite*，Paris，Gallimard，1990），以及在更普遍意义上的民粹主义文学的某些新形式，这些作品既绕开了真正的社会学见证的要求，也绕开了真正的文学作品的要求，因为它们虽然看起来结合了两者，却都有一个盲区，即自己的观点。不过，在我看来，这方面突出的例子是戴维·洛奇（David Lodge）的小说《小世界》（*Small World*，New York，Warner Books，1984，trad. française，*Un tout petit monde*，Paris，Rivages，1991）。这部小说是一个神秘的去神秘化过程，把阿谀奉承的一切陈腐的表现方式尽收囊中。表面清醒，实为自恋，正是大学教授们喜用的表现自己及其世界的方式。在大学和跟学术界沾边的圈子里，它合乎逻辑地大行其道。

② 这里不妨举出爱比克泰德或者马可·奥勒留所说的态度，即善意地欢迎一切与全人类大业和自然界有关的事物（乐见新意）。[爱比克泰德（Epictetus，55—135）是古罗马时期新斯多噶派哲学家。罗马皇帝马可·奥勒留（Marcus Augustus，121—180）的统治时期被认为是罗马帝国的黄金时代。他也是著名的斯多噶派思想家，著有《沉思录》。——译者注]

实现的条件。[①] 有些受访者，尤其是社会地位低下者，虽然可能意识不到这种可资利用的情境的全部信号（这种可利用性无疑要求比简单的换位思考更多的东西），但看起来却把它当成了一个少有的机会，可以让他们做出见证，发出声音，把个人经验变为公众经验。这也是一个在最完整的意义上自我辩解的机会，也就是说，一个营造有关自己和周围世界的个人观点的机会，既可以说明他们看待自己和世界的出发点，也可以显示出他们是可以理喻、言之有理
的——首先是出于自身的需要。[②] 有时候，不仅不当采访者的工具， 1408
他们甚至会以某种方式在言辞之疏密和语气之缓急方面引领谈话；例如，他们经常使人产生一种印象，似乎他们找到了某种慰藉甚至成就感，从而感受表达的愉悦。

我们就此可以谈谈什么是提示下的和陪伴的自我分析：我们不只一次地感到，受访者会借访谈之机审视自己，在我们的提问或建议（永远是敞开的和多重性的，往往只是静等）的提示和引导下，他们做出既沉重又使之感到欣慰的澄清，有时还会声情并茂地说出一些保留或压抑已久的体验。

现实的建构活动

采访者预先做好功课，态度亲和，受访者也有所期待，双方的配合并没有什么神奇之处，尽管人们有时会有神奇的感觉。真正的
实事求是意味着进行建构活动，它基于切实地把握社会逻辑。事实 1409
就是依照这种逻辑形成的。以看起来很平常的三个女中学生的谈话

---

① “苏格拉底式”的工作有助于诠释，它旨在推荐而非强迫性地提出一些建议，有时明确说出（“您该不是想说……吧？”），用于为受访者在寻找话题、踌躇或物色适当词语方面提供多种开放式的延续途径。

② 我自己多次看到，受访者带着明显的满足感，再三重复能够说明他们自己——即他们的地位——的字眼或语句（例如，说到一个受访者在工作单位的等级制度中的重要地位，我用过“保险丝”一词，其蕴含的意义可以形象地说明他承受的巨大压力）。

为例，若想真正听懂她们在说什么，就得避免像许多“录音机社会调查”那样，把三个活生生的人简化为三个名字，而是从言谈话语里读取其求学轨迹与教育制度之间的现在的和过去的客观关系，进而看到教育制度的整个结构和历史。关于社会人的独特性的人格论观点是幼稚的，与之相反，只有把局部互动当中的随机的说法的内在结构揭示出来，才能把握构成每一个女孩的特异之处的要素，及其行动和反应的特殊的复杂性。

从这个意义[①]上理解，话语分析不仅能够看到话语互动作为市场的随机性结构，也能看出把它组织起来的隐性结构，即以上那个例子中的女孩子们所处的社会空间的结构，以及她们所经历的不同轨迹所在的学校空间的结构。这些轨迹虽然属于过去，可是继续指
1410 导着她们对于过去和未来的学业，甚至对于她们自己的独特的看法。[②]

因此，与那种以为取消了观察者便能够做到不偏不倚的幻觉相反，必须承认，尽管看似矛盾，但所谓“自发性”只能通过建构才会有，然而这是一种务实的建构。为了使它能够得到理解，或至少使人感觉到，我想举出一件轶事来说明，只有凭借对于现实的先期知识做出建构，研究工作才能够揭示它打算记载的现实。我们在调查住房问题期间，为了避免人们偏爱的涉及购买和租赁的不现实的抽象问题，我决定请受访者谈谈他们先后住过的地方、曾经遇到的居住条件、导致他们选择或离开的理由和原因、他们对这些住处做

① 也就是说，这跟把控制对话方式当作研究对象时的意义是非常不同的，后者如开启和结束对话的策略，至于参加者的社会和文化特点则另当别论。

② 此处我本来还可以举出对一位中学生的采访。在纳尔逊·古德曼（Nelson Goodman）所说的意义上，这个移民的儿子能够证明教育制度转型造成在体制内遭排斥者大量增加；如果沿用古德曼的说法，在有关这个方面的分析文章当中，他可被称为新一代中学生的一件完美的“样品”。（见本书第735页“当年的好日子”部分。——译者注）

出的改动等等。在我们看来，如此设计的采访进行得极为“自然”，受访者出乎意料地坦言相告。可是，很久以后，我在地铁里完全偶然地听到了两位40岁上下的妇女之间的对话。其中一人不久前搬进了新居，正在述说她先后住过的地方的故事。另一方看起来完全 1411
遵循那些我们给自己定下的访谈规则。我把事后凭记忆随即记录下来的对白抄在下面：

——我这是第一次搬进新公寓。真不赖……

——我在巴黎的头一个住处在布朗西翁大街上，房子很旧，第一次世界大战以后就翻修过，全都一塌糊涂，都得重来。还有，天花板怎么弄也弄不干净，全是黑乎乎的。

——是啊，那真是个大活儿。

——从前，跟父母在一起的时候，我们住的地方连水也没有。带着两个孩子，能有一间浴室，真是不可思议。

——我父母那儿也是一样。不过，我们倒没有弄得那么脏。话是这么说，有比没有还是要方便多了。

——从那以后，我们就搬到克雷代伊（Créteil）去了，那栋公寓挺现代化，不过也有十几年了……

故事照这样继续下去，十分自然，其中穿插着干预性词语，要么以肯定或疑问语气重复一下前一个句子，简单地予以“确认接收”，要么表明对某个观点的兴趣或认可（“这可不容易，站着工作了一整天……”或者“我父母那儿也是一样……”）。通过这种方式可以加入交谈，而且借此也能促使对方参与。采访者正是在这一点上，为了不偏不倚而排除一切个人介入，这种访谈有别于日常交谈和我们所实践的访谈。

这种催生的办法跟把议题强加于人有云泥之别，后者正是许多
幻想能够“不偏不倚”的民意调查的方法。强人所难和人为拼凑的 1412
问题制造出大量被认为是照实记录的人工制品——何况是从受访者

那儿榨取出自电视台的意见的电视采访。[1] 第一条区别是在了解所谓“公众舆论”实为变动不居的基础上具备防范意识：深层次的心态会有各种表达形式，这一点从预先准备好的答案（封闭式问卷的预定答案，或者现成的政治语言）和相对不同的说法里便可看出。这就意味着，把话题强加给对方最方便易行，在某种意义上也是更“自然”的做法。举几个例证：民意调查以一无所知的天真面目出现，频繁地绑架公众舆论（从而理直气壮地当作煽情蛊惑的工具）；更常见的是，各怀不同信念的鼓动家总是匆忙肯定一些显而易见的期待，尽管人们并非总有办法确定什么是自己的真实需求。[2] 强加于人的意见一经发表就会得到巩固，同时被赋予一种社会存在。因此，在“不偏不倚”的幌子下，强人所难的危害更大，因为出版物
1413 造成一种民意调查机构已被认可的假象，使之显得更为可信和可靠。

可以看到，由于严谨的知识几乎总是意味着与广为接受的信念——即通常所说的常识——发生多少引人注目的决裂，而且显得立足于某种有待证实的理由或者立场，从而强化了学术的经验主义的表现方式。事实上，人们之所以会犯错误，恰恰是由于袖手旁观，避免做出任何干预和建构，因为这样就大大方便了前期建构和自动生效的社会机制——后者甚至影响到最基本的学术研究（构思和拟定问题，界定代码的种类，等等）。只有积极地揭示常识所蕴含的预设条件，才能抵制谈话双方始终得面对的所有那些社会现实的表现方式。我在这里特指新闻界的表现方式——文字的，尤其是电视的。它们有时作为现成说法被硬塞给弱势群体，以解释后者的

---

① 这里有必要提到我早前发表的较为全面的分析（notamment，« L'opinion publique n'existe pas »，*Questions de sociologie*，Paris，Minuit，1984，p. 222-250）。

② 这些思考尤其针对那些说教者，他们认为民意调查的批评等于民主制度的批评。

亲身经验。

社会主体并非天生就拥有一门有关自己所是与所为的科学，更准确地说，并不一定清楚他们的不满或烦恼的根源。况且，尽管无意掩盖什么，那些最自然的宣称要表达的意思可能跟字面迥异。社会学确信（这一点有别于民意调查之类无学者参加的学术研究），从提问阶段开始，就必须掌握能够挑战谈话双方的全部预建构（pré-constructions）和预设条件的办法。建立调研关系往往全靠谈 1414
话双方在潜意识里就这些东西达成默契。[①]

社会学同样确信，一些最自发的，因而看起来也最真实的意见可以满足调查机构的行事仓促的调研员及其委托方，但这些意见的背后却是一种心理分析学所阐明的逻辑关系。例如，在没有跟移民直接打过交道的农民和小店主那里，我们经常可以看到一种针对外国人的先入为主的敌视。与基于理解的解读方式相反，这种敌视以一种置换的形式，为这些收入堪比无产者的有产者的矛盾及其与政府打交道的经验——他们认为后者必须对无法接受的再分配方式负责——提供了一条出路。看到这一层，我们就能超越这种敌视的阴暗和荒谬的外表。只有努力发掘埋藏在这些人内心深处的东西，以 1415
扭曲的形式呈现的不快和不满的真实基础才会进入意识，即明确的话语。他们虽然对这些东西有亲身体验，却不知道究竟是什么；在另一种意义上，他们也比谁都清楚。

社会学者犹如接生婆，能够协助他们做这个工作，但是必须深

① 有一份关于政客（德斯坦、希拉克、马歇等）的民意调查，完全按照一个中国游戏设计（假如某人是一棵树、一只动物等，那将会怎么样?）。我曾经仔细分析过这份调查的答卷。我指出，受访者在答卷里不自觉地运用了分类观念（强弱、刚柔、贵贱等），问卷的设计者同样不自觉地将其运用于问题。他们附在公布的统计表上的评论流于干瘪空洞，说明他们根本没有弄懂他们自己拿出来的数据，更不知道这些数据是如何炮制出来的。（P. Bourdieu，*La Distinction*，Paris，Minuit，1979，p. 625-640.）

入了解使之成为今日之所是的生存条件和调研关系——包括自己在这种关系当中的位置和基本构想——可能造成的社会效果。不过，作为研究意图的一部分，发现真相的愿望如果不以“工艺”的形式实现，仍然不会有任何实际效用，因为“工艺”是体现所有前期研究的产品，与抽象的和纯智能的知识无关。这是一种名副其实的“求真的习性”（即亚里士多德在《形而上学》里说的 hexis tou alètheuein）。在采访中的节点，无论是自荐策略，还是恰当的答辩，抑或是表示赞同或者适时提问，等等，它随时都能够现场发挥作用，从而有助于受访者道出真相——另一个更好的说法是，靠道出真相求得解脱。①

1416 写作的风险

在对录制的访谈进行建构时，这种构想仍然继续起作用，因此我们可以较快地分析一下誊写和分析的程序。实际上，显而易见，即使逐字逐句地照抄原话（简单的标点符号，例如一个逗号往哪里摆，能够决定一句话的完整意义）也是一种移译，甚至可是说是一种解读。何况我们这里要提出一种誊写方式：跟话语“不言自明”的自发论的幻觉相反，这种誊写方式有意识地运用写作语用学（特别是把从采访录里直接提取的词语当作文章标题或副标题），以便引导读者注意一些因不经意或粗心而未能察觉的相关的社会学特征。

誊写员写出的访谈记录在两个方面受到制约，而且二者往往很

① 此处不宜全面分析学术习性的悖论。这种习性一方面尽力把重要的社会设置说成是有意识的，以便将其淡化或者消除（更好的说法是将其“剥离整体”），另一方面——也是动机之一——却尽量将其加以整合，即把那些有意地为趁手的不同方法确定的原则说成近乎“无意识”。（所谓有意识的“知识”和无意识的“知识”在这里仅为方便表达，这组对立其实完全是人为的和荒谬的。事实上，学术实践的原则能够既存在于意识当中——依此类实践的时机和“层次”而有程度的不同——又以合并设置的形式起到实际的作用。）

难调和：一个是忠实性，即把采访过程中出现的一切都记录下来，不光是录音磁带实录的内容，还要求还原话语中一切被书写过程和作为苍白无力的一般工具的标点符号所剥夺的东西——这些东西往往赋予话语真正的意义和机趣。另一个是可读性，这种制约随着有不同期待和能力的潜在读者而变化，它意味着不可能出版一篇语音誊录，配上必要的脚注，以还原一切在从口到笔的过程中丢失的东 1417
西，包括声音、念法（尤其是有社会寓意的语音变体）、语调、节奏（每一场访谈都有跟阅读不同的特殊节奏）、手势和各种肢体方面的语言等等。[1]

因此，誊写必定意味着书写，也就是重写。[2] 一如戏剧是从笔语到口语，由于介质改变，从口语到笔语要求作出一些不拘泥于原话的处理，这大概才能做到真正的忠实。通俗文学的一些著名的二律背反提醒我们，真切地传达话语并不是向不熟悉它的人“原封不动”地传达，原话里有犹豫和重复，有用手势打断或者接续的语 1418
句、眼神、慨叹、惊呼，也有大段的离题话，还有一些誊写时不得不放弃的含糊说法和具体的参指，例如某个市镇、工厂、家庭的特定历史事件（如果采访者认识受访者，比较熟悉他所熟悉的总体环境，后者会比较主动地提及这些情形）。

---

① 例如，我们知道，讽刺往往产生于肢体象征手段和语言象征手段之间，或表述行为的不同层次之间故意制造的不协调，这些在誊录文本里几乎不可避免地都会丧失。同样，体现口语特点的模棱两可、语带双关、半信半疑和含糊其辞也是如此，被书面语——特别是标点符号——丢弃几乎是必然的。还有专有名词所包含的信息，熟悉有关领域的人马上能够听出其中意涵（为了不透露受访者的姓名，我们几乎总是不得不将其略去）。人名、地名、机构名称往往蕴含这类结构性差异。例如，实验戏剧有别于通俗戏剧，有一个女演员误把一位通俗戏剧女演员的名字混同于一位伟大的古典悲剧女演员，对于能够听出其中意味的人来说，这个口误透露了实情：在两条戏路之间，最初的错误选择导致了她后来的受挫。

② P. Encervé, «Sa voix harmonieuse et voilée», *Hors cadre*, 3, 1985, p. 42-51.［全部 182 份采访誊录稿（非录音资料）撰写完毕后，连同其录音磁带完整归档。］

看似矛盾的是，有时候，出于对受访者的尊重，我们不得不从文本里去掉一些附加的成分、意思不清的语句、连接词，以及填充成分（“是啊”“哦”等等）。这些冗词赘语即便能够赋予口语某种特殊色彩，起到某种重要的沟通作用（防止述说因换气而中断，或者征求采访者对某一观点的支持），也会模糊誊写文本的意义。在某些情况下，没有听到过原话的人甚至根本读不下去。出于同样的道理，凡是可以纳入介绍性文字的纯信息性话语（社会出身、学业、职业等），我们都从誊写稿中自行剔除了。不过，我们从来没有用别的词替换任何一个词，也没有改变提问和访谈的展开顺序，而且凡遇中断之处都明确地标出。

通过举例、具体化和象征手段等，访谈的誊写文本有时带有强烈的戏剧性，有一种类似文学篇章的情感力量，从而产生一种昭然
1419 若揭的效果。这一点在那些境遇与受访者相似的读者那里尤其明显。一如先知的演讲里运用的比喻，这些文本比复杂抽象的观念分析更简明易懂，包括通过一些貌似特殊的表述活动的特点（语调、发音等），使得研究工作所力图揭示的客观结构更为显豁。① 它们触动和感动读者，拨动他们的情愫，然而不会不顾一切地追求耸人听闻；它们促使有思想、有观察的对话逐步展开，而思想和观察往往恰是理解的先决条件。

不过，情感力量的反面是歧义，甚至是象征效果混乱。我们能做到既转达种族主义言论，使之得到理解，又不使种族主义变得合理合法吗？怎样做到公正地转达一种见解，但不接受和赞许其推

---

① 尽管使用了冰冷抽象的概念性语言，对于一位邮局分拣处的女职工的话的分析揭示了比没有明说更多的东西。这篇分析说的是外省职工的轨迹，他们往往被迫付出离乡久居巴黎的代价来谋职或争取升迁。“我们知道，例如某些职业在居住方面的制约：进入职场——例如邮政局——或升迁均须长期背井离乡。”P. Bourdieu, *La Distinction*, Paris, Minuit, 1981, p. 136.（参见本书第 443 页“上夜班”部分。——译者注）

理？再者，就更一般的情形而言，如何提到一个低级女职员的发型而不引起阶级歧视？如何既不表示赞同，又能够转达它不可避免地留给熟悉传统审美观的人的印象，即使这是她的绕不开的客观真相 1420
的一部分？

可见，分析者的介入活动既会带来困扰，又是必然的。这些话语如邦弗尼斯特[1]所说，处于一个“多少有意地影响对话者的实用主义的局面”。分析者既然负责将其公之于众，就不仅是象征效果的传达者，更不得不听任每一位读者自由地解读，即读者必然对读物进行的自发的，甚至是肆意妄为的构建活动。这种游戏用于未形成文字的访谈尤其危险，因为无法预先防范人们忧虑或排斥的解读。用于那些不用书面语讲话的人的话语时，他们很可能得不到大多数哪怕是善意的读者的好感。正如所谓通俗文学，只有有学养的人才能看出其“纯朴”或“笨拙”的特点。

出于避免限制读者自由的顾虑而采取放任态度，无异于忘记，无论你做什么，任何阅读都要受一些解读模式的制约，至少是在其引导下进行的。例如，我们注意到，在一些情况下，未受过专门训练的读者把阅读受访者的证言当成倾听友人心声或关于第三者的说辞（或闲话）。这是一个自我证实和区别于他者的机会，同时也是一个确认共同的价值观，对某种道德共识做出判断、谴责和重申的 1421
机会。出版这一特殊的政治行为将一些平时没有进入——总之从未以此种形式进入——公众领域的东西公之于众，在某种程度上它是被扭曲的，完全丧失了本身的意义。

因此，刊行访谈录时，利用标题和副标题，特别是访谈录的导言进行干预看来是必不可少的。导言要为读者提供完整阅读的工具，体现产生文本的立场。吃透每一份证言独有的必要性要求持续

---

① 邦弗尼斯特（Emile Benveniste，1902—1976），法国著名结构主义语言学家。——译者注

的和包容的关注，通常我们把它留给伟大的文学和哲学文本，但是也可以通过某种解释学立场的民主化，将其赋予日常遭遇的一般记叙。福楼拜告诉我们，要学会用通常看待君士坦丁堡的眼光看待小村伊沃托①。我们可以学着例如把对于有关身世悬殊的联姻的文学叙事的重视和兴趣同样赋予女教师和邮局员工的婚姻，像接受某种
1422 高雅诗歌或哲学的阅读传统那样接受钢铁工人的话语。②

因此，对于读者即将开始的阅读，我们一直尽力把理解话语的工具交给他们，以凸显受访者的生存意义及其必然性；或者更准确地说，帮助读者找到产生受访者的所有看法的那个社会空间中的点，一个使得受访者的特殊的世界观变得不言而喻、必然如此和理所当然的点。

不过，一个公众作家不得不对向他们表明的心迹做出评论，这对于写作活动无疑是最危险的。由于必须不断努力自觉地把握写作的主体和对象之间的关系，或者说，把握隔开二者的距离，他必须力争保持“历史表述”的客观性。在邦弗尼斯特看来，这样做能够把事实在无叙述者介入的条件下客观化，同时避免临床病例记录的冷漠感。他一方面要为客观地看待受访者提供所需的所有要素，另

---

① 伊沃托（Yvetot）是法国上诺曼底地区的一个乡镇。福楼拜遗作《庸见词典》的最末一个词条即：“Yvetot：到过伊沃托，死了也心甘！”——译者注

② 在很大程度上，社会学话语的接受显然归功于它们落脚于直接现在时态，或者说“时事”——如同新闻报道，然而它在各方面毕竟与之迥异。我们都知道，历史学是按照研究对象的时间远近区分级次的。可以肯定的是，一场克雷代伊教区主教的布道，即使同样富于精妙的修辞和神学与政治的智慧，其讲稿也不会得到与拉昂（Adalbéron de Laon，？—1031）撰写的文本——且不说用拉丁语写成——同等的重视。至于奥尔梅森王朝创始人奥利维尔·勒菲弗（Olivier Lefèvre，1616—1686）说过的话——大概是杜撰的——与报刊对这个家族的后裔的采访相比，人们也会更为重视前者。凡事都绕不开学术界潜意识的逻辑，它支配着先入为主的尊卑之别。毫无疑问，本身克服了这些偏见的社会学家所写的文献和分析很难得到应有的最低限度的尊重，因为对于教师的苦恼和护士的愤懑情绪，各种日报和周刊都有大量的煽情报道。毕竟在这个问题上，后者更能够满足人们对于正当事业的常有的善意。

一方面要调动一切语言资源（如自由的间接引语，或者福楼拜喜用的“貌似”如何如何），以避免与对象拉开的距离过大，因为那会 1423
把他置于被告席上，甚至是耻辱柱上。同时，所有这些都最决然地要求不可（也是“似乎”的另一个功能）不适当地把自己想象成另一个自我，因为，不论人们愿意与否，后者依然是一个对象。滥用会导致采访者把自己当成受访者的世界观的主体。

在这种情况下，牢牢把握观点才能有严谨性。这种把握自始至终体现在写作的每一个细节上（例如，说“她的学校”如何，而不说“学校”如何，便可表明这所学校发生的事情是从受访者的角度，而非分析者的角度叙述的）。此类细节如果没有被忽略，就很可能显得只是一种考究的文笔或者报道语体，其实它们恰恰体现出罗兰·巴尔特所说的“个人的声音”和“科学的声音”的不同，以及拒绝在二者之间下意识地移动。[1]

社会学者不可能不明白，自己的观点其实是针对某一观点的观点。要表达对象的观点，而且通过使之回归社会空间，实事求是地构建它，就必须以这个极个别的（在某种意义上也是特有的）观点 1424
作为出发点，只有设身处地才能（从思想上）把握所有可能有的观点。社会学者虽然无法推卸地处在一个被社会指定的位置上，但只有将自身对象化，才能设身处地从研究对象的角度来想（这个对象至少在一定程度上也是另一个自我）和采纳后者的观点。也就是说，他此时才能够理解，假如处于他们的地位，自己无疑会跟他们一样，也会像他们那样思考。

---

① 尤其当必须克服的社会距离属于邻近性的一种终极差异时，这种自始至终的对于观点的制约从来就没有必要，而且很难做到。以那位女教授为例，她喜用的说法（“我感到内疚”“夫妻关系问题”等）可能有一种既悖逆又失真的效果，有碍于感受它们所表达的悲惨现实。如果将日常争论与难以容忍的生活方式——只因担心从中看到自己——随意比附，漫画式地说明二者，就未免太容易了。

1425

讯问[①]

皮埃尔·布尔迪厄、加布里埃拉·巴拉兹

我们下面要对几场行政调查做出分析。这种调查在好几个方面很有意思。首先，除非特别警觉，它会引发所有严重影响调研关系的效果，反之也可以使人懂得，为了在访谈过程中消除这些效果而必须付出的努力有多么重要。在这种情况下，正如约翰·冈柏兹(John Gumperz) 所说："尽管表面上显得平等、互惠和友善，但参加者的角色即发言权和有问必答的义务，都是事先规定的，至少是一种强大的制约力的对象。"[②] 对话双方拥有的经济资本，尤其是文化资本是极不平等的。如果说，这种不平等本身固有的象征性暴力可以表现得全无节制，那是因为负责进行访谈者感到肩负着国家交予和授权的职责，而国家合法地垄断着象征性暴力，访谈者本人也是这样为人所知和承认的。例如，一位被追问健康状况的妇女惊讶地给出了一个堪称卡夫卡式的回答："连这个他们也要问啊。"意思是女采访员不过是某种在别处被设计好的意图的工具，这种意图即来自"上层"的意图。

为了评估施行了三年的失业补助金政策 (RMI)，法国政府研究与科技部要求某一调研部门（请谅解此处不提名称）对几场采访的录音做出分析。这番分析使我们看到了官方讯问与其他形式的政府讯问——以警方审问和司法问询为甚——之间的殊异，以及推而广之，官方讯问与一切普通的官方调查之间的共同点。[③] 跟司法调

---

① 此文英译本未收。——译者注

② John Gumperz, *Engager la conversation. Introduction à la sociolinguitique interactionnelle*, Paris, Minuit (Le sens commun), 1989, p. 15.

③ 尽管显然无法指名道姓，但我们还是要感谢使我们得到这些录音的那位人士。有关这场调查的所有信息，可参阅 Mire (Mission interministérielle pour la recherche) 和"都市计划"的集体著作 (*Le RMI à l'épreuve des faits*: *Territoire*, *insertion*, *société*, Paris, Ed. Sycro Alternatives, 1991)。这场调查也是 1991 年 11 月 8 日至 9 日举行的一次研讨会的题目。有关局部地区的分析报告见于研讨会的 13 份报告书。

查和特别是警方调查不同，官方讯问虽然以科研的面目出现（和进行），可是行政调查有被严格界定的官方目的，从头至尾在规范性 1426 意图的指导下进行。此外，调查的时间（全国就业补助评估委员会须向政府总理提交报告的当年）、实施地点（市镇政府或负责就业合同的社区社会行动中心）、问卷的内容和形式、每一场讯问往往由两名采访员不停歇地提出多达300个问题，这些都促使受访者感到必须证明自己领取失业补助金的合法性［如同其他人在申请补助、培训班或住房的时候，必须证明自己具备“求职者”“走投无路（fin de droits）的失业者”“无资质青年”“单身家长”或“无家可归者”的行政身份］。

轮番提出肤浅或可笑的问题（当然与受访者的处境和所忧所虑相关：“您最喜欢的娱乐是什么?”），用轻松的口气提出陷阱问题（“那是一个公开的工作吗?”“您整天忙些什么?”）或者语带嘲讽（“您瞧，看来您并没有生病呀……”），这些都会使访谈有时候带有一种让人难以忍受的暴力，尤其当抱有善意的施行者拥有科研和道德的双重合法性时，这种暴力就更显得全然清白无辜。

在某种意义上，调研关系的结构包含着大量预设条件。因为，正像此处这样，采访者与受访者之间存在社会资源和地位方面的差异，而这种差异使得官方讯问的内在不对称性近于完满。在实力差距之下，采访者不必考虑自己提出的问题受访者是否也会有。那些涉及制度的问题仅对资助调查的机构才有意义。

这种将议题强加于人的做法无疑掩盖着这种交流活动的基本设定，其根据是被普遍化的官僚机构的特殊需要。这还不是问题的全部。讯问依照怀疑的逻辑展开，它将受访者当成藏匿不报者、潜在的造假者，必须诱其上钩。除了就业补助的领取者如何得知有钱可领、他们如何看待法律、派发就业补助的家庭预算的项目等问题以外，还有很多问题要提出，目的是发现他们是否有隐瞒未报的收

1427 入、是否有其他经济来源、是否真像他或她（因为这个问题往往向妇女提出）所说过着单身生活、申请就业补助是否仅为领取社会保险。由于不能排除作弊之嫌，采访者还会问到受访者是否参加选举，而且紧跟着表示同情的一句修正：“我们可没问你投谁的票啊!”

这里分析的三个案例之一，是一位50多岁的妇女。她在儿子20多岁去世后离开了从事手工艺的丈夫，而且从未有过工薪工作的经历。第二个案例是一位59岁的小商贩，在平民区经营一家酒馆，后来身体出了毛病，没法站立工作了。第三个案例是一位青年搬运工，曾经当过学徒。母亲去世后，当守门人的祖母把他带大。讯问达到了审讯式的凶暴程度。这些震惊得不知所措的人难以被归入标准问卷预想的类别，因为标准问卷是为整齐划一的回答设计的，涵盖不了导致申请最低补助的各种具体情况。惊讶的表示、矜持的责备和恩赐态度——怜悯无疑是其最高表现形式——都体现着一些预设条件或者偏见，也是资产阶级或小资产阶级世界观的组成部分，因为它们启动了一整套设定：有关什么是家庭的“适当”结构，有关应该与之有什么样的关系，有关“选择”什么样的学校和专业才会有一个名副其实的“职业”。

那位丧子和离异的妇女说，她放弃了一份一个月的工作，因为她希望陪陪不久前产子的上中学的女儿，此时她被告知：“您做母亲的本能真强大!”可是她另外又受到了采访者的责备，角色在后者眼中似乎颠倒了：“怎么会呢，您女儿做饭会溢锅!”对于这样一位家庭妇女和单身母亲，采访者竟会提出这样的论文题目：“在您看来，什么是单身生活?”“看着女儿长大，这对您十分重要吗?”我们又应当如何看待下面这道虚假的分析题？这个涉及童年回忆的问题被生硬地提出来，全然不顾受访者并不情愿揭示内心世界和痛苦的记忆。例如，一位年轻的家庭主妇这样回答：“都是很遥远的事(……)我记不清了。”小时候，她被从一家换到另一家，不认识自

已的生身父母。另一些受访者干脆以沉默回应，例如那位搬运工人： 1428

采访者——您是否可以跟我们谈谈您的童年？

受访者——［沉默。］

采访者——您对这一段生活有什么样的记忆？

受访者——［沉默。］

采访者——您什么都不记得了吗？

受访者——记得。

采访者——那您是不愿意谈喽？……也好。

采访者并非完全是故意冷嘲热讽，但受制于自身的阶级立场，身处一种既帮助又监视的关系当中，既保持家长式的态势，又满腹狐疑。如果系统地分析一份更全面的资料，无疑将证实调研队伍在性别、年龄、社会出身和专业地位等方面的构成情形会直接影响素材的采集和诠释。例如，对于什么是适合“贫穷”家庭的住房，采访者所处的社会阶层自有心照不宣的定义，她只会以此为参照对家境如此的受访者的住房做出假设：“这个很贵呀！我原来以为您住在……（犹豫片刻）一套一居室或者两居室呢！”受访者意识到，必须做出解释才能开脱自己：跟从前的两居室相比，多亏有住房补贴，她同女儿和孙子目前居住的四居室才稍微贵那么一点点。

同样，采访者讯问那位住在正在改造的街区里的小商贩：“知道要拆掉这件事以后，您是怎么看的？……房子很快就……（自我纠正）是一栋房子吧，也就是说，是一个小小的独栋房，还是一套公寓？（……）那个房子属于您父母，还是属于……？（……）都是一回事，从哪一年开始？”这位采访者不经意地流露了对适当的就业率的看法，因为她对数字表示惊讶：“这么说，有个时期，你们六口人挤在这个房子里？”接着，她高声历数：“两个小孩，父母和亲戚……好吧。现在您父母住在……？”（沉默。他们已经去世。）她一边接着计算，一边下了结论，似乎对空间变大感到释怀：“所

以说，你们现在两个人住?”

整个讯问过程靠行动哲学支撑，促使调研者在一些意图和理由当中寻找能够解释一切社会主体——他们被认为也能把握自身命
1429 运——的一切行为的原则，而且默认就业补助领取者应该对自己的穷困处境负责。语言暴力此时无疑达到了顶点。每当受访者提到丢掉工作、与配偶分居、辍学、健康状况、失业时，一句“为什么?”令人觉得受访者身上发生的一切都是咎由自取。例如，采访者询问一位12岁就辍学的妇女“出于什么理由这样做”，甚至明确地追问：“那是因为您自己愿意还是不得不如此?”言外之意，每个人都能够和应该主导自己的职业生涯和生活。

采访者2——［重申问题］您出于什么理由不在酒馆干了?

采访者1——生病……

受访者——因为我干不下去了。

采访者2——也就是说，出于健康原因。

［受访者补充道，他“干过20年邮政工作，后来不干了”。］

采访者1——所以说，不干这个工作，真的是因为您太太?

受访者——是的。

采访者1——不然的话，您还是会干下去?

受访者——那我就退休……不是，不完全是。

采访者2——［糊涂了］不干哪一个工作?

受访者——邮政工作呀。

采访者2——您是因为太太才不干了? 为什么，她不……?

受访者——［不得不重复］她得了抑郁症，工作干不下去了，于是就……

采访者2——［重复］她是做什么工作的?

受访者——财会。

采访者1——于是您就做出了辞职的决定。

受访者——正是……

采访者 1——那以后，她就满意了？

受访者——您是指我太太？

采访者 1——酒馆？

受访者——不，不，可是总之……她习惯了。[沉默] 我也是。

采访者 1——是啊，都会改变的，对吧。 1430

受访者——当然。

采访者 1——您进入邮政局之前，打过别的零工吗？

受访者——干过！先是当理发师。理发师是我的第一份工作。

采访者 1——[欣赏的口气] 您的经历真不简单！[提高声音] 您有专科技能证书吗？

受访者——有。

采访者 1——那么您从事过……？

受访者——时间不长，因为挣钱太少，只干了 4 年。那时候，当理发师糊口都困难。

采访者 1——是吗？

采访者 2——那是什么时期？哪一年？

受访者——1945 年…… [想了想] 1945 年到 1949 年。

采访者 1——您从理发师的职业得到了什么教训？最早，后来从这个职业……？

受访者——有时候，你学了一门手艺，后来发现没什么大用处。这要看是什么职业，我从来没想过当理发师。

采访者 2——是吗？那您为什么要干这一行？

受访者——因为……我想当修船木工。那个时期，那个医生，幸亏他死了，他觉得我胆子太小。我那时确实胆子小。

采访者 1——[嘲讽的口吻] 您现在可不像胆子小的人，您改过来了……

受访者——正是这样，那时候，要当木工年纪太小。我看什么都觉得很大，很了不起……然后呢……后来有人建议我……而且得有工作才行啊。战后那个时期，生活不容易。

追问受访者“为什么”，这是要求对方思考其行为的意图，使之为某种局面负责（甚至要他本人承认），这一局面被视为是本人自愿的，至少是被动地自愿的，同时显示自己没有“把握”它的能力。例如，一个小商贩的妻子兼当小酒馆的会计，负责行政报表，采访者却讽刺她连是否填写过报表和签署过“就业合同”（“那是天书”）也不清楚，因此必须提醒她。

采访者 1——您是什么时候领到补助金的？

1431 受访者——两三个月以后吧，我觉得，我也不很清楚。因为，首先，这种事不归我管，我老婆管报表。

采访者 1——嗯，她管这个。那么您是从 1 月份开始领的，还是说……？

受访者——不不，我不知道……我不太清楚。我不管这个事。

采访者 1——您不知道吗？［责备的口气］那么您知道有权领多少吗？

受访者——2 300 法郎吧……［沉默］也许还有点零碎钱。

［…………］

采访者 1——［就业合同］您知不知道自己签过字？

受访者——不知道。

采访者 2——无论如何，您是就业补助的申请人、领取人呀，要么就……是您，没错吧？

受访者——是我。

采访者 2——那么签字的必定是您了，通常都是如此。

受访者——我记不清了。

采访者 1——那是拿一份工作交换的，这么说，您能想起来

了吧？

结构性失调导致明显的误解。例如，采访者没听见年轻搬运工12岁丧母，而且比亲戚关系本身更担心保持关系正常，居然问他是否仍跟母亲见面，当搬运工因惊讶而沉默下来时，采访者脱口而出："哎呀，对不起。"年轻人说过，他跟父亲不见面，采访者居然以为在国外生活的父亲已经去世。与此相同，小商贩有一个成年的孩子常住家中，采访者问及子女时的口气却如同谈起无可置疑的事实："他们不跟您一起生活，是这样吧？"小商贩被弄糊涂了，回答说："不，不，我儿子……他来家。""住在家里？还是说，只是来看看？""他回家，这么说吧，他住在我这儿。"

有时候，甚至基于时间（和金钱）支配的生活经验的绝对明证会导致与鄙视相连的误解。例如，掺杂着辛酸和羞惭，搬运工讲到他如何在地下劳务市场遇上了一个不付工钱的老板，"上过当"。对此，采访者却问他是否正常地拿到过工钱……片刻之后，小伙子说在职业介绍所什么工作也没找到，采访者此时却轻率地问道："您去职业介绍所干吗？"一位家庭佣工羞于说明自己的职业，此时两种 1432
生活命运的整个差距、两种对立的世界观、以保护者自居的采访者、其居高临下的态度，都反映在下面这句话里，口吻戏谑："这没有什么可羞耻的。反正，只要是当母亲的都清楚那是什么工作。"

两场讯问[1] 1433

此处我们只留取两个较长的段落，它们集中反映了行政调查的所有观念模式。失业补助金的领取人被要求甚至被迫交代收入来源、健康状况、生活方式、家史、私生活，他们要么用简短回应、寡言少语或沉默来抗拒，要么——就那些最顽固者而言——就用各

---

① 此文英译本未收。——译者注

种办法说明自己的穷困处境，其中最常见的是向社会工作者求助的言辞。

怀疑

受访者局促不安地解释了自己的坎坷命运：儿子二十几岁殁于癌症，之后自己患上抑郁症，与当工匠的丈夫分居，目前跟上高中的女儿一起生活，女儿不久前生了孩子（她是抱着孙子来的，谈话时把奶嘴塞进婴儿口中）。看来命途多舛使她感到有几分尴尬，讲话的口吻是自嘲的，提到另一个问题时还笑了起来：她的健康因这些事件而每况愈下。

采访者只顾达到自己的目的，屡屡有失分寸，竭力核实对方在什么时间看过病，以便监控为了领取失业补助金所保障的社会保险、就业补助的申请有没有在治疗的时刻发放。受访者说到抑郁症、尝试心理分析、免疫系统的病症时主动提供的信息，采访者都未予理会，只顾展开问卷当中有关医疗的部分。

采访者——您主动去看过心理分析师吗？

受访者——看过。

采访者——您一直在接受分析，还是说……

受访者——没有（……），我接受过两个月的分析。

采访者——那是在分居之后吧？

受访者——不是，这跟它没有任何关系……也有，整个乱套了。我儿子去世，分居，女儿的情况，出了好多事。好多事。好多。

采访者——您从这里头得到了一点什么……看来这些事对您不无帮助，还是说……？

受访者——我想也许吧，我在儿子身上花了两年时间，才把该
1434 做的事做完。这件事我本来要花点时间的，花时间做完一些事，我本来一个人就能做到。我本来应该自己去弄那个心理分析的，可

是，身上有个去不掉的毛病……

采访者——是吗？您患上……

受访者——是的，有一个……［尴尬地笑］健康问题，这就又添了一件事。所以，事情挺紧迫，得有人给我……别人来帮帮我，我说出来了……所以帮了我的忙（……）。

采访者——既然您说身体有毛病，那我们就谈谈您的健康状况。您这个病有多久了？

受访者——唉，这个，从1982年起［叹气］……1982年做了检查，因为我那时候有过敏的毛病，皮癣，还有荨麻疹，所以就，到了1986年，做了全面检查，大夫说："太太啊，您对什么都过敏，所以嘛，您就吃这个药就行了。"

采访者——那是什么，抗过敏药？

受访者——不是，不是……

采访者——您不是对什么都过敏吗？

受访者——是啊，对什么都过敏。后来，有一天，我也想，我说，事情就是这样：艾里克一死，把大家都搞乱了，也许灾难、病痛一下子都冒出来了。自从我弄懂这个的那天开始，一点一点地，身上就好多了。

采访者——确实，您自己分析了自己。

受访者——是的，可是我费了很长时间才这么做。可是，我还是弄不懂。自从我跟我丈夫出了问题以后，唉，那些问题……又一次，问题又来了。不过那次要严重得多。后来就发现是免疫系统的事，我有一个自身免疫的问题。

采访者——您接着治疗了吗？

受访者——治了。

采访者——您定期去看……

受访者——每个月都去。我一直在用可的松。多久了（今天几

号？现在是 10 月），已经 8 个月了。

采访者——领取失业补助金是否有助于您申请社会保险？

受访者——不是这样的，不是这么个事。

采访者——我不是警察，我寻找这里头的逻辑关系，也就是说，永远不让您的名字出现在什么地方。我呢，我尽量只从经历
1435 方面思考，为什么这个事更多地跟社会保险相关，而不是跟住房相关。

受访者——不是这样。我申请就业补助的时候，没有经历过调查。我要说的是，连生了什么病都还没发现，没有这方面的动作。4 月份才出了这个事，4 月里。所以，因为我从 1 月份就享受这个了，所以我要说，根本不是这个让我去……这个事，我也得承认，既然现在都是……

采访者——治疗费用高吗？

受访者——治疗不贵，检查贵。

采访者——就是说，医院给您检查了……

受访者——那些检查里头，有血小板检查，总之两个月里头，每两三天一次，稳定一些以后，检查就少一些，后来是每个礼拜去一次，再后来两个礼拜一次，现在是每三个礼拜检查一次。正常情况下，治疗快结束了（……）。可是，还得检查眼睛，因为用一种药的关系。现在我用可的松了（……），还有住院治疗（……）。开始的时候大夫让我住院，因为他们不知道是什么毛病。后来他们觉得是一种病毒，后来又说是别的东西，再后来我就又住院了，因为血小板太低（……），就是这样。

采访者——呃，在这件事上，这个最后变成社会保险的就业补助，您能说点什么吗？

受访者——我想说，这个很重要，非常重要。

采访者——是啊，这个关系到财务和及时的帮扶，还有享受社

会保险的权利，对吧？

受访者——这个真是太重要，太重要了。我想说，目前虽说是这么个状况，可是这对我是雪中送炭啊，让我少伤一点脑筋，实在是一桩大伤脑筋的事（……）。

采访者——［回到调查问卷］目前您的状况如何？您睡觉睡得好吗？

受访者——不好［笑，提高声音，表惊讶，强调“这个”一词］他们连这个都要问？

采访者——是的……您夜里会醒吗？

受访者——那是一定的［笑］！我有失眠症。

采访者——用得着安眠药吗？

受访者——不用，实在睡不着就吃点［镇静药］。

采访者——您还有欲望的，对吧？快感，欲望。没有吗？ 1436

受访者——［笑］没有了。

采访者——什么欲望都没有？有没有阴暗的想法？

受访者——没有……呃，对了，有的时候会，可是不那么……

采访者——时不时地？

受访者——时不时地有。

采访者——您有注意力难以集中的问题吗？

受访者——有的。

采访者——有一点还是很严重？还是说，一点问题也没有？

受访者——有一点点。

采访者——记忆力减退呢？

受访者——这个跟年龄有关系！

采访者——呼吸方面的症状？呼吸沉重，压抑感之类……？

受访者——这个当然……可都是这个病自带的，而且郁闷一来才会有。就是这样。

常识的法庭

两位采访者一位年轻，一位年纪稍长，嗓音尖细，面对一位面带病容、接近退休年龄的小商贩。他在经历过一次手术后放弃了自己的生意。他声音疲惫，松懈。

如果情境不像这样令人难过（这从面谈一开始就能看出来，受访的小商贩说，作为失业补助金领取者，他感到“害臊”：“工作了一辈子……最后落到这一步……唉!”），人们会相信这是一场故意安排的喜剧彩排。很多问题提过两次，第一次由年轻的采访者提出（采访者 1），第二次由到场的调查活动的地方负责人提出（采访者 2）。一样的问题，一样的惊讶表示，一样的评论，最后是一样的互不理解。只是到了最后，老人才抱怨被迫“展示了履历”。

[…………]

采访者 1——就业补助这个事，您是怎么知道的？听别人说起的吗？

受访者——东听听，西听听就知道了，也有了解这个事的必要，对吧？

采访者 1——是的。您是如何着手的？怎么才……？

1437 受访者——我在职业所登过记，我也……

采访者 1——职业所，[随即开始打官腔] 就是说……您去过全国职业介绍所了？

受访者——去过，登了记，不过没申请工作。我这个年纪……

采访者 1——先生，您今年多大了？

受访者——我很快就 60 岁了。8 月份我就满 60 岁了。现在 59 岁。

采访者 1——您去全国职业介绍所登了记，您那时做什么工作？

受访者——我从前是小商贩。

采访者 1——做什么生意？

受访者——有个酒馆。

采访者1——我们待会儿再谈职业经验［问卷内容］。所以，您去过全国职业介绍所，您没有……权利了，什么权利也没有了，而且在那里……跟您谈过就业补助的事吧？一位全国职业介绍所的工作人员，对吧？

受访者——是的。

采访者1——您亲自去的？

受访者——是的。

采访者1——她给您提出了……什么建议？

受访者——［沉默］她说我有权申请什么东西。完了。

采访者1——第一笔补助金寄到家以后，您有什么感受？

受访者——［低声］我觉得害臊。

采访者1——为什么？

受访者——工作了一辈子……［声音更低，喘口气］最后落到这一步……唉！

采访者1——［惊讶］工作了一辈子，最后什么权利都没有吗？

受访者——有是有，可是一年以后，我就得退休了。

采访者1——是这样！那么，您现在的处境是临时的了……

受访者——正是。

采访者——您是什么时候歇工的？

受访者——1989年年底。1989年11月，11月底。

采访者1——您那时候……

受访者——生病了。

采访者1——您生病了？

受访者——腿疼，非做手术不可。 1438

采访者1——等一下。［问卷上］有一个部分是关于健康状况的，我直接跳到那儿去。那么您的腿有什么毛病？

受访者——一个……静脉曲张，血液流通方面的毛病。

采访者1——您在酒馆一直是站立工作的吧？

受访者——正是这样。

采访者1——您做过手术？

受访者——做过。

采访者1——什么时候？

受访者——［喘口气］4月底，我记得是4月28日，记不太清了。

采访者1——您于是卧床休养？

受访者——是的。

采访者1——卧床了多久？

受访者——十多天……我记得是十多天。

采访者1——您那时候就决定不干了吗？您的决定是在手术之后做出的……

受访者——不是这样，甚至在这之前就决定了，因为我干不下去了。

采访者1——之前已经歇工很久了吗？

受访者——不是，可是我已经不干了，干不下去了。这一下子，我老天，大夫给我做了手术，可是……不错，好了一点，可是不比当年了，不是30岁那时候啦。

采访者1——［轻松的闲聊口气］您签署过就业合同吗？

受访者——您的意思是……？那些词儿对我来说，都是天书。我从来不管文字的事……不知情，对这一类的事完全不知情。

采访者1——您太太管这些事……

受访者——她是我的秘书［笑］。

采访者1——也就是说，他们没有让您本人签过字，签字的意思是，作为就业补助的交换条件，政府要求签字者再就业，也就

是……

受访者——没有，没有。

采访者1——您没签过字？

受访者——没有，我觉得没签过。想不起来了。

采访者1——您怎么看这条法律？

受访者——挺好的呀，可是……是挺好的。

[…………]

采访者1——[提高声音]好了，我们现在不说您的工作了，您最后一个职业是经营酒馆，您是从什么时候起做这一行的？ 1439

受访者——从1974年起，1974年。

采访者1——您那时买下（……）盘下这家酒馆的决定是怎么做出的？您怎么会有这个想法的？

受访者——这个么，挺奇怪的。我老婆是会计，她有过……那时候她有抑郁症，得换个工作才行。干什么好呢？我那时候在邮政局，我就辞了职。我俩买下了这个生意。经过就是这样。

采访者1——您在邮政局做什么工作？

受访者——我是搞照相制版的。从前我一直搞排版，后来转到照相制版去了，印制和发行城区地图。

采访者1——呃，知道了，您从前是……

采访者2——嗨！您好！先生，您好。

采访者1——这位女士负责这次调研。

采访者2——我不知道你们已经开始谈了……也不休息休息……

采访者1——我们刚刚开始。这位先生有个酒馆，他不久以前不干了，等着退休……

受访者——得等一年。

采访者2——您的酒馆在什么地方？

[受访者语气显得疲惫，提到他工作过的街区的名字，已经介绍过的酒馆所在地。]

采访者 1——您上学一直上到多大年纪？

受访者——上到 14 岁。

[…………]

采访者 1——那么您是后来拿到专科技能证书的了？

受访者——是后来拿的。

采访者 1——您是在 16 岁取得证书的？

受访者——16 岁半，16 岁半拿到了专科技能证书。

采访者 1——上学上得还好吧？

受访者——这个嘛，我上学上得不多，那时候有战争啊，我……怎么说呢……撤退了。也就是说，三年半到四年里没学上……

采访者 2——战争期间您在哪儿？

受访者——在比利牛斯山里。

采访者 2——比利牛斯山？一家人都在山里……

受访者——不，我一个人。

采访者 1——就一个人？

采访者 2——是在一个学校里吗……？

受访者——是个农场。

1440 […………]

采访者 2——……为什么让您撤退呢？

受访者——因为我害怕。警报一响，我就晕菜。

采访者 2——是您父母做出的决定吧？

受访者——不是，应该是大夫决定的，我那个不正常。

采访者 1——您在农场里干农活吗？

受访者——干，再说我也挺喜欢。

采访者 2——既然您喜欢干农活，一定保留着美好的回忆吧？

受访者——是，也不是，挺凄惨的。

[…………]

采访者1——所以说，学校是个很好的理由……您十多岁就离开了学校，是吧？您离开了……？

受访者——离开得正是时候，我离开学校的那个时候最重要。

[…………]

采访者1——好。那份再就业合同，这位先生并没有签署，我觉得，总之……［解释］他太太给他当秘书。

受访者——我太太打理一切，文字的事我从来不管。

采访者1——［就业合同］您知不知道自己签过字？

受访者——不知道。

采访者2——无论如何，您是就业补助的申请人，领取人呀，要么就……是您，没错吧？

受访者——是我。

采访者2——那么签字的必定是您，通常都是如此。

受访者——我记不清了。

采访者1——那是拿一份工作交换的，这么说，您能想起来了吧？

采访者2——或者参加一个培训班。

受访者——我没上过培训班呀。

采访者1——有人跟您提过这个事吗，培训班的事？

受访者——没有。倒是有一些年轻人等着去培训班……我可不去……

采访者1——［翻阅卷宗，回到前面的话题］4年理发师，然后进了邮政局，或者……？

受访者——不是直接去的，那阵子我东干点，西干点，总得工作不是？后来进了邮政局。

采访者 1——您有一段时间没工作，有自己的理发店，不是吗……？

1441 受访者——不是，不是的。

采访者 1——那么是在一家理发店上班……

受访者——是工人，工人……

采访者 1——工人，是啊，可是您中断过，打过零工，干过小零活……

受访者——从这个公司到那个公司，我一直在工作，对。哪儿有钱可挣我去哪儿，就是这样。

采访者 2——这样一来，您离退休还有多远？

受访者——还有 10 个月［沉默］。

采访者 2——那么这段时间您做什么？打打零工……是吧？

受访者——不，不，我还是出去，去我妹妹家，她买了房子，我整理她的花园，找事情做，就是这样。

采访者 2——［转为令人放心的语气，以便使对方不感拘束地谈劳务黑市］我们跟社会扶助没有任何关系，我们来不是为了……您很清楚，我们可不是……

受访者——是的，跟我解释过了，这位女士［采访者 1］跟我解释过。

采访者 2——……是为了……如果你干点零活，可以说，我们感兴趣的是从研究方面了解打零工占多大比重，所以您尽管说，我们不会告诉任何人……

受访者——没有，没有黑市交易。

采访者 2——不对呀，您可能会……您是……看起来您身体也不错……

受访者——我的腿不好，已经治不好了。

采访者 1——您不是去料理花园吗？［似乎在谈论一种不当行为。］

受访者——料理花园……这个由我管，是真的。

采访者2——怎么管呢？您整天忙些什么，还是说……除了来见我们以外，可是您并不常来啊……！

受访者——弄弄花园，看看书，我还……走路，这是必须的，我得走路，这可不是闹着玩的，对吧？

采访者2——房子是您父母的吗……？

受访者——是他们的。

采访者2——如今很少有人仍然……

受访者——再说，我们的房子很快就要拆了，得迁到200米以外的地方去。这事倒不亏，只是有一点……（……）

采访者2——知道要拆掉这件事以后，您是怎么看的？[顿了一下，接着说] 房子很快就…… 1442

受访者——我们一年前就知道了。我那时候觉得很不舒服，不舒服。现在呢，说到底，我觉得挺高兴，要住新房子了。因为现在这个地方是粗制滥造的。

采访者2——知道要拆掉您父母的房子，既然是家传的房产，您认为这件事对您的工作有什么影响吗？

受访者——没有，没有 [长时间沉默]。

采访者1——是一栋房子吧，也就是说，是一个小小的独栋房，还是一套公寓？

受访者——都不是，是一间铺面房，跟人家共用一堵墙。

采访者1——您的父母跟您住在一起吗……？

受访者——我一直跟父母住在一起。

采访者1——真的啊？

受访者——我结了婚以后就回家住了。

采访者1——住得下吗？

受访者——住得下。

采访者 2——您就没有……您有孩子吗？

受访者——有。女儿 37 岁，儿子 36 岁。

采访者 2——［口气肯定］我想，他们不跟您一起生活，是这样吧？

受访者——不，不，我儿子……他来家。

采访者 2——住在家里？还是说，只是来看看？

受访者——他回家，这么说吧，他住在我这儿。

采访者 1——您的儿子有工作吗？

受访者——有，在邮政局。

采访者 1——呃，在邮政局工作……［沉默］女儿呢？

受访者——我女儿不工作。

采访者 1——她结婚了吗？

受访者——不不，她现在有工作，有工作。她正在办离婚，她……

采访者 2——［笑起来］这个算不上工作……！

受访者——不，她是有工作的，在那个什么……中学，中学……就在通道那边，那边不是有个中学吗？

采访者 1——呃，在中学，当监理员还是……？

受访者——是的，我也不清楚，她教孩子们……［重复］她教……我的天！那个词我说不出来……！教他们用电脑。

采访者 1——［表示惊讶］是吗？那么她是电脑专家啊？

受访者——是的，她学过一个什么……水平不是很高的那种，
1443 我想，她上过培训班……

采访者 1——［惊讶的口气］真的呀！（……）

受访者——我儿子也是……不在家，可是反正差不多。

采访者 2——就像常言说的，他［一字一顿］过的是同居的日子。

受访者——对，是同居。

采访者2——［笑］就像技术官僚们所说的那样。

采访者1——那个房子属于您父母，还是属于……？

受访者——不，属于廉租房管理局。是的……

采访者1——都是一回事，从哪一年开始？

受访者——从1930年起，我是1931年出生的。

采访者1——这么说，有个时期，你们六口人挤在这个房子里？

受访者——是的。

采访者1——两个小孩，父母和亲戚……好吧。现在您父母住在……？

受访者——［沉默］都去世了。

采访者1——所以说，你们现在两个人住？

受访者——两个人。

采访者1——有好几个……。房子有多大？

受访者——三间卧室（……）。

采访者1——好。舒适的设备房子都有吧？

受访者——现在不行了，房子太旧……再说，我什么都不干了，我曾经想换换地毯，可是爬不了梯子，我们就随它去了，反正就是一年，我们就这么住着吧。

采访者1——还有，您的童年是怎么过的？您留在……

受访者——过得很好。

采访者1——所以您留下来了……您有兄弟姐妹吗？

受访者——有。

采访者1——几个？

受访者——五个男孩子，一个女孩子。两个已经去世，两个年长的都去世了。

采访者1——去世的时候他们都还小吗？小孩还是……？

受访者——不不，一个44岁去世，一个50岁……

采访者1——嗯，所以您这是六口之家。

受访者——我是男孩当中的老幺。

1444 采访者1——你们都住在这个房子里……

受访者——是的，太狭小了。

采访者1——［与采访者2齐声说］那确实是太小了点。

采访者2——这个我同意……本来应该……。可是你们也过来了……

受访者——过来了。

采访者2——［抚慰地］人们都说没有地方，可是那个时代，一定有好多人这么生活……

［…………］

采访者1——［口气严肃］您小时候，有没有一件特别的事起过很重要的作用？您是否还记得某一件特别突出的事情？

受访者——战争呗……就是战争。

采访者2——这倒是个要紧的因素。

采访者1——战争，你昏过去……

受访者——是啊，可是这算不了什么。我哥哥被递解出境，出过好几件事，可是……［表示不愿意再谈这个］都是很遥远的事(……)，已经不再去想它了。

采访者2——被递解出境的是那个44岁去世的兄长吗？

受访者——是的，他死于心脏病。

采访者2——是不是因为……？

受访者——不，不是从那儿来的。

采访者2——［怜悯口气］不是说这个，是因为被递解的人毕竟一切都被剥夺了。

受访者——是的，不过他的死倒不是因为这个。年轻的时候，

他的心脏就有病。

采访者 2——呃，那倒是改善不了什么［沉默］。

受访者——对他倒是一件好事。

采访者 1——您还记得小时候的事吗？您的家庭、父母，您父母那时做什么工作，您父亲是……

受访者——我父亲在港口工作。母亲守在家里，我只知道她在家里。

采访者 1——在港口做什么工作？

受访者——当领班。

采访者 1——你们那时有……嗯……经济上还过得去吧？

受访者——还行，还行。当然，日子并不富裕，可是该有的都有。

采访者 1——全家和睦吗？

受访者——非常和睦［沉默］。

采访者 1——那时在家里能见到哥哥姐姐们吧？

受访者——能。

采访者 1——经常见吗？ 1445

受访者——是的，我们经常见面。

采访者 1——您在家里接待他们，去他们那里看他们，还是……？

受访者——我去他们家，我家房子条件不好，我就不在家里接待他们了。总之我们经常见面。

采访者 1——那您是去他们家喽？好，您经常到街区外面去吗？

受访者——不常出去。这么说吧，我们过得像老年人。

采访者 1——您多长时间出一趟门，一个礼拜一次？

受访者——不出去了，我们不出去了。看戏和见朋友什么的，咳，没有。从来没有。

采访者 1——［虚情假意地］您最喜欢的娱乐是什么？

受访者——钓鱼，钓鱼和打猎，还有足球。现在我只看着别人玩。

［…………］

采访者 1——您从来没跟社会工作者打过交道吗？

受访者——从来没有过。

采访者 1——您家里没有人出过什么问题吗？

采访者 2——就是当您不得不申请就业补助的那个时期？

受访者——我本来不会提出申请。就连有就业补助这回事，我都不知道。

采访者 1——是职业介绍所，是在那里有人告诉您的，对吧？

受访者——应该是在那儿。

采访者 2——那么是他们给您建议的，对吧？

受访者——对。

采访者 2——［虚情假意地］您填写过经济来源情况的报表吗？

受访者——填过，反正我没有经济来源。

采访者 2——您从什么时候起陷入这种处境？

受访者——从去年 11 月起。

采访者 2——［重提已经问过的问题］那么，您为什么开那家酒馆呢……酒馆是您最后一个职业吗？

受访者——是的，是的。

采访者 2——出于什么理由……？

受访者——因为我不能工作了。

采访者 2——嗯，出于健康原因。

［受访者谈出售酒馆的经过，不太顺利的经过，因为酒馆位于
1446 平民区，采访者将其与市内的酒馆进行比较。］

采访者 1——您认识的人很多……您就没有听人讲过就业补助

的事吗？

受访者——没有，再说我也不谈论这个。

采访者1——您不谈论这个吗？

受访者——提都不提，是的。

采访者2——就业补助和有关这个事的法律，您怎么看？

受访者——很好啊，可是本来不应该有。

采访者2——您的意思是……？

受访者——我也不知道。让人觉得，我是说我本人，觉得很不舒服。

采访者2——可是这个很重要啊，您不是跟我们说……有那么一点……

受访者——可是我有点害臊，这个我刚才说过了。有的人，享受这个好多年了……这个东西对老年人很好，帮助他们……［似乎在自言自语］。可是，如果没有工作，那年轻人也制造不出工作机会呀……

采访者2——有点害臊，为什么？您能不能跟我们解释一下……

受访者——可是我不知道怎么说！因为我工作了这么多年，本来不应该需要它。

采访者2——您认为，既然工作了一辈子，就……

受访者——是的，正是这样。讲述一生和同伴……不，这个我不同意。

采访者2——［感到气愤］不是这样，您不是非说不可呀！

受访者——那好吧，那我就说说……

采访者2——可以说，我们跟地方的就业补助发放中心有点脱节。

受访者——不光是这里，处处都如此，你得展示自己的履历。

采访者 2——［语气疲惫］是的，处处都是如此，无论社会工作者，还是职业介绍所，到处都这么要求……

受访者——对！

采访者 2——……非得展示……这个惹您生气……

受访者——很不高兴！连来这里都……

采访者 2——那么我们双倍地感谢您……［笑］因为您来这里就是帮我们的忙……

采访者 1——特别是有些先生根本就不来赴约。

受访者——是吗？有这回事？

1447 采访者 1——女士们来的很多，先生们总有别的事要做，或者……我不知道。

受访者——您听好，假如我知道是怎么回事，我也不会来的。是我太太她……

采访者 1——我们又不吃人［笑］！

受访者——这个我同意，可是，说到底……还是有点别扭。

采访者 2——［和蔼地］您知道，我理解，您确实感觉有点别扭……

受访者——反正人都有点自尊心。

采访者 1——没错，我理解您感到别扭，我们知道得很清楚……

受访者——这对您没任何影响。这一点我同意，当然了。

采访者 1——这也是我们的工作，所以，搜集的资料越多就越……再说，这也是一种接触嘛。

受访者——这个当然，我懂。

采访者 2——也许我们确实需要一些材料。就像这位女士［采访者 1］一定跟您解释过的那样，我们的目的是……

受访者——说过。

采访者 2——［终于找出一个理由］您参加了科学研究。这个您明白吗［大笑］?

受访者——那很好啊，我派上点用场了。

采访者 2——［笑］链条上的一个小环节嘛。

受访者——小小的环节。

采访者 2——不，大链条都是用小环节组成的（……）。另外，您是不是觉得每次都得重复一遍，让您觉得很不舒服……

受访者——没错，正是如此!

采访者 1——重复一遍自己的一生经历，对吧?

受访者——是的，是的……令人很不愉快。

1449

跋语

皮埃尔·布尔迪厄

政治事务的天地已经逐渐缩小，转为政界的内斗、自身的问题和利益。一如古罗马的行政官，能够理解和表达同胞的期待和要求的政治人物越来越少，他们在政治组织方面也远非一流人物。未来的领导者是在电视辩论或政党决策会议上选定的。行政官成了一群年轻的心腹扈从的俘虏，这些技术专家对于选民的日常生活往往几乎一无所知，也没有任何东西提醒他们这种无知。在内外权力的压力和审查机制的制约下，特别是在从来不利于深思熟虑的竞争和由此产生的急迫感的压力下，记者们在一些热点问题上，经常提出一些粗疏的，甚至轻率的描述和分析。有时候，由于能够互相吹捧，控制对立话语（如社会科学的话语）的传播，他们对知识界和政界
1450 的影响更有害。再有，知识分子的沉默令人痛惜。然而，他们当中有些人不断发声，话往往说得“过早”，谈移民，谈住房政策，谈职场关系，谈官僚主义，谈政务。然而，他们的话人们不想听，而且他们用的是别人听不懂的语言。人们其实宁可随遇而安而且不无轻蔑地听取某些人的胡言乱语，也用不着过分担心随问随答一些问题会招来什么后果。

不过，所有苦恼的迹象依然都在。由于在政治上找不到正当的表达途径，这些苦恼有时候表现为排外主义和种族主义的谵言妄语，不光得不到表达，往往还难以言说。政治团体只会用陈旧的“社会”范畴思考，这些苦恼它们尚且感觉不到，何况承认其存在。要改变这一点，它们必须拓宽从过去继承下来的狭隘的“政治”视野，接纳已经进入公共领域的那些未曾想到的要求——从生态保护主义、反种族主义到女权运动（等等）的所有要求；同时，还得把一些模糊不清的期待和希望纳入视野。由于往往触及人们对于自己的身份和自尊的想法，这些期待和希望似乎属于私人领地，因而被理直气壮地排除在政治论争之外。

真正的民主政治必须有办法摆脱技术官僚制度的倨傲态度——它声称为民造福却罔顾人民意愿——并且摆脱对需求的裁决全盘接
受的有蛊惑作用的顺从态度，无论这种裁决是通过市场调查、收视 1451
率，还是通过支持率做出的。的确，“社会技术”发展到今天，在一定意义上，我们已经熟知什么是表面的需求，什么是实际的或者可以轻易满足的需求。可是，一种技术可能变为形式上合理的蛊惑煽动的工具，例如民意调查便是一个可以服务于任何目的的简单手段。社会科学能够有效地提醒这种局限性，可是它在单枪匹马的情况下，很难对抗政治家的一种倾向：为了确保自身成功而满足肤浅的要求，政治从而变成了经过伪装的市场营销。

政治经常被拿来跟医术相提并论。只需像埃马纽埃尔·泰雷最近所做的那样，重读一下《希波克拉底医术汇编》，我们就会发现，一如医生，尽责的政治家不能满足于主诉笔录上的信息，因为主诉往往是一番询问的直接产物，并未意识到后果：“任何人都能盲目地记录病人的症状和诉说，假如这样就足以进行有效的治疗，医生

就没用了。”[①] 医生必须努力找出隐性的，即“看不出，听不见”的疾病（àdèlà）。确实，患者的主诉是含糊而不确定的，身体的信号
1452 也并非清楚无误，含义来得迟缓，而且往往事后才出现。所以，必须通过推理（logismos）来寻找主诉和外表症候既显示又掩盖的结构性原因。

因此，开启现代认识论先河的希腊医学一开始就认为，要建构科学的对象，就必须与涂尔干后来所说的“先入为主的观念”，即社会成员对自身状态的看法决裂。而且，正如早期医学不得不对付占卜师、占星师、魔术师、江湖郎中和“假说炮制者”的奸诈竞争，今天的社会科学也必须对付所有那些自诩能够对社会苦恼的明显指标做出解释的人，例如，佩戴一条女用围巾被说成披上“伊斯兰面纱”；还得对付“半吊子智者”，这些用“常理”武装起来的自以为是的家伙忙不迭地现身于报刊上和摄像机前，告诉我们社会上发生了什么事，可是没有任何有效的手段去认识或理解这个世界。

根据希波克拉底以来的传统，真正的医学始于对隐性疾病的了解，即患者由于没有意识到或者忘记而未说出的现象。这一点同样适用于社会科学，它关心的是如何认识和理解苦恼的真实原因，这些苦恼仅通过社会标记得到清楚的表达，而社会标记恰恰由于显而易见而更加难以解释。我这里指的是在体育比赛中或其他场所发生
1453 的无端的暴力行为、种族歧视的罪行，以及灾祸预言家们的成果，后者热衷于利用和放大精神痛苦的最原始的表现方式。与贫困和经济社会结构的“惰性暴力”相比，日常生活中的匮乏和无声的暴力同样甚至更多地造成了这些精神痛苦。

---

① Emmanuel Terray, *La politique dans la caverne*, Paris, Seuil, 1990, p. 92-93.

柏拉图所说的“冒牌学者”（doxosophes）[①] 纠缠于表面现象，这些研究表面现象的“自称学者的舆论工匠”貌似有知识。显然，要超越表面现象，对于人们的自由及其对幸福和自我实现的合理愿望的无数侵害，就必须追溯到其经济的和社会的真正的决定因素。当今造成这些侵害的不仅是劳动力市场和住房市场的无情制约，还有教育市场的决策、职场中的公开制裁和暗地里的攻击。为此，必须打破半遮半掩着苦恼或痛苦的常常十分荒诞，有时候很可憎的投影屏幕。

揭示造成生活痛苦甚至难以为继的机制，不等于将其消除；揭露矛盾不等于解决矛盾。但是，人们尽管可以对社会学信息的社会效果存疑，它起到的作用却不容否认：使受苦的人看到把痛苦归咎于社会，从而免于自责的可能性；使公众了解从群体方面被掩盖的 1454
一切形式的不幸的社会根源，即使这些不幸是最私密和隐而不宣的。

跟看起来相反，以上的观察没有丝毫令人绝望之处，因为，只要具备有关知识，凡是社会做过的，社会都可以摆脱。无论如何，可以肯定的是，没有比放任不作为更显得清白无辜的方法。尽管以调节劳动力市场和教育市场的机制为首，大多数造成最大痛苦的经济和社会机制确实不易消除甚至更改，但是，学术研究有助于给采取行动发现一些可能性，无论这些可能性多么微小，如果不充分利用它们，任何政治方案都可以被视为冷酷无情，见死不救。

---

① 布尔迪厄本人对这个词的解释或可供读者参考。1988年，他在法国文化电台的一次广播谈话里说：“就拿我针对 doxosophes 所做的全部工作来说，这个词是我从柏拉图那里借来的，一个很棒的字眼：希腊语 doxa 的意思包括‘意见’‘信仰’，以及‘表象’‘貌似’‘假象’等等；sophos 的意思是‘知情者’；合成 doxosophes 一词，意思既指了解表面现象的学者，也指表面上的学者。”引自 Entretien avec l'historien Roger Chartier diffusé dans«Les chemins de la connaissance»（Partie 2，1988）。——译者注

这一点同样适用于一切哲学，尽管它们的效用及其连带的责任比较小，总之不那么直接。那些目前如日中天的哲学经常借可能为专制主义——它也能拿科学与理性当凭据——所利用的名义，试图使科学理性对政治的介入失效。科学既不是被滥用的说教式的理性主义，也不是反理性的虚无主义审美家的不作为，它满足于可以从俗常看法和思想定见（doxa）获得的真相；这些真相即使是不完整的和临时的，也能够提供唯一的理性手段，以便充分利用留给自由——即政治行动——的活动余地。

索引

征引著者索引

皮埃尔·布尔迪厄

图书在版编目（CIP）数据

世界的苦难：布尔迪厄的社会调查/（法）皮埃尔·布尔迪尔（Pierre Bourdieu）著；张祖建译．—北京：中国人民大学出版社，2017.1
（布尔迪厄作品）
ISBN 978-7-300-23647-6

Ⅰ.①世… Ⅱ.①皮…②张… Ⅲ.①社会学-研究 Ⅳ.①C91

中国版本图书馆 CIP 数据核字（2016）第 279550 号

布尔迪厄作品
世界的苦难（上下）
布尔迪厄的社会调查
[法] 皮埃尔·布尔迪厄 著
张祖建 译
Shijie de Kunan

出版发行	中国人民大学出版社		
社　　址	北京中关村大街 31 号	**邮政编码**	100080
电　　话	010－62511242（总编室）		010－62511770（质管部）
	010－82501766（邮购部）		010－62514148（门市部）
	010－62515195（发行公司）		010－62515275（盗版举报）
网　　址	http://www.crup.com.cn		
经　　销	新华书店		
印　　刷	北京联兴盛业印刷股份有限公司		
开　　本	890 mm×1240 mm　1/32	**版　　次**	2017 年 1 月第 1 版
印　　张	38.5 插页 4	**印　　次**	2025 年 7 月第 11 次印刷
字　　数	944 000	**定　　价**	138.00 元（上下）